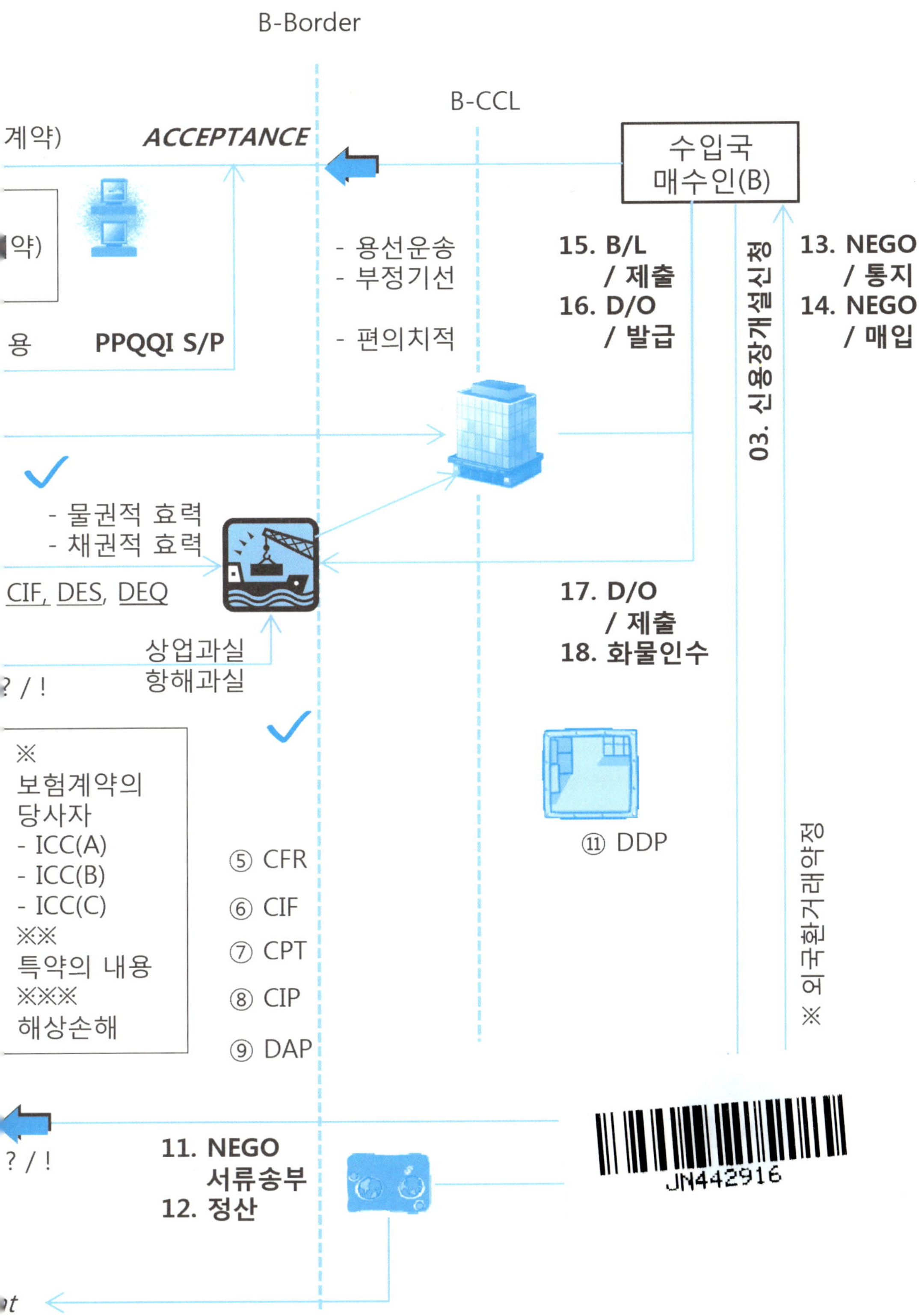
B-Border
B-CCL
계약)
ACCEPTANCE
수입국
매수인(B)
약)
- 용선운송
- 부정기선
- 편의치적
15. B/L
/ 제출
16. D/O
/ 발급
03. 신용장개설신청
13. NEGO
/ 통지
14. NEGO
/ 매입
용
PPQQI S/P
- 물권적 효력
- 채권적 효력
CIF, DES, DEQ
17. D/O
/ 제출
18. 화물인수
상업과실
항해과실
? / !
※
보험계약의
당사자
- ICC(A)
- ICC(B)
- ICC(C)
※※
특약의 내용
※※※
해상손해
⑤ CFR
⑥ CIF
⑦ CPT
⑧ CIP
⑨ DAP
⑪ DDP
※ 외국환거래약정
? / !
11. NEGO
서류송부
12. 정산
JN442916

[제2판]

무역상무론

심 종 석

Foreign Trade Law & Practice

三 英 社

제2판

제2판(개정판)을 내면서

본서 「무역상무론」 초판 출간 이후 2년이 지난 시점에서 예기된 바에 따라 본서를 개정하게 되었다. 이번 개정에 가장 큰 영향을 미친 사항은 다름 아닌 Incoterms의 개정이었다. 무엇보다도 Incoterms 2010을 대신하여 Incoterms 2020이 개정되어 공표된 것은 시의적으로 급변하는 무역환경을 감안할 때, 국제상거래에 임한 계약당사자의 이해를 보전하고 나아가 이에 상당한 편익의 제공하기 위한 취지에서 국제상관습의 순기능적 발전을 위한 시대적 상황을 적절히 반영한 결과로 보아 매우 긍정적으로 생각한다. 다만 Incoterms 2020이 얼마만큼 실무적 유용성을 제고할 수 있을지, 나아가 이전에 비하여 어느 정도로 국제상거래계에 신속히 안착될 수 있을지, 또한 신속·민활한 국제상거래의 추이를 어느 정도 견인할 수 있을지 여부는 이전의 Incoterms 경과와 마찬가지로 상당한 주의를 통해 일정기간 지켜보아야 할 것 같다.

생각건대 Incoterms 2020의 개정이 외견상 본서의 개정이유였다고는 하나, 이것이 아니더라도, 지난 2년이 지나는 동안, 예컨대 방대한 각주내용을 본문에 편입할 것인지 여부, 다양한 무역서식에 관한 가이드라인을 제공할 것인지 여부, 한문병기의 유용성 여부 등을 대상에 둔 개정논의가 없었던 것은 아니지만, 이는 본서의 정체성에 견주어 그다지 결정적인 개정사유로는 볼 수 없다는 판단 하에 그간 2판 개정 여부는 차일피일 미루어져 왔다. 이러한 상황에서 익히 예견하고 있었던 Incoterms 2020의 개정은 본서개정의 결정적인 계기로 작용하였다.

그러나 Incoterms 2020을 제외한 그 밖의 개정사유에 대하여 이 책을 접하고 있거나 사용하고 있는 동학제현의 의견과 권고를 수렴하는 과정에서, 만약 개정에 임하는 경우 책의 분량이 방대해질 것임이 명약관화하고, 서식이나 법률용어 내지 무역전문용어의 상세한 설명이 추보되어지는 경우 전체적인 밸런스와 구성체계가 방만하게 될 것이 자명하다고 보아 이러한 사항은 불가피하게 개정범위에 포함시키지 않은 것으로 최종 의견을 조율하였다. 결국 본서는 앞서 본대로 Incoterms 2020의 개정에 주안점을 두고 개정하였다.

본서 「무역상무론」 제2판 개정에 즈음하여, 돌이켜보건대, 살 같이 빠르게 스쳐 지나가는 세월의 무상함 속에서 본서 내용의 수정·보완에 임한 집필진도 일부 변화가 있었다. 본서의 전반을 이끌어 그 체계를 더욱 견고히 할 수 있도록 권고해 준 김호 교수(계명대학교 국제통상학전공)에게 이 지면을 빌어 심심한 감사의 말씀을 드린다. 아울러 번잡하고 까다로운 교정 및 교열작업에 수고를 아끼지 않은 신신철 교수(중국 구강대학교 국제무역학과 교수)와 본교 무역학과 박사과정의 유혜영·배준형·장대성(대구대학교 일반대학원 무역상무전공) 등의 제자들에게도 더불어 고마움과 감사의 마음을 전한다. 이들에게 저자가 믿고 사모하는 하나님의 은총이 늘 함께하시기를 간절히 기원한다. 그 무엇에 앞서 본서의 발간동기와 목적은 이들 제자들과 또 이들과 함께할 장래 제자들이 간직한 원대한 꿈에서 비롯되었음을 이 지면의 끝에 바로 새겨둔다.

2019년 세밑 즈음

비호동산 연구실에서

저자 심 종 석 씀

Introduction

1. 머리말

1960년대 초반 한국경제는 외국원조에 의존할 수밖에 없었던 가난과 속박의 굴레에서 벗어나 명실공히 탈후진국의 전환기적 계기를 마련하고, 동시에 자립과 번영의 기반을 구축하기 위한 국가경제체제의 총체적 대응체계를 확립하였다. 당해 대응체계의 핵심은, 경제근대화의 기치아래 중·장기 경제개발계획에 기반을 두고 국가경제의 본원적 체질을 자립경제로 개선한다는 것에 주안점을 두었다.

그러나 이러한 대응체계는 현실적으로 국가의 부존자원이 극도로 빈약한 처지에서 그나마 경제근대화를 위한 국민의 의식수준 또한 극히 결여되어 있었던 까닭에, 당초 계획과도 같이 그다지 순조롭지만은 않았다. 뿐만 아니라 당시 국가적 대계를 이룰 수 있는 최선의 방편으로서, 마땅히 앞선 선진국의 선례로부터 수용했어야 할 **선농업·후공업**이라는 근대화전략을 답습하여야 했음에도 불구하고, 오히려 한국적인 독특한 근대화 모형으로서 **농공병진**(農工竝進)이라는 힘겨운 전략을 채택하여 이에 국가운명을 맡기게 되었는데, 이는 실로 모험 그 자체이기에 충분하였다.

이후 반세기가 지난 오늘에 이르러, 그간의 성과를 되짚어 보면, 1964년 불과 1억불에 머물렀던 수출실적이 지난 2007년에는 3,700억불을 초과하기에 이르렀고, 이윽고 2011년에는 무역규모 1조불을 달성하게 되었는바, 이는 세계경제사에 그 유례를 찾아볼 수 없는 전무후무의 성과로 평가되고 있음이 주지의 사실이다.

상대적 평가로서 우리의 수출성과는 1964년 세계 90위권에서 2007년 기준 세계 9위로 발돋움 하였는데, 그 위상을 절대적으로 환산하면, 아프리카 53개국의 전체 수출실적을 상회하는 성과일 뿐만 아니라 멕시코를 제외한 중남미 35개국의 수출규모에 상응하는 실적에 달한다. 이처럼 불과 반세기 이내의 짧은 기간을 통해 약 3,700배의 성장과 연평균 증가율 21%에 달하는 성과를 이룰 수 있었던 배경에는 무엇보다도 어느 국가의 인적자원보다도 뛰어난 우리나라 무역인력의 역량과 그 열정적 헌신에 있었다고 단언할 수 있다.

이 같은 배경은 1960년대 이후 국가경제의 부흥을 위한 교육정책적 차원에서 대학 학과 내지 학부에 편제하였던 **무역학과**가 줄곧 그 폭과 범위를 다변화하는 중에 수출주도를 위한 산업부양의 과정에서, 순차적으로 국가성장동력이 되었던 섬유·화공·건축·토목·기계·조선·전자·전기·컴퓨터 등의 유관학과와 통섭적 차원에서 시의 적절히 결합하여 수출주도형 국가경제에 기여할 수 있는 고급인적자원을 지속적으로 양성·배출할 수 있었던 한국경제사적 실제에 근거한다.

그렇지만 지난 과거는 한낱 과거에 지나지 않을 뿐, 좀 지난 최근 이후 현재를 통틀어 극도로 복잡다단하게 고도화·다변화 되어가고 있는 국제경제환경은 초국가적 무한경쟁체제로 끊임없이 급변하여, 마침내 우리에게 또 다른 국가적 생존경쟁에 임할 수밖에 없는, 이를테면 예전의 농공병진에 국가운명을 담보하였던 것과 마찬가지로 새로운 계기를 마련함에 있어 또 다른 선택과 집중을 요구하고 있는 차제에 있다.

새로운 국제경제환경의 급변으로부터 비롯된 국가적 위기상황에 직면하여, 생각건대 그간 무역학의 본류는 그 정체성이 갈수록 퇴색되어 급기야 총체적 위기의 파고 속에서 표류하고 있다고 보이는데, 이는 달리 경제활동 인구 5명 중 1명이 무역부분에 종사하고 있는 우리의 현재상황을 고려할 때, 마땅히 그간의 역량과 열정을 추슬러 재결집하여야 한다는 당위로 역설할 수 있다.

부인할 수 없는 사실로서, 시대상황에 비추어 무역학은 나날이 그 입지와 지위가 좁아지거나 낮아지고 있는 추세에 있다. 그 이유는 그간 시대상황 내지 요구에 진취적으로 대응하고자 하는 의지가 나약했었고, 또한 그 정체성을 바로 분별하는 중에 인접학문 분야와의 지속적 교류와 협력을 통한 공조체제를 적극적으로 추구하고자 하는 열의가 부족했던 결과에서 비롯되었음이 핵심일 것으로 판단된다.

이하 본서 처처에서 상세히 살피겠지만, 모름지기 **무역학**은 **국제경영·국제경제·국제상사법규범** 등의 분야를 기저에 두고, 이에 **계약적 접근**을 통해 **이국 간·상인 간·상거래**를 전 범위로 특정하여 다루어지게 된다. 그 내용은 **매매·운송·보험·결제·분쟁해결** 및 이러한 내용의 이행을 위한 수단과 방법으로서 특화된 **전자무역**의 분야로 체계가 정립되어 학문적 내지 실무적 뼈대를 이루고 있다. 다만 여기서 각각의 분야는 서로 독립되어 있는 분야가 아니라 상호 밀접하고도 유기적인 연계성을 지향하고 있기에, 예컨대 어느 한 분야에만 집중하거나 편중하게 되면, 마치 나무는 보고 숲은 보지 못하게 되는 우를 범하게 되는 결과를 초래하게 된다.

본서는 이러한 무역학의 범위와 내용을 토대로 그간의 천편일률적인 구성체계에서 과감히 탈피하여, 시대적 조류에 부합할 수 있을 뿐만 아니라 또한 이에 적극적인 대응태세를 견지할 수 있음에 주안점을 두고, 나름의 새로운 무역상무의 체계를 마련하여 출간하게 되었다.

모쪼록 본서를 통해 무역전문가로서의 위상을 정립함에 있어 특단의 계기가 마련되고, 한걸음 더 나아가 무역학의 개별계약으로부터 비롯된 복잡다단한 무역실무에서의 분쟁이나 다툼을 순기능적 시각에서 적극적으로 해결할 수 있는 실무적응력 배가에 일련의 단초가 될 수 있기를 기대한다.

2. 본서의 구성과 특징

1) 본서의 구성

①본서는 총 9편으로 구성하였다. 제1편은 본서의 기초적·이론적 배경으로서 무역학 내지 무역상무의 일반론을 중심으로 기술하였다. 주요 골자는 크게 무역의 개념과 대상, 제반 유형 및 분류 등으로 구성하여 무역의 분류와 형태의 전반을 조명할 수 있도록 하였다. 무엇보다도 무역학과 그 유사개념에 관한 정체성과 의미, 나아가 연구범위와 학습방법 및 실제적 의의를 명확히 이해하고 분별할 수 있도록 논리적으로 상술하였는데, 이는 본서의 배경으로서 의의를 지닌다.

②제2편은 무역관리제도의 의의와 관리방식을 위시하여, 계약당사자가 반드시 숙지하여야 할 국내 무역법규와, 국제기구에 의한 무역관리 및 계약당사자 간에 원용 및 적용할 수 있는 제반 국제상사계약법규범의 의의와 본질을 상술함으로써 무역계약에 관한 법리적·상무적 시각을 제고할 수 있는 배경에 두었다. 특별히 국제무역법규범은 무역상무 연구범위의 순차에 따라 주계약으로서 무역계약을 위시하여, 종속계약으로서 무역운송·무역보험·무역결제·무역중재·전자무역의 순으로 그 체계를 구성하여, 국제상사계약에 있어 보편적으로 널리 원용 및 적용되고 있는 주요한 개별법규범을 중심으로 그 의의와 주요 골자를 해제하였다.

③제3편은 무역계약에 관하여 상술하였는데, 우선 일반론으로서 계약의 종류 및 법률요건에 관한 법리적인 틀을 제시하고, 계약의 성립·이행·종료의 순차에 따라 계약당사자 상호 간의 권리와 의무를 기준으로 그 내용을 분설하였다. 특히 무역계약의 조건은 제2편에서 언급한 국제상사계약법규범의 일반적인 기준과 요건 등에 준하여 설명함으로써 실무적용에 따른 순기능적 시의성을 적절히 고려하였다. 나아가 무역계약에 있어 가장 기초적·보편적인 계약조건으로서 Incoterms를 제반 도표와 도해에 따라 개별조건별 통일성을 지향하여 명료히 하였고, 나아가 Incoterms를 적용

함에 있어 또는 이에 부수하여 국제상사계약에 있어 고려하여야 할 그 밖의 부수요건을 이에 추보하여 사전에 그 실질적 이해를 담보할 수 있도록 하였다. 추보의 주요 골자는 무역마케팅, 수출원가·내륙운송비·보험료의 산정, 수출단가의 임의조정과 유보, 인소싱과 아웃소싱, 운임할려에 따른 수익보전, 그 밖의 원가계상 시의 고려요인 등이다. 이상의 내용은 저자의 실무경험에 비추어, 무역실무에서 반드시 고려해 두어야 할 기본요건임에도 불구하고, 통상의 경우 등한시되었거나 간과되고 있는 사항으로 보아 특별히 유의하여 살펴 볼 수 있기를 기대한다.

④제4편은 무역운송에 관한 편제로 구성하였는데, 무엇보다도 그간 눈으로 볼 수 없었거나, 막연히 인지하고 있었던, 예컨대 선박·항공기의 외관 및 구조, 컨테이너의 종류, 제반 운송수단의 유형과 형태, 항만과 그 밖에 ICD 및 선적절차 등을 도해나 그림을 통해 시각화 하여 실무적응력 제고에 기여할 수 있도록 하였다. 나아가 이에 전자문서를 포함하여 무역운송에 관한 제반 서식 및 증권 등의 견본 내지 복사본을 적절히 추보하여 두었다. 이는 본서 전편에 걸친 공통사항이다. 한편 운송계약의 경우 그 어떤 편제에 비하여 법리적 이해가 필수불가결하다고 보아 이를 쉽게 접하고 또한 이해할 수 있도록 운송형태별로 구분하여 평이하게 기술하였다.

⑤제5편은 무역보험에 관한 편제로서, 해상보험에 관한 기초적인 이해를 견고히 할 수 있도록 제반 보험용어를 중심으로 기술하였고, 나아가 적화보험의 경우 신·구약관의 내용을 제반 도해로부터 명료히 구분할 수 있도록 자세한 설명을 이에 결부하였다. 특히 선주상호보험과 수출·입 무역보험을 별도의 장으로 편제하여 당해 개별보험으로부터 계약당사자의 이해를 담보할 수 있도록 그 범위와 내용에 관한 자세한 설명을 추보하였다.

⑥제6편은 무역결제에 관하여, 우선 결제시기와 그 방식을 전반적으로 개관하고, 차례로 신용장방식, 추심결제방식, 환어음방식 및 전자적 지급방식으로 세분하여 그 각각의 특·장점을 설명하였다. 특별히 신용장과 추심의 경우 신용장통일규칙과 추심에 관한 통일규칙을 개별규칙에 관한 이해가 분산되지 않도록 장황한 설명 없이 평이하게 요목별로 명료하고도 간략하게 재구성하였다.

⑦제7편은 무역분쟁에 관하여 이를 소송 외의 분쟁해결과 소송에 의한 분쟁해결로 대별하고 전자의 경우 대안적 분쟁해결제도를 중심으로, 후자의 경우 소송상 판결·결정·명령 및 소송절차에 관하여 분설함으로써 분쟁해결에 관한 내용과 절차를 중심으로 기술하였다. 무엇보다도 실무적응력 제고에 기여할 수 있는 방편에서 무역분쟁사례를 별도의 장으로 구성하여 다양한 사례를 예시함과 동시에, 이에 평가 내지

평석을 결부함으로써 무역계약 전반에 관한 순기능적이고도 전반적인 이해가 담보될 수 있도록 하였다. 구성체계는 앞선 편제와 마찬가지로 무역계약・무역운송・무역보험・무역결제의 순차에 준하였다.

⑧제8편은 전자무역의 편제로서, 주요 내용은 주요 국가의 전자무역 현황을 개관하여 그 실체와 서비스의 내용 및 무역서류의 전자화에 관한 트렌드를 상술하였다. 나아가 우리나라의 전자무역 현황을 이른바 uTradeHub에 주안점을 두고 이상의 제반 주요 국가의 전자무역 현황과 비교함에 있어 그 특장・점을 중심으로 기술하였다. 통상 정보처리능력을 보유한 시스템에 의한 전자무역의 형태 그리고 그 절차와 과정은 종이문서에 기반을 두고 있는 전통적인 무역에 비하여 필요외적 경비를 대폭 절감할 수 있을 뿐만 아니라 신속・민활한 무역에 임할 수 있다고 하는 장점에 기하여 현재 보편적으로 널리 이용되고 있다. 이러한 당면한 상황을 고려하여, uTradeHub가 우리나라 전자무역의 대표성을 체화하고 있다고 보아 그 주요 서비스의 면면을 시각화함과 동시에 상술하여 이로부터 실무적 이해를 제고할 수 있도록 하였다.

⑨제9편에서는 무역실무절차를 개관하였다. 그 내용은 수출승인과 통관, 수입승인과 통관, 원산지 관리 등으로 구성하였다. 특히 이 경우 제반 절차는 현재 전자적 통신수단에 의하여 처리되고 있음을 고려하여 앞선 편제와 마찬가지로 구성하였다.

2) 본서의 특징

①각 편과 장 그리고 절마다 그 내용을 일목요연하게 정리하여 이해할 수 있도록 때마다 제반 도표 및 도해를 결부해 두었다. 본문내용을 요약・정리의 차원에서 학습자에게나 강의자에게 유용한 지침이 될 수 있기를 기대한다.

②제반 국제상사계약법규범의 원문, 국제기구의 동향, 참조할 수 있는 웹페이지 그리고 특단의 제약 내지 기술편의상 본서에서 기술할 수 없었던 제반 자료 등은 QR코드를 삽입하여 시각화하거나 참조할 수 있도록 때마다 추보해 두었다. 유용한 지침이 될 수 있었으면 한다.

③반드시 숙지하여야 할 주요한 용어, 법규범, 무역용어, 법률용어 등은 본서에 더하여 별도의 심화학습에 임할 경우 적의 참조될 수 있도록 **고딕체**에 한자와 영문을 병기하여 두었다. 이 경우 특히 무역상무 분야에서 필수불가결하게 반드시 숙지해 두어야 법률용어에 관해서는, 색조를 더한 **고딕체**로 표시하였고, 자세한 설명은 **무역상무의 이해와 활용을 위한 필수 법률용어**라는 별도의 부록으로 편제하여 때마다 참조할 수 있도록 하였다.

3. 감사의 글

본서가 출간되기까지 물심양면으로 도움을 주신 분들이 적지 않다. 특별히 본서의 숨은 저자로서, 저자의 은사이신 **이균성**(한국외국어대학교 법학전문대학원 명예교수), **김동훈**(한국외국어대학교 법학전문대학원 명예교수), **오원석**(성균관대학교 경영학부 명예교수) 교수님, 신앙적 권면과 함께 기도로 중보해 주고 계시는 **조현정**(계명대학교 국제통상학부 명예교수) 교수님, 크리스천으로서의 삶의 목적을 잊지 않고 바로 새길 수 있게끔 항상 편안한 신앙적 안식처가 되어 주고 계시는 **소재운**(대구 샘물교회) 목사님께 이 지면을 빌어 머리 숙여 감사하다는 말씀을 드린다. 학문적·신앙적 경지는 두말할 것도 없고 언제나 교수자로서 그리고 크리스천으로서 삶의 목적을 명명백백히 각인시켜 주시고 계신 네 분 교수님의 사은과 한 분 목사님의 중보를 잊지 않고 이 지면에 바로 새겨 둔다.

아울러 흔쾌히 출간을 허락해 주신 삼영사 **고성익** 사장님, 원고교열에 적잖은 도움을 준 **김봉철**(한국외국어대학교 국제학부)·**윤상윤**(건국대학교 국제학부) 교수, **김태운**·**심갑영**·**한준덕**·**정희원** 박사 및 본서의 사전 독자로서 수고를 아끼지 않은 **신신철**(중국 심양대학교 국제무역학과) 교수 및 본교 박사과정의 **김두수**·**김석환** 군과 석사과정의 **장대성**·**유혜영**·**강병구**·**김영섭** 등의 제자들에게 이제야 감추어 두었던 알량한 속내를 털어 진심어린 고마움을 전한다.

끝으로 **헤세드**(*chesed*)에 구속된 여호와의 도구로서 사랑하는 **민섭**·**민주**의 장래에 그리고 **대상회**에 속하여 청출어람의 기대를 간직하고 있는 사랑하는 제자들에게 저자가 믿고 사모하는 하나님의 은총이 늘 함께 하시길 간절히 소원한다. 그 무엇에 앞서 본서의 동기와 목적은 이들의 장래와 간직한 꿈에서 비롯되었음을 잊지 않고 이 지면에 먹물로 새겨 꼭꼭 되짚어 둔다.

2017년 초여름

비호동산 연구실에서

저자 **심 종 석** 씀

Contents

PART 1 무역의 개요

PART 2 • 무역관리제도와 법규범

Chapter 1 무역관리제도의 개요 / 89

Chapter 2 무역계약의 성립과 이행 / 163

PART 4 • 무역운송

Chapter 1 해상운송 / 277

Chapter 2 항공운송과 육상운송 / 368

Chapter 3 복합운송 / 391

PART 5 무역보험

PART 6 무역결제

PART 8 • 전자무역

PART 9 ● 무역실무절차

Chapter 1 수출승인과 통관 / 625

Chapter 2 수입승인과 통관 / 637

1

무역의 개요

1 무역의 개념과 대상

1 무역의 어원과 의미

1) 무역의 어원

무역(貿易)이라는 단어는 중국의 고전인 **사마천**의 **사기**(史記)에 기록된 **이물상무역**(以物相貿易)이라는 문구와, **증선지**의 **고금역대십팔사략**(古今歷代十八史略)에 기록된 **무역의복회전수주**(貿易衣服回傳數周)라는 문구에서 처음 유래되었다.

이들 문구는 중국 **월**(越)나라의 명재상이자 재력가였던 **범려**(范蠡)의 일대기를 서술한 기록 중의 일부로서, 그 내용은 당시 세간의 칭송을 한 몸에 받았던 **범려**가 말년에 중국 일대를 유랑하면서 타 민족과의 **교역**(交易)을 통해 막대한 부를 축적하고, 이를 빈민의 구제와 구휼에 사용하였다는 사실이 뼈대를 이루고 있다. 여기서 **범려**는 우리가 익히 잘 알고 있는 중국의 절세미인 **서시**(西施)의 연인이기도 하였는데, 어찌되었거나 이 기록에서 엿보이고 있는 **무역**(貿易)은 **교역**(交易)과 동일한 의미로서 공히 **매매**(賣買) 또는 **교환**(交換)을 뜻한다.

한편 영어의 경우 **무역**은 **트레이드**(trade)로 표기되는데, 그 어원은 **발걸음**(tread) 또는 밟아 다져져서 생긴 **행로**(track)라는 뜻으로부터 유래한다. 곧 **트레이드**는 **어떠한 길이나 행로를 따라서 물품을 교환하는 행위**라는 함축된 의미를 지닌다.

다른 한편 왜국어로서 **무역**(ぼうえき)은 ①**국가 간 물품의 거래**, ②**수출과 수입의 총칭**, ③**국제적으로 재화를 교환하는 것과 관련된 상행위**라는 넓고도 다양한 뜻을 포함하고 있는데, 이 경우에도 **무역**(貿易)은 다름없이 **교역**(交易)과 동일시된다.

우리 국어사전에서는 무역을 **국가와 국가 사이에 물품을 매매하는 일**로 풀이하고 있다. 보다 간략히 함축하면 **국제물품매매**(國際物品賣買, international sale of goods)로 일괄할 수 있다. 이에 담긴 상학적 의미를 구분하여 분설하면 다음과 같다.

①**국제**(國際)는 **국가 간**(國家間, inter-national)을 뜻한다. 이는 무역의 공간적 범위로서, 그 해석상 **이국**(二國, two-states)이 아닌, **이국**(異國, different-states)으로 특정

하여야 한다. 왜냐하면 이국(異國)이 아닌 이국(二國)으로 새길 경우 제3의 또는 그 이상의 국가가 개입되는 중개무역(仲介貿易, merchandising trade)[1)]이나, 중계무역(中繼貿易, intermediary trade)[2)] 등은 무역에 포함되지 않는다는 논리적 모순에 빠질 수 있기 때문이다.

②물품(物品, goods)은 넓은 의미에서 유형재화(有形財貨, visible or tangible goods)와 무형재화(無形財貨, invisible or intangible goods) 및 서비스와 노무 등을 망라한 개념으로 인식되고 있지만, 좁은 의미에서는 이 중에서 유형재화만을 대상에 두고 있다. 참고로 우리 법학에서는 물건(物件)을 유체물 및 전기 그 밖에 관리할 수 있는 자연력으로 정의하고 있는데,[3)] 이 경우 물건은 물품에 의제(擬制, legal fiction)된다.

③매매(賣買)는 당사자 일방[매도인(賣渡人, seller)]이 특정한 재산권을 상대방에게 이전할 것을 약정하고 상대방[매수인(買受人, buyer)]은 이에 대응하는 대가[급부(給付)]로서 대금지급을 약정함으로써 성립하는 법률행위를 뜻한다. 결국 무역에서 매매는 물품과 그 대가로서 대금이 상호 교환되는 것을 의미한다.

2) 무역의 의미

이상의 시각을 토대로 무역의 개념을 요약하면, 대체로 무역은 이국 간(異國間, inter-national)・상인 간(商人間, inter-merchant)・상거래(商去來, commerce)로 특정할 수 있다. 여기서 이국 간의 의미는 대개 국제성(國際性, internationality)을 체화한 개

1) 달리 3국 간 무역이라고도 한다. 곧 수출국과 수입국 간의 무역에 제3국 무역업자가 개입하여 화물을 이동시키고 대금결제의 당사자가 되는 형태로서, 제3국 무역업자는 중개인의 역할을 하고 중개수수료를 취득한다. 예컨대 수출국(A)과 수입국(B) 간에 제3국(C)이 물품의 수출・입을 중개하는 경우 C국의 입장에서 중개무역이 된다. 이때 물품은 C국을 거쳐서 인도(引渡, delivery)되는 경우도 있으나, 일반적으로 A국에서 B국으로 직접 인도되는 것이 상례이다.

2) 수출할 것을 목적으로 물품을 수입한 후, 이를 가공하지 않고 원형 그대로 수출하여 수출・입 대금 차익의 취득을 목적으로 하는 방식이다. 이때 중계화물이 일단 중계국을 경유하여 운송될 때는, 통과무역(通過貿易, transit trade)을 겸하게 된다.

3) 법률용어로서 물건은 유체물 및 전기 그 밖의 관리할 수 있는 자연력을 말한다(민, 제98조). 따라서 민법상 물건이 되려면, ①유체물이나 관리가능한 자연력이어야 하고, ②이를 관리할 수 있어야 하며, ③외계의 일부로서 독립한 물건이어야 한다. 다만 무역학의 시각에서는 이를 달리 물품(物品)이라고 의제(본질은 같지 않지만 법률에서 다룰 때는 동일한 것으로 처리하여 동일한 효과를 주는 일)하고 있는데, 그 취지는 재화의 매매에 주안점을 둔, 곧 같으나 서로 다른 표현이다. 예컨대 법리적 시각에서 국제물건매매(또는 국제동산매매), 상학적 시각에서 국제물품매매라고 달리 사용하고 있음을 엿볼 수 있다. 여기서는 무역학의 시각을 중시하여 이하 물품으로 사용한다.

념으로서, 이 경우 국제성을 충족하기 위해서는 ①상인의 영업소가 서로 다른 이국(異國)에 존재할 것과, ②서로 다른 법역(法域, legal territory)에서 법적용에 따른 규율의 범위를 달리 할 것이라는 2가지 요건을 동시에 충족하여야 한다.

이와 관련하여 혹자는 무역을 국내무역[國內貿易, 혹은 국내상업(國內商業) 또는 내국무역(內國貿易), domestic trade]과 국제무역[國際貿易, 혹은 대외무역(對外貿易) 또는 외국무역(外國貿易), international trade]으로 구분하기도 한다. 그 취지는 통상 상이한 수출·입 절차에 주안점을 두고 있기 때문이라 생각된다.

그렇다면 앞서 본 이국 간이라는 의미를 2가지 충족요건을 기준으로 바로 새길 경우 그 실익이 의문시 된다. 이를테면 수출·입 절차를 기준으로 국내무역을 구분하는 것에 관한 논의는 둘째치더라도, 국제무역이라는 의미는 국내무역의 상대적 개념으로서 취급할 수 있을 것이다. 이 경우 국제무역이라는 개념은 법적용에 기한 한정된 영역[국내]과 외부영역[국외]을 구분하여 인식하고 있다고 볼 수 있다.

여기서 문제시 되는 것은 무역과 국제무역이라는 개념의 상충이다. 만약 국제무역을 무역과 동일시하는 경우 양자 공히 그 적용범위에 있어 여하히 국내무역을 포섭할 수 없다는 논리적 모순이 발생한다. 동일한 취지에서 이국 간·상인 간·상거래라는 개념을 수용할 경우에도 마찬가지로 학문적 범위에서 국제상학(國際商學)이라는 개념 또한 국내상학(國內商學)이라는 상대적 개념의 존재를 응당 인식하고 이를 배제할 수밖에 없다는 동일한 결과를 초래한다. 따라서 국내무역을 무역에 있어 당사자의 권리(權利, right)[4)]와 의무(義務, duty or obligation)[5)]에 기한 국내상업(國內商業)의

4) 권리란 법에 의해서 개인 또는 단체에 허용된 일정한 이익을 향수하기 위한 활동범위 또는 힘으로 설명된다. 법은 정의의 실현과 함께 사회의 이익을 위해서도 일정한 작위·부작위를 명한다. 그것이 특정의 개인에게 이익을 주더라도 사회의 이익에 반하지 않으면, 오히려 그 편이 사회의 이익을 증진시키는 것이 되는 경우도 있다. 근대 시민법은 이러한 시각에서 폭넓게 개인에게 이익을 청구할 수 있는 힘을 부여하여, 그 자유로운 활동범위를 허용하고 있다. 이러한 권리의 본질에 관해서는 의사설(意思說)·권리법력설(權利法力說)·이익설(利益說) 등 학설이 나뉘어 있는데, 이익과 힘은 권리의 목적과 수단 또는 내용과 형식의 관계에 있으며, 권리의 개념상 동전의 양면과 같은 표리를 이루고 있다. 권리는 법률관계를 규율하는 법을 당사자인 법의 주체 편에서 파악한 것이다. 한편 권리는, ①법률관계의 종류에 따라, ㉠공권(公權, governmental authority)과, ㉡사권(私權, private right)으로, ②이익내용에 따라서 ㉠재산권(財産權, property rights)과, ㉡신분권(身分權, identity rights)으로 구분된다. ③그 밖에 ㉠국내법상의 권리와, ㉡국제법상의 권리가 있다. 권리와 비슷한 것으로서 법적 지위, 권한(權限, authority) 또는 법률관계를 발생·변경·소멸시킬 가능성으로서, 예컨대 취소권(取消權, right of revocation)·해제권(解除權, right of termination) 등과 같은 형성권(形成權, formative right)은 엄밀한 뜻에서는 권리가 아니다. 왜냐하면 이러한 것에는 권리에 대응하는 의무가 없기 때문이다. 이와 관련하여 진정한 권리인 물권(物權, real right)은 모든 타인에게 불침해 의무를 부과하고, 또한 채권(債權, credit)은 특정한 상대방에게 작위·부작위의 의무를 부과

부수적 과정 내지 절차를 포괄하는 것으로 취급함에 무리가 없다면, 이를 무역의 테두리, 곧 법역에 가두어 부수적·종속적 일부분으로 인식하여야 함이 타당할 것으로 본다. 결국 국내 실정법(實定法, positive law)[6]상 법적용에 따른 절차와 과정에 주안점을 두고 있는 경우라면, 마땅히 **국내무역**과 **국제무역**이라는 의미를 바로 새길 수 있겠지만, 달리 **무역**의 본질적 의미를 **국제무역**과 동일시해서는 무역학의 정체성을 바로 새김에 있어 문제가 될 수 있을 것이다.

한편 **상학**(商學)이라는 의미는 본래 왜국의 대학편제에 있어 **상학부**(商學部) 또는 **상학과**(商學科)라는 명칭으로부터 차용하고 있는 것으로 보이는데, 본래 **상학**이라는 용어는 **법무**(法務)라는 단어와 다름없이 **상무**(商務)라고 하는 어의가 전제되어야 성립할 수 있는 단어 혹은 개념이다. 곧 왜국사전에서 **상무**(しょうむ)는 **상업의 사무**로 정의되는데, 이 경우 **상업**(商業)이라고 함은, **생산자와 수요자 간**[상인 간(商人間)] **물품의 매매와 관련하여 이익을 목적으로 행하는 일련의 사무 내지 사업**으로 풀이된다. 따라서 **상학**은 **상무**와 관련한 학문이라고 축약할 수 있을 것인데, 이에 **국제상학**(國際商學)은 **법역을 달리하는 이국 간 상업활동에 관한 학문**으로 그 개념을 바로 세울 수 있다. 그렇지만 이 경우에도 **국제상학**은 개념상 **국제무역**과 마찬가지로 **국내상학**을 제외한 무역의 일부분으로서 그 범위를 특정할 수 있을 것이다.

다른 한편 **무역상무**(貿易商務)라는 어의는 단어 그 자체로서도 **이국 간·상인 간·상거래에 관한 사무**라고 유추할 수 있는데, 그렇다면 이는 **무역**과 **무역학**이라는 전반을 아우를 수 있는 무리 없는 표현이라 할 것이다. 다만 문제시 될 수 있는 사안은 **무역상무**가 지향하고 있는 연구범위 내지 연구방법 또는 학문적 정체성과 관련한 독자성의 담보여부가 될 것으로, 이는 앞서 언급한 바와 같이 **국제상학**과는 정반대의 시각에서 부각할 수 있는 논점이라고 본다.

한다. 근대 시민법에 비추어 **권리**를 행사하지 않으면, 이에 대응하는 의무는 발생하지 않으며, **권리** 위에 잠자게 되면, 사회이익도 증진되지 않는다. 한편 사회의 이익을 해하는 **권리**의 행사는 통상 권리남용(權利濫用, abuse of rights)으로 취급된다.

5) **의무**란, **사회생활상 사회적 질서를 유지하고, 조정하기 위한 사회적·물리적·정신적 강제 및 구속**을 일컫는다. 법학에서 **의무**는 권리의 반대개념으로서 **법률상 인격에 부과되는 구속**이라고 본다. 이는 ① **적극적으로 무엇을 하지 않으면 안 된다**는 작위의 의무와, ②소극적으로 **무엇을 해서는 안 된다**는 부작위의 의무로 구분된다. 이를 도덕상 의무와 구별하기 위해 **법적 의무** 또는 **법률상 의무**라고 한다.

6) **실정법**은, **국가에 의하여 제정된 법으로서, 과거 또는 현재에 시행된 법**을 말한다. 자연법(自然法, natural law)과 대립하는 개념이다. **자연법이란, 모든 시대와 장소를 초월하여 적용될 수 있는 영구불변의 법**을 의미한다. **자연법**은 때로는 **실정법**을 보충하고 그 지침이 되기도 한다.

●●● 무역의 어원과 의미

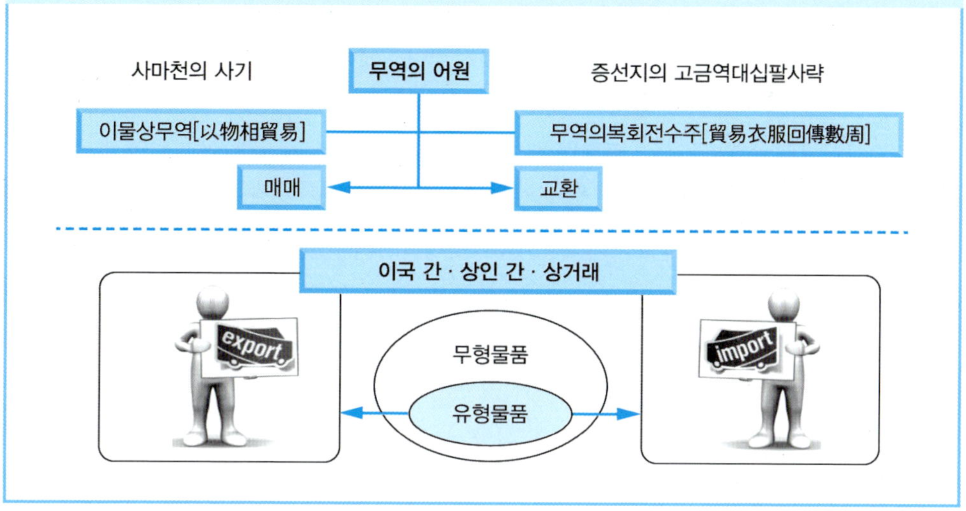

2 무역의 범위와 특징

1) 무역의 주체와 객체

무역(貿易, foreign trade)의 **주체**는 서로 다른 국가에, 이른바 영업소(營業所, business place)[7]를 보유하고 있는 **상인**(商人, merchant)으로, 그 내용은 **국가 간 물품의**

7) 영업소란, 기업의 영업활동에서 중심이 되는 일정한 장소를 말한다. **영업소**는 상호·상업장부와 더불어 모든 기업에 공통되는 물적 시설이다. **영업소**는 기업활동에 관한 기본사항을 결정하고 경영활동에 관한 지휘명령을 하는 중심지이어야 하며, 어느 정도 시간적으로 계속성을 보유한 장소이어야 하며, 인적·물적 조직에 의한 하나의 단위로서, 기업활동의 결과가 보고·통일되는 중심지이어야 한다. 이러한 **영업소**를 구분하는 기준은, 객관적인 사실의 문제에 귀결된다. 상인이 수개의 영업을 경영하는 때는 각 영업에 관하여 독립된 **영업소**를 갖게 되는데, 이 경우 **영업소** 상호 간에는 수직적 주종관계가 생기지 않는다. 즉 각각의 **영업소**는 독립된 지위를 갖게 된다. 그러나 하나의 동일한 영업을 위해 수개의 **영업소**를 둔 경우 전 영업을 통괄하는 **영업소**를 **본점**(本店)이라 하고, 여기에 종속되어 지휘·명령을 받는 **영업소**를 **지점**(支店)이라고 하는데, 양자 간에는 주종관계가 생긴다. 우리 상법에서 인정하는 **영업소**는 **영업소**로서의 실질을 갖춘 **본점**과 **지점**뿐이며, **영업소**의 업무를 부분적으로 분담하거나, **영업소**의 단순한 지원장소에 불과한 출장소·분점·사업소·직매소 등은 **영업소**로 취급되지 않는다. 그렇다고 **영업소**의 명칭을 **본점**과 **지점**만으로 한정하는 것은 아니다. **본점**과 **지점**은 동일한 상인에 속하며, **지점**의

교환행위에 따른 **국제상거래**(國際商去來, international commercial transactions)로 특정할 수 있다. 이 경우 교환행위의 대상으로서 **물품**(物品, 物件, goods)은 통상 **유형재화**(有形財貨, visible goods)만을 의미하지만, 넓게는 화폐·서비스·증권·자본·기술·노동 등과 같은 물품의 생산요소 등도 대상이 된다. 따라서 **무역의 객체**는 좁게는 유형물품에 국한한 **물품매매**(物品賣買, sales of goods)에 한정되고 있음이 통례이지만, 넓게는 서비스·화폐·증권·기술·자본·노동 등에 관련한 매매를 포함한다.

여기서 눈여겨보아야 할 것은 **국제상거래**(國際商去來)와 상인(商人)이라는 단어이다. 양자의 공통점은 외견상 공히 **상**(商)이라는 음절을 포함하고 있다는 것인데, 그렇다면 무엇보다도 **상**의 의미를 명료히 인식하는 것은 무역과 그 밖의 유사개념을 정립함에 있어 단초가 될 수 있을 것으로 본다.

상은 본래 자전(字典)적 의미에서 이익을 얻기 위해 물건을 **사고파는**[매매(賣買)][8] 행위로 정의된다. 따라서 소비용 또는 가사용 목적으로 개인적 편익을 얻기 위해 물건을 사고파는 행위는 **상**의 범위에서 배제되어 있다고 취급할 수 있다. 그렇다면 이 경우 **상인은 이익을 얻기 위해 물품매매를 주업으로 하는 자**로 새길 수 있다.

그렇지만 일상적으로는 **상**의 포함여부에 개의치 않고 흔히 **상거래**, **국제상거래**, **전자상거래** 등과 같이 혼용하고 있다. 그러나 법적으로 **상사**(商事)·**민사**(民事), **상행위**(商行爲, commerce)[9]·**법률행위**[法律行爲, transactions)[10] 등을 구분하여 사용하고 있음도 눈여겨 볼 수 있다. 여기서 주목하여야 할 논점은 **상거래**(commerce)와 **거래**(transactions)를 구분하여야 할 필요가 있느냐 하는 것과, 설령 구분이 가능하다면 그 법적·상무적 실익은 무엇인가 하는 점이다.

그간 실무계에서나 학계에서 이러한 논점에 대한 검토와 토론이 없었던 것은 아니지만, 대개 구분의 실익이 미미하다는 주장 내지 의견이 팽배하여 실상 관련 법

책임자는 독립된 상인이 아니다. **영업소**는 자연인에 있어 **주소**에 해당하는 법률상 효과를 지닌다.

8) 당사자 **일방**[**매도인**(賣渡人, seller)]이 어떤 재산권을 상대방에게 이전할 것을 약정하고 **타방**[**매수인**(買受人, buyer)]이 이에 대하여 그 대금을 지급할 것을 약정함으로써 성립되는 계약으로 **낙성계약**(諾成契約, consensual contract)·**쌍무계약**(雙務契約, bilateral contract)·**불요식계약**(不要式契約, informal contract)의 전형적인 **유상계약**(有償契約, onerous contract)을 말한다.

9) **상행위**란 법률상 **영리목적을 달성하기 위한 기업[상인]의 활동**을 말한다(상, 제46조).

10) transaction은 대개 **거래**라고 번역되나, 법률용어로서는 **법률행위**를 지칭한다. 여기서 **법률행위**는 일정한 일을 하거나 또는 성취하는 등 그 내용은 여러 가지이지만, 통상 타인의 권리에 영향을 미치게 하고 그 행위의 결과 소송으로써 이를 추구할 수 있는 모든 경우를 포함한다. 따라서 transaction(s)은 거래 또는 계약보다 의미가 넓다고 볼 수 있다.

안의 상정 시에나, 심지어 학계에서의 법리적 검토에서도 의견개진이 미약하였다. 그렇지만 무역학에 있어 이러한 구분의 실익에 대한 도외시는 합목적성 차원에서 뿐만 아니라 제반 **국제상사법**(國際商事法, international commercial law) 내지 **국제계약법규범**(國際契約法規範, international contract law and principles)과의 법리적 조화의 관점에서 상당한 장애나 혼선을 야기할 수 있는 개연성이 다분할 것으로 본다.

국제상거래에서 **상인** 또는 **상인의 상행위**는, 소비자를 강력히 보호하고 있는 각국의 실정법에 구애됨이 없이, **계약자유의 원칙**(privity of contract doctrine)[11]에 따라 상대국의 **국내법**(國內法, municipal law)[12] 또는 **강행법**(强行法, mandatory law)의 적용에서 탈피하여 그 자유가 널리 보장되어 있다고 할 때, 무역의 주체로서 **상인**의 신속・민활한 **상행위**를 적극적으로 지원・배려하고, 나아가 **법적 안정성**(法的安定性, legal stability)[13]과 **예견가능성**(豫見可能性, foreseeability)[14]이 담보되어야 함을 고려할

---

11) 계약에 의한 법률관계의 형성은 법에 저촉되지 않는 한, 각자의 자유에 맡겨지며, 법도 그러한 자유의 결과를 존중한다는 원칙을 말한다. 연혁에 비추어 계약의 자유는 소유권과 결합하여 경제적 약자를 지배하는 제도로 전환되기도 하였는데, 이에 경제적 약자는 경제적 강자가 제시하는 계약조건에 따라 계약을 체결할 수밖에 없었다. 결국 **계약자유의 원칙**을 관철하면 경제적 강자를 보호하게 되는, 곧 경제적 약자를 압박하는 결과를 초래한다는 법적 형평의 문제가 제기되었다. 이에 현대계약법의 법률이념은 **계약자유의 원칙**에 일정한 제약을 가하는 것이 사회정의를 실현하는 길이라고 인식하기에 이르러, **계약자유의 원칙**에 각양의 제한을 존치해 두고 있다. 그렇지만 본문에서 의도하고 있는 바는, 이러한 제한이 **국제성**(國際性, internationality)을 체화한 상인 간 국제상거래에는 **계약자유의 원칙**이 본연의 취지대로 적용될 수 있고, 또한 적용되어도 문제가 없다는 의미로 요약할 수 있다. 이는 달리 법역을 초월한 외부영역에 있어 경제적 약자의 구분에 따른 실익이 없음을 의미한다. ①**계약자유의 원칙**은 ②**소유권 절대의 원칙**(所有權絕對原則, principle of absolute ownership), ③**과실책임의 원칙**(過失責任原則, principle of liability with fault) 등과 함께 **근대 민법의 3대 원칙**을 이루고 있다. **계약자유의 내용**으로는, ㉠**체결의 자유**, ㉡**상대방 선택의 자유**, ㉢**내용결정의 자유**, ㉣**방식의 자유** 등을 드는 것이 통례이다.

12) **국내법**은 **국가의 법제정권**에 의해 **국내의 사항에 관하여 제정한 법**으로서 이는 **국제법**에 대응한다. 근대국가는 그 권위를 스스로의 권력에 의하여 확립하고, 타국에 관하여 독립을 주장하며, 영역 내에서는 최고의 지배권을 가진다. **국내법**은 내국민은 물론이고, 국내에 체류하는 외국인에게도 지배권을 가진다. 통상 국가공권력의 발동・태양・기관 등에 관하여 규정한 것을 **공법**(公法, public law)이라 하고, 국민 간의 관계를 규율한 것을 **사법**(私法, private law)이라 한다.

13) **법적 안정성**이란, **사회에서 행해지고 있는 법질서가 동요하지 않고, 어떤 행위가 정당하며, 어떤 권리가 보호되며, 어떤 책임이 어떻게 추궁되느냐가 일반적으로 분명히 제시되어 있어, 이로부터 사람들이 법의 권위를 믿고 마음 놓고 행동할 수 있는 상태**를 말한다. 달리 **법적 확실성**이라고 한다. **법적 안정성**을 확보하기 위해서는 법이 함부로 움직이는 것을 방지하지 않으면 안 된다. 이를 위해서는 법의 뜻을 성문법에 의해 확정시키는 것과, 성문법을 정확한 논리의 방향에 따라 해석하는 것이 필요하다. 다만 법해석상 개념은 끊임없이 유동하므로, 법을 너무 고정시키게 되는 경우 법이 실생활에서 분리되어 인간관계를 올바르게 규율할 수 없게 된다. 그 결과 법을 무시하게 되면, 사회정의를 실현시키려는 움직임 등이 대두되어, 도리어 **법적 안정성**을 파괴하는 위험을 촉발할 수도 있다. 따라서 법에 사회정서에 순

때, 이들 용어의 구분은 매우 긴요할 것으로 본다.

왜냐하면 **한정된 공간적 영역**[법역(法域, legal territory)]은 상대적 개념으로서 **외부영역**(外部領域, linked-territory)과 비교할 경우 전통적으로 동질사회에 걸맞은 독특한 **관습**(慣習, usages, customs)과 **관행**(慣行, practices)을 배타적으로 구분되게 하는 경계가 되며,[15] 나아가 **법률관계**[대가관계]에 우선하여 공통의 이해를 상호 적절히 균분할 수 있는 기준으로서 보편타당하기 때문이다.[16] 바꾸어 말하면, 소비자를 제외한 **상거래를 거래**와 구분할 경우 이에 참여한 상인은 국내・외의 상행위를 불문하고 소비자를 강력하게 보호하고 있는 제반 **법**과 **규범**(規範, norm)[17]으로부터 자유로울 수

응하고, 정의의 요구에 따라서, 변화할 수 있을 만한 탄력성을 주는 편이 오히려 **법적 안정성**을 확보하는 길이라고도 할 수 있다. 그 과정에서 구체적 타당성을 통해 질서와 정의와의 조화가 구해져야 함은 물론이다.

14) **예견가능성**이란, 어떤 일을 하거나 또는 하지 않음으로 인해, 위기가 초래되리라는 것을 예견할 수 있는 능력 또는 가능성을 말한다. 통상 손해배상에 기하여, **불법행위**(不法行爲, illegal act, tort) 및 채무불이행의 법적 책임체계를 논할 때 거론된다. 이는 법적용상 법률문제로 귀결된다.

15) ①**관습**은 **사회생활상 계속 반복하여 행해지며, 어느 정도까지 일반인 또는 일정한 직업 또는 계급에 속하는 사람을 구속하기에 이른 일종의 사회규범**을 말한다. **관습**이 사회의 법적 확신에 의해 지지되어 법적 규범으로서의 가치를 취득한 것을 **관습법**이라 하고, 그렇지 않은 것을 **사실인 관습**이라 한다. ②국제상거래의 시각에서 **관습**은 널리 **일정한 분야 또는 장소에 관련된 거래 당사자 간에 통상적으로 준수되는 거래행태**로 설명 또는 인식되고 있음이 통상이다. 이 경우 **관습**은 **국제적 관행**만이 아니라 **국내적 관행, 지역적 관행**도 포함된다. 마찬가지로 **관행**은 **일반적이 아니라 오로지 당사자 상호 간에 규칙적으로 준수되는 행태** 또는 양식으로 설명된다. 결국 **관습**은 **관행**에 비하여 그 범위를 보다 넓은 시각에서 이해하여야 한다. 이에 따라 **관습**과 **관행**이 충돌하는 경우 일반적으로 **관습**이 우선한다.

16) **한정된 공간적 영역**이라고 함은 **모든 법은 응당 영토적이다**(all law is *prima facie* territorial)라는 법격언에 기초한 특단의 표현임을 참고한다. 또한 **한정된 공간적 영역**의 상대적 개념으로서 **외부영역**은 영역 밖에 초점을 두고 있는 것이 아닌, 영역과 영역이 동적으로 연결되어 있는, 곧 법적용의 다른 테두리 내에서의 공간적 의미라는데 주안점을 둔 본서만의 용어임을 참고한다.

17) **규범**은 **인간이 사회생활을 하는데 있어, 구속되고 준거하도록 강요되는 일정한 행동양식**을 통칭한다. 통상 **규범**은 **사회적 규범**으로서 존재하며, 그 강제의 강도에 따라서 3가지 단계로 나눈다. ①단계는 관습 등에서와 같이 그 때까지 사회생활의 관행에 입각해서 사람들의 생활・행동을 규제하는 것으로, 이를 위반한 경우 비웃음・따돌림 등의 제재를 받는다. ②단계는 도덕적 관습으로 이를 위배한 때는 공동절교 등 물리적 제재를 받는다. 사람들의 행동을 규제하는 것은 이 단계의 **규범**인데, 이것은 비록 성문화되어 있지 않지만, 일상적 행동에서 강력한 규제력을 가지고 있다. ③단계는 제재의 주체가 어떤 형태이든 공적인 성격을 띠어서 권력을 가지는 경우이다. **규범**은 전형적으로는 법이라는 형식을 취하며, 재판 등을 통해 공적으로 제재가 이루어진다. 이러한 강제력의 측면과는 다른 측면, 즉 **규범**의 형태를 보면, 전통・도덕・제도 등이 있으며, 이들은 **규범**이 개개인의 내부에 내재화되어 가는 경우의 매개체이기도 하다. **규범**이 일정한 구속력을 가지는 것이라고 자각하기보다는 이에 따름으로써 사회생활의 통로가 열리는 일정한 형식으로서의 기능을 하고 있다. 이들 여러 가지 **규범**의 형태를 규정하는 것으로, 각 사회의 문화・종교・이념 등의 존재형태가 문제가 된다. 예컨대 유럽사회에서는 그리스도교 교의에 입

있다고 보아, 이에 따른 **법적 안정성**과 **예견가능성**을 담보할 수 있는 법적 실익을 향유할 수 있기 때문이다. 이러한 시각은 일반적으로 소비자는 무역의 주체가 될 수 없음을 전제한 국제통일계약법규범의 처지를 시사한다.

결국 **계약자유의 원칙** 내지 이를 구체화한 법격언으로서 **상인의 말은 보증서와 같**다는 언명은 상 또는 상인, 상거래, 상행위 등에 있어서 상의 개념정립으로부터 구분의 실익을 확립할 수 있다고 본다. 따라서 무역의 주체는 응당 소비자가 배제된 개념으로서 **상인**이 마땅하고, 이는 국제상거래에서 뿐만 아니라 무역의 정체성을 논함에 있어서도 합당한 논리적 배경이 될 수 있을 것으로 본다.

무역의 주체

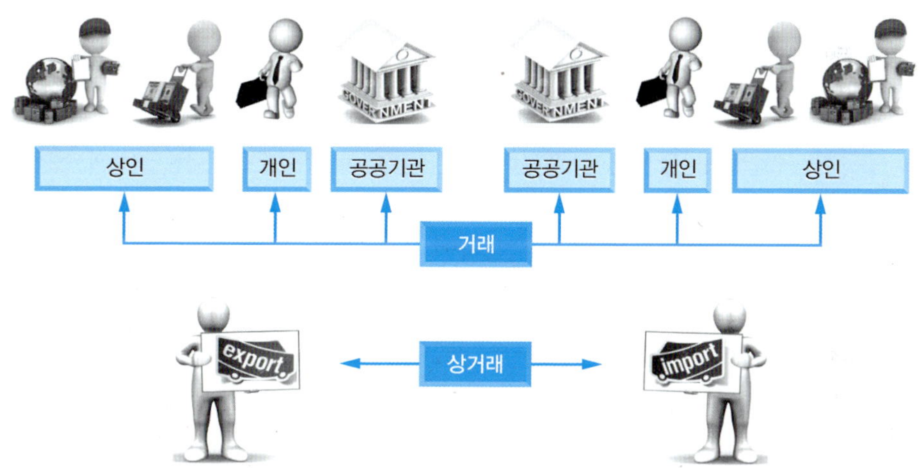

각한 가치의식이나 체계가 기본적으로 **규범**의 질을 규정하고, 윤리・도덕의 근간을 이룬다. 우리나라에서는 유교에 입각한 가치체계가 사회구조상 특질과 결부되어 규범의 주축을 이루고 있다. 이러한 차이가 문화적 차이로 나타나서 특정한 민족적・사회적 성격의 형성과 관련된다. 이 경우 계급사회에서는 권력에 의한 일정한 사상이나 가치관의 주입이 제도 또는 교육에 의해 이루어져 일상적 **규범**의 내용을 구성하게 된다. 이로부터 **규범**의 사회 통제적 기능이 확대되어 생활상의 욕구 충족과 모순・대립을 보이게 된다. 그 모순을 해결하려는 노력이나, 새로운 이념, 가치의식의 도입과 그 성립에 따라 **규범**의 질적 내용이 변화하게 된다.

2) 무역의 특징

무역은 앞서 본 대로 국제상거래라는 특질을 내재한다. 이 경우 국제상거래는 국내거래와는 다른 다양한 특수성이 존재한다. 예컨대 서로 다른 언어·법률·화폐·임금·물가·상관습(商慣習, commercial usage)[18]·경제상황 등이 그것이다. 이러한 무역은 대체로 국경을 넘어 이루어지는 것이 통상이기 때문에 필연적으로 언어·관습 등은 물론이고, 정치·경제적으로도 다양한 특수성이 존재한다. 이 같은 특수성을 열거하면, 대개 ①문화적 장벽, ②정책적 장벽, ③특수한 상관습, ④통화의 차이, ⑤선물거래(先物去來, trading or dealing in futures)[19]의 보편성, ⑥물품운송에 따른 제약, ⑦복합계약의 필요성, ⑧연관산업의 경제적 파급효과, 그리고 ⑨다양한 법규에 의한 규제 등을 예시할 수 있다.

(1) 문화적 장벽

문화적 장벽에 관하여, 서로 다른 국가에 소재하는 상인은 상거래 과정에서 서로가 생소한 생활양식에 직면하게 된다. 이를테면 인도에서 긍정의 몸짓은 우리가 고개를 끄덕이는 것과는 정반대로 고개를 좌우로 흔드는 것이다. 또한 미국에서 오라는 손짓은 손바닥을 하늘로 향하여 손가락을 구부리는 것이다. 우리처럼 손등을 하늘로 향하여 구부리는 것과는 판이하다. 또한 노크도 손등을 앞으로 하여 두드리지

18) 상사에 관한 사실상의 관행을 상관습이라 하고, 관행의 형식으로 존재하는 상사에 관한 법규범을 상관습법이라 한다. 이 경우 상관습법은 법규범으로서의 성질을 지니지만, 상관습은 당사자의 의사표시의 해석을 위한 근거에 불과하다. 따라서 우리 실정법상 법적 효과로서 양자 간에는 다음과 같은 차이가 존재한다. ①민·상법의 강행법규에 위반하는 상관습은 구속력을 가지지 못하지만, 상관습법은 그것이 선량한 풍속 그 밖의 사회질서에 위반되지 않는 한 성립이 가능하다. ②상관습법 위반에 관한 판결은 법률문제로서 상고할 수 있으나, 단순한 상관습 위반의 판결은 사실인정의 문제에 관한 것이므로 상고이유가 되지 않는다. 양자의 구별기준은 장기간에 걸쳐 관행이 된 사실인 상관습이 실정법에 상응하는 법적 확신을 얻을 때에 상관습법이 된다고 한다. 그러나 사실인 상관습도 사적자치가 인정되는 범위에서는 임의법규에 우선한 해석기준이 되므로, 실제로 양자의 구별에 따른 실익은 없다. 제정법은 그 규범의 수가 유한적이며 또한 일정한 사실관계를 전제하므로 규범의 정립이 고정적이고, 어느 정도 일정한 이상을 정립한 것으로 시험적인데 비하여, 상관습법은 자연적으로 발생한 것으로서 제정법의 결함을 극복하여 기업관계에 효과적으로 적응할 수 있는 장점이 있으며, 새로운 입법을 촉진하는 역할을 한다. 상관습법으로 인정된 것 중에서 중요한 것으로는 백지어음의 유효성 등이 있으나, 이미 성문화되었고, 현재로는 무역과 관련된 상업신용장에 관한 관습, 해상화물운송에 있어 보증도의 관습 등이 있다. 종래 상관습법은 상법의 법원으로서 중요한 지위를 점하였으나, 점차 입법화되거나 보통약관의 발달로 그 의미가 감퇴되고 있고 또한 새로운 상관습법의 성립으로 폐기되기도 한다.

19) 통상 현재 시점에서 지정일시에 물품인도와 대금결제 이행을 합의한 거래를 말한다.

만 우리는 반대로 손바닥을 앞으로 보이게 하여 두드리는 것이 상례이다. 나아가 셔츠의 단추도 위에서 아래로 잠그는 것이 우리의 문화적 패턴이지만, 영미에서는 아래에서 위로 잠그는 것이 일상화되어 있다. 그 밖에도 우리가 친밀감을 표현하기 위하여 엿보이는 다양한 몸짓이나 손짓도 뜻밖에 몇몇 국가에서는 상대방에게 극히 모욕적인 의미로 이해되고 있다.

(2) 상관습의 차이

상관습의 차이도 일련의 무역장벽으로 취급할 수 있다. 러시아·중국·우리나라에서는 통상 계약체결 시, 이를테면 **채권양도**(債權讓渡, assignment of right),[20] **채무이전**(債務移轉, transfer of obligations),[21] **계약양도**(契約讓渡, assignment of contracts) 등과 같은 법률행위에 임할 경우 통상 당사자가 서명·날인하여 타방에게 인도하는 증서로서, 날인증서(捺印證書, specialty, deed)[22]를 매개로 계약의 성립을 확정하고 있지만, 영미에서는 그 형식이나 방법이 매우 다양하고 제한이 없는 것이 특징이다.

또한 무역은 각국별 언어가 서로 상이하고, 지리적으로 격지성이 존재할 뿐 아니라 상이한 주권국가에 속하는 당사자 간의 거래인 까닭에, 분쟁이 발생되었을 때 준거법(準據法, applicable law)[23]의 적용문제가 발생하므로, 계약당사자는 명시적인 계약내용을 보완하기 위하여 일반적으로 상관습을 정형화한 **정형거래조건**(定型去來條

20) **채권의 동일성을 유지하면서 채권을 이전할 것을 목적으로 하는 구채권자와 신채권자 간의 계약**을 말한다. **채권양도**는 원칙적으로 인정되고 있다(민, 제449조 내지 제452조). 예외적으로 금지되는 경우가 있다. ①법률에 의하여 금지되고 있는 경우, ②채권의 성질로 미루어 허용될 수 없는 경우, ③채권자와 채무자 사이에 미리 양도하지 않는다는 특약이 있는 경우 등이다. 양도는 양도인과 양수인의 합의만으로 효력을 발생하지만 양도의 효력을 제3자에게 주장하기 위해서는 다음과 같은 요건이 필요하다. ㉠채무자를 상대로 주장하려면 양도가 있었다는 것을 양도인으로부터 채무자에게 통지하거나 채무자가 그것을 승낙해야 한다. ㉡채무자 이외의 제3자에게 주장하기 위해서는 통지나 승낙이 확정일자가 있는 증서, 예컨대 내용증명우편 등으로 하여야 한다.

21) **채무의 동일성을 유지하면서 그 채무를 그대로 인수인에게 이전하는 것을 목적으로 하는 계약**을 말한다. 즉 A가 B에 대한 채무를 인수인인 C에게 이전하는 계약이다. 곧 A, B, C 간 3면 계약은 물론이고, A의 의사에 반하지 않는 한 B와 C의 계약으로도 할 수 있다. 또 A, C 간의 계약으로도 할 수 있는데 이 경우 B의 승낙에 의하여 효력이 발생한다. 그 효과로서 채무는 동일성을 잃지 않고 C에게 이전하고, A는 채무를 면하고, C는 B의 모든 항변권을 승계한다.

22) 당사자 의사를 입증하는 증서로서 날인하고 작성자가 상대방에게 교부하는 것을 말한다.

23) **국제사법**(國際私法, conflict law, private international law)에 따라 문제가 될 수 있는 섭외적 사법관계에 적용되는 **실질법**(實質法, real law)을 말한다. 주관적으로는 **당사자가 적용하기로 합의한 법**이며, 객관적으로는 **섭외적 생활관계와 가장 밀접한 관계가 있는 국가의 법**으로 정의된다.

件, standard trade terms)을 널리 사용하고 있다.[24] 이러한 **상관습**은 **국제상업회의소**(國際商業會議所, international chamber of commerce, ICC), **국제법협회**[國際法協會, international law association, ILA) 등과 같은 권위 있는 국제기구 내지 단체에 의해 국제규칙으로 발전함으로써 국제관습법(國際慣習法)[25]으로 기능한다.

한편 준거법으로 선택된 특정 국내법은 경우에 따라 국제거래법의 법원으로 기능할 수 있지만, 이는 어디까지나 국내법이기 때문에 국제거래에의 적용에는 한계가 있다. 따라서 국제상거래에 있어서는 국제적으로 적용될 수 있는 통일사법이 요구되는데, 이러한 통일사법은 **국제협약**(國際協約, international convention)[26]에 의해 규율되고 있음이 상례이다. 여기서 국제협약은 ①**체약국**(締約國, contracting state)의 사법을 통일하는 방식, ②각국의 사법을 그대로 존치하고 국제거래에 관한 섭외적인 요소만을 통일하는 방식, ③협약처럼 각국이 가입하지는 않더라도 일련의 **모델법**(model law)을 제정하여 각국이 국내법을 이에 접근시키도록 권고함으로써 이로부터 궁극적인 사법통일을 모색하는 경우 등이 있다. 이러한 사법에 관한 국제협약은 국

---

24) 무역계약 당사자들이 매번 상거래마다 모든 계약내용을 일일이 약정하는 것은 쉬운 일이 아니다. 따라서 당사자는 통상 유사한 상거래에서 사용될 수 있는 표준계약을 이용하면 편리할 수 있다. 이를 위해 국제적 무역관련 민간단체들이 무역에 관한 국제적인 상관습 등을 참조하여 규칙을 만들고 당사자들이 이를 거래 시에 계약으로 원용할 수 있도록 제공하고 있다. 이러한 통일규칙은 법률적 위치에 있는 것은 아니고 당사자가 그들이 합의한 바에 따라 계약에 원용함으로써 계약내용에 포함되는 결과에 이르게 된다. 또한 통일규칙은 무역거래에는 당연히 이용될 정도로 보편성을 띠고 있는 경우가 많기 때문에 때로는 계약내용에 명시적으로 표시하지 않더라도 당연히 원용한 것으로 추정되는 경우도 있다. **무역용어의 해석에 관한 국제규칙**(international rules for the interpretations of the trade terms, Incoterms), **신용장통일규칙**(uniform customs and practice for documentary credits, UCP), **추심통일규칙**(uniform rules for the collection of commercial paper, URC) 등이 대표적이다.

25) **관습법**이란 항상 되풀이되는 **관습**으로 인해 관련 당사자들이 법적 확신을 갖게 되는 상황에 이르는 상태를 말하고, 재판은 당사자의 입증이 없더라도 이를 적용하게 된다. 따라서 **관습법**은 단순한 사실인 관습과는 달리 법원의 하나로 인정된다. 무역거래에서의 **관습법**은 특정지역 또는 특정종류의 거래에서 표준계약서식, 약관(約款, terms), 통일규칙 등의 일부분으로서 관계자들에게 널리 알려진 사항으로 성립하는 경우가 많다.

26) **협약**(協約, convention)은 당사자의 일방 또는 쌍방이 단체[사적 단체 · 공공단체 · 국가 등]인 경우의 계약에 관하여 사용된다. 또한, **협약**은 국제법상 조약의 한 명칭으로 사용되는 점에서 **협정**(協定, agreement, arrangement)과 동의어로 취급된다. 이 경우 **협정**은 주로 정부가 행정권에 속하는 사항에 관하여 단독으로, 즉 입법부의 동의 없이 외국정부와 체결하는 **협정**에 사용된다. 통상 **협약**에 준하는 명칭에는, **협정** · **조약**(條約, treaty) · **의정서**(議定書, act, protocol) · **선언**(宣言, declaration) · **규정**(規程, statute) · **규약**(規約, covenant) · **헌장**(憲章, charter) · **합의의사록**(合意議事錄, agreed minutes) · **교환공문**(交換公文, exchange of notes) · **각서**(覺書, memorandum) · **잠정협정**(暫定協定, modus vivendi) · **공동선언**(共同宣言, joint declaration) 등이 있다.

가 간에 사인 간의 권리·의무에 관한 규정에 대하여 합의함으로써 체약국들이 사법을 공동으로 통일하려는데 목적을 두고 있다.

다른 한편 국제법(國際法, international law)[27]은 주권국가 간 또는 국가와 그 밖의 단체 및 개인 간의 관계를 규정하는 국제공법체계를 의미하기 때문에 사법통일협약은 국제법 영역에는 포함되지 않는다.

(3) 종교적 차이

종교적 차이도 중요한 문화적 장벽으로 기능한다. 예컨대 하루에 5번 씩 **메카**(Mecca)를 향해 기도하거나, **히잡**(hijab)이나 **차도르**(chador)를 쓴 행태, **할랄**(Halal) 인증에 관한 규범적 규제 등도 모두 종교적 관습에서 비롯된 차이라고 할 수 있다.

이러한 **종교적 차이**는 문화적 관습의 차이보다도 무역에 있어 극복하기가 수월치 않은 높은 장벽이 될 수 있는 개연성이 짙다. 일례로 종교적인 이유에서 특정물품의 수입이 근본적으로 불가능한 경우도 비일비재한데, 이를테면 중동에서 할랄식품과 관련한 주류나 돼지고기 등의 수입제한을 그 전형적인 예로 취급할 수 있다.

(4) 정책적 장벽

각국의 무역과 관련된 경제정책도 큰 차이가 있다. 예컨대 관세부과방식과 물품에 대한 관세율도 국가에 따라 그리고 물품별로 각기 상이하다. 뿐만 아니라 관세(關稅, tariff) 이외에도 수량제한이나 엄격한 수입허가제도, 자국의 조달물자에 대한

27) **국가 간에 명시되거나 묵시된 합의를 기초로 하여 형성된 법**을 말한다. 달리 **국제공법**(國際公法, international public law)이라고도 한다. 주로 국가 상호 간의 관계를 규정하는 것으로서 최근에는 개인이나 UN 등의 국제조직도 국제법상 법률관계의 당사자로서의 지위를 인정하는 사례가 많아졌다. **국제법**은 국가 상호 간에 명시된 합의에 바탕을 둔 조약과 여러 국가의 관행을 기초로 성립되는 **국제관습법**(國際慣習法, customary international law)으로 성립되고 있다. 조약은 그 조약에 참가한 국가밖에 구속하지 않기 때문에 현재도 국제사회 일반에 타당한 **국제법**은 **국제관습법**의 형태를 취하고 있는데, 그런 의미에서 **국제법** 전체 가운데서 **국제관습법**은 아직도 중요한 지위를 차지하고 있다. 여기서 **국제관습법은 국가 간의 묵시적인 합의에 의하여 일반적으로 승인된 국제관행**을 말하는데, 여기서 **국제관행**이 **국제관습법**으로 성립하려면 다음과 같은 요건을 구비하여야 한다. ①국제사회의 각 국가 간에 일정한 관행이 있어야 한다. 즉 일정한 사항에 대하여 국가 간에 동일한 내용의 행위가 반복·계속된다는 사실이 있어야만 한다. ②이러한 사실을 각 국가가 장래에 있어서도 그 관행을 준수할 것을 승인함으로써 그 관행이 사실로부터 하나의 규범이 되어야 한다. 즉 이러한 관행이 단순한 사실적인 관습적 행위가 아니고, 법에 준거하는 의무로서의 행위라는 법적 확신을 각 국가가 가져야만 한다. 이상의 2가지 요건을 구비하게 되면 사실로서의 **국제관행**으로부터 규범으로서의 **국제관습**이 성립한다.

자국물품 우선구매 등과 같은 다종다양한 정책수단을 동원해서 외국으로부터 자국에 수입되는 특정물품에 대해서 특단의 장벽을 두고 있기도 하다. 이에 해당되는 **관세장벽**(關稅障壁, tariff wall)을 살피면 다음과 같고 그 상세는 후술한다.

①**덤핑방지관세**(anti-dumping duty)가 있다. 이는 부당한 저가의 물품이 제한 없이 수입되어 국내산업에 손해를 입히는 것을 방지하기 위해 해당 수출국의 정상가격과 덤핑가격의 차액범위 내에서 관세를 부과하는 것을 말한다.

②**상계관세**(countervailing duty)란, 수출국이 수출물품에 장려금이나 보조금을 지급하는 경우 수입국이 이에 따른 가격경쟁력을 상쇄시키기 위해 부과하는 **누진관세**를 말한다. **상계관세**에 대한 대표적 사례로 우리나라 반도체기업의 예를 들 수 있다. 곧 당해 반도체기업은 정부의 재정지원으로 해외시장점유율을 급속히 늘려갔지만, 미국과 유럽 등에서 이들 기업에 정부보조금 내지 재정지원에 대응하여 약 40%가 넘는 **상계관세**를 부과한 전례를 대표적 사례로 취급할 수 있다.

③**보복관세**(retaliatory duty)는, 외국이 자국물품 등에 부당하게 차별관세나 이에 준하는 특단의 차별대우를 하는 경우 또는 자국이나 자국 산업에 부당한 조치를 취할 경우 이에 상당한 보복을 가하기 위해 상대국으로부터 수입하는 물품에 고율의 관세를 부과하는 것을 말한다. 그러나 이는 유명무실한 제도로서 그 자체에 의의를 두고 있을 뿐 실제로는 거의 실행되지 않고 있다.

④**긴급관세**(emergency duty)는, 특정물품의 수입증가로 동종물품 또는 경쟁물품을 생산하는 국내산업을 보호하여야 할 필요가 있을 경우 제한적으로 부과하는 관세를 말한다. 예컨대 외국산 휴대전화 수입으로부터 국내에서 생산되는 휴대전화를 상대적으로 보호하기 위해 관세를 부과한 경우 이는 긴급관세가 된다.

⑤**편익관세**(beneficial duty)란, 물품이 상대국과 조약에 의거, 관세부과상 편익을 받지 않는 경우 그 특정물품이 자국에 수입될 때, 당해 조약에 의해 부과하고 있는 관세혜택 범위 내에서 관세에 관한 편익을 부여해 주는 것을 말한다.

⑥**계절관세**(seasonal duty)란, 계절에 따라 가격이 현저히 차이가 있는 농산품·유사품·동종품·대체품의 수입으로 국내시장에 피해를 줄 개연성이 있는 경우 계절의 구분에 따라 당해 물품의 국내·외 가격의 차액범위 내에서 부과하는 관세를 말한다. 이로부터 농산물 수확기에는 대체 또는 동종물품 등에 수입관세를 부과하여 가격하락을 방지하고, 비수확기에는 관세를 경감하여 가격상승을 저지하기도 한다.

(5) 통화의 차이

화폐는 물품의 가치를 나타내는 것이기에, 서로 다른 화폐는 동일한 물품에 대해서 서로 다른 가치를 부여할 수 있다. 곧 동일물품에 대해 우리나라에서의 가격과 미국에서의 가격이 상이한 이유는 이러한 **통화의 차이** 때문이다.

그러나 현실적으로 무역에서는 많은 물품을 거래하는 국가의 통화를 중심으로 상호 간 대금결제가 이루어지고 있다. 이를테면 **달러화**(US$)·**엔화**(¥)·**유로화**(EURO) 등은 무역에서 주요한 결제통화가 되고 있는데, 이를 소위 **기축통화**(基軸通貨, key currency)라고 한다.

(6) 선물거래의 보편성

무역은 **물품**(物品)을 매매의 대상[계약의 목적물(subject matter with contract)]으로 계약이 체결되고 이행된다. 따라서 **계약의 목적물**로서 물품은 계약체결 시에 실제로 존재하는 **현물**(現物, existing goods)[28]과, 계약의 체결 뒤에 제조하거나 또는 **충당**(充當, appropriation)·획득되는 물품인 선물(先物, future goods)의 양자를 포함한다. 일반적으로 **선물매매**(先物賣買, sales of future goods)가 무역에 있어 물품매매의 통상이라 할 수 있다.

(7) 물품의 운송에 따른 제약

무역은 **격지성**(隔地性)이 존재하는 당사자 간 상거래이므로 국내거래와는 달리, 계약의 이행에 있어 **물품운송**(物品運送, carriage of goods)이 중요한 사안으로 부각된다. 곧 무역은 주로 **해상**(海上)에서 **재래선**(在來船, general or conventional ship)[29]을 중심으로 한 해상운송(海上運送, sea transportation)을 매개로 발전되어 왔기에 이에 따른 해상의존도가 매우 높다. 따라서 오늘날 대부분 무역에서도 **운임·보험료포함인도조건**(CIF), **본선인도조건**(FOB) 등과 같은 **정형거래조건**[Incoterms]이 채택되어 상거래 당사자 간의 권리·의무 및 계약내용을 특정하고 있다.

---

28) 매매의 대상물이 이미 시장에 실존하고 있는 것으로서 **선물**(future goods)과 대비되며, 계약과 동시에 인도되는 물품을 말한다. 달리 **스팟**(spot)이라고도 한다.

29) 컨테이너 전용선이 등장하기 전의 **일반화물선**을 말한다. 컨테이너 운송을 고려하지 않고 설계된 정기선을 **재래선** 또는 **재래정기선**이라 한다.

(8) 복합계약의 필요성

무역계약의 성립에는 우선 **계약의 목적물**에 관한 품질 · 수량 · 가격이 중심적 조건이 되며, 물품인도를 위한 선적 · 보험 · 물품대금결제 등이 부수적인 조건이 된다. 또한 계약의 이행에는 수출상 · 제조업자 · 금융업자 · 보험업자 등 다수의 이해당사자가 필연적으로 관여함으로써 무역은 매매계약(賣買契約, contract of sale)을 **주계약**(主契約, main contract)으로, 이에 운송계약(運送契約, contract of transportation), **보험계약**(保險契約, contract of insurance), **환계약**(換契約, contract of exchange or payment) 등을 **종속계약**(從屬契約, sub-contract)으로 하여 다수 · 복합적으로 이행된다.

(9) 연관산업의 경제적 파급효과

무역은 단순히 국가 간 물품의 이동만을 수반하는 것이 아니다. 곧 국제적 분업을 통하여 국가 간에 무역이 이루어지면 국제적 공급 및 수요를 충족시킬 수 있을 뿐만 아니라 당사자 자국의 국내 산업을 육성 · 발전시켜 국민경제의 수준을 향상시킬 수 있다. 이를테면 무역의 증대는 국제적으로 분업의 발달을 촉진시켜 저렴하고 질 좋은 물품의 국제적 공급과 유통을 원활히 하고, 국내 주요 산업이 필요로 하는 원료를 비교우위의 세계 각국으로부터 수입 · 공급할 수 있도록 하여, 국내에서 생산된 물품의 수출을 통한 수익의 증대 그리고 대량생산과 고용수준의 향상을 통하여 무역거래에 참여하는 각국 상호 간의 국민경제발전에 기여할 수 있다.

(10) 다양한 법규에 의한 규제

무역은 다양한 법규에 의해 규제된다. 곧 각국의 국내법인 사법 및 공법을 포함하여, 국제상거래의 준거법을 결정하는 국제사법 및 두 나라 간 또는 다수 국가 간에 체결된 조약의 형태로 존재하는 국제법 등 다양한 법규에 의해 규제되고 있다.

이에 더하여 오랜 기간 동안 형성된 국제상관습도 계약당사자의 자치적 의사에 따라 계약내용에 편입되기도 한다. 이러한 국제법규범과 국제상관습은 상호 일정한 연관성을 유지하면서 국제상거래의 법원으로서 기능하고 있다.

무역의 특징

- 문화적 장벽
- 상관습의 차이
- 종교적 차이
- 정책적 장벽
- 통화의 차이

- 선물거래의 보편성
- 물품운송에 따른 제약
- 복합계약의 필요성
- 연관산업의 파급효과
- 다양한 법규의 규제

3 무역학의 연구범위와 학문적 개념

1) 무역학의 연구범위

국제상거래는 당사자 자치가 넓게 인정되고 있는 분야로서 여기서 당사자의 목적은 그들 스스로가 자치적으로 형성한 **표준약관**(標準約款, standard terms)에 의해 달성되고 있음이 일반적이다. 그러나 국제상거래에 관한 오랜 경험과 전문적이고 체계적인 지식에 기초하여 만들어진 빈틈없는 약관이라고 하더라도, 국제상거래의 이행과정에서 발생할 수 있을 문제를 일일이 상정하여 당사자의 권리・의무관계[법률관계(法律關係)]를 명정하는 것은 사실상 불가능한 일이다. 설령 당초 예견 가능했던 문제가 발생하였더라도 그 해석에 있어 시간적・공간적 제한으로 인해 상호 간 의견대립이 있을 수 있다. 이 경우 의견대립을 해결하기 위한 접근방법은 2가지가 있는데, ①국제사법질서 하에서 당해 상거래와 관련이 있는 어느 당사자의 국내법에 의존하는 방법이다. 이는 당해 문제해결을 상거래에 관한 국제사법이 준거법으로 기능하게 됨을 의미한다.

②당사자의 합의(合意, agreement)[30]를 전제로 당해 상거래에 있어 오랜 기간에 걸

쳐 확립된 자율적 규범에 의해, 이를테면 통상적인 관례로 존중할 수 있는 상관습에 의지할 수 있는 방법이다. 다만 양자에 대한 필요요건은 공히 국제상거래의 특성을 충분히 반영한 국제적 통일법규범의 존부일 것이다.

그간 국제사회는 국제상거래의 활성화와 분쟁의 공정한 해결을 도모하기 위하여, 곧 국제물품매매에 있어 상거래상의 문제해결을 둘러 싼 혼란을 최소화하고, 이로부터 당사자 공통의 이해를 촉진하기 위하여 여러 가지 노력을 하여 왔다. 이들 노력은 크게 앞서 본 2가지 흐름으로 전개되었는데, ①은 국제상거래 당사자 공통의 이해와 국제상관습의 확립을 위하여 각양의 표준서식 내지 상거래 약관을 때마다 지속적으로 통일하는 등 당사자 간 자율적 규범 내지 규칙을 확립하기 위한 노력이었고, ②는 국제물품매매에 관한 법통일화 작업이었다. 이 양자는 분명 상호 의존적·보완적 관계성을 형성하는 가운데 서로의 영향을 제고해 가면서 국제상거래의 발전과 기여를 명분으로 각기 다른 길에서나마 동일한 목적을 지향하고 고유한 규범 확립의 길을 개척하여 왔다.

②의 일환으로 그간 가장 주목되었던 작업은 각국의 국내법은 그대로 두고, 국제상거래에 적용되는 법규범을 별도로 마련하여, 이를 채택한 당사자들 사이에 적용될 수 있도록 하자는 것이었고,[31] ①의 경우에는 그 과도기적 상황에서 시의적으로 급변하고 있는 국제상거래 환경에 적극적으로 대처하기 위한 취지에서 국제상관습을 기초로 한 통일규칙의 마련이었다.[32]

결론적으로 무역학의 영역에 국한하여 분석하면, ①로부터 집적된 실제는 국제상사관련 법규범에 관한 법리적 성과 내지 연구결과로 집적되어 상무적 필요에 절대적으로 기여하였고, ②로부터 형성된 법규범 등은 실제상 부각된 문제점 또는 통상의 확신에 기한 **상관습법**(商慣習法, commercial customary law)[33] 등으로 법적 성과에

---

30) 우리 민법상 2개 이상의 의사표시가 합치하는 것을 합의라고 한다. 이는 계약의 성립요건이다. 표시상의 효과의사가 내용에 있어 객관적으로 일치하고, 또한 그 일치하는 바에 따라 그것에 대응한 법률효과의 발생을 의욕하고 있다고 볼 수 있는 경우 합의가 있다고 본다.

31) 국제물품매매계약에 관한 UN 협약(United Nations Convention on Contract for the International Sale of Goods, CISG), 국제상사계약에 관한 일반원칙(Principles of International Commercial Contract, PICC), 유럽계약법원칙(Principles of European Contract Law, PECL) 등.

32) 정형거래조건의 해석에 관한 국제규칙(INternational COmmercial TERMS, Incoterms), 화환신용장 통일규칙(Uniform Customs and Practice for documentary credits, UCP) 등

33) 상관습법은 관행의 형식으로 존재하는 상사에 관한 법규범을 말한다. 상사에 관한 사실상의 관행인 상관습과 구별된다. 상관습법은 법규범으로서의 성질을 보유하나, 상관습은 당사자의 의사표시의 해석을 위한 자료에 불과하기 때문이다. 따라서 현실의 효과로서 양자 간에는 다음과 같은 차이가 있다. ①강행

지속적으로 수용되었다. 이 같은 상호 의존적·보완적 결과는 당해 국제상관습 내지 국제상관습법의 지위를 적극적으로 보전할 수 있었던 배경이 되었다.

2) 무역학의 학문적 범위

(1) 국제상학에 관하여

①일설의 주장을 참고하면, 무역학이 국제상거래에 있어서의 실무·관행·관례·관습 및 법리를 그 연구대상으로 하는 **국제상학**(國際商學) 중심의 학문분야라고 단정함과 동시에, 그 논거로서 **국제상학**은 국제상거래에서 실무관행이나 관례·관습상 수락되어 온 것이라면, 설령 그것이 비경제적이고 비합리적이며 또한 법리적으로 타당성이 결여되어 있다고 하더라도 국제상거래에서는 그대로 준수되어야 한다는 원칙을 수용하여야 한다고 주장하고 있다.

②다른 한편의 주장으로서 **국제상학**은 그 학문의 내용이 개별적 차원에서 거래당사자의 지위를 파악하는 것이라고 하면서도, 뜻밖에 **무역**과 후술하는 **국제통상**의 개념을 동일시하고도 있다. 아울러 **국제상학**의 연구분야는 차례로 **무역계약**·**무역운송**·**무역결제**·**무역보험** 및 **무역클레임** 등으로 대별하고 있다. 이에 덧붙여 **국제상학**은 ㉠거래당사자의 지위를 파악하는 것이니만큼 미시적 성격을 띠고 있다는 점, ㉡무역실무나 수출·입 절차의 개념과 가장 연관성이 깊은 학문이라는 점, ㉢그 해석에는 법적 수단이 많이 사용된다는 점, ㉣무역학의 제반영역 중 **국제상학**이 가장 실사구시의 학문이라는 점을 특성으로 꼽고 있다.

①, ②의 주장을 비평하기에, ①은 법리가 **국제상학**의 연구대상이라고 하면서도, 실무관행이나 관습에 대한 엄격한 준수의 원칙만을 극히 강조하고 있는 나머지 앞서 본 대로 국제상거래에서의 기여와 보전에 대한 상호 관계성의 중시는 찾아볼 수 없는 바, 혹여 이점을 간과하고 있지는 않은지 의구심이 든다.

②의 경우 용어의 적절성 여부는 차치하고서라도, ㉠**국제상학**에 있어 거래당사자

법규에 위반하는 **상관습**은 구속력이 없으나, **상관습법**은 법적 제한에 저촉되지 않는 한, 유효하다는 점, ②**상관습법** 위반의 판결은 법률문제로서 상고할 수 있지만, 단순한 **상관습** 위반의 판결은 사실인정의 문제에 관한 것이므로 상고이유가 되지 않는다고 하는 점 등이다. 양자를 구별하는 표준은 장기간에 걸쳐 관행이 된 **사실인 상관습**이 실정법에 상응하는 법적 확신을 얻을 때 **상관습법**이 된다고 한다. 그러나 **사실인 상관습**도 사적자치가 인정되는 범위 내에서는 임의법규에 우선하여 해석의 기준이 되므로 실제에 있어서 양자의 구별은 별로 실익이 없다고 하는 견해가 있다.

지위의 실체, ㉡개념상 **국제상학**이 **무역실무**와 가장 연관성이 깊다고 하는 논거, ㉢그 해석에 법적 수단이 많이 사용된다면, 이에 상당한 **국제상학**의 본질, ㉣**국제상학**이 가장 실사구시의 학문이라고 하는 배경, ㉤양분의 접근법에 대한 논리 등에 대해서는 별단의 논거 등을 발견할 수 없다고 하는 논리적 모순이 지적된다. 다만 **국제상학**이 실무·관행·관례·관습 및 법리를 연구대상에 두고 있음과 동시에, 연구분야는 차례로 **무역계약·무역운송·무역결제·무역보험** 및 **무역클레임**으로 대별하고 있는 점에 대해서는 대체로 이견이 없다.

(2) 국제통상에 관하여

우리나라에서 **국제통상**(國際通商)에 관한 본격적인 연구가 개시된 시점은 1990년대 중반 WTO 출범과 정부의 국제통상 인력양성에 따른 지원정책에 따라 기존 **무역학과**가 **국제통상학과**로 재편되면서부터이다. **국제통상**은 연구범위 및 방법, 접근방식 등이 **무역**과는 근본적으로 다르다. 곧 **통상**(通商)의 어의에 비추어 **상인 간 매매를 장애 없이 통**(通)**하게 한다**는 의미에서 살필 수 있듯, 본래 의미가 **국가 간 통상정책조정**이라는 측면이 강하다. 나아가 그 대상과 주체 또한 국가·정부기관·공공단체 등에 국한할 수 있을 것이다. 따라서 정부정책·공익보호·각국 간 행정규제의 기본원칙·국가적 차원의 지원·국제협력과 공조 등을 범위로 취급할 수 있다.

이에 대하여 혹자는 통상의 주체를 국가 등 공공부분으로 특정하고 있는 것과 **국제통상학**은 상거래를 규제하는 법과 제도가 다른 국가 또는 지역 간의 경계를 넘어 이루어지는 유·무형의 물품과 화폐의 흐름에 대하여 국가 간 또는 여러 국가들이 공동으로 취하는 각종 **통상활동·통상정책과정** 및 **통상제도**와 그것에 영향을 미치는 **국제통상환경** 등을 교육 또는 연구대상으로 하는 학문분야라고 정의하고 있는데, 여기에는 대체로 이견이 없다.

그러나 ①무역의 주체를 주로 개인이나 기업 등 민간부분으로 특정하고 있는 점, ②국제무역과 무역을 아무런 구분 없이 무작위로 혼용하고 있는 점, ③무역학이라는 명칭이 하나의 학문을 대표하는데 적합하지 않다는 점, ④무역이 국제금융과 더불어 국제경제학의 한 부분이라는 점, ⑤무역이라는 개념이 그 의미가 매우 좁아 독립적 학문을 대표하는 명칭으로 부적합하다는 점 등의 주장은 수용하기 어렵다.

요컨대 **국제통상**의 정체성은 **국가 간 통상정책의 조정 및 화의**에 주안점을 두어야 함이 마땅하고, 이는 무역과의 공통영역에 대한 관계성을 차치하더라도 마땅히 무역과는 다른 별단의 개념으로 정착 및 인식되어야 할 것이다. 일례로 앞서 본 바와 같이 **무역계약·무역운송·무역보험·무역결제** 등이 **국제통상**의 주된 학문분야가 될 수 없다고 할 것인바, 이는 무역협정, 다자 간 통상조약 및 협상, 지역주의, 긴급·보복조치, 통상정책·외환관리·수출확대정책 등이 무역학의 주된 학문분야가 될 수 없음과 다르지 않다.

한편 **국제통상**의 주체는 국가 또는 국제기구로서 국가 간 경제교류에 작용하는 활동이라고 보고, 이에 **국제통상학**은 공적·공익적·국가적 측면에서의 경제활동과 관련된 영역에 대한 연구가 보다 강조되어야 한다는 주장이 있다. 또한 후발적 편제로서 **무역학과**에서 **국제통상학과**로의 전환은 서로 다른 전문인력의 양성이라는 시각과 그 수요를 근거로 이를 배척하고 있기도 하다.

(3) 무역상무에 관하여

무역상무(貿易商務) 분야의 정체성과 연구범위를 통설에 따라 살피면 다음과 같다. **국제무역거래**는 **국제거래관습**(國際去來慣習)에 뿌리를 두고 있다고 보고, **무역상무** 분야의 연구와 교육에 영향을 줄 수 있는 변화를, ①무역거래 대상의 확대, ②인터넷 시대의 도래, ③대학의 학부제로의 증가추이, ④국제화의 가속 등을 예시하고 있다. 또한 선진국에는 존치되어 있지 않은 **무역학**, 특히 **무역상무**가 국내 대학에 존속되어야 할 이유, **무역상무**의 연구 및 교육의 범위, **무역상무**의 연구방법, 대학일선 교수들의 자세와 지적 소양 등을 논점으로 제시하고 있다.

무역상무는 앞선 **국제상학**에서의 견해와 마찬가지로 **무역학**의 정체성을 논할 경우 **무역상무**가 이를 대변할 수 있다고 주장하고 있음과 동시에, 그간 **무역학** 분야에서 고유하게 명명되어 온 **무역실무**(貿易實務)라는 용어를 다음과 같은 이유에서 **무역상무**(貿易商務)로 전환하여야 한다고 보고 있다. 곧 ①**무역실무상 실무**(實務)라는 용어의 경시 풍조가 팽배하고, ②절차적 업무수행에 별다른 문제가 없는 현 시점에서 **실무**라는 용어가 대단히 부적합할 뿐만 아니라, ③현재 다양화된 상거래 방식에 **실무**라는 명칭이 너무 제한적이라는 이유에서 **무역실무**라는 용어를 배척하고 **무역상무**로의 전환을 촉구하고 있다.

그렇지만 **실무**라는 용어는, 무역학의 정체성에 기하여 그 지위로 보아 그간의 상징성이 지대하고, 연혁에 비추어 실사구시 차원에서 명실상부할 뿐만 아니라, 어의적 측면에서도 앞서 본 **상무**라는 용어와 개념상 차별성이 돋보이지 않고, 당해 상거래에 있어 **무역계약실무·무역운송실무·무역보험실무** 등 종속분야와의 관계성 내지 보편성을 고려할 때, **상무**로의 전환에 대한 주장은 그다지 설득력은 없어 보인다.

결국 급변하는 새로운 환경에서 **무역학**의 정체적 동태를 바로 되짚어 바람직한 **무역학** 분야의 연구범위를 특정하기 위한 취지가 담보되고, 나아가 그간 **무역학** 분야에 대한 의지와 관심의 부족을 탈피하기 위한 기치가 바로 서 있는 경우라면, 지금까지의 반성을 곁들여 **실무** 아닌 **상무**로의 개명을 수용하기에 무리가 없을 것으로 보인다.

여기서 개명에 따른 동의의 논거는 무엇보다도 **무역학**의 정체성을 논함에 있어 **무역**과 **상무**라는 어의가 명료하고, 이로부터 **무역학**이 독립된 학문영역으로 존속함에 있어 여하의 반론을 불식할 수 있는 배경으로서 그 지위를 담보할 수 있다는 점에서 구할 수 있다. 그러나 **무역상무**의 연구범위 및 방법에 대해서는 여전히 문제점을 내포하고 있다고 본다. 이 같은 문제점에 대하여 다수의 주장은 우선 **무역상무**의 가장 본질적인 분야는 국제물품매매계약과 그 이행에 따른 종속계약 및 당해 개별적 계약위반에 관한 구제방법으로서의 중재라고 보고, 이를 구체적으로 **무역계약**·**운송계약**·**보험계약**·**환계약** 및 **상사중재**를 그 실체로서 부각하고 있다.

한편 **무역상무**의 접근방법은 **계약적 접근방식**(契約的接近方式, contractual approach)에 기한 법리적 연구를 중심으로 **주계약**(主契約)인 **매매계약**(賣買契約)과, **종속계약**(從屬契約)인 **운송계약**(運送契約)·**보험계약**(保險契約)·**환계약**(換契約)을 계약의 성립과 이행으로 구분하고, **무역상무**의 인접학문영역으로서 국제사법 또는 **상사법** 분야, **국제마케팅**과 **해외투자** 분야, **전자상거래** 분야 등을 예시함과 동시에 특히 **국제사법** 또는 **상사법** 분야와의 관계성에 대하여 상호 보완성을 피력하고 있다.

그 논거로서 우리나라는 그간 대부분 법학교육이 실정법 위주로 또는 고시과목 위주로 이루어져 왔음을 지적하면서, 이로부터 그간 **법학과**의 **국제거래법** 분야는 **무역학과**의 **무역상무** 영역으로 취급되어 교육과 연구가 이루어져 왔음에 두고 있다. 또한 이를 근거로 관습법 위주의 영미법계에서는 법학분야에서 다루어지는 분야가 우리나라에서는 **무역상무**에서 다루게 됨에 따라 **무역상무** 영역이 독립적으로 확립될 수 있었다는 주장으로부터 그 정체성의 연원을 피력하고 있다.

이러한 주장에 관하여 무엇보다도 눈여겨 볼 수 있는 것은 **무역상무** 분야와 **국제거래법** 분야는 상호 보완적이어야 한다는 주장으로, 그 내용은 비록 이들 분야가 똑같이 법리적 연구방법을 취한다고 해도 **무역상무** 분야는 실무적 관습과 효용성을, **국제거래법** 분야는 법리를 중심으로 연구하므로 상호 간의 부족한 점을 적극적으로 메우는 중에 긴밀한 공조체계를 구축해야한다는 것으로 요약할 수 있다.

이상의 논점에 대한 비평으로, 우선 **국제상사법** 분야와 **무역상무** 분야에 대한 상호 보완의 당위는 앞에서 논한 바와 같이 그 시각이 다르지 않다. 그렇지만 ①실무적 관습과 효용성을 중시할 수밖에 없는 **무역상무** 분야가 과연 법학의 고유한 분야로서 **상관습법**의 법이론적 지식과 법리에 대한 해석에까지 지평을 넓혀 이를 다루는 것이 타당한 지, ②또한 **법리적 연구방법**을 취하는 경우 (무역)**법무**와 (무역)**상무**를 동일한 개념으로 포섭할 수 있는지, ③연구방법과 범위에 기하여 설령 **무역학** 분야가 아닌 **법학** 분야에 **무역상무** 분야가 지류 내지 분파로서의 지위를 확보하여도 무방한 지, ④법리적 접근방식을 위한 법이론 과목들을 **무역상무** 분야가 포섭하는 것이 타당한 지, ⑤법적 또는 비교법적 연구에 대한 방법론과 실무적 관습과 효용성 정립을 위한 방법론을 병행하는 경우 상호 보완의 역할분담은 어떻게 구분이 가능한 지, ⑥그리고 무엇보다도 **무역실무**에 기한 절차와 과정을 **계약적 접근방식**에 대한 명분을 앞세워 이를 등한시해도 무방한 지에 대한 의문과 우려는 고스란히 남는다.

결국 **무역학** 분야에서 **무역상무** 분야를 따로 떼어내어 **법학** 분야의 한 지류로서 구분할 수 있다면 모를 일이지만, 설령 당해 논리를 수용할 경우에 있어서도 **무역상무**가 **무역학**의 정체성을 대변할 수 있다는 주장에는 일말 석연치 못한 점이 다분하다. 달리 일컫자면 **무역상무**를 학습한 무역인력이 장차 무역업계의 라인부서에 속한 실무주체가 되어야 하는지, 아니면 실무의 스탭부서로서 법무서비스의 주체가 되어야 하는지에 대한 선택의 문제와 다름이 없을 것이다.

4 무역학의 연구방법

1) 무역학의 정체성 확립

이국 간, 상인 간, 상거래로 함축할 수 있을 **무역**은 그 본류와 지류 및 중심 분야를 가늠하는 것도 중요한 문제이지만, 그보다는 시시각각 급변하는 국제경제의 질서와 환경에 얼마만큼 시의성 있게 대응력을 제고하여 그 폭과 범위를 다변화할 것인가에 집중해야 하는 것이 보다 긴요하고 중요한 문제일 것이라 생각된다.

지금까지 인접분야로부터 줄곧 지적되었던 사항으로서, 예컨대 **무역학**을 일련의 **학문체계로 인정할 수 없다, 독립적 지위를 인정할 수 없다, 연구영역이 모호하다, 인접분야로 통합되어야 한다**는 등의 반향에도 불구하고 **무역학**의 테두리 내에서 각양의

짜 맞추기식 정체성을 확보하는 것에 열정을 쏟고 있는 처사는 마땅히 배척되어야 할 것이다. 왜냐하면 주지하듯 지금은 **무역학**의 본류를 되짚는 차원에서 겸허히 반성하고 이로부터 새로운 길을 모색하여야 할 절체절명의 시기인 까닭이다.

반성의 골자는 ①그간 왜색의 학풍에 심취되어 그것이 마치 무역학 정체성의 요체인 양 무작정 앞세워 두고, 우리가 처한 특단의 형편을 도외시하지는 않았는지, ②아무 이유와 연고 없이 학제 간 세력규합에만 몰입하여 전심을 기울이지는 않았는지, ③그릇된 용어사용을 당연시 하여 인접분야와의 공조체계 구축에 장애를 초래하지는 않았는지, ④배타적이고도 고루한 틀에 박힌 학문적 습성에 기하여 유관분야의 학문적 체계를 부정하지는 않았는지 등에 두어야 할 것이다.

무역은 문명사적 시각에서도 장구한 역사를 간직하고 있고, 오랜 관습과 관행이 지금껏 어김없이 체계화되어 진전하고 있을 뿐만 아니라 앞으로도 진전될 것으로 보아, 그 고유하고도 전문적인 영역을 체계적으로 확립하는 중에 국제경제질서 재편의 축을 시의성 있게 선도할 것임이 자명하다고 할 것이다. 이러한 사실만으로도 **무역**의 학문적 실체는 견고하기 그지없고, 나아가 재론의 여지없이 인접 또는 유관분야에 당당히 그 독자성과 역사성을 선언하기에 부족함이 없을 것이다.

그렇다면 지금 여기서 **무역학**의 정체성을 논하는 것 자체가 무의미한 일일 수도 있다. 그럼에도 불구하고 **무역학**의 정체성을 논할 수밖에 없는 현재 상황을 올바로 직시하여 지난 과거의 그릇된 시각과 편협한 시각을 향한 자기성찰과 반성이 전제되어야 할 것이다.

2) 무역학 연구방향의 실제

앞선 주장들을 참고할 때, 무역학은 인접분야와 상당히 밀접한 연관성을 지니고 있다. 곧 본·지류의 분파여부를 떠나 (국제)**경제학**·(국제)**경영학**, (국제상사)**법학** 등은 상호 보완적 대상의 실체라 할 수 있을 것이다. 여기서 재삼 되짚어 둘 사항은 그 중심에 **무역학**이 존재하고 있다는 사실이다. 따라서 지금껏 거론한 바와 같이, 일련의 (유관)분야는 연혁에 비추어 **무역학**을 기축으로 자연스레 형성되었거나 체계화된 분야로 갈음할 수 있을 것이다.

아래 표에 비추어 우선 **국제상학**과 **무역상무**는 본질적으로 그 연구범위가 대부분 동일한 방향성을 지향하고 있다. 다만 연구범위에 기하여 국제상학의 **국제무역법규**는 대체로 **무역계약**과 **국제매매**의 범위에서 다루어질 수 있다고 보면, **무역상무**의 국

제상사법 분야는 매우 이례적이라 생각된다.

다른 한편 **국제상학**과 **무역상무**가 공히 **국제통상**의 분야를 다루고 있음에 반하여 **국제통상**의 경우 외견상 세분화된 **무역학** 분야의 범위를 다루고 있지 않은바, 이는 **무역**과 **국제통상**을 동일시 할 수 있다고 하는 일부 주장을 배척할 수 있는 단서로 보아 무난할 것이다. 결국 **국제통상**은 나름의 지위를 명료히 구하는 중에 **무역학**의 일부분으로 인식됨이 마땅할 것으로, 이는 다른 논거를 추보하지 않더라도 당해 분야의 대표성을 체화하고 있는 **국제통상학회**의 정관에 따른 아래의 표만으로도 충분할 것이라 생각된다.

무역학 연구방향의 실제

한국무역학회 Korea Trade Research Association	韓國國際商學會	한국국제통상학회	社團法人 韓國貿易商務學會
무역이론	무역계약	국제통상이론	국제매매
무역정책	국제운송 · 물류	국제통상정책	국제운송
국제경제	무역보험		무역보험
국제경영	국제무역결제		국제결제
국제상무	국제상사중재		국제상사분쟁
전자무역	국제통상		국제통상
해외지역연구	국제전자상거래		전자무역
	국제무역법규		국제상사법

한편 **무역학**은 여타 분야의 모두를 공히 포섭할 수 있는 학문적 영역을 구축하고 있다고 보인다. 개별 연구분야는 그 자체로서도 하나의 독립적 학문체계로 수용이 가능할 것인데, 이는 **무역학**의 인접분야와 유사분야를 포섭함에 있어 무리가 없음을 시사한다.

그렇다면 여기서 주목해야 할 논점은 **무역학** 또는 **무역학과**라는 어의 내지 분야의 대표성에 관한 것이다. 예컨대 **법학** 또는 **법학과** 분야는 그 지류로서 일반적으로 ① 공법과, ②사법으로 분류되어 ①의 경우 전공으로 헌법 · 행정법 · 형법 · 소송법 등이, ②의 경우에는 민법 · 상법 · 국제사법 · 국제거래법 등을 포함하고 있는 것과 마찬가지로 **무역학**(과) 또한 세부분야로서 이를테면 **무역이론 · 무역경영 · 무역정책 · 무역법규** 등으로 구분하여 이러한 틀에 부합하는 전공분야의 체제개편으로 정체성 내지 연구범위를 특정하는 것이 바람직 할 것으로 본다. 연구중심대학으로서의 지위를 표방하고 있는 경우라면 더욱 그러하다.

동일한 시각에서 달리 **국제무역이론** 및 **국제무역경영** 등의 명칭은 앞서 살핀바와 같이 **무역학**의 정체성을 담보할 수 없다는 이유에서 유명무실한 의미로 취급해도 무방할 것이다. 당해 논점은 현재 국내 대학에 이름을 달리하여 편제되어 있는, 예컨대 **국제무역학과 · 전자무역학과 · 국제물류학과 · 인터넷무역학과 · 국제통상학과 · 국제상학과 · 무역상무학과** 등은 마땅히 **무역학과**로 재편되어야 함을 함의하는데, 그럼에도 불구하고 개별 분야가 존치되어야 한다면, 그 배경에 대학의 학과특성화 내지 차별성을 부각하여 이에 합당한 이념과 당위를 선언하고, 여하히 **무역학**의 세부전공으로서의 종속적 지위를 구하여야 할 것이다.

그간 이러한 대의가 명확하지 않아, 지금껏 **무역**(학)에 관하여 우후죽순격의 정체성에 대한 시비가 끊이지 않았다고 본다. 특히 **무역학**의 대표성을 내세우고 있는 **국제상학**, **무역상무** 분야 또한 당해 시각으로부터 자유로울 수 없을 것인 바, 향후 **무역학**의 지류로서 뿐만 아니라 세부전공에 준한 종속분야로서 개별분야에 대한 상호 명료한 차별성과 대표성을 확립하는 가운데, 이에 상당한 위상을 돋보여야 할 것이다.

3) 무역학 연구방향의 재정립

무역학의 정체성이 담보되지 아니한 유사개념들은 마땅히 **무역학** 범위에서 통 · 폐합하는 것이 타당할 것으로 생각된다. 다만 그 종속된 전공분야로서 언급한 바와 같이 **무역이론 · 무역경영 · 무역정책 · 무역법규** 등에 대한 선택과 집중을 통하여 차별화된 나름의 경쟁력을 제고하는 것이 바람직 할 것이다. 이는 각 대학의 특성화 내지 경쟁력을 강화하는 첩경이 될 수 있음과 동시에, 선의의 경쟁을 촉발할 수 있는 계기가 될 것임을 시사한다.

환언하면, 이는 **무역실무 · 국제상학 · 국제통상 · 무역상무** 등의 유사개념을 바로 정립하는 중에 이를 **무역학** 세부전공분야로서 특화하여, 전문인력양성을 위한 연구방법과 체계를 재정립해야 한다는 의미로 새길 수 있을 것이다. 이러한 시각은 예컨대 산학협력체계 및 유관분야와의 협력과 공조를 통해 당해 분야의 전문성과 대표성을 표창할 수 있는 대학특성화 관점에서도 부각할 수 있는 논점이다.

실질적 대안으로서 좁게는 지금과 같이 각 대학 지명도에 따라 또는 개인별 수준에 따라 선택할 수 있었던 수요를 전공분야별 특화된 전문가로서의 장래성을 담보로 이를 또 하나의 선택요건으로 고려할 수 있게 하여, 이로부터 **무역학** 분야의 활로와 지평을 넓힐 수 있는 계기로 삼을 수 있고, 넓게는 급변하는 국제경제환경에 적극적으로 대처할 수 있고, 현재 그 지위와 위상이 추락되어 있는 **무역학** 분야의 정체성을 견고히 하여 그 존속의 당위성을 다시금 바로 잡을 수 있을 것이다. 그렇지 않고 지금과 같이 유사분야가 **무역학**의 중심학문이라는 주장을 앞세워 그 테두리 속에서 모든 것이 해결가능하다는 논리를 꺾지 않을 경우 이후로 지금과 같이 끊임없는 **무역학**의 정체성 시비에서 시달려야 함은 자명한 일일 것이라 본다.

그럼에도 불구하고 **무역학**의 정체성 확립과 연구방향 재정립에 관한 사안은 그렇게 단순한 과업은 아닐 것으로 생각된다. 왜냐하면 여기에는 그간의 반성을 통해 무역학의 분야별 일치된 공감대를 다시금 재정립해야 할 뿐만 아니라 이를 전제로 학문체계 및 연구방향의 재구축에 따른 견고한 기반조성이 담보되어야 할 것이기 때문이다.

요컨대 이상과 같은 유의점과 시사점이 수용 가능한 사안임을 전제할 때, 또한 **무역학** 연구방향의 재정립에 관한 당위를 바로 세울 수 있는 계기가 될 것임을 고려할 때, 지금은 바야흐로 **무역학계**의 구성원 모두가 혼연일체가 되어 보다 견고하고도 심도 있는 대안 및 정체성 확립에 총력을 집중해야 할 때라고 본다.

무역학의 연구분야와 접근방법

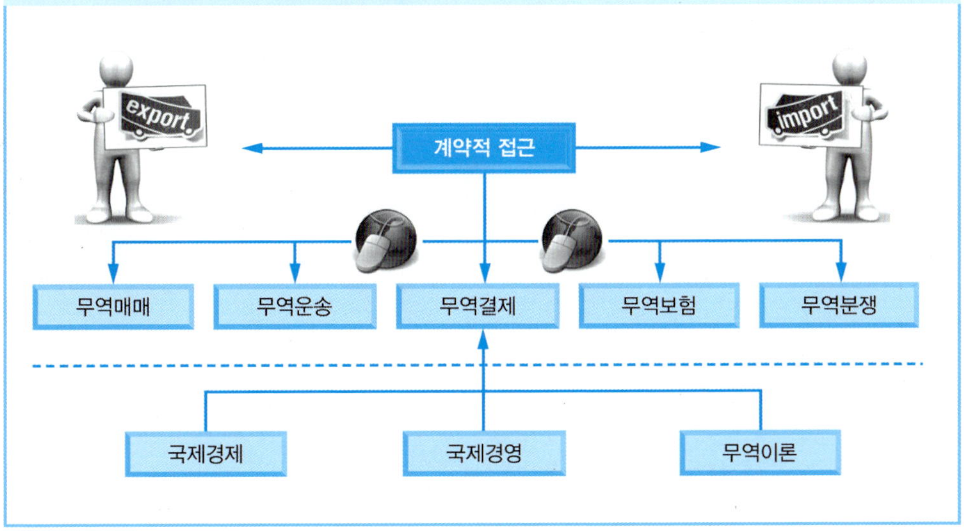

2 무역의 종류

1 민간무역과 국영무역

무역은 상거래 주체의 성격에 따라 **민간무역**(民間貿易)과 **국영무역**(國營貿易)으로 구분할 수 있다. 곧 상거래 당사자가 상인 또는 국가인지의 여부에 따라 상인인 경우에는 **민간무역**, 국가기관 또는 정부의 경우에는 **국영무역**으로 대별할 수 있다.

민간무역과 국영무역을 구분하고 있는 이유는 당해 상거래에 적용되는 ①**법규**, ②**상거래 형태**, ③**절차와 과정** 등이 상이하기 때문이다. 실례로 국가정책적 차원에서 군수 및 공공물자, 국가 내지 공공기관의 물적 장비 등을 이에 결부할 수 있다.

민간무역

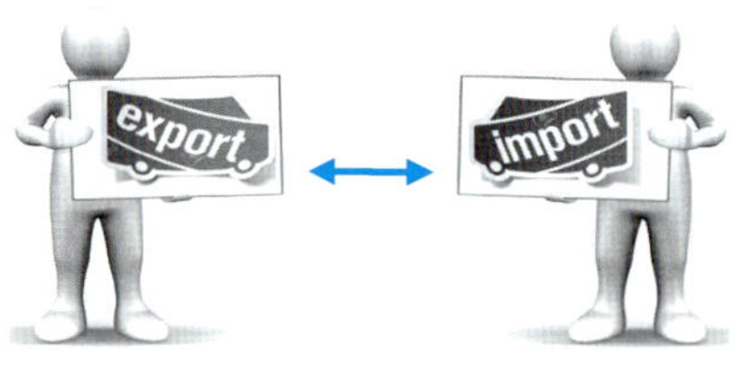

국영무역

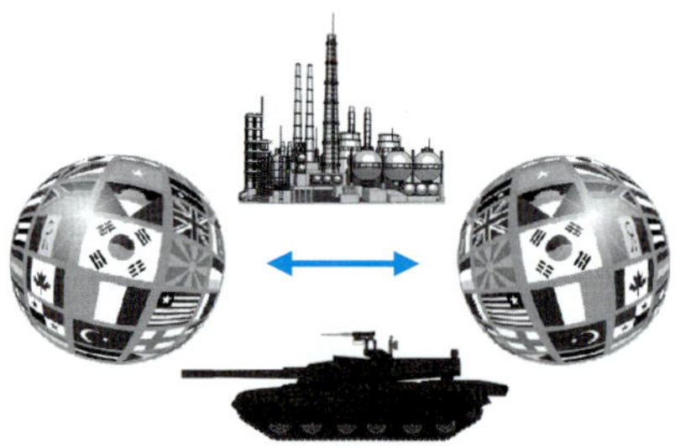

2 유형무역과 무형무역

유형무역(有形貿易)은 **유형재화**(有形財貨, visible goods)를 객체로 하는 협의의 무역을 뜻한다. 유형무역은 유형재화의 국가 간 이동을 반드시 수반하므로 이에 부수하는

물품운송계약(運送契約, contract for the carriage of goods)과, 운송 중 위험을 담보(擔保, to cover the risk)할 수 있는 **보험계약**(保險契約, contract for the insurance)이 필연적으로 뒤따르게 된다.

한편 법적 관점에서 물건(物件)은 **유체물 및 전기 그 밖에 관리가능한 모든 자연물**을 포함하나, 무역의 대상으로서 **유형재화**는 토지·건물 등과 같은 부동산(不動産, immovables)은 포함하지 않으며, 그 밖에 유가증권(有價證券, valuable instrument)이나 주식·어음 등의 상거래도 제외된다. 따라서 무역의 객체로서 **유형재화**는 오로지 동산(動産, movables)으로서의 **물품**(物品)만을 의미하며, **유가증권**이나 **부동산**의 매매는 포함하지 않는 것이 일반적이다.

그러나 선하증권(船荷證券, bill of lading, B/L)이나, 창고증권(倉庫證券, warehouse certificate) 등과 같은 **권리증권**(權利證券, document of title)은 그것이 물품의 인도(引渡, delivery)를 표창하는 **물권적**(物權的)·**채권적**(債權的) 성격을 지니고 있을 경우 그 자체의 매매는 배제된다고 하더라도, 무역의 과정에서 물품을 체화한 증서로서의 기능, 곧 상거래 수단으로서는 다름없이 포함된다.

다른 한편 **유형무역**과 달리, **무형무역**(無形貿易)은 서비스·금융 등을 포함한다. 따라서 **무형무역**은 **무형재화**(無形財貨, invisible or intangible goods)를 객체로 두고 있기 때문에 그 본질적 특성과도 같이 형체 또는 실재를 확인할 수 없는 추상적인 경우가 대부분일 뿐만 아니라 상거래 혹은 서비스를 수익하는 장소에서 당해 물품의 교환행위가 발생하는 것이 일반적이다.

결국 **무형무역**은 본질적으로 수입국에서 일련의 상거래 행위가 발생한다고 하는 시각에서 대체로 **무역수지**(貿易收支, balance of trade)에는 포함되지 않는다는 특질이 있다. 일례로 관광수지·보험서비스·금융서비스 등을 예시할 수 있다.

유형무역

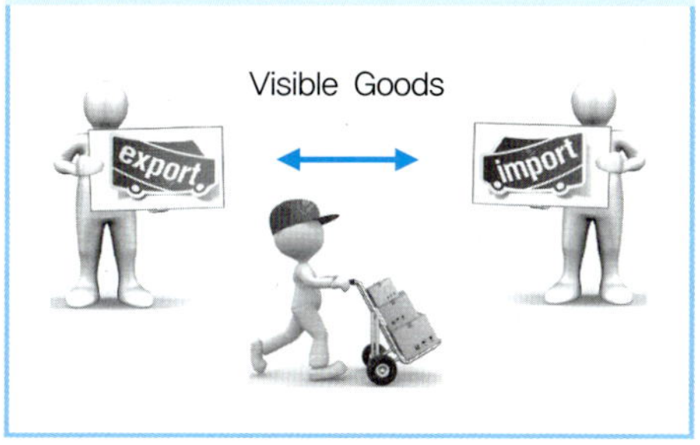

무형무역

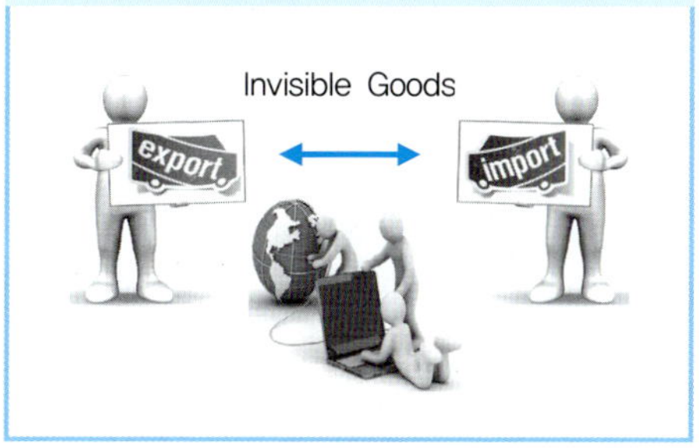

3 인터넷무역과 전자무역

우리가 통상적으로 사용하고 있는 **인터넷무역**(internet trade)은 **인터넷을 이용한 재화 또는 용역의 국제거래**(國際去來, international transactions)라고 인식되어 있으나, 사실상 명확한 정의는 주장하는 사람만큼이나 다종다양한 것이 사실이다. 다만 **인터넷무역**에 결부하여 **전자무역**(電子貿易, electronic trade)은 상대적으로 그 개념과 범위가 명확하다. 곧 **전자무역은 인터넷무역의** 확장된 범위로서 **정보처리능력**(情報處理能力)**을 가진 시스템**(information processing systems, IPS)**에 의하여 행해지는 국제상거래**로 규정하고 있는 것이 제반 국제통일법규범에서의 시각이다. 따라서 **인터넷무역**은 주로 계약체결 이전의 단계를 포함하는 범위로서, 무역의 전 과정을 포괄하고 있는 **전자무역**의 일부로 인식하여야 한다.

결국 **인터넷무역**은 기존의 전통적 무역을 대체하고 있는 것이 아니라, 다만 무역업무 처리방식에 있어 그 범위와 폭을 넓혀 주는 도구로 새기는 것이 타당하다. 왜냐하면 무역의 절차와 과정을 규율하고 구속할 수 있는 정형화된 상관습은 **인터넷무역**을 상거래의 수단으로서 인식하고 있을 뿐만 아니라 상거래 절차의 근본적인 변화를 수반하지 않고 전자상거래의 특성상 그 절차의 과감한 단축과 시간적·물리적인 제약을 극복할 수 있게 하는 방편으로서 그 의의를 부각하고 있기 때문이다.

인터넷무역

전자무역

4 직접무역과 간접무역

무역계약의 당사자 각각이 스스로의 위험과 비용계산 하에 **본인 대 본인**(principal

to principal)의 입장에서 물품매매에 임한 경우를 일컬어 **직접무역**(直接貿易)이라고 한다. 무역업자는 자신이 보유한 자국 내 영업소(營業所, business place)의 소재지에 따라 제조업자인 경우 자신이 충당한 물품을 외국의 상대방에게 수출하고, 제조업자가 아닌 경우에는 자국 내 제조업자나 공급자로부터 물품을 구입하여 외국의 상대방에게 수출하게 된다. 이 경우 제조업자가 직접 수출·입을 행하는 것이 자신에게 반드시 유리하다고는 볼 수 없는데, 그 이유는 당초 외국에 있는 신용이 확실한 수입상[곧 매수인(買受人)]을 물색하기 어렵고, 외국의 정치·경제·사회상황과 시장의 수급상태를 파악하기가 그다지 쉬운 일이 아닐 뿐만 아니라 국내거래와는 달리 특수성이 있고 복잡다단하여 이에 전문적인 지식과 경험을 필요로 하기 때문이다.

직접무역

간접무역(間接貿易)은 당사자 간에 **제3국 업자**(third party)가 개입하는 것으로, 이를테면 수출대금은 **수출상**[매도인(賣渡人)]이 수입상으로부터 직접 회수하고 **제3국 업자**는 수입상으로부터 수수료를 취득하는 **중개무역**(仲介貿易)방식을 예로 들 수 있다. 이 경우 **중개무역**은 수출물품이 제3국을 경유하는 경우와, 직접 수입국으로 인도(引渡, delivery)되는 경우도 있으나, 통상 수출국에서 수입국으로 인도되는 것이 상례이다.

간접무역의 형태는 여러 가지로 구분이 가능한데, 대표적인 것이 **위탁거래**(委託去來)이다. 곧 무역업자가 위탁자인 경우로서, 일국의 무역업자가 자신과 상거래관계가 있는 외국의 거래처에 위탁하는 경우 무역업자는 **판매위탁자**(販賣委託者, consignor)가 되고, 상대방 외국거래처는 **판매수탁자**(販賣受託者, consignee)가 된다. 이러한 과정을 거치는 목적은 대개 무역업자가 외국에 자신의 물품판매 확장에 두고 있는 경우가 많다.

한편 일국의 무역업자가 외국에 있는 거래처에 물품의 매입을 위탁하는 경우를

매입위탁(買入委託, indent)이라고 하는데, 이 경우 무역업자는 **매입위탁자**(買入委託者, indentor)가 되고, 외국거래처는 **매입수탁자**(買入受託者, indentee)가 된다. 무역업자가 수탁자가 되는 경우 국내 또는 외국 제조업자가 일국의 무역업자에게 판매 또는 매입을 수탁하는 경우로 제조업자의 무역업무제한이나 전문성부족 등의 문제해결을 위한 방편으로 널리 활용된다.

간접무역의 경우 **직접무역**과 같이 무역업무 전반을 일일이 관리하지 않으므로 시간과 비용을 절감할 수 있고, 특히 제3자의 경영능력으로 상거래 규모를 증진시킬 수 있는 장점이 있다. 그렇지만 이와는 반대로 이익규모가 축소되고, 가격경쟁력과 장기적 마케팅의 효율성 측면에서 제한적이라는 단점이 있다.

간접무역

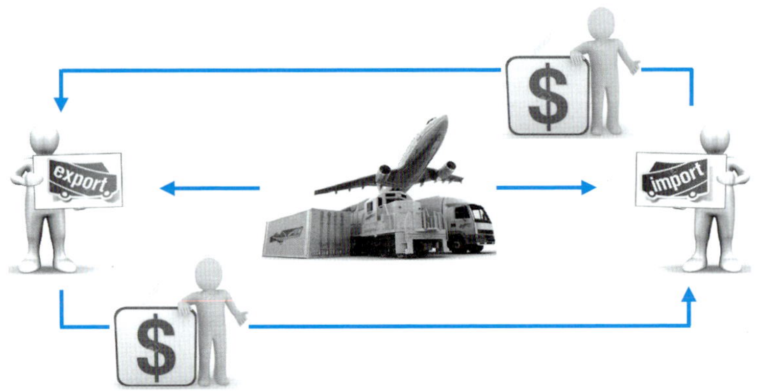

5 결제방식에 의한 무역

1) 화환신용장방식

화환신용장(貨換信用狀, documentary letter of credit) 방식은 가장 대표적인 무역결제방식으로서, 이른바 **신용장**(信用狀, letter of credit, L/C)을 기반으로 한 **화환취결**(貨換就結, negotiation, 실무에서는 약칭하여 nego라 한다)을 그 핵심에 둔 방식이다. 즉 신용장을 기반으로 물품대금을 **개설은행**(開設銀行, opening bank, issuing bank)의 **조건부 지급확약**(條件附支給確約)을 통하여 결제하는 방식을 말한다.

이 방식은 ①수출・입 당사자가 매매계약을 체결하고, ②계약서상에 신용장 방식의 결제조건을 약정하며, ③매수인이 수입상의 상거래 은행을 통하여 수출상을 수익자(受益者, beneficiary)로 한 신용장을 개설한 후, ④이를 수출상에게 통지하면, ⑤수출상이 신용장 조건에 명시된 조건을 충족하는 서류 및 환어음(bill of exchange)과 상환으로 물품대금을 회수하는 일련의 과정을 거치게 된다.

화환신용장 방식

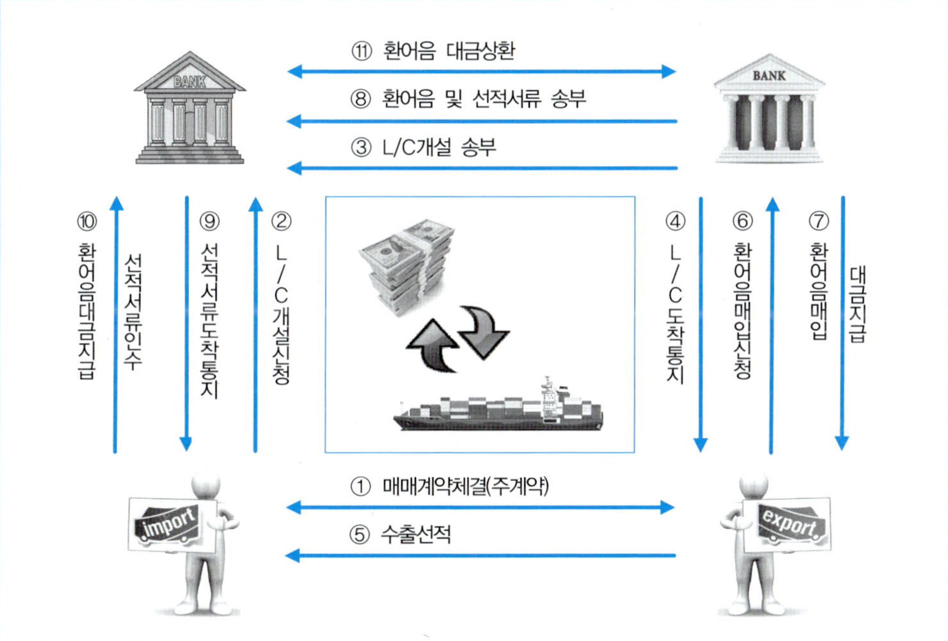

환어음은 통상 국제거래에서 **채권자**[수출상, 매도인(seller)]가 **채무자**[수입상, 매수인(buyer)]에게 채권금액을 **환어음**의 기명인 또는 소지자에게 정해진 일시와 장소에서 지급할 것을 무조건적으로 위탁하는 **요식성**(要式性) 있는 **유가증권**(有價證券, securities)이다. 따라서 **환어음**의 유통에는 적어도 2개국 이상이 개입되는데, 이때 각 국가마다 어음의 유통에 따른 공신력 유지를 위하여 일련의 강행규정을 존치해 두고 있다.

환어음의 효력은 원칙적으로 행위지 법률에 의하여 처리된다. 예컨대 미국에서 환어음을 발행하고, 영국에서 **이서**(裏書, endorsement)된 후, 한국에서 이를 인수하였다면, 발행에 관하여는 미국, 이서는 영국, 인수는 한국의 법에 의하여 결정된다. 그러므로 만일 미국에서 발행한 어음이 영국에서 무효일지라도 영국에서 합법적으로 이서되고 한국에서 유통된다면 당해 어음은 유효한 것으로 취급된다.

환어음은 어음의 **작성자**[발행인 또는 수출상]가 제3자로서 **지급인**[신용장 개설은행 또는 수입상]에 대해 어음에 기재된 금액을 정해진 일자에 어음의 **권리자**[수취인 또는 지시인]에게 지급할 것을 위탁하는 증권이다. 여기서 **신용장 방식**으로 상거래에 임할 경우 **수출상**은 수출물품을 선적한 후 일반적으로 **개설은행**을 지급인으로 한 환어음에 선적서류를 첨부하여 이를 거래은행인 **매입은행**이 매입한 후 수출대금을 회수한다. 따라서 이 경우 **환어음**의 발행자는 **수출자**이고 지급인은 통상 **개설은행**이 된다.

요컨대 **화환신용장**은 거래 당사자의 상대적 관점에 따라, 신용장을 개설하는 수입상의 입장에서는 **수입신용장**(輸入信用狀)이 되고, 물품을 수출하는 수출상의 입장에서는 **수출신용장**(輸出信用狀)이 된다.

2) 추심결제방식

추심결제방식(推尋決濟方式)은 당사자 간의 계약에 기초하여 화환어음으로 물품대금을 결제하는 형태를 말한다. 이는 달리 **계약서베이스**라고도 하는데, 곧 수입자의 거래은행이 물품대금지급의 확약을 보증하는 것이 아니라, 다만 제3자로서 추심(推尋, reimbursement)의 대행자로서 관여하기 때문에 수출자의 입장에서는 물품대금의 지급확약을 담보할 수 없다. 따라서 이러한 형태는 매매당사자 간 상호 신뢰가 구축된, 이를테면 특수 관계당사자 간에 통용됨이 일반적이다.

추심결제방식은 ① **지급인도조건**(支給引渡條件, document against payment, D/P)과, ② **인수인도조건**(引受引渡條件, document against acceptance, D/A)으로 구분된다. ①은 수출상이 물품을 선적하고, 수입상을 **지급인**(drawee)으로 환어음을 발행하여 자신의 거래은행에 추심을 의뢰하면, 외국환은행은 수입상의 거래은행에 추심을 요청하고, 이에 수입상이 대금을 지급하고 당해 선적서류를 인수하는 과정을 거치게 된다.

지급인도조건 (D/P)

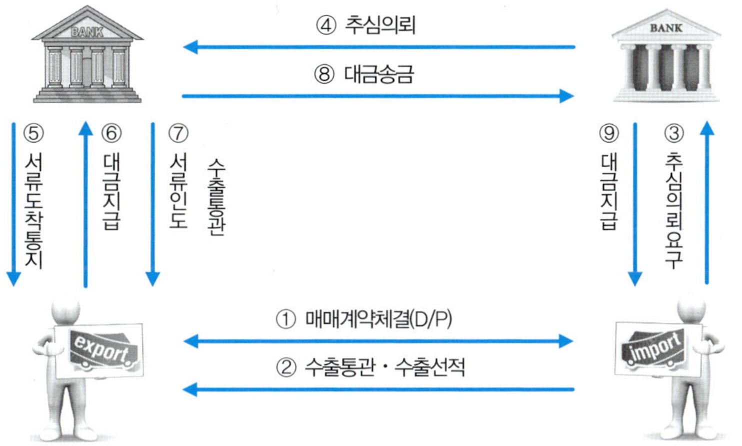

②는 추심은행이 어음지급인에게 어음인수와 동시에 선적서류를 인도하고 어음지급만기일에 어음지급인으로부터 물품대금을 수취하여 추심의뢰은행에 송부하면 추심의뢰은행이 수출상에게 물품대금을 지급하는 방식이다.

이상의 추심결제방식은 수입상 거래은행이 물품대금결제를 확약하는 이른바 신용장방식이 아니기 때문에, 수출상은 물품대금을 수취함에 있어 발생할 수 있는 제반 위험

인수인도조건 (D/A)

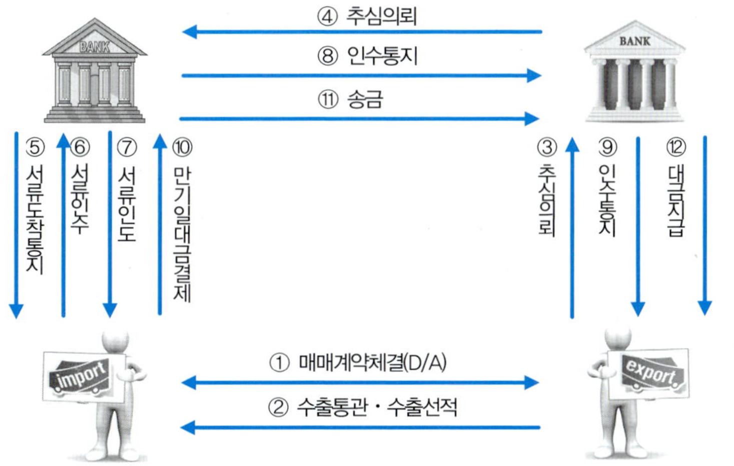

을 감수하여야 한다. 따라서 추심결제방식은 통상 국제적으로 신용상태가 높은 계약당사자 또는 본·지사 간 상거래에 널리 이용되는 거래형태로서 그 지위를 점한다.

3) 송금방식에 의한 무역

송금방식(送金方式)에 의한 무역은 수출·입 물품대금 전액을 특정통화로 결제하는 조건을 말한다. 즉 수입상이 물품인수 이전에 또는 인수한 이후에 물품대금을 송금하거나, 수출상이 물품 또는 물품인도를 위한 화환취결서류를 인도할 때, 수입상이 물품대금을 송금하는 방식이다. 여기에는 ①**사전송금방식**(事前送金方式)과, ②**사후송금방식**(事後送金方式)이 있다. ①은 수입상이 물품인수 이전에 물품대금을 송금하는 것으로 수출상은 수출대금의 회수에 따른 위험이 없어 안전하지만, 수입상은 수출상이 선적하지 않거나, 물품의 품질·규격 등의 상이에 따른 제반 위험을 감수해야 한다.

사전송금방식

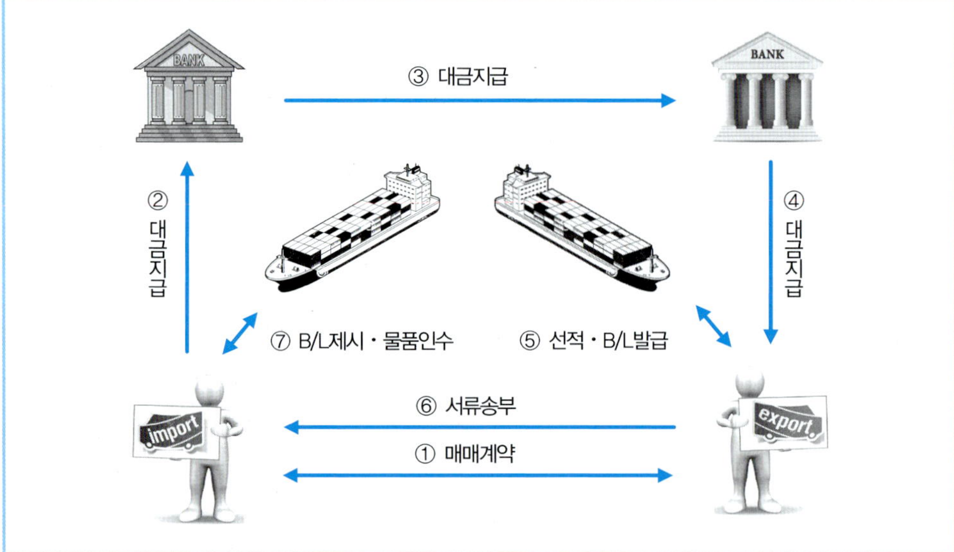

②는 수출상이 수입지에 물품이 도착한 이후 또는 수입상이 물품인수 이후에 송금하는 방식이다. 수입상은 물품을 인수할 수 있어 안전하나, 수출상은 수입상이 물품대금을 지급하지 않거나 또는 부당한 클레임 제기 등의 제반 위험을 감수해야 한다.

사후송금방식

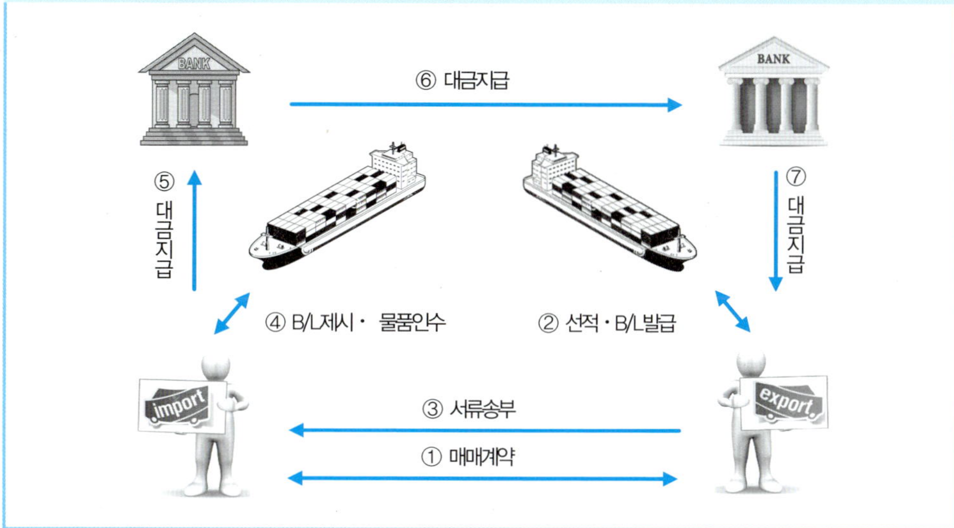

사후송금방식에는 물품대금의 추심형태에 따라 현물인도와 상환으로 대금을 지급하는 ㉠**현물상환지급조건**(現物償還支給條件, cash on delivery, COD)과, 현물을 체화한 서류와 상환으로 대금을 지급하는 ㉡**서류상환지급조건**(書類償還支給條件, cash against documents, CAD)으로 구분할 수 있다.

㉠은 수출상이 물품을 선적하고 운송서류를 수출상의 해외지사나 대리인 또는 거래은행에 송부하고 물품이 목적지에 도착하면 수입상이 직접 물품의 품질 등을 검사한 후에 수출대금을 물품과 상환하여 현금으로 지급하는 거래방식으로서 일견 국내 일반 물품매매와 유사한 형태로 볼 수 있다. 이 방식은 주로 보석 등 귀금속류와 같이 물품가격이 고가이며, 동일한 물품일지라도 물품의 색상 · 가공방법 · 순도 등에 따라서 가격차이가 많은 물품거래에 활용된다. 일반적으로 수입자가 대금결제 전에 물품을 충분히 검토한 후 수입여부를 결정할 수 있다는 이점이 있다.

㉡는 D/P · D/A 방식과 유사한 방식이다. 즉 D/P · D/A 방식은 환어음을 통해 물품대금이 결제되므로 선하증권 등 선적서류를 환어음에 첨부하여 이를 은행을 통해 수입상에게 제시하여야 하나, CAD 방식에 있어 수출상은 선하증권 등 운송서류와 그 밖의 부속서류를 직접 수입상 또는 수출국에 소재하는 수입상의 대리인이나 거래은행에 제시하고 서류와 상환으로 물품대금을 수취하게 된다.

현물상환지급조건 (COD)

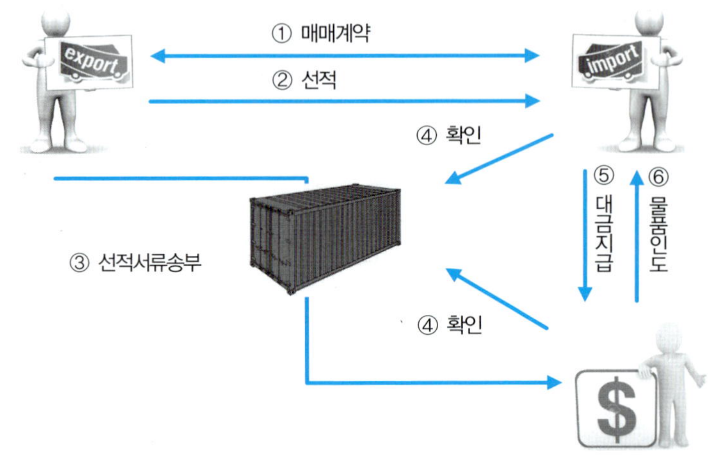

결국 CAD 방식에서는 통상 은행이 상거래에 개입하지 않으므로 수출자의 입장에서 보면 그만큼의 결제위험을 부담하여야 한다. D/P 방식에서는 수입지의 추심은행이 수입상이 물품대금을 지급하지 않으면 서류를 인도하지 않으나, CAD 방식에서는 수출상이 선적서류를 은행을 통하지 않고 수입상 또는 수입상의 대리인에게 인도함으로 수입상이 물품을 통관하여 인수한 후에 물품대금을 결제하지 않는 경우

서류상환지급방식 (CAD)

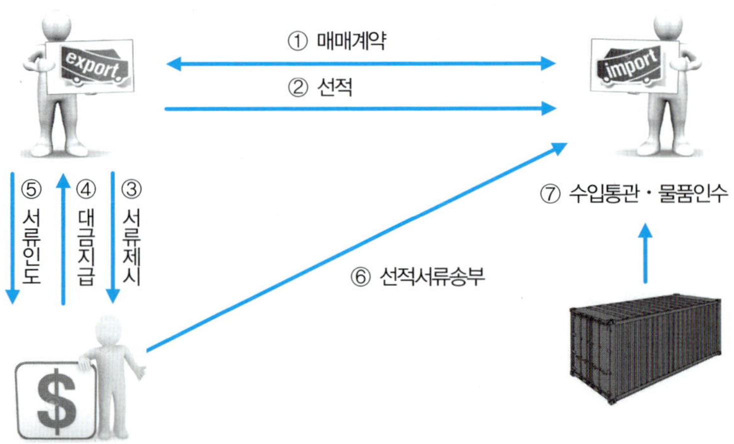

가 있을 수 있다. CAD 방식은 통상 수출국에 수입상의 지사 또는 대리인이 있는 경우에 이용하는 것이 통상이나, 만약 수출국에 수입상의 지사나 대리인이 없는 경우에는 은행을 통하여 수입상에게 서류를 제시할 수 있다. 물론 이 경우에도 CAD 방식에서는 환어음을 발행하지 않는다.

6 수 · 위탁판매무역

수탁판매수입(受託販賣輸入)은 외국의 수출상으로부터 물품의 판매위탁을 받고 물품을 인도 받아 당해 물품이 판매된 범위 내에서 물품대금을 수출상에게 지급하고 계약기간 이내에 판매되지 않은 물품은 외국의 수출상에게 재수출하는 계약에 의한 수입을 말한다.

본 계약은 수입상 입장에서는 물품대금을 지급하지 않은 상태에서 수출상으로부터 물품을 공급받아 판매이익을 획득하며, 미판매분에 대하여 반송할 수 있으므로 매우 유리한 거래방식이다. 수출상은 수출시장개척이나 시장확대전략 및 수입상의 자금편의 등을 제공하기 위한 목적에서 이러한 방식을 이용할 수 있다.

다른 한편 **위탁판매수출**(委託販賣輸出)은 국내 수출상이 대금 미결제 상태에서 물품을 수출하여 외국의 수입상이 당해 물품을 수입국에서 판매한 범위 내에서 물품대금을 지급받고 계약기간 이내에 판매하지 못한 물품에 대해서는 본국에 재수입하는 계약을 통해 수입을 하는 것을 말한다. 이 방식은 물품대금의 회수위험과 물품의

수 · 위탁판매무역

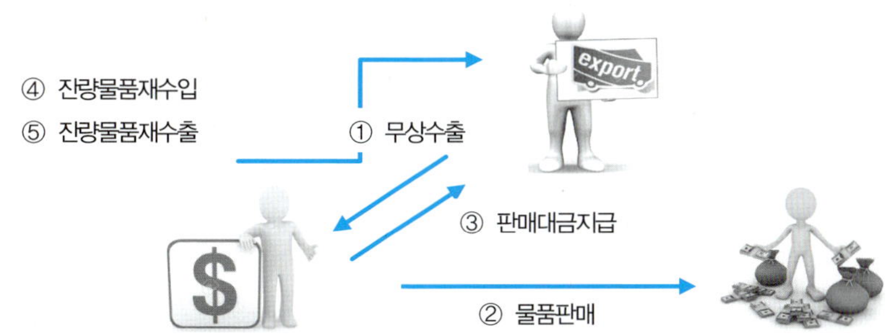

회수위험이 병존하기 때문에 수입상의 신용도 및 **비상위험**(非常危險, political risk)을 사전에 면밀히 조사하여야 한다. 여기서 **수탁판매수입**이나 **위탁판매수출**은 각각 수출상과 수입상의 입장에서 본 편의상의 구분에 불과하다.

7 수 · 위탁가공무역

수탁가공무역(受託加工貿易)은 원자재의 일부 혹은 전부를 거래 상대방의 위탁에 의하여 수입하여 이를 가공한 후, 위탁자 또는 그 지정인 또는 대리인에게 가공물품을 수출하는 상거래를 말한다.

이는 외국의 무역업자가 당해국의 숙련된 노동력 또는 고도의 기술을 이용하고자 하는 상거래 형태로서 수출과 수입이 하나의 계약으로 이루어지는 것이 일반적이다. 즉 **수탁가공무역**은 고임금 국가에서 저렴한 노동력 등을 이용할 수 있는 국가로의 위탁을 통하여 이루어짐이 일반적이다.

수 · 위탁가공무역

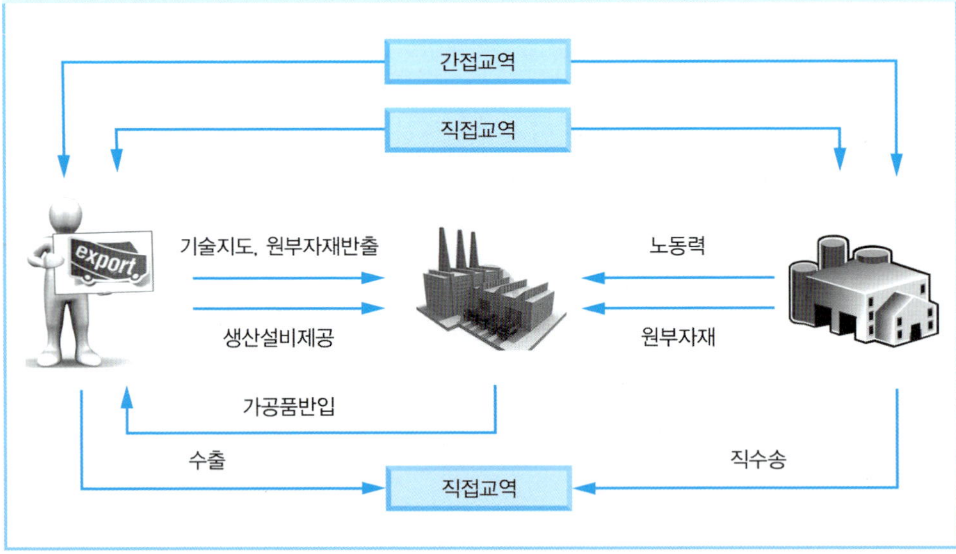

위탁가공무역(委託加工貿易)이란 가공비를 지급하는 조건으로 외국에서 가공할 원자

재의 일부 또는 전부를 상대방에게 수출하거나 외국에서 조달하여 이를 완제품으로 가공한 후, 가공된 물품을 수입하는 거래이다. 이 같은 가공무역은 생산비 절감을 목적으로 인건비가 저렴한 노동력을 이용하여 외국에서 가공하여 완제품 및 부분품을 생산하고자 할 경우 이루어지는 형태이다.

8 임대차방식에 의한 무역

임대차방식(賃貸借方式)은 ①임대(賃貸)에 의한 수출과, ②임차(賃借)에 의한 수입으로 구분할 수 있다. 우선 ①은 임대계약에 의하여 물품을 수출하여 임대계약기간만료 이후 일정기간 내에 다시 수입하거나, 임대계약 기간의 만료 전 또는 만료 후 물품의 소유권을 이전하는 수출을 말한다.

반면에 ②는 임차계약에 의하여 물품을 수입하여 일정기간 후, 다시 재수출하거나 그 기간(期間, period) 만료 전 또는 만료 후, 당해 물품의 소유권을 이전 받든가 하는 수입을 말한다. 이는 중소기업 또는 외자도입업체의 생산시설 증축을 위한 수입의 경우 이루어지고 있음이 상례이다.

●●● 임대차방식에 의한 무역

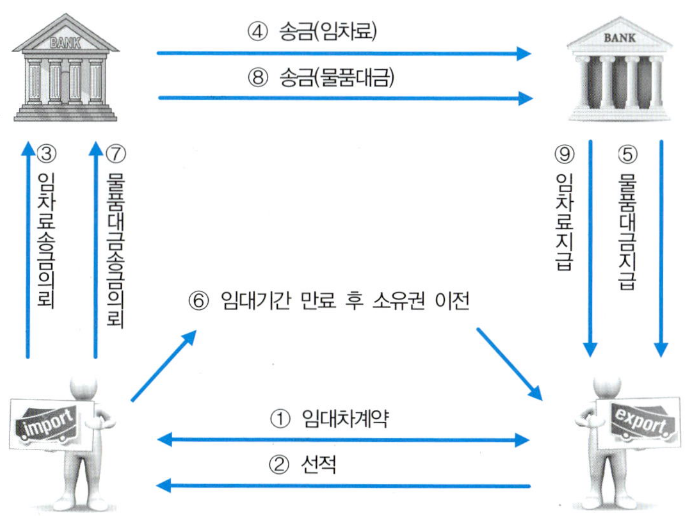

9 연계무역

연계무역(連繫貿易, counter trade)은 수출과 수입이 연계된 무역거래로서 ①물물교환(物物交換, barter trade), ②구상무역(求償貿易, compensation trade), 이를 총괄하는 ③대응무역(對應貿易, counter purchase) 등의 형태에 의하여 이루어지는 수출·입을 말한다.

①, ②는 당사자 상호 간 화폐로 물품대금을 지급하는 것이 아니고, 단순한 물물교환방식의 무역거래형태이다. 대금결제를 위한 환거래 없이 물품을 교환하여 당사자 간 물품인도가 거의 동시에 이루어진다. ③은 국가 간 수출·입 균형을 유지하려는 목적으로 수출·입 물품대금을 그것에 상응하는 수입 또는 수출로 상계(相計, set-off)하는 상거래이다. 즉 하나의 계약서에 의해 상대방에게 수출한 물품금액의 일부금액 혹은 총금액에 해당하는 상대방 물품을 상대방으로부터 수입해주는 방식이다.

이 같은 방식은 현금 이외의 방식에 의하여 물품대금지급의 전부 또는 일부가 이루어지는 상거래를 총칭하는 포괄적인 용어로 사용됨이 일반적이다. 상거래 대상은 물품뿐만 아니라 기술이나 용역의 거래도 포함되며, 상거래 당사자 모두에게 상호 수출·입 이행의 의무가 부과되는 특성이 있다.

연계무역

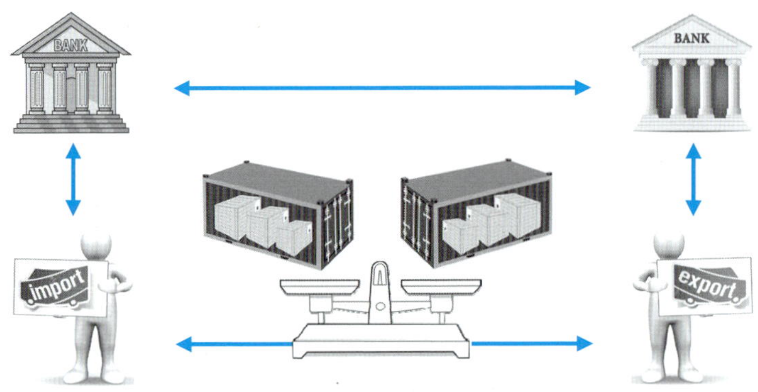

10 중계무역

중계무역(中繼貿易, intermediate trade)이란 수출을 목적으로 물품을 수입하여 가공하지 않고 그대로 제3국으로 수출함으로써 수출·입의 차액을 수취하는 상거래를 말한다. **중계무역**은 ①자국 물품의 공급능력에 직·간접적 한계가 있을 때, ②제3국에서 물품을 수입하여 이를 다른 제3국에 수출함으로써 지속적으로 해외시장을 관리하고자 할 때 활용된다. 이러한 **중계무역**이 활성화되기 위한 조건은 관세의 면제·보세창고활용·자유항·금융편의·편리한 교통시설 등을 꼽을 수 있다.

중계무역

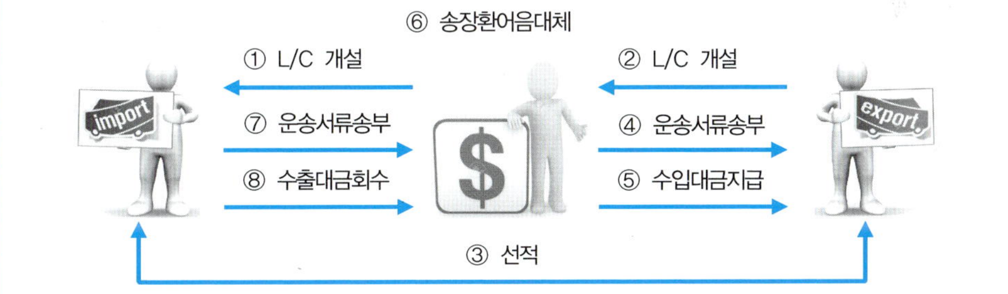

11 중개무역

중개무역(仲介貿易, merchandising trade)은 양국 간 제3국 당사자가 개입하여 물품대금결제는 수출상이 수입상으로부터 직접 회수하고, 제3국 당사자는 통상 수출상으로부터 물품의 판매대가로서 **중개수수료**(仲介手數料, commission)를 취득하는 방식이다. 즉 수출국과 수입국의 중간에서 제3국의 상인이 개입하여 이루어지는 상거래를 말한다. **중개무역**에서는 중개업자에게 물품의 소유권이 이전되는 것이 아니며, 다만 중개업자는 **중개수수료**를 목적으로 개입한다.

●●○ 중개무역

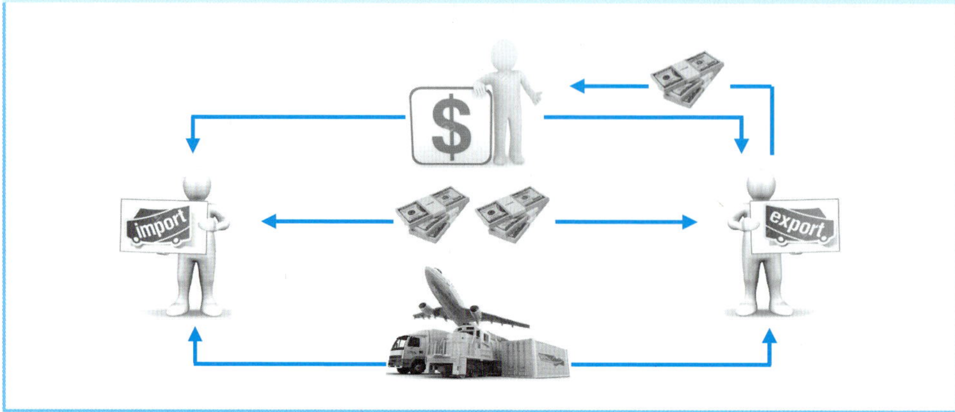

12 외국인도 · 인수무역

외국인도수출(外國引渡輸出)이란 수출대금은 국내에서 영수하지만, 국내에서 통관되지 아니하고 수출물품을 외국현지에서 수출하는 형태를 말한다. 주로 산업설비수출·해외건설·해외투자 등 해외 사업현장의 자재를 외국에서 사용한 이후 국내에 반

●●○ 외국인도 · 인수무역

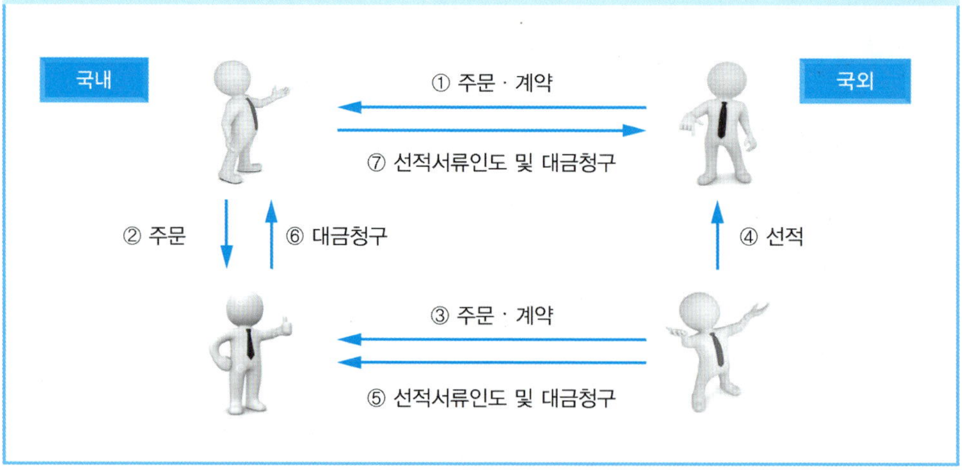

입하지 아니하고 해외에 매각할 때, 또는 항해 중 공해에서 수확한 어획물을 외국으로 매각하고자 하는 경우 사용된다.

외국인수수입(外國引受輸入)은 수입물품은 외국에서 인수하지만, 수입대금은 국내에서 지급되는 경우를 말한다. 산업설비 · 해외건설 · 해외투자 등에 필요한 기자재를 외국에서 수입할 필요가 있을 때, 운송시간과 경비를 절감하기 위해서 물품을 국내로 반입했다가 다시 외국의 공사현장에 보내지 않고 수입대금은 국내에서 지급하는 절차를 밟고 물품은 외국에서 제3국으로 보내는 경우이다.

13 전자무역

1) 전자무역의 개념

현재 정보통신의 발전에 편승하여 **전자적 형태의 무체물**(electronic invisible goods)을 **계약의 목적물**(subject matter of contract)로 한 국제상거래가 활발하게 이루어지고 있는 추세에 있다. 이에 따라 이 같은 **무체물**을 대상으로 한 상거래 또한 무역의 일면으로 다루고자 하는 취지에서 대부분의 주요 선진국의 실정법은 **전자적 형태의 무체물**도 무역의 대상에 포함시키고 있는 추세에 있다. 우리나라도 마찬가지로 대외무역법에서 이를 관리대상에 두고 있다.

통상 **전자무역**(電子貿易, electronic trade)은 **정보처리능력을 가진 시스템**(information processing systems, IPS)을 **이용한 재화나 용역의 국제 간 상거래**라고 인식되어 있으나 사실상 구체적이고도 명확한 정의는 없다. 다만 **전자무역**(electronic trade)과 **인터넷 무역**(internet trade)은 그 개념의 범위를 설정할 필요가 있을 것으로 본다. 이를테면 통상 **전자무역**은 **인터넷 무역**의 확장된 범위로 보아 **컴퓨터 등을 포함한 모든 통신망을 통한 국제 간 상거래**로 규정하고 있는 것이 통설로 인식되어 있다. 즉 **인터넷 무역**은 주로 계약체결 이전의 단계를 포함하는 범위로서 무역의 전 과정을 포괄하고 있는 **전자무역**의 일부로 인식되고 있는 것이 일반적이다. 요컨대 **전자무역**은 기존의 전통적인 무역을 대체하고 있는 것이 아니라, 단지 무역업무의 처리방식의 변화 단계별로 그 방식과 폭을 넓혀 주고 있는 경향으로 인식하여야 한다.

●●● 전자무역 포털시스템

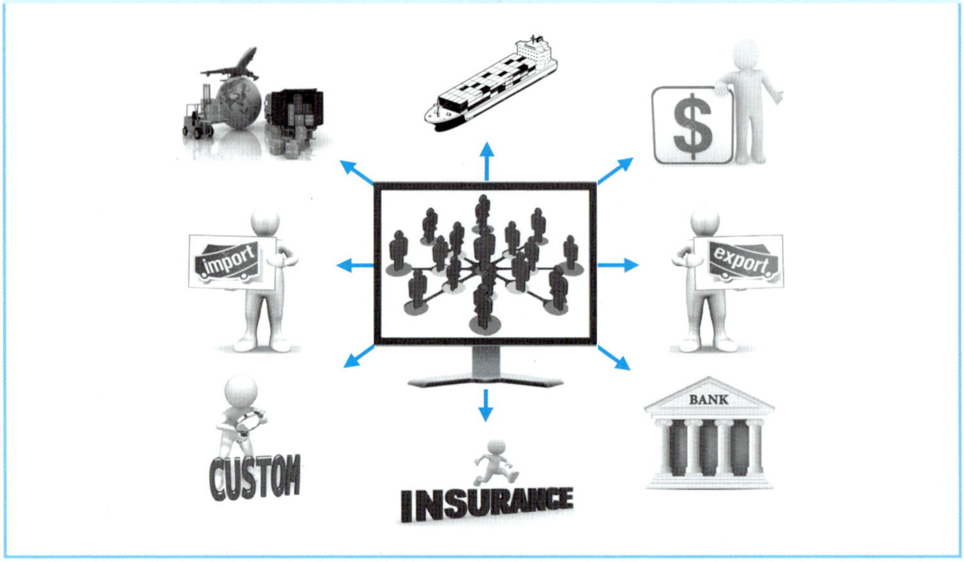

2) 전자무역의 의의

(1) 무역절차의 신속화

전자무역의 가장 중요한 특성 중에 하나는 **전자문서교환**(electronic document interchange, EDI), 인터넷 등을 이용한 전자적 통신수단에 의해 무역절차를 획기적으로 단축시킬 수 있다는 것이다. 예컨대 **EDI**를 무역업무에 적용하여 무역절차를 대폭 축소하거나 간소화 할 수 있다. 이로 인한 효과는 무역업무 처리비용의 절감효과를 수반하여 기업의 경제적 효율성 증대를 꾀할 수 있다는 것이다.

(2) 무역거래 기능의 확대

전 세계를 하나로 연결하는 인터넷의 활용에 따라 무역거래의 기능도 그 자체가 범세계화를 지향하고 있다. 전통적인 무역거래에서 상대방과의 교섭은 전화・텔렉스・팩시밀리 등의 수단을 통하여 직접 접촉하는 대인적 특성을 지닌다. 그러나 전자무역에서는 물품광고, 거래상담, 마케팅, 부품조달 등에 관한 정보가 일단 인터넷을 통한 가상공간에 등록되면, 이 같은 행위 자체가, 곧 지역적 한계 내지 국경을 초월한 전 세계를 대상으로 영업범위를 확장할 수 있다는 특성을 갖는다.

(3) 무역거래 대상의 다양화

무역거래 품목을 유형재와 무형재로 구분할 경우 전통적 무역거래에 있어서는 대부분 유형재가 상거래 대상이었으나, 전자무역은 **디지털 제품**[무형재(無形財)]에까지 그 영역을 확장하고 있다. 즉 가상공간 내에서 생산자와 소비자가 탐색·상담·주문·지급단계를 거쳐 물품배송에 이르기까지 전 과정을 원스톱으로 처리할 수 있도록 당해 거래과정을 일원화하고 있다. 컴퓨터 소프트웨어·음악·영상물·전자출판·정보제공 등의 상거래 영역을 그 대표적인 실례로 들 수 있다.

(4) 무역결제방식의 변화

기존의 무역거래에서는 주로 **화환신용장**(documentary letter of credit) 결제방식이 널리 이용되어 왔다. 이러한 신용장에 의한 무역결제방식은 **추심결제방식**에 은행의 지급보증이라는 신용력을 결부하여 상거래 당사자 간 신용의 부담보에 따른 불확실성을 제거함으로써 무역거래의 일축을 형성하고 있는 차제에 있다.

한편 전자무역이 본격화됨에 따라 전자화폐에 의한 **전자지급시스템**(electronic payment systems)이 개발되면서 그 상용화가 보편적 추세에 있고, 나아가 이러한 전자적 지급수단이 발달함에 따라 안전하고도 확실한 물품대금결제가 가능하게 되어 소액거래까지도 전자무역의 과정을 통해 활성화되고 있다.

(5) 물류시스템의 정보화

전통적인 무역거래는 주로 기업이 그 중심적 지위에 있었으나, 전자무역은 무역거래를 소매화, 소위 **판매시점관리**(販賣時點管理, point to point sale)의 형태로 변모케 하였다. 이러한 추세는 더욱 가속화될 것으로 예측되는데, 현재 이에 부합하는 새로운 **물품배송시스템**의 구축에 관한 수요는 가일층 급증하고 있는 추세에 있다.

금후 주문과 동시에 물품을 공급받고자 하는 소비자의 욕구에 부응하여 현지생산, 현지보관, 현지배달이라는 **물품배송시스템**과 함께 이를 고도화한 지능형 수송시스템이 더욱 발달할 것으로 예측된다.

3) 전자무역의 장점

(1) 글로벌 마케팅

IPS는 국가 간 장벽이나 지리적 제한이 존재하지 않는 범세계적 네트워크의 핵심이라고 할 수 있다. 따라서 국가 간의 장벽이 약화되어 가고 있는 추세와 더불어 기업 활동무대를 세계로 넓히는데 유용한 수단이 되고 있다.

(2) 거래정보의 수월한 획득

IPS를 이용하면 적은 비용으로도 효율적인 정보의 획득이 가능하다. 예컨대 기존에는 거래처 발굴을 위해서 상공회의소 등 상거래 알선기관에 의뢰하거나 각종 디렉토리, 해외에 배포되는 인쇄매체, 현지의 광고, 각종 박람회, 전시회의 참가 등을 이용하였다. 그러나 IPS를 통해 각국 정부와 무역 유관기관 그리고 개별기업들이 게시한 무역에 관련한 수많은 정보들을 쉽게 획득할 수 있다.

(3) 중소기업에 성장기회 제공

IPS를 통한 상거래는 기업의 규모나 인지도보다는 어느 기업이 소비자의 욕구를 충실히 반영할 수 있느냐의 여부에 그 성패가 달려있다. 따라서 좋은 물품, 서비스 능력, 창의적이고 진취적인 경영행태를 내부화하고 있다면, 중소기업에게도 성장가능성은 널리 개방되어 있다고 볼 수 있다. 이러한 가능성 및 기회는, 예컨대 현지 지사 등 해외거점이 없더라도 IPS를 통한 해외시장개척이 가능함을 시사한다.

(4) 기업활동 비용의 절감

IPS를 통하여 물품을 수출하는 기업의 경우 판매물품에 대한 정보를 별도의 홍보책자나 카탈로그 없이도 IPS를 통해 제공할 수 있기 때문에, 이에 따른 물품홍보비용을 대폭 절감할 수 있다. 뿐만 아니라 IPS를 통해 제공된 물품광고는 그 변경·수정·보완 등이 용이하여 전통적 광고매체의 의존에 따른 부대경비의 절감으로부터 기업의 효율적 경영을 제고할 수 있는 장점을 수반한다.

4) 전자무역의 단점

상기에서 열거한 장점에 반해 전자무역에 있어서 다음과 같은 단점을 지적할 수 있다. 이는 전자무역의 당면한 현안 내지 문제임과 동시에 향후 전자무역이 보편적으로 활성화되기 위한 선결요건이라 할 수 있다.

①구매자는 직접 물품을 눈으로 보고 확인할 수 없기 때문에 물품의 사양이나 품질을 확인하기 힘들 뿐만 아니라 그 보증체계 및 사후관리 등에 대한 물품의 안전성 등을 신뢰하기 어렵다. 이에 따라 IPS 운영체계나 국가적 차원에 있어 이를 보증하거나 규제할 수 있는 안전장치의 개발이 요구된다. 또한 매매당사자의 계약 및 계약의 이행에 관련한 분쟁이 발생하였을 경우 적용법과 관련 제도의 미비로 적절한 해결책을 마련하기 어렵다는 단점이 지적될 수 있다.

②전통적 무역에서와 같은 대금지급방식을 사용할 수 없는 대신 전자적 결제를 필요로 함에 따라 발생될 수 있는 지급과 결제에 있어서 보안과 인증에 관련한 기술적 대비책이 요구된다. 아울러 보안기술이 완벽하지 못한 상태에서 상거래 당사자의 프라이버시 침해 및 고유한 정보가 노출될 개연성이 있다.

③구매자는 많은 정보를 통해 구매의사결정에 임해야 하므로 정보의 과잉으로 인한 혼선이 발생할 수 있으며, 구매자 탐색 및 정보이용이 집중될수록 물품 간의 경쟁이 치열할 수밖에 없어 브랜드 중요성이 증대될 수 있다. 이에 따라 중소기업의 경우 경쟁력이 약화될 수 있으며, 기존 브랜드 입지를 강력한 대기업 또한 급속한 가상공간에의 진출에 따라 치열한 경쟁압박을 받을 수 있다.

14 그 밖의 방식

1) 보세창고도무역

보세창고도방식(保稅倉庫渡, bonded warehouse transaction, BWT)이란 **무환**(無換, free of charge)으로 수입국 정부로부터 **통관미필**(通關未畢)상태로 허가 받은 **보세구역**(保稅區域) 내에 물품을 반입하고 수입국의 수입상을 선정하여 매매계약을 체결한 후 수입통관절차를 거쳐 보세구역 밖으로 반출하는 거래방식을 말한다. 이는 ①**보세창고도수출**과, ②**보세창고도수입**으로 구분된다.

①은 위탁판매방식 수출의 변형인 **보세창고인도조건**(保稅倉庫引渡條件)에 의한 수출

로서, 예컨대 우리나라 수출상이 해당지역에 자신의 지점 또는 출장소·대리점을 설치하고 상대방 정부로부터 허가 받은 보세창고에 물품을 무환으로 반출하여 현지에서 판매하는 방식이다. 이 방식은 반출한 물품을 수입자가 수입지역에서 수출통관하지 않고 보세구역인 보세창고에 입고시키고 관리기간 내에 물품을 판매하는 거래이기 때문에 물품을 적절히 판매할 수 있는 기회를 가질 수 있을 뿐만 아니라 매수인을 충분히 물색할 수 있는 이점이 있다. 보세창고에 보관중인 물품에 대한 관세는 물론, 내국세도 부과되지 않으므로 보세상태에서 시장상황에 따라 수시로 판매 또는 반송할 수 있다. 또한 보세창고는 통상 사설이므로 보통의 영업창고와 마찬가지로 보관물품에 대한 창고증권(倉庫證券)을 발급함으로써 수출상은 매매상 편익을 꾀할 수 있다. 이러한 ①의 특징은 거래상대자, 즉 수입상과 사전계약이 체결되지 않고 수출상의 책임과 계산하에 현지에서 물품의 매매계약이 성립하기까지에는 수입상이 미확정 상태에서 상거래가 행해지는데 있다.

②는 외국 수출상이 자기책임 하에 국내 보세구역에 물품을 무환으로 반입하고 수요에 따라 국내 수입상에게 판매하기 위해 수출하는 거래형태이다. 보통 이러한 거래방식의 수입은 수출용 원자재의 수출·입 등에 많이 이용되는데, 그 이유는 수출국과의 거리가 먼 경우 원자재를 수입한 후 제조·가공하여 수출하게 되면 많은 시일이 소요되기 때문에 이로써 시간단축을 꾀할 수 있기 때문이다. ①이 일반적 수입형태와 다른 점은 수출상과 수입상 간에 별도의 사전계약이 체결되지 않고 수출상의 책임 하에 보세구역에 물품을 반입하여 당해 물품에 대한 판매계약이 성립되기까지는 수입상이 미확인상태에서 상거래가 진행된다는 점이다.

보세창고도무역

2) 중장기 연불방식에 의한 수출 · 입

중장기 연불 수출 · 입(中長期延拂輸出入, medium and long-term deferred export)은 수출 · 입 대금의 전부나 일부를 일정한 기간에 걸쳐 분할하여 영수하는 조건에 의한 수출 · 입을 말한다. 이 방식은 **연지급조건**(延支給條件) 또는 **분할지급조건**(分割支給條件)에 의하여 수출상이 수입상에게 신용을 공여하고, 그 대금지급을 분할하여 일정기간까지 연기하는 **중 · 장기분할결제에 의한 신용거래**로서 일반적으로 대금의 결제기간이 6개월 이상 3년 이내는 중기, 3년 이상은 장기로 구분한다. 이 같은 거래방식은 대형기계류, 선박, 철도차량, 발전설비, 플랜트 수출 · 입 등에 이용된다.

일반적으로 무역은 신용장이 개설되고 목적물이 선적 또는 인도된 이후에 대금을 결제하는 것이 정상적이다. 그러나 플랜트수출의 경우나 선진국의 저개발국에 대한 수출의 경우 선진국 간에 수출경쟁을 하게 될 때, 또는 저개발국의 지급능력을 고려한 수출증대를 도모하기 위하여 이러한 방식을 사용한다. 근래 국제상거래가 신용장 및 정상결제방식에서 점차 **중 · 장기 연불 수출 · 입**으로, 선진국과의 거래에서 저개발국과의 거래 위주로 전환되는 추이를 보이고 있다.

중장기 연불방식에 의한 수출 · 입

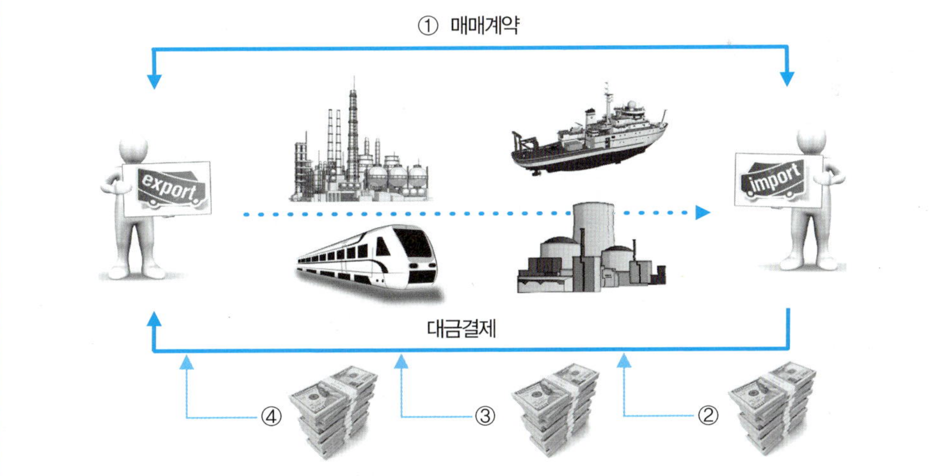

3) 산업설비수출

산업설비(産業設備, industrial plant)는 각종 물품을 제조하기 위한 기계·장치 등 하드웨어와 그 설치에 필요한 엔지니어링·노하우·건설시공 등 소프트웨어가 결합된 생산단위체를 지칭한다. **산업설비수출**의 절차는 **산업설비**의 규모나 특성에 따라 다양한 까닭에, 실무절차에 있어서 일반물품의 수출형태와는 크게 다르다. 즉 일반물품의 경우에는 기존 생산되고 있는 물품이나 새로 개발된 샘플 또는 견본을 제시하고 수출·입 당사자 간의 협상에 의하여 계약이 이루어지는데 반하여, **산업설비**는 통상 국제경쟁 입찰과정을 거치게 되고, 나아가 물품의 **사양**(仕様, specification)에 따라 신규로 제작하여야 하므로 협상에 임하기 전에 면밀하고도 철저한 사업타당성 검토가 요구되며, 사업타당성 검토 후 이를 토대로 발주의사를 결정하게 되면 응찰·낙찰·계약교섭의 과정을 통해 계약을 체결하게 된다.

일반수출 시에는 통상 계약 후 물품의 통관·선적을 거쳐 인도함으로써 상거래가 종결되나, **산업설비수출**은 계약 후 통관·선적을 거쳐 설계·현지건축·토목 등 일련의 복잡한 업무가 추가로 요구된다. 또한 **산업설비**가 설치·완성된 후에도 시운전 및 운영요원의 교육훈련을 통해 시험가동을 하고, 그 밖에 일정기간 하자담보책임(瑕疵保證責任, guarantee against defect responsibility)이 뒤따르는 것이 통상이며 수출상은 보증기간이 끝나야 모든 책임에서 벗어나고 상거래를 종결할 수 있게 된다.

●●○ 산업설비수출

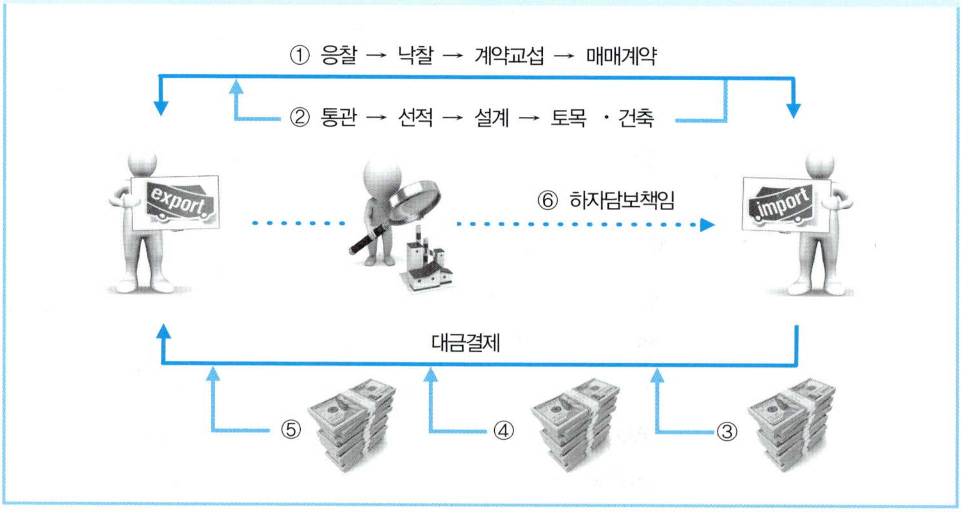

4) 팩토링 방식에 의한 수출·입

팩토링(factoring)은 **판매자**(client)가 **구매자**(customer)에게 물품이나 서비스를 제공함에 따라 발생하는 외상매출채권과 관련, **팩토링 회사**가 판매자를 대신하여 구매자의 신용조사·신용위험의 **인수**[지급보증(支給保證)]·매출채권 기일관리·대금회수·금융제공 및 그 밖의 회계처리 등의 업무를 대행하는 금융서비스이다.

국제팩토링은 전 세계 **팩터**(factor)의 **회원망**(membership network)을 통해 수입상의 신용을 담보로 한 **무신용장 방식**의 거래방식이다. **팩터**는 수출상을 위해 수출채권과 관련된 대금회수를 보장하고, 회수업무에 따른 장부기장 등 회계업무와 **전도금융**(前渡金融)에 이르기까지 제반 서비스를 제공한다. 그리고 수입상에게 수입을 위한 신용을 공여하여 해외로부터 신용으로 물품을 구매할 수 있다.

국제팩토링은 기존의 신용장 방식에 의한 상거래에 비해 매우 간편하기 때문에 이미 미국이나 유럽지역에서는 일반화되고 있으며, 특히 중·소규모의 무역거래에서 활발히 이루어지고 있다. 특히 오늘날 세계무역환경 변화추이에 따라 소액·소량 주문에 따른 신용장 발행의 회피, 선진국 수입상들의 상거래 관행에 따른 신용구매요구 등에 기인하여 증가추세에 있다. 요컨대 **국제팩토링**의 주요한 기능은 신용위험의 인수·전도금융의 제공·회계업무의 대행 등을 들 수 있고, 이는 ①**수출팩토링**과, ②**수입팩토링**으로 구분된다.

우선 ①은 **수입팩터**와 **수출팩터** 간의 약정에 따라 수입상에 대한 신용조사 및 신용위험을 인수하고 수출채권의 양수 및 송금 등 대금회수를 보장한다. **수출팩터**는 수출상과의 약정에 따라 수출채권을 관리하고 전도금융을 제공함으로써 효율적인 운전자금을 조달하도록 한다. 또한 **수출팩터**는 회계업무를 대행함으로써 수출채권과 관련한 회계장부를 정리해 준다.

수출상의 이점은, ㉠수출대금 회수를 **수출팩터**가 보증하기 때문에 신용거래에 따른 위험부담이 없다는 점, ㉡위험부담이 없는 수입상에게 유리한 무신용장 거래를 할 수 있어 대외경쟁력 강화는 물론, 새로운 시장개척이 용이하다는 점, ㉢신용장 및 추심방식에 비해 실무절차가 간편하다는 점, ㉣대금회수 및 수출채권의 기일관리 등 제반 회계업무의 부담에서 벗어나 생산 및 판매에만 전념함으로써 원가절감과 생산성 증대를 실현할 수 있다는 점, ㉤전 세계에 걸친 **팩토링 회사**의 회원망을 통해 신속·정확한 해외시장 정보를 얻을 수 있다는 점, ㉥**팩토링 회사**의 회원사인 **수출팩터**와 상거래할 수 있음에 따라 국제시장에서의 지명도를 제고할 수 있다는 점, ㉦필요시 즉각적 전도금융수혜로 효율적인 자금조달이 가능하며 경영상담 및 다양한 서비스를 제공받을 수 있다는 점 등을 꼽을 수 있다.

한편 ②의 경우 **수입상의 이점**은, ㉠**수입팩터**가 지급보증을 함으로써 전 세계 각국으로부터의 신용구매가 가능하다는 점, ㉡수입보증금 예치에 따른 자금의 부담을 덜 수 있다는 점, ㉢신용장 발행에 따르는 수수료 등 비용부담이 없다는 점, ㉣수입결제자금의 부족에 대한 금융수혜가 가능하다는 점, ㉤**수입팩터**가 신용한도설정으로 지속적인 구매가 가능하다는 점, ㉥**수입팩터**로부터 전문적인 회계관리서비스를 제공받을 수 있다는 점 등이다.

국제팩토링의 거래과정

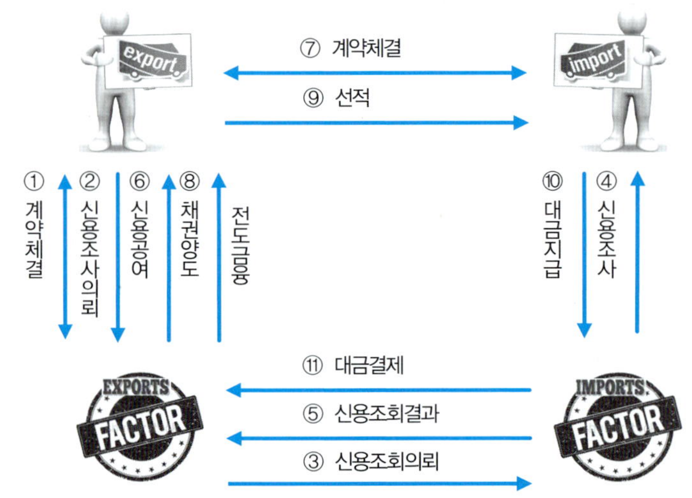

5) 녹다운방식 수출 · 입

녹다운(knock-down) **방식 수출 · 입**은 완제품 수출 · 입이 아닌, 조립할 수 있는 설비와 능력을 보유한 거래처에 물품을 부품이나 반제품의 형태로 수출 · 입하고, 실수요지에서 물품으로 완성하는 **현지조립방식**(現地組立方式)의 수출 · 입을 말한다. 달리 **현지조립방식의 수출 · 입**이라고도 하는데, 여기에는 ①**CKD**(complete knock-down) 및 ②**SKD**(semi knock-down) 수출 · 입 등이 있다.

녹다운방식의 거래과정

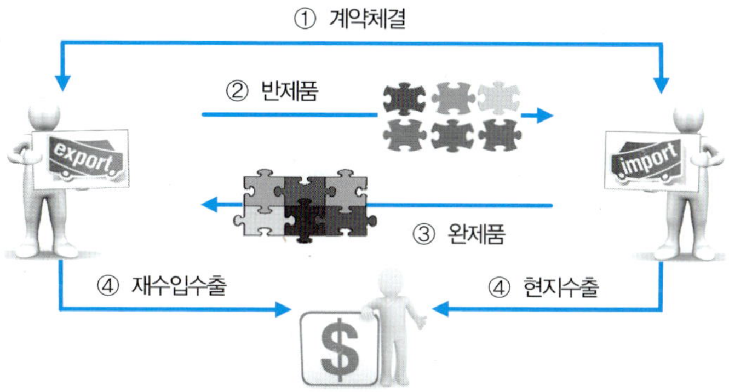

이 방식은 선진국이 고임금이나 공해문제 등을 회피하기 위해 개도국 또는 후진국에 현지법인을 설립하는 형태로 이루어지고 있으며, 완제품에 대한 수입제한이나 고율의 관세가 부과되는 것을 피하여 상대방 시장에 용이하게 침투할 수 있다는 장점이 있다. 그러나 수입국으로서는 부품이나 반제품을 조립하여 완제품을 만들 수 있는 능력과 시설을 갖추어야 한다는 전제조건이 부가된다.

6) OEM 방식 수출

OEM(original equipment manufacturing) 방식은 상대방 상표에 의한 수출방식으로서, 달리 **주문자상표 부착방식**(注文者商標附着方式)이라고도 한다. 곧 수출상이 수입상으로부터 물품생산을 의뢰받아 물품에 수입상의 상표를 부착하여 수출하는 경우를 말한다. 수출국 입장에서 **OEM** 방식의 장점은, ①수출확대와 기술축적이 용이하고, ②현지에서 물품판매에 따른 제반 경비 및 위험부담에서 벗어날 수 있으며, ③수입국 소비자 계층의 내셔널리즘을 회피할 수 있다는 점 등이다.

반면에 단점은, ①인건비 상승의 경우 수입상이 상거래 대상을 변경할 수 있고, ②자기상표 물품의 수출보다 저가로 수출되어 수출채산성 면에서 불리하며, ③신규모델의 개발 등 독자적인 운영모색에 한계가 있고, ④수출국 물품의 이미지 제고 및 해외시장개척의 불리함이 있다는 것 등이다.

OEM 방식

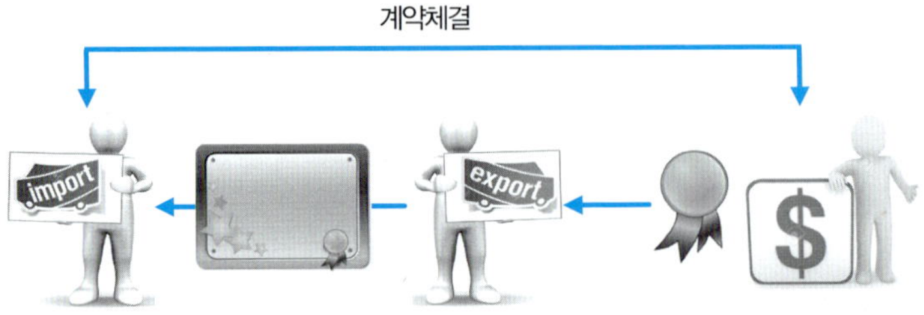

7) 포페이팅 방식

포페이팅(forfaiting)은 불어의 **forfait**에서 유래된 말로 현금을 대가로 채권을 포기 또는 양도한다는 뜻이다. **포페이팅**은 수출환어음이나 약속어음을 수령한 수출상에게 일체의 상환청구권(償還請求權, without recourse)없이 고정이자율로 할인해 주는 무역금융기법이다. 무역어음을 **포페이팅 회사**에 매도한 수출상들은 미리 수출대금을 받고 그 후에 발생하는 수입상의 대금지급거절이나 연기에서 오는 손해는 일체를 부담하지 않아도 된다.

포페이팅의 거래과정

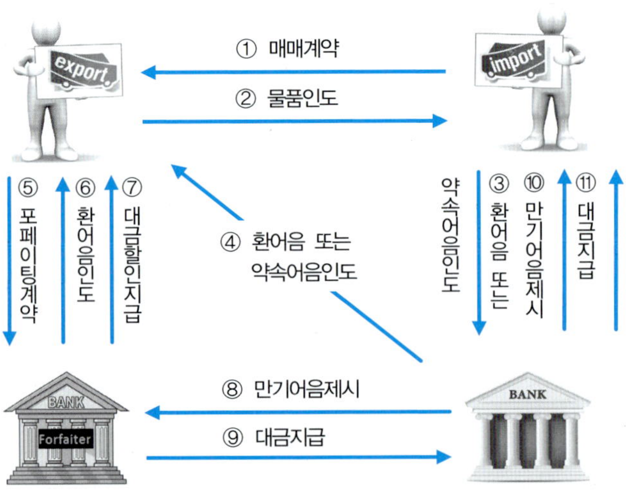

특히 국가 위험도가 높은 새로운 시장을 개척하려는 수출상이 널리 활용할 수 있다. 왜냐하면 **포페이팅**을 이용하면 수출물품을 선적함과 동시에 관련서류를 제출해 현금을 확보할 수 있기 때문이다. 수출상은 이로 인해 자금을 원활히 회전시켜 새로운 투자를 할 수 있는 여유를 갖게 된다. 다만 **포페이팅**을 이용하고자 하는 수출상은 소구권 **포기조건**(溯求權抛棄條件)으로 어음을 매각하므로 **포페이팅**과 관련된 모든 서류를 면밀히 점검해야 하며, 수입상에게 **포페이터**(forfaiter)가 인정하는 보증서를 제출하도록 요구해야 한다. 그리고 **포페이터**가 신용장이 아닌 별도의 지급보증서를 요구할 경우 **포페이팅** 비용이 그 밖의 수출금융비용보다 높을 수도 있으므로 철저한 비용분석이 선결되어야 한다.

2

무역관리제도와 법규범

1 무역관리제도의 개요

1 무역관리의 의의

무역관리란 무역거래에 대하여 국제기구 또는 국가가 여러 가지 수단과 방법을 통하여 규제 및 지원을 하는 것을 말하는데, 이는 국가의 국제수지균형을 도모하고 자국 내 산업의 보호를 위하여 최소한의 규제나 제한을 가하는데 목적을 두고 있다. 그 배경은 국제거래가 자국의 국민경제에 미치는 효과가 크다는데 두고 있다.

우리나라 대외무역법에서는 대외무역을 진흥하고 공정한 거래질서를 확립하여 국제수지의 균형과 통상확대를 도모함으로써 국민경제발전에 기여함을 목적으로 한다고 규정하고 있다. 이를 위해 각종 법규 및 제도가 뒷받침되고 있는데, 이를테면 무역법규는 기본법인 ①**대외무역법**, 물품의 이동을 통제하기 위한 통관절차와 과세절차를 규정하고 있는 ②**관세법**, 무역대금의 지급 및 영수를 관리하는 ③**외국환거래법** 등으로 관리하고 있다. 또한 여러 가지 무역관련 실정법 및 개별 유관법률을 통하여 간접적으로 무역관리를 하고 있다.

무역관리의 의의

무역관리

무역거래에 국제기구 또는 국가가 여러 가지 수단과 방법을 통해
규제 및 지원을 하는 일 또는 그러한 행위

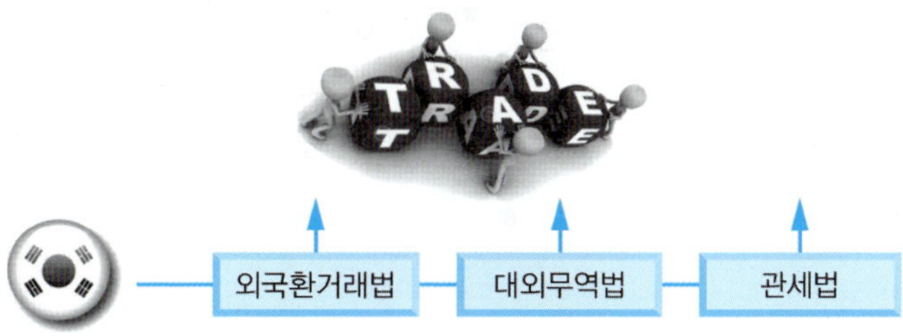

2 무역관리방식

1) 거시적 무역관리

거시적 무역관리는 상당부분이 경제적·정책적 측면에서 또한 다른 상당부분은 법률적 측면에서 다루어지고 있는 분야로 특정할 수 있다. **거시적 무역관리**는 현재 국가적 무역정책으로서 다루어지고 있지만, 이는 단편적인 것이 아니라, 국제법규적인 측면과 상호 연계하여 시행되고 있는 차제에 있다. 환언하면, 무역정책은 국내무역법규에 국제법규를 병합한 순기능적 시각에서 시행되고 있다.

(1) 재화의 상대가격 변경정책

무역관리방식은 국가별로 다양할 뿐만 아니라 대부분의 국가는 자국의 경제정책을 통해서 거시적으로 무역을 관리하고 있다. 예컨대 ①다종다양한 형태의 보호무역정책을 통해, ②외환시장의 개입을 통한 환율의 변경정책을 통해, ③국내 통화량 조절과 재정지출의 관리 등의 경제정책 등을 통해 직·간접적으로 무역을 관리하고 있다. 이러한 다양한 경제정책을 통한 무역관리는 국가 전체적인 관점에서 무역을 관리하는 것으로 보아, 이는 **거시적 관리방식**이라고 볼 수 있다.

각국의 경제상황에 따라 여러 가지의 무역관리방식이 있으나, 국제수지의 불균형[1] 하에서 환율변경을 통한 국제수지개선을 가장 보편적인 적자관리방식으로 활용하고 있다. 곧 자국통화의 평가절하를 통해서 수출가격의 하락과 수입가격의 상승을 유도하여 국제수지를 개선하는 방식을 취하고 있다. 이러한 수출·입 물품가격변경을 통한 또 다른 관리방식은 관세부과를 통한 것이다.

연혁에 비추어 대부분의 국가에서는 자국의 유치산업보호를 위한 보편적인 보호

1) 환율변동이 전혀 인정되지 않거나 소폭 변동하는 **고정환율제도**(固定換率制度, fixed exchange rate system)와는 달리, 외환의 수급상태에 따라 자유로이 환율을 변동시켜 국제수지의 조정을 기하려는 제도를 말한다. 이러한 **변동환율제도**는 변동의 폭을 규제하지 않는 ①**자유변동환율제도**(自由變動換率制度, freely flexible exchange rate system)와 일정한 범위 내에서 환율의 변동을 인정하는 ②**제한적 변동환율제도**(制限的變動換率制度, limited flexible exchange rate system)로 구분된다. 또한 중앙은행의 외환시장 개입여부에 따라, 개입이 가능한 dirty float와 환율변동을 방임하는 clean float로 구분할 수 있다. 이 제도는 환율의 실세를 반영하여 융통성 있게 변동할 수 있는 장점이 있으나 환투기의 가능성이 있을 때에는 환율의 안정을 잃게 되는 단점이 있다.

무역의 수단으로서 관세부과의 방식을 택하여 왔다. 이를테면 관세의 부과를 통해서 관세를 부과한 만큼 해당 수입물품의 국내가격의 상승을 초래하여 수입물품의 수요를 억제하여 왔다.

관세를 통한 수입물품의 가격변경은 수출물품의 상대가격을 변경시켜 수입되는 물품의 소비가 감소된다. 이러한 관세부과의 효과는 수입의 감소로 연결되고 이에 따라 궁극적으로는 국제수지개선 효과를 기대할 수 있다. 결국 관세를 통한 수출물품과 수입물품 간의 상대가격변경을 통해서 생산자 잉여가 증가하고 소비자 잉여는 감소하는 변화를 꾀할 수 있다.

그러나 이러한 관세의 부과로 인하여 국내경제에 부정적인 영향을 주는 면도 적지 않다. 특히 장기적으로 관세를 계속 부과할 경우 국내 생산요소의 가격왜곡과 국내 소비자와 생산자 간의 소득의 왜곡된 분배로 나타날 수 있고, 국내 해당 산업을 관세를 통해서 장기적으로 보호하게 되면, 국제경쟁력을 갖추는 것을 관세가 방해하는 결과를 가져올 수도 있다. 따라서 어느 기간 동안 얼마만큼의 관세를 어떤 품목에 부과할 것인지를 신중하게 결정해야 한다. 나아가 상대국으로부터의 보복관세가 있을 것임도 고려해야 한다. 더구나 관세부과라는 공개적 무역정책수단은 국제통상질서에 부합하는 수준과 방식으로 시행되어야 한다.

환율변동이 경제에 미치는 영향

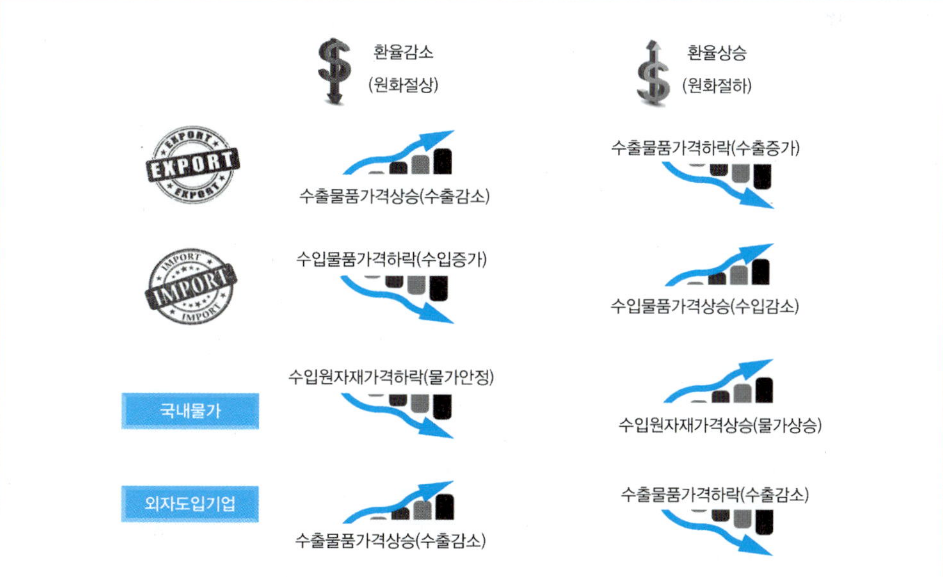

(2) 통화량 조절을 통한 관리

통상 **고정환율제도**(固定換率制度, fixed exchange rate system)[2]에서 무역적자가 발생한 경우 정부는 통화량 조정을 통해 이러한 적자를 관리할 수 있다. 국제수지적자상태에서 정부에서 통화량을 감소시키면, 화폐에 대한 초과수요가 발생하여 민간은 지출을 감소하게 된다. 이때 수입물품에 대한 지출도 감소하게 된다.

국제수지가 흑자상태인 국가는 이와는 반대로 통화량의 증대를 통해서 국제수지균형을 이루게 된다. 변동환율제에서는 환율변동이 국내물가에 반영되어 이것이 화폐수요에 영향을 주고 화폐수요의 변동은 민간지출의 변경을 가져오므로 수입물품에 대한 수요의 변화로 나타나서 국제수지균형을 이루게 한다. 이와 같은 통화량의 조절을 통해서도 거시적으로 무역을 관리하게 된다.

고정환율제도와 자율변동환율제도

대외불균형해소	국가의 개입필요	환율변동에 의해 대외균형
해외충격흡수	외환시장개입 해소	환율변동으로 흡수
환투기 · 환위험	감소 → 일방향 발생가능	환율변동에 의한 환투기 · 환위험
정책수단	재정정책유리 고정환율 유지를 위한 시장개입결과로 인해 통화정책 독자성 유지불가	통화정책유리, 국제수지불균형 환율변동으로 자동조정, 국내통화량 영향없어 통화정책 독자성 유지

2) **고정환율제도**는 정부가 환율을 일정범위로 고정시켜 환율안정을 꾀하는 제도를 말한다. 대부분의 국가에서는 **변동환율제도**를 채택하고 있으나, 현실적으로 완전한 **자유변동환율제도**를 택하는 국가는 거의 없으며, 자국 화폐의 환율결정을 외환시장수급에 의존하지 않고 정부가 직·간접적으로 규제하는 **관리변동환율제도**(管理變動換率制度, managed floating exchange rate system)를 채택하고 있다. **고정환율제도**의 장점은, ①인플레이션과 신용확대에 쉽게 대처할 수 있고, ②환율이 안정되어 환율불균형에 의한 자본이동의 폐해를 방지할 수 있다는 것이다. 단점은, ①자동적 국제수지를 조정할 수 없고, ②국제수지균형을 위한 신용제한과 무역·외환관리로 인한 국내부문의 압박으로 경제성장이 억제되며, ③자국통화의 과대평가로 자원배분의 왜곡으로 경제적 후생의 감소, ④평가에 환율을 영구히 고정시키는 것이 불가능하므로 평가변경 시 큰 부담을 받게 될 뿐만 아니라 ⑤이러한 환율을 고정시키기 위해 막대한 외환보유고가 필요하다는 것 등이다.

2) 미시적 무역관리

국가가 무역을 관리하는 것은 그 나름의 목적이 있다고 볼 수 있으나, 통상의 경우 국민경제의 발전을 도모하기 위한 것에 취지를 두고 있음이 보편적이다. 다만 무역을 통해 국민경제발전을 도모한다고 해도 무역은 상대가 있기 때문에 거래 당사자 상호 간에 공정한 거래가 유지될 수 있도록 관리하여야 한다.

한편 공정한 무역이 유지된다고 하더라도 무역의 불균형, 곧 무역수지적자가 계속되는 경우 이는 오히려 국가의 경제발전을 저해하는 요인으로 기능할 수 있기 때문에 무역수지의 균형관리도 무역관리의 중요한 목적으로 부각된다. 따라서 우리나라에서는 무역을 관리하는 법으로서 ①**대외무역법**을 중심으로 무역에 따른 결제수단인 외국환도 ②**외국환거래법**을 통해 관리하고 있다. 이것은 실물경제와 함께 외국환의 관리를 이에 병합함으로써 무역을 이중으로 관리하는 형태를 갖추고 있음을 의미한다. 나아가 통관을 비롯한 국경을 넘나드는 물품을 관세를 통해서 관리하려는 취지에서 ③**관세법**을 두고 있다. 요컨대 우리나라는 이러한 3가지 무역 관련 유관법률을 제정해 두고 이들을 중심으로 개별무역을 관리하고 있다. 향후 이러한 3가지 법률을 하나의 무역관리법규로 통·폐합하는 것이 현재 다원화·일원화되고 있는 세계무역환경의 기조에 부합할 수 있는 순기능적 대응태세일 것이라고 본다.

우리나라 무역관리 3대 법규

대외무역법 | 외국환관리법 | 관세법

3) 수출·입 품목관리

(1) 수출·입 품목분류

가. 표준국제무역분류

수출·입 물품은 국제적으로 이동되기 때문에 각국이 공통으로 이용할 수 있는 품목표시방법이 필요하다. 이를 위해 UN은 1950년 **표준국제무역분류**(標準國際貿易分類, Standard International Trade Classification, SITC)를 발표하고, 이에 따라 국가별로 경제분석과 물품별 무역통계를 작성하고 있다. 아울러 **SITC** 분류방식을 각국의 국내통계작성에도 적용할 것을 권고하고 있는데, 이에 따라 대부분의 국가들이 이를 수용하여 물품별 무역자료를 **SITC** 방법으로 작성하고 있다. 우리나라에서도 1955년부터 한국은행이 이 방법에 의하여 무역통계를 작성하고 있다.

SITC 분류방식은 경제통계나 무역통계를 작성하는데 적합하도록 물품을 분류하고 있으며, 총 45,000여종의 물품을 대상으로 10개의 **부**(部, section)로 대분류하고, 이를 물품의 성질에 따라 67개의 **류**(類, division)로 중분류한 뒤, 다시 261개 **군**(群, group)으로 소분류하여, 3,119개의 **기본항목**(基本項目, basic item)으로 세분하고 있다.

나. 브뤼셀 관세품목분류

1952년 유럽관세동맹 추진을 목표로 탄생하여 세계적 관세기구로서 지위를 점하고 있는 **관세협력이사회**(The Customs Cooperation Council, CCC)는 관세품목표를 토대로 1955년 **브뤼셀 관세품목분류**(Brussels Tariff Nomenclature, BTN)를 작성하고 국제적으로 통일된 관세품목분류의 실현을 위한 기초를 마련하였다.

BTN은 그 동안 각국의 관세율표상의 품목분류 통일성 결여로 인하여 각국 간의 오해와 통계상의 불일치를 해소하는데 크게 기여하였다. **BTN**의 등장으로 무역물품분류에 국제적 통일성이 갖춰지고 관세품목분류가 간결하면서도 단순하게 되었다. 또한 세관 용어까지 통일함으로써 일반의 이해를 증진시키고 국제적 관세교섭을 간소화하게 되었다.

다. CCCN 분류방식

1976년 6월 **관세협력이사회**(CCC)에서 **BTN**을 **CCCN**(CCC Nomenclature)으로 그 명칭을 변경하고 내용은 **BTN**과 동일하게 사용하여 왔다. 이렇게 탄생된 **CCCN 분류방식**은 ①원료를 중심으로 한 분류, ②제조과정을 중심으로 한 분류, ③노동과정을 중심으로 한 분류, ④용도를 중심으로 한 분류 등과 같이 4가지의 기준을 기초로 종합적으로 완성되었다.

CCCN 분류방식은 60,000여종의 물품을 대상으로 원재료 및 각종 물품을 계통적으로 분류하고, 21**부**(section), 99**류**(chapter), 1,011**호**(heading)로 나누고 이를 다시 국가별 실정에 맞게 세분하고 있다. 여기서 국제적으로 4단위까지 통일하고 개별국가별로 세분하는 경우 8단위까지 확대할 수 있도록 허용하고 있다.

라. HS 제도

이후 국제적 물품분류체계가 **SITC, CCCN** 중심으로 2원화되어 있었던 이유에서 구체적 세목의 비교가 어려워 무역협상과 무역서류의 신속한 처리에 장애요인으로 기능하였다. 나아가 기존 **CCCN**으로는 정보통신을 비롯한 기술의 진보와 무역구조의 변화에 적합하지 않다는 단점도 있었다. 이에 따라 **CCC**에서는 2원화된 국제적 물품분류구조의 변화에 부응하지 못하는 국제물품분류체계를 개선하기 위하여 이를 재차 통일하여 관련 당사자들의 업무처리를 신속하게 하고 무역거래의 원활화를 도모하고자 의도하였다. 즉 **CCCN**을 근간으로 **SITC** 등을 적절히 병합하여 새로운 통일물품분류명 및 부호체계를 창출하였는데, 그것이 곧 **HS 제도**(The Harmonized Commodity Description and Coding System)이다.

HS 제도는 **CCCN**에 비하여 무역통계의 비교・분석을 용이하게 하고 무역교섭 시에 정확하고 비교 가능한 자료수집이 원활하다는 평가를 통해 1988년 발효 이후 주요 국가들이 다수 수용하고 있다.

수출・입 품목분류

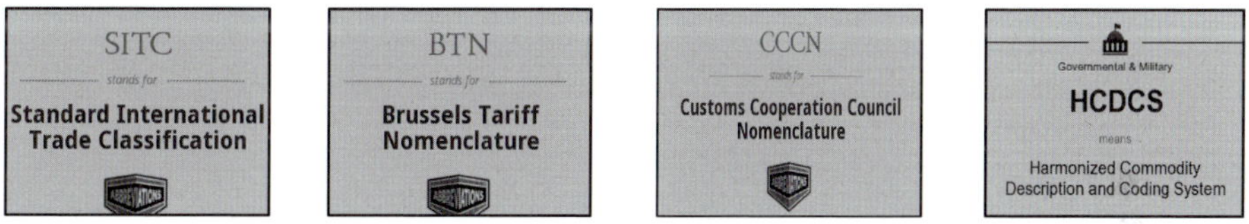

4) 고시・공고에 의한 품목관리

국가기관은 수출・입의 제한 및 절차 등에 관하여 법률의 규정이 있는 경우 이를 공고하여야 하는데, 특별히 물품이 **전략물자**(戰略物資, strategic materials)인 경우 **전략물자 수출・입 공고**에 의해 공고한다. 이처럼 개별 유관법률에 따라 이러한 품목을 관장하는 국가기관이 수출・입 요령을 제・개정하는 경우 통합하여 공고하여야 하는데, 이를 이른바 **통합공고**라 한다.

이와 같이 물품에 대한 수출・입 승인의 구체적인 방법은 ①**수출・입 공고**, ②**수출・입 통합공고** 등에 의하도록 조치하고 있다. 이러한 고시 또는 공고의 취지는 국제경제질서의 변동에 능동적으로 대처하기 위하여 종합적이고 궁극적인 무역관리시책을 고시・공고로 운용할 수 있도록 하기 위함에 두고 있다. 따라서 이러한 고시・

공고에 의해 수출쿼터에 따른 수량제한, 그 밖의 품목별 수량·금액·규격 또는 지역 등의 제한을 가할 수 있다.

(1) 수출·입 공고

수출·입 공고는 수출·입 승인대상이 되는 물품의 승인절차와 방법, 제한내용 등 개별품목에 대한 수출·입 계획으로서 무역에 관한 직접규제방식이라 할 수 있다. 이는 수출과 수입으로 나누어 승인대물품목만을 공고한다[negative system]. 따라서 무역업자는 수출·입 공고의 승인대물품목에 해당되는 물품을 수출·입 하고자 할 경우 공고에서 제시된 수출·입 요령에 준하여 처리하여야 한다. 그 밖에 공고에 게시되지 않은 품목은 자유화 품목이다.

(2) 수출·입 통합공고

대외무역법 이외의 유관법률에서 특정물품에 대한 수출·입 요령을 정하여 무역관리를 하고 있는 경우 그러한 다양한 수출·입 요령을 하나의 공고로 통합함으로써 여러 개별 유관법률에서 복잡하게 규정하고 있는 수출·입 관리내용을 쉽게 파악할 수 있도록 하고, 각 법률에서의 무역관리내용을 대외무역법의 영역으로 연계시키고 있는 것이 **수출·입 통합공고**의 취지라 할 수 있다. **수출·입 통합공고**에 적용을 받는 물품을 수출·입 할 경우 수출·입 공고의 적용과 동시에 통합공고에 따라 충족되도록 관련기관 또는 단체로부터 승인 또는 확인을 받아야 한다.

(3) 전략물자 수출·입 공고

전략물자 수출·입 공고는 국제평화와 국가안보 등에 영향을 미치는 품목에 대하여 정부가 수출·입을 관리하기 위한 공고이다. 따라서 전략물자 수출·입 공고에 게기된 물품을 수출·입 하기 위해서는 수출·입 이전에 관계기관의 장의 수출허가를 얻어야 하거나 또는 수입하기 이전에 수입증명서 발급을 신청하여야 한다.

5) 원산지관리제도

원산지관리제도(原産地管理制度, certificate origin management system)는 최종소비자를 보호하기 위하여 수출·입 물품에 원산지를 표시하도록 하는 원산지 표시제도가 있다. 이는 국제적으로 인정되는 원산지 적용기준을 통해 수출·입하는 물품에 원산지 표시를 명확히 하여 불공정 수출·입 행위를 방지하기 위함에, 아울러 수입지역을 제한하기 위한 무역정책적 측면에서 **원산지관리제도**를 시행하고 있다.

(1) 원산지표시

원산지표시는 수출·입 물품에 대한 원산지를 표시하게 함으로써 소비자의 합리적인 판단을 돕는데 목적을 두고 있다. 법률에 의하여 원산지를 표시하여야 하는 물품의 기준과 방법에 의하여 원산지표시가 적절하지 않거나, 부정한 방법으로 원산지표시가 사실과 다르게 표시되거나 혹은 원산지표시가 되어 있지 않은 경우에는 통상 해당물품의 통관은 허용되지 않는다.

(2) 원산지확인

원산지확인 물품은 무역정책의 일환으로 품목별 수입금지 또는 수입제한지역을 정하고 있는 품목을 대상에 두고 있다. 이에 따라 수출·입 공고, 통합공고 및 그 밖에 별도공고 등에서 수입지역이 제한되는 품목과 원산지 정밀확인 품목 등이 있다. 원산지는 물품의 전부를 생산·가공 또는 제조한 국가 혹은 실질적인 생산·가공·제조과정이 최종적으로 수행된 국가를 원산지로 하여야 하며 원산지확인 물품에 대해서는 수입신고 시 **원산지증명서**(certificate of origin, C/O)를 제출하여야 한다.

(3) 원산지증명서

원산지증명서는 화환어음의 부속서류의 하나인 영사서류로서 관세부과의 목적이나, 수입국에서 수입지역을 제한하고 있어 수입물품의 원산지를 확인한 후에야 통관을 허용하도록 하고 있는 경우 수출국에서 수출물품이 생산 또는 제조된 사실을 증명하는 공문서이다. **원산지증명서**는 수입국 법률에서 정하는 바에 따라 생산지·집하지 또는 선적지에 있는 수입자의 영사관이나 이에 준하는 재외공관 또는 이들 지역의 세관, 그 밖의 관공서나 상공회의소 등에서 발급한다.

수입국에서 원산지 확인은, ①관세부과의 필요에 의한 경우, ②외환 및 무역관리의 필요에 의하는 경우가 있다. ①은 수출·입 양국 간에 체결된 상호 통상협정에 따라 수입국에서 수입물품에 관세를 부과하는데 있어서 국정세율보다 저렴한 협정세율을 받게 하는 경우나 편익관세의 적용 시에 요구한다.

②의 경우 우리나라에서는 현재 수입 시 원산지를 확인하는 품목을 정하고 있다. ㉠수입선다변화품목, ㉡대외무역법상 원산지정밀확인품목, ㉢식물방역법에서 수입금

지지역을 정하고 있는 품목, ㉣가축전염병예방법에서 수입가능지역을 정하고 있는 품목 등을 그 예로 들 수 있다.

품목별 원산지인증수출자 인증서

품목별 원산지인증수출자 인증서

CERTIFICATE OF PRODUCT-SPECIFIC APPROVED EXPORTER

○ 상 호(Name of Company):
○ 주 소(Address):
○ 대표자(Representative):
○ 인증번호(Customs Authorisation No.): 010-11-231164

원산지인증 물품내역(List of Certified Products)

적용대상협정 (Applicable Agreement)	품목번호 (6단위) (HS Code)	품 명 (Description)	원산지 결정기준 (Origin Criteria)	인증유효기간 (Validity Period)	차수 (No.)
한-EU FTA	847790	CARCASS DRUM FOR TIRE MOLD	CTH	13-07-13-15-07-12	001
한-EU FTA	847790	CARCASS DRUM FOR TIRE MOLD	CTH	11-07-13-13-07-12	001

위 업체를 「자유무역협정의 이행을 위한 관세법의 특례에 관한 시행규칙」 제7조의2에 따라 품목별 원산지인증수출자로 인증합니다.

We hereby certify that, the above company is authorised as "Product-specific approved exporter" in accordance with Article 7.2 of the 'Enforcement Rules of the Act on Special Cases of the Customs Act for the Implementation of Free Trade Agreements'.

서울세관장
SEOUL CUSTOMS
The Republic of Korea

※ **참고사항**

1. 원산지인증수출업자의 인증유효기간을 연장하려는 자는 인증유효기간 만료 30일 전까지 인증서를 교부한 관세청장 또는 세관장에게 인증유효기간의 연장을 신청하여야 합니다.
2. 원산지인증수출업자의 대표자 성명·주소·사업자등록번호·인증수출물품 등 인증사항에 변경이 있을 때에는 그 사실을 지체 없이 인증서를 교부한 관세청장 또는 세관장에게 신고하여야 합니다.
3. 관세청장 또는 세관장은 인증요건 및 원산지인증수출물품의 원산지기준 충족여부에 대한 확인을 할 수 있으며, 그 요건 등을 유지하지 못하는 경우 인증이 취소될 수 있습니다.

2 무역법규범

1 국내 무역법규

1) 대외무역법

대외무역법은 대외무역거래의 기본법으로서 이는 국내·외 무역환경변화에 능동적으로 대처하며, 무역개방체제에의 대응과 산업정책에 부응하기 위함에, 나아가 무역의 자율성 및 대외신용도의 제고와 유지향상에 그 목적을 두고 있다.

본 법률의 체계는 **대외무역법** 자체와 이의 시행을 위한 **대외무역법시행령** 그리고 시행령 예하에 **대외무역관리규정**을 존치해 두고 있다. 여기서 **대외무역법**은 ①수출·입 승인, 수출·입 공고 및 별도공고, ②원산지 관리제도, ③특정거래형태의 수출·입 인정, ④산업설비수출, ⑤외화획득용 원료기재의 수입과 관련하여 행위 및 대상의 관리와 수입피해조사, ⑥무역위원회의 설치, ⑦무역분쟁조정 및 각종 벌칙규정인 수출·입 정책의 관리부분으로 구성되어 있다.

한편 정보통신의 발전과 인터넷의 상용화로, 예컨대 소프트웨어와 같은 전자적 형태의 무체물 중 일부에 대해 기존 유체물과 동일하게 수출·입 대상에 포함하고 있다. 이는 소프트웨어와 같은 무체물을 수출·입 대상으로 규정함으로써 수출·입 실적의 인정 및 거래의 보호와 촉진을 도모하고 있다.

2) 외국환관리법

외국환관리법은 외국환과 외국환 거래 그 밖의 대외거래를 합리적으로 조정·관리함으로써 대외거래의 원활화를 기하고 국제수지의 균형과 통화가치의 안정을 도모하여 국민경제의 건전한 발전에 목적을 두고 있다.

동법은 국내의 외국환과 국내에서 행하는 외국환거래 그 밖에 이와 관련된 행위, 우리나라와 외국 간의 거래 또는 지급·영수 또는 이와 관련된 행위, 외국에 주소 또는 상거소를 둔 개인과 외국에 주된 사무소를 둔 법인이 우리나라 통화로 표시되거나 지급을 받을 수 있는 거래 그 밖에 이와 관련된 행위 등에 적용된다.

주요 골자는 ①외국환 거래에 관한 기준환율, ②외국환의 매도율과 매입률, ③재정환율 그 밖의 환산율과 외국환 취급수수료를 정할 수 있고, ④필요한 경우 외국환 거래의 일부 또는 전부의 일시정지, ⑤외국에 대한 지급의 용도지정 및 한도설정, ⑥자본거래에 대한 허가, ⑦지급수단 또는 귀금속의 예치, ⑧채권의 추심 등의 조치를 취할 수 있는 명문의 규정을 두고 있다.

외국환업무를 영위하고자 하는 자는 인가를 받아야 하는데, 곧 외국통화와 외국에서 발행한 여행자수표의 매입업무를 하고자 하는 자는 신고하여야 하며, 외국통화의 매도업무를 하고자 하는 자는 인가를 받아야 한다. 나아가 국가기관은 외국환은행과 환전상의 업무를 감독하고, 감독상 필요한 명령을 할 수 있다. 또한 외국환평형기금의 운용·관리 및 외국환평형기금채권을 발행할 수 있다. 또한 동법은 외국환의 지급·영수, 자본거래에 대하여 신고를 하도록 하거나 허가를 받도록 할 수 있으며, 지급수단 등을 수출 또는 수입함에 있어서 허가를 받도록 하거나 등록을 하도록 할 수 있다. 아울러 외국환업무지정기관을 지정할 수 있는데, 이 경우 외국환 중개업무를 영위하고자 하는 자는 마찬가지로 특단의 인가를 득해야 한다.

3) 관세법

관세법은 관세부과·징수 및 수출·입 통관을 공정하게 하여 국민경제발전에 기여하고 관세수입의 확보를 목적에 두고 있다. 여기서 국민경제발전을 위한 법이라 함은 수입물품에 대한 적절한 관세부과로 국내산업을 보호하고 소비를 억제하여 무역수지개선을 시사한다. 또한 적절한 관세부과제도를 통해 국내물가의 조절을 의도하고 있다. **관세법**은 관세의 부과에 대한 법규와 통관 법적인 성격을 함께 지니고 있는 법이다. 그리고 **관세법**을 위반한 자에 대한 처벌규정을 존치해 두고 있고, 이 경우 이러한 처벌규정은 형사법적인 성격을 지닌다. 이러한 **관세법**은 동법의 시행을 위한 **관세법시행령**, 그 예하에 **관세법시행규칙**의 체계로 구성되어 있으며, 또한 그 하부에는 **관세청고시**나 **관세청훈령** 등이 있다.

관세법의 관리체계는, ①납세의무자 및 수출·입 신고자에 관한 인적관리부문과, ②관세부과·징수, 보세구역·보세운송, 수출·입 통관 및 그 대상에 관한 관리부문, ③심사·심판·처분 및 각종 벌칙을 규정하는 행정관리부문 등으로 구성되어 있다.

(1) 관세의 효과

가. 국내산업보호

수입물품에 대한 관세부과는 수입물품의 가격인상을 통해 수입을 억제하고 국내시장에서 국내물품의 가격경쟁력을 강화시켜 국내생산을 증대시키고 국내산업을 보호·육성하는 역할을 한다. 또한 수입물품에 대한 관세부과로 특정의 산업이 보호되면 당해 업종에 대한 투자를 유발시켜 자원을 배분하게 되므로 보호관세에 의하여 보호를 받는 산업은 보호를 받지 않는 분야보다 더 많은 자원을 배분받게 되어 이로써 적절한 자원배분을 기대할 수 있다. 즉 관세부과로 수입물품의 국내생산이 증가하고 수입물품에 대한 국내 총수요량이 감소되며, 그 결과 무역상대국과의 무역량이 감소하는 자원배분상의 효과가 발생하는데 이러한 효과는 수입물품에 대한 국내총수요곡선 및 국내공급곡선이 탄력적일수록 크다.

나. 재정수입 확보기능

관세는 국가의 조세수입을 증대시키는 기능을 한다. 관세의 이러한 기능은 국민소득이 낮고 내국세의 비중이 적은 후진국일수록 더욱 분명하게 나타난다. 따라서 이러한 국가일수록 관세의 설정 및 세율의 결정을 통한 재정수입의 확보에 일차적 목적을 두고 있어, 한편으로 국내산업의 보호효과가 있더라도 그것은 부수적인 의미를 가질 뿐이다. 그러나 일반적으로 산업의 공업화나 산업구조의 고도화라는 측면에서 관세의 역할은 산업보호를 최우선에 두고 있음이 통상이다.

다. 소득의 재분배기능

관세의 부과는 소득의 재분배 기능을 한다. 즉 관세의 부가로 그만큼 관세의 전가현상이 발생하여 물가가 상승되어 이들 수입품을 소비하는 소비자가 부담하게 되므로 소비자의 실질소득을 감소시키게 된다. 그러나 이 경우 수입물품과 경쟁적인 국내물품이 존재하는 경우 그 생산성은 물가상승으로 소득을 제고 시킬 수 있을 것이다. 또한 수입물품에 대한 관세부과로 그 만큼 가격이 상승하며, 이에 국내소비는 물론이고 외국인의 구매력 또한 감소하게 될 것이므로 결국 수출자는 수입물품의 가격을 하락시켜야 하기 때문에 수출자의 소득을 수입물품과 경쟁적인 국내 생산자에게 재분배하는 기능을 갖는다고 할 것이다.

라. 소비억제의 기능

관세부과는 수입물품의 가격을 상승시켜 소비를 억제한다. 소비자는 관세부과액

만큼 수입물품에 높은 가격을 지급하여야 하며, 또한 국내시장에서의 국산품의 가격도 수입물품과 동일가격수준까지 인상될 수 있기 때문에 국내에서 생산되는 동종의 물품에 대하여도 높은 가격을 지급하지 않으면 안 된다. 따라서 인상된 가격차만큼 소비자의 실질소득을 감소시키므로 그 결과 소비는 억제된다.

마. 무역조건 및 무역수지개선기능

관세부과 후에는 무역상대국의 수출가격이 인하되므로 무역조건이 개선된다고 할 수 있다. 한편 관세를 통한 교역조건의 개선은 무역수지의 개선을 의미한다. 그러나 이러한 교역조건의 개선은 무역의 축소를 야기할 수 있으므로 장기적인 시각에서 무역수지개선을 위한 최선의 관세정책이라고 할 수는 없다. 그러므로 국내 유치산업 보호와 필수재화에 대한 소비억제를 위하여 관세를 통한 수입억제는 무역수지를 개선하는 양득의 효과를 기대할 수 있는 일련의 관세정책이라고 할 수 있다.

관세의 효과

(2) 탄력관세제도

대부분의 국가에서는 공정한 무역을 저해하고 자국의 산업발전을 저해하는 부당한 덤핑행위를 규제하고 있다. 우리 관세법에서도 부당한 덤핑방지관세・보복관세・긴급관세・조정관세・상계관세・편익관세・물가평형관세・할당관세제도 등과 같은 탄력관세제도를 두고 있다. 이러한 탄력관세제도는 급변하는 무역환경에 신속히 대처하기 위한 관세제도로서, 곧 법률에서 정하고 있는 범위 내에서 효율적인 관세의 부과를 행정부에 위임해두는 제도이다.

각국은 널리 부당한 **덤핑**(dumping)[3]을 방지하기 위해 존치해 두고 있는 탄력관세

3) **덤핑**이란 물품을 생산비 이하의 싼 값으로 매도하는 경우를 뜻한다. 즉 상이한 시장에서의 상이한 가격설정을 **덤핑**이라고 한다. 달리 같은 물품을 국내가격보다 비싼 값으로 외국시장에 판매하는 경우를 **역덤핑**(reverse dumping)이라고 한다. **덤핑**은 물품수요의 가격탄력성이 국내보다도 외국에서 한층 더 클

제도는, 이를테면 국내판매를 위하여 수입한 물품가격이 부당하게 덤핑되어 국내산업에 피해를 줄 경우 일단 덤핑행위로 취급할 수 있는 법률상 기준을 마련해 두고 있다. 이 경우 이해관계인의 청구가 있거나, 법적 판단에 의해 덤핑의 의혹이 있을 경우 일련의 조사절차를 거친 이후 적절한 덤핑방지관세를 부과하고 있다.

통상 덤핑과세의 부과기준은 수입국 동종물품의 정상가격과 수입물품의 가격차와 덤핑수입으로 인한 국내산업피해가 있음을 입증해야 하고, 여기서 피해산업이라 함은 동종의 국내산업을 기준에 두고 있다. 앞서 본 관세효과에 결부하여 이하 우리나라 관세법에서 규정하고 있는 탄력관세제도의 유관항목을 상술하면 다음과 같다.

가. 덤핑방지관세

덤핑방지관세(anti-dumping duties)의 부과대상은 국내산업에 이해관계가 있는 자에 의해 외국물품이 정상가격 이하로 수입(덤핑)되어 국내산업이 실질적 피해를 받거나, 받을 우려가 있는 경우 또는 국내산업발전이 실질적으로 지연된 경우 이러한 사실이 조사를 통해 확인되고, 이에 국내산업을 보호할 필요가 있다고 인정되는 때, 물품과 공급자 또는 공급국을 지정하여, 당해 물품에 정상가격과 덤핑가격과의 차액에 상당하는 금액 이하의 관세(덤핑방지관세)를 추가하여 부과할 수 있게 하고 있다.

나. 상계관세

상계관세(相計關稅, compensation or countervailing duties)는 외국에서 직·간접적으로 보조금 또는 장려금을 받은 물품의 수입으로 인하여 국내산업이 실질적인 피해를 받거나 받을 우려가 있는 경우 부과하는 관세를 말한다. 아울러 국내산업의 발전이 실질적으로 지연된 경우 조사를 통하여 확인되고, 당해 국내산업을 보호할 필요가 있다고 인정되는 때는, 그 물품과 수출자 또는 수출국을 지정하여 당해 물품에 대하여 보조금 등의 금액 이하의 관세를 추가하여 부과할 수 있도록 하고 있다.

다. 보복관세

보복관세(報復關稅, retaliatory tariff)의 부과대상은 상대국이 우리나라 수출물품 등에 관세 또는 무역에 관한 국제협정이나 양자 간 협정 등에 규정된 우리나라의 권

경우 발생되며, 더욱이 국내시장에서 독점적 수요가 존재하는 경우에 발생된다. 한편 **역덤핑**은 경쟁이 국내시장에서보다 외국시장에서 치열하지 않거나, 물품의 수요의 가격탄력성이 국내에서보다도 외국에서 한층 더 작을 때 발생된다. **덤핑**은 여러 종류가 있으며 그 영향은 국내에 있어서나 외국에 있어서 상당히 크기 때문에 널리 특단의 규제를 받고 있다.

익을 부인 또는 제한하는 경우 그 밖에 우리나라에 대하여 부당 또는 차별적인 조치를 취하는 경우, 즉 우리나라의 무역이익이 침해되는 때 그 나라로부터 수입되는 물품에 대하여 피해상당액의 범위 안에서 부과하는 관세를 말한다.

라. 긴급관세

긴급관세(緊急關稅, emergency tariff)부과대상은 특정물품의 수입증가로 인해 동종물품 또는 직접적 경쟁관계에 있는 물품을 생산하는 국내산업이 심각한 피해를 받거나 받을 우려가 있음이 조사를 통해 확인되고, 이에 국내산업을 보호할 필요가 있다고 인정되는 때, 그 물품에 대하여 심각한 피해 등을 방지하거나 치유하고 조정을 촉진하기 위해 필요한 범위에서 추가로 부과하는 관세를 말한다.

마. 조정관세

조정관세(調定關稅, adjustment duties)의 부과대상은, ①산업구조의 변동으로 물품의 세율이 현저히 불균형하여 이를 시정할 필요가 있는 경우, ②국민보건·환경보호·소비자보호 등을 위해 필요한 경우, ③국내에서 개발된 물품의 보호가 필요한 경우, ④농림축수산물 등 국제경쟁력이 취약한 물품의 수입증가로 국내시장이 교란되거나 산업기반을 붕괴시킬 우려가 있어 이를 시정 및 방지할 필요가 있는 경우 등이다. 이 경우 조정률에 따라 조정관세가 부과된다. 다만 농림축수산물 또는 이를 원재료로 제조된 물품의 국내·외 가격차가 물품의 과세가격을 초과하는 때는 국내·외 가격차에 상당하는 비율의 범위 안에서 관세를 부과할 수 있도록 조정해 두고 있다.

바. 할당관세

할당관세(割當關稅, quota tariff)는 ①원활한 물자수급 또는 산업경쟁력 강화를 위해 특정물품의 수입을 촉진시킬 필요가 있는 경우, ②수입가격이 급등한 물품 또는 이를 원재료로 한 물품의 국내가격의 안정을 위하여 필요한 경우, ③유사물품 간의 세율이 현저히 불균형하여 이를 시정할 필요가 있는 경우 부과된다.

참고로 **간접수입할증관세**(間接輸入割增關稅, surtax of indirect import)란 물품이 원산지에서 직접 수입되지 않고 제3국을 통해 간접 수입되는 경우 당해 물품에 대해 부과되는 할증관세를 의미한다. 부과목적은 ①외국과의 간접무역을 억제하고 직접무역을 촉진하기 위해, ②간접무역에 의하여 추가되는 운임· 보험료·수수료 등 수입경비를 절약하기 위한 것에 두고 있다. 이는 대체로 **차별관세**에 속한다고 볼 수 있다.

사. 국제협력관세

국제협력관세(國際協力關稅, international cooperation tariff)는 우리나라의 대외무역의 증진을 위해 필요하다고 인정되는 때 특정국가 또는 국제기구와 관세에 관한 협상에 따라 부과하는 관세를 말한다.

아. 편익관세

편익관세(便益關稅, benefit tariff)의 적용기준은 관세에 관한 조약에 편익을 받지 않고 있는 국가의 물품으로서 우리나라에 수입되는 물품에 대해 이미 체결된 외국과의 조약에 의한 편익의 한도 내에서 부과되는 관세를 말한다.

자. 일반특혜관세

일반특혜관세(一般特惠關稅, general preferential tariff)의 적용기준은 개발도상국가(특혜대상국)를 원산지로 하는 물품에 기본세율보다 낮은 세율로 부과되는 관세를 말한다. **일반특혜관세**를 부과함에 있어 특혜대상물품의 수입이 국내산업에 미치는 영향 등을 감안하여 물품에 적용되는 세율에 차등을 두거나 특혜대상물품의 수입수량 등을 한정할 수 있으며, UN 결의에 의한 최빈국 중 특별히 정한 국가를 원산지로 하는 물품에 대하여는 다른 특혜대상국보다 우대하여 일반특혜관세를 부과할 수 있다.

탄력관세제도의 유형

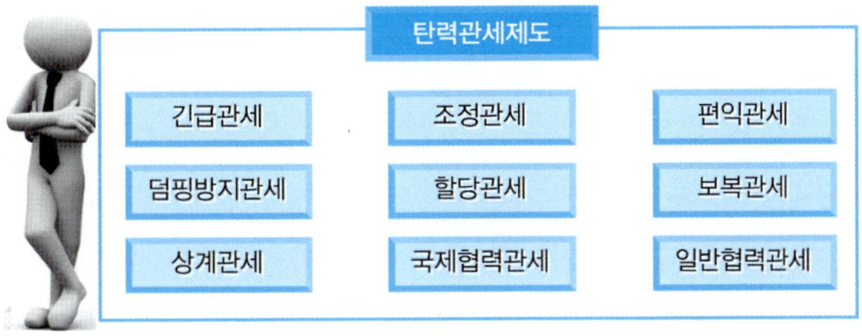

(3) 비관세장벽

관세에 의한 보호무역이 고전적·공개적이며 유치산업을 보호하는 특징이 있다면, **비관세장벽**(非關稅障壁, non-tariff barriers)은 비공개적인 선진국의 사양산업을 보호하는 선진국의 보호무역수단으로 특정된다. 이와 같은 **비관세장벽**의 특징 때문에 그 수단과 방식은 실로 다종다양할 수밖에 없다. 더구나 선진국에 의하여 수립된 무역장벽이므로 그 방법이 더욱 교묘한 것이 현실이다.

비관세장벽의 대표적인 유형은 국가의 관여이다. 곧 국가가 무역에 직접적으로 관여하는 것으로 무역관련 법규나 제도를 통해 수입을 제한하는 방식을 취하는 형태이다. 예컨대 보건위생법을 통해 외국산 농산물이나 식품류의 수입을 규제하는 방식이나, 산업안전관리법이나 공산품규격의 엄격한 규정 등의 법규를 통해 공산품의 수입을 통제하는 방식이 대표적 실례에 해당된다. 나아가 국영기업을 통한 수입제한이나 ①**수출보조금**(輸出補助金, export subsidy)과, ②**일반보조금**(一般補助金, general subsidy)과 같은 국가가 보조금을 지급하는 형태도 **비관세장벽**에 속한다.

①은 특정물품의 수출에 있어 해외시장에서 물품의 경쟁력을 강화시키기 위한 목적으로 지급되는 보조금으로 대부분 국가에서는 법률상 또는 사실상 수출성과에 따라 공여되는 보조금으로 취급하고 있다. 이는 특정물품을 저렴한 가격으로 수출할 수 있게 하거나, 수출증진을 위해 직·간접적으로 수출기업에게 주어지는 여러 형태의 보조적 성격을 가지는 지원금으로 취급된다.

②는 국내 산업보호와 육성을 위하여 지원되는 정책적 보조금으로서, 특히 농업관련 보조금이 그 대표적이다. 이는 직접적으로 생산과 가격지지의 효과를 위한 보조와, 간접적으로 산업의 연구활동·교육훈련 등을 위한 보조로 구분할 수 있다.

비관세장벽은 무역에 참여하는 여러 나라 자원의 최적배분을 저해하고 실질소득을 저하시키는 관세 이외의 인위적 규제를 의미하는데, 이 같은 **비관세장벽**은 ①**수입의 시각**과, ②**수출의 시각**에서 각각 구분할 수 있다.

①의 **비관세장벽**은 다시 ㉠**직접적 비관세장벽**과, ㉡**간접적 비관세장벽**으로 구분된다. ㉠은 **비관세장벽** 규제의 주체, 곧 주로 정부가 수입을 실질적으로 억제하고 국내생산을 촉진하기 위해 수입물품을 국산물품과 차별적으로 취급하는 경우를 말한다. 그 수단은 ⓐ**수입할당제**, ⓑ**수입과징금**, ⓒ**수입예치금**, ⓓ**국가무역**, ⓔ**관세평가제도**, ⓕ**정부조달제도**, ⓖ**무역금융제도** 등이다. ㉡은 본래 수입물품을 국산물품과 직접 차별하여 규제하지는 않지만, 그 밖의 제도에 의한 부차적 결과로서 수입억제효과를 발생시키는 경우로서, 이를테면 동·식물 방역상의 이유로 채소·과일·육류 등의 수입금지 및 제한조치 등을 예로 들 수 있다.

②의 경우 **비관세장벽**은 자원의 최적배분을 저해하는 인위적 규제를 의미하므로 무역을 최적수준 이하로 억제시키는 조치뿐만 아니라 이를 그 이상 인위적으로 촉

진시키는 조치도 포함된다. 따라서 ②의 경우 **비관세장벽**이란 ㉠수출을 최적수준 이하로 규제하는 수출금지, ㉡정부 및 업계단체에 의한 수출수량규제, ㉢최저가격제 등과 수출을 최적수준 이상 촉진시키는 수출보조금, ㉣생산보조금, ㉤수출금융상의 우대조치 등을 말한다.

●●● 비관세장벽의 유형

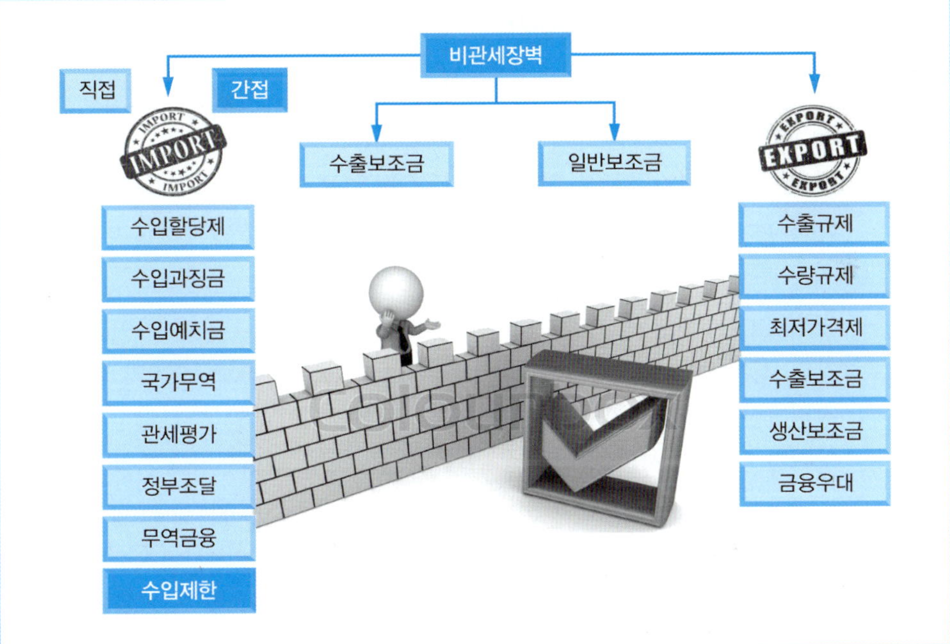

2 국제기구에 의한 무역관리

1) 국제통화기금 (IMF)

국제통화기금(International Monetary Fund, IMF)은 1944년 **브레튼우즈**(Bretton Woods) 협정에 따라 설립된 국제금융기구이다. 설립목적은 통화문제에 대한 국제협력을 통하여 무역수지의 불균형을 조정하고, 외환으로 인한 무역장애를 배제하여 국제무역의 발전을 견인하는데 두고 있다. 즉 국제적 통화협력을 통해 환율안정과 국제유동성 확대를 보장, 자유무역의 안정적 성장을 유지하는데 두고 있다. 현재 180여 국가가 가입해 있으며, 우리나라는 1955년 8월 가입하였다. **IMF**는 자유무역과 국제 간 환율안정을 도모하는데 주력하고 있으며, 한편으로 개발도상국의 특수한 상황을 고려하여 어느 정도의 무역규제를 인정하고 있기도 하다.

2) 경제협력개발기구 (OECD)

경제협력개발기구(Organization for Economic Cooperation and Development, OECD)는 1961년 선진국 간 경제성장, 저개발국원조 및 통상확대를 도모할 목적으로 전 세계적 국제협력기구로서 설립되었다. **OECD**는 1948년 **유럽경제협력기구**(Organisation for European Economic Cooperation)라는 이름으로 발족하여 1961년 경제협력개발기구로 확대·개편된 기구로서의 연혁을 보유한다.

OECD는 개방된 시장경제와 다원적 민주주의라는 양대 가치관을 공유하는 국가 간의 경제·사회정책 협의체로서 경제·사회 부문별로 공통의 문제에 대한 최선의 정책방향을 모색하고 상호의 정책을 조정함으로써 공동의 안정과 번영을 도모하고 나아가 양대 가치를 창달시켜 나아가자는 것에 설립취지를 두고 있다.

궁극적으로 **OECD**는 선진국 간의 경제성장, 저개발국원조 및 통상확대를 도모할 목적으로 재정금융체제의 안전유지를 통한 고도의 경제성장·고용증대·생활수준향상 등을 통해 세계경제에 발전에 이바지하며, 개발도상국의 건전한 경제발전을 지원하는 것에 취지를 두고 있다. **OECD** 회원의 자격은 다원적 민주주의 국가로서, 시장경제체제를 보유하고, 인권을 존중하는 국가이어야 한다. **OECD** 가입은 이사회의 초청에 의해 회원국의 만장일치를 요하며, 효력은 가입서를 프랑스 정부에 기탁함으로써 발생한다. 우리나라는 1996년 12월 29번째 회원국으로 가입하였다.

3) UN 무역개발회의 (UNCTAD)

UN 무역개발회의(UN Conference on Trade and Development, UNCTAD)는 선진국과 후진국 간의 무역불균형을 시정하여 개발도상국의 산업화 및 국제무역을 지원하고 심화된 남북문제를 해결하기 위해 1964년 설치된 UN의 상설기관으로 본부는 스위스의 제네바에 두고 있다. 1960년대 UN의 저개발국들은 당시 세계무역의 기축체제로서 **관세 및 무역에 관한 일반협정**(General Agreement on Tariffs and Trade, GATT)이 경제선진국들의 이해에만 초점이 맞춰져 있다고 주장하였다. 이에 1962년 아시아・아프리카・중남미 국가의 정부대표가 새로운 무역기구의 설립을 요구하게 되었다.

그 결과 1964년 UN 주도하에 사상 최대의 국제경제회의가 개최되었는데 이것이 **UNCTAD**의 시초가 된다. 여기서 논의된 사안은 선진국 시장에 대한 후진국의 접근문제, 저개발국 수출품에 대한 특혜관세 부여문제, 교역조건의 개선문제 등이었다. 이를 바탕으로 1964년 UN은 **UNCTAD**를 UN 직속기구로 설치할 것을 결정하였다.

주요 기능은 회원국의 경제개발 및 무역촉진, 다자 간 무역규범의 협상 및 채택을 위한 논의이다. 선진국과 개발도상국 또는 개발도상국 상호 간의 무역을 증진시키고, 국제무역 및 이와 관련된 경제를 개발하는 문제에 관한 원칙과 정책을 결정하며, 무역 및 이와 관련된 분야에서 UN 조직 내부의 유관기관이 수행하는 활동들을 조정하거나 검토하고 있다.

회원국은 이해관계를 달리하는 지역적 비공식 그룹으로 **A그룹**(아시아 및 아프리카), **B그룹**(선진국), **C그룹**(라틴아메리카), **D그룹**(공산국) 및 그 밖의 국가들로 구성되어 그룹의 의견을 조정하고 있다. 우리나라는 1965년 가입했으며, 현재 회원국은 194개국이다. **UNCTAD**는 1980년대까지 개발도상국들에 대한 관세장벽철폐와 무역조건의 악화를 개선하는데 크나큰 기여를 하였으나, 1990년대 이후 미국과 유럽 주도의 경제블록화가 심화되면서 그 역할과 중요성이 점차 감소하고 있는 추세에 있다.

4) 세계무역기구 (WTO)

세계무역기구(World Trade Organization, WTO)는 **GATT 체제**를 대신하여 세계무역질서를 견실히 하고 **UR 협정**(Uruguay Round of Multinational Trade Negotiation, 이른바 우루과이라운드)의 이행을 감시하는 국제기구로서의 의의를 지닌다. 1986년 시작된 **UR 협정**은 1947년 설립되어 세계무역질서를 견인해 온 **GATT**의 문제점을 해결하고, 이를 다자 간 무역기구로 발전시키는 작업을 추진하였다. 이후 1994년 모로코에서 **마라케시선언**(Marrakech declaration)을 채택하였고 UR 최종의정서, **WTO** 설립협정, 정부조달협정 등에 서명하고, 1995년 이른바 **WTO**가 공식 출범하였다.

WTO는 주로 **UR 협정**의 사법부 역할을 맡아 국가 간 경제분쟁에 대한 판결과 이에 따른 강제집행권을 보유하며, **WTO** 규범에 따라 국가 간 분쟁이나 마찰 등을 조정한다. 또한 무역분쟁조정, 관세인하요구, 반덤핑규제 등 준사법적 권한과 구속력을 행사한다. 나아가 서비스·지적재산권(知的財産權, intellectual property right) 등 새로운 교역과제를 포괄하고 회원국의 무역관련 법·제도·관행 등을 주시하여 세계무역증진에 역점을 두고 있다. 의사결정방식도 다수결원칙을 도입하고 있다.

WTO 조직에는 총회·각료회의·무역위원회·사무국 등이 있으며 그 밖에 분쟁해결기구와 무역정책검토기구 등으로 구성되어 있다. 여기서 분쟁해결기구는 법적 구속력과 감시기능을 갖추고 무역관련 분쟁을 처리하며, 무역정책검토기구는 각국 무역정책을 정기적으로 검토하여 정책을 투명하게 운영하도록 권고하고 사전에 분쟁을 예방하여 다자 간 무역체제의 효율성을 제고에 기여하고 있다.

5) 국제상업회의소 (ICC)

국제상업회의소(International Chamber of Commerce, ICC)는 1919년 설립된 이후 현재 130여 국가의 기업체 및 단체와 연계되어 있으며, 세계적인 경제조직체로서 기업체를 대변하여 세계의 상거래와 관련한 모든 분야를 다루고 있다.

ICC의 목적은 국제무역환경의 개선과 시장경제의 촉진을 목적에 두고 있다. 회원기업과 관련단체는 ICC의 민간기구적인 특성에 따른 비강제적이며, 자율적인 규율형태를 취하고 있음에도 불구하고, 오늘날 무역전반에 걸친 ICC 규칙들이 무역거래의 전반을 규율하는 상무적 기반을 제공하고 있다. 나아가 국제거래와 관련된 국제중재법정을 운영하여 국제분쟁을 해결하는 서비스를 제공하고 있다.

ICC 세계위원회는 연 2회 정기회의를 개최하고 있으며, 비정부의 경제대표라는 것만 차이가 있을 뿐 국제 간 조직의 일반이사회와 유사한 기능을 갖는다. 각국 경제대표는 국제기구와 정부에 건의할 정책적인 사안을 제시하며, 이를 취합하여 ICC가 이를 건의하게 된다. ICC는 500여명의 전문위원을 통하여 세계도처에서 제기되는 무역관련 문제에 관한 공식견해를 제공하고 있으며, ICC의 정책입안 및 관련규칙을 연구하는 업무 또한 동시에 수행하고 있다.

6) UN 국제무역법위원회 (UNCITRAL)

UN 국제무역법위원회(United Nations Convention on International Trade Law, UNCITRAL)는 국제거래에 관련한 각국의 국내법상의 차이로 무역거래에 대한 장애가 발생하는 문제를 제거하는 국제무역법규범을 제정하기 위하여 1966년 UN 총회

결의에 의하여 설립되었다.

UNCITRAL 사무국은 UN 법무국으로 비엔나에 설치되어 있으며, 연차총회는 뉴욕과 비엔나에서 매년 1회씩 교대로 개최되고 있다. 현재 국제계약관습분야, 중재 및 분쟁분야, 전자상거래분야 등에 대한 실무작업반을 운영하고 있다.

한편 UNCITRAL은 국제무역에 대한 장애를 제거하고 나아가 신속・민활한 국제상거래를 유도하기 위한 취지에서 현재까지 가장 선도적이고도 대표적인 국제통일법규로서 그 지위를 점하고 있는 **국제물품매매계약에 관한 UN 협약**(UN Convention on Contracts for the International Sale of Goods 1980, CISG)을 위시하여, **해상물품운송에 관한 UN 협약**(UN Convention on the Carriage of Goods by Sea 1978, Hamburg Rules) 등을 제정・공표하여 두고 있다.

또한 **전자상거래에 관한 UNCITRAL 모델법**(UNCITRAL Model Law on Electronic Commerce) 및 **국제계약에 있어 전자적 의사표시의 이용에 관한 UN 협약**(United Nations Convention on the Use of Electronic Communications in International Contracts, UECIC) 등을 제정하여 각국의 전자상거래 규율법제의 제정 및 촉진에 지대한 영향을 미치고 있다. 아울러 **전자자금이체**(electronic fund transfer, EFT) 관련 입법지침 등 금융 및 결제분야를 비롯하여, 무역분쟁해결을 위한 **외국중재판정의 승인과 집행에 관한 UN 협약**(Convention on the Recognition and Enforcement of Foreign Arbitral Awards, 뉴욕협약) 및 이와 관련된 **UNCITRAL 중재규칙**(UNCITRAL Arbitration Rules)과 **UNCITRAL 조정규칙**(UNCITRAL Conciliation Rules) 등 폭넓은 국제적 통일법의 제정에 노력하고 있다.

7) 사법통일국제협회 (UNIDROIT)

1926년 국제기구로서 조직된 **사법통일국제협회**(International Institute for the Unification of Private Law, UNIDROIT)는 비정부간 국제기구로서 국제사법(國際私法, international private law)의 협력과 조화 및 통일국제사법의 제정을 목적에 두고 있다. 현재 전 세계 60개국 이상의 회원국으로 구성되어 있는 UNIDROIT는 다양한 법적・경제적・정치적인 분야에 관련된 사법체계를 수용할 수 있도록 그 조직에 있어 사무국과 정책을 감독하는 총회 및 조직의 최종적인 의사결정기관으로서 일반이사회로 구성되어 있다.

UNIDROIT의 입법정책은 UNIDROIT에 의한 법규범 그 자체가 구속력을 갖는 국제협약의 성격을 지니고 있지 않은 까닭에, ①광범위한 사법규칙의 통일, ②정치적인 사안을 배제한 엄격한 법 해석, ③이에 상응하는 안정적인 작업방법의 추구 등에 주안점을 두고, 이로부터 강행적인 국제협약으로서가 아닌 계약당사자 내지 중재인에게 법의 일반원칙으로서 뿐만 아니라 국내법규를 제·개정 시에 참조할 수 있는 모델법으로서의 기능을 수행할 수 있도록 의도하고 있다.

결국 UNIDROIT에 의해 제정된 제반 통일법규범은 일련의 국내법이나 국제법규의 해석과 보충적 법적 지침으로서 관련 법원이나 중재인 혹은 당사자들이 그 적용상의 자유에 따라 이를 유연하게 적용 및 원용할 수 있도록 하여 국제상사계약에서 야기될 수 있는 분쟁의 해결책으로서 그 실효성을 제고하고 있다.

8) 국제해사위원회 (CMI)

국제해사위원회(Comité Maritime International, CMI)는 1897년 해상법과 해상사업의 관행 내지 관습의 통일을 목적으로 창설되었다. CMI는 비정부간 기구로서의 성격을 갖고 있지만 주요 해운국의 해사위원회를 회원으로 조직된 세계적인 기구로서 해상사업과 관련한 다양한 각국 간의 이견을 통일하는데 크게 기여하고 있다.

CMI는 해상사업에 영향을 미치는 문제를 협의하고 공동의 대처방안을 모색할 수 있도록 해운산업에 관여하고 있는 모든 기업과 단체들 간의 유기적인 연대관계를 형성할 수 있도록 주선하고 있다. 또한 해상사업과 관련한 이해 관계자들의 협조하에 각종의 해운관련 표준을 개발하고 이를 적용할 수 있는 역할을 감당하고 있다. 뿐만 아니라 해운관련 정보를 회원 상호 간에 교환할 수 있도록 하고 있으며, 각종 해운관련 서식을 발간하여 국제적인 채택과 보급에 노력하고 있다.

국제기구에 의한 무역관리

3 국제 무역법규범

1) 무역계약

(1) 국제물품매매계약에 관한 UN 협약

가. 의의

국제무역법위원회(國際貿易法委員會, United Nations Commission on International Trade Law, UNCITRAL)에 의해 제정・공표된 **국제물품매매계약에 관한 UN 협약**(United Nations Convention on Contract for the International Sale of Goods, CISG)은 복잡다단한 국제무역의 **준거법**(準據法, applicable law)[4]으로서의 역할과 법적 기능을 확보하기 위한 것에 목적을 둔 입법적 산물로서, 연혁에 비추어 1930년대부터 반세기에 걸친 제정 노력을 통해 1980년에 이르러 그 결실을 보게 되었고, **협약**(協約, convention)으로서 발효요건을 갖춘 1988년 1월 1일부터 효력을 발생하고 있다.

이후 **CISG**는 **국제상거래**(國際商去來, international commerce)에서 **국제물품매매계약**(國際物品賣買契約, contract for the international sale of goods)에 관한 한, 가장 성공한 선도적 입법례로서 평가되고 있음과 동시에, 현재 이에 걸맞은 합당한 위상을 표방하고 있다. 이러한 평가는 CISG가 그간 국제상거래에서 국제물품매매를 규율하는 **국제적 통일법**(國際的統一法, international uniform law)으로서의 위상에 걸맞은 역할을 여실히 감당하고 있음과 동시에, 이후로도 그 위상을 다름없이 보전해 갈 수 있으리라는 법적 확신을 그 배경에 두고 있다.

CISG 평가의 핵심은 기존 국제사법체제하에서 다양한 법적용으로부터 비롯된 **법적 안정성**(法的安定性, legal stability)[5]과 **예견가능성**(豫見可能性, foreseeability)[6]에 기

4) 준거법은, 간접법인 국제사법의 규정에 따라 문제될 수 있는 섭외적 사법관계에 적용되는 실질법으로서, 곧 내외사법을 말한다. 주관적으로는 당사자가 적용하기로 합의한 법, 객관적으로는 섭외적 생활관계와 가장 밀접한 관계가 있는 국가의 법으로 정의된다. 이러한 실질법의 적용에 의해, 섭외적 생활관계의 법률효과가 발생한다는 뜻에서 준거법을, 달리 효과법이라고도 한다.

5) 법적 안정성이란, 사회에서 행해지고 있는 법질서가 동요하지 않고, 어떤 행위가 정당하며, 어떤 권리가 보호되며, 어떤 책임이 어떻게 추궁되느냐가 일반적으로 분명히 제시되어 있어, 이로부터 사람들이 법의 권위를 믿고 마음 놓고 행동할 수 있는 상태를 말한다. 달리 법적 확실성이라고도 한다. 법적 안정성을 확보하기 위해서는 법이 함부로 움직이는 것을 방지하지 않으면 안 된다. 이를 위해서는 법의 뜻을 성문법에 의해 확정시키는 것과, 성문법을 정확한 논리의 방향에 따라 해석하는 것이 필요하다. 다만

한 부담보의 문제를 **CISG** 적용에 따라 상당부분 해소할 수 있다고 하는 그간의 경과와 향후의 기대에 있다.

CISG는 기본적으로 **국제물품매매계약**에 관하여, 국제적으로 통일 또는 용인되고 있는 법리 내지 상관습을 성문화함으로써, 국제상거래에서의 법률적인 장벽을 제거하는데 공헌하기 위한, 국제적 협약(協約, convention)[7]으로서의 지위를 점한다. 곧 **CISG**는 **전문**(前文, preamble)에서 그 제정취지를 명료히 선언하고 있는데, 그 내용은, **CISG 당사국은 새로운 국제경제질서의 확립과 관련하여, 평등과 상호 이익에 기초한 국제상거래의 발전이 국가 간의 우호관계를 증진시키는데 중요한 요소임을 고려하여, 국제물품매매의 계약을 규율하고, 상이한 사회적·경제적·법률적 제도를 고려하는 통일규칙의 채택이, 국제상거래에서의 법률적인 장벽을 제거하는데 공헌하며, 또한 국제상거래의 발전을 증진시킬 것을 목적으로 제정된 것이다**와 같다.[8]

현재 **CISG**를 국내법으로 수용하고 있는 **체약국**(締約國, contracting state)은 본서 발간일 기준 총 85개국이다. 우리나라는 2004년 2월 17일 UN에 **CISG**의 가입서를

법해석에 있어서의 개념은 끊임없이 유동하므로, 법을 너무 고정시키게 되는 경우에 법이 실생활에서 분리되어 인간관계를 구체적으로 올바르게 규율할 수 없게 된다. 그 결과 법을 무시하게 되는 경우 사회정의를 실현시키려는 움직임 등이 대두되어, 도리어 법적 안정성을 파괴하는 위험을 촉발할 수도 있다. 따라서 법에 사회정서에 순응하고, 정의의 요구에 따라 변화할 수 있을 만한 탄력성을 주는 편이 오히려 **법적 안정성**을 확보하는 길이라고도 할 수 있다.

6) **예견가능성**이란, 어떤 일을 하거나 또는 하지 않음으로 인해, 위기가 초래되리라는 것을 예견할 수 있는 능력 또는 가능성을 말한다. 통상 손해배상에 기하여, 불법행위(不法行爲, illegal act, tort) 및 채무불이행의 법적 책임체계를 논할 때 거론된다. 이는 법적용상 법률문제로 귀결된다.

7) **협약**은 계약당사자 일방 또는 쌍방이, 예컨대 사적단체·공공단체·국가 등과 같은 단체인 경우 사용된다. **협약**은 국제법상 **조약**(treaty)에 준하는 명칭으로 사용되는 점에서 **협정**(agreement, arrangement)과 동의어로 취급된다. 이 경우 **광의의 조약**에는, **협약·규약**(covenant)·**헌장**(charter)·**규정**(statute)·**협정·의정서**(act, protocol)·**선언**(declaration)·**잠정협정**(modus vivendi) 등이 있다. 여기서 **협정**은 주로 정부가 행정권에 속하는 사항에 관하여 단독으로, 즉 입법부의 동의 없이 외국정부와 체결하는 **협정**에 사용된다.

8) CISG Preamble : "The States Parties to this Convention, Bearing in mind the broad objectives in the resolutions adopted by the sixth special session of the General Assembly of the United Nations on the establishment of a New International Economic Order, Considering that the development of international trade on the basis of equality and mutual benefit is an important element in promoting friendly relations among States, Being of the opinion that the adoption of uniform rules which govern contracts for the international sale of goods and take into account the different social, economic and legal systems would contribute to the removal of legal barriers in international trade and promote the development of international trade, Have agreed as follows."

기탁하여, 2005년 3월 1일부터 국내법으로서 그 효력이 발생되었다. 이에 따라, CISG는 국제물품매매에 관한 한, 우리 민·상법에 우선하는 특별법(特別法, special law)의 지위를 점한다.

나. 적용범위

CISG는 당사자의 영업소(營業所, business place)[9]가 모두 체약국 내에 있거나, 또는 당사자의 국가가 국제사법의 규칙에 따라 체약국의 법을 수용하고 있는 경우에만 적용된다. 즉, 국제물품매매계약이 CISG의 직접적인 적용을 받기 위해서는 다음의 각 요건이 다름없이 충족되어야 한다.

①계약당사자가 **서로 다른 국가**[이국(異國)]에 영업소를 보유하고 있어야 한다. 다만 영업소를 보유하고 있지 않을 상이한 국가에 일상의 **거주지**(居住地, habitual residence)가 존재하여야 한다. 즉 CISG는 **국제성**(國際性, internationality)을 갖춘 국제매매계약을 그 적용대상으로 하고 있는 까닭에, 계약당사자가 서로 다른 국가에 영업소 또는 거주지를 갖고 있어야 한다. 만약 당사자가 복수 이상의 영업소를 보유하고 있는 경우 계약체결 전이나 또는 그 당시에 당사자에게 알려져 있었거나 또는 예견되어 있었던 사정을 고려하여, 당해 계약 및 이행에 가장 밀접한 관련이 있는 장소를 영업소로 본다.

②당사자가 상이한 국가에 영업소를 보유하고 있어야 한다는 **국제성** 충족을 위해서는, 계약체결 전이나 또는 그 당시에 당사자 간의 계약 또는 당사자가 제시한 정보로부터 특정될 수 있어야 한다. 따라서 당사자는 상이한 국가에 영업소를 보유하고 있어야 하고, 이에 계약이 **국제계약**에 해당한다는 사실을 알고 있어야 한다. 이

9) **영업소**란, **기업의 영업활동에서 중심이 되는 일정한 장소**를 말한다. **영업소**는 **상호**(商號)·**상업장부**와 함께, 모든 기업에 공통되는 물적 시설이다. **영업소**는 기업활동에 관한 기본사항을 결정하고, 경영활동에 관한 지휘명령을 하는 중심지이어야 하며, 어느 정도 시간적 계속성을 가지는 장소이어야 하고, 인적 조직과 물적 조직에 의한 하나의 단위로서, 기업활동의 결과가 보고·통일되는 중심지이어야 한다. 이러한 **영업소**를 구분하는 기준은, 객관적인 사실의 문제에 귀결된다. 상인이 수개의 영업을 경영하는 때는, 각 영업에 관하여 독립된 **영업소**를 갖게 되는데, 이 경우 **영업소** 상호 간에는 수직적인 주종관계가 생기지 않는다. 즉, 각 **영업소**는 독립된 지위를 갖게 된다. 그러나 하나의 동일한 영업을 위하여 수개의 **영업소**를 둔 경우에는 전 영업을 통괄하는 **영업소**를 **본점**(本店)이라 하고, 여기에 종속되어 지휘·명령을 받는 **영업소**를 **지점**(支店)이라고 하는데, 이 양자 간에는 주종관계가 생긴다. 참고로 우리 상법에서 인정하는 **영업소**는 **영업소**로서의 실질을 갖춘 본점과 지점뿐이며, **영업소**의 업무를 부분적으로 분담하거나, **영업소**의 단순한 지원장소에 불과한 출장소·분점·사업소 등은 **영업소**가 아니다. 그렇다고 **영업소**의 명칭을 **본점**과 **지점**만으로 한정하는 것은 아니다. 이들은 동일한 상인에 속하며, 지점의 책임자는 독립된 상인이 아니다. **영업소**는 **자연인에 있어 주소**에 해당하는 법률상 효과를 지닌다.

러한 취지는 당초 **국내계약**으로 잘못 이해할 수 있는 당사자에게 예기치 못한 CISG 적용으로 특단의 피해를 받는 일이 없도록 배려하기 위한 것에 목적을 두고 있다.

③CISG는 당사자가 서로 다른 국가에 영업소를 보유하고 있다고 하더라도, 원칙적으로 이들 서로 다른 국가가 모두 CISG의 체약국일 경우에 한하여 적용된다. 아울러 계약의 성립에 관하여는 당해 국가가 계약의 체결 시점에서 체약국일 경우에 한하여 적용된다. 본 사항은 국제물품매매의 효력에 관해서도 동일하다. 이 경우 당사자는 상대방의 국가가 CISG의 체약국인지를 어느 시점에서 알았는지는 문제시 되지 않는다. 한편 당사자의 국가가 모두 체약국이 아니더라도 당사자가 CISG를 적용하기로 상호 합의한 경우에는 양당사자의 국제사법에 기한 특단의 문제점은 별론으로 하더라도 원칙상 당해 계약에 적용할 수 있다.

④CISG는 당사자가 CISG 전체의 적용을 배제하거나, CISG의 일부 규정에 관하여 그 효력을 감퇴 또는 변경시킬 수 있도록 하고 있다. 다만 제한요건으로서 당사자 간에 CISG 전체의 적용배제에 관한 합의 또는 계약과 관련이 있는 일부 규정의 효력변경에 관한 합의가 없어야 당해 계약에 적용할 수 있다.

다. 구성체계

CISG는 전문(前文, preamble) 외에 총 제4편으로 구성되어 있다. 차례로 **제1편**[제1조-제13조]은 **적용범위**[제1조~제6조]와 **총칙**[제7조-제13조]에 관하여, **제2편**[제14조-제24조]은 계약의 성립으로서 **청약**[제14조-제17조], **승낙**[제18조-제22조], **계약의 성립시기**[제23조-제24조]에 관하여, **제3편**[제25조-제88조]은 **당사자의 권리와 의무**를 대칭적으로 편제하여, **총칙**[제25조-제29조], **매도인의 의무와 매도인의 의무위반에 대한 매수인의 구제수단**[제30조-제52조], **매수인의 의무와 매수인의 의무위반에 대한 매도인의 구제수단**[제53조-제65조], **위험의 이전**[제66조-제70조], **매도인과 매수인에게 공통적으로 적용되는 규정**[제71조-제88조]에 관하여, **제4편**[제89조-제101조]은 **발효에 필요한 절차 및 유보선언의 최종규정** 등이다.

(2) 국제상사계약에 관한 일반원칙

가. 의의

사법통일국제협회(私法統一國際協會, International Institute for the Unification of Private Law, UNIDROIT)에서 공표한 **국제상사계약에 관한 일반원칙**(Principles of International Commercial Contract, PICC)은 **CISG**와 같이 법적 구속력이 있는 협약이 아

니라, 단지 국제상사계약의 **일반원칙**(一般原則, general principles)을 집적한 소위 **리스테이트먼트**(restatement, 재기술, 법재록)[10]로서의 지위를 표창한, 이를테면 보충적 법적 기준으로서 기능한다. 이에 따라 PICC는 복잡다단한 국제상사계약에서 계약당사자의 이해를 적절히 균분하고 조정할 수 있는 법적 기대에 부응하고, 나아가 계약당사자 간 계약상 의무의 성실한 이행을 담보하여 신속·민활한 국제상거래를 촉진하기 위한 법기능적 역할을 단절 없이 수행하고 있다.

PICC는 국제상사계약에 관한 각국의 국내법이나 국제법규를 해석함에 있어 **보충적 역할**(gap-filling role) 뿐만 아니라 계약당사자에게는 계약서 작성의 지침으로서 또한 각국 법원이나 중재기관에는 국제상사계약에서 야기되는 분쟁해결의 법적 기준으로서 보편타당하게 널리 적용 및 원용할 수 있는 법적 실익을 표창하고 있다.

최초 공표된 이후(1994), 국제상사계약에 관한 중추적 법원(法源, source of law)으로 기능하였던 PICC는 그간의 추가·개정작업을 통해 PICC(2004) 및 PICC(2010)를 거쳐 PICC(2016)으로 공표되어 현재에 이르고 있다. 후자[2016]는 국제상사계약에 관한 실무적용 시 보편적 활용성을 가일층 제고하기 위하여 앞선 PICC의 규정을 재배열하고, 나아가 일부조문의 개정 내지 신규제정을 통해 그 입법적 지위를 견고히 하고 있다. 일례로 국제상사계약의 다변화에 기하여 그 실용성이 부각되고 있는 불이행[계약위반]에 관한 원상회복(restitution), 위법성(illegality), 조건(conditions)[11],

10) **리스테이트먼트** 혹은 **법재록** 또는 법의 **재기술**이라고 함은, 미국 **주법**(state law)의 통일화를 위해 선례로 정착된 판례의 요점을 정리한 것이다. 1923년 **미국법률협회**(American Law Institute, ALI)가 처음 발간하였다. **리스테이트먼트**는 **판례법**(判例法, case law) 위주의 미국에서 법전화운동의 일환으로 탄생하였다. 이는 법조문 형식으로 되어 있고 성문법이 취하고 있는 형식, 이를테면 모범법전을 갖추고 있지만, 이는 법도 아닐 뿐더러 법적 구속력도 없다. 그러나 미국 대다수 법원은 **리스테이트먼트**에 명시되어 있는 내용에 관하여 설득력 있는 것으로 인정하고 때로는 판결내용을 정당화하기 위해 인용하고 있음이 통상이다. 미국은 영국의 보통법을 계수했으나, 각 주가 독립된 **법역**(法域, legal territory)을 이루고 법률내용도 매우 복잡하였다. ALI는 미국 판례법의 결함으로 지적된 불확실성과 복잡성의 문제를 해결하기 위해 각 분야의 판례법상의 일반원칙을 정리하여 이를 간단한 조문형식으로 체계적으로 **재기술**하였다. 이를 통상 **리스테이트먼트**라고 한다. **리스테이트먼트**는 법적 효력은 없으나 부차적인 법원으로서의 의의를 가진다. 이러한 **리스테이트먼트**는 판례나 입법에 많은 영향력을 미치고 있으며, 그간 수많은 판결에서도 이를 광범하게 채택하고 있는 실정이다. 이것은 법적 구속력은 없지만 실제에 있어서 구속력이 있는 것이나 다름없는 권위적인 법원(法源, source of law)으로서 지위를 점하고 있다.

11) 법률용어로서 **조건**이란, 시험에 합격하면 시계를 준다거나, 시험에 불합격하면 학비를 대주지 않는다고 하는 것처럼, **법률행위의 효력의 발생·소멸을 장래의 불확실한 사실의 성부에 의존케 하는** 법률행위의 부관으로 설명된다. 이 경우 법률행위에 **조건**을 붙이는 것은 자유이나, 법률행위의 성질상 법률관계가 확정적이어야 하는 경우나, **조건**을 붙이면 법률의 목적에 명백히 반하는, 이른바 **조건**과 연관되지 않는 법률행위에는 **조건**을 붙일 수 없다. 일례로 어음·수표행위와 혼인·이혼·입양·인지·상속의

다수의 채권자 및 채무자에 관한 규정(plurality of obligors and of obligees) 등을 견실히 추보하고 있다.

그 밖에도 PICC는 국제상사계약에 관한 일반원칙의 지위에 걸맞게 전통적 계약법에서는 취급하지 않았던, 예컨대 전자계약(electronic contracting)[12], 제3자의 권리(third party rights), 대리인의 권한(authority of agents), 상계(set-off)[13], 채권양도(assignment of rights)[14], 채무이전(transfer of obligation), 계약이전(assignment of contract), 제척기간(limitation period) 등을 편입해 두고 있다.

PICC 기능 내지 역할을 일괄하면, ①국제상사계약의 준거법으로 적용할 수 있다는 점, ②국제적 통일법 및 국내법의 해석 및 보충수단으로서 역할을 감당할 수 있다는 점, ③계약법이나 특수한 상거래에 관한 법규범의 재・개정 시 참조할 수 있는

승인 및 포기 등 신분법상의 행위는 그 효과가 확정적으로 발생할 것이 요구되므로 조건을 붙일 수 없다. 다만 유언은 조건을 붙여도 무방하다. 또한 상계・해제・해지・철회・취소 등 단독행위(單獨行爲, individual or unilateral act)에 조건을 붙이면, 상대방의 지위를 현저하게 불리하게 하므로 여기에 조건을 붙일 수는 없다. 다만 상대방의 동의가 있거나 상대방에게 이익만을 주는 경우, 예컨대 채무면제・유증 등에는 단독행위라도 조건을 붙일 수 있다. 조건부 법률행위의 효력이 발생하거나 소멸하는 것은 조건이 성취한 때부터이다. 이 경우 조건의 성취효과는 원칙적으로 소급하지 않는다. 다만 당사자가 성취의 효력을 그 성취 전에 소급할 의사를 표시한 경우는 그 의사에 의함이 원칙이다.

12) 통상 전자계약은 정보통신망을 통한 전자문서에 의한 계약으로 총칭된다. 한편 강학상 전자계약은 어떠한 구체화 된 목적물(any specialized subject matter) 또는 형식적 합의의 수단(method for forming agreements)을 기초로 한 개념이 아니라, 다만 계약을 성립하기 위한 방법으로 전자적 통신수단(means of electronic communications), 즉 전자문서(electronic message)에 의해 이루어지는 것으로 설명된다. 간혹 전자계약을 시스템 계약이라고도 칭하고 있으나, 전자계약은 그 의미상 전자적 방식 및 통신수단을 포함하는 개념, 즉 전자문서에 의한 계약으로 총칭할 수 있음에 따라 시스템 계약을 포괄하는 광의적인 개념으로 해석하는 것이 바람직할 것으로 본다.

13) 상계는 채권자와 채무자가 서로 동종의 채권・채무를 보유하고 있는 경우 채무자의 일방적 의사표시에 의하여 그 채권・채무를 대등액에서 소멸시키는 것을 말한다. 상계는 채권자와 채무자가 서로 청구하고 이행하는 번거로움을 덜고, 어느 일방이 파산 등 자력이 악화된 경우 타방이 불이익을 입는 불공평한 결과를 방지하는 담보작용을 한다. 상계는 단독행위이며, 특수한 채권소멸원인이다. 채권자와 채무자는 상계계약을 할 수도 있다. 상계계약에 관해서는 상계의 요건이나 상계의 금지는 원칙적으로 적용되지 않는다. 상호계산은 상계계약의 대표적인 것이다.

14) 채권양도는 채권의 동일성을 유지하면서 채권을 이전할 것을 목적으로 하는 구채권자와 신채권자 간의 계약을 말한다. 다만 채권양도가 금지되는 경우는, ①법률에 의해 금지되는 경우, ②채권의 성질에 비추어 허용될 수 없는 경우, ③채권자와 채무자 간의 특약이 있는 경우 등이다. 여기서 양도는 양도인과 양수인의 합의만으로 효력을 발생하지만 양도의 효력을 제3자에게 주장하기 위하서는 다음과 같은 요건이 필요하다. ①채무자를 상대로 주장하려면 양도가 있었다는 것을 양도인으로부터 채무자에게 통지하거나 채무자가 그것을 승낙해야 한다. ②채무자 이외의 제3자에게 주장하기 위해서는 통지나 승낙이 확정일자가 있는 증서로 하여야 한다.

모델법(model law)[15]으로서 기능할 수 있다는 점 등으로 요약할 수 있다. 이 경우 PICC는 ①계약당사자가 계약의 준거법(準據法, governing law)으로 합의한 경우, ②계약당사자가 자신들의 계약에 **법의 일반원칙**(general principles of law) 또는 **상관습법**(lex mercatoria) 등에 의해 적용하기로 합의한 경우, ③계약당사자에 의한 **법의 선택**(choice of law)이 없는 경우 등에 적용 및 원용된다.

국제상사계약에서 PICC의 순기능적 역할과 지위에 비추어, PICC 제반 규정에 관한 명료한 이해는 국제무역 또는 국제상사계약에 임하고 있거나 또한 임하고자 하는 실무자 및 실무계에 있어서는 매우 긴요하고도 시급한 일이 아닐 수 없다. 왜냐하면 PICC는 앞서 본대로 국제상사계약에 관한 일반원칙으로서 법계 내지 개별 국내법에 우선하여 보편타당하게 적용·원용되고 있음과 동시에, 국제상사계약에 임한 계약당사자로 하여금 국제상거래에 있어 법적 안정성과 예견가능성을 담보할 수 있는 법적 실익을 표창하고 있기 때문이다.

나. 제정취지

국제상사계약법의 조화는 PICC 완성에 의해 새로운 지평을 개진하게 되었다. CISG는 구속력 있는 국제협약으로서의 통일적 입법을 달성하기 위한 입법방식을 채택하고는 있으나, 연혁에 비추어 법계(法系, legal system)[16] 간 타협의 결과로 성안된 산물이었던 까닭에, 그 결과 구성체계 내지 적용상 특단의 한계를 내재하고 있다. 곧 국제적 통일법으로서 가장 성공한 입법례라는 지위를 통해 그 순기능적 역할을 감당하고 있는 CISG의 이면에는 법계 간 타협의 산물이라는 연혁에서 비롯

15) **모델법**은 각국의 입법 시 참고하도록 만들어진 모범법안을 말한다. 가입국이 반드시 협약상 의무를 이행하여야 하는 협약과는 달리, **모델법** 형식으로 제정될 경우 그 부담이 없어 이해관계가 첨예한 주제를 다룰 때, 많은 나라들의 참여를 유도할 수 있다는 장점이 있다.

16) **법계**는 통상 영미법계(英美法系, anglo-american law)와 대륙법계(大陸法系, civil law, continental law)로 구분된다. 차례로 분설하면 다음과 같다. 전통적으로 영국에서는 처음부터 일련의 규칙을 제정하여, 구체적 사건에 이를 적용하지 않고 판례(判例, precedents)를 법이라고 생각하고, 후에 일어난 사건은 앞의 판결을 선례로 판결에 임해왔다. 이 과정을 통해 집적된 것을 **보통법**(普通法, common law)이라고 한다. 영국은 **보통법**과 병행하여, 일련의 법체계를 마련해 두고 있는데, 이를 **형평법**(衡平法, equitable law)이라 한다. 국왕의 최고 고문인 대법관은 **보통법**에 의해 구제되지 못한 개인을 구제하기 위해 재판을 하게 되었고 이 같은 재판이 선례가 되어 **형평법**이 성립하게 되었다. 영국법은 **로마법**(Roman law, jus gentium)의 영향도 받고 있지만, 그 영향이 미미하다는 점에서 **대륙법**과는 상이하다. **보통법** 및 **형평법**은 미국을 비롯한 영국의 구식민지에도 계수되어 근대 이후 **영미법**이라는 일대의 법체계를 형성하고 있다. 다른 한편 **대륙법**은 통상 **유럽대륙의 법**을 의미하며, **영미법**에 대립하는 말로 사용된다. 오늘날 **대륙법**은 **영미법**과 함께 양대 법계를 이루고 있으며, **독일법계**, **프랑스법계** 그리고 **러시아법계**가 포함되어 있다.

된 선천적 장애를 극복하지 못하고 있는 한계를 지니고 있다.

적용범위에 있어 **국제물품매매**에 한정된 CISG의 한계는 차치하고서라도, CISG는 당초 입법과정에서 국가 내지 법계 간 이해득실의 고려에 따른 타협의 산물이었기에 개별조문의 구성이 다수의 국가 내지 법계가 동의할 수 있는 정도의 기초적 수준에 머무를 수밖에 없었고, 무엇보다도 국제적 통일입법을 의도하고 있었던 까닭에, 특단의 법적 사안에 관해서는 의도적으로 이를 도외시 할 수밖에 없었던 한계가 있었다. 나아가 CISG는 대륙법의 법적 기조를 중시한 나머지 국제상거래의 실제에는 그다지 친숙하지 않다는 이유에서 영미법 국가의 법체계나 경제체제에 관한 입법적 배려의 필요성이 꾸준히 제기되었다.

이에 대응하여 UNIDROIT는 **경성법**(硬性法, hard law)이 아닌 **연성법**(軟性法, soft law)[17]으로의 회귀를 통해, 곧 정식 입법절차에 의한 구속력 있는 통일법을 성안하는 대신에, 우회적으로 국제상거래를 보편타당하게 규율할 수 있는 **일반원칙**(general principles)으로 선회하여 이를 소위 **재기술**(restatement)의 형태로 입안하는 방법을 택하였다. 이에 따라 UNIDROIT는 국제상거래에 있어 실제적·현실적으로 설득력을 지닌 일반원칙을 명문으로 기술하여 국제상사계약에 임한 당사자로 하여금 이를 계약내용에 편입할 수 있도록, 곧 법기능적 차원에서 사실상 법원으로 기능할 수 있음을 고려하였다. 그 입법결과로 성안된 것이 PICC이다.

PICC의 채용은 그 저변에 기존의 국제사법의 질서에 따른 계약의 규율을 상정하고 있지는 않지만, 계약이 준거하는 규범을 자국법도 상대국의 법도 아닌, 실제 무역계약에 적용 가능한 범세계적인 규범으로서, 환언하면 **법의 일반원칙**이나 **상인법**(*lex mercatoria*)을 중심으로 구성된 국제상거래의 새로운 자율적 규범으로서, 국제계약법과 같은 일련의 방식을 따른 것이다. 따라서 PICC는 상인법적 시각에서 법통일화 작업의 결실로서 의의를 제고하고 있다.

다. 기능과 역할

PICC는, ①**국제상사계약**(international contracts)에 적용할 수 있는 일반원칙으로서

---

17) **연성법**은 **법적 구속력**(legal binding force)이 없는 **준법률문서**(*quasi*-legal instrument)를 지칭한다. **법적 구속력**이 있는 법률문서에 비해 다소 약한 구속력을 지니고 있으나, **연성법**이라고 해서 **법적 구속력**이 전혀 없는 것은 아니다. **연성법**은 본래 국제법에서 자주 쓰이던 것이지만, 최근 국내법에서도 자주 사용되고 있다. 또한 **연성법**은 **경성법**과 대비되는 개념으로 엄밀한 의미에서 국제입법의 산물은 아니지만, **준입법과정**(*quasi*-legislation process)에 속한다고 보는 것이 국제적 법질서의 현상에 대한 현실적 인식이라고 볼 수 있다.

기능한다. ②**상사계약**(commercial contract)에 한하여 적용된다. ③법리적 타당성에 기초하여 법계 내지 각국 실정법에 공통적이거나 또는 국제상사계약의 특수성을 감안한 계약법의 일반원칙으로서 기능하고 있다는 취지에서 계약당사자는 합의에 따라 계약의 적용법으로서 PICC를 선택·적용할 수 있다. ④국제상사계약에 임한 당사자가 특정한 국내법을 적용법으로 합의할 수 없는 경우 ㉠법의 일반원칙, ㉡국제상거래의 관행 및 관습, ㉢상관습법 등에 기초하여 적용될 수 있고 또한 ㉣계약이 적용법에 관하여 침묵하고 있는 경우에도 적용될 수 있다. ⑤국제통일법규범 및 국내법의 보충적 역할을 수행한다.

(3) 유럽계약법원칙

가. 의의

20세기 후반, 지역적 차원에서 유럽이 하나로 통합된 사실과[1994년], 경제적 차원에서 유럽 내 **단일통화**[EURO]로 단일경제권을 형성한 것은[1999년], 동 시대 국제경제관계에서 가장 주목할 만한 사건으로 취급할 수 있다. 이 같은 유럽 역내 단일경제권의 합의는 결국 단일통화의 통합·발행으로 명실 공히 세계 최대 규모의 **단일시장**[European Union, EU]을 형성하고 그 완성을 보게 되었다.

그 과정에서 **EU 회원국**(EU member states)에 공통으로 적용될 수 있는 제정법 마련을 위한 법통일화 작업이 활발히 전개되었는데, 일례로 EU 회원국 간 직접적으로 구속력을 갖는 **규칙**(規則, regulation)[18]과, **지침**(指針, directive)[19] 등의 공표는 당해 작업을 더욱 촉진하는 계기가 되었다.

그러나 공표된 규칙과 지침 등이 단순히 각국의 국내법에 수용되어 조화되는 것보다 하나의 실정법으로 통일하는 것이 바람직하고, 이를 위해 유럽 각국의 사법체계에 대한 법이론적·비교법적·법체계적 공동작업을 통해 새로운 유럽의 법문화를 창출해야 한다는 인식이 제고되었는데, 그 결과로서 1982년 **유럽계약법위원회**

18) **규칙**은 헌법이나 법률에 정립된 성문법의 한 형식을 말한다. 그리고 헌법 또는 법률의 근거가 없더라도 행정기관이 행정목적의 달성을 위해 필요한 한도 내에서 직권으로 제정할 수 있는 행정입법으로서 행정규칙이 있다. **규칙**은 헌법과 법률의 하위규범이므로 헌법과 법률에 위반되는 내용을 규율할 수 없으며, 자치규칙, 교육규칙 등은 자치단체 조례범위 내에서 제정되어야 하고, 행정규칙은 국민의 권리·의무에 관한 법규사항을 포함할 수 없다.

19) **지침**은 EU **이사회**(Council of the European Union) 또는 EU **위원회**(European Commission)가 제정하는 EU **법규정**으로 그 대상인 회원국이 지침에서 정하는 일정한 목적의 달성만을 강제하며 해당 **지침**의 실행방법은 그 회원국에게 일임하고 있다.

(Commission on European Contract Law, CECL)의 발족은 그 구심점을 마련하게 된 결정적 계기가 되었다.

CECL은 개인자격으로 참가한 학자・법률가・옴서버 등을 중심으로 구성되었다. 그렇지만 인적 구성면에서 **UNIDROIT**와 같이 전 세계적이 아니라, EU 역내 회원국에 한정되었다. 따라서 **유럽계약법원칙**[The Principles of European Contract Law (2002), PECL]은 유럽 역내 계약법의 일반원칙이라는 법적 지위를 통하여 EU 회원국의 국내법을 초월한 통일규칙이라는 점에서 그 의의를 구할 수 있다. 요컨대 이와 같이 통합된 지역적・경제적 상황 하에서 EU 역내 통일법 형성을 위한 노력이 자연스럽게 주창되었는데, 그 대표적 결실이 **CECL**에 의해 제정된 **PECL**이다.

PECL은 유럽의 계약법상 일반원칙을 법전형식으로 구성하고는 있으나, **PICC**와 마찬가지로 구속력 있는 법규범은 아니고, ①EU 회원국 간 상거래를 용이하게 하기 위한 법적 기반제공, ②계약법의 법리적 기초와 통일적 해석기준의 정립, ③각국 법원 및 중재판정부의 판결・판정 시 지침 제공, ④역내 법체계 간의 타협을 구할 수 있는 역할의 도모, ⑤향후 유럽통일계약법전의 입법기반 형성 등을 의도하고 있다.

나. 제정목적과 특징

PECL의 제정목적과 특징을 요약하면, ①**PECL**은 장차 EU 역내 유럽계약법전 제정을 위한 법적 기반제공을 위해 마련되었다는 점, ②**PECL**은 EU 회원국의 계약법이 서로 조화를 이루게 하기 위한 **모델법**(model law)으로서 지위를 의도하고 있다는 점, ③**PECL**은 EU 내부에서 서로 다른 법체계에 존재하는 공통의 법리를 확인하는 작업의 산물로서 마련되었다는 점, ④**PECL**은 국내법을 새로이 개선하고자 하는 입법자들에게 하나의 표본으로서 기능하고자 의도하고 있다는 점 등이다. 결국 **PECL**은 **PICC**와 마찬가지로 계약법의 일반원칙 또는 EU 역내 상관습법 및 국제적으로 통용될 수 있는 계약법원칙으로 취급할 수 있다.

PECL은 EU 역내 회원국 간에 공통적으로 적용할 수 있는 계약법 원칙을 통일하여 제시한 것으로, 그 적용범위는 순수한 국내계약이나 상인과 소비자 간의 계약 등을 포함한 모든 계약에 적용된다. 따라서 계약관계에서의 급부장애 또는 불이행 책임을 포괄하고 있는 **PICC**와 그 체계가 유사하다. 그러나 적용범위를 국제물품매매로 한정하고 있는 **CISG**와는 근본적인 차이점이 있다. 그리고 **PICC**는 국제상사계약에서 법의 일반원칙의 제시를 목적으로 하고 있음에 반하여, **PECL**은 EU 회원국 간의 **역내 계약법의 일반규칙**(general rules of contract law in the EU)으로서 적용되는 것을 의도하고 있는 차이점이 있다.

이러한 차이점은 관습과 관행의 구속력에 있어서도 동일한데, 예컨대 PICC는 당사자는 해당되는 국제무역의 당사자에게 널리 알려져 있고, 또한 국제무역에서 그 당사자에 의해 통상적으로 준수되고 있는 관습에 의해 구속된다고 하여[20] 지역적 또는 국내적 관습을 원칙적으로 배제하고 있으나, PECL은 당사자들은 당사자들과 같은 상황 아래에서 일반적으로 적용되었을 것으로 보이는 관습에 의하여 구속된다라고 하여[21] 이를 수용하고 있는 차이가 있다. 따라서 적용범위에 있어 PICC는 보편적이고, PECL은 지역적이라고 할 수 있다.

CISG 및 PICC는 상거래의 의미를 명확히 규정하지는 않고 있으나, 적용범위의 한정에 의해 간접적으로 그 의미를 밝히고 있다. 우선 CISG는 개인용·가족용·가사용으로 구입되는 물품매매에 관해서는 적용되지 않는다. 즉 CISG는 국제사법상 소비자보호를 위한 법규를 침해서는 아니 된다는 합의를 표방하고 있는데, 그 결과 강행적 국내법규나 공공정책을 집행하는 법규에 우선하지 않는다는 취지에서 소비용 거래를 적용범위에서 배제하고 있다. PICC는 상기한 바와 같이 전문에서, 본 원칙은 국제상사계약에만 적용되며, 제반 소비자보호를 위한 소비자거래와 구별되는 영역을 적용범위로 한다라고 선언하고 있다. 따라서 소비를 위한 목적에서의 소비자거래, 상거래 또는 직업적으로 활동하지 않는 일방당사자를 포함하는 거래를 적용범위에서 제외하고 있다. 결국 PICC는 CISG의 규정취지를 그대로 계승하여 국제상거래를 적용범위로 특정하고 있다.

그러나 PECL은 상사계약뿐만 아니라 상인과 소비자 간의 일반계약에도 적용될 수 있다. 따라서 계약당사자 간의 준거법으로 특정된 법체계 또는 합의에 따라 별도의 규정을 정하지 않음으로써 발생될 수 있는 일련의 문제에 관한 해결책을 제시하고 있는 특징이 있다.

요컨대 국제사법통일에 있어 PECL과 PICC는 UNIDROIT, CECL 등 비입법기구에 의해 제정된 통일계약법규범이라는 공통점이 있으나, 그 성립배경과 적용범위

20) PICC, Art. 1.9(usages and practices) : "(1) The parties are bound by any usage to which they have agreed and by any practices which they have established between themselves. (2) The parties are bound by a usage that is widely known to and regularly observed in international trade by parties in the particular trade concerned except where the application of such a usage would be unreasonable."

21) PECL, Art. 1:105(usages and practices) : "(1) The parties are bound by any usage to which they have agreed and by any practice they have established between themselves. (2) The parties are bound by a usage which would be considered generally applicable by persons in the same situation as the parties, except where the application of such usage would be unreasonable."

가 다른 까닭에, 양자가 실제로 국제상거래에 있어 충돌하는 일은 없을 것이다. 왜냐하면 **PECL**은 EU 역내 회원국 간에 이용될 목적으로 제정된 것으로서 지역적 범위에 국한하여 적용되고, 반면에 **PICC**는 국제상거래에 있어 적어도 일방당사자가 역외 비회원국인 경우 적용법규가 될 것이기 때문이다. 따라서 EU 입법기관 또는 사법기관이 공동체법을 기초하거나 해석할 경우에 **PICC**가 아닌 **PECL**을 기준으로 선택할 것이 자명할 것으로, 이는 각 회원국 의회와 분쟁해결을 위한 법원에 있어서도 그 결과는 동일할 것임을 시사한다.

(4) 정형거래조건의 해석에 관한 국제규칙

가. 의의

국제상거래에서 당사자 간 계약내용에 상거래조건을 수용하고자 하는 경우 국가나 지역별로 상관습과 법체계가 서로 상이하여 그 해석과 적용에 있어 상당한 문제가 끊임없이 야기되었다. 이에 **국제상업회의소**(國際商業會議所, International Chamber of Commerce, ICC)는, 이러한 문제점을 극복하고자, **정형거래조건의 해석에 관한 국제규칙**(International Rules for the Interpretation of Trade Terms)을 제정・공표하였다. 본 규칙은 무역조건의 해석에 관한 국제표준규칙으로서, **Incoterms**(INternational COmmercial TERMS)라는 표현으로 사용되고 있다.

Incoterms의 목적은, 무역에 가장 보편적으로 사용되는 정형거래조건의 해석에 관한 일련의 통일된 국제규칙을 제공하는데 있다. 이를 통해 국가 간에 그러한 거래조건에 관하여 상이한 해석으로 인한 불확실성을 제거하거나 또는 적어도 상당한 정도로 감소시키고자 하는 바에 본연의 목적을 두고 있다.

통상 계약당사자들은 그들 각자의 국가에서의 상이한 무역관습을 알지 못하는 것이 상례인데, 이로 인하여 시간과 금전상의 낭비를 초래할 수 있을 뿐만 아니라, 때로는 당사자 간에 오해・분쟁 및 소송이 야기될 수 있는 개연성이 짙다. 이러한 문제들을 해소하기 위하여, **ICC**는 1936년에 최초로 **정형거래조건의 해석에 관한 국제규칙**을 공표하였다. 이후 시의적으로 변모하는 무역에서의 상관습과 일치시키기 위하여, 1953년, 1967년, 1980년, 1990년, 2000년, 2010년 그리고 현재 2020년 **Incoterms**에 이르기까지 지속적 개정과 추보의 과정을 거쳐 왔다.

나. 적용범위

Incoterms는 매매계약에 따른 매도인과 매수인 간의 권리와 의무만을 다루고 있는데, 이는 단지 일부의 매우 특별한 측면에서 그러하다. 이를테면 **수출상**[매도인(賣渡人, seller)]과 **수입상**[매수인(買受人, buyer)]이 국제물품매매를 이행하기 위해 필요로 하는 다양한 계약 사이의 실제적인 관계를 고려하는 것이 필수적이지만, **Incoterms**는 단지 이들 계약 중의 하나, 곧 매매계약에만 관계되어 있다.

Incoterms는 매도인이 물품을 매수인의 임의처분에 두거나 또는 운송을 위하여 이를 교부하거나 또는 목적지에서 이를 인도할 의무와 같은, 당사자에게 부과되는 다수의 특정된 의무를 다루고 있으며, 또 이러한 경우에 당사자 간의 위험분담을 다루고 있다. 나아가 **Incoterms**는 물품의 수출과 수입통관의 의무, 물품의 포장, 매수인의 인도수령의무 뿐만 아니라 각각의 의무를 정히 이행하였다는 증거제공의 의무 등을 다루고 있다.

Incoterms는 매매계약의 이행을 위하여 극히 중요한 것임에도 불구하고 매매계약에서 발생할 수 있는 일련의 문제들, 예컨대 소유권과 그 밖의 재산권의 이전 및 계약위반과 그러한 위반으로부터 야기되는 결과뿐만 아니라 일정한 사정 하에서 의무의 면제 등과 관련한 문제 등은 다루지 않고 있다.

Incoterms는 계약위반의 결과와 다양한 장애요인으로 인한 그 어떠한 의무의 면제를 다루지 않고 있는데, 이러한 문제들은 매매계약상 다른 규정과 준거법에 의해 해결하여야 한다. 곧 **Incoterms**는 항상 국가의 **법역**(法域, legal territory)을 넘어 물품이 인도되도록 매각되는 경우, 즉 국제상거래조건에의 이용을 추구하고 있다. **Incoterms**의 범위는 매각된 물품의 인도에 관하여 매매계약당사자의 권리·의무와 이와 관련된 문제로 제한된다. 그 내용을 요약하면 다음과 같다.

①**Incoterms**가 매매계약이 아닌 운송계약(運送契約, contract of carriage)에 적용되는 것으로 오인되는 경우가 있다. 곧 **Incoterms**는 매매계약에서의 매수인과 매도인 사이의 권리와 의무만을 규정하고 있다.

②**Incoterms**는 당사자가 매매계약에 포함하기를 원하는, 이를테면 모든 권리와 의무를 규정하고 있는 것으로 잘못 이해하고도 있다. 그렇지만 **Incoterms**는 매도인과 매수인이 국제매매거래를 이행하기 위해 필요한, 예컨대 매매계약·운송계약·보험계약·환계약 중에서 오직 매매계약에만 관련이 있다. 그러나 **Incoterms**상 제반조건은 필연적으로 그 밖의 계약과 밀접한 관계를 갖게 된다.

③**Incoterms**는 계약의 유효성이나 계약위반에 관한 구제까지 다루고 있다는 오해를 할 수 있다. 그러나 **Incoterms**는 물품의 수출·입 통관의무, 물품의 포장, 매수인의 물품수령의무 그리고 각각의 의무가 적절하게 완료되었다는 증거를 제공해

야 할 의무를 다루고 있다. 비록 **Incoterms**가 매매계약의 이행을 위해 매우 중요한 것일지라도 소유권 또는 재산권의 이전, 계약위반 그리고 그러한 위반으로부터 일어나는 결과와 책임의 면제 등 계약에서 야기될 수 있는 문제들은 다루고 있지 않다.

④**Incoterms**는 표준계약조건의 편입 또는 개별적으로 합의된 조건에 의해 완전한 매매계약을 위해 요구되는 계약조건의 대체를 의도하고 있는 것은 아니라는 사실을 주지해야 하는데, 이러한 문제들은 매매계약상 다른 규정과 그 밖의 적용가능한 법을 통해 해결하여야 한다. **Incoterms**의 개별조건에 관해서는 후술한다.

국제통일법규범 (무역계약)

2) 무역운송

(1) 선하증권에 관한 법규의 통일을 위한 국제협약

선하증권에 관한 법규의 통일을 위한 국제협약[International Convention for the Unification of Certain Rules of Low Relation to Bills of Lading, Hague Rules (1924)]은 해상운송에 관한 국제적 통일을 기하고, 선주와 화주 간 이해관계의 충돌을 피하기 위해 1921년 전체 해운국의 선주·화주·은행 및 보험 회사의 대표자가 참석한 헤이그 회의에서 채택된 협약을 말한다.

그 내용은 운송인 및 사용인의 상업과실(商業過失, errors of cargo handling and custody)[22]에 대해서 면책 및 책임제한의 내용을 선하증권에 기재하는 것을 금지하

22) 상업과실은 해상보험에서 운송인이 화물의 선적과 적부·운송·보관·양하 등을 잘못 행한 것에 기인

는 한편, 선장 및 **도선사**(導船士, pilot)의 **항해과실**(航海過失, errors of navigation and management of ship)[23]에 대해서는 당연히 면책되는 것으로 두고 있다.

동 규칙에서는 운송인의 중요한 의무로, ①선박에 감항능력을 지니게 할 것, ②선박에 적당한 선원을 승선시키고, ③의장을 갖추고, ④저장품을 보급할 것, ⑤본선의 선창, 냉장실 및 냉기실, 그 밖의 운송물을 수령하여 보관하고 운송하는데 적당하고 안전하게 할 것 등을 규정하고 있다. 한편 선하증권에 기재할 사항으로는 **주화인**(貨印, shipping mark)[24], 각각의 경우에 따라서 송화인이 제출한 포장화물의 개수, 수량이나 무게, 화물의 외관상태 등을 규정하고 있다.

동 규칙에 법적 효력이 부여되어야 하는 이유는, 운송인이 자기를 보호하는 약관을 삽입하여 운송계약상 운송인의 책임을 면하려는 경향이 강해지는 경향을 방지하고, 운송계약의 이해당사자, 예컨대 선주・송화인・수화인・은행 및 보험회사 등이 각각 국적을 달리할 수 있다는 사실을 감안하여 해상운송조건은 국제적으로 채용된 규칙에 준거할 필요가 있다는 것을 들고 있다. 다만 동 규칙은 용선계약에는 적용되지 않으나, 만약 용선계약서에 의하여 용선된 선박에 선하증권이 발행되어 당해 선하증권이나 그와 비슷한 **권리증권**(權利證券, document of title)이 운송인과 증권 소

하여 발생한 **과실**을 말한다. 면책약관 중 **일반면책과실조항**(negligence clause)의 하나로 항해과실에 상대되는 개념이다. **항해과실**은 선장이나 선원・도선사 또는 선박회사의 사용인에 의한 선박의 조종 등 일체의 기술상의 행위에 관한 과실을 말한다. 1924년 제정된 헤이그규칙에 따라 운송인의 책임은 화물의 선적 시부터 양하 시까지이므로 면책약관이 있더라도 운송인의 책임에 해당되는 과실이다. 이를 **선사과실책임주의**라고 한다. 이에 비하여 **항해과실**은 면책약관에 의거하여 운송인의 책임이 면제된다. 우리나라에서는 운송물에 관한 주의의무에서 운송인이 주의를 해태하지 않았다는 것을 증명하면 운송물의 멸실이나 훼손, 또는 연착으로 인한 손해에 대한 책임이 없다고 규정하고 있다(상, 제788조).

23) **항해과실은 항해 또는 선박의 취급에 있어서 선장・선원・도선사 등 사용인의 태만 또는 과실, 즉 항해기술상의 과실**을 말한다. 오늘날 대부분의 선하증권은 **항해과실**에 대해서는 선주의 면책사항으로 하고 있다. 따라서 **항해과실**로 인한 적화의 손해에 대해 운송인은 책임을 지지 아니한다. **항해과실**을 법적 면책사유로 한 이유는 항해에 관한 사고가 선박의 조종에 관한 것으로서 운송인이 직접 간섭할 수가 없는 전문적・기술적인 분야에 속하고, 선장 및 그 밖의 해상사용인의 경미한 과실로서도 선박의 충돌과 같이 막대한 손해가 생기기 때문이다. 이러한 경우 운송인의 책임을 인정한다고 하더라도 해상운송인의 과실에 대해서는 별도로 해양안전심판법에 의하여 해기면허의 취소・자격정지・견책・경고 등의 징계처분을 받게 되고, 경우에 따라서는 형사법에 의하여 처벌을 받게 된다.

24) **화인**은 수출화물의 포장에 다른 화물과 쉽게 구별할 수 있도록 하는 표시를 말한다. 특정의 기호・번호・목적지・취급주의 문구 등으로 표시하는데, 그 내용은, ①**주화인**, ②**부화인**, ③**품질표시**, ④**중량표시**, ⑤**목적항표시**, ⑥**화물의 일련번호**, ⑦**원산지 표시**, ⑧**주의사항**, ⑨**그 밖의 사항** 등이 있다. 이는 선하증권과 송장 등에 표시된 내용과 일치해야 하며, 만약 잘못된 표시로 인하여 사고가 발생하면 매도인이 그 책임을 부담하여야 한다. **주화인**은 화물을 쉽게 구별하기 위한 기호로서 삼각형, 마름모꼴, 타원형 등의 도형 안에 수입상호의 약자 등을 써 넣는다. 문자나 숫자만으로 된 경우도 있다.

지인의 관계를 규율하는 경우 그 순간부터 당해 선하증권도 동 규칙에 따른다.

Hague Rules(1924)의 특징을 일괄하면, 운송인 및 사용인의 상업과실에 대해서 면책 및 책임제한의 내용을 선하증권에 기재하는 것을 금지하는 한편, 선장 및 도선사의 항해과실에 대해서는 당연히 면책되는 것으로 인정하고 있다는 것이다. 곧 운송인의 과실을 **항해과실**과 **상업과실**로 구분하고 **상업과실 및 선박의 감항성**(堪航性, seaworthiness)[25] **확보의무에 관해서는 운송인의 책임**으로, 달리 **항해과실에 대해서는 운송인의 면책**으로 하고 있다.

또한 항해과실을 포함하여 운송인의 면책사유를 열거하고, 이 경우 달리 화주의 반증(反證, counterevidence)이 없는 때에는 원칙적으로 면책되고, 이외의 운송인의 책임을 감면하는 조항을 삽입하여도 운송인은 그 책임을 면치 못하며, 보험의 이익을 운송인에게 양도하는 조항 또는 이와 유사한 모든 조항은 면책약관과 같이 무효로 하지만, 선하증권의 약관에 운송인의 책임을 증가시킬 수는 있도록 하고 있다.

Hague Rules(1924)은 운송인의 최소한의 의무, 최대한의 면책 및 책임한도를 명확하게 한 것이라고 할 수 있다. 아울러 송화인이 물품의 포장 및 단위를 선적 전에 통지하여 선하증권에 기재되어 있는 경우를 제외하고 운송인의 책임에 대한 보상의 최저액을 정하여 이해의 조화를 도모하고 있다. 참고로 미국은 1936년 **Hague Rules**(1924)을 국내 입법화하여 **해상물품운송법**[Carriage of Goods by Sea Act (1936), USA COGSA]을 마련해 두고 있다.

(2) 선하증권의 국제통일협약에 관한 개정의정서

Hague Rules(1924)이 채택된 이후 그간 국제해상물품의 운송은 눈부시게 발전하였고, 그와 동시에 **Hague Rules**(1924)은 국제해상물품운송에 완전히 정착되었다. 그러나 다른 한편 컨테이너 운송의 출현, 인플레이션으로 인한 통화가치의 큰 변동 등으로 **Hague Rules**(1924)의 일부는 시대의 요청에 부응하지 못하게 되었다.

이러한 사정으로 1968년 **Hague Rules**(1924)의 일부를 개정하는 규칙이 성립되었는데, 이를 **Hague-Visby Rules**(1968)이라고 한다. 공식명칭은 **선하증권의 국제통일협약에 관한 개정의정서**(Protocol to Amend the International Convention for the

---

25) **감항성**은 선체・기관・속구를 완비하고, 적정한 승무원을 승선시키며, 충분한 연료・식료・청수들을 보급하여 선박의 항해를 유지할 수 있는 능력을 말한다. 선사가 **감항성**을 담보하는 시기는 발항당시이고, 그 내용에는 적화에 대한 **감항성**, 선박에 대한 **감항성** 등이 있다.

Unification of Certain Rules of Law relating to Bills of Lading)이다. **Hague-Visby Rules**(1968)은 1924년 규칙의 일부가 수정되거나 새로운 내용이 추가되었는데 그 주요한 특징을 열거하면 다음과 같다.

①**Hague Rules**(1924)은 체약국에서 발행된 선하증권에 적용한다고 규정되어 있으나, **Hague-Visby Rules**(1968)에는 선하증권이 체약국에서 발행된 경우 운송이 체약국의 항으로부터 개시된 경우와 선하증권에 규칙의 규정 또는 규칙의 규정을 국내입법화하고 있는 국가의 법률에 의하여 해당 운송계약관계가 규율된다고 규정되어 적용범위가 현저히 확대되었다.

②**Hague-Visby Rules**(1968)은 선하증권의 유통성을 강화하기 위하여 **Hague Rules**(1924)상의 추정적 증거력의 원칙에 추가하여 선의의 선하증권 소지인에 대한 관계에서는 선하증권기재의 절대적 증거력을 부여하고 있다.

③**Hague Rules**(1924)은 운송인의 책임에 관하여 선하증권에 가액의 기재가 없는 경우 포장 또는 단위에 대해 영국화 100파운드 또는 그 밖의 통화인 경우 이와 동액을 한도로 하는 유한책임을 인정하고, 그 파운드가 어떠한 내용의 금화인가에 관하여는 규정하지 않고, 또 각국이 100파운드를 자국의 통화로 환산하는 시기에 관하여도 규정하고 있지 않다. 따라서 이 규칙을 채택한 각국 간에 운송인의 책임한도액이 통일되지 않았다. 당해 문제를 해결하기 위해 **Hague-Visby Rules**(1968)은 포장·단위당 10,000프랑[Frcs.]과 화물의 총중량 kg당 30프랑의 총액 가운데 많은 금액을 운송인의 책임한도액으로 하는 새로운 규정을 두었다. 손해의 총액은 계약에 따라 화물의 양륙장소 및 일시를 기준으로, 화물가액은 **물품거래소의 가격**(commodity exchange price), 그것이 없는 경우 **당시 시장가격**(current market price), 그것도 없는 경우 **통상가액**(normal value)을 기준으로 한다고 규정하였다. 또한 개정의정서에는 포장·단위기준의 적용과 관련하여 컨테이너·팔레트 또는 이와 유사한 운송용구에 포함된 화물에 관하여 **컨테이너 조항**(container clause)을 신설하고 있다.

④운송인의 책임에 관한 항변과 책임제한 등의 이익을 불법행위(不法行爲, illegal act, tort)를 이유로 한 소송에서 주장할 수 있게 하고, 또 운송인의 대리인·사용인 등 이행보조자도 이를 원용할 수 있는 규정과 제소기간에 관한 규칙을 신설하였다.

(3) 해상화물운송에 관한 UN 협약

해상화물운송에 관한 UN 협약[United Nations Convention on the Carriage of Goods by Sea, Hamburg Rules (1978)]은 1967년 **UN 무역개발회의**(United Nations Conference on Trade and Development, UNCTAD)에서 개발도상국들에 의하여 앞선 선하증권협약의 개정문제가 처음으로 제기되었는데, 이에 UNCTAD가 **국제무역법위원회**(UNCITRAL)에 권고함으로써 UNCITRAL의 주관 아래 개정작업이 추진되어, 1978년 함부르크에서 개최된 UN 대표회의에서 채택되었다.

Hamburg Rules(1978)은 새로운 제정형식을 취하고 있으나, 실제로는 운송인과 화주 간의 위험분배에 관한 **Hague-Visby Rules**(1968)을 일부 변경한 개정 협약이다. 곧 **Hamburg Rules**(1978)은 **Hague-Visby Rules**(1968)가 주로 선진국의 이익을 대변했다는 개도국 주장이 수용되어 제정된 협약이라고 할 수 있다.

Hamburg Rules(1978)은 운송인의 책임이 대폭적으로 강화되고 화주의 권리가 신장된 선하증권 관련 국제규칙으로써 현재 국제적으로 발효하고는 있으나, 본 협약을 채택하고 있는 국가가 화주국 위주의 저개발국가를 중심으로 구성되어 있기 때문에 그다지 국제운송 관련 국제규칙으로서 실효성이 담보되어 있지 않은 상황이다. 다만 본 협약을 채택한 국가와 무역[운송(運送)]에 임하게 되는 경우에는 직·간접으로 영향을 받을 수도 있음을 참고하여야 한다.

Hague-Visby Rules(1968)과 **Hamburg Rules**(1978)의 차이점은 운송인의 면책조항 삭제와 책임한도액의 상향조정이라고 할 수 있다. 일괄하면 다음과 같다.

①선박의 감항성에 관한 주의의무로서 **Hague-Visby Rules**(1968)에서는 운송인이 부담하는 기본적 의무의 하나로서 선박의 감항성에 관한 주의의무가 규정되어 있으나, **Hamburg Rules**(1978)에서는 이를 삭제하고, 달리 물품이 **Hamburg Rules**(1978)에 규정된 운송인의 관리 하에 있는 사이에 물품의 멸실·손상 또는 인도지연을 원인으로 된 사고가 발생한 때는 운송인이 그 멸실·손상 또는 인도지연에 의해 발생한 손해에 관하여 책임을 부담하나, 다만 운송인이 자신 및 그 사용인 또는 대리인이 그러한 사고 및 그 결과를 방지하기 위해 합리적으로 요구되는 조치를 취한 것을 증명한 때에는 그렇지 아니하다는 규정을 존치하여 두고 있다. 따라서 **Hamburg Rules**(1978)은 과실책임의 원칙(過失責任原則, principle of liability with fault)[26]을 표명하고 선박의 감항성에 관한 규정이 없어도 불내항에 의해 손해가 발

26) 과실책임의 원칙은 계약위반·채무불이행·불법행위 등의 위법행위로 타인에게 손해를 끼쳤더라도 행위자에게 고의 또는 과실이 없으면, 손해배상책임을 묻지 않는다는 원칙을 말한다. 따라서 이 경우 손해배상책임의 발생원인은 계약위반(또는 불이행)과 불법행위가 된다. 사람이 사적자치의 원칙(私的自治原則, private ownership system) 아래 자유경쟁을 통해 저마다의 창의성을 발휘하여 사회생활에 임하도록 함으로써, 자신의 이익은 물론이고 사회 전체의 번영을 가져오도록 하는 것에 법의 주된 목적이 있다고 할 때, 이 과정에서 타인에게 손해를 끼치는 일이 있을 수 있다. 이에 법이 일일이 간섭하여 때마다 손

생한 때에는 이 일반원칙을 적용할 수 있도록 규정하고 있다. 요컨대 **Hamburg Rules**(1978)은 항해 전 및 항해 개시 시에 감항성에 대한 상당한 의무를 다하는 것만으로 만족하지 않고 물품이 운송인 관리 하에 있는 동안에는 운송인이 감항성에 관한 주의의무를 다하지 않으면 안 된다.

②**Hague-Visby Rules**(1968)에서는 운송인의 상업과실을 강행법적으로 규정하고 있는 반면에 과실책임주의의 예외로서 항해과실을 운송인의 면책으로 규정하고 있으나, **Hamburg Rules**(1978)에서는 운송인의 책임으로 규정하고 있다. 이는 곧 항해과실 면책의 폐지를 의미한다.

③**Hague-Visby Rules**(1968)하에서 실질적으로 면책되었던 선박에서의 화재가 **Hamburg Rules**(1978)에서는 면책되고 있지 않다. 따라서 화재의 책임에 관해서도 운송인의 책임에 관한 일반원칙에 따르게 된다. 다만 화재가 운송인 측의 과실 또는 부주의로 발생한 경우에 진화 및 화재의 결과의 방지 또는 완화를 위하여 합리적으로 요구되는 모든 조치를 취한 경우 운송인 측에 과실 또는 부주의가 있었다는 것을 배상청구자가 증명해야 한다.

④**Hague-Visby Rules**(1968)의 면책리스트가 폐지되고, **Hamburg Rules**(1978)에서는 운송인 책임의 일반원칙에 의해 규율하고 있다.

⑤**Hague-Visby Rules**(1968)에서는 지연손해에 관하여 명문의 규정이 없었기 때문에 지연으로 야기된 화물의 변질과 같은 물리적 손해에 관해서는 이를 화물의 취급에 대한 주의의무를 규정한 **Hague-Visby Rules**(1968)에 의하여 배상받을 수 있었으나, 시장가격의 하락과 같은 간접손해에 대해서는 명백하지 못하여 각국은 이를 국내법에서 명시하는 나라들도 있었다. 따라서 이러한 불명료한 점을 시정하고 또한 도로·철도·항공 등 다른 운송수단에 의한 국제운송에서도 모두 인도지연에 관한 규정을 두고 있는 것을 고려하여 **Hamburg Rules**(1978)에서는 인도지연을 운송인의 책임으로 규정하고 그 의미에 관해서도 별도의 규정을 두고 있다. 즉 인도지연은 화물이 명시된 기간 내에 또는 그러한 합의가 없는 경우에는 당해 사안의 사정을 고려하여 성실한 운송인에게 요구되는 상당한 기간 내에 양륙항에 인도되지

해배상을 묻는다면, 개인의 자유로운 활동은 위축되고 나아가 사회발전을 저해하게 된다. 따라서 행위자에게 고의 또는 과실이 있는 경우에만 피해자의 손해를 배상하게 하는 것이 바람직하다는 취지에서 **과실책임의 원칙**이 인정되고 있다. 여기서 **과실책임의 원칙**은 사적자치의 원칙이 개인의 의사에 의한 적극적 활동, 곧 자기실현의 면에서 **계약자유의 원칙**(契約自由原則, principle of freedom of contract)으로 기능하는 것인데 대하여, 그 소극적인 제재로서 자기책임으로 나타나는 것이라고 할 수 있다. 이에 **과실책임의 원칙**은 **자기책임의 원칙**(自己責任原則, principle of one's own responsibility)이라고 칭한다.

않은 때 생긴다고 규정하고 있다. 나아가 상당한 기간 경과 후 60일 이내에 인도가 되지 않는 경우에 화주는 그 화물이 멸실된 것으로 취급할 수 있도록 하고 있다.

(4) 전자식 선하증권에 관한 CMI 규칙

국제해사위원회(Comité Maritime International, CMI)에서 제정한 **전자식 선하증권에 관한 CMI 규칙**[CMI Rules for electronic bills of lading, CMI Rules(1990)]은 거래당사자가 이 규칙에 따라 거래할 것을 합의한 경우에만 적용되는 임의규칙이다.

CMI Rules(1990)은 자료전송에 따른 당사자의 행위규범으로 **국제상업회의소**(ICC)가 제정한 **전송에 의한 무역자료 교환에 대한 통일규칙**(Uniform Rules of Conduct for Interchange of Trade Data by Teletransmission, UNCID)[27]을 따르며, **전자식 선하증권**(電子式船荷證券, electronic bill of lading, e-B/L)은 종이식 선하증권이 포함한 것과 동일한 내용을 포함하고 기존에 선하증권의 점유로 가능했던 물품의 청구·처분·이전을 유효한 개인키를 가짐으로써 대신할 수 있도록 하였다.

CMI Rules(1990)은 **e-B/L**을 전제한 법적 문제 및 기술방안을 규정한 것으로 종전에 문제가 되었던 권리증권성의 전자화에 명확한 입장을 취하고 있으며, **전자문서**(電子文書, data message) 중 그 구현이 어려운 **e-B/L**의 실용에 있어 이후 제정된 많은 규칙과 국내입법을 선도한 중요한 국제규칙으로 평가 받고 있다.

CMI Rules(1990)은 총 11개 조문으로 순서에 따라 보면, **적용범위**(scope of application, 제1조), **정의**(definitions, 제2조), **절차규칙**(rules of procedure, 제3조), **수령메시지 형식과 내용**(form and content of the receipt message, 제4조), **운송계약조건**(terms and conditions of the contract of carriage, 제5조), **적용법규**(applicable law, 제6조), **지배 및 이전권**(right of control and transfer, 제7조), **개인 키**(the private key, 제8조), **인도**(delivery, 제9조), **서면형식의 문서를 선택할 권리**(option to receive a paper document, 제10조), **전자식 자료의 서면성**(electronic data is equivalent to writing, 제11조) 등이다.

---

27) **국제상업회의소**(ICC)는 컴퓨터를 이용한 무역자료교환을 촉진하기 위해 **국제무역법위원회**(UNCITRAL)와 공동으로 UNCID(1988)를 제정하였다. UNCID는 전자교환에 참여하는 당사자 간에 동의된 행위규범을 확립하고 전자무역자료교환의 사용·촉진에 기여함에 목적을 두었다. UNCID는 ①전자문서의 내용이 아닌 교환에만 적용되며, ②전자문서의 보안, ③검증·확인, ④전자문서의 전달, ⑤당사자 진정성 확인, ⑥전자문서의 기록·저장 등 제반 문제를 다루고 있다. 그러나 UNCID는 사용자의 서로 다른 요구에 의해 **전자자료교환**(electronic data interchange, EDI)의 국제표준으로는 수용되지 못하였다. 다만 각국의 기존 법률이 EDI를 수용하거나 EDI 관련한 법률을 제정하는 경우 가교역할을 담당하는 것에 불과하였다.

(5) 전부 · 일부 해상운송에 의한 UN 국제물건운송계약에 관한 협약

현재 대부분의 국가는 **Hague Rules**(1924), **Hague-Visby Rules**(1968), **Hamburg Rules**(1978) 등 3개 해상운송조약 중 어느 하나를 택일적으로 수용하거나, 또는 이를 절충·결합한 입법을 취하고 있다. 선진해운국은 대개의 경우 **Hague-Visby Rules**(1968)을 수용하고 있으나, 예컨대 미국의 **해상물건운송법**(Carriage of Goods by Sea Act, US COGSA)은 아직도 **Hague Rules**(1924)에 입각한 법제이고, 비록 세계무역상의 해상운송에서 차지하는 비중은 극히 낮다고 하더라도 아프리카·중남미 국가는 **Hamburg Rules**(1978)을 수용하고 있다. 또한 북유럽 국가·중국·호주·캐나다 등은 **Hague-Visby Rules**(1968)과 **Hamburg Rules**(1978)의 요소를 가미한 입법체제를 취하고 있다. 우리 해상법도 널리 이러한 부류에 속한다.

그런데 **Hague Rules**(1924)이 선하증권상 운송인 면책약관의 규제에서 출발한 연혁적 사정과 관련하여, **Hague Rules**(1924), **Hague-Visby Rules**(1968)의 규율대상인 법률관계가 운송물의 손해에 관한 운송인의 배상책임이 위주이고, 선하증권과 송화인 측의 책임문제는 부수적으로 취급되고 있어, 이에 **Hamburg Rules**(1978)에서는 해상운송관계를 널리 포괄적으로 다루고자 노력한 면이 있기는 하지만, 그 기조가 **Hague Rules**(1924)의 경우와는 획기적으로 달라진 것이라고는 할 수 없다.

한편 이러한 기존의 해상운송관계의 법체제가 국제적으로 다양화·분권화하고 있을 뿐만 아니라, 규율대상도 현대의 국제적 해상운송관계 또는 물류현상의 일부의 측면으로 한정되고 있다는 시각에서, **Hamburg Rules**(1978)이 성립된 이래 실제 운송수요의 일부에 지나지 않는 종래 **항구에서 항구까지**(port to port)를 넘어 **문전에서 문전까지**(door to door)의 복합운송의 필요성이 부각되었다. 그리고 해상운송의 경우 필수적으로 관여하는 항구에서 운송물 취급·보관에 관한 사항도 이에 부수하였다. 또한 선하증권 이외의 운송서류 또는 운송증권으로서 근래 종이형식의 선하증권에 갈음하는 이른바 **전자식 선하증권**에 관해서도 적정한 규율의 필요성이 대두되었다.

이러한 사정에서, **UNCITRAL** 주도하에 새로운 국제해상운송법의 통일문제를 검토하였는데, 그 결과로 성안된 입법이, 곧 **전부·일부 해상운송에 의한 UN 국제물건운송계약에 관한 협약**[United Nations Convention on Contracts for the International Carriage of Goods Wholly or Partly by Sea, Rotterdam Rules (2008)]이다.

Rotterdam Rules(2008)은 현재 서명국이 21개국에 이르고 있는데, 다만 우리나라를 포함하여 전통적인 해운강국인 영국・독일・일본・중국・러시아 등은 서명을 보류한 상태이다. **Rotterdam Rules**이 가까운 장래 세계 유력국의 참여로 소기의 보편적인 해상운송 관계 내지 해상운송을 포함한 복합운송관계의 국제조약으로서 그 견실한 지위를 점할지는 좀 더 지켜보아야 할 것이다.

Rotterdam Rules은 ①운송물의 **수령지**(place of receipt)와 **인도지**(place of delivery)가 서로 다른 소재해 있고, 또한 그 운송의 선적항도 서로 다른 나라에 있으며, ②이들 수령지・선적항・인도지・양륙항 중의 어느 하나가 **체약국**(締約國, contracting state)에 있는 운송계약에 적용되며, 선박・운송인・이행당사자・송화인・수화인 또는 그 밖의 이해당사자의 국적은 묻지 않고 있다.

국제통일법규범 (무역운송)

The Hague-Visby Rules

The Hamburg Rules

UNCTAD

3) 무역보험

(1) 영국 해상보험법

보험은 공공성이 강한 사업으로 국민경제에 미치는 영향이 지대하기 때문에 엄격한 행정감독이 시행되고 있으며, 이에 관하여 대부분의 국가는 자국의 상법 및 보험법과 이에 따른 부속법령을 존치해두고 있다. 이들 법령은 보험사업을 효율적으로 지도・감독하고, 보험계약자, 피보험자, 그 밖의 이해관계인의 권익을 보호하여 보험사업의 건전한 육성과 국민경제의 균형적 발전에 기여함을 목적에 두고 있다.

특히 해상보험은 국제성이 가장 강한 보험종목으로 해상보험약관에 준거법약관을 삽입하여 영국의 법과 관습을 따르도록 규정한 준거법을 각 국가에서 채택하고 있기 때문에 우리나라 상법과 함께 영국 해상보험법 그리고 공동해손(共同海損, general average)에 관한 국제규칙인 **요크-앤트워프 규칙**[York-Antwerp Rules, YAR(1994)]에 관한 이해를 필요로 하고 있다.

영국의 경우 해상보험에 관한 법은 1906년 영국 **해상보험법**[Marine Insurance Act, MIA(1906)]이 제정되기까지는 대부분이 관습법(慣習法, common law)으로 산재되어 있었다. 이러한 당시의 불문법을 수정하지 않고 가능한 정확히 성문법으로 재현하려는 취지에서 성안된 법률이, 곧 **MIA**(1906)이다.

MIA는 비록 영국의 국내법이긴 하지만, 현재 대부분의 국가에서 영문 **해상보험증권**(海上保險證券, marine insurance policy)에 준거법 약관을 삽입하여 사용하고 있는 경우가 많으므로 **MIA**은 무역거래와 해운운송의 준거법으로 널리 채택되고 있다. **MIA**는 총 94개조로 구성되어 있다.

(2) 협회적화약관

1912년 **런던보험업자협회**(Institute of London Underwriters, ILU)가 채택한 적화보험약관이다. 줄여서 **협회약관** 또는 **협회적화보험약관**이라고도 하며, 통상의 경우 **Institute Cargo Clause**의 머리글자를 따서 **ICC 약관**이라고도 한다. 1982년을 기준으로 이전의 약관을 ①**구약관**, 이후의 약관을 ②**신약관**이라고 한다.

여기서 ②는 ①의 **전위험담보**(全危險擔保, all risk, A/R) · **분손담보**(分損擔保, with average, W/A) · **분손부담보**(分損不擔保, free from particular average, FPA)를 **ICC (A) · ICC (B) · ICC (C)**로 표시하여 명칭을 간소화하고 내용도 획일성을 갖추었다. 그러나 보험자의 보상범위나 그 밖의 담보에 대한 근본적인 조항은 거의 변동이 없다.

ICC (B)와 **ICC (C)**는 **ICC (A)**에 비하여 부보하지 않는 위험이 많으므로, 화물의 종류에 따라서 부가위험을 특약으로 약정해야 한다. 부가위험으로는 도난 · 발화 · 갑판유실 · 좌초 · 침몰 · 화재 · 충돌 등이 있으며, 추가보험료를 지급하고 부보해야 이들 위험에 의한 손해를 담보할 수 있다.

ICC (A)는 일부 면책위험을 제외한 모든 위험을 담보하는 조건으로서, ①현실전손(現實全損, actual total loss)과 ②추정전손(推定全損, constructive or presumed total loss)으로 구분할 수 있다. 우선 ①은 보험의 목적물이 멸실 또는 손상되거나 부보된 물건이 존재할 수 없을 만큼 심하게 손상을 입은 경우이며, 피보험자가 보험의 목적을 상실하여 회복할 수 없을 경우가 이에 해당한다.

②는 달리 **해석전손**이라고도 하며, 화물이나 선박이 손실 또는 손상되어 수리비용이 회복 후의 가액을 초과하는 경우로서, 예컨대 선박 또는 화물의 점유를 상실하여 회복할 가능성이 없는 경우 등도 해당된다.

ICC (A)는 보험자가 모든 해상위험을 포괄적으로 담보하는 조건이므로, 곧 면책되는 손해를 제외한 일체의 위험을 담보하므로 해상위험여부만 판단하면 되는 조건으로 이 경우 담보위험은 검토할 필요가 없다. 다만 ①보험계약자・피보험자의 고의, ②중과실에 의한 손해, ③화물의 자연소모, ④고유의 하자 또는 성질에 의한 손해, ⑤포장불완전에 의한 손해, ⑥운송지연에 의한 손해 등은 보험자 면책사유가 된다.

ICC (B)는 전손과 공동해손을 담보하고 본선 및 부선의 침몰・좌초・충돌・화재로 인하여 발생한 단독해손을 담보하며 선적・환적・양륙작업 중 추락으로 인하여 발생한 손해를 담보한다. 화재・폭발・충돌 및 운송용구와의 접촉에 의한 손해를 담보하며 피난항에서의 화물 하역과 상당인과관계의 단속해손을 담보한다. 또한 손해방지비용・구조비・특별비용 등의 비용손해를 담보하고 지진・화산・갑판유실・보관장소의 강물유입・낙하・추락 등에 의한 손해를 담보한다.

ICC (C)는 전손과 공동해손을 담보하고 본선 및 부선의 침몰・좌초・충돌・화재로 인하여 발생한 단독해손을 담보하며 선적・환적・양륙작업 중 추락으로 인하여 발생한 손해를 담보한다. 화재・폭발・충돌 및 운송용구와의 접촉에 의한 손해를 담보하며 피난항에서의 화물하역과 상당인과관계의 단속해손을 담보한다. 비용손해의 담보는 ICC (B)와 같다. 그 밖에 이들 조건에도 불구하고 **협회전쟁약관**(協會戰爭約款, institute war clause, IWC)과, **협회동맹파업약관**(協會同盟罷業約款, institute strikes clause, ISC)은 공히 특약에 의해서만 담보가능한 약관이다.

(3) 공동해손에 관한 요크-앤트워프 규칙

공동해손제도(共同海損制度, general average)[28]는 기원전부터 해상운송의 관습으로

---

28) 선박과 적화에 공동의 위험이 발생하였을 경우에 그러한 위험을 제거・경감시키기 위해 선체나 적화를 희생시키거나 필요한 경비를 지출하는 행위를 **공동해손행위**라고 하며, 이에 따른 손해와 경비를 **공동해손**이라고 한다. 이러한 **공동해손**을 분담하도록 하는 것은 공동의 안전을 위한 손해를 공동위험단체를 구성하는 모든 당사자들이 적정한 비율에 따라서 상호 분담하는 것이 합리적이라는 것에 그 근거를 두고 있다. **공동해손**에 관한 국제규칙으로는 YAR(1994)이 있다. 그러나 YAR은 법규가 아니므로 계약서에 YAR에 따른다는 내용이 삽입되어 있어야만 효력이 발생한다. 세계 각국의 해상보험증권과 선하증권에는 대부분 그 약관이 삽입되어 있다. **공동해손**이 성립하려면 선박과 적화에 공통된 위험이 현실적・객관적으로 존재하고 그 위험을 면하기 위한 소극적인 목적이 있어야 한다. 선박 또는 적화에 대한 위험

정착되어 오다가 해상보험의 영역이 확대되면서 오늘날에는 공동해손에 의한 손해까지도 보험자가 보상해 주고 있다. 현재 공동해손이 발생할 경우 이를 정산하는데 기준이 되는 국제규칙은 공동해손에 관한 **요크-앤트워크 규칙**(York-Antwerp Rules, YAR(1994)]이다. **YAR**(1994)에서는 어떠한 경우에도 공동해손의 희생과 비용이 합리적으로 발생하고 지출된 것이 아니면 희생 또는 비용으로 인정하지 아니한다는 최우선규정을 존치해 두고 있다. 그리고 환경손해를 방지하기 위하여 지출된 비용도 공동해손으로 인정하고 있다.

현재 사용되고 있는 **YAR**은 해석규정인 7개의 문자규정과 22개의 숫자규정으로 구성되어 있다. 그리고 공동해손을 정산할 때에는 숫자규정이 우선이지만 숫자규정에 명시되지 아니한 문제는 최우선규정 및 문자규정에 따라서 해결하도록 되어 있다. 그러나 **YAR**은 법령이 아니므로 강제성이 없고 계약서에 **공동해손과 관련되는 사항은 YAR에 따른다**는 별도의 조항이 삽입되어야만 효력이 발생한다. 이에 따라 세계 각국에서 사용하고 있는 해상보험증권과 선하증권에는 대부분 **YAR**에 따른다는 약관을 삽입하고 있다.

YAR의 경우 **공동해손희생손해**(共同海損犧牲損害, general average sacrifice)는 선체·장비·화물 등의 전부 또는 일부를 희생시킴으로써 발생하는 손실을 의미한다. 예컨대 ①적화의 **투하**(投荷, jettison), ②투하로 인한 손상, ③선박의 소화작업, ④기계 및 기관손해, ⑤임의 좌초, ⑥하역작업중 발생하는 손해, ⑦운임의 희생손해 등이고, **공동해손비용손해**(共同海損費用損害, general average expenditure)에는 ①구조비, ②피난항 비용, ③임시수리비, ④자금조달비용 등이다.

한편 **YAR**에서는 공동해손이 되는 희생 및 비용은 각종 분담 이익에 의해 분담되며, 공동해손은 손실 및 분담액에 관하여 항해가 끝나는 때와 장소에 있어서의 가

은 해상보험에서의 손해의 한 유형으로, 좌초·화재·충돌 등의 우발적 사고로 선박·화물에 발생한 상실 또는 손상 중 손해를 입은 화주나 선주가 단독으로 부담하는 **단독해손**(單獨海損, particular average)으로 취급되며, 단지 비현실적·주관적 위험이나 공동이익을 도모하기 위한 적극적 목적은 인정되지 않는다. 선박 또는 적화에 대하여 선장의 정당한 고의적인 비상처분이 있어야 한다. 불가항력에 의한 손해나 선장 이외의 자에 의한 처분은 해당되지 않으며, 비상처분은 작위·부작위, 사실행위·법률행위를 불문하나 이해관계인의 이익에 가장 적합한 방법이어야 한다. 선장의 비상적 처분과 **상당인과관계**(相當因果關係, proximate causal relation, reasonable causation)가 있는 선박 또는 적화에 발생한 일체의 손해나 비용을 포함한다. 또한 처분이 주효하였는가의 여부는 불문하고 처분 후 선박이나 적화가 잔존하여야 한다. **공동해손**이 발생하게 되면 **공동해손** 채무자들이 **공동해손**을 균등하게 분담하게 되는데 이러한 절차를 **공동해손의 정산**이라 한다. **공동해손**의 정산지는 특약이 없는 한 최후 적화의 양륙항이다. 이 경우 **공동해손의 정산**은 늦어도 양륙항에서 운송물을 수화인에게 인도할 때까지는 종료되어야 한다.

격에 따라 정산된다고 규정하고 있다. 따라서 공동해손이 발생하면 **공동해손정산인**에 의해 별도의 규정이 없는 한 양륙항에서 정산이 이루어진다. 정산의 주요 내용은 다음과 같다.

①**공동해손배상액**은 공동의 위험으로부터 벗어나기 위하여 희생된 손해나 지출된 경비로서 실제로 발생한 공동해손의 총액을 말한다. **공동해손배상액**은 ㉠**공동해손희생손해**와, ㉡**공동해손비용손해**로 구분되는데, ㉡는 지출한 금액을 기준으로 하기 때문에 쉽게 배상금액을 결정할 수 있으나, ㉠은 선박・화물・운임 등에 발생한 손해이기 때문에 그 금액을 결정하는데 많은 어려움이 따른다.

②**공동해손분담가액**은 **공동해손배상액**이 결정되면 항해에 관련된 모든 당사자들이 이 손해액을 균등하게 분담해야 하는 때, 적용되는 분담기준이다. **공동해손분담가액**은 항해가 종료되는 시점에서 실제 **순가액**(純價額, actual net value)에 따라 결정된다. 또한 실제 **순가액**에 **공동해손배상액**이 포함되어 있지 않으면 이를 가산한다.

③**공동해손분담금**은 공동해손이 발생했을 경우 각 당사자가 자신의 **공동해손분담가액**에 따라 실제 부담하는 금액을 말한다. **공동해손분담금**을 결정하기 위해서는 먼저 **공동해손분담률**을 구하여야 하는데, 이는 **공동해손배상액**의 **총액**을 **공동해손분담가액**의 총액으로 나눈 것이다. **공동해손분담률**이 산정되면, 이를 각각의 **공동해손분담가액**에 곱하면 각 당사자들이 분담할 **공동해손분담금**이 산출된다.

국제통일법규범 (무역보험)

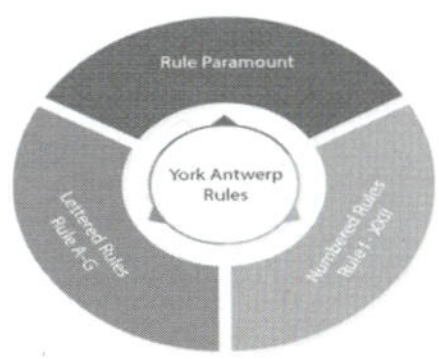

4) 무역결제

(1) 화환신용장 통일규칙 및 관례

신용장(信用狀, letter of credit, L/C)은 국제 간 무역이 활발해진 20세기에 이용이 증대되면서 그 해석에 관한 많은 혼란이 야기되었다. 이는 신용장의 통일성의 결여로 인하여 무역거래에 있어서의 해석과 적용의 차이에서 비롯되었는데 이에 따라 신용장의 통일화된 해석과 거래규칙을 필요로 하게 되었다.

한편 각국은 표준양식의 제정과 규칙을 마련하였지만, 광범위한 무역거래에 이용되기에는 한계가 있었다. 이에 **국제상업회의소**(ICC)에서는 신용장 규칙의 통일에 관한 필요성을 직시하여 **화환신용장에 관한 통일규칙 및 관례**[Uniform Customs and Practice for Commercial Documentary Credits, UCP(600)]로 발표하였다. 이는 그 자체로는 국제협약이나 사법상 구속력은 없지만 일반적인 은행관행으로 널리 통일화에 기여하고 있다. **UCP**(600)은 무역당사자 간의 사적 합의를 보편적 규칙으로 수용한 것으로서 법률과 같이 그 적용에 따른 강제력을 보유하고 있지는 않다. 따라서 **UCP**(600)의 삽입은 신용장 거래에 따른 은행 간의 규칙인 동시에 무역당사자에까지 신용장 거래에 대한 준거로 구속력을 갖게 된다.

(2) 추심에 관한 통일규칙

추심(推尋, collection)에 의한 국제적 결제는 법률과 관습이 서로 다른 국가 간의 관계이므로, 당사자 간에 분쟁이 발생할 가능성이 높고, 분쟁이 발생하면 그 해결책을 찾는 것 또한 어렵다. **국제상업회의소**(ICC)는 이러한 문제점을 해소하여 국제적으로 추심결제를 원활하게 수행될 수 있도록 하기 위하여, **UCP**가 신용장에 의한 무역결제에 적용되어 그 효율성이 입증된 이후 **추심에 관한 통일규칙**(Uniform Rules for Collection, URC)을 제정하여 세계 각국이 이를 채택하도록 권고하였다. 우리나라는 1968년 이를 채택하였다. 추심대상은 어음·영수증·상업서류에 첨부된 **화환추심**(貨換推尋, documentary collection)뿐만 아니라, 금융서류만의 **무환추심**(無換推尋, clean collection), 곧 수표추심에도 적용된다.

URC는 **UCP**와 같이 **D/P**[지급인도조건(支給引渡條件), documents against payment]·**D/A**[지급인수조건(支給引受條件), document against acceptance]에서 어음이나 서류의 추심사무를 통일화함으로써 대금결제를 원활히 하고자 **ICC**가 마련한 국제규칙이다. **URC**는 양당사자의 합의가 전제되지 않거나 각국의 법률 또는 규칙의 규정에 위배되지 않는 한, URC의 총칙 및 정의에 정한 모든 추심업무에 적용되며 관계당사자를 구속한다. 다만 당사자 간 추심결제에 관한 별도의 합의가 있거나 각국의 법률 또는 규칙에 반하는 경우 URC는 적용되지 않는다. 나아가 당사자가 일정한 사항을 URC와 다르게 합의한 경우 당해 합의는 URC에 우선하며, 만약 각국의 법률이나 규칙이 URC와 상반되는 경우 이들 법률이나 규칙은 마찬가지로 URC에 우선한다.

한편 추심에 관하여 당사자 간에 별도의 합의가 없는 경우 은행은 **추심의뢰서**(推尋依賴書, collection order)에 기재된 지시에, 예컨대 **This collection is subject to Uniform Rules for Collection**라는 문언을 삽입하여야 한다. 마찬가지로 **추심지시서**(推尋指示書, collection instruction)도 이에 준한다.

(3) 독립적 보증서와 보증신용장에 관한 UN 협약

독립적 보증서와 보증신용장에 관한 UN 협약(United Nations Convention on Independent Guarantees and Stand-by Letters of Credit)은 ICC에서 계약보증에 대한 업무 취급을 통일하고자 제정한 규칙이다. 무역과 해외 프로젝트가 증가됨에 따라 **입찰보증**(入札保證, bid bond), **이행보증**(履行保證, performance bond), **환급보증**(還給保證, refund guarantee) 등과 같은 계약보증의 사용이 많아졌고, 그 중요성이 강조되기에 이르렀다. 그러나 이에 대한 범세계적 통일규칙이 존재하지 않아 여러 가지 곤란을 겪었는데, 이를 위하여 ICC가 UNCITRAL과의 공조를 통해 제정한 것이, 곧 본 협약이다. 본 협약은 UCP나 URC와 마찬가지로 자유의사에 의하여 채택할 수 있으며, 채택한 경우에는 본 협약의 적용을 받는다는 사실을 보증서 등에 표시하여야 한다.

국제통일법규범(무역결제)

5) 무역중재

(1) 외국중재판정의 승인과 집행에 관한 UN 협약

외국중재판정의 승인과 집행에 관한 UN 협약(Convention on the Recognition and Enforcement of Foreign Arbitral Awards, 뉴욕협약)은 1958년 뉴욕에서 작성되어, 1959년 발효되었다. 간략히 **뉴욕협약**이라고도 한다. 체약국은 105개국에 이른다. 종전 **외국중재판단의 집행에 관한 협약**(Convention on the Execution of Foreign Arbitral Awards, 제네바협약)은 그 대상인 외국중재판단으로 한정되어 있으며, 당해 승인 및 집행의 요건이 엄격하다는 이유에서 마련되었다. **뉴욕협약**은 체약국에 중재판단의 전제가 되는 중재계약을 승인하고, 항변의 효력인정을 의무화하고 있고, 다만 이를 문서에 의한 중재계약으로 한정하고 있다. 여기서 중재계약의 대상으로 하는 분쟁에 대해서 원칙적으로 제한을 두지 않고 있다.

중재판단의 승인・집행의 가능성을 확대하기 위해, 중재판단의 승인・집행이 요구되고 있는 국가 이외의 국가에서 이루어진 중재판단 및 중재판단의 승인・집행이 요구되고 있는 국가에서 내국 중재판단이라고 인정되지 않는 중재판단을 그 대상에 두고 있으며, 중재의 당사자 및 중재판단이 이루어진 국가를 원칙적으로 문제 삼지 않고 있다. 본 협약의 대상으로 하는 중재판단의 승인・집행요건과 거부사유를 명확히 하여 중재판단의 원용자를 배려하고 있는 특징이 있다.

뉴욕협약은 중재판단의 승인・집행의 가능성을 가급적 확대하는 것에 목적을 두고 있기 때문에 다자 간 또는 양자 간 협약에 의해 또한 중재판단이 원용되는 국가의 국내법에 의해 중재판단의 승인・집행이 가능하게 되면, 그러한 협약이나 국내법의 효력에 영향을 미치는 것이 아니라, 중재판단의 원용자 자신의 선택으로 그 밖의 협약이나 국내법에 의해 중재판단의 승인・집행을 구할 수 있도록 하고 있다.

(2) UNCITRAL 표준국제상사중재법

국제무역법위원회(UNCITRAL)에서의 **표준국제상사중재법**(UNCITRAL Model Law on International Commercial Arbitration)은 조화로운 국제경제의 발달에 기여하기 위해 서로 다른 법적・사회적・경제적 체계를 가진 국가들이 보편적으로 수용 가능한 통일법안으로서 1985년 본 표준법을 채택하였다. 동 표준법의 목적은 국제상사중재를 위한 특별법을 마련하는데 있으며, 따라서 이를 채택하는 국가에 있어서 그것이 중재에 관한 모든 국내법에 우선하여 적용될 것을 기대하고 있다. 2006년에 개정되었고, 현재는 임시조치에 관한 자세한 규정들을 포함하고 있다.

국제통일법규범 (무역중재)

6) 전자무역

(1) 전자상거래에 관한 UNCITRAL 모델법

국제무역법위원회(UNCITRAL)는 1996년 **전자상거래에 관한 UNCITRAL 모델법**(UNCITRAL Model Law on Electronic Commerce, MLEC)을 채택하여 이를 공표하였는데, **MLEC**의 목적 및 특징은 다음과 같다.

MLEC는 법적인 강제력은 없으나 각국의 전자상거래에 관한 법제의 입법 시에 참고가 될 수 있는 **모델법**(Model Law) 의미로서의 의의를 갖는다. 총칙과 데이터 메시지에 대한 법적요건, 즉 법적승인, 문서성, 서명, 원본, 증거능력, 보존 등의 적용, 데이터 메시지의 교환, 물품운송 계약에의 적용 등 17개 조항으로 구성되어 있으며, 다양한 거래형태에서의 적용가능성을 염두에 두고 있다.

MLEC는 전자상거래에 관한 국제적으로 승인될 수 있는 법원칙을 제시하고, 전자상거래에 따른 법적 장애와 불명확성을 제거한다는 취지에서 제정되었으며 또한 전자상거래 관련 국제협약에 대한 유용한 해석상의 기준을 제시하고 국제거래에 있어서 경제성과 효율성을 촉진하는 것을 목적에 두고 있다. 곧 서명이 되어 있는 원본서류에 의하지 않고 컴퓨터 통신을 이용하여 메시지를 교환하는 전자상거래에 있어서 발생할 수 있는 법적인 장애와 불명확성을 극복하기 위한 방법을 규정하고 있다.

MLEC의 특징은, ①법조문 형식으로 제정되었지만 각국 간 체약국으로서 참가하는 조약이 아니라 각국이 전자상거래 관련법을 제정할 때 참고할 수 있는 모델법 형식을 취하고 있다.

②전자상거래는 국경을 초월해 이루어지기 마련이므로 국제거래에 한하여 이를 적용한다는 것은 오히려 전자상거래의 발전을 저해하는 결과를 가져올 수 있기 때문에 MLEC의 적용범위는 국제거래에 한정되지 않는다. 다만 각국이 MLEC의 적용을 국제거래로 한정하고자 할 경우 **전자문서에 대하여 그것이 국제적인 상거래에 관련된 경우에 적용된다**는 규정을 수용할 수 있도록 하였다.

③MLEC는 원칙적으로 소비자보호 또는 정부기관의 관여가 문제되지 않는 순수한 **상사거래**(商事去來, commercial transactions)에 한하여 적용된다. 또한 MLEC가 소비자보호에 도움이 될 수도 있으므로 **MLEC는 소비자보호를 목적으로 하는 어떠한 법규범에도 우선하는 것이 아니다**라는 내용을 추가할 수 있게 하여 소비자거래를 일률적으로 MLEC의 적용범위에서 제외하는 방식을 피하고 있다.

(2) 국제계약에 있어 전자적 의사표시의 이용에 관한 UN 협약

가. 의의

그간 종이문서에 기초한 종래 국제상사법규범은 전자적 의사표시에 의한 국제계약에 있어, 그 적용상 상당한 법적 장애 내지 문제점을 내재하였다. 예컨대 ①**전자계약**(電子契約, electronic contracting)의 성립요건, ②데이터 메시지에 의한 청약과 청약의 유인, ③전자계약을 체결하고자 하는 당사자의 소재지, ④전자적 의사표시의 법적 승인 및 형식요건, ⑤데이터 메시지 송·수신시기 및 장소 등은 법적용상 대표적인 혼선의 대상이었다. 이러한 장애와 문제점에 대응하여, **국제무역법위원회**(UNCITRAL)에서는 전자상거래에 관하여 국제적으로 승인될 수 있는 법원칙을 제시하고, 동시에 전통적 종이문서에 기한 법적 장애와 불명확성을 제거하기 위해, MLEC을 공표하였다. 그럼에도 불구하고 MLEC는 국제상사계약에 임한 계약당사자의 이해를 담보위한 법적 구속력을 온전히 확보할 수 없었던 까닭에, 무엇보다도 이를 극복하기 위한 새로운 통일법 제정의 필요성은 꾸준히 제기되었다.

이 같은 새로운 통일법 제정의 당위에 기하여 UNCITRAL에서는 종전까지 국제상거래에 있어 가장 성공한 선도적 입법례로서 당해 분야에 적용이 가능했던 CISG를 기반으로, 전자적 의사표시에 의한 국제계약에서 부각된 법적 문제점 및 그 보충적 역할을 감당할 수 있는 새로운 법제정을 위한 성안작업에 착수하였다. 그 결과로서 공표된 입법이, **국제계약에 있어 전자적 의사표시의 이용에 관한 UN 협약**(United Nations Convention on the Use of Electronic Communications in International Contracts, UECIC)이다. 우리나라는 2008년 UECIC에 서명하였다.

나. 제정취지와 구성체계

UECIC는 MLEC가 법적 구속력을 담보하고 있지 못하다는 점과, 국제상거래에 있어 전자계약의 체결 시에 CISG를 적용할 경우 법적 장애 및 보충의 여지가 예견되어 이를 보완할 필요성에 따라 성안되었다.

UECIC는 증가하고 있는 전자적 의사표시의 이용이 국제상거래의 효율성 증대 및 무역연계를 강화함과 동시에, 종전 격지자 간의 계약당사자와 시장에 새로운 접근기회를 제공하기 위한 입법취지를 전제하고, 국제계약에 있어 전자적 의사표시 이용에 따른 법적 효력에 관한 불확실성으로부터 야기되는 문제점이 국제무역에 장애를 초래하고 있음을 고려하여, 현재 제반 국제통일법규범의 적용에 기인한 문제점을 비롯한 국제계약상 전자적 의사표시의 이용에 따른 장애를 제거하기 위한 취지에서 성안되었음을 천명하고 있다.

UECIC는 국제상거래에 임한 당사자에게, ①국제계약에서 법적 확실성과 예측가능성을 제고할 수 있는 법적 기반, ②**기술중립성**(機術中立性, technological neutrality) 및 **기능적 등가성**(機能的等價性, functional equivalence)의 원칙에 따라, 당사자에게 국제사법상의 목적을 준수하는 범위 내에서 적절한 매체와 기술을 선택할 수 있는 법적 실익, ③상이한 법률・사회・경제제도를 가진 당사국이 적합하게 그 수용이 가능한 방식으로 전자적 의사표시의 이용에 따른 법적 장애 및 그 문제점을 제거하기 위한 일반적인 해결책 등을 제공하고 있다는 시각에서 그 입법적 의의를 구할 수 있다.

UECIC는 **전문**(前文, preamble)을 위시하여, 총 **제4장 제25조**로 구성되어 있다. 순차적으로 그 구성체계는 다음과 같다. 먼저 **제1장**은 **UECIC의 적용영역**(sphere of application)으로서, **적용범위**(scope of application, 제1조), **예외조항**(exclusions, 제2조), **당사자 자치권**(party autonomy, 제3조)으로, **제2장**은 **정의**(definitions, 제4조), **해석**(interpretation, 제5조), **당사자의 위치**(location of the party, 제6조), **정보요건**(information requirements, 제7조) 등에 관한 **일반규정**(general provisions)으로 구성되어 있다. 여기서 제4조는 **UECIC**상 가장 기본적이고 핵심적인 용어로서, **의사표시**(communication), **전자적 의사표시**(electronic communication), **데이터 메시지**(data message), **송신자・수신자**(originator・addressee), **정보시스템**(information system), **자동화된 메시지 시스템**(automated message system), **영업소**(place of business) 등에 대해 규정하고 있다. **제3장**은 **국제계약에서 전자적 의사표시의 이용**(use of electronic communications in international contracts)에 관하여, **전자적 의사표시의 법적 승인**(legal recognition of electronic communications, 제8조), **형식요건**(form requirements, 제9조), **전자적 의사표시의 송·수신시기 및 장소**(time and place of dispatch and receipt of electronic communications, 제10조), **청약의 유인**(invitations to make offers, 제11조), **계약체결을 위한 자동화된 메시지 시스템의 이용**(use of automated message systems for contract formation, 제12조), **계약조건의 이용가능성**(availability of contract terms, 제13조), **전자적 의사표시의 오류**(error in electronic communications, 제14조) 등에 관한 법적 기준 및 요건을 규정하고 있다. 그 밖에 **제4장은 최종규정**(final provisions)으로 절차요건 등을 다루고 있다.

국제통일법규범 (전자무역)

3

무역계약

1 계약에 관한 법률요건

1 계약의 정의

사법상 계약(契約, contract)은 **일정한 법률효과의 발생을 목적으로 당사자 의사표시의 합치에 따라 성립하는 법률행위**를 말한다. 대륙법계상 계약은 **로마법**(*jus gentium*)으로부터 계수되어진, 이른바 **계약은 반드시 지켜져야 한다**(*pacta sunt servanda*)라는 법격언에 기초하여 그 함축된 어의상 계약자유의 원칙(契約自由原則, privity of contract doctrine)과 신의성실의 원칙(信義誠實原則, principle of good faith)을 내재한다. 여기서 **계약자유[준수]의 원칙**은 사적자치를 계약법의 기반에 두고 있는 대부분의 법체계에서 수용되고 있는 일반원칙으로서 기능한다.

대륙법계에서는 계약을 정의하고 있지는 않으나, 통념상 일정한 법률효과의 발생·변경·소멸, 즉 권리의 변동을 목적으로 서로 대립하는 복수 또는 그 이상의 법률주체의 의사표시가 합치함으로써 성립하는 법률행위로서 이는 양당사자의 권리와 의무에 변동을 가져오는 법률요건(法律要件, juristic requisite or condition)으로 설명된다. 일반적으로 계약은 이러한 당사자의 대립하는 의사표시의 합치에 의해 성립하게 됨이 원칙이나, 예외적으로 요물계약(要物契約, real contract)[1]에 있어서는 당사자간 의사표시의 합치 이외에 일정한 급부가 있어야 함을 요건에 두고 있기도 하다.

영미법계에서는 계약은 **법률에 의해 강제되는 계약당사자 간의 약속이나 합의**(legally enforceable agreement or promise)로 그 의미를 표창하고 있다. 여기서 **약속이나 합의**는 적어도 양당사자, 즉 **약속자**(promisor)와 **수약자**(promisee)의 존재를 필요로 하며, 약속에 포함되는 보증 또는 의사의 표명에 관한 공통의 목적 및 기대의 외적인 의사표시가 요구된다. 또한 약속은 단순한 의도의 진술로는 부족하며, 약속에는 약속자가 수약자에 대하여 의무를 부담한다는 의사가 포함되어 있어야 한다. 다

1) 당사자의 합의 외에 물품인도 그 밖의 급부의 완료가 있어야 성립하는 계약을 **요물계약**이라 한다. 우리 민법에는 현상광고계약(懸賞廣告契約, contract of prize ad.)만이 요물계약이다.

른 한편 **법적 강제**는 계약당사자 일방이 합의내용을 이행하지 않을 경우 타방의 청구에 따라 법원에 의해 일정한 제재, 곧 **법적 구속력**(法的拘束力, legal enforcement)이 개입됨을 의미한다.

계약자유의 원칙은 개인이 독립된 자율적 인격을 가진 권리주체로서 타인과의 법적 생활을 영위해 나감에 있어서 법에 저촉되지 않는 한, 계약에 의한 법률관계의 형성은 전적으로 각자의 자유에 맡겨지며, 국가와 법도 그러한 자유의 결과를 승인하여야 한다는 원칙을 말한다. 이는 사적자치의 원칙(私的自治原則, principle of private autonomy)의 전형적 표현이라 볼 수 있다. ①계약자유의 원칙은 ②소유권 절대의 원칙, ③과실책임의 원칙과 함께 **근대 사법의 3대 원칙**을 이루고 오늘날에도 기본 원칙으로서 그 성격을 다름없이 유지하고 있다.

근대사법의 3대 원칙

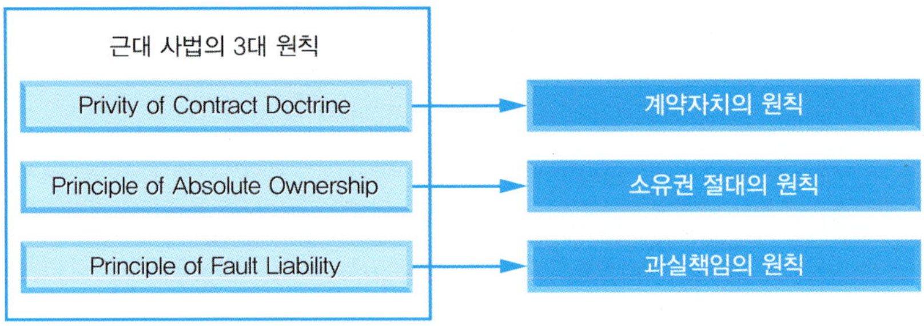

2 계약의 종류

계약은 성질에 따라, ①광의의 계약 · 협의의 계약, ②전형계약 · 비전형계약, ③명시적 계약 · 묵시적 계약, ④낙성계약 · 요물계약, ⑤쌍무계약 · 편무계약, ⑥유상계약 · 무상계약, ⑦계속적 계약 · 일시적 계약, ⑧유인계약 · 무인계약, ⑨본계약 · 예약 등으로 구분할 수 있다.

계약의 성립에는 서로 대립하는 수개의 의사표시의 합치로서, 즉 합의(合意, agreement)가 있어야 한다. 여기서 합의는 ①객관적 합의와 ②주관적 합의를 필요로 한다. ①은 수개의 의사표시가 내용에 있어 객관적으로 일치하는 것을 말한다. ②는 위의 의사표시가 다른 의사표시와 결합하여 계약을 성립시키려는 의도를 말한다.

1) 광의의 계약과 협의의 계약

광의의 계약은 사법상 일정한 효과의 발생을 목적으로 하는 복수 이상의 서로 대립하는 의사표시의 합치에 따라 성립하는 법률행위를 말한다. 따라서 여기에는 채권계약(債權契約, contract that generates a credit), 물권변동의 원인인 물권계약(物權契約, contract of real right), 채권의 이전 자체를 목적으로 하는 준물권계약(準物權契約, quasi-contract of real right) 등이 속한다.

협의의 계약은 이 가운데 채권계약을 지칭하며 이 경우 채권계약은 채권의 발생을 목적으로 복수 이상 당사자의 서로 대립하는 의사표시의 합치에 의해 성립하는 법률행위를 말한다. 일반적으로 계약은 이러한 채권계약을 의미한다. 따라서 채권계약은 계약의 중심을 이루고 있어 채권계약에 관한 규정은 그 성질이 허용하는 한도에서 그 밖의 다른 종류의 계약에도 유추적용 되는 특성이 있다.

2) 전형계약과 비전형계약

우리 민법에 규정되어 있는 총 14개(①증여, ②매매, ③교환, ④소비대차, ⑤사용대차, ⑥임대차, ⑦고용, ⑧도급, ⑨현상광고, ⑩위임, ⑪임치, ⑫조합, ⑬종신정기금, ⑭화해계약)의 계약을 전형계약(典型契約, typical contract)이라고 한다. 이는 특별한 법리를 구성하지 않고, 다만 이들 계약에 한하여 붙인 명칭이다. 이에 그 밖의 계약을 비전형계약(非典型契約, non-typical contract)이라고 한다. 이 경우 계약의 구체적 내용은 당사자의 합의에 의해서 자유로이 정할 수 있는 것이 원칙이다.

그러나 통상적으로 계약내용은 다종다양하여 후일 계약의 해석이나 이행에 관하여 당사자 간에 분쟁이 발생하기 쉽다. 이에 민법은 공통한 계약만을 집약하여 정형화하고 이에 그 명칭을 부여하고 있음과 동시에 계약내용에도 일반적인 기준을 정하고 있다. 다만 채권계약에 관한 민법의 규정들은 원칙적으로 임의규정에 지나지 않아 계약당사자가 민법내의 전형계약과 그 명칭 및 내용을 달리하는 계약을 체결하는 것은 자유이다. 따라서 비전형계약도 계약으로서 유효하다. 이 경우 전형계약도 상거래계의 관행을 고려하여 해석하여야 한다.

3) 명시적 계약과 묵시적 계약

명시적 계약(明示的契約, expressed contract)은 계약내용을 당사자가 명시적으로 특정형식, 예컨대 문서 또는 구두로 합의하는 계약을 말한다. 통상의 계약유형으로 볼 수 있으나, 계약은 반드시 이 같이 명시적으로 성립할 필요는 없다.

묵시적 계약(黙示的契約, implied contract, 또는 의사실현에 의한 계약)은 특정형식으로 계약을 체결하지 않았으나, 계약당사자가 합리적으로 또는 신의의 관점에서 판단할 때, 합의의 존재가 추론되는 계약을 말한다. 이러한 **묵시적 계약**의 경우에도 계약준수의 원칙에 따라 그 내용은 다름없이 이행되어야 한다. 계약당사자의 행동 및 사정에 비추어 판단할 때, **명시적 계약**의 경우에서와 동일한 요소들, 이를테면 의사의 합치, 계약체결권한 등이 인정되고, 그 결과 당사자들이 구속받기를 원했다고 판단하는 것이 합리적이라고 볼 수 있는 경우에만 사실상의 **묵시적 계약**이 인정된다. 이 경우 **묵시적 계약**은 **명시적 계약**과 법률효과의 차원에서 동일하게 취급된다.

4) 낙성계약과 요물계약

계약당사자의 합의만으로 성립하는 계약을 낙성계약(諾成契約, consensual contract)이라고 한다. 반면에 계약당사자의 합의 외에 물건의 인도 또는 그 밖의 급부를 성립요건으로 하는 계약을 요물계약(要物契約, real contract)이라 한다.

5) 쌍무계약과 편무계약

계약당사자 간에 **대가적 의의**[대가관계(對價關係) 또는 급부관계(給付關係)]를 부담하는 계약을 쌍무계약(雙務契約, bilateral contract), 그렇지 않은 계약을 편무계약(片務契約, unilateral or one-sided contract)이라 한다. 외견상 계약당사자가 채무를 부담하고는 있으나, 급부를 부담하고 있지 않는 경우 **편무계약**이 된다. **쌍무계약·편무계약**의 구분에 따른 실익은 동시이행의 항변권(同時履行抗辯權, principle of simultaneous performance)[2)]과, **위험부담에 관한 책임체계**에 있다.

2) 대금을 지급하면 물품을 인도한다는 매매계약에서는 서로가 대가관계에 있는 채무를 부담한다. 즉 매수인은 대금지급채무, 매도인은 물품인도채무를 부담한다. 따라서 매도인의 입장에서, 물품인도는 대금지급 시까지 거절할 수 있고, 매수인의 경우 대금지급은 물품인도가 있을 때까지 거절할 수 있다. 이처럼 상호 거절할 수 있는 권리를 **동시이행의 항변권**이라고 한다. **동시이행의 항변권**은 공평의 원칙에 기하여 인정되는 것이므로, 이들 각각의 채무가 1개의 쌍무계약에 기한 것이 아니더라도, 1개의 법률요건에

6) 유상계약과 무상계약

유상계약(有償契約, onerous contract)은 계약당사자 상호 간 대가를 갖는 출연(出捐, contribution), 곧 경제적 손실을 부담하는 계약을 말한다. 이는 유상행위 중 계약에 국한된다는 것이 통설이다. 일반적으로 **유상계약**이 아닌 계약을 무상계약(無償契約, gratuitous contract)이라고 하나, 이는 대가관계에 기한 계약적 시각에서 이론적 개념으로 단지 어의적 구분에 불과하다.

매매(賣買, buy and sell)는 대표적인 유상계약이며, 우리 민법의 경우 매매에 관한 규정이 다른 유상계약, 예컨대 교환・임대차・이자부 소비대차 등에도 계약유형의 성질에 반하지 않는 한 준용(準用)된다. 매매에서 매도인의 하자담보책임(瑕疵擔保責任, guarantee against defect responsibility)에 관한 규정은 계약의 성질이 이를 허용하지 아니하는 것이 아닌 한, 다른 유상계약에도 준용된다.

7) 계속적 계약과 일시적 계약

채무의 내용이 되는 급부의 실현이 시간적 연속성을 갖는 계약, 예컨대 임대차・고용・위임・임치・소비대차・사용대차・조합・종신정기금 등을 **계속적 계약**(繼續的契約, continual contract)이라 한다. 이에 반하여 급부가 대금지급・목적물의 인도 등과 같이 일시적・일회적 이행에 의하여 실현되고 시간적 연속성을 갖지 않는 일시적 법률관계에 그치는 계약, 예컨대 **매매・증여・교환** 등과 같은 것을 **일시적 계약**(一時的契約, temporary contract)이라 한다.

그러나 **계속적 계약**과 **일시적 계약**을 구별하는 기준이 되는 **급부의 연속성**은 상대적인 개념이다. 따라서 급부가 계속적인지 일시적인지의 여부는 개별 계약내용에 의해 결정된다. 한편 해제(解除, termination)는 **일시적 계약**에, 해지(解止, cancellation)는 **계속적 계약**에서 적용된다.[3]

기해 발생한 것이고, 양자를 동시에 이행하게 하는 것이 공평한 경우 널리 인정되고 있다. 통상 **동시이행의 항변권**을 행사하려면, ①서로 대가적 의미를 가지는 채무가 존재하여야 하고, ②상대방의 채무가 이행기에 있어야 할 뿐만 아니라 먼저 이행할 의무가 있을 때는 항변권이 발생하지 않으며, ③상대방이 자기 채무의 이행이나 이행의 제공을 하지 않고 이행을 청구하여야 한다.

3) **해제는 유효하게 성립한 계약을 소급적으로 소멸시키는 일방적 의사표시**이다. 이러한 일방적 의사표시에 의해 계약을 해제시키는 권리를 **해제권**이라 한다. 채무자가 채무를 이행하지 않았을 때와, 그밖에 특별한 경우, 예컨대 법정해제권, 약정해제권 등에 계약을 **해제**할 수 있다. 계속적 채권관계의 효력을 장래에 관하여 소멸시키는 **해지**, 일정한 사실의 발생에 의해 계약이 당연히 소멸한다고 하는 **실권약관**, 당

8) 유인계약과 무인계약

계약상 발생한 채무가 이를 발생시킨 원인이 된 사실과 결부되어, 그 사실이 없으면 채무도 발생하지 않는다는 계약이 유인계약(有因契約, incentive contract)이다. 한편 법률에 의해 사실과 채무가 아무런 관련 없이 발생함으로써 당해 사실이 없어도 채무만 존립하는 계약이 무인계약(無因契約, abstract contract)이다.

유인계약은, 예컨대 매도인의 목적물 인도채무와 매수인의 대금지급 채무는 원인관계[대가관계]에 있으며, 매도인의 채무가 원시적 불능(原始的不能, initial impossibility)[4]으로 무효가 되었을 때는, 매수인의 채무도 발생하지 않으며, 결국 매매계약 자체가 무효로 취급된다. 계약자유의 원칙에 기하여 당사자의 합의에 의한 **무인계약**은 대체로 그 유효성이 인정된다고 본다.

9) 예약과 본계약

당사자 어느 한 쪽이 원할 때 상대방은 일정한 내용의 계약을 체결토록 구속받는 것을 내용으로 하는 계약이 **예약**(豫約, reservation, make an appointment), **예약**에 기해서 체결되는 계약이 **본계약**(本契約, formal contract)이다. **예약**의 목적은 일방의 요구에 응하여 **본계약**을 성립시키는 채무를 타방에게 부담시키는데 있다. 이 채무를 당사자 일방이 부담하는 경우를 **일방예약**(一方豫約, unilateral reservation), 양당사자 모두가 부담하는 경우를 **쌍방예약**(雙方豫約, bilateral reservation)이라 한다. 통상 **유상계약**은 일방이 **본계약**을 성립시키는 **예약완결의 의사표시**가 있으면, 그때부터 타방의 승낙과는 관계없이 **본계약**이 성립함을 정하고 있다. 또한 기간을 정해 그 기간 내에 완결할 것인지 여부에 대해서 확답할 것을 최고(催告, peremptory notice)[5]할 수가 있

사자의 합의에 의하여 계약의 효력을 소멸시키는 **합의해제**, 취소(取消, revocation)등과는 엄격히 구별하여야 한다. 특히 **해제**는 **계약에 특유한 제도**인데 비해, **취소**는 **모든 법률행위에 인정**된다. **해제**는 **해제권**이 행사되면 양당사자에 원상회복의무, 때로는 손해배상의무가 발생하게 된다. 계약의 **해지**는 손해배상의 청구에 영향을 미치지 아니하므로 손해배상의무가 발생하는 일은 없다.

4) 원시적 불능은 처음부터 이행이 불능한 것을 말한다. 이는 이행불능의 일종으로 취급된다. 계약의 성립 이후에 집이 소실한 경우와 같은 후발적 불능과는 달리, 계약은 당초부터 성립될 수 없고, 따라서 대금지급이나 채무불이행으로 인한 손해배상의 문제는 발생하지 않는다.

5) 최고는 타방에게 일정한 행위를 요구하는 통지로서 상대방 있는 일방적 의사표시이다. **최고**는 2가지로 구분된다. ①의무자에게 의무이행을 **최고**하는 경우이다. 채권자의 이행청구를 예로 들 수 있는데, 만약 채무자가 **최고**에 응하지 않는 경우 이행지체, 시효중단, 계약해제권 등이 발생한다. 기한(期限, limit time)이 정해지지 않은 채무는 **최고**한 때가 **기한**이 되며, 상대방은 이행지체가 된다. 금전채무 경우 **최**

다. 만약 그 기간 내에 완결권자가 확답을 하지 않을 때 예약은 무효가 된다.

계약의 종류

- 광의의 계약 & 협의의 계약
- 전형계약 & 비전형계약
- 명시적 계약 & 묵시적 계약
- 낙성계약 & 요물계약
- 쌍무계약 & 편무계약
- 유상계약 & 무상계약
- 유인계약 & 무인계약
- 계속적 계약 & 일시적 계약
- 예약 & 본계약

3 계약의 성립

대륙법계에서 계약은 계약당사자 일방의 의사표시로서 청약(請約, offer)과 타방의 의사표시로서 승낙(承諾, acceptance)의 합치에 따라 성립하는 것이 일반적이다. 곧 **일방의 청약과 타방의 승낙을 통해 계약이 성립한다.** 그러나 묵시적으로 행하여질 수도 있다. 때로는 이러한 **청약과 승낙**이 특별한 방법으로 행하여지는 경우가 있다. 예컨대 경매(競賣, auction)와 입찰(入札, bidding)이 그러한 경우로 이를 소위 **계약의 경쟁체결**이라 한다.

영미법계에서 계약의 성립에는 5가지의 요건이 만족되어야 한다. ①청약과 승낙의 무조건·절대적인 합치, 곧 일방의 청약과, 이에 대한 타방의 승낙으로 성립한다. ② 약인(約因, consideration)[6] 또는 법률행위를 성립시키기 위해 당사자가 서명·날인하

고만으로는 유효하지 않고 상당한 유예기간을 두고 반환하라는 내용의 **최고**가 있어야 한다. 이행지체를 이유로 계약을 해제할 때도 **상당한 기간**(reasonable time)을 정하여 **최고**해야 한다. ②권리자에 대하여 권리행사 또는 신고를 **최고**하는 경우이다. 만일 권리자가 **최고**에 응하지 않는 경우 권리행사의 제한을 받는다.

여 상대에게 인도하는 증서로서 날인증서(捺印證書, specialty, deed)에 의한 특별한 형식이 있어야 한다. ③합의가 법적 관계를 가진다는 사실을 당사자가 의도하고 있어야 한다. ④당사자의 행위능력이 있어야 한다. ⑤어떤 계약 형식에 있어서는 **사기방지법**(詐欺防止法, statue of frauds)[7])에 저촉됨이 없어야 한다.

계약의 성립에 있어 **청약**과 **승낙**은 대륙법계와 영미법계에서 공통적인 필수요건이다. 대륙법계에서 일반적으로는 당사자의 대립하는 의사표시의 합치에 따라 계약이 성립하게 된다. 그러나 예외적으로 요물계약에 있어서는 당사자 간의 의사합치 이외에 일정한 급부가 있어야 계약이 성립한다. 이와 같이 계약이 성립하기 위해서는, 당사자 간의 의사표시가 주관적·객관적으로 합치되어야 한다.

영미법계에서도, 계약이 유효하게 성립하기 위하서는 계약당사자 일방이 **청약**을 하고 타방이 이를 **승낙**함으로써 당사자 간의 상호 합의가 있어야 한다. 이 경우 당사자 간에 상호 합의가 존재하였는지의 여부를 판단하는 기준으로서는 **객관적 계약이론**(客觀的契約理論, objective theory of contract)이 적용되는데, 이는 계약의 청약 및 승낙의 내용을 **합리적인 자**(reasonable person)[8])의 입장에서 객관적으로 파악하여 당

계약의 성립요건

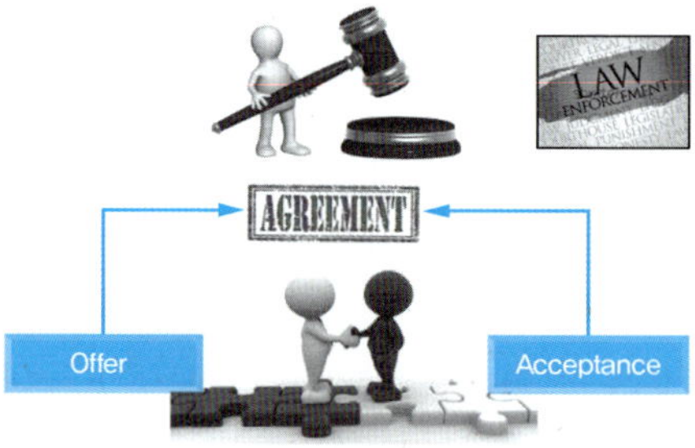

6) **약인**은 영미법에 특유한 계약의 성립요건으로서, **약속에 관하여 약속자**(promisor)**에게 발생하는 이익 또는 수약자**(promisee)**가 부담하는 손실**(損失, detriment)을 의미한다. **약인**은 약속과 동등한 가치를 지닐 필요는 없다. 법률상으로 보아 가치가 있는 것, 즉 실제적인 것이어야 하고, 계약성립 시를 기준으로 현재의 작위 또는 부작위든 장래의 작위 또는 부작위이든 관계없지만, 과거의 작위·부작위는 **약인**이 될 수 없다. 또한 **약인**은 적법하여야 한다. 따라서 불법적인 **약인**에 의해 이루어진 약속은 무효이다.

7) **사기방지법**은 영미법의 개념으로 특정한 종류의 계약은 반드시 서면에 의해야 한다는 규칙이다. 동법은 반드시 서면에 의해서만 강제이행이 가능한 계약의 유형들을 열거하고 있다.

8) 본서에서는 이하 달리 언급한 바 없는 경우 **reasonable**은 **기간에 관해서는 상당한**으로, **당사자의 용태 또는 상태 등에 관해서는 합리적**으로 구분하여 사용한다.

사자 간의 상호 합의가 형성되었는지를 판단하는 이론이다. 이 경우 당사자가 실제로 의도하였던 주관적인 내부의사는 상호 합의의 형성 여부에 아무런 영향도 미치지 아니하는 것이 원칙이다. **객관적 계약이론**은 상거래의 안정 및 확정을 중요시하는 이론이라는 것에서 그 의의를 구할 수 있다.

1) 청약

청약(請約, offer)은 계약당사자 일방이 타방의 승낙에 의하여 법적 구속력을 갖는 일정한 내용의 매매계약을 성립시킬 것을 기대하고 행하는 확정적 의사표시를 말한다. 이러한 **청약**에 대해 승낙의 의사표시가 합치되면 계약이 성립된다. **청약**에는 계약내용을 확정할 수 있는 특정사항, 예컨대 ①**물품**, ②**수량**, ③**대금** 또는 **대금지급방법** 등을 포함하고 있어야 한다. 다만 개별사안이 관습 또는 관행에 기하여 명백할 경우에는 포함시킬 필요가 없다.

국제상거래에서 **청약**은 철회(撤回, withdrawal)[9]할 수 없으나, **청약**이 피청약자에게 도달하기 전에 또는 그와 동시에 철회의 의사표시가 도달할 경우에는 이를 철회할 수 있다. 또한 당사자의 사망과 행위능력의 상실에 관하여 표의자로서 청약자가 **청약**의 통지를 발송한 후 사망하거나 행위능력을 상실하더라도 의사표시의 효력에 영향을 미치지 아니하므로, 당사자의 사망이나 행위능력의 상실 등은 **청약**의 실효사유가 될 수 없다. 왜냐하면 국제물품매매에 있어서는 당사자가 개인이 아닌 상인의 형태로서 당사자의 개성이 중요하지 않기 때문이다.

2) 청약의 유인

청약의 유인(請約誘引, invitation to make offer)은 상대방에 **청약**을 시키려는 의사의 통지이다. **청약**은 승낙이 있으면 계약이 성립하는 확정적 의사표시이므로 **청약의 유인**과는 다르다. **청약의 유인**에 응해서 상대방이 의사표시를 하는 것이 상대방의 **청약**이 되고, **청약**을 유인한 자는 새로이 **청약**할 수 있는 자유를 갖는다. 그러나 **청약**과 **청약의 유인**과는 구별을 하기 어려운 경우가 많다. 이는 상거래관계에 비추어 개별적 **사실의 문제**(the matter of facts)로 귀결됨이 통상이다.

---

9) **아직 효과가 발생하지 않은 의사표시에 관하여 그 효과 발생의 가능성을 박탈하는 것을** 철회라 한다. **철회**를 **취소**라고 부르는 경우가 있는데, 본래 **취소**라고 하면 일단 효과가 발생한 다음에 그 효과를 소급하여 소멸시키는 행위이므로 **철회**와 **취소**는 구별하여야 한다.

3) 승낙

승낙(承諾, acceptance)은 계약의 성립을 목적으로 특정의 청약에 대해서 행하는 의사표시이다. 예컨대 자동판매기에서 물품을 살 경우와 같이 승낙자는 누구인가를 반드시 표시할 필요는 없다. 승낙의 방법에는 제한이 없으며, 청약에 응해서 주문품을 송부하는 것과 같이 묵시의 의사표시에 의한 승낙도 있다.

승낙은 청약이 유효한 동안에 하지 않으면 계약을 성립시킬 수 없다. 승낙기간이 정해져 있을 때 승낙은 기간 내에 도달하여야 한다. 승낙기간이 정해 있지 않는 경우에는 상관행과 신의칙에 따라 상당한 기간(reasonable time)이 경과한 후에는 승낙할 수가 없다. 격지자 간 계약에서 승낙은 발신에 의해 확정적으로 효력을 발생하는데[발신주의(發信主義, dispatch rule)], 승낙기간이 정해져 있을 경우 그 기간 내에 승낙의 도달이 없으면 계약은 성립하지 않는 것으로 해석한다. 아울러 기간이 정해져 있지 않는 경우 비록 승낙이 아직 도달하지 않은 때라도 계약은 성립하게 된다. 예컨대 우리 민법의 경우 격지자 간의 계약에 있어서 승낙의 효력발생시기가 불명확하지만 승낙은 발송에 의해서 확정적으로 효력을 발생하는데, 승낙기간이 정해져 있을 때는 승낙의 도달이 없으면 계약을 성립되지 않은 것으로, 기간이 정해져 있지 않는 때에는 비록 승낙이 아직 도달되지 않은 때라도 계약은 성립하는 것으로 해석하고 있음이 통설이다.

승낙자가 청약에 조건을 붙이고 특단의 변경을 가해서 승낙한 경우 우리 민법은 청약을 거절하고 새로운 승낙자가 청약한 것으로 취급한다. 보통법에서도 상대방의 승낙이 청약의 내용과 조금이라도 다를 경우 이는 상대방에 의한 반대청약[反對請約, counter offer, 대응청약(對應請約) 또는 조건부 승낙(條件附承諾, qualified acceptance)]으로 보아 유효한 승낙으로 취급하지 않고 있다.

승낙의 구분

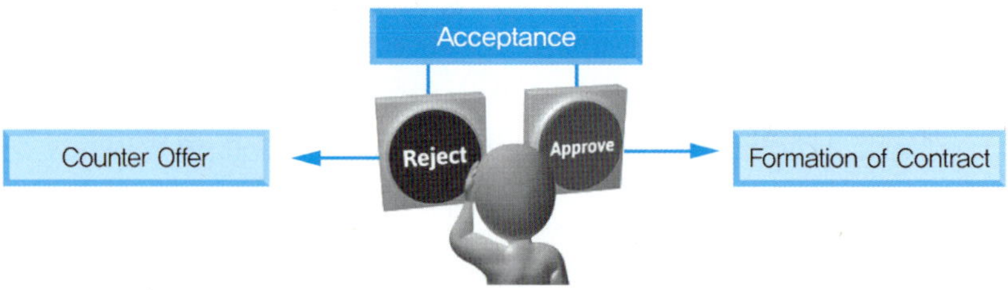

그러나 국제물품매매에서는 승낙을 의도하고 있으나, 부가·제한 그 밖의 변경을 포함하는 청약에 대한 응답은 청약의 거절이고 또한 새로운 청약이 된다고 하고 있으나, 승낙을 의도하고 있고, 청약조건을 실질적으로 변경하지 아니하는 부가적 또는 상이한 조건을 포함하는 청약에 대한 응답은 승낙으로 보며, 다만 청약자가 부당한 지체 없이 구두로 이의를 제기하거나 그러한 취지의 통지를 발송하는 경우에는 그러하지 아니하다는 원칙이 정립되어 있다. 나아가 청약자가 이의를 제기하지 아니하는 경우 승낙에 포함된 변경된 청약조건이 계약의 내용이 된다. 특히 ①대금, ②대금지급, ③물품의 품질과 수량, ④인도의 장소와 시기, ⑤당사자 일방의 상대방에 대한 책임범위 또는 ⑥분쟁해결에 관한 부가적 조건 또는 상이한 조건 등은 청약의 조건을 실질적으로 변경하는 것으로 취급된다.

4) 입찰

입찰(入札, bidding)은 계약체결의 특수한 방법이며 매매·도급 등의 계약체결에 많이 이용된다. 입찰에 붙인다는 표시가 청약인가 청약의 유인에 불과한가에 대해서는 문제가 있으며, 입찰에 붙인 자의 표시내용에 따라 일률적으로 규정할 수는 없으나 대개는 청약의 유인으로 취급됨이 상례이다. 입찰에 붙인 자는 가장 유리한 입찰, 즉 최고가격 또는 최저가격의 입찰에 대해서도 역시 낙부의 자유를 가지며 입찰자의 자력, 그 밖의 사정을 고려해서 반드시 가장 유리한 입찰에 대하여 승낙을 하도록 구속받지 아니하는 것이 보통이기 때문이다. 이 경우 상대방의 입찰이 청약이 되고, 낙찰에 의해서 승낙하는 것이 된다.

5) 의사실현에 의한 계약의 성립

청약자의 의사표시 또는 관습에 의해 승낙의 통지를 필요로 하지 않는 경우 계약은 승낙의 의사표시라고 인정되는 사실이 있을 때 성립한다. 이를 의사실현에 의한 계약의 성립이라 한다. 곧 의사실현에 의한 계약의 성립은 청약과 승낙 이외의 방법에 의한 계약의 성립을 말한다.

6) 교차청약에 의한 계약의 성립

교차청약(交叉請約, crossed offer)은, 예컨대 A가 어떤 물건을 10만원에 매도하겠다고 B에게 청약했는데, 이 청약이 B에게 도달되기 전에 B도 동일한 물건을 10만원에 매수하겠다고 A에게 청약하는 경우를 말한다. 승낙은 청약에 대한 의사표시이기 때문에 이 경우 B의 청약은 어디까지나 청약이며, A의 청약에 대한 승낙이라고는 볼 수 없다.

우리 민법은 **교차청약**에 의한 계약의 성립여부를 인정하고 있는데, 그 취지는 동일한 물건을 동일한 가격으로 매매하겠다는 양자의 의사표시는 객관적·주관적으로 합치한다고 볼 수 있고, 따라서 이를 계약의 성립으로 인정하여도 특단의 폐해가 없을 뿐만 아니라 신속·민활을 중요시하는 상거래계의 형편에도 부합한다는 논점에 두고 있다. 그러나 유의할 것은 국제물품매매에서는 이러한 **교차청약**이 인정되지 않는다.

계약의 성립

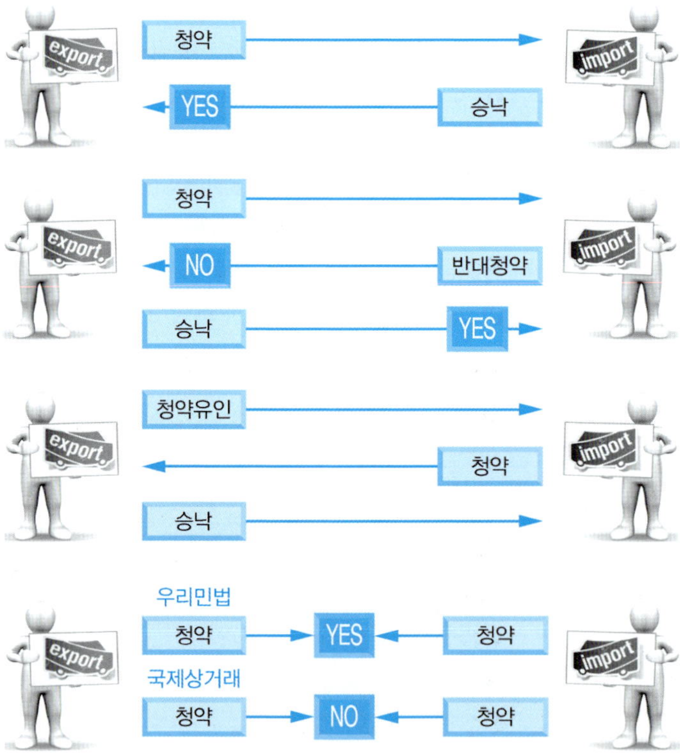

4 계약위반에 관한 구제수단

계약위반[契約違反, breach of contract 또는 채무불이행(non-performance)]은 고의 또는 과실에 기한 채무자의 귀책사유(歸責事由, reasons attributable or imputable)로 인하여 이행기까지 채무의 내용에 따른 이행을 하지 않는 것을 말한다. 대륙법적의 시각에서는 채무자의 귀책사유가 없는 경우까지를 포함한 개념인 급부장애에 속한다. **계약위반**은 주로 영미법에서 사용되는 것으로서, 이는 계약내용의 불이행을 의미한다. 즉 채무자가 계약상의 채무를 이행하지 아니하는 것을 **계약위반**이라고 한다.

한편 **채무불이행**은 위법행위를 구성하며, 손해배상청구권이 발생한다는 점에서 불법행위(不法行爲, illegal act, tort)와 동일하다. 즉 계약을 위반하면 **채무불이행**이 되며, 손해배상에 임하여야 한다. 이 경우 **채무불이행**에 대한 구제수단(救濟手段, remedies)은 **채무불이행**으로 인하여 당사자의 일정한 권리가 침해당하는 경우 그러한 침해를 방지 또는 시정하거나 배상받는 것을 말한다.

계약위반의 구제수단은 각국의 법률이나 국제협약에 따라 일정한 차이가 있으나, 일반적으로 ①계약의 해제와 손해배상의 청구, ②강제이행, ③노무상당금액 또는 금지명령의 소송, ④대금감액 등이 인정되고 있다. 특히 계약해제권과 손해배상청구권은 가장 대표적인 구제수단이다. 보통법에서도 구제수단은 손해배상이 일반적이고도 원칙적으로 이용된다. 이 경우 **계약위반**에 의한 배상방법은 ①명목적 손해배상, ②보상적 손해배상, ③파생적 손해배상, ④손해배상의 예정 등으로 분류된다.

5 계약의 종료

계약의 해제(解除, termination)란 **일단 유효하게 성립한 계약을 소급하여 소멸시키는 일방적인 의사표시**를 말한다. 이로부터 계약관계를 소멸시켜 처음부터 계약이 없었던 것과 같은 원상으로 돌리는 것이다. 따라서 **해제** 이후 계약으로부터 생긴 채권채무가 아직 이행되지 아니한 때는 그 채권채무는 소멸하고 당사자는 그 이행을 청구할 수 없게 된다. 만약 이미 이행된 후라면 그 이행은 채권채무가 없는데도 불구하고 이행한 것이 되므로 서로 반환하지 않으면 안 된다. 또한 **해제**의 의사표시는 철회하지 못한다.

다른 한편 계약의 **해지**(解止, cancellation)는 계속적 채권관계에서 계약의 효력을 장래에 대하여 소멸케 하는 일방적 행위를 말한다. **해제**와 **해지**의 구별은 그 효과에 있다. 즉 계약의 효력을 소급적으로 소멸시키는 **해제**에 반하여, **해지**는 오직 장래에 대하여 효력을 발생하므로 **해지**가 있으면, 계약에 기한 법률관계는 **해지**의 효력이 발생하기 이전에는 완전히 효력을 보유하고 이미 행하여진 급부는 반환하지 않는다. 그러나 채무자가 채무내용에 좇은 이행을 하기 전에는 **해제**할 수 있다.

2 무역계약의 성립과 이행

1 무역계약의 의의

무역은 물품의 국제적인 이동을 수반하는 수출·입 거래를 말한다. 이는 협의의 무역을 의미하는 것으로, 곧 국가 간 물품의 매매를 의미한다. 그렇지만 광의의 무역은 물품의 거래를 포함하여 대리점계약·플랜트계약·합작투자 등 국제적으로 이루어지는 계약의 전반을 의미한다. 무역에서 다루는 문제는 광의의 무역을 포함하는 경우 **국제물품매매계약**(國際物品賣買契約, contracts for international sale of goods)을 제외하고 그 밖의 무역계약은 특성상 일반화된 정형계약으로 인식하기보다는 상황에 따라 많은 다양한 변수가 존재한다. 여기에는 ①국제통상의 문제, ②정치적 이해관계, ③경제적 연계성, ④문화적 차별성에 따라 정형화하기에는 곤란한 문제 등을 예시할 수 있다. 나아가 계약의 체결, 이행 및 종료라는 일련의 과정과는 구별되는 양상을 보이기 때문에 이와 관련한 계약은 별도로 다루어야 할 필요가 있다.

그럼에도 기본적인 계약은 **매도인**(賣渡人, seller)과 **매수인**(買受人, buyer) 간에 체결되는 **국제물품매매계약**에 기초한다. 따라서 **무역계약**(貿易契約, contract of foreign trade)의 범위는 **국제물품매매계약**을 **주계약**(主契約, main contract)으로 이에 수반되는 **종속계약**(從屬契約, sub-contract), 곧 **운송계약**(運送契約, contract of carriage), **보험계약**(保險契約, contract of insurance), **환계약**(換契約, contract of exchange or payment)을 포함한 계약관계를 살펴보게 된다.

국제물품매매계약은 매도인이 금전적 대가를 받고 매수인에게 물품의 소유권을 이전하거나 이전하기로 약정하는 계약을 말하며, 매매계약을 이행하기 위한 일련의 종속계약으로서 물품의 운송을 위한 운송인과의 운송계약, 물품의 운송 중의 위험을 담보하기 위하여 보험자와의 보험계약 및 매도인이 물품대금을 회수하기 위하여 은행을 통한 **화환취결**(貨換取決)을 행하고자 환거래계약이 수반된다.

무역은 주로 물품매매가 중심이기 때문에 **무역계약**에 관한 개념은 계약에 관한 본질적인 개념과 국가 간에 이루어지는 물품매매를 중심으로 설명된다. 따라서 무역계약은 국제적으로 이루어지는 매매계약으로서 매도인이 물품의 소유권(所有權, property in goods)을 양도하고 매수인은 이를 수령하고 그 대금을 지급할 것을 약정하는 국제물품매매계약을 의미한다.

주계약과 종속계약

2 무역계약의 성립요건

1) 청약

(1) 청약의 기준

계약체결의 제의가 청약의 요건을 구비하기 위해서는, 청약자가 반드시 자신의 청약에 대한 피청약자의 승낙이 있으면, 그것에 구속된다는 의사를 명확하게 표시하고 있어야 한다. 이러한 의사는 모든 관련 형식을 통해 증명될 수 있는데, 이를테면 계약체결을 위한 협상과정에서의 진술 또는 그 밖의 행위 그리고 계약체결 후 당사자들의 후속행위 등의 경우가 이에 해당한다. 일례로 매수인이 매도인에게 발송하는 주문서에 주문과 동시에 즉시 발송이라고 표시되어 있는 경우 이는 매수인이 주문에 매도인이 응하면 그것에 구속되겠다는 의사를 표시한 것으로 취급된다.

이 경우 계약체결의 제의는 **충분히 확정적**(sufficiently definite)이고, 승낙이 있는 경우 구속된다는 의사가 명확히 표시되어 있어야 한다. 곧 당해 제의가, ①**물품**(物品, goods, product)을 표시하고, ②명시적 또는 묵시적으로 그 **수량**(數量, quantity)과 **대금**(代金, price)을 정하고 있거나, 이를 정하는 규정을 두고 있는 경우 그 제의는 **충분히 확정적**인 것이 된다. 만약 양당사자 간에 확립된 관행이 있으면, 이로써 계약체결의 제의에 표시되어 있지 않은 품질·수량·가격 등의 내용을 보완할 수 있다.

(2) 청약의 효력발생시기

청약의 의사표시는 상대방에게 도달한 때, 효력이 발생한다. 여기서 도달은 의사표시가 수신인에게 구두로 전해지거나 또는 그 밖의 방법으로 직접 수신인 또는 그의 영업소나 우편송부처에 전달된 때, 수신인이 영업소나 우편송부처가 없는 경우 그 주소지에 전달된 때를 말한다. 그 결과 청약이 도달하지 않는 한, 상대방이 그 내용을 이미 알고 있거나, 이에 승낙의 의사표시를 하더라도 그 효력은 인정되지

청약의 기준과 효력발생시기

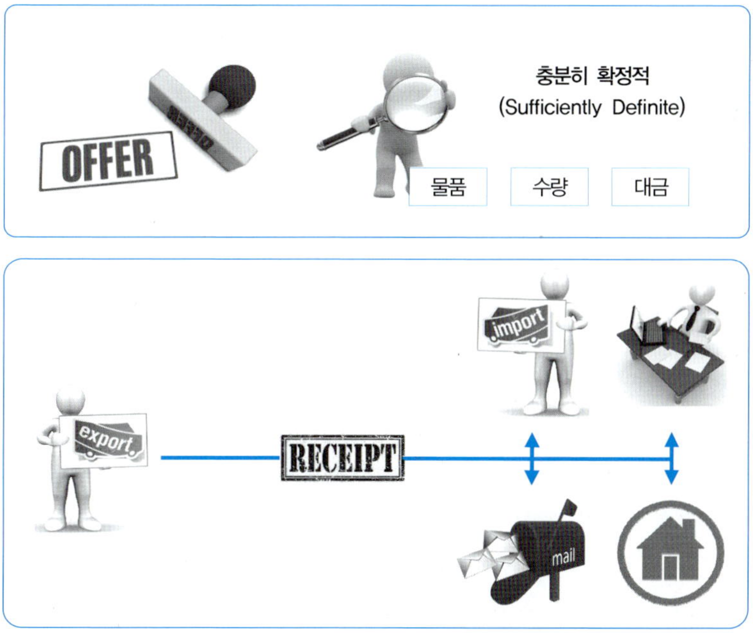

않는다. 이를 도달주의원칙(到達主義原則, receipt rule)이라고 한다.[10] 청약은 비록 취소불능(取消不能, irrevocable)의 청약이더라도, 철회(撤回, withdrawal)의 의사표시가 청약의 도달 전에 또는 그와 동시에 피청약자에게 도달하는 경우에는 철회할 수 있다.

(3) 청약의 취소

청약의 취소(取消, revocation)[11]와 청약의 **철회**는 구분하여야 한다. 곧 **취소**는 청약이 피청약자에게 도달한 후에 이미 도달한 청약의 효력을 소멸시키는 것인데 반하여, **철회**는 청약이 피청약자에게 도달 전에 또는 도달과 동시에 피청약자에 대해 청약의 효력을 저지하는 것으로 구분된다.

청약이 **취소불능**이라고 규정하고 있는 경우를 제외하고, 계약이 성립할 때까지 청약이 피청약자에게 도달한 후에 피청약자가 청약자에게 승낙의 통지를 발송하기 전에 취소의 통지가 피청약자에게 도달하는 경우 청약자는 청약을 취소할 수 있다.

그러나 청약에서 승낙기간을 명시하고 있거나, 그 밖의 방식으로 청약이 취소불능임을 표시하고 있는 경우에는 청약은 취소할 수 없다. 아울러 피청약자가 청약을 합리적으로 신뢰하고 행위를 한 경우 청약은 취소될 수 없다. 이는 이른바 금반언의 원칙(禁反言原則, principle of estoppel)[12]을 표창하고 있는 법적 기준으로 취급할 수 있다.

---

10) 우편으로 의사표시를 하는 경우에는 보통 서신을 써서 우체통에 넣어[발신(發信)], 상대방에게 배달되어[도달(到達)], 상대방이 읽게 되는[요지(了知)] 순서를 밟게 되는데, 여기서 격지자 간의 의사표시는 원칙적으로 상대방에게 도달한 때에 효력이 발생한다는 원칙을 말한다. 이는 의사표시가 도달한 때, 즉 상대방의 지배권 내에 들어가 상대방이 의사표시의 내용을 확인할 수 있는 상태에 놓인 경우에 효력이 생긴다는 주의이며, 달리 **수신주의** 또는 **수령주의**라고도 한다.

11) **취소**는 일단 유효하게 성립한 그 의사표시 또는 법률행위의 효력을 후에 행위 시에 소급하여 소멸하게 하는 특정인[취소권자(取消權者)]의 의사표시를 말한다. **취소**할 수 있는 행위는 **취소**가 있을 때까지는 모든 자가 행위의 효력이 있는 것으로 보며, 취소권자가 취소권을 포기하거나 또는 취소권이 소멸하면 그 행위는 효력을 잃지 않고 유효한 것으로서 확정된다. 이는 당초부터 아무런 효과도 발생하지 않는 표시하면 되며, 이에 아무런 형식도 필요로 하지 않는다. **취소**의 효과는 그 행위가 최초부터 무효였던 것으로 취급되는 것이다. 따라서 법률행위에 의해 급부가 이미 행해진 경우에는 그 급부를 받은 자는 수익자로서 부당이득(不當利得, unjust enrichment, unlawful profit)의 법리에 의해 그 급부를 반환하여야 한다. 선의의 수익자는 받은 이익이 현존하는 한도 내에서 반환의무를 부담하는 반면에, 악의(惡意, bad fiath)의 수익자는 그 받은 이익에 이자(利子, interest)를 붙여 반환하고 손해가 있으면 배상해야 한다.

12) ①**금반언의 원칙**은 원래 자본주의 경제발전에 따라, 거래안전의 요청상 영미법에서 estoppel의 **법리**로 발전된 법리로서, **선행행위**(先行行爲)**와 모순되는 행위의 효력을 부인하는 것**이다. 그리고 이것은 **신의칙**(信義則)의 발현형태로 표창된다. 곧 이미 표명한 자기 언동에 대해 이와 모순되는 행위를 할 수 없다는 것이다. 이는 사실에 반하는 외관을 제3자에게 표시한 자는 그 외관을 믿고 행위를 한 선의의 제3자에 관하여 외관이 사실에 반한다는 것을 주장할 수 없다고 하는 법리로 설명된다. 결국 그러한 외관을

(4) 청약의 거절

청약은 취소불능의 여부를 불문하고 청약에 대한 피청약자의 거절의 통지가 청약자에게 도달할 때는 그 효력이 소멸한다. 청약에 대한 거절의 의사표시는 명시적일 수도 있지만 묵시적으로도 가능하다. 이 경우 묵시적으로 청약에 대한 거절의 의사표시가 충족되기 위해서는 당해 상거래에서의 관행 또는 양당사자 간 확립된 관례가 존재하여야 한다. 다만 묵시적인 거절은 엄격하게 해석된다.

한편 변경을 가한 승낙은 원칙적으로 그 변경의 내용이 중대한 경우에 한하여 청약의 거절로 본다. 예컨대 청약의 수령자가 단순히 내용의 변경가능성에 관하여 문의하거나, 계약조건의 변경을 의도한 것만으로는 청약의 거절로 취급되지 않는다. 이와 관련해서는 후술한다.

청약의 취소와 철회

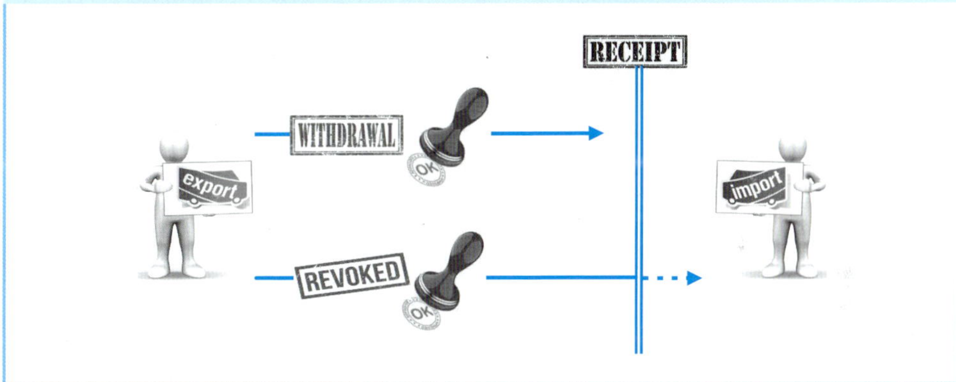

표출한 자는 그에 대한 책임을 부담해야 한다. ②법률관계에 있어서 앞에서 한 행위로 상대방에게 일정한 신뢰를 준 경우와 이와 모순되는 후행행위를 함으로써 상대방의 신뢰를 저버리는 것은 신의칙에 위반되므로 그 선행행위와 모순되는 후행행위를 금지한다는 것이다. **금반언**에는 ㉠**기록에 의한 금반언**, ㉡**날인증서에 의한 금반언**, ㉢**행위에 의한 금반언** 등이 있는데, 특히 ㉠을 **법적 금반언**, ㉢행위에 의한 금반언을 **형평적 금반언**이라 한다. 사실에 반하는 외관을 제3자에게 표시한 자는 그 외관을 믿고 행위를 한 선의의 제3자에 대하여 외관이 사실에 반한다는 것을 주장할 수 없고 결국 모순된 선행행위를 한 자는 그에 대한 책임을 부담하여야 한다. **금반언**이 주장될 수 있기 위해서는 일반당사자의 표현이 애매하지 않고 명백해야 하며, 표현이 자의적이고 무조건적이며 권한 있는 자에 의한 것이고, 그에 의하여 타방 당사자가 선의의 신뢰를 가졌어야 한다.

2) 승낙

(1) 승낙의 기준

가. 청약에 대한 동의의 표시

매매계약의 경우 계약을 체결하고자 하는 피청약자[승낙자]만이 청약에 관하여 승낙할 수 있는 권리가 있다. 피청약자가 청약의 내용을 변경한 동의의 의사표시를 한 경우 그것이 승낙으로서 유효한지 또는 **반대청약**(反對請約, counter offer)이 되는지는 계약내용에 따라 판단하여야 한다.

반대청약은 피청약자가 청약에 대해 조건을 변경하거나 또는 새로운 조항을 추가한 동의를 청약자에게 한 것을 말하며, 이 **반대청약**은 **원청약**(原請約, original offer)의 거절임과 동시에, 피청약자가 청약자에게 행하는 새로운 청약으로 본다. 따라서 **반대청약**은 승낙으로 취급될 수 없기 때문에 이로써는 계약을 성립시킬 수가 없다.

승낙으로서 동의의 의사표시는 구두·서면 또는 그 밖의 행위라도 무방하다. 예컨대 ①매수인이 물품을 수령하는 것, ②제3자가 물품을 수령하는 것, ③**신용장**(信用狀, letter of credits)[13)]의 개설, ④물품대금의 융자를 요청하기 위하여 금융기관으로 **상업송장**(商業送狀, invoice)을 발급하는 것, ⑤행정관청으로 매매의 증명서신을 보내는 것 등의 행위는 승낙으로서의 동의로 취급된다.

나. 침묵 또는 부작위에 의한 동의

청약이 도달한 후, 승낙의 의사표시로서 피청약자의 **침묵**(沈黙, silence) 또는 **부작위**(不作爲, non-feasance)는 청약에 대한 유효한 승낙으로 인정되지 않는다. 그러나 양당사자에게 청약에 대한 동의의 표시로서 **침묵**이나 **부작위**에 의한 승낙의 유효성이 담보된 관습 또는 관행이 존재하고 있다면, 그러한 **침묵**이나 **부작위**는 청약에 대한 동의의 표시, 곧 유효한 승낙의 의사표시로 취급된다. 바꾸어 말하면 이러한 관습이나 관행은 양당사자 모두를 예외 없이 구속하고 있음에 따라, 그러한 관습이나 관행에 의한 **침묵** 또는 **부작위**의 의사표시는 승낙으로서의 효력을 지니게 된다.

---

13) **신용장**[또는 상업신용장]은 은행이 수입상의 의뢰를 받고, 수출지의 다른 은행에 관하여 수출상에게 금전지급을 위탁하는 것으로, 수입지 은행은 수출지 은행에 관하여 보통 수입상이 수입지 은행을 지급인으로 발행하는 환어음을 매수할 것을 위탁하고, 매수한 어음에 관하여는 직접 **신용장** 금액을 지급할 것을 약속한다. 수입상이 발행하는 어음은 보통 선하증권 등을 첨부한 화환어음이며, 화환어음에 의해 담보되는 **신용장**을 **화환신용장**(貨換信用狀, documentary credit)이라고 하며, **신용장**은 대부분 **화환신용장**이다. **상업신용장**은 매수인의 신용이 수출지 은행에 알려져 있지 않을 때에도, 매도인은 **신용장** 발행은행의 신용에 의하여 용이하게 어음을 환가하여 대금을 회수할 수 있으므로, 무역에서 많이 이용되고 있다.

다. 승낙의 기간

동의의 의사표시가 승낙기간 내에 청약자에게 도달하면, 승낙으로서 효력이 발생한다[도달주의(到達主義, receipt rule)]. 따라서 승낙의 효력을 발생하기 위해서는, 반드시 청약자에게 도달하여야 한다. 한편 승낙기간이 경과한 경우 청약자가 지체 없이 피청약자에게 승낙기간이 경과한 후의 지연된 승낙이더라도, 승낙이 유효함을 통지하게 되면 당해 승낙은 유효하나, 원칙적으로 청약은 승낙기간이 지나면 실효된다.

라. 행위에 의한 유효한 승낙

당사자 간에 이미 확립된 관습 또는 관행의 결과로서 피청약자가 청약자에게 명시적인 의사표시로서 승낙의 통지 없이 어떠한 행위를 함으로써 승낙하는 경우에 피청약자가 그러한 행위를 할 때에 승낙의 효력이 발생한다.

(2) 청약을 변경하는 승낙

가. 실질적 변경

청약에 대한 승낙에 결부하여 청약의 내용에 추가·제한 또는 그 밖의 실질적 변경(實質的變更, material alter)을 가하고 있는 승낙은, 원청약에 대한 반대청약으로 취급된다. 여기서 실질적 변경은 ①대금, ②대금지급, ③수량, ④품질, ⑤인도장소, ⑥시기, ⑦분쟁해결방법 등이다.

청약의 실질적 변경

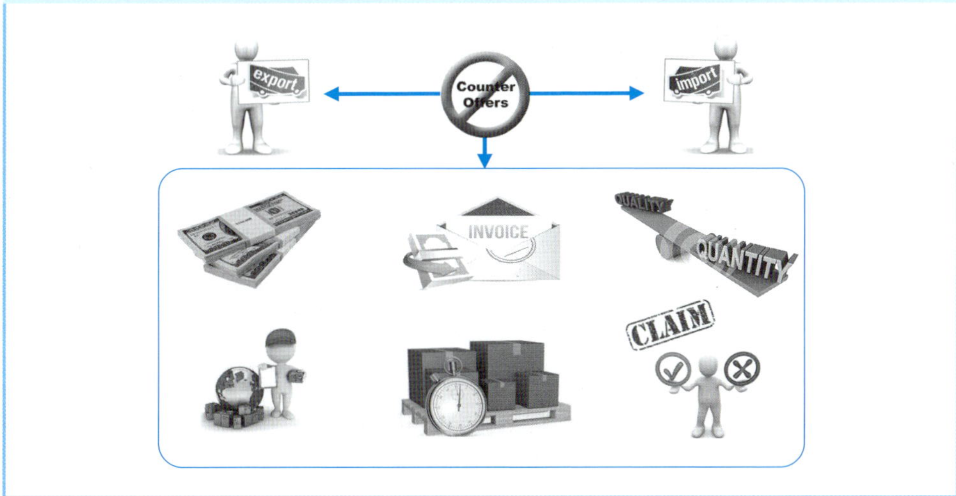

나. 비실질적 변경

청약자가 부당한 지체 없이 구두 또는 서면으로 그러한 변경에 대한 반대를 피청약자에게 통지를 하지 않는 한, 청약에 대한 비실질적인 변경을 포함한 응답은 승낙이 된다. 예컨대 상대방에게 유익을 주는 변경은 실질적 변경이 아니므로, 타방당사자로부터 명확한 승낙이 필요 없다. 이 경우는 **사실의 문제**(the matter of facts)로 귀결될 것이다. 한편 물품대금은, ①시장가격이 시장가격의 증감에 따른다는 것, ②어느 품목의 인도가 경우에 따라 지연될 수도 있다는 것, ③매도인이 인도날짜를 변경할 수 있는 권리를 유보한다는 표준조건, ④매수인이 공식적인 계약의 종료에 따른 합의서를 작성해야 한다는 요구, ⑤계약의 전 과정에 걸쳐 계약상 기밀을 유지해야 한다는 일방의 요구, ⑥매수인이 지정한 기간 내에 인도된 물품을 거부하여야 하는 것 등과 관련한 변경은 **비실질적 변경**으로 취급된다.

다. 승낙의 방법

승낙은 청약과 마찬가지로 그 방식에 관한 별도의 약정이 없는 한, 구두・서면・행위 등 그 어떠한 방법으로도 유효하게 합의할 수 있다. 다만 청약에 대한 동의를 표시하는 피청약자의 진술 또는 그 밖의 행위는 승낙이 되지만, **침묵** 또는 **무위**(無爲, inactivity)는 그 자체로는 승낙이 되지 않는다. 참고로 전자상거래에서 상인 간의 지속적 거래에 전자문서가 이용되는 경우 상관행에 기하여 승낙의 의사표시가 없어도 유효한 계약의 성립이 될 수 있는 경우가 있다. 예컨대 ①당사자 간의 합의를 전제로 매수정보를 전자문서로 전송함으로써 상거래 관행이나 관습에 의해 침묵을 승낙으로 보는 경우, ②전자문서에 의한 매수요청에 따라, 별도의 통지 없이 목적물을 제공한 경우, ③매수요청 사항에 미결정사항이 포함되어 있음에도 불구하고, 이후에 매수정보를 데이터로 전송함으로써 미결정사항을 충족하는 경우 등이다.[14)]

라. 승낙기간의 해석

통상적으로 전보의 경우에는 발신을 위해 교부할 때, 서신의 경우에는 서신에 기재된 일자 또는 그것이 없는 경우 봉투에 기재된 일자로부터 기산된다. 이를 도달시로 하지 않은 이유는 그 시기를 양당사자가 모두 확인할 수 있기 때문이다. 그러나 동시적 통시수단인 전화나 텔렉스의 경우 발신과 도달이 동시에 일어나므로, 이

14) **판매시점관리**(賣買時點管理, point of sales, POS)가 이에 해당하는 대표적인 구현시스템이다. 이는 정보시스템과 연결하여 실시간으로 매매정보를 수집하여 물품관리・재고관리 등의 업무를 자동으로 수행하는 방식이다.

경우는 도달 시부터 승낙기간이 개시된다. 팩스나 이메일도 동시적 통신수단임은 다름이 없고, 대화자 간 승낙기간의 시기도 마찬가지로 이에 해당한다.

기간의 산정에 있어 공휴일 또는 비영업일이 포함되어 있는 경우에는 공히 승낙기간에 산입된다. 그러나 승낙기간의 말일이 청약자 소재지의 공휴일 등에 해당할 경우 승낙기간은 그 익일까지 연장된다.

(3) 승낙의 지연과 철회

가. 승낙기간의 해석

지연된 승낙이라고 하더라도 청약자가 지체 없이 그 승낙의 유효함을 피청약자에게 통지하게 되면, 이러한 승낙은 그 지연에도 불구하고 유효하다. 또한 승낙의 통지가 승낙기간 내에 정상적으로 청약자에게 도달할 수 있었음을 서면으로 나타내고 있는 경우 지연된 승낙을 담고 있는 서신 또는 그 밖의 문서도, 마찬가지로 승낙으로서의 효력이 있다. 다만 청약자가 지체 없이 청약이 실효하였음을 피청약자에게 통지하는 경우에는 그러하지 않다.

나. 승낙의 철회

승낙 철회의 통지가 승낙의 효력이 발생하기 전에 또는 그와 동시에 청약자에게 도달하면, 피청약자는 승낙을 철회할 수 있다. 승낙은 청약자에게 도달하여야 효력이 발생하고, 아울러 행위에 의한 승낙은 그러한 행위가 이행될 때, 효력이 발생한다. 한편 승낙이 도달하여 그 효력이 발생하면, 계약은 유효하게 성립되었다고 볼 수 있으므로 이 경우에는 더 이상 승낙의 철회에 관한 여지는 남겨져 있지 않다.

3 무역계약의 이행

1) 매도인의 의무

매도인은 물품을 인도해야 할 의무가 있다. 계약당사자는, 예컨대 정형거래조건(Incoterms)의 어느 조건을 채택함으로써 물품을 인도하는 책임을 명시할 수 있다.

또한 매도인은 물품과 관련된 서류를 교부해야 할 의무가 있다.[15)]

한편 매도인이 매수인에게 부담하여야 할 가장 중요한 의무는 매수인에게 **물품의 소유권을 이전**하는 것이다. 다만 물품의 소유권이 매수인에게 이전되었는지 여부는 국제사법의 원칙에 따라 국내법에 의해 해결하여야 한다.

그 밖에 당사자의 의사나 관습 및 관행에 의해 또는 신의칙에 기해서도 별단의 의무가 발생할 수 있는데, 일례로 계약당사자의 ①수출·입 허가에 관한 개별 의무, ②탁송통지의무, ③운송계약체결 의무, ④보험정보의 제공의무, ⑤이행정지 통지의무, ⑥손해경감의무, ⑦이행장애의 통지의무, ⑧목적물 보관의무 등을 예시할 수 있다.

(1) 물품인도장소와 시기

가. 계약내용에 물품의 운송을 포함하고 있는 경우

매도인이 특정한 장소에서 인도할 의무가 없는 상황임에도 불구하고, 계약에서 물품의 운송을 요구하고 있는 경우 매도인은 물품을 매수인에게 이전하는 과정에서 **최초운송인**(first carrier)에게 인도하는 것으로 그 의무를 다하게 된다. 이를 통상 **송부매매계약**(送付賣買契約, contract of sale involving carriage of the goods)라고 하는데, 여기서 계약에서 운송을 포함하는 경우는, 매도인과 매수인 이외의 독립된 운송인이 당해 물품의 운송을 담당하고 있음을 의미한다. 이 경우 송부매매는, **독립운송인**의 존재를 요건에 두고 있기 때문에, 단순히 운송주선만을 감당하는, 소위 운송주선인(運送周旋人, freight forwarder)[16)]에게 물품을 인도한 것만으로는 그 인도의무를 다 했다고 볼 수는 없다. 이 경우 유의하여야 할 사항은 운송주선뿐만 아니라 동시에 운송도 겸업하고 있는 운송주선인 또한 운송인으로 취급해도 무방하다는 사실이다.

그 밖에 물품을 운송인에게 **인도한다**는 것은, 매도인이 매수인에게 당해 물품을 전달하고자 하는 의도가 결부되어 있어야 하며, 또한 **넘겨준다**는 의미는 물품의 사실상의 지배로서 점유(占有, possession)의 이전을 의미한다.

---

15) 이하 **무역계약의 이행** 전편은 국제물품매매계약의 준거법으로서 **국제물품매매계약에 관한 UN 협약**(CISG)의 규정내용에 따라 그 주요 골자를 중심으로 기술함을 참고한다.

16) **운송주선인**이란, 우리 상법상 **자기명의로 물품운송의 주선을 영업으로 하는 자**를 말한다. 운송위탁자의 계산에서 자기명의로 운송인과 **물품운송계약**을 체결하는 것이므로 판매 또는 매수를 자기명의로 위탁자의 계산에서 주선하는 위탁매매인과 같으나, 주선행위의 내용이 **물품운송**인 점에서 다르다. 따라서 **운송주선인**은 **물품운송**만을 주선한다.

나. 계약내용에 물품의 운송을 포함하고 있지 않은 경우

계약에서 운송을 요구하고 있지 않는 경우 매도인은 물품을 매수인의 **임의처분**(任意處分, voluntary disposition)에 두는 것으로 자신의 인도의무를 다하게 된다. 이 경우 인도장소와 관련, ①물품이 특정물이거나 또는 특정한 재고품, 제조・생산되는 불특정물이어야 하고, 이에 관하여 당사자 쌍방이 계약체결 시에 특정장소나 제조장소를 알고 있었던 때는, 매도인은 그 장소에서 물품을 매수인의 임의처분에 두면 된다. 운송 중의 매매도 이와 다름이 없다. 그러나 실무적으로 운송 중의 매매에 있어 물품인도는 보통 서류를 교부함으로써 이루어지고 있음이 상례이다. ②그 밖의 경우 매도인은 계약체결 시에 자신의 영업소에서 물품을 매수인의 임의처분에 두면 된다.

다. 운송의 수배

운송계약(運送契約, contract of carriage)[17]이 수반되는 계약에 있어, ①매도인이 운송인에게 물품을 인도하였으나, 물품의 **화인**(貨印, shipping mark)[18], 선적서류 또는 그 밖의 방식에 의해 계약물품임이 명확히 표시되어 있지 않는 경우 매도인은 매수인에게 물품을 명세한 통지를 하여야 한다. ②매도인이 운송을 수배할 의무가 있는 경우 이를 위한 적절한 조치를 취하여야 한다. ③매도인이 운송과 관련하여 보험에 부보해야 할 의무가 없다고 하더라도, 매수인의 요청이 있는 경우 매수인이 부보할 수 있도록 필요한 모든 정보를 매수인에게 제공하여야 한다. 한편 물품운송을 수배할 의무가 있는 매도인은 통상의 조건으로 적절한 운송수단에 의하여야 한다.

---

17) 운송계약은 당사자의 일방이 화물 또는 여객운송을 인수하고 상대방이 이에 대한 운임을 지급할 것을 약속하는 계약을 말한다. 운송의 목적물에 따라 **화물운송계약**과 **여객운송계약**으로 나누어지며, 또 그 운송수단에 따라 **육상운송계약**과 **해상운송계약**으로 나누어진다. 어느 것이나 목적지까지 운송한다는 일의 완성을 인수하는 것이므로 **도급계약**의 성질을 가지지만, 항상 운송증권의 작성을 수반한 요식계약인 것은 아니고, **낙성계약・유상계약・쌍무계약**에 속한다. 오늘날 운송계약은 거의 **부합계약**인 것이 상례이다.

18) 수출물품의 포장에 다른 화물과 쉽게 구별할 수 있도록 하는 표시를 말한다. 특정의 기호・번호・목적지・취급주의문구 등으로 표시하는데, 주화인과 부화인, 품질표시, 중량표시, 목적항표시, 화물의 일련번호, 원산지표시, 주의사항과 기타사항 등이 있다. 선하증권과 송장 등에 표시된 내용과 일치해야 하며, 만약 잘못된 표시로 인하여 사고가 발생하면 매도인이 그 책임을 부담하여야 한다. **주화인**은 화물을 쉽게 구별하기 위한 기호로서 삼각형・마름모꼴・타원형 등의 도형 안에 수입상호의 약자 등을 써넣는다. 문자나 숫자만으로 된 경우도 있다. **부화인**은 **주화인**의 보조마크로 보통 수출상을 표시한다.

라. 물품인도시기

물품의 인도시기는 당사자의 의사에 기하여 인도시기가 기간으로 정해져 있는 경우에는 그 기간 내에 그리고 그 밖의 모든 경우에는 계약체결 이후 상당한 기간 내에 인도하면 된다. 매도인이 이상의 시기를 경과하게 되면, 즉시 인도의무의 위반으로 취급되며, 이에 매수인은 특단의 구제수단을 행사할 수 있다.

인도기일이 계약에 의해 명시되어 있거나, 확정될 수 있는 경우 매도인은 그 확정된 일자에 물품을 인도하여야 한다. 한편 계약에 의해 지정되어 있거나, 확정될 수 있는 인도기간이 정해져 있는 경우 매도인은 그 기간 내에 인도시기를 선택할 수 있다. 그러나 매수인이 특정한 날을 선택해야 할 사정이 있는 경우에는 그러하지 아니하다. 예컨대 매수인이 그 기간 내에 운송을 주선하기로 되어 있거나 또는 매수인의 요청이 있을 때 인도하기로 한 경우가 이에 해당한다. 그렇지만 이러한 기간 내에도 불구하고 매수인의 선택이 없다면, 그 기간이 경과하더라도 매도인은 스스로 인도할 필요가 없고 또한 인도하여서도 안 될 것이다. 이 경우는 다름없이 매수인의 계약위반에 해당한다. 이상의 어느 경우에도 해당하지 않는 때, 매도인은 계약체결 이후 **상당한 기간**(reasonable time) 내에 물품을 인도하여야 한다. 이때 **상당한 기간**의 산정은 당해 상황의 종합적인 판단에 따라 사실의 문제로 귀결된다.

(2) 물품에 관한 서류

매도인은 계약상의 시기·장소·방식에 따라, 물품서류를 매수인에게 교부하여야 한다. 이에 해당하는 서류는, **선하증권**(bill of lading), **창고증권**(warehouse receipt), **화물상환증**(貨物相換證, carriage note)[19] 및 매수인이 당초 매도인에게 요구한 일체의 서류가 포함된다. 예컨대 **수출·입 허가서**(import or export licence)·**원산지증명서**(certificate of origin)·**보험서류**(insurance policies) 등이다. 한편 서류교부의 시기·장소·방식 등은, 일차로 당사자의 의사·관습·관행 등에 의할 수 있으나, 통상 정

---

19) **화물상환증**이란 **운송인이 증권기재의 운송물을 수령하였다는 것을 확인하고 목적지에서 이것을 증권소지인에게 인도할 의무를 부담하는 유가증권**을 말한다. 송화인의 청구가 있는 때, 운송인은 **화물상환증**을 작성·교부하여야 한다. 송화인은 운송물을 운송인에게 인도한 이후 **화물상환증**의 교부를 청구할 수 있다. 이는 해상운송에 있어서의 선하증권을 육상운송에 응용한 것으로서, 송화인은 **화물상환증**에 의하여 운송중의 화물을 양도 또는 입질을 하여 금융을 얻을 수 있고, 수화인도 **화물상환증**을 제3자에게 양도하면, 화물도착 이전에 화물을 전매하는 것과 동일한 효과를 얻을 수 있다. **화물상환증**은 **요식증권**이지만, 어음과 같이 엄격한 요식증권은 아니고, **법정기재사항** 중의 하나를 결하여도 운송물의 동일성이 인정되고, 운송인에 의한 수령과 목적지에 있어서의 인도의무를 인정할 수 있으면 유효하다.

물품에 관한 서류 (선하증권)

Date: | **BILL OF LADING** | **Page**

SHIP FROM

Name:
Address:
City/State/Zip:
SID#: FOB: ☐

Bill of Lading Number:

SHIP TO

Name: Location #:
Address:
City/State/Zip:
CID#: FOB: ☐

CARRIER NAME:
Trailer Number (s):
Seal Number(s):

SCAC:
Pro Number:

THIRD PARTY FREIGHT CHARGES BILL TO:

Name:
Address:
City/State/Zip:

Freight Charge Terms: *(freight charges are prepaid unless marked otherwise)*

Prepaid ____ Collect ____ 3rd Party ____

SPECIAL INSTRUCTIONS:

☐ (check box) Master Bill of Lading: with attached underlying Bills of Lading

CUSTOMER ORDER INFORMATION

CUSTOMER ORDER NUMBER	# PKGS	WEIGHT	PALLET/SLIP Y / N	ADDITIONAL SHIPPER INFO (Destination, PO Type, Dept)
				SAMPLE
GRAND TOTAL				

CARRIER INFORMATION

HANDLING UNIT		PACKAGE		WEIGHT	H.M. (X)	COMMODITY DESCRIPTION Commodities requiring special or additional care or attention in handling or stowing must be so marked and packaged as to Ensure safe transportation with ordinary care. See Section 2(e) of NMFC Item 360	LTL ONLY	
QTY	TYPE	QTY	TYPE				NMFC#	CLASS
						GRAND TOTAL		

Where the rate is dependent on value, shippers are required to state specifically in writing the agreed or declared value of the property as follows:
"The agreed or declared value of the property is specifically stated by the shipper to be not exceeding ________ per ________."

COD Amount: $ ________ *Fee Terms* Collect: ☐ Customer check acceptable: ☐

NOTE Liability Limitation for loss or damage in this shipment may be applicable. See 49 U.S.C. 14706(c)(1)(A) and (B).

RECEIVED, subject to individually determined rates or contracts that have been agreed upon in writing between the carrier and shipper, if applicable, otherwise to the rates, classifications and rules that have been established by the carrier and are available to the shipper, on request, and to all applicable state and federal regulations.

The carrier shall not make delivery of this shipment without payment of freight and all other lawful charges.

________ **Shipper Signature**

SHIPPER SIGNATURE / DATE
This is to certify that the above named materials are properly classified, packaged, marked and labeled, and are in proper condition for transportation according to the applicable regulations of the DOT.

Trailer Loaded:
☐ By Shipper
☐ By Driver

Freight Counted:
☐ By Shipper
☐ By Driver/pallets said to contain
☐ By Driver/Pieces

CARRIER SIGNATURE / PICKUP DATE
Carrier acknowledges receipt of packages and required placards. Carrier certifies emergency response information was made available and/or carrier has the DOT emergency response guidebook or equivalent documentation in the vehicle.

Property described above is received in good order, except as noted.

●●● 물품에 관한 서류 (수출신고필증)

USD 1,193.1
USD 1,193.1

UNI-PASS

수출신고필증(적재전, 갑지)

※ 처리기간 : 즉시

① 신고자 키움관세사	⑤ 신고번호 13111-17-100002X	⑥ 세관.과 041-10	⑦ 신고일자 2017-01-03	⑧ 신고구분 H 일반P/L신고	⑨ C/S구분 A

② 수출대행자 (통관고유부호) 수 출 화 주 (통관고유부호) (주소) (대표자) (사업자등록번호)	⑩ 거래구분 11 일반형태	⑪ 종류 A 일반수출	⑫ 결제방법 TT 단순송금방식
	⑬ 목적국 HK HGKONG	⑭ 적재항 ICN 인천공항	⑮ 선박회사 (항공사)
	⑯ 선박명(항공편명)	⑰ 출항예정일자	⑱ 적재예정보세구역 04099999
	⑲ 운송형태 40 ETC		⑳ 검사희망일 2017/01/03
	㉑ 물품소재지 07505 서울특별시강서구하늘길 210 /		
③ 제 조 자 (통관고유부호) 제조장소	㉒ L/C번호		㉓ 물품상태 N
	㉔ 사전임시개청통보여부 N		㉕ 반송 사유
④ 구 매 자 (구매자부호)	㉖ 환급신청인 2 (1:수출대행자/수출화주, 2:제조자) 자동간이정액환급 NO		

●품명 · 규격 (란번호/총란수 : 001/001)

㉗ 품 명 PLASTIC OPTICAL SPECTACLE FRAMES ㉘ 거래품명 PLASTIC OPTICAL SPECTACLE FRAMES	㉙ 상표명

㉚ 모델 · 규격	㉛ 성분	㉜ 수량(단위)	㉝ 단가(USD)	㉞ 금액(USD)
	1 란 을지	계속		

㉟ 세번부호	9003.11-0000	㊱ 순중량	170.0 (KG)	㊲ 수량	8,300 (U)	㊳ 신고가격(FOB)	$63,080 ₩75,260,748
㊴ 송품장부호	MT17-0102-1	㊵ 수입신고번호		㊶ 원산지	KR---N	㊷ 포장갯수(종류)	14(CT)
㊸ 수출요건확인 (발급서류명)							
㊹ 총중량	180.0 (KG)	㊺ 총포장갯수	14(CT)	㊻ 총신고가격 (FOB)			$63,080 ₩ 75,260,748
㊼ 운임(₩)	0	㊽ 보험료(₩)	0	㊾ 결제금액		FOB-USD-63,080.00	
㊿ 수입화물 관리번호				(51) 컨테이너번호			N

※신고인기재란	(52) 세관기재란
SAMPLE	GIMPO AIRPORT CUSTOMS THE REPUBLIC OF KOREA 김포공항세관

(53) 운송(신고)인 (54) 기간 부터 까지	(55) 적재의무기한	2017/02/02	(56) 담당자		(57) 신고수리일자	2017/01/03

발 행 번 호 : 2017519595406(2017.01.03) Page : 1/2

(1) 수출신고수리일로부터 30일내에 적재하지 아니한 때에는 수출신고수리가 취소됨과 아울러 과태료가 부과될 수 있으므로 적재사실을 확인하시기 바랍니다.
(관세법 제251조, 제277조) 또한 휴대탁송 반출시에는 반드시 출국심사(부두,초소,공항) 세관공무원에게 제시하여 확인을 받으시기 바랍니다.

(2) 수출신고필증의 진위여부는 관세청 인터넷통관포탈에 조회하여 확인하시기 바랍니다(http://unipass.customs.go.kr)

물품에 관한 서류 (수입신고필증)

UNI-PASS

수 입 신 고 필 증

(갑 지)
※ 처리기간 : 3일

①신고번호	②신고일	③ 세관.과	⑥ 입항일	⑦ 전자인보이스 제출번호
11097-12-200436U-	2012/05/15	040-11	2012/05/11	

④B/L(AWB)번호	⑤ 화물관리번호	⑧ 반입일	⑨ 징수형태
55542840615	12SU49Y5B17-0009	2012/05/11	11

⑩ 신 고 인 ⑪ 수 입 자 ⑫ 납세의무자 (주소) (상호) (성명) ⑬ 운송주선인 ⑭ 해외거래처	⑮ 통관계획 D 보세구역장치후	⑲원산지증명서 유무 N	㉑총중량 430 KG	
	⑯ 신고구분 A 일반P/L신고	⑳가격신고서 유무 Y	㉒총포장갯수 32 CT	
	⑰거래구분 11 일반형태수입	㉓국내도착항 ICN 인천공항		㉔운송형태 40-ETC
	⑱종류 K 일반수입(내수용)	㉕적출국 RU RUSSIAN		
		㉖선기명 SU5542 JP		
	㉗MASTER B/L번호 55542840615		㉘ 운수기관부호	

㉙검사(반입)장소 04077004-A208/삼진(인천항공화물터미널주식회사 A)

● 품명 · 규격 (란번호/총란수 : 001/001)

㉚품 명	VEGETABLE EXTRACTS	㉜ 상표	NO
㉛거래품명	DRY CHAGA EXTRACTS		

㉝모델 · 규격1	㉞성분	㉟수량	㊱단가(USD)	㊲금액(USD)
(NO. 01) DRY VEGETAVITY EXTRACTPARTY NO:705			.	.

㊳세번부호	1302.19-9099	㊵순중량	400 KG	㊸C/S검사	S 청CS검사생략	㊺사후확인기관	
㊴과세가격(CIF)	$.	㊶수 량	.	㊹검사변경			
	₩ .	㊷환급물량	.	㊼원산지	RU-A-Y-B	㊽특수세액	0.00

㊻ 수입요건확인 (발급서류명)	05-2CC2012133068 (식품등의 수입신고확인증)

㊾세종	㊿ 세율(구분)	51 감면율	52 세액	53 감면분납부호	감면액	*내국세종부호
관	8.00 (A기가)	.	.			
부	10.00 (A)	.	.			

SAMPLE

54 결제금액(인도조건-통화종류-금액-결제방법)	CIP-USD-40,980-TT	56 환 율	1,148.7000

55 총과세가격	$.	57 운 임	0	59 가산금액	0	64 납부번호	040-11-12-1-176623-3
	₩ .	58 보험료	0	60 공제금액	0	65 부가가치세과표	

61 세 종	62 세 액
관 세	
개별소비세	0
교 통 세	0
주 세	0
교 육 세	0
농 특 세	0
부 가 세	.
신고지연가산세	0
미신고가산세	0
63 총세액합계	.

※신고인기재란
업태 = 도.소매종목 = 건강보조식품.
무역

66 세관기재란
-이 물품을 수입통관 후 단순가공하거나 낱개·산물·분할 또는 재포장하여 판매하거나 사용할 경우, 관련 법령에 의거 원산지표시를 하여야 하고, 양도(양수자의 재양도 포함)시에는 양수인에게 이 의무를 서면으로 통보하여야 하며, 이를 위반시에는 관세법 제276조 및 대외무역법 제53조의2에 의해 처벌을 받게 됩니다.
-이 물품은 사후심사결과에 따라 적용세율이 변경 될 수 있습니다.

INCHEON AIRPORT CUSTOMS 인천공항세관 THE REPUBLIC OF KOREA

67 담당자	김경환 061234	68 접수일시	2012/05/15 11:51	69 수리일자	2012/05/15

발 행 번 호 : 2012090821212(2012.05.15) 세관.과 : 040-11 신고번호 : 11097-12-200436U Page : 1/1

- 본 신고필증은 발행 후 세관심사 등에 따라 정정,수정될 수 있으므로 정확한 내용은 발행번호 등을 이용하여 관세청 전자통관시스템 (http://portal.customs.go.kr)에서 확인하시기 바랍니다.
- 본 수입신고필증은 세관에서 형식적 요건만을 심사한 것이므로 신고내용이 사실과 다른 때에는 신고인 또는 수입화주가 책임을 져야 합니

물품에 관한 서류 (해상보험증권)

MARINE CARGO INSURANCE CERTIFICATE

CLIENT NO	AGENCY NO	POLICY NO	ENDORS NO	OPEN COVER NO	FLOTAN POLICY NO	PROPOSAL DATE	LOADING DATE
867010	500025	200200008041789	0	200200006641522		19/02/2010	19/02/2010

POLICY HOLDER NAME : ELECTRONIC CARD EXPORTER COMPANY SA
ADDRESS : Polígono San Sebastián, Nave 40 Arganda del Rey - 24500 Madrid Spain
ASSURED'SNAME : TAIWAN WASTEWATER ENGINEERING CO.
ADDRESS : No. 40, Shuang Lien Street Taipei City, 100 Taiwan
MORTGAGE :

DETAILS OF SUBJECT MASTER INSURED AND THE VESSEL

KIND OF GOODS : ELECTRONOC CARDS
VESSEL : MSC NEWYORK, 151 Q 12
QUANTITY : 10000 PIECES
WEIGHT (NET) : 12000KGS
WEIGHT (GROSS : 15000KGS
PACKING : 1000 CARTONS
PORT OF LOADING : VALENCIA SEAPORT; SPAIN
PORT OF DISCHARGE : PORT OF TAIPEI, TAIWAN

SUM INSURED

SUM INSURED IN EUR	ADD. S/I IN EUR(%0)	TOTAL SUM INSURED IN EUR
29,080.00	0.00	29,080.00

INSURANCE CONDITIONS AND PREMIUM

CONDITIONS	SUM INSURED VALUE	RATE %	NET PREMIUM EUR
ICC (A)	29,080.00	0.06	17.45

TOTAL NET PREMIUM :	17.45 EUR
TRANSACTION TAX :	0.00 EUR
GROSS PREMIUM :	17.45 EUR

DETAILS OF THE CONDITIONS

Marine Cargo General Conditions.

Warranted as per attached Institute Cargo Clauses (A)
Electronic Date Recognition Clause, Institute Radioactive Contamination, Chemical, Biological, Bio-chemical and Electromagnetic Weapons Exclusion Clause 10/11/2003 and Institute Cyber Attack Exclusion Clause 10/11/2003, Cyber Risk Exclusion Clause

EUR

COPY

In case of loss occurance, the indemnity amount to be paid, will be calculated in €, by applying the rate of exchange stated hereinabove.The settlement will be made either in € or in Foreign currency equivalent of the € amount on the date of payment. In consideration on the payment to us by or on behalf of the premium specified in this policy and subject to the general conditions, clauses or special conditions attached to the forming part of the policy. We hereby agree to insure against loss or damage incurred at the cargo specified under this policy. In the event of loss or damage which may result in claim under this insurance immediate notice must be given to company in order that surveyor is appointed who will examine the goods and issue a survey report. No servey report shall be valid unless signed by the appointed surveyor.

TERMINATION OF TRANSIT CLAUSE (TERRORISM), INSTITUTE STRIKES CLAUSES
CLAIMS ARE PAYABLE IN TAIWAN IN THE SAME CURRENCY

ISSUED AT :
DATE OF ISSUANCE : 19/02/2010

SPAIN WELL KNOWN INSURANCE COMPANY

물품에 관한 서류 (그 밖의 증권)

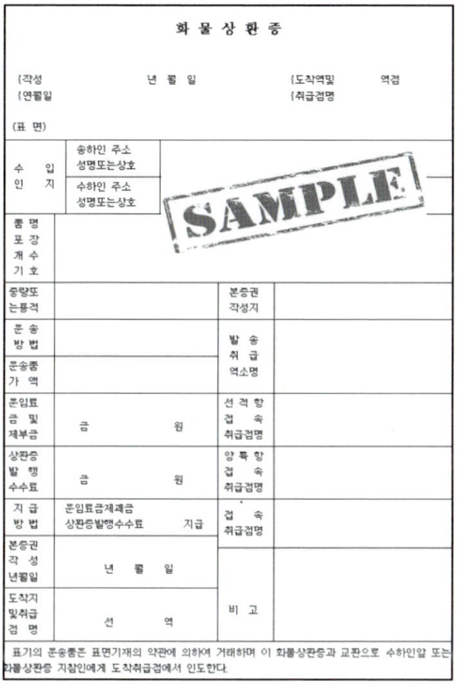

화 물 상 환 증

(작성 년 월 일 (도착역및 역검
(연월일 (취급검명

(표 면)

수입인지	송하인 주소 성명또는상호		
	수하인 주소 성명또는상호		
품명 포장 개수 기호			
중량또는용적		본증권 작성지	
운송방법		발송취급 역소명	
운송품 가액			
운임료금 및 제부금	금 원	선적항 접속 취급점명	
상환증 발행 수수료	금 원	양륙항 접속 취급점명	
지급방법	운임료금제과금 상환증발행수수료 지급	접속 취급점명	
본증권 작성 년월일	년 월 일	비고	
도착지 및취급 점명	선 역		

표기의 운송품은 표면기재의 약관에 의하여 거래하며 이 화물상환증과 교환으로 수하인앞 또는 화물상환증 지참인에게 도착취급점에서 인도한다.

창 고 증 권

임치인의 성명		임치인의 주소		
종류 품질 개수				인지
증권번호		수량	총량 약	
			평균 약	
포장		보관장소		
입고일	년 월 일			
보관기한	자 년 월 일	지 년 월 일		
보관료				
화재보험	총액 금 원		보험자	
	기간 자 입고일시 지 출고일시			
적요		입고번호 號		
		임치번호 號		

상기의 물품을 이면에 기재된 약정에 의하여 임치인 또는 그 지정인에게 본 증권과 상환하여 인도한다.

임치인 ○○○ 귀하
▲▲▲에서 본 증권을 작성하였음.

<이 면>

	수령월일	적요	수량	잔고 개수	당회사인	수령인성명	인
수령란	년 월 일						
	년 월 일						
	년 월 일						
	년 월 일						
	년 월 일						

	일자	양도인 성명	인	양도인성명	인
양도란	년 월 일				
	년 월 일				
	년 월 일				

형거래조건(Incoterms)에 의하고 있음이 상례이다.

매도인이 서류를 이미 교부했음에도 불구하고, **서류의 부적합**이 있는 경우 서류를 교부해야 할 시점까지 매도인이 이러한 부적합을 보완할 수 있다. 다만 이 경우 매도인은 그 행위로부터 매수인에게 불합리한 불편이나 비용을 부담하게 해서는 아니 된다. 여기서 **서류의 부적합**에는 서류가 계약내용에 비추어 어긋난 모든 경우를 포함하며, 그 판단은 상황에 따라 사실의 문제로 귀결된다. 매도인이 서류교부의무를 위반한 경우 매수인은 구제수단을 행사할 수 있다. 설령 매도인이 **서류의 부적합**을 교부해야 할 시기까지 **서류의 부적합**을 보완하였다고 하더라도, 매수인은 그로부터 발생된 손해배상을 청구할 수 있다.

(3) 물품의 일치성과 보완

가. 물품의 일치성

매도인은 계약에서 정한 수량・품질・명세에 일치하고, 계약에서 정한 방법으로 용기에 담기거나, 포장된 물품을 인도하여야 한다. 계약당사자가 달리 합의하고 있지 않은 상황에서, ①물품이 통상적으로 사용되는 목적에 적합하지 않은 경우, ②물품이 계약체결 시에 명시적・묵시적으로 매도인에게 알려져 있는 특정목적에 적합하지 않은 경우, ③물품이 견본 또는 모형으로 매도인이 매수인에게 제시한 물품의 품질을 보유하고 있지 않은 경우, ④물품을 보존하고 보호하는데 적절한 방법으로 용기에 담기거나 또는 포장되어 있지 않은 경우 등에 해당되면, 그 물품은 계약에 적합하지 않은 것으로 보아 이 경우 매수인은 특단의 구제수단을 행사할 수 있다.

나. 인도기일 전의 보완

매도인이 계약에 규정된 기일 이전에 부적합한 물품을 인도한 경우에는 다음과 같이 조치하여야 한다. ①매도인은 물품의 수량이 부족한 경우에 누락된 부분을 인도하거나, ②인도된 물품의 부족을 보충하여야 하며, 만약 인도된 물품의 품질에 결함이 있는 경우 매도인은 ③대체물품을 인도하거나, ④인도된 물품 중에 계약에 부적합한 사항에 관하여는 이를 시정하여야 한다.

그렇지만 매수인이 이러한 매도인의 시정을 거절하는 경우 물품하자에 기한 그 자신의 권리를 상실하게 된다. 그러나 매도인의 보완에도 불구하고 이행기 전에 매도인의 **중대한 계약위반**(fundamental breach of contract)이 명백한 경우라면 매수인은 계약의 해제를 선언할 수 있다. 이 경우 **중대한 계약위반**이라고 함은 본 계약에서 상대방이 기대하고 있던 바를 실질적으로 박탈한 경우를 의미한다.

다. 물품검사시기

물품에 관한 매수인의 검사의무는 독립적이고도 고유한 의무가 아니라 매수인이 만약 사전에 물품검사를 하였더라면 발견했을 부적합을 그럼에도 불구하고 검사하지 않아 그 부적합을 발견하지 못하여 이를 매도인에게 통지할 수 없었던 경우 매수인은 물품의 부적합에 대한 책임을 부담하게 된다. 결국 매수인의 검사의무에 대해 매도인은 검사를 청구할 권리가 없으며, 또한 매수인이 검사하지 않았다는 사실에 기하여, 별단의 손해배상을 청구할 수는 없다.

송부매매 시의 검사와 관련하여, 계약이 물품의 운송을 포함하고 있는 경우 검사는 물품이 목적지에 도착한 후까지 연장된다. 송부매매 시에 매도인의 인도의무는 최초운송인에게 인도하는 때에 종료되지만, 매수인의 검사의무는 물품이 목적지에 도착할 때까지 연장된다. 한편 매수인이 물품을 검사할 합리적인 기회를 갖지 못한 채, 물품운송 중에 목적지를 변경하거나, 그 밖의 다른 곳으로 재차 운송되는 경우 물품검사는 새로운 목적지에 도착한 후까지 연장된다.

이 경우 전제조건은 그러한 변경 또는 재운송 사실을 계약체결 시에 매도인이 알았거나 알 수 있었어야 한다. 나아가 매수인이 물품의 부적합을 발견하였거나 또는 발견하였어야 했던 때로부터 상당한 기간 내에 부적합 내용을 명세하여 통지하지 아니하는 경우 매수인은 물품의 부적합을 원용할 권리를 상실한다.

매도인의 의무

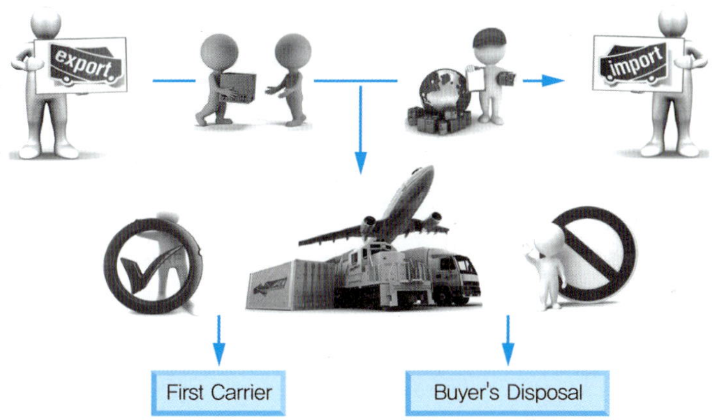

2) 매도인의 계약위반에 대한 매수인의 구제수단

(1) 매수인의 구제수단

매수인의 구제수단은 매도인이 계약상 그 어떠한 의무를 이행하지 않아 계약위반을 범하는 경우 매수인이 취할 수 있는 법적 수단을 의미한다. 매도인의 계약위반에 따라 매수인이 어떠한 구제를 행사할 수 있는지의 여부는 계약·관습·양당사자 간에 확립된 관례 등에 비추어 계약위반의 내용에 따라 결정된다.

매수인이 손해배상을 청구하기 위한 실질적인 요건은 매도인이 그 어떠한 의무를 위반한 경우에 매수인이 그러한 위반으로 인해 피해를 입게 되면, 이에 상당한 손해배상을 청구할 수 있다. 예컨대 **차등품**(次等品, goods of inferior quality)의 인도로 야기된 손해의 경우 매수인은 매도인에게 손해배상을 청구할 수 있다.

만약 매도인이 상당한 기간 내에 약정된 물품을 인도할 수 없다는 것을 선언함으로써 계약위반을 범한 경우 매수인은 이로부터 입게 된 그 어떠한 피해에 대해서도 매도인에게 손해배상을 청구할 수 있다.

그러나 계약에서 매수인이 손해배상을 청구하는 권리에 관하여, 별단의 조건을 규정하고 있는 경우, 이를테면 물품검사시기, 부적합의 통지 또는 제3자 클레임에 관한 통지 등에서와 같이 **통지**(通知, notice)의 요구가 있는 경우에는 반드시 당해 통지의 요건을 충족하여야 한다. 여기서 매수인의 손해배상청구권은 객관적인 계약위반을 전제로 두고 있어, 여타 과실의 유형 또는 그 어떠한 명시적 보증에 대한 위반은 고려되지 않는다.

매수인이 매도인의 계약위반으로 손해를 입은 경우 행사할 수 있는 청구권(請求權, right of a claim)은 그 자신이 취할 수 있는 구제수단 일체를 포함한다. 아울러 그 밖의 구제수단을 취했음에도 불구하고 손해가 발생하는 경우 이러한 매수인의 권리는 다른 구제책과 병합하여 행사할 수 있다. 이 경우 손해배상금액은 매수인이 취하는 구제수단에 따라 결정된다.

또한 매수인의 모든 권리와 요구의 이행지는 당해 주요 의무를 위반하는 장소에 따라 결정된다. 예컨대 물품의 인도, 서류교부 등의 장소가 된다. 다만 매수인의 손해배상청구에 있어서 매수인은 입증책임, 곧 매도인의 계약위반과, 그 위반으로 인한 자신의 손해에 대한 입증책임을 부담한다.

(2) 매수인의 이행청구권

매수인이 매도인에게 의무의 이행을 청구할 수 있는 일반적인 권리는 부적합한 물품의 대체 또는 수리 및 그 밖의 경우이다. 의무이행의 청구권은 통상 국내법의 제한을 받는다. 즉 소송을 심리하는 법원이 이전의 판례를 근거로 자국 법률에 의해 매수인의 구제수단을 허용하지 않는 경우를 예시할 수 있다.

가. 일반적 요구

매수인의 의무이행청구권은 매도인 의무의 존재와 계약위반을 전제하고 있다. 곧 매수인이 이러한 권리를 행사하고자 할 경우 반드시 상대방에게 의무의 이행을 명시적으로 청구하여야 한다. 또한 구제의 청구에 대한 통지는 반드시 상당한 기간(reasonable time) 내에 발송되어야 한다. 여기서 매수인은 매도인이 의무를 이행할 수 있도록 추가기간을 지정할 수 있다.

나. 의무이행을 청구하는 일반적 권리

매수인은 매도인에게 의무이행을 청구할 수 있는 일반적 권리를 보유한다. 곧 매수인은 매도인에게, 예컨대 ①물품의 인도, ②지정은행에서 담보기간의 획득, ③독점적 판매의무의 이행 등을 청구할 수 있다. 다만 당해 이행청구와 국내법에 저촉되지 않는 한, 매수인은 법원의 협조를 통해 매도인 본래의 의무와 그 밖의 의무이행을 청구할 수 있다. 이 경우 매도인이 원천적으로 의무이행이 불가능한 경우, 이를테면 이행불능으로서 계약상 특정된 고유한 물품이 인도되기 이전에 소멸된 경우 매수인이 매도인에게 청구할 수 있는 의무이행의 권리도 소멸된다.

한편 매수인이 부적합한 물품에 관하여 구제를 행사하는 경우 일정한 의무이행에 관한 청구권(請求權, right of a claim)이 제한되는데, 곧 매수인이 계약을 해제하거나, 물품대금을 감액하는 경우 등이 이에 해당한다.

그러나 매수인은 자신의 의무이행에 관한 청구권과 그 밖의 손해, 예컨대 매도인의 이행지체에 따라 야기된 손해에 관한 배상청구를 병합할 수 있다. 이를테면 당해 의무이행을 청구한 매수인은 이와 동시에 그 밖의 다른 구제를 청구할 수 있다. 다만 매수인이 매도인으로 하여금 이행을 위한 추가기간의 지정에 따라, 그 의무를 이행할 수 있도록 추가기간을 지정한 경우에는 그 밖의 구제권을 행사할 수 없다.

다. 대체물품의 인도

매수인은, ①매도인이 부적합한 물품을 인도한 경우, ②당해 부적합한 물품이 **중대한 계약위반**(fundamental breach of contract)[20]에 해당하는 경우, ③대체물품에 대한

---

20) ①**중대한 계약위반**이 성립되기 위해서는 먼저 일방의 계약위반(breach of contract)이 행사되어야 한다. 여기서 계약위반은 물품과 관련하여 반드시 그 어떠한 특성과 연관된 중요성을 가지고 있어야 **중대한 계약위반**을 구성한다. 즉 피해당사자는 계약에 의해 자신의 권리로 기대할 수 있는 것을 **실질적으로 박탈당할 정도**의 피해를 입어야 **중대한 계약위반**이 된다. 그러므로 계약위반은 계약에 있어 피해당사자의 정당한 기대를 무효 또는 실질적으로 감소시킬 수 있어야 한다. 이 경우 어떠한 기대가 정당한 기대인지는, 구체적으로 ㉠계약, ㉡계약에 규정되는 위험의 분배, ㉢관습 등에 의해서 판단되어야 한다. 다만 유의하여야 할 사항으로 계약을 위반한 일방이 당해 계약위반으로 인한 기대가 실질적으로 감소됨을 합리적으로 예측할 수 있었던 경우에만 **중대한 계약위반**에 해당한다는 점이다. ②**중대한 계약위반**의 구체적 상황으로서, 계약의 이행과 관련한 지연은 물품인도의 지연이든 또는 대금지급의 지연이든 반드시 그

청구가 상당한 기간 내에 발송된 통지에 의거 제기된 경우 등의 요건을 만족하는 경우에 한하여 대체품을 청구할 수 있다.

계약상 약정된 물품이 계약과 일치하는지의 여부는 **물품의 계약적합성**에 의해서 결정되는데, 이 경우 **물품의 부적합**은, 예컨대 ①**차등품**, ②**결함물품**, ③**포장불량**, ④**수량부족** 등이 있다. ①에 관하여, 물품인도가 매수인이 계약에 의해 자신의 권리로 기대하고 있는 바를 실질적으로 박탈하고 있는 정도라면, 그러한 인도는 중대한 계약위반으로 취급된다.

②에 관하여, 물품에 심각한 결함이 있으나, 수리가 가능한 경우 **중대한 계약위반**의 기준에 따른 특단의 문제가 발생할 수 있다. 이때의 기준은 적어도 매도인이 적극적으로 신속한 수리를 제의하거나 또는 실시하여 매수인에게 그 어떠한 불편을 끼치지 않은 경우라면 **중대한 계약위반**을 구성하지는 않을 것이다. 그 판단은 매도

자체가 **중대한 계약위반**을 구성하는 것은 아니다. 다만 계약의 이행기간이 계약에 명시되어 있음과 동시에, 이것이 계약상 매우 중요한 경우 그러하지 아니하다. 예컨대 계절과일과 같이 이행기간의 준수여부가 계약의 목적상 반드시 분명해야 할 필요가 있는 경우 이러한 상황에서의 지연은 **중대한 계약위반**으로 취급된다. 그러나 비록 당해 지연이 **중대한 계약위반**이 아니더라도, 피해당사자가 계약의 이행기간을 연장, 곧 추가기간을 지정할 수 있는데, 그럼에도 불구하고 당초 계약을 위반한 당사자가 그 기간 내에도 이행하지 못하게 되면, 피해당사자는 계약의 해제를 선언할 수 있다. ③인도된 물품이 **하자**(瑕疵, deficiency)가 있는 경우 그 물품의 부적합이 **중대한 계약위반**에 해당하게 되면, 매수인은 계약해제를 선언할 수 있다. 따라서 어떠한 상황에서 계약에 부적합한 물품을 인도하는 것이 **중대한 계약위반**이 되는 것인지를 반드시 파악해 두어야 한다. 실례로 ㉠물품에 심각한 결함이 있는 경우, ㉡매수인이 계약과 일치한 물품을 사용하여야 다른 물품을 제조할 수 있는 경우, ㉢매수인이 부적합한 물품을 다른 용도로 사용하거나 전매할 수 있는 여지에 대한 언급이 없는 경우 등은 **중대한 계약위반**으로 취급된다. 한편 매도인과 매수인 국가에서 모두 불법적인 물품으로 규정되고 있는 재료가 추가됨으로써 물품이 불일치한 경우에도 그 결과는 마찬가지이다. ④**중대한 계약위반**은 피해당사자가 당해 계약으로부터 기대하고 있는 실질적 이해를 박탈하여야 하며, 동시에 이 같은 박탈은 타방이 미리 예측할 수 있는 결과이어야 한다. 일례로 교부된 물품의 증명서류가 부정확한 경우라고 하더라도 만약 물품이 상품성을 가지고 있거나, 매수인이 매도인의 비용으로 정확한 증명서류를 신속하게 취득할 수 있다면, 이는 **중대한 계약위반**에 해당하지 아니한다. 반면에 상대방의 권리를 부당하게 부정하는 경우에는 **중대한 계약위반**이 된다. 예컨대 ㉠소유권 유보조항의 유효성과, ㉡매도인의 물품을 소유하는 권리를 인정함에 대한 거절 또는 ㉢물품의 **견본**(sample)을 수령한 이후 유효한 계약에 대한 부당한 부정을 포함하여, ㉣**전매**(轉賣)에 관한 제한을 실질적으로 위반하는 경우 등이 이에 해당된다. 한편 여러 가지 복합된 계약의무의 위반은 **중대한 계약위반**으로 볼 수 있으나, 그렇다고 이것이 자동적으로 **중대한 계약위반**이 되는 것이 아니다. 이 경우 **중대한 계약위반**의 여부는 판례의 처지 또는 당해 위반으로 인해 피해당사자가 계약으로부터의 주요 이익과 계약에 규정되고 있는 권리를 상실했는지에 의해 판단된다. ⑤**입증책임**(立證責任, burden of proof)은 위반한 당사자가 부담하는 것이 통상적이다. 이 경우 입증사실에 대한 핵심은 당사자가 계약위반으로 인한 실질적인 손해를 예견하지 못했고, 나아가 동일한 상황에서 동일한 자격을 가지는 합리적인 자도 그 결과를 예견할 수 없었음을 증명해야 한다. 반면에 피해당사자는 계약위반으로 인하여, 계약에 의해 자신의 권리로 기대할 수 있었던 것이 실질적으로 박탈되었음을 증명하여야 한다.

인의 구제권과 부합하여 **사실의 문제**(the matter of facts)로 귀결될 것이다.

한편 매수인은 상당한 기간 내에 매도인에게 대체물품을 청구하여야 함을 요구하여야 하는데, 여기서 대체물품에 대한 청구는 부적합의 통지와 함께 발송될 수 있다. 이 경우 매수인은 당초 물품을 수령한 상태 그대로 반환해야 할 의무가 있고, 당해 의무를 이행하여야만 대체물품의 청구를 주장할 수 있다.

중대한 계약위반의 내용

Fundamental Breach of Contract

당사자 일방의 계약위반은 그 계약에서 상대방이 기대할 수 있는 바를 실질적으로 박탈하는 정도의 손해를 초래하는 경우에는 중대하다. 다만 위반당사자가 그러한 결과를 예견하지 못하였고, 동일한 부류의 합리적인 자도 동일한 상황에서 그러한 결과를 예견하지 못하였을 경우에는 그러하지 아니하다.

A breach of contract committed by one of the parties is fundamental if it results in such detriment to the other party as substantially to deprive him of what he is entitled to expect under the contract, unless the party in breach did not foresee and a reasonable person of the same kind in the same circumstances would not have foreseen such a result.

라. 수리

매수인은 부적합한 물품에 관하여 매도인에게 **수리**(修理, repair)를 청구할 수 있는 권리를 보유한다. 그러나 이러한 **수리청구**가 객관적·합리적이라고 판단되어야 구제권을 행사할 수 있다. 이 경우 매수인이 **수리청구**를 제기하는 기한(期限, limit time)은 고지행위가 적용되는 기한과 동일하여야 한다. 즉 **수리청구**가 발송된 통지와 함께 제기되거나, 그 통지가 발송된 이후 상당한 기간 내에 제기되어야 한다. 또한 이는 물품으로부터 비롯된 부적합한 사항이 그 수리가 가능한 경우에 한 한다.

그러나 매수인이 합리적으로 용이하게 그 자신 스스로 물품을 수리할 수 있는 경우에는 매도인에게 당해 수리를 청구하는 것은 비합리적이다. 이러한 경우에는 오히려 매수인의 수리가 보다 합리적이고도 효율적일 수 있다. 그럼에도 불구하고 당해 수리에 따른 수리비용은 전적으로 매도인이 부담하여야 한다.

물품이 수리된 이후 당사자가 당초 합의하였던 것과 다름없이 물품이 그 사용목적에 적합하게 되었다면, 그 수리는 유효하게 실시된 것으로 취급된다. 그렇지만 물품이 수리된 이후에도 수리되기 전과 마찬가지로 동일한 문제가 발생하였다면, 매수인은 반드시 당해 하자를 매도인에게 통지하여야 한다.

(3) 이행을 위한 추가기간의 지정

매수인은 매도인의 의무이행을 위해 상당한 기간의 추가기간을 지정할 수 있다. 다만 이러한 추가기간이 경과하였음에도 불구하고 매도인이 매수인에게 물품을 인도하지 못하게 된 경우 매수인은 계약을 해제할 수 있다. 추가기간의 지정은 계약해제의 사전조치라고 할 수 있으나, 이 경우 계약해제의 요건은 물품이 인도되지 않은 경우에 한하여 적용될 수 있음을 유의하여야 한다.

매수인이 매도인의 의무이행을 위한 추가기간을 지정하게 되면, 비록 매수인이 그 기간 내에 매도인의 이행지체에 따른 손해배상청구권을 보유하고 있다고 하더라도, 그 추가기간 내에 그 밖의 구제수단을 행사할 수는 없다. 왜냐하면 매도인이 매수인의 추가의무의 이행요구를 수용하여 이로부터 상당한 비용을 지출하면서 당해 의무이행을 위한 준비에 임할 수 있게 하기 위한 기대를 보호하는 것이 마땅하기 때문이다. 이에 반하여 매도인이 매수인의 추가기간 지정통지에도 불구하고 자신의 의무를 이행할 수 없음을 매수인에게 통지하는 경우 매수인은 그 자신이 취할 수 있는 제반 구제수단을 다름없이 행사할 수 있다.

지정된 추가기간은 통상 의무이행기간의 연장을 획득한 매도인에게 유익할 수 있다. 그럼에도 매도인이 지정된 추가기간 내에 이행하지 않겠다고 또는 이행거부를 선언을 하거나, 계약에서 규정하지 않고 있는 조건을 의무이행의 조건으로 하지 않는 한, 매수인은 지정된 추가기간 내에 계약을 해제하거나 또는 물품대금을 감액할 수 없다. 만약 매도인이 추가기간 내에 의무를 이행하였다면, 매수인은 반드시 그 이행을 인정하여야 한다. 그렇지만 매수인은 매도인의 이행지체로 인한 손해배상청구권은 유보할 수 있다. 다른 한편 매도인이 추가기간 내에 자신의 의무를 이행하지 못하면, 매수인은 다름없이 계약을 해제할 수 있다.

(4) 인도기일 이후의 보완

매수인은 매도인에게 구제권을 부여함과 동시에 그 자신이 계약상 규정된 의무의 이행기간 이후에도 계약에서 규정하고 있는 불이행에 관한 구제를 행할 수 있다.

그러나 이러한 구제의 행사가 매수인에게 그 어떠한 불합리한 불편을 초래해서는 안 된다. 매도인이 사전에 계약에 부적합한 물품을 인도한 경우 매수인은 지정된 인도기일이 도래하기 전에 구제를 행할 수 있다.

가. 불이행한 의무를 구제하는 권리

매도인은 자신이 불이행한 그 어떠한 의무에 관하여 구제를 행할 수 있다. 그러나 매수인에 의한 계약해제는 매도인의 구제권을 제한한다. 일반적으로 매수인은 계약해제의 여부를 결정하는 당사자로서, 곧 매수인은 계약해제권을 행사함에 있어 매도인의 구제권으로부터 그 어떠한 제한도 받지 아니한다. 매도인은 당해 구제의 수용여부를 매수인에게 문의할 수 있다. 따라서 매도인이 구제를 행할 것인지의 여부와 관계없이 계약해제권을 보유한 매수인은 중대한 계약위반이 행사된 경우에 그 즉시 계약을 해제할 수 있다.

그러나 이 경우 주의하여야 할 사항은 불이행이 쉽게 보완될 수 있는 경우 당해 계약위반은 중대한 계약위반으로 취급될 수 없다는 점이다. 환언하면 어떠한 경우이든 매수인이 매도인에게 구제할 수 있는 기회를 제공하는 것이 계약해제의 결정적인 사유는 아니라고 하는 점이다.

매도인이 인도한 결함물품을 구제하는 경우 매수인이 이로부터 지출한 비용은 매도인이 부담해야 한다. 한편 품질불량이 중대한 계약위반이 되는지를 판단함에 있어, 매도인이 불이행에 대한 구제를 희망하는지 여부는 매수인 입장에서는 단지 중대한 계약위반을 결정할 수 있는 참조사항이 될 수 있을 뿐이다. 설령 매도인이 불이행에 대한 구제를 행하지 않더라도, 매도인의 구제조치와는 별도로, 이로부터 매수인이 입은 손실에 관한 손해배상청구권은 다름없이 보유한다.

나. 불이행의 구제에 대한 청구

매도인은 상당한 기간 내에 불이행을 구제하겠다는 통지를 매수인에게 발송할 수 있으며, 동시에 매수인에게 당해 구제를 인수할 것인지의 여부에 관한 통지를 요구할 수 있다. 매수인이 구제를 수용하겠다는 통지는 그러한 요구를 포함한 것으로 추정된다. 만약 매수인이 특정기간 내에 매도인의 요구에 대한 응답이 없는 경우 또는 그 자신의 요구를 수용한 것으로 추정할 수 있는 근거가 있는 경우 매도인은 자신이 제시한 기간 내에 구제를 행할 수 있다. 다만 매수인은 특정기간 내에 매도인이 행한 구제와 양립하는 구제를 취할 수 없다. 여기서 매도인이 매수인에게 제의한 구제방법에 관한 통지에는 매도인이 그 의무를 이행할 수 있는 기간을 명확히 포함하고 있어야 한다. 그 기간에 관한 내용이 없는 청구는 효력을 담보할 수 없다. 여기서 매도인이 매수인에게 발송한 구제방법에 대한 요구 또는 통지는 반드시 매수인에게 도달하여야 효력을 발생한다.

(5) 매수인의 계약해제권

매수인이 계약을 해제할 수 있는 경우에는, ①매도인이 계약에 규정된 의무를 불이행하는 것이 중대한 계약위반에 해당하는 경우, ②추가기간을 허여하였음에도 불구하고 매도인이 물품을 인도하지 않는 경우 등이다. 통상 계약해제는 최후의 구제수단으로서, 매수인이 더 이상 계약의 이행을 원하지 않는 경우 행사할 수 있다. 다만 이 경우 매수인은 당해 계약해제에 대한 통지의 의무를 부담한다. 여기서 매수인은 매도인으로부터 물품이 인도되기 전에 계약을 해제할 수 있으나, 매도인이 물품을 인도한 이후부터 상당한 기간 내에 계약해제권을 행사하지 않으면, 매수인은 이에 관한 모든 권리를 상실한다.

가. 일반적 계약해제

매수인은 반드시 **통지**(notice)에 의해 계약을 해제하여야 한다. **통지**에는 계약을 종료하겠다는 매수인의 의사가 분명하고도 확실하게 명시되어 있어야 한다. 일례로 계약이 종료될 것이라는 사실만을 **통지**하거나, 별도의 설명 없이 물품인도 또는 반환에 대한 독촉만을 표시한 경우에는 그 효과가 부인된다. 또한 계약해제와 관련되어 제기된 소송은 다름없이 계약해제에 관한 **통지**로 취급된다.

매도인이 계약에 부적합한 물품 또는 제3자의 클레임이 결부된 물품을 인도하여, 이로부터 매수인이 계약을 해제하려는 경우 매도인의 계약위반은 반드시 **중대한 계약위반**을 구성하여야 하며, 이 경우 매수인은 부적합한 물품 또는 제3자의 클레임에 관한 **통지**를 발송하여야 한다. 만약 **통지**를 발송하지 않으면, 매수인은 당해 **통지의무**의 위반에 따라 본 계약을 해제할 수 없다.

나. 중대한 계약위반에 따른 계약의 해제

중대한 계약위반은 계약해제의 사유를 구성한다. 이 경우 매도인의 **중대한 계약위반**은 매수인이 당해 **계약으로부터 자신의 권리로 기대하고 있는 것을 실질적으로 박탈할 정도의** 것이어야 한다. 한편 **중대한 계약위반**은 매도인이 계약・관습・양당사자간 확립된 관례 등에 따라 그 의무를 위반해야 할 것이 요구된다. 또한 매도인이 계약에서 정한 물품을 인도해야 하는 기본적 의무 이외에 그 밖의 추가의무를 위반할 경우에도 사안에 따라 **중대한 계약위반**이 될 수 있다.

합의된 추가의무의 위반이 **중대한 계약위반**인 경우 설령 매도인이 계약에 의한 그 자신의 주요 이익을 상실하였다고 하더라도, 매수인은 계약을 해제할 수 있다. 이 경우 계약의 위반은 매수인이 계약에 의해 자신의 권리에 기하여 합리적으로 기대하고 있는 것을 실질적으로 박탈할 수 있을 정도의 것이어야 한다.

매도인의 의무위반이 중대한 계약위반에 해당하려면, 그것이 당초 계약에서 매수인이 기대하고 있는 바를 실질적으로 박탈할 수 있는 사안이라는 것을 매도인 자신이 합리적으로 예측할 수 있어야 한다. 아울러 설령 매도인이 계약위반으로 인해 매수인이 계약에서 의도하고 있는 대부분의 이익을 상실하게 될 것이라는 사실을 예측하지 못했다고 하더라도, 합리적인 자가 동일한 상황에서 이러한 결과를 예측할 수 있었다면, 이는 다름없이 **중대한 계약위반**을 구성한다.

다. 중대한 계약위반의 구체적 사항

물품인도의 지연은 그 자체가 **중대한 계약위반**을 구성하지는 않는다. 다만 계약내용에 비추어 계약의 이행기간이 매우 중요한 경우 또는 상황에 따라 그 이행기간이 분명히 특정될 필요가 있는 경우, 예컨대 계절과일, 크리스마스트리, 신년연하장 등에 해당하는 지연은 **중대한 계약위반**에 해당한다.

계약위반이 중대한 것인지의 여부를 결정함에 있어 문제시 될 수 있는 경우는, 차등품의 인도와 관련된 사안이다. 일례로 불합리하지 않고 특별한 불편을 초래하지 않는 한, 매수인이 물품을 사용할 수 있거나, 또는 할인가격으로 재판매할 수 있는 경우 그 품질의 부적합은 **중대한 계약위반**으로 볼 수는 없다. 또한 수선이 불가능하고 심각한 결함이 있는 물품이 어느 정도 사용될 수 있다고 하더라도, 예컨대 여름 내내 번창할거라 예상되던 꽃이 일정기간 후에 시들어 버린 경우 이는 매수인의 계약해제에 영향을 미치지 아니할 것이다. 그렇지만 물품에 심각한 결함이 있어 매수인이 계약에 일치한 물품을 사용하여야 또 다른 물품을 제조할 수 있는 경우에는 이러한 결함이 있는 부적합한 물품을 매수인이 다른 용도로 사용하거나, 전매할 수 있는 가능성에 관계없이 **중대한 계약위반**으로 취급된다.

한편 매도인과 매수인 국가에서 모두 불법적인 물품으로 규정하고 있는 재료가 추가됨으로써 물품이 부적합한 경우에도 그 사안은 마찬가지일 것이다. 이 경우 이러한 부적합한 물품에 관한 국내법상의 법규는 매도인이 물품을 잘못 인도하는 경우에도 적용될 수 있음은 유의하여야 한다.

물품이 심각한 결함이 있음에도 불구하고, 수리가 가능한 경우 특별한 문제가 발생할 수 있다. 이를테면 매도인이 매수인에게 그 어떠한 불편도 주지 않으면서 물품의 수리를 신속히 완료하는 경우 그러한 위반은 **중대한 계약위반**으로 취급되지 않을 것이다. 그러나 만약 수리가 지연되거나 매수인에게 불합리한 불편을 야기하게 되는 경우에는 다름없이 **중대한 계약위반**을 구성하게 된다.

물품인도와 관련되어 있는 서류의 결함은 매수인이 물품을 전매하거나 그 밖의 방법으로 처리할 수 있는 가능성에 비추어 이로부터 실질적인 손해가 발생하게 되면, **중대한 계약위반**이 된다. 그러나 매수인 자신이 당해 서류의 결함을 쉽게 수리할 수 있는 경우, 예컨대 서류의 재발급을 신청하여 그 서류의 결함을 쉽게 보완할 수 있는 경우에는 **중대한 계약위반**을 구성할 수 없을 것이다. 실례로 허위로 **원산지증명서**(原産地證明書, certificate of origin)를 교부하였으나, 그럼에도 불구하고 물품이 재판매될 수 있거나, 매수인이 올바른 증명서를 쉽게 취득할 수 있다면, 이는 **중대한 계약위반**에 해당하지 않는다. 그렇지만 정당한 이유 없이 타방의 계약상 권리를 부정하는 경우, 예컨대 소유권 유보약관의 유효성, 매도인의 물품에 대한 소유권 또는 물품을 점유한 후에 정당한 이유 없이 유효한 계약을 부정하는 경우에는 공히 **중대한 계약위반**으로 취급될 것이다.

라. 추가기간 내에 물품의 불인도로 인한 계약의 해제

매수인이 지정한 추가기간 내에 매도인이 물품을 인도하지 못한 경우 매수인은 계약을 해제할 수 있다. 매도인이 추가기간 내에 물품을 인도하지 않겠다는 선언을 하는 경우에도 그 결과는 마찬가지이다.

마. 물품이 인도된 후 계약해제의 시기

일반적으로 매수인은 특정기간 내에 계약을 해제할 필요가 없다. 곧 계약을 해제할 수 있는 사유가 발생하게 되면, 매수인은 항시 계약해제를 선언할 수 있다. 그러나 만약 물품이 이미 인도된 경우 매수인은 반드시 **상당한 기간**(reasonable time) 내에 계약을 해제하여야 한다. 여기서 **상당한 기간**을 계산함에 있어서의 기준은 계약위반의 행위가 인도지연이거나, 그 밖의 계약위반에 따른 행위인지의 여부에 따라 결정된다.

우선 인도지연의 경우에는 매수인이 인도됨을 알았을 때부터 기산된다. 달리 그 밖의 계약위반에 따른 행위인 경우에는 매수인이 그러한 위반을 알았거나 알 수 있었을 때부터 기산한다. 그러나 매수인이 추가기간을 지정한 경우 또는 매도인이 구제시기를 정한 경우에는 그러한 기간이 정해질 때부터 계약해제를 위한 상당한 기간이 기산된다.

바. 입증책임

매수인은 매도인이 **중대한 계약위반**을 구성하고, 그러한 **중대한 계약위반**으로 인하여 그 자신이 계약에 의해 자신의 권리로 기대할 수 있었던 것이 실질적으로 박탈되었음에 대한 입증책임을 부담한다.

(6) 대금의 감액

매도인의 부적합한 물품을 인도한 경우 매수인은 물품가치의 감소비율에 따라 대금을 감액할 수 있다. 그러나 만약 매도인이 물품의 결함을 구제하거나 또는 매수인이 그 구제를 거절하는 경우 대금감액권을 행사할 수 없다. 이 경우 물품의 부적합에 대한 기준은 품질·규격·포장 및 서류의 결함 등이다. 그러나 인도지연 또는 매도인이 계약내용에 기하여 이행하여야 할 의무 이외에 그 밖의 의무를 위반한 경우 매수인은 대금감액의 구제를 취할 수 없다.

물품의 부적합에 관한 대금감액은 일반적인 위반이든지, 중대한 계약위반이든지, 매도인에게 귀책사유가 존재하고 있었는지, 매도인이 면책을 주장할 수 있는지 등의 여부에 관계없이 행사할 수 있다. 그리고 대금감액의 방법 또한 매수인이 이미 대금을 지급했는지의 여부에도 관계가 없다.

대금감액은 매수인이 부적합한 물품에 관한 통지를 발송한 것으로 추정한다. 만약 적절한 통지를 발송하지 못한 경우 매수인은 부적합을 주장할 수 없고, 이에 모든 구제권을 상실한다. 다만 매수인은 부적합의 불통지에 관한 정당한 이유를 제시할 수 있다. 이 경우 매수인은 대금감액권 또는 그 밖의 청구권(請求權, right of a claim)을 보유한다. 그러나 매도인이 그 어떠한 부적합에 관한 구제권을 행사하는 경우 대금감액을 주장할 수 없다. 아울러 매도인이 구제요청을 적극적으로 제기하는데 반하여, 매수인이 그러한 제안을 거절하는 경우에도 그 결과는 마찬가지이다.

권리침해를 입은 매수인은 그 밖의 구제수단을 병합해서 행사할 수 있다. 이를테면 매수인은 대금감액과 손해배상청구를 동시에 주장할 수 있다. 그러나 그 밖의 구제방법을 병합하는 경우 물품가치 감소분은 이미 대금감액에 반영되었기 때문에 매수인은 물품가치의 감소부분을 제외한 그 밖의 손해에 관해서만 배상을 청구할 수 있다.

한편 대금감액은 반드시 비율에 의해 산정되어야 한다. 곧 부적합한 물품의 가치와 계약에서 규정된 물품의 장래가치 간의 상호 비율에 의해 당해 물품가격을 감액하여야 한다. 이 경우 물품의 인도장소에서 실질적으로 물품을 인도하는 때가 이에 상당한 가치를 확정하는 기산점이 된다.

(7) 물품일부의 부적합

통상 매수인이 구하는 구제조치는 계약내용에 비추어 매도인이 불이행한 부분에만 적용되며, 그 밖의 부분은 영향을 받지 아니한다. 특히 불이행한 부분은 계약의 전부를 중대한 계약위반으로 취급하지 않는 한, 계약의 전부를 해제할 수 없는 경우에 적용될 수 있다. 다만 이를 위해서는 매도인이 계약에서 규정한 수량보다 물품을 부족하게 인도하거나, 계약에 부적합한 물품의 일부를 인도했어야만 한다.

인도된 물품의 부적합한 경우 매수인은 구제를 취할 수 있으나, 그 어떠한 경우이든 품질에 관한 부적합이 중대한 계약위반, 예컨대 매수인에 있어 부적합한 부분이 합리적인 용도가 없는 경우 매수인은 당해 물품의 부적합한 부분에 관하여 계약을 해제할 수 있다. 반면에 계약과 일치한 물품의 인도를 위하여 매수인이 추가기간을 지정하는 것은 계약해제권의 행사와는 관련이 없다.

특정기간 내에 물품의 인도지연은 통상 중대한 계약위반이 아니기 때문에, 매수인은 당해 인도지연에 대해 계약을 해제할 수 없다. 그러나 매수인은 매도인으로 하여금 물품의 부족한 부분을 인도할 수 있도록 추가기간을 지정할 수 있다.

그럼에도 불구하고 매도인이 물품을 인도하지 못하는 경우 매수인은 계약의 일부분을 해제할 수 있다. 다만 매수인이 특정기간에 물품의 인도를 특별히 중시하고 있는 경우 또는 매수인이 물품의 인도지연보다 불인도를 더 원하고 있었다는 것을 매도인이 예견하고 있었던 경우 매도인의 물품의 부족분에 대한 인도가 계약에 규정된 인도기간 내에 이루어지지 않으면, 이는 중대한 계약위반을 구성한다.

(8) 조기인도 및 수량초과인도

매도인이 계약에서 정해진 수량보다 많은 양의 물품을 인도하는 경우, 곧 수량초과인도의 경우 매수인은 물품을 거절할 수 있는 권리를 보유한다. 다만 만약 매수인이 초과한 부분을 수령하였다면, 계약의 비율에 따라 그에 대한 상당한 대금을 지급하여야 한다.

매도인이 계약의 내용에 비추어 인도기간이 종료되기 전에 물품을 인도하면, 매수인은 인도를 수령하거나, 달리 수령을 거절할 수 있다. 계약상 어느 날 또는 어느 기간 내에, 반드시 물품을 인도하여야 한다고 표시되어 있는 경우 인도날짜가 그러한 기간의 이전이면 다름없이 사전인도가 된다. 그 밖의 경우에는 해당 날짜 이전에의 인도가 계약에 일치한 것이다.

매수인이 매도인의 사전인도로 인해 물품의 수령을 거절할 경우 매도인은 본래의 인도기간 내에 재차 계약에 적합한 물품을 인도하여야 한다. 다만 매수인이 사전인도 된 물품에 대해 거절할 경우 신의칙에 기하여 그 기간 동안 물품을 보관해야 할 의무가 발생한다.

매수인이 사전인도 된 물품을 수령하는 경우 물품대금지급의무는 여전히 유효하다. 곧 사전물품의 수령은 인도날짜를 변경하는 것으로 합의되어 있지 않는 한, 이로부터 발생한 손해에 관한 배상을 청구할 수 있다. 한편 물품과 관련되는 서류도 동시에 사전에 교부되는 경우 사전인도의 규칙이 적용될 수 있다.

매도인이 인도한 물품수량이 계약상 수량을 초과한 경우 매수인은 초과부분에 대한 물품수령을 거절할 수 있다. 다만 상관습상 통상 계약에서 정한 수량의 **±5%**의 과부족은 허용된다[과부족용인약관(過不足容認約款, more or less clause)].[21] 곧 인도된 물품의 수량이 이 범위에 속하면, 초과인도라고 할 수 없다. 만약 매수인이 초과된 물품을 수령하거나 또는 그 부분에 대한 대금지급을 원하지 않는 경우 인도수량이 초과된 사실은, 부적합한 사항에 해당되므로, 어느 경우이든 그 착오된 수량에 대한 통지를 발송해야 한다. 마찬가지로 매수인이 초과부분을 정당하게 거절하려면, 매수인은 그 초과된 물품을 합리적으로 보관하여야 한다.

그러나 매수인이 그 초과된 물품의 전부 또는 일부분을 수령하고자 할 경우 그

---

21) **과부족용인약관**은 무역에서 **물품의 성질상 계약수량을 정확히 인도하기 어려울 경우 약간의 과부족을 허용한다는 거래조건**이다. 수량조건의 하나로, 장기간에 걸쳐 운송되는 광석·곡물·원유 등의 물품에 적용한다. 통상적으로 ±5%를 허용한도로 하며, 만일 신용장의 수량기재 항목 앞에 about나 approximately 등의 표현이 있을 경우 ±10%까지의 과부족이 허용된다. 과부족허용한도 내의 과부족에 대해서는 매수인은 클레임을 제기하지 않고 계약된 가격에 따라 정산한다. 화물의 성질상 정확하게 계약수량을 인도하기 어려운 경우에는 선적중량조건, 양륙중량조건의 어느 것을 채용하더라도 약간의 과부족을 인정하지 않으면 거래 할 수 없다. 따라서 5% more or less at seller's option(5%의 과부족은 매도인의 임의)처럼 약정한다. 이 경우 5%의 과부족이 발생하여도 매도인은 클레임을 제기 당하지 않고 나중에 과부족 분에 관하여 계약가격에 의거하여 정산하면 된다. 계약 시 그 수량 앞에 about, approximately, circa 등의 문자를 붙이는 경우 언급된 금액 또는 수량 또는 단가의 상사 10%를 초과하지 않는 과부족분은 허용하는 것이 일반적이다.

초과된 부분에 대한 대금을 지급하여야 한다. 이 경우 매수인은 초과된 부분의 수령을 거절함에 있어 초과부분이 중대한 계약위반이 되는 경우 계약을 해제할 수 있다. 그러나 매수인이 계약을 해제하지 않고, 초과된 부분을 수령하는 경우 그에 대한 대금을 지급하여야 한다. 그러나 이러한 계약위반으로 인한 그 어떠한 손해에 관한 매수인의 손해배상청구는 다름없이 존속한다.

한편 물품의 일부분이 인도되지 않거나, 인도된 물품의 일부분이 부적합한 것이 중대한 계약위반에 해당하는 경우에만 매수인은 계약의 전부에 대해 해제할 수 있다. 그렇지만 부분적 계약위반인 경우 매수인이 계약의 전부로부터 기대하였던 주요 이익을 얻지 못하는 경우에 한하여, 계약의 전부를 해제할 수 있다.

3) 매수인의 의무

(1) 대금지급과 물품의 수령

매수인의 주요 의무는 **물품대금을 지급**하고 **물품을 수령**하는 것이다. 그 밖에 당사자의 합의를 전제한 매수인의 의무로서, **물품대금지급**의 담보를 제공하는 의무, 물품을 제조하거나 생산함에 있어 원료를 제공하는 의무 그리고 물품의 형태·크기 또는 그 밖의 특징을 제공하는 의무 등이다.

계약에서 달리 정한 바가 없다면, 매수인은 **물품대금지급**과 관련되는 제반 비용을 부담하여야 한다. 만약 양당사자가 지급화폐에 대하여 언급하고 있지 않다면, 통상적으로 매도인 영업소가 소재한 장소에서의 화폐가 지급화폐가 된다. 왜냐하면 매도인의 영업소가 대금지급의무를 이행하는 장소임과 동시에 물품을 인도하는 장소이기 때문이다. 또한 매수인은 계약이나 또는 적용법규에 따라 **물품대금지급**을 위하여 계약에서 요구되는 준비조치로서 해당하는 경우, 예컨대 ①신용장 개설, ②담보증명, ③은행지급보증, ④어음의 인수 등을 이행하여야 한다. 이 경우 이러한 준비조치는 반드시 적용되는 법률 또는 규칙에 따라야 한다.

(2) 대금의 결정과 대금지급장소

양당사자가 물품중량을 기준으로 가격을 정하는 경우 만약 **총중량**(總重量, gross weight) 또는 **순중량**(純重量, net weight)으로 하는지를 명확히 합의하고 있지 않다면, 포장중량을 제외한 물품의 **순중량**으로 물품대금을 결정한다.

한편 양당사자가 달리 합의한 바가 없다면, 물품대금은 매도인의 영업소에서 지급되어야 하고, 당사자가 물품인도 또는 서류의 교부 시에 대금을 지급하기로 합의한 경우에는 물품 또는 서류가 인도되는 당해 장소에서 대금이 지급되어야 한다. 다른 한편 계약체결 후에 매도인의 영업소가 변경된 경우 매도인의 영업소는 대금지급장소가 되므로, 이 경우 매도인의 영업소가 변경되어 발생한 대금지급에 관한 추가비용은 마땅히 매도인이 부담하여야 한다.

(3) 대금지급시기

매수인이 다른 어떤 특정한 시기에 대금을 지급하여야 할 의무가 없는 경우 매수인은 매도인이 물품 또는 그 처분을 지배하는 서류를 매수인의 처분 하에 두는 때에 대금을 지급하여야 한다. 매도인은 그 지급을 물품 또는 서류의 인도를 위한 조건으로 할 수 있다.

한편 계약이 물품의 운송을 포함하는 경우 매도인은 대금지급과 상환으로 물품 또는 그 처분을 지배하는 서류를 매수인에게 인도한다는 것을 조건으로 물품을 발송할 수 있다. 또한 매수인은 물품을 검사할 기회를 가질 때까지는 대금을 지급할 의무가 없다. 다만 당사자 간에 합의된 인도 또는 지급절차가 매수인이 검사기회를 가지는 것과 상충되지 않는 경우에는 그러하지 아니하다.

●●● 매수인의 의무

4) 매수인의 계약위반에 대한 매도인의 구제수단

(1) 매도인의 구제수단

매수인의 계약위반에 관하여 매도인이 선택할 수 있는 통상의 구제방법의 주요 내용은 매도인의 이행청구권, 매수인이 의무를 이행할 수 있기 위해 추가적 이행기간을 지정할 수 있는 매도인의 권리, 매도인의 계약해제권, 매수인이 적절한 시간 내에 물품의 사양을 정하지 않는 경우에 매도인이 그 사양을 정할 수 있는 권리 등이다. 한편 매도인은 매수인의 계약위반으로 인해 피해를 입는 경우 이상의 요건 외에도 이행정지, 이행기 전의 계약해제, 분할이행계약의 해제, 연체된 금액의 이자(利子, interest), 물품의 매각 등을 행사할 수 있다.

(2) 매도인의 이행청구권

매도인이 매수인의 의무이행을 청구하는 권리에 대한 제한은, ①만약 매도인이 이미 자신의 의무의 이행을 청구하는 권리와 양립되지 않는 구제방법을 채택한 경우, 예컨대 계약해제를 선언하거나, 의무를 이행함에 있어 추가기간이 주어진 경우 매도인은 매수인에게 의무의 이행을 청구할 수 있는 권리를 상실한다는 것, ②매도인이 매수인에게 의무의 이행을 청구할 권리가 있다고 규정하고 있음에도 불구하고, 특정 국내법원이 자국의 국내법에 의해 특정이행을 주문하지 않는 한, 법원은 매도인을 대신하여 매수인에게 특정이행을 청구할 필요가 없다는 것의 2가지가 있다.

(3) 이행을 위한 추가기간의 지정

매도인은 매수인에게 그 의무를 이행하도록 추가기간을 지정할 수 있다. 곧 매수인이 지정된 기간 내에 자신의 기본적 의무로서 대금지급의무 또는 지정된 기간 내에 물품의 수령의무를 이행하지 않는 경우 매도인이 매수인의 의무이행을 위해 추가기간을 지정했으나, 추가기간의 완료 시까지 그 결과가 없으면, 매도인은 계약을 해제할 수 있다. 이 경우 매수인의 의무이행의 지연이 중대한 계약위반임을 입증할 필요는 없다.

매도인이 지정하는 기간은 반드시 매수인의 경우와 같이 상당한 기간이어야 한다. 아울러 매도인은 지정한 추가기간 내에 매도인이 매수인의 지연으로 인한 손해배상청구권을 보유하고 있음에도 불구하고 매수인의 계약위반에 관하여 그 어떠한 구제도 행사할 수 없다. 그러나 매수인이 지정한 기간 내에 그 의무를 이행하지 않겠다는 것을 선언하는 경우 예외로 취급된다. 추가기간에 관한 실례로, ①물품대금지급, ②신용장 개설, ③물품수령을 위한 추가기간지정 등이 있다.

(4) 매도인의 계약해제권

매도인이 계약해제권을 보유하는 경우는 2가지가 있는데, ①매수인이 중대한 계약위반을 한 경우, ②매도인이 지정한 추가기간 내에 매수인이 대금지급의무 또는 물품의 수령의무를 이행하지 않는 경우 등이다.

①의 경우 매도인은 계약에 의해 자신의 권리로 기대할 수 있었던 것을 실질적으로 박탈당할 정도로 피해를 입어야 한다. 실례로 중대한 계약위반에 해당할 수 있는 사안으로는 ㉠대금의 미지급, ㉡물품의 미수령, ㉢계약의무의 불이행 등이다. 이 경우 실무상 유의할 사항은, 예컨대 신용장 개설지연은 중대한 계약위반으로 취급되지 않는다는 사실이다.

매도인이 지정한 추가기간 내에 매수인이 대금지급의무 또는 물품수령의무를 불이행하거나 또는 매수인이 그 추가기간 내에 그러한 의무를 이행하지 않겠다고 선언하는 경우 매도인은 계약을 해제할 수 있다. 또한 매수인의 대금지급의무에는, 매수인이 그러한 목적을 위해 취하여야 하는 조치가 포함된다. 매도인이 지정한 추가기간 내에 매수인은 필요한 조치를 취하지 못한 경우 마찬가지로 매도인은 계약을 해제할 수 있다.

계약의 해제를 선언하는 시기와 관련하여, 매수인이 대금을 지급하지 않으면, 매도인의 계약해제의 권리행사에 그 어떠한 시간적 제한도 없다. 그러나 일단 대금이 지급되었다면, 매도인은 반드시 지정된 기간 내에 계약해제권을 행사하여야 한다. 매수인의 의무이행이 지연되는 경우 매도인은 매수인이 의무를 이행했음을 알기 전에 계약을 해제하지 않는 한, 계약해제권은 상실된다.

그 밖의 유형에 해당하는 위반의 경우 매도인이 그러한 계약의 위반을 알았거나 또는 알았어야 하는 때부터 상당한 기간 후 또는 지정된 추가기간이 완료된 후 매도인의 계약해제권은 상실된다.

(5) 물품명세의 확정권

계약에서 매수인이 물품의 특징[규격(規格)], 예컨대 크기·색상·형태 등을 확정하고 있음에도 불구하고 합의한 기간 내에 또는 매도인으로부터 요구를 받은 후 상당한 기간 내에, 합의된 특징을 확정하지 않는 경우 또는 이에 대한 정보를 제공하지 않는 경우 매도인은 그 정보를 확정할 수 있는 권리를 보유한다. 이 경우 매도인은 확정한 특징을 매수인에게 통지하고, 매수인이 이와 관련한 특징을 확정할 수 있도록 상당한 기간을 지정하여야 한다. 만약 매수인이 매도인으로부터 통지를 받은 후 상당한 기간 내에, 그러한 권리에 따른 상이한 특징을 확정하지 못한 경우 당초 매도인이 확정한 특징은 구속력을 가진다.

5) 위험의 이전

(1) 위험이전의 효과

물품의 멸실 또는 손상이 매도인에 의해 발생한 것이 아닌 이상, 당해 위험이 매수인에게 이전된 이후라면, 매수인은 대금지급의무를 면하지 못한다. 위험이 매수인에게 이전하는 효과와 관련하여, 매도인이 물품이 멸실 또는 손상되기 전에 이러한 위험이 이전했음을 입증하는 경우 매수인은 물품대금을 다름없이 지급하여야 한다.

그러나 반대로 매수인이 물품의 멸실 또는 손상이 매도인의 책임에 기인하였음을 입증하는 경우 매수인은 그 멸실 또는 손상된 물품에 관하여 대금을 지급할 필요가 없다. 예컨대 매수인이 물품을 수령한 후에, 계약에 부적합한 물품 또는 뒤늦게 발견된 불량품에 관하여 매도인에게 통지하지 않았을 경우에 매수인은 위험이 이전하는 시점에서 부적합 물품에 관한 입증책임을 부담하여야 한다.

매도인의 작위 또는 부작위로 발생한 멸실 또는 손상의 예외로서, 위험이 매수인에게 이전한 후 물품이 멸실·손상되는 경우 매수인은 대금지급의무를 면하지 못하지만, 만약 이러한 멸실·손상이 매도인의 작위 또는 부작위에 기인하여 발생한 것이 입증되면, 이는 **불면책약관**(不免責約款, non-dischargability)[22]의 예외로 취급된다.

---

22) **채무자가 법률상 부담하게 되는 책임, 특히 면제 또는 경감하는 약관을 면책약관**이라 한다. 일례로 선하증권이나 보험증권 등의 이면에 기재되는 보통의 계약조항에 삽입되는 일이 많다. 그러나 통상 면책약관이라고 할 때는 법률상 또는 해석상 당연히 면책될 사항에 관하여 의혹을 피하기 위해 특별히 기재된 것을 말한다. 법률상 부담하는 채무의 면제 또는 경감은 해상운송인인 선박소유자의 선박이 안전하게 항해하기 위해 필요한 인적·물적 준비를 갖추고 있는 **감항능력**(堪航能力, seaworthiness) 담보의무 등과 같이 법률이 면책을 금지하고 있는 사항 이외는 채무자의 고의로 인한 손해 등을 제외하고는 일반적으로 유효하다.

매수인의 대금지급의무에 관한 면책규정은, 위험이 이전하는 시점에서 물품의 부적합이 존재하는 경우 설령 당해 부적합이 그 시점 후에 발견되더라도, 매도인의 계속책임은, 매도인이 물품에 이러한 부적합이 존재하지 않았음을 보증하였음에도 불구하고, 그 부적합이 발견되는 경우 이에 상당한 매도인의 계속책임과는 다름을 유의하여야 한다.

(2) 운송계약부계약과 위험의 이전

가. 운송계약이 수반되는 매매계약

운송계약이 수반되는 매매계약에서, 통상 위험은 매도인이 물품을 지정된 운송인에게 인도하는 때, 매수인에게 이전된다. 위험의 이전은 매도인 또는 매수인이 물품의 소유권을 가지는지, 어느 당사자가 운송과 보험에 관한 의무를 부담하는지의 여부와는 관계가 없다. 여기서 매매계약이 **운송계약**을 수반하는 경우 매도인은 **최초운송인**(最初運送人, first carrier)에게 물품을 인도한 때, 물품인도의무가 완료된다.

운송 중의 물품에 관한 매매계약은 이에 해당되지 않는다. 다만 차후의 운송에 관하여, 명시적·묵시적으로 규정하고 있는 매매계약은 운송계약을 수반하고 있는 것으로 취급된다. 따라서 계약당사자는 매매계약에서 물품이 운송될 것을 명시적으로 규정할 수 있다. 예컨대 매도인이 물품을 **최초운송인**에게 인도하는 의무를 규정하고 있는 **정형거래조건**[Incoterms]과 같은 인도조건을 삽입시키는 것은 가장 효율적인 방법일 수 있다.

나. 위험의 분배

위험의 분배는 ①매도인이 지정장소에서 운송인에게 물품을 인도하는 의무가 없는 경우, ②매도인이 그러한 의무가 있는 경우로 구분할 수 있다. 양자 공히 매도인은 지정된 운송인에게 물품을 인도한 때, 위험이 매수인에게 이전한다. 곧 ①의 경우 물품이 최초운송인에게 인도될 때, 매수인에게 물품의 멸실 또는 손상에 관한 위험이 이전한다. ①의 경우 물품이 운송인에게 인도될 때에, 위험이 이전된다. 한편 매도인이 물품을 처분함과 관련된 서류를 유보하는 것은 위험의 이전에 관하여 그 어떠한 영향도 미치지 아니한다.

(3) 운송 중인 물품의 매매와 위험의 이전

물품이 운송과정에서 매각되는 경우 통상의 일반원칙에 의하면, 위험은 계약체결

시에 이전한다. 그러나 해당 또는 적용될 수 있는 경우 위험은 물품이 운송인에게 이전될 때에 이전한다. 만약 계약체결 시에 매도인이 물품의 손실이나 손해를 알고 있었거나, 알았어야 하면서도 매수인에게 이러한 사실을 알려주지 않는 경우에는 응당 매도인이 당해 위험을 감수하여야 한다.

당사자 간에 운송 중의 물품에 관하여 매매계약을 체결하는 경우 위험이전은 통상 계약체결 시에 이루어진다. 이 경우 운송은 그 수단에 관계없이 육상·해상·항공·도로·복합운송 모두를 포함한다. 그러나 컨테이너로 운송하는 경우에는 발생된 물품의 멸실·훼손이 계약체결 전에 있었는지 이후에 있었는지를 판단하기 어려울 때가 많다. 이 경우 위험이전 시에 물품에 하자가 없었음을 입증해야 하는 당사자는 매도인이므로, 매도인은 이러한 위험을 감수하여야 한다.

특단의 사정이 있는 경우 운송계약상의 서류를 발행한 운송인에게 물품이 인도된 때에 위험이 이전될 수 있는데, 여기에 해당할 수 있는 특단의 사정에는, 이를테면 매도인이 운송보험에 부보하여 매수인에게 이를 양도함으로써 매수인이 계약체결 이전에도 보험상 피보험자로서의 지위를 담보하고 있는 경우를 예시할 수 있다. 또한 운송계약을 표창하고 있는 서류는 물품의 처분권을 보유하고 있는 서류, 예컨대 선하증권뿐만 아니라 운송계약이 체결되었음을 증명하는 서류이면 모두가 가능하다.

(4) 그 밖의 경우 위험의 이전

가. 매도인 영업소에서 물품인도

매도인 영업소에서 물품을 인도하는 경우 매수인이 물품을 수령하는 시점에 위험이 매수인에게 이전한다. 달리 매수인이 물품을 수령하지 못했을 경우에는 매수인의 임의처분에 놓인 때, 곧 매수인이 물품을 수령하지 않음으로 인해 계약을 위반하는 시점부터 위험이 매수인에게 이전한다.

나. 그 밖의 장소에서 물품인도

매수인이 매도인의 영업소 이외에 그 밖의 장소에서 물품을 인도하는 경우 위험은 인도시기가 도래하고, 매수인이 물품이 자신의 임의처분에 놓인 것을 알았을 때 이전한다. 여기서 계약이 아직 특정되지 아니한 물품과 관련되어 있는 경우 물품이 계약에 명확히 특정되기까지는 물품이 매수인의 임의처분에 놓이지 아니한 것으로 취급된다.

(5) 매도인의 계약위반과 위험의 이전

매도인이 중대한 계약위반을 범한 경우 비록 물품의 손실 또는 손해에 관한 위험이, 매수인에게 이전되었다고 하더라도, 이는 매수인의 구제에 영향을 미치지 않는다. 곧 위험이 이전되기 전에 매도인이 중대한 계약위반을 하였다면, 비록 위험이전 이후에 물품이 우연히 멸실 또는 훼손되었다고 하더라도, 매수인은 중대한 계약위반에 기한 구제수단을 행사할 수 있다. 이 경우 구제수단에는 별단의 제한이 없으므로, 계약해제나 대체물인도청구뿐만 아니라 물품의 부적합에 따른 보완, 손해배상청구, 대금감액, 또는 이 모두가 가능하다.

6) 매도인과 매수인의 공통사항

(1) 이행기 전의 계약위반과 분할이행계약

가. 이행정지

일방당사자는 상대방 의무이행의 실질적인 내용을 취득하지 못하는 경우 매도인 또는 매수인이 계약에 규정된 의무의 이행을 정지할 수 있다. 만약 **이행정지**(履行停止, suspension)가 합리적이면, 이로부터 의무이행을 정지하는 당사자의 계약위반은 고려되지 아니한다. 그러나 이행정지가 이러한 범위에 속하지 않는 경우에는 그러하지 아니 하다.

의무이행의 정지권은 이행기간이 완료될 때까지 계속되지만, 일단 이행기간이 초과되면, 그 피해를 입은 당사자는 별단의 구제권을 행사하여야 한다. 이러한 권리는 의무이행을 정지하는 조건이 더 이상 존재하지 않을 때까지 그 지속이 가능하다. 여기서 의무이행의 정지권은 계약해제의 권리와는 다른데, 곧 계약해제는 당사자의 의무를 정지시키는 것이며, 의무이행을 정지하는 것은 계약의 효력을 인정하는 동시에, 당사자가 그들 서로에게 의무의 이행에 관하여 보증하도록 하는 것이다.

의무이행의 정지권은 단일한 매매계약에 적용될 수 있고 분할인도계약에도 적용될 수 있다. 만약 일방이 의무이행의 정지를 선택하는 경우 반드시 통지하여야 한다. 또한 일방이 의무를 불이행하는 것은 객관적으로 명백히 드러나야 하며, 그러한 의무의 불이행이 발생하는 경우 타방은 의무이행을 정지할 수 있다. 다만 이 경우 의무불이행이 반드시 중대한 계약위반을 구성해야 할 필요는 없다.

실례로 일방은 다음의 경우 의무이행을 정지할 수 있다. ①매수인이 계약에 규정된 어느 약관을 불이행하는 경우, ②매도인이 공급상 제한조건과 관계없이 물품을 인도할 수 없는 경우, ③매수인이 대금을 지급하지 않는 경우, ④매수인이 과거의 매매계약의 대금을 지급하지 않거나 또는 지연하여 지급하는 경우, ⑤매수인이 유효한 은행담보를 취득하지 못한 경우 등이다. 한편 매수인이 신용장을 개설하지 않는 경우 매도인은 계약을 해제할 수 있음은 물론이다.

이행을 정지하는 당사자는 물품의 발송 전·후를 불문하고, 상대방에게 즉시 통지하여야 하고, 또한 상대방이 그의 이행에 관하여 적절한 보장을 제공하는 경우 당해 이행을 계속하여야 한다.

나. 이행기 전의 계약해제

계약이 이행되기 전에, ①타방당사자가 중대한 계약위반을 범할 것이 분명한 경우에 매도인이나 매수인은 계약을 해제할 수 있다. 다만 ②매수인이 계약이 이행되기 전에 계약을 해제하지 못하는 경우에는 계약을 해제할 수 없다. ①의 경우는, ㉠매수인이 이전의 물품대금을 지급하지 못하는 경우, ㉡매수인이 신용장을 개설하지 못하는 경우, ㉢매도인이 약속대로 물품을 인도하지 못하는 경우, ㉣매도인이 고의로 물품인도의무를 정지하는 경우 등이다.

②의 경우는, ㉠당사자의 다툼으로 인해 매도인이 물품을 발송하지 않은 경우, ㉡매도인이 물품인도의무를 정지하는 의사를 표현했으나, 지속적으로 협상하기로 합의한 경우, ㉢매수인이 하나의 분할분에 대한 물품대금을 지급하지 못한 경우 등이다.

다. 분할이행계약의 해제

매도인이 어느 분할분을 인도하지 못하거나, 매수인이 어느 분할분에 대한 물품대금을 지급하지 않은 경우 피해당사자는 계약을 위반한 당사자에게 추가기간을 지정할 수 있고, 그럼에도 불구하고 타방이 추가기간 내에 이행을 못했을 경우 매도인은 계약을 해제할 수 있다.

분할인도계약은 물품을 수차례로 나누어 인도하는 물품매매계약이다. 이 경우 물품은 반드시 대체가능한 물품이어야 함에 그치지 아니하고, 이러한 분할인도계약은 매 분할분마다 다른 종류의 물품의 인도를 모두 포함할 수 있다. 물품의 분할분을 인도하는 계약에서, 어느 분할분에 관한 일방의 어떠한 의무의 불이행이 그 분할분과 관련하여 중대한 계약위반이 되는 경우 타방은 그 분할분에 관한 계약을 해제할 수 있다. 일방이 범한 계약위반이 중대한 위반인지를 판단하는 기준은, 독립인도계약과 분할인도계약 모두에 공히 적용된다. 장래의 분할분의 경우 피해당사자는 장래의 분할분에 관하여도 계약해제의 권리를 보유한다.

실례로 다음의 경우에는 피해당사자가 장래의 분할분에 대해 계약을 해제할 수 있다. ①매도인이 대금을 받았으나 물품을 인도하지 않는 경우, ②매도인이 최초 분할분의 물품을 인도하지 않는 경우, ③매도인이 계속적으로 물품을 인도하지 못할 것이라는 사실을 통지한 경우, ④물품의 시장가격 폭등을 이유로 매도인이 계속적으로 당해 물품을 인도하지 못한다고 선언하는 경우, ⑤매도인이 분할분의 인도를 지연함으로써 매수인 측의 생산에 심각한 혼란을 발생시킨 경우, ⑥인도된 물품이 품질불량인 경우 등이다.

장래의 분할분에 대해 계약을 해제하려는 경우 피해당사자는 반드시 상당한 기간 내에 통지로써 계약해제를 선언하여야 한다. 일방이 계약을 해제하려는 경우 계약해제 된 물품과 상호 의존적 관계가 있는 인도된 분할분 또는 장래의 분할분은 양당사자가 계약체결 시에 기대한 목적을 충분히 만족시킬 수 없다고 보아 이러한 분할분에 관해서는 추가로 계약을 해제할 수 있다.

(2) 손해액

가. 손해액 산정의 일반원칙

손해배상은 계약위반이 있을 때에 청구할 수 있다. 이 경우 계약위반이란, 당사자 간의 계약에서 정하고 있는 당사자의 의무를 위반하는 것으로 특정할 수 있다. 계약위반은 이미 행해졌을 것을 원칙으로 하지만, 장래에 향하여 당해 계약위반이 명백할 경우 손해배상을 청구할 수 있다. 이 경우 계약위반의 귀책사유는 문제되지 아니한다.

구제수단으로서 손해배상은 그 밖의 다른 구제수단과 언제나 병합하여 행사할 수 있다. 다만 그 구제수단이 어느 것이냐의 여부에 따라 손해의 범위가 달라질 수 있을 뿐이다. 예컨대 계약해제와 물품의 부적합에 대한 보완청구의 여부에 따라 손해배상의 범위가 달라질 수 있다.

손해배상은 계약위반의 결과로 상대방이 입은 모든 손실을 금액으로 환산하게 되며, 이는 **완전배상**(完全賠償)과 **금전배상**(金錢賠償)을 기본원칙으로 한다. 또한 계약위반의 결과로 생긴 손실이어야 하므로 계약위반과 손실과의 사이에 **인과관계**(cause and effect)가 존재하여야 한다. 그러나 여기서 인과관계는 **사실적 인과관계**(actual causation)로 족하며, **상당인과관계**(reasonable and probable causation)까지는 요구되지 않음을 유의하여야 한다.

손해배상의 범위는 계약위반의 당사자가 계약체결 시 예견이 가능했던 손해에 한정된다. 결국 계약위반 당사자는 계약체결 시에 합리적으로 보아 그 자신이 책임위험으로 인식했던 것 이상으로 손해배상에 임할 필요는 없다. 한편 **예견가능성**(foreseeability)의 대상은 계약위반이 아니라 손해 그 자체이며, 이 경우 예견가능성의 시점은 계약체결 시라는 점은 유의하여야 한다. 또한 예견의 당사자는 계약위반자 그 자신이 아닌, 그와 같은 상황에서의 합리적인 계약위반자를 기준으로 한다.

계약체결 시에 계약위반자가 당해 계약위반의 결과로 예견할 수 있었던 손해인 경우 이는 모두 손해배상의 범위에 포함된다. 예컨대 ①불이행으로 인한 손해, ②이행지체로 인한 손해, ③물품의 부적합으로 인한 손해, ④인도 후 수령을 거부하여 발생한 손해 등이 이에 해당한다. 한편 피해당사자가 당해 손실을 경감하지 않은 사실이 인정되면, 손해배상금액이 감소될 수 있다. 이 경우 감소될 금액은 원래 경감할 수 있었던 금액이다.

피해를 입은 매수인은 정당한 이유 없이 계약을 위반한 매도인에게 적절한 통지를 발송하지 않았다면, 피해를 입은 매수인은 손해배상을 청구하는 시점부터 매도인의 위반으로 인한 여하한의 권리를 상실한다. 그러나 매수인이 적절한 통지를 발송하지 못했던 정당한 이유가 존재하는 경우 매수인은 이익손실 이외의 손해배상을 청구할 수 있다. 피해당사자의 손해배상금액은 계약위반으로 인한 손실과 이로부터 이익의 상실을 포함한다. 아울러 상대방 위반으로 인해 피해당사자의 명예손실 또는 상업적 명예의 손해에 대한 배상청구권 또한 인정된다.

나. 대체거래와 손해액

계약해제 이후, 당해 물품에 관한 **대체거래**(代替去來, substitute transactions)가 있는 경우 손해를 산정하기 위해서는, ①계약해제가 있어야 하고, ②물품에 대한 **대체거래**가 발생했어야 하며, ③계약해제는 실제로 계약해제의 의사표시가 있어야 하고, ④당해 의사표시가 유효하여야 한다. 이 경우 손해배상금액은 계약가격과 대체거래가격과의 차액이 된다.

손해배상의 계산 시 피해당사자는 반드시 대체물품거래를 이루어야 한다. 만약 피해당사자가 매도인인 경우 대체물품거래는 계약물품을 다른 매수인에게 **전매**(轉賣)하는 것이다. 한편 피해를 입은 매수인이 해제된 계약상 인도하기로 한 물품을 대체하여 다른 물품을 구매하는 것은 마찬가지로 대체물품거래에 해당한다. 물품에 대한 **대체거래**는 매수인이 다른 곳에서 매입한 것과 마찬가지로 매도인이 다른 곳에 매도한 것, 이 모두가 해당한다. 그러나 이러한 **대체거래**는 합리적인 방법으로 그리고 계약해제 후 상당한 기간 내에 이루어져야 한다.

이상의 요건이 충족되면, 대체거래자, 곧 매수인 또는 매도인은 계약내용에 준한 대금과 대체거래대금의 차액을 청구할 수 있다. 그러나 이것은 직접적인 불이행 손해에 해당하는 것이므로, 그 외에도 손해가 있다면, 추가적으로 손해배상을 청구할 수 있다. 예컨대 ①지체손해에 따른 비용, ②검사비용, ③보관비용, ④반송비용, ⑤**대체거래**에 의한 운송비용 등이 이에 해당한다.

한편 계약이 해제되고 물품에 **시가**(時價, current price)가 있는 경우 피해당사자가 **대체거래**를 하지 않았다면, 피해당사자는 계약가격과 물품의 시가와의 차액에 따라 그 손해배상을 청구할 수 있다.

다. 손해경감의무

손해배상을 청구하는 피해당사자는 손실을 경감하기 위해 합리적인 조치를 취하여야 한다. 만약 피해당사자가 이러한 조치를 취하지 않은 경우에 계약을 위반한 당사자는 손해배상에서 경감될 수 있었던 손실금액을 공제할 수 있다. 다만 피해당사자가 손해배상을 적극적으로 청구하거나 또는 **상계**(相計, set-off)를 요구하는 경우에는 예외로 취급된다.

손해배상을 청구하는 피해당사자는 반드시 합리적이고 성실한 채권자에 준하는 상황에서 당해 손실을 경감하기 위해 필요한 조치를 취하여야 한다. 다만 계약이 해제된 경우에 피해당사자가 계약을 위반한 당사자에게 손실의 경감을 위한 조치를 취하라는 통지만으로는 계약의 해제를 취소할 수 없음은 유의하여야 할 사항이다. 다음의 경우에는 통상적으로 피해당사자인 매수인이 당해 손실을 경감하지 못한 것으로 인정될 수 있다. ①매수인이 물품을 합리적으로 검사하지 못하였으며, 또한 물품의 부적합 사항이 열거된 해당 서류를 제공하지 못한 경우, ②매수인이 특정지역 이외의 시장에서 대체물품을 구하는 경우, ③매수인이 후속된 매수인과의 매매계약 또는 대체물품에 관한 구매계약을 해제하지 못한 경우, ④매수인이 부적합한 물품을 후속 매수인에게 판매하여 기 지급된 대금에 대해 증명할 수 없는 경우, ⑤매수인 자신이 매도인이 지정한 도매상으로부터 동일한 물품을 구매할 수 있는지를 증명하는 증거를 제공할 수 없는 경우 등이다.

한편 다음의 경우에는 피해를 입은 매도인이 손실을 경감하지 못한 것으로 인정될 수 있을 것이다. ①계약이 해제되기 전에 담보된 특정물품을 사용하는 경우, ②계약을 위반한 매수인이 계약내용의 수정이 여의치 않았을 경우에 이전의 물품가격보다 낮은 견적가격으로 물품을 전매하는 경우 등이다.

(3) 면책요건

불이행 당사자가 면책되기 위해서는, ①그 불이행이 자신의 통제를 벗어난 장애에 기인하였어야 하고, ②계약체결 시에 그러한 장애를 고려하는 것이 그에게 합리적으로 기대될 수 없었어야 하고, ③계약체결 후에도 그러한 장애가 예견되는 경우에 그러한 장애나 장애의 결과를 회피하는 것이 합리적으로 기대될 수 없었어야 하고, ④추후 그러한 장애가 실제로 발생한 경우에도 그러한 장애나 장애의 결과를 회피 또는 극복하는 것이 합리적으로 기대될 수 없었어야 하며, ⑤그러한 장애와 불이행 사이에는 인과관계가 있어야 하며, ⑥불이행 당사자는 이상의 사항을 모두 입증하여야 한다. 한편 당사자는 상대방의 불이행이 자신의 작위 또는 부작위에 기인하는 한, 상대방의 불이행을 주장할 수 없다.

(4) 계약해제의 효과

계약해제 시에 양당사자는 아직 이행하지 않은 급부의무에서 벗어나게 되지만, 그럼에도 불구하고 손해배상청구권 등은 그대로 존속함과 동시에, 혹여 이행된 것이 있다면, 동시에 반환하여야 한다.

계약해제에 의해, 양당사자는 계약상 모든 의무로부터 벗어나게 되지만, 이 경우 모든 의무가 그 대상이 되는 것은 아니다. 곧 아직 이행하지 않은 쌍무적 관계에서 **대가관계**(對價關係)에 준한 일차적 급부의무에 관해서만 자유로울 수 있다. 이를테면 인도의무나 대금지급의무 또는 서류교부의무 등이 이에 속한다. 이에 반하여 손해배상의무와 계약해제 이후 권리의무에 관한 합의조항은 존속하는데, 예컨대 ①**중재조항**(arbitration clause), ②**관할권조항**(jurisdiction clause), ③**벌칙조항**(penalty clause) 등이 이에 속한다.

한편 양당사자는 계약해제 시 이미 이행된 것이 있으면, 원칙적으로 동시에 반환하여야 한다. 이 경우 수령한 모든 것을 반환하여야 하는데, 특히 매도인은 기 수령한 물품대금에 이자(利子, interest)를 더하여, 달리 매수인은 인수한 물품으로부터 수익한 사용수익을 더하여 다름없이 반환하여야 한다.

(5) 물품보존의무

가. 매도인의 물품보존의무

물품보관의무의 기본원칙은, 물품의 소유권이나 그 위험이 누구에게 있는지와 상관없이, 물품이 사실상 개별당사자의 책임영역에 존재하고 있는 경우 그 자신이 물품을 보관해야 한다는 것이다. 당해 보관의무는 공히 신의칙을 수용하고 있는 규정이라 할 수 있다.

매수인이 물품의 수령을 지연하거나 또는 물품인도와 대금지급이 **동시이행**(同時履行, simultaneous performance)이 되어야 할 때, 매수인이 물품대금을 지급하지 못하게 되는 경우 매도인은 물품을 점유하거나 처분할 수 있는 권리를 보유한다. 이 경우 매도인은 물품을 보관하기 위하여 합리적 조치를 취하여야 한다. 더불어 매도인은 매수인으로부터 자신이 지급한 합리적 비용을 상환받기 전까지 물품의 점유권을 보유한다.

매수인은 피해를 입은 매도인이 물품을 보관함 있어 기 지출한 비용에 관하여 그 책임을 부담하여야 한다. 예컨대 매수인이 계약에서 요구된 신용장을 개설하지 못하여 물품의 보관비용이 발생하였으나, 매수인이 정당하지 않은 이유로 물품수령을 거절한 경우 매도인은 보관비용의 상환을 청구할 수 있다.

나. 매수인의 물품보존의무

매수인에게 물품보관의무가 발생하기 위해서는, ①매수인이 사실상의 점유상태로서 물품을 수령했어야 하고, ②매수인이 정당한 물품거절권을 보유하고 있음과 동시에 그 권리를 행사하고자 하여야 한다. 이상의 요건이 충족되면 매수인은 물품보관을 위해 그 상황에서 합리적인 조치를 취해야 한다. 또한 매도인으로부터 그 비용을 상환받을 때까지 물품을 유치(留置, lien)할 수 있다. 이 경우 물품보관의무를 위반한 매수인은 계약해제권이나 대체물청구권을 상실하게 된다. 그러나 물품보관의무를 위반한 결과, 물품에 사소한 손상이 발생하여 계약해제가 여전히 가능할 경우에 매수인은 그 손해를 마땅히 배상하여야 한다.

4 무역계약의 내용과 조건

1) 물품 (Product, P)

(1) 견본매매

물품을 특정함에 있어 가장 많이 활용되는 결정방법이다.[23] 곧 **견본**(sample)은 상대방에게 **청약서**(offer sheet), **가격표**(price-list)와 함께 발송하게 되는데, 이때 견본은 **계약의 목적물**(subject matter of contract)의 기준이 된다. **견본**을 제공하는 당사자는 자신의 매매 대상 물품 가운데서 **평균중등물품**(平均中等物品, fair average quality)을 견본으로 제공하여야 한다. 경우에 따라 **견본**을 제공 받은 상대방은 이를 기초로 **역견본**을 송부하여 새로운 품질조건을 요구하기도 한다.

(2) 설명서 매매

선박·기계·차량 등과 같은 물품을 수출할 때 이러한 물품들은 그 크기와 무게 때문에 견본을 보내어 이를 기준으로 하여 매매계약을 체결할 수 없다. 따라서 이들 매매 대상 물품에 관해서는 명세서나 청사진, 설계도면 등의 **설명서**(specification)를 품질기준으로 제공하고 이로써 매매계약을 체결하게 된다.

(3) 규격매매

물품의 규격기준을 결정하여 이러한 규격기준을 품질조건으로 하는 매매계약이다. 이를테면 **KS**(Korean Industrial Standards)·**JIS**(Japanese Industrial Standards)·

23) 무역에서 사용되는 **견본**(sample)은 매매당사자의 합의에 의하여 실제로 거래될 물품의 일부를 채취하여 계약분의 물품 전부를 대표하는 것을 말하며, 상대방은 **견본**에 의하여 목적물의 성질 및 형상을 파악할 수 있게 된다. 견본 이외에 **패턴**(pattern) 또한 동일하게 취급된다. 전자는 직물류나 완구 등과 같이 주로 의장과 도안이 품질의 구성요건으로 되어 있는 경우, 후자는 규격이 균등한 물품을 매매할 때에 몇 개를 채취하여 모든 물품의 표본으로 삼는 것을 말한다. 무역에서 **견본**은 엄격한 의미에서는 **품질견본**(quality sample)을 가리키므로 그 의미가 상당히 제한되어 있다. 청약이나 계약서에 사용되는 **견본과 동일**(same as sample)이라는 용어는 엄격한 제조공정을 거쳐 생산되는 물품, 규격품, 세계적으로 유명한 브랜드물품, 대량생산품으로서 규격이 균등한 것에 한하여 사용하여야 한다. 즉 same as sample이란 뜻은 strictly same as sample을 의미하고 있기 때문에, 만약 이러한 조건이 가혹한 경우 quality to be about equal to the sample이라고 표기함으로써 사전에 분쟁요인을 제거하여야 한다.

UL(Underwriters Laboratories) 등과 같은 규격기준 자체를 품질조건으로 명시하기도 하는데, 이러한 품질규격을 획득한 물품을 특정하여 매매계약을 체결한다.

(4) 상표매매

상표자체가 품질결정기준이 된다. 예컨대 유명 패션의류의 경우 상표 그 자체를 품질기준으로 삼기도 한다. GUCCI 시계의 모델명을 물품으로 기재하여 특정하는 경우 GUCCI라는 상표와 그 모델이 하나의 품질기준이 된다.

(5) 표준품 매매

일반적으로 농산물과 같은 1차 물품의 품질을 결정하는 기준으로 활용되는 방식이다. 물품 가운데 일정한 **표준물품**(standard goods)을 제시하고 그와 유사한 품질의 물품을 인도하게 되는 방식이다.

무역계약의 내용과 조건 (물품)

2) 가격 (Price, P)

가격은 당사자 이윤과 직결되기 때문에 무역계약의 기본조건 중에 가장 중요한 요소이다. 가격을 구성하는 요소는 ①**선적지** 및 ②**도착지**에서의 비용으로 구분할 수 있다. 우선 ①에서는, ㉠제조원가, ㉡이윤, ㉢포장비, ㉣검사비, ㉤서류발급비용, ㉥수출승인이나 그 밖의 정부승인을 받기 위한 비용, ㉦물품의 소재지에서 선적항까지의 내륙운송비, ㉧수출면허를 포함한 수출통관비용, ㉨선적·적재 및 적부비용, ㉩해상운임이나 항공운임, ㉪해상적화보험이나 운송보험에 소요되는 보험료 등을 들 수 있다.

다른 한편 ②에서는 ㉠양하비, ㉡창고료, ㉢수입국에서 수입승인 및 그 밖의 승인비용, ㉣수입통관비용과 수입관세, ㉤최종목적지까지의 내륙운송비, ㉥그 밖의 물품의 수출・입과 관련된 수수료 및 외환비용, ㉦통신비용 등을 들 수 있다.

가격조건은 물품을 ①**인도하는 장소**[위험부담의 분기점]와 ②**가격의 구성요소**[비용부담의 분기점]에 따라 이루어진다. 이 경우 통상의 무역실무에서는 **Incoterms**를 이용하고 있음이 상례이다. 곧 결제를 위한 화폐종류를 결정하고 국제적으로 통일된 가격결정을 위한 상관습인 **Incoterms**에 의하여 가격을 결정할 수 있다.

가격은 무역계약에서 가장 중요한 요소인 까닭에, 가격결정을 위한 화폐의 종류를 분명하게 명시하여야 한다. 여기서 화폐의 종류도 단순히 달러나 프랑으로 표시해서는 안 되며, 예컨대 U.S. dollar, Australian dollar, Hong Kong dollar 또는 France franc, Swiss franc 등으로 표시해야 한다.

가격결정기준은 일반적으로 **Incoterms**에 의한다. 현행 2020년에 간행된 11개의 제반 정형거래조건 가운데 당해 상거래에 적합한 가격인도조건을 선택할 수 있다. 곧 **Incoterms**는 물품의 제조원가에 국제거래에서 유발될 수 있는 비용요인을 포함하여 규정하고 있다. 통상 상거래과정에서 발생되는 운송비용과 보험비용 그 밖의 수출・입비용 그리고 제반 세금과 수수료에 대한 매도인과 매수인의 부담 한계를 포함한 11개의 조건을 제시하고 있다. 일례로 수출자가 부산에서 뉴욕으로 물품을

무역계약의 내용과 조건 (가격)

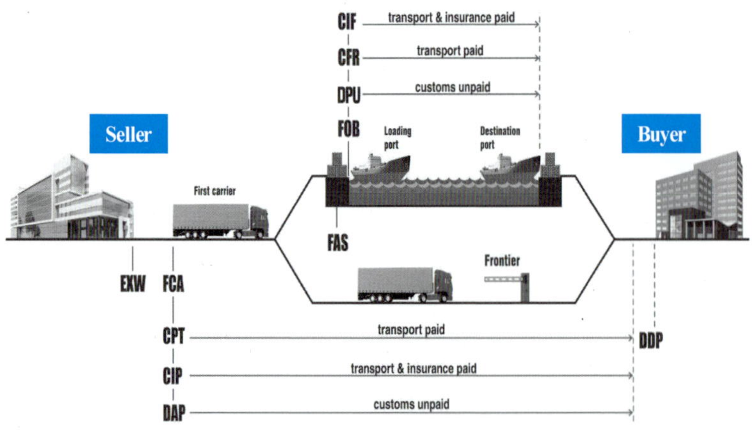

선적하면서 운송비용을 수출자가 부담하고 보험도 출발지인 수출자가 부담하는 조건으로 거래하는 경우 **Incoterms**에서 **CIF New York**으로 하게 된다. 이는 물품의 가격에 뉴욕까지의 운임과 보험료를 포함하는 가격으로 거래한다는 것을 의미한다.

3) 품질 (Quality, Q)

농산물과 임·수산물 등과 같은 1차 산물과, 광산물과 같은 비공산품의 매매에서는 견본, 상표 또는 규격매매에 의할 수 없으므로 이들 물품의 품질조건은, 이른바 **표준품매매**(sales by standard goods)에 의하며, 이는 ①**평균중등품질조건**(fair average quality, FAQ), ②**판매적격품질조건**(good merchantable quality, GMQ), ③**보통품질조건**(usual standard quality, USQ) 등으로 구분된다.

①은 예컨대 당해 연도 특정지역에서 생산된 동종물품 가운데 대체로 중간정도의 품질을 보유한 물품을 인도하기로 약정하는 조건으로 주로 농산물의 매매에 적용되며, 대부분 선물거래가 주종을 이루고 있다.

②는 목적물 인도시점을 기준으로 판매할 수 있는 적격의 상태를 특정한 조건이다. 이는 품질등급 여하에 구애됨이 없이 인도 당시의 물품성이 보장되는 생산물품을 인도하기만 하면 물품인도의무를 이행한 것으로 보는 조건이다. 이 조건은 원목·냉동어류·광석류 등 잠재적 하자의 가능성이 있는 물품매매에서 자주 채택된다.

③은 당해 물품을 관장하는 공인기관의 판정의 의해 보통수준의 품질의 것을 인도하기로 약정하는 조건이다. 이는 인삼·냉동수산물·원면·생사 등의 거래에서 사용되는 특수한 조건이다.

무역계약의 내용과 조건 (품질)

4) 수량 (Quantity, Q)

수량의 기준은 개수(piece), 무게(weight), 길이(length), 용적(measurement) 등 다양하며, 이들의 단위도 각각 상이하므로 그 수량의 단위사용에 주의하여야 한다. 수량의 단위는 물품의 종류에 따라서 분류되는데, 일반적으로 물품의 수량은 다음과 같이 개수 혹은 도량형에 의하여 계산된다.

특히 중량표시방법 중 Ton은 ①**Long Ton**, ②**Short Ton**, ③**Metric Ton**이 있는데 이러한 단위는 같은 **Ton**이더라도 내용이 차이가 있다. 따라서 단순하게 **Ton**으로 표시하면 당사자 사이에 이로 인한 오해와 분쟁이 발생할 수 있으므로 주의를 필요로 한다.

①은 2,240 lbs 또는 1,016kg의 중량을 1톤으로 하고 있는 중량단위로 영국 및 영국계 여러 나라에서 사용하고 있는데, 미국식인 **Short Ton**(2,000 lbs)보다 무겁기 때문에 **Long Ton**이라 한다.

②는 미국에서 사용하는 무게의 측정단위로서 1톤은 약 907kg에 해당한다.

③은 1,000kg을 1톤으로 하는 수량단위를 말한다. 이는 미터법상 1톤이므로 **미터톤** 또는 **Metric Ton**의 머리글자를 따서 **M/T**라고도 한다.

과부족용인조건(過不足容認條件, more or less terms)[24]은 용인량의 한도와 선택권자를 표시해야 한다. 예컨대 **3% more or less at buyer's option**으로 표시되어 있으면 과부족 용인량은 전체 물량의 3%이고 과부족 선택권자는 매수인이 된다.

무역계약의 내용과 조건 (수량)

24) 물품의 성질상 계약수량을 정확히 인도하기 어려울 경우 약간의 과부족을 허용한다는 거래조건이다. 수량조건의 하나로 장기간에 걸쳐 운송되는 광석이나 곡물・원유 등의 물품에 적용한다. 일반적으로 ±5%를 허용한도로 하나, 만약 수량기재 항목 앞에 about나 circa, approximately 등의 표현이 있을 경우 ±10%까지의 과부족이 허용된다.

5) 보험 (Insurance, I)

해상보험은 선박의 운항 및 선박의 화물운송 등에 동반하는 위험에 대비하여 선박 및 화물손해를 보상하는 손해보험(損害保險, non-life insurance)을 말한다. 해상보험은 보험의 목적에 따라 ①적화보험(積荷保險, cargo insurance), ②선박보험(船舶保險, hull insurance), ③운임보험(運賃保險, freight insurance)으로 구분된다.

①은 화물을 보험의 목적물로 한 보험으로서 화물운송 중에 화물이 멸실 또는 훼손되었거나 화물을 보존하기 위하여 경비를 지출하게 되어 화물의 소유자가 손해를 입게 되었을 때 이를 보험조건에 따라 보상하여 주는 보험이다.

②는 선박을 보험의 목적물로 한 보험으로서 선박을 관리하거나 운항하던 중 선박이 멸실되거나 훼손된 경우 또는 선박을 보존하기 위하여 지출된 경비가 있는 경우 이러한 손해를 보험 조건에 따라 보상하여 주는 보험이다.

③은 운임을 대상으로 한 보험으로서 선하증권이나 운송계약서에 명시된 대로 목적지에서 화물을 화주에게 인도하지 못하였을 경우 운송인 등이 운임을 청구할 수 없게 되므로 이때 운송인 등이 입은 손해를 보상하여 주는 보험이다.

해상위험(海上危險, maritime perils)은 해상보험의 담보대상이 되는 위험으로서, 이 경우 **위험**(危險, risk)은 사고발생 가능성은 있으나 구체적・개별적 사례에 있어 불확실한 상황을 일컫는다. 여기에는 **침몰**(sinking)・**좌초**(stranding)・**충돌**(collision)・**황천**(heavy weather)등 해상에서만 일어날 수 있는 위험으로서 **해상고유의 위험**(perils of the sea)과, **화재**(fire)・**투하**(jettison)・**선원의 악행**(barratry)・**해적**(pirates)등 실제 바다가 아닌 곳에서도 일어날 수 있는 위험으로서 **해상의 위험**(perils on the sea)이 있다.

무역계약의 내용과 조건 (보험)

Cargo / Hull / Freight Insurance

6) 선적 (Shipment, S)

선적시기, 지연약정 등을 포함한 기본조건이다. ①**선적시기**(time of shipment), ②**분할선적**(partial shipment), ③**환적**(transshipment), ④**선적지연**(delayed shipment), ⑤**선적일의 증명** 등의 거래당사자 간 약정을 말한다. ①의 경우 약정물품의 인도시기는 목적항에의 **도착시기**(time of delivery)가 아니고 적출항에서의 **선적시기**(time of shipment)를 의미하는 것이 일반적이다.

②는 수출자 임의로 물품을 수 차례 나누어 시간적 간격을 두고 운송하는 것을 말한다. 매매계약 중 선적조건의 하나로 다량의 물품운송이 수반되는 경우 흔히 사용된다. 거래당사자 간 분할회수·수량·분할분의 선적시기 등을 약정하여, 정해진 기간마다 정해진 물량을 선적하는 할부선적과는 구별된다.

③은 양당사자 간 특별한 합의가 없는 경우 또는 분할선적을 금지하는 별도의 약정이 없는 한 허용된다. 그러나 분할분이 약정기간 내에 운송되지 못할 경우 그 분할분 뿐만 아니라 다른 분할분에 대해서도 계약해제의 사유로 취급된다.

④는 계약대로 선적이 되지 않고 지연되는 것을 말한다. 매도인의 고의나 과실 또는 태만에 의한 경우에는 매도인이 책임을 지는 것이 원칙이다. 이 경우 계약위반으로 취급되어 수출대금을 회수할 수 없게 된다. 여기서 지연의 산정은 대개 신용장 개설일자를 기준으로 한다. 만약 **천재지변**(act of God)[25]이나 **동맹파업**(strike) 등과 같은 **불가항력**(*force majeure*)[26]에 의한 경우는 일반적으로 면책이 되며, 실무적으로 3주 또는 1개월 동안 선적기일이 자동 연장되는 것이 관례이다. 나아가 매도인은 **불가항력**을 증명하는 서류를 수출국 주재 수입국 영사관이나 상공회의소에서 발급받아 매수인에게 통보해야 하며, 이를 통해 선적기한의 자동연장, 선적의 유예, 선적의무의 면제 또는 해제를 주장할 수 있다. 그러나 분쟁을 피하기 위해서는 **불가항력약관**을 계약서상에 기재하는 것이 필요하다.

⑤의 경우 **선적선하증권**(shipped B/L)의 경우 선적일은 **B/L Date**이며, **수취선하증권**(received for shipment B/L)인 경우 선적일은 **선적일부인**(船積日附印, shipping notation date)이 표시된 때이다.

---

25) 홍수·지진·폭우 등 자연의 원인으로 발생하는 사고를 말한다. **천재지변**은 자연현상에 의한 불가피한 사태로서 채무불이행 또는 불법행위의 면책근거가 된다. **불가항력**(*force majeure*)은 **천재지변**보다 넓은 개념으로서 **전쟁**(war) 및 **동맹파업**(strike) 등이 포함된다.

26) **불가항력**에 기한 불이행 또는 지연에 관하여 매도인은 면책된다. **불가항력**에 의해 계약의 이행이 지연되거나 또는 불가능하게 된 경우를 고려하여 미리 면책조항을 계약서에 삽입할 필요가 있다. 자연적인 불가항력 및 비상위험 등은 매도인이 통제할 수 없는 **불가항력**으로 취급된다.

선적식 선하증권과 수취식 선하증권의 구분

BILL OF LADING

Shipper
SHIPPER NAME AND ADDREES
TEL & FAX

Bill of Lading No.

—Gateway—
GATEWAY CONTAINER LINE

Consignee (if ' To Order ' so indicate)
SENDERS NAME AND ADDRESS TEL

Notify Party (No claim shall attach for failure to notify)
SAME AS CONSIGNEE OR AGENTS NAME & ADDRESS.

Cargo Delivery, please Contact :
THIS IS THE RECEIVER OF THE GOODS ONCE IN PORT. TRY TO CHANGE WITH YOUR AGENTS NAME ADDRESS SO YOU DO NOT INCUR EXTRA FEES

Place of Receipt	Port of Loading
BANGKOK, THAILAND	BANGKOK, THAILAND

Vessel	Port of Discharge	Place of Delivery
HEUNG -A ASIA V. 817 N	POINT LISAS,TRINIDAD	POINT LISAS,TRINIDAD

Marks & Numbers Container No.	No. of Pkgs. or Shipping Units	Description of Goods & Pkgs.	Gross Weight	Measurement
AZIM POINT LISAS TRINIDAD	2 CARTONS	CFS/CFS MEN'S T-SHIRT 100% COTTON KNITTED LADIE'S BLOUSE 100% COTTON WOVEN AS PER INV. NO. 0-397-08 "LOCAL DESTINATION CHARGE ARE FOR CNEE ACCOUNT" COPY CTNR No.:GLDU7246240 FREIGHT PREPAID	120.000 KGS	1.000 CBM
	Total	TWO CARTONS ONLY	ORIGINAL	

PARTICULARS FURNISHED BY SHIPPER

Freight Details, Charges etc :	PREPAID	COLLECT

Excess Value Declaration : Refer to Clause 6 (4) (B) + (C) on reverse side

December28,2008

RECEIVED by the Carrier the Goods as specified above in apparent good order and condition unless otherwise stated, to be transported to such place as agreed, authorised or permitted herein and subject to all the terms and conditions appearing on the front and reverse of this Bill of Lading to which the Merchant agrees by accepting this Bill of Lading, any local pri[illegible]eges and customs notwithstanding.

The particluars given above as stated by the shipper [illegible]eight, measure, quantity, condition, contents and value of the Goods [illegible]own to the Carrier.

IN WITNESS where of THREE(3) original Bills of La[illegible] have been signed, one of which being accomplished, the other(s) to be void.

Place and date of issue December 28, 2008

Signed on behalf of the Carrier :

GATEWAY CONTAINER LINE CO., LTD.

by

JURISDICTION AND LAW CLAUSE

7) 결제 (Payment, P)

①대금결제방식에 따라 ㉠현금결제, ㉡환결제 및 ㉢어음결제가 있으며, ②대금결제기간을 기준으로 분류하면 ㉠**선지급**(先支給, advanced payment), ㉡**동시지급**(同時支給, concurrent payment), ㉢**후지급**(後支給, deferred payment) 방식이 있다.

(1) 대금결제방식

가. 현금결제

현금결제는 화환신용장 또는 추심결제방식과 같은 어음에 의한 결제방식이 아닌 대금전액을 외화현금으로 영수하는 조건이다. 대외무역법는 송금방식에 의한 수출 형태로서, 수출대금을 미리 외화로 영수한 후 수출하는 사전송금방식의 수출, 물품 인도와 동시에 현금으로 지급하는 ①**현물상환인도조건**(cash on delivery, COD), ②**서류상환인도조건**(cash against delivery, CAD) 등을 규정하고 있다.

①은 매도인이 물품을 선적한 후, 해당 선적서류를 수입국에 있는 자신의 대리인에게 송부하고, 매수인이 물품을 검수하여 이상이 없다고 확인하면 물품대금 수령과 동시에 해당 선적서류를 인도하는 결제방식으로서, 일반적으로 귀금속 등의 고가품 거래 시에 흔히 이용된다. 이 경우 선적서류의 **수화인**(consignee)을 **매도인의 대리인**(agent of seller)으로 지정하거나, 선하증권을 매도인의 대리인에 의한 **지시식**(指示式, to order)으로 발행하여, 대금수령 후 선하증권을 배서하여 매수인에게 양도하는 과정을 거치게 된다.

②는 매도인이 물품을 선적한 후, 수출국에 주재하는 매수인의 대리인에게 해당 선적서류를 인도함과 동시에 물품대금을 지급받는 결제방식으로 이 경우 매수인은 통상 해당 물품을 선적 전에 미리 검사하여 품질 등을 확인한다.

나. 환결제

단순송금방식에 의한 결제방식으로 ①**전신환**(telegraphic transfer, T/T), ②**우편환**(mail transfer, M/T)에 의한 송금방식이 주종을 이루고 있다. ①은 매도인이 화물을 인수할 수 있는 운송서류를 매수인에게 직접 송부하고 매수인은 대금을 매도인의 계좌에 송금하는 결제방식이다.

이 방식은 신용장과 달리 환어음의 매입과 은행의 서류송부 등의 절차를 생략할 수 있어 금융비용이 적게 소요되며 그 과정도 매우 간단하다는 장점이 있다. 반면에 은행의 지급확약이 없는 까닭에, 대금회수불능에 따른 위험이 발생할 수 있다는 단점이 있다. 이는 거래당사자 간 신뢰가 견고하거나 또는 본·지사 간의 거래에 널리 사용된다.

②는 은행의 송금과는 달리 가입계좌 없이 우편을 이용해 현금을 지급하는 방식을 말한다. 최근 각종 신규 송금서비스가 급속히 확장·보급됨에 따라 우편환의 이용실적은 현격한 감소추세에 있다. 국제 우편환에는 송금하는 국가의 우정청에서 직접 카드형식의 우편환을 발행하는 **카드환**과, 송금국가 우정청에서 단순히 상대방 국가 우정청에서 지급의뢰목록을 작성하여 송금하면 지급국가 우정청에서 환증서를 발행하여 수령하게 하는 **목록환**의 2종이 있다.

다. 어음결제

화환수출신용장에 의한 거래는 **일람불수출신용장**(at sight L/C)에 의한 수출과 **기한부수출신용장**(usance L/C)의 수출이 있는데, 전자의 경우 **at sight**, 후자의 경우에는 **at ~days after sight or date of B/L**로 결제기간과 결제금액을 표시한다. 이 경우 기한부어음은 만기일에 결제가 이루지는 방식으로 여기서 만기일은 선적서류 또는 물품인수일로부터 기산한다. 참고로 물품인수일을 기준으로 할 경우, ①**일람후 정기출급**(~days after sight), ②**발행일자후 정기출급**(~days after draft date), ③**선적일자후 정기출급**(~days after B/L date) 등의 방법이 있다.

추심결제방식에 의한 거래는 선적서류의 인도가 어음의 지급조건 또는 어음의 인수조건에 따라 ①**지급인도조건**(documents against payment, D/P)과, ②**인수인도조건**(documents against acceptance, D/A)로 구분된다. ①은 화환어음의 지급인(매수인)이 매도인이 발행한 일람출급환어음 대금을 결제하여야만 선적서류가 인도되는 거래이다. 결제기간에는 **at sights**로 표시한다.

②는 매도인이 발행한 일람 후 또는 선적후 정기출급 화환어음에 대해서 어음인수 이후 선적서류가 인도된다. 따라서 결제기간표시는 일람후 정기출급조건일 경우 **at ~days after sight** 그리고 선적 후 정기출급조건일 경우 **at ~days after date of B/L**로 표시된다. ②는 국제 간 신용거래라는 점에서 대금의 미결제의 경우 강력한 법적 제재조치가 뒤따른다. 수입대물품목에 따라 60일·120일·180일·360일 등이 있다. 연지급의 기한이 2년 이상인 경우는 외국환은행장의 인증을 받아야 한다.

전신환송금(T/T) 어플리케이션

HSBC

To: **The Hongkong and Shanghai Banking Corporation Limited**

Branch: ______________________

Date: ______________________

For Bank Use Only

Please mark "X" inside the circle

Remitting Currency		Priority	Special Handling
○ AUD	○ JPY	○ Time Critical	○ FX Contract
○ CAD	○ USD NY	○ Value Today	○ Local Payments
○ EUR	○ USD HK	○ Value Dated	
○ GBP	○ LCY	Amount *(please ignore the decimal places)*	
○ Others		.00	

TELEGRAPHIC TRANSFER / SAME DAY CLEARED PAYMENT / DEMAND DRAFT INSTRUCTION FORM

○ Telegraphic Transfer (TT)　　○ Same Day Cleared Payment (SCP)　　○ Demand Draft (DD)

Payment Details

○ TT/SCP/DD ☐☐☐ (currency) in the amount of ______________________ *or*

○ TT/DD equivalent of ☐☐☐ (currency), in the amount of ______________________ in ☐☐☐ (currency)
(e.g. NZD 1000 to be transferred in USD equivalent)

Local Charges are for: ○ Customer/Remitter *(Debited to your account)* ○ Beneficiary/Payee *(Deducted from the amount sent)*

Overseas Charges are for: ○ Customer/Remitter *(Debited to your account)* ○ Beneficiary/Payee *(Deducted from the amount sent)*

Overseas charges will vary dependent on where funds are being transferred and the amount charged will be debited when the TT/DD is processed and accepted by the beneficiary's/payee's bank.

Beneficiary / Payee Details

Name of Beneficiary: *(in block letters)* ______________________

Beneficiary Account Number: *(or ID number for cash collection only)* ______________________

Name and Address of Beneficiary's Bank: *(please state beneficiary's address if their bank and account number are not specified)*

____

Country:

Telegraphic Transfer Details

Bank Clearing Code: ***(failure to specify these codes for TTs to UK, USA, Australia, Germany and Europe may result in additional charges & delays)***

To UK: Sort Code/SC *(6 digits)* ☐☐☐☐☐☐　　To USA: Fedwire/FW or ABA *(9 digits)* ☐☐☐☐☐☐☐☐☐

To Australia: BSB *(6 digits)* ☐☐☐☐☐☐　　To Germany: BL *(8 digits)* ☐☐☐☐☐☐☐☐

To Europe: IBAN *(up to 34 characters, see over)* ______________________

Payment Details – if any: *(maximum 4 lines 35 characters)*

1 ______________________

2 ______________________

3 ______________________

4 ______________________

Customer / Remitter Details

Name of Remitter: *(in block letters)* ______________________ **Phone No:** ______________________

Full Name on the Account (if Joint/Trust etc): ______________________

In payment please:

○ Debit my/our ☐☐☐ (currency) account number ______________________

○ Other/Separate Charge A/C Details, *(please specify)* ______________________

SAMPLE

Signature of Customer/Remitter(s):

By signing I acknowledge that I have read carefully the terms and conditions overleaf and understand in particular the risks associated with this service, how overseas charges may vary and how my personal information will be used X

SV

Bank Use only: Exchange Rate: __________ Given by: __________ Charge Type: __________ Checked By: __________

Bank to bank Info: ______________________

우편환송금(M/T) 어플리케이션

NAMCO

NATIONAL ASSET MANAGEMENT COMPANY LTD.

(NAMCO-03)

REDEMPTION OF UNITS FORM

INFORMATION ABOUT THE PRINCIPAL ACCOUNT HOLDER (PLEASE USE BLOCK LETTERS)

Name: Mr./ Ms./ Mrs./ M/s		Folio Number :	Date
		CNIC/ NTN* No.	

DETAILS OF REDEMPTION

Name of Fund :

No. of Units :

Details of Unit Certificates : ☐ PHYSICAL UNITS NOT ISSUED ☐ PHYSICAL UNITS ISSUED & ATTACHED AS PER DETAILS GIVEN BELOW :

Certificate Nos.

______ ______

______ ______

______ ______

SAMPLE

PAYMENT INSTRUCTIONS

☐ Please send cheque at my registered address ☐ Please transfer directly to my already provided bank account

AUTHORIZATION BY UNIT HOLDERS

I/ We the undersigned would like to encash my/ our investment as per the above details.I/ We hereby acknowledge having read and understood the relevant Trust Deed and Offering Document that govern this transaction and further acknowledge having understood the risks involved.I/ We agree to abide by them and (terms and conditions!) contained therein.

NAME OF UNIT HOLDER(S) ______ ______ ______ ______

SIGNATURE(S) ______ ______ ______ ______

NOTE:

- In Case of Institutional Investor please affix Company stamp.
- Redemption of Units will only be possible where the authorization is in line with instructions specified at the time of submission of investor Account Opening Form.

DISTRIBUTOR / FACILITATOR INFORMATION

Distributor/ Facilitator Name		Distributor / Facilitator Code	Redemption No.
Total Certificate/ Units Received		Name of Authorised Person at Distribution Center	Authorised Signature
Certificates	Unit(s)		

FOR REGISTRAR

Form Received On	Signature Verified By	Certificate Verified & Defaced By	Redemption Rate	Value	Zakat Deduction (if applicable)	Net Amount	Data Input By

(2) 대금결제기간

가. 선지급

수출계약과 동시에 송금을 받거나 매수인으로부터 물품대금의 송금을 받고 선적하는 결제방법이다. 매도인에게는 대금회수의 위험이 없는 유리한 결제방법이다. 매도인의 자금이 부족한 경우 또는 본·지점 간의 거래에 널리 이용한다.

나. 동시지급

동시지급은 결제조건을 지급시기로 나누는 방식의 하나로, 서류와 대금을 맞교환하는 방식이다. 곧 현물을 인도하면서 동시에 대금을 결제하는 **현물상환인도조건**(COD)과 선하증권·상업송장 등의 운송서류를 인도하면서 동시에 현금결제가 이루어지는 **서류상환인도조건**(CAD)이 대표적이다.

신용장에 의한 거래에서는 일람출급어음으로 결제되는 **일람지급방식**(at sight base)과 어음을 추심해서 대금을 회수하는 경우, 곧 무신용장 거래에서 어음이 매수인에게 제시되었을 때 어음대금을 지급해야만 운송서류가 인도되는 **지급인도방식**(D/P) 등이 이에 속한다. 그러나 이 방식은 실제 적용이 쉽지 않기 때문에 통상 선지급결제방식 또는 후지급결제방식이 이용된다.

다. 후지급

물품대금을 물품인도 후 일정기간 유예하는 방법이다. 곧 물품선적 후 일정기간이 경과한 뒤 지급되는 대금결제방법을 말한다. ①**외상판매**(sales on credit), ②**청산계정**(open account)[27], ③**D/P·D/A**, ④**위탁판매**(consignment sale), ⑤**연불수출**(deferred export) 등은 통상 이러한 방식으로 결제한다.

8) 포장 (Packing, P)

포장도 물품의 품질에 포함된다. 왜냐하면 대부분의 물품은 포장과 함께 거래가 이루어지고 있음이 상례이기 때문이다. 따라서 계약서에는 포장재료와 포장단위 당

27) 계약당사자 상호 간 수출·입 거래를 빈번하게 하는 경우 각 거래마다 대금을 수수하지 않고 일정기간의 거래에서 발생하는 채권·채무의 총액을 상계하고 그 잔액을 현금결제 하는 방법을 말한다. 2국 간 협정무역에 있어서의 결제방법으로, 이 경우 협정국 간에 개설된 청산을 위한 계정에 무역의 대차를 기록하고 일정기간에 차액을 현금 결제하는 방법이다.

물품수량 등에 대해서 정확히 명시하여야 한다. 가벼운 물품의 포장은 **Carton Box**이며, 해상운송 또는 국제적 운송 포장의 대부분은 **Wooden Case**이다. 그리고 이러한 포장의 표면에는 화물의 식별이 용이하도록 적절하게 **화인**(shipping mark)이 되어 있어야 한다. 여기서 화인은 가능한 **ISO**(international organization for standardization)에 근거해서 표시하여야 한다.

Carton Box & Wooden Case

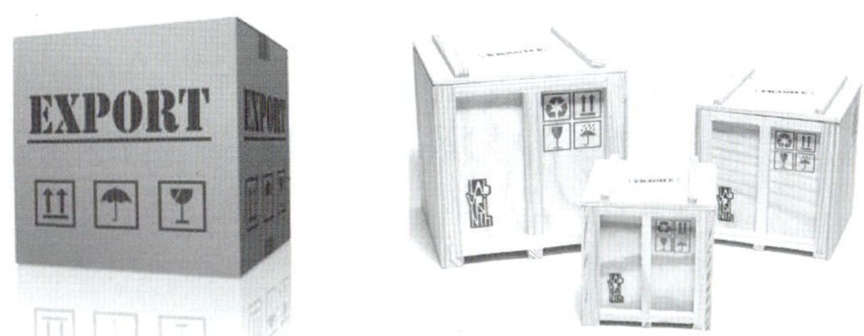

9) 클레임과 중재조항

무역클레임(claim)[28]이란 당사자 간의 매매계약에 따라 당해 계약의 일부 또는 전부의 불이행으로 말미암아 발생되는 손해를 상대방에게 청구할 수 있는 권리를 말한다. 주로 매도인이 공급한 물품이 품질불량, 포장불량, 규격상위, 수량부족, 가격, 인도조건의 상위, 인도지연 등으로 매매계약을 위반하였을 때 매수인은 자신이 입은 손해에 대하여 매도인에게 클레임을 제기하게 된다.

무역클레임의 원인으로는 우선 당사자 간에 계약내용에 기한 의견차이, 계약당사자가 각기 사용하는 언어의 상이, 각국의 법과 상관습의 상이, 신용조사의 불비, 운

28) **클레임**은 계약당사자의 일방이 계약을 위반함으로써 이로 인하여 타방이 입은 손해의 배상을 청구하는 것을 말한다. 무역에서 **클레임**에는 ①**운송화물에 관한 클레임**이고, ②**무역클레임**으로 구분된다. ①은 운송 중인 화물이 사고에 의하여 입은 손해에 대하여 피해자가 선박회사·보험회사 등에 대하여 손해배상을 청구하는 것을 말한다. 이러한 사고에 관하여 수출상에게는 전혀 책임이 없는 것이며 선박회사·창고업자·하역업자에게 책임이 있는 것인데, 이 경우 흔히 부보가 되어 있으므로 보험회사가 최종적인 책임을 지게 된다. ②는 매도인과 매수인 중 어느 한쪽이 매매계약의 내용에 따른 이행을 하지 않았을 때 그로 인하여 입은 손해를 당사자가 상대방에게 손해배상을 청구하는 것을 말한다. 이것을 **상사분쟁의 구상**(claim for trade dispute)이라고도 한다. 그러나 일반적으로 **클레임**이라고 할 때는 ②를 가리키며, ①과의 구별을 위해 **무역클레임**이라고 한다.

송중의 위험, 가격덤핑, 국가에 따라 상이한 도량형 체계, 상대국의 관련 법률 등을 꼽을 수 있다. 특히 계약은 거래당사자를 직접 구속하므로 계약서에는 당사자 본인 · 물품명 · 품목 · 품종 · 규격 · 수량 · 단가 · 금액 · 포장조건 · 선적시기 · 결제조건 · 신용장 조건 · 보험조건 · 면책조항 · 클레임통지기한 등을 명확히 하여야 하며, 장래 발생될지 모르는 분쟁해결을 위하여 **중재조항**(arbitration clause) 등을 삽입하고, 당사자가 기명날인하여 후일을 대비하여야 한다.

일반적으로 계약의 이행과정에서 품질불량, 수량부족, 물품의 하자, 선적불이행, 불완전한 보험계약의 체결, 대금지급의 지연, 물품대금지급거절, 신용장의 개설지연, 거래알선에 따른 수수료 미지급 등 수많은 요인이 클레임의 주요한 요인으로 작용하고 있다. 이에 클레임이 발생하게 되면 손해배상청구나 대금지급거절, 대금감액요청 또는 화물의 인수거절, 계약이행청구, 잔여계약분의 해제요청, 계약의 해제 등 법적 쟁송에 따른 문제가 수반된다.

클레임의 유형과 처리과정

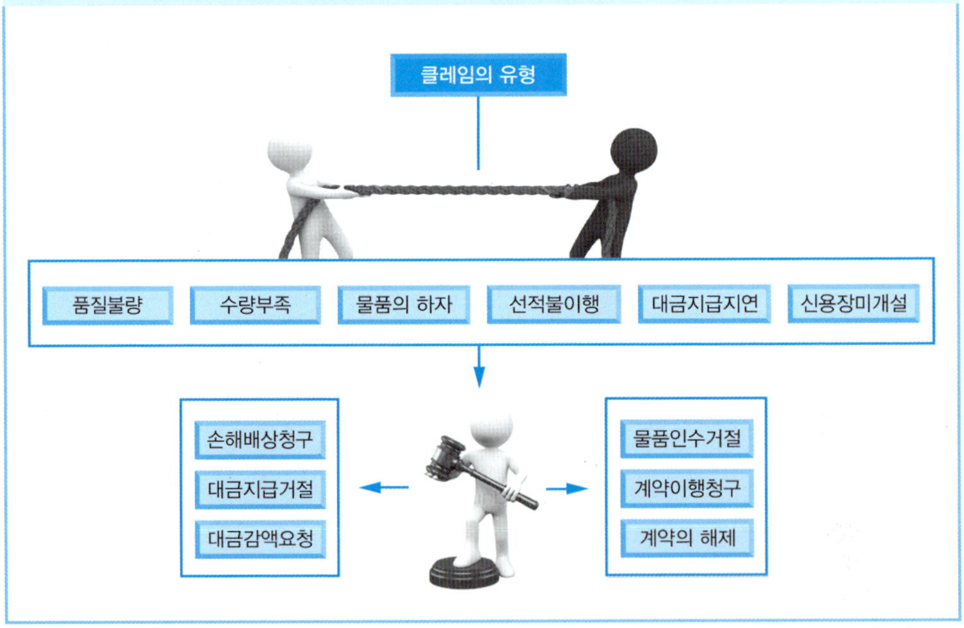

3 Incoterms의 해석과 적용

1 Incoterms의 목적

국제상거래에서 매매계약 당사자 간 서로 다른 상관습에 기하여 그들의 계약내용에 **상거래조건**(terms and conditions)[29)]을 수용하고자 하는 경우 대개 국가나 지역별로 상관습과 법체계가 서로 상이하여 그 해석과 적용에 있어 상당한 장애 내지 문제점이 끊임없이 야기되어 왔다.

나아가 계약당사자 간의 이해를 조율한 계약내용을 특정하기 위해서는 계약의 이행을 위한 다종다양한 조건별 합의가 필수적인데, 이는 상당히 번거롭고도 복잡한 일이 아닐 수 없을 뿐만 아니라 설령 매번 이러한 합의가 가능하더라도 그것도 지속적으로 반복되는 개별상거래에 때마다 이를 낱낱이 적용하여 계약의 이행을 도모하기란 거의 불가능에 가까운 일이 아닐 수 없을 것이다.

이에 국제민간조직으로서 **국제상업회의소**(International Chamber of Commerce, ICC)에서는 이러한 장애 내지 문제점을 미연에 극복하고자, 이른바 **정형거래조건의 해석에 관한 국제규칙**(international rules for the interpretation of trade terms)을 제정·공표하기에 이르렀다.[30)]

본 규칙은 국제상거래에 있어 무역조건의 해석에 관한 국제표준규칙으로서의 지위를 확보하고 '**IN**ternational **CO**mmercial **TERMS**'의 약어로서, 곧 이를 합체한

29) 강학상 terms는 장래 발생할 것이 확실한 기한을, conditions는 장래 발생여부가 불확실한 사실인 조건을 뜻한다. 그러나 영미계약법에서는 terms and conditions을 소위 제반(거래)조건의 의미로 사용하는 예가 많음을 참고한다.

30) Incoterms의 공식명칭은 초창기에 정형거래조건의 해석에 관한 국제규칙(international rules for the interpretation of trade terms; ICC official rules for the interpretation of trade terms)이었는데, ICC가 Incoterms 2010을 공표하면서, 부제를 두어 국내·국제거래조건의 사용에 관한 ICC 규칙(ICC rules for the use of domestic and international trade terms)으로 명하였다. 당해 부제는 Incoterms가 국제뿐만 아니라 국내거래조건에도 수용될 수 있다고 하는 사실 강조하기 위함에 의미를 두고 있다.

Incoterms라는 표현으로 공시하고 있다.

여기서 ICC는 2010년을 기점으로 이를 **상표**[Incoterms®]로 등록하여 사용하고 있는바, 이에 Incoterms는 국제상거래에 널리 통용되는 이른바 **자치적 관습입법**(autonomous customs legislation)으로서의 지위를 점하고 있음을 시사한다.

환언하면, 당해 명칭의 추보는 오늘날 세계 각처에 자유무역지대가 구획되고 전 세계적으로 **관세자유지역**(customs free-zone)[31]이 본격화되는 등 국제거래에서 국경의 중요성이 갈수록 의미가 미약해져 가고, 또한 **국내거래**(domestic transactions)와 **국제거래**(international transactions)의 차이가 감소하고 있으며, 동일한 시각에서 실무상 순수한 국내매매계약에서 종종 Incoterms가 사용되고 있다는 점을 배경에 두고, 이에 따라 Incoterms가 국제거래는 물론 국내거래에서도 사용가능함을 강조하기 위한 것에 그 취지를 두고 있다.

Incoterms의 목적은 무역, 곧 **이국 간, 상인 간, 상거래**에 있어 가장 보편적으로 사용될 수 있는 정형거래조건의 해석에 관한 일련의 통일된 국제규칙을 제공하는데 있다. 이를 통해 국가 간 서로 다른 상관습 및 그 밖의 제반 사회적 · 문화적 · 경제적 요인에 기초한 거래조건의 상이한 해석으로 야기될 수 있는 불확실성을 제거하거나 또는 이를 상당한 정도로 감소시키고자 하는 것에 목적을 두고 있다.

통상 계약당사자들은 그들 각자 국가에서의 상이한 무역관습 내지 관행을 잘 알지 못하고 있음이 상례이다. 이로 인하여 상당한 시간과 금전낭비를 초래할 수 있을 뿐만 아니라 때로는 당사자 간에 오해 · 분쟁 및 이에 부수하는 별단의 소송이 제기될 수 있는 개연성이 짙다. 이러한 문제들을 해소하기 위하여, ICC는 1936년 최초로 정형거래조건의 해석에 관한 일련의 국제규칙을 공표하였다.

이후 시의적으로 변모하는 무역에서의 상관습과 당해 규칙을 일치시키기 위하여, 1953년, 1967년, 1980년, 1990년, 2000년 그리고 현재 2010년과 이후로의 2020 Incoterms에 이르기까지 지속적인 개정과 추보의 과정을 거쳐 왔다.

요컨대 Incoterms는 국제상사계약에 임한 계약당사자 간의 매매계약에 기초한 매

31) 관세 · 부과세 등의 부과가 면제되며 지역 내 이동물품에 대한 반출 · 입 신고, 각종 세관절차, 수입요건 구비여부에 대한 세관장 확인절차 등 통관절차가 생략되는 법적 · 지리적 경제활동특구를 말한다. 우리나라에서는 **관세자유지역의 지정 및 운영에 관한 법률**에 따라 2002년 1월 부산항과 광양항이 첫 관세자유지역으로 지정 · 운영되었으며, 이후 2003년 1월 인천항이 지정되었으나 2004년 7월 관세자유지역은 이른바 **자유무역지역**(free trade zone, FTZ)에 통합되었으며, 이에 관세자유지역 지정제도는 폐지되었다.

도인과 매수인 간의 권리와 의무만을 다루고 있는데, 이는 단지 일부 매우 특별한 측면에서 그러하다. 곧 **수출상**[매도인]과 **수입상**[매수인]이 **국제물품매매**(international sale of goods)를 이행하기 위한 일련의 계약들 간의 실제적인 관계를 고려하는 것이 필수적이지만, Incoterms는 단지 이들 계약 중의 하나, 곧 **매매계약**(sales contract)에만 관계되어 있다.

Incoterms는 매도인이 물품을 매수인의 임의처분에 두거나 또는 운송을 목적으로 이를 인도하거나 또는 목적지에서 당해 계약의 목적물로서 물품을 인도하여야 할 의무 등과 같은, 계약당사자에게 부과되는 다수의 특정된 의무를 다루고 있으며, 또 이러한 경우에 당사자 간의 위험분담을 다루고 있다. 나아가 Incoterms는 물품의 수출・입 통관에 관한 의무, 물품의 포장 및 매수인의 물품수령 의무뿐만 아니라, 그 밖의 개별의무를 정히 이행하였다는 증거제공의 의무 등을 다루고 있다.

한편 Incoterms는 매매계약과 관련하여 매우 중요하게 다루어지는 것임에도 불구하고 매매계약에서 발생할 수 있는 일련의 문제들, 예컨대 소유권과 그 밖의 재산권의 이전 및 계약위반과 그러한 위반으로부터 야기되는 결과뿐만 아니라 일정한 사정 하에서 의무의 면제 등과 관련한 문제 등은 다루지 않고 있다.

결론적으로 Incoterms는 계약위반의 결과, 그 밖에 다양한 장애에 기한 그 어떠한 의무의 면제를 다루지 않고 있다. 따라서 이러한 문제들은 매매계약상의 다른 규정과 그 준거법에 의하여 해결하여야 한다. 곧 Incoterms는 기본적으로 항상 국가의 **법역**(legal territory)을 넘어서, 물품이 인도되도록 매각되는 경우, 즉 국제상거래 조건에만 사용되는 것을 추구하고 있다.

2 Incoterms의 범위

Incoterms의 범위는 매도인과 매수인의 매매계약에 기초하여, 매각된 물품의 인도에 관한 매매계약당사자의 권리・의무와 이와 관련된 법률문제로 국한된다. 여기서 Incoterms를 이해함에 있어 오류를 범하기 쉬운 사안을 발췌하여 설명하면 다음 각항과 같다.

①Incoterms가 **물품매매계약**(contract for the sale of goods)이 아닌 **운송계약**(contract of transportation)에 적용되는 것으로 오인되는 경우가 있다. 이를 바로잡으면, Incoterms는 매매계약상 매수인과 매도인 간의 권리와 의무만을 규정하고 있다.

②Incoterms는 계약당사자가 매매계약에 포함하기를 원하는, 이를테면 모든 권리와 의무를 규정하고 있는 것으로 잘못 이해할 수 있다. 그러나 Incoterms는 매도인과 매수인이 국제매매거래를 이행하기 위해 필요한, 매매계약・운송계약・**보험계약**(contract of insurance)・**환계약**(contract of exchange) 등의 다양한 계약 중에서 오직 매매계약에만 관련이 있다. 그러나 Incoterms상의 제반조건은 필연적으로 그 밖의 계약과 밀접한 관계를 갖게 된다.

③Incoterms는 주로 계약당사자 간의 물품의 인도, 비용의 부담, 위험의 이전, 운송 및 보험계약의 체결 등에 관한 책임기준으로서 계약당사자가 이를 채택할 경우 계약내용으로 확정되는데, 이를테면 무역계약의 일부로 편입되어 **법적 구속력**(legal enforcement)을 보유하게 된다. 아울러 Incoterms는 무역계약 조건 중 주로 가격조건, 선적조건 및 보험의 부보여부와 관련된다.

④Incoterms는 **계약의 유효성**(validity of contract)이나 **계약위반**(breach of contract) 또는 불이행(non-performance)에 대한 구제(remedy)까지도 다루고 있다는 오해를 할 수 있다. 그러나 **Incoterms**는 물품의 수출・입 통관의무, 물품의 포장, 매수인의 물품수령의 의무 그리고 각각의 의무가 적절하게 완료되었다는 증거를 제공하여야 할 의무를 다루고 있다. 따라서 비록 Incoterms가 매매계약의 이행을 위해 매우 중요한 것일지라도 소유권과 그 밖의 재산권의 이전, 계약위반 그리고 그러한 위반으로부터 일어나는 결과와 책임의 면제 등 계약에서 야기될 수 있는 문제들은 다루지 않고 있다.

⑤마지막으로 Incoterms는 **표준계약조건**(standard contract terms and conditions)의 편입 또는 개별적으로 합의된 조건에 의해 완전한 매매계약을 위해 요구되는 계약조건의 대체를 의도하고 있는 것은 아니다.

결국 이러한 제반 문제들은 계약당사자에 의해 지정된 적용법, 또는 매매계약에 수용되어 있는 그 밖의 규정과 국제사법에 의해 지정된 적용 가능한 법을 통해 해결하여야 한다.

3 Incoterms의 기능

Incoterms는, 예컨대 FAS(지정장소운송인인도조건), CIF(지정목적항운임·보험료포함 인도조건) 등과 같이 개별조건의 내용을 표창할 수 있는 3음절의 약어(abbreviation)로 표시된다. 이는 물품매매계약상 **상관행**(commercial practice)을 반영한 Incoterms 2020 기준 총11개의 조건으로 구성되어 있다.

Incoterms는 매도인과 매수인 간의 대가관계[급부관계]에서의 상호 상대적[대칭적]인 의무를 규율하는데, 곧 누가 자신의 비용과 계산 하에서 계약의 목적물(subject matter with the contract)로서 물품운송이나 보험계약을 체결하는지, 누가 선적서류와 수출 또는 수입허가를 취득하는지 등을 비롯하여, 매도인은 어디서 그리고 언제 물품을 인도하는지, 곧 어디서 매도인으로부터 매수인에게 위험과 비용이 이전하는지 등을 규정하고 있다. 예컨대 비용의 경우 운송비용·포장비용·적재 또는 양하비용 및 점검 또는 보안관련 비용 등에 관하여 어느 당사자가 어떤 비용을 부담하는지 등을 규정하고 있다.

이하 Incoterms A1/B1의 번호가 붙은 일련의 10개의 조항에서 위 사항들을 다루고 있는데, 여기서 A1–10에 속하는 조항들은 매수인에 대한 매도인의 상대적 의무를, B1–10에 속하는 조항들은 매도인에 대한 매수인의 상대적 의무를 지칭한다. Incoterms 2020 기준 개별조항의 상세는 다음 표와 같다.

4 Incoterms의 역할

Incoterms 자체는 매매계약이 아님과 동시에 매매계약을 대체하지도 않는다. 요컨대 Incoterms는 어떤 특정한 종류의 물품이 아니라 모든 종류의 물품에 관한 거래관행을 반영하도록 성안되어 있다.

한편 Incoterms는, 매매계약의 존부, 매매물품의 성상, 대금지급의 시기·장소·방법·통화, 계약 당사자 일방의 **계약위반**에 대한 **구제수단**(remedy), 계약상 의무의 이행지체 및 그 밖에 계약위반의 효과, 제재의 효력, 관세부과, 수출 또는 수입금지, 불가항력 또는 이행가혹, 지식재산권 또는 의무위반의 경우 분쟁해결의 방법과 장소, 준거법 등의 사안은 다루지 않고 있다. 나아가 앞서 본 바와 같이 물품의 소유권 내지 물권의 이전도 마찬가지이다. 결국 이상의 사안들은 추후 예기치 않은 분쟁에 대비하여 사전에 계약당사자 간 매매계약에서 구체적·명시적으로 규정할 필요가 있다.

한편 Incoterms 자체는 매매계약이 아닌 까닭에, 이것이 매매계약에 편입되어야 비로소 매매계약의 일부를 구성하게 된다. 다른 한편 Incoterms는 매매계약의 **준거법**(governing law)을 정하고 있지 않다. 이를테면 매매계약에 적용되는 준거법은 **국제물품매매계약에 관한 UN 협약**(UN Convention on Contract for the International Sale of Goods (1980), CISG]과 같은 국제적 통일법이거나 **일반원칙**(general principles)으로서 **국제상사계약에 관한 일반원칙**[principles of international commercial contract (2016), PICC] 또는 **국제사법**(international private law)이 될 수 있다.

Incoterms 2020 개별조항의 내용

내용구분			
A. (The Seller' Obligation)		B. (The Buyer' Obligation)	
• 일반적 의무(General Obligations)	A1	B1	• 일반적 의무(General Obligations)
• 인도(Delivery)	A2	B2	• 인도의 수령(Taking Delivery)
• 위험의 이전(Transfer of Risks)	A3	B3	• 위험의 이전(Transfer of Risks)
• 운송(Carriage)	A4	B4	• 운송(Carriage)
• 보험(Insurance)	A5	B5	• 보험(Insurance)
• 인도 / 운송서류 (Delivery / Transport Document)	A6	B6	• 인도의 증거 (Proof of Delivery)
• 수출·입 통관 (Export·Import Clearance)	A7	B7	• 수출·입 통관 (Export·Import Clearance)
• 점검, 포장, 화인 (Checking, Packaging, Marking)	A8	B8	• 점검, 포장, 화인 (Checking, Packaging, Marking)
• 비용분담(Allocation of Costs)	A9	B9	• 비용분담(Allocation of Costs)
• 통지(Notice)	A10	B10	• 통지(Notice)

5 Incoterms의 연혁

1) Incoterms의 제정과 초판발행

파리에 본부를 둔 ICC는 국제경제협력기구로서 1920년에 창립되었다. 동 기구는 전 세계 자유시장경제체제에서의 민간기업(인)을 대변할 수 있는 대표적 기관으로서 상업・공업・운송・금융・보험・통신・전자상거래 등 모든 무역 분야에서 민간기업의 경제활동을 견인하고 시장경제의 지속적인 발전을 도모함과 동시에 국제무역규칙의 제・개정 그 밖에 기업 간의 교류를 촉진하여 이로부터 경제협력의 기회를 확대하는데 그 주된 목적을 두고 현재 그리고 이후로도 지속적인 노력을 경주하고 있는 차제에 있다.

연혁에 비추어 초창기 ICC 창립 이후 최초로 착수한 과업은 정형거래조건의 통일화 작업이었다. 곧 당시까지 세계 각국에서 사용되고 있었던 무역에 관한 용어나 약어 등은 그 해석이나 적용이 통일되어 있지 못한 채 제각각이었고 그 쓰임새 또한 천차만별이었던 까닭에, 국제상거래에 임한 계약당사자에게 있어서는 오해나 분쟁의 소지를 야기할 개연성이 다분한 상황에 놓여 있었다.

ICC는 이러한 상황을 직시하고 정형거래조건의 통일을 위해 예하에 정형거래조건 통일화위원회(trade terms committee)를 구성하고 각국에서 수렴된 조사보고서를 토대로 FOB, FOR/FOT, Free Delivery, CIF 등 4종의 정형거래조건에 관한 정의 및 계약당사자의 권리・의무를 비교한 trade terms definition 초판을 1923년 출간하였다. 이후 ICC는 이상의 4종에 FAS, C&F 등 2종을 추보하여 trade terms라는 명칭으로 발간하였다.

ICC는 1936년을 기점으로 국제무역의 확대와 발전을 도모하고 나아가 국제적 상관습을 통일하여 이로써 무역 분쟁을 예방함과 동시에 이를 전 방위적으로 해소하기 위한 취지에서 통일된 국제규칙의 지위를 부여한 최초의 국제규칙으로서 Incoterms 1936을 공표하기에 이르렀다. 이후 개정 Incoterms 조건별 내용을 요약・정리하면 다음과 같다.

2) Incoterms의 개정

(1) Incoterms 1953

제2차 세계대전 이후 국제정세의 변화에 따라 1953년 10월 ICC 위원회는 개정규칙으로 Incoterms 1953을 공표하였다. 여기에는 Incoterms 1936의 **지정선적항 반입인도**와, **지정목적지 반입인도** 등 2가지 조건이 거의 사용되고 있지 않다는 이유에서 이를 일괄 삭제하고 나머지 9개 조건만을 수용하고 이를 Incoterms 1953으로 확정·공표하였다.

(2) Incoterms 1967

1960년대에 이르러 냉전체제에 따른 동서진영 간의 대립이 날로 격화됨에 따라 국경의 이동을 수반하는 거래조건이 탄생하였는데, 이것이 **지정인도지 국경인도**(Delivered At Frontier…named place of delivery)로서 DAF 조건으로 성행하기에 이르렀고, 다른 한편 서방국가에서는 **컨테이너**(container) 또는 **팔레트**(pallet) 화물을 매수인 소재 수입국내의 지정목적지까지 반입하기에 이르는 소위 **지정목적지 관세지급반입인도**(Delivered Duty Paid…named place of destination), 곧 DDP 조건이 확대됨에 따라 ICC는 1967년 이들 2가지 조건을 편입하여 총 11가지 조건을 확정하고 이를, Montreal Rules 1967로 공표하였다.

(3) Incoterms 1976

1970년대에는 소위 대형항공기의 상용화 추세에 힘입어 항공화물운송이 본격적으로 증가추이를 보이자 ICC는 FOB 계통의 거래조건을 항공운송에 원용한 **지정출발공항 공항인도**(FOB Airport…named airport of departure), 곧 FOA 조건을 제정하여 Supplement 1976에 수록하고 이를 추보하였다.

(4) Incoterms 1980

1970년대 이후 국제운송시장에는 컨테이너를 이용한 **문전 간 수·배송**, 곧 육·해·공 **복합운송**(multimodal transportation)에 의한 door to door 서비스가 등장하게 되었다. 이에 ICC는 컨테이너, **트레일러**(trailer), **페리**(ferry) 등에 의한 이른바 RO-RO **운송방식**(roll on/roll off)과 같은 복합운송에 적합하도록 기존의 내륙운송에만 사용되던 **지정목적지 운송비지급**(Freight or Carriage Paid to…named point of) 조건을 DCP 조건으로 정형화하였다. 여기서 **RO-RO 운송방식**은 하역기기에 의해 화물이 난간을 지나지 않고 선내에서 육지로 마련된 **경사로**(ramp way)를 따라 화물이 선적·양륙될 수 있는 선박으로 운송되는 방식을 말하는데, 예컨대 **자동차 전용선**과 **페리선**을 실례로 들 수 있다.

또한 ICC는 지정지점 운송인인도(Free Carrier…named point), 곧 FRC 조건과 **지정목적지점 운송비·보험료지급인도**(Freight or Carriage Paid to…named point of destination), 곧 CIP 조건을 신설하고 이를 종전에 더하여 총 14가지 조건으로 확정하고 이를 Incoterms 1980으로 공표하였다. Incoterms 개별 거래조건을 표창하는 3음절의 기호는 Incoterms 1980부터 사용하고 있다.

(5) Incoterms 1990

Incoterms 1990은 1980년대 이후로 다종다양한 운송기술의 획기적이고도 지속적인 발전과 무역에 있어 EDI(electronic data interchange, 곧 전자자료교환방식)의 도입에 따라 Incoterms의 일부 조건을 통합하거나 재조정하여 새로운 거래방식을 수용하기 위해 개정되었다. 그 내용을 요목별로 구분하여 살피면 다음과 같다.

①Incoterms 1990은 1980년대 이후 EDI 사용이 증가함에 따라 계약당사자 간에 **선하증권**(bill of lading, B/L)[32]과 같은 유통서류뿐만 아니라 **상업송장**(commercial Invoice, I/V)·통관서류·물품인도증거서류 등을 EDI 통신문으로 대체할 수 있도록 하였다. 이를테면 EDI 방식은 어느 국가에서나 통용되고 있는 것이 아니며, EDI 방식이 종이서류에 의한 거래방식을 완전히 대체한 것도 아니기 때문에, 전통적인 종이서류방식과 함께 새로운 EDI 방식을 추가함으로써 매매계약 당사자들이 합의하여 선택할 수 있도록 하였다.

②해상·내수로운송을 전제로 한 FOB 조건은 운송방식에 적용하기에는 적잖은 실무적 문제점을 내재하고 있었다. 이러한 문제점을 보완하고 새로운 운송방식을 수용하기 위해 Incoterms 1990에서 철도운송의 경우 FOR/FOT 조건, 항공운송인이나

32) 법률용어로서 '선하증권'은 무역학에서, '선화증권'으로 의제된다. 전자는 '운송인의 법적 책임에 주안점을 두고 있는 법률용어'로, 후자는 계약적 시각에서 '화주에 주안점을 두고 있는 상무적 용어'로 취급할 수 있다. 따라서 법적 시각이 아닌 상무적 시각에서는, 선화증권으로 사용하는 것이 바람직 할 것으로 판단된다. 수하인(수화인), 적하(적화), 양하(양화), 하인(화인) 등도 이와 같다. 달리 명시한 바 없는 경우 본서에서는 이를 혼용한다.

그 대리인의 경우 FOA 조건, 그리고 복합운송인(multimodal transporter)이나 그 밖의 계약운송인(contractual carrier)에게 인도할 때 FRC 조건을 사용하던 것이 Incoterms 1990상의 FCA 조건으로 통합되어 해상운송뿐만 아니라 철도·육상·항공·복합운송 등 모든 운송방식에 사용할 수 있게 되었다. FCA 조건에서 매도인은 물품을 통관 완료한 후 지정된 장소에서 최초운송인(first carrier)의 책임과 관리아래 물품인도에 임함으로써 매수인에 대한 매도인 자신의 물품인도의무를 완료하고 이때 위험 및 비용이 매수인에게 이전되게 된다.

③일부조건에 대한 부호를 DCP→CPT, EXS→DES, EXQ→DEQ로 변경함과 동시에 13가지 개별조건을 특징별로 묶어 E-Group(EXW), F-Group(FCA·FAS·FOB), C-Group(CFR·CIF·CPT·CIP) 및 D-Group(DAF·DES·DEQ·DDU·DDP) 등 총 4개 그룹으로 분류하였다.

④그 밖에 개별 거래조건별로 매도인과 매수인의 의무조항을 각각 A와 B 10개항으로 각각 대칭되게 구분하여 규정함으로써 이용자들이 이를 비교·검토하기 용이하게 하였다. 아울러 종래 DDP 조건을 DDU 조건과 DDP 조건으로 세분하여 규정하였다.

(6) Incoterms 2000

Incoterms 2000의 개정은 EU와 같은 관세자유지대의 확대, 무역에서 전자통신문의 사용확대 및 국제운송관습의 변화 등을 배경에 두었다. 이러한 무역환경의 변화는 Incoterms 1990의 개정배경이기도 했던 까닭에, Incoterms 2000은 Incoterms 1990과 비교할 때 구성이나 개별조건 계약당사자의 의무 등 외견상으로 매우 비슷하였다.

그렇지만 13개 개별조건에 대하여 이전에 비해 보다 간결하고 명료하게 정의하였으며, 계약당사자 간의 권리·의무의 내용을 보다 명확히 하여 실무적용 시에 야기될 수 있는 오해나 분쟁의 소지를 미연에 방지하고자 의도하였다. 주요 내용을 대별하여 요약하면 다음과 같다.

①의미가 애매하거나 상관습과 맞지 않는 용어를 적절히 변경하였다. 특히 국제물품매매계약에 관한 UN 협약[UN Convention on Contract for the International Sale of Goods (1980), CISG]의 용어와 가능한 통일시키려는 노력을 집중하였는데, 왜냐하면 국제적 통일법규로서 CISG와 상관습으로서 Incoterms가 상호 보완관계에 있음을 감안했기 때문이었다.

②Incoterms 2000 개별조건의 전문(preamble)에서 인도(delivery)가 지니는 의미를 명확히 정의하였다. 이는 CISG와 같이 위험이전을 소유권의 이전과 연계하지 않고 단지 인도와 연계하고 있기 때문에 여기서 인도의 의미가 명료하지 않을 경우 혼란이 발생할 수 있었기 때문이었다.

③EU나 그 밖의 자유무역지대의 국가들 간에는 수출·입 통관에 관련된 특단의 제한을 두고 있지 않은 상황에서 그럼에도 불구하고 종전의 Incoterms에는 A2, B2에 수출과 수입통관의무를 이행하도록 규정하고, A6와 B6에 수출 또는 수입 시에 관세를 포함한 비용부담의무를 규정하고 있었다. Incoterms 2000은 이러한 절차나 비용부담이 없는 경우에도 사용될 수 있도록 A2, B2, A6 및 B6 등에 적용 가능한 경우(where applicable)라는 문언을 추보하였다.

④수출통관은 수출자가 수입통관은 수입자가 하는 것이 대부분이라는 실무관행에도 불구하고 Incoterms 1990에서는 이러한 원칙에 대한 예외로 FAS 조건의 수출통관의무를 매수인이, DEQ 조건의 수입통관의무를 매도인이 부담하도록 규정하고 있었다. 그러나 Incoterms 2000에서는 실무관행을 반영하여 FAS 조건의 수출통관의무를 매도인이, DEQ 조건의 수입통관의무를 매수인이 부담하도록 규정하였다. 다만 EXW 조건의 매수인 수출통관의무규정과 DDP 조건의 매도인 수입통관의무규정은 이들 정형거래조건의 특성을 감안하여 변경하지 않고 그대로 두었다.

⑤Incoterms 1990에서 기존의 FRC, FOA, FOR/FOT를 FCA로 통합하여 1980년 이후 운송관습의 변화를 수용해 왔다. 그럼에도 Incoterms 1990 FCA 조건에서는 인도방법을 운송형태별로 구분하여 규정하고 각각의 운송수단에 대하여도 인도장소 및 그 방법에 따라 인도의 이행시기를 다르게 규정하여 실무적용상 특단의 장애를 초래하였다. 이에 Incoterms 2000에서는 FCA 조건의 인도방식을 매도인의 영업장 구내와 그 밖의 장소로 대별하고 전자는 매수인 또는 매수인의 대리인이 지정한 운송인의 운송수단에 적재한 후 인도하고, 후자는 매도인이 물품을 적재한 운송수단에서 물품을 하역할 필요 없이 매수인이 지정하였거나 혹은 매도인이 선택한 운송인의 임의처분에 둠으로 인도의무를 이행하도록 규정하였다.

(7) Incoterms 2010

ICC는 1936년 Incoterms를 제정한 이후 무역발전에 부응하고자 이후로 대개 10년을 주기로 개정해 왔다. 요컨대 Incoterms 2010은 무역관습의 시대적인 변화와 일부 Incoterms의 한계, 그 밖에 테러에 대응하고자 하는 미국의 주도 하에 중요하게 다루어진 물품이동에 따른 보안상의 제반 문제, 실질적인 운송관습 등의 변화 등이 개정배경이 되었다.

종전 Incoterms는 현실적 **상관습**(commercial usage)을 명확히 반영하지 못하다는 비판에 직면해 있었다. 이를테면 FOB 등 해상운송규칙상 위험과 비용부담의 분기점은 추상적 기준으로서 **본선의 난간**(ship's rail)을 견지하고 있다는 점, 세계적으로 **관세자유구역**(customs free zones)의 확대와 컨테이너 운송이 보편화된 추세를 지향하고 있음에도 불구하고 **터미널 화물취급경비**(terminal handling charge, THⓒ의 부담자에 대한 구분이 불명확하다는 점 등의 문제가 제기되었다. 한편 종전 복합운송규칙과 D-조건의 활용도가 저조하였다. 예컨대 계약당사자들은 복합운송을 예정하고 있음에도 FOB나 CIF 등 전통적인 해상운송규칙을 관행적으로 사용하였다.

또한 D-그룹의 경우 냉전종식과도 같은 국제사회의 급속한 환경변화가 도래하면서 사실상 DAF는 해체되었고, 이에 부수하여 DAF · DES · DEQ · DDU 등은 각 조건이 내용상 유사한 점이 많다는 이유에서 ICC는 이를 직시하고 규칙을 재정비할 필요성을 인식하였다.

더불어 무역에서 전자적 통신수단에 의한 사무처리의 급속한 증가와 이에 수반하는 전자통신상 보안문제에 대한 선제적 대응이 필요하였다. 곧 종전 전자무역 관련 **EDI 통신문**이라는 문언은 다양한 형태의 **전자문서**(electronic message)를 포괄하기에는 부족하고, 또 9.11 테러 등을 겪으면서 각국에서 화물이동에 따른 보안확보에 대한 관심이 높아졌는데, 이는 공히 Incoterms 2010 개정의 단초가 되었다.

앞선 것과 마찬가지로 Incoterms 2010 특징을 요목별로 분설하면 다음과 같다.

①도착지 인도규칙에서 DAT와 DAP를 신설하였는데, 이 경우 DAP는 DAF · DES · DEQ · DDU 등에 대응하여 신설한 것이다. 또한 총 11가지의 규칙을 운송방식에 따라 **단일 또는 복수의 모든 운송방식용 규칙**에 EXW · FCA · CPT · CIP · DAT · DDP 등 7가지, **해상과 내수로 운송 전용규칙**에 FAS · FOB · CFR · CIF 등 4가지로 각각 2개 그룹으로 대별하고 있다.

②무역뿐만 아니라, 국내매매에도 적용할 수 있도록 개정하였다. 곧 EU에서도 국경절차의 중요성이 퇴색되고 통상 국내매매에서도 Incoterms를 보편적으로 사용하고 있기 때문에, 이에 적합하도록 보완하였다.

③물품이동에 따른 생명과 재산상 보안을 확보하기 위해 여러 규칙에서 계약당사자 간 보안수속의무나 당해협조의무를 추가하였으며, 또한 2009년 **협회적하약관**

(institute cargo clause, ICC)을 반영한 개정본으로서 당사자 간 보험담보에 관한 정보제공의무와 용어를 명확히 하였다.

④매도인의 운송계약이 요구되는 조건에서 운송비용에 포함되는 항구나 컨테이너 터미널 THC를 매수인이 중복부담하지 않도록 개별규칙 비용조항에서 명확히 이를 분담하였다. 또한 자가생산품이 아닌 물품매매에서 운송 중에 여러 번 매각되는 소위 **연계매매**(string sales)에 관한 **상관행**(commercial practice)을 반영하였다. 여기에 매도인의 선적의무에 대한 대안으로서 선적된 물품의 **조달**(procure)을 포함시켰다.

한편 Incoterms 2010은 용도에 따라 육상·해상·항공 등 운송방식에 구애됨이 없이 **선적지 인도규칙**과 **도착지 인도규칙**을 포함하는 **단일 또는 복수의 모든 운송방식에 사용할 수 있는 규칙**과, **선적지 인도규칙**으로서 **해상·내수로 운송에만 사용할 수 있는 규칙** 등의 2그룹으로 구성되어 있다. 전자는 선적지와 도착지 인도조건으로 구분하고 후자는 **해상·내수로 운송조건**(선적지인도조건)으로 구분하고 있다.

6 Incoterms 2020의 특징과 개정내용

1) Incoterms 2020의 특징

①Incoterms 2020은 Incoterms 2010에 비하여 **국제물품매매계약**(contract for the international sale of goods)에 비추어 이에 부합하는 올바른 Incoterms 사용을 유도함과 동시에 특별히 그 선택을 강조하고 있다. 나아가 매매계약과 이에 부종하는 그 밖의 부수계약 간의 구분과 연결을 명확히 하고 있다.

②Incoterms는 운송계약·보험계약·결제(환)계약의 일부를 이루고 있지 않음과 동시에 매도인과 매수인은 당해 부수계약이 매매계약 및 Incoterms에 일치하도록 노력할 것을 강조하고, 이에 개별조건을 구체화하여 제시하였다.

③사용자들이 당해 거래에 적합한 거래조건을 찾거나 선택하는데 직접적 도움을 제공하고 그 밖에 분쟁이나 계약에서 특단의 해석이 필요한 지침을 명료히 제공하고 있다. 이에 개별조건 조항에서 **인도**(A2/B2)와 **위험이전**(A3/B3)을 강조하고 있다.

2) Incoterms 2020의 개정내용

Incoterms 2020 개정내용을 요약하면 다음과 같다. ①**터미널 인도조건**(Delivered At Terminal)인 DAT 조건을, **도착지 양하인도조건**(Delivered at Place Unloaded)인 DPU 조건으로 변경하고 순서도 DAP→DPU→DDP로 변경하였다.

②CIF(운임·보험료포함인도조건)와 CIP(운송비보험료지급인도조건)의 부보수준을 차별화하였다. 곧 CIP는 최대 부보조건으로서 ICC(A) 또는 ICC(A/R)로 특정하였다.

③Incoterms 2020 개별조항의 내용에서 순서를 조정하고, 앞서 본대로 **인도**(A2/B2), **위험이전**(A3/B3)을 강조하였다. 아울러 FCA(운송인 인도조건)에서 본선적재 표기가 있는 이른바 **선적식 선하증권**(shipped B/L)을 요구할 수 있도록 하고 동시에 자가운송을 허용하였다. 아울러 Incoterms 2010 개별조항의 내용에서 **비용규정**(A9/B9)을 상호 대칭적으로 편제하여 개정하였다.

⑤FCA(운송인인도조건)·DAP(도착장소인도조건)·DPU(도착지양하인도조건)·DDP(관세지급인도조건) 등에서 매도인 또는 매수인의 자가운송을 허용하고 그 밖에 운송의무 및 비용조항에 보안(A4, A7) 관련 요건을 삽입하여 이를 강조하고 있다.

Incoterms 개정별 주요 내용

Incoterms									Trade Terms	Definition
2020	2010	2000	1990	1980	1976	1967	1953	1936	1929	1923
EXW	EXW	EXW	EXW	EXW			Ex Works	Ex Works		
FCA	FCA	FCA	FCA	FRC						
				FOR FOT			FOR FOT	FOR FOT	FOR FOT	FOR FOT
				FOA	FOB Air					
CPT	CPT	FAS	FAS	FAS			FAS	FAS	FAS	
CIP	CIP	FOB	FOB	FOB			FOB	FOB	FOB	FOB
DAP	DAT	CFR	CFR	CFR			C&F	C&F	C&F	
DPU	DAP	CIF	CIF	CIF			CIF	CIF	CIF	CIF
DDP	DDP	CPT	CPT	DCP			DCP*	DCP*		
		CIP	CIP	CIP						
FAS	FAS	DEQ	DEQ	EXQ			Ex Quay	Ex Quay		
FOB	FOB	DES	DES	EXS			Ex Ship	Ex Ship		
CFR	CFR	DAF	DAF	DAF		DAF				
CIF	CIF	DDU	DDU							
		DDP	DDP	DDP		DDP		Free Delivered		
11	11	13	13	14	13	12	10	12	7	4

7 Incoterms 2020의 조건별 내용[33)]

1) EXW [EX Works ... named place of delivery]

EXW(지정장소공장인도조건)

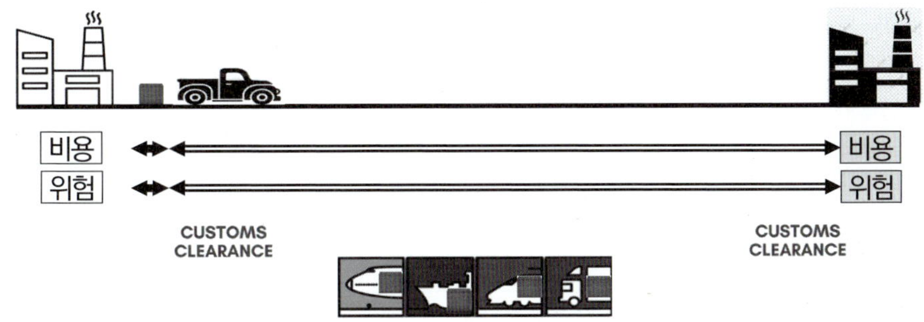

①EXW(지정장소공장인도조건)는 매도인이 자신의 영업소 또는 그 밖의 지정장소, 예컨대 작업장·공장·창고 등에서 수출통관과 어떠한 수집용구에 적재되는 않은 상태에서 약정물품을 매수인의 **임의처분**에 둘 때, 인도가 완료되는 조건이다.

②EXW는 매도인에게 최소의무를 부여하고, 매수인이 매도인 영업소에서 물품수령을 포함하여, 그 밖의 모든 위험과 비용을 부담해야 한다. 만약 매도인에게 출발지에서 물품적재의무를 부여하고, 적재에 대한 모든 위험과 비용을 부담시키고자 한다면, 계약내용에 이러한 효과를 나타내는 분명한 용어를 추가하여야 한다.

③별도 합의가 없는 한 매도인은 화물을 운송수단에 적재할 필요가 없으며 수출통관의 책임도 없다. 다만 물품을 공급하고 계약 물품과 동일 물품임을 증명할 수 있는 **상업송장**(invoice, I/V)과 **포장명세서**(packing list, P/L) 등을 제공하여야 한다. 그러나 매수인은 수출·입 허가와 통관에 소요되는 비용 등 물품인수에 소요되는 모든 비용과 각종 공과금·보험료 등을 부담해야 한다. **EXW**는 매수인이 직·간접적으로 수출절차를 이행할 수 없는 경우 사용해서는 안 된다. 이 경우 매도인이 그의 위험과 비용으로 적재할 것을 동의하는 조건으로서 **FCA**가 사용되어야 한다.

33) 이하 Incoterms 2020 조건구성과 해설은 Incoterms의 효율적이고도 효과적인 이해를 도모하기 위한 취지에서 매도인의 비용과 위험부담의 가중에 따른 E→F→C→D의 순서)에 의함을 참고한다.

EXW 개별조항의 내용

A. (The Seller' Obligation)			B. (The Buyer' Obligation)
• 물품의 제공, 서류의 인도	A1	B1	• 물품대금의 지급
• 지정인도장소 또는 그곳에 합의된 특정지점이 있는 경우 그 지점에서 물품을 수취차량에 적재하지 않은 채, 매수인의 임의처분에 둠으로써 인도한다. • 지정인도장소에 특정지점이 없는 경우와 복수의 지점이 있는 경우 매도인은 그 목적에 적합한 지점을 선택할 수 있다. • 합의된 기일 또는 기간 내 물품을 인도한다.	A2	B2	• A2에 따라 인도되고 A10에 따른 통지가 있는 때 물품을 수령한다.
• 물품이 A2에 따라 인도된 때까지 물품의 멸실 또는 훼손위험을 부담한다. 다만 B3에 의거 발생하는 멸실 또는 훼손은 예외로 한다.	A3	B3	• 물품이 A2에 따라 인도된 때부터 물품의 멸실 또는 훼손위험을 부담한다. • B10에 따른 통지를 하지 않는 경우 합의된 인도기일 또는 기간의 만료일부터 물품의 멸실 또는 훼손위험을 부담한다.
• 운송계약을 체결할 의무가 없다. 매수인 요청에 따라 매수인 위험과 비용으로, 운송관련 보안요건을 포함, 매수인의 운송수배를 위한 정보를 제공한다.	A4	B4	• 지정인도장소에서의 물품운송계약을 체결한다.
• 매수인에 대한 보험계약체결 의무가 없다. 매수인의 요청에 따라 매수인 위험과 비용으로 보험의 부보에 필요한 를 매수인에게 제공한다.	A5	B5	• 매도인에 대한 의무가 없다.
• 매수인에 대한 의무가 없다.	A6	B6	• 물품수령에 관한 증거를 제공한다.
• 해당되는 경우 매수인의 요청에 따라 매수인의 위험과 비용으로 수출입 통관절차에 관한 서류나 정보를 취득하는데 협력한다.	A7	B7	• 해당되는 경우 수출입 통관절차를 수행하고 그 비용을 부담한다.
• A2에 따라 물품인도를 위한 점검작업비용(품질점검, 용적측량, 중량측정, 수량계수 등)을 부담한다. • 당사자 간 합의가 있는 경우를 제외하고 운송에 적절한 방법으로 물품을 포장하고 화인을 표시한다.	A8	B8	• 매도인에 대한 의무가 없다.
• B9에 따른 매수인 부담비용을 제외하고 물품이 A2에 따라 인도된 때까지 물품에 관한 모든 비용을 부담한다.	A9	B9	ⓐ물품이 인도된 때부터 물품에 관한 모든 비용을 부담한다. ⓑ서류와 정보취득의 협력제공과 관련 매도인에게 발생한 비용을 상환한다. ⓒ해당되는 경우 물품수출에 부과되는 관세, 그 밖에 수출통관절차를 수행하는 비용을 부담한다. ⓓ물품이 자신의 임의처분에 놓인 때 물품을 수령하지 않거나 적절한 통지를 하지 않아 발생하는 추가비용을 부담한다.
• 매수인의 물품수령에 필요한 통지를 하여야 한다.	A10	B10	합의한 기간 중 어느 시기 또는 지정장소 내 인도수령지점을 결정할 권리를 가지는 것으로 합의한 경우매도인에게 이를 충분히 통지하여야 한다.

상업송장(기재사항)

COMMERCIAL INVOICE

Date 발행일자	Invoice No 송장번호
Exporter Address City/State/ZIP Code Country Phone/Fax Contact Person 수출자	Consignee Address City/State/ZIP Code Country Phone/Fax Contact Person 수화인

Tax ID No (EIN)	Total Gross Weight 총중량	Transportation 운송명세	Tax ID No (EIN) 과세조회	Terms of Sale: 매매조건
Other	Total # of Pieces 화물명세	AWB/BL # 운송장명세	Currency 통화구분	

Commodity Description	HS	Country of Manufacture	Qty	UOM	Unit Price	Total Amount
물품명세	HS Code	물품생산지	물품수량	포장용적	물품단가	물품가격

SAMPLE

These commodities, technologies, or softwares were exported from the United States in accordance with export administration regulations. Diversion contrary to United States law prohibited. We certify that this commercial invoice is true and correct.			
	Subtotal	소계	
	Freight Cost	운임료	
	Insurance Cost	보험료	
	Total Invoice Value	송장가액	

I/we hereby certify that the information on this invoice is true and correct and that the contents of this shipment are as stated above.

Name	Signature	Date

포장명세서(기재사항)

PACKING LIST FORMAT

FORMAT NO.:

Supplier	Buyer Order No. & Date	Invoice No. & Date
수출자	매수명세	상업송장명세
	References: 특별기재사항	

Consignee	Buyer's Consignee
수화인	

Origin	Destination	Details of Pre-Carriage / Carrier Details
원산지	목적지	운송인명세

From Discharge	To Destination	Condition of Packing
적재장소	목적장소	포장구분

Unit of Measurements	Total Unit Packed	Unit conversion Details	Type of Packing - Inside / Outside of product
화물용적	화물수량	단위화물명세	내 · 외 포장상태

Container / Boxes	Unit/Container	Kind of Packing	Description of Goods	Quantity Unit	Net weight	Gross Weight
	포장형태		화물명세	화물수량	화물순중량	화물총중량
			SAMPLE			
			TOTAL	0	0.00	0.00

TOTAL BOXES	:	NAME OF COMPANY
TOTAL CONTAINER	:	
NET GROSS WEIGHT	:	AUTHORIZED SIGNATURE &
TOTAL GROSS WEIGHT	:	COMPANY SEAL

2) FCA [Free Carrier ... named place of delivery]

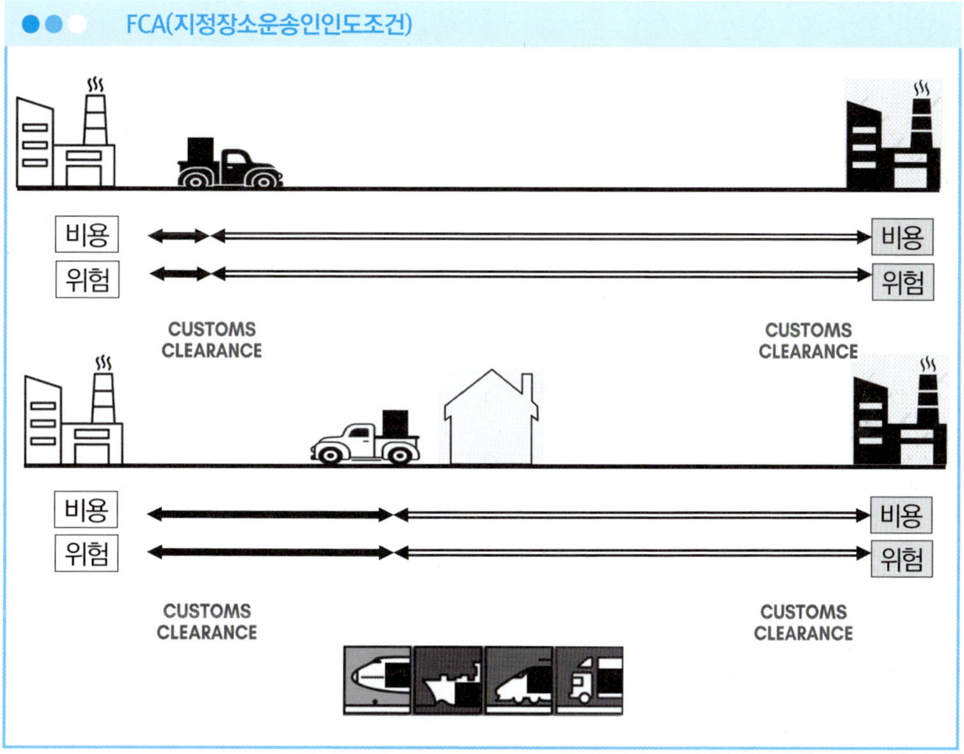

①FCA(지정장소운송인인도조건)는 매도인이 수출통관된 약정물품을 지정장소에서 매수인이 지명한 운송인에게 인도하는 조건이다. 여기서 지정장소에서 물품적재와 양하의무에 영향을 미친다는 것에 주의해야 한다. 만약 인도가 매도인의 영업장에서 이루어지는 경우 매도인은 적재에 대한 책임이 있으며, 그 밖의 다른 장소에서 이루어지는 경우 매도인은 물품의 양하에 대한 책임을 지지 않는다.

②운송인은 운송계약을 체결하는 **해상・항공・육상**(도로・철도) 또는 **복합운송인**을 말한다. 다만 운송인을 포함하여 매도인이 물품을 인도해야 하는 상대방은 반드시 운송인일 필요는 없고 물품인도가 있으면, 의무를 이행한 것으로 본다.

③FCA 조건은 복합운송을 포함하여 운송수단의 유형에 관계없이 사용될 수 있다. 매수인이 물품수령을 위해 운송인 이외의 자를 지명한 경우 매도인은 그 지명된 자에게 약정된 물품을 인도할 때, 물품인도의무를 이행하였다고 추정한다.

④물품인도장소는 매도인의 영업소 또는 항구의 CY · CFS, 항공화물터미널, 도로화물터미널, 철도화물터미널 등 지정장소를 말하며, 물품인도장소는 적재 · 양륙의 의무에 영향을 미친다.

⑤만약 물품인도장소가 매도인의 영업소 구내인 경우 매도인은 매수인이 제공한 운송수단에 물품을 적재할 의무가 있지만, 매도인의 영업소가 아닌 그 밖의 장소인 경우 매도인은 양륙준비가 된 자신의 운송수단 위에 매수인이 지명한 운송인 또는 그 밖의 자의 임의처분에 두면 된다.

수출통관절차

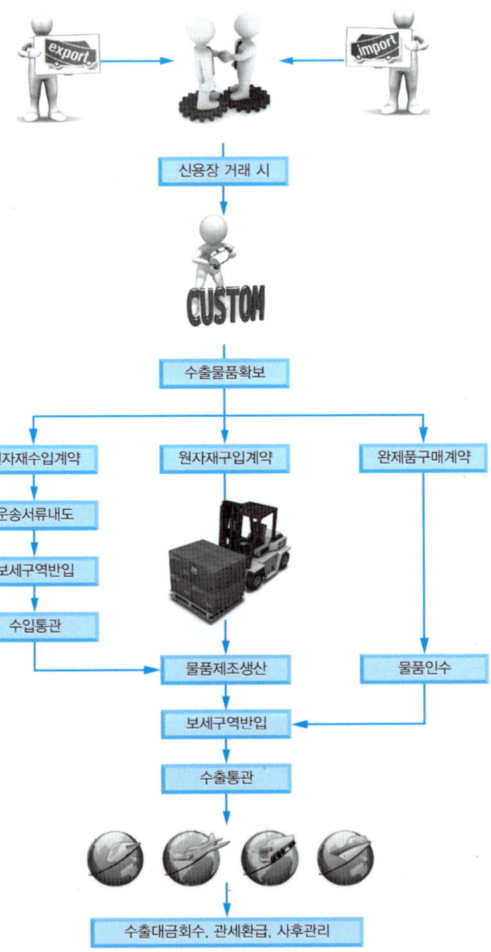

FCA 개별조항의 내용

A. (The Seller' Obligation)			B. (The Buyer' Obligation)
• 물품의 제공, 서류의 인도	A1	B1	• 물품대금의 지급
• 물품을, ⓐ지정장소에서, 그곳에 지정지점이 있는 경우 그 지점에서 매수인이 지정한 운송인 또는 제3자에게 인도한다. ⓑ합의된 기일 또는 B10에 따른 통지기간, 또는 합의된 기간만료일까지 인도한다. • 인도는, 물품이 ⓐ지정장소가 매도인 영업소인 경우 매수인의 운송수단에 적재되는 때, ⓑ그 밖의 경우 매도인 운송수단에 적재되어 양하 준비된 상태로 매수인이 지정한 운송인 또는 제3자 처분에 놓인 때 완료된다. 여기서 지정인도장소 내 매수인이 통지한 특정지점이 없고, 다만 복수지점이 있는 경우 매도인은 그 지점을 선택할 수 있다.	A2	B2	• A2에 따라 인도되고 A10에 따른 통지가 있는 때 물품을 수령한다.
• 물품이 A2에 따라 인도된 때까지 물품의 멸실 또는 훼손위험을 부담한다. 다만 B3에 의거 발생하는 멸실 또는 훼손은 예외로 한다.	A3	B3	• 물품이 A2에 따라 인도된 때부터 물품의 멸실 또는 훼손위험을 부담한다. • 만약 ⓐ매수인이 운송인이나 제3자를 지정하지 않거나 통지하지 않는 경우, ⓑ매수인이 지정한 운송인이나 제3자가 물품을 수령하지 않는 경우 매수인은, ㉠합의된 인도기일부터 또는 합의된 인도기일이 없는 경우 ㉡매수인이 선택한 시기부터 또는 그러한 시기가 통지되지 않은 경우 ㉢합의된 인도기간 만료일부터 물품의 모든 위험을 부담한다.
• 운송계약을 체결의무가 없다. 매수인 요청에 따라 매수인 위험과 비용으로, 운송관련 보안요건을 포함, 매수인의 운송수배를 위한 정보를 제공한다. • 인도 시까지 운송관련 보안요건을 준수한다.	A4	B4	• 지정인도장소에서의 물품운송계약을 체결한다. 다만 A4에 따라 매도인이 운송계약을 체결하는 경우에는 예외이다.
• 매수인에 대한 보험계약 체결의무가 없다. 매수인 요청에 따라 매수인 위험과 비용으로 보험의 부보에 필요한 정보로서 자신이 보유한 정보를 제공한다.	A5	B5	• 매도인에 대한 의무가 없다.
• 물품이 A2에 따라 인도된 증거를 제공한다. • 매수인 요청에 따라 매수인의 위험과 비용으로 매수인의 운송서류 취득에 협력한다. • 매수인이 B6에 따라 매도인에게 운송서류를 발행하도록 운송인에게 지시한 경우 이를 제공한다.	A6	B6	• 물품이 A2에 일치하게 인도되었다는 증거를 인수한다. • 합의한 경우 선적식 선하증권과 같이 물품이 적재되었음을 기재한 운송서류를 자신의 비용과 위험으로 매도인에게 발행하도록 운송인에게 지시한다.
• 해당되는 경우 수출통관절차와 그 비용을 부담한다. 매수인 요청 및 그의 위험과 비용으로 수입통관에 관한 서류나 정보 등의 취득에 협력한다.	A7	B7	• 해당되는 경우 수출통관에 관한 협력과 또한 해당되는 경우 그 밖에 수출입 통관절차를 수행하고 그 비용을 부담한다.
• A2에 따라 물품인도를 위한 점검작업비용(품질점검, 용적측량, 중량측정, 수량계수)을 부담한다. • 통상 포장되지 않은 채 매매되는 물품의 경우를 제외하고 물품을 포장한다. 특정포장이나 화인에 합의한 경우를 제외하고 적절한 방법으로 물품을 포장하고 화인을 표시한다.	A8	B8	• 매도인에 대한 의무가 없다.
ⓐ물품인도 시까지 비용, ⓑ물품인도 증거제공에 소요된 비용, ⓒ해당되는 경우 관세 및 그 밖의 비용, ⓐⓓ서류와 정보취득에 관한 비용을 지급한다.	A9	B9	ⓐ물품이 인도된 때부터 물품에 관한 모든 비용, ⓑ서류와 정보취득에 소요된 비용, ⓒ그 밖의 운송인 또는 제3자 미지정에 따른 추가비용
• A2에 따라 물품인도사실 또는 매수인이 지정한 운송인 또는 제3자가 합의된 시기 내 물품을 수령하지 않은 사실을 매수인에게 통지한다.	A10	B10	ⓐ지정운송인 또는 제3자, ⓑ인도기간 내 운송인이나 제3자의 물품수령시기가 있는 경우 그 시기, ⓒ운송관련 보안요건을 포함, 지정된 운송인 또는 제3자가 사용할 운송방식, ⓓ물품수령지점 등의 통지

3) FAS [Free Alongside Ship ... named port of shipment]

FAS(지정선적항선측인도조건)

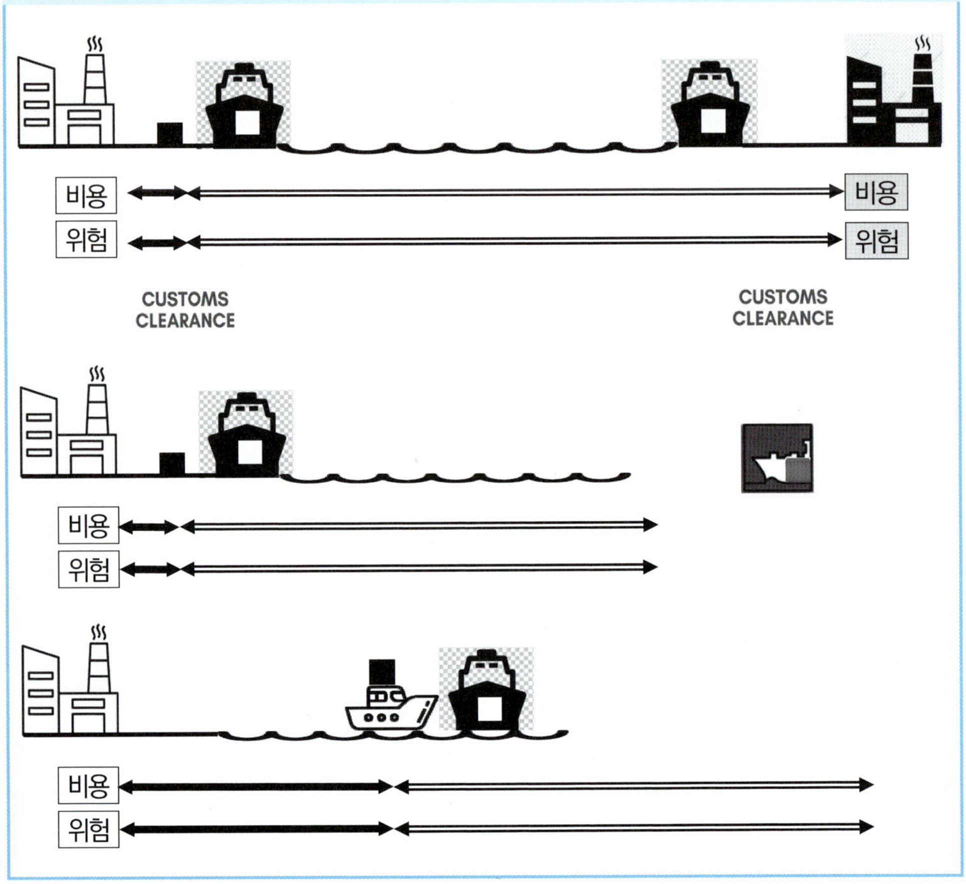

①FAS(지정선적항선측인도조건)는 매도인이 지정선적항에서 선측에 약정된 물품을 적치할 때에 인도가 이루어진다.

②이는 매수인이 선측에 적치된 이후부터 물품의 멸실과 손상에 대한 모든 비용과 위험을 부담해야 한다는 것을 의미한다.

③FAS는 매도인에게 물품의 수출통관 의무를 부과하고 있다. 곧 FAS에서는 물품의 수출통관을 매도인이 이행함에 따라 매도인은 이에 수반하는 관세·조세 및 그 밖에 수출국에서의 일련의 부과금 또한 지급하여야 한다.

④그러나 당사자의 합의에 따라 매수인에게 물품의 수출통관 의무를 부과하고자 한다면, 계약서에 이 같은 내용에 관한 명확한 용어를 추가하여 이를 분명히 표창하여야 한다.

⑤**FAS**는 화물을 지정된 선적항의 부두 또는 부선으로 본선의 선측에 인도하면 매도인의 의무가 종료된다.

⑥여기서 본선의 선측이란 본선이 사용하는 **양하기**(winch) · **양하구**(tackle) 및 그 밖의 선적용구가 도달할 수 있는 장소를 말한다.

⑦ ⑥에서의 선측은 물품인도의 이행장소가 되고 당사자 간의 책임분기점이 된다.

⑧만약 본선이 외항에 정박하고 있는 경우 매도인은 본선까지의 **부선료**(lighterage)를 부담하여야 한다.

⑨**FAS**는 매도인이 물품을 수출통관하여야 하고, 이는 해상운송이나 내수로 운송에만 사용이 가능하다.

⑩**FAS**는 주로 원목 · 곡물 · 광석 등 적재비용이 많이 드는 대량화물을 거래하는 데 널리 사용된다.

FAS 개별조항의 내용

A. (The Seller' Obligation)			B. (The Buyer' Obligation)
• 물품의 제공, 서류의 인도	A1	B1	• 물품대금의 지급
• 물품을 지정선적항에서, 매수인이 표시한 적재지점이 있는 경우 그 지점에서 매수인이 지정한 선측에 조달한다. • 매도인은, ⓐ합의기일, ⓑ매수인이 통지한 합의기간 중 어느 시기, ⓒ그 시기의 통지가 없는 경우 합의기간의 만료일, ⓐ항구에서 관행적 방법으로 매수인이 특정한 적재지점을 정하지 않은 경우 지정선적항에서 적합한 지점을 선택한다.	A2	B2	• A2에 따라 인도되고 A10에 따른 통지가 있는 때 물품을 수령한다.
• 물품이 A2에 따라 인도된 때까지 물품의 멸실 또는 훼손위험을 부담한다. 다만 B3에 의거 발생하는 멸실 또는 훼손은 예외로 한다.	A3	B3	• 물품이 A2에 따라 인도된 때부터 물품의 멸실 또는 훼손 위험을 부담한다. • 만약 ⓐ매수인이 B10의 통지를 하지 않은 경우, ⓑ매수인 지정선박이 매도인이 A2를 준수할 수 있도록 정시에 도착하지 않거나 물품을 수령하지 않거나, 통지된 시기보다 일찍 선적을 마감하는 경우 매수인은, ㉠합의된 인도기일부터 또는 합의된 인도기일이 없는 경우 ㉡매수인이 선택한 시기부터 또는 그러한 시기가 통지되지 않은 경우 ㉢합의된 인도기간 만료일부터 물품의 위험을 부담한다.
• 운송계약체결 의무가 없다. 매수인 요청과 위험 및 비용으로, 운송관련 보안요건을 포함, 운송수배를 위한 정보를 제공한다. • 합의가 있는 경우 매수인 위험과 비용으로 통상조건으로 운송계약을 체결한다. • 인도 시까지 운송관련 보안요건을 준수한다.	A4	B4	• 물품을 지정선적항으로부터 운송하는 운송계약을 체결한다. 다만 A4에 따라 매도인이 운송계약을 체결하는 경우에는 예외이다.
• 매수인에 대한 보험계약체결 의무가 없다. 매수인 요청에 따라 그의 위험과 비용으로 보험부보에 필요한 정보를 제공한다.	A5	B5	• 매도인에 대한 의무가 없다.
• 물품이 A2에 따라 인도된 증거를 제공한다. • 증거가 운송서류가 아닌 경우 매수인 요청에 따라 그의 위험과 비용으로 운송서류 취득에 협력한다.	A6	B6	• 매수인은 A6에 따라 제공되는 인도증거를 인수하여야 한다.
• 해당되는 경우 수출통관절차와 그 비용을 부담한다. 매수인 요청에 따라 그의 위험과 비용으로 수입통관에 관한 서류나 정보 등의 취득에 협력한다.	A7	B7	• 해당되는 경우 수출통관에 관한 협력과 또한 해당되는 경우 그 밖의 수출입 통관절차를 수행하고 그 비용을 부담한다.
• A2에 따라 물품인도를 위한 점검작업비용(품질점검, 용적측량, 중량측정, 수량계수)을 부담한다. • 통상 포장되지 않은 채 매매되는 물품을 제외하고 물품을 포장한다. 당사자 간 특정포장이나 화인에 합의한 경우를 제외하고 적절한 방법으로 물품을 포장하고 화인을 표시한다.	A8	B8	• 매도인에 대한 의무가 없다.
ⓐ 물품인도 시까지 비용, ⓑ 물품인도 증거제공에 소요된 비용, ⓒ 해당되는 경우 관세 및 그 밖의 비용, ⓓ 서류와 정보 등의 취득비용을 지급한다.	A9	B9	• ⓐ 물품인도 시부터 물품에 관한 모든 비용, ⓑ 서류와 정보를 취득비용, ⓒ 해당되는 경우 수입통관에 관한 관세 및 그 밖의 비용, ⓓ 지정선박이 정시 도착하지 않거나, 물품을 수령하지 않거나, 통지시기보다 선적을 조기에 마감한 경우 추가비용 등
• A2에 따라 물품인도사실 또는 매수인이 지정한 운송인 또는 제3자가 합의된 시기 내 물품을 수령하지 않은 사실을 매수인에게 통지한다.	A10	B10	• 운송사항, 보안요건, 선박명, 적재지점, 인도기간 내 선택된 인도일자가 있는 경우 일자를 통지한다.

4) FOB [Free On Board ... named port of shipment]

FOB(지정선적항본선인도조건)

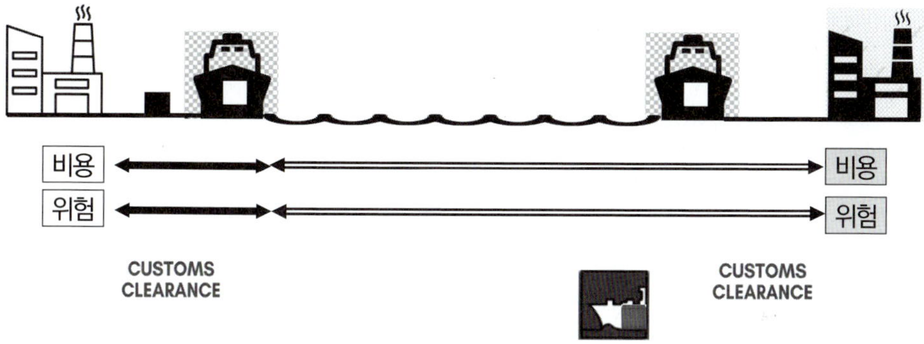

①**FOB**(지정선적항본선인도조건)는 선적에 의해 면책된다는 의미의 **Free On Board**의 약칭으로 이하 **CIF**와 함께 가장 널리 이용되고 있는 정형거래조건이다. **FOB Busan**과 같이 선적항을 표시하여야 한다.

②**FOB**는 매도인이 약정물품을 지정선박의 본선에 **적재**(on board)한 때 인도가 이루어지는 조건이다. 따라서 위험과 비용의 분기점은 본선상이 된다. 또한 매도인이 수출통관의무를 부담한다. 본 조건은 해상이나 내수로 운송에서만 사용된다.

③**FOB**에서 매도인은 계약에 적합한 물품을 약정기일 또는 기한 내 매수인이 지정한 본선에 선적해야 할 의무를 부담하고, 위험부담은 물품이 본선에 적재 된 때 매수인에게 이전한다. 곧 **FOB**는 **적출지매매**(sales at the shipping port)이다.

④**FOB**는 물품의 본선 적재 시 비용부담의 한계가 되고, 이후의 비용은 매수인이 부담하며 또한 운송계약이나 보험계약도 매수인의 계산 하에서 체결하여야 한다.

⑤FOB는 매도인의 원가와 선적항까지 운송비용, 본선적재비용, 수출통관비용 등을 합한 물품가격을 의미한다. 또한 선박의 본선에 적재되어야 매도인이 의무를 이행하는 것이 되는데, 본선적재에 있어 부선에의 적재는 포함되지 않는다.

⑥물품이 본선난간을 통과한 때를 본선적재가 이행된 때로 본다. 매도인은 수출지에서 물품이 본선적재 되기까지의 비용과 위험을 부담하면 되므로 본선적재 이후의 비용과 위험은 매수인이 부담한다.

FOB 개별조항의 내용

A. (The Seller' Obligation)			B. (The Buyer' Obligation)
• 물품의 제공, 서류의 인도	A1	B1	• 물품대금의 지급
• 매도인은 물품을 지정선적항에서, 지정선적항에 매수인이 표시한 적재지점이 있는 경우 그 지점에서 매수인이 지정하는 선박에 적재하거나 인도된 물품을 조달함으로써 인도한다. • 물품을, ⓐ합의된 기일, ⓑB10에 따라 매수인으로부터 통지받은 합의된 기간 중 어느 시기, ⓑ 당해 시기의 통지가 없는 경우 합의된 기간의 만료일, ⓒ그 항구에서 관행적으로 매수인이 특정한 적재지점을 표시하지 않은 경우 매도인은 지정선적항 내 그 목적에 가장 적합한 지점을 선택하여 인도한다.	A2	B2	• 물품이 A2에 따라 인도된 때 물품을 수령한다.
• 물품이 A2에 따라 인도된 때까지 물품의 멸실 또는 훼손위험을 부담한다. 다만 B3에 의거 발생하는 멸실 또는 훼손은 예외로 한다.	A3	B3	• 물품이 A2에 따라 인도된 때부터 물품의 멸실 또는 훼손위험을 부담한다. • 만약 ⓐ 매수인이 B10의 통지를 하지 않은 경우, ⓑ 매수인 지정선박이 매도인이 A2를 준수할 수 있도록 정시에 도착하지 않거나 물품을 수령하지 않거나, 통지된 시기보다 일찍 선적을 마감하는 경우 매수인은, ㉠합의된 인도기일부터 또는 합의된 인도기일이 없는 경우 ㉡매수인이 선택한 시기부터 또는 그러한 시기가 통지되지 않은 경우 ㉢합의된 인도기간 만료일부터 물품의 위험을 부담한다.
• 운송계약을 체결의무가 없다. 매수인 요청에 따라 매수인 위험과 비용으로, 운송관련 보안요건을 포함, 매수인 운송수배를 위한 정보를 제공한다. • 합의가 있는 경우 매수인 위험과 비용으로 통상조건으로 운송계약을 체결한다. 또한 인도 시까지 운송관련 보안요건을 준수한다.	A4	B4	• 자신의 비용으로 물품을 지정선적항으로부터 운송하는 운송계약을 체결한다. 다만 A4에 따라 매도인이 운송계약을 체결하는 경우에는 예외이다.
• 매수인에 대한 보험계약 체결의무가 없다. 매수인 요청에 따라 매수인 위험과 비용으로 보험부보에 필요한 정보를 제공한다.	A5	B5	• 매도인에 대한 의무가 없다.
• 자신의 비용으로 물품이 A2에 따라 인도된 통상의 증거를 제공한다. 그러한 증거가 운송서류가 아닌 경우 매수인 요청에 따라 매수인 위험과 비용으로 매수인 운송서류 취득에 협력한다.	A6	B6	• 매수인은 A6에 따라 제공되는 인도의 증거를 인수한다.
• 해당되는 경우 수출통관절차와 그 비용을 부담한다. 매수인 요청에 따라 매수인 위험과 비용으로 수입통관에 관한 서류나 정보 등의 취득에 협력한다.	A7	B7	• 해당되는 경우 수출통관에 관한 협력과 또한 해당되는 경우 그 밖에 수출입통관절차를 수행하고 그 비용을 부담한다.
• A2에 따라 물품인도를 위한 점검작업비용(품질점검, 용적측량, 중량측정, 수량계수)을 부담한다. • 통상 포장되지 않은 채 매매되는 물품의 경우를 제외하고 자신의 비용으로 물품을 포장한다. 당사자 간 특정 포장이나 화인에 합의한 경우를 제외하고 적절한 방법으로 물품을 포장하고 화인을 표시한다.	A8	B8	• 매도인에 대한 의무가 없다.
ⓐ 물품인도 시까지 비용, ⓑ 물품인도 증거제공에 소요된 비용, ⓒ 해당되는 경우 관세 및 그 밖의 비용, ⓓ 서류와 정보를 취득 비용을 지급한다.	A9	B9	• ⓐ 물품인도 시부터 물품에 관한 모든 비용, ⓑ 서류와 정보를 취득비용, ⓒ 해당되는 경우 수입통관에 관한 관세 및 그 밖의 비용, ⓓ 지정선박이 정시 도착하지 않거나, 물품을 수령하지 않거나, 통지시기보다 선적을 조기에 마감한 경우 추가비용 등
• 물품이 인도된 사실 또는 선박이 합의된 시기 내 물품을 수령하지 않은 사실을 통지한다.	A10	B10	• 운송사항, 보안요건, 선박명, 적재지점, 인도기간 내 선택된 인도일자가 있는 경우 일자를 통지한다.

5) CFR [Cost & Freight ... named port of destination]

CFR(지정목적항운임포함인도조건)

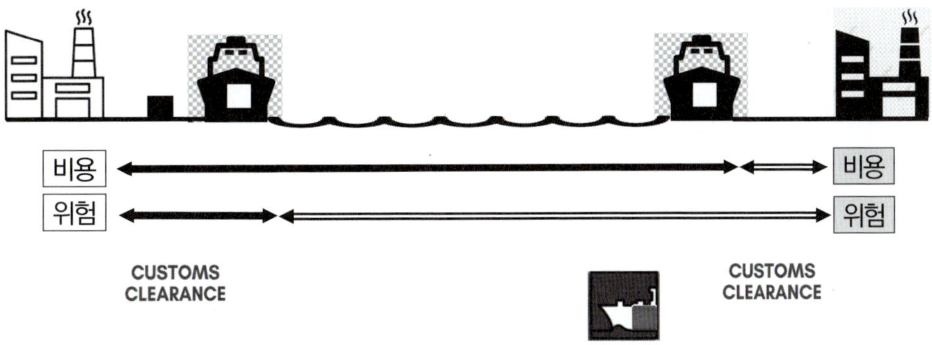

①CFR(지정목적항운임포함인도조건)에 있어 Cost & Freight는 목적항까지의 비용과 해상운임을 의미하며, 여기서 해상보험은 포함하지 않는다. 이에 CFR은 위험과 비용의 분기점이 불일치하게 된다. 곧 위험의 분기점과 비용의 분기점이 각각 다른 장소에서 이전되는데, 비용의 분기점은 목적항까지 매도인이 부담하여야 하나, 위험의 이전은 선적항에서 매수인에게 이전된다. 따라서 해상보험은 선적항에서부터 매수인이 자신의 계산하에서 부담하여야 한다.

②CFR은 매도인이 선적항에서 본선에 물품을 인도하거나 또는 인도된 물품을 확보해야 하는 조건이다.

③매도인은 물품을 지정목적항까지 운송하는데 필요한 운임과 제반 비용을 지급하여야 한다.

④물품의 멸실 또는 손상에 대한 위험은 물품이 적재된 때 매도인으로부터 매수인에게 이전하며, 매수인은 이후로부터 모든 위험을 부담하여야 한다.

⑤매도인은 지정목적항까지 물품운송에 필요한 비용과 운임을 지급하여야 하지만, 물품인도 이후에 발생한 사건으로 인한 추가비용과 함께 물품에 대한 멸실과 그 밖의 손상위험은 매도인으로부터 매수인에게 이전한다.

⑥CFR은 매도인이 물품의 통관업무를 이행하도록 요구하고 있다.

⑦CFR은 해상이나 내수로 운송에 사용된다.

CFR 개별조항의 내용

A. (The Seller' Obligation)			B. (The Buyer' Obligation)
• 물품의 제공, 서류의 인도	A1	B1	• 물품대금의 지급
• 물품을 선박에 적재하거나 또는 그렇게 인도된 물품을 조달함으로써 인도한다. • 매도인은 합의된 기일에 또는 합의된 기간 내에 당해 항구에서 관행적 방법으로 물품을 인도한다.	A2	B2	• 물품이 A2에 따라 인도된 때 물품을 수령한다. • 지정목적항에서 운송인으로부터 물품을 수령한다.
• 물품이 A2에 따라 인도된 때까지 물품의 멸실 또는 훼손위험을 부담한다. 다만 B3에 의거 발생하는 멸실 또는 훼손은 예외로 한다.	A3	B3	• 매수인은 물품이 인도된 때부터 물품의 멸실 또는 훼손위험을 부담한다. • B10에 따른 통지를 하지 않은 경우 합의된 선적기일이나 기간의 만료일부터 물품의 멸실 또는 훼손위험을 부담한다.
• 물품을 인도장소로부터, 그 인도장소에 합의된 인도지점이 있는 경우 그 지점으로부터 지정목적항까지 또는 합의가 있는 경우 그 지정목적항의 어느 지점까지 운송계약을 체결하거나 조달한다. • 운송계약은 매도인 비용으로 체결되고, 매매물품과 같은 종류의 물품운송에 통상 사용되는 종류의 선박과 항로로 운송하는 내용이어야 한다.	A4	B4	• 매도인에 대한 운송계약체결의 의무가 없다.
• 매수인에 대한 보험계약 체결의무가 없다. 매수인 요청에 따라 매수인 위험과 비용으로 보험부보에 필요한 정보를 제공한다.	A5	B5	• 매도인에 대한 보험계약체결 의무가 없다.
• 자신의 비용으로 매수인에게 합의된 목적항에서 필요한 통상의 운송서류를 제공한다. • 운송서류는 계약물품에 관한 것으로 합의된 선적기간 내 일부되고, 매수인이 운송인에게 물품인도를 청구할 수 있는 것이어야 하며, 달리 합의되지 않은 한 매수인이 후속 매수인에게 운송서류를 양도하여 또는 운송인에게 통지하여 운송 중 물품을 매각할 수 있는 것이어야 한다. • 운송서류가 유통가능 형식으로 복수 원본으로 발행된 경우 원본 전통을 제공한다.	A6	B6	• A6에 따라 제공된 운송서류가 계약에 일치하는 경우 이를 인수하여야 한다.
• 해당되는 경우 수출통관절차와 그 비용을 부담한다. 매수인 요청에 따라 매수인 위험과 비용으로 수입통관에 관한 서류나 정보 등의 취득에 협력한다.	A7	B7	• 해당되는 경우 수출통관에 관한 협력과 또한 해당되는 경우 그 밖에 수출입 통관절차를 수행하고 그 비용을 부담한다.
• A2에 따라 물품인도를 위한 점검작업비용(품질점검, 용적측량, 중량측정, 수량계수)을 부담한다. • 통상 포장되지 않은 채 매매되는 물품의 경우를 제외하고 자신의 비용으로 물품을 포장한다. 당사자 간 특정 포장이나 화인에 합의한 경우를 제외하고 적절한 방법으로 물품을 포장하고 화인을 표시한다.	A8	B8	• 매도인에 대한 의무가 없다.
ⓐ물품인도 시까지 비용, ⓑ물품선적비용과 운송관련 보안비용, 운임 및 그 밖의 비용 ⓒ합의된 양륙항의 양하비용 중 매도인 부담비용 ⓓ 운송계약상 매도인 부담의 통과비용, 물품인도에 관한 통상의 증거제공에 소요된 비용 ⓔ수출통관에 관한 관세, 그 밖의 비용, ⓕ서류와 정보를 취득하는데 매수인이 협력을 제공하는 것과 관련한 모든 비용.	A9	B9	• ⓐA9에 따라 매도인이 부담비용을 제외하고, 물품인도 시부터 물품에 관한 비용. ⓑ운송계약상 매도인 부담이 아닌 통과비용과 부선료. ⓒ서류와 정보취득에 매도인의 협력에 따른 비용. ⓓ해당되는 경우 수입통관에 관한 관세, 그 밖의 비용. ⓔB10의 통지를 하지 않는 경우 합의된 선적기일 또는 합의된 선적기간의 만료일부터 발생하는 추가비용.
• 매수인에게 물품인도사실과 을 통지한다. • 매수인 물품수령에 필요한 통지를 하여야 한다.	A10	B10	• 물품의 선적시기 또는 지정목적항 내에 물품수령지점을 결정할 권리를 갖는 것으로 합의한 경우 이를 매도인에게 충분히 통지하여야 한다.

6) CIF [Cost, Insurance & Freight ... named port of destination]

CIF(지정목적항운임 · 보험료포함인도조건)

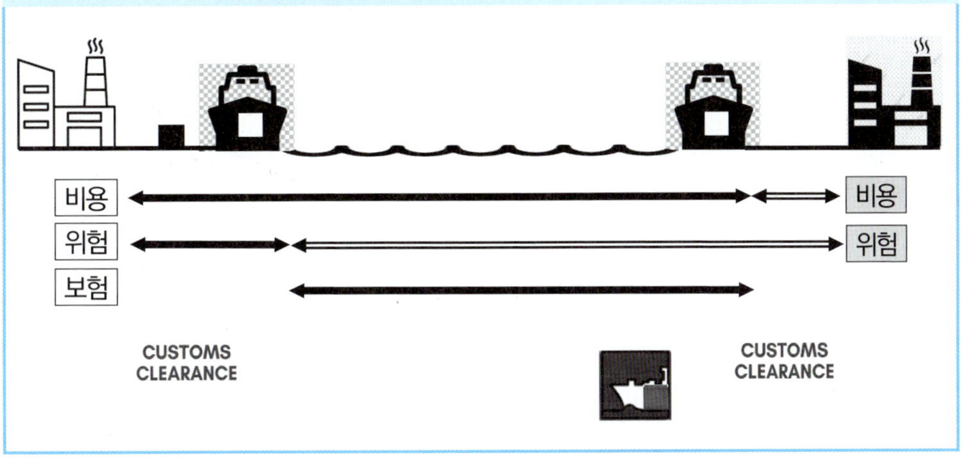

①**CIF**(지정목적항운임 · 보험료포함인도조건) 조건에서 매도인은 자신의 비용으로 목적항까지 해상물품운송계약을 체결하여야 한다.

②매매계약에 적합한 물품을 약정기일 또는 기간 내에 선적하여 운송인으로부터 **유통가능선하증권**(negotiable bill of lading)을 교부받고, 자신의 비용으로 물품의 운송 중 위험에 대해 보험계약을 체결하여 보험자로부터 **해상보험증권**(marine insurance policy)을 교부받아 **선적서류**(shipping documents)라고 총칭되는 이들 선하증권 · 보험증권 및 매도인이 작성한 **상업송장**(commercial invoice) 등을 매수인에게 제공해야 할 의무를 진다.

③나아가 매수인은 선적서류와 교환하여 FOB에 운임과 보험료를 더한 금액을 지급하여야 할 의무를 부담한다. 실제로 선적서류의 제공은 화환어음을 이용한 형태로, 곧 은행을 통한 화환어음을 할인형태로 이루어지는 경우가 많다.

④**CIF**에서 매도인은 운송 중 물품의 멸실과 손상에 관하여 해상보험에 부보하여야 하는데, 이 경우 매수인은 달리 정한 바 없다면 매도인이 최소담보조건으로 보험계약을 체결할 수 있다는 사실을 유념하여야 한다. 따라서 매수인이 보다 확장된 담보를 필요로 하는 경우 매도인과 명확하게 이러한 합의를 하거나, 스스로 추가적인 보험을 체결해야 할 것이다.

⑤**CIF**는 매도인에게 물품의 수출통관을 하도록 요구하고 있다. 또한 **CIF**는 해상과 내수로 운송에 사용된다.

CIF 개별조항의 내용

A. (The Seller' Obligation)			B. (The Buyer' Obligation)
• 물품의 제공, 서류의 인도	A1	B1	• 물품대금의 지급
• 물품을 적재하거나 조달함으로써 인도한다. • 매도인은 합의된 기일 또는 기간 내 당해 항구에서 관행적 방법으로 물품을 인도한다.	A2	B2	• 물품이 A2에 따라 인도된 때 물품을 수령한다. • 지정목적항에서 운송인으로부터 물품을 수령한다.
• 물품이 A2에 따라 인도된 때까지 물품의 멸실 또는 훼손위험을 부담한다. 다만 B3에 의거 발생하는 멸실 또는 훼손은 예외로 한다.	A3	B3	• 물품인도 시부터 물품의 멸실 및 훼손위험을 부담한다. • B10에 따른 통지를 하지 않은 경우 합의된 선적기일이나 선적기간의 만료일부터 물품의 멸실 및 훼손위험을 부담한다.
• 물품인도장소에서, 그곳에 합의된 인도지점이 있는 경우 그 지점에서 지정목적항까지 또는 합의가 있는 경우 지정목적항의 어느 지점까지 운송하는 계약을 체결하여야 한다. • 운송계약은 매도인의 비용으로 통상의 조건으로 체결하며, 통상적으로 사용되는 종류의 선박과 항로로 운송하는 내용을 담고 있어야 한다.	A4	B4	• 매도인에 대한 운송계약체결의 의무가 없다.
ⓐ 다른 합의가 없는 경우 ICC(C)에 준하는 적화보험에 부보한다. 보험은 물품에 피보험이익을 보유한 자가 보험자에게 청구할 수 있어야 한다. ⓑ 보험에 포함된 경우를 제외하고 매수인 요청이 있는 경우 그의 비용으로, 특별약관 등 추가보험에 부보한다. ⓒ 보험금액은 최소 매매계약에 규정된 대금의 110%, 통화는 매매계약과 동일하게, 운송 중 A2의 인도지점부터 지정목적항까지 부보한다. ⓓ 매수인에게 보험증권이나 보험증명서 등 부보증거를 제공한다. ⓔ매수인 요청에 따라 그의 위험과 비용으로 추가보험조달에 필요한 정보를 제공한다.	A5	B5	• 매도인에 대한 보험계약체결 의무가 없다. 그러나 매수인은 요청이 있는 때에는 매도인이 A5에 따라 매수인이 요청한 추가보험을 조달하는데 필요한 정보를 제공하여야 한다.
ⓐ 합의된 목적항에서 필요한 통상의 운송서류 제공. ⓑ 운송서류는 계약물품에 관한 것으로 합의된 선적기간 내 일부되고, 운송인에게 물품인도청구가 가능해야 하며, 후속 매수인에게 운송서류를 양도하거나 운송인에게 통지하여 운송 중 물품을 매각할 수 있어야 한다. ⓒ 운송서류가 유통가능 형식으로 복수 원본으로 발행된 경우 원본 전통을 제공한다.	A6	B6	• A6에 따라 제공된 운송서류가 계약에 일치하는 경우 이를 인수하여야 한다.
• 수출허가, 보안통관, 선적전 검사, 그 밖의 공적인가 등 수출통관절차와 그 비용을 부담한다. • 매수인 요청에 따라 그의 위험과 비용으로 수입통관에 관한 서류나 정보 등의 취득에 협력한다.	A7	B7	• 매도인 요청과 비용으로, 보안요건, 선적전 검사, 수출통관절차 등에 협력한다. • 수입허가, 보안통관, 선적전 검사 및 그 밖의 공적 인가 등 절차를 수행하고 그 비용을 부담한다.
• 물품인도를 위한 점검작업비용을 부담한다. • 통상 포장되지 않은 채 매매되는 경우를 제외하고 물품을 포장한다. 달리 합의한 바 없는 경우 적절한 방법으로 물품을 포장하고 화인을 표시한다.	A8	B8	• 매도인에 대한 의무가 없다.
ⓐ 물품인도 시까지 물품에 관한 비용. ⓑ 선적 및 보안비용과 A4 운임 및 그 밖의 비용. ⓒ 합의된 양하비용 중 매도인 부담비용. ⓓ 매도인 부담의 통과비용. e) 물품인도 증거제공에 소요된 비용. f) A5의 보험비용. g) A7의 수출통관 및 그 밖의 비용. h) 서류와 정보취득에 매수인의 협력에 따른 비용	A9	B9	• ⓐ 물품인도 시부터 물품에 관한 비용. ⓑ 통과비용, 부선료, 부두사용료 등 양하비용. ⓒ 매수인 요청에 따른 추가보험 부보비용. ⓓ 서류와 정보취득에 관련한 비용, e) 수입통관에 관한 관세 및 그 밖의 비용, f) 매수인이 B10에 따른 통지를 하지 않는 경우 발생하는 추가비용.
• 매수인에게 물품인도사실을 통지한다. • 매수인 물품수령에 필요한 통지를 하여야 한다.	A10	B10	• 물품의 선적시기 또는 지정목적항 내에 물품수령지점을 결정할 권리를 갖는 것으로 합의한 경우 매도인에게 충분한 통지를 하여야 한다.

7) CPT [Carriage Paid To... named place of destination]

CPT(지정목적지운송비지급인도조건)

①**CPT**(지정목적지운송비지급인도조건)는 단일운송방식 또는 이를 결합한 복합운송에 사용할 수 있다.

②매도인은 지정장소에서 운송인에게 물품을 인도할 때 물품인도의무가 완료되지만, 지정목적지까지 물품운송을 위해 운송계약을 체결하고 운송비용을 지급해야 한다. 즉 매도인의 물품인도의무는 **CIP · CFR · CIF**와 마찬가지로, 물품이 목적지에 도착할 때가 아니라 매도인이 운송인에게 물품을 인도할 때 완료된다.

③물품인도장소는 매도인의 영업소 구내 또는 항구의 CY · CFS, 항공화물터미널, 도로화물터미널, 철도화물터미널 등의 장소가 될 수 있다.

④**CPT**는 매도인이 지명한 운송인에게 물품을 인도하는 것을 의미하나, 매도인은 지정목적지에 물품운송을 위해 필요한 운송비용을 추가로 지급할 뿐이다. 이는 매수인이 물품을 인수한 이후 발생하는 모든 비용이나 위험을 부담해야 함을 의미한다.

④운송계약에 비추어 운송인은 철도 · 도로 · 항공 · 해상 · 내수로 또는 이러한 운송의 복합된 형태에 의해 운송의 이행을 주선하거나, 이행할 책임을 지는 관계당사자 모두를 의미한다. 만약 후속운송인들이 합의된 목적지로의 운송을 위해 이용된다면, 위험은 물품이 **최초운송인**(最初運送人, first carrier)에게 인도된 때에 이전된다.

⑤**CPT**는 매도인이 물품의 수출통관을 이행하도록 요구하고 있고, 본 조건은 복합운송을 포함하여 운송유형에 관계없이 사용할 수 있다.

CPT 개별조항의 내용

A. (The Seller' Obligation)			B. (The Buyer' Obligation)
• 물품의 제공, 서류의 인도	A1	B1	• 물품대금의 지급
• 물품을 운송인에게 인도하거나 조달한다. • 물품을 합의된 기일 또는 기간 내 인도한다.	A2	B2	• 물품이 인도된 때 물품을 수령하고, 지정목적지 또는 합의된 경우 그 지정목적지지점에서 수령한다.
• 물품인도 시까지 물품의 멸실 또는 훼손위험을 부담한다. • B3에 규정된 상황에서 발생하는 멸실 또는 훼손은 예외로 한다.	A3	B3	• 물품인도 시부터 물품의 멸실 또는 훼손위험을 부담한다. 또한 B10에 따라 통지하지 않은 경우 합의된 인도기일이나 인도기간 만료일부터 물품의 멸실 또는 훼손위험을 부담한다.
• 인도장소에서, 그곳에 합의된 인도지점이 있는 경우 그 지점에서 지정목적지까지, 합의가 있는 경우 지정목적지 특정지점까지 운송계약을 체결한다. • 운송계약은 매도인 비용으로 체결하며, 이는 매매물품과 같은 종류의 물품을 통상의 항로와 관행적 방법으로 운송하는 내용을 담고 있어야 한다. • 특정지점이 합의되거나 결정되지 않는 경우 그 목적에 적합한 인도지점 및 지정목적지점을 선택한다.	A4	B4	• 매도인에 대한 운송계약체결의 의무가 없다.
• 매수인에 대한 보험계약 체결의무가 없다.	A5	B5	• 매도인에 대한 보험계약체결 의무가 없다.
• 관행이나 매수인 요청이 있는 경우 A4에 따라 체결된 운송에 관한 운송서류를 제공한다. 이는 계약물품에 관한 것으로 선적기간 내 일부되어야 한다. • 합의나 관행이 있는 경우 운송서류는 매수인이 지정목적지에서 운송인에게 물품인도청구가 가능하여야 하고, 후속매수인에게 운송서류를 양도하거나 운송인에게 통지하여 운송 중 물품매각이 가능해야 한다. 운송서류가 유통가능 형식으로 복수의 원본으로 발행된 경우 그 원본 전통을 제공해야 한다.	A6	B6	• A6에 따라 제공된 운송서류가 계약에 일치하는 경우 이를 인수하여야 한다.
• 매도인은 수출국에 의해 부과되는 수출허가, 보안통관, 선적전 검사 및 그 밖의 공적 인가 등의 수출통관절차를 수행하고 그 비용을 부담한다. • 매수인의 요청에 따른 위험과 비용으로 보안요건, 선적전 검사, 그 밖의 수입통관절차에 관한 서류 및 정보취득을 위해 협력하여야 한다.	A7	B7	• 해당되는 경우 매도인의 요청과 위험 및 비용으로 보안요건, 선적전 검사를 포함하여 수출통관절차에 관한 서류 또는 정보취득을 위해 협력하여야 한다. • 해당되는 경우 수입허가를 위한, 보안통관, 선적전 검사, 그 밖의 공적 인가 등의 절차를 수행하고 그 비용을 부담한다.
• A2에 따라 물품인도를 위한 점검작업비용(품질점검, 용적측량, 중량측정, 수량계수)을 부담한다. • 통상 포장되지 않은 채, 매매되는 물품의 경우를 제외하고 물품을 포장한다. • 특정포장이나 화인에 합의한 경우를 제외하고 적절한 방법으로 물품을 포장하고 화인을 표시한다.	A8	B8	• 매도인에 대한 의무가 없다.
ⓐ 매수인이 부담하는 비용을 제외하고 물품인도 시까지 물품에 관한 모든 비용. ⓑ 물품적재비용과 운송관련 보안비용과 그 밖의 비용. ⓒ 목적지 양하비용 중 매도인 부담비용. ⓓ 통과비용. e) 물품인도에 관한 통상의 증거제공에 소요된 비용. f) 해당되는 경우 수출통관에 관한 관세 및 그 밖의 비용. g) 서류와 정보취득에 소요된 비용	A9	B9	• ⓐ A9에 따라 매도인이 부담비용을 제외하고 물품인도 시부터 물품에 관한 비용. ⓑ 매도인 부담비용을 제외한 통과비용, 양하비용. ⓒ 서류와 정보를 취득하는데 매도인이 협력을 제공하는 것과 관련한 비용. ⓓ 해당되는 경우 수입통관에 관한 관세, 그 밖의 비용. e) B10의 통지를 하지 않는 경우 합의된 기일 또는 기간 만료일부터 발생하는 추가비용.
• 매수인에게 물품인도사실을 통지한다. • 매수인의 물품수령에 필요한 통지를 하여야 한다.	A10	B10	• 물품의 선적시기 또는 지정목적지 내에 물품수령지점을 결정할 권리를 갖는 것으로 합의한 경우 매도인에게 충분한 통지를 하여야 한다.

8) CIP [Carriage & Insurance Paid to ... named place of destination]

CIP(지정목적지운송비 · 보험료지급인도조건)

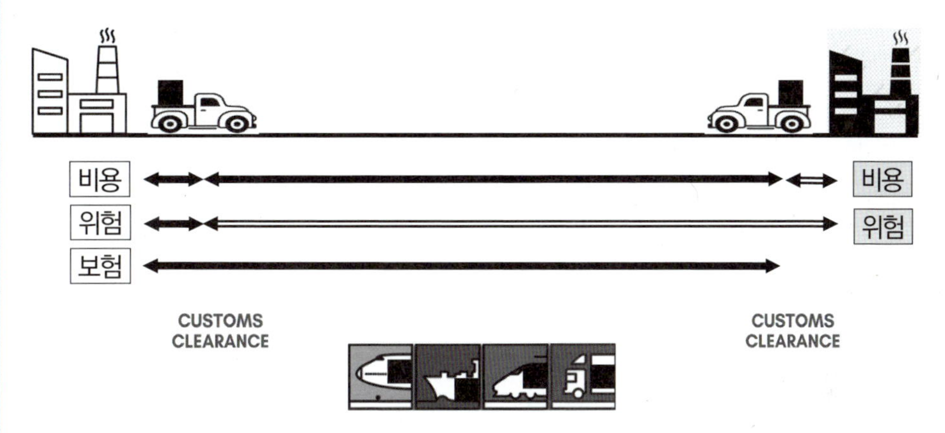

①CIP(지정목적지운송비 · 보험료지급인도조건)는 보험을 제외하고는 기본적으로 CPT와 차이가 없다. 곧 CIP조건은 매도인이 자신이 지명한 운송인에게 물품을 인도하는 것을 뜻하고 또한 매도인은 지정된 목적지까지 물품을 운송하는데 필요한 운송비를 지급해야 하고 보험을 수배해야 한다.

②CIP조건은 매도인이 CPT조건의 매도인의 이행의무에 추가하여 운송 도중 화물의 멸실이나 손상에 대한 매수인의 위험에 대하여 적화보험을 체결해야 되는 조건을 뜻한다. 따라서 매도인은 보험계약을 체결하고 보험료를 지급하여야 한다. 이는 매수인이 정히 약정물품이 인도된 이후에 발생하는 모든 추가비용과 위험을 부담하는 것을 의미한다.

③매도인은 또한 인도지점부터 목적지점까지 매수인의 물품의 멸실 또는 훼손 위험에 관한 보험계약을 체결하여야 한다. 여기서 매도인은 CIF에서와 같이 ICC(C) 약관에 의한 제한적인 담보조건이 아니라 ICC(A) 약관이나 그와 유사한 약관에 따른 광범위한 담보조건으로 부보하여야 한다. 그러나 이는 계약당사자의 합의에 따라 담보범위가 좁은 수준의 조건으로 부보하기로 합의할 수 있다.

④만약 매수인이 더 확장된 보험담보의 보호를 필요로 하는 경우 매수인은 매도인과 명시적으로 합의를 하거나, 매수인 스스로 추가적인 보험을 체결하여야 한다.

⑤CIP는 매도인이 물품의 수출통관을 이행하도록 요구하고 있다. 본 조건은 복합운송을 포함하여 운송유형에 관계없이 사용할 수 있다.

CIP 개별조항의 내용

A. (The Seller' Obligation)			B. (The Buyer' Obligation)
• 물품의 제공, 서류의 인도	A1	B1	• 물품대금의 지급
• 물품을 선박에 적재하거나 조달한다. • 합의된 기일 또는 기간 내 항구의 관행적 방법으로 물품을 인도한다.	A2	B2	• 물품이 A2에 따라 인도된 때 물품을 수령한다. • 지정목적항에서 운송인으로부터 물품을 수령한다.
• 물품이 A2에 따라 인도된 때까지 물품의 멸실 또는 훼손위험을 부담한다. 다만 B3에 의거 발생하는 멸실 또는 훼손은 예외로 한다.	A3	B3	• 물품인도 시부터 물품의 멸실 또는 훼손위험을 부담한다. B10에 따른 통지를 하지 않은 경우 합의된 선적기일이나 기간의 만료일부터 물품의 멸실 또는 훼손위험을 부담한다.
• 물품인도장소에서, 그곳에 합의된 인도지점이 있는 때, 그 지점에서 지정목적항까지 또는 합의된 경우 지정목적항 특정지점까지 운송계약을 체결한다. • 운송계약은 통상의 선박과 항로로 운송하는 내용을 담고 있어야 한다.	A4	B4	• 매도인에 대한 운송계약체결의 의무가 없다.
ⓐ 다른 합의가 없는 경우 ICC(C)에 준하는 적화보험에 부보한다. 보험은 물품에 피보험이익을 보유한 자가 보험자에게 청구할 수 있어야 한다. ⓑ 보험에 포함된 경우를 제외하고 매수인 요청이 있는 경우 그의 비용으로, 특별약관 등 추가보험에 부보한다. ⓒ 보험금액은 최소 매매계약에 규정된 대금의 110%로, 통화는 매매계약과 동일하게, 운송 중 A2 인도지점부터 지정목적항까지 부보한다. ⓓ 매수인에게 보험증권이나 보험증명서 등 부보증거를 제공한다. ⓔ매수인 요청에 따라 매수인 위험과 비용으로 추가보험조달에 필요한 정보를 제공한다.	A5	B5	• 매도인에 대한 보험계약체결 의무가 없다.
ⓐ 자신의 비용으로 합의된 목적항에서 필요한 운송서류를 제공한다. ⓑ 운송서류는 계약물품에 관한 것으로 합의된 선적기간 내 일부되고, 운송인에게 물품인도청구가 가능해야 하며, 후속매수인에게 운송서류를 양도하거나 운송인에게 통지하여 운송 중 물품을 매각할 수 있는 것이어야 한다. ⓒ 운송서류가 유통가능 형식으로 복수 원본으로 발행된 경우 원본 전통을 제공한다.	A6	B6	• A6에 따라 제공된 운송서류가 계약에 일치하는 경우 이를 인수하여야 한다.
• 해당되는 경우 수출통관절차와 그 비용을 부담한다. 매수인 요청에 따라 매수인 위험과 비용으로 수입통관에 관한 서류나 정보 등의 취득에 협력한다.	A7	B7	• 매도인 요청과 비용으로, 보안요건, 선적전 검사, 수출통관절차 등에 협력한다. • 수입허가, 보안통관, 선적전 검사 및 그 밖의 공적 인가 등 절차를 수행하고 그 비용을 부담한다.
• 물품인도를 위한 점검작업비용을 부담한다. • 통상 포장되지 않은 채, 매매되는 경우를 제외하고 물품을 포장한다. 또한 적절한 방법으로 물품을 포장하고 화인을 표시한다.	A8	B8	• 매도인에 대한 의무가 없다.
ⓐ 물품인도 시까지 비용, ⓑ 물품선적비용과 운송관련 보안비용, 운임 및 그 밖의 비용, ⓒ 양륙항의 양하비용 중 매도인 부담비용, ⓓ 매도인 부담의 통과비용, 물품인도에 관한 증거제공에 소요된 비용, ⓔA5의 보험비용, ⓕ수출통관에 관한 관세, 그 밖의 비용, ⓖ서류와 정보를 취득에 매수인이 협력을 제공한 것에 관련한 비용.	A9	B9	• ⓐ물품인도 시부터 물품에 관한 모든 비용, ⓑ매도인부담을 제외한 통과비용, 부선료, 부두사용료 등의 양하비용, ⓒ매수인 요청에 따라 조달된 추가보험부보에 필요한 비용, ⓓ서류와 정보를 취득에 매도인의 협력제공에 관한 비용, ⓔ해당되는 경우 수입통관에 관한 관세, 그 밖의 비용, ⓕ매수인이 B10에 따른 통지를 하지 않는 경우 발생하는 추가비용.
• 매수인에게 물품인도사실을 통지한다. • 매수인 물품수령에 필요한 통지를 하여야 한다.	A10	B10	• 물품의 선적시기 또는 지정목적항 내에 물품수령지점을 결정할 권리를 갖는 것으로 합의한 경우 매도인에게 이를 충분히 통지해야 한다.

9) DAP [Delivered At Place ... named place of destination]

DAP(지정목적지장소인도조건)

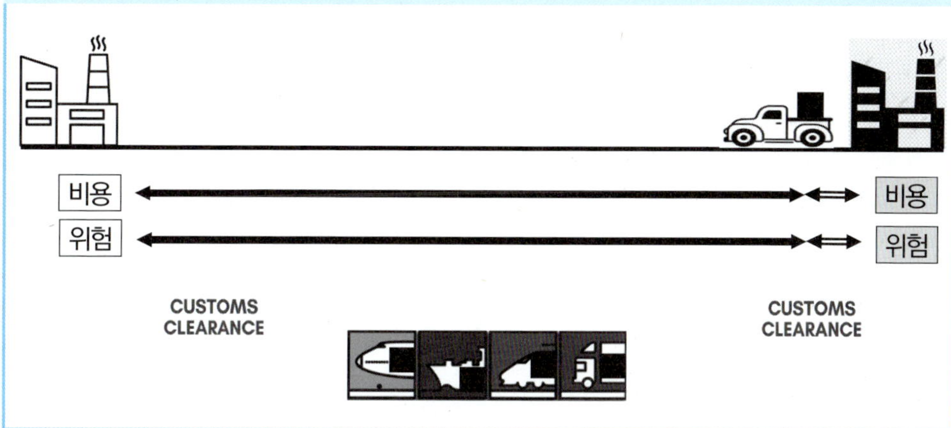

①DAP(지정목적지장소인도조건)는 물품이 지정목적장소에서 도착되는 운송수단에서, 양하준비가 된 상태로 매수인의 임의처분에 놓일 때 매도인은 물품을 인도한 것이 되며, 이때까지의 물품에 대한 모든 위험과 비용은 매도인이 부담한다.

②합의된 목적지까지의 위험과 비용은 매도인의 부담이기 때문에, 당사자들은 계약내용에 비추어 가능한 한 정확히 목적지를 명시하여야 한다.

③DAP는 도착지가 항구가 될 수도 있고 또는 내륙의 특정지점이 될 수도 있다. 곧 DAP는 목적지가 세분화되어 있다는 특징이 있다. 따라서 도의 운송비가 발생할 수도 있다.

④매도인은 도착한 운송수단으로부터 양하준비가 된 상태로 물품을 매수인의 임의처분에 두어야 하며, 목적지까지의 모든 위험과 비용을 부담하여야 한다. 다만 최종목적지는 반드시 명확하게 특정하여야 하나, 매도인은 수입통관 및 관세를 지급하거나 부담하여야 할 의무가 없다.

⑤**DAP에서** 유의할 것은 인도장소가 지정장소라는 점이다.

⑥DAP에서 위험과 비용의 분기점은 지정목적지에서 운송수단으로부터 양하준비된 상태로 매수인의 임의처분에 놓인 때가 된다.

DAP 개별조항의 내용

A. (The Seller' Obligation)			B. (The Buyer' Obligation)
• 물품의 제공, 서류의 인도	A1	B1	• 물품대금의 지급
• 물품을 지정목적지에서, 지정목적지에 합의된 지점이 있는 경우 그 지점에서 도착운송수단에 적재한 채 양하 준비된 상태로 매수인 임의처분에 두거나 그렇게 인도된 물품을 조달하여 인도한다. • 합의된 기일에 또는 기간 내에 물품을 인도한다.	A2	B2	• 물품이 A2에 따라 인도된 때 물품을 수령한다.
• 물품이 A2에 따라 인도된 때까지 물품의 멸실 또는 훼손위험을 부담한다. 다만 B3에 의거 발생하는 멸실 또는 훼손은 예외로 한다.	A3	B3	• 물품 인도 시부터 물품의 멸실 또는 훼손위험을 부담한다. • ⓐ매수인이 B7의 의무를 불이행한 경우 이에 따른 물품의 멸실 또는 훼손위험을 부담한다. ⓑB10에 따른 통지를 불이행한 경우 합의된 인도기일이나 기간의 만료일부터 물품의 멸실 또는 훼손위험을 부담한다.
• 물품을 지정목적지까지 또는 그곳에 합의된 지점이 있는 경우 그 지점까지 운송계약을 체결한다. • 특정지점이 합의되거나 관례에 따라 결정할 수 없는 경우 지정목적지에서 그 목적에 가장 적합한 지점을 선택한다.	A4	B4	• 매도인에 대한 운송계약체결의 의무가 없다.
• 매수인에 대한 보험계약체결 의무가 없다.	A5	B5	• 매도인에 대한 보험계약체결 의무가 없다.
• 매도인은 자신의 비용으로 매수인이 물품을 수령할 수 있도록 필요한 서류를 제공한다.	A6	B6	• A6에 따라 제공된 서류를 인수한다.
• 해당되는 경우 수출통관절차와 그 비용을 부담한다. 매수인 요청 및 그의 위험과 비용으로, 보안요건, 선적전 검사를 포함하여 수입통관절차에 관한 서류 또는 정보취득을 위해 매수인에게 협력한다.	A7	B7	• 매도인 요청과 위험 및 비용으로, 보안요건, 선적전 검사, 수출통관절차 등에 협력한다. • 수입허가, 보안통관, 선적전 검사 및 그 밖의 공적인가 등 절차를 수행하고 그 비용을 부담한다.
• 물품인도를 위한 점검작업비용을 부담한다. • 포장되지 않은 채, 매매되는 경우를 제외하고 물품을 포장한다. 또한 달리 합의한 바 없는 경우 적절한 방법으로 물품을 포장하고 화인을 표시한다.	A8	B8	• 매도인에 대한 의무가 없다.
매도인은, 매수인 부담비용을 제외하고, ⓐ물품인도시까지 물품과 물품운송에 관한 비용, ⓑ목적지 양하비용 중 운송계약에 따라 부담하는 비용, ⓒ인도 및 운송서류를 제공에 소요된 비용, ⓓ해당되는 경우 수출통관에 관한 관세 및 그 밖의 비용, ⓔ서류와 정보를 취득에 매수인 협력 제공에 관한 비용.	A9	B9	• ⓐ물품인도 시부터 물품에 관한 모든 비용. ⓑ매도인이 부담을 제외하고 지정목적지에 도착한 운송수단에서의 양하비용. ⓒ서류와 정보를 취득에 매도인의 협력제공과 관련한 비용. ⓓ해당되는 경우 B7에 따른 수입통관을 위한 관세 및 그 밖의 비용. ⓔB7 및 B10에 따른 의무불이행에 따른 추가비용.
• 매수인 물품수령에 필요한 통지를 하여야 한다.	A10	B10	• 물품의 발송시기 및 지정목적지 내 물품수령지점을 결정할 권리를 갖는 것으로 합의된 경우 매도인에게 충분히 통지하여야 한다.

10) DPU [Delivered Duty Paid ... named place of destination]

DPU(지정목적지양하인도조건)

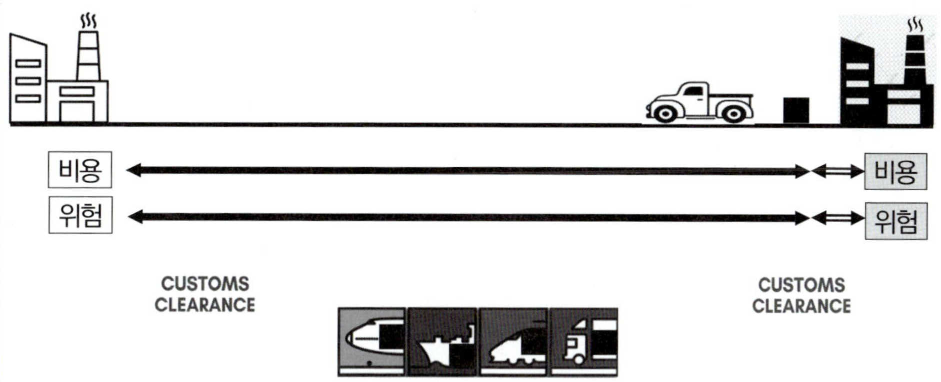

①DPU(지정목적지양하인도조건)은 약정물품이 지정목적지 또는 계약당사자의 합의에 따른 지정목적지 내의 특정지점에서 도착된 운송수단으로부터 양하되어진 상태로 매수인의 임의처분에 놓인 때 매도인의 의무가 완료되는 조건이다.

②매도인은 물품을 지정목적지까지 운송하여 그곳에서 물품을 양하하는데 부수하는 모든 위험을 부담한다.

③DPU는 매도인에게 목적지에서 물품양하의무를 부가하고 있는 유일한 조건이다. 따라서 매도인은 자신이 그러한 지정장소에서 양하할 수 있는 입장에 있는지 여부를 명확히 고려하여야 한다.

④당사자들은 매도인이 양하 위험과 이에 따른 비용부담을 원치 않는 경우 DPU를 대신하여 DAP를 사용하여야 한다.

⑤DPU는 어떠한 운송방식이 선택되는지를 불문하고 사용할 수 있고 복수이상의 운송방식이 개입되는 경우에도 사용할 수 있다.

⑥DPU 조건하에서 당사자들은 다음과 같은 이유에서 목적지나 목적지명을 명확히 특정하여야 한다. ㉠물품의 멸실 또는 훼손의 위험은 그러한 인도나 목적장소에서 매수인에게 이전한다. 따라서 매도인과 매수인은 그러한 이전이 일어나는 지점을 명확히 특정하여야 한다. ㉡그러한 인도나 목적장소 또는 당해 장소의 비용은

매도인이 부담하고 이후의 비용은 매수인이 부담한다. ㉢매도인은 물품을 합의된 인도나 목적장소까지의 운송계약을 체결한다. 이를 위반한 경우 매도인은 자신의 의무를 위반한 것이 되고 매수인에 대하여 그에 따른 손해배상책임을 부담하게 된다.

⑦DPU 조건에서 조달(procure)의 의미는 특히 일차산품거래(commodity trades)에서 통상 수차례에 걸쳐 연속적으로 이루어지는 이른바 연속매매(string sales)에 대응하기 위함이다.

⑧DPU에서 해당되는 경우 매도인이 물품의 수출통관을 하여야 한다.

⑨매도인은 물품의 수입을 위한 또는 인도 후 제3국 통과를 위해 통관을 하거나, 수입관세를 납부하거나, 수입통관절차를 수행할 의무가 없다.

⑩요컨대 물품의 수입신고나, 수입관세 및 세금을 납부하고, 수입통관절차를 수행하는 등의 절차를 매도인에게 일임하고자 할 경우 DDP를 사용하는 것이 바람직하다.

DPU 개별조항의 내용

A. (The Seller' Obligation)			B. (The Buyer' Obligation)
• 물품의 제공, 서류의 인도	A1	B1	• 물품대금의 지급
• 물품을 도착운송수단으로부터 양하하고, 물품을 지정목적지에서, 지정목적지에 합의된 지점이 있는 경우 그 지점에서 매수인의 임의처분에 두거나 그렇게 인도된 물품을 조달함으로써 인도한다. • 각각의 경우 매도인은 합의된 기일에 또는 합의된 기간 내에 물품을 인도한다.	A2	B2	• A2에 따라 인도된 때 물품을 수령한다.
• 물품이 A2에 따라 인도된 때까지 물품의 멸실 또는 훼손위험을 부담한다. 다만 B3에 의거 발생하는 멸실 또는 훼손은 예외로 한다.	A3	B3	• 물품이 A2에 따라 인도된 때부터 물품의 멸실 또는 훼손위험을 부담한다. • ⓐ 매수인이 B7의 의무를 이행하지 않는 경우 매수인은 그로 인한 물품의 멸실 또는 훼손위험을 부담한다. ⓑ 매수인이 B10에 따른 통지를 하지 않은 경우 매수인은 합의된 인도기일이나 합의된 인도기간의 만료일부터 물품의 멸실 또는 훼손의 모든 위험을 부담한다.
• 자신의 비용으로 물품을 지정목적지 또는 지정목적지에 합의된 지점이 있는 때는 그 지점까지 운송계약을 체결하거나 당해 운송을 수배한다. • 특정지점이 합의되지 않거나 관례에 의해 결정되지 않는 경우 지정목적지에서 그 목적에 가장 적합한 지점을 선택할 수 있다.	A4	B4	• 매수인은 매도인에 대하여 운송계약을 체결할 의무가 없다.
• 매수인에 대하여 보험계약을 체결할 의무가 없다.	A5	B5	• 매도인에 대하여 보험계약체결 의무가 없다. 그러나 매도인의 요청에 따라 매도인의 위험과 비용으로 매도인이 부보하는데 필요한 정보를 매도인에게 제공하여야 한다.
• 자신의 비용으로 매수인이 물품을 수령할 수 있도록 필요한 서류를 제공한다.	A6	B6	• 매수인은 제공된 서류를 인수한다.
• 보안통관, 선적전 검사, 그 밖의 공적 인가 등의 수출통관절차를 수행하고 그 비용을 부담한다. • 해당되는 경우 매수인 요청과 매수인의 위험 및 비용으로, 보안요건 및 선적전 검사를 포함하여 수입통관절차에 관한 서류 및 정보를 취득을 위해 협력한다.	A7	B7	• 해당되는 경우 매도인의 요청 및 그 위험과 비용으로, 보안요건 및 선적전 검사를 포함하여 수출통관절차에 관한 서류 및 정보취득을 위해 협력한다. • 해당되는 경우 수입허가, 보안통관, 선적전 검사 및 그 밖의 공적 인가 등의 절차를 수행하고 이에 따른 비용을 부담한다.
• A2에 따라 물품인도를 위한 점검작업비용(품질점검, 용적측량, 중량측정, 수량계수)을 부담한다. • 통상 포장되지 않은 채, 매매되는 물품의 경우를 제외하고 자신의 비용으로 물품을 포장한다. 특정포장이나 화인에 합의한 경우를 제외하고 적절한 방법으로 물품을 포장하고 화인을 표시한다.	A8	B8	• 매도인에 대하여 의무가 없다.
• ⓐ매수인이 부담비용을 제외하고, 물품이 양하되어 인도된 때까지 물품과 물품운송에 관한 비용, ⓑ인도 및 운송서류 제공에 따른 소요비용, ⓒ해당되는 경우 수출통관 및 관세, 세금 그 밖의 비용, ⓓ서류와 정보를 취득하는데 매수인이 협력을 제공하는 것과 관련한 모든 비용.	A9	B9	매수인은 ⓐ물품이 인도된 때부터 물품에 관한 비용, ⓑ 서류와 정보를 취득하는데 매도인이 협력을 제공하는 것과 관련한 비용, ⓒ해당되는 경우 수입통관에 관한 관세, 그 밖의 비용, ⓓ매수인이 B7의 의무를 이행하지 않거나 B10의 통지를 하지 않는 경우 매도인에게 발생하는 추가비용 등을 지급한다.
• 매수인의 물품수령에 필요한 통지를 하여야 한다.	A10	B10	합의된 수령기간 내 특정시기 및 지정목적지 내에서의 인도수령지점 등을 결정할 권리를 갖는 것으로 합의된 경우 매도인에게 이를 통지하여야 한다.

11) DDP [Delivered Duty Paid ... named place of destination]

DDP(지정목적지관세지급인도조건)

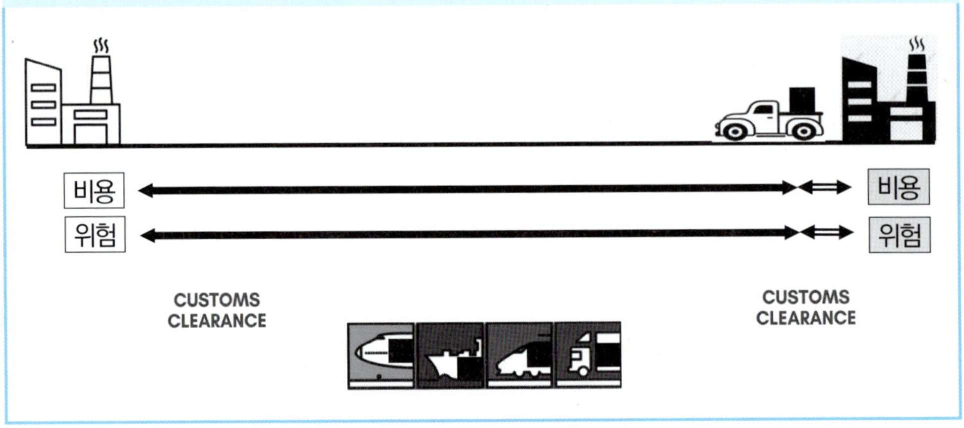

①DDP(지정목적지관세지급인도조건)는 매도인이 목적지까지 물품운송에 관한 모든 비용과 위험 그리고 수출통관이행, 수출관세지급을 비롯하여 수입통관도 이행해야 한다. 물품인도장소는 합의에 의한 지정목적지로서, 부두·창고·CY·터미널 그리고 매수인의 영업소 구내 및 그 밖의 장소 등 목적지의 모든 장소가 될 수 있다.

②DDP에서 물품이 지정목적지에 도착 후 양륙준비가 되어 있는 운송수단에 수입통관이 이행되어 매수인 임의처분에 놓인 때는 매수인이 물품의 소유권을 보유하기 때문에, 매수인은 운송수단에서 물품을 양륙한 후 자신의 운송수단에 물품을 적재한 후 이를 다른 장소로 이동해야 한다. 여기서 매도인은 약정물품을 수입통관 해야 하나, 지정목적지 운송수단에서 물품을 하역하지 않고 매수인에게 인도하면 된다.

③매도인은 적용가능한 경우 목적지에서 수입관세를 포함, 지정목적지까지 물품운송 및 그 밖의 모든 비용과 위험을 부담해야 한다.

④매도인이 합의된 지정목적장소에서 양하와 관련된 비용이 발생한 경우 별도의 합의가 없다면, 매도인은 이러한 비용을 매수인으로부터 회수할 권리가 없다.

⑤만약 수입통관에 따른 위험과 비용을 매수인이 부담하기를 원하는 경우에는 DAP를 사용하여야 한다. 이 경우 수입통관을 위한 제반 비용에 관하여 달리 합의하지 않고 있다면, 당해 비용은 매도인이 부담하여야 한다.

DDP 개별조항의 내용

A. (The Seller' Obligation)			B. (The Buyer' Obligation)
• 물품의 제공, 서류의 인도	A1	B1	• 물품대금의 지급
• 물품을 지정목적지에서, 그곳에 합의된 지점이 있는 경우 그 지점에서 도착운송수단에 적재한 채, 양하 준비된 상태로 매수인 임의처분에 준다. • 매도인은 합의된 기일 또는 기간 내 물품을 제공한다.	A2	B2	• A2에 따라 인도된 때 물품을 수령한다.
• 물품이 A2에 따라 인도된 때까지 물품의 멸실 또는 훼손위험을 부담한다. 다만 B3에 의거 발생하는 멸실 또는 훼손은 예외로 한다.	A3	B3	• 물품이 A2에 따라 인도된 때부터 물품의 멸실 또는 훼손위험을 부담한다. • ⓐ 매수인이 B7 의무를 이행하지 않는 경우 매수인은 그로 인한 물품의 멸실 또는 훼손위험을 부담한다. ⓑ 매수인이 B10의 통지를 하지 않은 경우 매수인은 합의된 인도기일이나 합의된 인도기간의 만료일부터 물품의 멸실 또는 훼손위험을 부담한다.
• 자신의 비용으로 물품을 지정목적지 또는 지정목적지에 합의된 지점이 있는 경우 그 지점까지 운송계약을 체결하거나 운송을 수배한다. • 특정지점이 합의되지 않거나 관례에 의해 결정되지 않는 경우 지정목적지에서 그 목적에 가장 적합한 지점을 선택할 수 있다.	A4	B4	• 매수인은 매도인에 대하여 운송계약을 체결할 의무가 없다.
• 매수인에 대하여 보험계약을 체결할 의무가 없다.	A5	B5	• 매도인에 대하여 보험계약체결 의무가 없다. 그러나 매도인의 요청에 따라 매도인의 위험과 비용으로 매도인이 부보하는데 필요한 정보를 매도인에게 제공하여야 한다.
• 자신의 비용으로 매수인이 물품을 수령할 수 있도록 필요한 서류를 제공한다.	A6	B6	• 매수인은 제공된 서류를 인수한다.
• 해당되는 경우 보안통관, 선적전 검사 그 밖의 공적 인가 등 수입통관절차를 수행하고 그 비용을 부담한다.	A7	B7	• 해당되는 경우 매도인의 요청 및 그 위험과 비용으로, 보안요건 및 선적전 검사를 포함하여 수출통관절차에 관한 서류 및 정보취득을 위해 협력한다.
• A2에 따라 물품인도를 위한 점검작업비용(품질점검, 용적측량, 중량측정, 수량계수)을 부담한다. • 포장되지 않은 채, 매매되는 물품의 경우를 제외하고 자신의 비용으로 물품을 포장한다. • 특정포장이나 화인에 합의한 경우를 제외하고 적절한 방법으로 물품을 포장하고 화인을 표시한다.	A8	B8	• 매도인에 대하여 의무가 없다.
• ⓐ매수인 부담비용을 제외하고 물품인도 시까지 물품과 운송에 관한 비용. ⓑ목적지 양하비용 중 매도인 부담비용. ⓒ인도 및 운송서류 제공에 소요된 비용. ⓓ 해당되는 경우 수출 및 수입통관에 관한 관세와 그 밖의 비용. ⓔ서류와 정보취득에 매수인 협력제공에 관련한 비용.	A9	B9	매수인은 운송계약상 매도인이 부담의 경우를 제외하고 ⓐ물품인도 시부터 물품에 관한 비용, ⓑ지정목적지 도착운송수단에서 물품을 수령하는데 필요한 양하비용, ⓒ B7 및 B10의 의무불이행의 경우 매도인에게 발생하는 추가비용 등을 지급한다.
• 매수인의 물품수령에 필요한 통지를 하여야 한다.	A10	B10	수령기간 내 특정시기 및 지정목적지 내에서의 인도수령 지점 등을 결정할 권리를 갖는 것으로 합의된 경우 이를 매도인에게 충분히 통지하여야 한다.

8 수출 · 입 실무와 Incoterms의 적용

1) 무역마케팅

무역계약당사자는 상대방을 특정하기 위하여 다양한 방법으로 그 활로를 모색할 수 있다. 예컨대 ①해외무역박람회에 참가하여 자신(매도인)의 물품을 홍보 또는 광고하거나, 자신(매수인)의 수요와 이해에 부합하는 물품을 면밀히 비교 · 검토하여 사전에 조사하는 방법, ②자국 또는 거래대상 국가의 상무부를 통하여 거래알선을 도모하거나, 촉탁하는 방법, ③무역유관기관에 의뢰하여 수출 또는 수입대상을 물색하는 방법, ④거래알선을 제공하고 있는 다양한 인터넷 사이트를 통하여 상대방을 특정하는 방법, ⑤무역대리업자, 소위 오퍼상을 통해 거래알선을 도모하는 방법 등을 그 실례로 들 수 있다. 이처럼 자신의 이해에 부합하는 상대방을 특정하기 위한 일련의 절차와 과정을 이른바 **무역마케팅**(trade marketing)이라고 한다.

이상의 다양한 방법 중에서 무역실무에서는 통상의 경우 무역대리업자에 의한 무역마케팅이 주축을 이루고 있는데, 이 경우 **무역대리업자는 수출 · 입 당사자의 중개인 입장에서 외국의 수입업자 또는 수출업자의 위임을 받아 국내에서 수출물품을 구매하거나 수입계약을 체결하고 그 밖의 부대행위를 하는 자**를 일컫는다.

무역대리업자는 외국의 수입업자 또는 수출업자의 대리인으로서 활동하고, 국내의 수출업자 또는 수입업자에게는 실질적인 매도인 또는 매수인으로서의 지위를 점하게 된다. 이를 실무에서는 일반적으로 **독점대리인**(sole agent, 대리인 또는 오퍼상)으로 칭한다.

이처럼 외국의 수입업자 또는 수출업자가 독점대리인을 두고 있는 이유는, ①독점대리인을 통해 국내의 시장상황과 동향을 적절히 파악할 수 있다는 점, ②수출 · 입 물품가격을 적정하게 유지하여 시장친밀도를 제고할 수 있다는 점, ③물품의 하자 또는 사후관리측면에서 고객(매도인 또는 매수인)의 요구와 이해에 즉시 대응할 수 있다는 점, ④경쟁사의 동향 또는 고객의 욕구를 시의적으로 파악하여 물품의 질과 성능개선을 통해 고객충성도를 지속적으로 유지할 수 있다는 점, ⑤독점대리인을 통해 무분별한 개별 수출 · 입으로 필요외적 경비를 절감할 수 있다는 점, ⑥독점대리인에 의한 판매촉진이나 프로모션을 통해 매출증대를 꾀할 수 있다는 점 등에 있다.

여기서 외국 수입 또는 수출업자는 독점대리인과 **포괄계약**(包括契約, comprehensive

contract)을 통해 대리권(代理權, agency authority)을 허여하는데, 통상의 경우 2년을 기한에 두고 있다. 만약 포괄계약에 따라 독점대리인이 당해 기한 내에 영업실적을 초과하여 매출증대를 이루었다면, 그간의 수수료를 보전함과 동시에 통상의 경우 이에 그 밖의 장려금을 확보할 수 있으나, 달리 영업실적에 미치지 못한 경우에는 재협상에 의한 포괄계약이나, 계약의 해지 또는 수수료의 변동 등이 뒤따르게 된다.

한편 독점대리인은 외국의 수입업자 또는 수출업자를 대신하여 매매계약 뿐만 아니라 운송·보험·결제 등의 분야에서도 고객의 이해에 부합할 수 있는 여지가 있는데, 이를테면 만약 외국의 수입업자 또는 수출업자가 거대한 자본을 보유한 기업이거나, 국제적으로 저명한 대기업 또는 시장에 미치는 **교섭력**(bargaining power)이 큰 다국적 기업인 경우 그에 부종하는 **규모의 경제**(economy of scale)를 통해 이에 따른 경제적 반사이익을 고객에게 전가할 수 있음을 그 실례로 들 수 있다.

2) 수출원가의 산정

매도인에게 있어 수출원가의 산정은 실무에 있어 매우 중요한 직무 중의 하나이다. 이는 그 절차와 과정에 있어 외견상 국내 기성품의 산정과 별반 다를 것이 없어 보이나, 무엇보다도 가장 큰 차이점은, ①원재료를 수입함에 있어 충당된 관세환급금의 상계, ②물류 및 유통비용의 규모, ③광고 및 홍보비용의 투입, ④제반 제세상의 문제 등을 꼽을 수 있다.

①의 경우 수입관세는 통상 원가에 반영되어 국내 기성품의 가격결정에 영향을 미치고 있으나, 만약 이것이 수출물품으로 충당되는 경우 당초 지급하였던 관세를 환급받을 수 있기 때문에, 당해 물품에 동일한 이윤을 계상하고 있는 경우 수출물품 가격은 국내 기성품에 비하여 상대적으로 낮아지게 된다.

다른 한편 수입국의 입장에서는 또 다시 수입관세가 부과됨에 따라 결과적으로 절대적인 물품가격은 동일하다고 볼 수 있으나, 이 경우 물품의 비교우위에 따른 실익은 무엇보다도 당해 물품의 차별적 특성, 국내에서 **제품수명주기**(製品壽命週期, product life cycle, PLC)가 쇠퇴기에 도달한 물품, 규모의 경제 또는 범위의 경제에 따라 국내에서 지속적으로 특수를 누리고 있는 물품, 노동생산성에 기초하여 원가 우위의 경쟁력을 체화하고 있는 물품 등은 국내에 비하여 보다 큰 이익을 향유할 수 있는 개연성이 높을 것이다.

요컨대 수출물품의 원가산정은 국내물품가격을 기준으로 무역마케팅에 임해서는 곤란하고 이상의 제반 요건을 적절히 물품가격에 반영하여 실질적 가격경쟁력이 제고될 수 있도록 이로부터 수출판로개척에 기여할 수 있는 방편에서 적의 고려하여야 할 것이다.

3) 내륙운송비의 산정

내륙운송의 유형을 Incoterms의 제 조건에 따라 크게 구분하면, ①국내의 경우와, ②국외의 경우로 대별할 수 있는데, ①은 다시 ㉠매도인의 영업소 내지 그 밖의 매도인의 관할장소(EXW), ㉡매수인이 지정한 특정한 장소(FCA), ㉢선측(FAS) 또는 본선인도장소(FOB) 등으로 구분할 수 있다. ②의 경우에는, ㉣도착지의 지정장소(DAP), ㉤내륙의 특정장소(DPU), ㉥매수인의 영업소 내지 그 밖의 매수인의 관할장소(DDP) 등으로 구분된다.

㉠에 계상될 수 있는 비용은 매도인 영업소 내 특정장소에서 매수인의 임의처분에 둘 때까지의 작업비용 또는 그 밖의 장소에서의 적재비용 등을 예시할 수 있다. 이 경우 비용은 대부분 매도인의 고정비 내지 인건비로 충당될 수 있다고 보아 이는 특단의 비용이 발생되지 않는 것으로 취급할 수 있다. 다만 제 비용이 만약 제3자 또는 용역에 의존하고 있다면, 이는 예외로 보아 특단의 비용을 원가에 계상하여야 한다. 이 경우는 EXW에 해당함을 시사한다.

㉡의 경우는 매우 다양한 방법과 비용이 계상될 수 있다. 곧 이 경우는 통상 매도인이 수출통관에 관한 제 비용을 부담하여야 할 의무가 있다고 보아, 그 특정장소가 만약 수출통관선을 넘지 않은 내륙의 어느 장소라면, ㉠에 더하여 내륙운송비가 계상되는데, 그 내용은 화물트럭(벌크화물 또는 혼재화물)이나 컨테이너 차량(컨테이너화물 또는 만재화물)에 의한 도로운송비, 내륙데포(ICD)를 이용한 철도운송비 등이 될 것이다. 여기서 동일한 운송비용이라고 하더라도 만약 매도인이 내륙운송인과 포괄계약을 체결하고 있거나, 선사(또는 항공사) 또는 그의 대리인에 의한 일관작업이 수행되는 경우에는 개별운송에 비하여 상대적으로 그 비용이 보다 저렴할 것이다. 달리 만약 그 특정장소가 수출통관선을 넘어선 CY(만재화물) 또는 CFS(혼재화물)인 경우에는 제반 보관비용이 추가로 부과될 수 있음은 유의하여야 한다. 이 경우는 FCA 조건에 해당한다고 보아 이러한 비용부담의 분기에 관한 만일의 분쟁을 대비하여 사전에 이를 명확히 특정해 두어야 한다.

㉢의 경우에는 ㉡에 더하여 물품이 계류된 상태에서 화재 또는 창고보험료, 부두사용료, 본선적재비 등이 소요된다. 그런데 만약 물품의 인도장소가 항구인 경우에는

선적장소 또는 부두에 따라 그 비용이 각각 상이할 수 있다. 예컨대 A 부두에서의 적재비가 B에서의 적재비와 서로 상이할 수 있다. 곧 선사에 따라, 적재하는 장소에 따라, 선사에 의한 일관작업인지 제3자와의 협업인지 여부에 따라 각기 상이할 수 있다. 통상의 경우 국내에서 적재는 선사의 지정에 따라 일관되게 이루어지고 있기 때문에 적재비에 관한 선택의 여지는 남겨져 있지 않으나, 만약 이것이 국외의 경우에는 그 상황이 달라질 수도 있다. 따라서 FAS와 FOB 조건을 사용함에 있어 계약당사자는 이러한 변동요인을 특별히 고려하여야 할 것이다. 이 경우 매도인과 매수인은 자신 또는 상대방의 교섭력을 감안하여 이러한 비용의 투입을 면밀히 고려하는 것도 최적의 원가를 반영함에 있어 특단의 방법일 수 있을 것으로 본다.

4) 보험료의 산정

보험료는 수출자의 입장에서 CFR과 CPT를 제외한 C-terms과 D-terms에서 고려하여야 할 사안이다. 통상의 경우 보험료는 물품원가에서 차지하는 비중이 그다지 크지 않은 계정과목이라고 볼 수 있는데, 그럼에도 불구하고 수출비중이 큰 기업의 경우에는 적잖은 부담으로 작용할 수 있다.

보험료는 주 운송구간에서 물품의 적재 시로부터 양하되어 해체되는 때까지를 보험의 시기와 종기로 두고 있는데, 여기서 유의하여야 할 사항은 위험의 이전시점까지, 곧 위험이전의 전단계에서의 부보에 관한 사항이다. 이는 **확장담보조건**에 관한 부보의 필요성을 시사한다. 이하 후술하는 바와 같이 위험이 이전시점 이후로의 손해발생에 관한 사항은 차치하더라도, 만약 물품이 위험의 이전시기 이전에 손해가 발생한 경우 매도인의 손해는 매우 클 것이다. 이러한 만일의 손해를 담보하기 위한 방법으로서 육상운송 중 위험을 적화보험에서 추가로 담보하는 **내륙운송확장담보조건**(inland transit extension, ITE), 통상의 운송 중에서 중간창고나 보세창고 보관 중 위험을 담보하기 위한 **내륙보관확장담보조건**(inland storage extension, ISE) 등은 주된 적화보험조건에 반드시 추보하여 부보해 두어야 한다.

5) 환율과 수출·입 대금결제

통상 물품매매의 경우 국내매매와 국외매매의 차이는 당해 급부의 목적으로서 물품대금이 단일통화로 지급되느냐 복수 이상의 통화로 지급되느냐의 기준에 따라 분별할 수 있다. 여기서 국내매매에서는 모든 물품의 대가가 자국통화에 의하고, 이 경우 자국통화는 무제한의 유통성을 가지고 있으므로 물품매매는 응당 자국화폐의 수수를 통해 이행되는 것이 상례이다.

그런데 자국통화는 통상 자국의 법역 내에서만 유통성을 확보하고 있으므로, 무역에 임한 매도인은 외국에 물품을 매도하고, 그 대가로 수취한 외국환을 자국통화로 교환하여야만 비로소 국내에서 물품대금 및 그 수익을 통용할 수 있게 된다. 이와는 반대로 매수인은 외국에서 물품을 매수하고, 그 대가를 지급하기 위해서는 마찬가지로 필히 자국통화를 외국환으로 교환하여야 하는데, 이때 매도인 또는 매수인이 자국통화를 외국통화로 교환함에 있어 적용되는 비율을 이른바 **환율**(또는 환시세, exchange rate)이라고 일컫는다.

여기서 소위 외국환거래는 실질적으로 외국통화라는 금전의 매매형태로 이루어지기 때문에, 외국통화의 결정가격인 환율도 모든 재화와 마찬가지로 수요와 공급에 따라 결정되고 또한 변동된다. 그러나 환율은 일반적인 재화의 가격과는 달리 국가경제에 미치는 영향이 매우 크기 때문에 개별국가의 정부는 필요한 경우 대개 그 가격결정에 개입하여 당해 변동 폭을 제한하는 것이 상례이다.

일반적으로 환율은 필요에 따라 2가지 기준으로 표시되는데, 곧 ①외국통화 1단위와 교환되는 자국통화의 단위 수, 곧 **자국통화표시환율**(home currency rate), ②이와 반대로 자국통화 1단위와 교환되는 외국통화의 단위 수, 곧 **외화표시환율**(rate in foreign money)로 구분된다.

통상의 경우 각종 외국환시장에서의 변동환율은 당해 외국통화의 성질과 목적 그리고 관점에 따라 여러 가지로 구분할 수 있는데, 무엇보다도 무역실무에서 반드시 숙지하고 있어야 할 것은, ①**기준환율**(basic exchange rate, 수출・입), ②**전신환매도율**[telegraphic transfer (T/T) selling rate, 수출의 경우], ③**전신환매입율**[telegraphic transfer (T/T) buying rate, 수입의 경우] 등을 꼽을 수 있다.

우선 ①은 일국의 통화와 다른 외국통화 간의 외환시세 평가 시에 기준이 되는 환율을 의미하는데, 우리의 경우 통상 자국통화(₩)와 미국 달러(US $)에 대한 환시세를 기준으로 그 밖의 세계 각국 통화와의 환율을 계산한다. 이때 환시세를 **기준환율**이라고 한다.

②는 환어음결제를 전신으로 행하는 경우 적용되는 환율을 말한다. 곧 기준환율은 즉시성을 가진 전신에 의한 환어음의 송달은 통상 1일 이내에 완료되므로 우송기간에 대한 은행의 금리요인이 개입되지 않는 순수한 의미에서의 환율을 일컫는다. 예컨대 전신송금의 경우 매수인의 송금은행은 송금인(매수인)으로부터 자국통화에 의

한 대금을 수취하고 이를 외국환으로 매도하여 지급은행을 통한 수취인(매도인)에게 당해 송금환의 지급지시를 전신으로 하게 되면, 당해 외화송금 대금이 송금은행의 해외예치계정에서 즉시 지급되게 된다. 이처럼 송금은행의 입장에서 볼 때, 송금환의 매도와 관련하여 하등의 금리부담에 관한 문제가 발생하지 않으므로 송금은행이 송금인에게 외국환을 매도할 때 적용되는 환율은 금리요인이 개재되지 않은 순수한 의미에서 말 그대로 **전신환매도율**이 된다.

③외국으로부터 전신으로 취결되어 온 외국환을 지급하는 자국의 외국환은행은 당해 외국환을 매입하고, 국내통화로 수취인(매도인)에게 지급하게 되는데, 이때 외국통화를 매입하고 그 대금을 지급하는 시점에서 송금대금(외국통화)이 지급은행의 해외예치계정에 입금되므로 당해 외국통화를 매입하는데 적용하는 환율 역시 하등의 금리요인이 개입되지 않게 된다. 이를 마찬가지로 **전신환매입율**이라 한다.

무역에서 급격한 환시세의 변동에 의한 기업의 수익보전을 온전히 담보하기란 거의 불가능에 가깝다. 왜냐하면 앞서 본 바와 같이 통화의 상대적 교환가치를 임의로 조정하거나 또는 예상하기가 매우 어렵거나 불가능하기 때문이다.

그렇지만 한편으로 기업의 입장에서는 소위 실무에서 이야기 하는 주거래은행으로부터의 **현물환**(실무에서는 이를 소위 over night이라고 한다)을 이용하거나, 그 금액이 상당할 경우 선물환시세를 이용하여 당해 환차익에 대한 실질적인 일부보전을 꾀할 수도 있다. 다만 여기서 선물환의 경우 환율의 중장기 예측가능성이 담보되어야 함은 유의하여야 한다. 또한 이에 부수하여 수출·입을 동시에 겸하고 있는 기업의 경우라면, 자사의 외환당좌계정을 이용하여 수출·입에 기한 외국환의 **대체거래**에 임하는 것도 당해 환시세의 불리함을 극복할 수 있는 일련의 유익한 방편이 될 수 있을 것이다.

6) 수출단가의 임의조정과 유보

수출물품의 원가와 이윤은 고정되어 있다. 즉 적정하게 책정된 수출물품의 원가와 이윤은 지역적으로나 수출대상을 불문하고 반드시 보전되어야 한다. 이는 매매를 통하여 반드시 이윤을 확보하여야 하는 기업의 생리라고도 볼 수 있다.

그런데 만약 지역이나 대상에 구애됨이 없이 일률적인 수출단가가 책정되어 있다면, 시장상황에 따라 또는 시장활로개척을 위한 다양한 수출정책이 경직되어 효율적인 수출활동에 적잖은 부담으로 작용할 개연성이 크다. 예컨대 원가와 이윤이 포

전신환매도율과 전신환매입율

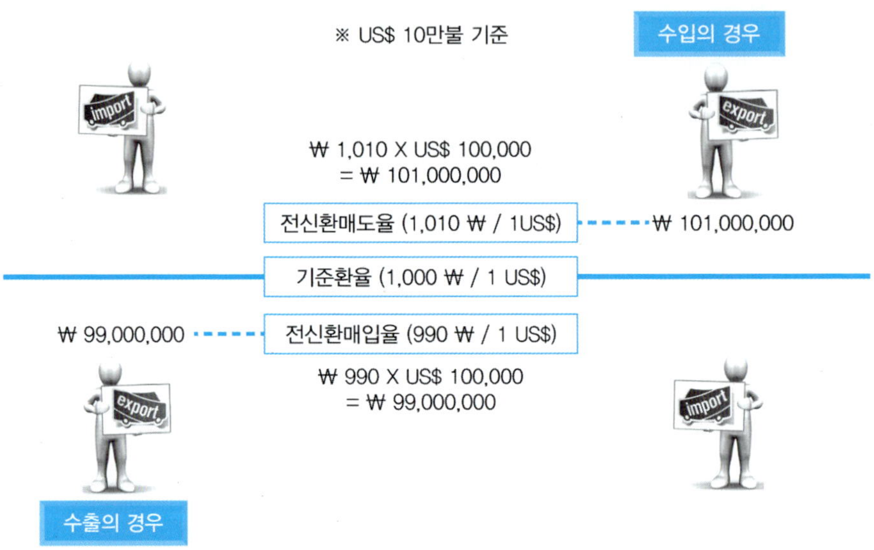

수출 · 입 대체거래에 의한 수익보전

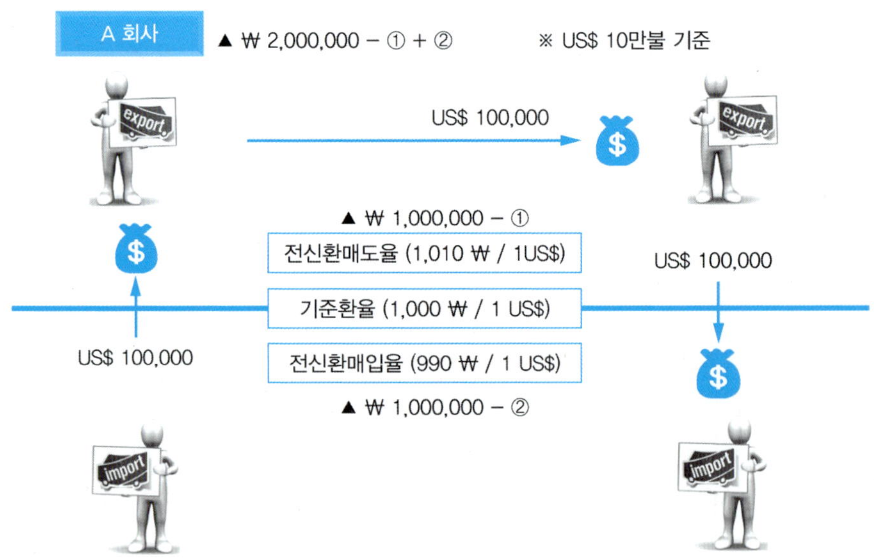

함된 X사의 Y라는 물품이 원가 1,000원(원가 900원 + 이윤 100원)으로 책정된 상황에서 A국으로의 Y의 수출가격이 1,500원이라면, X는 당초 이윤 100원과 이에 부수적으로 500원의 이윤을 더하여 총 600원의 이윤을 확보할 수 있다.

한편 B국에서는 Y의 유사물품의 시장가격이 700원으로 형성되어 있어 수출가격을 600원에 맞추어야 수출할 수 있다고 하면, X는 당해 1,000의 원가에서 400원의 손실을 감수하여야 하기에, 당초 수출가격이 고정되어 있는 경우 X는 원천적으로 B국에의 수출에 임할 수 없게 된다.

그러나 X가 A국의 수출가격을 내부적으로 수출·입 회계 결산과정에서 1,100원으로 책정하여 계상하고, 그 나머지 400원을 B국 수출원가 600원에 산입하여 처리하게 되면, X의 입장에서는 B국에 1,000으로 수출한 것으로 보아 시장다변화를 꾀할 수 있게 된다. 이는 생산성의 향상, 생산설비의 감가상각, B국 시장에의 진출을 통한 규모의 경제를 실현할 수 있다.

그렇지만 이러한 수출·입 회계관리는 투명하고도 철저하게 이루어져야 할 뿐만 아니라 정기적인 내부관리 및 감사가 병행되어야 그 실익을 구가할 수 있다. 왜냐하면 만약 당해 과정에서 수출·입 부서의 권리남용이 개입되게 되면, 뜻밖의 손실을 야기할 수 있는 개연성이 크기 때문이다. 일례로 이러한 상황이 A국과 B국에만 해당되는 경우에는 특단의 문제점이 발생할 개연성이 그다지 높지 않으나, 만약 ①수출국가의 수가 많은 경우, ②수출단가의 변동이 매우 심한 경우, ③수출국가 내에서도 지역적으로 X사의 대리인이 난립하여 유동적인 수출단가의 책정이 여의치 않은 경우에는 특단의 문제점이 발생할 수 있는 개연성이 크다. 곧 X사는 수출물량, 수출단가, 수출정책 등의 변동에 시시때때로 대응하여 당해 수출실적을 적절히 분산하여야 최종 수출실적 내지 이윤을 파악할 수 있게 되는데, 통상의 경우 이러한 복잡한 과정을 정밀하게 파악하기란 매우 어렵다는 단점도 있다.

이러한 단점을 극복하기 위하여 실무상 특단의 방법이 활용되고 있기도 한데, 이를테면 X사는 A국 및 A국과 동일한 처지에 있는 국가에 수출을 통해 확보한 초과이윤을 일정기간 적립해 두고, 최종 수출실적에 영향을 미치지 않는 범위 내에서, 곧 총 수출량으로부터 합산된 이윤 100원의 보전을 최소한으로, 그간에 누적된 이윤을 일시에 B국과 같은 일부 특정국가 또는 신시장개척을 위한 새로운 국가에 반영하여 수출증대를 꾀할 수 있다. 이를 일컬어 소위 실무에서 **유보**라고 칭한다. 이 또한 수출·입 회계관리의 시각에서 권한 있는 책임자의 철저한 관리·감독하에 시행되어야 한다.

7) 인소싱과 아웃소싱

예컨대 식료품을 전문으로 수출하는 A, B, C가 X의 계열회사라고 할 때, 일반적으로 A, B, C는 각각의 수출·입 부서를 통해 무역에 임하고 있음이 상례이다. 그런데 이를 A회사로 통·폐합하여 수출·입에 임하는 경우 X의 시각에서는 고정비 내지 필요외적 비용을 절감하여 이윤의 극대화를 도모할 수 있게 된다. 이를 이른바 **인소싱**(insourcing)이라고 한다. 달리 이러한 수출·입을 전문적으로 하는 제3의 당사자에게, 또는 별도의 D라는 회사를 통하여 일괄적으로 수행할 수도 있는데, 이를 **아웃소싱**(outsourcing)이라고 한다.

인소싱과 아웃소싱에 의한 경제적 효과의 극대화는 비단 X와 같은 동일 계열사를 통해 이루어지는 것은 아니고, 서로 다른 회사 또는 다른 회사의 계열사 간이라도 상호 간의 이해를 침해하지 않는 범위에서라면, 당해 상황에 부합하는 차원에서 이를 적절히 시행할 수도 있다. 이를테면 간접적인 비유로서 **보증신용장**(stanby L/C)를 통해 해외 대규모 건설 프로젝트에 참여한 컨소시움을 그 실례로 예시할 수 있다.

8) 운임할려에 따른 수익보전

만약 수출·입 기업이 포괄계약을 통해 일정기간동안 물품운송을 특정선사에게 일임하고 있는 경우 당해 기간동안 수출시황이나 수입시황의 활황으로 당초 예정했던 물동량을 초과하게 된 경우 수출·입 기업은 이에 상당한 운임을 선사로부터 보전할 수 있다. 예컨대 1년간 1,000 **TEU**(twenty-foot equivalent unit)[34]를 수출·입하기로 약정한 상황에서, 당해 연도 물동량이 1,500 TEU에 달했다면, 선사는 500 TEU에 상당한 운임을 당초 약정한 운임요율 대비 보다 저렴하게 징구하게 된다. 만약 1,500 TEU 전체에 대한 운임을 기지급하였다면, 결산기에 이에 상당한 금액을 일종의 기여금 명목으로 반환하게 되는데, 이를 통상 **운임할려제**(運賃割慮制, fidelity rebate system)라고 한다. 주로 동맹선사를 이용하는 경우 적용되는 해운업계의 관행으로 수출·입 기업은 이로부터 발생한 수익을 차기 운송물품에 대한 운임으로 상계하든지 또는 잡수익 계정으로 처리하고 있는 것이 일반적이다.

34) 20ft 컨테이너 크기를 부르는 단위로 컨테이너선의 크기 또는 컨테이너 부두의 규모를 나타낼 때 주로 쓰인다. 곧 20ft 표준 컨테이너의 크기를 기준으로 선박이나 기차, 트럭 등의 운송수단 간의 용량을 비교를 쉽게 하기 위한 기준단위로 사용된다.

9) 그 밖의 원가계상 시의 고려요인

이상에서 언급한 대부분의 계정은 기본적으로 규모의 경제로부터 그 실익을 구가할 수 있는데, 이러한 경제적 효과는 일반적으로 계약당사자의 포괄계약에 근거한다. 매도인의 시각에서 Incoterms의 제 조건은 단위물품을 기준으로 원가에 더해진 이윤의 보전측면에서 이론적으로 어느 조건을 사용하더라도 변함이 없다고 볼 수 있으나, 만약 이상에서 언급한 각양의 부가적 수익보전을 담보할 수 있다면, 이를테면 매도인의 의무가 가중될수록, 곧 EXW에서 DDP로 갈수록 이에 상당한 이윤의 폭은 증가한다고 볼 수 있다.

이러한 개연성은 매수인의 시각에서도 동일한데, 곧 매수인이 매도인에 비하여 교섭력이 큰 경우는 두말할 필요 없고, 만약 열위에 있다고 하더라도 매도인의 형편을 적의 고려하여 상대적인 반사이익을 향유할 수 있음을 뜻한다. 설령 양당사자 모두가 규모의 경제를 실현하지 못하고 있는 경우라면, 수입대행이나 동종 또는 유사한 업태를 가지고 있는 기업 간 협업 내지 공조를 통하여 규모의 경제를 실현하여 이에 상당한 경제적 효과를 극대화할 수도 있을 것이다.

한편 수출·입 결제에 관련한 은행비용은 기업의 여신대출, 담보설정, 차입금상환 등의 변수에 따라 앞서 거론한 수출·입 대체거래, 신용공여, 수출·입 여신 내지 금융한도관리 등에 일정한 제약이 수반될 수 있다. 예컨대 수출·입 대체거래를 시행할 경우 기존의 대출금리인상, 외환거래 시 일련의 우대조치에 관한 제약 등이 수반될 수 있는 개연성이 있다. 이러한 상황은 당초 주거래은행과의 외환거래약정 시에 기업의 형편과 처지에 부합하게 적절히 모색·반영하여야 할 것이다.

다른 한편 이하 제4편에서 다룰 내용으로서 종래 운송주선업자, 소위 포워딩업체는 운송주선에 관한 서비스에 주안점을 두고 저마다의 고유한 영업활동에 임해왔으나, 현재는 외국 또는 국내 수출·입 기업으로부터 권한을 수여받고 독점대리인으로서 겸업에 임하고 있는 추이에 있다. 이는 수출·입 기업의 시각에서 물품운송과 물품매매를 특정인으로서 운송주선인에게 전격 일임할 수 있음에 따라 필요외적 비용절감 내지 신속·민활한 상거래에 임할 수 있음을 시사한다.

4

무역운송

1 해상운송

1 해상운송의 특성

해상운송은 선박(ship or vessel)에 의해 타인의 화물 또는 사람을 운송하고 그 대가로 운임을 수수하는 상행위로 특정된다. 이때 선박이란 해상에서 사람 또는 물품을 싣고, 이를 운반하는데 쓰이는 부양성·적재성·이동성을 갖춘 구조물로 정의할 수 있다.

무역에서 선박은 선박법에 의한 상선(商船, merchant ship)중 화물선(貨物船, cargo ship)만을 그 대상으로 한다. 해상운송은 원거리·대량운송으로 운임이 다른 운송수단보다 저렴하다는 특징 이외에도 이하 살펴볼 내용과도 같이 선박을 통하여 전 세계 각국의 영해와 항구를 자유롭게 입·출항할 수 있기 때문에 해운경영의 시각에서나 국제사법적 시각에서 매우 중요한 의의를 내재한다.

오늘날 해상운송은 조선기술의 발달, 정보통신의 발전 등으로 선박에 의한 해상운송의 안정성이 크게 향상되었을 뿐만 아니라 선박의 대형화·고속화·전용선화 등으로 운송의존도가 더욱 심화되고 있는 차제에 있다. 나아가 표준화된 컨테이너 운송용구를 통하여 해상운송과 연계한 육상 및 항공운송에 이르는 일관운송으로부터 신속하고 효율적인 화물운송이 이루어지고 있다.

해상운송의 대상으로서 상선은 여객 또는 화물을 운반하여 운임수입을 얻는 것을 목적으로 하는 선박을 의미하는데, 이는 다시 화물선(貨物船)·화객선(貨客船)·여객선(旅客船) 등으로 구분할 수 있다. 여기서 화물선은 화물의 운송을 목적으로 하는 선박으로 거주설비를 간소화함과 동시에 하역설비에 중점을 두어 선복(船腹, freight space)을 넓혀 일시에 대량의 화물을 안전하고 신속하게 운반할 수 있도록 설계되어 있다. 또한 화물선은 운송화물의 종류에 따라 습화물(濕貨物, wet cargo)를 운송하는 탱커선(tanker ship)과, 건화물(乾貨物, dry cargo)를 운송하는 건화물선(乾貨物船) 그리고 이 모두를 동시에 운송할 수 있는 겸용선(combined ship)으로 분류할 수 있다. 이 경우 건화물선은 원료화물이나 완제품 등 여러 종류의 화물을 함께 운반하는 일반화물선(一般貨物船, general cargo ship)과, 특수화물을 운송하는 전용선이 있다.

한편 곡물・석탄・광석 등의 비포장된 건화물을 운송하는 선박을 **산적화물선**(散積貨物船, bulk ship), 다양한 물품을 함께 운송할 수 있는 선박을 **일반화물선**이라고 하는데, 특별히 하역작업을 보다 편리하고 신속하게 처리하기 위하여 화물을 **컨테이너**(container)에 **적입**(積入, vanning, stuffing)하여 운송하는 추세에 따라, 이른바 **컨테이너선**이 주류를 이루고 있는 상황에 있다. 이외에도 해운시황에 따라 유류 또는 건화물을 선택적으로 운송할 수 있는 선박을 **겸용선**이라고 한다.

여객선은 주로 여객만을 운송하는 상선으로 여객 이외에 부수적으로 우편물과 신속한 운송을 요하는 소량의 고급화물을 적재할 수 있는 설비도 갖추고 있다. 여객선은 주로 **정기선**(定期船, liner)[1]이며, 여객의 안전과 신속한 운송에 중점을 두고 있으므로 여객 설비 이외에 선체의 안전과 인명구조를 위하여 비여객선에 비하여 높은 기준의 선체구조와 설비를 요구하고 있다.

화객선은 여객과 화물을 함께 운송하는 선박으로 **선내**(船內, cargo hold)의 대부분은 화물을 적재하고 **선루**(船樓, superstructure)에 선실 또는 접객설비를 마련하여 여객을 운송한다. **순객선**(順客船)은 여객설비 비용이 과다하여 고속이어야 하지만, 여객이 항상 만원이 될 수는 없으므로 화물선만큼 확실한 운임수입을 기대하기 어렵다.

2 선박의 종류

선박은 광의적으로 물 위의 교통수단을 총칭하지만, 그 의미에 있어서는 길이가 짧은 소형선을 통상 **주**(舟)・**정**(艇)・**단정**(端艇)으로, 그보다 큰 것을 **배**・**선박**(船舶)으로 구분한다. 이 경우 **박**(舶)은 일반적으로 **거선**(巨船)을 통칭한다. 이를테면 군사용 배를 **군함**(軍艦), 크고 작은 군함을 총칭하는 경우는 **함정**(艦艇)이라고 구분하는데, 이 경우 **함**(艦)은 **박**(舶)과 같은 의미이다.

한편 영어 **Ship**은 대형선을 의미하는데, 본래 **Ship**은 **범선**(帆船)시대 **항양선**(航洋船)을 대표하는, 곧 3~4개 돛대를 가진 **횡범선**(橫帆船)을 지칭하는 의미로 사용되다

1) 정기선은 해상의 특정항로에서 정해진 운항계획에 따라 예정된 항구를 규칙적으로 반복 운항하면서 공표된 **운임률**(tariff rate)에 따라 화물의 양에 관계없이 운임이 부과되는 선박을 지칭한다.

가 이후 그 뜻이 변용되어 명사화 된 경우이다. 달리 **Vessel**은 본래 **용기**(容器)라는 뜻인데, 선박규모의 크고 작음에 관계없이 모든 배의 총칭으로 사용된다. 그러나 **Ship**, **Vessel**은 각국의 해상법에서 구별하여 사용하고 있음이 일반적이다. 우리나라에서는 법규상 **총톤수**(gross tonnage, G/T) 5톤 이상의 것을 선박으로 취급하고 있으나, 세계적으로는 영국 **로이드 선급협회**(Lloyd's Register of Shipping)[2]가 채택하고 있는 총톤수 100톤 이상의 **강선**(鋼船)만을 선박으로 취급하고 있다.[3]

배는 육상의 기차·전차·자동차·항공기에 비해 속력이 느린 단점은 있지만, 대량의 화물을 일시에 수송할 수 있고, 운임이 상대적으로 저렴하다는 이점을 가지고 있다. 세계 물품수송의 절반이 해상운송에 의존하고 있는 것은 이러한 이유 때문이다. 이하 상선의 종류를 유형별로 구분하여 살피면 다음과 같다.

운송수단별 특성비교

운임	중거리 저렴	중 · 장거리 저렴	상대적으로 고가
안전성	비교적 안전	해상위험에 노출	안전운송, 기후영향
신속성		운송속도 느림	신속한 수송적합
수송량	대량물품 일시운송	대량화물운송 적합	
운송거리	중 · 장거리 적합	장거리 적합	소량화물 원거리
운송서비스	문전운송가능	항구중심의 운송	중량제한, 공항중심

2) 1692년 영국의 **로이드**가 선박의 매매 또는 **적화거래**(積貨去來)를 주선한 것이 시초가 된다. 세계의 선박을 망라한 **로이드 선명록**(船名錄)을 최초 발행한 1760년을 창립의 해로 정하고 있으며, 1834년 현재 조직으로 개편되었다. **로이드 선급협회**는 전 세계적이고도 대표적 선급협회로 그 지위를 점하고 있다. 전 세계 상선의 약 1/4 가량이 협회규정에 따라 선박건조와 수리 등의 검사를 받고 있다. **로이드 선급협회**는 고정 또는 이동구조물을 막론하고 모든 종류의 구조물을 검증하며, 안전기술·환경처리·품질에 대한 보증 등 육상산업시설에 대해서도 관여하고 있다.

3) 우리나라 **선박법**(법률 제5972호)에서는 **선박을 수상 또는 수중에서 항행용으로 사용하거나 사용될 수 있는 배의 종류**로 규정하고 이를 3가지로 대별하고 있다. ①**기선**(機船) : 기관을 사용하여 추진하는 선박(기관과 돛을 모두 사용하는 경우로서 기관을 사용하는 것을 포함한다). ②**범선**(帆船) : 돛을 사용하여 추진하는 선박(기관과 돛을 모두 사용하는 경우로서 주로 돛을 사용하는 것을 포함한다). ③**부선**(艀船) : 자력항행능력이 없어 다른 선박에 의하여 끌리거나 밀려서 항행되는 선박 등이다.

1) 일반 컨테이너선

일반 컨테이너선은 크게 **컨테이너**(container)를 전문으로 수송하는 특수한 구조의 **Full** 컨테이너선과 선창의 일부를 컨테이너 전용으로 만든 **Semi** 컨테이너선으로 분류할 수 있는데, 이는 다시 **컨테이너** 적재방법에 따라 **컨테이너** 적재차량이 선박의 측면 또는 선미에 설치한 **현문**(舷門)을 통해 선내에 진입하는 **Roll-on, Roll-off** 선박과, 컨테이너를 선박 또는 안벽에 장치한 **기중기**(起重機, derrick, crane)로 적재하는 **Lift-on, Lift-off** 선박으로 세분하기도 한다.

일반 컨테이너선의 유형

Full Container Ship

Semi Container Ship

Roll-On & Roll Off

Lift-On & Life-Off

2) 원유, 정유, 화학제품운반선

원유운반선(crude oil tanker)은 액체를 용기에 담지 않고 선박의 화물창에 운반하도록 설계된 선박으로서 일반적으로 **탱커선**(tanker) 중에서 원유의 운반을 주목적으로 하는 선박을 총칭한다. 통상 유전지역에서 선적하여 정유공장으로 운송하는 역할을 하고 있다. **원유운반선** 중에서 특히 해저유전의 원유를 생산하고, 해상에서 원유를 전달받아 육지의 터미널로 운반하는 선박을 **셔틀탱커**(shuttle tanker)라고 한다. **원유운반선**은 운송효율을 높이기 위하여 대체로 **대형원유운반선**(very large crude oil carrier, VLCC[4]))이 주종을 이루고 있다.

이러한 큰 선박의 접안이 어려운 곳에서는 해상에서 작은 선박에 원유를 옮겨 실어 육지터미널로 전달하는데, 이를 **라이터링**(lightering)이라고 한다. **원유운반선**은 대부분 단일한 유류를 운송하므로 여러 종류의 화물을 운반할 목적으로 화물창을 여러 개로 분리해 두고 있는 **정유운반선**(product carrier)이나 **화학제품운반선**(chemical tanker)과는 달리 몇 개의 커다란 탱크만으로 화물창을 구성하고 있다.

원유, 정유, 화학제품운반선

Crude Oil Tanker

Chemical Tanker

VLCC

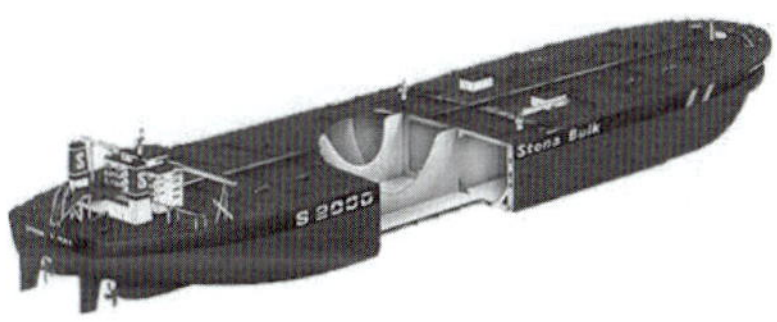

Lightering

3) 자동차 전용운반선과 벌크선

자동차 전용운반선(pure car ship)은 종래 특수목적선으로 분류되어 자동차 운반에 관한 특수하고도 고유한 기능을 수행하였다. 현재는 선복에 일반 컨테이너를 적재하고 선창 하부에 자동차를 적재한 형태의 겸용선이 주류를 이루고 있는데, 이는 특수목적선이 다기능의 용도로 특화되어 있음을 의미한다. 이는 정기선과 부정기선이 결합된 또 다른 특수한 형태의 운송으로 구분되기도 하는데, 이에 부수하여 항만체계 또한 자동차 전용부두로 특화되어 있기도 하다.

벌크선(bulk ship)은 곡물・광석・석탄 등의 벌크화물을 포장하지 않고 그대로 선창에 싣고 수송하는 화물선을 말한다. 적재화물의 형태에 따라 마찬가지로 곡물운

4) VLCC는 20~30만 **재화중량톤**(dead weight ton, DWT)에 이르는 **초대형 원유운반전용선**을 말한다. 달리 ULCC(ultra large crude carrier)는 공식적인 것은 아니지만 35만~50만 중량톤에 이르는 초대형 유조선을 가리키는 해운계의 관용어로 널리 사용된다.

반선·광석운반선·석탄운반선 등이 이에 해당되며, 유류만을 적재한 선박을 달리 **유조선**(oil tanker)이라고 한다. **벌크선**은 화물의 특성에 따라 설계되어 있음이 일반적이며, 싣고 내리는 장치 등이 특수한 형태로 설계되어 있다. 보통 선박을 하층의 화물이 짓눌리지 않도록 **중갑판**(中甲板)으로 그 간격을 지지하고 있지만, **벌크선**은 **층갑판**(層甲板)이 없는 대신, 몇 개의 **종갑판**(縱甲板)을 두어 물품을 구분하기도 한다.

일반적으로 **벌크선**은 건조가격이 컨테이너선 및 그 밖의 특수선에 비하여 상대적으로 저렴한 특징이 있다. 또한 원료운반이 주된 역할이기 때문에 운임·비용을 낮추기 위해 경제속력으로 항행하며, 이에 선체가 점차 대형화되고 있는 추세에 있다.

자동차 전용운반선과 벌크선

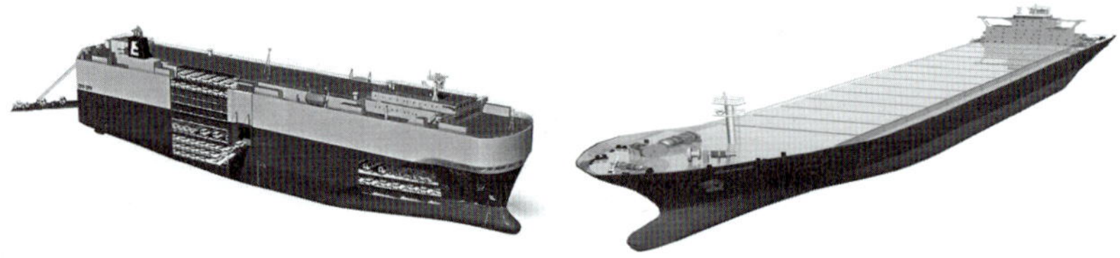

4) 광탄전용선과 예인선

광탄전용선(ore coal ship)은 **광석**[철광석(鐵鑛石)]을 운반하는 전용화물선을 말한다. 이에 **광석선**이라고도 한다. **선형**(船型)은 탱커와 비슷한 **선미기관실형**(船尾機關室型)으로, **광석창**(鑛石艙)은 배의 중심선을 따라 구획 설치되어 있다. 선측은 **밸러스트**(ballast)[5] 탱크로 둘러싸여 있다.

광석운송은 편도운송일 경우가 많으므로, 화물이 없을 때는 **밸러스트탱크**에 물을 넣어 **흘수**(吃水)[6]를 유지한다. 만재 시에는 비중이 큰 광석을 싣기 때문에 배의 무게

5) **밸러스트**는 선박에서 적당한 복원성을 유지하고 **흘수**와 **트림**(trim, 배의 앞뒤 경사)을 조절하기 위해 배의 하부에 싣는 중량물을 말한다. 안전한 항해를 위해서는 충분한 복원력과 적당한 흘수가 필요한데, 만재상태에서 이와 같은 조건을 충족시키도록 설계되어 있으나, 공선상태에는 **흘수**가 얕아지고, 거기에 **트림**이 부적당하고 또 복원력이 부족하기 때문에, 항해가 가능한 상태로 하기 위해 **해수**(海水)·**청수**(淸水) 등을 **밸러스트탱크**에 넣고 조정한다.

6) 수면이 선체와 만나는 부분을 **흘수선**(吃水線)이라고 한다. 예컨대 **만재흘수선**(滿載吃水線, load draught)

중심이 너무 내려가 **롤링**(rolling) 주기가 짧아지므로 이중바닥을 높게 조정하기도 한다. 양륙은 **버킷**(bucket)[7]을 사용함으로 선창 내 장애물을 없애고, 밑 부분은 경사진 구조로 이루어져 있다.

예인선(tugboat)은 주로 다른 선박을 **예항**(曳航) 또는 **압항**(押航)하는 선박을 지칭한다. 가장 일반적인 예인선은 항내·하천용인데, 이는 대형선의 **착안**(着岸)·**이안**(離岸)이나 예항 등에 이용된다. 선박의 형태는 선폭이 넓은 것이 많은데, 그 구조적 특징은 복원성이 크고 **건현**(乾舷, free board)[8]은 일반적으로 낮다. 톤수에 비해서 강력한 기관을 보유하고 있으며, 기관의 사용을 신속히 할 수 있고, 조타성능도 좋은 것이 특징이다.

광탄전용선과 예인선

Ore Coal Ship

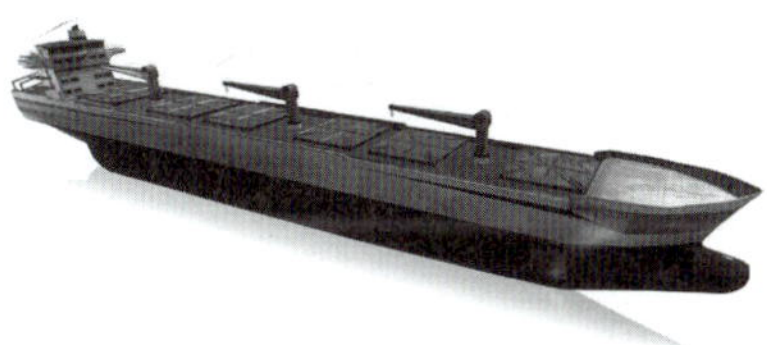

Tugboat

이라 함은 화물을 만재하였을 때의 흘수선을 말한다.

7) **버킷**은 석탄·자갈 등 야적되어 있는 비포장물을 담아 올려 운반하는 기구이다. 일반적으로 **크레인**(crane)에 매달아 사용한다. 지지로프를 늦추어 광물 등이 쌓여 있는 곳에 떨어뜨린 다음, 개폐로프를 감으면 **버킷**의 입이 닫힘과 동시에 광물이 광물 속에 담아지게 되며, 지지로프를 당긴 채 개폐로프를 늦추면 **버킷**의 입이 열려 **버킷** 속의 광물이 쏟아져 나오게 설계되어 있다. 지지로프와 개폐로프를 같은 속도로 오르내리게 하면, **버킷**은 입을 다문 채 또는 입이 열린 채 오르내린다.

8) 배의 중앙에서 측정한 **만재흘수선**(滿載吃水線, load water line, full load draft line)에서 상갑판 위까지의 수직거리를 지칭한다. 곧 배의 깊이에서 흘수 부분을 뺀 길이가 되는데, 이것이 크면 예비부력이 커져 배의 안정성이 커지게 된다. **건현**은 선박 중앙부에서 물 위에 노출된 측면 높이를 말한다. 이것이 크면 예비부력이 커져 배의 안정성이 커진다. **만재흘수선** 규정상의 **건현**은 선박 중앙부 현측에서 측정되며 갑판의 윗면으로부터 **만재흘수선** 상선까지의 수직거리를 의미한다. **만재흘수선** 규정은 해상에서 선박과 화물 및 인명의 안전을 위하여 매우 중요하게 다루어지고 있는데, 이를테면 선박이 만재할 수 있는 화물의 양을 법적으로 제한하기 위하여 대부분의 국가에서 **최소 건현**을 지정하고 있다.

5) 바지선과 래시선

바지선(barge ship)은 항내・내륙해안・호수・하천・운하 등에서 화물을 운반하는 소형선박을 총칭한다. **바지**(barge)는 용도에 따라 **바지선**과 **라이터**(거룻배, lighter)로 구별되는데, 곧 두 지점 사이에서 화물을 운반하는 배를 **바지**, 항내에 대형선이 접안할 수 없는 경우 등에 화물을 싣고 내리기 위해 본선 측면에 대는 배를 **라이터**라고 한다. **바지선**의 선체는 너비가 넓고 바닥이 평평하며, 추진기가 장치된 것도 있으나, 대부분은 **예인선**에 의해 인도되며, 크기는 화물의 적재량으로 표시된다.

래시선(lash ship)은 화물을 적재한 **라이터**를 그대로 선창에 싣고 운반하는 선박을 말한다. 일반적으로 **래시선**은 상자형의 **라이터**에 화물을 적재하고 예인선으로 끌어 본선의 선미에서 주행식 **갠트리 크레인**(gantry crane)[9]으로 상갑판에 매달아 올린 다음, 갑판 위를 이동시켜 선창에 격납시키는 장치가 있다. 특징은 안벽을 사용하지 않으며, 항구 내・외에 있는 다른 배의 영향을 받지 않고 하역할 수 있고, 항내의 혼잡에 관계없이 하역할 수 있으며, **라이터**를 싣고 내리는 것만으로 하역이 끝나기 때문에 하역시간이 짧고, 이에 항구체류시간을 줄여 운항능률을 향상시킬 수 있다. 또한 하천・운하 등을 이용하여 오지까지 **라이터**를 이동시켜 직접 화물을 보낼 수 있고, 화물의 분류를 **라이터** 단위로 하기 때문에 창고의 분류작업이 용이하고 능률을 제고할 수 있는 등의 장점이 있다.

바지선과 래시선

Barge Ship

Lash Ship

9) 컨테이너 터미널에서 컨테이너선으로부터 컨테이너를 양하・적재하는데 사용되는 기중기를 말한다. 컨테이너 하역용으로 설계된 크레인으로서 부두의 **에이프런**(apron)에 놓인 레일 위를 이동하며 작업한다.

6) 크레인선과 냉동운반선

크레인선(crane ship)은 선체에 기중기를 장비하고 수상을 이동하는 배를 지칭하는데, 일반적으로 항만에서 중량화물을 싣고 내릴 때, 조선소에서는 진수 후 배에 기관이나 그 밖의 중량물을 설치할 때 사용한다. ①추진기관을 갖추고 있는 것, ②크레인이 주축을 중심으로 하여 회전하는 것, ③회전운동을 하지 않는 고정식인 것, ④경사진 보가 상하운동을 하는 것과 하지 않는 것 등이 있다.

냉동운반선(refrigerated cargo ship)은 일정한 저온이나 빙점 이하의 낮은 온도를 유지할 수 있는 특수장치를 장비한 선박을 총칭한다. 곧 평상에서는 변질되거나 부패하기 쉬운 화물운송에 사용된다. **냉동운반선**은 ①**냉동상선**과, ②**냉동어선**으로 구분되는데, ①은 주로 과일·육류 등을 운반하는데 이용되고, ②는 어항·어장으로부터 어획물을 수송하는데 이용된다. **냉동운반선**은 냉동선창에 적재한 화물의 선도를 유지하기 위하여 외부로부터 전달되는 열을 차단해야 한다.

크레인선과 냉동운반선

Barge Ship

Refrigerated Cargo Ship

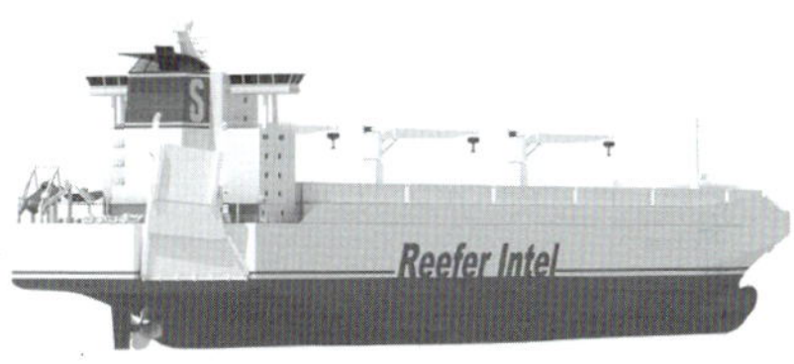

3 선박의 크기

1) 용적표시

(1) 총톤수

총톤수(gross tonnage, G/T)는 용적에 중심을 둔 톤수이며, 측정갑판 하부의 적재량과 상갑판 밀폐장소의 적량의 합으로서 100ft^3[또는 2.83m^3]을 1톤으로 나타낸 것이다. 다만 이 총적재량에는 선박의 안전과 위생항해 등에 이용되는 장소는 제외된다.[10] 보통 **탱커**(tanker)를 제외한 상선이나 어선의 크기는 **총톤수**(G/T)로 표시되므로 각국의 **해운력**(海運力, shipping power) 비교에 이용된다. 또한 **총톤수**는 수익능력을 나타내므로 관세·등록세·소득세·**계선료**(繫船料, mooring charges)[11]·**도선료**(導船料, pilotage)[12]·검사 및 적량측정수수료 등 제반 세금과 수수료 그리고 선박요원 및 설비관계법규의 기준이 되는 **순톤수**(net tonnage, N/T)와 함께 선박법에 의해 그 명시가 강제되며, 이 경우 톤수 측정은 **선박적량측정법**에 따라 엄격히 행하여진다.

(2) 순톤수

순톤수(net tonnage, N/T)란 총톤수에서 선원실·기관실·해도실·선용품창고 등 선박의 운항에 필요한 장소의 용적을 제외한 용적톤수의 일종으로서, 단위 톤수는 100ft^{3}를 1톤으로 표시한다. **순톤수**는 총톤수와 같이 **선박원부**(船舶原簿, certified copy of ship's registration)에 등록되거나 **선박국적증서**(船舶國籍證書, certificate of ship's nationality)에 기재되는 톤수인데, 화물이나 여객을 적재하여 직접 상행위를 하는 용적크기를 표시하므로 항세·톤세·**운하통과료**(運河通過料, canal tolls)·등대사용료·항만시설사용료 등 제반 세금의 부과기준이 된다.

(3) 재화용적톤수

재화용적톤수(measurement tonnage, M/T)는 선박의 선창용적과 특수화물창고 등 전 선박용적을 관습상 40ft^3(1,133m^3)를 1톤으로 나타낸 것이다. 이는 경량화물과 중량화물의 중간인 석탄을 표준으로 한 규약으로서 그 단위는 ft^3 또는 m^{3}로 나타내

10) 우리 선박법 제3조는 선박톤수를 다음과 같이 규정하고 있다. ①**국제총톤수** : 1969년 **선박톤수측정에 관한 국제협약**(International Convention on Tonnage Measurement of Ships, TONNAGE '69) 및 협약의 부속서의 규정에 따라 주로 국제항해에 종사하는 선박에 대하여 그 크기를 나타내기 위해 사용되는 지표를 말한다. ②**총톤수** : 해사에 관한 법령의 적용에 있어서 선박크기를 나타내기 위해 사용되는 지표를 말한다. ③**순톤수** : TONNAGE '69 및 그 부속서에 따라 여객이나 화물의 운송용으로 제공되는 선박안의 장소의 크기를 나타내기 위해 사용되는 지표를 말한다. ④**재화중량톤수** : 항행의 안전을 확보할 수 있는 한도 내에서 선박의 여객 및 화물 등 최대적재량을 나타내기 위하여 사용되는 지표를 말한다.

11) **부두**(埠頭)나 **잔교**(棧橋)에 선박을 접안함에 따라 배가 운항치 않았을 경우 부담하는 비용.

12) **도선**은 연해를 통과하는 선박이나 항만에 접안하고자 하는 선박을 안전하게 인도하여 통과·접안할 수 있게 하는 일로서 이를 위해 소요되는 비용을 **도선료**(導船料)라고 한다.

며, **산화물적재가능용적**(散貨物積載可能容積, grain capacity)과 **포장적재가능용적**(包裝積載可能容積, bale capacity)으로 구분된다. 일반적으로 **포장적재가능용적**은 일반화물선의 경우 **산화물적재가능용적**의 약 90% 정도이다.

선박의 용적표시

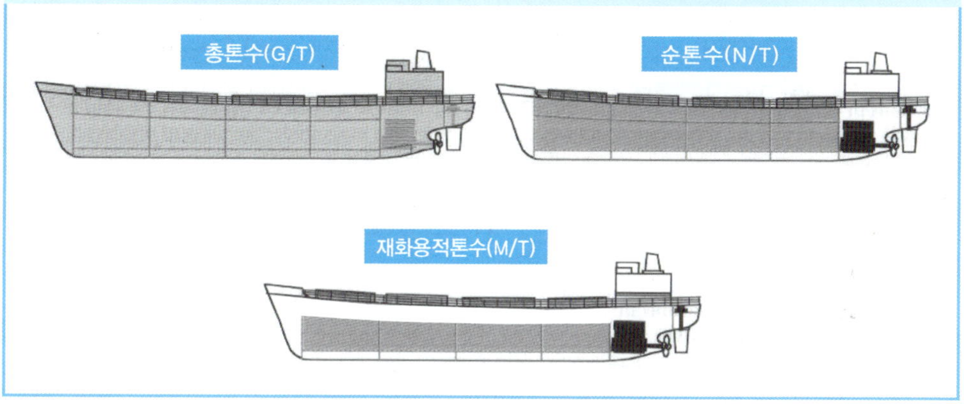

2) 중량표시

(1) 배수톤수

배수톤수(displacement tonnage)는 선박의 전체중량을 말하는데, 곧 배의 무게는 선체 수면하의 부분인 **배수용적**(排水容積, volume of displacement)에 상당하는 물의 중량과 같으며, 이 중량을 **배수량**(排水量, displacement)[13] 또는 **배수톤수**라고 한다. **배수량**은 화물적재상태에 따라 각각 다르므로 어떤 선박의 **배수톤수**를 명기할 경우 만재상태에 있어 선체의 중량을 특정하는 것이 일반적이다.

(2) 재화중량톤수

재화중량톤(dead weight tonnage, DWT)은 선박이 적재할 수 있는 화물의 최대중량

13) 물체가 액체에 떠 있을 경우, 물체는 물체가 배제하는 액체의 중량과 같은 크기의 부양력을 받는다. 따라서 배가 물에 뜬다는 것은 배가 배제한 물의 중량에 맞먹는 부양력과 배 자체의 중량이 균형을 이루는 것이 된다. 배제된 물의 중량을 **배수량**이라고 하며, 이것을 톤으로 나타내면 배의 중량으로 **배수톤수**라고 한다. 따라서 배의 중량을 측정하기 위해서는 역으로 배제한 물의 중량을 계산하면 된다. 선체의 수면 밑부분의 용적, 즉 **배수용적**에 상당하는 물의 중량을 **배수량** 또는 **배수톤수**라고 하는데, 이 경우 배수용적은 m^3로 표시하고, 이것에 1.025(바닷물의 비중)를 곱하면 **배수톤수**가 얻어진다.

으로, 이는 **만재배수량**(full load displacement)[14]과 **경화배수량**(light displacement)[15]의 차이로서 산출된다. **재화중량톤**은 선박의 매매나 **용선료**(傭船料, charterage) 등의 기준이 된다.

(3) 순재화중량톤수

순재화중량(net dead weight)이란 실제 선박에 적재 가능한 화물의 최대중량을 뜻하며, **재화중량톤**에서 연료・청수・밸러스트・식량・선용품・**화물밑깔개**(dunnage)[16]・선원과 여객 및 소지품・건조 후에 부가된 **불명중량**(unknown constants)[17]을 제외한 중량을 말한다.

불명중량은 화물을 만재할 경우나 용선 시에 문제가 야기될 수 있으므로 비운항 시 이를 정확하게 측정하여 둘 필요가 있다. **순재화중량**은 다시 ①**만재배수톤수**(full load displacement)와, ②**경화배수톤수**(light load displacement)로 구분되는데, 우선 ①은 **만재흘수선**(load line)에 있어 해수의 표준밀도 1.025에 대한 배수톤수를 말하며, ②는 선박을 신조하여 의장을 완성하고 법정속구와 비품을 갖춘 후에 보일러와 그 부속 파이프 및 콘덴서 등에만 물을 채운 상태를 **경화상태**(light condition)라고 하는데, 이 **경화상태**에 있어서의 흘수에 대한 배수톤수를 말하며 이 때는 화물・연료・예비급수・선원과 그 휴대품 및 식량 등을 일체 적재하지 아니한 상태에서 배수량이다.[18]

---

14) 선박이 **만재흘수선**까지 수면 밑으로 내려갈 때 선박의 무게를 말하는데, 이 무게에는 선체 자체・기계류・제반 기구・선용품・화물・연료・청수・선원의 무게가 포함되어 있다.

15) 선박 자체・기계류・제반 기구・부속품, 즉 경화상태에 있는 선박의 무게를 말한다. 경화배수량은 선박을 해체하기 위해 매각하는 경우 지급되는 **선가**(船價)의 **기본단위**가 된다.

16) **벌크화물**[산화물(散貨物)] 적재 시 선창 밑에 깔아두는 용구를 말한다.

17) 선박의 적재중량, 곧 경화상태에서의 중량톤수는 신조선의 경우, ①완비된 선체 및 기관, ②통상의 작동상태에 있는 보일러 및 선창내 청수, ③법정 속구 및 예비품의 무게를 합한 것으로서 건조 시 조선소에서 정해진다. 그러나 중고선의 경우 그 내용을 파악할 수 없는 무게가 포함될 수 있는데, 이를 **불명중량**이라고 한다. **불명중량**은 추정중량으로서 선박의 크기나 연수에 따라 다르다. 즉 선박연수가 오래된 것일수록 비율은 증가된다. 이러한 **불명중량**은 ①밸러스트탱크 내에 남아 있는 잔량, ②소방수 및 선박 밑창에 부착된 물질, ③수리 등으로 부가된 제반 설비, ④그 밖에 측정할 수 없는 중량을 합한 것이다. 이러한 **불명중량**은 적재량에 직접 영향을 미치는 것이므로, 예정적재량을 명확히 하기 위해서는 **불명중량**이 정확히 파악될 수 있어야 한다.

18) **경화배수량**(light displacement)은 선박자체와 기계류, 제반 기구 및 그 밖의 부속품의 무게, 즉 경화상태에 있는 선박의 무게를 말한다. 이 **경화배수량**은 선박을 해체하기 위하여 매각하는 경우 지급되는 선박가격의 기본단위가 된다. 화물을 만재하였을 때의 **만재배수량**과 **경화배수량의 차이**가, 곧 **적재중량톤수**(deadweight)가 된다.

그 밖에 **운하톤수**(cannel tonnage)로서, **수에즈 운하**(Suez canal)와, **파나마 운하**(Panama canal)에서는 특유의 **적량측도법**(積量測度法)에 따라서 적량을 측정하여 운하 통과료의 기준으로 삼고 있다.

선박의 용적표시

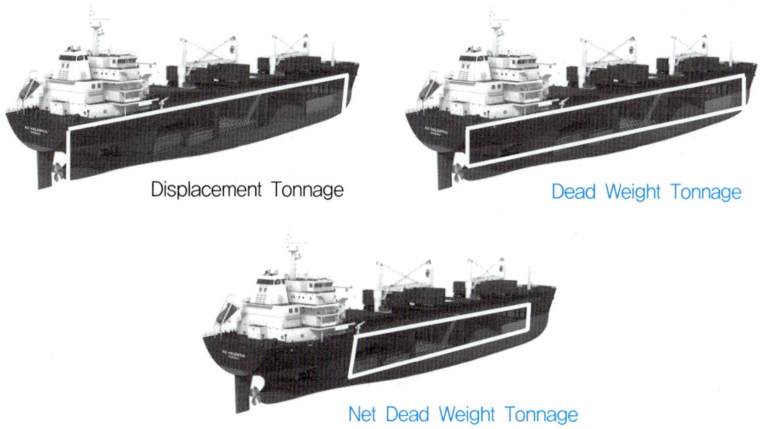

4 컨테이너

1) 컨테이너의 도입과 구조

(1) 컨테이너의 도입

해상운송의 상당부분은 **컨테이너**(container)[19]에 의해서 이루어지고 있다. 이러한 **컨테이너**에 의한 해상운송방식은 운송의 신속화, 안정성과 함께 비용절감이라는 장점에 기하여 현재 국제물품운송의 주종을 이루고 있다. 곧 **컨테이너**는 포장・보관・

19) 국제표준화기구[International Organization for Standardization (ISO)]에서는, 컨테이너란 내구성 및 반복 사용에 견딜 만한 강도를 보유하고, 물품수송을 하나 이상의 수송방식에 연계할 수 있으며, 도중에 재차 채우지 않고 물품수송을 하도록 특별히 설계되어진 것으로 규정하고 있다.

하역·운송 등 화물유통의 전 과정을 일관되게 운송할 수 있는 혁신적인 운송도구로 현대 물품운송의 주종을 이루고 있다.

컨테이너 운송의 장점으로는 신속성·안전성·경제성을 들 수 있다. 곧 ①하역·운송기간 단축 및 화물의 관리를 신속·용이하게 할 수 있으며, ②컨테이너 자체가 운송용구로서 물품의 멸실 및 손상의 위험을 줄일 수 있을 뿐만 아니라 ③해상운송에 있어 위험요소의 감소를 통한 보험료의 절감을 이룰 수 있다. ④또한 포장비의 절감 및 보관비의 절감 등 경제적인 효율성을 증진시킬 수 있다.

반면에 **컨테이너 운송의 단점**은, ①이용할 수 있는 화물이 제한되어 있고, ②컨테이너 전용시설확보에 따른 경비부담, ③컨테이너 및 제반 설비의 관리문제 등과 관련한 한계점을 가지고 있어서 모든 수출·입 물품운송이 **컨테이너화** 되기에는 많은 어려움이 있다.

컨테이너 운송의 **최적물품**으로는 고부가가치 물품인 전자제품·피복류·의약품이 해당되며, **적합물품**으로는 철제류·피혁제품·일반소비재 등이 되고, **부적합물품**으로는 중량물·장척물 등을 포함하여 단가가 낮고 일시 대량수송이 경제적으로 유리한 물품인 예컨대 양곡·광석 등을 들 수 있다.

(2) 컨테이너의 구조

컨테이너는, ①컨테이너의 2면이 만나는 금속부분으로서 컨테이너를 쌓을 수 있도록 지지할 수 있는 기둥역할을 하는 **모서리기둥**(corner structure), ②지게차의 포크를 끼워 넣을 컨테이너 아래의 틈으로 **포크 포켓**(fork pocket), ③컨테이너 바닥에서 길이를 따라 이어진 **바닥측면레일**(bottom side rail), ④컨테이너의 밑바닥에서 폭을 따라 이어진 부분인 **하부완충들보**(bottom-end transverse member), ⑤2개로 나뉜 움직이는 문으로 마주 개방되어 수송물품을 적입할 수 있는 **양문**(end door), ⑥컨테이너의 모서리에 있는 금속으로 강화된 부분으로 고리를 걸어 양하할 수 있는 **모서리피팅**(corner fitting), ⑦컨테이너 맨 위에서 폭을 따라 이어지고 있는 부분으로서 **상부완충들보**(top-end transverse member) 등으로 구성되어 있다.

●●○ 컨테이너의 구조

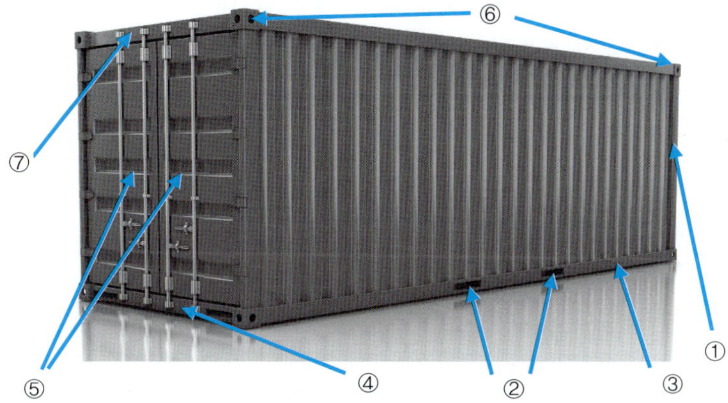

2) 컨테이너의 종류

(1) 일반컨테이너

일반컨테이너(dry container)는 액체화물을 제외하고 온도조절을 필요로 하지 않는 일반잡화를 수송하는 가장 보편적인 컨테이너로 컨테이너의 주종을 이루고 있다. 전후 양쪽에 **개구부**(開口部, door)가 있고 각각의 **개구부**는 약 270° 개폐가 가능하다. 대상화물이 **건화물**(乾貨物, dry cargo)이므로 **개구부** 주위에는 **네오프렌**(neoprene) 등으로 포장되어 있어 **내장화물**을 악천후로부터 보호할 수 있다.

●●○ 일반컨테이너의 개 · 폐

(2) 배고컨테이너

보통 ISO 규격 컨테이너 보다 높이가 높은 컨테이너를 **배고컨테이너**(high cube container)라고 하는데, 일반적으로 20ft형 보다는 40ft의 컨테이너에 많으며, 달리 **jumbo container**라고도 한다. **배고컨테이너**는 그 키가 높기 때문에 국가별 내륙운송에 있어서는 통행을 제한하기도 한다.

배고컨테이너

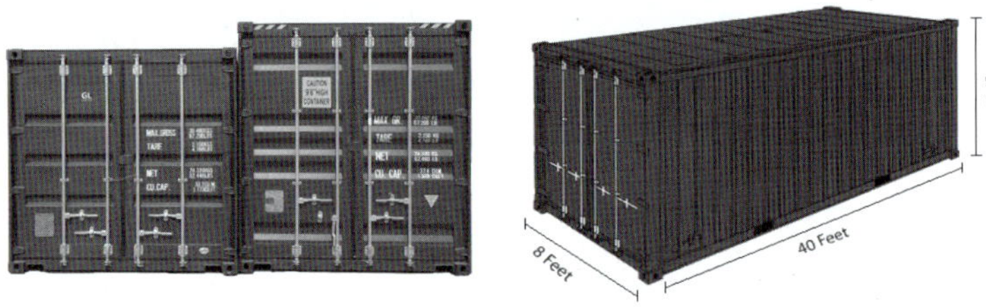

(3) 냉동컨테이너

냉동컨테이너(reefer container)는 냉동기를 사용하여 적정온도를 유지하는데, 냉각장치의 설비방식에 따라 ①**별치식**(別置式)과, ②**내장식**(內裝式)으로 분류된다. **냉동컨테이너는** 냉동설비를 작동시켜 -28℃~26℃까지 온도를 조절할 수 있으나, 운송 중에 냉각을 계속하기 위해서는 별도 전원공급이 필요하다. 냉각방식에는 ①**수냉식**(水冷式, water-cooling)과, ②**공랭식**(空冷式, air-cooling)이 있다. **갑판적**(甲板積, on deck)인 경우 **공냉식**에 의해, **창내적**(艙內積, in deck)인 경우에는 창내의 풍량이 부족하므로 **수냉식**에 의해 열을 냉각수에 발산하고 있는 것도 있다. 이처럼 **냉동컨테이너**는 특별한 장

냉동컨테이너

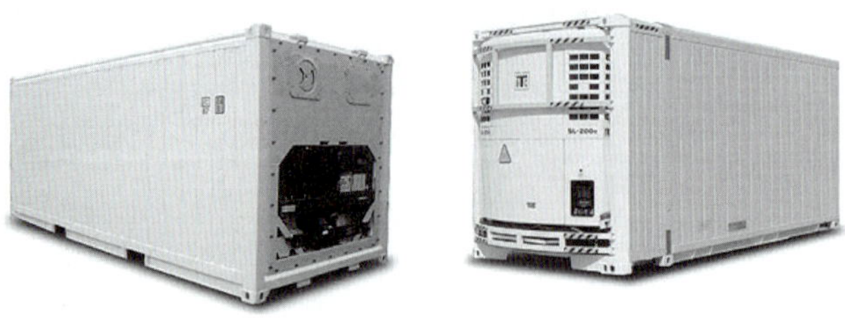

치가 필요하며 규정공간 이외에는 적치할 수 없는 단점이 있다.

(4) 천장개방형컨테이너

천장개방형컨테이너(open top container)는 기계류·철강제품·판유리 등 중량화물 수송에 적합한 것으로 천장을 개방할 수 있는 덮개가 있으며 적입·적출 시 크레인을 사용, 컨테이너 상부에서 하역을 할 수 있는 것이 특징이다. 천장이 없어 강도가 감소되지 않도록 **스프레더바**(spreader bar)가 설치되어 있는 것이 일반적이다.

천장개방형컨테이너

(5) 측면개방형컨테이너

측면개방형컨테이너(flat rack container)는 **플랫폼컨테이너**(platform container)라고도 한다. 일반컨테이너의 천장과 좌·우 측벽을 제거한 모양으로서 양단 벽까지도 탈부착이 가능하여 바닥과 네 구석의 기둥형태가 된다. 전후좌우 및 위로부터 하역할 수 있는 것이 특징이다. 기계류·강재 등 비교적 무겁고 흔들리더라도 지장 없는 화물수송에 적합하며 지게차로 하역할 수 있어 이용도가 높다.

측면개방형컨테이너

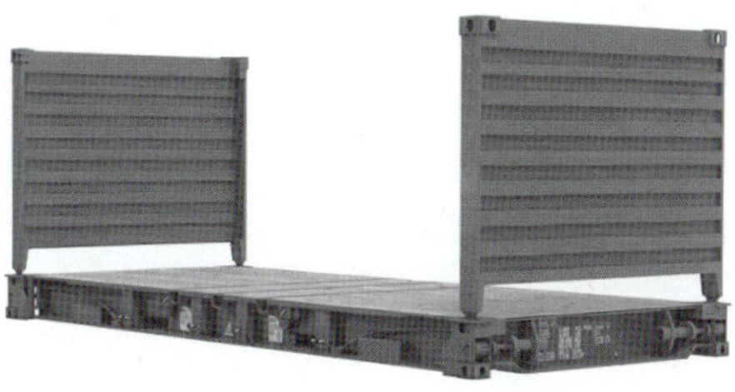

(6) 탱크컨테이너

탱크컨테이너(tank container)는 액체화물 해상수송용 용기로서 **일반컨테이너**(dry container)와 같은 방식으로 하역작업을 하기 위해 같은 사양의 용기 내에 원주형 용기를 설치한 컨테이너이다. **탱크컨테이너**는 술・유류・화학물품 등의 액체상태 화물을 수송하기 위해 특별히 고안해 만든 컨테이너로 위험 및 비위험 액체화물 운송에 사용되며 특별히 가열을 위한 장비가 부착된 종류도 있다.

●●○ 탱크컨테이너

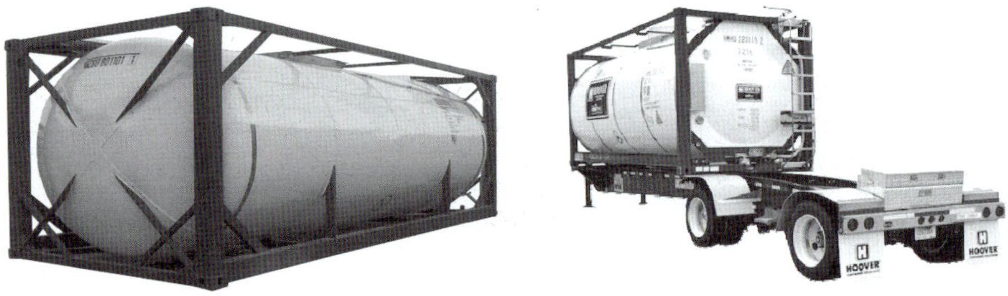

(7) 개방식컨테이너

개방식컨테이너(open sided container)는 선적과 하역을 위해 측면 접근이 가능하도록 측면을 개방한 컨테이너를 말한다. **개방식컨테이너** 취급 시에는 해상운임에 할증료가 부과됨이 통상이다. 측면은 대개 두꺼운 마포로 덮을 수 있도록 설계되어 있어, 철도・도로・내수로 운송에도 무리 없이 운송이 가능하다.

●●○ 개방식컨테이너

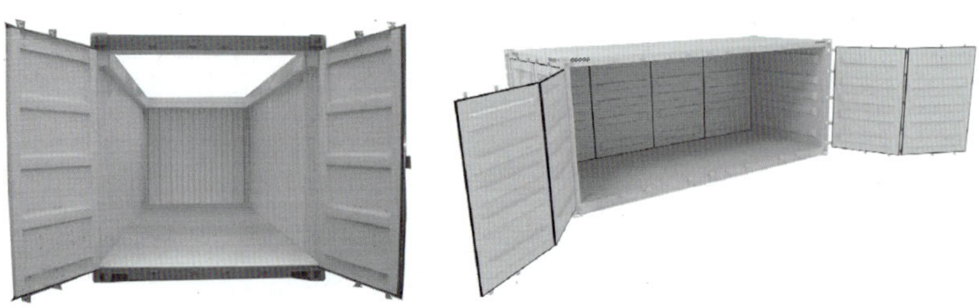

(8) 통기컨테이너

통기컨테이너(ventilated container)는 통풍을 요하는 화물을 컨테이너로 운송할 때 사용되는 컨테이너로 일반적인 컨테이너와 외견상 비슷하나, 컨테이너 위쪽과 아래 또는 측면에 환풍구가 있어 환기가 될 수 있도록 고안되어 있다. 주로 커피・곡물・농산물 등 주로 1차 산품을 수송할 때 널리 이용된다.

●●○ 통기컨테이너

5 해상운송의 형태

1) 선적절차

①**송화인**(shipper)은 선사에게 선적항의 대리인 또는 선사나 영업소에 **선적요청서**(shipping request, S/R)와 선사가 해상운송계약에 의한 운송을 인수하고 그 증거로서 선사가 발급하는 서류로서 **선복예약서**(booking note, B/O)를 제시하고, 화주의 **선적요청서**(S/R)에 따라 선사가 화물을 확인한 다음, 운송할 선박의 책임자, 곧 **일등항해사**(chief officer, C/O) 앞으로 발행하는 화물에 대한 적재지시서로서 **선적지시서**(shipping order, S/O)[20]를 기재한다.

20) 화주의 **선적요청서**(S/R)에 따라 선사가 화물을 확인한 다음, 운송할 선박의 책임자, 곧 **일등항해사**(C/O) 앞으로 발행하는 화물에 대한 적재지시서를 말한다. 본선의 선적책임자는 이에 따라 선적지시서 목록을 작성하여 본선 내의 적재계획을 수립한 후, **본선수취증**(M/R)을 작성하여 화주에게 교부한다.

②선적에 관한 합의 이후 화주는 **송화인**(shipper, 수출상), **수화인**(consignee, 수입상), **선적항**(port of loading), **양하항**(port of discharge), **화물명세**(particular or description of cargo) 등 선하증권에 표기되어야 할 주요 운송정보를 기재하여 해당화물의 **상업송장**(invoice, I/V) 및 **포장명세서**(packing list, P/L)와 함께 선박회사에 정식으로 **선적요청서**(S/R)를 제출하게 된다. 이는 운송에 관한 일종의 청약행위이며, **선적요청서**(S/R)상에 기재된 제반 정보의 정확성에 대해서는 화주 자신이 이를 보증하여야 하고, 만일 사실과 다른 불실기재나 허위가 있을 시에는 화주 자신이 그로 인한 손해를 배상하여야 한다. 컨테이너화물의 경우 **화물인수지**(place of receipt)와 **인도지**(place of delivery)가 명확히 기재되어야 한다.

③선사는 선적항의 대리인의 동의를 얻은 후, **선명**(vessel name)을 지정하고 **선적지시서**(S/O)와 **선적요청서**(S/R)의 내용을 검토한 후, **선적지시서**(S/O)에 서명하고 이를 송화인에게 교부한 후, 송화인으로 하여금 화물이 정해진 시간에 지정된 부두창고에 반입될 수 있도록 통지한다.

④송화인은 **선적지시서**(S/O)와 관련 선적서류를 가지고 세관에서 수출신고를 하게 되고 이에 세관은 화물을 검사하여 그 적합여부가 결정되면 **선적지시서**(S/O)상에 수출확인필 날인을 한다. 선사는 선적항에서 그 대리인이 화물 적재목록 복사본을 본선 및 검수회사, 하역회사에 전달한다.

⑤본선의 **일등항해사**(chief officer, C/O)[21]는 **화물적화목록**(manifest)에 따라 **선적계획**(load plan, 통상 stowage, bay plan)에 따라 선적한다. 송화인은 검사 및 검량을 거쳐 화물을 지정된 부두창고에 보내 선적을 준비한다. 화물 선적 후에 **검수인**(chief tally)[22]은 **선적지시서**(S/O)를 **일등항해사**(C/O)에게 교부하고 **일등항해사**(C/O)는 이를

21) **항해사**는 선박의 항해도중 항로를 결정하고 배의 위치를 파악하는 등 선박의 운항에 관련된 제반업무를 수행하는데, 그 직책은 ①**일등항해사**(chief officer)와 ②**이등항해사**(second officer), ③**삼등항해사**(third officer)로 구분된다. 개별적 고유업무는, 우선 ①의 경우 갑판부의 책임자로서 선장보좌와 승무원 지휘·감독, 선내 규율확립과 승무원 교육, 선박안전관리, 갑판부의 보수·정비, 화물적재와 하선계획 및 감독, GPS (global positioning system)와 해도를 이용한 배의 좌표확인, 선장부재 시 선장권한을 대행한 선박의 지휘 등이다. ②는 선박의 운항에 필요한 각종 계기의 관리 및 점검, 해도 및 항해 관련도서의 관리, 입·출항하는 국가의 국기 및 신호기 관리, 승·하선 시 안전관리 및 정박시 당직업무 등이다. ③은 선장과 일등·이등항해사의 업무 보조, 선박의 위생관리와 의무활동에 대한 관리 및 관련물품의 점검, 국제시간규약에 의거한 선내 시간변경, 항해 중 각종 계기에 나타난 수치를 선장에게 보고하고 각 기관부서로 선장의 명령을 전달하는 임무 등이다.

22) **검수**(tally)란 화물선적 혹은 양륙 시 본선의 창구 혹은 선창에서 실시되는 화물의 수량, 손상유무를 점검하는 것을 말한다. 이를 담당하는 책임자를 **검수인**(tally man)이라고 한다.

선적요청서(Shipping Request, S/R)

Shipping Request (Expedition)

Clone | Pr.View | Save | Send | Help

Fields with asterisks (*) are obligatory and must be filled in.

Shipping Type *: Shipping Request (Expedition) ?
General Description *: ?
Owner *: CERN ?
Owner Unit / Team *: AS-IDS ?
CERN Contact *: Christopher DIXON (AS-IDS) ?
CERN Location *: 5-5-003 ? Departure site : Meyrin ?

Known Address ?
Recipient's address *: ?
Attention Of : ?

Duration *: Temporary ? Estimated Return Date *: ?
Reason *: Exec. of Order ?
Shipping Costs *: No Charges ?
Budget Code *: ?
Transport Insurance : I Will Subscribe and Pay for Insurance ? Insurance Value (CHF): ?
Value of Goods : **SFr. 0.00 (SFr. 0.00)** CHF Swiss Franc (1) ?

Item	Quantity	Description	Unit Value	Total Value
		Click to add a new line item (+Add) (Reorder)		

Transport information

Transport Required : I do not require transport services ? Dangers : Non Hazardous Material ?
Fragility : Not Fragile ? Packaging : Already Packaged ?
Number of Packets : 1 Envelope ? Total weight (kg) : 0.00 ?
Dimensions (cm) : ?
Latest Pickup Date : ? Latest Delivery Date : ?
Special Transport / Packaging Instructions :

Additional comments

Comments to Recipient : ?

Other Comments : ?

SAMPLE

선적지시서(Shipping Order, S/O)

Shipper ALTY ACOUSTIC EQUIPMENT FACTORY TEL	**CODE NO.**	**S/O No./B/L.No.** **3003**

正利航業股份有限公司
Cheng Lie Navigation Co., Ltd.
HONG KONG AGENT

CHENG LIE NAVIGATION (HONG KONG)CO., LIMITED
ROOM 2004-2012, NAN FUNG TOWER
173 DES VOEUX ROAD, CENTRAL, HONG JONG
TEL:28156601(4LINES), 28156669(4LINES)
FAX:28512105

(FULL CONTAINER SERVICE)

SHIPPING ORDER

Please receive for shipment the undermentioned good in apparent good order and condition, unless noted below

Consignee
NICE YEAR EXPRESS CO., LTD.
RM.A, 6F, NO.540, SEC.,1,WENSING RD.,
TAICHUNG TAIWAN TEL

Notify Party
SAME AS CONSIGNEE
TEL

Ocean Vessel KUO LIH	**Voy No.** KL508S
Place of receipt SANSHAN, CHINA	**Port of Loading** SANSHAN, CHINA
Port of Discharge BANGKOK	**Final destination** BANGKOK

Freight to be		**Type service requested**			
Prepaid	Collect	CY/CY	CY/CFS	CFS/CFS	CFS/CY
☐	■	■	☐	☐	☐

Freight payable at	**Number of original B(s)/S**
BANGKOK	3 Original + 6 Copies

Marks and Numbers Container No. (Particulars declared by shipper)	**Number of Container or Package; Type or Kind thereof; Description of Goods (Particulars declared by shippers)**		**Gross Weight Kilos**	**Measurement CBM**
NPE (IN TRI.) C/NO.A1-A70,B1-B10, C1-C20,D1-D50, E1-E67,F1-F100, G1-G67,H1-H34, K1-K20,N1-N20, M1-M40,Q1-Q6 ITEM NO: Q'TY: PCS N.W. : KGS G.W. : KGS SIZE: CM MADE I N CHINA	504 CTNS	MICROPHONE AND SPARE PARTS AS PER PROFORMA INVOICE NO.:RS-2005-0624-01 DATED JUNE 24, 2005 CREDIT NO.300013LC0500359	8677.4KGS	40'x 1

SAY TOTAL:FIVE HUNDRED FOUR(504) CARTONS ONLY.

COPY

Dangerous & Flammable Cargo(Declared by Shipper)

F.O.B.Value (Declared By Shippers)	**EXPORT LICENCE NO.**

IMPORTANT

SHIPPERS ARE REQUESTED TO READ CAREFULLY
Weight and measurement required
Shippers are respectfully requested to note that NO SPECIAL INSTRUCTIONS OR CONDITIONS can be recognized by the Carrier, unless initialled by the Carrier when issuing the Shipping Order
Carrier reserves the right to reject any package found not in good Order and condition.
Neither the Carrier nor its Agents will accept any liability for the consequences of cargo being shut out. Carriage of cargo is subject to they terms and conditions of the Carrier' sbill of lading and the applicable tariff.

HOI KONG CONTAINER SERVICE CO., LTD. 海港貨櫃服務有限公司	載運日期： CY/C.F.S. 時間：

Acknowledgement of booking only
CHENG LIE NAVIGATION(HONG KONG)CO.,LTD

AS AGENTS

상업송장(Commercial Invoice, I/V)

Sign the top copy of this form and place all three copies in the pouch with the air waybill. **Commercial Invoice**

1. **Global Express Guaranteed® Tracking Number**	**8. Commercial Shipments Only*** a. Invoice Date / b. Invoice Number / c. Customer Order Number
2a. **SHIPPER** Name	9a. **BUYER** Name
b. Address *(Number, street, apartment/suite/PO box number)*	b. Address *(Number, street, apartment/suite/PO box number)*
c. City / d. State / e. ZIP Code® / f. Country	c. City / d. State / e. Postal Code *(if applicable)* / f. Country
g. E-mail *(If available)* / h. Telephone Number *(if number is available, include code(s))*	g. Tax ID Number or EIN *(If applicable)*
3a. **RECIPIENT** Name b. Address *(Number, street, apartment/suite/PO box number)* c. City / d. State / e. Postal Code *(if applicable)* / f. Country g. E-mail *(If available)* / h. Telephone Number *(if number is available, include code(s))*	10. Terms and Conditions of: **Payment Terms** *(Indicate below)* ______ ______ ______ **Delivery** ☐ CPT = Carriage Paid To ☐ CIP = Carriage, Insurance, Paid To ☐ DAF = Delivery at Frontier ☐ DDU = Delivered Duty Unpaid ☐ Other ______ **The Commercial Shipments Only section, which includes 8, 9, & 10 on the commercial invoice, should be completed with business transactions, or by customers buying or selling goods.*
i. Tax ID Number or EIN *(If applicable)*	4. Country of Ultimate Destination / 5. Exporting Carrier **FedEx Express** / 6. Total Number of Packages **1**
j. Purpose of Shipment	7a. Total Gross Weight ______ lb ______ oz / 7b. Parties to Transaction ☐ Related ☐ Unrelated

11. Full Description of Each Item /Product in Shipment	12. Country of Manufacture	13. Quantity and Unit of Measure	14. Unit Value	15. Currency Type and Amount
			SAMPLE	

These commodities, technologies, or software were exported from the United States of America in accordance with the Export Administration regulations. Diversion contrary to U.S. law is prohibited. It is hereby certified that this invoice shows: (1) the actual price of the goods described, (2) that no other invoice has been or will be issued, and (3) that all particulars are true and correct.	18. Currency Type and Subtotal Amount	
16a. Name of Authorized Person / b. Date *(MM/DD/YYYY)*	19. Packing Cost	
c. Location *(City and State)*	20. Postage/Shipping Charges	
d. Signature of Authorized Person		
17.	21. Insurance Cost	
	22. Total Invoice Value *(Add lines 18-21)*	

포장명세서(Packing List, P/L)

PACKING LIST (Prepared by commercial dept.)

EXPOTER/SHIPPER NAME:	INVOICE NO.:	DATE: 20-06-2011
.... LTD.	EXP NO.:	DATE: 20-06-2011
....	L/C NO.:	DATE: 02-02-2011
........................, BANGLADESH.	CAT :	
	H.T.S. CODE NO.:	
Applicant:	B/L NO.:	DATE:
E.S. SUTTON INC.	CARRIER:	
1400 BROADWAY, 26TH FLOOR	E.R.C. NO.: RA-79178	
NEW YORK, NY 10018, USA.	TERMS OF PAYMENT: IRREVOCABLE LETTER OF CREDIT AT SIGHT.	
NOTITY: **A) E.S. SUTTON INC** 115 KENNEDY DRIVE SAYREVILLE, NJ 08872, CANADA.	**L/C ISSUIN BANK:** HSBC BANK USA, N.A. 2 HANSON PLACE, BROOKL YN, NEW YORK 11217, USA.	
	ADVISING BANK: FIRST SECURITY ISLAMI BANK LTD. BANANI BRANCH, PLOT # 80, BLOCK # B, KEMAL ATATURK AVENUE, DHAKA-1213	
PORT OF LOADING : DHAKA AIRPORT,	FINAL DESTINATION : VANCOUVER, CANADA.	
PORT OF DISCHARGE : VANCOUVER, CANADA.	SHIPPED PER : AIR	

SHIPPING MARKS	DESCRIPTION OF GOODS	CTN NO	CTN QTY	PCS CTN	TOTAL PCS
SHIP TO: WAL-MART CANADA DEPT: 33 BRAND NAME: GEORGE ITEMDESCRIPTION: FUR TRIMMED DUSTER SWEATER MEASURMENTS: 17 X 17 X 12 INCH MADE IN BANGLADESH SIDE MARK DEPT: 33 BRAND NAME: GEORGE ITEM: FUR TRIMMED DUSTER SWEATER STYLE: GRF120307G PO: 84233VM, 84234VM,84267VM COLOR: TRUE BLACK SIZE: S(7/8)-M(10/12)-L(14)-(2-3-3) QUANTITY: 8PCS CARTON-OF- G.W : 12.74 LBS PRICE TICKET: YES	FUR TRIMMED DUSTER SWEATER STYLE NO: GRF120307G PO NO: 84233VM	1-445	445 Ctn	8 Pcs	3,560 Pcs
TOTAL			445 Ctn		3,560 Pcs

GRAND TOTAL CARTON	:	445 CTN
GRAND TOTAL PCS	:	3,560 PCS
GRAND TOTAL NET WEIGHT	:	2,051.00 KGS
GRAND TOTAL GROSS WEIGHT	:	2,571.00 KGS
GRAND TOTAL MEASURMENT	:	17" X 17" X 12"
CARTON MEASURMENT	:	24.00 CBM
COUNTRY OF ORIGIN	:	BANGLADESH

COPY

Authorized Signature

검토 후 **선적지시서**(S/O)를 남기고 **본선수취증**(mate's receipt, M/R)[23]을 교부한다. 검수인은 **일등항해사**(C/O)가 서명한 **본선수취증**(M/R)을 송화인에게 교부한다.

⑥송화인은 **본선수취증**(M/R)을 가지고 운임선급의 경우 선사에 가서 선적항의 대리인에게 운임을 정산하고 **무사고선적선하증권**(original clean on-board B/L)으로 교환한다. 선사는 **본선수취증**(M/R)을 남기고 동 선하증권에 서명하여 송화인에게 교부한다. 송화인은 동 선하증권 및 그 밖의 선적서류를 취합하여 **화환취결**(negotiation)에 임한다.

선적절차

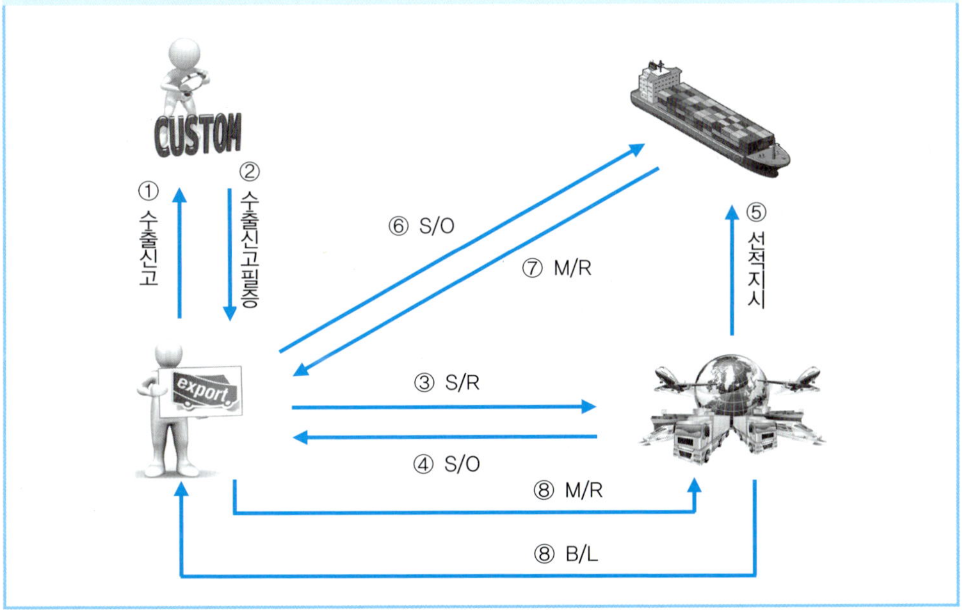

2) 양륙절차

①선적항에서 대리인이 **선하증권**(또는 M/R) **복사본**(duplicate)에 의거한 **수출적화목록**(export manifest)[24]에 따라 선하증권의 복사본 및 **본선수취증**(M/R)을 선사에 보내

23) 재래선의 경우 선적이 완료되면 본선의 **일등항해사**(C/O)가 화물수취의 증거로서 서명하고 화주에 교부하는 것이 **본선수취증**(M/R)이다. 이를 선박회사에 제출하면 이와 상환으로 선하증권이 발행된다. 적재할 때 **검수인**(tally man)이 입회하는데 이때 수량이나 포장 등에 고장이 있으면 그 고장문언이 M/R의 **적요란**(remarks)에 기재된다. 이와 같이 고장문언이 기재된 M/R이 **고장본선수취증**(foul M/R)이고 양호한 상태로 적재되어 M/R의 **적요란**에 고장문언이 기재되지 않은 M/R이 **무고장본선수취증**(clean M/R)이다.

어 **해상운임**(ocean freight)을 정산하고 선사는 **양륙항**(discharging port)에서 필요한 서류를 양륙항의 도착지 대리인에게 발송한다. 수출적화목록 작성의무자는 **Master B/L**(만재화물)일 경우 선사가 작성하며, **House B/L**(혼재화물)일 경우 **화물운송주선업자**(forwarder)가 작성한다. **수출적화목록**은 선사가 작성한 **Master B/L**과 포워더가 작성한 **House B/L**을 취합하여 출항 익일까지 통상 세관에 전자문서로 제출한다. **수출적화목록**은 선박 또는 항공기에 적재된 화물의 총괄목록으로서 이는 선사・항공사 또는 포워더가 작성한다.

②선사는 양륙항의 대리인이 **항해보고서**(sailing report)를 수령한 후에 **수화인**(consignee)에게 **선박도착예정일**(estimate time of arrival, ETA)을 통보하여[25] 적시에 화물을 수취할 수 있게 한다. 수화인은 신용장 **개설은행**(issuing bank, opening bank)에 대금을 정산하고 선하증권을 회수한다.

③양륙항에서 선사의 대리인은 선적항 선사의 대리인이 송부한 선적서류에 따라 **수입적화목록**(import manifest) 및 관련 선박 입항수속과 양륙 시 필요한 모든 서류를 작성하여 계약된 하역회사・검수회사에 통보한 후 부두를 배정 받아 선박의 접안 및 양하작업이 이루어 질 수 있도록 조치한다.

④수화인은 세관에 수입신고를 하고 수입관세를 납부한다. 수화인은 선하증권을 가지고 선사의 양륙항에서의 그 대리인에게 화물수취수속을 처리하고 모든 비용을 지급한 후에 대리인이 발행한 **화물인도지시서**(delivery order, D/O)[26]로 바꾼다. 수화

24) **적화목록**(manifest, M/F)이란 운송수단에 적재된 화물의 총괄목록으로서 수출・입 물품을 집하・운송하는 선사 또는 항공사, 공동 배선한 경우에는 선박 또는 항공기의 선복을 용선한 선사 또는 항공사, 혼재화물은 화물운송주선업자가 작성하여 발행한다. 이는 화물의 하선・운송・보관・통관의 각 단계별로 화물을 총괄관리하기 위하여 최초로 생성된 화물정보이다. 또한 화물정보의 생성에서부터 소멸에 이르기까지 화물의 총량적 재고관리를 위한 필요서류이다.

25) 이를 실무에서는 arrival notice(A/N)라고 한다.

26) 본래는 선주나 그 대리인이 선장 앞으로 화물을 인도하도록 보내는 서류를 말하는데, 컨테이너의 경우에는 선사가 화물을 보관하고 있는 CFS나 CY 운영자에게 인도지시서를 지참한 자에게 화물을 인도할 것을 지시하는 비유통서류를 말한다. 통상 화물의 인도는 선하증권과의 상환으로 이루어지는 것이지만, 실무적으로는 수화인으로부터 선하증권을 제시받을 때 선사는 인도지시서를 발행하여 교부하고, 수화인은 이것을 CFS나 CY 운영자에게 제시하고 화물을 인도받는다. 선사가 발행한 선하증권이 수통인 경우에는 수화인이나 그 대리인에 의해 제시된 선하증권이 정당하게 발행된 것인가를 확인하기 위해 선하증권 발행자의 서명 및 배서의 연속성을 살피고 징수해야 할 운임이 있으면 그것을 징수한 다음에 화물을 확인하는 데에 필요한 기재항목이 기재된 인도지시서에 서명하여 발행한다. 이처럼 선사는 정당한 선하증권을 제시한 자에 대해서 인도지시서를 발행하여야 하는데, 공동해손・양륙지 변경・배서의 불연속 등 특별한 경우 필요한 서류・분담금 및 선하증권의 전 통수를 회수할 때까지 인도지시서의 발행을 유

인은 D/O와 상환으로 부두창고나 본선에서 화물을 수취한다.

●●○ 화물인도지시서(Delivery Order, D/O)

Insert your
Company Name
and Address
To use your company stationery, delete the header and footer.

Insert your
COMPANY LOGO here

DELIVERY ORDER

To : ____________ Your Order Number : ____________
Address : ____________ Date Sent : ____________
____________ Per Invoice Number : ____________
____________ Our Contact Person : ____________
Attention : ____________ Telephone : ____________

Quantity Delivered	Description

Goods received in good order

Name : ____________ Signature : ____________ Date : ____________

PSIber SAMPLE

보하고 화물을 점유할 수 있다.

양륙절차

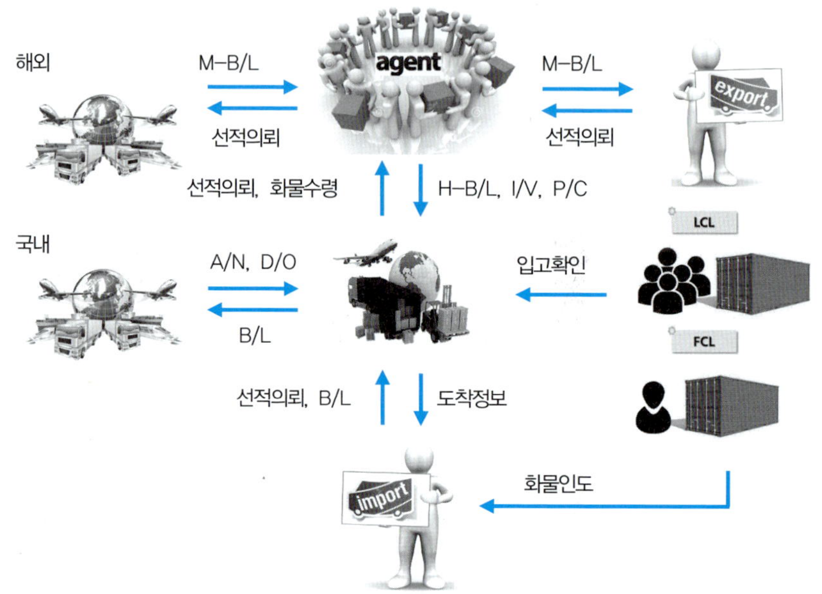

3) 컨테이너 화물의 운송형태

컨테이너 화물은 컨테이너당 화물적입량에 따라 ①**만재화물**(滿載貨物, full container load, FCL)과 ②**혼재화물**(混載貨物, less than container load, LCL)로 구분된다. ①은 단일화주의 화물이 컨테이너에 **적입**(stuffing)된 경우로 이는 화주의 공장 또는 창고에서 적입·완료되어 내륙운송을 통해 **컨테이너 야적장**(container yard, CY)[27]에 반입된다.

②의 경우에는 ①과는 달리, 다수의 화주가 존재하는 소량의 화물을 집하해야 하

27) CY는 선박회사가 화물이 적입되어 있는 컨테이너를 본선에 선적하기 위하여 화주로부터 인수하거나 본선에서 양륙된 컨테이너를 화주에게 인도하기 위하여 지정된 장소를 말한다. CY는 컨테이너를 집결하여 장치·보관하는 장소와 동일하여야 하므로 선적항내에 위치하고 또한 **보세장치장**을 겸하여야 한다. 참고로 **보세장치장**은 통관을 하고자 하는 물품을 장치하기 위한 구역을 말하는데, 이는 통관목적이 아닌 물품은 원칙적으로 장치되지 않는 곳으로서 그 장치기간이 비교적 짧다. 또한 **보세장치장**은 창고시설을 갖춘 곳에 설치·운영되는 것이나 물품의 성질상 창고가 아닌 곳, 예컨대 산화물의 야적을 위한 부두가의 지면·CY·고철야적장·해상의 저목장 등도 일종의 **보세장치장**으로 특허되고 있다.

는, 곧 **혼적**(混積, consolidation)작업을 거쳐야 하는데, 이 작업이 수행되는 장소를 일컬어 **CFS**(container freight station)라고 한다.[28)]

컨테이너 운송방법은 우선 **FCL**인 경우 화주의 공장·창고에서 화물을 적입 후 CY로 운반되며, **LCL**은 대개 **ICD**(inland container depot)에서 집하하여 최종 목적지 또는 혼적 적부를 고려, 그 밖의 다른 화물과 혼재되어 마찬가지로 CY에 반입된다.

혼재화물의 운송형태

(1) Door to Door

화주(shipper, 수출자)가 의뢰한 운송화물이 **FCL**로 이루어지는 것으로 화주가 공

28) CFS는 선박회사나 그 대리점이 선적할 화물을 화주로부터 인수하거나 양하된 화물을 화주에게 인도하기 위하여 지정한 장소를 말한다. 이 지정 장소는 반드시 항내에 위치해야 하며, 보세화물처리허가가 전제되어야 한다. 즉 LCL을 여러 화주로부터 인수하여 목적항별로 선별하여 컨테이너에 적재하거나 한 컨테이너로부터 반출된 여러 화주의 화물을 각 화주에게 인도해 주는 장소를 말한다. 화물을 컨테이너에 적입하여 컨테이너 전용선에 의하여 선적·운송하는 경우 화주 스스로가 선사에 컨테이너를 요청하여 당해 운송화물을 적입하여야 한다. 즉 선사에서는 단위 컨테이너를 기준으로 운임을 산정하게 되는데, 이 경우 소량의 화물을 수출하고자 하는 화주로서는 비싼 운임을 부담하면서까지 단위 컨테이너를 사용할 필요는 없다. 따라서 선적 시 자신의 화물량을 선사 또는 운송주선인에 통지하게 되면 단위 컨테이너를 사용해도 좋은지 또는 동일 목적지로 가는 소량화물과 혼적하는 것이 경제적인지를 안내받게 된다.

장이나 창고에서 그의 책임 하에 수출통관 수속을 한 후, **봉인**(封印, seal)을 채운 컨테이너를 선사가 검사 후 수령하여, 이를 선사가 책임지고 **수화인**(consignee)의 공장이나 창고까지 운송하는 방식이다.

(2) Door to CY

화주가 운송의뢰한 화물이 **FCL**로 이루어지는 것으로 선사는 화주가 공장 또는 창고에서 화물을 적입하고 세관에 수출통관수속을 한 후 **실**(seal)을 채운 컨테이너를 수취하여 목적항 **CY**까지 책임지고 운송하며 **수화인**(consignee, 수입자)에게 컨테이너를 인계하는 방식이다.

(3) Door to CFS

선사가 화주의 공장이나 창고에서 화주가 화물을 적입하고 세관에 수출통관수속을 한 후 **실**(seal)을 채운 컨테이너[FCL화물]를 수취하여 목적항의 CFS까지 책임지고 운송하여 **적출**(積出, de-stuffing) 후, 서로 다른 **수화인**(consignee, 수입자)에게 인계하는 방식으로 이는 한명의 **송화인**(shipper, 수출자)이 둘 또는 둘 이상의 **수화인**(consignee)의 화물을 한 컨테이너에 혼적한 경우 이용된다.

(4) CY to Door

선사가 발항지 CY에서 **화주**(shipper, 수출자)가 화물을 적입하고 세관에 수출통관수속을 한 후 **실**(seal)을 채운 컨테이너[FCL화물]를 수취하여 그의 책임 하에 목적항 **수화인**(consignee)의 공장이나 창고까지 운송하는 방식이다. 다만 이 조건하에서 선사는 화주의 공장이나 창고에서 **CY**까지의 운송은 책임지지 않는다.

(5) CY to CY [FCL → FCL]

단일 송화인의 화물을 단일 수화인에게 보내는 경우이다. 컨테이너 운송의 이점이 최대한 반영된 진정한 의미에서의 컨테이너 단일운송이다. 곧 화주의 공장·창고 또는 화주와 운송인 사이에 약정한 특정지점에서 컨테이너에 만재한 화물을 그대로 선적항 및 양륙항을 거쳐 최종 목적지의 수화인 창고 또는 운송인과 합의한 지정장소까지 컨테이너의 개폐없이 일관되게 수송하는 방법이다. 따라서 당해 운송형식은 신속·민활한 경제적 효율성을 담보할 수 있는 운송형태로서 일반적으로 특정의 한 수출업자가 자기 물품을 전량 컨테이너에 적입하여 그대로 수입업자 창고까지 물품을 인도하고자 하는 경우에 이용된다.

이 경우 화주는 CY 간 운송에 따른 전 구간의 운임을 지급하여야 하며, 이 운송을 위탁받은 운송인의 책임은 선적항 CY로부터 양륙항 CY까지가 된다. 화주와 운송인 간 특정운송계약이 전제된 경우라면 실무적으로 해상구간운임에 있어 약 5% 상당한 **운임할려제**(運賃割慮制, fidelity rebate system)[29]가 적용된다.

(6) CY to CFS [FCL → LCL]

이 운송방법은 단일 송화인의 화물을 다수 수화인에게 보내는 경우를 의미한다. 곧 CFS와 CY 간 운송형태의 적재·하역지를 서로 뒤바꾼 형태가 되는 CY와 CFS 간 운송은 선적지의 지정 CY로부터 목적항의 지정 CFS까지 컨테이너에 의한 화물운송 방식으로서 특정 송화인과 다수 수화인 간의 운송구조를 갖고 있다. 즉 선적지에서 수출업자가 FCL 화물로써 컨테이너로 운송하여 수입항의 CFS에서 화물을 양하하여 각각의 수화인들에게 인수토록 하는 운송방법이다. 이 방법은 특정 수출업자가 수입국의 여러 수입업자에게 일시에 화물운송을 하고자 할 때 주로 이용되며, 화주는 선적국의 지정 CY로부터 수입항의 지정 CFS까지의 운임을 지급하게 되며 운송인의 책임도 당해 구간에 한정된다.

(7) CFS to Door

선사는 발항지 CFS에서 둘 또는 둘 이상의 **화주**(shipper, 수출자)의 화물을 한 컨테이너에 혼적하여 세관검사 후 **실**(seal)을 채운 컨테이너 화물을 하나의 **수화인**(consignee, 수입자)의 공장이나 창고까지 인계하는 방식을 말한다.

(8) CFS to CY [LCL → FCL]

이 운송방법은 운송인이 지정한 선적항의 CFS로부터 목적지의 CY까지 컨테이너에 의한 화물운송 형태로서 운송인이 여러 송화인들로부터 선적항의 CFS에서 집하하여 컨테이너에 적입한 후 최종 목적지의 수화인 공장·창고까지 화물을 운송한다. 이 형태는 CFS 간 운송에서 한 단계 발전한 운송방법으로서 일반적으로 수입

29) 일정기간 동안 화물을 모두 동맹선에만 선적한 화주에 대해 운임이 선불이든 후불이든 관계없이 그 기간 내에 선박회사가 받은 운임의 일정비율을 일정기간 경과 후에 환급하는 제도이다.

업자가 여러 사람의 송화인들로부터 개별 LCL 화물을 인수하여 일시에 지정 목적지까지 운송하고자 하는 경우에 이용된다.

다수 송화인과 특정 수화인 간의 운송형태라 할 수 있는 이 방법은 선적시에는 CFS에서 여러 사람들로부터의 LCL 화물을 컨테이너에 혼재하여 수화인이 지정한 최종 목적지까지 운송되어 양하되는데, 이러한 경우 화주는 선적항의 CFS로부터의 해상운임과 도착항으로부터 최종 목적지 CY까지의 운임을 지급하게 되며, 운송인의 운송책임은 선적항 CFS로부터 최종 목적지의 CY까지이다. 같은 경우로 운임할려의 경우 일반적으로 해상운임 구간의 약 2.5% 상당의 할인 혜택을 제공받게 된다.

(9) CFS to CFS [LCL → LCL]

이 운송형태는 다수 송화인의 화물을 혼재하여 다수의 수화인에게 보내는 경우이다. 따라서 수출지의 CFS에서 혼재된 화물은 목적지에 도착하여 다시 분류작업을 거쳐 각 수화인에게 보내지게 된다. 이는 선적항의 CFS로부터 목적항의 CFS까지

LCL 화물운송

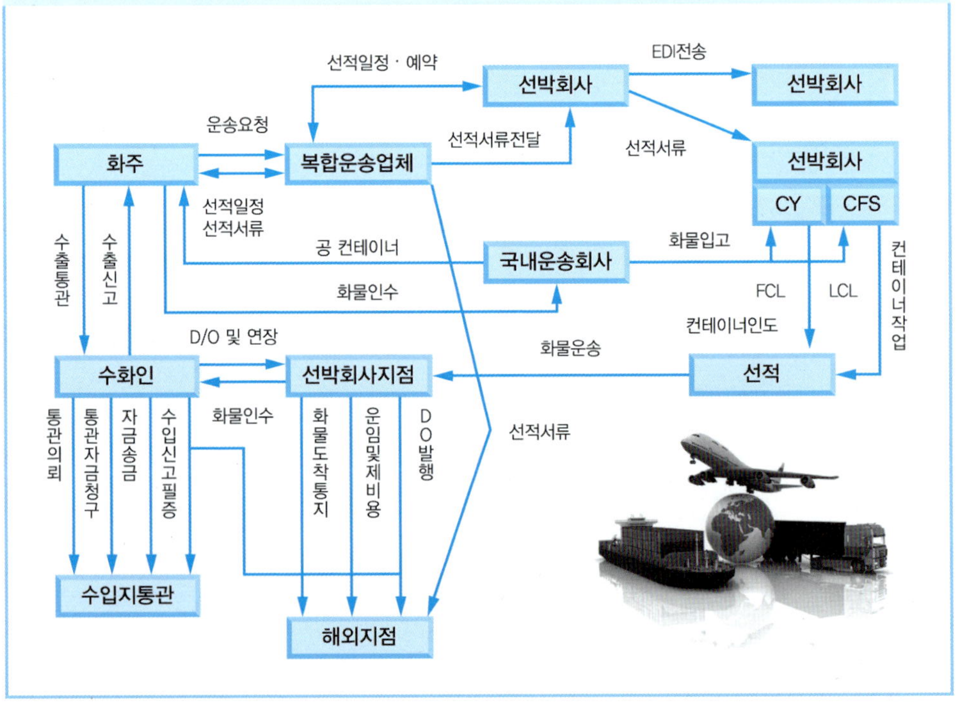

컨테이너에 의한 화물운송 형태로서 이 운송방법은 단지 재래선에 의한 화물의 해상운송 구간을 컨테이너를 통해 수송한다는 의미만을 내재할 뿐, 실제로 컨테이너 운송의 가장 초보적인 이용방법이라 할 수 있다.

CFS 간 운송은 달리 **문전 간**(門前間, door to door) **운송**이라고도 하는데, 이는 운송인이 여러 화주들로부터 컨테이너에 만재할 수 없는 소량화물들을 집하하여 지정 선적항 **CFS**에서 개별화물 목적지별로 분류한 후, 한 컨테이너에 혼재 운송하여 목적항의 **CFS**에서 여러 수화인에게 화물을 인도하는 운송방법이다. 결국 **LCL** 화물의 수송을 위해 이용되는 이 같은 운송형태는 자연히 송화인 및 수화인이 각각 여러 사람으로 구성되며, 운송인은 선적항과 목적항간의 해당 해상운임만을 징수하고 이에 따른 운송책임도 선적항 **CFS**에서 목적항 **CFS**까지로 한정된다.

4) 컨테이너 화물의 흐름

일반적으로 수출 컨테이너 화물의 흐름은 특정 화물로만 한 컨테이너 분을 채울 수 있는 **만재화물**(FCL)인 경우와 달리 **혼재화물**(LCL)[30]인 경우에 따라 이동경로 및 방법이 달라진다. 우선 **FCL**의 경우 수출자가 선사에 선적을 의뢰할 경우 선사는 화주가 별도로 지정하지 않는 한, 자신과 계약된 컨테이너 운송회사에 연락하여 선적기일에 맞추어 수출자의 공장 혹은 창고에 빈 컨테이너를 반입한다. 이때 운송업체로부터 받은 **공 컨테이너**(empty container) 용기는 화물의 **적입**[stuffing] 담당직원이 직접 컨테이너 이상 유무를 확인하여야 한다. 만약 도착한 컨테이너에 하자가 있음에도 불구하고 그대로 **화물적입작업**[door 작업]을 시행한 후 선적하여 혹여 항해 중 컨테이너의 부식으로 화물이 손상을 입었을 경우 수출자는 선사나 보험회사로부터 보상받을 수 없게 된다.

이것은 각 선사에서 발행하는 선하증권의 약관에 **shipper's load & count, said to contain**이라는 소위 부지약관(不知約款, unknown clause)[31]을 삽입하여 **화주**(수출

30) 내륙에서 **소량화물**(LCL)을 집하하여 목적지별로 컨테이너에 **혼재**(consolidation)하는 장소를 통상 **내륙데포**(inland depot)라 한다. 보통 트럭터미널이나 철도역 주변에 설치되어 트럭 또는 철도화차에 의하여 반입된 LCL **화물**을 컨테이너에 채워 항구의 컨테이너 터미널에 운반하는 역할을 하며, 선박회사나 육상 운송업체가 운영한다. 한편 **내륙컨테이너기지**(inland container depot, ICD)는 내륙통관기지로서 컨테이너 집화・통관수속 등의 업무를 처리할 수 있는 장소를 말한다.

31) **부지약관**이란 재래선 운송의 경우는 선적할 때 선적물품의 포장 및 수량 등 화물의 상태를 엄격하게 **선적지시서**(S/O)와 대조하지만, 컨테이너 운송의 경우는 화물이 운송용기 혹은 포장용기 등에 들어 있는 경우에는 하역 실무상 S/O와 화물의 대조는 불가능하다. 따라서 B/L상에서 **화물의 외관상 양호한 상태**

자 또는 수입자)의 공장이나 창고에서 화물을 컨테이너에 적입 시에 일련의 과정은 화주의 책임으로 명시하고 있기 때문이다.

화물적입작업이 끝난 컨테이너는 만일 수출자의 공장이나 창고가 관세법상의 자가보세구역으로 지정받고 있을 경우 즉시 통관이 이루어지고, 컨테이너는 **봉인**(sealing)된 채 선적항의 **컨테이너 장치장**(off-dock container yard, ODCY) 혹은 부두로 보세운송 된다. 그렇지 않은 경우 **화물적입작업** 후 주로 선적항의 **ODCY**로 운송된 후 통관을 마치고 컨테이너 부두로 셔틀운송되어 반입된다.

LCL 화물의 경우는 제품생산 완료 후 공 컨테이너를 일반트럭에 적재한 후, **ODCY** 혹은 부두 내에 있는 **CFS**로 운송해온 후, 동일 선박에 의해 동일 목적항까지 운송되어질 타사의 화물과 함께 혼적되어 **FCL**로 변환된다.

대개 **CFS**는 일종의 창고로서 사방이 벽으로 둘러 싸여 있고 지붕이 있으며 내부에는 특별한 설비가 있지 않고 화물이 적재될 수 있는 평평한 공간으로 되어 있다. 다만 **CFS**의 화물 출입구는 컨테이너 차량의 높이와 같은 높이로 되어 있어 컨테이너 차량에서 컨테이너가 들어있는 채로 화물을 빼내거나 컨테이너에 적입하기 용이하도록 되어 있는 것이 일반 창고와 다른 점이라고 할 수 있다.

한편 컨테이너 전용부두 내로 들어온 컨테이너 화물의 경우 통상 부두 내의 **ODCY**에 계류되어 있다가 선적 시 부두 내의 **마샬링 야드**(marshalling yard)에서 적치되게 된다. 이후 **에이프런**(apron)에서 **갠트리 크레인**(gantry crane)등의 하역기기에 의해 선박에 적재된다.

FCL 화물의 경우 수출자가 선사에 선적을 의뢰할 경우 선사는 화주가 별도로 지정하지 않는 한 자신과 계약된 컨테이너 운송회사에 연락, 선적기일에 맞추어 수출자의 공장 혹은 창고에 빈 컨테이너를 실어온다. 예컨대 CIF로 수출계약을 체결했을 경우 완제품의 조달이 완료되면 납기일 내에 현지에 도착할 수 있는 선박을 수배해야 한다. 선박수배를 위해서는 출항일 전후에 선적항에 기항하는 선박 스케줄을 확인해야 하는데, 실무상 기본적으로 국내에 기항하는 모든 선사의 입출항 스케줄이 게재되는 운송전문 주간지인 **Korea Shipping Gazette**, **Korea Shippers Journal** 등에서 선박 스케줄을 확인하는 것이 통례이나, 달리 고정 거래선인 경우 해당 항로에 취항하는 선사의 홈페이지 방문하거나, 직접 방문 또는 유선상담 등을

로 선적하고, **외관상 이것과 유사한 양호한 상태**로 화물을 인도한다고 기재하고 선적화물의 내용・중량・용적・내용물의 수량・물품・종류・가격에 대해서는 선박회사는 책임을 지지 않는다는 취지를 약관에 삽입한다.

통하여 확인할 수도 있다.

만약 FOB인 경우에는 수출지의 운송인[선사 또는 포워더]은 이미 신용장이 개설될 시점에 선박이 지정된 사실을 통보 받아서 알고 있는 경우가 많다. 지정된 사실을 안 운송인은 먼저 수출자[송화인]에게 연락하여 운송화물의 선적가능시점 등을 문의하게 된다. 이 경우 만약 운송인에게 연락이 오지 않아 적기선적에 차질이 우려될 경우 수출자는 지체 없이 운송인에게 통지하고 선적일정을 협의해야 한다. 왜냐하면 FOB 조건이라도 화물을 선적항에 도착시켜 적기에 선적되도록 하는 것은 수출자의 책임이기 때문이다.

그렇지만 FOB 조건이라고 해서 모두 L/C상으로 운송인을 지정되는 것은 아니며 때로는 수출자가 수화인을 대신해서 운송인을 선정해야 하는 경우도 있고,[32] L/C에 명시하지는 않았지만 별도의 전언통신으로 수화인이 지정하는 운송인을 이용하도록

Gantry Crane의 구조와 명칭

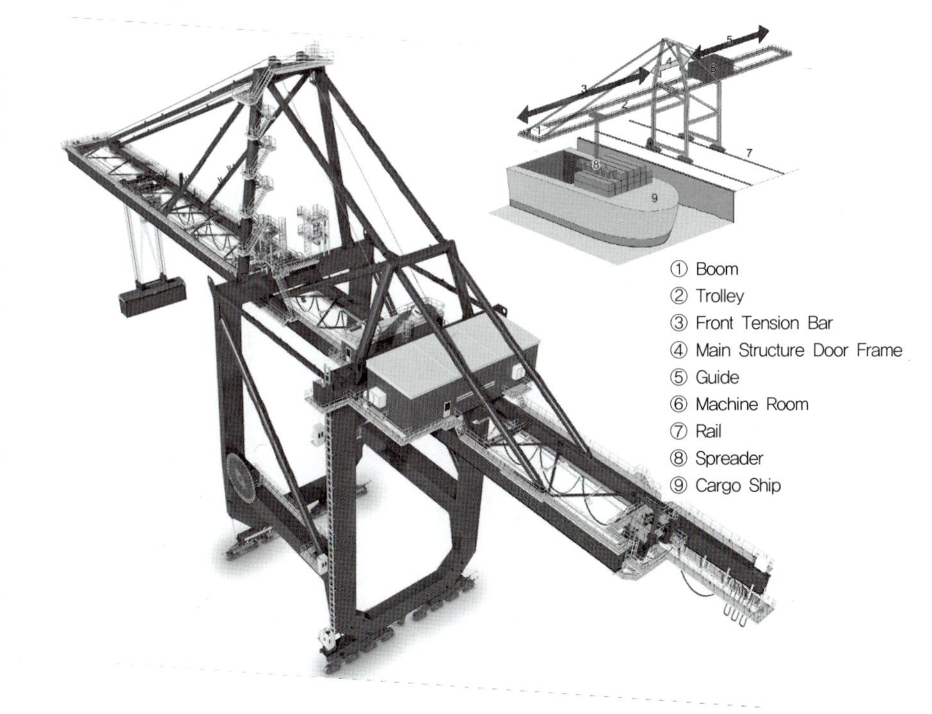

32) 이를 일컬어, 소위 추가의무부(追加義務附) FOB 조건이라고 한다.

요청하는 경우[shipping instruction]도 많다. 선박 스케줄 확인 시에는 선박의 입·출항일자, 운송기일, 직항 혹은 환적항 기항여부, 선박의 **출항예정시간**(estimated time of departure, ETD)과 **도착예정일자**(estimated time of departure, ETA), 해당 선적항의 **화물수취마감시간**(closing time) 등을 확인하여야 한다.[33)]

6 해상운임

1) 해상운임의 산정기준

해상운임(海上運賃, freight)은 선사가 선박을 이용하여 사람이나 화물을 운송한 대가로서, 운임수준은 시장경제원칙인 수요와 공급의 원리에 의해 결정되지만, 정기항로에는 일종의 **카르텔**(cartel)인 **해운동맹**(海運同盟, shipping conference) 및 그 밖에 운임협의·협정 등이 있어 시장경쟁이 크게 제약받고 있다.[34)]

---

33) 운항스케줄을 보면, 반드시 schedules are subject to change with or without notice라고 되어 있어 사전통지 없이 운항스케줄의 변경가능성을 예고하고 있다. 따라서 스케줄을 확정한 뒤라도 재차 예정대로 출항하게 되는지 반드시 확인하여야 한다. 아울러 운항스케줄에는 **수출항로**(outbound schedule)와 **수입항로**(inbound schedule)가 있다. 그런데 같은 수출이라도 우리나라를 기점으로 유럽으로 나가는 것은 서쪽으로 가는 것이기 때문에 미국을 경유해서 가는 것은 예외로, **서향**(west-bound), 반대로 유럽에서 수입하는 것은 **동향**(east-bound)라고 한다. 이에 비해 우리나라를 기점으로 해서 미국으로 수출되는 것은 **동향**, 미국에서 수입되는 것은 **서향**이라고 한다. 선박스케줄 확인 시 선박의 입·출항일과 시간, **운송기일**(transit time, T/T), CY 화물인 경우 **화물수취마감시간**(closing time) 등을 확인하여야 하는데, 특히 **출항예정시간**(estimated time of departure, ETD)과 **도착예정일자**(estimated time of arrival, ETA)는 항상 가변적이므로 선적되어 선박이 출항한 후에도 예정대로 운송되었는지의 여부를 수시로 확인해야 한다.

34) 참고로 **해운시장**(海運市場, shipping market)이란 해운업이 생산하는 각종 용역이 거래되는 시장을 말하는데, 이에는 ①**구체적인 시장**과, ②**추상적인 시장**이 있다. 해운시장은 일반적으로 ①의 의미로 사용되지만, 이론적 분석에는 ②가 보다 중요하다. ①이란 선박의 매매 및 용선거래가 이루어지는 장소를 말한다. 이와 같은 거래는 주로 상업항구에서 이루어진다. 선박의 매매 및 용선의 수급자는 다수로서 변동적이며, 상거래조건도 복잡하기 때문에, 그의 결합에는 특별한 시설이 필요한데, 그 전형적인 예가 런던의 **발틱상업 및 해운거래소**(The Baltic Mercantile and Shipping Exchange Ltd.)와 같은 해운거래소이다. 다만 정기선 항로의 경우에는 소수의 운임동맹 회원사들만이 공급을 담당하고 있는 경우가 많기 때문에, 해운거래소와 같은 시설은 존재하지 않는다. 다음으로 ②는 해상운송용역의 유통영역을 말한다. 해상운송용역의 생산은 생산수단인 선박의 이동에 의해서 이루어지는데, 그 자체가 동시에 유통과정으로서 존재한다. 따라서 시장은 선박의 이동가능성이나 운송대상을 적재할 수 있는 범위에 의해 한계가 지워진다.

정기선 운송에 있어서는 항로별로 해운동맹이 결성되어 있어 **협정운임**(協定運賃, tariff rate)을 책정하고 있으나, 동맹 외 선사와의 경쟁으로 인해 실제로 선사가 징수하는 **시장운임**(市場運賃, market rate)은 **협정운임**보다 훨씬 낮은 경우가 대부분이며 시황에 따라 그 변동 폭도 크다. 이는 운송서비스의 성격이 해운동맹 등 선사단체에 의해서 결정되고 선복공급이 비탄력적인데 기인한다.

기본운임률(basic rate)은 항로별·화물별로 서로 다르게 정해지고 기본운임의 계산은 **중량톤**(weight ton) 또는 **용적톤**(measurement ton) 가운데 높은 쪽을 **운임톤**(revenue ton, R/T)으로 하여 기본운임률을 곱하여 산출된다.[35] 일반적으로 **복합운송**(複合運送, combined or multimodal or intermodal transport)[36]은 정기선 해운에 다른 운송수단을 결합한 일관운송이기 때문에 이 경우 복합운송의 운임체계는 정기선 운임체계를 기본으로 하고 있다.

정기선 운송의 운임은 용적 또는 중량을 기준으로 하여 산출하고 있으며, 귀금속 등의 고가품인 경우에는 가격이나 개수를 기준으로 하고 있다. 중량보다 부피, 즉 용적이 큰 화물은 용적을 기준으로 하여 운임을 산출하며, 이러한 화물을 **용적화물**(容積貨物, measurement cargo)이라고 하고, 중량을 기준으로 하는 화물을 **중량화물**(重量貨物, weight cargo)이라고 한다.

할증료는 일반화물보다 무거울 경우 부과하는 **중량할증운임**(重量割增運賃, heavy lift surcharge), 부피가 크거나 길이가 길 경우 **용적·장척할증료**(長尺割增料, bulky or lengthy surcharge), 도착항의 항만사정이 선박으로 혼잡할 경우 **선박혼잡할증료**(船舶

이 가능성은 이를테면 내항선·외항선·특수선·화물선 등 선박구조의 상이 및 운임동맹의 존재 등에 의해서도 제한된다. 이와 같이 해운시장은 지역적으로는 내항시장과 외항시장, 그 운송대상의 적재가능성에 따라 유조선 시장, 광석선 시장, 곡물운반선 시장, 각 항로에 따라 정기선 시장과 부정기선 시장 등으로 구성되어 일정한 범위에서 상호 교섭한다. 각 시장 내부에서 일어나는 경쟁관계·수급사정 등 각 시장의 구조는 현저하게 다르다, 정기선 시장과 부정기선 시장은 완전히 대조적이나, 전용선 시장은 정기선 시장과 비슷한 성격을 지니고 있다.

35) 우리나라에서는 1ton=1cbm(m^3)로 보고 높은 쪽을 기준으로 운임을 산정한다. 통상 **운임의 구성요소**는 ①**기본운임**(basic rate), ②**할증료**(surcharge), ③**추가요금**(additional charge)으로 구성된다.

36) 복합운송은 특정의 운송품이 둘 이상의 종류가 다른 운송수단에 의하여 잇달아 운송되는 경우를 말한다. 또 그 운송의 일관성을 강조하여 일관운송이라고도 한다. 복합운송은 원래부터 단일계약에 의해 연속되는 운송을 내용으로 하여 성립되는 것이므로 송화인 스스로가 아니면 여러 운송인을 자신의 대리인으로 하여, ①각 구간에서 별개의 운송계약을 체결하는 경우[**부분운송**(部分運送)], ②특정 운송수단의 운송인이 다른 종류의 운송수단에 의한 하도급 운송으로 하여 이용하는 경우[**하청운송**(下請運送)], ③다른 운송수단에 의한 운송인도 동시에 운송을 인수하는 경우[**동일운송**(同一運送)] 및 ④후속하는 다른 운송수단에 의한 운송인이 각각 최초의 운송 계약 관계에 참가하는 경우[**연대운송**(連帶運送)]로 대별된다.

混雜割增料, congestion surcharge), 선적 시 목적항을 2개로 정했다가 출항 후 1개항에 기항할 경우 **선택비용**(選擇費用, optional charge) 등이 부과된다. 또한 환율변동에 따른 **환차손**(換差損, foreign exchange losses)을 화주에게 부담시키는 **통화할증료**(通貨割增料, currency adjustment factor, CAF),[37] 유류가격의 인상으로 발생하는 손실을 보전하기 위한 **유가할증료**(油價割增料, bunker adjustment factor, BAF)[38] 등이 있다.

2) 운임의 지급시기와 종류

(1) 운임의 지급시기

운임은 지급시기에 따라 ①**운임선불**(freight prepaid), ②**운임후불**(freight to collect)의 2가지로 구분할 수 있다. ①은 **화주**[수출자]가 선적지에서 지급하는 조건이다. 이는 선주나 화주의 합의로 결정되기 보다는 매매계약조건에 따르게 되는데, 예컨대 수출 CIF인 경우 이는 수출업자 주운임 부담조건이므로 운임은 선적지에서 지급된다. ②는 운임선불과는 반대로 화물을 선적하여 목적지에 도착한 때에 수화인 또는 그 대리인이 지급하는 것으로서 달리 **착불운임**이라고도 한다. 이 경우 운임을 지급받지 못할 경우를 고려하여 **운임보험**(freight insurance)에 들기도 한다.[39]

한편 하역비 부담에 따라 운임을 결정하거나 운송계약을 체결함에 있어서는 화물의 적화·양화비용을 누가 부담하느냐에 따라 **Berth Term**(B/T)[40] 조건 등으로 분

37) CAF란 일반적으로 해상운임이 미화로 징수되므로 달러화 가치하락에 따른 손실을 보전하기 위해 도입한 할증료로서 일정기간 동안 국가통화가치변동률을 감안하여 기본운임 외에 일정비율 또는 일정액을 부과하고 있는데, 항로별로 산출공식 및 부과액이 차이가 있다.

38) BAF란 선박의 연료인 벙커유의 가격변동에 따른 손실을 보전하기 위해 부과하는 할증료로서 CAF와 마찬가지로 기본운임에 대해 일정비율 또는 일정액을 부과하고 있다. 특별히 북미항로의 경우 이를 달리 **연료할증료**(fuel adjustment factor, FAF)라고도 한다.

39) 그 밖의 경우 운임 완성도에 따른 지급조건의 종류는 운송의 완성여부와 상관없는 **전액운임**과 그 완성도에 따라 지급되는 **비율운임**, **공적운임**(空積運賃, dead freight) 등이 있다. 이 경우 **공적운임**은 달리 **부적운임**이라고도 하는데, 부정기선인 경우 용선자가 운송계약에 따라 선적하기로 약정한 수량의 화물을 실제로 선적하지 않은 경우와 정기선의 선복을 예약하였으나 계약한 전체화물을 다 싣지 못하였을 때 그 선적부족량에 대해서도 지급하여야 하는 운임을 말한다.

40) Liner Term이라고 한다. 즉 화주가 선측까지 운송하여 선주에게 인도하면, 선주가 화물을 선적하면서 발생하는 선내인부임과 하역 시의 선내인부임을 부담하는 조건이다. Free In and Out(FIO) 선내 하역인부임을 적화·양화 시 모두 화주가 부담하는 조건이다. Free In(FI) 적화 시의 선내 하역인부임은 화주가 부담하고 양화 시는 선주가 부담하는 조건이다. Free Out(FO)는 FI와는 반대로 적화 시의 선내 하역인부임은 선주, 양화 시는 화주가 부담하는 조건이다.

류하는데 언제나 이 조건은 선주 입장에서 지칭된다. 정기선 운임의 종류는 화물의 중량·가격·형태에 따라 구분되는데 해상운임을 부과함에 있어 기준은 중량·가격·형태 등에 따라 각각 다르게 부과된다.

(2) 운임의 종류

가. 종가운임

고가품목은 운송과정에서 특별한 관리와 주의를 요하며 손상이 발생한 경우 그 배상액도 크게 되므로 보통 운임도 그 가격을 기준으로 결정하게 된다. 이에 적용되는 운임을 일컬어 **종가운임**(終價運賃, ad-valorem value)이라고 한다.

나. 할증운임

일정한도 이상의 중량품·장척화물 등은 적재 시 특별한 장비가 필요하고, 적재기술 및 수송관리 상 어려운 점이 많아 기본운임의 일정률을 할증하여 부과하게 되는데, 일반적으로 이를 **할증운임**(割增運賃, additional freight or surcharge)이라고 한다.

다. 특별운임

운송조건과는 별개로 해운동맹측이 비동맹선과 화물의 적취경쟁을 하게 되면 일정조건하에서 정상요율을 인하한 특별요율을 적용하는 경우가 있다. 이를 **특별운임**(特別運賃, special rate)이라고 한다.

라. 최저운임

최저운임(最低運賃, minimum freight)은 해상운임 징구 시 그 최저 기준은 톤으로 되어 있는데, 이를테면 어떤 화물이 1톤 미만일 경우에도 운임은 최저 1톤에 해당하는 운임을 부과하게 된다. 달리 **상당운임** 또는 **인정운임**이라고도 한다.

마. 경쟁운임

경쟁운임(競爭運賃, open rate)은 선적단위가 큰 화물이거나 **운임부담력**(運賃負擔力)[41)]

41) **운임부담력**은 서로 다른 운송대상 부담력의 상대적인 크기에 대해서, 예컨대 여객의 소득수준·화물의 중량·용적당 단가 등의 요소로부터 추론할 수 있다. **운임부담력설**(運賃負擔力說)은, 곧 운임은 운송용역의 가치와 수요자의 운임부담능력에 의해 결정된다는 견해로서 운송물품이 어느 정도 운임을 부담할 수 있는지의 능력을 말한다. 수출물품의 경우 통상 FOB 가격에 대한 운임비율로 평가되며, 운임수준이 설

이 특히 낮은 품목은 품목별 요율을 별도로 정하지 않고 그 회원사가 임의로 적용케 할 수 있게 함으로써 비동맹 선사와의 경쟁을 용이하게 하고 있다. 선사별 경영전략상 마련되어 제시되는 운임형태이다.

바. 오버랜드운임

북미대륙에는 육송운송의 종착지에 속하는 **Overland Common Point**(OCP)가 있으며 각 **OCP**에 대한 일관수송요금표가 정해져 있다. 이를테면 미국 서해안에서 남·북 다코타(south, north Dakota)와 네브래스카(Nebraska), 콜로라도(Colorado), 뉴멕시코(New Mexico) 등 록키산맥 동쪽의 멀리 떨어진 여러 지역으로 운송되는 복합운송화물의 해상운임을 특별히 할인하는 것을 말한다. 이들 지역으로 해상과 철도를 이용하여 운송할 경우 대서양 및 걸프지역보다 운임이 많이 들 수 있으므로 경쟁력을 위해 할인요금을 적용하는 것이다. 각기의 해당지역을 **OCP Area** 또는 **OCP Territory**라고 한다. 우리나라에서 이 지역으로 화물을 운송하는 것을 실무상 **오버랜드 수송**(over land transportation)이라고 하며, 북아메리카 서해안에서 양하되어 철도로 운송되는 화물의 운임률을 **OCP Rate**, 이 같은 화물을 **OCP Cargo**라고 한다.

사. 연락운임

화주가 화물운송을 의뢰함에 있어서 그 항로의 사정상 어느 지점에서 **환적**(換積, transshipment)할 수밖에 없는 선사는 최종 목적지까지의 환적수송을 책임지는 조건으로 전 구간에 대한 운임을 모두 받게 되는데, 이를 **연락운임**(連絡運賃, through freight)이라고 한다.

아. 지역운임

지역운임(地域運賃, local freight)은 주된 항구 간의 해상운임 이외에 항구 이외의 지역으로 이송되어야 할 경우에 발생되는 운임이다. 이 같은 정기선 운임의 특색은 자유경쟁원칙에 따라 결정되기는 하나, 부정기선운임과는 달리 운임동맹에 의해서 인위적으로 결정되는 경향이 있다. 그러므로 항로에 따라서 정도의 차이는 있으나 그 결정은 독점가격원리에 따라 이루어진다고 할 수 있다.[42] 일반 물품의 가격은

정되는 일련의 기준이 된다. FOB 가격이 높은 물품일수록 일반적으로 **운임부담력이 있다**고 한다.

42) **독점**(monopoly)은 물품의 공급 및 수요가 개인 및 집단에 의해 인위적으로 통제되는 상태로 공급독점과 수요독점으로 나뉜다. 이 중 중요한 것은 공급독점의 경우이다. 공급독점일 때는 독점자의 생산액이 공급의 전부 또는 대부분을 차지한다. 따라서 공급자는 공급량을 자유로이 증감할 수 있으므로 간접적으로 가격을 지배할 수 있다. 인위적·사회적 또는 자연적으로 자유경쟁이 제한되는 상태에서 성립하는

원가와 적정이윤이 가산된 금액으로 결정되며, 또한 수요공급에 따라 부단히 움직이는 것이 그 본질이나 정기선의 운임은 이와는 달리 결정되는 특성이 있다.

(3) 그 밖의 부대비용

가. 부과료

최초 화주와 선박회사 사이에 체결된 운송계약과 다른 운송조건이 요구될 경우 운임 이외에 화주는 별도의 **부과료**(additional charge)를 부담해야 한다. 이를테면 최종 양륙항을 여러 개로 선정하고 최종항구를 나중에 결정한 경우[optional charge], 중간항에서 환적이 불가피한 경우 **환적료**(transshipment charge), **연료비의 상승으로 인한 부과료**[BAF], **환율변동에 의한 부과료**[CAF], 일정량의 중량이나 용적을 초과한 경우, 길이를 초과한 화물의 경우 위험화물인 경우 **할증운임** 등이 이에 해당된다.

나. 체선료와 조출료

또한 선박이 화물적재를 위하여 정박기간을 초과하여 정박한 경우 초과기간에 대해서 체선료(滯船料, demurrage)[43]를 지급하여야 한다. 반대로 예상정박기간보다 빠르게 화물의 적재가 완료되어 정박기간이 단축된 경우 선주는 화주에게 조출료(早出料, despatch money)[44]를 지급한다.

다. 컨테이너 취급비용

그 밖의 부대비용으로 **컨테이너 취급비용**(terminal handling charge, THC)이 있다. **THC**는 화물이 **CY**에 입고된 순간부터 본선 선측까지 혹은 본선 선측에서 **CY**를 통과할 때까지의 화물이동에 따른 모든 비용을 말한다. 현재 실무상 해상구간 운임과 구별되는 개념으로 쓰인다. 원래 **THC**는 정기선운송에서 해상운임에 포함되는 부분이었으나 선사들이 해운동맹·운임동맹 등으로 운임을 변동하기가 용이하지 않아서 부수적인 부대비용을 추가로 청구함으로써 운임인상효과에 상당한 실효를 담보하기

독점가격(monopoly price)은 결국 독점자가 가장 큰 총이윤을 누릴 수 있는 곳에서 결정된다.

43) **체선료**란 화주가 약정한 본선의 정박기간 내에 선적 또는 하역이 완료되지 않아 추후 완료될 때까지 약정기간 이상 본선을 정박하게 할 경우 화주가 선사에 지급하는 비용을 말한다. **체선요율**은 미리 결정하여 용선계약서에 기재한다. 이는 예정일 이후 정박으로 발생하는 선박경비·항비·경비증액 또는 다음 항해 준비의 지장으로 발생하는 손실배상 등을 내용으로 한다.

44) **조출료**란 선박이 특정항구에 입항하여 계약된 정박기간보다 빨리 하역작업을 끝내면 선박회사 측이 화주 측에 지급하게 되는 일종의 장려금으로 **체선료**에 반대되는 개념이다.

위하여 징구하는 수익보전조치라 할 수 있다.

라. 적재와 양하비용

적재·양하비용도 경우에 따라서는 화주가 부담하여야 한다. 정기선 운송의 경우에는 적재와 양하비용을 선사가 모두 부담하게 되지만 부정기선 운송인 용선계약의 경우에는 적재와 양하비용은 선주와 화주 간 별도로 합의하여야 한다. 여기에는 ①**FI**(free in), ②**FO**(free out), ③**FIO**(free in & out), ④**Liner Term**(berth term) 등이 있다.

①의 경우 선주는 물품이 선박에 적재되는 비용을 부담하지 않는 조건이다. 곧 화주가 화물의 선내 적재비용을 부담하는 조건으로 양하비용은 선주가 부담하는 조건이다. ②의 경우 선주는 물품이 선박에서부터 화물이 양하되는 비용에 대해서 부담하지 않는 조건이다. 따라서 양하비용은 화주가 부담하는 조건으로 적재비용은 선주가 부담하는 조건이다. ③의 경우 선주가 화물의 선박 내 적재와 선박으로부터 양하비용 모두를 부담하지 않는 조건이다. 따라서 화물적재와 양하비용은 모두 화주의 부담이 되는 조건이다. ④의 경우 선주가 화물적재와 양하비용을 모두 부담하는 조건이다. 이는 정기선(liner) 운송에 해당되기 때문에 **Liner Term**이라고도 한다.

7 해운동맹과 편의치적

1) 해운동맹

해운동맹(海運同盟, shipping conference, freight conference)이란, 특정항로에 정기선을 취항시키고 있는 선사들이 상호 간의 경쟁을 억제하여 동맹협정을 통해 각자의 이익 보존 및 증진을 도모함과 동시에, 다른 한편으로 운송능력 및 운임의 안정, 서비스의 향상 등을 목적으로 하여, 운임이나 영업형태를 상호 협정하는 국내적이거나 국제적인 카르텔의 일종이라 할 수 있다.

본래 카르텔은 경쟁을 제한함으로써 독점 내지 과점을 목적으로 하는 것이기 때문에, 이를테면 국내법상 독점금지법이나 그 밖의 여러 가지 제약을 받는 것이 일반적이지만 해운동맹에 관해서는 독점금지법의 적용이 제외되는 경우가 많다.

해운동맹에는 ①화물등급・운임률・최저운임・할인 등에 관한 협정을 결정하는 것, ②적취량・운송구역의 분할・발착일시・항해빈도・사용선박의 척수를 협정하는 것[traffic conference], ③운임수입을 합동으로 계산하는 것[pool account conference] 등이 있다. 또 해운동맹은 용이하게 가입할 수 있는 **개방형 동맹**(open conference)과, 신규 가입에 엄격한 조건을 부여하는 **폐쇄형 동맹**(closed conference)으로 분류된다. 주요 항로별 해운동맹은, **태평양운임안정화협정**(Trans Pacific Stabilization Agreement, TSA), **유럽운임동맹**(Far Eastern Freight Conference, FEFC), **동남아정기선사협의회**(Intra Asia Discussion Agreement, IADA), **한국근해수송협의회**(Korea Near Sea Freight Conference, KNFC), **중동선사협의회**(Informal Rate Agreement, IRA) 등이 있다.

주요 해운동맹(Shipping Conference)

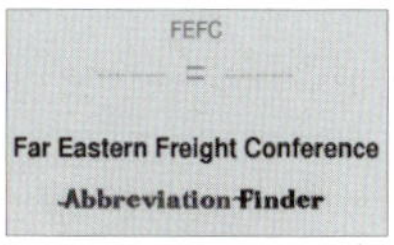

2) 편의치적과 역외치적

(1) 편의치적

편의치적제도(便宜置籍制度, flag of convenience system)는 원래 조세피난처(租稅避難處, tax haven)[45]를 통해 절세효과를 구하기 위한 선주의 욕구에서 비롯되었다. 그

45) ①법인세・개인소득세에 대해 원천징수를 하지 않거나, 과세를 하더라도 낮은 세율을 적용하여 세제상 특혜를 부여하는 장소[국가]를 가리킨다. ②**조세피난처**는 세제상 우대 및 외국환관리법・회사법 등의 규제가 적고, 기업경영상 장애요인이 거의 없음은 물론, 모든 금융거래의 익명성이 철저히 보장되기 때문에 탈세와 돈세탁 자금거래의 온상이 되기도 한다. 통상 ㉠완전조세회피 무세지역인 Tax Paradise, ㉡국외소득 면세국인 Tax Shelter, ㉢특정법인 또는 사업소득 면세국인 Tax Resort 등으로 분류된다. ③**조세피난처**를 통해 국내 유입되는 자금은 대개, ㉠**조세피난처**에 미리 예치해 놓았던 자금이 유입되는 경우, ㉡국내자금이 **조세피난처**를 우회하여 외국인 자금으로 둔갑해 재차 유입되는 경우, ㉢**조세피난처**를 통해 세탁한 자금이 특정일 전후해 국내로 유입되는 경우 등 3가지로 분류된다. **조세피난처**는 세계적으로도 많은 문제를 일으켜 현재 **경제협력개발기구**(OECD)를 중심으로 **조세피난처**에 대한 규제를 강화하는 경

러나 선주에게 있어서 **편의치적**은 단순한 세금의 도피처로서가 아니라 값싼 노동력을 고용하는데 매우 효과적이라는 것이 명확해지게 되었고, 한편 그 공여국들에 대해서는 등록비 징수만으로도 당해국가의 재정수입을 크게 늘릴 수 있다는 이해가 반영되어 점차 **편의치적선**이 크게 늘어나게 되었다.

편의치적이 세계적으로 크게 확산된 가장 큰 이해는 곧 선원비 지출의 감소였다. 또한 자국의 여러 가지 정책적 규제에서 벗어나 국제금융을 이용하여 선박을 신건조하거나, 경우에 따라 선박을 매각하는데도 훨씬 자유롭다는 인식이 보편화되었다. 곧 **편의치적**을 통하여 세계에서 가장 싼 국제금융을 이용 선박을 획득하여, 가장 저렴하게 운항할 수 있다는 사실이 보편화됨에 따라 **편의치적선**은 해운경영상 경쟁력을 확보하는 첩경이라는 사실이 해운업계에 널리 인식됨으로써, **편의치적**은 해운의 국제화 내지 세계화를 선도하는 최선의 방편으로 수용되었다. 이러한 사실에 근거하여 확립된 제도가, 곧 **편의치적제도**이다.

(2) 역외치적

편의치적을 대신해 등장한 제도가 **제2치적**, **역외치적**(域外置籍, flagging out) 또는 **국제개방치적**(國際開放置籍, international open registry, IOR)이다. 이는 1980년대 해운경쟁이 격화되면서 선진국 선대가 대량으로 편의치적을 하자, 자국선대의 해외이적을 방지하기 위해 자국의 자치령·속령 등에 치적할 경우 선원고용의 융통성과 세제혜택을 허용하기 시작한 것에서 비롯되었다.

제2치적제도는 자국령임에도 자국 선원노조의 영향을 받지 않는 일정지역을 치적지로 삼는 것이다. **제2치적제도**는 ①기존 등록지와 다른 곳에 등록하고 명목상 본사를 확보하여, ②자국기를 게양하면서 외국선원의 고용을 허용하고 각종 세금을 경감해 주고, ③선박안전 등에 관한 사항은 자국선과 동일하게 적용하며, 등록선박에 대한 관리체제가 잘 정비되어 있다. 현재 많은 나라가 **국제개방치적**을 허용하고 있다.

향을 보이고 있다. ④주요 조세피난처는 **버뮤다**(Bermuda Is.), **케이맨**(Cayman Is.), **산마리노**(San Marino), **몰타**(Malta), **키프로스**(Cyprus), **모리셔스**(Mauritius), **바하마**(Bahamas), **바베이도스**(Barbados), **벨리즈**(Belize), **파나마**(Panama), **버진아일랜드**(Virgin Is.), **도미니카**(Dominican Rep.), **쿡**(Cook Is.), **마셜**(Rep. of the Marshall), **사모아**(Samoa), **통가**(Tonga), **맨**(Is. of Man), **리히텐슈타인**(Liechtenstein), **모나코**(Monaco), **바레인**(Bahrain), **몰디브**(Maldives), **라이베리아**(Liberia) 등이 있다.

8 해상운송계약

1) 해상운송계약의 의의

해상운송(海上運送, sea transportation)은 호수・하천・항만을 제외한 해양(海洋)에서 운송이며, 호천 및 항만 내 운송은 육상운송에 속한다. 해상물품운송계약(海上物品運送契約, contract of carriage of goods by sea)은 용선계약(傭船契約, charter party)과 개품운송계약(個品運送契約, carriage in a general ship)으로 구분된다.

여기서 해상물품운송계약은 당사자 일방이 선박에 의한 화물의 해상운송을 인수하고 상대방이 이에 해상운임을 지급하기로 약정하는 계약을 말한다. 운송인은 선주・선박임차인이나 용선자이며, 운송위탁자는 용선계약의 경우에는 용선자, 개품운송계약의 경우에는 송화인이다.

법리적으로 해상물품운송계약은 물품의 장소적 이동이라는 일의 완성을 목적으로 하는 도급계약(都給契約)의 일종인 까닭에, 운임은 운송물의 도착지에서 수화인에게 인도할 때 지급하는 것을 원칙으로 한다. 이를 소위 운임착급(運送着給)의 원칙이라 한다. 그러나 실무에 있어 선하증권(船荷證券, bill of lading, B/L)[46]에는 운송물의 발송지에서 운임을 지급하기로 하는 운임선급조항(運賃先給條項, freight prepaid clause), 나아가 이미 지급한 운임을 운송물이 운송도중에 운송인의 책임 없는 사유로 멸실한 경우에도 반환하지 않는다는 취지의 소위 기지급운임불반환조항(旣支給運賃不返還條項)이 삽입되어 있음이 통상이다.

해상물품운송계약은 당사자 간의 합의만으로 성립하고 그 합의에 서면의 작성 그 밖의 특정형식 또는 방식을 요하지 않는 불요식의 낙성계약(諾成契約, consensual contract)이다. 그러나 증거의 보존 그 밖의 실무상 편의에 따라 각종의 서면이 계약 체결 전・후 또는 운송물 수령이나 선적 전・후에 작성된다.

이중에서 운송계약서, 곧 용선계약서(傭船契約書, chartering contract)[47]의 작성은

46) 법률용어로서 선하증권(船荷證券)은 무역상무의 학문적 범위 내에서는 달리 선화증권(船貨證券)으로 특정된다. 이는 운송계약의 주체로서 운송인(運送人)과 화주(貨主) 그 누구에게 상무적 주안점을 두고 있느냐에 따른 시각차라 판단된다. 본서에서는 법률관계, 곧 계약적 책임에 주안점을 두고 이하 선하증권으로 총칭한다. 다만 특별한 경우를 제외하고 이하 화주(貨主), 송화인(送貨人), 수화인(受貨人) 등의 표기는 원안대로 상무적 시각에 따른다.

47) 선주와 용선자 간 합의된 선박 내지 선복의 임대차 계약의 조건이 명기된 문서를 말한다. 이 문서는 당

계약의 상대방으로부터, 또한 선하증권의 발행은 용선자·송화인으로부터 청구가 있을 경우 이를 거부할 수가 없다. 이러한 용선계약서와 선하증권의 문면에 당사자 간 합의가 구체화된다. 즉 당해 서류 문면상 해상운송계약의 요소 및 그 밖의 중요한 운송관계가 구현되고, 또한 운송계약의 구체적 내용과 그 조건으로서 운송약관이 전면 또는 이면에 기재되거나 첨부된다.

해상물품운송계약은 그 법적 구조 또는 경제적 기능에 따라 ①**개품운송계약**과 ②**용선계약**으로 대별된다. 우선 ①은 운송인이 개개의 운송물품의 운송을 인수하고 상대방인 송화인은 그 대가로서 운임을 지급할 것을 약속하는 운송계약을 말하며, ②는 운송인인 선주가 선박의 전부 또는 일부의 선복을 제공하여 이에 선적된 물품을 운송할 것을 약속하고 상대방인 용선자는 이에 대하여 보수인 운임 곧 용선료를 지급할 것을 약속하는 해상운송계약을 말한다.[48]

해상물품운송계약에 있어 적용법규는 국제적 통일성을 중요한 속성으로 하는 해상법의 핵심이 되고 있는 것과 관련하여 그 운송관계, 특히 운송인의 손해배상책임에 관하여는 1924년 **헤이그 규칙**과 그 개정에 관한 1968년 **헤이그 비스비규칙**(Hague-Visby Rules) 및 이를 근본적으로 개편한 1978년 **UN 해상물품운송조약**, 곧 **함부르크 규칙**(Hamburg Rules) 등이 제정되어 있다.

2) 해상운송계약의 대상

(1) 정기선

통상 해상운송은 **정기선**(定期船, liner)과 **부정기선**(不定期船, tramper)이 주종을 이루고 있다. **정기선**은 정해진 **운항일정**(shipping schedule)에 따라 정해진 항로로 주로 **일반화물**(general cargo)을 운송하는 선박을 말한다. 이에 반하여 **부정기선**은 정해진 항로와 운임으로 정기적으로 운항하는 **정기선**과는 달리 일정한 항로나 화주에 한정되지 않고 화물운송의 수요에 따라 화주가 원하는 시기와 항로에 선박의 **선복**(船腹,

---

사자 양방이나 그 대리인에 의해 서명된다. 대부분의 용선계약은 모든 계약조건이 미리 인쇄되어 있는 표준서식에 의해 이루어진다. 이러한 서식에는 운임·정박기간·체선료·선박의 구조 및 속력·연료소모량 등의 기재공란이 있다.

48) 용선자가 용선계약에 의하여 용선한 선박의 전부 또는 일부의 선복에 자기의 물건을 싣지 않고 그 선복을 이용하여 다시 제3자와 운송계약을 체결하는 경우에 이러한 제2의 운송계약을 **재운송계약**(再運送契約, sub-charter party)이라고 한다. 이에 대하여 용선자가 선주와 체결한 그 기본이 되는 제1의 운송계약인 용선계약을 **주운송계약**(主運送契約)이라고 한다.

ship's space, freight space)[49]을 제공하여 운송하는 형태이다.

정기선을 선형측면에서 보면, ①**컨테이너선**과, ②**RO/RO선**(roll on/roll off)의 형태가 있다. ①은 ㉠**풀 컨테이너선**(full container ship)선과, ㉡**세미 컨테이너선**(semi-container ship)으로 구분되며, ㉠은 선박 내에 컨테이너를 하역할 수 있는 장비가 없지만, ㉡는 선박 내에 크레인이 설치되어 있는 것이 특징이다.

②는 하역기기에 의해 화물이 난간을 지나지 않고 선내에서 육지로 마련된 **경사로**(ramp way)를 따라 화물이 선적·양륙될 수 있는 선박을 말하는데, 대표적 예가 **자동차 전용선**과 **훼리선**이다. 수출되는 승용차의 경우 자동차 전용부두 야적장에 계류되어 있다가 차량들을 직접 자동차 전용선으로 운전하여 적재한다.

정기선의 경우 **화주**[송화인 또는 대리인]가 선박회사에 **선적요청서**(S/R)에 의해 화물운송을 신청하면, 운송인은 화물을 **예약**(booking)하고 **선적지시서**(S/O)를 발급하여 주는 것으로 화주와 선사 간 운송계약이 성립된다. 이러한 운송계약의 증거로서 선적이 완료되면 선주는 화주에게 **선하증권**(B/L)을 발급한다.

계약의 성립과정은 송화인 또는 그 대리인이 운송인인 선박회사 혹은 대리점 등에 운송을 **신청**(shipping request, S/R)하고, 운송인이 이것을 승낙하면 곧 화물을 그에게 인수시킴으로써 계약이 성립된다. 이러한 **개품운송계약**에 의할 경우 보통 여러 화주로부터 화물을 인수하여 혼적하므로 주로 **정기선**이 활용된다.

정기선은 예정된 발착이 **정기일정**(regular schedule)에 따라 특정항구 간을 취항하는 선박, 즉 **정기선**에 의하여 운영되는 것으로서 불특정 다수의 화주에 대하여 서비스를 제공하고 화물이 선박을 채우지 않더라도 예정된 일정에 따라 운항하게 된다.

한편 **정기선**의 목적물인 화물은 다종다양하여 **부정기선**의 경우와 같은 한 단위의 화물이 아니고 여러 화주의 소유에 속하는 소량화물인 잡화로 되어 있는 것이 특징이다. 따라서 운송계약도 개별화주를 상대로 하는 **개품운송계약**의 형식을 취하고 계약내용도 B/L상 보통계약약관에 의해 일률적·정형적으로 결정되며, 운임은 선내하역비용이 포함되는, 이른바 **Liner Term**인 것이 보통이다. 운임요율은 **운임요율표**(freight tariff)에 의하여 공시되는데, 대부분 정기선 해운업자 간에 해운동맹에 의해 운임조건 등이 협정되어 있다.

---

49) 화물을 적재할 수 있는 선박 내 모든 공간을 말한다. **선복량**은 선박이 지닌 운송서비스의 생산능력을 말하는 것이므로, 단순히 물리적인 선내공간을 의미하는 것이 아니라, 의장을 갖추고 선원을 승선시킨 상태의 선내공간을 말한다.

(2) 부정기선

부정기선(tramper)은 원목·철강석 등과 같은 **산화물**(酸化物, bulk cargo)과 자동차와 같은 특수한 물품의 수출·입 운송에 이용된다. **부정기선 운송계약**은 **정기선의 개품운송계약**(個品運送契約, contract of affreightment)과는 달리 통상 화주가 필요로 하는 선박에 대해 선적지와 양하지, 운송시기와 운임조건을 감안하여 **용선계약서**(charter party)를 작성, 해당 선박의 임대차계약을 맺는 형태를 취한다.

여기서 **개품운송계약**은 다수의 화주로부터 위탁된 개개화물의 운송을 인수하는 계약으로서 주로 정기해운업에 있어서의 계약형식이다. 이 계약은 사실상 서면으로써 작성되는 것은 아니지만, 그 내용이 선하증권 상에 기재되므로 그것으로써 대용된다. 그리고 이 계약에 있어서는 선박의 개성이 중요시되지 않고 화물의 종류나 성질·용적·중량 등의 사항이 계약의 핵심이 된다.

3) 해상운송계약의 형태

해상운송계약(海上運送契約, contract of carriage of goods by sea)은 **운송인**(carrier)이 선박에 의하여 행하는 물품운송을 인수하는 계약이다. 통상 송화인이 화물을 해상으로 운송하는 경우 화물의 수량이나 항로사정을 감안하여 운송형태를 정하게 된다.

운송형태에는 **정기선**에 의한 운송 및 **부정기선**에 의한 운송이 있는데, **정기선으로 화물을 운송하는 경우 개품운송계약을 체결**하고, **부정기선으로 화물을 운송하는 경우 용선운송계약을 체결**하는 것이 일반적이다.

(1) 개품운송계약

일반적으로 정기선로에 취항하는 **정기선**(liner)에 의한 운송은 대부분 개별화물을 운송하는 계약 하에 여러 화주로부터 화물을 모아 혼재하여 운송하는 방식을 취하고 있다. 곧 **정기선**에 의한 개별화물운송계약을 일컬어 **개품운송계약**(個品運送契約, contract of affreightment in a general ship)이라 한다. 요컨대 **개품운송계약**은 운송인인 선박회사가 다수 송화인의 개별화물을 운송하는 것을 인수하는 계약이다. 이 운송계약에 의한 운송형태는 통상 선박회사가 불특정 다수의 송화인으로부터 화물운송을 위탁받아 이들 화물을 혼재하여 운송하는 형태이다.

개품운송계약은 불요식계약이므로 별도의 계약서 작성은 필요 없다. 따라서 개품

운송계약은 **송화인**(shipper) 또는 그 대리인인 운송인이 선박회사・대리점・**복합운송주선업자**(freight forwarder) 등이 발행하는 **운항일정**(shipping schedule)을 검토하여 적당한 선박을 선정한 다음 운송을 **신청**(shipping request)하여 운송인이 이를 **승낙**[booking]함으로써 체결된다. **개품운송계약**의 경우 **주계약**[매매계약]상의 상거래 조건에 따라 선복을 확보하여야 할 책임이 **수출상**(매도인, seller)에 있는지 또는 **수입상**(매수인, Buyer)에 있는지가 결정된다. 가령 FAS 또는 FOB의 경우에는 원칙적으로 수입상이 선복을 확보할 책임이 있으며, 반면에 CFR 또는 CIF에 의한 경우에는 원칙적으로 수출상이 선복을 확보해야할 책임이 있다.

실무상 **개품운송계약**의 절차와 내용은 다음과 같다. **개품운송계약**은 **정기선** 선사와 화주 간에 체결되는 운송계약으로서 계약체결과정은, 우선 화주는 **정기선**의 일정표가 공표되면 선박명세・목적항・기항지・출항일자 및 화물의 운송조건 등을 열람한다. 대체로 화주들은 이를 통해 **잡화**(general cargo)의 운송을 의뢰하게 되는데[청약, offer], 재래선의 경우 화물은 실제로 선적 당시로부터 비로소 운송계약이 성립됨이 원칙이나, 달리 컨테이너선의 경우에는 반드시 부두가 아니더라도 운송인이나 그 대리인이 운송물을 수령하였을 때에도 계약은 유효하게 성립된다. 특수한 선복, 예컨대 고가품의 보관실・냉장실 등은 별도로 운송계약[특약]을 확인하여야 한다.

송화인이나 그 대리인이 선사나 그 대리점에 화물의 운송을 의뢰하고 이를 선박회사가 인수하는 것을 **선적예약**(booking)이라고 한다. 이와 같은 선적예약이 완료된 뒤 수출검사 및 통관절차를 거쳐 **수출허가**(export permit)를 받은 다음, 필요에 따라 검량・검수를 받고 당해 증명서를 발급받아 선박회사에 제출하게 되면, 선사는 본선 앞으로 보내는 **선적지시서**(S/O)를 화주에게 발급한다.

선적지시서와 함께 화물을 선사가 지정한 특정장소까지 운반하여 선사나 그 대리점에 인계하고, 선적지시서를 일등항해사에게 제출하고 선적을 대기한다. 화물이 선적되면 **본선수령증**(M/R)에 일등항해사의 서명을 받게 되는데, 이로써 본선의 운송책임이 비로소 발생한다. 이 **본선수령증**을 운임과 함께 선사에 제출하면, 선사는 그와 상환으로 선하증권을 발급한다.

(2) 용선운송계약

용선운송계약(傭船運送契約, contract of sea carriage by charter party)이란 **타인소유의 선박을 일정한 조건을 정하여 차용할 때의 계약**을 말한다. 즉 선주가 제공한 선박의 전부나 일부의 선복에 의하여 화물을 운송할 것을 약정하고, 이에 대하여 보수를 지급할 것을 약속하는 해상운송방법을 말한다. 일반적으로 **용선계약**에 이용되는 화물은 주로 특수한 화물로서 곡물・석탄・원목・광석 등 단일의 적화가 대량일 때에 이용되며, 부정기선을 사용하는 것이 일반적이다.

용선운송은 ①**일부용선계약**(一部傭船契約, partial charter)과 ②**전부용선계약**(全部傭船契約, whole charter)으로 구별되고, ②는 다시 어느 일정한 계약기간을 정하고 계약하는 ㉠**기간용선계약**(期間傭船契約, time charter)과 특정의 항구로부터 특정의 항구까지 항해를 정해 계약하는 ㉡**항해용선계약**(航海傭船契約, voyage charter)으로 구분되며, 그 밖에 특수형태의 ㉢**나용선계약**(裸傭船契約, bareboat charter)이 있다. 여기서 선주와 용선자 간에 합의된 선박 내지 선복의 임대차 계약조건이 명기된 문서를 **용선계약서**라고 한다.

용선계약서는 당사자 양방이나 그 대리인에 의해 서명됨이 일반적인데, 대부분의 용선계약은 모든 계약조건이 미리 인쇄되어 있는 표준서식에 의해 이루어진다. 이러한 서식에는 운임・정박기간・체선료・선박의 구조 및 속력・연료 소모량 등이 기재되어 있다.

가. 일부용선계약

일부용선계약(一部傭船契約, partial charter)이란 용선운송계약 시에 선복의 전부를 빌리는 것이 아니고 일부만 차용하는 경우 체결되는 계약을 말한다.

나. 전부용선계약

전부용선계약(全部傭船契約, whole charter)이란 용선운송계약 시 선복의 전부를 빌리는 경우 체결되는 계약을 말하는데, 여기에는 ①**항해용선계약**(航海傭船契約, voyage charter), ②**기간용선계약**(期間傭船契約, time charter), ③**나용선계약**(裸傭船契約, bareboat charter) 등이 있다.

①은 일정한 항구에서 항구까지 화물운송을 의뢰하는 화주(용선자)와 선주인 선박회사 간의 용선계약을 말하는데, 달리 **항로용선계약**(航路傭船契約, trip charter)이라고도 한다. **항해용선계약**의 경우 적화수량에 따라 운임을 계산하는 방식을 **운임용선계약**(運賃傭船契約, contract of affreightment)이라고 하며, 적량과는 관계없이 본선의 선복을 대상으로 단일항차에 대한 운임을 포괄적으로 약정하는 **선복운임**(船腹運賃, lump-sum freight)에 의한 방식을 **선복용선계약**(船腹傭船契約, lump-sum charter)이라고 한다.

②는 선박을 일정한 기간을 정하여 용선하는 계약으로, 이 경우 선주는 일체의 선박부속용구를 갖추고 선원을 승선시키는 등 선박의 운항상태를 갖추고 선박을 소정의 항구에서 용선자에게 인도하여야 하므로 전부용선이 된다.

③은 일반적으로 용선계약을 체결하면 선주가 선박과 함께 선원을 제공하도록 되어 있으며, **항해용선계약**인 경우에는 선주가 수선비·보험료 등도 부담하도록 되어 있으나, 용선자가 일종의 대차방식에 의하여 선원의 수배는 물론 운행에 관한 일체의 모든 감독 및 관리권한까지 행사하도록 하는 것이 **나용선계약**이다.

개품운송계약과 용선운송계약의 비교

	개품운송계약	용선운송계약
화 주	다수의 화주	특정화주
선 박	정기선	부정기선
화 물	컨테이너	산(벌크)화물
계약서	선하증권(B/L)	용선계약서(C/P)
운 임	Tariff Rate	Open Rate
운임조건	Liner Term	FIO, FI, FO

정기선의 종류(선형측면)

Full Container ship

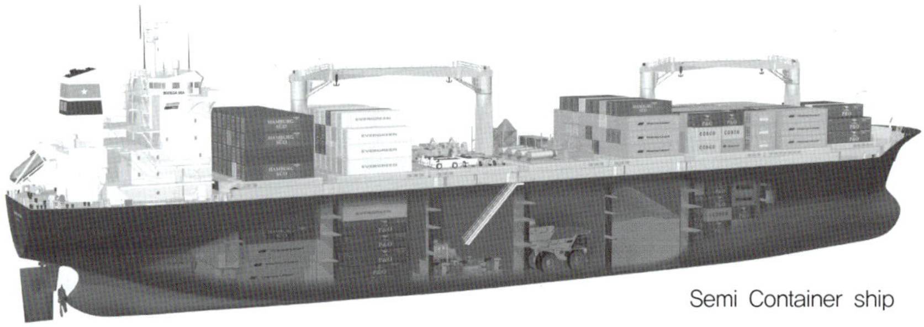

Semi Container ship

Pure Car Carrier

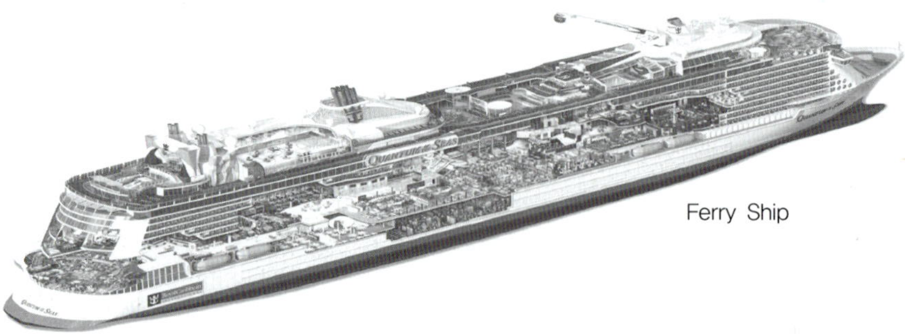

Ferry Ship

부정기선의 종류(선형측면)

Tramp Steamer

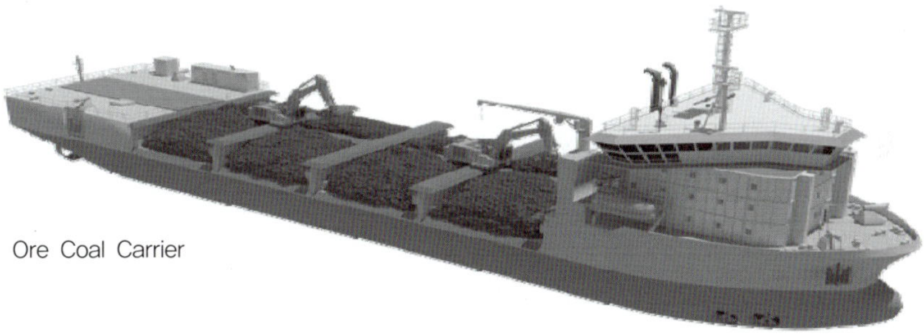

Ore Coal Carrier

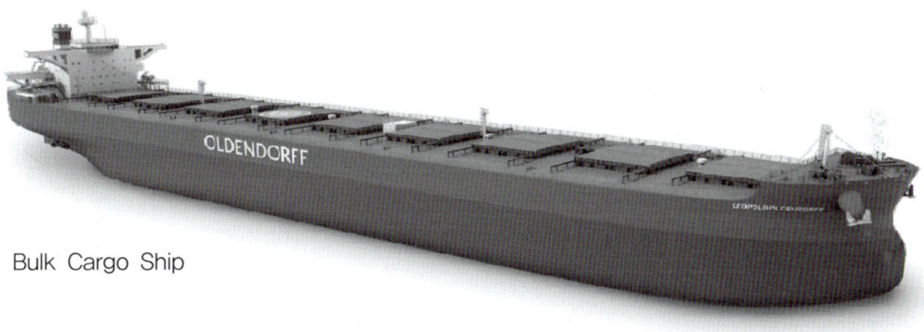

Bulk Cargo Ship

Chip Carrier

용선계약부 선하증권

BIMCO

CONGENBILL 2007

BILL OF LADING

To be used with charter parties

Page I

Shipper	Bill of Lading No.	Reference No.
Consignee	Vessel	
Notify address	Port of loading	
	Port of discharge	

Shipper's description of goods	Gross weight
(of which on deck at shipper's risk; the Carrier not being responsible for loss or damage howsoever arising)	

Freight payable as per
CHARTER PARTY dated:

FREIGHT ADVANCE
Received on account of freight:

SAMPLE

SHIPPED at the Port of Loading in apparent good order and condition on the Vessel for carriage to the Port of Discharge or so near thereto as the Vessel may safely get the goods specified above.

Weight, measure, quality, quantity, condition, contents and value unknown.

IN WITNESS whereof the Master or Agent of the said vessel has signed the number of Bills of Lading indicated below all of this tenor and date, any one of which being accomplished the others shall be void.

FOR CONDITIONS OF CARRIAGE SEE OVERLEAF.

Date shipped on board	Place and date of issue	Number of original Bills of Lading

Signature:

(i) ....Master
Master's name and signature

Or

(ii) ....as Agent for the Master
Agent's name and signature

Or

(iii) ....as Agent for the Owner*
Agent's name and signature

....Owner
*If option (iii) filled in, state Owner's name above

9 선하증권

1) 선하증권의 순기능

선하증권(船荷證券, bill of lading, B/L)은 해상운송인이 물품을 수령 또는 선적하였음을 증명하고 이를 운송하여, 양륙항에서 증권의 **정당한 소지인**(*bona fide* holder)에게 물품을 인도할 것을 약정하는 **유가증권**(有價證券, securities)으로 설명된다. 곧 선하증권은 **운송물품인도청구권**(運送物品引渡請求權) 또는 널리 **운송급부청구권**(運送給付請求權)을 표창하는 증권으로써의 법적 지위를 점한다.

선하증권에 결합된 유가증권성의 핵심은, 권리와 증권을 결합시켜 권리행사를 원활하게 하고 또한 그 유통성을 확보하는 기능에 있는데, 이러한 결합관계를 일컬어, **증권에 결합된 권리**라고도 한다. 다만 해상물품운송계약은 **불요식계약**(不要式契約, unformal contract)이므로 그 성립에 선하증권의 발행을 요하지 않으며, 운송계약 성립 후 그 효과로써 송화인 또는 용선자의 청구에 의하여 발행한다.

선하증권은 **화환취결**(貨換取結, negotiation)[50] 시 가장 중심적인 지위를 점하고 있는 구비서류라고 할 수 있는데, 그 이유는 선하증권의 양도가, 곧 **매매계약의 목적물**(subject matter of sales contract)의 인도와 동일한 법적 효력을 표창하고 있기 때문이다. **국제물품매매계약**(國際物品賣買契約, contract for the international sales of goods)의 당사자에게 있어서는 이러한 선하증권을 중심으로 한 **해상운송계약**(海上運送契約, contract of carriage by sea)의 제반 **상거래조건**(trade terms)에 따라 **정형거래조건**[Incoterms], 곧 **국제상관습**으로 널리 수용되어 있다.

선하증권은 국제물품매매계약의 당사자로서 매도인이 계약목적물을 해상운송인에게 운송을 위탁하고 동시에 매수인을 지급인으로 발행한 **환어음**(bill of exchange)을 어음매입의 방법에 의해 물품대금을 회수하게 되는 **역환**(逆換, reimbursement)의 과

50) 격지매매에 있어 매도인이 대금채권을 추심하기 위해 계약목적물을 표창하는 운송증권[선하증권]을 첨부하여 발행한, 곧 발행인이 기명날인 또는 서명하고 지급인에 대하여 일정금액을 수취인에게 지급할 것을 의뢰하는 형식의 환어음으로 대금을 회수하는 절차를 말한다. 격지매매의 매도인은 매수인을 지급인으로 하고 대금액을 어음금액으로 발행한 환어음에 선하증권을 첨부하여 매도인 은행[매입은행]에 추심위임배서를 하여, 곧 추심을 위하여 교부한다. 은행은 매수인의 주소에 있는 자신의 지점 또는 거래은행에 어음과 선하증권을 송부하여 매수인에게 어음을 제시하게 한다. 매수인이 지급에 응할 경우 지급과 상환으로 은행으로부터 선하증권의 교부를 받아 운송인으로부터 목적물을 수취하고 은행은 매수인이 지급한 금액을 매도인에게 교부한다.

정을 거치게 된다. 이는 운송물품에 대해 발행된 선하증권이 어음상 권리의 담보로써 **매입은행**(買入銀行, negotiating bank)에 신탁적 양도나 입질의 목적으로 처분할 수 있는 경제적 기능을 감당하고 있음을 뜻한다.

2) 선하증권의 법적 기능

①선하증권은 해상운송계약에 따라 운송물인도청구권을 표창하는 **유가증권**으로서 기재사항이 법정되어 있으나, 어음・수표와 같이 엄격하지 아니한 까닭에, 혹여 기재사항 가운데 중요하지 않은 사항이 일부 누락되어 있다고 하더라도 증권 자체가 무효가 되는 것은 아니므로, 상대적 **요식증권**[51]의 성격을 갖는다. ②선하증권은 채권의 원인이 증권에 기재되어 있다는 점에서 **요인증권**이다. ③선하증권은 이와 상환하지 아니하면 운송물의 인도를 청구할 수 없으므로 **상환증권**이다. ④선하증권은 **배서금지**(背書禁止, endorsement prohibition)가 기재되어 있지 않는 한 배서에 의해 양도할 수 있으므로, **지시증권**이다. ⑤선하증권을 발행한 경우 운송인과 소지인 간 운송에 관한 사항은 선하증권에 기재된 바에 따르므로 **문언증권**이다. ⑥선하증권이 발행된 경우 운송물에 대한 처분은 선하증권에 따라야 하므로 **처분증권**이다. ⑦선하증권은 운송물의 인도채권을 표창하기는 하나, 정당하게 운송물을 수령할 수 있는 자에게 선하증권을 교부한 때는 동일한 효력을 갖기 때문에, **인도증권**이다.

선하증권의 법적 기능

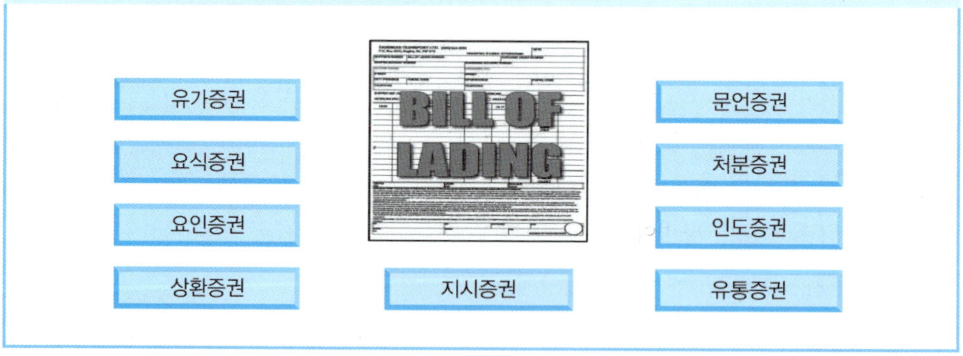

51) 증권의 기재사항이 법률에 의해 엄격히 정해진 유가증권을 말한다. 어음・수표・화물상환증・선하증권・창고증권 등이 속한다. **요식증권**은 그 엄격성 여하에 따라 ①**엄격한 요식증권**과 ②**엄격하지 않은 요식증권**으로 구분되는데, ①에는 소정의 법정 기재사항 중 하나라도 흠결이 있으면 원칙적으로 증권 자체가 무효로 되는 어음・수표 등이 해당되며, ②에는 필요적 기재사항 이외의 법정사항을 결한 것과 같은 형식상의 하자가 있더라도 증권이 무효로 되지 않는 선하증권・화물상환증 등이 있다.

3) 선하증권의 역기능

(1) 선하증권의 위기

선하증권은 권리행사 또는 이전에 **수권은행**(授權銀行, issuing bank, opening bank)의 지급보증으로 유통성을 확보하여, **현실적 인도**(actual delivery)의 제한을 극복하고 **추상적 인도**(constructive delivery)에 따른 경제적 실익을 표창하고는 있으나, **화환취결**을 위한 서류작성과 수수에 적잖은 시간과 비용부담을 장애로 두고 있다.[52] 이를 극복하기 위하여 **수입화물선취보증장**(輸入貨物先取保證狀, letter of guarantee, L/G)[53]과 양도 및 유통성을 담보하지 않은 **해상화물운송장**(海上貨物運送狀, sea waybill, SWB) 등이 고안되어 활용되고는 있으나, 이러한 장애를 극복하기 위한 근본적 해결책으로써는 기능하지 못하고 있다. 그 주된 이유는 비교적 단거리 해상운송의 경우 유용성과 **무역금융**의 담보기능적 차원에서 경제적 효용성이 결여되어 있는 바에 기인한다. 이러한 선하증권 한계상황을 소위 **선하증권의 위기**(the crisis of B/L)라고 한다.

52) ①**현실적 인도**는 현실적으로 물품의 점유를 이전시키는 것을 말한다. ②**추상적 인도**는 실제로 물품의 인도・인수를 행함이 없이 인도가 이루어진 것으로 추정하는 것으로서 여기에는 ㉠**양도승인에 의한 인도**(delivery by attornment)와 ㉡**상징적 인도**(symbolic delivery)가 있다. ㉠에는 ⓐ**점유개정**(占有改定, agreement on possession), ⓑ**간이인도**(簡易引渡, summary delivery), ⓒ**목적물 반환청구권의 양도**(目的物返還請求權讓渡, assignment of right to claim the return of the subject matter) 등이 있다. ⓐ는 매도인이 매매 후에도 매수인의 대리인으로서 계속 물품을 점유하는 경우, ⓑ는 물품이 매수인[점유권의 양수인]에 의해 점유되고, 매매 후 실제 인도・인수는 행하지 않고 당사자의 의사표시로서 인도가 이루어진 것으로 추정하는 경우, ⓒ는 물품은 매도인의 수탁자인 제3자에 의해 점유되고, 매매 후 매수인에게 물품을 양도하였다는 취지를 매도인이 제3자에게 통지하면 이후 제3자는 매수인의 권리를 승인하고 그 수탁자로서 계속 물품을 보유하는 경우이다. ㉡은 CIF와 같이 물품은 수탁자가 점유하고 있고, 매도인은 물품을 상징하는 **선하증권**(B/L), **화물상환증**[Waybill]과 같은 **권리증권**[權利證券 또는 **권원증권**(權原證券), document of title]을 매수인에게 교부함으로써 물품인도가 이루어지는 것으로 추정한다. 이때 권리증권의 양도는 물품인도와 동일한 효과를 갖는다. ㉡은 서류에 의해 인도가 이루어지므로 **서류인도**라고도 한다.

53) 운송물품이 도착하였음에도 선하증권을 포함한 선적서류가 도착되지 않는 경우 수입자가 선사에 대하여 추후 선적서류를 제출하겠다는 서약을 하고, 은행의 보증을 받아 이를 제출하고 화물을 인도받는 일이 관행이 되고 있는데, 여기서 선사의 화물인도행위를 **보증도**(保證渡)라 하고, 수화인이 선사에 제시한 서류를 **수입화물선취보증장**(L/G)이라고 한다. 수화인은 선적서류가 도착하면 선하증권을 선사에 제시하여 L/G를 반환받아, 이를 은행에 제시하여 보증을 해제하게 된다. 형식적으로 L/G는 수입상인 수화인이 선사에 발행하는 것으로서, 인도받을 화물의 명세를 기재하여, 화물의 선취에 관한 일정한 조건을 약정하고, 은행은 보증인으로서 서명하는 것에 불과하나, 이러한 L/G의 특징은 다른 일반 약정서와 마찬가지로 보증인의 의무가 그 증서의 성질을 좌우하는 정도가 아니라, 오히려 보증인의 존재가 본질적 효력발생의 요건으로 된다는 점이다. 그러나 L/G에 의한 인도는 선량한 선하증권 소지인의 화물인도청구에는 대항할 수 없다.

수입화물선취보증장(L/G) ①

담당자	책임자	부점장

수입화물선취보증 신청서

DGB금융그룹 대구은행 앞

L/G번호 :
L/G발행일:

선박회사명	신용장(계약서)번호	신용장개설일자
선박명/항해번호	상업송장금액	
선적항	상품명세	
도착항		
선하증권번호 / 선하증권발행일		
송하인	포장수	화물표시 및 번호
수하인		
인수예정자		

본인은 위 신용장 등에 의한 관계 선적서류가 귀행에 도착하기 전에 수입화물을 인도받기 위해 수입화물선취보증을 신청하며 본인이 따로 제출한 수입화물 선취보증서(LETTER OF GUARANTEE)에 귀행이 서명함에 있어 다음 사항에 따를 것을 확약합니다.

1. 귀행이 수입화물선취보증서에 서명함으로써 발생하는 위험과 책임 및 비용은 모두 본인이 부담하겠습니다.
2. 본인은 위 수입화물에 대하여는 귀행에 소유권이 있음을 확인하며 귀행이 수입화물선취보증서에 따른 보증채무를 이행하여야 할 것이 예상될 경우 또는 본인에 대하여 은행여신거래 기본약관 제7조 제1항~제5항 각호의 사유가 발생한 경우에는 귀행의 청구를 받는 즉시 위 수입화물을 귀행에 인도하겠으며 수입화물의 인도가 불가능한 경우에는 위 수입화물에 상당하는 대금으로 상환하겠습니다.
3. 본인은 위 수입화물에 관한 관계선적서류를 제3자에게 담보로 제공하지 않았음을 확인하며, 또한 귀행의 서면동의 없이 이를 담보로 제공하지 않겠습니다.
4. 본인은 위 수입화물에 관한 관계 선적서류가 도착할 때에는 신용장 조건과의 불일치 등 어떠한 흠결에도 불구하고 이 서류를 반드시 지급 또는 인수하겠습니다.

년 월 일

사 업 자 번 호 :
주 소 :
신 청 인 : (인)
연 락 처 :

SAMPLE

인감대조

#첨부서류 명세

☐선하증권 ☐상업송장 ☐포장명세서 ☐원산지증명서

☐검사증명서 ☐기타( )

4001101

(관리번호:6023)(용외:B4)(210×297)(인쇄일자:2004.9) DGB금융그룹 대구은행

수입화물선취보증장(L/G) ②

LETTER OF GUARANTEE

TO:

[Shipping Company]

L/G NO.: ____________________

Date : ____________________

<table>
<tr><td colspan="2">Vessel Name/Voyage No.
d</td><td>Letter of Credit No.</td><td>Date of Issue</td></tr>
<tr><td colspan="2">Port of Loading
d</td><td colspan="2">Invoice Value</td></tr>
<tr><td colspan="2">Port of Discharge(or Place of delivery)</td><td colspan="2" rowspan="3">Description of Cargo</td></tr>
<tr><td>Bill of Lading No.</td><td>Date of Issue</td></tr>
<tr><td colspan="2">Shipper</td></tr>
<tr><td colspan="2">Consignee</td><td rowspan="2">No.of Packages</td><td rowspan="2">Marks & Nos.</td></tr>
<tr><td colspan="2">Party to be delivered</td></tr>
</table>

Whereas you have issued a Bill of Lading covering the above shipment and the above cargo has arrived at the above port of discharge(or the above place of delivery), we hereby request you to give delivery of the said cargo to the above mentioned party without production of the original Bill of Lading.

In consideration of your complying with our above request,we hereby agree as follows:

1.To indemnify you,your servants and agents and to hold all of you harmless in respect of liability,loss,damage or expenses which you may sustain by reason of delivering the cargo in accordance with our request, provided that the undersigned Bank shall be exempt from liability for freight,demurrage or expenses in respect of the contract of carriage.

2.As soon as the original Bill of Lading corresponding to the above cargo comes into our posession,we shall surrender the same to you,whereupon our liability hereunder shall cease.

3.The liability of each and every person under this guarantee shall be joint and several and shall not be conditional upon your proceeding first against any person,whether or not such person is party to or liable under this guarantee.

4.This guarantee shall be governed by and construed in accordance with Korean law and the jurisdiction of the competent court in Korea.

Should the Bill of Lading holder file a claim or bring a lawsuit against you,you shall notify the undersigned Bank as soon as possible.

Yours faithfully,

For and on behalf of
[Name of Requestor]

SAMPLE

For and on behalf of
The Daegu Bank Ltd., Br.

Authorized Signature

Authorized Signature

4 0 0 1 0 9 1

(관리번호:6111)(용외:B5)(210×300)(인쇄일자:1999.7)

DAEGU BANK www.dgb.co.kr

(2) 선하증권의 기능적 장애

선하증권의 기능적 장애는 현재 물류시스템의 급속한 발전에 따라 더욱 심화되고 있는 처지에 있는데, 이에 부합할 수 있는 요건으로는 예컨대 ①**운송수단의 고속화**, ②**항만체계의 자동화**, ③**하역의 신속화**, ④**전자문서의 상용화** 등을 거론할 수 있다. 이 경우 특별히 전자문서의 상용화에 따른 다양한 **플랫폼**(platform)의 등장은 선하증권의 기능적 장애를 극복할 수 있는 최선의 방편을 제시하고 있는데, 곧 선하증권을 비롯한 무역서류의 전자화는 당해 정보의 일원화 및 공유화를 통하여 계약체결을 위한 교섭단계에서 결제에 이르는 전 과정을 보다 신속하게 유도하고 있을 뿐만 아니라 무역서류의 유통에 따른 위험성을 감소하고도 저비용·고효율의 실익을 제공하고 있다. 다만 전자문서의 법적 효력에 기한 선하증권의 전자화에는 당해 증권으로부터 **문서성**(documentation)의 이탈이 당연시 되는데, 이는 **정보통신망의 연계**[networking]를 통해 교환되는 **전자식 선하증권**이 사실상 종이문서에 기초한 원본이 아님에도 **등기능적 접근방식**(等機能的接近方式, the functional-equivalent approach)의 법적 배경을 기초로 이에 상당한 법적 지위를 부여받고, 선하증권의 전자화로부터 발생할 수 있는 법적 장애와 불명확성을 극복하고 있음을 의미한다. **전자식 선하증권**은 당해 증권에 **전통서면에 기초한 문서성**(traditional paper-based documentation)을 확보하여 이러한 문제점을 극복하고 있다.

4) 선하증권의 법적 효력

(1) 물권적 효력

선하증권의 **물권적 효력**은 일반적으로 **운송물품의 처분, 즉 양도 또는 입질 그 밖의 담보권의 설정에 관한 선하증권 수수에 있어 당사자 간의 물권관계를 정하는 효력**이라고 정의된다. 이는 곧 선하증권의 **인도증권성**으로 요약되는데, 환언하면 선하증권의 인도가 운송물품 자체의 인도와 동일한 효력을 가진다는 것을 뜻한다. 다만 선하증권의 **물권적 효력**의 내용은 법계 간 일정한 시각차가 존재하는데, 그 핵심은 우선 대륙법계에서 선하증권은 증권의 인도가 물품의 인도와 동일한 효력을 발생하는 유가증권으로서의 지위를 점하는 반면, 영미법계에서는 법률적 또는 사실적 행위를 정당화 할 수 있는 법률상 원인으로서, 달리 **권원증권**(權原證券, document of title)[54]

54) 권원은 법률적 또는 사실적 행위를 하는 것을 정당하게 하는 법률상의 원인을 일컫는다.

으로 칭하고 있음에 있다.

그렇지만 양 법계 공히 선하증권의 점유이전은 운송물품의 인도청구권 및 운송물품의 지배・처분권을 이전하는 것으로 취급되어, 곧 운송물품을 현실적으로 점유이전[인도]하는 것과 동일한 효력을 발생한다. 그 결과 운송물품의 소유권 이전 및 질권설정으로부터 제3자에 대한 대항요건이 부차적으로 발생한다.

선하증권의 **물권적 효력**이 인정되고 있는 배경은 운송 중에 송화인 등이 운송물품의 양도・입질 등의 처분을 위한 편의에 있다. 따라서 증권의 점유가 곧 운송물의 간접점유를 표창하고 있는 까닭에, 증권의 인도는 당연히 운송물의 간접점유를 이전하는 것이고, 또한 이에 따른 효력을 발생하기 위해서는 운송인이 운송물을 직접점유하고 있어야 함이 전제되어야 한다.[55] 이는 달리 선하증권은 **처분증권**으로서의 법적 성질을 갖고 있기 때문에 선하증권이 발행된 경우 운송물에 대한 처분은 선하증권으로 행사하여야 함을 의미한다.

그러나 처분증권으로서 선하증권이 발행된 경우 당해 선하증권은 단지 물품의 처분권을 제한하는 기능이 있을 뿐이고, 예컨대 선하증권으로 운송물품을 인도받은 당사자가 다시 다른 당사자에게 직접 당해 운송물품을 양도한 경우 운송물품의 인도를 받은 당사자가 선하증권이 발행되어 있다는 사실에 대해 선의・무과실(無過失, without fault)인 한, 선하증권의 인도를 받은 당사자보다 우선의 권리를 취득한다. 이는 운송물품 자체의 선의취득(善意取得, good faith acquisition)과 선하증권에 의한 **선의취득**이 경합하는 경우 전자가 우선함을 의미한다.

(2) 채권적 효력

선하증권의 **채권적 효력은 선하증권 소지인이 운송인에 대하여 해상운송계약상의 권리의무, 곧 채권채무를 주된 내용으로 하여 운송인과의 계약당사자가 아닌 선하증권의 소지인 사이의 채권적인 법률관계를 정하는 효력**이다. 이 같은 선하증권의 **채권적 효력**은 대개 선하증권의 **요식증권성**에 기하여 당해 증권의 기재사항과 관련한 문제로 귀착된다.

이 경우 운송계약관계에 따라 선하증권이 일정한 법정요건을 갖추어 발행된 경우

55) 법리상 타인이 개입됨이 없이 물건을 직접으로 지배하거나 점유보조자를 통하여 지배하는 것을 **직접점유**라고 한다. 예컨대 건물의 소유권자 A가 그 건물을 B에게 임대하고 있는 경우에 B는 직접점유자이고 A는 간접점유자이다. A는 B를 매개로 하여 점유를 하고 있으므로 A의 점유를 **간접점유**라고 하며, 달리 **대리점유**라고도 한다.

당해 증권이 운송관계를 상징하고, 그 취득자나 소지인은 증권의 문면상 기재된 바에 따라 매도인 내지 매수인의 지위를 승계하는 것으로 취급된다. 곧 선하증권 소지인과 운송인의 관계에서 선하증권은 **운송계약의 증거**(evidence of contract)로 기능하고 있음에 따라 선하증권이 운송계약의 내용을 표창하고 있는 이상, 일차적으로 선하증권 그 자체 내지 문면상 기재사항에 의하여 결정된다.

그런데 선하증권은 **무인증권**(無因證券)[56] 또는 설권증권(設權證券)[57]인 수표・어음과는 달리, 운송인과 송화인 간의 운송계약 또는 운송인에 의한 운송물품의 인수를 전제로 발행되는 요인증권(要因證券) 내지 **비설권증권**(非設權證券)인 까닭에, 선하증권의 기재사항에 어느 정도의 효력을 인정할 것인가가 문제시 될 수 있는데, 이는 곧 선하증권의 발행인인 운송인과 소지인간 운송증권의 **채권적 효력**의 문제로 귀결된다. 요컨대 선하증권의 **채권적 효력**에 기하여 선하증권 문면상 기재사항의 효력을 합리적으로 강화하여 선하증권의 발행인의 책임을 엄격히 인정하고 있는 취지는 선의의 소지인을 보호하려는데 그 궁극적인 목적이 있다.

5) 선하증권의 종류

(1) 발행시기에 따른 구분

가. 선적식 선하증권

선적식 선하증권(船積式船荷證券, shipped B/L, on board B/L)이란 선박회사가 화주로부터 수령한 운송화물을 선적한 후에 발행하는 선하증권으로서, 보통 선하증권 앞면 하단부분에 선적완료 사실을 **shipped** 또는 **shipped on board**란 표시와 함께 선적일자 등을 기재하여 나타낸다. 이를테면 FOB 또는 CIF 같은 상거래 조건은 본선인도를 전제로 한 것이기 때문에 이 경우 당연히 **shipped B/L**이 발행되어야 한

56) **불요인증권** 또는 **추상증권**이라고도 하며, **요인증권**에 대응하는 개념이다. 어음・수표가 이에 속한다. 예컨대 어음이 매매대금의 지급을 위하여 발행된 경우 어음상의 권리는 어음발행의 요건을 충족시키기만 하면 유효하게 성립되며, 어음수수의 원인인 매매계약의 무효・취소로 인하여 아무런 영향도 받지 않는다. 이 같이 증권을 **무인증권**으로 하는 주된 목적은 증권의 기재만을 신뢰하여 증권을 양수한 제3자를 보호함으로써 증권의 유통을 촉진시키고자 함에 있다. 그러나 이것은 증권의 유통성을 높이고 선의의 양수인을 보호하고자 하는 것이므로 직접 당사자나 악의의 취득자에 대하여는 항변사유가 된다. **무인증권**은 증권의 유통에 있어서 커다란 역할을 하는 반면, 무효의 원인관계를 숨기고 이러한 증권을 남용할 위험성도 있음에 유의하여야 한다.

57) 어음・수표와 같이 증권작성에 의해 증권상 권리가 발생하는 유가증권을 말한다.

다. 선적식 선하증권은 적재선박이 확정되어 있으므로 선적지체(船積遲滯, delayed shipment)에 기인한 손해를 입을 우려가 없어, 신용장에 의한 대금결제에 있어서는 선적식 선하증권을 화환어음과 같이 매입은행(買入銀行, negotiating bank)에 제시하여야 한다. 참고로 용어사용에 있어 **shipment**나 **on board**의 해석에 있어서는 미국과 영국의 경우가 각각 상이하므로 주의하여야 한다. 왜냐하면 **on board**나 **shipment**라고 하면, 미국에서는 선박・기차・자동차 등에 적재한다는 뜻으로 해석되지만, 영국에서는 반드시 선박(ship, vessel)에 적재된다는 뜻으로 해석되기 때문이다.

나. 수취식 선하증권

수취식 선하증권(收取式船荷證券, received B/L)은 화물을 선적할 선박이 화물을 적재하기 위해 항내에 정박 중이거나 아직 입항되지는 아니하였음에도 선박이 지정된 경우 선사가 주로 화물을 CY에서 수령하고 선적 전에 발행하는 선하증권이다. **수취식 선하증권**에는 추후 실제로 선적이 이루어진 후 선적일을 기입하고 선박회사가 서명[선적일부(船積日附), on board notation]하면, **선적식 선하증권**과 동일한 효력을 가지게 된다.

수취식 선하증권은 선박회사가 화주와의 운송계약에 의하여 화물을 특정화물 인수장소, 예컨대 선박회사의 부두창고 또는 부두장치장 등에서 인수하고 현실적으로 본선에 적재하기 전에 발행되는 것이며, 그 취지가 선하증권 문면에 기재되어 있다. 예컨대 **특정선박으로 운송하기 위하여 특정화주로부터 외관상 양호한 상태로 수취하였음**이라는 문언이 기재된다.

선사가 **수취식 선하증권**을 발행한 후 그 화물을 실제로 선적하였을 때는 선하증권 이면에 **화물이 특정일 본선에 적재되었음을 증명하는 문언**(we certify shipment has been loaded on board, date)을 기재하고 책임자가 이에 서명한다. 이처럼 수취 후 선적하였다는 취지를 기재한 **선적일부**(on board notation, on board endorsement)가 있는 것을 배서식 선하증권이라고 하는데, 이는 실질적으로 **선적식 선하증권**과 동일한 효력을 발생한다. **수취식 선하증권**은 지정된 선박이 아직 부두에 정박하지 않았거나 입항하지 않았을 경우 선박회사의 부두창고에 우선 입고되어 발행되는 일종의 **부두수취증**(埠頭收取證, dock receipt) 또는 **창고수취증**(倉庫收取證, warehouse receipt) 등과 유사하다고 볼 수 있다.

(2) 유통성 보유 여부에 따른 구분

가. 유통가능 선하증권

유통가능 선하증권(流通可能船荷證券, negotiable B/L)이란 선하증권을 전매・양도할 수 있다는 의미이다. 따라서 **유통가능 선하증권**은 **지시식**(指示式)[58]・**지참식**(持參式)・**선택지참식**(選擇持參式)・**무기명식**(無記名式)・**선택무기명식**(選擇無記名式) 등의 선하증권을 말하며 선하증권에 **유통가능**(negotiable)이라는 문구 또는 **수화인**(consignee)란에 **to order** 또는 **to bearer** 등의 표시가 있어야 한다.

선하증권은 화물을 표창하는 유가증권으로서 물권적 효력을 보유하고 있는 까닭에, 해상운송중인 화물을 선하증권으로 매매하여 당사자가 신속하게 자금을 융통할 수 있는 기능을 갖고 있으므로 대부분의 선하증권은 **유통가능**[지시식] **선하증권**으로 발행되어 유통전전 할 수 있게 된다.

나. 유통불능 선하증권

유통불능 선하증권(流通不能船荷證券, non-negotiable B/L)은 전매・양도가 허용되지 않는 선하증권으로서 문면에 **유통불능**(non-negotiable)이라는 문언이 기재되어 발행된다. 해상운송에 의한 대부분의 선하증권은 이와 같은 **유통불능 선하증권**으로 발행되는 경우는 극히 드물고, 다만 ①특수관계자 간, ②본・지사 간 거래, ③이삿짐 등의 운송에 제한적으로 이용된다. 참고로 항공운송의 경우 운송기간이 극히 짧기 때문에 운송증권으로서 **항공운송장**(航空運送狀, airway bill, AWB)은 모두 **유통불능증권**[기명식]으로 발행된다. 마찬가지로 **해상운송장**(海上運送狀, seaway bill, SWB)도 **유통불능증권**에 해당한다.

(3) 수화인의 표시방법에 의한 구분

가. 기명식 선하증권

기명식 선하증권(記名式船荷證券, straight, non-negotiable, consigned B/L)은 B/L의 **수화인**(consignee)란에 당해 수입자[매수인]의 이름이 기재된 선하증권이다. **기명식 선하증권**은 해상운송화물에는 거의 이용되지 않고, 이삿짐 또는 개인의 물품을 발송하는 경우 널리 이용되며, 유통이 불가하므로 송화인의 **배서**(背書, endorsement)는 필

58) 지시채권은 특정인 또는 그가 지시한 자에게 변제(辨濟, repayment)해야 하는 증권적 채권이다. 어음・수표・창고증권・화물상환증・선하증권・기명주식 등은 원칙적으로 **지시채권**이다.

요가 없다. 그러나 **기명식 선하증권**도 배서양도를 금지하고 있지 않는 한, 배서에 의해서 양도될 수 있는 여지가 있음을 유의하여야 한다. **기명식 선하증권**은 수화인란에 특정인이 명시되어 있어, 그 특정인이 양도하지 않는 이상 제3자에게는 효력이 없게 된다. 실무상 **기명식 선하증권**은 당해 증권의 제시가 없더라도 그 특정인의 신원이 확인된 경우라면 화물의 인도가 가능하다.

기명식 선하증권의 발행은 **수권은행**(授權銀行, issuing bank)의 지급담보를 행사할 수 없는 까닭에, 특별한 약정이 없는 이상 은행은 신용장 개설신청 시 **기명식 선하증권**의 발행을 허용하지 않는다.

나. 지시식 선하증권

지시식 선하증권(指示式船荷證券, order B/L)은 수화인란에 특정의 수화인명이 기재되지 않고, 단순히 **to order, to order of shipper, to Order of … Bank**와 같이 **지시인**(order)만 기재하여 발행된다. 곧 **지시식 선하증권**은 통상의 선하증권 기능이라 할 수 있는 **유통성**(negotiability)을 담보하고 있어 실무상 order B/L로 약칭된다. 통상의 무역에서는 **지시식 선하증권**이 사용되는데, 수입자[매수인]의 이름과 주소는 수화인란이 아니라 **착화통지처**(notify party)란에 기재된다.

수입자가 화물 또는 **화물인도지시서**(貨物引渡指示書, delivery order, D/O)를 선사의 대리인으로부터 수취하기 위해서는 이와 상환으로 정당하게 배서된 선하증권 원본을 제출하여야 한다. 따라서 송화인의 지시인 앞으로 되어 있으면 송화인은 선하증권 전통에 백지배서(in blank) 또는 특정의 하수인 혹은 그 **지시인**[named consignee or order] 앞으로 배서하여야 한다. 최초 원본 1통이 선박회사에 제출되면 나머지 2통은 무효가 된다. 만약 신용장이 **to order of shipper**로 기재된 선하증권을 요구한 경우 **to order**라고 기재된 선하증권을 제공하였다면, 신용장의 **엄격일치의 원칙**(the doctrine of strict compliance)에 따라 화환취결을 거절당할 수도 있다. 반대로 신용장이 **to order** 선하증권을 요구한 경우 **to order of shipper** 선하증권을 제시하였다면, 마찬가지로 대금지급을 거절할 수 있음을 의미한다. 따라서 신용장을 기반 한 거래에서는 신용장의 요구에 따라 문면상 적합한 선하증권이 발행되어야 한다.

지시식 선하증권에서는 통상 **착화통지처**(notify party)가 기재되는데, 이것은 선하증권의 유통성을 제한하는 것은 아니며, 아울러 선사가 반드시 **착화통지처**에 통지를 해야 할 의무를 부담하는 것이 아님을 유의하여야 한다. 여기서 **착화통지처**는 수입자・통관업자 또는 수입지 수출자의 대리인이 될 수 있다.

다. 지참식 선하증권

지참식 선하증권(持參式船荷證券, bearer B/L) 또는 **무기명식 선하증권**은 수화인란에 **bearer** 또는 **to bearer**라고 기재되어진 선하증권을 말한다. 지참식은 누구라도 그 선하증권을 소지하고 있으면 수화인의 자격을 보유한다. 실무상으로는 **to** (특정회사) **or bearer**로 되어 있는 **선택지참식**(選擇持參式)도 있다. 이 경우 특정회사가 수화인이 되어도 무방하나 **지참식 선하증권**이 배서를 요건에 두고 있음과 달리, **선택지참식**은 단지 교부만으로 유통시킬 수 있다는 차이점이 있다. 다만 국가별로 인정정도가 상이하여 선하증권 발행 전 이를 확인해야 한다.

(4) 사고 유무의 표시방법에 따른 선하증권

가. 무사고 선하증권

운송화물이 본선에 양호한 상태로 또한 신청한 수량대로 적재되어 선하증권의 적요란(remarks)에 화물의 사고문언이 기재되지 않고 깨끗한[clean] 채로 발행된 선하증권을 말한다. **무사고 선하증권**(無事故船荷證券, clean B/L)에는 양호한 상태로 수량이 일치함을 명시하기 위해서 **shipped on board in apparent good order and condition**이란 문언이 기재된다.

나. 사고부 선하증권

본선에 화물을 선적 시 포장·수량 등에 어떤 사고 또는 하자, 예컨대 파손·수량부족·**유손**(濡損, wet damage) 등이 발생할 경우 일등항해사는 이러한 사고를 **본선수취증**(本船收取證, mates receipt, M/R)의 **적요란**(remarks)에 기재된 **사고본선수취증**(foul M/R)을 발급하게 되는데, 이에 화주가 선사에 이를 제출하는 경우 선사는 선하증권의 비고란에 사고문언이 기재된 **사고부 선하증권**(事故附船荷證券, foul or dirty B/L)을 발행하게 된다. 예컨대 **rain work some wet, 6 cases broken** 등은 사고부 선하증권의 문면상 기재될 수 있는 사고문언의 유형이다.

한편 선적 시 **검수인**(tally man)은 매화물마다 화물의 수량 및 포장상태를 점검하여 그 결과를 **검수집계표**(tally report)로 작성, 일등항해사에게 제출하게 된다. 일등항해사는 이를 기초로 **M/R**을 작성, 송화인에게 교부한다. 이때 화물에 이상이 있으면 **M/R**의 적요란에 그 사실을 사고문언으로 기재하게 된다. 선하증권은 **M/R**에 근거하여 작성되는 바, **M/R**의 적요란에 사고문언이 있게 되면 역시 선하증권의 문면상에도 당해 사고문구가 기재되어 이는 **사고부 선하증권**이 되고 이러한 **사고부 선**

●●○ 파손화물보상장(L/I)

LETTER OF INDEMNITY

(To be duly stamped as per the Stamp Act applicable to the State)

(Letter of Indemnity with respect to payment of Balance in the Deceased Constituents' Account without Production of Legal Representations)

To,

The Branch Manager / Chief Manager / Asst. General Manager

State Bank of India

____

IN CONSIDERATION of your paying or agreeing to pay us,

Insert here the name(s) of the claimants

1) ____

2) ____

3) ____

4) ____

5) ____

6) ____

The sum of Rupees ____

____

Standing at the credit of Savings Bank / Current / R. D. Account No. etc.____________ with your bank in the name of Shri / Smt. / Kum. ____________________________

____ , since deceased, without production of Letters of Administration or a Succession Certificate to his / her estate or a Certificate from the Controller of Estate Duly to the effect that estate duly has been paid or will be paid or none is due we,

Insert here the name(s) of the surety(ies)

1 ____

2 ____

하증권은 은행이 화환취결을 하지 않으므로 송화인은 선사에, 예컨대 본 화물로부터 발생되는 모든 클레임에 대해서는 송화인이 전적으로 책임 질 것을 확약하는 바, 만약 이로부터 선사에 클레임이 제기되는 경우에는 그 일체를 배상하겠다라는 취지의 각서, 이른바 파손화물보상장(破損貨物補償狀, letter of indemnity, L/I)을 제출하여 무사고 선하증권을 발급받는 관행이 있다. 그런데 법리상 L/I는 선하증권의 진실성을 해하는 허위표시(虛僞表示, false expression or declaration of will)로서 수화인 등 선의의 증권 소지인을 속이는 결과가 되어 법리상 명백한 불법서류로 취급된다. 왜냐하면 이는 상거래의 안전을 해하는 위법한 행위로 볼 수 있기 때문이다.

만약 무사고 선하증권의 소지인이 선사를 상대로 클레임을 제기하는 경우 선사는 일차적인 책임을 면할 수 없게 되는데, 이 경우 선사는 소지인에게 일차로 배상한 후 송화인에게 당해 배상을 전가하게 된다. 따라서 선사는 L/I의 처리에 신중을 기하여야 한다. 그럼에도 불구하고 다른 한편으로 L/I는 신속·민활한 상거래를 유도할 수 있다고 하는 경제적 실익에 있는데, 예컨대 경미한 파손의 경우 이를 관계당사자에게 통지하고, 그 이해에 따라 향후 발생할 수 있는 과다비용을 사전에 방지할 수 있다고 하는 점이다.

L/I는 통상 수통이 작성되며, 정본은 무사고 선하증권을 발행한 선적지의 선사 또는 대리점이 보관하고, 부본은 본선과 양륙지 선사의 대리인이 보관하여 장래 발생할 수 있는 클레임에 대비하게 된다. 또한 L/I를 발행하게 되는 경우 이 사실을 반드시 보험회사에 통지해야 하는데, 만약 그렇지 않게 되면 사기(詐欺, fraud)로 취급되어 사고가 발생한 경우라고 하더라도 보험금을 청구할 수 없게 된다. 통지 후에는 적화목록(manifest)에 M/R이 비고내용을 그대로 기재하고 당해 화물에 대해 무사고 선하증권이 발행되었음을 명시하여야 한다.

(5) 실무·특수 선하증권

가. 통선하증권

통선하증권(通船荷證券, through B/L)은 운송화물이 목적지에 도착할 때까지 서로 다른 복수 이상[이종(異種)]의 운송기관, 즉 해상·육상·항공을 교대로 이용하여 운송되는 경우 환적할 때마다 운송계약을 맺는 절차 및 비용을 절약하기 위하여 최초운송인(first carrier)이 당해 전 운송구간(全運送區間)에 대해서 발행하는 선하증권이다.

통선하증권이 발행됨에 있어 해상운송인은 육상운송을 수배하여 운송서비스에 충당하게 되는데, 이 경우 해상운송인은 송화인의 대리인으로서 행동할 뿐 당해 구간운송에 책임을 부담하는 것은 아니며, 다만 통선하증권의 발행인으로서 해상운송의 이행과 해상구간의 손해를 책임진다.

통선하증권은 일반적으로 해상 및 육상을 겸하여 발행되는 선하증권이라고 하는 특징을 보유하는데, 곧 **통선하증권**은 보통의 선하증권인 동시에 **철도화물상환증**(鐵道貨物相換證, railway bill)의 기능을 겸하고 있는 특징이 있다.

나. 약식 선하증권

선하증권의 발행 등의 절차를 간소화하기 위하여 선하증권 이면에 기재된 장문의 약관을 생략한 것을 **약식 선하증권**(略式船荷證券, short from B/L)이라 한다. 다만 **약식 선하증권**은 분쟁이 발생하면 원래 선하증권의 이면에 기재된 약관에 따른다고 하는 문언이 기재되어 있음이 보통이다.

다. 컨테이너 선하증권

컨테이너 적재설비를 갖추고 있는 선박에 화물을 선적한 경우 발행되는 선하증권을 **컨테이너 선하증권**(container B/L)이라 한다. 컨테이너에 의한 운송의 경우 화주는 생산공장 또는 창고에서 컨테이너를 선박회사의 CY까지 자신의 책임 하에 운송하여 선박회사에 인도한다. 따라서 선박회사는 인수받은 화물이 화주가 포장하고 봉인한 것이기 때문에 그 내용을 알 수 없다는 뜻으로 부지약관(不知約款, unknown clause)[59], 곧 **shipper's load and count** 또는 **said by shipper to contain**이라는 문언을 **컨테이너 선하증권**의 문면에 기재하고 있다. 통상의 경우 **컨테이너 선하증권**은 **무고장 선하증권**으로 취급된다.

라. 집단 선하증권

집단 선하증권(集團船荷證券, groupage B/L)은 **무선박공중운송인**(non-vessel operating common carrier, NVOCC)이 동일한 목적지로 가는 LCL 화물을 집하하여 하나의 단위화물[group]로 구성하여 선적할 때 발행하는 것을 말한다.[60] 이 경우 **NVOCC** 또

59) **컨테이너 선하증권**에는 운송품이 송화인에 의하여 적입된 컨테이너이므로, 특히 선하증권은 표면에 기재된 컨테이너의 개수만을 수령하였다는 증거로서 내장품의 상태 및 명세는 운송인이 알지 못하므로 운송인은 그에 대한 어떠한 책임도 지지 않는다는 약관을 **부지약관**이라 한다. **부지약관**에 대신하여 선하증권 표면에 **송화인의 적재 및 검수**(shipper's load and count), **본인 적입**[said to contain]이라는 **부지문언**(不知文言)이 기재되는 경우도 있다.

60) 영미법에서는 운송인을 **공중운송인**(公衆運送人, common carrier, public carrier)과 **사적운송인**(私的運送人, private carrier)으로 구별한다. 곧 어떤 운송인이 특정 화주와 선하증권이 아닌 별도의 운송계약을 체결하고 운송서비스를 제공할 경우에는 **사적운송인**이 되고, 달리 불특정 다수의 화주를 대상으로 **운임요율**

는 운송주선인(freight forwarder)이 화주와 선박회사 간 운송서비스에 관계하게 되는데, 선박회사로부터는 **집단 선하증권**을 받고 화주에게는 **개별 선하증권**(個別船荷證券, house B/L)을 교부한다. 이 **집단 선하증권**은 소량의 화물을 운송하는 경우 개별 운송하는 것보다 포장비 및 운송비를 절감시키는 이점이 있어 소량화물의 운송 특히 실무상 항공운송에 주로 이용된다.[61)]

마. 시효경과 선하증권

시효경과 선하증권(時效經過船荷證券, stale B/L)이란 물품이 선적된 후 상당한 기간이 경과된 선하증권, 곧 선하증권의 제시기간이 필요 이상으로 지연된 선하증권을 말한다. 예컨대 선하증권 발행일자 이후 21일이 지나 매입은행에 제시하면 특별히 당초 신용장상에 **stale B/L acceptable**이란 조항이 없이는 수리를 거절할 수 있다. 수출자는 즉시 수출대금을 회수하기 위하여 B/L이 발행되는 즉시 화환어음을 발행하여 운송서류와 함께 21일 이내에 은행에 제시하여 그 화환어음을 매입하게 된다.

그러나 만약 21일이 지난 후 B/L을 은행에 제시하면 은행은 수리를 거절할 수 있다. 곧 **시효경과 선하증권**이 수출상과 수입상이 서로 합의하여 이루어지는 경우는 신용장상에 **stale B/L acceptable**이란 조항이 기재되어 은행이 수리하지만, 수출자와 수입자 간 사전 합의 없이 야기되는 **시효경과 선하증권**은 통상 은행이 수리를 거절한다.

바. 환적 선하증권

환적 선하증권(換積船荷證券, transshipment B/L)은 운송경로의 표시에 있어 도중의 환적을 증권 문면에 기재한 선하증권을 말한다. 환적은 화물의 손상을 초래케 하고 화물운송지연의 원인이 될 뿐만 아니라 환적비용이 발생할 우려가 있기 때문에, 실무상 이를 방지하려면 특별조건으로서 신용장상에 **transshipment prohibited** 문언표기를 하여야 한다.

(tariff rate)과 선하증권에 기초하여 운송서비스를 제공할 경우에는 **공중운송인**이 된다. 요컨대 **공중운송인**은 불특정 다수의 화주를 대상으로 운임요율을 공시하고 운임요율 범위에서 화주 및 화물에 차별을 두지 않고 공평하게 운송서비스를 제공하는 자이다. 주로 정기선에 해당되며 컨테이너 선사가 대표적인 **공중운송인**이라 할 수 있다. **공중운송인**은 ①**유선박공중운송인**(vessel pperating common carrier, VOCC)과 ②**무선박공중운송인**(non-vessel operating common carrier, NVOCC)으로, ①은 선박을 직접 운항하는 정기선사를 지칭하고, ②는 선박을 직접 운항하지 않으면서 운송주체가 되어 자기의 운임요율을 보유하고 그 명의로 운송증권을 발행하여 운송서비스를 제공하는 자이다. NVOCC는 VOCC에게는 화주의 지위, 동시에 화주에게는 운송인의 지위를 갖게 된다.

61) 이 경우 **운송주선인**이 발행한 B/L을 **운송주선인 선하증권**(forwarder's B/L)이라고 한다.

집단 선하증권(Groupage B/L)

APL Logistics

BILL OF LADING

B/L NUMBER
CHT687778

SHIPPER (Principal or Seller licensee and full address)
HOPYICK BANGLADESH LIMITED.
PLOT#61-65, DEPZ (OLD) GANAKBARI,
SAVAR,DHAKA#1349,BANGLADESH.

CONSIGNEE (Name and Full Address) Non-Negotiable Unless Consigned to Order
(Unless provided otherwise a Consignment "To Order" means To Order of Shipper)
MARKS AND SPENCER SCM LTD
C/O APL LOGISTICS
6TH FLOOR,SOUTH QUAY PLAZA 3
189 MARSH WALL, LONDON E14 9SH,UK

NOTIFY PARTY (NAME AND ADDRESS)
MARKS AND SPENCER SCM LTD.,
C/O:APL LOGISTICS UK.6TH FLOOR,
WYNDHAM HOUSE,SOUTH QUAY PLAZA 3
189 MARSH WALL,LONDON E14 9SH,UK.
ATTN:PAT FOREMAN/ DAVID BROADLEY

ALSO NOTIFY PARTY
MARKS AND SPENCER SCM LTD
LOWRY HOUSE, CENTRAL PARK
OHIO AVENUE, SALFORD QUAYS
MANCHESTER, M50 2GT,
UNITED KINGDOM.

VESSEL AND VOYAGE
ALTONIA 314S
MAERSK SHEERNESS 1402

EXPORT REFERENCE

PLACE OF RECEIPT	PORT OF LOADING
CHITTAGONG, BANGLADESH	CHITTAGONG, BANGLADESH
PORT OF DISCHARGE	**PLACE OF DELIVERY**
FELIXSTOWE, UNITED KINGDOM	LUTTERWORTH,UNITED KINGDOM

EXCESS VALUATION Please Refer to Clause 7 (iii) of the Carrier's Bill of Lading

PARTICULARS FURNISHED BY SHIPPER

MARKS AND NUMBERS	NO. OF PKGS	DESCRIPTION OF PACKAGES AND GOODS	GROSS WEIGHT KGS.	MEASUREMENT CBM.
CNTR# CARRIER SEAL# MODE SIZE PKGS UNIT				
PONU7530137 MLBD0145460 CFS / CY 40X8'6 11 CTNS			55.620	0.670
	11 CTNS		55.620	0.670
TO: CML LUTTERWORTH HC VULCAN WAY MAGNA PARK LUTTERWORTH LEICESTERSHIRE LE17 4XR TEL 01455 200700 FAX :01455 200777 STEPHEN MARLOW		DESCRIPTION OF PACKAGES AND GOODS 11 CTNS GROSS WT:55.62KGS LADIES KNITTED THONG HTS CODE : 61082200 STROKE P.O NO EEC CAT QTY 8550T 2010386633 13 1968 INVOICE NO.:HYBD/880718/2013 EXP NO : 23000501 34098 13 CONTRACT NO : 280-N-001 DATE : 03.05.2013		
TOTAL ELEVEN CTNS ONLY		ORIGINAL		
TTL BL TOTALS FP:	11 CTNS	ON BOARD DATE: 29DEC2013	55.620	0.670

** FREIGHT COLLECT **

B/L TO BE RELEASED AT	OCEAN FREIGHT PAYABLE AT	
FREIGHT RATES CHARGES, WEIGHTS AND/OR MEASUREMENTS (SUBJECT TO CORRECTION)	PREPAID	COLLECT
AS PER ARRANGE		
TOTAL		

COPY

The undersigned Carrier hereby acknowledges receipt of the sealed container or packages or other shipping units said to contain the Goods described above in apparent external good order and condition unless otherwise stated. The Shipper agrees, and the Consignee, and every person purchasing this instrument for value, if negotiable, or otherwise having an interest in the Goods is advised that the receipt, custody, carriage and delivery of the Goods are subject to all the terms and conditions set forth and incorporated by reference on this side and the reverse hereof, whether written, stamped or printed.

A set of (3) originals of this bill of lading is hereby issued by the carrier. Upon surrender to the Carrier of any one negotiable bill of lading, properly endorsed, all others shall stand void.

FOR AND ON BEHALF OF
APL Logistics Ltd.

By:

Date and Place Issued:
30DEC2013 CHITTAGONG, BANGLADESH

●●● 개별 선하증권(House B/L)

VANGUARD logistics services

OTI :019927

SHIPPER/EXPORTER (2) (COMPLETE NAME AND ADDRESS)

DAMCO A/S C/O MAERSK VIETNAM LIMITED
28 PHUNG KHAC KHOAN, DISTRICT 1,, HO CHI MINH , VIETNAM
Tel: 84 (8) 3824 3757, Fax: 84 (8) 39390207

DOCUMENT NO. (5)

SGNTOR13090202

EXPORT REFERENCE (6)

SCAC code:

CONSIGNEE (3) (COMPLETE NAME AND ADDRESS) NOT NEGOTIABLE UNLESS CONSIGNED TO ORDER

DAMCO CANADA INC
2576 MATHESON BLVD E L4W 5H1
MISSISSAUGA, ONTARIO MISSISSAUGA
CANADA

FORWARDING AGENT REFERENCES (7)

POINT AND COUNTRY OF ORIGIN (8)

VIET NAM

NOTIFY PARTY (4) (COMPLETE NAME AND ADDRESS)

SAME AS CNEE

DOCUMENT PRESENTATION (9)

LCL NAVIGATION LTD
6605 ORDAN DRIVE, MISSISSAGUA, ONTARIO, L5T, 1X2, CANADA
Tel: 905-362-6000, EXT. 222 Fax: 905-362-6001

PLACE OF RECEIPTS (12)

HO CHI MINH CITY

VESSEL (13) FLAG	PORT OF LOADING (14)
LEO AUTHORITY V.13019N	HO CHI MINH CITY
PORT OF DISCHARGE (15)	**PLACE OF DELIVERY (16)**
HONGKONG	TORONTO, CANADA

INTERAL REFERENCE (10)

PARTICULARS FURNISHED BY SHIPPER

MASKS AND NUMBERS	NO. OF PKGS	DESCRIPTION OF PACKAGES AND GOODS	GROSS WEIGHT	MEASUREMENT
LCL/LCL;		A PART OF ONE (01)x40'HC CONTAINER(S) STC	KGS	CBM
CRSU9131292/00358/40HC	26CTNS	MEN'S 100% COTTON KNITTED POLO SHIRT	318.620	2.080
	------------		-------	-------
P.O. NUMBER: STYLE NUMBER: COLOR NUMBER: SIZE BREAKDOWN: QUANTITY PER SIZE :	26CTNS	STYLE NAME : IVY POLO SHIRT CT NO.: S/C NO 13V08009CA09 S13V08009 PO NO. STYLE NO TW - 88 902380 088 8806130 SEASON SA# HOLIDAY 2013 1314220 858 PCS (26 CTNS) HS CODE: 6110200091 SCAC CODE: DMCQ ACI CODE; 8085 /HBL# SGN1161790	318.620	2.080

COPY

Shipped on board
15-SEP-2013

B/L SURRENDERED

'FREIGHT COLLECT'
SAY: TWENTY SIX (26) CTNS ONLY

FOR EXCESS AD VALOREM VALUE SEE CLAUSE 19 ON REVERSE SIDE

CHARGES. INCL FREIGHT

OCEAN FREIGHT	AS ARRANGED

RECEIVED FOR SHIPMENT from the MERCHANT IN apparent good order and condition unless otherwise state herein, the GOODS mentioned above to be transported as provided herein, by any mode of transport for all or any part of the Carriage, SUBJECT ALL THE TERMS AND CONDITIONS appearing on the face and back hereof and in the CARRIER'S applicable Tariff, and are available electronically at http:// www.vlshkg.com.hk to which the Merchant agrees by accepting the BILL OF LADING.

Where applicable law requires and not otherwise, one original BILL OF LADING must be surrendered, duly endorsed, in exchange for the GOODS or CONTAINER(S) or the PACKAGE(S), the others to stand void. If a 'Non-Negotiable' BILL OF LADING is issued, neither an original nor a copy need be surrendered in exchange for delivery unless applicable law so requires.

By VANGUARD LOGISTICS SERVICES
As Agent for Carrier

Date September 15, 2013 B/L NO SGNTOR13090202

6) 선하증권의 기재사항

(1) 필수기재사항

선하증권의 전면에 표시되는 **필수기재사항**으로는 ①선하증권 및 운송인의 표시・②선박의 국적・③선박의 명칭과 톤수・④운송품의 종류 및 중량과 용적・⑤포장의 종류・⑥개수와 기호・⑦송화인 및 수화인의 성명 혹은 상호・⑧선적항과 양륙항・⑨운송구간 및 운임의 표시・⑩선하증권의 작성지와 작성일자・⑪선하증권의 발행부수・⑫선하증권 서명권자의 기명날인 등이다.

(2) 임의기재사항

임의기재사항에는 ①본선항해번호(voyage no.)・②운임지급지・③운임지급조건・④선하증권번호(B/L no.)・⑤컨테이너 번호 및 봉인번호(sealing no.) 등이다. 특히 **임의기재사항** 중 가장 중요한 것이 선주의 책임면책에 관해 명시하고 있는 각종 면책약관(免責約款, exception clause)이라고 할 수 있다. **면책약관**은 보통 선하증권의 이면에 명백히 인쇄되어 있는 **일반약관**(一般約款, general clause)과 선하증권의 여백에 기입하거나 고무인・스탬프 등으로 기입되는 **특별약관**(特別約款, special clause)이 있다.

(3) 운송인의 면책사항

선하증권의 이면약관 중 선주가 항상 면책이 되는 사항을 **통상면책약관**이라 하는데, 선박이 불가피한 위험에 직면하여 사고를 당했을 때 선주가 책임을 면하게 된다는 내용을 담고 있다. 예컨대 선박회사가 예견하고 방지할 수 없는 **해난**(海難, perils of sea) 및 순수한 자연력에 의한 **천재**(天災, act of God) 등에 의한 사고에 대하여 선사는 자동적으로 면책된다. 또한 이 같은 자연적 재해이외에도 전쟁위험 등에 기인한 손해와 제3자의 행위에 기인하는 위험에 대하여도 선사는 책임을 지지 않는다. 운송인의 주요 면책조항을 요약하면 다음과 같다.

가. 과실조항

과실조항(過失條項, negligence clause)은, ①**항해과실**(航海過失, navigational fault)과 ②**상업과실**(商業過失, errors of cargo handling and custody)이 있다. ①은 선장・선원・도선사・선박회사의 사용인에 의한 선박조종 등 일체 기술행위에 관한 과실을 말한다. 반면에 화물선적・적부・보관・하역・인도 등에 기인한 손해는 ②라 하고, 이 경우 선사는 면책을 주장하지 못하고 손해발생 시 배상에 임해야 한다.

나. 잠재하자조항

잠재하자조항(潛在瑕疵條項, latent defect clause)과 관련, 선박의 감항능력(堪航能力, seaworthiness) 담보의무는 각국 법규상 해상운송인에게 그 책임을 부과하고 있으나, 선체나 기관 및 장비 등에 기술적 결함이 잠재하여 출항 전 **상당한 주의의무**(due diligence)에도 불구하고 발견할 수 없는 때, 선사의 면책이 인정된다.

다. 이로조항

이로조항(離路條項, deviation clause)은 항해 중에 인명 및 재산의 구조・피난 및 기타 상당한 이유가 있는 경우에 예정항로 외의 지역으로의 선박운항이나 기항에 의해 발생한 손해에 대하여도 선사는 면책된다.

라. 부지조항

부지조항(不知條項, unknown clause)은 선사가 선적 시 화물내용까지는 검사하지 않으며, 선하증권에 **외관상 양호한 상태로 선적하였다**고 기재하여 화물내용・중량・용적・수량・품질・종류・가격 등과 관련한, 선사의 면책조항이다. 이는 특히 컨테이너화의 특성상 컨테이너 내에 적입된 화물에 대해 이를 운송할 선박회사가 일일이 그 내용물을 확인할 수 없는 상황에서 부가된 조항이다.

마. 화물고유의 성질

화물고유의 성질(inherent defect)에 있어 생동물・갑판적 화물・어패류・육류・과실류・부패성화물・도자기 등은 화물자체의 성격상 파손・누손・부패・사망 등이 발생할 수 있으므로 이에 대해서도 면책된다.

바. 고가품에 관한 조항

고가품에 관한 조항으로서 송화인이 선적 시 화물의 종류・품질・가격 등을 명시하지 않았고, 또한 운임이 **종가률**(ad-valorem rate)에 의하지 않았을 경우 발생될지 모르는 손해에 대하여 선주는 일정금액을 한도로 배상책임을 부담한다.

선적식 선하증권(Shipped B/L)

MAERSK

MAERSK LINE

RFC GHE092502HK5

BILL OF LANDING FOR PORT TO PORT SHIPMENT

Shipper (Complete Name And Address) **Shenzhen Ailisheng Trade Co., Ltd.** **Phoenix Road,Luohu district, Guangdong** **Shenzhen city,China** **Telephone and fax: 086-755-36922075**	Packing List No.: **219618043-1** Bill of Landing No.: **SSOF090406718** Freight And Charges Payable By: **Shipper at shen zhen /Guangdong** Terms Of Sale: **FOB (2010)**
Consignee (Complete Name And Address) **Alejead Pc S.A.S - Aptdo Postal 28059** **Carrera 100 5-39 – Cali - Valle - Colombia** **Telephone and email: 059-032-4491451 - alejead@hotmail.com**	Number of Original Bill of Landing Issued: **Three (3)** Place and date of issue: **15 – August – 2010 Shen zhen / China**
Notify Party (Complete Name And Address) **Same as consignee**	For Release Of Shipment, Please Contact: **Agencia de Aduanas Siacomex Ltda – Buenaventura** **Calle 2 No. 2ª-58 – PBX: (052) 242 2798** **Fax: (052) 242 4823 - buenaventura@siacomex.com**
Place of Receipt: **Shen Zhen / China** Port Of Loading: **Shangai / China**	Total No. Of Container/Package Received By The Carrier: **1 / 0**
Place of Delivery: **Cali / Colombia** Port Of Discharge: **Buenaventura / Colombia**	For Transshipment To: **Maersk Line** Vessel/Voyage: **CSCL LE HAVRE / 0029W**

Marks And Numbers	No. of PKGS	Description of Packages And Goods	Gross Weight	Measurement
20' steel Dry Cargo Container No: CSQU3054383	**500 packages**	**500 units of 15.6 inch laptop with core i7 8GB RAM, In 6 pallets with 80 packages each one with a volume of 1.63 M^3 and 1 pallet with 20 packages with a volume of 0.41 M^3**	**1650 Kg**	**10.2 M^3**

COPY

The above particulars are according to the declaration of the shipper. The carrier received the above goods in apparent good order and condition, unless otherwise specified, for carriage to the place as agreed above subject to the terms of this Bill of Landing including those on the back pages. If required by the Carrier, one original of this Bill of Landing must be surrendered duly endorsed in exchange for the goods or delivery order. In witness whereof original Bill of Landing has been signed in the number stated below, one of which being accomplished the other(s) to be void.
IN ACCEPTING THIS BILL OF LANDING, the Shipper, Consignee, Holder hereof, and Owner of the goods, agree to be bound by all of its stipulations, exceptions and conditions, whether written, printed or stamped on the front or back hereof, as well as the provisions above Carrier's published Tariff Rules and Regulations.

	Prepaid	Collect
Ocean freight	**USD 3.300**	

Shipped on Board: **20 – August – 2010**
Place: **Shangai**

In Witness Whereof **3** original Bills of Lading have been signed, not otherwise stated above, one of which being accomplished the others shall be void

Signature: ------------------------

B/No: SSOF090406718
Terms of landing continued on reverse side

The contract evidenced by Bill of Landing is governed by the laws of the Hong Kong Special Administrative Region. Any proceeding against the carrier must be brought in the courts of the Hong Kong Special Administrative Region and no other court.

수취식 선하증권(Received B/L)

BILL OF LADING

Shipper
SHIPPER NAME AND ADDREES
TEL & FAX

Bill of Lading No.

GATEWAY CONTAINER LINE

Consignee (if 'To Order' so indicate)
SENDERS NAME AND ADDRESS TEL

Notify Party (No claim shall attach for failure to notify)
SAME AS CONSIGNEE OR AGENTS NAME & ADDRESS.

Cargo Delivery, please Contact :
THIS IS THE RECEIVER OF THE GOODS ONCE IN PORT. TRY TO CHANGE WITH YOUR AGENTS NAME ADDRESS SO YOU DO NOT INCUR EXTRA FEES

Place of Receipt	Port of Loading
BANGKOK, THAILAND	BANGKOK, THAILAND

Vessel	Port of Discharge	Place of Delivery
HEUNG-A ASIA V. 817 N	POINT LISAS,TRINIDAD	POINT LISAS,TRINIDAD

Marks & Numbers Container No.	No. of Pkgs. or Shipping Units	Description of Goods & Pkgs.	Gross Weight	Measurement
AZIM POINT LISAS TRINIDAD	2 CARTONS	CFS/CFS MEN'S T-SHIRT 100% COTTON KNITTED LADIE'S BLOUSE 100% COTTON WOVEN AS PER INV. NO. 0-397-08 "LOCAL DESTINATION CHARGE ARE FOR CNEE ACCOUNT" COPY CTNR No.:GLDU7246240 FREIGHT PREPAID	120.000 KGS	1.000 CBM
	Total	TWO CARTONS ONLY	ORIGINAL	

PARTICULARS FURNISHED BY SHIPPER

Freight Details, Charges etc :	PREPAID	COLLECT

JURISDICTION AND LAW CLAUSE

Excess Value Declaration : Refer to Clause 6 (4) (B) + (C) on reverse side

December28,2008

RECEIVED by the Carrier the Goods as specified above in apparent good order and condition unless otherwise stated, to be transported to such place as agreed, authorised or permitted herein and subject to all the terms and conditions appearing on the front and reverse of this Bill of Lading to which the Merchant agrees by accepting this Bill of Lading, any local privileges and customs notwithstanding.

The particluars given above as stated by the shipper and the weight, measure, quantity, condition, contents and value of the Goods are unknown to the Carrier.

IN WITNESS where of THREE(3) original Bills of Lading have been signed, one of which being accomplished, the other(s) to be void.

Place and date of issue

Signed on behalf of the Carrier :

GATEWAY CONTAINER LINE CO., LTD.

by

기명식 선하증권(Straight B/L)

STRAIGHT BILL OF LADING - SHORT FORM

ORIGINAL - NOT NEGOTIABLE

Carrier's Pro No. ______

Shipper's Bill of Lading No. ______

Consignee's Reference/PO no. ______

Carrier's Code (SCAC) ______

Name of Carrier: **RMX Freight Systems**

RECEIVED, subject to individually determined rates or contracts that have been agreed upon in writing between the carrier and shipper, if applicable, otherwise to the rates, classifications and rules that have been established by the carrier and are available to the shipper, on request;

From ______ Date ______

Street ______ City ______ County ______ State ______ Zip ______

The property described below, in apparent good order, except as noted contents and condition of contents of packages unknown marked, consigned, and destined as shown below, which said carrier agrees to carry to destination, if on its route, or otherwise to deliver to another carrier on the route to destination. It is mutually agreed, as to each carrier of all or any of said property over all or any portion of said route to destination, and as to each party at any time interested in all or any of said property, that every service to be performed hereunder shall be subject to all the terms and conditions of the Uniform Bill of Lading set forth in the National Motor Freight Classification 100-X and successive issues. The shipper hereby certifies that he is familiar with all the terms and conditions of the said bill of lading, including those on the back thereof, and the said terms and conditions are hereby agreed to by the shipper and accepted for himself and his assigns.

Consigned to ______

On Collect on Delivery Shipments, the letters "COD" must appear before consignee's name.

Destination

Street ______

City ______ **County** ______ **State** ______ **Zip** ______

Delivering Carrier ______ **Trailer No.** ______

Additional Shipment Information ______

Collect on Delivery $ ______ And remit to: ______

Street ______ City ______ State ______

C.O.D.charge To be paid by: Shipper ☐ Consignee ☐

Handling Units No. Type	Packages No. Type	H.M.	Kind of Package, Description of Articles, Special Marks and Exceptions (Subject to correction)	Weight (Subject to Correction)	Class or Rate Ref. (For Info. Only)	Cube (Optional)
		☐				
		☐				
		☐				
		☐	SAMPLE			
		☐				
		☐				
		☐				

Mark "X" to designate Hazardous Materials as defined in Department of Transportation Regulations. NOTE (1) Where the rate is dependent on value, shippers are required to state specifically in writing the agreed or declared value of the property as follows:

"The agreed or declared value of the property is specifically stated by the shipper to be not exceeding ______ per ______."

NOTE (2) Liability Limitation for loss or damage on this shipment may be applicable. See 49 U.S.C. § 14706(c)(1)(A) and (B).

NOTE (3) Commodities requiring special or additional care or attention in handling or stowing must be so marked and packaged as to ensure safe transportation with ordinary care. See Sec. 2(e) of NMFC Item 360.

Freight charges are PREPAID
Unless marked collect.
CHECK BOX IF COLLECT ☐

FOR FREIGHT COLLECT SHIPMENTS:
If this shipment is to be delivered to the consignee, without recourse on the consignor, the consignor shall sign the following statement: The carrier may decline to make delivery of this shipment without payment of freight and all other lawful charges.

______
(Signature of Consignor)

Notify if problem enroute or at delivery ______ (For informational purposes only)

Name ______ Fax No. ______ Tel. No. ______

Send freight bill to: ______

Company Name ______ Street ______ City ______ State ______ Zip ______

Shipper ______ Carrier ______

Per ______ Per ______ Date ______

Shipper Certification

This is to certify that the above materials are properly classified, described, packaged, marked and labeled, and are in proper condition for transportation according to the applicable regulations of the Department of Transportation.

Per ______ Date ______

Carrier Classification

Carrier acknowledges receipt of packages and required placards. Carrier certifies emergency response information was made available and/or carrier has the Department of Transportation emergency response guidebook or equivalent document in this vehicle.

Per ______ Package Nos. ______

Date ______

지시식 선하증권(Order B/L)

CMS LOGISTICS GROUP CO.,LTD. — **BILL OF LADING**

Shipper SHENYANG C&A MACHINERY I/E CO.,LTD. ROYAL CLUB NO.19WENYI ROAD SHENYANG 110016 P.R.CHINA TEL:86-24-3130 6396 FAX:86-24-3130 6811	Booking No. / B/L No. CMS08110801 Export References
Consignee or Order(if "Order" State Notify Party) TO ORDER ✓	Forwarding Agent References UNITED LOGISTICS GMBH ABC-STR.19,ABC BOGEN 20354 HAMBURG GERMANY TEL:49-403208586-21 FAX:49-4041919151 Point And Country of Origin
Notify Party MR.KARL SCHWEIGHOFER,STEFANSHART 55 A-3321, ARDAGGER AUSTRIA TEL.0043699 10282266	For delivery of the goods apply to: MR.JAN TIEDEMANN
Place of Reciept SHANGHAI / Port of Loading SHANGHAI	Onward Inland Routing
Port of Discharge HAMBURG / Place of Delivery AMSTETTEN	
Vessel CMA CGM RIGOLETTO / Voyage V.FA237W	Final Destination(For the Merchants Ref.)

Undermentioned particulars as declared by Shipper,but not acknowledged by the Carrier

Containers No./ Seal No. Marks And Numbers	No. of Containers or Other Pkgs	Description of Packages and Goods	Gross Weight	Measurement
NO.1-4 ------- PI081028	4PKGS	PELLET PRESS CRUSHER BRIQUETTE PRESS GOODS AS PER PROFORMA INVOICE NO.PI081028 CFS/DOOR FREIGHT PREPAID	1850.000KGS	3.850CBM

COPY — ORIGINAL — SHIPPED ON BOARD 27 NOV 2008

Total Number of Containers or Packages(in words): SAY FOUR PACKAGES ONLY

Received by the carrier the goods as specified above in apparent good order and condition unless otherwise stated, to be transport to such place as agreed,authorized or permitted herein and subject to all the terms and conditions appearing on the front and reverse of this bill of lading to which the merchant agrees by accepting this bill of lading, any local privileges and customs notwithstanding. The particulars given below as stated by the shipper.
Weight,contents and value of the goods are unknow to the carrier.
IN WITNESS whereof the number of original bill of lading stated above have been signed, all of this tenor and date, one of which being accomplished, the others(s) to be void. The contract evidenced by or contained in this bill of lading is governed by the law of China and any claim or dispute arising hereunder or in connection herewithshall be determined by the courts in China and no other court.

Freight And Charges Revenue Tons Rate Per	Prepaid	Collect	Prepaid at	Laden on board the vessel
Optional Declared value for Increased Freight Charges to Avoid Packages Limitation: US$		NUMBER OF ORIGINALS:THREE	Signed as agent for the Carrier CMS LOGISTICS GROUP (SHANGHAI) CO.,LTD Authorized Signature AS AGENT FOR THE CARRIER Date & Place Issued	
Total Charges				

선하증권의 기재사항

BILL OF LADING

Consignor
HOOYUEN LTD
UNIT 102, 1/F, HOOYUEN HOUSE,
13 NORTH POINT RD, NT, HK
ATTN:MR. YUEN

수출자의 상호와 주소

Country of Origin
HONG KONG — 원산지

Bill of Lading No.
MBW00011702 — 선하증권의 일련번호

F / Agent Name & Ref.

Shipper's Ref.

Consigned to order of
FOREVER TEXTILE
ROOM 123, FOREVER BUILDING,
2XX MING HO TSUN, SHANSAN HSIANG, TAINAN HSIEN,
TAIWAN
TEL: 02 27111111 FAX: 02 27111112

송금방식의 경우 수입자명과 주소
신용장의 경우 개설은행명

Notify Party (No claim shall attach for failure to notify)
TRANS EASY LIMITED
ROOM 321, HELLO FTY BUILDING,
234, DEMO STREET, TAINAN HSIEN,
TAIWAN
TEL: 02 32133213 FAX: 02 32133211

통상적으로 수입자

운송인이 화물을 수취하는 장소

Place of Receipt CHINA	Intended Port of Loading HONG KONG	Freight Payable at DESTINATION (운임지급시기(지))	
Intended Vessel V-S027 WAN HAI 232	Intended Port of Discharge KAOHSIUNG	Place of Delivery KAOHSIUNG	No. of Bills of Lading 3

Marks & Numbers	Quantity and / or Packages	Description of Packages and Goods	Gross Weight	Measurement
CTN3456/TEHT2354	100ROLLS	SHOES AND LEADER	200KGS	300CBM

선박명(항해번호) 양륙항(인도장소) 검수된 중량・용적

화물적재 컨테이너표기 컨테이너 또는 포장개수

P/L, I/V에 기재된 물품내용

SAID TOTAL: TWENTY ONE (21) BALES ONLY

Total | Temperature Control Instructions

Freight Details, Charges etc:

COPY

Excess Value Declaration : Refer to Clause 21.7 on reverse side

RECEIVED by the Carrier the Goods as specified above in apparent good order and condition unless otherwise stated, to be transported to such place as agreed, authorised or permitted herein and subject to all terms and conditions appearing on the front and reverse of this Bill of Lading to which the Merchant agrees by accepting this Bill of Lading, any local privileges and customs notwithstanding.

The particulars given above as stated by the shipper and the weight, measure, quantity, condition, contents and value of the Goods are unknown to the Carrier.

In WITNESS whereof one (1) Original Bill of Lading has been signed if not otherwise stated above, the same being accomplished the other(s), if any, to be void. If required by the Carrier one (1) original Bill of Lading must be surrendered duly endorsed in exchange for the Goods or delivery order.

For delivery of goods please apply to:
HOOYUEN LTD
UNIT 102, 1/F, HOOYUEN HOUSE,
13 NORTH POINT RD, NT, HK
ATTN:MR. YUEN
TEL:23890032
FAX:23896787

운송주선인(FWD) 명세

HONG KONG 19 DEC 2002
Place and dated of issue

As Agent for the Carrier:

선적일부

by

10 해상화물운송장

1) 해상화물운송장의 기능

해상화물운송장(海上貨物運送狀, seaway bill, SWB)은 수화인이 물품을 수령할 때 운송인에게 제출할 필요가 없는, 즉 채권적 효력이 없는 증권이기 때문에 선하증권의 입수가 화물의 도착보다 지연됨으로써 발생하는 물품의 인도지연을 해소할 수 있고, 그 결과 화주의 입장에서 보관료나 이자(利子, interest)의 절감이 가능하다.

실무상 운송기술의 발달로 물품이 운송서류 보다 먼저 도착지에 도착하는 경우가 빈번히 발생하고 있는 까닭에, 현행 상관습에서는 선하증권 대신에 소위 **수입화물선취보증서**(L/G)를 이용하고 있으나, **L/G**의 발급을 위한 까다로운 절차와 비용 그리고 **L/G** 위조 등으로 그 사용에 대한 문제가 제기되는 등의 법적 문제점이 발생하고 있다. 이러한 문제점을 해결하기 위해, 아울러 물품의 신속한 인도를 위해 유통선하증권 대신에 도착지에서 서류의 제시가 필요 없는 비유통성인 서류의 사용이 증가하고 있는데, 그 대표적인 것이 **SWB**이다.

SWB은 해상운송에 발행되는데, 이는 운송계약의 증빙서류이며, 물품의 수령증이라는 점에서 선하증권과 공통점이 있으나, 운송물품의 인도청구 시 해상운송인에게 제시할 필요가 없다는 점이 차이점이다. 즉 **SWB**은 선하증권과 달리 물품에 대한 청구권이 없는 **비유통증권**(非流通證券, non negotiable securities)이다.

SWB은 선사가 화주에게 발행하는 것으로서, 화물의 수령증과 운송계약의 증빙으로 쓰이는 서류를 말한다. **SWB**은 일반 선하증권과 같으나, 화물을 인도받기 위하여 수화인명이 명기되어 있다는 점에서 선하증권과는 구별된다. 또한 **SWB**은 은행에서 **화환취결**(negotiation)이 불가하다고 하는 점에서도 선하증권과는 그 성격이 다르다. 곧 **SWB**은 오로지 선하증권의 도착이 지연되어 화물의 인도가 지연되는 것을 방지하기 위한 목적에서 활용됨이 일반적이다.

2) 해상화물운송장의 역할

(1) 해상화물운송장의 장점

①**SWB**은 수화인이 물품을 수령할 때 운송인에게 제출할 필요가 없는 서류로서

선하증권의 입수가 화물의 도착보다 지연됨으로써 발생하는 물품의 인도지연을 해소할 수 있고, 이에 보관료나 비용절감이 가능하고, ②SWB은 유가증권이 아니기 때문에 분실할 경우 선하증권과 같은 위험이 없고, ③SWB은 물품수취에 필요로 하는 서류가 아니기 때문에 송화인은 해상화물운송장의 발행을 기다리지 않고 상업송장·보험증권 등의 서류를 구비한 다음 이것을 수화인에게 송부하고 물품의 통관·수령의 신속화를 꾀할 수 있으며, ④SWB의 서식을 표준화[전자화(電子化)]함으로써 사무처리의 합리화를 촉진하는 것이 가능하다는 점이다.

(2) 해상화물운송장의 장점

SWB의 단점으로는, ①SWB은 선하증권과 같은 권리증권이 아니기 때문에 운송중에 있는 화물의 유통에 제한을 받는다. 이와 함께 화물자체를 표창하는 선하증권과 같은 권리증권이 아니므로 담보가치가 없어 은행이 수리하기를 거부하고, 매도인의 입장에서도 매수인이 대금을 지급할 때까지 화물에 대한 소유권을 유보할 수 없다.

②다만 송화인은 화물이 목적지에 도착하고 수화인이 화물의 인도청구를 할 때까지 자유롭게 수화인을 변경할 수 있는 화물처분권을 보유한다. 이 때문에 수화인의 지위가 불안정하고 이것이 SWB의 보급을 저해하는 가장 큰 요인이 되고 있다.

③선하증권은 통상 **선적식**(船積式, shipped)이지만, **SWB**은 **수취식**(受取式, received)으로 발행되므로 FOB나 CIF와 같이 본선인도를 전제로 하는 조건에서는 부적합하다.

선하증권(B/L)과 해상화물운송장(SWB)

	선하증권	해상화물운송장
운송증빙	운송계약의 증빙, 물품의 수령증	
권리증권성	권리증권성, 물품인도 시 제시	물품인도를 위한 제시 필요 없음
유통성	유통증권, 전매가능	비유통증권으로만 발행
화물처분권	B/L 소지로 송화인 지위 승계	화물처분권 주장할 수 없음
증권형식	기명식 · 수취식	지시식 · 선적식

해상화물운송장(Seaway Bill, SWB)

CONSIGNOR/SHIPPER

KIFFA
Non-Negotiable Waybill
SWB NO.

REG. NO.

CHUNIL CARGO TRANSPORTATION CO.,LTD.

8F YONSEI BONGNAE BLDG 48-3,
BONGNAEDONG-1GA, JUNG-GU, SEOUL, KOREA
TEL : 822-3461-1001(REP)
FAX : 822-3461-6003

CONSIGNEE

NOTIFY PARTY

FOR DELIVERY OF GOODS PLEASE APPLY TO:

PRE-CARRIAGE BY	PLACE OF RECEIPT		
VESSEL / VOYAGE NO.			
PORT OF LOADING	PORT OF DISCHARGE	PLACE OF DELIVERY	FINAL DESTINATION(FOR THE MERCHANT'S REF.)

PARTICULARS FURNISHED BY CONSIGNOR/SHIPPER

CONTAINER NO. & SEAL NO. MARKS & NO.	NO. & KINDS OF CONTAINERS OR PACKAGES	DESCRIPTION OF GOODS	GROSS WEIGHT	MEASUREMENT

SAMPLE

EXCESS VALUE DECLARATION : ______________

NON-NEGOTIABLE

TOTAL NUMBER OF CONTAINERS OR PACKAGES(IN WORDS)	FREIGHT PAYABLE AT

FREIGHT & CHARGES	PREPAID	COLLECT

Received by the Carrier, the Goods or the Container(s) or Package(s) said to contain goods herein mentioned(hereinafter called the "goods") in apparent good order and condition, unless otherwise indicated herein for shipment in accordance with instruction of the owner of the Goods as described herein. The Goods and instructions are accepted and dealt with subject to the terms and conditions on the front and reverse of the Waybill(s) and all terms and conditions and clauses, printed or otherwise inserted on the KIFFA Multimodal Transport Bill of Lading(KIFFA MT B/L) which is authorized by Korea International Freight Forwarders since 1997.
In witness whereof, the undersigned, has signed the number of Waybill(s) stated below, the same tenor and date.

PLACE AND DATE OF ISSUE	NO. OF WAYBILL	SIGNATURE
SWB NO.		AS A CARRIER

CHUNIL CARGO TRANSPORTATION CO.,LTD.

AUTHORIZED BY **KIFFA 2004**(210 × 297㎜)

3) 해상화물운송장의 특성

전통적으로 무역거래에서는 **선하증권**(B/L)이 사용되고 있다. 선하증권의 주된 효용은 화주가 증권에 화체된 **권리증권성**을 이용하여 해상운송 중에 있는 화물을 신속하게 양도하거나 담보로 제공하여 금융을 얻을 수 있도록 하는데 있다. 그러나 해상운송은 장기간 운송기간이 소요되므로 이에 따른 대금의 신속한 회수를 위해 선하증권이 유통성 권리증권일 필요가 있었다. 그러나 이러한 금융의 필요가 없는 단기간의 운송의 경우 선하증권의 그러한 기능은 발휘될 수 없다.

오늘날 컨테이너 운송은 운송기간의 단축현상이 두드러지게 나타나고 있어, 운송증권이 반드시 유통성 권리증권이어야 하는가에 대하여 많은 의문이 제기되었다. 더욱이 운송기술의 혁신에 의하여 화물의 흐름은 신속하게 되었으나, 서류의 흐름은 그렇게 되지 못하여 화물이 서류보다 먼저 도착하는 경우가 많아졌으며 이 경우 선하증권의 권리증권성 때문에 많은 문제점이 발생하고 있다.

해상화물운송장(SWB)은 운송계약의 증거 및 화물수령증의 기능을 한다는 점에서는 선하증권과 같으나, 반면에 권리증권이 아니며 유통될 수도 없다. 이러한 비권리증권의 특성을 가지는 **SWB**을 이용하면 서류의 흐름을 신속하게 함으로써 서류가 화물보다 늦게 도착하는 경우에 일어나는 여러 가지 문제를 해결할 수 있다. 뿐만 아니라 **SWB**은 유통성이 없으므로 이것이 도난 또는 분실되더라도 유통성 선하증권의 경우와 같이 위험이 따르지 않는다.

SWB이 상거래와 무역금융에 얼마나 많이 사용될 것인가 하는 문제는 전적으로 송화인과 수화인 및 당해 무역거래방식에 달려 있다. 다국적기업 내에 관계회사나 본·지사 상호 간에 이루어지는 **기업 내 무역**(intra-firm trade)이나 거래당사자 간에 절대적인 신뢰가 있어 일정기간마다 결제되는 **청산계정거래**(淸算計定去來, open account trade)에서는 당연히 **SWB**이 사용될 수 있다. 한편 **SWB**에 기한 송화인의 처분권 제한과 수화인의 보호문제는 모든 운송장의 장애가 되고 있다. 그럼에도 불구하고 **SWB**과 관련해서는 앞서 본 바와 같이 **국제해사위원회**(CMI)에 1990년 **해상화물운송장에 관한 CMI 통일규칙**(CMI rules for seaway bill)을 통해 그 적정성을 담보하고 이에 상당한 장애를 제거하고 있는 차제에 있다.

11 전자식 선하증권

1) 전자식 선하증권의 개념

(1) 전자식 선하증권의 기능과 요건

전자식 선하증권(電子式船荷證券, electronic bill of lading, e-B/L)의 법리적 배경으로써 **전자문서**(電子文書, data message, electronic record)는 국내·외의 실정법 하에서 실로 다양하게 정의되고는 있으나, 그럼에도 불구하고 어느 경우에서나 용어의 표현과 내용차이를 불문하고 특별한 제한 없이 컴퓨터 등을 포함하여 정보처리능력을 가진 전자적·광학적 그 밖의 유사한 수단으로 작성·발신·수령 또는 저장된 정보로 볼 수 있다.

전자문서는 통상 입력자료를 **코드화**(coding)하고 연산하여 송신할 수 있는 신호로 변환하고, 수신된 신호는 인간이 인지할 수 있도록 문자·음성·동영상 등으로 재변환되는 과정을 거쳐 전달된다. 이 과정에서 전자문서는 인간의 의사를 단순히 전달하는 차원을 넘어, 기초정보의 입력만으로도 조작[database]된 연산에 따라 구체화된 의사를 형성할 수도 있다. 이러한 의사표시 메커니즘의 변화는 전자문서의 **형식요건**(form requirement), **효력** 및 **전자서명**(電子署名, electronic signature)에 의한 **정보보안**(information security) 등에 관한 새로운 법적 규율을 필요로 하게 되는 원인으로 작용하는데, 이에 대응하여 전자문서는 각양의 법규범에서 전통적 계약체결의 수단에 상당하는 법적 효력이 부여되어 있다.

한편 국제상거래에 있어 정보통신망의 중요성이 증가함에 따라 상거래의 안전에 관한 국제통일법규범의 정비를 위한 노력이 요청되고 있는데, 즉 정보통신망에서 **신의**(good faith)를 증진하기 위한 중요성이 높아지면서 정보의 안전성, 특히 전자문서의 **보장**[ensure] 및 **인증**(authentification)에 관한 일관된 법적 규제의 필요성이 강조되고 있다.[62] 그 배경은 전자문서의 교환[전송(電送)]에는 상거래에 관련한 정보가 당사자 의사에 반하여 제3자에게 노출될 수 있고 이로부터 당사자 신원 및 상거래

---

62) ①**보장은 자신을 전자문서와 동일시하기 위한 실제적 의도로 전자문서에 대한 전자적 표장 또는 상징을 기록하거나 채용하는** 것으로 정의된다. ②통상 인증은 사용자 인증이나 메시지 인증과 관련한 시스템 보장요건의 의미로서 **인증**(authentication)과, 전송되는 전자문서의 **무결성**(integrity) 보장을 위한 인증서비스 의미로서 **인증**(certification)으로 구분된다.

정보가 도용되어 불법적으로 사용될 수 있는 개연성으로부터 비롯되고 있는데, 이는 곧 일방의 불법행위에 따른 침해, 이를테면 전자문서의 위조·변조·도용 등으로 상거래 당사자 일방의 신뢰를 현혹하여 부당이득을 취할 수도 있음을 의미한다.

전자서명은 이러한 개연성 또는 위험성을 사전에 방지하고 상거래 정보 및 정보교환 당사자를 보호하기 위하여 그 개입이 필수불가결한데, 당해 전자서명의 범위는 전자적 통신수단의 시스템은 물론 전자문서에 의한 의사표시, 지급과 결제, 전자문서교환 등의 분야에 공히 해당된다. 이를 위해 국제상사규범 및 우리나라를 포함한 각국별 제반 실정법에서는 대개 전자문서와 전자서명을 동시에 규정하고 있고, 또한 전자서명이 결부된 전자문서에 법적 효력을 부가하고 있기도 하다. 요약하면 이상의 제반 장애에 대응하여 전자서명은 송·수신되는 전자문서를 **암호화**(暗號化, cryptosystems)[63]함으로써 당해자의 신분을 특정하고, 의사실현의 내용을 보장하고 있다고 하는데서 그 의의를 구할 수 있다.

결국 정보보안에 관한 특정기술, 곧 전자서명이 전자문서에 결부되어 있다고 하는 사실은 상거래 과정에 있어 신의칙에 기한 진의의 의사표시를 신뢰하여 수용하는 최초의 단계로부터 어느 경우라도 지급할 것과 지급받을 것이라는 대가관계에서의 상호 이행을 보장하기 위한 목적이 일체화되어 있음을 의미한다. 이러한 요건의 충족은 전자문서에 의한 상거래 환경의 신뢰도를 증진할 수 있는 첩경으로서 그 적용범위는 위험요소의 사전예방과 해소를 위한 정보보안의 기술적 대안, 전자문서 인증시스템의 운용을 위한 제반 시스템 환경, 전자문서에 의한 진의의 의사표시, **전자계약**(電子契約, electronic contracts)[64]의 체결과 그 이행, 지급과 결제 등의 분야에 공히 해당된다고 할 것이다.

(2) 물권증권의 전자문서화

전통적으로 유가증권은 권리행사를 종이문서[서면(書面)]로 이행하여야 함을 전제하고 있다. 곧 종이문서[증권(證券)]는 문면상 기재된 기록을 전달하여야만 그 기능을

63) **암호화**는 정보보안의 구현기반으로써 의의가 있는데, 이는 정보교환·전자결제·전자서명·전자인증 등의 표준기술에 따라 특성을 달리한다. 암호화는 전자문서의 신뢰성과 안정성을 제공하는 구체적인 수단으로써의 개별특성을 내재한다.

64) 전자계약은 **정보통신망을 통한 전자문서에 의한 계약**으로 정의할 수 있다. 이는 어떠한 **구체화된 목적물**(any specialized subject matter) 또는 **형식적 합의의 수단**(method for forming agreements)을 기초로 한 개념이 아니라, 다만 계약체결의 방법이 **전자문서**(data message)에 의해 이루어지는 것으로 특정된다.

다할 수 있기 때문에, 물리적인 존재 그 자체가 상거래상 중요한 기능을 점한다. 환언하면 종이문서의 교환에 있어 상거래 관계당사자에게는 운송물품의 간접점유자나 직접점유자를 실시간으로 파악하기가 곤란하기 때문에 운송물품의 점유를 화체한 유가증권에 의해 그 권리를 명확히 할 필요가 있었다.

그렇지만 전자문서의 교환에 있어서는 온라인상의 검색엔진에 의해 상거래 관계당사자가 항상 운송물품의 직·간접점유자를 실시간으로 파악할 수 있는 환경이 제공되어 있는 까닭에, 운송물품에 대한 권리를 이전과 같이 명확히 할 필요는 없고, 다만 운송물품의 간접점유를 누구에게 이전할 것인가에 대한 지시의 존재·내용·시점 등이 보다 중요시 된다. 또한 전자문서에 의한 상거래에 있어서는 종이문서를 정확하게 전자문서로 변환하는 것은 사실상 불필요하며 바람직하지도 않다. 왜냐하면 그보다는 오히려 종이문서의 기능을 포괄하여 이를 표준화·일원화할 수 있는 적극적인 플랫폼의 개발이 보다 유익할 것이기 때문이다.

2) 전자식 선하증권의 권리이전

(1) 물권적 효력의 이전

전자식 선하증권은 그 내용을 컴퓨터 등에 보존하고, 선사·송화인·수화인이 상호 전자문서를 통해 권리의 증명으로서 **개인키**(private-key, ID)[65]를 전송하여 물품에 대한 지배·처분권을 이전할 수 있는 기능을 수행한다. 이 경우 개인키는 전송에 있어 **진정성**(authenticity) 및 **무결성**(integrity)을 보증하기 위하여 당사자가 사전에 합의한 기술적으로 적절한 모든 형식, 예컨대 숫자 또는 문자의 조합을 말한다.[66]

---

65) **암호화 시스템**은 **원문**(plaintext)을 암호문으로 변환하는 **암호화과정**(encryption)과, 반대로 암호문을 다시 **원문**으로 변환하는 **복호화과정**(decryption)을 포함, 이 과정에서 사용되는 **암호화키**(cryptographic key) 및 정보보호를 위한 과정을 총칭한다. 이 경우 정보생성방식에 따라 ①**대칭형암호화방식**(symmetric cryptosystems, private-key cryptosystems), ②**비대칭형암호화방식**(asymmetric cryptosystems, public-key cryptosystems) 및 이를 합체한 ③**복합암호화방식**(hybrid cryptosystems)으로 대별된다. ①은 암호화 및 복호화에 사용키가 1개[private-key]로 동일한 암호방식이며, ②는 2개[private-key, public key]의 키를 이용한다.

66) ①**진정성**(authenticity)은 **정보를 교환하는 실제당사자로서 신원을 확인하는 것으로**, 곧 정보의 근원을 보증함을 말한다. **진정성** 확보는 상거래 당사자가 실제로 유효하게 교환된 정보와 결합할 수 있음을 보증하여 향후 예기치 않은 분쟁에 법적 증거로서 활용될 수 있다. ②**무결성**(integrity)은 정보의 정확성 및 완전성에 관한 것으로 **정보의 교환 중에 제3자에 의하여 변경되거나 손실됨 없이 전송초기의 정보와**

개인키에 의한 권리의 전자적 이전은 선하증권의 발행 주체인 해상운송인을 통해 전송되는 과정을 거치게 되는데, 이로부터 종이문서에 기초한 선하증권의 소지인이 갖는 것과 동일한 권리를 보유한 당사자는 해상운송인에 대하여 행사할 수 있는 **개인키**[전자문서(電子文書), document ID]의 점유를 조건으로 한다.

결국 **개인키**는 권리를 표창한 전자식 선하증권의 발행·양도를 가능하게 하는 핵심적 기능을 수행한다. **개인키**는 권리가 양도될 때마다 새롭게 변경되는데, 이로부터 유효한 **개인키**를 보유한 선의의 소지인은 운송물품에 대한 인도청구권 및 처분권을 행사할 수 있는 자격을 보유한다.

(2) 채권적 효력의 이전

경개(更改, novation)란 구채무를 소멸시킴과 동시에 신채무를 성립시키는 것으로 이로부터 구채무자가 보유하고 있던 항변권 등을 가지고 채무자가 신채무자에게 대항할 수 없게 되는 법률효과가 발생한다. 이를 운송계약에 적용할 경우 **경개**에 의하여 운송인에 대한 채무자가 교체되게 되는데, 그 결과 운송계약자로서 송화인의 계약상 지위는 소멸되고 이후 선하증권 권리자가 운송계약상 지위를 승계하게 된다.

실무적으로 권리이전에 관한 지시를 양도인이 운송인에게 전송하게 되면 송화인이 그 내용을 **확인**(confirmation)[67]한 후에 양수인으로 지명받은 자에 대해 개인키를 제외한 운송물품에 관한 전자문서를 보내고, 양수인이 이를 수용하는 경우 운송인은 양도인의 이전 개인키를 폐기하고 양수인에게 새로운 개인키를 **발행**[전송(電送)]하는 과정을 거쳐 권리이전이 가능하다.

종이문서에 기초한 선하증권은 교부 또는 배서양도에 따라 대항요건이 발생하지만 종이문서로써의 당해 증권이 존재하지 않는 전자식 선하증권의 경우에는 이전에 따른 대항요건에 관한 문제가 발생한다.

일반적으로 채권의 이전에는 지명채권양도와 **경개**의 법리를 고려할 수 있는데, 곧 채권양도는 채권을 그 동일성을 유지한 채 이전시키는 것으로 이 경우 채권에 결부된 동시이행의 항변권은 당연히 존속한다. 따라서 채권자는 채권의 양수인에

동일하고도 완전한 것임을 보증하는 것을 의미한다. ②개인키에 의한 권리이전 운영체계는 독립 또는 특정운영체계를 제외하고 **대칭형암호화방식**(symmetric cryptosystems)과 **비대칭형암호화방식**(asymmetric cryptosystems)으로 대별된다.

67) 확인은 전송의 내용이 담보하고 있는 사후의 모든 고려 또는 행위를 해하지 아니하고, 그 내용이 외관상으로 완전하고 정확하다는 것을 통지하는 전송을 말한다.

대해서 양도인을 향한 항변권을 보유하고 직접 대항할 수 있게 된다.

그런데 구채권자에 대한 항변권이 결부되어 채권이 신채권자에게 이전하게 되면, 신채권자가 알지 못하는 채권자와 구채권자간의 사정에 따라 신채권자의 상거래안전을 해할 개연성이 존재한다. 결국 지명채권양도의 제3자 대항요건에 있어 채무자에게의 통지 또는 채무자의 승낙, 확정일자 등이 결부될 필요가 부각되는 이유는 이 때문이다.

확정일자와 관련, 전자식 선하증권의 채권적 효력에 관한 대항요건에 있어, 확정일자가 없는 채로 전자식 선하증권을 이전한 경우 소유권에 대하여 확정일자를 보유한 당사자와 계약상 권리를 갖고 있는 당사자가 서로 상이할 가능성이 존재한다. 예컨대 이론적으로 양수인이 물권적 효력의 이전에 기한 제3자 대항요건을 구비하고 있더라도 운송계약상 운송물품인도채권에 관해서는 먼저 제3자가 이를 주장하고 제3자 대항요건을 구비한 자가 존재할 수 있다고 하는 상황이 발생할 수 있다. 이 경우 물품의 소유권 이전에 대해 대항요건을 갖춘 자는 운송인이 운송물품을 점유하고 있는 한, 소유권에 따른 인도청구권이 인정될 수 있지만 인도를 청구하기 이전에 **보증인도**[L/G]로 운송물품의 점유가 이미 제3자에게 이전된 경우에는 운송인에게 당해 운송물품의 점유권이 없기 때문에 운송인에 대해서는 소유권에 따른 인도청구를 행사할 수 없게 된다.

그 결과 운송계약상 인도청구권에 기하여 제3자 대항요건을 구비한 채권자는 사실상 소유권 취득을 할 수 없기 때문에 운송인에 대해서는 다만 계약상 권리에 따른 손해배상의 권리를 갖게 된다. 이 경우 운송인의 처지에서는 소유권에 대하여 대항요건을 갖춘 당사자와 인도청구권에 대해서 대항요건을 구비한 당사자가 병존하게 되는 경우 가령 소유권에 따른 반환청구가 이루어지게 되면 이에 응할 수밖에 없게 되고, 또한 계약상 인도채권을 소유한 당사자에 대해서도 계약상 불이행책임을 감당할 수밖에 없는 가혹한 입장에 놓이게 된다. 그렇지만 운송계약상 지위이전이라는 관점에서는 권리이전에 관계된 당사자 간의 법률관계를 채권양도・경개・채권인수 등의 관점에서 고려하지 않고, 다만 지위이전이라는 일련의 의사표시 및 대항요건에 따라 일괄적으로 이전시킬 수 있게 된다.

한편 계약상 지위이전이 목적물의 소유권 이전에 따라 발생하는 경우 목적물의 소유권 양도의 대항요건을 갖추게 되면, 이와 별도로 계약상 지위이전 또는 이에 수반하는 대항요건은 불필요할 것이다. 전자식 선하증권에 이러한 논점을 결부시킬 경우 운송계약상 법률관계를 타인에게 이전하는 것을 계약상 지위이전이라는 법리로 구성하게 되면, 운송계약상 지위와 운송물품소유권 이전에 대해서는 운송계약 당사자의 지위가 운송물품의 소유권자로써 지위를 점하게 됨에 따라 결국 물권을 떠나서는 여하의 법리구성이 불가능하다는 추론이 가능하다.

3) 전자식 선하증권의 등기능성과 참조문구

(1) 등기능성

전자식 선하증권의 내용은 전자문서로써 전송되고 또한 운송인 및 운송물품에 대한 권리의무 관계의 이전도 개인키에 의해 행해진다. 그 결과 종이문서에 의해 작성된 선하증권에 일정한 법률효과를 부여하고 있는 기존 실정법규범의 적용으로는 전자문서의 이용에 따른 전자식 선하증권의 법적 성질을 기대할 수는 없다.

결국 전자식 선하증권에 종이문서에 기초한 선하증권이 보유한 동일한 기능을 부여하여야 할 필요성이 제기되는데, 그 해결방안이 앞서 살핀 바 있는, 소위 **등기능적 접근방식**(等機能的接近方式, the functional-equivalent approach)이다. 전자식 선하증권의 등기능성과 관련, 금융기관의 입장에서 전자식 선하증권 또한 무역금융의 담보로 수용할 수 있기 위해서는 전자식 선하증권에도 종이문서에 의한 선하증권과 동등한 효과가 담보되어야 하는데, 이를 위해서는 법적·제도적 운영시스템에 있어 몇 가지 조건이 선행되어야 한다.

우선 물권법 및 채권적 효력에 따른 제반 권리의 이전에 대하여 장애가 없어야 하고, 운송물품에 대한 담보기능이 유효하게 확보되어야 하며, 보증인도의 유효성과 운송물품매각대금에 물상대위권이 인정되어야 한다. 또한 신용장거래에 있어 발행은행이 지급·인수의 처리과정에 있어 운송계약의 내용을 변경할 경우 적절한 조치가 이루어질 수 있는 시스템 사양이 충족되어야 한다. 이는 제반 상용화된 운영시스템은 물론 당사자 간 규약에 의한 자치적 플랫폼에서 마땅히 고려되어야 하는 요건일 뿐만 아니라 전제조건이 된다.

(2) 운송계약상의 참조문구

종이문서에 기초한 선하증권의 경우 상세한 운송계약은 통상 증권이면에 기재되어 있는데, 전자식 선하증권의 경우에는 증권의 발행 및 배서·양도 시에 종이식 선하증권의 문면[data message]상 동등한 기재사항이 전송됨으로써 동일한 효과를 갖게 된다. 그러나 이처럼 운송계약의 내용 및 기재사항을 일일이 전송하는 경우

전자식 선하증권(기명식)

14016901_BILL_LADING.pdf - Adobe Reader

File Edit View Window Help

1 / 1 86% Tools Sign Comment

PARCEL SHIPPING SYSTEM parcelshippingsystem.com Intelligent Parcel Management

778-132899

STRAIGHT BILL OF LADING----SHORT FORM---NOT NEGOTIABLE

NAME OF CARRIER	CARRIER'S NO.	DATE	SHIPPER'S NO.
ESTES MOTOR FREIGHT	778-132899	09/13/2012	140169

RECEIVED, subject to the classifications and lawfully filed tariffs in the effect on the date of issue of this Bill of Lading.

The property described below in apparent good order, except as noted (contents and condition of the contents of packages unknown), marked, consigned, and destined as indicated below which said carrier (the word carrier being understood throughout this contract as meaning any person or corporation in possession of the property under the contract) agrees to carry to its usual place of delivery at said destination, if on its route, otherwise to deliver to another carrier on the route to said destination. It is mutually agreed as to each carrier of all or any said property over all or any portion of said route to destination, and as to each party to any time interested in all or any said property, that every service to be performed hereunder shall be subject to all the terms and conditions of the Uniform Domestic Straight Bill of Lading set forth (1) in Uniform Freight Classifications in effect on the date hereof, if this is a rail or a rail-water shipment, or (2) in the applicable motor carrier classification or tariff if this is a motor carrier shipment.

Shipper hereby certifies that he is familiar with all the terms and conditions of the said bill of lading, set forth in the classifications or tariff which governs the transportation of this shipment, and the said terms and conditions are hereby agreed to by the shipper and accepted for himself and his assigns.

FROM: SHIPPER (ORIGIN)	TO
BINGHAM ALUMINUM PRODUCTS	CONSIGNEE
402 US HIGHWAY 1 SOUTH	STREET
SAVANNAH GA 31408	DESTINATION

COPY

DELIVERING CARRIER	ROUTE	VEHICLE NUMBER

NO. PACKAGES	+ HM	KIND OF PACKAGE, DESCRIPTION OF ARTICLES SPECIAL MARKS AND EXCEPTIONS	ERG #	*WEIGHT (SUBJECT TO CORR.)	CLASS OR RATE	√	CHARGES (FOR CARRIER USE ONLY)
16		STEEL SHEETING IN WRAPPED COILS SUBCODE: 175340		1,220	70		
2		PAINT AND RELATED MATERIAL IN INNER CONTAINERS OTHER THAN METAL TUBES SUBCODE: 1499802		2,130	55		
4		LINEAL SHAPES OR MOULDINGS ROLL FORMED OR EXTRUDED ALUMINUM SUBCODE: 13515		450	60		
13		STEEL SHEETING IN WRAPPED COILS SUBCODE: 175340		1,000	70		
35		******************** TOTALS ********************		4,800			

PLACARDS SUPPLIED ☐ YES ☐ NO	DRIVER'S SIGNATURE	EMERGENCY RESPONSE PHONE NO. 888-777-4343

REMIT C.O.D TO:	COD Amt $	C.O.D. FEE: ☐ Prepaid ☐ Collect $

*If the shipment moves between two ports by a carrier by water, the law requires that the bill of lading shall state whether it is "carrier's or shipper's weight".

±Shipper's imprint in lieu of stamp: not a part of bill of lading approved by the Interstate Commerce Commission.

NOTE: Where the rate is dependent on value, shippers are required to state specifically in writing the agreed or declared value of the property.
The agreed or declared value of the property is hereby specifically stated by the shipper to be not exceeding
$ per

Subject to Section 7 of conditions, if this shipment is to be delivered to the consignee without recourse on the consignor, the consignor shall sign the following statement:
The carrier shall not make delivery of this shipment without payment of freight and all other lawful charges.
(Signature of Consignor)

TOTAL CHARGES $ 799.12

Freight charges are PREPAID unless marked collect [X] Check box if charges are Collect.

"This is to certify that the above named materials are properly classified, described, packaged, marked and labeled, and are in proper condition for transportation, according to the applicable regulations of the Department of Transportation"

1301 EAST GLENDALE AVE
SPARKS, NV 89431 Shipper, Per Agent, Per

Permanent post office address of shipper

+ MARK WITH "X" TO DESIGNATE HAZARDOUS MATERIAL AS DEFINED IN TITLE 49 OF FEDERAL REGULATIONS.

Page: 1 of 1 This document was created by ParcelShippingSystem.com

파일 무게로 인하여 시스템 운용상 과부하가 걸릴 수 있고 이에 추가적인 비용이 발생하는 문제점을 예상할 수 있다.

이러한 문제점을 극복하기 위하여 실무계에 있어서는 일련의 방법이 제시·운용되고 있는데, 일례로 **참조에 의한 계약사항의 편입**(incorporation by reference of contractual clauses) 방법에 의한 운송계약조항의 원용방법을 예시할 수 있다. 이는 운송계약이 명시된 곳에 **하이퍼텍스트 링크**(hypertext link)를 통해 관계당사자는 언제든지 **열람**[access]할 수 있는 상태로 게시하여 이를 원용토록 할 수 있는 방법이다. 다만 참조에 의한 계약사항의 편입 또는 이에 준하는 어느 경우에서나 계약내용의 송·수신 및 참조에 있어서는 부주의한 계약, 진의 없는 계약을 초래할 수 있는 개연성이 충분하기 때문에 단계별 승인을 위한 의사표시[click]의 반복 또는 명확한 계약내용의 제시·확인 등의 절차가 요구된다.

2 항공운송과 육상운송

1 항공운송

1) 항공운송의 특성

항공운송(航空運送, air transport)은 해상이나 육상운송과는 달리, 야행성·비계절성·편도성 등의 특징이 있으며, 항공운송을 이용으로부터 비롯되는 일련의 여러 가지 장점이 있다. 곧 항공운송은 해상운송이나 다른 운송수단을 이용하는 것보다 신속하게 운송할 수 있을 뿐만 아니라 기회비용이 중시되는 계절유행 물품이나 납기가 촉박한 물품 등과 같이 긴급물품의 수송에 적절하다.

한편 항공운송은 안전수송이라는 관점에서 손실·분실·훼손의 위험이 있는 물품이면서 신속하게 전달되어야 하는, 생선·식료품·생화·방사선물질·신문·잡지·뉴스·필름·원고 및 선적서류 등이 여기에 해당된다.

2) 항공기의 종류

항공기(航空機, aircraft)는 비행기·글라이더·헬리콥터·비행선·기구 등 사람이 탑승하거나, 물품을 적재시킬 수 있는 모든 비행체를 가리킨다. 그러나 우주로켓과 비행기 등의 부양원리를 이용한 비상체[missile] 등은 항공기에 포함되지 않는다.

우리나라 항공법에서는 **항공기를 비행기·비행선·활공기·회전익항공기**(回轉翼航空機, rotorcraft) **그 밖에 대통령령이 정하는 것으로서 항공에 사용할 수 있는 기기를 말**한다라고 규정하고 있다.

동법은 **국제민간항공조약**(國際民間航空條約, convention of international civil aviation)의 규정과 동 조약의 부속서로서 채택된 표준과 방식에 따라 항공기 항행안전을 도모하기 위한 방법을 정하고 항공시설설치·관리의 효율화를 기하며 항공운송사업의 질서를 확립함으로써 항공발전과 공공복리 증진에 이바지함을 목적으로 하고 있다.

항공기는 일반적으로 ①**경항공기**(輕航空機, lighter-than-air aircraft)와 ②**중항공기**(重航空機, heavier-than-air aircraft)로 대별되는데, ①은 공기보다 가벼운 항공기로 공기보다 비중이 가벼운 기체, 예컨대 수소가스·헬륨가스·가열공기를 기밀성 주머니에 밀봉하여, 그 주머니가 배제한 부피의 공기와의 무게의 차, 즉 **정적인 부력**을 이용하여 공중으로 부양한다. 이것에 동력을 장비하고 조종하는 것이 비행선이고, 동력이 없이 자유로이 부양하는 것을 **기구**라고 하며, 이를 달리 **경항공기**라고도 한다.

②는 공기보다 무거운 항공기로서, 곧 공기에 대해서 상대적인 운동을 하는 날개에서 발생하는 **양력**(揚力, lift)을 이용하여 비행하는 모든 항공기를 가리킨다. **중항공기**는 비행하기 위한 날개의 상태가 고정된 **고정익**(固定翼, fixed wing aircraft)과 회전하는 **회전익**(回轉翼, rotorcraft)으로 분류된다.

항공기의 종류

Lighter-than-air Aircraft

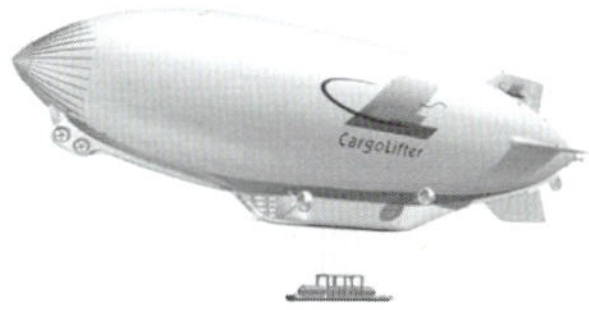

Heavier-than-air Aircraft

Fixed Wing Aircraft

Rotorcraft

Autogyro

VTOL

고정날개를 가진 항공기에서 동력장치를 가진 것이 비행기, 동력장치가 없는 것이 **글라이더**[滑空機, glider]이다. 동력장치가 있는 중항공기 중에서 회전날개를 가진 것에는 **헬리콥터**(helicopter)와 **오토자이로**(autogyro)가 있다. **수직이착륙기**(垂直離着陸機, vertical takeoff and landing aircraft, VTOL)는 비행기와 헬리콥터의 성격을 가진 항공기로서 여러 가지 형식이 있으며, 군용기 등에 실용화되고 있다.

3) 화물항공기의 구조

(1) 전체구조

가. 외면구조

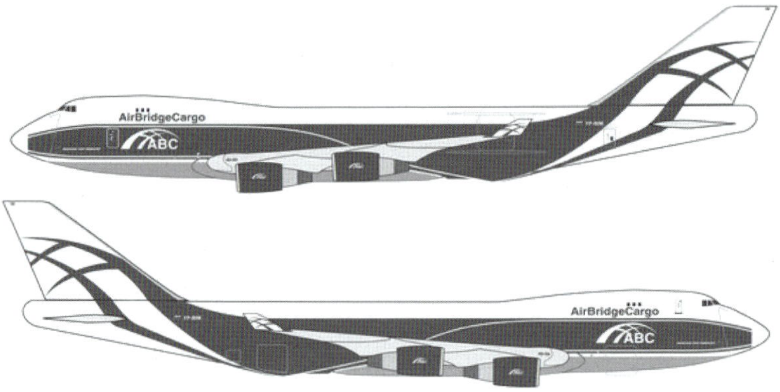

나. 화물적입공간

(2) 상단구조

측면개구부
전면개구부
주화물적입로더
주화물적입공간
엔진

(3) 하단구조

벌크화물적입공간
하단적입공간
벌크화물개구부
전면화물개구부
벌크화물적입로더
화물개구부
하단적입로더

4) 항공컨테이너

국제항공운송협회(國際航空運送協會, international air transport association, IATA)는 항공컨테이너(air cargo container)를 알루미늄과 같은 가벼운 2가지 이상의 조립 또는 적당한 재료로 제작된 상자로써 일반화물이나 특정화물을 운송하기 위해 만들어진 것으로 정의하고 있다.

IATA는 총회·집행위원회 이외에 재정·기술·법무·운수·보건 등 5개 상설위원회가 있고 해마다 연차총회가 열린다. ①항공운송발전과 제반 항공문제의 연구, ②안전하고 경제적인 항공운송, ③회원사 간 우호증진 등을 목적으로 한다. IATA는 국제민간항공기구(國際民間航空機構, international civil aviation organization, ICAO) 등 관련기관과 협력한다. 주된 업무는 ①국제항공운임의 결정, ②항공기 양식통일, ③연대운임청산, ④특정한 차별적 서비스 제공 등과 관련된 역할을 수행한다. 여기서 ICAO는 민간항공의 안전과 발전을 주목적으로 하는 정부차원의 국제협력기구이다. 국제민간항공 운송의 발전과 안전의 확보, 능률적이고 경제적인 운송의 실현, 항공기 설계·운항기술 발전 등을 주요 목표로 삼고 있다. 주요 업무는 항공기·승무원·통신·공항시설·항법 등 기술면에서 표준화와 통일을 위해 연구하며 그 결과를 회원국에 제공함에 두고 있다. 우리나라는 1952년 가입하였고, 현재 가입국은 188개국이며 본부는 캐나다 몬트리올에 있다.

한편 항공컨테이너는 가벼운 것이 중요한 요건이므로 가능한 경량화한 컨테이너가 사용된다. 종래는 화물실의 크기에 맞는 특수한 사이즈가 사용되기도 했으나, 최근에는 대형 항공컨테이너가 개발되어 상용화 되고 있다. 항공컨테이너는 항공기의 특성상 이하 그림에서와 같은 기내 면적에 적재되어야 하는 까닭에, 일반적으로 그 형상에 맞는 단위 컨테이너의 조합으로 적화가 이루어진다.

IATA와 ICAO

항공컨테이너의 종류

Multi Container

AYY Container

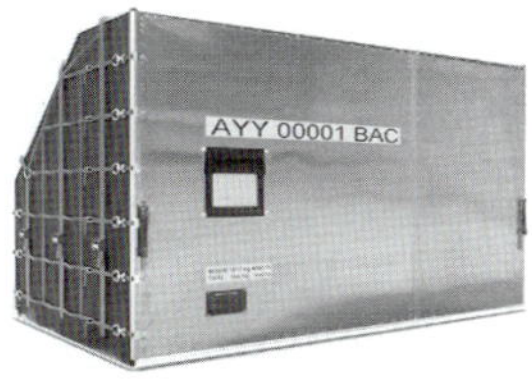

AAX Container

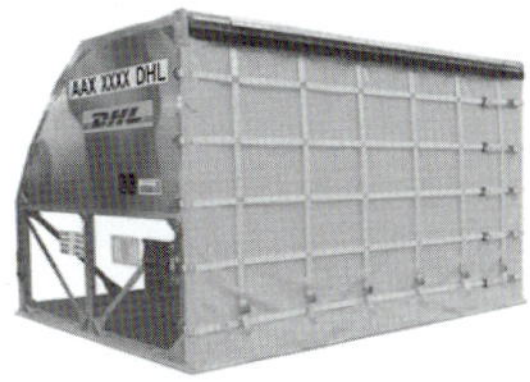

ULD Container

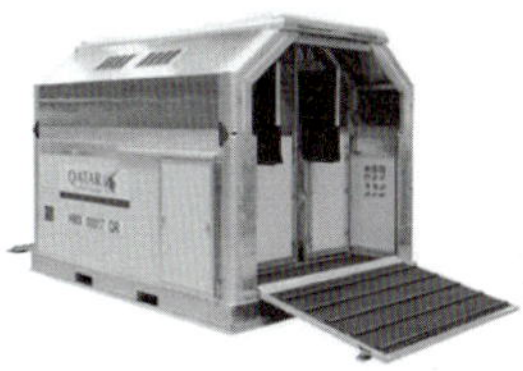

AMA Container

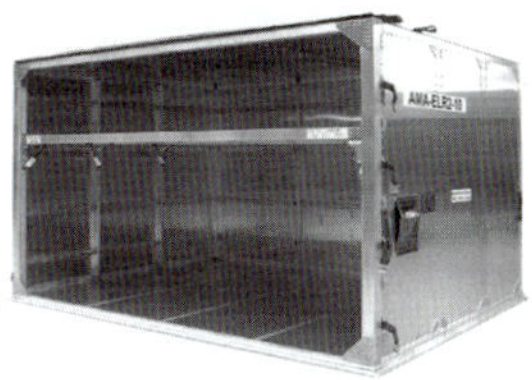

AAA Container

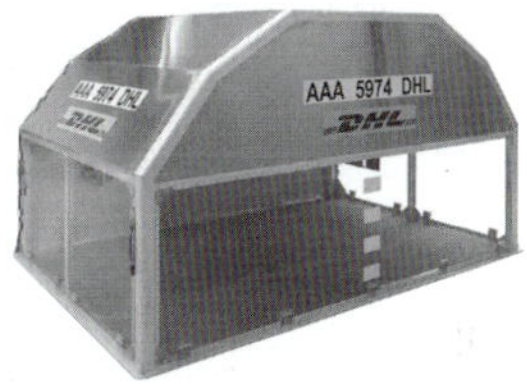

ULD Container

DPN Container

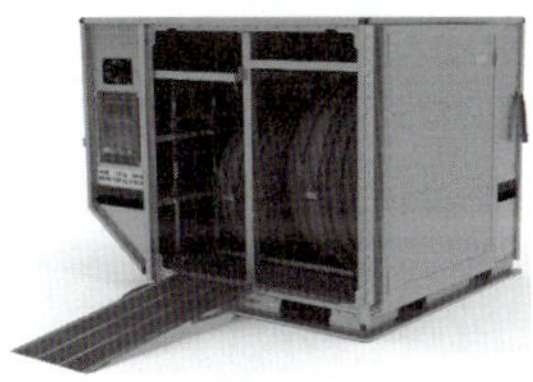

AAY Container

AMV Container

RAP Container

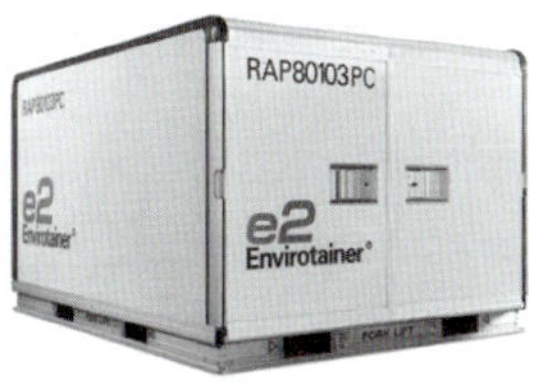

RKN Container

ALF Container

ULD Container

RGX Container

5) 항공운송인과 항공화물운송장

1929년 **국제사법회의**(國際私法會議, Hague Congresses on Private International Law)에서 제정한 **국제항공운송에 관한 규칙의 통일에 관한 조약**(Convention for the Unification of Certain Rules Relating to International Carriage by Air)과 1955년 **헤이그 의정서**(Hague Protocol)를 총칭하여 **바르샤바협약**(Warsaw Convention)이라 하는데, 본 협약은 항공운송인의 책임에 관한 준거법으로서 지위를 점하고 있다. **항공화물운송**과 관련하여 본 협약의 적용범위, 항공화물운송장, 그리고 항공운송인의 책임체계를 요약하면 다음과 같다.

(1) 적용범위

본 협약은 항공기에 의하여 유상으로 행하는 승객·수하물·화물의 **국제운송**(international transportation)에 적용되며, 또한 항공운송기업이 항공기에 의하여 무상으로 행하는 운송에도 적용한다. 이 경우 국제운송은 운송의 중단 또는 환적 유무를 불문하고, 당사자 간 약정에 따라 출발지 및 도착지가 복수의 체약국의 영역 내에 있는 운송 또는 출발지 및 도착지가 단일의 체약국의 영역 내에 있고 또 합의된 기항지가 타국의 주권 하에 있는 영역 내에서의 운송을 말한다.

복수 이상의 운송인이 계속하여 행하는 항공운송은 당사자가 단일의 취급을 한 때는 그것이 계약형식에 의하고 있는지의 여부를 불문하고 불가분의 운송을 구성하는 것으로 보며, 또 이러한 운송은 단일의 계약이거나 또는 일련의 계약이 동일한 체약국의 주권 하에 있는 영역 내에서 모두 이행되는 것이라는 사실만으로 그것이 국제적인 성격을 상실하고 있다고는 볼 수 없다. 여기서 본 협약은 국가 또는 그 밖의 공법인에 의하여 행하는 운송에 적용되나, 우편에 관한 국제협약에 따라 행하는 운송에는 적용되지 않는다.

(2) 항공화물운송장

가. 항공화물운송장의 발행

운송인은 송화인에 대하여 **항공화물운송장**(航空貨物運送狀, airway bill, AWB)을 작성하여 이의 교부를 청구할 권리를 보유한다. 또한 송화인은 운송인에 대하여 그 서류의 수령을 청구할 권리를 갖는다. 다만 AWB의 부존재·불비·멸실은 운송계약의 존재 또는 효력에 영향을 미치지 않는다.

AWB은 송화인이 원본 3통을 작성, 이를 화물과 함께 교부하여야 하며, 제1의 원본에는 **운송인용**(for the carrier)이라고 기재하고 송화인이 이에 서명하여야 하고, 제2의 원본에는 **송화인용**(for the consignee)이라고 기재하고 송화인 및 운송인이 이에 서명한 후 이를 화물과 함께 송부하여야 한다. 제3의 원본에는 운송인이 서명하여야 하며, 이는 화물을 인수한 후에 송화인에게 교부하여야 한다.

한편 운송인은 화물을 인수한 때에 서명하여야 하며, 이 경우 당해 서명은 압인(壓印)으로, 송화인의 서명은 인쇄 또는 압인으로 대체할 수 있다. 운송인은 송화인의 청구에 따라 AWB을 작성한 경우 반증(反證, counter evidence)이 없는 한 송화인에 대신하여 이를 작성한 것으로 본다. 다른 한편 화물의 운송인은 2개 이상의 포장이 있는 때, 송화인에게 각각의 AWB을 작성할 것을 청구할 수 있다.

나. 항공화물운송장의 기재사항

AWB에는 ①작성의 장소·일자, ②출발지·도착지, ③합의된 기항지, ④송화인의 성명·주소, ⑤최초의 운송인의 성명·주소, ⑥필요한 경우 수화인의 성명·주소, ⑦화물의 종류, ⑧포장의 개수·방법 및 특별한 기호·번호, ⑨화물의 중량·수량·용적 또는 크기, ⑩화물 및 포장의 외관상태, ⑪운임을 약정한 경우에는 운임, 지급기일과 장소·지급인, ⑫대금과 상환으로 발송하는 경우 화물의 대금 및 필요한 비용액, ⑬신고가액, ⑭AWB의 통수, ⑮AWB에 첨부하기 위하여 운송인에게 교부된 서류, ⑯특약이 있는 경우에는 운송기한 및 경로의 개요, ⑰운송이 본 협약에 정하여진 책임에 관한 규정에 따른다는 뜻의 표시 등을 기재하여야 한다.

운송인이 AWB 없이 화물을 인수하거나 또는 AWB이 규정된 모든 명세를 기재하지 아니한 경우 운송인은 그의 책임을 배제하거나 또는 제한하는 이 협약의 규정을 원용할 권리를 갖지 못한다.

다. 송화인의 책임

송화인은 AWB에 기재된 물품명세 및 신고가 정확하다는 것에 대하여 책임을 진다. 또한 송화인은 물품의 명세 및 신고의 불비, 부정확 또는 불완전한 것으로 인하여 운송인 또는 그 밖의 자가 입은 모든 손해에 대하여 책임을 진다.

AWB상의 계약체결·화물수령·운송조건에 관하여, 또한 화물의 중량·크기·포장·포장개수에 관한 기재는 그 기재사실에 관한 **추정적 증거**(prima facie evidence)가 된다. 화물수량·용적·상태에 관한 기재는 운송인이 송화인의 입회하에 화물을 점검하고 이를 AWB에 기재한 경우 또는 화물의 외관상태에 관한 기재를 제외하고,

운송인에 대하여 불리한 증거를 구성하는 것은 아니다.

한편 송화인은 운송계약으로부터 발생하는 모든 채무를 이행할 것을 조건으로, ① 출발공항 또는 도착공항에서 화물을 회수하거나, ②운송도중 착륙할 때에 화물을 정지하거나, ③AWB에 기재한 수화인 이외의 자에 대하여 도착지에서 또는 운송도중에 화물을 인도하거나, ④출발공항으로 화물의 반송을 청구하는 것으로 인하여, 화물을 처분할 권리를 보유한다. 다만 그 권리행사로 인하여 운송인 또는 그 밖의 송화인에게 불합리한 결과를 초래해서는 안 되며 또한 그 행사에 의하여 발생한 비용을 부담하여야 한다. 이 경우 운송인은 송화인의 지시에 따를 수 없을 경우 즉시 그 뜻을 송화인에게 통지하여야 한다.

반면에 운송인은 송화인에게 교부한 AWB의 제시를 요구하지 아니하고 화물의 처분에 관한 송화인의 지시에 따른 경우 이로 인하여 AWB의 정당한 소지인에게 입힌 손해에 대하여 책임을 진다. 다만 이로 인하여 송화인에 대한 운송인의 상환청구권을 침해하는 것은 아니다. 수화인이 AWB 또는 화물의 수령을 거부한 경우 또는 수화인을 알 수 없는 경우 송화인은 처분권을 회복한다.

화물이 도착지에 도착한 경우 수화인은 운송인에 대하여 채무액을 지급하고 AWB에 기재된 운송조건을 충족한 때는 AWB의 교부 및 화물의 인도를 청구할 권리를 갖는다. 별도의 합의가 없는 한, 운송인은 화물이 도착한 때 그 사실을 수화인에게 통지하여야 한다.

(3) 항공운송인의 책임

운송인은 탁송수화물 또는 화물의 파괴·멸실·손상된 경우의 손해에 대하여서는 그 손해의 원인이 된 사고가 **항공운송 중**에 발생하였을 경우 이에 대한 책임을 부담한다. 여기서 **항공운송 중**이란 수화물 또는 화물이 공항 또는 항공기 내에서 또는 공항 이외에 착륙한 경우에는 장소의 여하를 불문하고 운송인의 관리 하에 있는 기간을 말한다. 이 경우 항공운송 기간에는 공항 이외에서 행하는 육상운송·해상운송·하천운송의 기간을 포함하지 아니한다. 다만 이러한 운송이 항공운송계약의 이행에 있어서 적재·인도·환적을 위하여 행하여진 경우 손해는 반증이 없는 한 모든 항공운송 중의 사고로부터 발생한 것으로 추정한다.

한편 운송인은 수화물 또는 화물의 항공운송에 있어서의 연착으로부터 발생하는 손해에 대하여 책임을 진다. 다만 운송인은 운송인 및 그의 대리인이 손해의 방지에 필요한 모든 조치를 취하였다는 사실 또는 그 조치를 취할 수 없었다는 사실을 증명한 경우에는 이에 책임을 지지 아니한다.

화물 및 수화물의 운송에 있어 운송인은 손해가 ①조종, ②항공기의 취급 ③또는 항행에 관한 과실로부터 발생하였다는 사실, ④운송인과 그의 대리인이 그 밖의 모든 점에서 손해를 방지하기 위하여 필요한 모든 조치를 취하였다는 사실을 입증한 경우에는 이에 책임을 지지 아니한다. 이 경우 피해자의 과실이 손해의 원인이 되었거나 또는 그 원인의 일부가 되었다는 사실을 운송인이 입증한 경우 자국의 법률의 규정에 따라 운송인의 책임을 면제하거나 또는 경감할 수 있다.

운송인의 책임을 면제하거나 또는 본 협약에 정하여진 책임한도액보다 낮은 한도액을 정하는 규정은 이를 무효로 한다. 그러나 전체적인 계약은 이러한 조항의 무효에 의해 무효로 취급되지 않고 계속 본 협약의 적용을 받는다. 만약 손해가 운송인 또는 그의 대리인의 고의에 의하여 발생하거나 또는 소송이 제기되는 법원이 속하는 국가의 법률에 따라 고의에 상당하다고 인정되는 과실에 의하여 발생하는 경우 운송인은 운송인의 책임을 배제하거나 제한하는 본 협약의 규정을 원용하는 권리를 가지지 못한다.

수화인이 이의 없이 화물을 수령한 경우 반증이 없는 한 화물이 양호한 상태로 또한 운송서류에 따라 인도되었다는 추정적 증거가 된다. 만약 훼손이 있는 경우 수화인은 이를 발견한 즉시, 늦어도 화물에 있어서는 그 수령일로부터 7일 이내 운송인에게 이의를 제기하여야 한다. 연착의 경우 이의는 수화인이 화물을 처분할 수 있는 날로부터 14일 이내에 한 한다.

소정의 기간 내에 이의를 제기하지 아니한 경우 운송인에 대한 소송은 운송인의 사기(詐欺, fraud)를 제외하고 수리되지 아니한다. 한편 운송일부가 항공에 의하여 행하여지고 나머지가 그 밖의 운송방식에 의하여 행하여지는 복합운송의 경우 본 협약의 규정은 항공운송에 대하여서만 적용된다.

항공화물운송장(Airwaybill, AWB)

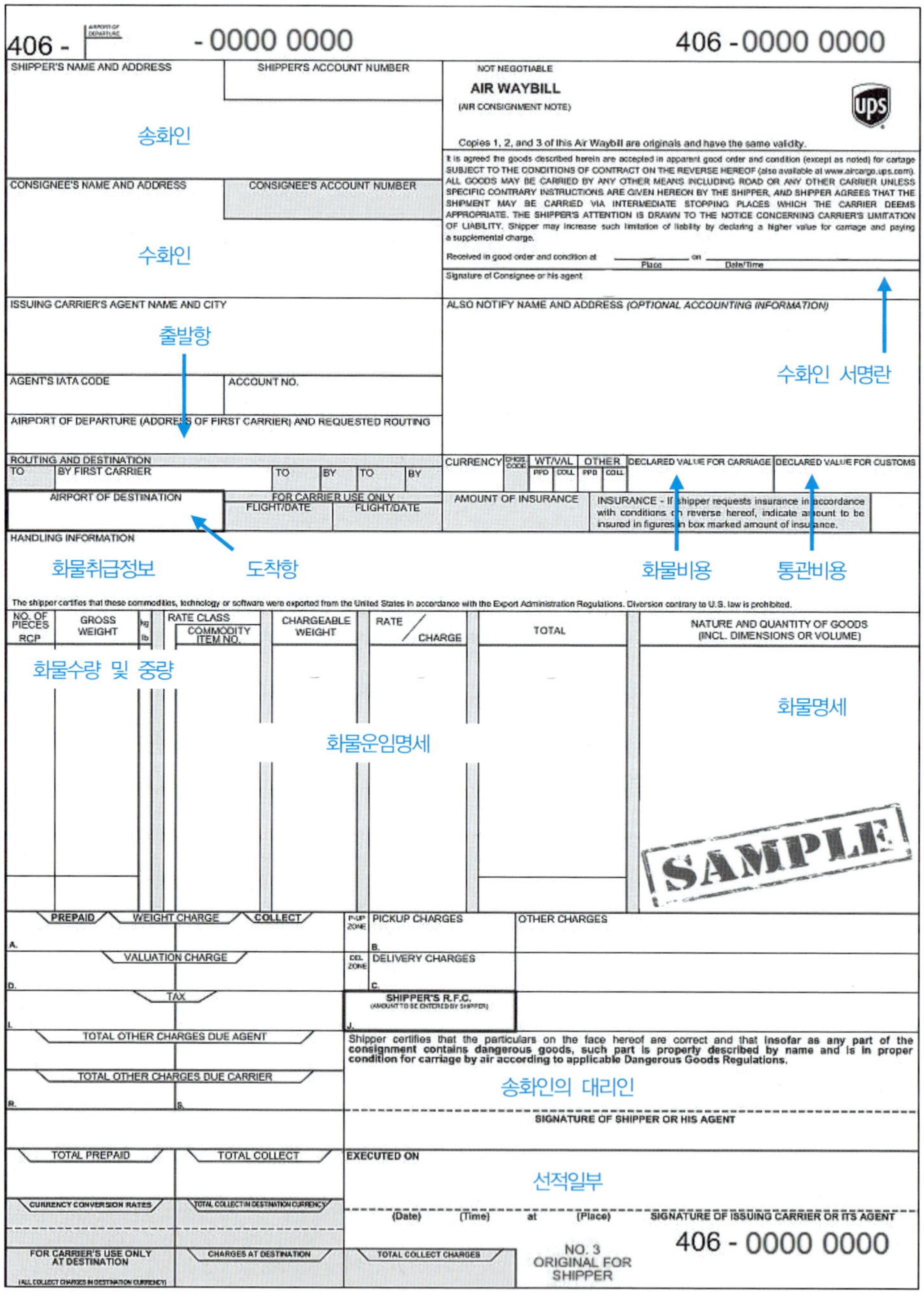

6) 항공화물의 운송절차

(1) 수출화물의 항공운송절차

①**수입자**[매수인(買受人)]와 **매매계약**[주계약(主契約)]이 체결되어 수출을 위한 준비단계가 완료되면 화물의 출고시간에 맞추어 운송수단을 선정하고 해당 항공사에 **예약**[booking]을 한다.

②화물운송 예약 시에는 AWB 번호 · 출발지 및 도착지 · 포장 및 개수 · 포장단위별 중량 및 부피 · 물품명 등과 함께 지정 항공편에 예약을 의뢰한다.

③수출서류를 준비하고 물품을 포장하여 수출통관 준비를 한다.

④포장이 완료된 화물을 **보세구역**(保稅區域, bonded area)[68]에 반입하고 상업송장, 포장명세서 등 서류와 함께 수출신고서에 첨부하여 관할세관에 제출한 후 수출면장을 교부받는다.

⑤항공사 또는 그 대리점에서 AWB을 발급받고 화물의 내용에 따라 적절한 표식을 붙인다.

⑥탑재가 결정된 화물은 **적화목록**(積貨目錄, manifest)에 기재하고 작성된 적화목록의 세관제출용을 세관에 제출하여 화물의 반출허가를 받는다.

⑦적화목록의 화물반출체크용을 가지고 화물장치장에서 탑재할 화물을 구별하여 행선지별로 컨테이너, 팔레트 등에 적재하고 해당 항공기에 탑재하여 출항시킨다.

(2) 수입화물에 대한 항공운송절차

①항공기가 도착하면 기내검역이 행해지고 출발지에서 보내온 **하역지시서**(荷役指示書)에 따라 하역작업이 행해진다.

②하역된 화물은 분류장에 운반되어 서류와 함께 점검하고 분류하여 보세창고에

---

68) **보세구역**은 ①**지정보세구역**(指定保稅區域)과 ②**특허보세구역**(特許保稅區域)으로, ①은 ㉠**지정장치장** · ㉡**세관검사장**, ②는 ㉠**보세장치장** · ㉡**보세창고** · ㉢**보세공장** · ㉣**보세전시장** · ㉤**보세건설장** · ㉥**보세판매장**으로 구분된다. ①의 ㉠은 통관하기 위한 물품을 일시 장치하기 위해 세관장이 지정한 장소, 즉 ⓐ**통관역** · ⓑ**통관비행장** · ⓒ**통관우체국** · ⓓ**통관장** · ⓔ**세관구내** 등이고, ㉡은 통관물품을 검사하기 위한 장소로서 세관장이 지정한다. ②의 ㉠은 통관하기 위한 물품을 장치하기 위한 구역, ㉡은 외국물품을 장치하기 위한 구역, ㉢은 외국물품을 원료로 제조 · 가공 그 밖의 유사한 작업을 위한 구역, ㉣은 박람회 · 전람회 · 견본 등의 운영을 위해 외국물품을 장치하는 구역, ㉤은 산업시설의 건설에 소요되는 외국물품을 장치 · 사용하기 위한 구역, ㉥은 외국물품을 외국으로 반출하거나 외국으로 출국하는 자 등에게 물품을 판매하는 구역으로 특정된다.

보관되며 관련서류는 항공사가 보관한다.

③자가보세장치장(自家保稅藏置場)을 보유한 수화인은 공항에서 즉시 화물을 인수할 수 있도록 되어 있으며, AWB의 분류·정리가 끝나면 수화인에게 도착통지를 한다.

④수입통관업무는 수화인 또는 수화인으로부터 지정받은 통관업자가 행하며, 항공사로부터 AWB을 인수받은 수화인 또는 통관업자는 수입신고서를 세관에 제출하고 수입허가를 취득하여 통관·인수하면 모든 절차가 종료된다.

항공운송의 수출·입 과정

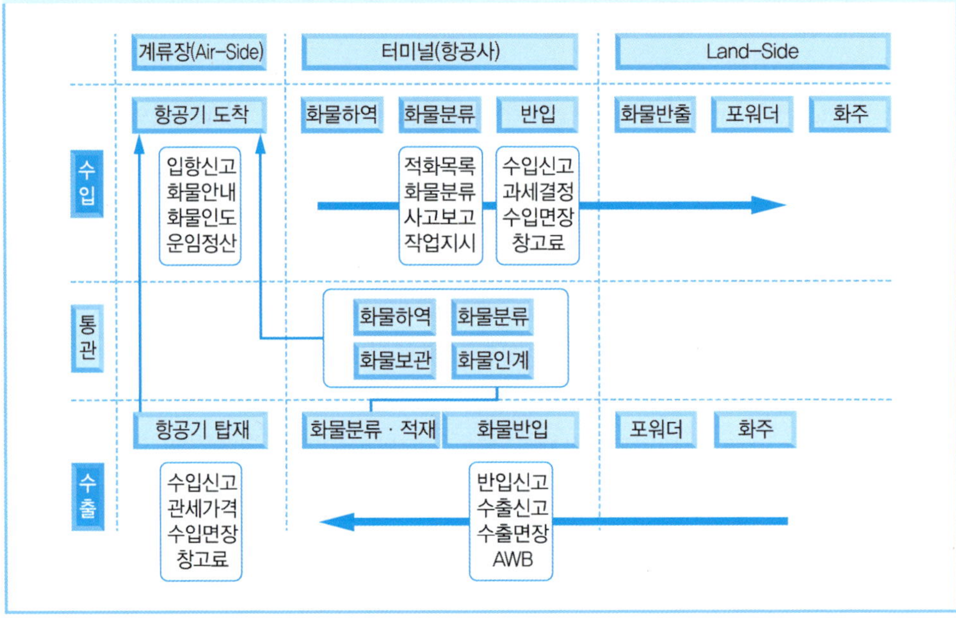

2 도로운송수단과 CMR

1) 도로운송수단

도로운송은 화물자동차에 의한 운송이 주류를 이루고 있다. 주로 컨테이너 전용화물차, 산화물의 운송을 위한 화물차로 구분할 수 있다. 통상 수출・입 내륙운송에 국한되나, 도로를 통한 국경 간의 이동에도 수반된다. 물품의 종류에 따라 도로운송수단은 매우 다양하나 이상의 구분에 의하면 다음과 같다.

도로운송수단의 종류

40FT 전용

20FT 전용

장척화물전용

Flat Rack 전용

Tank Cargo 전용

2) 국제도로물품운송조약 (CMR)

1956년 제정된 **국제도로물품운송조약**(Convention Relative au Contract de Transport International de Marchandise Par Route, CMR)은 육상운송 중에 특히 자동차운송인의 책임에 관한 준거법으로서의 지위를 점하고 있다.

CMR은 국가 간 도로로 화물을 운송할 때 적용되는 운송조약으로서, 주로 운송인의 책임에 관하여 규정하고 있다. 1956년 5월 제네바에서 유럽 국가들이 서명하여 채택하였으며 1961년 발효되고 1978년 개정된 연혁을 보유한다.

무역운송에 있어서 해상운송의 **헤이그규칙**(Hague Rule), 이하 철도운송의 **국제철도물품운송조약**(Uniform Rules Concerning the Contract for International Carriage of Goods by Rail, CIM), 항공운송의 **바르샤바조약**(Warsaw Convention)과 함께 운송구간별 지상약관으로서 그 법적 기능을 감당하고 있다.

(1) 적용범위

CMR은 일국의 특정지점으로부터 다른 나라의 특정지점까지 육로, 곧 도로로 운송되는 **국제도로운송**(國際道路運送, international carriage by road)으로서, 다만 이들 양 당사국 중 어느 일국이 체약국으로서 **CMR**에 가입한 경우에 적용된다.

(2) 도로운송인의 책임

CMR에 의한 자동차운송인의 책임에 관한 일반원칙은, 이른바 **엄격책임주의**(嚴格責任主義, strict liability doctrine)에 입각하고 있다. 즉 자동차운송인은 조약상 면책사유 이외의 사유로 인한 화물의 전부 또는 일부의 멸실·훼손·인도지연에 대하여 책임을 진다. 다만 운송인의 손해배상책임은 운송인의 고의나 중대한 과실의 경우를 제외하고는 화물 1kg당 금 50프랑으로 제한된다. 그리고 중과실의 경우 운송인의 책임은 정상적인 책임한도액의 2배로 제한된다.

한편 인도지연의 경우 실제손해에 관한 증명이 없으면, 특정운송기간의 1/10의 지연에 대해 운임의 1/10을 운송인이 반환하여야 하는데, 그 한도액은 총운임의 1/4이며, 지연으로 인한 실제손해가 증명된 때는 그 손해액이 배상금액이며, 그것은 해당운임의 2배를 초과하지 못한다.

CMR Waybill

1 Sender / Expéditeur

INTERNATIONAL CONSIGNEMENT NOTE
LETTE DE VOITURE INTERNATIONALE
CMR

This carriage is subject notwithstanding any clause to the contary, to the Convention on the Contact for the International Carriage of goods by road (CMR)

Ce transport est soumis, nonobstant toute clause contraire, à la Convention relative au contrat de transport international de marchandises par route (CMR)

2 Consignee / Destinataire

16 Carrier / Transporteur

3 Place of delivery of the goods / Livraison de la marchandise

17 Successive Carriers / Transporteurs successifs

4 Loading place of the goods / Praise en charge de la marchandise

18 Carrier's reservations and observations / Réservers et observations du transporteur lors de la prise en charge de la marchandise

5 Documents attached / Documents attaché

6 Marks and numbers / Marques et numéros

7 Number of packages / Nombre de colis

8 Method of packing / Mode de e'mballage

9 Nature of the goods / Nature de la marchandise

10 Statistical number / Numéro statistique

11 Gross weight kg / Poids brut, kg

12 Volume m3 m3 / Cubage m3

SAMPLE

Letter / Lettre	Number / Nombre	Class / Classe	Packing group / Emballage groupe	(ADR)

13 Sender's instructions / Instruction de le expéditeur

19 Special agreements / Conventions particuliéres entre l'expéditeur et le transporteur

20 To be paid by / A payer par	Sender / Expéditeur	Consignee / Destinataire
Carriage charges/ Prix de transport		
Reductions / Réductions		
Balance / Balance		
Supplem. charges / Frais accessories		
Miscellaneous / Autre frais		
Insurance / Assurance		
Total to be paid / Total à payer		

14 Instruction as to payment for carriage / Instructions de paiement pour le transport

21 Established in ... on ... / Etablie à ... le ...

15 Cash on delivery / Remboursement

22 Signature and stamp of the sender / Signature ou timbre du l'expéditeur

23 Signature and stamp of the carier / Signature ou timbre du transporteur

24 Goods received / Marchandise reçu / Place ... on ... / lieu ... dans
Signature and stamp of the consignee / Signature ou timbre du destinataire

3 철도운송과 CIM

1) 철도운송의 의의

철도운송은 기차에 의한 운송으로서, **도로운송**과 마찬가지로 컨테이너 전용 기차, 산화물의 운송을 위한 기차로 구분할 수 있다. 통상 수출·입 내륙운송뿐만 아니라 내륙국가에 있어 국경을 통한 국가 간 화물의 이동에도 이용된다.

특히 **철도운송**은 **내륙운송기지**(內陸運送基地, inland container depot, ICD)를 이용하여 화물의 신속한 운송을 도모하고 있는데, 이 경우 **ICD**는 항만 또는 공항이 아닌 내륙시설로서, 고정설비를 갖추고 내륙운송수단에 의해 통관 보류된 상태에서 이송된 여러 화물의 일시적 저장과 취급에 대한 서비스를 제공하고, 세관의 통제 하에 수출 및 연계운송을 위하여 일시적 장치·창고보관·재수출·일시상륙 등을 담당하는 단체들이 있는 장소를 말한다. 달리 **내륙데포**(inland depot)라고도 한다.

여기서 **데포**(depot)란 화물의 집배가 이루어지는 장소로서, 역·보관소·병참기지 등을 말한다. 곧 생산지로부터 도착지까지 화물을 배송할 경우 화물을 각지의 **데포**까지 운송하여 집하한 뒤 **데포**에서 소정의 작업을 부가하여 최종 수화인 또는 운송인에게 인도한다. 특히 컨테이너 운송의 경우에는 **내륙데포**에서 컨테이너에 화물의 적입작업이 이루어지고 통관작업도 이루어진다.

ICD는 실무상 주로 항만과 내륙운송수단과의 연계가 편리한 산업지역에 위치한 컨테이너의 집화·혼재를 위한 하치장을 의미하기도 하는데, 그 주된 기능은 ①장치보관 기능, ②집화·분류 기능, ③통관기능 등이다.

ICD의 장점은 ①창고·보관시설용 토지취득이 용이하고, ②이로부터 시설비용을 절감할 수 있으며, ③창고보관료가 저렴할 뿐만 아니라 ④하역측면에서는 노동력의 안정적 확보와 하역작업의 기계화를 통한 노동생산성 향상에 기여할 수 있고, ⑤화물의 대단위화에 따른 수송효율의 향상 및 ⑥항만지역의 교통 혼잡을 피할 수 있어 수송비를 줄일 수 있으며, ⑥통관검사 후 재포장이 필요한 경우 ICD 자체에서 보유하고 있는 포장시설 이용이 가능하고, ⑦항만에서의 통관 혼잡을 피하고 통관의 신속화에 따른 비용을 줄일 수 있다는 장점이 있다.

철도운송의 유형

컨테이너 전용 기차

특수물품 전용 기차

벌크화물 전용 기차

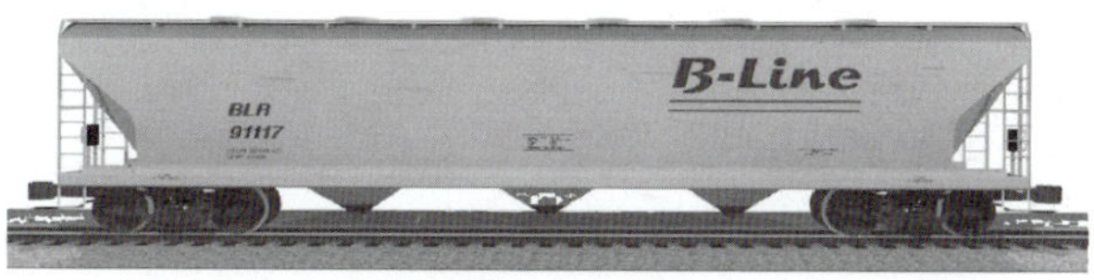

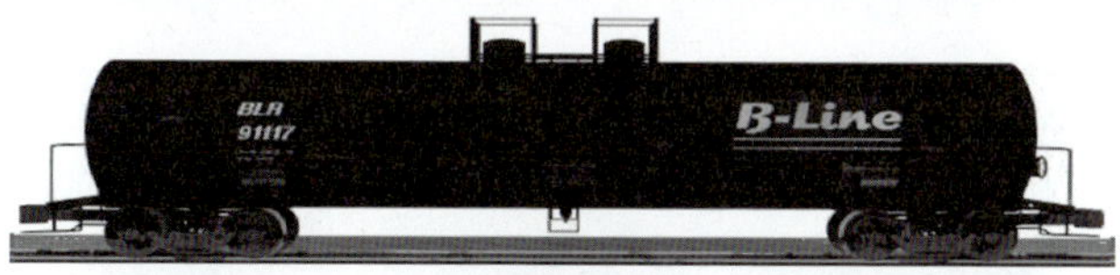

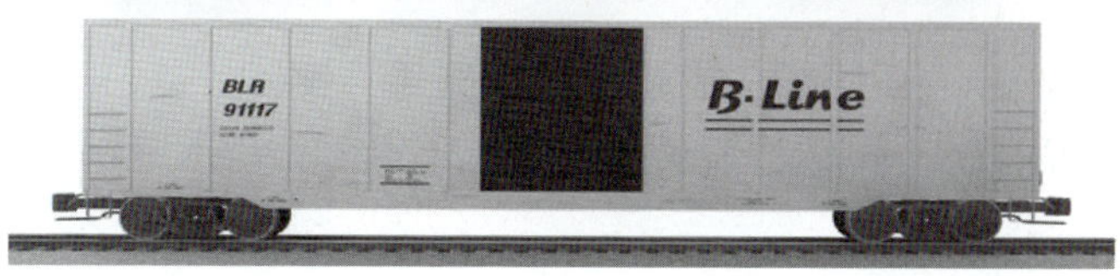

내륙컨테이너기지(ICD) Operation

2) 철도운송의 특징

국제철도운송(國際鐵道運送, international carriage by rail)이란 철도에 의한 이국간의 화물운송을 말하며, 통상 항만국가부터 내륙국가로의 화물운송, 반대로 내륙국가로부터 항만국가로의 화물운송, 또는 내륙국가 간의 화물운송에서 이루어진다. 일반적으로 국제철도운송에서 컨테이너는 **피기백**(piggy back) 방식이 이용된다. 여기서 피기백은 **트레일러**(trailer)나 트럭에 의한 화물수송 도중 화물열차 위에 트레일러나 트럭을 화물과 함께 적재하여 수송하는 방법으로서 특히 장거리 수송의 경우 트럭의 연료비나 운송비를 절감할 수 있는 장점이 있다.

피기백은 컨테이너가 적재된 트레일러를 철도화차 위에 적재하여 운송하는 ①**TOFC**(trailer on flat car) 방식과 트레일러로부터 분리된 컨테이너만을 철도에 적재하여 운송하는 ②**COFC**(container on flat car) 방식으로 구분할 수 있다. 이러한 방식으로 육상운송 및 해상운송과의 일관협동운송을 가능하게 하고 있다.

국제철도운송은 대형고정자본이 투자되어야 하고, 투하된 자본에 대한 이윤회수가 여의치 않으므로 어느 특정 사기업이 운영하기보다는 국영기업에 의해 운영되는 것이 일반적이다.

TOFC와 COFC

TOFC

COFC

3) 국제철도물품운송조약 (CIM)

무역운송에 있어 국가 간에 철도로 물품을 운송하는 경우 **CIM**으로 알려진 **국제철도물품운송조약**(國際鐵道物品運送條約, uniform rules concerning the contract for international carriage of goods by rail)이 적용되는 것이 보통이다. **CIM**은 1961년 채택되었는데, 이후 본 조약은 1980년 스위스 베른에서 채택된 **국제철도운송에 관한 조약**(convention concerning international carriage by rail, COTIF)에 흡수되었다. **COTIF**는 1985년 4월 발효되었고 **CMR**과 더불어 국제복합운송에 있어서 **이종책임체계**(異種責任體系, network liability system)를 채택하고 있다.

COTIF는 **국제철도여객 및 수화물운송계약에 관한 통일규칙**(uniform rules concerning the contract for international carriage of passengers and luggage by rail, CIV)과, **국제철도물품운송계약에 관한 통일규칙**(uniform rules concerning the contract of international carriage of goods by rail, CIM)을 포함한다.

CIM은 **철도화물탁송장**(railway consignment note, CMI consignment note)이 발행되고, 복수 이상의 체약국에 걸친 철도운송에 적용된다. 따라서 발착역과 도착역이 동일한 체약국에 위치하는 경우 운송 중 다른 체약국의 영토를 경유하더라도 본 협약은 적용되지 않는다. 곧 **CIM**은 **철도화물수탁서**에 따라 복수 이상의 체약국 간에 철도편으로 운송되는 국제화물운송에 적용된다.

한편 철도운송인의 손해배상책임 원칙과 관련, **CIM**에 의한 철도운송인의 책임원칙도 대체로 **CMR**과 유사하다. 즉 철도운송인은 화물의 손해에 대하여 매우 포괄적 책임을 부담한다. 그러나 화주의 고의, 화물의 하자나 불가항력, 곧 철도운송인이 피할 수 없었고, 또한 그 결과를 방지할 수 없었던 사정으로 인하여 발생한 화물의 멸실·훼손 또는 인도지연에 대하여는 면책된다. 다만 그 멸실이나 손상이 이들 면책사유로 인하여 발생하였다는 입증책임은 운송인에게 있다.

철도운송인은 자신이 운송을 위해 화물을 수령한 시점부터 인도한 시점까지의 전 기간 동안 화물이 멸실 또는 훼손되거나 지연되어 손해가 발생한 경우 그에 대한 배상책임을 부담해야 한다. 여기서 **멸실**(loss)은 화물이 수화인에게 인도되지 않거나, 약정한 운송기간 이후 30일이 경과되는 시점까지 수화인이 화물을 처분할 수 없는 상태를 포함하며, **지연**(delay)이란 약정한 운송기간을 경과하여 화물이 인도되는 경우를 말한다.

철도운송인에게는 과실에 기초함이 없이 무과실책임주의가 적용되나, 철도운송인은 ①화주과실로 발생한 손해, ②합의된 **무개화차**(open wagon)의 사용으로 인한 손해, ③화주가 포장을 하지 않았거나, 부적절한 포장으로 발생한 손해, ④송화인 또는 수화인이 화물을 적재하거나 적출할 당시에 발생한 손해, ⑤화물고유의 성질·하자에 기인한 손해, ⑥송화인의 부적절한 화인으로 발생한 손해, ⑦생동물의 특수위험에 따른 손해 등에 대하여는 면책된다.

화물손해가 이러한 면책사유로 발생하였다는 입증책임은 철도운송인에게 있다. 철도운송인은 화물이 멸실된 경우에는 화물을 수령한 때와 장소의 시가를 기준으로, 훼손의 경우 목적지의 시가를 기준으로 책임을 부담해야 한다. 한편 지연손해의 경우 철도운송인의 책임은 운임의 4배로 제한된다. 다만 철도운송인의 고의적인 불법행위나 중과실에 의한 손해인 경우에는 책임제한은 배제된다.

무개화차(Open Wagon)의 종류

CMI Consignment Note

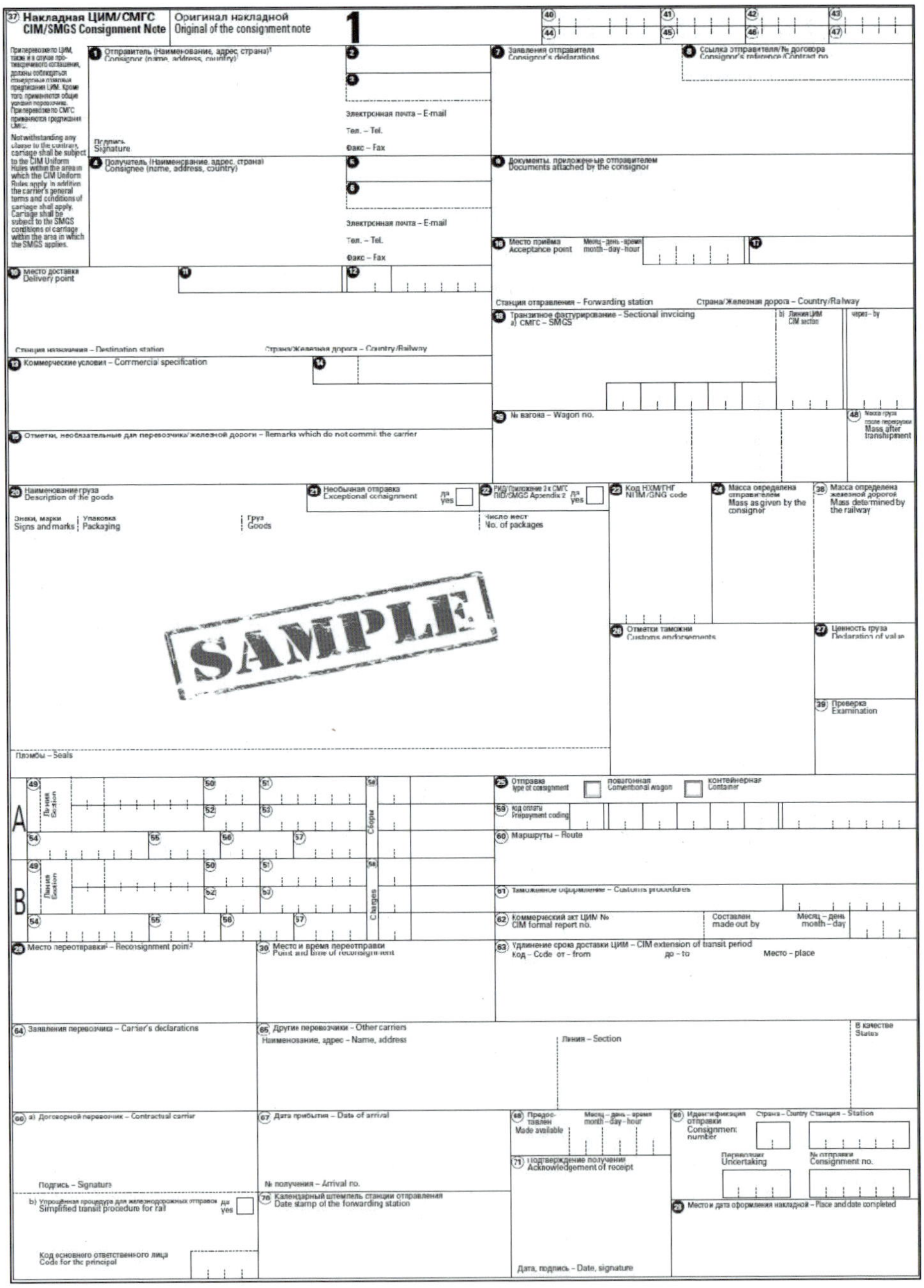

37 Накладная ЦИМ/СМГС CIM/SMGS Consignment Note | Оригинал накладной Original of the consignment note | 1

1 Отправитель (Наименование, адрес, страна) Consignor (name, address, country)

Подпись Signature

электронная почта – E-mail
Тел. – Tel.
Факс – Fax

4 Получатель (Наименование, адрес, страна) Consignee (name, address, country)

электронная почта – E-mail
Тел. – Tel.
Факс – Fax

Notwithstanding any clause to the contrary, carriage shall be subject to the CIM Uniform Rules within the area in which the CIM Uniform Rules apply. In addition the carrier's general terms and conditions of carriage shall apply. Carriage shall be subject to the SMGS conditions of carriage within the area in which the SMGS applies.

7 Заявления отправителя Consignor's declarations

8 Ссылка отправителя/№ договора Consignor's reference/Contract no.

9 Документы, приложенные отправителем Documents attached by the consignor

10 Место доставки Delivery point

Станция назначения – Destination station | Страна/Железная дорога – Country/Railway

13 Коммерческие условия – Commercial specification

15 Отметки, необязательные для перевозчика/железной дороги – Remarks which do not commit the carrier

16 Место приёма Acceptance point | Месяц – день – время month – day – hour

Станция отправления – Forwarding station | Страна/Железная дорога – Country/Railway

18 Транзитное фактурирование – Sectional invoicing a) СМГС – SMGS | b) Линия ЦИМ CIM section | через – by

19 № вагона – Wagon no.

48 Масса груза после перегрузки Mass after transhipment

20 Наименование груза Description of the goods

Знаки, марки Signs and marks | Упаковка Packaging | Груз Goods | Число мест No. of packages

21 Необычная отправка Exceptional consignment да yes

22 РИД/Приложение 2 к СМГС RID/SMGS Appendix 2 да yes

23 Код НХМ/ГНГ NHM/GNG code

24 Масса определена отправителем Mass as given by the consignor

38 Масса определена железной дорогой Mass determined by the railway

26 Отметки таможни Customs endorsements

27 Ценность груза Declaration of value

39 Проверка Examination

SAMPLE

Пломбы – Seals

A / B — Линия Section — Сборы Charges — 49–58

25 Отправка type of consignment | повагонная conventional wagon | контейнерная Container

59 Код оплаты Prepayment coding

60 Маршруты – Route

61 Таможенное оформление – Customs procedures

62 Коммерческий акт ЦИМ № CIM formal report no. | Составлен made out by | Месяц – день month – day

28 Место переотправки – Reconsignment point

30 Место и время переотправки Point and time of reconsignment

63 Удлинение срока доставки ЦИМ – CIM extension of transit period | Код – Code | от – from | до – to | Место – place

64 Заявления перевозчика – Carrier's declarations

65 Другие перевозчики – Other carriers | Наименование, адрес – Name, address | Линия – Section | В качестве Status

66 a) Договорной перевозчик – Contractual carrier

Подпись – Signature

b) Упрощённая процедура для железнодорожных отправок Simplified transit procedure for rail | да yes

Код основного ответственного лица Code for the principal

67 Дата прибытия – Date of arrival

№ получения – Arrival no.

70 Календарный штемпель станции отправления Date stamp of the forwarding station

68 Предоставлен Made available | Месяц – день – время month – day – hour

71 Подтверждение получения Acknowledgement of receipt

Дата, подпись – Date, signature

69 Идентификация отправки Consignment number | Страна – Country | Станция – Station | Перевозчик Undertaking | № отправки Consignment no.

29 Место и дата оформления накладной – Place and date completed

3 복합운송

1 복합운송의 개념

복합운송(複合運送, multimodal transport, combined transport)이라는 용어는 항공운송에 관한 **바르샤바 조약**(warsaw convention)에서 처음 사용되었다. **복합운송**이란 통상 특정화물을 육상·해상·항공 등 2가지 이상의 다른 운송수단을 이용하여 출발지에서 최종 목적지까지 화물을 옮겨 싣지 않고 **일관운송**(一貫運送, through transport)을 의미한다. 이 경우 **일관운송**의 전 구간에 대해 책임을 지는 주체가 바로 **복합운송인**(複合運送人, multimodal transport operator)이며, **복합운송인**이 발행하는 **복합운송계약**(複合運送契約, combined transport contract)의 증거서류를 **복합운송증권**(複合運送證券, combined transport document)이라고 한다.

복합운송은 달리 **통운송**(通運送, through carriage) 또는 **협동일관운송**(協同一貫運送, multimodal carriage)이라고도 한다. 곧 선박과 선박, 선박과 철도, 선박과 항공기와 같이 복수 이상의 운송수단으로 화물이 목적지에 운반되는 것을 의미하는데, 다만 **이종**(異種)**의 운송수단**이 결부된 경우를 특별히 **복합운송**으로 지칭하여 이를 구분하기도 한다. 여기서 **복합**의 표기는 당초 **combined** 또는 **intermodal**로도 지칭하였으나, 1990년 **국제연합무역개발회의**(國際聯合貿易開發會議, United Nations Conference on Trade and Development, UNCTAD)에서 그 표기를 통일하여 **multimodal**로 일원화하였다. 이에 **통운송**은 ①일관된 운송책임, ②통일된 운임의 설정, ③복합운송증권의 발행이라는 원칙을 필요로 한다.

복합운송계약에 있어 **복합운송인**은 전 구간에 걸쳐 책임을 지고 이에 대한 증거서류로 **복합운송증권**을 발행하는데, 그 특성상 운송수단을 중간에 바꿔야 하므로 **환적**(換積, transshipment)이 불가피하고, **환적**의 편의를 위해 화물형태가 단위화 되는 특징을 지닌다.

2 복합운송의 장점

복합운송은 ①통관절차의 간소화, ②인도지연의 회피, ③화물혼재의 가능으로 화물유통의 신속성 도모와 비용절감, ④물품매입가격의 인하, ⑤포장비 절감, ⑥서류작성 및 **화인**(貨印, shipping mark) 등의 서류비용 감소, ⑦자금회전의 신속화, ⑧저렴한 보험료 등의 장점이 있다. 여기서 화인은 **선하증권**(B/L)과 **상업송장**(I/V) 등에 표시된 내용과 일치해야 하며, 만약 잘못된 표시로 인해 사고가 발생하면 매도인의 책임으로 취급된다.

화인은 ①**주화인**(主貨印)과 ②**부화인**(副貨印)으로 구분할 수 있는데, ①은 화물을 쉽게 구별하기 위한 기호로서 삼각형과 마름모꼴, 타원형 등의 도형 안에 수입자 상호의 약자 등을 기재한다. 문자나 숫자로 된 경우도 있다. ②는 ①의 보조마크로 보통 수출자를 표시한다. 품질표시는 물품의 품질이나 등급을 기호로 표시하며, 경우에 따라 수출검사의 적격여부도 표시한다.

한편 중량표시는 운임계산과 하역작업에 도움이 되도록 **총중량**(gross weight)과 **순중량**(net weight)을 나누어 표시한다. 때로는 용적을 표시하기도 한다. 목적항 표시는 화물의 선적과 양하작업을 용이하게 하고 화물이 다른 장소로 운송되는 것을 막기 위한 표시이다.

화물의 일련번호는 포장물이 여러 개일 경우 포장에 표시한 고유번호이다. 원산지 표시는 화물의 원산지를 나타내며, 주의사항은 화물의 선적이나 운반에 주의할 점을 나타낸 것이다. 보통 포장의 측면에 표시하기 때문에 달리 **사이드마크**(side mark)

●●○ 화인(Shipping Mark)

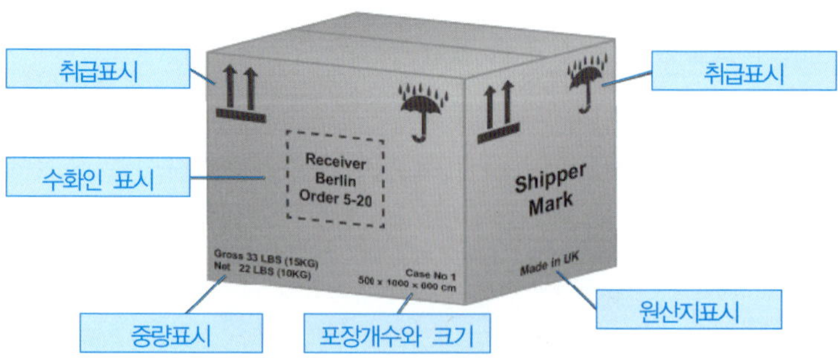

라고도 한다. 그 밖의 수입상이 화물의 분류나 통관 등의 편의를 위하여 주문번호, 송장번호 등을 삽입하기도 한다.

3 복합운송의 요건과 형태

1) 복합운송의 요건

①복합운송인은 자기의 명의와 계산으로 송화인을 상대로 복합운송계약을 체결한 계약당사자일 뿐만 아니라 전체 운송을 계획하고 여러 운송구간을 적절히 연결하고 통괄하여 운송이 원활하게 이루어지도록 조정하고 감독할 지위에 있으므로 전 구간에 걸쳐 화주에 대해 단일책임을 진다.

②복합운송이 되기 위해서는 복합운송인이 화주에 대하여 전 운송구간에 대한 유가증권으로서의 복합운송서류가 발행되어야 한다.

③복합운송인은 그 서비스의 대가로서 각 운송구간마다 분할된 것이 아닌 전 구간에 대한 단일운임을 설정하여, 화주에게 제시한다.

복합운송은 컨테이너를 복수 이상의 상이한 운송수단을 이용하여 복합운송인이 복합운송증권을 발행하고, 복합운송인이 물품을 인수한 때부터 인도할 때까지 전 운송구간에 대해서 일관책임을 부담하면서 단일의 복합운송운임률에 의해서 운송되는 형태를 말한다.

그러나 복합운송이 반드시 컨테이너에 의해 제한되는 것은 아니고, 이러한 복합일관운송을 충족하려면, ①**복합운송증권**, ②**단일운송운임률**, ③**단일운송인책임**, ④**운송수단의 이종복수성**(異種複數性) 등이 요구된다.

2) 복합운송의 형태

복합운송은 본래 단일계약에 의해 연속되는 운송을 내용으로 하여 성립되는 것이므로, 이는 ①**부분운송**(部分運送), ②**하청운송**(下請運送), ③**공동운송**(共動運送), ④**연대운송**(連帶運送) 등으로 구분할 수 있다.

(1) 부분운송

부분운송은 송화인이 여러 명의 운송인에게 직접 혹은 자신의 대리인으로 하여금 각 구간에서 개별운송계약을 체결하는 형식을 의미하며, 각 운송인은 자신의 운송구간에 대해서만 책임을 진다.

부분운송을 복합운송에 포함시킬 수 있는지 여부와 관련하여 문제가 없지 않은데, 왜냐하면 복합운송에는 이미 각 운송수단이 유기적으로 결합되어 있다고 하는 실질적인 요건이 전제되어 있기 때문이다. 따라서 이하 **하청운송**의 형태가 복합운송의 전형적인 경우라 할 수 있다.

(2) 하청운송

하청운송은 특정의 운송인이 전 구간의 운송을 인수하고 그 운송의 일부 또는 전부를 다른 운송인에게 하청 또는 도급을 준 경우이다. 이때 **하청운송인**은 **원운송인**의 이행보조자에 불과하므로 각 **하청운송인**은 자신이 인수한 운송구간에 대해서만 **원운송인**과의 계약관계가 성립되고 화주와의 계약관계는 발생하지 않는다.

원운송인은 화주에게 발행한 **복합운송서류**에 따라 책임을 부담하는데, 실무에서는 선하증권 문면에 자신이 실제로 담당하는 운송구간에만 자신의 책임을 한정시키는 취지의 약관을 삽입하는 경우가 보통이다. 따라서 복합운송서류의 소지인은 **하청운송인**에게 손해배상을 청구하는 경우 **최초운송인**(first carrier)으로부터 중간운송서류를 배서 등의 의해 그 권리를 수리하는 방법 이외에는 직접 청구할 방법이 없다. 결국 **하청운송인**과 송화인 사이에는 직접적인 법률관계는 존재하지 않게 된다.

(3) 공동운송

공동운송은 전 구간의 운송서비스에 다수의 운송인이 처음부터 공동으로 참여하는 경우이다. 이 경우 각 운송인은 현실적으로 각 구간에 운송을 담당하고 있지만 이것은 운송인 상호 간 내부적 결정에 불과하며 실정법상 상행위에 의한 연대채무관계가 성립하기 때문에 운송인은 당연히 연대책임을 부담해야 한다. 이로 인해 각 부분의 운송에 대해 성실히 임해야 하는 당위성이 생기고 서비스 품질도 상향되게 된다. 따라서 선하증권도 운송인이 함께 서명한 공동일관 선하증권이 발행된다.

(4) 연대운송

연대운송은 **통운송장**과 함께 다수의 운송인이 계약을 인수한 경우의 운송으로서 복수 이하 운송인이 순차적으로 **최초운송인**과 송화인 사이의 운송계약에 개입하고 어느 운송단계에서든 전체 운송을 인수했음을 인정하는 운송형태이다.

송화인에게는 **최초운송인**과의 위탁계약만으로 그 밖의 운송서비스도 함께 이용할 수 있는 형식이 된다. 각 운송인은 운송과정에 있어 상호 간 연락관계를 유지하기 때문에 중계지에서의 화물의 인도는 직접적으로 수행된다.

4 복합운송인

복합운송인(複合運送人, multimodal transport operator, MTO)는 스스로 또는 자신을 대리한 타인을 통해서 복합운송계약을 체결하고, 송화인이나 복합운송작업에 관여하는 운송인의 대리인으로서가 아닌 전체로서 행동하고, 그 계약의 이행에 관한 채무를 부담하는 자를 말한다. 다만 이러한 **MTO**의 개념은 이론적인 정의에 불과하고 실무에서는 **실제로 복합운송을 수행하는 자**, 곧 **복합운송회사**[복합운송인(複合運送人)]로 취급된다. **복합운송회사**의 자격요건은 일률적으로 결정할 수 없고, 각 국가의 입법정책, 운송산업환경, 복합운송의 발달정도에 따라 상이하다는 특징이 있다. 다만 이론적으로는 **MTO**를 다음과 같은 2가지 유형으로 구분할 수 있다.

1) 포워더형 계약운송인

선박·기차·항공기 등의 운송수단을 직접 보유하지 않고 자신은 다만 **계약운송인**(契約運送人, contracting carrier)으로서 **실제운송인**(實際運送人, actual carrier)처럼 운송주체자로서의 기능과 책임을 다하는 운송형태이다. 곧 **계약운송인**은 **실제운송인**에게는 화주의 입장에서, 화주에게는 운송인의 입장에서 책임과 의무를 부담한다.

계약운송인은 운송계약에 의해 운송물의 운송이행책임을 인수한 운송인으로 특정되는데, 이 경우 **계약운송인**은 스스로 또는 자기의 이름으로 송화인과 운송 계약을 체결하는 자로서, 달리 **실제운송인**은 **계약운송인**으로부터 물품운송의 전부나 일부의 이행을 위탁받은 자로서 구분된다.

본래 해상운송의 당사자로서 운송인은 원칙적으로 선박소유자 및 선박임차인인 **나용선자**(裸傭船者, bare boat charterer)이지만, **정기용선자**(定期傭船者) 및 **재용선계약**(再傭船契約)에 의한 **항해용선자**(航海傭船者, voyage charterer)를 포함, 선박의 소유·관리 및 운항과 무관한 자들도 **계약운송인**이 되는 경우가 확대되고 있다. 여기에는 **비선박운항업자**(非船舶運航業者, non-vessel operator, NVO)는 물론이고 **MTO**는 어느 한 구간에서는 실제운송인이더라도 전 구간에 대해서는 **계약운송인**일 수밖에 없다.

계약운송인의 유형에는, ①**해상운송주선업자**(ocean freight forwarder), ②**항공운송주선업자**(air freight forwarder) 등이 있는데 ①의 경우가 대표적이다. 이에 따라 일반적으로 계약운송인형 복합운송인을 **포워더형 복합운송인**이라 한다. 참고로 미국의 **무선박운송인**(無船舶運送人, non-vessel operating common carrier, NVOCC)은 **포워더형 복합운송인**을 법제화시킨 개념이다. 곧 **NVOCC**는 선박을 보유하지 않은 운송인으로서, ①외항 및 내항의 해운을 이용하여 물품을 운송하기 위해 광고·권유 및 그 밖의 방법으로 운임요율을 설정하여 공시하는 자, ②물품의 운송에 관해 책임을 인수하거나 법적 책임을 지는 자, ③선박의 소유나 지배 유무에 관계없이 수상운송인을 하도급인으로 이용하여 자신의 이름으로 운송하는 자를 총칭한다.

한편 운송주선인은 ①**포워더**와,[69] ②**NVOCC**로 구분할 수 있는데, ①은 **화주**[수출자]의 대리인으로서 선적 및 선적서류작성 등의 업무를 행하는 자를 말하고, ②는 선박을 소유하고 있지 않은 운송인으로서는 주로 소량화물을 집하하는, **집하대리인**(集荷代理人, consolidator)을 뜻한다. 따라서 ②는 선주의 대리인으로 ①과 구별되며, 자체 **운임률**(tariff rate)를 가지고 **House B/L** 또는 **Groupage B/L**을 발급하고 있다.

2) 캐리어형 실제운송인

실제운송인은 MTO와 동일인인지 여부에 관계없이 실제로 운송의 전부 또는 일부를 이행하거나 그 이행을 인수하는 자이다. 곧 자신이 선박·트럭·항공기 등의 운송수

69) 운송주선인은, ①수출화물의 본선인도 및 수입화물을 본선으로부터 인수한다. ②수출자에게 최적운송경로의 선택 및 비용을 제시하며, 선적서류작성 등 서식업무에 전문적 조언을 한다. ③수출자를 대신하여 운송수배업무를 대행한다. ④화주를 대신하여 주요 서류 및 사무를 작성·일임한다. ⑤화주를 대신하여 복잡하고 전문지식을 요하는 수출·입 화물의 통관절차를 수행한다. 그 밖에 ⑥운임 및 부대비용의 대납, ⑦포장·보관업무의 수행, ⑧보험의 수배, ⑨화물의 집하 및 혼재, ⑩배송업무, ⑪시장정보의 획득 및 제공 등을 수행하고 있다.

단을 보유하고 MTO의 역할을 수행하는 자를 말한다. **실제운송인**에는 선박회사·철도회사·트럭회사·항공사 등이 있는데, 복합운송구간 중 해상구간이 차지하는 비중에 비추어 선박회사가 가장 대표적인 **캐리어형 실제운송인**이라 할 수 있다.

5 복합운송인의 책임

복합운송계약에 의한 당사자 간의 주된 운송급부 내지 운임급부 등에 관한 법률관계는 다른 운송계약의 경우와 근본적인 차이가 없다. 따라서 복합운송계약관계는 운송물의 손해에 관한 책임관계에 집중되어 있다.

복합운송계약상의 책임관계는 종래의 단독운송 내지 단일운송의 경우보다 복잡하다. 이는 복합운송계약의 경우 그 계약의 이행에 여러 종류의 운송수단과 여러 사람의 운송인이 관계되고 또한 종래 운송법규를 달리하는 운송구간 간의 결합에 의하여 운송의 목적이 달성되기 때문이다. 따라서 운송인의 손해배상책임에 관한 법률관계는 아주 복잡하여, 이를테면 운송물의 손해에 대한 피해자인 화주는 관여운송인 중에서 누구를 상대로 배상청구를 할 것인가 또는 어느 구간 또 어느 운송수단에 관한 법규에 의하여 운송인의 책임원칙 내지 내용을 결정할 것인가 하는 것 등이 문제가 된다.

MTO는 화주에 대해 운송화물이 자신의 관리 하에 있는 전 기간, 즉 화물의 인수시로부터 인도 시까지 단일책임을 부담하며, 그 기간에 발생한 물품의 멸실·손상·인도지연이 자신 또는 그 사용인이나 대리인의 과실 또는 태만으로 발생한 것이 아님을 증명하지 않는 한, 책임을 부담한다. 이는 **추정과실책임주의**(推定過失責任主義)에 기초하고 있으며, 과실의 유무에 관한 입증책임은 MTO가 부담한다. 여기서 운송구간에 대한 책임체계는 운송구간별 ①**이종책임체계**(異種責任體系, network liability system), 전 운송구간별 ②**동일책임체계**(同一責任體系, uniform liability system) 및 ③**수정동일책임체계**(修正同一責任體系, modified uniform liability system) 등으로 구분된다.

①은 전 운송구간에 걸쳐 단일운송인이 책임을 지지만, 그 책임의 내용은 각 운송구간에 적용되는 기존조약 또는 법규에 따라 결정되는 책임체계이다. 이 경우 기존조약이 적용될 수 없는 경우가 문제시 된다. 곧 국지적 손해에 대해 당해 구간에 적

용되는 국제조약을 적용할 것인지, 국내법을 적용할 것인지 또는 책임한도액을 비교하여 고액을 선택할 것인지의 문제가 부각된다.

②는 전 운송구간에 걸쳐 복합운송인이 책임을 부담하는 형태로 화물손해의 발생장소나 운송수단의 여하를 불문하고 동일원칙, 동일내용의 책임을 부담하는 체계로서, 화주에게 유리하고 복합운송인에게 불리한 책임체계라 할 수 있다. 이 경우 ㉠서로 상반되는 상황 하에서 타협점을 마련하기 어렵다는 문제점, 곧 기존의 각 운송법제의 원칙과 한도가 상이하여 이중 어느 것을 선택할 것인지의 문제, ㉡MTO에게 충분한 배상능력과 업무능력이 요구된다는 점, ㉢책임한도가 기존 운송법규의 최저한도액으로 설정되지 않으면, 결국 보험료율이 상승하고 이는 운임률 상승을 의미함으로 화주는 상당한 부담을 갖게 된다는 점 등이 문제점으로 부각된다.

③은 ①과 ②를 절충한 것으로, 기본적으로는 ②에 따라 손해발생구간의 판명여부에 관계없이 항상 같은 책임원칙을 적용하나, 다만 그 예외로서 책임한도에 있어 손해발생구간이 판명되고 그 운송방법에 관한 별도의 국제조약 또는 국내법 가운데 높은 책임한도액이 있다면 그러한 국제조약이나 국내법 원칙을 적용한다.

6 복합운송서류와 복합운송경로

1) 복합운송서류

복합운송서류는 복합운송에 의해 물품이 인수된 것과 계약조항에 따라 물품을 인도할 것을 약속한 복합운송계약을 증명하는 서류로서 컨테이너를 통한 **문전 수배송**(door to door)을 의도하고 육상·해상·항공의 복합된 운송을 위한 것이다. 이는 전 운송구간에 있어 화물의 멸실 또는 손상에 대한 일관책임을 부담하며 선하증권과는 달리, 운송인뿐만 아니라 운송주선인에 의해서도 발행된다. 또한 화물이 본선적재 전에 복합운송인이 수탁 또는 수취한 상태에서 발행된다.

2) 복합운송의 경로

유럽 전역은 물론 북방지역과의 교역이 활성화되어가는 추세에서 이들 지역과의 원활한 교역을 위한 최상의 수송루트 개발이 해운업계뿐만 아니라 무역업계의 최대 관심사이기도 하다. 예컨대 기존 대륙횡단수송루트로서 **TSR**(trans siberian railway)과 **TCR**(trans china railway)은 대표적인 수송루트라 할 수 있다.

복합운송의 형태로는 일반적으로 해륙복합운송과 해공복합운송이 있으며, 해륙복합운송에는 대륙과 해상을 잇는 교량역할을 하는 **Land Bridge 방식**이 이용되고 있는데, 이는 대륙횡단을 위한 철도 및 도로운송방식을 이용하여 매개운송을 구간화하여 해륙복합운송을 위한 교량역할을 하고 있다. 현재 국제복합운송의 주요 경로로 이용되고 있는 **Land Bridge**는 다음과 같은 것이 있다.

(1) SLB

SLB(siberian land bridge)에 의한 복합운송은 극동과 유럽지역 간의 운송에 있어 해상운송수단을 이용하는 것보다 시베리아 대륙을 횡단하는 것이 수송시간이나 경비 면에서 경제적이라는 점에 착안하여 1971년 최초로 서비스가 개시되었다.

SLB는 러시아 **나호트카**(Nakhodka) 또는 **보스토치니**(Vostochny)까지는 컨테이너 선박을 이용하고 이곳에서 러시아 서부 국경지역까지는 시베리아 횡단철도를 이용하는데, 그곳에서 유럽이나 중동에 있는 최종목적지까지는 철도・선박 또는 트럭으로 운송된다. **SLB**의 전체운송시간은 러시아의 서부 국경지역에서 최종목적지까지 철도운송의 경우 보통 25~40일, 선박의 경우 30~35일, 트럭의 경우 25~35일 정도 소요된다.

(2) ALB

ALB(american land bridge)는 극동에서 선적된 화물을 미국의 서해안에 있는 항구까지 해상운송 이후에 미국 동부에 있는 항구까지 대륙횡단철도로 접속・운송하고, 이를 다시 해상을 통해 유럽의 목적지까지 운송하는 방식으로 1972년 개시되었다. **ALB**의 전체 수송시간은 보통 32~33일 정도로서 **SLB**와 거의 비슷하지만 운임은 20~30% 정도 저렴하다.

(3) Mini Land Bridge와 Micro Land Bridge

Mini Land Bridge는 극동에서 미국 태평양 연안까지 해상운송에 이어 미국 대서양 연안 및 페르시아만 항구까지 철도운송을 하는 해륙복합운송을 말하고, **Micro**

Land Bridge는 **IPI**(interior point intermodal)라고 하며, 미국철도 및 도로망을 이용하여 내륙의 목적지까지 운송하는 것을 말한다. 즉 **MLB**는 **항구까지**(to port) 한정되지만, **IPI**는 **문전까지**(to door) 그 서비스를 확대한 것이다.

(4) TSR과 TCR

TSR(trans siberian railway)은 러시아의 **나호트카** 및 **보스토치니** 항구에서부터 러시아 유럽국경까지의 철도운송구간을 말한다. 이에 비해 **TCR**(trans china railway)는 중국동해안의 **강서성**(江西省)의 **연운항**(連雲港)을 출발, 러시아 및 동유럽을 거쳐 서유럽으로 연결되는 대륙횡단철도이다.

전 세계 Land Bridge

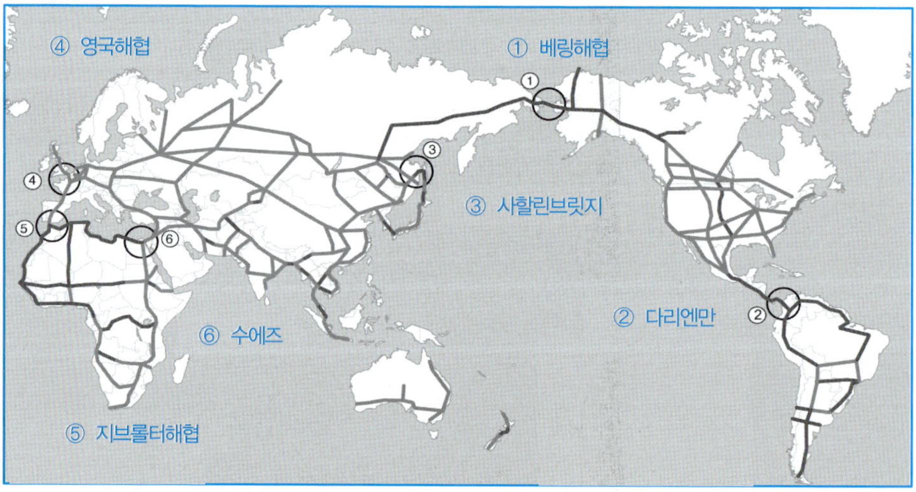

복합운송증권

SKY2C Freight Systems Inc.
INCORPORATED IN STATE OF CALIFORNIA, USA • TEL. #800-353-5128

EXPRESS RELEASE

OTI FMC# 016733N

Combined Transport Bill of Lading

2. EXPORTER (Principal or seller-license and including ZIP Code)	5. BOOKING NO.	5a. B/L NUMBER
FRANCOIS FELIX INGRAND 935 Timothy Lane Menlo Park, CA 94025	6. EXPORT REFERENCES	OAK/TOL/4789
3. CONSIGNED TO FRANCOIS FELIX INGRAND 20 Chemir Michoun 31500 Toulouse, France Tel# 33-06-71452616 Email: felix@ingrand.net	7. FORWARDING AGENT (Name and address references) 8. POINT (STATE) OF ORIGIN OR F T Z NUMBER CA	
4. NOTIFY PARTY/INTERMEDIATE CONSIGNEE (Name and Address) SAME AS CONSIGNEE	9. DELIVERY AGENT Astair International Sotteville lès Rouen, France Tel# 02-35-03-06-23 Glenn	

12. PRE-CARRIAGE BY	13. PLACE OF RECEIPT BY PRE-CARRIER	
14. EXPORTING CARRIER VOYAGE# APL SWEDEN V.009	15. PORT OF LOADING/EXPORT OAKLAND	10. LOADING PIER/TERMINAL
16. FOREIGN PORT OF UNLOADING MARSEILLE PORT	17. PLACE OF DELIVERY BY ON CARRIER TOULOUSE DOOR	11. TYPE OF MOVE D/D — 11a. CONTAINERIZED (Vessel Only) ☒ YES ☐ NO

MARKS AND NUMBERS (18)	NUMBER OF PACKAGES (19)	DESCRIPTION OF COMMODITIES in Schedule B detail (20)	Gross Weight (21)	Measurement (22)
4789	3PCS	SAID TO CONTAIN: 2 PALLETS & 1 CRATE (41 BOXES & 1 MOTOR CYCLE-TDM 900 YAMAHA) EXPRESS RELEASE - NO ORIGINALS REQUIRED Freight Prepaid DDC Prepaid Shippers Load and Count Door to Door Laden on Board: Aug. 6th 2003	1410.00LBS 640.00KGS COPY	330.00CFT 9.37CBM

DECLARED VALUE — Carrier has a policy against payment, solicitation, or receipt of any rebate, directly or indirectly, which would be unlawful under the United States Shipping Act 1984 as amended.
READ CLAUSE 26 HEREOF CONCERNING EXTRA FREIGHT AND CARRIERS LIMITATIONS OF LIABILITY.

FREIGHT RATES, CHARGES, WEIGHTS AND/ OR MEASUREMENTS

SUBJECT TO CORRECTION	PREPAID	COLLECT
FREIGHT PREPAID DDC PREPAID DO FEE PREPAID CUST. CLRNC PPD TRKNG FM MARS. TO TOL PPD		
GRAND TOTAL		

Received by Carrier for shipment by ocean vessel between port of loading and port of discharge, and for arrangement or procurement of pre-carriage from place of receipt and on-carriage to place of delivery, where stated above, the goods as specified above in apparent good order and condition unless otherwise stated. The goods to be delivered at the above mentioned port of discharge or place of delivery, Whichever is applicable, subject always to the exceptions, limitations, conditions and liabilities set out on the reverse side hereof, to which Shipper and/ or Consignee agree to accepting this Bill of Lading.
IN WITNESS WHEREOF three (3) original Bills of Lading have been signed, not otherwise stated above, one of which being accomplished the others shall be void.

Dated at HAYWARD, CA

By APL
AGENT FOR THE CARRIER

AUG. 25TH 2003
MO. DAY YEAR

B/L No.
OAK/TOL/4789

5

무역보험

1 해상보험

1 해상보험의 개념

해상보험(海上保險, marine insurance)은 보험제도의 일종으로, 곧 **선박 또는 선박으로 운송되는 물품에 관하여 해상위험으로 인하여 선주 또는 화주가 입는 손해를 보전 또는 보상하기 위한 제도**이다. 이에 **해상보험계약**(海上保險契約, contract of marine insurance)은 보험자가 피보험자에 대하여 계약에 의하여 합의한 방법과 범위로 해상손해, 즉 해상사업에 부수하는 손해를 보전할 것을 인수하는 계약으로 정의할 수 있다.

해상운송에 수반되는 사고는 육상운송에 비하여 그 발생률도 높고 손해액도 크다. 이러한 손해에 대한 불안을 제거하기 위해, 해상사고에 의하여 입은 손해의 경제적 보상을 위하여 해상보험에 부보하는 것은 실무상 상례로 되어 있다. 해상보험은 항해사업에 부수하는 항해 및 화물의 멸실·손상 등 위험을 보상하는 즉 해상사업과 관련하여 발생하는 손해를 보상하는 경제적 제도이다.

해상보험은 보험자와 피보험자 사이에 체결되는 **해상보험계약**으로 존재한다. 해상보험계약에서 보험자는 피보험자에게 장차 손해가 발생할 경우 이를 보상해주는 것을 약속하며, 피보험자는 이러한 손해보상의 약속을 받는 대가로 보험료를 지급한다. **해상보험**은 해난 또는 항해에 관한 사고에 기인하여 발생하는 손해를 보상하는 손해보험제도로서 보험자(보험회사)가 물품의 해상수송 중에 발생하는 위험을 인수하고 이를 위험에 기인한 손해가 발생하였을 경우 피보험자(화주)에게 그 손해액을 보상할 것을 보험계약에 의하여 보험자가 위험을 인수하는 것을 **위험을 담보한다**라고 하고, 이와 같이 인수한 위험에 기인하여 발생한 손해액을 보상하는 것을 **손해를 보상한다**라고 한다. 여기서 해상보험의 대상에는 **선박보험**(船舶保險, hull insurance)과 **적화보험**(積貨保險, cargo insurance)이 있다.

해상보험은 해상에서 우연히 발생하는 사고로 인하여 손해가 야기된 경우 미리 약정된 방법과 범위 내에서 이를 보상하는 제도이다. 그러나 상관습상 또는 그 명시된 특약에 의해 담보범위를 해상뿐만 아니라 해상항해에 수반되는 내수로 또는 육상위험까지 확장하여 담보할 수 있다고 규정하고 있다.

현재 적화보험의 경우 **협회적화약관**(協會積貨約款, institute cargo clause, ICC)은 **창고 간 약관**[양창약관(兩倉約款), warehouse to warehouse clause]으로 되어 있어 증권에 명기된 출발지로부터 증권에 명기된 도착지까지를 담보구간으로 하고 있다. 이러한 담보구간은 해당 국가의 항구이거나 내륙이거나 상관없이 동일한 보험료를 적용받고 있으므로, 해상운송과 연계된 육상운송이나 내수로 운항이 있더라도 별도로 육상운송에 대한 보험을 가입하지 않아도 된다. 물론 이러한 운송사실을 미리 보험자에게 고지해야 한다.

해상보험은 다른 분야의 보험에 비해 국제적 성격이 매우 강한 편이다. 해상에서의 사고를 담보하다 보니 자연히 해상운송은 무역과 밀접한 관련을 맺게 된다. 수출·입 화물에 대한 적화보험의 경우는 통상 2개 국가 이상이 관여되며 선박보험의 경우 높은 보험가입금액으로 인해 국제적인 재보험 거래가 이루어지게 된다. 이른바 국제적인 성격을 가지고 있다.

2 해상보험계약

1) 해상보험계약의 특성

해상보험계약(海上保險契約, contract of marine insurance)은 항해사업에 부수되는 **해상위험**(海上危險, maritime perils)으로 인하여 발생한 손해를 합의한 방법과 범위로 **보험자**(保險者, insurer, assurer, underwriter)가 **피보험자**(被保險者, insured, assured)에게 보상할 것을 확약하고, **보험계약자**(保險契約者, policy holder)가 대가로서 **보험료**(保險料, insurance premium)를 지급할 것을 약정하는 계약을 말한다.

2) 해상보험계약의 성질

(1) 물품보험 및 손해보상

해상보험계약은 선박 또는 적화를 **보험의 목적**(subject mater of insurance)으로 한다. 따라서 해상보험계약은 **물품보험계약** 또는 **재산보험계약**에 속한다. 따라서 해상보험계약은 **손해보상계약**(損害補償契約, contract of indemnity)을 본질로 한다.

(2) 손해보험계약

손해보험계약으로서 해상보험계약은 피보험이익(被保險利益, insurable interest)을 특유한 계약의 요소로 한다. 또한 금전적 평가액인 **보험가액**(保險價額, insurable value) 및 **보험금액**(保險金額, amount insured)과 관계에서 **일부보험**(一部保險, under insurance) · **초과보험**(超過保險, over insurance) · **중복보험**(重複保險, double insurance), 보험가입자의 **손해방지의무**(損害防止義務, damage liability of prevention)와 **손해방지비용**(損害防止費用, cost to prevent a covered loss)의 보상, **보험대위**(保險代位, subrogation), 보험목적물의 양도와 보험관계의 변동 등의 문제 또는 제도가 있다.[1)]

---

1) 해상보험 기본용어를 살피면 다음과 같다. ①**보험자**(保險者, insurer, assurer, underwriter)는 보험계약을 인수하는 자로서 보험계약을 통하여 위험을 담보하고 담보위험에 의한 손해발생 시 보상을 약정하는 자를 말한다. 즉 보험회사 또는 보험업자를 말한다. ②**보험계약자**(保險契約者, policy holder)는 보험자와 보험계약을 체결하고 보험료를 지급하기로 약속한 자를 말한다. 보험계약자는 반드시 피보험자일 필요는 없으며 보험계약에서 자신 혹은 타인을 위하여 보험계약을 체결할 수 있다. ③**피보험자**(被保險者, insured, assured)는 보험계약에 의하여 보호되는 자, 즉 보험계약상의 부보위험으로 인한 손해에 대하여 보험자로부터 보상을 받는 자를 말한다. ④**보험증권**(保險證券, insurance policy)는 보험계약내용을 증명하기 위해 보험자가 작성하여 보험계약자에게 교부하는 증서를 말한다. ⑤**보험약관**(保險約款, insurance clause)는 보험계약상 일련의 조항을 말한다. 보험계약은 부합계약으로서 통상 증권에 인쇄문언으로 삽입되어 있다. 뿐만 아니라 특약으로서 첨부되기도 하는데, 이를 특별약관이라고 한다. ⑥**피보험목적물**(被保險目的物, subject matter insured)은 보험사고의 대상이 되는 객체를 말한다. 적화보험의 경우 화물이 피보험목적물이 되며 선박보험의 경우 선박자체가 피보험목적물이 된다. ⑦**피보험이익**(被保險利益, insurable interest)은 피보험목적물과 특정인(피보험자)과의 금전적인 이해관계를 말한다. 해상보험이 보호하는 것은 피보험목적물이 아니라 피보험 이익이며 해상보험은 이와 같은 피보험 이익의 회복을 목적으로 하고 있다. ⑧**보험료**(保險料, insurance premium)는 보험자의 위험부담에 대한 보험계약자가 지급해야하는 금전적 대가를 말한다. ⑨**보험금**(保險金, claim amount)은 담보에 의한 손해발생시 보험자가 지급하는 손해보상금액이다. 손해보상은 실손보상원칙에 따라 보험금액을 한도로 이루어진다. ⑩**보험가액**(保險價額, insurable value)은 피보험목적물에 대한 시장평가가치로서, 보험계약자가 보험금액으로 부보할 수 있는 최고한도액이다. ⑪**보험금액**(保險金額, amount insured)은 보험증권상 보험계약금액이다. 보험계약상 최고로 보상 가능한 한도액을 의미한다. ⑫**보험기간**(保險期間, duration of the risk)은 보험목적물에 보험자 책임이 존속되는 기간이다. 피보험자가 보험으로부터 보호받는 시간적 · 공간적 한계를 의미한다. ⑬**보험계약기간**(保險契約期間, duration of the policy)은 보험계약이 유효하게 존속되는 기간이다. 통상 보험기간과 일치하나, 소급약관을 통해 보험계약 체결시점보다 이전기간에 대하여 보험기간은 확장되며 이 경우는 양자가 불일치한다. ⑭**위험**(危險, risk, perils)은 해상보험에서 해상운송에 기인하거나 부수하는 위험으로 손해의 원인이다. ⑮**담보위험**(擔保危險, risk covered)은 보험계약에서 보험자가 보상책임이 있는 위험이다. 해상보험에서 ICC (A)은 **포괄담보주의**(包括擔保主義, negative system)이며, ICC (B)와 ICC (C)는 **열거담보주의**(列擧擔保主義, positive system)를 취한다. ⑯**손해**(損害, loss or damage)는 위험발생으로 피보험목적물의 일부 또

3) 해상보험계약의 법적 성질

(1) 낙성계약, 불요식계약

계약은 그 내용 또는 목적, 즉 당사자가 발생·형성시키고자 하는 권리의무 또는 이를 포함한 법률관계가 어떤 것인가에 따라 여러 종류의 계약이 있을 수 있다. 이들 계약을 일정한 기준에 따라 이론적으로 구분할 경우 계약의 분류가 되는데, 보험계약은 법률적으로 낙성계약(諾成契約, consensual contract)이고 불요식계약(不要式契約, informal contract)에 속한다.

(2) 유상계약, 쌍무계약

해상보험계약은 보험계약자의 보험료지급의무와, 보험자의 위험부담의무가 서로 대가관계에 있고 또한 원칙적으로 동시이행의 관계에 서는 유상계약(有償契約, onerous contract)이고 또한 쌍무계약(雙務契約, bilateral contract)으로 취급된다.

(3) 계속적 관계의 계약

해상보험계약은 **보험기간**(保險期間, duration of the risk)을 요소로 하고 보험자의 위험부담급부의무가 보험기간 중 계속하여 존속한다. 보험계약은 이러한 해상보험계약의 계속적 계약성에 따라 다음 같은 특별한 취급이 인정된다.

가. 해지의 원칙

보험가입자의 고지의무(告知義務, duty of disclosure) 위반 등의 경우 해약은 계약이 성립한 때부터 소급하게 효력을 잃게 되는 해제(解除, termination)가 아니라, 해지(解止, cancellation)가 원칙이 된다.

나. 객관적 및 주관적 위험의 현저한 변경과 증가

보험기간 중의 위험의 현저한 변경·증가의 경우 다음과 같은 효과가 인정된다. ①가입자의 고의 또는 중과실에 기인하지 않은 객관적 위험의 변경·증가의 경우 가입자의 통지의무와 보험자의 보험료 증액청구권·계약해지권 및 그 위반에 대한 계약해지권이, ①가입자의 고의·중과실에 기인한 주관적 위험의 변경·증가의 경우

는 전부가 소멸되거나 훼손되는 것을 말한다.

보험자의 보험료 증액청구권 · 계약해지권이 인정된다.

다. 그 밖의 사항

보험기간 중 **특별위험**(特別危險, special risk)이 소멸한 경우 보험계약자의 보험료 감액청구권이 인정되며, 보험기간 중의 보험료 · 보험기간 · 보험료의 지급기간 또는 지급방법 등을 변경할 필요가 있는 경우가 있다.

(4) 사행계약

해상보험계약은 보험사고 내지 그 결과의 발생이 보험급부의 성립 내지 정도를 좌우하는 것이므로 사행계약(射倖契約, aleatory contract)에 속한다. 보험계약은 소극적으로 경제불안의 극복을 목적으로 한다는 점에서 사행계약이지만, 적극적으로 불로이득을 목적으로 하는 도박과 구별된다. 그러나 보험계약도 자칫 하면 불법적인 도박으로 악용될 염려가 있다.

(5) 최대 선의의 계약

해상보험계약은 **신의성실의 의무**[신의칙(信義則), duty of good faith]에 기하여 **최대 선의의 계약**(最大善意契約, contract of the utmost good faith)을 표창하고 있다. 이러한 의무는 계약의 성립에 관련해서는 **고지의무**(告知義務, duty of disclosure)와 **진실표시의무**(眞實表示義務, duty of representation)로 나타나고, 계약의 성립 후에는 위험유지의무 및 이와 관련된 통지의무 등으로 발현되고 있다.

(5) 부합계약 및 독립계약

해상보험계약은 보험약관이 수반되는 부합계약(附合契約, adhesive contract)의 전형임과 동시에 어느 다른 계약에 부수되는 계약이 아니라 그 자체로서 독자적 지위가 인정되는, 이른바 **독립계약**(獨立契約, independent contract)이다.

4) 해상보험계약의 대상

(1) 피보험 이익에 따른 구분

①선박의 소유자인 선주가 보험의 목적물인 선박에 대한 피보험 이익을 보유한 상

태에서 이를 보험에 부보하는 **선박보험**(船舶保險, hull insurance), ②화물의 소유자인 화주가 보험의 목적물인 화물에 대한 피보험 이익을 보유한 상태에서 이를 보험에 부보하는 **적화보험**(積貨保險, cargo insurance)으로 구분할 수 있다.

(2) 보험기간에 따른 구분

①**항해보험**(航海保險, voyage insurance)은 특정구간의 항해단위를 기준으로 하여 보험에 부보하는 것으로 주로 적화보험에 이용된다.

②**기간보험**(期間保險, time insurance)은 일정기간 동안에 이루어지는 항해사업 중에 부수하는 위험을 담보하는 경우로서 주로 선박보험에 이용된다.

③**혼합보험**(混合保險, mixed insurance)은 항해보험의 항해단위와 기간보험의 일정기간 특성을 혼합하여 이용되는 보험이다.

5) 해상보험계약의 성립

해상보험계약의 성립이란 해상보험제도의 운용에 관한 법률요건으로서 계약이 체결되는 것을 말한다. 곧 해상보험계약은 당사자의 합의가 전제되어야 하는데, 이 경우 ①**당사자의 합의**, ②**계약의 내용**, 그 성립과 관련하여 종래 해상보험계약 내지 보험계약의 기초로서 ④**고지의무**와, ⑤**담보**(擔保, warranty) 등이 요구된다.

(1) 해상보험계약의 당사자

해상보험계약의 당사자는 자기명의로 보험계약을 체결하는 자로서, **보험자** 및 **보험계약자**가 된다. 보험계약의 체결 또는 성립과 관련하여, **보험자**와 **보험계약자** 외에, 보험의 인수에 관한 **보험자**의 보조자가 있고, **보험계약자**의 경우 해상보험계약에 의한 권리・의무관계를 보유하게 되는 **피보험자**가 있다. 여기서 **피보험자**는 **보험계약자**와 동일인일 수 있지만, 보험계약의 당사자가 아님에 유의할 필요가 있다.

가. 보험자

보험자는 해상보험계약 당사자의 일방으로, 해상위험으로 인하여 생긴 손해의 보상을 인수하는 자를 가리킨다.

나. 보험계약자

보험계약자는 보험자의 상대방으로서, **보험자와 보험계약을 체결하고 보험자의 보험 인수에 대한 보수, 곧 보험료를 지급할 것을 약속하는 자**를 가리킨다. **보험계약자는**, 선박보험의 경우 **자영선**(自營船)과 **정기용선**(定期傭船, time charter)에 관하여는 **선박소유자**(shipowner)가, **나용선**(裸傭船, bare boat charter)의 경우 **나용선자**로서 **선박임차인**이, 그리고 **편의치적선**(便宜置籍船, flag of convenience vessel)에 관하여는 실질적인 당해 선박의 소유자 내지 운항자가 각각 **보험계약자**가 된다. 다만 **나용선계약**의 경우 수선비나 충돌손해배상책임에 의한 손해는, 선박소유자가 아닌 나용선자가 피보험자로서 보상을 받는다.

적화보험의 경우 매매목적물의 멸실・손상에 관한 위험과 비용의 부담자가 **피보험자**를 겸하는 **보험계약자**가 된다. 다만 **CIF**의 경우 매도인(seller)이 **보험계약자**가 되고 매수인(buyer)을 **피보험자**로 하거나 또는 매수인의 대리인으로서 매수인을 **보험계약자・피보험자**로 하여 적화보험계약을 체결한다.

다. 피보험자

해상보험계약의 당사자는 아니지만, **보험사고가 발생한 경우 보험계약자가 체결한 보험계약에 의하여 손해의 보상을 받을 수 있는 자, 즉 보험계약상의 보험금청구권자를 피보험자**라고 한다.

해상보험을 포함하여 널리 손해보험의 경우 보험계약상의 보험의 목적에 관한 **피보험이익**이 없는 자는 **피보험자**가 되지 못한다. 여기서 **피보험자**는 **보험계약자**와 동일인인 경우 ①**자신을 위한 보험**이라고 하고, 서로 다른 경우를 ②**타인을 위한 보험**이라고 한다. 예컨대 화물의 매도인(seller)이 **보험계약자**로서 매수인(buyer)을 **피보험자**로 적화보험계약을 체결하는 경우 ②에 해당한다. 또한 화물의 장소적 이동과 함께 소유권 내지 **위험의 이전**(passing of risk)에 따른 **피보험이익**의 귀속자가 다를 경우 종래 해상보험약관에 의하여 ③**불특정 타인을 위한 보험**도 이용되고 있다.

(2) 당사자의 합의

해상보험계약의 성립 또는 체결에 관한 의사표시의 합치로서 합의는 당사자 일방의 청약(offer)에 대한 타방의 승낙(acceptance)으로 이루어진다. 어느 쪽의 당사자도 청약자 또는 승낙자가 될 수 있지만, 실무적으로는 통상의 경우 보험계약자가 청약을 하고 보험자는 승낙을 하는 처지에 있게 된다.

한편 해상보험계약은 법률상 불요식계약이기 때문에 어떤 방식으로든지 당사자 간의 합의, 즉 청약에 대한 승낙이 있으면 성립하지만, 이렇게 성립한 보험계약의 요소 내지 구체적 합의내용은 **해상보험증권**(marine insurance policy[2)]) 및 그것과 결합된 **해상보험약관**(marine insurance clause)에 의하여 특정된다.

6) 해상보험증권

(1) 해상보험증권과 기재사항

해상보험증권은 해상보험계약의 성립과 내용을 명확히 하기 위한 문서로서, 곧 증권을 말한다. 보험자는 원칙적으로 보험계약이 성립한 때는 지체 없이 보험증권을 작성하여 보험계약자에게 교부하여야 한다. 해상보험증권에는 보험계약의 요소와 성립 등에 관한 사항을 기재하고 보험자가 기명날인 또는 서명을 하여야 한다.

해상보험증권의 기재사항은, 보험계약의 당사자 내지 관계자와 계약내용 또는 보험조건에 관한 것으로, ①보험의 목적, 즉 선박보험의 경우 선박의 명칭·국적·선종, ②보험사고, ③보험금액 또는 협정보험가액, ④보험료와 지급방법, ⑤보험기간, ⑥보험계약의 무효와 실권사유, ⑦적화보험의 경우 선적항·양륙항 또는 출하지·도착지, ⑧보험계약자, ⑨계약체결일, ⑩증권의 작성지·작성일시 등이다.

보험증권상 피보험자의 표시와 관련, **선박보험증권**(hull policy)은 성질상 특정 선주를 피보험자로 기재하는 **기명식**(記名式, straight)으로 발행된다. **적화보험증권**(cargo policy)은 화물의 매수인을 피보험자로 하여 그 배서(endorsement)로 보험계약상의 권리는 양도할 수 있도록 하는 **지시식**(指示式, to order)으로 발행되는 것이 보통인데, 드물게는 피보험자의 표시가 없이 보험증권의 소지인이 보험계약상의 권리자로 인정되는 **무기명식**(無記名式, blank)으로 발행되는 경우도 있다.

(2) 해상보험증권의 성질

해상보험증권은, ①기재사항이 법률로 정하여져 있는 **요식증권**, ②보험계약의 성립과 내용을 증명하는 **증거증권**, ③지시식 또는 무기명식의 적화보험증권은 그 피배서

2) 보험증권은 영어로 policy이다. 보험의 원조인 해상보험이 이탈리아를 중심으로 한 지중해 지역에서 생성·발전하였기 때문에, 이탈리아어의 계약을 의미하는 *polizza*에서 파생된 용어이다. 따라서 policy는 경우에 따라 **보험계약** 자체를 의미하기도 한다. 그 결과 보험과 관련된 영어의 policy를 **보험증권** 외에 **보험계약**으로 번역하여야 할 경우가 있는 점에 유의할 필요가 있다.

인 또는 소지인이 무권리자이더라도 그 사실을 알지 못하고 또한 그것을 알지 못한 것에 대한 중대한 과실이 없이, 보험금을 지급한 경우 보험자가 면책되는 **면책증권**, ④지시식・무기명식의 적화보험증권은 **유가증권**으로 취급된다.

7) 해상보험약관

(1) 해상보험약관의 내용

해상보험약관은 해상보험계약의 내용과 조건을 미리 정형적으로 정한 법률조문식의 **계약조항**을 가리킨다. 이는 다수의 가입자를 상대로 하는 해상보험계약의 경우 당사자가 그 내용과 조건 전부를 일일이 구체적으로 합의하는 것은 곤란하기 때문에, 보험계약의 신속・원활한 체결의 편의에서 나온 것이다. 따라서 해상보험계약, 나아가 널리 보험계약은 약관에 의한, 전형적인 **부합계약**이다.

해상보험증권에는 보험계약내용, 특히 담보위험과 그로 인한 보상의 대상인 손해와 범위, 면책위험 또는 면책사유, 곧 보험조건이 기재된다. 보험조건 내지 보험계약의 내용은 보험계약의 경우처럼 많은 상대방과 계속적 계약관계를 형성・유지해야 하는 경우 신속・원활하게 계약을 체결하기 위하여 계약조건을 미리 법률조문식으로 정형화하여 보험자측이 사용할 수 있도록 미리 마련해 두고 있다. 이러한 보험계약 내용에 관하여 정형화한 계약조항을 보험약관이라고 한다.

종래 국제적 해상보험의 경우 영국 **로이드 보험업자**(Lloyd's underwriters)의 증권서식인 **Lloyd's S.G Policy** 중의 약관과 이후 표면과 이면에 추가로 기재・인쇄된 약관이 이용되어 왔다. 그 중에는 선박보험과 적화보험에 관한 보험조건 또는 보험계약내용으로, **런던보험업자협회**(Insititute of London Underwriters, ILU)에서 제정한 기본약관 또는 표준약관인 **협회선박기간보험약관**[ITC (Hulls)]과, **협회적화보험약관**(ICC)을 비롯하여, 이를 변경・보충하는 각종의 특별약관이 있다.

(2) 해상보험약관의 분류

해상보험약관은 ①**일반약관** 또는 **보통약관**, ②**특별약관**으로 분류된다. ①은 주로 보험계약 내용의 합리화・획일화의 요청과 계약체결절차의 간이화의 요청에서 미리 정형화한 것으로 보험계약 일반에 널리 이용할 수 있는 것이며, ②는 ①을 보충하거나 그 예외를 이루는 것으로 개개의 보험계약에서 당사자의 특별한 희망에 의하여 이용된다.

해상보험증권

MARINE CARGO INSURANCE CERTIFICATE

CLIENT NO	AGENCY NO	POLICY NO	ENDORS NO	OPEN COVER NO	FLOTAN POLICY NO	PROPOSAL DATE	LOADING DATE
867010	500025	200200008041789	0	200200006641522		19/02/2010	19/02/2010

POLICY HOLDER NAME : ELECTRONIC CARD EXPORTER COMPANY SA
ADDRESS : Polígono San Sebastián, Nave 40 Arganda del Rey - 24500 Madrid Spain
ASSURED'SNAME : TAIWAN WASTEWATER ENGINEERING CO.
ADDRESS : No. 40, Shuang Lien Street Taipei City, 100 Taiwan
MORTGAGE :

DETAILS OF SUBJECT MASTER INSURED AND THE VESSEL

KIND OF GOODS : ELECTRONOC CARDS
QUANTITY : 10000 PIECES
WEIGHT (NET) : 12000KGS
WEIGHT (GROSS : 15000KGS
PACKING : 1000 CARTONS
PORT OF LOADING : VALENCIA SEAPORT; SPAIN
PORT OF DISCHARGE : PORT OF TAIPEI, TAIWAN

VESSEL : MSC NEWYORK, 151 Q 12
:
:

COPY

SUM INSURED

SUM INSURED IN EUR	ADD. S/I IN EUR(%0)	TOTAL SUM INSURED IN EUR
29,080.00	0.00	29,080.00

INSURANCE CONDITIONS AND PREMIUM

CONDITIONS	SUM INSURED VALUE	RATE %	NET PREMIUM EUR
ICC (A)	29,080.00	0.06	17.45

TOTAL NET PREMIUM :	17.45 EUR
TRANSACTION TAX :	0.00 EUR
GROSS PREMIUM :	17.45 EUR

DETAILS OF THE CONDITIONS

Marine Cargo General Conditions.

Warranted as per attached Institute Cargo Clauses (A)
Electronic Date Recognition Clause, Institute Radioactive Contamination, Chemical, Biological, Bio-chemical and Electromagnetic Weapons Exclusion Clause 10/11/2003 and Institute Cyber Attack Exclusion Clause 10/11/2003, Cyber Risk Exclusion Clause

EUR

In case of loss occurance, the indemnity amount to be paid, will be calculated in € , by applying the rate of exhange stated hereinabove.The settlement will be made either in € or in Foreign currency equivalent of the € amount on the date of payment. In consideration on the payment to us by or on behalf of the premium specified in this policy and subject to the general conditions, clauses or special conditions attached to the forming part of the policy. We hereby agree to insure against loss or damage incurred at the cargo specified under this policy. In the event of loss or damage which may result in claim under this insurance immediate notice must be given to company in order that surveyor is appointed who will examine the goods and issue a survey report. No servey report shall be valid unless signed by the appointed surveyor.

TERMINATION OF TRANSIT CLAUSE (TERRORISM), INSTITUTE STRIKES CLAUSES
CLAIMS ARE PAYABLE IN TAIWAN IN THE SAME CURRENCY

ISSUED AT :
DATE OF ISSUANCE : 19/02/2010

SPAIN WELL KNOWN INSURANCE COMPANY

선박보험증권

CERTIFICATE OF MARINE INSURANCE

ISSUE DATE (MM/DD/YY)

PRODUCER	THIS CERTIFICATE IS ISSUED AS A MATTER OF INFORMATION ONLY AND CONFERS NO RIGHTS UPON THE CERTIFICATE HOLDER. IT DOES NOT AFFIRMATIVELY OR NEGATIVELY AMEND, EXTEND OR ALTER THE COVERAGE AFFORDED BY THE INSURANCE POLICY.
Boat Owners Association of The United States 880 South Pickett Street Alexandria, Virginia 22304	COMPANY AFFORDING COVERAGE CONTINENTAL CASUALTY COMPANY
INSURED JOHN SMITH 1234 MAIN STREET SAN DIEGO CA 92109	POLICY NUMBER 1234567-12 POLICY PERIOD EFFECTIVE DATE: 12/02/2011 EXPIRATION DATE: 12/02/2012

COVERAGES

THIS IS TO CERTIFY THAT THE POLICY OF INSURANCE LISTED BELOW HAS BEEN ISSUED TO THE INSURED NAMED ABOVE FOR THE POLICY PERIOD INDICATED, NOTWITHSTANDING ANY REQUIREMENT, TERM OR CONDITION OF ANY CONTRACT OR OTHER DOCUMENT WITH RESPECT TO WHICH THIS CERTIFICATE MAY BE ISSUED OR MAY PERTAIN, THE INSURANCE AFFORDED BY THE POLICY DESCRIBED HEREIN IS SUBJECT TO ALL THE TERMS, EXCLUSIONS AND CONDITIONS OF SUCH POLICY.

	TYPE OF PROPERTY	COVERAGE/LIMITS
PROPERTY	See description of vessel below.	

	TYPE OF INSURANCE	Per Person	Per Accident	LIMITS OF LIABILITY	
LIABILITY	☐ Comprehensive			Bodily Injury and Property damage combined (Each Person)	
	☒ Fuel Spill		$854,400	Bodily Injury and Property Damage Combined (Each Accident)	$500,000
	☒ Med, Pay	$1,000			
	☒ Uninsured Boater		$500,000		
	☒ Longshoremen's and Harbor Worker's Compensation		STATUTORY		
OTHER					

DESCRIPTION OF VESSEL

2012 SEARAY SUNDANCER 36' POWER
HULL ID: CF1234ABCDQQ

COPY

CERTIFICATE HOLDER / ADDITIONAL INSURED	
MARINA VILLAGE 1936 QUIVIRA WAY SAN DIEGO CA 92109	SHOULD THE ABOVE DESCRIBED POLICY BE CANCELLED BEFORE THE EXPIRATION DATE THEREOF, THE ISSUING COMPANY WILL ENDEAVOR TO MAIL 10 DAYS WRITTEN NOTICE TO THE CERTIFICATE HOLDER NAMED TO THE LEFT, BUT FAILURE TO MAIL SUCH NOTICE SHALL IMPOSE NO OBLIGATION OR LIABILITY OF ANY KIND UPON THE COMPANY, ITS AGENTS OR REPRESENTATIVES. AUTHORIZED REPRESENTATIVE Russell Lewis

국제적으로 통용되는 **해상보험약관**으로는, **ILU**의 각종 표준약관이 마련되어 있다. 보통약관이라고 할 수 있는 것으로, 선박보험에 관한 **협회기간선박보험약관**[Institute Time Clauses (Hulls)] 및 적화보험에 관한 **협회적화보험약관**[ICC (A), (B), (C)] 등이 있다. 또한 이를 변경・보충하는 각종 특별약관이 있다. **해상보험약관은** 실무적으로, ①**인쇄약관**, ②**추가인쇄약관**, ③**고무도장・타자약관**, ④**수기약관**의 구분이 있을 수 있는데, 이들 간의 효력은 역순에 의해 결정된다.

8) 보험사고와 보험기간

(1) 보험사고

보험사고는 보험계약상 그것이 발생하면 보험자의 보험금 지급의무가 구체화되는 일정한 사고를 말한다. 이는 보험기간 중에 발생하여야 하고, 보험자의 면책사유로 인한 사고가 아니어야 한다. 해상보험에서의 **보험사고**는 선박의 **침몰**(沈沒, sinking)・**충돌**(衝突, collision)・**좌초**(坐礁, stranding)・**화재**(火災, fire) 등 항해에 관한 위험 내지 부수적 위험과 관련된 사고를 말하며, 그 원인은 천재지변과 같은 자연적 사고인가, 선원의 악행과 같은 인위적인 행위인가를 묻지 않는다.

해상사고의 유형

보험사고는 우연한 사고이어야 한다. 일반적으로 보험사고가 우연한 것이 되기 위해서는, ①사고의 발생·②발생시기·③발생결과·④발생정도 중의 어느 것이라도 불확정한 것이면 된다. 여기서 보험사고의 발생이 확정되었는지의 여부는 계약체결 당시를 기준으로 보험계약 당사자 내지 관계자의 주관적인 견지에서 판단하여야 한다. 따라서 그 불확정성은 반드시 객관적일 필요는 없고, 계약체결 당시 당사자의 일방 또는 피보험자가 사고가 발생하지 않았다는 것 또는 이미 사고가 발생하였다는 것을 알고 있지 않으면 보험계약은 무효로 취급되지 않는다.

(2) 보험기간

보험자는 특정기간 내에 발생한 보험사고에 대하여만 보험금 지급의무를 부담한다. 이와 같이 보험자의 책임이 개시하여 종료할 때까지의 기간이 **보험기간**(保險期間, duration of risk)이며, 이를 **위험기간** 또는 **책임기간**이라고도 한다. 보험자의 보험금 지급의무가 발생하기 위해서는, 보험사고가 보험기간 내에 발생하여야 하고 또한 그것으로 충분하다. 따라서 손해보험의 경우 손해는 그 기간의 종료 후에 발생한 경우에도 보험자는 보험금 지급의무를 면할 수 없다.

보험기간의 개시시기, 곧 **시기**(始期)는 당사자 간의 특약 또는 법률에서 정하고 있는 경우 이외에는, 원칙적으로 보험계약의 성립 시이다. 다른 한편 보험기간의 종료시기, 곧 **종기**(終期)는 통상 당사자 간의 특약 또는 법률에 의한 기간의 만료 시이다. 그러나 당초 보험기간 중에라도 보험사고가 발생하거나 또는 보험계약이 실효나 해지 등에 의하여 보험관계가 종료·소멸되면, 이와 함께 보험기간도 종료한다.

9) 보험금액과 보험료

(1) 보험금액

보험자의 책임 내지 급부에 관한 보험계약상 약정한도를 확정하는 금액, 즉 보험자가 보험계약상 부담하는 보상책임(報償責任, responsibility to compensate) 또는 지급할 보험금의 최고한도액을 **보험금액**(保險金額, sum insured, insured amount)이라고 한다. **보험금액**은 보험사고가 발생하여 피보험자 또는 보험수익자가 보험자로부터 현실적으로 지급받는 금전인 **보험금**(保險金, insured money) 및 피보험이익의 금전적 평가액인 **보험가액**(保險價額, insurable value)과 구별하여야 한다.

보험금액은 보험자의 보상책임한도를 정함과 동시에 보험금액에 보험료율을 적용하여 보험료를 산출하는 기능을 한다. 보험자의 보상책임 한도액으로서 **보험금액**은 손해보험의 경우 부보된 피보험이익에 관한 손해에 적용되는 한도이다. 손해방지비용은 별도로 추가하여 지급된다. 그리고 해상보험의 경우에도 **보험금액**은 1회의 보험사고에 대한 보상액의 한도이며, 손해방지비용과 같이 선박충돌손해배상책임도 별도의 보상대상이 된다. **보험금액**은 보험계약의 요소이므로 **보험금액**을 정하지 않은 경우 보험계약은 예정보험이 아닌 한, 원칙적으로 불성립 또는 무효로 취급된다.

(2) 보험료

선박보험의 **보험료**(保險料, insurance interest)는 보험업계에서 선주단체와 협의하여 자주적으로 정하는, 이른바 협정요율에 의한 보험료인 경우가 보통인데, 보험요율의 결정에는 주로 선종, 총톤수, 선령, 선원의 국적, 선박의 운항관리자, 담보위험과 보험보상의 범위, 부보대상인 선대의 규모, 과거의 보험성적 등이 참작된다. 다른 한편 적화보험의 보험요율도 보험업계와 하주단체의 협의로 정하는 협정요율이며, 화물의 종료, 항해구간, 운송선박 등이 요율결정의 참작대상이 된다.

10) 해상보험계약의 내용

(1) 고지의무

보험자는 보험계약 체결 시 보험목적물의 손해발생가능성을 측정하고 이를 토대로 합리적인 보험료를 산출한다. 그러나 보험자는 수많은 계약자를 상대로 이를 해야 하기 때문에 모든 보험목적물의 성질이나 특성을 파악하기가 어렵고 또 일일이 실사를 통해 확인하기란 거의 불가능하다. 따라서 보험자의 보험계약 체결 및 보험료 산출을 위해 피보험자 자신의 보험목적물에 대한 구체적인 사항을 보험자에게 고지해야 하는데 이를 고지의무(告知義務, duty of disclosure)라 한다.

이러한 **고지의무**의 당사자는 피보험자, 보험계약자 또는 그들의 대리인이며, 고지의 내용은 모든 사항을 알리는 것이 아니라 **중요한 사항**을 알려주는 것이다. 여기서 **중요한 사항이란 보험자가 보험계약을 체결할 당시 보험료를 확정하거나 계약의 인수여부에 영향을 미치는 모든 사항**을 말한다. 이러한 사항들은 피보험자가 정상적인 사업과정에서 당연히 알고 있는 것으로 취급되기 때문에 피보험자가 이를 몰랐다고 항변할 수 없다. 그러나 실제로 보험의 종목마다 중요사항이 다르고 또한 이를 피보험자가 일일이 아는 것이란 거의 불가능하므로 보험자는 피보험자가 알려야 하는 고지사항을 청약서에 적어 피보험자가 이에 대해 답변하도록 하고 있다.

고지의 시기는 보험계약체결 전이며, 계약이 성립되는 시점에서 피보험자의 고지의무는 종결된다. 고지방법은 별도의 제한이 없으나, 정확히 표시되어야 하므로 서면이나 구두를 통해 명확히 하여야 한다. **고지의무**를 위반할 경우 상대방에 의해 보험계약은 취소된다. 여기에서 **고지의무위반**이라 함은 **고지사항을 허위로 고지하거나 부실하게 고지한 경우**를 의미한다. 해상보험은 최대 선의의 계약인 까닭에, 만약 쌍방 중 일방이 이를 준수치 않으면 그 계약은 상대방에 의해 취소될 수 있다.

한편 **고지의무위반**으로 계약이 취소되면 보험자는 보험료를 반환하며 지급된 보험금은 즉각 회수할 수 있다. 따라서 **고지의무위반**이 있으면 사고발생 유무를 불문하고 그 계약은 취소되며 보험금을 받을 수 없다.

(2) 피보험이익

가. 피보험이익의 개념

보험은 선박이나 화물과 같은 보험 목적물 자체를 보호하는 것이 아니라 보험 목적물과 재산상의 이해관계를 보호한다. 따라서 재산상의 이해관계, 곧 피보험이익(被保險利益, insurable interest)이 없다면 보험도 필요 없다. 곧 보험목적물과 **이해관계**가 있는 자는 보험목적물이 위험에 노출될 경우 손해를 입을 수 있기 때문에 이에 대비하여 보험에 가입하게 된다. 즉 보험목적물과 이해관계가 있으므로 불확실한 미래의 사고로 인한 손해를 자신이 입을 가능성이 있게 되며, 따라서 이에 대비하여 보험에 부보하게 되는데, 이와 같이 보험계약에 의해서 불확실한 미래의 사고로부터 재산상의 손해를 보상받을 수 있는 이익을 **피보험이익**이라 한다. 이 경우 **이해관계**는 반드시 **재산상의 이해관계나 금전으로 환산이 가능한 이해관계**를 의미하며, 달리 정신적인 이해관계를 의미하지 않는다.

나. 피보험이익의 요건

피보험이익은 ①**경제성**, ②**확실성**, ③**합법성**의 요건을 갖추어야 한다. ①은 객관적으로 재산상 가치가 있어야 하며, 금전으로 평가될 수 있어야 한다는 것, ②는 금전으로 확정되고 귀속주체가 확실해야 한다는 것, ③은 보험계약은 합법적이고, **피보험이익** 역시 법률상 인정되는 합법성이 있어야 한다는 것을 의미한다.

다. 피보험이익의 존재시기

일반적으로 **피보험이익**은 피보험자가 보험계약 체결 시에 가지고 있어야 한다. 그러나 해상보험에서는 예외가 있다. 예컨대 FOB의 경우 수입자는 수출자의 선적통지를 받고 보험에 부보하게 된다. 이 경우 당해 계약체결시점에서 수입자는 화물에 대한 **피보험이익**이 없지만, 화물에 대한 **피보험이익**이 수입자에게 발생할 것이 확실하므로 보험가입이 가능하다.

이와 같이 해상보험에서는 국제상관습에 따라 예외가 발생하므로 보험계약을 체결할 당시에는 이해관계를 가질 필요는 없지만, 보험사고가 발생한 시점에서 이해관계를 가지고 있어야 한다. 따라서 해상보험에서는 사고발생시점에 **피보험이익**을 가져야 하며, 통상 보험회사는 선하증권을 가진 자를 **피보험이익**이 있는 자로 본다.

라. 피보험이익의 당사자

해상보험에서 **피보험이익**을 가진 자는, ①보험목적물의 소유자로서, 선주·화주·용선자, ②보험목적물의 담보권자로서, 은행 등의 저당권자, ③그 밖의 당사자로서 선장·선원·대리인·운송인·압류자·보험자 등이 있을 수 있다.

(3) 공동해손

공동의 안전을 위해 취해진 행위를 공동해손행위(共同海損行爲, general average act), **공동해손행위로 인하여 발생한 손해를** 공동해손(共同海損, general average)이라 한다. 곧 선박·화물 그 밖의 해상사업과 관련된 단체에 공동의 위험이 발생했을 경우 그러한 위험을 제거하거나 경감시키기 위해 선체·장비·화물 등의 일부를 희생시키거나 혹은 필요한 경비를 지출했을 때 이러한 손해와 경비를 **공동해손**이라 한다.

공동해손은 크게 2가지로 나뉘는데, ①**공동해손희생손해**(共同海損犧牲損害, general average sacrifice)는 선체·장비·화물 등의 전부 또는 일부가 물리적으로 희생되는 경우, ②**공동해손비용손해**(共同海損費用損害, general average expenditure)로서 이는 비용이 지출되었을 경우를 말한다. 이러한 **공동해손**의 성립을 위한 요건은, ①공동의 해상사업이 존재해야 함과 동시에, 상징적이 아닌 실제적인 위험이어야 하고, ②공동해손행위는 임의적이고 의도적이어야 하며, ③희생이나 비용은 신중한 무보험소유자가 자신의 재산보호를 위해 취하는 행동과 같은 합리성이 있어야 한다. 또한 ④희생이나 비용은 그 성질상 이례적이어야 할 뿐만 아니라 ⑤공동해손행위의 목적은 오로지 전체재산의 보존을 위해서이며 선박 또는 적화만을 위한 것은 아니라는 사실, ⑥

손해는 공동해손 행위의 직접적인 결과, 합리적인 결과이어야 한다는 것 등이다.

가. 공동해손희생손해

공동해손희생손해는 선박 또는 적화 등의 전부 또는 일부를 희생시킴으로써 생기는 현실적 손실이며, 그 종류와 범위는, ①선박이 폭풍・좌초 등의 위험에 직면하여 선박과 적화의 공동의 안전을 위하여 선박을 가볍게 하여 위기를 피하기 위해 적화 혹은 선박의 일부 또는 전부를 해상에 **투하**(投荷, jettison)하는 것, ②선내 화재의 소방에 따른 손해로서, 곧 선박이 침몰・충돌 등의 위기에 처해 있을 경우 이를 피하기 위하여 선장이 임의로 선박을 **좌초**(坐礁, stranding)시킴으로써 생기는 손해, ③임의 좌초에 의한 손해, ④연료로 사용된 적화・선재 및 저장품, ⑤좌초되어 위험한 상태에 놓여 있는 선박을 부양시키기 위해 추진기와 기관을 과도하게 사용함으로써 기계 및 기관이 입은 손해 등이다.

나. 공동해손비용손해

공동해손비용손해는 공동항해에서 위험한 상태에 놓인 재산을 구조하기 위해 필요한 용역이나 설비를 확보하는데 지출한 금전상의 손해를 말한다. 예컨대 구조・피난・대체행위 등으로 인하여 발생하는 것과 희생행위에 의하여 간접적으로 생긴 것, 예컨대 선박수리 중의 특별비용, 수리비 조달에 필요한 비용, 공동해손정산에 따른 비용 등이 있다. 구분하면 다음과 같다.

①구조작업이 **공동해손**에 연관된 재산을 보호하기 위해 취해졌을 경우 당해 구조행위가 계약에 의한 것인지의 여부를 불문하고 모든 **구조비**(救助費, salvage charge)는 **공동해손**으로 인정된다.

②**피난항 비용**(避難港費用, port of refuge expenses)은 선박이 선체의 사고로 인하여 피난항에 기항했을 경우 발생하는 비용으로 항비・도선료・체선료・하역비・재선적비 등의 비용 등이 있으며, 이는 **공동해손비용손해**로 인정된다.

③**항해연장비용**(航海延長費用, prolongation of voyage expenses)으로서, 피난항 및 그 밖의 항구에서의 회항 및 피난항에서의 체류기간 중 승무원의 급료・부양비 등을 **공동해손**으로 인정한다.

④좌초 시 선박의 부양작업이 **공동해손행위**로서 수행되는 경우에 그 작업비용이 **공동해손**으로 인정된다.

⑤선박이 피난항에서 수리한 후 화물을 운송하는 것보다 **대체선박**(代替船舶, replacement vessel)을 사용하는 것이 보다 경제적일 수 있는데, 이 경우 **대체선박**을 사용하여 절약된 비용을 대체비용으로 처리하여 **공동해손**으로 인정한다.

다. 공동해손처리절차

항해 중에 **공동해손행위**가 있을 때, 선주는 선박이 도착항에 도달하기 전에 그 사항을 화주에게 통지하고 아울러 화물인도 시까지 ①**공동해손서약서**(general average bond), ②**가액신고서**(invoice), ③**공동해손공탁금**(general average deposit), ④**공동해손분담보증장**(underwriters letter of guarantee) 등을 제출할 것을 요구하여야 한다. 도착 전에 이러한 통지를 하지 않더라도 **공동해손분담액**의 청구권이 없는 것은 아니지만, 도착항에서 화주로부터 **공동해손**에 필요한 서류와 담보를 취득하며, 원활한 화물인도를 위해 통지는 실무상 반드시 필요한 절차이다.

①은 화주가 선주에 대하여 장래 **공동해손**이 정당하게 정산되는 때, 그 정산결과에 따라 분담액을 지급하겠다는 약속과 함께 아울러 송장상의 화물가격을 알고 있다는 것과, 정산인의 증명이 있으면 분담액의 선불에도 응하겠음을 확약하는 증서로, 통상 선주가 정한 서식에 화주의 서명으로 갈음한다. 실무상 일반적으로 **로이즈양식**(Lloyd's average bond)이 많이 쓰이고 있으나, 선주에 따라서는 별도의 양식으로 적화보험자의 연서를 요구하는 경우도 있다.

②는 화물의 분담가액을 정함에 있어 가장 중요한 서류로서, 송장가격이 FOB인 경우 **운임청구서**와 **보험료청구서** 사본을 첨부하여야 한다.

③은 **공동해손**의 채권자인 선주는 화물에 대하여 **유치권**(留置權, lien)[3]을 가지고 있어, 요구되는 담보가 제공되기까지 인도하지 않을 수 있다. 다만 소액의 사건에는 선주가 담보를 요구하지 않고 **공동해손서약서**에 부수하는 공탁금을 예치하여야 한다. 이 경우 **공탁금**은 은행에 예치해서 이자(利子, interest)와 함께 지급보증을 위해 관리하고, 최종적으로 **공동해손분담액**을 지급한 잔액은 화주에게 반환한다. 그러나 실제로는 대부분의 경우 화물이 보험에 부보되어 있기 때문에, 보험자의 보증장을

---

3) ①타인의 물건이나 유가증권을 점유하고 있는 자가 물건 또는 유가증권에 관하여 발생한 채권의 변제(辨濟, repayment) 시까지 물건 또는 유가증권을 유치하는 권리이다. 유치권은 물건에 의해 생기게 된 채권에 대해서 법률상 당연히 생기는 법정담보물권이다. ②**유치권**은 **공평의 원칙**(fairness doctrine)에 따라 인정되는 것이다. 즉 타인의 물건을 점유한 자가 그 물건에 관한 채권을 가지는 경우 점유자로 하여금 채권변제 시까지 물건의 반환을 거절할 수 있도록 하는 것이 **공평의 원칙**에 적합하기 때문에 인정된 것이다. 이처럼 **공평의 원칙**에 기해 채무이행을 거절할 수 있는 제도로는 동시이행의 항변권(同時履行抗辯權, right of defense for simultaneous performance)이 있다. 이는 쌍무계약에 기해 서로 대립되는 채무를 지고 있는 경우 각 채무자는 상대방이 채무를 이행할 때까지 자기 채무의 이행을 거절할 수 있는 권리이다.

공동해손서약서

GENERAL AVERAGE BOND

To Owner(s) of the : ....

Voyage and Date : ....

Casualty : ....

Port of Shipment : ....

Port of Destination: ....

B/L No(s). Voyage Fol. No(s).	Marks and Nos. Container Nos.	Description of Cargo and Weight	CIF - Value (Pls. attached copy of Commercial Invoice)
		SAMPLE	

In Consideration of the delivery to us or to our order, on payment of the freight due, of the goods noted above, we agree to pay the proper proportion of any salvage and / or general average and / or special charges which may hereafter be ascertained to be due from the goods or the shippers or owners thereof under an adjustment prepared in accordance with the provisions of the contract of affreightment governing the carriage of the goods or, failing any such provision, in accordance with the law and practice of the place where the common maritime adventure ended and which is payable in respect of the goods by the shippers or owners thereof.

In case the goods are oncarried by another vessel and / or conveyances the following Non-Separation-Agreement shall apply:

It is agreed that in the event of the vessel's cargo or part thereof being forwarded to original destination by other vessel, vessels or conveyances, right and liabilities in General Average shall not be affected by such forwarding, it being the intention to place the parties concerned as nearly as possible in the same position in this respect as they would have been in the absence of such forwarding and with the adventure continuing by the original vessel for so long as justifiable under law applicable or under the Contract of Affreightment.

We also agree to:

(i) furnish particulars of the value of the goods, supported by a copy of the commercial invoice rendered to us, if there is no such invoice, details of the shipped value.

(ii) make a prompt payment on account of such sum as is duly certified by the average adjusters to be due from the goods and which is payable in respect of the goods by the shippers or owners thereof.

Date .... Signature of Receiver of goods ....

Full Name ....

Full Address ....

Tel./Fax No. ..../ ....Contact Person ....

로이즈양식(Lloyd's Average Bond)

AVERAGE BOND

To:	
Owner(s) of the:	
Voyage and date:	
Port of shipment:	
Port of destination / discharge:	
Bill of lading or waybill number(s):	

Quantity and description of goods

NOTE:
Please provide a copy of the commercial invoice/details of freight paid

In consideration of the delivery to us or to our order, on payment of the freight due, of the goods noted above we agree to pay the proper proportion of any salvage and/or general average and/or special charges which may hereafter be ascertained to be reasonably and properly due from the goods or the shippers or owners thereof under an adjustment prepared in accordance with the provisions of the contract of affreightment governing the carriage of the goods or, failing any such provision, in accordance with the law and practice of the place where the common maritime adventure ended and which is reasonably and properly payable in respect of the goods by the shippers or owners thereof.

This agreement shall be governed by English Law, and the High Court of Justice, London, shall have exclusive jurisdiction over any dispute arising out of this agreement, and each party shall irrevocably submit to the jurisdiction of the English Court.

NON-SEPARATION AGREEMENT
It is agreed that in the event of the vessel's cargo or part thereof being forwarded to original destination by other vessel(s) or conveyances, rights and liabilities in General Average shall not be affected by such forwarding, it being the intention to place the parties concerned as nearly as possible in the same position in this respect as they would have been in the absence of such forwarding and with the adventure continuing by the original vessel for so long as justifiable under the law applicable or under the Contract of Affreightment. The basis of contribution to General Average of the property involved shall be the values on delivery at original destination; but where none of her cargo is carried forward in the vessel she shall contribute on the basis of her actual value on the date she completes discharge of her cargo.

We also agree to:

(i) furnish particulars of the value of the goods, supported by a copy of the commercial invoice rendered to us or, if there is no such invoice, details of the shipped value and

(ii) make a payment on account of such sum as is duly certified by the average adjusters to be reasonably and properly due from the goods and which is reasonably and properly payable in respect of the goods by the shippers or owners thereof.

Date:		Signature of receiver of goods:	
Full name and address:			
Name and contact details of cargo insurers:			
Policy or Certificate No.			

The shipowners have appointed as Average Adjusters **Blue Seas Adjusters Ltd., Lloyd's Avenue House, 6 Lloyd's Avenue, LONDON EC3N 3AX. Tel: +44 (0) 20 7481 3335 Fax: +44 (0) 20 7691 7433/7481 3334**
Email: claims@blueseasadjusters.com to whom this form should be sent duly completed.

무제한보증장(Unlimited L/G)

CREDIT SUISSE | GROUP

LETTER OF GUARANTEE

BANK GUARANTEE NR. T1\H06.50
ISIN NUMBER
ISSUE DATE: NOV 04th, 201
MATURITY DATE JUN 04nd, 2012
CODE CREATION DATE MAY 22 th, 2007

COPY

WE, THE UNDERSIGNED CREDIT SUISSE GROUP AG, ZURICH,SWITZERLAND, HEREBY OPEN OUR IRREVOCABLE, TRANSFERABLE, DIVISIBLE, ASSIGNABLE, AND CONFIRMED BANK GUARANTEE TO THE ORDER OF , FOR THE AMOUNT OF DOLLARS 100,000,000.00 (HUN DRED MILLION DOLLARS) DUE ONE YEAR AND ONE MONTH FROM THE DATE OF ISSUE 04nd, DAY OF OCTOBER 201

PAYMENT IS AVAILABLE BY BENEFICIARY FIRST WRITTEN DEMAND VIA SWIFT WIRE SYSTEM, DEMAND HEREUNDER MUST BE MARKED DRAWN UNDER THE LETTER OF GUARANTEE No.T1\H06.50 WITH ISIN NUMBER , DATE 04nd DAY OF OCTOBER 201

WE ENGAGE WITH YOU THAT THE DEMAND DRAFT UNDER AND IN COMPLIANCE WITH THE TERM OF THIS LETTER OF GUARANTEE, SHALL BY DULY HONOURED ON DATE OF PRESENTATION TO US, THIS LETTER OF GUARANTEE IS SUBJECT TO THE UNIFORM CUSTOMS AND PRACTICE COMMERCE, PARIS FRANCE, PUBLICATION 500, LATEST REVISION.

THIS CABLE IS AN OPERATIVE INSTRUMENT, ALL CHARGES ARE FOR THE ACCOUNT OF THIS APPLICANT.

THIS LETTER OF GUARANTEE EXPIRES ON JUN 04th, 2012

EUC & DTCC STRAIGHT

CREDIT SUISSE GROUP AG ZURICH.
BANK OFFICERS

CREDIT SUISSE CREDIT SUISSE

WALTER B. KIELHOLZ	BRADY W. DOUGAN
CHAIRMAN OF THE BOARD	CHIEF EXECUTIVE OFFICER

PARADEPLATZ 8 P.O. BOX1 ZURICH,8070
PHONE: +41-44-2121616

받고 화물을 인도하는 것이 일반적이며, **공탁금**을 요구하는 것은 무보험의 경우나 보험회사의 신용이 없는 때에 한정되는 것으로 이는 극히 드물다.

④는 **공동해손**이 발생하여 담보를 필요로 하는 경우에는 보험자의 분담보증장을 요구하는 것이 일반적이다. 화주의 요구를 받으면 보험자는 선주 앞으로 보증장을 발행하는데, 이것은 선주가 **공탁금**을 요구하지 않고 화물을 선주에 인도하는 대신, 장래 **공동해손**이 정당하게 청산되는 때, 그 분담액을 보험자가 선주에게 지급함을 보증하는 서류이다. **공동해손**에 대한 보험자의 보상책임은 **공동해손청산서**에 기재된 화물의 분담가액이 **보험가액**을 초과하는 경우 그 비율에 따라 감액된 분담액에 대하여 생기는 것으로 되어 있다. 여기서 적화보험자의 입장에서는 선주에 대한 보증액을 보상한도액 이내로 할 필요가 있으며, 그 뜻을 포함시키고 있는 것이 **제한보증장**(limited L/G)이다. 그러나 선주의 입장에서 **제한보증장**을 수취하게 되면 부족액에 대하여 화주로부터 별도로 보증을 받을 필요가 있고 또한 번잡하기 때문에 실무상에서는 적화보험자가 **무제한보증장**(unlimited L/G)을 제출토록 하고 있다.

(4) 해상위험

해상위험(海上危險, peril of the sea)은 보험자가 담보하는 항해에 관한 우연한 사고로서 해상위험을 말한다. 해상보험계약에 있어서 실제로 보험자가 담보하는 **해상위험**의 범위에 관하여는 계약의 내용을 이루는 보험약관에서 정하고 있다.

해상위험은 위험발생의 기회를 항해로 하거나 위험발생의 장소를 해상으로 함을 원칙으로 하기 때문에 해상보험계약에 있어서 보험자가 부담할 수 있는 위험은 다양하다. 이러한 **해상위험**은 ①**자연적인 위험**과 ②**인위적인 위험**으로 구별할 수 있으며, ①의 대표적인 것으로 **해상고유의 위험**(peril on the sea)이 있다. 이는 바다에서의 우연한 사고 또는 재난으로 인하여 발생할 수 있는 위험으로서 ㉠**좌초**(stranding), ㉡**침몰**(sinking), ㉢**충돌**(collision) 등이 있다.

②는 항해에 부수하여 발생하는 **해상위험**(peril on the sea)으로서, 항해를 하지 않더라도 발생할 수 있는 위험으로 ㉠**화재**(fire), ㉡**선원의 악행**(barratry), ㉢**전쟁**(war), ㉣**포획**(capture), ㉤**나포**(arrest), ㉥**투하**(jettison), ㉦**해적**(pirate) 등이 있다.

해상위험의 유형

- 해상위험
  - 자연적 위험 (Peril of the Sea)
    - 좌초 — 침몰
    - 충돌 — 교사
  - 인위적 위험 (Peril on the Sea)
    - 화재 — 선원악행
    - 전쟁 — 포획
    - 나포 — 투하
    - 해적

(5) 해상손해

해상보험에 있어 해상손해(海上損害, marine loss)란 보험의 목적물에 대한 해상위험이 발생함으로써 보험목적물이 멸실·손상되거나 점유를 상실함으로써 생기는 피보험자의 재산상의 불이익을 말한다. 그러므로 손해액은 그 손해를 야기한 보험목적물의 멸실·손상을 원상회복하는데 소요되는 비용액으로서 결정된다.

해상손해의 유형

- 해상손해
  - 직접손해
  - 간접손해
  - 물적손해
    - 전손
      - 현실전손
      - 추정전손
    - 분손
      - 단독해손
      - 공동해손
  - 비용손해 — 구조료, 특별비용, 손해방지비용, 부대비용

가. 직접손해와 간접손해

직접손해는 보험사고로 인하여 보험의 목적 그 자체에 발생한 손해를 말한다. 적화보험의 경우는 피보험목적물의 멸실 또는 손상으로 인한 손해를 말하며, 선박보험의 경우는 피보험 선박에 직접 발생된 선체손상을 말한다.

간접손해는 보험사고로 피보험자가 입은 직접손해 이외의 손해를 말한다. 적화보험의 경우 피보험 화물의 손해로 인한 희망이익의 상실 손해 또는 항해지연으로 인한 화물의 성질 손해나 시장상실로 인한 손해를 말하며 선박보험의 경우 동일사고로 인하여 피보험 선주가 입은 운임에 관한 손해 등을 말한다.

나. 물적손해와 비용손해

물적손해는 보험목적물의 멸실 또는 손상으로 인한 손해를 말한다. 물적손해는 다시 ①**전손**(全損, total loss)과 ②**분손**(分損, partial loss)으로 구분할 수 있다.

①은 보험목적물이 실제로 멸실되었거나 본래의 성질이 상실되었을 경우 ㉠**현실전손**(現實全損, actual total loss)과, 보험목적물이 **현실전손**으로 될 것이 불가피하다고 인정되거나 보험목적물에 대한 회복비용이 화물가액을 초과할 것으로 예상되는 경우 피보험자가 보험목적물을 보험자에게 정당하게 위부(委付, abandonment)[4]함으로써 ㉡**추정전손**(推定全損, constructive total loss)[5]으로 인정되는 경우가 있다. 여기서 **현실전손**의 경우에는 **위부통지**를 필요로 하지 않지만 **추정전손**의 경우는 반드시 **위부통지**를 하여야만 성립된다. 만약 **위부통지**를 해태한 경우 당해 손해는 ②로 처리된다.

---

4) ①**위부**는 **추정전손**이 발생한 경우 **현실전손**에 준한 처리를 위해 피보험자가 보험의 목적에 대한 모든 권리를 보험자에게 이전하고 보험금액을 청구하는 제도를 뜻한다. 원래 피보험자는 보험금을 청구 시 손해발생을 증명해야 하는데, **전손**의 가능성이 결정적임에도 그 사실을 증명하기 곤란한 경우 보험금을 청구할 수 없다면 매우 곤란할 것이다. 이러한 경우 **전손**으로 취급하고 피보험자가 보험금액을 청구할 수 있도록 할 필요가 있다. **위부**는 이러한 필요에서 인정된 법률상 제도이며, 손해보험 중에서도 해상보험에 특유한 제도이다. ②**대위**(代位, subrogation)는 보험자가 보험금을 지급한 경우 피보험자가 보험의 목적에 대해 가지는 권리 및 제3자에 대하여 가지는 권리를 승계하는 것을 뜻한다. 손해보험계약은 **실손보상의 원칙**에 따라 손해를 입은 피보험자의 손해를 전과 동일한 상태로 복귀시키는 것을 목적으로 하는 계약이다. 따라서 피보험자는 보험계약에 의해 부당이득을 취해서는 안 된다. 이를 **부당이득금지의 원칙**이라고 한다. 그런데 피보험자가 보험자로부터 보험금의 지급을 받고도 보험의 목적에 잔존하는 권리나 제3자에 대한 손해배상청구권을 그대로 갖고 있다면 피보험자는 부당이득을 보게 되어 이 원칙에 위배된다. 이처럼 **대위**는 **실손보상의 원칙**에 따른 **부당이득금지의 원칙**에 의거한 것이다.

5) 피보험목적물이 현실적으로 전부 멸실한 것은 아니나, 손해가 극심하여 그 용도에 사용할 수 없거나 수리비용이 피보험목적물 가액을 초과하여 **위부**한 경우를 말한다. **현실전손**은 반드시 **위부**하지 않아도 되지만, **추정전손**의 경우는 **위부통지** 없이는 성립되지 않는다.

㉡에서 **선박**이 보험의 목적인 경우 선박이 피보험위험으로 인하여 심하게 손상되어서 그 손상을 수리할 비용이 수리 후의 선박의 가액을 초과할 때, 수리비 견적은 **공동해손희생손해**(共同海損犧牲損害, general average sacrifice)에서 장래의 **구조비** 및 **공동해손**에 대한 **선주분담금**을 포함한다. 달리 화물의 손상의 경우에는 손상의 수선비와 화물은 목적항까지 운송하는 비용과 합산한 것이 도착 시 화물의 가액을 초과할 것이라고 예상되는 경우에 한 한다.

②는 피보험이익의 일부가 멸실·손상된 것으로, 이는 다시 ㉠**단독해손**(單獨海損, particular average)과 ㉡**공동해손**(共同海損, general average)으로 분류된다.

비용손해는 위험발생의 결과로 피보험자에 의해 또는 그를 위하여 지출된 손해를 말한다. 이는 ①**구조료**(salvage charge), ②**특별비용**(particular charge), ③**손해방지비용**(sue and labour charge), ④**부대비용**(extra charge)으로 구분할 수 있다.

①은 해난에 봉착한 재산에 발생할 가능성이 있는 손해를 방지하기 위하여 계약에 기하지 아니하고 구조한 자에게 해상법에 의하여 지급하는 보수를 말한다. 피보험위험으로 인하여 발생하는 손해를 방지하기 위하여 지출한 구조료는 피보험위험으로 인한 손해로서 회수할 수 있다.

②는 보험의 목적의 안전 또는 보존을 위하여 피보험자에 의해서 또는 피보험자를 위하여 소요된 비용으로 **공동해손비용**과 **구조료** 이외의 비용을 말한다. 곧 보험의 목적의 안전이나 보존을 위하여 피보험자에 의해서 또는 피보험자의 대리인에 의해서 지출된 비용으로서 공동해손비용과 구조비 이외의 것을 특별비용이라 한다. 특별비용은 손해의 평가와 관련하여 목적지에서 지출된다.

③는 피보험위험이 발생하였을 경우 이로 인한 보험목적물의 손해를 방지·경감하기 위해 피보험자 또는 그 사용인 및 대리인이 지출한 비용을 말한다. **손해방지비용**은 피보험자 또는 그 대리인에 의하여 보험의 목적물의 이익을 위하여 소요된 비용이어야 한다. 피보험자는 그의 보험계약에서 증권상에 지급되어질 수 있는 손해를 줄이거나 피할 수 있는 합리적인 조치를 취하여야 할 의무가 있다. 전반적으로 그러한 조치를 취하는데 발생된 비용은 전손 보험금에 추가하여 보험자로부터 보상이 가능하다. **손해방지비용**은 단일 이해관계자의 공동위험에 대한 손해를 회피 또는 경감하는 측면에서 **공동해손비용손해**(共同海損費用損害, general average expenditure)와 구별된다. 또한 **손해방지비용**은 목적지 도착 전에 어떤 손해를 피하거나 경감하기 위해 지출된 비용이므로 **특별비용**과 구별된다. 보험자는 보험증권상 보상될 수 있는 손해를 회피하기 위한 **손해방지비용**만을 담보한다. 손해방지비용의 요건은 다음과

같다. ㉠피보험자 또는 그의 대리인이 합리적으로 지출한 비용에 한하며, 따라서 제3자에 의해 지출된 비용은 제외된다. 다만 선장의 지출비용은 손해방지비용으로 보상된다. ㉡보험자가 보상하게 될 손실을 피하거나 경감시키기 위해 지출되어야 한다. ㉢적화보험의 경우 목적지 도착 전에 발생된 비용에 한 한다.

④는 손해검사를 위한 비용, 즉 **검정보고서**(檢定報告書, survey report)를 취득하기 위한 비용 등을 말한다. 보험증권에는 특단의 규정이 없지만 상관습에 의해 손해가 보험자가 부담하는 손해일 경우 보상하는 것이 통례로 되어 있다. 곧 **부대비용**은 클레임을 입증하고 손해금액을 확정하는데 지출된 비용으로서 대표적인 것으로 매각 수수료 및 비용, 해난보고서 작성비용, 손해입증비용 등이 있다.

(6) 해상위험과 해상손해의 인과관계

보험자는 담보위험으로 발생한 손해에 대해서만 보상책임(報償責任, responsibility to compensate)을 부담하며, **면책위험**(免責危險, risk excluded)[6]으로 인한 손해에 대해서는 보상할 책임이 없다. 이러한 위험과 손해 사이의 관계를 **인과관계**라고 한다.

해상위험은 그 전부가 보험자에 의하여 담보되지도 않는다. 항해상의 사고로 인한 손해는 반드시 단일의 해상위험으로만 발생하는 것이 아니며, 다중의 위험 혹은 연속되는 위험으로 발생한 손해를 보험에서 담보하는 위험인가의 여부를 판단하는 것은 매우 중요한 일이다. 이와 관련한 학설은 다음과 같이 요약할 수 있다.

가. 근인설

근인설(近因說, principle of *causa proxima*)은 손해발생에 관한 여러 가지 조건 중에서 손해발생에 직접적인 효력을 갖는 단 하나의 조건을 인정하고 이에 따라 보험자의 책임유무를 결정하는 것이다. 이 학설은 세계 각국의 해상보험법의 중심학설로서 자리매김하고 있다.

나. 상당인과관계설

상당인과관계설(相當因果關係說, proximate causal relation)은 어떤 결과를 발생시키

6) **면책위험**이란 손해에 대하여 보험자가 면책되는 위험을 말한다. **면책위험**에는 법에서 정하고 있는 ①**법정면책위험**과 보험약관에서 정하고 있는 ②**약정면책위험**이 있으며, 이 경우 ①은 특약과 추가보험료에 의해서도 보험자가 부담할 수 없는 ㉠**절대적 면책위험**과 특약에 의하여 보험자가 부담할 수 있는 ㉡**상대적 면책위험**으로 구분된다.

는 불가피한 조건들 가운데 그 원인이 이 경우 뿐만 아니라 다른 일반적인 경우에 있어서도 같은 결과를 초래하는 조건인가의 여부로서 손해의 원인을 결정하는 것이다. 즉 경험상으로 같은 결과를 일으킬 가능성이 있다고 인정될 경우에 그 손해와의 인과관계를 결정하는 설이다.

다. 자연성행설

자연성행설(自然盛行說, caused in natural course)은 어떤 손해가 어떤 위험의 불가피한 결과일 때는 그 전 위험에 소급하여 자연의 경과가 끊어질 때에 그 최초의 것만을 원인으로 결정하는 견해이다.

라. 최후조건설

최후조건설(最後條件說, cause nearest in time) 손해발생에 불가피한 여러 원인 중에서 시간적 전후관계로 해석하여 손해에 최후로 작용한 위험조건을 손해의 원인으로

●●○ 해상위험과 해상손해의 유형

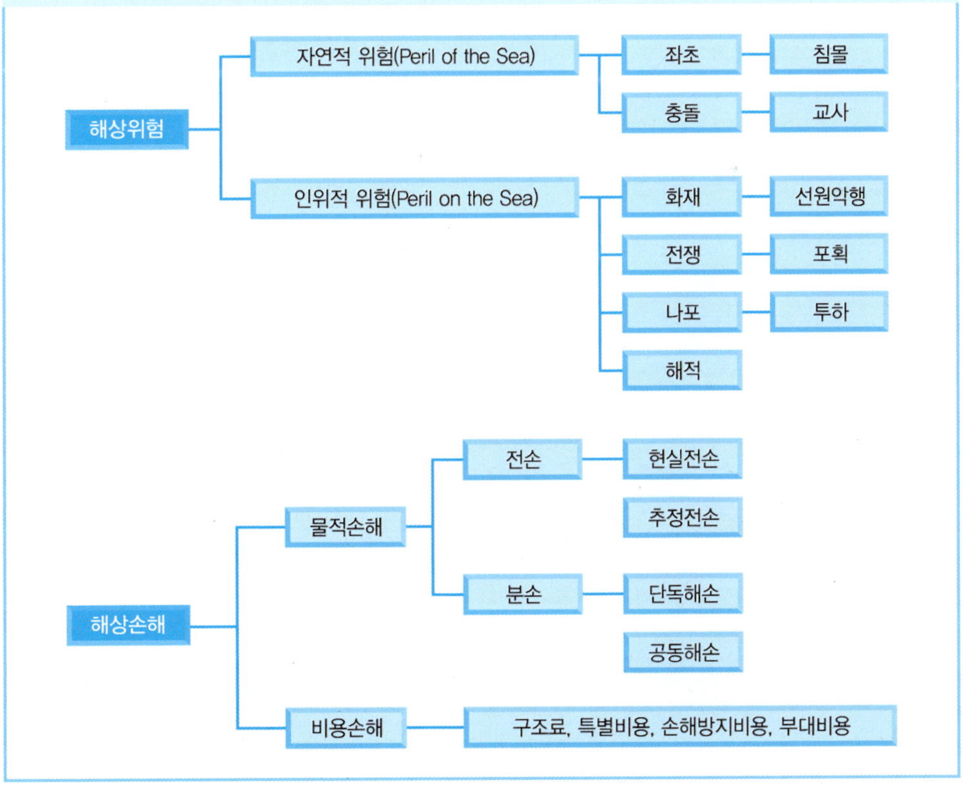

보고 그 밖의 원인을 고려하지 않는 것이다.

마. 최유력조건설

최유력조건설(最有力條件說, cause proximate in efficiency)은 손해발생에 불가피한 조건 중 효과적 측면에서 가장 영향이 큰 조건을 원인으로 인정하는 것이다.

2 적화보험

1 적화보험의 대상과 기간

1) 적화보험의 대상

적화보험의 대상은, ①화물(goods), ②해상운임(freight), ③제반 비용(charges),[7] ④희망이익(anticipated profit),[8] ⑤관세(customs duty),[9] ⑥증액(increased value)[10] 등이 있다.

2) 적화보험기간

해상보험증권에서는 적화보험기간이 화물이 출발항에서 외항선에 선적될 때에 개시하고 도착항에 안전하게 양하된 때에 종료한다고 되어 있으나, 실제 이는 너무 제한적이기 때문에, **창고 간 약관**[양창약관(兩倉約款), warehouse to warehouse clause]이라고 하여, 화물이 증권에 명시된 화물출발지의 창고 혹은 보관장소 반출로부터 도착지 창고 혹은 보관장소 반입까지 전 운송구간으로 확장하고 있다.

창고 간 약관에 의하면 화물이 보험증권상 출발지 창고 혹은 보관장소를 떠날 때를 위험의 시기로 하고 통상의 운송과정을 거쳐, 보험증권상 도착지에 있는 수화인

7) 화주가 지급한 운송하물에 대한 적화보험료 뿐만 아니라 매입수수료・포장비・창고료・검사료・하역비・선적양륙비・수출세・영사증명료 등 화물에 부수해서 지급되는 모든 비용.

8) 화물이 목적지에 무사히 도착하는 것에 의해 얻어지는 이익을 **희망이익**이라 한다. 화물이 항해도중에 멸실・손상을 입은 경우 매수인은 **희망이익**의 전부 또는 일부를 잃게 되기 때문에 통상 화물원가에 상기 제비용과 함께 **희망이익**을 합산해서 적화보험으로 부보한다. 이 경우 통상적으로 송장가액의 10%를 추가로 부보하는 것이 일반적이다.

9) 화주가 손상 또는 멸실된 화물에 대하여 관세를 지급하였을 경우 화주는 화물자체의 손해뿐만 아니라 관세까지도 손해를 보게 되므로 이를 화물가액에 가산해서 부보할 수 있다.

10) 적화의 시장가액이 항해 중에 현저하게 증가할 경우 그 적화가 멸실되거나 손상된 상태로 목적지에 도착하게 되면, 수화인은 적화 증가액에 대한 손실을 입게 된다. 이러한 손실에 대해 피보험자를 보호하기 위해 송장가액 150%까지 부보할 수 있다

의 최종창고 또는 보관장소에 인도될 때까지 유효하며, 통상의 운송과정이 아닌 화물의 보관장소 혹은 화물의 할당이나 배분을 위해 사용되는 장소에 인도될 때를 위험의 종기로 하고 있다.

그러나 본선 양륙 후 도착지 최종창고까지 무한정 부보되는 폐단을 막기 위해 최종 양하항에서 하역 후 60일을 최고한도로 담보기간을 제한하고 있으므로 화물인도 전이라도 60일이 경과하면 담보는 종료된다.

실무상으로 적화보험을 가입하는 경우 보험회사에 I/V나 L/C 를 송부하고, 그 서류대로 증권을 발행해 줄 것을 요구하는 경우가 많으나, 이 경우 무역서류에는 출발지와 도착지가 통상 항구나 공항으로 되어 있어, 창고에서 항구 간 또는 항구에서 창고 간은 무보험 상태가 된다. 즉 보험증권에 명기된 출발지와 도착지까지가 보험약관상 담보되는 구간인데, 무역서류상엔 항구이름만 나와 있어 그대로 보험에 가입되면 창고와 항구 간은 담보되지 않는다. 그러므로 적화보험에 가입할 때는 반드시 출발지와 도착지를 창고가 있는 행정구역명으로 기재하여야 한다.

적화보험의 시기와 종기

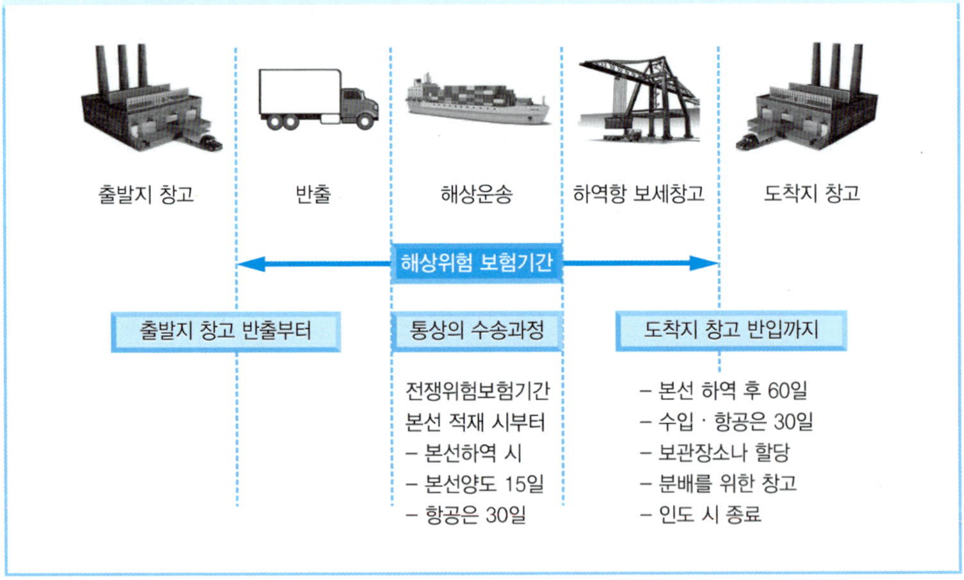

3) 적화보험료

적화보험료에 영향을 미치는 사항은 ①화물의 종류, ②포장, ③출발지 · 도착지, ④운

송용구, ⑤**보험조건**, ⑥**할증사항** 등이다. 이 경우 적화보험의 보험료는 위의 여러 사항에 의해 결정된 보험요율을 토대로 송장가액의 110%에 보험요율과 할인할증율을 곱하여 산출한다. 여기서 **할증사항**은 ①화물운송 선박의 정기선·비정기선여부, 선령, 선급유무, 선박재질, 화물종류, 선박총톤수, 선박할증료, ②보험가입금액이 CIF에 상당한 송장가액의 130% 이상에서 150%까지 일정할증율, ③사고가 많은 지역의 할증료, ④전쟁보험에 관한 할증료 등이 있다.

2 적화보험약관

적화보험에서 사용되는 **협회적화약관**(Institute Cargo Clause, ICC)[11]은 2가지로 구분된다. 이른바 ①**구약관**과 ②**신약관**이 그것인데, ①은 오랜 역사를 가지고 지금도 널리 사용되는 약관으로 이하 **A/R**, **WA**, **FPA** 등의 조건이 있다.

②는 ①의 애매한 문구와 고어체 문장을 현대적이고 명확한 문장으로 바꾼 것으로 1980년대 만들어진 것이다. ①에는 **ICC (A)**, **ICC (B)**, **ICC (C)** 등의 조건이 있다.

협회적화약관의 구분

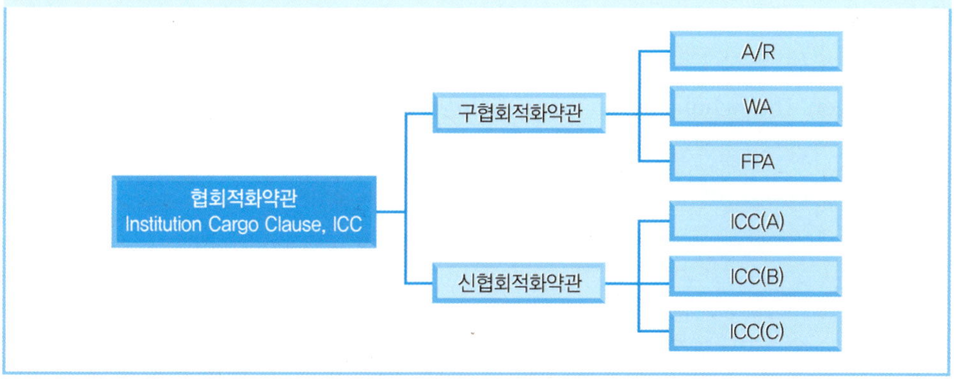

11) **런던보험업자협회**(ILU)가 제정하였고, 통상 **협회적화약관**(ICC)이라 불린다. ICC에는 1963년 **구** ICC(FPA, WA, AR)와 1982년 **신** ICC[(A), (B), (C)] 2가지가 있다. **구** ICC **전위험담보** A/R가 **신** ICC (A)로, **구** ICC **분손담보** WA가 **신** ICC (B)로, **구** ICC **분손부담보약관** FPA가 **신** ICC (C)로 각각 명칭이 변경·간소화 되고, 그 내용도 획일성을 갖도록 정비되었다. 그러나 보험자의 보상범위나 담보범위의 근본적인 내용은 거의 변동이 없다.

1) 적화보험 구약관

(1) 전위험담보조건

전위험담보조건(全危險擔保條件, all risks, A/R)은 보험목적물의 멸실이나 손상의 모든 위험을 담보한다. 그러나 지연 또는 화물의 고유의 하자 혹은 성질에 근인해서 생긴 멸실·손상 또는 비용 등은 보상하지 않는다. 보험금은 면책율 없이 지급된다. 곧 **A/R**은 보험기간 내에 발생한 모든 위험, 즉 외래적 또는 우연한 사고에 의해 생긴 모든 손해는 면책율 없이 보상된다. **A/R**에 있어 보험금청구와 관련, 피보험자는 손해가 구체적으로 어느 위험에 의해 발생했다는 것을 입증하면 충분하다. 그러나 **A/R**은 그 밖의 조건과 마찬가지로 지연에 따른 손해, 화물의 고유의 하자나 성질에 따른 손해는 보험자의 면책대상으로 취급된다.

(2) 분손담보조건

분손담보조건(分損擔保約款, with average, WA)은 부담보되는 **단독해손**, 즉 화물을 적재한 선박이나 부선이 침몰·좌초·화재를 당하지 않은 경우 증권본문의 담보위험에 따른 **분손** 가운데 증권기재의 면책율을 초과하는 손해를 보상한다.

침몰·좌초·화재가 발생하지 않은 때 **단독해손**에는 현실적 **악천우**(heavy weather)에 의한 적화의 풍랑손해가 있다. 일반적으로 **WA**와 이하 **FPA**와 차이는 풍랑에 의한 **단독해손**을 보상하는지 여부로 구분할 수 있다. 이 경우 단독해손의 보상조건이 되는 면책율은 보험계약 시 보험증권에 **Average payable if amounting to 3% on the whole or on each hold**와 같이 명시해 놓는 것이 보통이다. 또한 화물에 따라서 면책율 없이 단독해손을 모두 보상하는 경우 **Average payable irrespective of percentage**라고 증권상에 표시한다.

(3) 분손부담보조건

분손부담보조건(分損不擔保條件, free from particular average, FPA)은 **단독해손**은 보상하지 않지만, 화물을 적재한 선박이나 부선이 침몰·좌초·화재를 당했을 경우의 **단독해손**은 인과관계와 상관없이 보상된다. 또한 화재·폭발·선박 등 운송용구와 타 물체와의 충돌·접촉에 의한 손해 및 피난항에서 화물하역에 의해 발생한 손해를 보상받을 수 있다. 그리고 화물선적·환적·하역 중에 발생한 포장 당 **전손**을 보상하며, 또한 중간의 기항지 또는 피난항에서 양하·보관을 위한 **특별비용**을 지출했을 경우 WA에서 보상되는 것이면 보상받을 수 있다.

구약관의 경우 보상되는 손해의 구분

	A/R	WA	FPA
① 전손	O	O	O
② 공동해손	O	O	O
③ 해난구조비 · 손해방지비	O	O	O
④ 좌초 · 침몰 · 화재의 경우 단독해손	O	O	O
⑤ 선적 · 환적 · 양하 중 매 포장 단위당 전손	O	O	O
⑤ 화재 · 충돌 · 접촉 · 피난항에서의 손해	O	O	O
⑥ 악천후에 의한 해수 손해	O	O	X
⑦ 면책사항 이외에 외래의 우연적 사고손해	O	X	X

면책사항

- 보험계약자 · 피보험자의 고의 · 불법행위로 인한 일체의 손해
- 보험목적물의 고유의 하자 또는 성질과 운송지연에 의한 손해
- 위험의 요건을 구비하지 않은 통상의 손해
- 전쟁 · 파업 · 폭동 등에 의한 손해

2) 적화보험 신약관

신약관에는 보험계약의 존재를 증명하기 위한 최소한의 관련조항으로 피보험 이익의 상세를 명시하는 계약내용이 기재되어 있으며, 적용될 표준약관으로서 신약관은 3종류의 적화약관과 전쟁약관, 동맹파업약관으로 구성되어 있다.

종래 적화약관의 기본조항은 A/R, WA, FPA의 3종류이지만, 신약관은 각각 이에 대응하여 ICC (A), (B), (C)의 3종류로 구성되어 있다.

(1) ICC (A)

A/R에 상응되는 약관으로 **포괄담보주의**(包括擔保主義, negative system)를 취하고 있는 약관이다. 다만 A/R와는 달리 면책위험을 열거하여 명기하고 있다. 여기서 ICC (A)는 전 위험을 담보하는 조건이나 모든 손해나 멸실을 담보하는 것은 아니며, 약관상 규정된 면책사항을 제외한 위험으로 인하여 발생한 손해를 담보하는 조

건으로 적화보험조건 중 가장 담보범위가 넓은 조건이다. 약관상 규정되어 있는 면책사항은 다음과 같다.

①피보험자의 고의적 비행, ②통상적인 누손·부족손, 자연소모, ③포장불완전 또는 부적합, ④피보험 목적물의 고유의 하자 또는 성질, ⑤지연, ⑥선박소유자·관리자·용선자·운항자의 채무불이행, ⑦원자력·핵무기의 사용, ⑧선박·부선의 불내항, ⑨화물의 안전운송을 위한 선박·부선·운송용구·컨테이너 등의 부적합, ⑩전쟁·내란·혁명·모반·반란 또는 이로 인해 발생한 국내투쟁, 교전국에 의해 또는 교전국에 대하여 행해진 적대행위, ⑪해적을 제외하고 포획·나포·강류·억지·억류, ⑫유기된 기뢰·어뢰·폭탄 그 밖의 유기된 전쟁병기, ⑬동맹파업자·직장폐쇄 또는 노동분쟁소요와 폭동에 가담한 자의 행위, ⑭동맹파업·직장폐쇄·노동분쟁·소요·폭동의 결과·테러리스트·정치적 동기행위 등이다.

(2) ICC (B)

WA에 상응하는 약관으로 화재·폭발·좌초·지진·분화·낙뢰·해수 등의 침입 등 열거된 주요위험에 의해 생긴 손해를 보상하는 **열거담보주의**(列擧擔保主義, positive system)를 취하고 있다. 면책위험도 열거하여 명기하고, 클레임은 **분손**과 **전손**의 구분 없이 보상하며 면책율의 적용도 없다.

(3) ICC (C)

FPA에 상응하는 약관으로, ICC (B)와 마찬가지로 열거된 위험에 의한 손해를 분손과 전손의 구분 및 면책율 없이 보상한다. 그러나 ICC (B)에서 보상되는 위험 가운데 지진·분화·낙뢰·해수 등의 침입·갑판유실·추락한 매 포장당의 전손 등은 보상되지 않는다. **열거담보주의**는 ICC (B)의 처지와 같다.

3) 적화보험 신·구약관 차이점

①A/R에서는 **해적**(piracy)가 면책위험이었으나 ICC (A)에서는 담보하고 있다.

②지진·화산의 분화·낙뢰 등으로 인한 손해는 WA의 경우 부담보이나, ICC (B)에서는 담보하고 있다. 또한 WA는 **악천후**(heavy weather)로 인한 손해는 담보되지만 ICC (C)에서는 **악천후**가 발생해도 직접적인 해수·호수·강물 등의 침입이 없는 경우는 부담보되고, 또한 ICC (B)에서는 **우수**(rain water)에 의한 손해도 부담보된다.

[③]선적・환적 또는 하역작업 중 화물의 포장당 **전손**은 FPA에서는 담보되나, **ICC (C)**에서는 부담보된다.

신약관의 경우 보상되는 손해의 구분

	ICC(A)	ICC(B)	ICC(C)
① 화재 또는 폭발	O	O	O
② 본선 또는 부선의 좌초・교사・침몰・전복	O	O	O
③ 육상운송용구의 전복・탈선	O	O	O
④ 본선・부선・운송용구의 충돌 및 접촉	O	O	O
⑤ 피난항에서 화물의 하역	O	O	O
⑥ 지진・화산의 분화・낙뢰	O	O	X
⑦ 공동해손희생손해	O	O	O
⑧ 투하	O	O	O
⑨ 갑판유실	O	O	X
⑩ 본선・부선・운송용구 등 해수 등의 유입	O	O	X
⑪ 본선・부선・운송용구 등 양륙작업중 손해	O	O	X
⑫ 면책사항 이외 외래적 우연적 사고손해	O	X	X
⑬ 공동해손 구조비	O	O	O
⑬ 쌍방과실충돌	O	O	O

부담보사항
- ICC (A)의 경우 A/R 면책사항은 부담보
- 구약관 면책사항과 포장불완전은 부담보
- ICC (B)에서 우수의 경우는 부담보
- 전쟁・파업・폭동 등에 의한 손해

4) 적화보험 확장담보조건

(1) 부가위험 담보조건

화물의 종류, 포장방법, 운송방법 등을 고려하여 기본조건인 **FPA, WA**나 **ICC (B), ICC (C)**에 아래에 열거된 보험조건을 추가하여 부보함으로써 보다 저렴한 보험료로 **A/R** 또는 **ICC (A)** 등으로 부보한 것과 동일한 효과를 거둘 수 있다.

[①]도난・절도・불착손(theft, pilferage, non-delivery, TPND), [②]비・해수에 의한 손

상(rain and/or fresh water damage, RFWD), ③파손(breakage), ④습기·열에 의한 손상(sweat and heating damage), ⑤누손·부족손(leakage, shortage), ⑥투하·갑판유실(jettison and washing over board, JWOB), ⑦움푹 들어가거나 휘어짐으로 발생한 손해(denting and/or bending), ⑧자연발화(spontaneous combustion), ⑨곰팡이 손해(mould and mildew), ⑩녹·산화·변색(rust, oxidation, discolouration, ROD), ⑪갈고리의 취급 부주의로 인한 구멍발생(hook and hole), ⑫오염손해(contamination).

(2) 확장담보조건

확장담보조건은 ①육상운송 중 위험을 적화보험증권에서 추가로 담보하는 **내륙운송확장담보조건**(inland transit extension, ITE), ②통상적 운송 중에서 중간창고나 보세창고 보관 중 위험을 적화보험증권에 명시된 기간 이상으로 연장할 경우 담보조건인 **내륙보관확장담보조건**(inland storage extension, ISE) 등이 있다. ②의 경우 수출은 하역 후 60일, 수입은 최종도착항 하역 후 30일 이내이다.

5) 적화보험 특별약관

(1) 전쟁약관

전쟁위험으로 인한 손해를 담보하기 위해서는 **전쟁약관**(war clauses)을 추보하여야 한다. **전쟁약관** 담보범위는 적화보험의 **창고 간 약관**과는 달리, **port to port**로 제한된다. 왜냐하면 육상전쟁위험의 경우 위험도 측정이 곤란하기 때문에 전쟁위험의 경우 해상에서 일어나는 위험만으로 한정이 되기 때문이다.

(2) 동맹파업특별약관

동맹파업특별약관(strikes clauses)은 해상운송기간 중의 동맹파업위험에 의한 손해를 담보한다. 담보구간은 창고 간이며 내용은, ①동맹파업자·직장폐쇄자·폭동소요가담자에 의한 피해, ②악의(惡意, bad faith)를 가지고 행위를 한 자에 의한 피해, ③테러리스트에 의한 손해 등이다. 다만 이러한 행위로 인한 화물가치의 하락, 지연으로 인한 손실 등은 담보되지 않는다.

(3) 관세담보특별약관

해상 또는 육상운송 약관상 담보되는 위험으로 발생한 손해가 있음에도 불구하고 통관 전에 화물의 이상유무를 살피지 못하였다면 피보험자는 손상된 화물에 대한 경제적 손실에도 불구하고 관세를 부담하게 되는 경우가 있다. 이러한 관세납부에 대한 손실을 보상하는 것이 **관세담보특별약관**(custom duty clauses)이다. 유의할 사항은 실제로 관세를 납부하지 않은 때는 보상에서 제외되며, 보상액도 보험계약 시 설정한 관세가입금액을 한도로 보상된다는 점이다.

(4) 내륙저장위험확장담보특별약관

협회적화약관의 담보위험의 종료는 창고 간이므로 최종목적지에 도착할 때까지 담보되나, 그 기간을 무한정 늘릴 수 없으므로 수출의 경우 양하 후 60일로 제한하고 있다. 따라서 양하 후 특단의 사정으로 기간을 연장할 경우 반드시 고지해야 하며, 기간연장에 따른 추가보험료를 납부하고 **내륙저장위험확장담보특별약관**(inland storage extension clauses)를 추보함으로써 연장할 수 있다.

(5) 냉동창고보관특별약관

통상 식품류의 경우 냉동·냉장상태로 수출·입 되는 경우가 많고, 또한 물품의 변질·부패 등은 손해원인이 협회적화약관으로 담보되지 않기 때문에 이러한 냉동기 고장으로 인한 손해의 경우 **냉동창고보관특별약관**(refrigerating machinery clauses)을 추보하여야 담보할 수 있다. 이 경우 냉동기계의 24시간 이상 고장으로 발생한 손해만 보상이 되며, 동시에 손해의 원인이 단순히 냉동기계의 고장이라고 판명되어 질 경우 그 보상이 가능하다.

(6) 통관거부위험담보특별약관

통관거부위험담보특별약관(rejection clause)은 수입국 기관의 통관거부위험의 경우 피보험자의 손실을 보상하는 약관이다. 담보내용은 정부당국, 검사대행기관 또는 정부기관에 의하여 입국항에서 화물통관이 거부되거나 몰수로 인하여 피보험자가 입은 손해를 담보한다. 적용대상품목은 적화보험에 가입할 수 있는 모든 품목이 해당될 수 있으나, 주로 식료품이나 냉동어류가 이에 해당한다. 다만 통상금지로 인한 수입금지로 인한 손해는 면책사항이다.

(7) 생동물약관

생동물을 운송할 경우 통상적으로 운송 중의 스트레스로 인해 사망이나 안락사를 당하는 경우가 발생할 수 있다. 협회적화약관의 경우 이는 기본조건에서 제외되어 있으므로 이를 담보하기 위해서는 **생동물약관**(livestock clause)을 추보하여야 한다. 담보기간은 검역소에서 30일까지, 최종목적지 도착 후 7일까지이며, 담보내용은 안락사를 포함하여 생동물의 사망 및 사망에 이를 수밖에 없는 상태이다. 다만 전염병에 의한 사망 및 도살 그리고 상해는 면책사항이다.

(8) 소포우편약관

소포우편약관(parcel post clause)는 화물이 소포로 부쳐질 경우 추보하게 되는데, 이 경우 담보기간은 수취인에게 화물이 도착할 때, 또는 관할우체국에서 화물이 도착한 후 30일이 경과한 시점까지이다. 면책사항은 ①주소불분명, ②수취인의 수취거절, ③수취인에게로의 전달불능으로 인한 피보험물의 처분 등으로 발생한 멸실 혹은 손상의 경우이다.

적화보험 확장담보조건과 특별약관

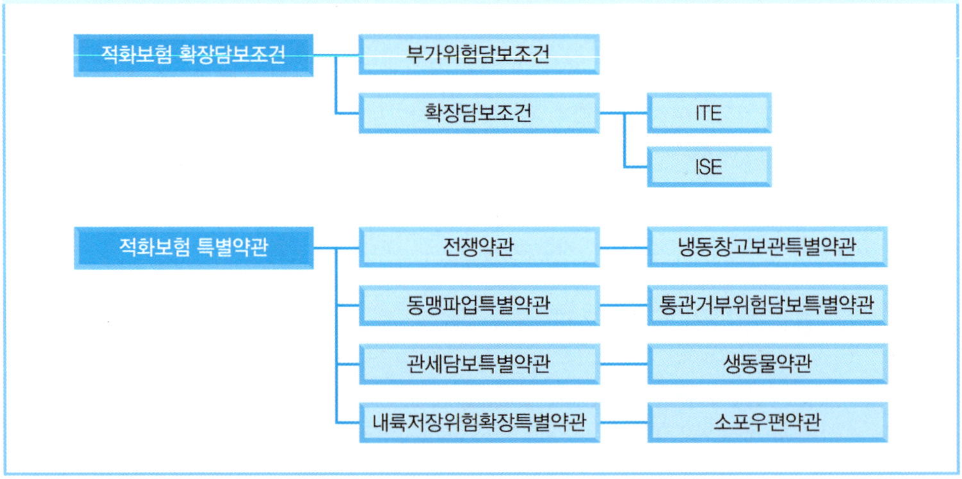

3 선주상호보험(P&I)과 수출·입 보험

1 선주상호보험

1) 선주상호보험의 내용

선주상호보험(船主相互保險, protection and indemnity, P&I)은 선박의 운항과 관련하여 발생한 사고로 인하여 제3자가 입은 손해에 대한 선주(船主, shipowner)의 배상책임을 선주 상호 간에 담보하는 보험을 말한다. 간략히 **P&I 보험** 또는 선주책임에 대한 측면을 강조하여 **선주책임상호보험**(船主責任相互保險)이라고 한다.

P&I는 위험의 범위가 불확실하고 다양할 뿐만 아니라 그 평가가 곤란하여 일반적인 **해상보험증권**(marine insurance policy)에서 부보 되지 않은 제3자에 대한 배상책임을 선주 상호 간에 담보하기 위한 것으로서, 선주 자신이 보험자이자 피보험자의 지위를 갖는 비영리보험이다.

P&I는 사고발생정도에 따라 보험료를 추가로 징수하는 **정산보험료방식**(mutual base)을 채택하고 있는 것이 특징이다. 선주의 선박충돌 및 인명사상에 대한 배상책임의 담보로서 ①**보호**(protection)와 화물손상에 대한 배상책임의 담보로서 ②배상(indemnity)을 그 내용으로 하고 있다. P&I는 선박운항에 따른 위험이 다양화되고 이에 따른 선주의 배상책임이 강화되는 추세에 맞추어 담보범위가 확대되고 있는 추세에 있다.

2) 선주상호보험에 의한 담보

(1) 선박충돌 및 인명사상에 대한 담보 (Protection Risk)

①**선원의 부상·질병·사망**과 관련하여, 선원이 승선 또는 하선 중 발생한 질병이나 사상에 관련하여 고용계약 또는 근로계약상 배상책임이 있는 입원비·장례비 및 이러한 질병이나 사상에 관련하여 정당하게 지출된 다른 비용, 보상금 및 이러한

선원의 송환비용과 후임자 교체비용 등을 보상한다.

②선원을 제외한 제3자에 대한 배상책임으로 선원의 부주의 혹은 선박관리상의 부주의로, 본선 또는 하역작업과 관련하여, 선원 이외의 사람의 질병이나 사상에 대하여 부담하여야 하는 입원비・치료비 또는 장례비 등을 보상한다.

③선원의 송환 및 교대선원 파견비용 등을 보상한다. 곧 법적으로 본선 선원의 송환이 불가피할 때, 그 송환비용 및 후임자 교체비용을 보상한다. 그러나 그 송환이 계약의 종료나 선주의 계약위반 혹은 선박의 매도에 의해 이루어질 때는 보상되지 않는다.

④난파휴업급여와, ⑤선원의 유실물을 보상한다. 이를테면 선원이나 여객 또는 본선상의 어떤 사람에 속하는 소지품의 멸실・손상에 대하여 선주가 배상책임이 있는 경우 이를 보상한다. 다만 현금이나 귀중품 혹은 보석류에 대해서는 사전에 고지하지 않은 경우 그 사유가 제한된다.

⑥이로(離路, deviation)[12]에 따른 비용과 책임으로서 부상자나 환자의 처리를 위해 부득이하게 이로함으로써 발생된 비용, 즉 연료비・보험료・급료・선용품비・주부식비 및 그 선원의 후임자 승선을 기다리는 동안 발생한 이상의 비용과 또한 ⑦밀항자나 피난민을 양륙시키기 위해 발생한 법적 비용 등을 보상한다.

⑧인명구조에 지출된 비용으로서 본선선원 또는 본선상의 다른 사람에 대한 구조행위에 대하여 제3자에게 지급해야 하는 구조비 중 선박보험자나 화주 또는 화물보험자로부터 회수할 수 없는 것을 보상한다.

⑨타선박과의 충돌로 인한 배상책임으로, 곧 선체보험의 충돌약관상 선박보험자로부터 회수할 수 없는 배상금의 25%를 보상한다. 곧 충돌약관상 선박보험자가 보상해 주기로 한 배상책임 중 75%가 보험가입금액을 초과함으로써 보상받지 못하는 부분을 보상한다.

⑩항만・부두・방파제 등의 고정물, 부유물에 대한 배상책임으로서, 육상・해상의 고정물체나 유동물체에 입힌 손상 또는 멸실에 대한 배상책임을 보상한다.

⑪오염에 따른 배상책임으로, 가입선박에서 기름이나 다른 물질의 양하 또는 배출에 관련하여 발생된 배상책임・멸실・손상 등에 따른 비용을 보상한다. 여기에는 ㉠

12) 선박이 정해진 항로에서 이탈하는 행위 또는 그 상태를 말한다. 해상보험에 있어서 해상에서의 인명・재산의 구조행위 등의 정당한 이유가 없이 이로상태에서 손해가 발생한 경우 보험자는 면책된다.

멸실·손상에 대한 배상책임, ㉡오염감소를 위하여 취한 정당한 조치에 따른 비용과 그 조치의 결과로써 발생한 재산의 멸실이나 손상에 대한 배상책임, ㉢오염사고를 유발시킬 수 있는 기름이나 물질이 가입선박으로부터 배출 또는 유출되는 것을 막기 위해 긴급히 그리고 정당하게 취해진 조치로 인한 비용, ㉣오염방지 혹은 감소를 위해 정부나 행정관청의 지시 또는 명령에 따르기 위한 조치의 결과로 발생한 비용 또는 배상책임 중 선박보험자에게서 회수할 수 없는 부분 등에 대하여 보상한다. 아울러 ⑫**난파선 제거비용 및 배상책임** 등이다.

(2) 화물손상에 대한 담보 (Indemnity Risk)

①**운송화물의 멸실·손상 또는 부족손해에 대한 배상책임**으로서, 화물의 적재·운송·보관·양하·인도에 있어 취급부주의로 인하여 발생한 화물의 멸실·손상·부족손해에 대하여 선주가 화주에게 부담하는 배상책임과, 선박의 **불감항성**(不堪航性, unseawaorthiness)[13] 및 **부적합성**(unfitness)으로 인한 화물손해에 대하여 보상한다.

②**본선에 선적된 화물에 대한 충돌배상책임**과, ③**공동해손분담금 중 화물·선박에 대한 부분**으로서, ㉠공동해손·특별비용·구조료 등 선주가 화주 또는 다른 당사자로부터 회수할 권리가 있으나 운송계약의 위반이라는 이유로 법적으로 회수할 수 없는 경우, ㉡보험가입금액을 상회하는 **공동해손분담금** 등을 보상한다.

④법정이나 혹은 행정관청에 의해 선주에게 부과된 **벌과금**으로서, ㉠본선상 또는 본선에 관련하여 안전한 작업상태를 확보하지 못한 이유로 부과된 벌과금, ㉡화물에 기인한 벌과금 또는 화물신고서나 다른 서류에 정해진 규칙을 위반하므로 발생된

13) 해상운송을 위하여 해상운송인이 제공하는 선박은 안전하게 항해할 수 있는 능력이 있어야 하는데, 이를 **감항성**(堪航性, seawaorthiness)이라 하며, 그 결과로서 **감항능력**에 대한 주의의무는 해상운송계약의 성질상 당연한 의무이다. 선박의 **감항능력**은 운송계약에서의 해상위험·항해의 성질·항해기간·항로·계절·선박의 종류와 구조·운송품의 종류와 성질 등의 여러 가지 사실과 상황에 따라 결정된다. 이에 대한 주의의무는 ①선박이 안전하게 항해할 수 있어야 하는 선박의 **감항능력의 담보**, ②필요한 선원의 승선 및 선박의장과 필요품을 보급하여야 하는 **운항능력의 담보**, ③선창·냉장실·운송물을 적재할 선박의 부분을 그에 적합한 상태에 두어야 하는 **적화능력의 담보** 등에 있다. **감항능력**에 대한 주의의무의 시기는 발항 시이다. 여기서 발항 시는 최초 항구에서 운송물의 적재를 개시한 때로부터 선적항을 발항할 때까지를 말한다. 선박소유자를 비롯한 해상운송인은 자기 또는 선장 그 밖의 선박사용인이 발항 당시에 **감항능력**에 관한 주의를 다하였음을 증명하지 못하면 책임을 면하지 못한다. 선박소유자 등이 **감항능력**에 대한 주의의무를 해태한 때는 선박소유자는 용선자 또는 송화인에 대하여 운송물의 멸실·훼손·연착 등으로 인한 손해를 배상할 책임이 있다. **감항능력주의의무**의 위반으로 인한 책임을 경감 또는 면제하는 당사자 간의 특약은 무효로 취급된다. 해상보험자는 **감항능력주의의무**의 위반으로 인한 손해에 대하여는 보상책임을 지지 않는다.

벌과금, ㉢관세법 위반의 결과 부과된 벌과금, ㉣출입국관리법 위반으로 기인한 벌과금, ㉤해양오염으로 인한 벌과금, ㉥가입선박의 선원 혹은 사용인 또는 대리점이 본선과 관련된 어떤 행위나 과실로 인한 벌과금 등을 보상한다.

P&I의 담보책임

P&I의 담보책임

Protection Risk

- 선원의 부상 · 질병 · 사망
- 제3자에 대한 배상책임
- 선원송환 · 선원파견비용
- 난파휴업급여
- 선원의 유실물
- 이로에 따른 비용과 책임
- 밀항자 · 피난민의 비용
- 인명구조에 지출된 비용
- 선박충돌에 따른 배상
- 고정물 · 부유물 배상책임
- 오염에 따른 배상책임
- 난파선 제거비용 및 책임

Indemnity Risk

- 운송물의 멸실 · 손상 등의 배상책임
- 화물의 충돌배상책임
- 화물 · 선박에 대한 공동해손분담금
- 법정 · 관청에 의해 부과된 벌과금

KOREA P&I

2 수출·입 보험

1) 수출보험제도

(1) 수출보험제도의 의의와 내용

수출은 자유시장경제체제하에서 매우 중요한 경제활동이다. 그러나 수출은 국내·외의 환경변화에 매우 민감하며, 그 만큼 위험요소가 다분히 상존한다. 따라서 이 같은 위험으로부터 수출화물 생산자나 수출업자를 보호하는 일은 정책적 차원에서나 제도적 차원에서 매우 중시되어야 할 사안이다.

수출보험(輸出保險, export insurance)이란, **수출에 수반되는 위험 중에 통상의 보험을 통하여 부보하기 곤란한 위험요인으로부터 수출자를 보호하기 위한 정책보험**이다. 또한 수출보험은 WTO체제 하에서 용인되는 유일한 간접 수출지원제도로서 정부의 수출진흥정책 및 산업지원정책 수단으로 활용되고 있다. 여기에는 ①**비상위험**(非常危險, political risk), ②**신용위험**(信用危險, commercial risk), ③**기업위험**(企業危險, management risk) 등으로 구분할 수 있다.

①은 수입국 정부의 외환부족으로 인한 환거래 제한 및 금지, 수입국의 수입금지 및 제한조치, 외국에서의 전쟁·내란·정변 등과 같은 비상사태 등 수출자에게 책임을 지울 수 없는 사유로 인해 발생하는 위험이다.

②는 수입자가 대금을 지급할 능력이 없거나, 대금지급을 지연시키는 등 계약상 이행해야 할 채무 또는 의무를 이행하지 않음으로 인하여 발생하는 위험이다.

③기업위험은 기업의 판매예상, 경영예측이 어긋나는 등 기업의 활동과정에서 발생하는 위험을 말한다.

(2) 수출보험의 기능 및 특성

가. 수출보험의 기능

①수출자는 수출거래에 따른 **비상위험** 및 **신용위험**을 수출보험을 통하여 위험을 분산시킬 수 있기 때문에 보다 안심하고 무역에 임할 수 있다.

②수출대금의 미회수위험을 담보하므로 금융기관이 안심하고 무역금융을 공여하

게 하는 금융보완적 기능을 가진다.

③**수출보험**은 정부의 대외거래촉진을 위한 일환으로 운영되기 때문에 수출경쟁력을 강화시키며 수출을 촉진하는 역할을 수행한다.

④수출보험사는 수출보험을 효율적으로 관리하고 사고방지를 위하여 해외거래처의 신용조사 및 해외정치경제환경에 대한 조사활동을 수행한다. 수출자는 이와 같은 정보를 제공받아 효과적으로 활용하며 건전한 수출을 촉진할 수 있다.

나. 수출보험의 특성

①담보위험의 성질상 국제정세의 변동에 따라 보험사고가 동시다발적으로 발생하므로 **위험의 동시다발성**이 특징이다.

②담보위험의 경험통계에 의해 보험료 산정이 불가능하여, 곧 **대수의 법칙**(大數法則, law of large numbers)[14]에 의한 보험이 불가능하여 **보험사고율이 불확실**하다.

③외국의 신용조사를 비롯하여 보험의 운영을 위한 거대자본을 필요로 하기 때문에 민간기관에서 다루기 어렵다.

④수출촉진과 진흥을 위한 수출지원 정책적인 면에서 민간기관이 운영하기 어려운 비영리정책보험이다.

2) 수입보험제도

(1) 수입보험제도의 의의

수입보험(輸入保險, import insurance)는 원유·철·시설재 등 국민경제에 중요한 자원이나 물품을 수입하는 경우 국내기업이 부담하는 선급금 미회수위험을 담보하거나 국내기업에 대한 수입자금 대출지원이 원활하도록 지원하는 제도이다.

(2) 수입보험제도의 내용

수입보험의 내용은 ①**수입자용 수입보험**과, ②**금융기관용 수입보험**으로 구분할 수 있

14) ①관찰대상의 수를 늘릴수록 개개의 단위가 보유한 고유의 요인은 중화되고 그 집단에 내재된 본질적 경향이 나타나게 되는 현상을 가리킨다. 이러한 경향은 관찰기간을 늘릴수록 안전도가 높아지면서 하나의 법칙에 도달하게 된다. ②**대수의 법칙**은 보험료 계산원리 중 하나로 이용된다. 즉 장기간에 걸쳐 많은 모집단에서 구하고 이를 보험금액과 보험료율 등을 산정한다.

다. ①은 국내기업이 주요자원의 수입을 위하여 해외에 소재하는 수입계약 상대방에게 선급금을 지급하였으나 **비상위험** 또는 **신용위험**으로 인하여 선급금이 회수되지 못함에 따라 발생하는 손실을 보상하는 것을, ②는 금융기관이 주요자원의 수입을 위하여 필요한 자금을 국내수입기업에 대출하였으나 국내기업의 파산 등으로 대출금이 회수되지 못함에 따라 발생하는 손실을 보상하는 것을 그 내용에 두고 있다.

3) 우리나라의 수출보험제도

수출보험사업은 수출자로 하여금 안심하고 수출할 수 있도록 하여 수출을 진흥하는 것을 목적으로 정부감독 하에 **한국무역보험공사**(韓國貿易保險公社, Korea Trade Insurance Corporation, KSURE)에서 전담하고 있는 비영리정책보험이다.

KSURE는 크게 ①신용조사, ②보험인수·보상 등 보험관련업무 수행, ③수출신용보증제도 운용, ④수출보험기금의 관리·운용 등을 담당하고 있다. 이에 관련한 수출보험의 종목을 살피면 다음과 같다.

(1) 단기수출보험

단기수출보험은 수출대금의 결제기간이 2년 이내인 수출거래를 대상으로 하는 보험종목으로서 일반적인 수출거래, 곧 구상무역 및 대응구매 등 연계무역거래를 포함하여 위탁가공무역거래, 중계무역거래, 재판매거래 등 다양한 수출거래들이 **단기수출보험**의 담보대상에 포함된다.

(2) 수출어음보험

수출어음보험은 D/A, D/P등 신용장 방식이 아닌 수출거래를 보호하기 위한 보험으로 수출자가 수출을 이행한 후 은행에 매입을 의뢰한 환어음이 만기에 수입자가 수입대금을 지급하지 않아 부도로 처리되어 수출자 및 어음을 매입한 수출자 거래은행이 입게되는 손실을 보상하는 보험제도이다.

(3) 농수산물수출보험

농수산물수출보험은 농수산물 시장개방에 대응하기 위해 도입된 보험으로 농수산물 수출자의 육성과 농수산물의 해외수출기반 확보를 지원하기 위한 보험이다. 농수산물수출보험에서는 비상위험 또는 신용위험의 발생으로 수출을 할 수 없게 되거나 수출대금을 회수하지 못하게 되어 입게 되는 손실, 그리고 수출물품의 국내가격 상승에 따라 입게 되는 손실 등을 보상한다.

(4) 중장기연불수출보험

중장기연불수출보험은 자본재의 수출을 촉진시키기 위한 보험으로서 수출대금의 결제기간이 2년을 초과하는 중장기 수출계약을 체결한 후 수출이 불가능하게 되거나, 수출대금을 회수할 수 없게 된 경우 또는 수출대금 금융계약을 체결한 후 대출원리금을 회수할 수 없게 되어 발생하는 손실을 보상하는 보험이다.

(5) 수출보증보험

수출보증보험이란 수출계약이나 해외건설공사계약 또는 용역의 계약내용에 따라 입찰보증 · 이행보증 · 선수금환급보증 등 보증서를 발행한 외국환은행이 해외발주자로부터 보증채무(保證債務, guaranteed obligation) 이행청구를 받아 이행함으로써 입게 되는 손실을 보상하는 보험제도로서 ①**개별보험** 및 ①**포괄보험**으로 운영되고 있다.

(6) 해외투자보험

해외투자보험이란 합작투자 등 해외투자 이후 비상위험에 의하여 투자액을 회수할 수 없어 입게 되는 손실을 보상하는 보험제도이다. 해외투자보험의 담보대상은 ①주식 등 지분투자, ②피투자법인에 대한 대출채권, ③합작 상대방에 대한 대출채권, ④해외사업용 부동산 취득, ⑤피투자법인에 대한 보증채무 등이다.

(7) 시장개척보험

시장개척보험은 수출자, 곧 보험계약자가 수출증진을 목표로 무역전시회에 참가한 후 수출증가가 당초 목표에 미달함으로써 무역전시회 참가비용을 회수하지 못할 경우 입게 되는 손실을 보상하는 보험으로서, 수출자의 시장개척과정에서의 불안제거와 적극적 시장개척활동의 추진을 지원하기 위하여 도입되었다.

(8) 해외공사보험

해외공사보험은 해외공사계약 체결 후 **비상위험**이나 **신용위험**으로 인하여 당해 공사에 필요한 물품의 수출이 불가능하게 되거나, 그 해외공사대금을 회수할 수 없게 된 경우 또는 해외지사에 사용할 장비에 대한 권리가 박탈됨으로써 입게 되는 손실을 보상하여 주는 보험이다.

(9) 수출신용보증

수출신용보증은 수출계약과 관련하여 외국환은행이 중소기업자인 수출자에게 수출신용보증서를 담보로 대출함에 따라 발생하는 수출자 상환채무에 대하여 KSURE가 지급을 연대보증(連帶保證, joint and several guaranty)하는 것이다. 따라서 수입자가 수출대금을 결제하지 않을 경우 KSURE가 외국환은행 앞으로 무조건 지급하므로 외국환은행은 안심하고 무역금융을 취급할 수 있게 된다.

수출신용보증제도는 중소기업의 수출자가 별도의 담보제공 없이 무역금융을 원활하게 이용할 수 있도록 하기 위해 마련된 것으로서 대기업은 이용할 수 없고, 중소기업 수출자만이 이용할 수 있다.

수출보험제도의 유형

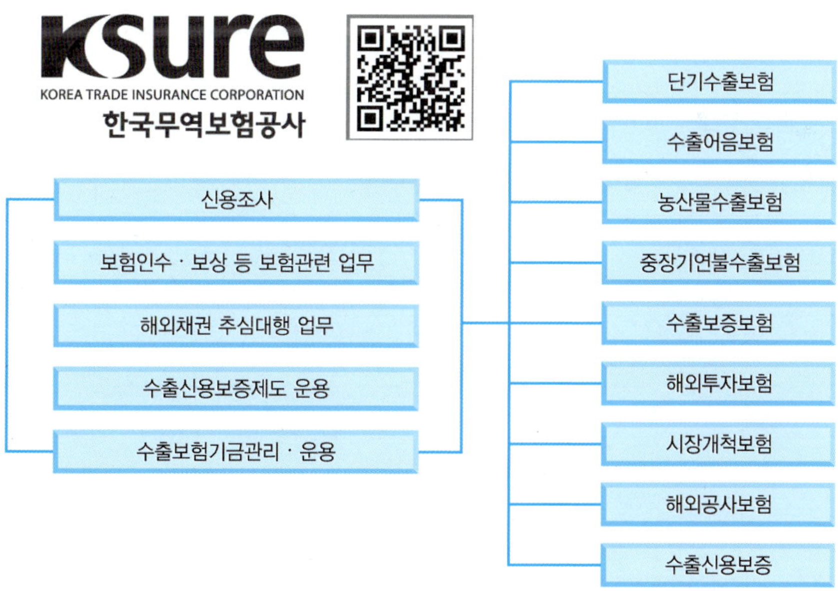

6

무역결제

1 무역결제방식

1 결제시기에 따른 분류

물품인도시점을 기준으로, ①**선지급**(先支給, payment in advance), ②**후지급**(後支給, deferred payment), ③**선적 시 지급**(船積時支給, cash shipment)으로 구분할 수 있다.

1) 선지급

선지급은 주로 소액거래에서 사용되는 방식으로 매도인에게는 인도 이전에 물품에 대한 대금을 미리 확보할 수 있어 유리한 결제방식이나, 매수인에게는 물품의 인도 이전에 대금을 지급하여야 하기 때문에 불리한 결제방식이다. 다만 **선지급**은 이하 **후지급**과 함께 본·지사 간 또는 특수관계자 간의 거래에 있어서는 보편적으로 널리 활용되고 있는 방식이다.

2) 후지급

물품인도 후 일정기간이 경과한 때, 대금을 지급하는 방식으로 통상 물품을 상징하는 선적서류가 수입지에 도착할 때나, 일정기간이 경과한 때 지급되는 방식으로 이러한 후지급 방식은 매수인의 입장에서는 매우 유리한 결제방식이라 할 수 있다.

3) 선적 시 지급

선지급이나 **후지급**은 매도인 혹은 매수인에게 경제적 이해의 불평등이 발생하기 때문에 합리적이고 공평한 방식이라고 할 수는 없다. 매도인과 매수인이 모두 만족할 수 있는 공평한 방법은 인도와 동시에 대금을 회수할 수 있는 방법일 것이다. 선적 시 지급방식은 현물인도와 상환으로 대금을 지급하는 ①**현물상환도지급**(現物相換度支給, cash on delivery, COD)방식과, 물품을 상징하는 서류와 상환으로 대금지급이 이루어지는 ②서류상환도지급(書類相換度支給, cash on delivery, CAD)방식이 있다.

2 결제방식에 따른 분류

무역결제방식은 ①현금결제방식, ②송금환결제방식, ③어음결제방식, ④전자자금이체방식 등으로 나누어 볼 수 있다.

1) 현금결제방식

현금결제방식에는 인도와 동시에 현금을 지급하는 **현물상환도지급**(COD), 서류인도와 대금지급이 일어나는 **서류상환도지급**(CAD) 및 주문과 동시에 대금을 지급하는 **주문불**(cash with order, CWO) 등이 있다. 현재 무역결제방식은 은행을 개입시켜 무역대금결제가 서류와 상환으로 이루어지고 있음이 일반적으로 이는 서류상환도지급방식의 일종으로서 확장되어 이용되고 있다.

(1) 현물상환도지급(COD)

COD는 매도인이 물품을 선적한 후 매수인의 국가에 소재하는 매도인의 대리인이나 지사 또는 거래은행에 선적서류를 송부하여 물품이 목적지에 도착하면 매수인이 품질이나 수량 등을 직접 검사한 후에 물품을 인수하고 대금을 현금으로 결제하는 방식이다. 즉 계약물품이 목적지에 도착할 때 매수인이 물품을 검사한 후 물품과 상환으로 대금을 지급하는 방식이다. **COD**는 매수인이 물품대금지급 전에 물품의 품질을 직접 검사할 수 있는 장점이 있기 때문에 물품가격이 고가이며, 동일 물품일지라도 물품의 색상·가공방법·순도 등에 따라서 가격차이가 있는 보석류나 귀금속 및 육감에 의한 물품의 검사를 필요로 하는 경우의 거래에 주로 이용된다.

COD는 매수인이 물품대금을 결제하기 전에 직접 물품의 품질을 검사할 수 있다는 이점이 있는 반면에, 매도인으로서는 매수인이 물품에 대하여 만족하지 못할 경우 물품대금을 지급하지 않을 위험을 부담해야 한다. 따라서 **COD** 방식 수출에서 매도인은 선적서류를 작성할 때 **수화인**(consignee)을 매수인의 거래은행으로 지정하여 매수인이 물품대금을 지급하지 않고는 물품의 인수를 못하게 함으로써 수출대금의 미회수 위험을 방지할 수 있다.

(2) 서류상환도지급(CAD)

CAD는 매도인이 물품을 선적한 후 이를 증명하는 선적서류를 매도인의 국가에 소재하는 매수인의 대리인이나 지사 또는 거래은행에 제시하여 선적서류와 상환으로 대금을 결제하는 방식이다. CAD에 의한 수출은 원칙적으로 매도인 국가에 매수인을 대신하여 대금결제에 임할 수 있는 대리인이나 은행이 개입하는 경우에 가능하며, 매수인이 선적서류를 임의로 인수하지 않아 물품대금의 회수가 불가능한 개연성이 있어 CAD에서는 매수인의 신용이 매우 중요하다. 이에 매매계약 전에 매수인의 신용상태를 충분히 확인한 후 거래하는 것이 바람직하다. COD와 CAD 방식이 본래 형태를 벗어나 외국환 은행을 통해 이루어질 경우 그 구분이 불명확하나, 실제로는 대금상환의 대상이 물품이면 COD, 서류이면 CAD가 된다. CAD 방식이 은행을 통하여 이루어질 경우 그 성격이 추심결제방식인 D/P 방식과 유사하게 된다.

2) 송금환결제방식

송금환결제방식은 주로 선지급의 경우에 이루어지는 것이 통상으로, 예컨대 견본의 구입이나 소액거래에 사용되는 방법으로, 여기에는 우편을 이용하는 **우편환송금방식**(郵便換送金方式, mailing transfer, M/T)과, 전신을 이용하는 **전신환송금방식**(電信換送金方式, telegraphic transfer, T/T)으로 구분할 수 있다.

(1) 우편환송금방식(M/T)

M/T 방식은 매수인의 요청에 따라 은행이 송금수표를 발행하는 대신에 지급은행에게 일정금액을 지급하여 줄 것을 위탁하는 지급지시서에 해당하는 우편환을 발행하여 이를 송금은행이 지급은행 앞으로 송부하는 방식이다. 이때 송금에 따른 분실과 도난의 위험은 은행이 부담하기 때문에 매수인은 단순송금방식보다는 안전한 결제에 임할 수 있다. 그러나 은행을 통한 M/T 방식은 지급지시서의 송부기간이 전신보다는 길기 때문에 긴급을 요하지 않는 송금이나 소액송금 등에 주로 이용된다.

(2) 전신환송금방식(T/T)

T/T 방식은 M/T 방식과 같이 매수인의 요청에 따라 송금은행이 지급은행에 대하여 일정한 금액을 지급하여 줄 것을 위탁하는 지급지시서를 우편환으로 발행하는 대신에, 전신환의 형식으로 발행하여 이를 송금은행이 직접 지급은행 앞으로 송금하는 방식을 말한다. 곧 T/T 방식은 지급지시서를 우편환으로 발행하는 대신에 전신환의 형식으로 발행하여 이를 송금은행이 직접 지급은행 앞으로 송금하는 방식이다. 이때 송금과정에서의 모든 위험은 은행이 부담한다.

T/T는 M/T에 비해 송금과정이 신속하고 편리할 뿐만 아니라 송금환의 분실·도난위험 및 환율변동에 따른 위험이 거의 없기 때문에 송금방식 중에서 가장 안전한 결제방식이다. 이는 긴급을 요하는 송금, 거액송금을 안전하게 결제하고자 할 때 주로 이용된다. 다만 T/T 방식의 단점은 우편이 아닌 전신에 의해 이루어지기 때문에 전신료의 부담이 크다는 점이다. T/T 방식은 우편환에 의한 송금방식과 동일하나, 다만 송금되는 수단이 우편환이 아닌 전신환으로 이루어진다는 점만이 다를 뿐이다.

3) 어음결제방식

어음결제방식에는 물품을 표창하는 운송서류, 보험서류, 상업송장 및 그 밖에 필요한 화환서류를 첨부하여 물품대금을 회수하는 ①**화환어음**(documentary bill)과 선적서류를 첨부하지 않는 ②**무담보어음**(clean bill)에 의한 방법이 있다. ①은 다시 ㉠**계약서 방식**과 ㉡**신용장 방식**으로 구분된다. ㉠은 주로 추심(推尋, collection)[1] 방식으로 물품대금을 회수하며, ㉡은 인수·지급·매입방식에 의한다. 여기서 **추심**에 의한 결제방식은 매도인이 전적으로 매수인을 신뢰하고 직접 선하증권을 송부하는 방식과는 달리, 은행에 환어음을 개입시켜 결제위험을 보완하는 수단으로 이용된다.

㉠은 매도인이 환어음을 발행하여 여기에 선하증권을 첨부하여 자신의 은행을 통하여 매수인 은행에게 환어음의 추심을 의뢰하고 매수인이 환어음 금액을 지급하거나, 환어음을 인수할 경우에 한하여 선하증권을 매수인에게 인도하도록 하는 결제

1) 어음이나 수표를 가진 사람이 거래은행에 어음과 수표의 대금회수를 위임하고, 위임을 받은 거래은행은 어음과 수표의 발행점포 앞으로 대금지급을 요청하는 일련의 절차를 말한다. **추심**이란 **챙겨서 찾아 가지거나 받아 낸다**는 뜻으로, 채무의 변제장소에 관한 용어이다. 수표발행인 계좌에서 돈을 인출해 수표를 제시한 사람에게 지급해야 하는 은행을 널리 **추심은행**(推尋銀行, collecting bank, remitting bank)이라고 한다.

방식이다. 이때 은행은 **추심**이라는 단순한 대행역할을 하도록 하는 것으로써 은행은 환어음금액을 지급하여야 하는 책임이 없으므로 매수인이 환어음을 지급하지도 않고 선적서류를 요청하지도 않을 경우 매도인에게 환어음과 선적서류가 반송되며 이 경우 물품대금지급에 대한 책임이 없다. 따라서 매도인에게 있어서는 물품대금의 회수에 대한 확실한 보장을 은행을 통하여 담보할 수 있는 것은 아니다. **추심**은 추심은행이 환어음 대금을 지급한 후, 선적서류를 매수인에게 인도하는 **지급인도방식**(支給引渡方式, document against payment, D/P)과, 매수인이 환어음 금액에 대한 만기지급기일에 지급인수를 행한 후, 선적서류를 인수하는 **인수인도방식**(引受引渡方式, document against acceptance, D/A)이 있다.[2)]

ⓒ은 매수인의 은행이 매도인에게 매수인을 대신하여 물품대금지급을 확약하는 방식으로 이를 통해 신용장 개설은행은 일정 조건하에서 물품대금지급을 확약하는 주체가 된다. 이는 은행이 추심의 대행역할로서가 아니라 지급책임의 부담자로서 개입하는 것으로 이를 통해 매도인은 대금결제에 신뢰성 있는 은행의 지급확약을 확보하게 되어 보다 안전한 거래에 임할 수 있다. ⓒ은 신용장 개설은행이 화환어음의 지급지에서 제시되었을 때, 즉시 지급하는 ⓐ**일람출급어음**(sight bill)과, 어음지급인에게 제시된 후 또는 인수 후 일정기간 뒤 지급되는 ⓑ**기한부어음**(usance bill)이 있다.

4) 전자자금이체방식

전자자금이체방식(電子資金移替方式, electronic fund transfer, EFT)은 넓게는 **전자적 수단을 이용하여 입금·출금 또는 계좌이체를 하거나, 은행이 거래처의 신청에 따라 전자적 수단에 의해 지정계좌에 계좌이체 또는 송금을 하는 거래를 의미한다. EFT** 유형으로는, ①**ATMs**(automated teller machines), ②**POS**(point of sale system), ③**DDW**

2) D/A(document against acceptance)란 매수인 거래은행이 지급보증하지 않는 외상거래의 수출·입 결제방식을 뜻한다. 매도인이 물품을 선적한 후 매수인을 지급인으로 하는 기한부 환어음을 발행하여 운송서류와 함께 매수인 거래은행으로 보내면 매수인의 거래은행은 매도인이 발행한 기한부 환어음을 매수인에게 제시한다. 이때 매수인이 어음에 accept라는 표시와 함께 서명하면 매수인에게 운송서류를 인도하고, 매수인 거래은행은 어음지급만기일에 매도인 거래은행에 송금하게 된다. 즉 매수인이 은행에서 어음제시를 받았을 때, 대금을 지급하지 않고 단지 인수하는 것만으로 선적서류 인도를 받을 수가 있다. 이러한 과정을 거치는 거래방식이 D/A이다. D/A는 매수인 거래은행이 지급을 보증하는 신용장 방식과는 달리 매수인 거래은행이 지급보증을 하지 않는 거래방식이기 때문에 매도인과 매수인이 서로 신뢰하는 경우에만 활용된다. 이에 반하여 어음지급과 동시에 선적서류를 인도하는 조건을 D/P(document against payment)라고 한다. D/A와 D/P의 구별은 어음상에 명기되지만, 통상 기재가 없는 것은 D/P로 취급한다.

외화송금신청서

은행용 **외화송금신청서(REMITTANCE APPLICATION FORM)**

[거래외국환은행 지정신청서 및 지급신청서 겸용]

DGB금융그룹 대구은행 앞

실명확인	담당자	책임자

송금신청내용	송금방법 (Send by)	해외송금 (Overseas)	□ 일반송금(SWIFT) □ 금융결제원-국가간송금 □ 이종통화송금(　　) □ 송금수표(D/D) □ 기타		
		국내송금 (Domestic)	□ 일반송금(SWIFT) □ 일반송금(금융결제원) □ 기타		
	송금 통화 및 금액 (Currency/Amount)			해외은행 중계수수료 (Intermediary Charge)	□ 받으실 분(Beneficiary) 부담 □ 보내시는 분(Applicant) 부담
	동일내역송금	□ 년 월 일 송금한 내용과 수취정보를 동일하게 송금하시는 경우			
		과거송금번호 (Prior Ref No.)		수취인 성명 (Beneficiary Name)	
		송금내역 (Remittance Info.)			
	송금사유 (Reason for Remittance)	□ 거주자의 지급증빙서류 미제출 □ 해외체재비 □ 외국인 또는 비거주자의 국내보수 □ 기타 :		지정(신고수리)항목	
	지정(신고수리)번호			지정(신고수리)일자	
	수입대금 [2만불 초과시 기재]	품목(H.S CODE)	L/C 또는 계약서 No.	대응수입 예정일	당초 : 변경 :
보내시는 분	송금인 성명 (Applicant Name)	영문(English) : 한글(Korean) :		생년월일/사업자번호 (Date of Birth)	
	주소 (Address)	TEL No :	Mobile Phone :		
	여권번호 (ID / Passport No.)			국적 (Nationality)	
	지정거래등록자	성명 [해외체재자/유학생]		생년월일 (Date of Birth)	
받으실 분	수취인 성명 (Beneficiary Name)			수취인과의 관계 (Relationship)	
	주소 (Address)	TEL No :	E-mail :		
	계좌번호 (A/C No., IBAN 등)				
	은행명 (Bank Name)				
	은행코드 (ABA,BSB,TRANSIT 등)			SWIFT / BIC	
	은행주소 (Bank Address)				
	송금내역 (Remittance Info.)			중계은행 (Intermediary Bank)	

SAMPLE

- 본인은 귀행 영업점에 비치된 「외환거래기본약관」을 열람하고 그 내용에 따를 것을 확약하며 위와 같이 송금 신청합니다.
  I certify that I will observe the general terms and conditions of foreign exchange transactions kept in your bank's branch and I request you to make remittance as above.
- 이 신청서는 외국환 통계자료로 활용하며 과세자료로 국세청에 통보될 수 있습니다.
  This completed application shall be used for foreign exchange statistics and may be reported to Korean National Tax Service as a tax document.
- 송금관련 자금을 연동계좌에서 출금할 경우 기 등록된 본인 명의 계좌에서 해당 자금을 자동 출금 하는 것에 동의합니다.
- 본인은 귀행을 □ 거주자의 지급증빙서류 미제출 지급등 □ 해외체재비 □ 외국인 또는 비거주자의 국내보수 등 지급을 위한 **거래외국환은행**으로 지정하고자 합니다.

년　　월　　일

신 청 인 (Applicant):　　　(인)(Signature)　생년월일/사업자번호 :

대 리 인 (Agent):　　　(인)(Signature)　생년월일/사업자번호 :

4000231

(관리번호:6001)(210X297)(인쇄일자:2015.8)　DGB금융그룹 대구은행

(direct deposits and withdrawals), ④**PPS**(pay-by-phone system), ⑤**WEFT**(wholesale electronic funds transfers) 등을 예시할 수 있다.

EFT는 지급인과 수취인 사이에서 누가 자금이체를 개시하여 어떤 방향으로 자금이체가 진행되는가에 따라 ①**지급이체**(credit transfer)와 ②**추심이체**(debit transfer)로 대별할 수 있다. ①은 지급인이 지급은행에 대하여 수취인 계좌에 자금을 입금할 것을 지시하는 내용의 지급지시에 의하여 개시되는 **EFT**, ②는 수취인이 수취은행에 지급인 계좌로부터 자금을 출금할 것을 지시하는 내용의 인출지시에 의하여 개시되는 **EFT**로 구분된다. 여기서 ②의 경우 인출지시 외에 지급인의 지급은행에 대한 자금이체수권이 필요하다는 점에서 ①과의 구별에 따른 실익이 있다.

2 신용장방식

1 신용장의 개념과 의의

1) 신용장의 개념

신용장(信用狀, letter of credit, L/C)은 매도인이 수출을 이행하면 매수인 거래은행, 곧 신용장 **개설은행**(開設銀行, opening bank, issuing bank)이 대금결제를 보증하는 제도로서 매도인에게는 대금회수와 관련한 위험을, 매수인에게는 화물인수에 따른 위험을 제거하는 제도로서 오늘날 무역에서 널리 사용되고 있다.

2) 신용장의 의의

신용장은 은행의 **조건부지급확약서**(條件附支給確約書)로 갈음할 수 있다. 이는 대금지급 및 물품수입이 원활할 수 있도록 **수출자**(매도인)를 수익자로 하여 **수입자**(매수인)의 거래은행인 신용장 **개설은행**이 매수인의 요청과 지시에 따라 매도인 또는 그 지시인으로 하여금 신용장에 명기된 조건과 일치하는 **운송서류**(transport documents)를 제시하면 매수인을 대신하여 지급이행 혹은 신용장에 의해 발행된 어음의 지급·인수를 매도인 또는 어음의 **매입은행**(買入銀行, negotiating bank) 및 **선의의 소지인**(bona fide holder)에게 확약하는 증서이다. 신용장이 대금결제와 물품인수를 원활히 하기 위하여 개인적인 상업신용을 공신력이 있는 은행신용으로 전환시켜 줌으로써 다음과 같은 대금결제 및 금융상의 기능과 계약이행의 확신기능을 하게 된다.

①**대금결제의 기능**을 수행한다. 매도인은 대금회수에 관하여 특단의 위험에 노출된다. 즉 매수인이 물품을 주문하고 시세가 하락한다든지, 보다 유리한 계약조건이 별도로 생기거나, 자금부족 등의 여건에 따라서 당초 주문을 부당하게 취소하기도 하고, 심지어 선적된 물품인수를 부당하게 거절하고 대금을 지급하지 않는 경우 등이 이에 해당한다. 이 경우 매도인이 매수인의 계약위반[契約違反, breach of contract 또는 불이행(non-performance)]에 대한 상사중재나 소송을 제기하는 것은 매우 번거

롭고도 복잡하며, 나아가 이를 위한 경비와 시간도 많이 소요하게 된다. 그러나 일단 신용장이 발행되면, 물품대금에 대한 지급을 신용장 개설은행이 확약하므로 수출대금의 회수가 확실하기 때문에 신용장은 대금결제의 확실한 수단이라고 할 수 있다.

②**금융상의 기능**을 한다. 매도인이 선하증권 등의 운송서류를 첨부한 환어음을 발행하여 거래은행에 매입을 의뢰할 경우 신용장에 의한 수출거래가 아닌 경우 은행은 추심에 의하므로 대금회수에 시간이 소요된다. 만약 은행이 매입에 응하는 경우 은행은 매도인의 신용을 고려하고 환어음의 부도에 따른 조치에 임하게 된다.

③**계약이행의 확신성**을 갖게 한다. 매수인은 물품인수와 관련하여 특단의 위험, 곧 수입대금만 지급하고 물품인수를 못할 위험에 노출된다. 따라서 매수인은 수입대금을 선급하지 않고 자신이 요구한 물품을 체화한 선하증권 등의 운송서류를 입수할 때, 즉 신용장에 의한 거래의 경우 어음에 첨부된 운송서류와 상환으로 수입대금결제가 가능하게 되므로 수입물품의 인수를 담보할 수 있다.

2 신용장의 효과

1) 수출자

수출자(매도인)에게는 다음과 같은 이점이 있다. ①매도인이 신용장을 일단 인수하면, 신용장 **개설은행**의 파산이나 **불가항력**(不可抗力, *force majeure*)의 경우를 제외하고는 화물을 선적하게 되면 반드시 대금결제를 받을 수 있다는 것을 확신할 수 있으므로 매도인은 안심하고 원료공급업자나 제조하청업자에게 구매발주를 하거나 제조지시를 할 수 있어 생산이 순조롭고 활발하게 된다.

②일반적으로 수표나 어음에 의한 대금결제는 **추심**(推尋, collection)에 의할 경우 시일이 걸리지만, 신용장에 의한 수출대금은 선적이 종료되는 즉시로 회수할 수 있다. 이는 **일람후정기지급**(一覽後定期支給)[3]의 여부와 관계없이 가능한데, 그것은 그 기

3) 매수인이 선적서류를 받자마자 수입대금을 지급하는 경우를 말한다. **일람지급**을 하여야 하는 신용장을 **일람지급신용장**이라고 한다. 여기서 **일람지급신용장**은 **일람출급매입신용장**과 구별되는데, 전자는 **무어**

간에 해당하는 이자만 공제하여 지급 받고 당해 기간 동안은 은행이 금융을 해주는 것이다. 이 같은 금융의 회수는 신용장 지급확약에 의한 회수의 확실성에 있다.

③신용장 없이 추심에 의해 물품대금이 결제되는 경우 은행이 어음매입을 승낙하였을 경우에도 금액전부를 지급하지 않고 일정률은 매수인이 어음대금을 완납할 때까지 은행에 담보로 예치하는 것이 보통이므로 이에 대금회수가 일시에 이루어지지 않지만, 신용장에 의한 대금결제는 신용장에 특별히 전액지급을 유보한다는 문구가 기재되어 있지 않는 한, 물품대금을 일시에 회수할 수 있다.

④통상 수출국은 신용장을 담보로 무역금융을 제공하고 있는데, 우리의 경우 신용장이 내도하면, 일반적으로 수출승인과 무역금융신청이 가능하다. 매도인은 이러한 수출금융대금으로 수출물품 또는 제조에 필요한 원료를 확보할 수 있다.

2) 수입자

수입자(매수인)에게는 다음과 같은 이점이 있다. ①매수인은 은행의 신용을 이용하여 자신의 신용을 강화할 수 있어 물품의 가격·인도 및 그 밖의 모든 계약조건에 있어 자신에게 유리하게 체결할 수 있는 주도권을 확보할 수 있다.

②물품대금을 선급할 필요 없이 물품도착 이후 지급하므로 금융상 유리하다. 또한 신용장이 첨부된 정기어음은 D/A와 마찬가지로 어음인수와 더불어 선적서류를 입수하여 물품을 판매한 대금으로 어음기일이 도래하면 상환할 수도 있다.

③매도인은 매수인이 요구한 신용장 조건대로 물품을 선적하지 않으면, 대금을 회수할 수 없으므로 매수인은 계약조건대로 선적이 이행된다고 확신할 수 있다.

④신용장에 최종선적일과 유효기일이 명시되어 있으므로 늦어도 언제까지 계약의 목적물, 곧 물품이 수입지에 도착하리라는 예측이 가능하다.

음신용장이며, 후자는 어음부신용장이다.

3 신용장의 특수성과 한계

1) 신용장의 특수성

신용장 거래에는 보통 ①독립추상성의 원칙, ①완전일치성의 원칙, ①엄격일치성의 원칙, ①서류거래의 원칙 등이 존중되고 있다. 이는 은행으로 하여금 보다 적극적인 신용장의 기능, 즉 지급보증기능과 금융기능을 수행하게 함으로써 신속·민활한 거래를 도모할 수 있는 배경으로서 기능한다.

(1) 신용장의 독립성

신용장의 독립성이란, 신용장은 매매당사자 간의 매매계약이나 그 밖의 계약과는 별개로서 독립된 거래로 취급하는 신용장의 기본적 관행으로 볼 수 있다. 예컨대 **신용장통일규칙**(信用狀統一規則, uniform customs and practice for documentary credits, UCP)[4]에서도 **신용장은 그 성질상 매매계약 및 그 밖의 계약에 근거를 두고 있는 경우에는 이와는 아무런 관계가 없는 별도의 독립된 거래이며, 은행은 신용장에 그러한 계약과는 아무런 관계가 없으며 또한 구속되지 아니한다**고 규정하고 있다.

신용장의 독립성은 은행은 어떠한 경우에도 계약 또는 그 밖의 신용장 발행에 근거가 되는 계약상 이유에 의한 항변으로 권리를 침해당하거나 책임과 의무를 부담하지 않는다는 것이다. 곧 매매계약으로부터 은행과 매수인 간의 신용장 약정에 의한 독립성은 근거가 되는 계약당사자의 계약에 관계없이 서류가 정상적이라면, 은행은 매수인 또는 매도인에게 물품대금지급 또는 상환을 요구할 수 있다. 여기서 계약당사자가 아닌 개설은행은 매매계약의 내용을 이유로 대금지급을 거절하거나 지연할 수 없다. 한편 신용장 조건변경은 기본당사자, 곧 개설은행·매수인·매도인·지급은행 전체 동의가 있어야 한다. 예컨대 매매계약이 취소되더라도 매도인이 신용장 조건을 충족하고 있는 경우 개설은행은 여하히 대금을 지급하여야 한다.

---

4) 신용장 업무의 준수사항과 해석기준을 정한 국제적 통일규칙이다. 곧 국가마다 다른 제도와 상관습, 교통과 통신의 취약성, 환거래를 위한 금융기관 여건의 불비 등으로 인하여 초래될 수 있는 혼란을 방지하기 위하여 신용장을 통일시킨 규칙이다. 2007년 제6차로 개정된 UCP 600이 최신의 것으로 총 39개 조항으로 구성되어 있다. 다만 강제성은 없으므로 거래당사자가 사전에 합의해야 적용되며, 해당국의 법규와 다른 경우에는 법규가 우선 적용되고, 거래당사자간에 일부 규정을 배제하거나 변경하여 적용할 수도 있다는 특징이 있다.

(2) 신용장의 추상성

신용장의 추상성은, 계약서상의 물품 또는 실제로 매수인이 수령한 물품에 부수하는 제반 문제와 관련 없이 은행은 신용장에서 요구하는 서류에 기하여 물품대금지급 여부를 판단한다는 것이다. 곧 신용장은 서류거래이므로 은행은 신용장에 일치하는 선적서류가 제시되면, 서류심사만으로 대금을 지급하거나 매입하게 된다.

그러므로 매도인이 선적한 물품이 계약내용과 상이하더라도 매도인이 제시한 선적서류에 하자가 없으면, 은행은 다름없이 서류를 매입하거나 대금을 지급하여야 한다. 일례로 UCP 600에서는 **신용장거래에서 모든 관계당사자는 서류에 의하여 거래를 행하는 것이며, 그러한 서류가 관계될 수도 있는 물품, 용역 그리고 또는 그 밖의 계약이행에 의하여 거래를 하는 것이 아니다**라고 규정하고 있다. 은행은 매매계약상 물품에 대해 요구되는 전문적인 지식이 사실상 부족하기 때문에 신용장 내용과 서류상의 서류만을 기준으로 그 일치성 또는 정당성 여부를 판단하여 지급이행을 한다는 것은 매우 합리적인 관행이라고 할 수 있다.

(3) 신용장의 엄격일치성

신용장의 엄격일치성이란 은행이 신용장 조건과 엄격하게 일치하지 않은 서류를 거절할 수 있다는 원칙을 말한다. 따라서 신용장 거래에서 은행은 모든 신용장에서의 지시사항을 엄격히 준수하여야 할 책임을 진다. 이러한 관점에서 은행은 서류상 사소하거나 중요하지 않은 부분에 대해서도 신용장의 조건에 엄격히 일치하지 않는 경우 마땅히 이를 거절하여야 한다. 당해 원칙은 거래은행의 서류심사 의무뿐만 아니라 신용장 발행의뢰 또는 그 지시의 수행과 **통지은행**(通知銀行, advising bank)의 신용장 통지에서도 엄격히 준수되어야 한다.

신용장의 엄격일치성은 신용장 거래가 물품거래가 아닌 서류거래이므로 그 서류만으로 지급여부를 결정하여야 하기 때문에 서류가 신용장 조건과 엄격하게 일치하여야 한다는 것에 그 핵심을 두고 있다. 결국 **신용장의 엄격일치성**에 따라 물품이 계약내용과 일치하더라도 제시된 서류가 문면상 신용장 조건과 일치하지 않으면 대금을 지급할 의무가 없게 된다. 따라서 서류가 신용장조건과 일치하는지의 여부를 상당한 주의를 다하여 점검하여야 한다.

신용장의 특수성

신용장의 독립성

신용장은 그 성질상 매매계약 및 그 밖의 계약에 근거를 두고 있는 경우에는 이와는 아무런 관계가 없는 별도의 독립된 거래이며, 은행은 신용장에 그러한 계약과는 아무런 관계가 없으며 또한 구속되지 아니한다

신용장의 추상성

신용장거래에서 모든 관계당사자는 서류에 의하여 거래를 행하는 것이며, 그러한 서류가 관계될 수도 있는 상품, 용역 그리고 또는 그 밖의 계약이행에 의하여 거래를 하는 것이 아니다

신용장의 엄격일치성

신용장거래에서 모든 관계당사자는 서류에 의하여 거래를 행하는 것이며, 그러한 서류가 관계될 수도 있는 물품, 용역 그리고 또는 그 밖의 계약이행에 의하여 거래를 하는 것이 아니다

2) 신용장의 한계

신용장은 매도인과 매수인에게 특단의 유익을 제공하고 있지만, 그것이 무역전반에 대한 모든 위험을 제거하고 있지는 않다. 이는 신용장이 예견될 수 있는 한계가 존재함을 함의하는데, 그 내용을 일괄하면 다음과 같다.

①신용장은 일련의 완전무결한 지급수단이라고는 볼 수 없다. 곧 신용장은 단지 계약적 성질을 지니고 있는 것이기에 특정조건에 부합하는 제반서류를 지정된 기일 내에 제시하면 신용장금액을 지급하겠다는 은행의 약속이라고 보아, 그 자체가 유통될 수 있는 어음과 같이 독립된 지급수단이라고는 볼 수 없다.

②신용장에서 개설은행은 매매계약의 당사자가 아니며, 단지 일정한 조건을 충족하는 경우에 한해서만 지급·인수 또는 매입을 하겠다는 개설은행의 독자적인 약속에 불과한 것으로, 즉 매수인이 물품대금을 지급하지 않으면 그럼에도 불구하고 은행이 당연히 지급한다고는 볼 수 없다.

③신용장은 반드시 물품이 인수될 수 있음을 보장하는 것은 아니다. 신용장은 어디까지나 서류상의 거래이기 때문에 당해 서류가 신용장의 조건을 충족하는 경우 은행은 대금을 지급하게 되나, 매도인이 계약과 다른 물품을 선적하고 서류만을 신용장 내용대로 작성하여 은행에 제시하고 대금결제를 받아도 이에 관련한 제반 문

제로부터 은행은 면책된다는 한계가 있다.

④금융제도가 불안정한 국가와 신용장 거래 시 신용장의 독립·추상성의 성격을 악용하여 사소한 하자를 이유로 지급에 임하지 않는 경우가 발생할 수 있다.

⑤신용장의 거래관행은 자국 내 국내법에 우선하지 않기 때문에 매도인이 신용장에 충족하는 제반 조건을 이행하였다고 하더라도 국내법정에 의한 지급금지명령에 의해 특단의 제약을 받을 수 있는 개연성이 있다.

4 신용장의 관계당사자

1) 신용장의 기본당사자

(1) 개설은행

개설은행(開設銀行, opening bank, issuing bank)은 매수인의 거래은행으로 매수인의 요청으로 신용장을 개설하는 은행이다. 신용장을 주도하는 당사자임과 동시에 자신의 신용을 매도인에게 공여하는 당사자이다. 곧 매수인의 요구에 응해서 **수익자**(beneficiary, 매도인) 앞으로 신용장을 발행하는 은행을 말한다. **개설은행**은 보통 **신용장 개설의뢰인**의 주거래 은행이 되며, 수익자에게 지급 등을 확약하는 자로 **환어음**(bill of exchange)[5] 지급에 있어서 최종적인 책임과 그 상환의무를 부담하게 된다. 달리 **발행은행** 또는 **신용공여은행**라고도 한다.

---

5) 어음의 작성자로서 발행인이 제3자인 지급인에 대하여 증권상 권리자에게 증권에 기재된 금액을 일정일에 지급하도록 위탁하는 문언을 기재한 불요식의 문언적·요식적 유가증권을 말한다. **환어음**은 주로 원격지에 송금하는 수단으로 또한 신용을 이용하는 수단으로도 사용되는데, 주로 어음할인에 의한다. **환어음은 지급위탁형식의 어음**인 점에서 **지급약속형식**인 약속어음과 본질적으로 다르다. 즉 **약속어음**에 있어서는 발행인이 동시에 어음지급자이나, **환어음**에 있어서는 원래 지급을 하여야 할 자는 지급인으로 발행인의 계산으로 지급하는 것이다. 또한 **약속어음**에 있어서는 발행 시부터 발행인이 어음의 주된 채무자이지만, **환어음**은 지급인이 발행에 의하여 지급인으로 지정된 것만으로 어음상 의무를 부담하는 것이 아니고 지급인이 인수라는 어음행위를 함으로써 비로소 어음상 주된 채무자가 되고 그 의무를 부담한다.

(2) 확인은행

개설은행으로부터 수권되었거나 요청받은 제3의 은행으로서 신용장에 의해 발행된 어음의 지급·인수 또는 매입을 추가로 확약하는 은행을 **확인은행**(確認銀行, confirming bank)이라고 한다. 매도인은 매수인의 거래은행이 정치·경제적으로 결제상 위험이 있다고 판단되면, 보통 매도인 소재지 제3의 은행을 **확인은행**으로 하는, 이른바 **확인신용장**(確認信用狀, confirmed L/C) 발행을 요청하게 된다.

(3) 수익자

매매계약에서 **수출자**를 지칭하는데, 신용장거래에서 실제로 통상의 혜택을 얻는다는 의미에서 **수익자**(受益者, Beneficiary)로 표현한다. 즉 개설은행으로부터 신용장을 수취하여 신용장조건에 따른 권한과 이익을 얻는 수출상을 특히 신용장 거래에서 **수익자**라고 한다. 요약하면 수익자는 신용장조건에 의해서 어음을 발행하거나 지급을 청구할 수 있는 자로 정의할 수 있다.

신용장의 기본당사자

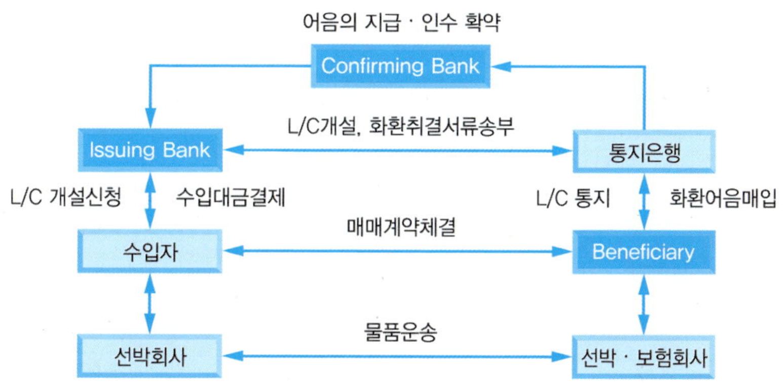

환어음(Bill of Exchange)

BILL OF EXCHANGE

FOR USD 12,345.00 DAEGU KOREA 09-Jun-2015

AT XXX SIGHT OF THIS **FIRST** BILL OF EXCHANGE (**SECOND** OF THE SAME TENOR AND DATE BEING UNPAID) PAY TO THE DAEGU BANK LTD. OR ORDER THE SUM OF SAY TO

U.S . DOLLAR **TWELVE THOUSAND THREE HUNDRED FORTY FIVE ONLY**

VALUE RECEIVED AND CHARGE THE SAME TO ACCOUNT OF

DRAWN UNDER

L/C NO. DATED 01-Jan-2015

TO

DGB금융그룹 대구은행 (관리번호:6040) (용외:C8) (207×107)

SAMPLE

BILL OF EXCHANGE

FOR USD 12,345.00 DAEGU KOREA 09-Jun-2015

AT XXX SIGHT OF THIS **SECOND** BILL OF EXCHANGE (**FIRST** OF THE SAME TENOR AND DATE BEING UNPAID) PAY TO THE DAEGU BANK LTD. OR ORDER THE SUM OF

U.S . DOLLAR **TWELVE THOUSAND THREE HUNDRED FORTY FIVE ONLY**

VALUE RECEIVED AND CHARGE THE SAME TO ACCOUNT OF 0

DRAWN UNDER 0

L/C NO. 0 DATED 01-Jan-2015

TO 0

DGB금융그룹 대구은행 (관리번호:6040) (용외:C8) (207×107)

4 0 0 3 0 9 1

DGB금융그룹 대구은행

2) 그 밖의 당사자

(1) 개설의뢰인

개설의뢰인(開設依賴人, applicant)은 매매계약에서의 **매수인**(수입자)이다. 매수인은 매매계약의 조건에 따라 자신의 거래은행에 대해서 신용장 발행을 의뢰하게 된다. 이 경우 매수인을 신용장거래에서 **개설의뢰인**이라고 한다.

(2) 통지은행

개설은행이 신용장을 발행하면, 그 내용을 **매도인**(수출자), 곧 **수익자**에게 통지하기 위하여 **수익자** 소재지 개설은행의 본·지점이나 **환거래은행**(correspondence bank)을 경유하여 통지하게 되는데, 이때 통지를 행하는 은행을 **통지은행**(通知銀行, advising bank)이라고 한다.

(3) 매입은행

수익자가 신용장조건에 따라 선적완료 후 **화환취결**(貨換取結, negotiating)[6]을 위한 서류를 준비하고 환어음을 발행하여 자신의 거래은행에 매입을 의뢰하게 되는데, 이때 환어음 매입은행을 **매입은행**(買入銀行, negotiating bank)이라고 한다.

(4) 지급은행

수익자가 발행한 환어음에 대해서 직접 대금을 지급하는 은행으로서 어음금액을 지급하도록 수권받은 은행을 **지급은행**(支給銀行, paying bank)이라고 한다.

---

6) ①무역대금결제는 매수인이 매도인에게 금전 또는 지급수단으로 직접 결제하지 않고 외국환은행을 통해 결제하는 것이 통상이며, 특히 매도인이 물품을 선적 또는 발송하고 운송인으로부터 입수한 운송서류를 매도인의 의무이행을 입증하는 매도인 자신이 작성한 상업송장 및 경우에 따라 보험증권 및 그 밖의 신용장 및 매매계약에서 요구되는 서류를 입수하여 채무자인 매수인에게 대금지급을 구하는 지급명령서인 환어음을 발행·첨부하여 은행을 통하여 대금을 회수하는 **화환취결**에 의한 방식이 통상이다. ②**화환취결**은 환어음과 함께 운송물품에 대한 권리증권을 물적담보로 은행에 제공하여 매도인은 매금을 할인하여 자금을 회수할 수 있고, 은행도 지급인의 어음대금 상환불능 시에는 담보물에 대한 처분권을 행사하여 어음의 변제에 충당할 수 있는 장점을 가지고 있다. 이러한 **화환취결제도**는 매도인의 입장에서는 서류를 담보로 수출대금을 조기에 회수할 수 있고, 매수인의 입장에서는 물품을 인수 가능한 시점에서 결제에 임하면 되므로 자금부담이 적고 매매당사자 간의 거래에 개입한 은행은 어음할인 또는 지급 시 담보권을 취득하게 되는 장점이 있다.

(5) 인수은행

수익자가 발행하는 환어음이 **기한부**(期限附, usance bill)일 경우 은행이 그 지급에 앞서 인수하게 된다. 이때 은행은 어음만기일에 어음을 지급하는데 이처럼 기한부 어음을 인수하는 은행을 **인수은행**(引受銀行, accepting bank)이라고 한다.

(6) 상환은행

신용장 결제통화가 제3국 통화인 경우에 제3국에 소재하는 은행 중 개설은행의 환거래은행이 신용장조건에 따라 대금을 결제하게 되는데, 이러한 은행을 **결제은행**(決濟銀行, settling bank)이라 한다. 수익자가 발행한 어음을 매입한 매입은행과도 환거래계약을 체결하고 있으므로, 매입은행에 어음대금을 상환하는 은행이라는 시각에서 달리 **상환은행**(相換銀行, reimbursement bank)이라고 한다. 보통 개설은행에 대한 결제은행이 매입은행에 대해서는 상환은행이 된다.

신용장의 관계당사자

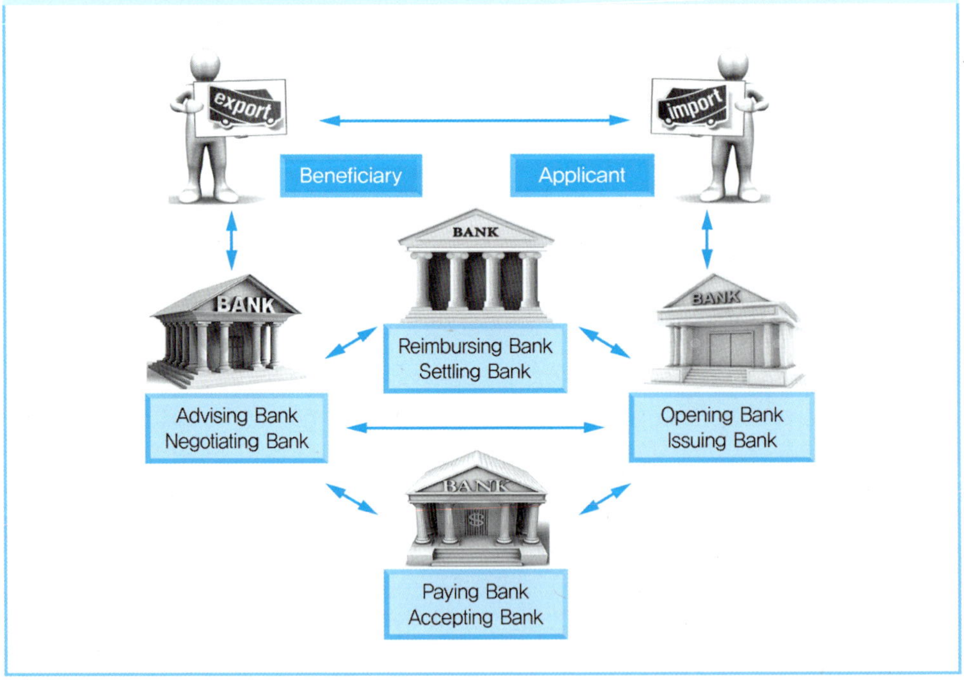

5 신용장 관계당사자 간의 지위

1) 개설의뢰인과 수익자

신용장 **개설의뢰인**인 수입상과, 수출자로서 수익자는 매매계약상 당사자로서, 신용장 당사자로 취급할 수는 없지만, 매매계약 시 대금결제수단을 신용장 방식으로 하고 계약체결 후 어느 시점까지 신용장 발행을 약정하였을 경우 당사자 간에 신용장거래와 관련된 법률관계가 성립된다.

개설의뢰인은 매매계약의 조건에 따르는 신용장을 합의된 기간 내에 개설하여 수익자에게 송달될 수 있도록 조치해야 할 의무가 있다. 별도 약정이 없는 한 **개설의뢰인**은 신용장의 종류, 신용장 통지 시 전신 또는 우편 등의 방법의 선택을 개설은행에 의뢰하여 수익자에게 통지할 수 있도록 하여야 한다.

수익자는 신용장 발행기간이 정해진 경우 그 기간까지 발행되지 않으면, 계약을 해제할 수 있는 권리를 갖는다. 또한 신용장 개설은행의 파산 등 지급불능상태에 처한 경우 **수익자**는 발행의뢰인에게 직접 대금을 청구할 권리가 있다.

2) 개설의뢰인과 개설은행

개설의뢰인은 신용장 발행을 의뢰함에 있어 혼란이 발생되지 않도록 신용장의 지시내용을 완전하고 명확하게 제시하여야 하며, 개설은행이 신용장 조건에 일치된 서류에 대해 지급·인수가 행해졌다면 **개설의뢰인**도 개설은행에 대해 서류를 인수하고 대금을 상환하여야 한다. 또한 약정된 경우 신용장 발행에 따르는 수수료를 부담하고 개설은행의 요구에 따를 담보를 제공하여야 하며, 타 은행 서비스이용 및 외국의 법률과 관습을 준수하여야 할 의무가 있다.

개설은행은 개설의뢰인의 지시내용을 준수해야 하며, 이 경우 가급적 신용장 지시내용이 지나치게 상세하거나 또는 난해한 조건 등이 삽입되지 않도록 주지하여야 한다. 또한 신용장을 통지은행을 통해 수익자에게 통지할 의무가 있고, 제시된 서류와 신용장 조건과 일치성 여부에 관한 형식조사가 있으며, 이에 제시된 서류가 불일치하면 서류매입을 거절할 수 있다. 한편 **개설은행**은 제시된 서류의 형식적·법적 효력, 기재된 물품의 실질상태, 서류의 작성자 및 발행자에 대한 책임, 서류 및 통신의 송달 및 전문용어의 번역, 불가항력 사유에 기한 업무중단, 타 은행의 지시불이행에 의한 책임으로부터의 면책이 인정된다.

3) 개설은행과 수익자

개설은행은 신용장 조건에 일치한 서류의 지급·인수의무가 있고, 매매계약상의 이유로 수익자에 대해 항변할 수 없으며, 경우에 따라 원신용장을 통지할 때 이용하였던 동일은행을 통해 수익자에게 신용장 조건변경 통지를 해야 한다.

수익자는 개설은행에 대하여 매매계약상의 대금결제에 대한 권리뿐만 아니라 매매계약으로부터 독립·추상화된 일방적 청구권을 보유하며, 신용장 조건을 이행하고 조건부 청구권을 가지며, 신용장 및 조건변경에 따른 승낙 또는 거부의 선택권을 갖는다. 또한 **수익자**는 개설은행에게 신용장 조건에 일치하는 서류의 제시의무가 있으며, 신용장 문언의 준수의무가 있다.

4) 개설은행과 확인은행

개설은행은 확인은행에 대하여 자신이 발행한 신용장에 대한 확인을 추가하도록 수권하거나 요청할 수 있으며, 확인된 신용장의 경우 신용장 조건변경은 확인은행의 동의를 받아야 하며, 확인은행이 신용장 조건과 일치하여 수익자에게 행한 지급·인수·매입에 대하여 상환의무를 부담한다.

확인은행은 개설은행의 확인요청에 대한 거부권을 가지며, 확인을 수락하더라고 **확인수수료**를 지급 받을 때까지 확인의 추가를 유보할 수 있다. 한편 확인을 위한 준비가 되어 있지 않다면 즉시 이 사실을 개설은행에 통보하여야 한다.

5) 통지은행의 지위

통지은행은 신용장 당사자 중에서 중간자적 입장에서 가장 가벼운 책임을 부담하고 있다. 통상 개설은행과 **환거래약정**(換去來約定, correspondence agreement)을 맺고 있다. 개설은행의 요청에 따라 신용장의 통지은행, 확인은행 또는 지급은행 등의 역할도 겸할 수 있다. **통지은행**은 개설은행에 대해서 위임 및 대리관계가 존재하여 개설은행의 지시에 따라 수익자에게 완전하고 정확하게 통지해야 할 의무가 있다.

그러나 개설은행의 수권 없이 어음매입에 임할 경우 개설은행의 대리인이 아니라 통지은행의 위험과 계산으로 행해져야 한다. 또한 개설은행의 지시내용을 임의로 변경하지 못한다. 여기서 **통지은행**은 수익자에 대해서 통지하는 신용장의 진정성을 확인하기 위한 **상당한 주의**(reasonable care)를 다해야 하며, 신속・정확하게 신용장을 통지해야 하고 신용장을 확인하는 경우에는 개설은행과 마찬가지로 수익자에 대하여 일련의 채무를 부담하여야 한다.

6) 매입은행의 지위

매입은행은 수익자에 대하여 선의의 어음소지인의 권리를 취득하며, 어음의 인수나 지급이 거절되면 수익자에게 상환청구권을 가진다. **매입은행**은 개설은행에 대하여 환어음을 매입한 경우 수익자가 개설은행에 갖는 신용장상의 권리를 취득하며, 개설은행은 **매입은행**에 대하여 신용장 조건과 일치하면 무조건 상환의무를 부담한다. 여기서 **매입제한신용장**(買入制限信用狀, restricted L/C)의 경우 지정된 **매입은행**만이 개설은행에 대하여 청구권을 갖는다.

6 신용장의 종류

1) 취소불능신용장과 취소가능신용장

취소불능신용장(取消不能信用狀, irrevocable L/C)이란 신용장이 일단 개설되어 수익자에게 통지된 경우 신용장의 관계당사자를 구속하여 신용장의 유효기간 내에 신용장 기본당사자 전원의 합의가 없다면 신용장 취소나 조건변경이 불가능한 신용장을 말한다.

취소불능신용장은 개설은행이 수익자와 신용장에 의해 발행된 환어음 또는 제시된 선적서류의 **선의의 소지인**(*bona fide* holder)에게 그것이 신용장 조건에 합치되는 한, 신용장이 확약하는 지급・연지급・인수 또는 매입을 이행해야 하며, 어느 한 당사자에 의해서 임의로 변경이나 취소될 수 없다. 참고로 **취소불능신용장**은 경우에 따라 그 조건이 변경될 수 있는데, 여기에는 신용장 관계당사자의 전원 합의에 기하여 매도인에게 통지되어야 한다.

취소가능신용장(取消可能信用狀, revocable L/C)은 신용장 개설은행이 수익자에게 사전에 통지하지 않고도 신용장을 취소하거나 조건변경을 할 수 있는 신용장이다. 신용장상에 **revocable**이라는 문자가 표시되어 있으면 개설은행은 수익자 동의 없이 일방적 의사표시로 신용장 매입통지가 있기 전에는 아무 때나 취소권을 행사할 수 있다.

그러나 일단 수익자에게 신용장이 통지되고 신용장 조건변경이나 취소가 통지은행에 접수되기 이전에 원신용장 조건대로 지급·연지급·인수 또는 매입은행에 대해서는 개설은행이 신용장상 그 지급책임을 부담하게 된다.

2) 확인신용장과 미확인신용장

확인신용장(確認信用狀, confirmed L/C)이란 개설은행 이외의 제3의 은행이 개설은행의 요청에 의하여 수익자가 발행한 어음의 지급, 인수 또는 매입을 확약한 신용장을 말하며, 이러한 확약이 없는 신용장을 **미확인신용장**(未確認信用狀, unconfirmed L/C)이라 한다.

수익자가 개설은행의 신용상태를 의심하거나 금융환경이 불안한 국가의 은행인 경우 혹은 금융결제상 편리를 도모하기 위해 매도인이 신용장에 기인한 조건을 충족하는 조건으로 물품대금의 확실한 이행을 이중으로 보장받기를 원하는 경우가 많다. 즉 매수인 소재국의 정치·경제상태가 불안정한 경우 신용장 확인을 요구하게 되며, 통상 개설은행의 요청에 따라 통지은행의 확인을 더하여 통지한다. 이 경우 확인은행은 개설은행과 동일한 지급의무를 부담한다.

일반적으로 신용장에 확인은행을 추가하는 경우 주로 개설은행의 신용상태나 확인은행은 주로 매도인 거래은행 혹은 매도인 국가에 소재한 은행에 확인을 의뢰하는 경우가 많다.

3) 지급신용장과 매입신용장

지급신용장(支給信用狀, straight L/C)에서는 배서인이나 선의의 소지인에게 대한 약정은 없고, 단순히 신용장 개설은행 또는 당해 은행의 특정한 환거래 취결은행 앞으로 어음이 발행되어 제시되면 지급하겠다는 약정의 신용장이다.

매입신용장(買入信用狀, negotiation L/C)은 매입은행 제한여부에 따라, ①**일반신용장**(一般信用狀, open or general L/C)과, ②**특정신용장**(特定信用狀, restricted or special L/C)으로 구분된다. ①은 신용장에서 환어음 매입을 특정은행으로 제한하지 않고 아무 은행에서나 자유롭게 매입할 수 있는 신용장을 말한다.

취소불능화환신용장(①-③)

취소불능 화환신용장 개설 신청서
(APPLICATION FOR IRREVOCALE DOCUMENTARY CREDIT)

담당자	책임자	부점장

DGB금융그룹 대구은행 앞

신청일자 : 년 월 일

1. CREDIT NUMBER : SWIFT CODE :

2. ADVISING BANK : TRANSFERRING BANK : ADVISING BANK

3. TRANSFER : □ ALLOWED □ NOT ALLOWED

4. EXPIRY DATE(년/월/일) : ____________ □ PLACE : AT NEGOTIATING BANK
□ 기타 :

5. APPLICANT :

SAMPLE

6. BENEFICIARY :

7. AMOUNT(통화/금액) : ____________ (+ % - %)

8. AVAILABLE WITH □ ANY BANK □ 기타 :
BY □ NEGOTIATION □ 기타 :

9. DRAFT AT : □ SIGHT □ USANCE
어음기간 : □ ________ DAYS □ AFTER SIGHT
□ ________ MONTHS □ FROM B/L DATE
□ AFTER B/L DATE
□ 기타 : ( )
USANCE 인 경우 : □ BANKER'S □ SHIPPER'S □ DOMESTIC

10. PARTIAL SHIPMENT : □ ALLOWED □ NOT ALLOWED

11. TRANSHIPMENT : □ ALLOWED □ NOT ALLOWED

12. PLACE/LOCATION IDENTIFICATION
□ ① PLACE OF TAKING IN CHARGE / DISPATCH (PLACE OF RECEIPT) :
□ ② LOADING PORT/AIRPORT :
□ ③ DISCHARGING PORT/AIRPORT :
□ ④ PLACE OF FINAL DESTINATION / PLACE OF DELIVERY :

13. LATEST SHIPMENT DATE (년 / 월 / 일) : ____________

4 0 0 0 2 9 1

취소불능 화환신용장 개설신청서(1)

DGB금융그룹 대구은행

취소불능화환신용장(②-③)

14. DESCRIPTION OF GOODS AND / OR SERVICES
   1) TRADE TERMS :
   2) COUNTRY OF ORIGIN :
   3) HS-CODE :
   4) COMMODITY DESCRIPTION :

DESCRIPTION OF GOODS AND / OR SERVICES	QUANTITY	UNIT PRICE	AMOUNT
SAMPLE			

15. DOCUMENT REQUIRED

□ SIGNED COMMERCIAL INVOICE IN ____ FOLD

□ PACKING LIST IN ____ FOLD

□ FULL SET OF CLEAN ON BOARD OCEAN BILLS OF LADING MADE OUT TO THE ORDER OF THE DAEGU BANK, LTD. MARKED " FREIGHT □ COLLECT □ PREPAID" AND NOTIFY "APPLICANT"

□ AIR WAYBILL CONSIGNED TO THE DAEGU BANK, LTD. MARKED "FREIGHT □ COLLECT □ PREPAID" AND NOTIFY "APPLICANT"

□ FULL SET OF CLEAN MULTIMODAL TRANSPORT DOCUMENT MADE OUT TO THE ORDER OF THE DAEGU BANK, LTD. MARKED " FREIGHT □ COLLECT □ PREPAID" AND NOTIFY "APPLICANT"

□ INSURANCE POLICY OR CERTIFICATE IN DUPLICATE FOR 110% OF THE INVOICE VALUE □ MADE OUT TO THE ORDER OF THE DAEGU BANK, LTD. □ ENDORSED IN BLANK " INDICATING A CLAIM SETTLING AGENT IN KOREA COVERING INSTITUTE CARGO CLAUSE □ A □ 기타 ( )

□ CERTIFICATE OF ORIGIN IN ____ FOLD

□ OTHER DOCUMENT(S) REQUIRED : 운송서류 및 보험서류 상기 형식과 상이시 아래란에 별도 기재

4000291

취소불능 화환신용장 개설신청서(2)

DGB금융그룹 대구은행

취소불능화환신용장(③-③)

16. ADDITIONAL(SPECIAL) CONDITIONS
☐ SHIPMENT MUST BE EFFECTED BY
☐ ALL DOCUMENTS MUST INDICATE L/C NUMBER
☐ 기타 (별도 기재)

SAMPLE

17. ALL BANKING COMMISSIONS AND CHARGES INCLUDING REIMBURSEMENT COMMISSIONS OUTSIDE KOREA ARE FOR ACCOUNT OF ☐ BENEFICIARY ☐ APPLICANT

18. ☐ DOCUMENTS MUST BE PRESENTED WITHIN ______ DAYS AFTER THE DATE OF SHIPMENT BUT WITHIN THE VALIDITY OF THE CREDIT

☐ DOCUMENTS PRESENTED LATER THAN ______ DAYS AFTER THE DATE OF SHIPMENT ACCEPTABLE. BUT, WITHIN VALIDITY OF THE CREDIT

19. CONFIRMATION : ☐ WITHOUT ☐ CONFIRM ☐ MAY ADD

AT THE EXPENSE OF ☐ BENEFICIARY ☐ APPLICANT

REIMBURSEMENTS UNDER THIS CREDIT ARE SUBJECT TO THE UNIFORM RULES FOR BANK-TO-BANK REIMBURSEMENTS UNDER DOCUMENTARY CREDITS, ICC PUBLICATION NO.725. THIS DOCUMENTARY CREDIT IS SUBJECT TO THE UNIFORM CUSTOMS AND PRACTICE FOR DOCUMENTARY CREDITS(2007 REVISION, ICC PUBLICATION NO.600)

20. 전문사본신청 : ☐ 신청 ☐ 미신청
SWIFT 규정에 의하여 작성하신 문구는 수정 또는 교정되어 발신될 수 있습니다.

위와 같이 신용장 발행을 신청함에 있어서 별도로 제출한 외국환거래약정서의 해당 조항에 따를 것을 확약하며 아울러 상기 수입물품에 관한 모든 권리를 은행에 양도하겠습니다.

사업자번호 :
주소 :
신청인 : (인)
연락처 :

인감대조

4000291

취소불능 화환신용장 개설신청서(3)

DGB금융그룹 대구은행

취소불능화환신용장 조건변경신청서

취소불능 화환신용장 조건변경 신청서

(APPLICATION FOR AMENDMENT TO IRREVOCABLE DOCUMENTARY CREDIT)

담당자	책임자	부점장

DGB금융그룹 대구은행 앞

신청일자 : 년 월 일

■ 원 신용장 정보

◎ CREDIT NUMBER : ◎ DATE OF ISSUE :

◎ ADVISING BANK : ◎ SWIFT CODE :

◎ BENEFICIARY(BEFORE THIS AMENDMENT) :

■ 조건변경 신청

SAMPLE

1. INCREASE OF L/C AMOUNT :
2. DECREASE OF L/C AMOUNT :
3. NEW L/C AMOUNT AFTER AMENDMENT :
4. NEW DATE OF EXPIRY(년/월/일) :
5. NEW LATEST DATE OF SHIPMENT(년 /월 /일) :
6. PERCENTAGE L/C AMOUNT TOLERANCE : (+ /- %)
9. PARTIAL SHIPMENT : ☐ ALLOWED / ☐ NOT ALLOWED
10. TRANSSHIPMENT : ☐ ALLOWED / ☐ NOT ALLOWED
11. NEW PLACE OF TAKING IN CHARGE/DISPATCH(PLACE OF RECEIPT) :
12. NEW LOADING PORT / AIRPORT :
13. NEW DISCHARGING PORT / AIRPORT :
14. NEW PLACE OF FINAL DESTINATION/PLACE OF DELIVERY :
15. OTHERS

FROM	TO

REIMBURSEMENTS UNDER THIS CREDIT ARE SUBJECT TO THE UNIFORM RULES FOR BANK-TO-BANK REIMBURSEMENTS UNDER DOCUMENTARY CREDITS, ICC PUBLICATION NO.725. THIS DOCUMENTARY CREDIT IS SUBJECT TO THE UNIFORM CUSTOMS AND PRACTICE FOR DOCUMENTARY CREDITS(2007 REVISION, ICC PUBLICATION NO.600)

16. 전문사본신청 : ☐ 신청 ☐ 미신청

SWIFT 규정에 의하여 작성하신 문구는 수정 또는 교정되어 발신될 수 있습니다.

위의 신용장 조건변경을 신청함에 있어서 별도로 제출한 외국환거래약정서의 해당 조항에 따를 것을 확약합니다.

사 업 자 번 호 :

주 소 :

신 청 인 : (인)

연 락 처 :

인감대조

4 0 0 0 4 4 1

DGB금융그룹 대구은행

4) 화환신용장과 무화환신용장

화환신용장(貨換信用狀, documentary L/C)은 개설은행이 수익자가 발행한 환어음에 화환취결서류를 첨부하는 것을 조건으로 지급·인수 또는 매입할 것을 확약한 신용장, **무화환신용장**(無貨換信用狀, clean L/C)은 신용장에 의해 발행되는 환어음에 운송서류가 첨부되어 있지 않은 **무담보어음**(clean bill)인 경우에도 어음을 지급·인수 또는 매입할 것을 확약하는 신용장을 말한다.

은행의 입장에서는 **무담보어음**은 취급하기를 꺼려하며 신용장의 제 조건은 신용장의 추상성 원칙에 따라 제 서류를 기준으로 충족여부를 결정하게 되므로 서류의 구비조건이 필수적이다. 이중에서도 선하증권 등의 운송서류가 가장 중요한 역할을 하게 된다.

5) 일람출급신용장과 기한부신용장

신용장에 의해 발행되는 어음이 일람출금어음인 경우, **일람출급신용장**(一覽出給信用狀, sight L/C)이라 하고 기한부어음의 발행을 요구하고 있는 신용장을 **기한부신용장**(期限附信用狀, usance L/C)이라 한다. **일람출급신용장**에 있어서는 환어음상 지급인을 개설은행으로 해야 하며, **취소불능신용장**(取消不能信用狀, irrevocable L/C)인 경우에는 개설은행이 지급을 확약한 것이므로 신용장 조건에 일치하는 서류를 제시하기만 하면 개설은행은 즉시 지급하여야 한다.

기한부신용장 수익자는 **usance** 기간 후에 어음금액 전액을 지급 받든지 또는 **usance** 기간이자를 사전에 할인하여 지급받을 수 있고, 매수인은 물품 인수 후 어음의 유예기간 동안 물품을 매각하여 어음만기일이 도래하면 상환할 수 있게 된다.

6) 상환청구가능신용장과 상환청구불능신용장

상환청구가능신용장(相換請求可能信用狀, with recourse L/C)은 매도인의 선적서류를 매입한 은행이 어떠한 사유에서 개설은행으로부터 대금을 회수하지 못하는 사유가 발생한 경우 매입은행이 수익자에게 대금을 소구(遡求, recourse)[7]할 수 있게 한 신용장을 말한다. **상환청구가능신용장**에서는 매입은행이 대금을 결제 받지 못하는 서

7) 법률상 **소구**는 어음(수표)금액의 지급이 없거나 지급이 현저하게 불확실하게 되었을 때, 그 소지인이 어음(수표)의 작성이나 유통에 관여한 자에 대하여 어음(수표)금액 그 밖의 비용에 관한 변상을 청구하는 것을 말한다.

류가 개설은행 측의 서류상 불일치에 기인한 것인지, 개설은행의 파산 등의 불가항력에 기인한 것인지 여부를 구분하지 않으므로 매도인의 화환취결은 대금지급 종결시까지 **가지급**(provisional payment) 형식에 불과하게 된다.

이에 반하여 **상환청구불능신용장**(相換請求不能信用狀, without recourse L/C)은 매입은행이 수익자에게 이미 지급한 어음대금을 어떠한 경우에도 되돌려 달라고 청구할 수 없는 신용장을 말한다. 달리 소구불능신용장이라고도 한다. 이 경우 신용장에 **without recourse**라는 문구를 기재하는 것이 보통이다.

7) 양도가능신용장과 양도불능신용장

양도가능신용장(讓渡可能信用狀, transferable L/C)은 수익자가 신용장 금액의 전부 또는 일부를 제3자에게 양도할 수 있는 신용장을 말한다. 달리 수익자가 신용장을 제3자에게 양도할 수 없는 신용장을 **양도불능신용장**(讓渡不能信用狀, non-transferable L/C)이라 한다. 원칙적으로 신용장은 원수익자로 한정되어 제3자에게 신용장 권한의 양도가 불가능하지만 일정 조건을 충족으로 신용장의 양도를 허용하고 있다. 신용장의 양도는 **transferable**이라는 용어가 표시된 경우에 한해 양도될 수 있다. **양도가능신용장**의 발행목적은 일반적으로 매도인의 제한과 수출실적관리 및 중개인(仲介人, intermediary)으로서 수익자의 비밀유지 등이 고려될 수 있다.

8) 내국신용장

원신용장(原信用狀, original L/C)의 수익자인 매도인이 수출물품 생산에 필요한 원료공급자나 하청업자 앞으로 자신이 받은 신용장을 견질로 하여 자신의 거래은행으로 하여금 제2의 신용장을 개설해 주게 하는데, 이 같은 방법으로 개설한 신용장을 **내국신용장**(內國信用狀, local L/C)이라고 한다.

내국신용장을 개설하는 취지는 **양도가능신용장**의 경우와 비슷하지만, 그 차이점은 **양도가능신용장**은 **원신용장**이 개설될 때 양도가 가능한 것에 한하여 발행이 가능하지만 **내국신용장**은 일정한 요건을 갖춘 신용장이면 모두 발급이 가능하다는 점이다. 또한 **내국신용장**은 매도인으로 하여금 수출물품 또는 수출용 원자재를 국내에서 조달할 수 있게 하는 역할을 해주는 동시에, 공급업자에 대해서는 대금지급보증 및 수출지원금융을 융자·지원해 줄 뿐만 아니라 무역관리 및 세제 면에서 **내국신용장**에 의한 공급실적을 수출실적으로 인정하여 **원신용장**의 경우와 동일한 혜택을 부여하고 있다.

상환청구불능신용장

APPLICATION FOR ESTABLISHMENT OF A CONFIRMED IRREVOCABLE WITHOUT RECOURSE LETTER OF CREDIT

FOR BANK USE ONLY	
MARGIN	ADVISED ON
APPROVED BY	

To

punjab national bank

Unit 1003, 10th Floor, Li Po Chun Chambers,
189, Des Voeux Road, Central, Hong Kong

From .... Phone ....

L/C NO. .... DATE ....

DEAR SIRS,

WE HEREBY REQUEST YOU TO OPEN BY CABLE / AIRMAIL A LETTER OF CREDIT IN FAVOUR OF

M/S ....

FOR AMOUNT .... (SAY ....

AVAILABLE BY DRAFTS AT .... DAYS SIGHT ON US/YOURSELVES FOR ....% INVOICE VALUE

ACCOMPANIED BY THE FOLLOWING DOCUMENTS PURPORTING TO EVIDENCE CURRENT SHIPMENT OF: ....

.... C&F/CIF/FOB ....

SHIPPED/DESPATCHED FROM .... TO HONG KONG NOT LATER THAN ....

DOCUMENTS INDICATED BY MARK X BELOW ONLY ARE REQUIRED

- ☐ SIGNED COMMERCIAL INVOICES IN ....
- ☐ FULL SET OF CLEAN ON BOARD BILLS OF LADING MADE OUT OR ENDORSED TO THE ORDER OF PUNJAB NATIONAL BANK, MARKED: "FREIGHT PREPAID/TO BE PAID AT DESTINATION" AND NOTIFY OURSELVES AND YOURSELVES SPECIFYING L.C. NUMBER ....
- ☐ AIR FREIGHT RECEIPTS/AIRWAYS BILLS OF LADING INDICATING CONSIGNEE PUNJAB NATIONAL BANK HONG KONG A/C OURSELVES
- ☐ POST PARCEL RECEIPTS SHOWING DESPATCH OF PARCELS BY AIR/SEA TO PUNJAB NATIONAL BANK HONG KONG A/C OURSELVES.

A FOR GOODS SHIPPED PER OCEAN VESSEL:
"MARINE INSURANCE POLICY OR CERTIFICATE OF INSURANCE IN DUPLICATE FOR 110% OF THE INVOICE VALUE IN THE CURRENCY OF THE CREDIT COVERING INSTITUTE CARGO CLAUSES (A), INSTITUTE WAR CLAUSES (CARGO) AND INSTITUTE STRIKES CLAUSES (CARGO). CLAIMS PAYABLE AT ....".

B FOR GOODS DESPATCHED BY AIR CONSIGNMENT:
"MARINE INSURANCE POLICY OR CERTIFICATE OF INSURANCE (DESPATCH BY AIR CONSIGNMENT) IN DUPLICATE FOR 110% OF THE INVOICE VALUE IN THE CURRENCY OF THE CREDIT COVERING INSTITUTE (CARGO CLAUSES (A), INSTITUTE WAR CLAUSES (AIR CARGO), INSTITUTE) STRIKES CLAUSES (AIR CARGO), CLAIMS PAYABLE IN ....".

- ☐ INSURANCE COVERED HERE BY US. OPEN POLICY ENCLOSED.
- ☐ CERTIFICATE OF .... ORIGIN ISSUED BY CHAMBER OF COMMERCE.
- ☐ PACKING LIST .... ☐ MEASUREMENT LIST ....
- ☐ WEIGHT LIST ....

L/C OPENING CHARGES ARE FOR A/C OF BENEFICIARIES / OURSELVES

ALL CHARGES IN CONNECTION WITH THIS CREDIT ARE FOR A/C OF BENEFICIARIES / OURSELVES

TRANSHIPMENTS .... PARTIAL SHIPMENTS ....

DRAFTS MUST BE NEGOTIATED NOT LATER THAN .... AT ....

UNLESS OTHERWISE SPECIFIED ABOVE ALL DOCUMENTS SHOULD BE AT LEAST IN TRIPLICATE.

ORIGINAL DOCUMENTS SHOULD BE DESPATCHED BY REGISTERED AIRMAIL/COURIER IN ONE LOT/TWO LOTS.

SPECIAL INSTRUCTIONS:

SAMPLE

PLEASE FIX / DO NOT FIX EXCHANGE

WE AGREE THAT THIS APPLICATION AND THE OPENING BY YOU OF THE LETTER OF CREDIT HEREUNDER SHALL BE SUBJECT IN ALL RESPECTS TO THE TERMS AND CONDITIONS CONTAINED IN THE FORM OF AGREEMENT AND INDEMNITY RELATING TO THE OPENING OF COMMERCIAL CREDITS SIGNED BY US.

THIS APPLICATION IS SUBJECT TO UNIFORM CUSTOMS AND PRACTICE FOR DOCUMENTARY CREDITS (1993 REVISION). INTERNATIONAL CHAMBER OF COMMERCE PUBLICATION NO 500.

AUTHORISED SIGNATURE

N.B. - ALL ALTERATIONS AND ADDITIONS TO THIS FORM OF APPLICATION ARE TO BE SIGNED BY THE APPLICANT.

양도가능신용장

SEB
Skandinaviska Enskilda Banken

Application Form, Letter of Credit
Kryptografisk Rembursnummer

Applicant
Applicant
Corporate Registration no.
Telephone | Telefax
Address
Postal address
Handling officer

Beneficiary
Beneficiary, name and address

SAMPLE

Conditions of the Letter of Credit
Currency | Amount
☐ Max ☐ Approx (+/-10%) ☐ % deviation
Valid until
Letter of Credit is to be
☑ transferable ☐ advised through: (if specific bank required)
☐ confirmed by advising bank
The Letter of Credit is to be
☐ payable with SEB ☐ payable with advising bank ☐ negotiable with: ☐ any foreign bank ☐ named bank
The Letter of Credit is
☐ at sight ☐ at days sight ☐ at days after date of transport document
Consignee (if other than applicant) | Notify address
Terms of delivery according to Incoterms 2000 | Place
☐ CIF ☐ CIP ☐ CFR ☐ FOB ☐ FCA ☐ EXW ☐
Partial shipment
☐ Allowed ☐ Not allowed
Transhipment
☐ Allowed ☐ Not allowed
Brief description of goods, refer to i.e. proforma invoice

Documents
Documents to be presented not later than ______ days after the date of shipment, but within the validity of the LC.
☐ Commercial invoice plus ______ copies
☐ Packing List
☐ Certificate of origin
☐ GSP Certificate of origin, Form A
☐ Export License/Certificate
☐ Insurance policy for an amount covering the CIF/CIP-value plus 10%
☐ Full set on board Marine/Ocean Bill's of Lading
☐ Multimodal Transport Document
☐ Air Transport Document marked "original for shipper"
☐ Road Transport Document
☐ Freight Forwarders Certificate FCR/FCT
☐ Post-/Courier receipts
☐ Inspection Certificate
☐ Beneficary Certificate
☐
☐
The transport document(s) shall be dated not later than | and relate to transportation | to
The transport document(s) shall be issued by (not mandatory)

Payment
Account no.
Foreign bank charges are to be borne by
☐ Beneficiary ☐ Applicant ☐ Other agreement between beneficiary and applicant
The necessary foreign currency shall be settled against Futures Contract no. (Please notify the department if the futures contract is signed at a later date!)
Particulars for foreign exchange purposes.
Apply only to transfers of more than SEK 75.000 or the equivalent.
Beneficiary's country code | Riksbanks- (Central Bank's)-code

Your instructions to issuing bank

내국신용장

담당자	책임자	부점장

내국신용장 결제/부도처리 요청서 (무역금융 신규신청서 겸용)

DGB금융그룹 대구은행 앞

신청일자: 년 월 일

1.내국신용장 결제

내 국 신 용 장 번 호	L31 - -
결 제 구 분	□ 자기자금 □ 무역어음대출 □ 원화대지급금 □ 부도결제
결 제 통 화 / 금 액	
자 금 구 분	□ 대체 □ 현금 □ 연동(원화) □ 연동(외화) □ 연동(원화+외화)
하 자 동 의 서 징 구 여 부	□ 여 □ 부
비 고 (부 도 사 유 등)	

본인(당사)이 귀행에 개설한 내국신용장의 래도서류를 □ 결제□ 부도처리하고자 요청하오니 처리하여 주시기 바랍니다.

2.무역금융 신규 신청

신청내용	신 청 금 액	d		대출일수 또는 만기일	□ 일 □ 년 월 일
	자 금 종 류	□ 원자재구매 □ 포괄금융	□ 완제품구매		□ 원자재수입
	자 금 구 분	□ 대체 □ 원화연동	□ 수입보증금연동		
	융 자 구 분	□ 실적기준	□ 신용장기준	융 자 조 건	□ 한도내 □ 신규업체
	증빙서구분	□ 내국신용장	□ 수출실적	인수, LG일	년 월 일
	증빙서금액	USD		(USD기준, 기타통화 USD환산금액)	
	한 도 번 호			이자 선·후취구분	□ 선취 □ 후취
	만기이체상환여부	□ 신 청	□ 미신청	자동이체계좌번호	- -

본인(당사)은 귀행과 체결한 외화여신 한도거래 약정서에 의거 상기 내국신용장 래도서류의 결제를 위해 위와 같이 무역금융을 신규 신청합니다.

사 업 자 번 호 :
주 소 :
신 청 인 : (인)
연 락 처 :

SAMPLE

인감대조

4003021

DGB금융그룹 대구은행

9) 보증신용장

보증신용장(保證信用狀, standby L/C)이란 수출・입 물품대금의 결제를 목적으로 하는 화환신용장이 아니라, 금융이나 이행보증을 위해 발행되는 특수한 조건의 무화환신용장의 일종으로 주채무자가 계약을 불이행할 경우 채권자는 보증인에 대하여 보증의 실행을 요구할 수 있는 신용장이다. 예컨대 우리나라의 해외지사가 현지 은행에서 융자를 받거나 또는 현지에서 입찰보증이나 계약이행 보증금 등이 필요할 경우 해외지사가 본사에 요청하면 본사에서 자신의 거래은행에 의뢰하여 해외지사의 거래은행을 수익자로 하는 **보증신용장**을 개설해 주고 해외지사의 거래은행은 이것을 담보로 금융상의 혜택을 제공하게 된다.

보증신용장은 주로 ①**채무보증**(債務保證, guarantee for obligation or debt), ②**입찰보증**(入札保證, bidding guarantee), ③이행보증(履行保證, assurance of performance)을 목적으로 한다. 여기서 **보증신용장**이 **화환신용장**과 다른 점은 **화환신용장**이 개설은행의 지급확약임에 반하여, **보증신용장**에서 개설은행의 역할은 주채무자에 대한 보증의 성격이 보다 강하다는 점이다.

10) 회전신용장

회전신용장(回轉信用狀, revolving L/C)은 동일한 거래선과 동일한 물품을 지속적으로 거래할 때, 매거래시마다 신용장을 개설하는 불편을 피하고 또한 전액을 개설할 경우 과중한 보증에 따른 자금부담을 완화하기 위하여 사용하는 신용장이다. 즉 **회전신용장**은 처음 개설한 신용장이 이행되면 일정한 기간이 경과한 후 자동적으로 동액의 신용장이 자동적으로 개설되는 방식의 신용장이다.

11) 동시개설신용장

동시개설신용장(同時開設信用狀, back to back L/C)은 **연쇄신용장**(連鎖信用狀) 또는 **상계신용장**(相計信用狀)이라고도 불리는데, 이는 최종 매수인과 매도인 간의 중간상인들에 의해 연속적으로 거래가 이루어질 경우 이용된다.

동시개설신용장의 특색은 최종 매수인이 매도인을 위해 개설한 **확인신용장**을 담보로 그 매도인이 다시 자신의 매도인에게 신용장을 개설하는 것이다. 만약 중간에 기재하는 자가 수인이 있을 경우 각자는 자신을 위해 개설된 신용장을 담보로 자신의 전자에게 신용장을 개설하게 되는데, 이러한 연속은 최초의 매수인이 최초의 매도인에게 개설하는 신용장까지 연속된다. 이러한 거래에서는 **연쇄신용장** 이외에 **양도신용장**이 이용되는 경우도 있다. 그러나 신용장이 양도불능으로 발행된 경우라든가 수익자가 자기의 고객에 대하여 물품금액 등에 관해 비밀로 처리하기를 원하는 경우에는 **연쇄신용장**을 이용한다.

12) 기탁신용장

기탁신용장(寄託信用狀, escrow L/C)은 **관계당사국** 간의 무역균형화를 위해서 사용되고 있는 연계무역방식의 대금결제수단으로 이용되고 있는 신용장을 말한다. 원래 **escrow**는 은행과 같은 제3자에게 일정한 물품을 위탁하면서 일정한 조건을 충족하면, 이 위탁한 물품을 특정인에게 양도할 것을 의뢰한 신탁행위를 뜻한다.

기탁신용장은 매수인이 신용장을 개설할 때 신용장 조건으로 당해 신용장에 의해 발행되는 어음의 매입대금을 수익자에게 지급하지 않고, **수익자 명의의 계정**(escrow account)에 기탁하여 두었다가 그 수익자가 원신용장 개설자로부터 수입하는 물품의 대금결제에만 사용하도록 규정한 신용장을 말한다.

13) 토마스 신용장

토마스신용장(Tomas L/C)은 신용장과 다름없으나 매도인이 선적 후 화환취결 시 매수인에게 **언제까지 counter L/C를 개설하겠다**는 내용의 보증서를 기입하도록 제한하는 신용장이다. 이 경우 보증서는 매도인 신용에 따라 은행의 이행보증을 추가하도록 한 경우 또는 그렇지 않은 경우도 있다.

토마스신용장은 **동시개설신용장**과 유사하나, **동시개설신용장**은 신용장에 명기되지만 **토마스신용장**은 매도인이 제공하는 별도의 보증서에 그 사실이 기재된다는 차이가 있다.

14) 선대신용장

선대신용장(先貸信用狀, red clause or packing L/C)은 신용장 개설의뢰인의 요청에 따라 개설은행이 매도인의 원료구입비나 물품비용으로 통지은행 또는 확인은행에게 일정조건하에서 수익자에게 운송서류의 제시 이전에 수출대금의 **선급**(先給, advance payment)을 허용하는 신용장을 말한다. 이러한 선급을 허용하는 약관이 보통 붉은 색으로 표시가 되기 때문에 **red clause L/C**라고도 한다.

보증신용장

usbank Five Star Service Guaranteed

Bank Use Only: LC No.______
Date Rec'd______

800 Nicollet Mall BC-MN-H20G **Minneapolis, MN 55402** (866) 359-2503 x5854 FAX (612) 303-5226	1420 Fifth Ave. PD-WA-T9IN **Seattle, WA 98101** (206) 344-2398 FAX (206) 344-5365	811 E Wisconsin Ave. MK-WI-J6N **Milwaukee, WI 53202** (414) 765-5626 FAX (414) 765-4485/6112	721 Locust St. SL-MO-L2IL **St. Louis, MO 63101** (314) 418-2875 FAX (314) 418-1376	111 SW 5th Ave. PD-OR-T5CE **Portland, OR 97204** (503) 275-7951 FAX (503) 275-5132

APPLICATION FOR STANDBY LETTER OF CREDIT

The undersigned ("Applicant") hereby requests U.S. Bank National Association ("Bank") to establish an irrevocable Letter of Credit (hereinafter, "Credit") as set forth below in such language as Bank may deem appropriate, with such variations from such terms as Bank may determine in its discretion are necessary and are not materially inconsistent with this Application, and to forward the same directly, or through Bank's correspondent, to the Beneficiary.

In Favor of ("Beneficiary") (include name & address):	For the Account of Applicant (or, if different from Applicant, the "Account Party") (include name & address):
Advising Bank (if any):	Amount $ Expiration Date:

To be available by drafts at sight drawn on Bank or, at Bank's option, by a written or authenticated SWIFT/telex demand for payment.

☐ If checked, Applicant requests Bank to issue the Credit in the form of the attached document signed by Applicant and labeled "Exhibit A".

The Credit shall be subject to the current revision of (*choose one*): ☐ the International Standby Practices (ISP), published by the International Chamber of Commerce ("ICC"), or ☐ the Uniform Customs and Practice for Documentary Credits (UCP), published by the ICC.

Document(s), if any, required to accompany drawing(s):

SAMPLE

Additional Conditions:

In consideration of Bank's issuance of the Credit, Applicant agrees to the terms and conditions as set forth herein, in any attachments, exhibits or addenda, and in the most recent Continuing Reimbursement Agreement executed by Applicant.

Applicant Name:	Account Number:
Authorized Signature:	Telephone:
Printed Name: Title:	Date:

If the Account Party listed above is not the Applicant: In consideration of Bank's issuance of the Credit, the Account Party hereby agrees, if Applicant fails to pay when due any amounts owing to Bank under this Application, Applicant's Continuing Reimbursement Agreement, or the Credit, the Account Party shall pay the same to Bank upon demand.

Account Party Name:	Account Number:
Authorized Signature:	Telephone:
Printed Name: Title:	Date:

회전신용장

LETTER OF CREDIT PRE ADVICE

We, <<BUYER BANK, ADDRESS>> acting on instructions of our customer <<BUYER NAME, ADDRESS>> are ready willing and able to deliver to your bank for verification and clearance purposes the below text Revolving Letter of Credit to the benefit of <<Seller company name>>, within two (2) banking days of receipt of the full verifiable POP.

NON-TRANSFERABLE REVOLVING LETTER OF CREDIT

TO: RECEIVING BANK

SAMPLE

LC REGISTRATION No:	X
ISIN:	X
CUSIP No.:	X
AMOUNT:	X
ISSUE DATE:	X
MATURITY DATE:	X(two years and thirty eight days from date of issue)
EXPIRY DATE:	X
APPLICANT:	X
BENEFICIARY:	X

We <<BUYER BANK, ADDRESS>>, hereby open our Irrevocable, Unconditional, Non-Transferable Divisible, Monthly Revolving Letter of Credit in favour of PLC International.

We hereby agree with the drawer, endorsers, and bona fide holders of the drafts drawn under and in compliance with the terms of this Revolving Letter of Credit that such draft(s) will be dully honoured by us upon presentation at our counters. Such payment will be made without setoff and free & clear of any deduction, charge fee or withholding of any nature now or hereafter imposed, levied, or collected by the government of <<JURISDICTION OF THE ISSUER>> or any subdivision or authority thereof or therein.

Drafts drawn under this Letter of Credit must be marked, drawn under Letter of Credit Registration No.: XXXXXX, issued on <<DATE>>, in the amount of a total face value of <<USD XXX,XXX,XXX (Figures and Words)>> in installments of first draw down in the amount of <<USD XXX,XXX,XXX (Figures and Words)>> IMMEDIATELY ON DELIVERY AT DISCHARGE PORTS, then an equal amount of USD<<USD XXX,XXX,XXX (Figures and Words)>> every thirty (30) days thereafter, therefore a total of twelve equal payments, until maturity date being <<DATE>> (Two years and thirty-eight days from the date of issue).

This letter of credit is subject to the Uniform Customs and Practices for Documentary Credits, International Chamber of Commerce, Paris, France (Latest Revision). This is an operative instrument. No hard copy will follow. All charges accrue to the account of the Applicant.

....
Signature/Title Bank Officer

....
Signature/Title Bank Officer

7 신용장 유사제도

1) 어음매입수권서

어음매입수권서(authority to purchase)는 매수인의 의뢰에 의하여 매수인의 거래은행이 해외에 있는 자신의 본·지점이나 또는 환거래은행에 대하여 매도인이 운송서류를 첨부한 매수인 앞으로 환어음을 발행하여 제시할 경우 그 어음을 매입할 것을 지시한 통지서를 말한다.

어음매입수권서는 매도인의 거래은행이 그 어음의 지급·인수·매입을 보증하고 있지 않기 때문에 취소가 가능하며, 어음의 지급인이 매수인이므로 어음지급이 거절된 경우 어음의 발행인인 매도인은 여하히 상환청구에 응하지 않으면 안 된다.

그러나 매수인의 거래은행이 **취소불능어음매입수권서**(irrevocable authority to purchase)를 발행하면 매도인이 매수인 앞으로 발행되는 어음의 지급·인수·매입을 은행이 확약하고 있으므로 이 경우 신용장과 동일한 기능을 발휘한다. 엄격한 의미에서 볼 때 **어음매입수권서**는 통상 은행의 신용장으로는 볼 수 없다.

2) 어음지급수권서

어음지급수권서(authority to pay)는 매수인의 의뢰에 의하여 매도인의 거래은행이 해외에 있는 자신의 본·지점이나 환거래은행에 대하여 매도인이 운송서류를 첨부한 통지은행 앞으로 어음을 발행할 경우 지급을 지시한 통지서를 말한다.

어음매입수권서와는 어음의 지급인이 통지은행인 점이 서로 다르며 매도인의 입장에서 어음의 지급인이 통지은행이란 점에서 다소 유리한 듯 보이지만, 은행의 지급약정이 없고 취소가 가능한 형태로 발행된다는 점에서 **어음매입수권서**와 다를 바가 없다.

3) 지급보증서

지급보증서(payment guarantee)는 매수인의 거래은행이 지급을 보증하는 뜻으로 매도인 앞으로 발행하는 것이다. 이는 **신용장**의 기본적인 흐름과 다르지 않지만 보증의 성격에 있어서 구별된다. 곧 **신용장**은 **신용장**의 제 조건의 충족을 조건으로 개

화환어음 매입신청서

화환어음(운송서류) 매입(추심) 신청서

담당자	책임자	부점장

DGB금융그룹 대구은행 앞

MAIL TO	

매입(추심) NO.	
매입(추심)금액	

1. 신용장(계약서) 및 선적서류 내용

신용장 NO. (계약서 NO.)		신용장 발행은행 (추심은행)		매입(추심)구분	☐ 매 입 ☐ RENEGO 매입 ☐ 추 심 ☐ RENEGO 추심
신용장 개설일자 (계약서일자)		수입자명 (지급인)		매입(추심)종류	☐ A / S ☐ U / S ☐ D / P ☐ D / A
신용장금액		기사용금액		환어음금액	
신용장잔액		유효기일		선적기일	
어음기간	DAYS	기산기준일		선적일자	
확정일종류	☐ DAYS AFTER SIGHT	☐ AFTER(FROM) B/L DATE		☐ FIXED DUE DATE	☐ 기 타( )
어음기간 이자부담	☐ 수입상 ☐ 수출상	수권 COMM.		지급 COMM.	
통지번호		상환방식	☐ T/T CLAIM ☐ MAIL CLAIM	수출상대국	
본지사구분	☐ 본지사 ☐ 타사현지법인	가격조건		INVOICE NO.	
수출면장번호		B/L NO.		FOB 자사실적	
E/L NO.		H.S. CODE		FOB 타사실적	
수출보험공사 부보여부	☐ 수출보증보험 ☐ 수출어음보험(포괄) ☐ 수출어음보험(개별) ☐ 단기수출보험 ☐ 기타 ( )				
특정거래 수출형태	☐ 선수금매입 ☐ 중계무역 ☐ 착수금매입 ☐ 중장기연불수출 ☐ 분할영수 ☐ 현지인도수출				

2. 발송서류 내역

DOCUMENTS FORWARDED		DRAFT	COMM. INV.	B/L	AWB	PKG. LIST	CERT. ORIG.	INSP. CERT.	CONS. CUS. INV.	INSURANCE POL./CERT.	BENE. CERT.						
TO ISSUING BANK	1ST																
	2ND																
TO REIM BANK																	

3. 불일치 내용

☐ LATE SHIPMENT ☐ L/C EXPIRED ☐ LATE PRESENTATION ☐ OVER DRAWING ☐ PARTIAL SHIPMENT
☐ TRANSHIPMENT ☐ LACK OF DOCUMENTS ☐ 기 타 ( )

4. 매입대전 처리신청 명세

구 분	금 액	계좌번호	비 고
외 화			
원 화			
기타공제(수수료 등)			

위와 같이 화환어음의 매입(추심)을 신청함에 있어서 별도 제출한 외국환거래약정서의 해당조항에 따를 것을 확약하며 신용장(계약서) 불일치 내용이 상대은행에서 통보되어 온 경우에도 매입시 불일치 내용을 신고한 것으로 인정하여 이의를 제기하지 않겠습니다. 아울러 위 수출물품에 대한 모든 권리를 은행에 양도하겠습니다.

년 월 일

사 업 자 번 호 :
주 소 :
신 청 인 : (인)
연 락 처 :

인 감 대 조

SAMPLE

4 0 0 0 8 3 1

(관리번호:6044)(용외:C12)(210×297)(인쇄일자:2004.9)

DGB금융그룹 대구은행

●●● 수입어음 결제 · 인수요청서

□ **수입어음 결제/인수 요청서**(하자동의서 및 부도처리요청서 겸용)
□ **선 적 서 류 수 령 증**
□ **수입물품 대도(T/R) 신청서**

담당자	책임자	부점장

DGB금융그룹 대구은행 앞

□ 본인은 아래 신용장에 의한 선적서류를 □결제 □인수 □부도결제 하고자 하오니 처리하여 주시기 바랍니다.
□ 본인은 아래 신용장에 의한 선적서류를 정히 수령하였습니다.
□ 본인은 아래 신용장의 수입물품을 대도신청함에 있어 따로 제출한 외국환거래약정서 및 양도담보계약서의 모든 조항에 따를 것을 확약합니다.

신용장번호 (D/A,D/P번호)		통화 / 도착금액	
B/L 번호		결제 / 인수금액	
도착순번		DISCOUNT 금액	
결제구분	□ 자기자금 □ 무역어음대출 □ 외화대출 □ 외화지보대지급금 □ 부도결제		
하자동의 여부	□ 동의함 □ 부도처리 □ 해당사항 없음		
비 고			

선 적 서 류	선하증권	항공화물 운송장	상업송장	보험서류	포장 명세서	검사 증명서	원산지 증명서	기 타		
통 수										

대 도(T/R)	상 업 송 장	번 호	
		금 액	
	대 도 금 액		

년 월 일

사 업 자 번 호 :
주 소 :
신 청 인 : (인)
연 락 처 :

인 감 대 조

SAMPLE

4000961

DGB금융그룹 대구은행

●●○ 외화지급보증서 발행신청서

담당자	책임자	부점장

외화지급보증서 발행 신청서

DGB금융그룹 대구은행 앞

☐ SWIFT ☐ LETTER

보증서 Ref. No.		구 분	☐ 대 외 ☐ 대 내외
통 지 은 행 (Advising Bank)		통화 / 금액 (Currency/Amount)	
발행의뢰인 (Applicant)		수혜자 (Beneficiary)	
발행(개설)일자 (Date of issue)		계약서상 유효기일/장소 (Date and place of Expiry)	
지급보증 종류	계약이행 / 선수금환급 / 입찰 / 현지금융담보 / 기타	은행간 유효기일 (만기일 +1영업일)	
원인 계약서 No.		준거문언	UCP 600 / URDG / ISP98 / NONE / 기타

보증내용(영문작성)

SAMPLE

(공간 부족시 간인 날인 후 별지사용)

위와 같이 대외지급보증서의 발급을 신청하며 지급보증약정서 각 조항을 정히 준수 할 것을 확약합니다.

년 월 일

사 업 자 번 호 :

주 소 :

신 청 인 : (인)

연 락 처 :

인 감 대 조

4000581

DGB금융그룹 대구은행

설은행의 지급확약을 의미하는 것으로 이는 매매계약의 내용 그 밖의 계약과는 별개의 독립적 계약이라는 특성이 있는 반면에, **지급보증서**는 매수인의 지급을 보증하는 부종적인 보증은행의 채무에 불과하다는 차이점이 있다. 이는 주채무자인 매수인의 지급능력을 1차적으로, 지급능력이 없다는 것을 전제로 2차적인 지급채무를 부담하는 것이다. 따라서 주채무가 효력을 상실하면, 자동적으로 채무가 소멸되며, 한편 주채무와 별개로 기능하는 것이 아님에 따라 **지급보증서**는 보증은행을 통한 매수인의 신용을 높이는 보충적인 기능을 수행한다고 볼 수 있다.

4) 여행자신용장

여행자신용장(traveller's L/C)이란 여행자의 의뢰에 따라 은행이 국외지점이나 거래은행에 대하여 그 여행자가 당해 은행이나 특정은행 앞으로 발행하는 일람불환어음의 매입을 의뢰할 수 있는 신용장을 의미한다.

여행자신용장은 여행자 자신이 지참하게 되나, 개설은행이 신용장 조건대로 발행한 어음을 지급할 것을 약속하고 있다는 점에서 **신용장**과 다를 바 없다. 다만 거래형식상 **신용장**의 경우 그 개설의뢰인이 일반적으로 매수인이고 수익자는 매도인이 되지만, **여행자신용장**의 경우에는 개설의뢰인과 수익자가 동일인, 곧 여행자 본인이 된다는 점에서 다르다고 할 수 있다.

8 신용장통일규칙

1) 신용장통일규칙의 의의

신용장통일규칙(信用狀統一規則, Uniform Customs and Practice for Documentary Credits, UCP)은 신용장의 발행・유통・수리 등에 관한 해석기준을 국제적으로 통일한 것이다. 현재 2007년 **UCP 600**으로 통용되고 있다. 정식명칭은 **화환어음 신용장에 관한 통일규칙 및 관례**이다.

UCP는 민간단체인 **국제상업회의소**(ICC)가 제정한 것이므로 법적 구속력이 없다. 또한 매매계약에는 **계약자유의 원칙** 또는 사적자치의 원칙이 일반준칙으로 적용되므로 당사자 간의 특약이 임의법규로서의 성격을 지닌 UCP에 우선한다. 따라서 법적용의 우선순위는, ①매매당사국의 국내강행법규, ②당사자 간의 특약, ③UCP의 순에 의한다. UCP의 적용상 법적 구속력을 담보하기 위해서는 거래당사자가 이를 신용장해석의 기준으로 삼겠다는 합의를 명시해야 한다. 만일 이 준거문언이 기재되지 않은 경우 신용장은 UCP의 적용을 받지 않는다. UCP 600 전문의 내용을 분설하면 다음과 같다.

2) 신용장통일규칙의 내용

(1) 적용범위

①UCP 600은 신용장의 문면에 본 규칙이 적용된다는 것을 명시적으로 표시한 경우 **보증신용장**(standby L/C)을 포함한 모든 화환신용장에 적용된다.

②UCP 600은 신용장에서 명시적으로 수정되거나 그 적용을 배제하고 있지 않는 한, 모든 당사자를 구속한다.

(2) 정의와 해석

가. 정의

①**통지은행**(advising bank)은 개설은행의 요청에 따라 신용장을 통지하는 은행, ②**개설의뢰인**(applicant)은 신용장 개설을 신청한 당사자, ③**은행영업일**(banking day)은 UCP 600이 적용되는 행위가 이루어지는 장소에서 은행이 통상적으로 영업하는 날, ④**수익자**(beneficiary)는 신용장 개설을 통하여 이익을 받는 당사자, ⑤**일치하는 제시**(complying presentation)는 신용장 조건, 적용 가능한 범위 내에서 UCP 600, **국제표준은행관행**(international standard banking practice, ISBP)[8]에 따른 제시, ⑥**확인**

8) 국제상업회의소(ICC)에 의해 승인되어 2002년 이후 전 세계적으로 사용되고 있다. ISBP는 UCP를 어떻게 실무에서 적용하여야 하는지에 관한 기준을 제시하고 있다. 신용장과 관련된 국제규칙과 국제관행은 국내법보다 우선할 수는 없으나, 신용장과 관련된 분쟁으로 소송이 제기된 경우 법원은 자국 국내법과 상충되지 않는다면 UCP 또는 ISBP를 반영하여 판결하는 경우가 대부분이다. 이것의 광범위한 사용은 신용장에 따른 서류작성과 심사의 국제적 통일성을 높이고 제시된 서류에 하자가 발생할 비율을 크게 줄이고 있다. ICC가 ISBP를 제정하게 된 배경으로서 ISBP는 새로운 관행을 만들거나 UCP를 개정하는 것이 아니라 기존 관행의 의미와 이것을 실무에 어떻게 적용할 것이냐를 결정하는데 주안점을 두고 있다. 따라서 은행이 서류를 심사할 때 ISBP에 의거할 경우 보다 신속하고도 민활한 업무처리를 기대할 수 있다. ISBP는 총 185개의 절을 다루고 있는데, UCP 600과 기본적인 내용들은 거의 동일하다. 다만

(confirmation)은 **일치하는 제시**에 대하여 결제 또는 매입하겠다는 개설은행의 확약에 추가하여 확인은행이 하는 확약, ⑦**확인은행**(confirming bank)은 개설은행의 수권 또는 요청에 의하여 신용장에 확인을 한 은행, ⑧**신용장**(credit)은 그 명칭과 상관없이 개설은행이 일치하는 제시에 대하여 결제하겠다는 확약으로서 취소가 불가능한 모든 약정, ⑨**결제**(honour)는, ㉠신용장이 **일람지급**(sight payment)에 의하여 이용가능하다면 일람출급으로 지급하는 것, ㉡신용장이 **연지급**(deferred payment)에 의하여 이용가능한 경우 연지급을 확약하고 만기에 지급하는 것, ㉢신용장이 인수에 의하여 이용가능한 경우 수익자가 발행한 환어음을 인수하고 만기에 지급하는 것, ⑩**개설은행**(issuing bank)은 개설의뢰인의 신청 또는 그 자신을 위하여 신용장을 개설한 은행, ⑪**매입**(negotiation)은 일치하는 제시에 대하여 지정은행이, 지정은행에 상환하여야 하는 은행영업일 또는 그 전에 대금을 지급함으로써 또는 대금지급에 동의함으로써 지정은행이 아닌 은행 앞으로 발행된 환어음 및/또는 서류를 인수하는 것, ⑫**지정은행**(nominated bank)은 신용장에서 권한을 받은 특정한 은행, 모든 은행에 대한 수권이 있는 신용장의 경우에는 모든 은행, ⑬**제시**(presentation)는 신용장에 의하여 이루어지는 개설은행 또는 지정은행에 대한 서류의 인도 또는 그렇게 인도된 서류 그 자체, ⑭**제시자**(presenter)는 제시를 하는 수익자, 은행 또는 다른 당사자를 의미한다.

나. 해석

①적용 가능한 경우, 단수의 단어는 복수의 단어를 포함하고, 복수의 단어는 단수의 단어를 포함한다.

②신용장은 취소불능이라는 표시가 없더라도 취소가 불가능하다.

③서류에는 ㉠**자필**(handwriting) · ㉡**팩스서명**(facsimile signature) · ㉢**천공서명**(perforated signature) · ㉣**스탬프**(stamp) · ㉤**상징**(symbol) 또는 그 밖의 ㉥**기계식** 또는 ㉦**전자식 확인방법**으로 서명될 수 있다.

④공증 · 사증 · 공인 또는 이와 유사한 서류요건은 그 요건에 부합하는 것으로 보이는 서류상의 모든 서명 · 표시 · 스탬프 · 라벨 등에 의하여 만족될 수 있다.

UCP 600에서 다루고 있지 않은 **원산지증명서**(certificate of origin, C/O)에 대한 사항 및 그 밖에 UCP 600에서 자세히 설명되지 않은 일반적인 사항들을 추보하고 있다. 구성내용은, ①사전적인 고려사항들(1~5), ②일반원칙(6~42), ③환어음과 만기일 산정(43~56), ④송장(57~67), ⑤운송서류(68~169), ⑥복합운송서류(69~90), ⑦선하증권(91~114), ⑧용선계약부선하증권(115~133), ⑨항공운송서류(134~156), ⑩도로 · 철도 · 내수로 운송서류(157~169), ⑪보험서류(170~180), ⑫원산지증명서(181~185) 등이다.

⑤서로 다른 국가에 위치한 같은 은행의 지점들은 다른 은행으로 본다.

⑥서류의 발행자를 표현하기 위하여 사용되는 **first class**(일류), **well known**(저명한), **qualified**(자격있는), **independent**(독립적인), **official**(공적인), **competent**(능력있는), **local**(현지의)이라는 용어들은 수익자를 제외하고, 당해 서류를 발행하는 모든 서류 발행자가 사용할 수 있다.

⑦서류에 사용하도록 요구되지 않았다면, 신속하게(prompt), 즉시(immediately) 또는 가능한 한 빨리(as soon as possible)라는 단어들은 무시된다.

⑧특정기간(on or about) 또는 이와 유사한 표현은 어떠한 일이 첫날과 마지막 날을 포함하여 특정일자 이전 5일부터 이후 5일까지의 기간 중에 발생해야 하는 규정으로 해석된다.

⑨선적기간을 정하기 위하여 **to**, **until**, **till**, **from**, **between**이라는 단어가 사용된 경우 이는 기간에 명시된 일자 또는 당해 일을 포함하고, **before**와 **after**라는 단어는 명시된 일자를 제외한다.

⑩만기를 위해 **from**과 **after**라는 단어가 사용된 경우 명시일자를 제외한다.

⑪어느 월의 전반(first half)과 후반(second half)은 각각 해당 월의 1일부터 15일, 16일부터 마지막 날까지로 해석되며, 그 기간 중 모든 날짜를 포함한다.

⑫어느 월의 초(beginning), 중(middle), 말(end)이라는 단어는 각각 해당 월의 1일부터 10일, 11일부터 20일, 21일부터 마지막 날까지로 해석되며, 그 기간 중의 모든 날짜가 포함된다.

(3) 신용장과 원인계약

①신용장은 본질상 기초가 되는 매매 또는 다른 계약과는 별개의 거래이다. 신용장에 그러한 계약에 대한 언급이 있더라도 은행은 계약과 아무런 관련이 없고 또한 계약내용에 구속되지 않는다. 따라서 신용장에 의한 결제・매입 또는 그 밖의 의무이행의 확약은 개설의뢰인 또는 수익자와 개설의뢰인의 간의 관계에서 비롯된 개설의뢰인의 주장이나 항변에 구속되지 않는다. 수익자는 어떠한 경우에도 은행들 간 또는 개설의뢰인과 개설은행 간의 계약관계를 원용할 수 없다.

②개설은행은 개설의뢰인이 원인계약이나 견적송장 등의 사본을 신용장의 일부분으로 포함시키려는 어떠한 시도도 금하여야 한다.

(4) 서류거래와 신용장의 이용가능성

①은행은 서류로 거래하는 것이며 그 서류가 관계된 물품·용역 또는 의무이행으로 거래하는 것은 아니다.

②신용장은 그것이 이용 가능한 은행을 명시하거나 모든 은행에서 이용가능한지 여부를 명시하여야 한다. 지정은행에서 이용 가능한 신용장은 또한 개설은행에서도 이용할 수 있다.

③신용장은 그것이 일람지급·연지급·인수 또는 매입에 의하여 이용가능한지 여부를 명시하여야 한다.

④신용장은 개설의뢰인을 지급인으로 하는 환어음에 의하여 이용 가능하도록 개설되어서는 안 된다.

④신용장은 제시를 위한 유효기일을 명시해야 한다. 신용장 대금결제 또는 매입을 위한 유효기일은 제시를 위한 유효기일로 본다. 또한 신용장이 이용 가능한 은행장소가 제시를 위한 장소이다. 모든 은행에서 이용 가능한 신용장에서 제시장소는 그 모든 은행의 소재지가 된다. 개설은행의 소재지가 아닌 장소는 개설은행의 소재지에 그 장소를 추가한 것이다. ⑤특단의 경우를 제외하고, 수익자에 의한 또는 수익자를 위한 제시는 유효기일 또는 그 전에 이루어져야 한다.

(5) 개설은행과 확인은행의 의무

가. 개설은행의 의무

①신용장에서 규정된 서류가 지정은행 또는 개설은행에 제시되고, 그것이 신용장 조건에 일치하는 제시, 곧 ㉠신용장이 개설은행에서 일람지급·연지급·인수 등에 의해 이용될 수 있는 경우, ㉡신용장이 지정은행에서 일람지급에 의해 이용될 수 있음에도, 지정은행이 대금을 지급하지 않는 경우, ㉢신용장이 지정은행에서 연지급에 의하여 이용될 수 있음에도, 지정은행이 연지급 의무를 부담하지 않는 경우 또는 이와 같은 연지급 의무를 부담하였으나 만기에 대금을 지급하지 않는 경우, ㉣신용장이 지정은행에서 인수에 의하여 이용될 수 있음에도, 지정은행이 지정은행을 지급인으로 환어음을 인수하지 않거나 그 환어음을 인수하였더라도 만기에 지급하지 않는 경우, ㉤신용장이 지정은행에서 매입에 의하여 이용될 수 있음에도, 지정은행이 매입하지 않는 경우 등에 결제의무를 부담한다.

②개설은행은 신용장 개설시점으로부터 취소가 불가능한 결제의무를 부담한다.

③개설은행은 일치하는 제시에 대하여 결제 또는 매입을 하고, 그 서류를 개설은행에 송부한 지정은행에 대하여 신용장 대금을 상환할 의무를 부담한다. 인수신용장 또는 연지급신용장의 경우 일치하는 제시에 대응하는 대금의 상환은 지정은행이 만기 이전에 대금을 먼저 지급하였거나 또는 매입하였는지 여부와 관계없이 만기에 이루어져야 한다. 개설은행의 지정은행에 대한 상환의무는 개설은행의 수익자에 대한 의무로부터 독립적이다.

나. 확인은행의 의무

①신용장에서 규정된 서류들이 확인은행 또는 다른 지정은행에 제시되고, 그것이 신용장 조건에 일치하는 제시일 경우에 있어, ㉠확인은행은, ⓐ신용장이 확인은행에서 일람지급, 연지급 또는 인수에 의하여 이용될 수 있는 경우, ⓑ신용장이 다른 지정은행에서 일람지급에 의하여 이용될 수 있음에도, 해당 지정은행이 대금을 지급하지 않는 경우, ⓒ신용장이 다른 지정은행에서 연지급에 의하여 이용될 수 있음에도, 해당 지정은행이 연지급의 의무를 부담하지 않는 경우 또는 그와 같은 연지급의 의무를 부담하였으나 만기에 대금을 지급하지 않는 경우, ⓓ신용장이 다른 지정은행에서 인수에 의하여 이용될 수 있음에도, 해당 지정은행이 그 지정은행을 지급인으로 한 환어음을 인수하지 않거나 그 환어음을 인수하였더라도 만기에 대금을 지급하지 않는 경우, ⓔ신용장이 다른 지정은행에서 매입에 의하여 이용될 수 있는데, 해당 지정은행이 매입하지 않는 경우 등에 있어 결제의무를 부담한다. ㉡신용장이 확인은행에서 매입의 방법으로 이용이 가능하다면, 확인은행은 상환청구권 없이 매입하여야 한다.

②확인은행은 신용장에 확인을 추가하는 시점으로부터 취소가 불가능한 결제또는 매입의 의무를 부담한다.

③확인은행은 일치하는 제시에 대하여 결제 또는 매입하고 그 서류를 확인은행에 송부한 다른 지정은행에 대하여 신용장 대금을 상환할 의무를 부담한다. 인수신용장 또는 연지급신용장의 경우 일치하는 제시에 대응하는 대금의 상환은 다른 지정은행이 그 신용장의 만기 이전에 대금을 먼저 지급하였거나 또는 매입하였는지 여부와 관계없이 만기에 이루어져야 한다. 확인은행의 다른 지정은행에 대한 상환의무는 확인은행의 수익자에 대한 의무로부터 독립적이다.

④어떤 은행이 개설은행으로부터 신용장에 대한 확인의 권한을 받았거나 요청 받

앉음에도 불구하고 그 준비가 되지 않았다면, 지체 없이 개설은행에 대하여 그 사실을 통지하여야 하고, 이 경우 신용장의 확인 없이 통지만을 할 수 있다.

(6) 신용장의 조건변경

가. 신용장 및 이에 대한 조건변경의 통지

①신용장 및 이에 대한 조건변경은 통지은행을 통하여 수익자에게 통지될 수 있다. 확인은행이 아닌 통지은행은 결제나 매입에 대한 어떤 의무의 부담 없이 신용장 및 이에 대한 조건변경을 통지한다.

②통지은행은 신용장 또는 그 조건변경을 통지함으로써 신용장 또는 그 조건변경에 대한 외견상의 진정성이 충족된다는 점과 그 통지가 송부 받은 신용장 또는 그 조건변경의 조건들을 정확하게 반영하고 있다는 점을 표명한다.

③통지은행은 수익자에게 신용장 및 그 조건변경을 통지하기 위하여 다른 은행, 곧 제2의 통지은행을 이용할 수 있다. 제2의 통지은행은 신용장 또는 그 조건변경을 통지함으로써 신용장 또는 그 조건변경에 대한 외견상의 진정성이 충족된다는 점과 그 통지가 송부 받은 신용장 또는 그 조건변경의 조건들을 정확하게 반영하고 있다는 점을 표명한다.

④신용장을 통지하기 위하여 통지은행 또는 제2의 통지은행을 이용하는 은행은 그 신용장의 조건변경을 통지하기 위하여 동일한 은행을 이용하여야만 한다.

⑤은행이 신용장 또는 조건변경을 통지하도록 요청받았으나 이를 수락하지 않을 경우 이러한 통지를 송부한 은행에 지체 없이 이를 알려주어야 한다.

⑥은행이 신용장 또는 조건변경을 통지하도록 요청받았으나, 신용장 및 그 조건변경 또는 통지의 외견상 진정성에 대한 요건을 충족하지 못한다고 판단한 경우 지체 없이 그 지시를 송부한 것으로 되어 있는 은행에 그 사실을 통지하여야 한다. 그럼에도 불구하고 통지은행 또는 제2의 통지은행이 신용장 또는 그 조건변경을 통지하기로 한 경우 그 은행은 수익자 또는 제2의 통지은행에게 신용장, 그 조건변경 또는 통지가 외견상 진위성에 대한 요건을 충족하지 못한다는 점을 알려주어야 한다.

나. 조건변경

①특단의 경우를 제외하고 신용장은 개설은행, 확인은행이 있는 경우 그 확인은행, 그리고 수익자의 동의가 없이는 조건변경 되거나 취소될 수 없다.

②개설은행은 신용장에 대한 조건을 변경한 경우 그 시점으로부터 변경내용에 대하여 취소불가능하게 구속된다. 확인은행은 조건변경에 대한 확인을 연장할 수 있고, 그 조건변경을 통지한 경우 그 시점으로부터 취소 불가능하게 그 내용에 구속된다. 그러나 확인은행이 조건변경에 대하여 확인을 연장함이 없이 통지만을 하기로 선택한 경우 지체 없이 개설은행에 그 사실을 알려주어야 하고, 당해 통지에서 수익자에게 그 사실을 알려주어야 한다.

③원신용장 또는 이전에 조건변경이 수락된 신용장의 조건은 수익자가 조건변경을 통지한 은행에 대하여 변경된 내용을 수락한다는 뜻을 알려줄 때까지는 수익자에 대하여 효력을 가진다. 수익자는 조건변경내용에 대한 수락 또는 거절의 뜻을 알려주어야 한다. 수익자가 이러한 수락 또는 거절의 뜻을 알리지 않은 경우 신용장 및 아직 수락되지 않고 있는 조건변경 내용에 부합하는 제시가 있으면 수익자가 그러한 조건변경 내용을 수락한다는 뜻을 알린 것으로 본다. 이 경우 그 순간부터 신용장의 조건은 변경된다.

④신용장의 조건변경을 통지하는 은행은 조건변경을 송부한 은행에게 조건변경 내용에 대한 수락 또는 거절의 뜻을 통보하여야 한다.

⑤조건변경에 대하여 일부만을 수락하는 것은 허용되지 않으며, 이는 조건변경 내용에 대한 거절의 의사표시로 취급한다.

⑥수익자가 일정한 시간 내에 조건변경을 거절하지 않으면 조건변경이 효력을 가지게 된다는 규정이 조건변경 내용에 있는 경우 이는 무시된다.

다. 전신과 사전통지 된 신용장 및 조건변경

①진정성이 확인된 신용장 또는 조건변경의 전신은 신용장 또는 조건의 유효한 변경으로 보고, 그 밖의 어떠한 추가적 우편확인은 무시된다. 전신의 내용에서 **상세한 명세가 추후 송부될 것**(full details to follow 또는 유사한 취지의 단어)이라고 표현되어 있거나, 또는 **우편확인이 유효한 신용장 또는 조건변경**(states that the mail confirmation is to be the operative credit or amendment)이라고 표현되어 있는 경우 이러한 전신은 유효한 신용장 또는 조건변경으로 취급하지 않는다. 이러한 경우 개설은행은 지체 없이 전신과 불일치하지 않는 조건으로 유효한 신용장을 개설하거나 조건변경을 하여야 한다.

②신용장의 개설 또는 조건변경에 대한 사전통지는 개설은행이 유효한 신용장 또는 조건변경을 개설할 수 있을 경우에만 송부되어 질수 있다. 사전통지를 보낸 개

설은행은 이와 불일치하지 않는 조건으로 지체 없이 취소불가능하고 유효한 신용장을 개설하거나 조견변경을 하여야 한다.

(7) 지정과 은행 간 상환약정

가. 지정

①지정은행이 확인은행이 아닌 경우 결제 또는 매입에 대한 수권은 지정은행이 결제 또는 매입에 명백히 동의하고 이를 수익자에게 통보한 경우를 제외하고 지정은행에 결제 또는 매입에 대한 어떤 의무도 부과하지 않는다.

②개설은행은 어떤 은행이 환어음을 인수하거나 연지급 의무를 부담하도록 지정함으로써 지정은행이 대금을 먼저 지급하거나 또는 인수된 환어음을 인수하거나, 또는 그 지정은행이 연지급 의무를 부담하도록 권한을 부여한다.

③확인은행이 아닌 지정은행이 서류를 수취하거나 또는 심사 후 서류를 송부하는 것은 지정은행에게 결제 또는 매입에 대한 책임을 부담시키는 것이 아니고 또한 그것이 결제 또는 매입을 구성하지 않는다.

나. 은행 간 상환약정

①신용장에서 지정은행, 곧 청구은행이 다른 당사자로서 상환은행에게 청구하여 상환을 받도록 규정하고 있는 경우 신용장은 상환과 관련, 신용장 개설일에 유효한 은행 간 상환에 대한 ICC 규칙의 적용을 받는지 여부를 명시해야 한다.

②신용장이 상환과 관련하여 은행 간 상환에 대한 ICC 규칙의 적용을 받는다는 사실을 명시하지 않은 경우 다음의 내용이 적용된다. ㉠개설은행은 신용장에 명시된 이용가능성에 부합하는 상환권한을 상환은행에 수여하여야 한다. 상환권한은 유효기일의 적용을 받지 않아야 한다. ㉡청구은행은 신용장의 조건에 일치한다는 증명서를 상환은행에 제시하도록 요구받아서는 안 된다. ㉢신용장의 조건에 따른 상환은행의 최초 지급청구 시에 상환이 이루어지지 않으면, 개설은행은 그로 인하여 발생한 모든 비용과 함께 모든 이자(利子, interest) 손실에 대하여도 책임을 부담한다. ㉣상환은행의 수수료는 개설은행이 부담한다. 그러나 그 수수료를 수익자가 부담하여야 한다면, 개설은행은 신용장과 상환수권서에 그러한 사실을 명시할 책임을 부담한다. 상환은행의 수수료를 수익자가 부담해야 하는 경우 수수료는 상환이 이루어질 때, 청구은행에 지급해야 할 금액으로부터 공제된다. 상환이 이루어지지 않는 경우 상환은행의 수수료는 개설은행이 부담하여야 한다.

③최초 지급청구 시에 상환은행에 의한 상환이 이루어지지 아니한 경우 상환을 제공할 개설은행 자신의 의무는 면제되지 아니한다.

(8) 서류심사

가. 서류심사의 기준

①지정에 따라 행동하는 지정은행, 확인은행이 있는 경우 확인은행 그리고 개설은행은 서류에 대하여 문면상 일치하는 제시가 있는지의 여부를 단지 서류에 의해 심사하여야 한다.

②지정에 따라 행동하는 지정은행, 확인은행이 있는 경우 확인은행 그리고 개설은행에게는 제시가 일치하는지 여부를 결정하기 위하여 제시일의 다음날로부터 기산하여 최장 5일의 은행영업일이 각각 주어진다. 이 기간은 유효기일 내의 제시일자나 최종제시일 또는 그 이후에 발생하는 사건에 의해서 단축되거나 달리 영향을 받지 않는다.

③하나 이상의 운송서류 원본이 포함된 제시는, 이 규칙에서 정하고 있는 선적일 후 21일보다 늦지 않게 수익자에 의하거나 또는 그를 대신하여 이루어져야 하고, 어떠한 경우라도 신용장의 유효기일보다 늦게 이루어져서는 안 된다.

④신용장, 서류 그 자체 그리고 ISBP의 문맥에 따라 서류상 정보는 그 서류나 다른 적시된 서류 또는 신용장상의 정보와 반드시 일치될 필요는 없으나, 그들과 충돌하여서는 안 된다.

⑤상업송장 이외의 서류에서, 물품·서비스 또는 의무이행의 명세는, 만약 기재되는 경우 신용장의 명세와 저촉되지 않는 일반적인 용어로 기재될 수 있다.

⑥신용장에서 누가 서류를 발행하여야 하는지 여부 또는 정보를 명시함이 없이 운송서류·보험서류 또는 상업송장 이외의 다른 어떠한 서류의 제시를 요구한다면, 그 서류내용이 요구되는 서류의 기능을 충족하는 것으로 보고 그 밖에 본 규칙에 부합하는 한 은행은 제시된 대로 서류를 수리한다.

⑦제시되었으나 신용장에서 요구되지 아니한 서류는 무시되고 제시자에게 반환될 수 있다.

⑧조건과 일치함을 나타낼 서류를 명시함이 없이 신용장에 어떠한 조건이 담겨 있다면, 은행은 그러한 조건이 기재되지 아니한 것으로 취급하고 무시한다.

⑨서류는 신용장 개설일 이전 일자에 작성된 것일 수 있으나, 제시일자보다 늦은 일자에 작성된 것이어서는 안 된다.

⑩수익자와 개설의뢰인의 주소가 어떤 요구서류에 나타날 때, 그것은 신용장 또는 다른 요구서류상에 기재된 것과 동일할 필요는 없으나 신용장에 기재된 각각의 주소와 동일한 국가 내에 있어야 한다. 수익자 및 개설의뢰인의 주소의 일부로 기재된 세부 연락처, 이를테면 팩스·전화·이메일 및 이와 유사한 것 등은 무시된다. 그러나 개설의뢰인의 주소와 세부 연락처가 운송서류상의 수화인 또는 통지처의 일부로서 나타날 때에는 신용장에 명시된 대로 기재되어야 한다.

⑪그 밖에 어떠한 서류상에 표시된 물품의 선적인 또는 송화인은 신용장의 수익자일 필요가 없고, 운송서류는 운송인·소유자·선장·용선자 그 밖에 어느 누구에 의해서도 발행될 수 있다.

나. 일치하는 제시

①개설은행은 제시가 일치한다고 판단할 경우 결제하여야 한다.

②확인은행은 제시가 일치한다고 판단할 경우 결제 또는 매입하고 그 서류들을 개설은행에 송부하여야 한다.

③지정은행은 제시가 일치한다고 판단하고 결제 또는 매입할 경우 그 서류들을 확인은행 또는 개설은행에 송부하여야 한다.

다. 하자있는 서류, 권리포기 및 통지

①지정에 따라 행동하는 지정은행, 확인은행이 있는 경우 확인은행 또는 개설은행은 제시가 일치하지 않는 경우 결제 또는 매입을 거절할 수 있다.

②개설은행은 제시가 일치하지 않는다고 판단하는 때에는, 자신의 독자적인 판단으로 하자에 대한 권리포기를 위하여 개설의뢰인과 교섭할 수 있다. 그러나 이로 인하여 그 기간이 연장되지는 않는다.

③지정에 따라 행동하는 지정은행, 확인은행이 있는 경우 확인은행 또는 개설은행이 결제 또는 매입을 거절하기로 결정한 경우 제시자에게 그러한 취지로 통지하여야 한다. 통지에는, ㉠은행이 결제 또는 매입을 거절한다는 사실, ㉡은행이 결제 또는 매입을 거절하는 각각의 하자, ㉢제시자의 추가지시가 있을 때까지 은행이 서류를 보관할 것이라는 사실, ㉣개설의뢰인으로부터 권리포기를 받고 이를 받아들이기로 동의하거나 또는 권리포기를 받아들이기로 동의하기 이전에 제시자로부터 추가

지시를 받을 때까지 개설은행이 서류를 보관할 것이라는 사실, ㉣은행이 서류를 반환할 것이라는 사실, ㉤은행이 사전에 제시자로부터 받은 지시에 따라 행동할 것이라는 사실 등을 기재하여야 한다.

④통지는 전신 또는 그 이용이 불가능하다면 다른 신속한 수단으로 제시일의 다음 날로부터 기산하여 5일의 영업일 종료 시보다 늦지 않게 이루어져야 한다.

⑤지정에 따라 행동하는 지정은행, 확인은행이 있는 경우 확인은행 또는 개설은행은, 통지 이후에도 언제든지 제시자에게 서류를 반환할 수 있다.

⑥개설은행 또는 확인은행이 이상의 규정에 따라 행동하지 못하면, 그 은행은 서류에 대한 일치하는 제시가 아니라는 주장을 할 수 없다.

⑦개설은행이 결제를 거절하거나 또는 확인은행이 결제 또는 매입을 거절하고 이상의 규정에 따라 그 취지의 통지를 한 때는, 그 은행은 이미 지급된 상환대금을 이자(利子, interest)와 함께 반환 청구할 권리를 갖는다.

라. 원본서류와 사본

①적어도 신용장에서 명시된 각각의 서류의 원본 1통은 제시되어야 한다.

②서류 자체가 원본이 아니라는 표시가 없는 한, 은행은 명백하게 원본성을 갖는 발행자의 **서명·마크·스탬프·라벨** 등이 담긴 서류를 원본으로 취급한다.

③서류가 달리 표시하지 않고 있는 경우 은행은, ㉠발행자의 손으로 작성·타이핑·천공서명·스탬프 된 것으로 보이는 것, ㉡발행자의 원본서류 위에 작성된 것으로 보이는 것, ㉢원본이라는 표시가 제시된 서류에는 적용되지 않는 것으로 보이지 않는 한, 원본이라는 표시가 있는 것 등을 원본으로 처리한다.

③그 밖에 신용장이 사본제시를 요구하는 경우 원본 또는 사본의 제시가 모두 허용되며, 신용장이 **in duplicate, in two folds, in two copies** 등과 같은 용어를 사용하여 복수의 서류의 제시를 요구하는 경우 이 조건은 서류 자체에 달리 정함이 없는 한, 적어도 1통의 원본과 나머지 사본을 제시함으로써 충족된다.

마. 상업송장

①상업송장은, ㉠특단의 경우를 제외하고 수익자가 발행한 것으로 보여야 하고, ㉡개설의뢰인 앞으로 발행되어야 하며, ㉢신용장과 같은 통화로 발행되어야 한다. 그리고 ㉣서명될 필요는 없다.

②지정에 따라 행동하는 지정은행, 확인은행이 있는 경우 확인은행 또는 개설은행은 신용장에서 허용된 금액을 초과하여 발행된 상업송장을 수리할 수 있고, 이러한 결정은 문제된 은행이 신용장에서 허용된 금액을 초과한 금액을 결제 또는 매입하지 않았던 경우에 한하여, 모든 당사자를 구속한다. 또한 상업송장상의 물품·서비스 또는 의무이행의 명세는 신용장상의 그것과 일치하여야 한다.

(9) 운송서류

가. 복수 이상의 다른 운송방법을 포괄하는 운송서류

①적어도 복수 이상의 다른 운송방법을 포괄하는 운송서류(복합운송서류)는 어떤 명칭을 사용하든 간에 다음과 같아야 한다. ㉠운송인의 명칭을 표시하고 다음의 자에 의하여 서명되어야 한다. ⓐ운송인 또는 운송인을 위한 또는 그를 대리하는 기명대리인, ⓑ선장 또는 선장을 위한 또는 그를 대리하는 기명대리인으로서, 운송인·선장 또는 대리인의 서명은 운송인·선장 또는 대리인의 서명으로서 특정되어야 한다. ⓒ대리인의 서명은 그가 운송인을 위하여 또는 대리하여 또는 선장을 위하여 또는 대리하여 서명한 것인지를 표시하여야 한다. ㉡물품이 신용장에 명시된 장소에서 발송·수탁 또는 본선에 적재되었다는 것을 다음의 방법으로 표시하여야 한다. ⓐ미리 인쇄된 문구 또는, ⓑ물품이 발송·수탁 또는 본선에 적재된 일자를 표시하는 스탬프 또는 부기 등이다. 여기서 운송서류의 발행일은 발송일·수탁일 또는 본선적재일과 선적일로 본다. 그러나 운송서류가 스탬프 또는 부기에 의하여 발송일·수탁일 또는 본선적재일을 표시하는 경우 그 일자를 선적일로 본다. ㉢비록 다음의 경우라고 하더라도 신용장에 기재된 발송지·수탁지·선적지· 최종목적지를 표시하여야 한다. ⓐ운송서류가 추가적으로 다른 발송지·수탁지·선적지·최종목적지를 기재하는 경우 또는, ⓑ운송서류가 선박·선적항·하역항과 관련하여 **예정된**(intended)이라는 표시 또는 이와 유사한 제한을 포함하는 경우 등이다. ㉣유일한 운송서류 원본이거나 또는 원본이 1통을 초과하여 발행되는 경우 운송서류에 표시된 **전통**(full set)이어야 한다. ㉤운송조건을 포함하거나 또는 운송조건을 포함하는 약식 또는 뒷면 백지운송서류 등의 다른 출처를 언급하여야 한다. 여기서 운송조건은 심사되지 않는다. ㉥용선계약에 따른다는 어떤 표시도 포함하지 않아야 한다.

②환적은 신용장에 기재된 발송지·수탁지 또는 선적지로부터 최종목적지까지의 운송도중에 하나의 운송수단으로부터 양하되어 다른 운송수단으로 재차 적재되는 것을 의미한다. 여기서 운송방법이 다른지의 여부는 상관하지 않는다.

③운송서류는 전 운송이 하나의 동일한 운송서류에 의하여 포괄된다면 물품이 환적될 것이라거나 환적될 수 있다는 것을 표시할 수 있다. 또한 환적이 될 것이라거나 될 수 있다고 표시하는 운송서류는 비록 신용장이 환적을 금지하더라도 수리될 수 있다.

나. 선하증권

①선하증권은 어떠한 명칭을 사용하든 간에 다음과 같아야 한다. ㉠운송인의 명칭이 표시되고 다음의 자에 의하여 서명되어야 한다. ⓐ운송인 또는 운송인을 위한 또는 그를 대리하는 기명대리인, ⓑ선장 또는 선장을 위한 또는 그를 대리하는 기명대리인으로서 운송인·선장 또는 대리인의 서명은 운송인·선장 또는 대리인의 서명으로서 특정되어야 한다. 여기서 대리인의 서명은 그가 운송인을 위하여 또는 대리하여 또는 선장을 위하여 또는 대리하여 서명한 것인지를 표시하여야 한다. ㉡물품이 신용장에서 명시된 선적항에서 기명된 선박에 본선적재 되었다는 것을 다음의 방법으로 표시하여야 한다. ⓐ미리 인쇄된 문구 또는, ⓑ물품이 본선에 적재된 일자를 표시하는 본선적재표기로서, 선하증권이 선적일자를 표시하는 본선적재표기를 포함하지 않는 경우 선하증권 발행일을 선적일로 본다. 선하증권에 본선적재표기가 된 경우 본선적재표기에 기재된 일자를 선적일로 본다. 선하증권이 선박명과 관련하여 **예정된 선박**(intended vessel) 또는 이와 유사한 표시를 포함하는 경우 선적일과 실제 선박명을 표시하는 본선적재표기가 요구된다. ㉢신용장에 기재된 선적항으로부터 하역항까지의 선적을 표시하여야 한다. 선하증권이 신용장에 기재된 선적항을 선적항으로 표시하지 않는 경우 또는 선적항과 관련하여 **예정된**(intended)이라는 표시 또는 이와 유사한 제한을 포함하는 경우 신용장에 기재된 선적항과 선적일 및 선박명을 표시하는 본선적재표기가 요구된다. 이는 기명된 선박에의 본선적재 또는 선적이 미리 인쇄된 문구에 의하여 선하증권에 표시된 경우에도 적용된다. ㉣유일한 선하증권 원본이거나 또는 원본이 1통을 초과하여 발행되는 경우 선하증권에 표시된 **전통**(full set)이어야 한다. ㉤운송조건을 포함하거나 또는 운송조건을 포함하는 약식 또는 뒷면 백지선하증권 등의 다른 출처를 언급하여야 한다. 여기서 운송조건의 내용은 심사되지 않는다. ㉥용선계약에 따른다는 어떤 표시도 포함하지 않아야 한다.

②환적은 신용장에 기재된 선적항으로부터 하역항까지의 운송도중에 하나의 선박으로부터 양하되어 다른 선박으로 재차 적재되는 것을 의미한다.

③선하증권은 전 운송이 하나의 동일한 선하증권에 의하여 포괄된다면 물품이 환적될 것이라거나 환적될 수 있다는 것을 표시할 수 있다. 또한 환적될 것이라거나

될 수 있다고 표시하는 선하증권은, 물품이 컨테이너·트레일러·래시 바지에 선적되었다는 것이 선하증권에 의하여 증명되는 경우 비록 신용장이 환적을 금지하더라도 수리될 수 있다.

④운송인이 환적할 권리를 갖고 있음을 기재한 선하증권의 조항은 무시된다.

다. 비유통해상화물운송장

①비유통해상화물운송장은 어떤 명칭을 사용하든 간에 다음과 같아야 한다. ㉠운송인의 명칭이 표시되고 다음 당사자에 의해서 서명되어야 한다. ⓐ운송인 또는 운송인을 위한 또는 그를 대리하는 기명대리인, ⓑ선장 또는 선장을 위한 또는 그를 대리하는 기명대리인 운송인·선장 또는 대리인의 서명은 운송인·선장 또는 대리인의 서명으로서 특정되어야 한다. 여기서 대리인의 서명은 그가 운송인을 위하여 또는 대리하여 또는 선장을 위하여 또는 대리하여 서명한 것인지를 표시하여야 한다. ㉡물품이 신용장에 기재된 선적항에서 기명된 선박에 본선적재 되었다는 것을 다음의 방법으로 표시하여야 한다. ⓐ미리 인쇄된 문구 또는, ⓑ물품이 본선적재된 일자를 표시하는 본선적재표기로서, 비유통해상화물운송장이 선적일자를 표시하는 본선적재표기를 하지 않은 경우 비유통해상화물운송장의 발행일을 선적일로 본다. 비유통해상화물운송장에 본선적재표기가 된 경우 본선적재표기에 기재된 일자를 선적일로 본다. 비유통해상화물운송장이 선박명과 관련하여 **예정된 선박**(intended vessel)이라는 표시 또는 이와 유사한 제한을 포함하는 경우에는 선적일과 실제 선박명을 표시하는 본선적재표기가 요구된다. ㉢신용장에 기재된 선적항으로부터 하역항까지의 선적을 표시하여야 한다. 비유통 해상화물운송장이 신용장에 기재된 선적항을 선적항으로 표시하지 않는 경우 또는 선적항과 관련하여 **예정된**(intended)이라는 표시 또는 이와 유사한 제한을 포함하는 경우 신용장에 기재된 선적항과 선적일 및 적재선박명을 표시하는 본선적재 표기가 요구된다. 이는 기명된 선박에의 본선적재가 미리 인쇄된 문구에 의하여 비유통해상화물운송장에 표시된 경우에도 적용된다. ㉣유일한 비유통해상화물운송장 원본이거나 또는 원본이 1통을 초과하여 발행되는 경우 비유통해상화물운송장에 표시된 **전통**(full set)이어야 한다. ㉤운송조건을 포함하거나 또는 운송조건을 포함하는 약식 또는 뒷면 백지비유통해상화물운송장 등의 다른 출처를 언급하여야 한다. 이 경우 운송조건의 내용은 심사되지 않는다. ㉥용선계약에 따른다는 어떤 표시도 포함하지 않아야 한다.

②환적은 신용장에 기재된 선적항으로부터 하역항까지의 운송도중에 한 선박으로부터 양하되어 다른 선박으로 재차 적재되는 것을 의미한다.

③비유통해상화물운송장은 전 운송이 하나의 동일한 비유통해상화물운송장에 의하여 포괄된다면, 물품이 환적될 것 또는 환적될 수 있음을 표시할 수 있다. 또한 환적이 될 것 또는 환적될 수 있다고 표시한 비유통해상화물운송장은 물품이 컨테이너・트레일러・래시 바지에 선적되었다는 것이 비유통해상화물운송장에 의하여 증명되는 경우 비록 신용장이 환적을 금지하더라도 수리될 수 있다.

④운송인이 환적할 권리를 갖고 있음을 기재한 비유통해상화물운송장의 조항은 무시된다.

라. 용선계약부 선하증권

①어떠한 명칭을 사용하든지 용선계약에 따른다는 용선계약부 선하증권은 다음과 같아야 한다. ㉠다음의 당사자에 의해서 서명되어야 한다. ⓐ선장 또는 선장을 위한 또는 그를 대리하는 기명대리인, ⓑ선주 또는 선주를 위한 또는 그를 대리하는 기명대리인, ⓒ용선자 또는 용선자를 위한 또는 그를 대리하는 기명대리인으로서, 선장・선주・용선자 또는 대리인의 서명은 선장・선주・용선자 또는 대리인의 서명으로서 특정되어야 한다. 또한 대리인의 서명은 그가 선장・선주・용선자를 위하여 또는 대리하여 서명한 것인지를 표시하여야 한다. 그리고 선주를 위하여 또는 대리하여 또는 용선자를 위하여 또는 대리하여 서명하는 대리인은 선주 또는 용선자의 명칭을 표시하여야 한다. ㉡물품이 신용장에 기재된 선적항에서 기명된 선박에 본선에 적재되었다는 것을 다음의 방법으로 표시하여야 한다. ⓐ미리 인쇄된 문구 또는, ⓑ물품이 본선에 적재된 일자를 표시하는 본선적재표기, ⓒ용선계약부 선하증권이 선적일자를 표시하는 본선적재표기를 하지 않은 경우 용선계약부 선하증권의 발행일을 선적일로 본다. 용선계약부 선하증권에 본선적재표기가 된 경우 본선적재표기에 기재된 일자를 선적일로 본다. ㉢신용장에 기재된 선적항으로부터 하역항까지의 선적을 표시하여야 한다. 하역항은 또한 신용장에 기재된 바에 따라 일정 범위의 항구들 또는 지리적 지역으로 표시될 수 있다. ㉣유일한 용선계약부 선하증권 원본이거나 또는 원본이 1통을 초과하여 발행되는 경우 용선계약부 선하증권에 표시된 전통(full set)이어야 한다.

②비록 신용장의 조건이 용선계약의 제시를 요구하더라도 은행은 용선계약을 심사하지 않는다.

마. 항공운송서류

①항공운송서류는 어떠한 명칭을 사용하든지 다음과 같아야 한다. ㉠운송인의 명

칭을 표시하고 다음 당사자에 의해 서명되어야 한다. ⓐ운송인 또는, ⓑ운송인을 위한 또는 그를 대리하는 기명대리인으로서, 운송인 또는 그를 대리하는 기명대리인 운송인 또는 대리인의 서명은 운송인 또는 대리인의 서명으로서 특정되어야 한다. 대리인의 서명은 대리인이 운송인을 위해 또는 운송인을 대리하여 서명한 것인지를 표시해야 한다. ㉡물품이 운송을 위해 수리되었음을 표시해야 한다. ㉢발행일을 표시하여야 한다. 항공운송서류가 실제 선적일에 대한 특정한 부기를 포함하지 않는 경우 발행일을 선적일로 본다. 항공운송서류가 실제 선적일에 대한 특정한 부기를 포함하는 경우 부기에 기재된 일자를 선적일로 본다. 운항번호와 일자와 관련하여 항공운송서류에 나타나는 그 밖의 모든 정보는 선적일을 결정할 때 고려되지 않는다. ㉣신용장에 기재된 출발공항과 도착공항을 표시하여야 한다. ㉤비록 신용장이 원본 **전통**(full set)을 규정하더라도 송화인 또는 선적인용 원본이어야 한다. ㉥운송조건을 포함하거나 또는 운송조건을 포함하는 다른 출처를 언급하여야 한다. 여기서 운송조건의 내용은 심사되지 않는다.

②환적은 신용장에 기재된 출발공항으로부터 도착공항까지의 운송도중 하나의 항공기로부터 양하되어 다른 항공기로 재차 적재되는 것을 의미한다.

③항공운송서류는 전 운송이 하나의 동일한 항공운송서류에 의하여 포괄된다면 물품이 환적될 것이라거나 환적될 수 있다는 것을 표시할 수 있다. 또한 환적이 될 것이라거나 환적될 수 있다고 표시하는 항공운송서류는 비록 신용장이 환적을 금지하더라도 수리될 수 있다.

바. 도로 · 철도 · 내수로 운송서류

①도로 · 철도 · 내수로 운송서류는 어떠한 명칭을 사용하든지 다음과 같아야 한다. ㉠운송인의 명칭을 표시하고 또한 운송인, 또는 운송인을 위한 또는 그를 대리하는 대리인이 서명하거나 또는 운송인 또는 운송인을 위한 또는 대리하는 기명대리인이 서명, 스탬프 또는 부기에 의하여 물품의 수령을 표시하여야 한다. 운송인 또는 대리인에 의한 모든 서명, 스탬프 또는 물품수령 부기는 운송인 또는 대리인의 그것으로서 특정되어야 한다. 대리인에 의한 모든 서명 · 스탬프 또는 물품수령부기는 대리인이 운송인을 위하여 또는 운송인을 대리하여 서명하였거나 행위한 것을 표시하여야 한다. 철도운송서류가 운송인을 특정하지 않았다면, 철도회사의 서명 또는 스탬프가 문서가 운송인에 의하여 서명되었다는 점에 대한 증거로 승인된다. ㉡신용장에 기재된 장소에서의 선적일 또는 물품이 선적 · 발송 · 운송을 위하여 수령된 일자를 표시하여야 한다. 운송서류에 일자가 표시된 수령스탬프, 수령일 또는 선적일

의 표시가 없다면 운송서류의 발행일을 선적일로 본다. ㉢신용장에 기재된 선적지와 목적지를 표시하여야 한다.

②도로운송서류는 송화인 또는 선적인용 원본으로 보이거나 또는 그 서류가 누구를 위하여 작성되었는지에 대한 표시가 없어야 한다. 또한 **duplicate**라고 표시된 도로운송서류는 원본으로 수리된다. 그리고 철도 또는 내수로 운송서류는 원본표시 여부에 관계없이 원본으로 수리된다.

③운송서류에 발행된 원본 통수의 표시가 없는 경우 제시된 통수가 **전통**(full set)을 구성하는 것으로 본다.

④환적은 신용장에 기재된 선적·발송 또는 운송지로부터 목적지까지의 운송 도중 동일한 운송방법 내에서 어떤 하나의 운송수단으로부터 양하되어 다른 운송수단으로 재차 적재되는 것을 의미한다.

⑤도로·철도 또는 내수로 운송서류는 전 운송이 하나의 동일한 운송서류에 의하여 포괄된다면 물품이 환적될 것이라거나 환적될 수 있다는 것을 표시할 수 있다. 또한 비록 신용장이 환적을 금지하더라도 환적이 될 것이라거나 될 수 있다는 표시가 된 도로·철도 또는 내수로 운송서류는 수리될 수 있다.

사. 특송배달영수증, 우편영수증 또는 우편증명서

①어떠한 명칭을 사용하든지 운송을 위하여 물품을 수령하였음을 증명하는 특송배달영수증은 다음과 같아야 한다. ㉠특송배달업체의 명칭을 표시하고, 신용장에 물품이 선적되기로 기재된 장소에서 기명된 특송배달업체가 스탬프하거나 서명하여야 한다. ㉡집배 또는 수령일자 또는 이러한 취지의 문구를 표시하여야 한다. 이 일자를 선적일로 본다.

②특송배달료가 지급 또는 선지급되어야 한다는 요건은 특송배달료가 수화인 이외의 제3자의 부담임을 증명하는 특송배달업체가 발행한 운송서류에 의하여 충족될 수 있다.

③어떠한 명칭을 사용하든 간에 운송을 위하여 물품을 수령하였음을 증명하는 우편영수증 또는 우편증명서는 신용장에 물품이 선적되기로 기재된 장소에서 스탬프되거나 또는 서명되고 일자가 기재되는 것으로 보여야 한다. 이 경우 당해 일자를 선적일로 본다.

(10) 갑판적재, 부지약관과 운임에 대한 추가비용

①운송서류는 물품이 갑판적재 되거나 적재될 것이라는 표시를 해서는 안 된다. 물품이 갑판적재될 수도 있다는 운송서류상의 조항은 수리될 수 있다.

②**선적인이 적재하고 검수하였음**(shipper's load and count), **선적인의 내용신고에 따름**(said by shipper to contain)과 같은 조항이 있는 운송서류는 수리된다.

③운송서류는 스탬프, 그 밖의 방법으로 추가요금을 언급할 수 있다.

(11) 무고장 운송서류

은행은 단지 무고장 운송서류만을 수리한다. 무고장 운송서류는 물품 또는 포장의 하자상태를 명시적으로 선언하는 조항 또는 부기가 없는 운송서류를 말한다. **무고장**(clean)이라는 단어는 비록 신용장이 운송서류가 **무고장 본선적재**(clean on board)일 것이라는 요건을 포함하더라도 운송서류상에 나타날 필요가 없다.

(12) 보험서류와 부보범위

①보험증권·보험증서 또는 포괄보험에서의 확인서와 같은 보험서류는 보험회사·보험인수인 또는 그들의 대리인 또는 수탁인에 의하여 발행되고 서명된 것으로 보여야 한다. 대리인 또는 수탁인에 의한 서명은 보험회사 또는 보험중개인을 대리하여 서명했는지의 여부를 표시하여야 한다.

②보험서류가 1통을 초과한 원본으로 발행되었다고 표시하는 경우 모든 원본 서류가 제시되어야 한다.

③잠정적 보험영수증은 수리되지 않는다.

④보험증권은 보험증서나 포괄보험의 확인서를 대신하여 수리가 가능하다.

⑤보험서류일자는 선적일보다 늦어서는 안 된다. 다만 보험서류상 부보가 최소한 선적일자 이전에 효력이 발생함을 나타내고 있는 경우 그러하지 아니하다.

⑥ ㉠보험서류는 부보금액을 표시해야 하고 신용장과 동일통화로 표시되어야 한다. ㉡신용장에 부보금액이 물품가액·송장가액 또는 그와 유사한 가액에 대한 백분율로 표시되어야 한다는 요건이 있는 경우 이는 요구되는 부보금액의 최소한으로 본다. 신용장에 부보범위에 부보금액에 대한 명시가 없는 경우 부보금액은 최소한 물품의

CIF 또는 CIP 가액의 110%가 되어야 한다. 그럼에도 이를 결정할 수 없는 경우 부보금액의 범위는 요구된 결제 또는 매입금액 또는 송장에 나타난 물품에 대한 총가액 중 큰 금액을 기준으로 산출되어야 한다. ㉢보험서류는 최소한 신용장에 명시된 수탁지 또는 선적지로부터 양륙지 또는 최종 목적지 사이에 발생하는 위험에 대하여 부보가 되는 것이어야 한다.

⑦신용장은 요구되는 보험의 종류를 명시하여야 하고, 부보되어야 할 추가 위험이 있다면 그것도 명시하여야 한다. 만일 신용장이 **통상의 위험**(usual risks) 또는 **관습적인 위험**(customary risks) 등과 같이 부정확한 용어를 사용하는 경우 보험서류는 특정위험을 부보하지 않는지 여부와 관계없이 수리된다.

⑧신용장이 **전 위험**(all risks)에 대한 부보를 요구하는 경우 어떠한 **전 위험** 표시 또는 문구를 포함한 보험서류가 제시되는 때, 제목에 **전 위험**이 포함되는가에 관계없이 또한 어떠한 위험이 제외된다고 기재하는가에 관계없이 수리된다.

⑨보험서류는 어떠한 **제외문구**(exclusion clause)에 대한 언급을 포함할 수 있다.

⑩보험서류는 부보범위가 일정한도 본인부담이라는 조건 또는 일정한도 이상의 보상조건의 적용을 받고 있음을 표시할 수 있다.

(13) 유효기일 또는 최종제시일의 연장

①신용장의 유효기일 또는 최종제시일이 비영업일인 경우 유효기일 또는 경우에 따라 최종제시일은 그 다음 첫 은행영업일까지 연장된다.

②만일 제시가 그 다음 첫 은행영업일에 이루어지는 경우 지정은행은 개설은행 또는 확인은행에 제시가 연장된 기한 내에 이루어졌음을 기재한 표지서류를 제공하여야 한다. 이 경우 최종선적일은 연장되지 않는다.

(14) 신용장 금액, 수량 그리고 단가의 허용치

①신용장상 금액 또는 표시된 수량 또는 단가와 관련하여 사용된 **about** 또는 **approximately**는 단어는 그것이 언급하는 금액・수량 또는 단가에 관하여 10%를 초과하지 않는 범위 내에서 많거나 적은 편차를 허용하는 것으로 해석된다.

②만일 신용장이 수량을 포장단위 또는 개별단위의 특정 숫자로 기재하지 않고 청구금액의 총액이 신용장의 금액을 초과하지 않는 경우 물품의 수량에서 5%를 초과

하지 않는 범위 내의 많거나 적은 편차는 허용된다.

③물품의 수량이 신용장에 기재된 경우 전량 선적되고 단가가 신용장에 기재된 경우 감액되지 않은 때, 분할선적이 허용되지 않더라도 신용장 금액의 5% 이내의 편차는 허용된다.

(15) 분할청구 또는 분할선적

①분할청구 또는 분할선적은 허용된다.

②동일한 운송수단에서 개시되고 동일한 운송구간을 위한 선적을 증명하는 2세트 이상의 운송서류로 이루어진 제시는, 운송서류가 동일한 목적지를 표시하고 있는 한, 비록 다른 선적일자 또는 다른 선적항·수탁지 또는 발송지를 표시하더라도 분할선적으로 보지 않는다. 제시가 2세트 이상의 운송서류로 이루어지는 경우 가장 늦은 것을 선적일로 본다. 동일한 운송방법 내에서 복수 이상의 운송수단상의 선적을 증명하는 하나 또는 복수 이상 세트의 운송서류로 이루어진 제시는, 비록 운송수단들이 동일한 날짜에 같은 목적지로 향하더라도 분할선적으로 본다.

②복수 이상의 특송배달 영수증·우편영수증·우송확인서 등으로 이루어진 제시는 만일 특송배달 영수증·우편영수증·우송확인서가 동일한 특송배달 용역 또는 우체국에 의하여 동일한 장소 및 날짜 그리고 동일한 목적지로 스탬프가 찍히거나 서명된 것으로 보이는 경우 분할선적으로 보지 않는다.

(16) 할부청구 또는 할부선적

신용장에서 할부청구 또는 할부선적이 일정한 기간 내에 이루어지도록 명시된 경우 동 할부거래를 위해 배정된 기간 내에 할부청구나 할부선적이 이루어지지 않으면 동 신용장은 할부분과 향후 할부분에 대하여 더 이상 이용될 수 없다.

(17) 그 밖의 내용

가. 제시시간

은행은 자신의 영업시간 외의 제시를 수리할 의무가 없다.

나. 서류의 효력에 대한 면책

은행은 어떤 서류방식·충분성·정확성·진정성·위조여부·법적 효력·서류에 명시되거나 위에 추가된 일반 또는 특정조건에 대하여 어떠한 책임도 지지 않는다. 또한 은행은 어떤 서류에 나타난 물품·용역 또는 다른 이행의 기술·수량·무게·품질·상태·포장·인도·가치·존재여부·송화인·운송인·운송중개인·수화인·보험자·다른 사람의 선의 또는 작위 또는 부작위·지급불능·이행 또는 지위 등에 대하여 어떠한 책임도 지지 않는다.

다. 전송과 번역에 대한 면책

①신용장에 기재된 방법에 따라서 알림말·서신 또는 서류가 전송 또는 송부되는 때, 또는 신용장에 송달서비스의 선택에 대한 지시사항이 없어서 은행이 자체적인 판단에 따라 선정하였을 때, 알림말의 전송 또는 서신이나 서류의 송부 과정에서 일어나는 지연, 전달도중의 분실·훼손 또는 그 밖의 실수로 발생하는 결과에 대하여 은행은 어떠한 책임도 지지 않는다.

②지정은행이 제시가 신용장 조건에 일치한다고 판단한 후 서류를 개설은행 또는 확인은행에 송부한 경우 지정은행의 결제 또는 매입여부와 무관하게, 비록 서류가 지정은행과 개설은행 또는 확인은행 간의 또는 확인은행과 개설은행 간의 송부도중 분실된 경우에도 개설은행 또는 확인은행은 결제 또는 매입하거나, 그 지정은행에게 상환하여야 한다.

③은행은 기술적인 용어의 번역 또는 해석에서의 잘못에 대하여 어떠한 책임도 지지 않고 그러한 용어를 번역하지 않고 신용장의 조건을 전송할 수 있다.

라. 불가항력

은행은 천재지변·폭동·소요·반란·전쟁·테러행위·파업·직장폐쇄 또는 자신의 통제 밖에 있는 원인에 의한 영업중단으로부터 발생하는 결과에 대하여 어떠한 책임도 지지 않는다. 은행은 자신의 영업이 중단된 동안에 만료된 신용장 하에서는 결제 또는 매입하지 않는다.

마. 지시받은 당사자의 행위에 대한 면책

①개설의뢰인의 지시를 이행하기 위하여 다른 은행의 용역을 이용하는 은행은 개설의뢰인의 비용과 위험 하에 하는 것이다.

②개설은행이나 통지은행은 비록 자신의 판단 하에 다른 은행을 선정하였더라도 다른 은행에 전달한 지시가 이행되지 않은 것에 어떤 책임도 지지 않는다.

③다른 은행에게 용역의 이행을 요청하는 은행은 그러한 지시와 관련하여 발생하는 다른 은행의 요금·보수·경비·수수료 등에 대하여 책임이 있다. 신용장이 수수료가 수익자의 부담이라고 기재하고 있고 그 수수료가 신용장대금에서 징수되거나 공제될 수 없는 경우 개설은행은 그 수수료에 대하여 여전히 책임이 있다. 신용장 또는 조건변경은 수익자에 대한 통지가 통지은행 또는 둘째 통지은행이 자신의 수수료를 수령하는 것을 조건으로 하여서는 안 된다.

④개설의뢰인은 외국의 법과 관행이 부과하는 모든 의무와 책임에 대하여 은행에 보상할 의무와 책임이 있다.

바. 양도가능신용장

①은행은 자신이 명시적으로 승낙하는 범위와 방법에 의한 경우를 제외하고는 신용장을 양도할 의무가 없다.

② ㉠**양도가능신용장**이란 신용장 자체가 **양도가능**(transferable)이라고 특정하여 기재하고 있는 신용장을 말한다. 양도가능신용장은 수익자[제1수익자]의 요청에 의하여 전부 또는 부분적으로 다른 수익자[제2수익자]에게 이용하게 할 수 있다. ㉡**양도은행**이라 함은 신용장을 양도하는 지정은행 또는 어느 은행에서나 이용할 수 있는 신용장의 경우 개설은행으로부터 양도할 수 있는 권한을 특정하여 받아 신용장을 양도하는 은행을 말한다. 개설은행은 양도은행이 될 수 있다. ㉢**양도된 신용장**은 양도은행이 제2수익자가 이용할 수 있도록 한 신용장을 말한다.

③양도 시에 달리 합의된 경우를 제외하고, 양도와 관련하여 발생한 모든 수수료, 예컨대 요금·보수·경비·비용 등은 제1수익자가 지급해야 한다.

④분할청구 또는 분할선적이 허용되는 경우 신용장은 복수 이상의 제2수익자에게 분할양도 될 수 있다. 양도된 신용장은 제2수익자의 요청에 의하여 그 다음 수익자에게 양도될 수 없다. 제1수익자는 그 다음 수익자로 보지 않는다.

⑤모든 양도요청은 제2수익자에게 조건변경을 통지하여야 하는지의 여부와 그리고 어떠한 조건 하에서 조건변경을 통지하여야 하는지의 여부를 표시하여야 한다. 양도된 신용장은 그러한 조건을 명확하게 표시하여야 한다.

⑥신용장이 복수 이상의 제2수익자에게 양도되면, 하나 또는 복수 이상의 수익자가 조건변경을 거부하더라도 다른 제2수익자의 수락은 무효가 되지 않으며, 양도된 신용장은 그에 따라 변경된다. 조건변경을 거부한 제2수익자에 대하여는 양도된 신용장은 변경되지 않은 상태로 남는다.

⑦양도된 신용장은 만일 있는 경우 확인을 포함하여 신용장의 조건을 정확히 반영하여야 한다. 다만 다음은 예외로 한다. ㉠신용장의 금액, ㉡그곳에 기재된 단가, ㉢유효기일, ㉣제시기간, ㉤최종선적일, ㉥주어진 선적기간 등은 예외로 한다. 이러한 내용은 일부 또는 전부 감액되거나 단축될 수 있다. 부보되어야 하는 백분율은 신용장 또는 이 규칙에서 명시된 부보금액을 규정하기 위하여 높일 수 있다. 신용장의 개설의뢰인의 이름을 제1수익자의 이름으로 대체할 수 있다. 만일 신용장이 송장을 제외한 다른 서류에 개설의뢰인의 이름이 보일 것을 특정하여 요구하는 경우 그러한 요건은 양도된 신용장에도 반영되어야 한다.

⑧제1수익자는 신용장에서 명시된 금액을 초과하지 않는 한, 만일 있다면 자신의 송장과 환어음을 제2수익자의 그것과 대체할 권리를 가지고, 그러한 대체를 하는 경우 제1수익자는 만일 있다면, 자신의 송장과 제2수익자의 송장과의 차액에 대하여 신용장 하에서 청구할 수 있다.

⑨만약 제1수익자가 있는 경우 자신의 송장과 환어음을 제시하려고 하였으나, 첫 번째 요구에서 그렇게 하지 못한 경우 또는 제1수익자가 제시한 송장이 제2수익자가 제시한 서류에 없었던 하자를 발생시키고 제1수익자가 첫 번째 요구에서 이를 정정하지 못한 경우 양도은행은 제1수익자에 대하여 더 이상의 책임 없이 제2수익자로부터 받은 그대로 서류를 개설은행에게 제시할 권리를 갖는다.

⑩제1수익자는 양도요청에서, 신용장이 양도된 장소에서 신용장의 유효기일 이전에 제2수익자에게 결제 또는 매입이 이루어져야 한다는 것을 표시할 수 있다. 이는 제1수익자의 권리에 영향을 미치지 않는다.

⑪제2수익자에 의한 또는 그를 위한 제시는 양도은행에 이루어져야 한다.

바. 대금의 양도

신용장이 양도가능하다고 기재되어 있지 않다는 사실은 수익자가 신용장 하에서 받거나 받을 수 있는 어떤 대금을 준거법의 규정에 따라 양도할 수 있는 권리에 영향을 미치지 않는다. 본 조항은 오직 대금양도에 관한 것이고 신용장 하에서 이행할 수 있는 권리를 양도하는 것에 관한 것은 아니다.

UCP 600

ICC Uniform Customs
and Practice for
Documentary
Credits 2007 REVISION
UCP
600

3 추심결제방식

1 추심결제방식의 의의

일반적으로 신용장이 개입되지 않는 무역결제는 **추심결제방식**, 곧 D/A, D/P에 의한 결제방식이다. 추심에 의한 결제방식은 수입상이 대금을 지급하거나 수출상이 발행한 선적서류들에 대한 인수의사 표시를 하는 방식의 대금결제이다.

추심(推尋, collection)은 **은행의 위임을 받아 상업서류, 금융서류를 인수 또는 지급 받기 위하여 또는 인수도 또는 지급도로 상업서류를 인도하기 위하여 또는 그 밖의 조건으로 서류를 인도하기 위하여 취급하는** 것을 의미한다.

추심의 의미에서 금융서류는 환어음·약속어음·수표·영수증 등을 포함하는 의미이다. 추심을 함에 있어서 선적서류와 같은 상업서류가 첨부되지 아니한 금융서류의 추심을 **무담보추심**(無擔保推尋, clean collection)이라 한다. 추심이라 함은 상업서류의 추심뿐만 아니라 금융서류의 추심인 **무담보추심**을 포함하는 의미이다. 이것은 종전의 무역결제에서는 상업추심이 추심의 주종을 이루었으나 이제는 상업서류가 없는 금융서류에 대한 은행의 추심이 매우 중요한 위치를 차지하고 있어서 무역거래에서의 추심에서도 이를 포함하는 의미로 확대하게 되었다.

D/P의 경우 매수인이 대금지급을 하면 그때 물품을 상징하는 선적서류를 인수할 수 있는 결제방식이다. 이에 대하여 D/A 경우는 매수인이 서류인수 의사를 표시하면 선적서류는 즉시 인도되지만, 어음결제는 정해진 만기에 이루어지는 결제방식이다. 매수인에게 있어서 D/A는 어음 만기동안 외상으로 물품을 매입하는 것과도 같다. 이러한 D/P, D/A거래는 대금을 입수하여야 할 수출업자가 대금지급을 자신의 거래 은행에 대하여 추심을 의뢰하여 결제가 이루어지기 때문에 추심에 의한 결제방식이라 한다.

대금추심을 의뢰 받은 매도인의 거래은행은 매도인의 지시에 따라 일람불 환어음으로 발행되었으면 추심은행은 매수인이 대금을 지급한 후 선적서류를 인도한다.

그러나 환어음이 기한부로 발행된 경우 선적서류를 매수인에게 인도하지만 환어음에 상당하는 대금에 대하여 매수인은 환어음상에 인수표시를 하고 일정기간 이후에 대금을 지급하게 된다. 따라서 추심거래에서 은행은 물품의 소유권을 나타내는 서류의 이전과 교환으로 매수인으로부터 대금지급의 추심을 중개하는 역할을 한다.

매도인이 수출대금의 추심을 의뢰하는 것은 선적서류를 추심은행에게 송부하는 것으로 이루어진다. 여기에서 추심을 의뢰할 때, 선적서류를 직접 매도인의 추심은행에게 송부하는 방식과 자신의 거래은행을 통해서 선적서류를 송부하는 방식이 있다. 주로 매도인이 직접 추심을 의뢰하는 방식이 활용되는데 이 경우 추심지시서를 추심은행에 송부하여야 한다.

결국 추심결제방식은 매도인이 물품을 매수인에게 선적하고 선적서류는 서류송부은행으로 보내어 매수인 거래은행에 전달한다. 그리고 매수인 거래은행은 대금지급시까지 D/P 또는 대금지급이 일정기간 후에 이루어질 것을 보장받지 못하면 D/A 서류를 이전하지 않도록 지시받는 방식으로 대금결제가 이루어지는 것이다.

이것은 일단 매수인이 서류를 점유하면 대금을 지급하지 않은 상태에서 선적물품의 소유권을 가지게 될 것이기 때문이다. 추심결제방식의 절차는 대체로 매도인은 물품을 선적하고 선적서류를 매도인 국가의 서류송부은행에 제시하면 이때 매도인으로부터 제시된 서류는 송부은행이 추심은행인 매수인의 거래은행으로 보내진다. 그러면 매수인은 자신의 거래은행, 곧 추심은행에게 상응하는 금액을 지급하고 서류를 수령하여 물품의 소유권을 확보하게 된다.

2 추심결제방식의 장점

추심결제방식은 신용장거래보다 비용측면에서 상당한 이점이 있다. 이것은 신용장 거래가 은행의 신용을 거래당사자에게 제공하고 있어 신용장 개설은행은 매수인에 대한 대금지급에 대하여 확약하고 있음에 따라 신용장 거래에서 은행은 신용장 거래에 깊이 관여하게 되는데, 곧 은행이 매매당사자도 아니면서 거래에 깊이 관여하는 것은 그 만큼 신용공여의 차원에서 수수료를 징구하여야 함을 함의한다.

은행수수료는 거래 당사자가 지급해야할 지분으로서 장기간 거래를 진행하여 온

당사자에게 있어 상호 간의 신용공여에 대한 문제가 없다면, 은행의 신용공여를 받지 않고, 즉 수수료를 절감하는 방식으로 결제를 이행하는 것이 바람직 할 수 있다. 이는 추심결제방식의 장점을 의미한다.

한편 다국적기업 또는 국제기업이 자회사 또는 현지 회사와의 무역거래를 하는 경우 비용이 많이 투입되는 신용장 거래를 할 필요가 없다. 그런데 다국적기업의 내부거래 또는 기업의 국제적 내부거래는 현재 신용장 거래를 초월하여 그 활용도가 보편화되고 있는 실정에 있다.

또한 기업 간의 경쟁이 심화되어 매수인의 입지가 강화되어 매도인의 신용위험을 감수하고서라도 비용절감을 원하는 매수인의 요구에 따르지 않을 수 없는 무역결제 환경변화요인도 무신용장 거래방식인 추심에 의한 결제방식을 더욱 활성화하고 있는 동인이 되고 있다.

3 추심에 관한 통일규칙

1) 추심에 관한 통일규칙의 의의

추심에 의한 결제는 법률과 관습이 서로 다른 국가 간의 관계이므로, 거래당사자 사이에서 분쟁이 발생할 개연성이 높을 뿐만 아니라, 분쟁이 발생하면 그 해결책을 찾는 것 또한 어렵다. 이에 ICC는 이러한 문제점을 해소하여 국제적으로 추심결제를 원활하게 수행될 수 있도록 하기 위하여, 이른바 **추심에 관한 통일규칙**(uniform rules for collection, URC)을 제정하였다. 현재 최종발간은 URC 522로 명명되고 있다.

URC 522은 별도로 명백한 합의가 없거나 국가의 법규범에 위배되지 않는 한, URC의 총칙 및 정의에 정한 모든 추심업무에 적용되며 관계당사자를 구속한다. 만약 관계 당사자 사이에 추심결제 관련 내용에 대한 별도의 합의가 있거나, 국가의 법규범에 반하는 경우 URC은 적용되지 않는다. 즉 관계당사자가 일정한 사항을 통일규칙과 다르게 합의하면, 당해 합의가 URC에 우선하며, 국가의 법규범이 URC와 상반되는 경우에도 이들 법규범이 URC에 우선한다.

결국 추심에 관하여 당사자 간에 별도로 특별히 합의가 없는 경우 각 은행은 추심의뢰서(collection order)에 기재된 지시에 **This collection is subject to URC 522**이라는 문언을 삽입하여야 한다. 특히 **추심지시서**(collection instruction)에도 동일한 내용의 문언이 기재되어야 **URC 522**를 적용할 수 있다. **URC**는 은행이 관여하는 추심에만 적용된다. 은행이 관여하지 않는 추심은 별도의 규칙을 제정할 수 없다. 이 경우 지시는 주로 환어음 발행양식이 일람불지급 또는 기한부지급 2가지 중 어떤 방식인지의 여부에 의해 결정된다. **URC 522**의 전문을 살피면 다음과 같다.

2) 추심에 관한 통일규칙의 내용

(1) 적용범위와 용어의 정의

가. 적용범위

①**URC 522**는 본 규칙의 준거문언이 추심지시서 본문에 삽입된 경우 모든 추심에 적용할 수 있고, 별도의 명시적 합의가 없거나 또는 국가의 법률 및/또는 위반할 수 없는 규칙의 규정에 반하지 않는 한, 모든 관계당사자를 구속한다.

②은행은 추심 또는 추심지시 또는 관련된 후속지시를 취급해야 할 의무를 지지 아니한다.

③은행이 어떠한 이유에서 접수된 추심 또는 관련지시를 취급하지 않을 것을 선택한 경우 추심 또는 지시를 송부한 당사자에게 전신 또는 전신이 가능하지 않은 경우 다른 신속한 수단으로 지체 없이 통지해야 한다.

나. 용어의 정의

①**추심**(collection)은 은행이 접수된 지시에 따라 ②의 목적으로 취급하는 것을 의미한다. 곧 ㉠지급 및/또는 인수를 취득하거나, ㉡서류를 지급인도 및/또는 인수인도하거나, ㉢그 밖의 조건으로 서류를 인도하는 목적 등이다.

②**서류**(documents)란 다음의 금융서류 및/또는 상업서류를 의미한다. ㉠**금융서류**(financial documents)란 환어음·약속어음·수표 또는 그 밖의 금전지급을 취득하기 위하여 사용되는 이와 유사한 증서를 의미하며, ㉡**상업서류**(commercial documents)란 송장·운송서류·권리증권 또는 이와 유사한 서류 또는 그밖에 금융서류가 아닌 모든 서류를 의미한다.

③**무담보추심**(clean collection)이란, 상업서류가 첨부되지 않은 금융서류의 추심을

의미한다.

④**화환추심**(documentary collection)이란, ㉠상업서류가 첨부된 금융서류의 추심, ㉡금융서류가 첨부되지 않은 상업서류의 추심 등을 의미한다.

(2) 추심당사자와 추심지시서

가. 추심당사자

①추심당사자는, ㉠은행에 추심업무를 의뢰하는 당사자인 **추심의뢰인**(principal), ㉡추심의뢰인으로부터 추심업무를 의뢰받은 은행인 **추심의뢰은행**(remitting bank), ㉢추심의뢰 이외에 추심의뢰과정에 참여하는 모든 은행인 **추심은행**(collecting bank), ㉣지급인에게 제시를 행하는 추심은행인 **제시은행**(presenting bank) 등이다.

②**지급인**(drawee)이란 추심지시서에 따라 제시를 받아야 할 자를 말한다.

나. 추심지시서

① ㉠추심을 위해 송부되는 모든 서류에는 **URC 522**의 적용을 받고 있음을 명시하고 완전하고 정확한 지시가 기재된 추심지시서를 첨부해야 한다. 은행은 그러한 추심지시서에 기재된 지시에 의거하여 그리고 **URC 522**에 따라서만 업무를 수행하여야 한다. ㉡은행은 지시를 찾아 서류를 검토하지 않는다. ㉢추심지시서에 별도의 수권이 없으면 은행은 추심을 송부한 당사자/은행 이외의 어느 당사자/은행으로부터의 어떠한 지시도 무시한다.

②추심지시서는 다음과 같은 정보를 적절하게 포함하여야 한다. ㉠추심을 송부한 은행의 완전한 이름・우편주소・SWIFT[9] 주소・텔렉스・전화・팩스번호 및 참조사항을 포함한 명세, ㉡추심의뢰인의 완전한 이름・우편주소 그리고 해당되는 경우 텔렉스・전화・팩스번호를 포함한 명세, ㉢지급인의 완전한 이름・우편주소 또는 제시가 행해질 주소 및 해당되는 경우 텔렉스・전화・팩스번호를 포함한 명세, ㉣존재하는 경우 제시은행의 완전한 이름・우편주소 및 해당되는 경우 텔렉스・전화・팩스번호를 포함한 명세, ㉤추심되는 금액과 통화, ㉥동봉한 서류의 목록과 각 서류의 숫

9) 1973년 유럽과 북미의 약 230개 은행이 은행 간 자금이동 및 결제를 위한 데이터 통신 시스템을 설치・운용할 목적으로 결성한 협동조합 형태의 기관을 말한다. 1977년 회원은행과 전 세계 80여 개국의 주요 금융기관을 연결하는 데이터 처리 및 전송시스템을 운용하고 있다. 네덜란드와 미국에 데이터 처리・전송센터가 있는데, 각 회원은행은 전용회선을 통해 이중 어느 한 곳과 연결된다. 이러한 시스템을 간략히 SWIFT라고 한다.

자, ㉦ ⓐ지급 및/또는 인수가 취득되는 조건, ⓑ지급 · 인수 · 그 밖의 조건 등과 상환으로 서류의 인도조건 등이다. 추심지시서를 송부하는 당사자는 서류의 인도조건을 분명하고 명확하게 기술되도록 할 책임이 있으며, 그렇지 않을 경우 이로 인해 발생하는 어떠한 결과에 대해서도 은행은 책임을 지지 아니한다. ⓒ추심될 수수료 또는 수수료가 포기될 수 있는지의 여부를 기재한다. ㉨추심될 이자 및 해당하는 경우 포기될 수 있는지의 여부와 이자율 · 환산기간 및 해당되는 경우 계산방법 등이다. ㉩지금방법과 지급통지의 형식, ㉪지급거절 · 인수거절 및/또는 다른 지시의 준수거절의 경우에 관한 지시

② ㉠추심지시서에는 지급인의 완전한 주소 또는 제시가 행해져야 할 장소의 완전한 주소 또는 만약 주소가 불완전하거나 부정확한 경우 추심은행은 의무나 책임 없이 올바른 주소를 확인하기 위해 노력할 수 있다. ㉡추심은행은 불완전하거나 부정확한 주소로 인해 발생하는 어떠한 지연에 대해서도 의무나 책임을 지지 아니한다.

(3) 제시 및 일람출급

가. 제시

①제시란 제시은행이 지시받은 대로 그리고 URC 522에 따라서 서류를 지급인이 취득할 수 있도록 만드는 절차이다.

②추심지시서는 지급인이 조치를 취해야 하는 정확한 기한을 기재해야 한다. 제시 또는 지급인에 의해 서류가 인수되거나 지급인에 의해 서류가 인수되어야 하는 기간에 대한 언급과 관련, 또는 지급인에 의해 취해져야 하는 다른 조치에 대하여 우선(first), 신속한(prompt), 즉시(immediate) 및 이와 유사한 표현들은 사용되어서는 안 된다. 만약 이러한 용어가 사용된 경우 은행은 이를 무시한다.

③서류는 접수된 형태로 지급인에게 제시되어야 한다. 다만 은행은 별도의 지시가 없는 한, 추심의뢰인의 비용부담으로 필요한 인지를 첨부할 수 있도록 수권되어 있는 경우 그리고 필요한 배서를 하거나 또는 추심업무에 관례적이거나 요구되는 고무인 또는 그 밖의 인식표식이나 부호를 표시할 수 있도록 수권되어 있는 경우에는 그러하지 아니하다.

④추심의뢰인의 지시를 실행할 목적으로, 추심의뢰은행은 추심의뢰인에 의해 지정된 은행을 추심은행으로 이용할 수 있다. 이러한 지정이 없는 경우 추심의뢰은행은 지급국가 또는 인수국가 또는 그 밖의 조건이 준수되어야 하는 국가 내에 자신이

선택하거나 다른 은행이 선택한 모든 은행을 이용할 수 있다.

⑤서류와 추심지시서는 추심의뢰은행이 추심은행으로 직접 송부되거나, 다른 은행을 중개인으로 하여 송부될 수 있다.

⑥추심의뢰은행이 특정 제시은행을 지정하지 않은 경우 추심은행은 자신이 선택한 제시은행을 이용할 수 있다.

나. 일람출급 및 인수

서류가 일람출급인 경우 제시은행은 지체 없이 지급을 위한 제시를 하여야 한다. 서류가 일람출급이 아닌 기한부지급조건인 경우 제시은행은 인수가 요구되는 때는, 지체 없이 인수를 위한 제시를, 그리고 지급이 요구되는 때는, 적합한 만기일 내에 지급을 위한 제시에 임해야 한다.

(4) 서류인도와 작성

가. 상업서류의 인도

①추심은 장래의 확정일 지급조건의 환어음을 상업서류는 지급과 상환으로 인도되어야 한다는 지시와 함께 포함하여서는 안 된다.

②만약 추심이 장래확정일 지급조건의 환어음을 포함하는 경우에는 추심지시서에는 상업서류가 D/A 또는 D/P 중 어느 조건으로 지급인에게 인도되어야 하는 지를 명시해야 한다. 이러한 명시가 없는 경우 상업서류는 지급과 상환으로만 인도되어야 하며, 서류인도의 지연에 기인하는 어떠한 결과에 대해서도 추심은행은 책임을 지지 아니한다.

③만약 추심이 장래확정일 지급조건의 환어음을 포함하고 추심지시서에 상업서류는 지급과 상환으로 인도되어야 한다고 기재된 경우 서류는 오직 그러한 지급과 상환으로만 인도되고, 추심은행은 서류인도의 지연에서 기인하는 어떠한 결과에 대해서도 책임을 지지 아니한다.

나. 서류의 작성

추심의뢰은행이 추심은행 또는 지급인이 추심에 포함되어 있지 않은 서류, 예컨대 환어음·약속어음·수입화물위탁증서·약속증서 또는 그 밖의 서류 등을 작성할 것을 지시하는 경우 그러한 서류의 형식과 자구는 추심의뢰은행에 의해 제공되어야 한다. 그렇지 않은 경우 추심은행은 추심은행 및/또는 지급인에 의해 제공된 그러한 서류의 형식과 자구에 대하여 의무나 책임을 지지 아니한다.

(5) 의무 및 책임

가. 신의성실과 상당한 주의

은행은 신의성실에 따라 행동하고 또 상당한 주의를 행사해야 한다.

나. 이행

①물품은 은행의 사전 동의 없이 은행의 주소로 직접 발송되거나 은행 또는 은행의 지시인에게 탁송되어서는 아니 된다. 그럼에도 불구하고 물품이 은행은 사전 동의 없이 지급인에게 지급인도·인수인도 또는 그 밖의 조건으로 인도하기 위하여 직접 발송되거나, 은행 또는 은행의 지시인에게 탁송되는 경우 그 은행은 물품을 인수하여야 할 의무를 부담하지 아니하며 그 물품은 물품을 발송하는 당사자의 위험과 책임으로 남게 된다.

②은행은 화환추심이 관계되는 물품에 관하여 물품보관, 부보를 포함한 어떠한 조치도 취할 의무가 없으며, 그러한 조치를 하도록 지시를 받은 경우에도 그러하다. 만약 은행이 그러한 조치를 취할 것에 동의한 경우 동의한 한도까지만 그러한 조치를 취한다. 이 규칙은 추심은행에 의한 어떠한 명확한 통지가 없는 경우에도 이러한 효력을 갖도록 적용된다.

③그럼에도 불구하고 은행이 지시를 받았는지의 여부에 관계없이 물품의 보호를 위해 조치를 취한 경우 그 결과 및/또는 물품의 상태 및/또는 물품의 보관 및/또는 보호를 위임받은 제3자의 작위 및/또는 부작위에 관하여 어떠한 의무나 책임도 지지 아니한다. 그러나 추심은행은 취한 조치에 대하여 지체 없이 추심지시를 송부한 은행에게 통지해야 한다.

④물품을 보호하기 위해 취해지 조치와 관련하여 은행에게 발생한 어떠한 수수료 및/또는 비용은 추심을 송부한 당사자의 부담으로 한다.

⑤ ㉠물품이 추심은행 또는 추심은행의 지시인에게 탁송되고, 지급인이 추심에 대해 지급·인수 또는 그 밖의 조건을 충족하고, 추심은행이 물품인도를 주선하는 경우 추심의뢰은행이 추심은행에게 그렇게 하도록 수권한 것으로 본다. ㉡추심은행이 추심의뢰은행의 지시에 의거하여 또는 물품의 인도를 주선하는 경우 추심의뢰은행

은 그 추심은행에게 발생한 모든 손해와 비용을 보상해야 한다.

다. 지시받은 당사자의 행동에 대한 면책

①추심의뢰인의 지시를 이행하기 위하여 다른 은행의 서비스를 이용하는 은행은 그 추심의뢰인의 비용과 위험부담으로 이를 행한다.

②은행이 전달한 지시가 이행되지 않는 경우 은행은 의무나 책임을 지지 아니하며, 그 은행 자신이 그러한 다른 은행의 선택을 주도한 경우에도 그러하다.

③다른 당사자에게 서비스를 이행하도록 지시하는 당사자는 외국 법률과 관행에 의해 부과되는 모든 의무와 책임을 부담하여야 하며, 또 이에 대하여 지시받은 당사자에게 보상하여야 한다.

라. 접수된 서류에 대한 면책

①은행은 접수된 서류가 추심지시서에 열거된 것과 외관상 일치하는지의 여부를 결정하여야 하며, 또 누락되거나 열거된 것과 다른 서류에 대하여 지체 없이 전신으로, 만약 가능하지 않은 경우 그 밖의 신속한 수단으로 추심지시서를 송부한 당사자에게 통지해야 한다. 은행은 이와 관련한 더 이상의 의무가 없다.

②만약 서류가 외관상 열거된 것과 다른 경우 추심의뢰은행은 추심은행에 의해 접수된 서류의 종류와 숫자에 대항할 수 없다.

마. 서류의 유효성에 대한 면책

은행은 서류의 형식·충분성·정확성·진정성·허위성 또는 법적 효력에 관하여, 서류에 규정되거나 첨가된 일반적 조건 및/또는 특정조건에 대하여 어떠한 의무나 책임도 지지 아니한다. 또한 은행은 서류에 의해 표시되는 물품의 명세·양·무게·품질·상태·포장·인도·가격 또는 그 존재에 대하여 또는 물품의 탁송인·운송인·운송주선인·수화인 또는 보험자 또는 그 밖의 모든 사람의 신의성실·작위 및 부작위·파산·이행 또는 지위에 대하여 어떠한 의무나 책임도 지지 아니한다.

바. 송달 및 번역의 지연·멸실에 대한 면책

①은행은 모든 통보·서신 또는 서류의 송달 중의 지연 및/또는 멸실에 기인하여 발생하는 결과 또는 모든 전기통신의 송신 중에 발생하는 지연·훼손 또는 그 밖의 오류 또는 전문용어의 번역·해석상 오류에 어떠한 의무나 책임을 지지 아니한다.

②은행은 접수된 지시의 설명을 취득할 필요에서 기인하는 어떠한 지연에 대해서도 책임을 지지 아니한다.

사. 불가항력

은행은 천재・소요・폭동・반란・전쟁 또는 그 밖의 불가항력 사유 또는 동맹파업・직장폐쇄 등으로 인해 발생하는 결과에 대하여 어떠한 의무 또는 책임을 지지 아니한다.

(5) 지급

가. 지체없는 지급

①추심금액은 해당되는 경우 수수료 및/또는 지출금 및/또는 비용을 공제하고 추심지시서의 조건에 따라 추심지시서를 송부한 당사자에게 즉시 지급되어야 한다.

②별도의 합의가 없는 경우 추심은행은 추심의뢰은행을 위하여 추심금액의 지급을 행한다.

나. 내국통화에 의한 지급

지급국가의 통화, 곧 내국통화로 지급하도록 한 서류의 경우 제시은행은 추심지시서에 별도의 지시가 없는 한, 내국통화가 추심지시서에 명시된 방법으로 즉시 처분할 수 있는 경우에만 현지화에 의한 지급과 상환으로 지급인에게 서류를 인도해야 한다.

다. 외국통화에 의한 지급

지급국가의 통화 이외의 통화, 곧 외국통화로 지급하도록 한 서류의 경우 제시은행은 추심지시서에 별도의 지시가 없는 한, 그 외국통화가 추심지시서의 지시에 따라 즉시 송금될 수 있는 경우에 한하여 그 외국통화에 의한 지급과 상환으로 지급인에게 서류를 인도해야 한다.

라. 분할지급

①무담보추심에 있어서 분할지급은 지급지의 유효한 법률에 의하여 허용되는 경우 그 허용되는 범위와 조건에 따라 인정될 수 있다. 금융서류는 지급전액이 수령되었을 때에만 지급인에게 인도된다.

②화환추심에 있어서 분할지급은 추심지시서에서 특별히 허용된 경우에만 인정된다. 그러나 별도의 지시가 없는 한, 제시은행은 지급전액을 수령한 후에 한하여 서류를 지급인에게 인도하며, 제시은행은 서류인도의 지체에서 비롯되는 어떠한 결과에 대해서도 책임을 지지 아니한다.

(6) 이자, 수수료 및 비용

가. 이자

①추심지시서에서 이자(利子, interest)가 추심되어야 함을 명시하고 지급인이 그 이자의 지급을 거절할 경우 제시은행은 그 이자를 추심하지 아니하고 서류를 경우에 따라 지급인도 또는 인수인도 또는 그 밖의 조건으로 인도할 수 있다.

②이자가 추심되어야 하는 때는, 추심지시서에는 이자율, 환산기간과 계산방법 등을 기재하여야 한다.

③추심지시서가 이자는 포기될 수 없음을 명확하게 기재하고, 지급인이 그 이자의 지급을 거절하는 경우 제시은행은 서류를 인도하지 아니하며, 서류인도의 지연에서 비롯되는 어떠한 결과에 대해서도 책임을 지지 아니한다. 이자의 지급이 거절되었을 때, 제시은행은 전신 또는 이것이 가능하지 않은 경우 그 밖의 신속한 수단으로 지체 없이 추심지시서를 송부한 은행에 통지해야 한다.

나. 수수료 및 비용

①추심지시서에 추심수수료 및/또는 비용은 지급인의 부담으로 하도록 명시하고 있으나 그 지급인이 이의 지급을 거절하는 경우 제시은행은 수수료 및/또는 비용을 추심하지 아니하고 서류를 경우에 따라 지급인도·인수인도 또는 그 밖의 조건으로 인도할 수 있다. 이와 같이 포기되는 추심수수료 및/또는 비용은 언제나 추심을 송부한 당사자의 부담으로 하며 대금으로부터 공제될 수 있다.

②추심지시서에서 수수료 및/또는 비용은 포기하여서는 아니 됨을 명확하게 기재하고 지급인이 이의 지급을 거절하는 경우 제시은행은 서류를 인도하지 아니하며, 서류인도의 어떠한 지체에서 비롯되는 어떠한 결과에 대해서도 책임을 지지 아니한다. 추심수수료 및/또는 비용의 지급이 거절되었을 때, 제시은행은 반드시 전신 또는 이것이 가능하지 않은 때는, 다른 신속한 수단으로 추심지시서를 송부한 은행에 지체 없이 통지하여야 한다.

③추심지시서의 명시된 조건에서 또는 이 규칙에 따라 지출금 및/또는 비용 및/또는 추심수수료를 추심의뢰인의 부담으로 하는 모든 경우에 있어 추심은행은 지출금·비용·수수료와 관련한 지출경비를 추심지시서를 송부한 은행으로부터 즉시 회수할 권리가 있다. 또 추심의뢰은행은 추심의 결과에 관계없이 그가 이렇게 지급한 모든 금액과 자신의 지출금·비용·수수료를 추심의뢰인으로 부터 즉시 회수할 권리가 있다.

④은행은 어떤 지시를 이행하려고 시도하는데 있어 경비를 충당하기 위해 수수료 및/또는 비용의 사전지급을 추심지시서를 송부한 당사자에게 요구할 권리를 보유한다. 또한 그 지급을 수령할 때까지 그 지시를 이행하지 아니할 권리를 보유한다.

(7) 그 밖의 규정

가. 인수

제시은행은 환어음의 인수의 형식이 완전하고 정확가게 나타나 있는지의 여부를 확인해야할 책임이 있다. 그러나 제시은행은 어떠한 서명의 진정성이나 인수의 서명을 한 어떠한 서명인의 권한에 대하여 책임을 지지 아니한다.

나. 약속어음 및 그 밖의 증서

제시은행은 어떠한 서명의 진정성 또는 약속어음·영수증 또는 그 밖의 증서에 서명을 한 어떠한 서명인의 권한에 대하여 책임을 지지 아니한다.

다. 거절증서

추심지시서에는 인수거절 또는 지급거절의 경우에 있어서의 거절증서 또는 이에 갈음하는 그 밖의 법적절차에 관한 별도의 지시를 명기하여야 한다. 그러한 별도의 지시가 없는 경우 추심에 관여하는 은행은 지급거절 또는 인수거절에 대하여 서류의 거절증서를 작성토록 하거나 또는 이에 갈음하는 법적절차가 취해지도록 할 아무런 의무를 지지 아니한다. 그러한 거절증서 또는 그 밖의 법적 절차와 관련하여 은행에게 발생하는 모든 수수료 및/또는 비용은 추심지시서를 송부한 당사자의 부담으로 한다.

라. 예비지급인

만약 추심의뢰인이 인수거절 및/또는 지급거절의 경우에 예비지급인으로서 행동할 대표자를 지명하는 경우 추심지시서에 그러한 예비지급인의 권한을 명확하고 완전하게 기재하여야 한다. 그러한 지시가 없는 경우 은행은 예비지급인으로부터의 어떠한 지시에도 응하지 아니한다.

마. 통지

①통지의 형식으로서, 추심은행이 추심지시서를 송부한 은행으로 보내는 모든 지시 또는 정보에는 항상 추심지시서에 기재된 대로의 은행참조번호를 포함한 적절한 명세가 기재되어야 한다.

②통지의 방법으로서, 추심의뢰은행은 추심은행에게 해당하는 통지방법에 대해 지시해야 할 의무가 있다. 그러한 지시가 없는 경우 추심은행은 자신이 선택한 방법으로 추심지시서를 송부한 은행의 부담으로 관련된 통지를 보낸다.

③ ㉠지급통지에 관하여, 추심은행은 추심의뢰서를 송부한 은행에게 추심한 금액, 해당되는 경우 공제한 수수료 및/또는 지출금 및/또는 비용 및 그 자금의 처분방법을 상술한 지급의 통지를 지체 없이 송부하여야 한다. ㉡인수통지에 관하여, 추심은행은 추심의뢰서를 송부한 은행으로 인수의 통지를 지체 없이 송부하여야 한다. ㉢지급거절 또는 인수거절의 통지에 관하여, 제시은행은 지급거절 또는 인수거절의 사유를 확인하기 위하여 노력하고 그 결과를 추심지시서를 송부한 은행에게 지체 없이 통지하여야 한다. 제시은행은 지급거절 또는 인수거절의 통지를 지체 없이 추심지시서를 송부한 은행으로 송부해야 한다. 추심의뢰은행이 통지를 수령한 때는, 향후의 서류취급에 대한 적절한 지시를 하여야 한다. 만약 그러한 지시가 지급거절 또는 인수거절을 통지한 후 60일 내에 제시은행에 의해 접수되지 않는 경우 서류는 제시은행에 더 이상의 책임 없이 추심지시서를 송부한 은행으로 반송될 수 있다.

URC 522

4 환어음방식

1 환어음의 개념

환어음(bill of exchange)은 채무자가 채권자 앞으로 발행하는 **약속어음**(promissory note)과 달리, 채권자가 채무자 앞으로 발행하여 결제되는 것이다. 특히 무역에서 사용되는 **환어음**은 발행지와 지급지가 서로 다른 국가 간에 취결되는 외국환어음이다.

국제 간 **환어음** 거래는 영국 **환어음법**(bill of exchange act, 1882)과 **국제상업회의소**(ICC)에 의해 제정된 **추심통일규칙**(URC)에 의해 처리되고 있다. 이러한 외국환 어음에 따르는 어음행위의 효력은 원칙적으로 행위지 법률에 의해 처리된다. 따라서 우리나라에서 발생한 어음행위는 우리나라 어음법이 적용되며 외국에서 발생한 어음행위는 그 나라의 어음 관계법을 따르게 된다.

환어음은 대금결제기간에 따라서, ①**일람출급어음**(sight bill)과 발행 후 일정기간이 경과한 후 지급되는 ②**기한부어음**(usance bill) 등으로 구분할 수 있다. 여기서 **환어음**은 은행에 제출 시 통상 2통이 제시된다. 이때 어음은 **first bill of exchange**와 **second bill of exchange**가 세트로 제시되어야 한다.

2 환어음의 당사자

환어음의 주요 당사자는, ①어음을 발행하고 서명하는 자, 즉 매도인이나 채권자로서 **발행인**(drawer), ②환어음의 지급을 위탁받은 신용장 개설은행, 매입은행, 통지은행, 인수은행 또는 매수인인 **지급인**(drawee), ③**수취인**(payee) 등이다. **수취인**은 환어음의 지급을 받을 자로서 발행인이 될 수도 있고 발행인이 지정하는 제3자도 될 수 있다. 통상 신용장에 근거를 두고 발행하며 외국환은행에 매입을 의뢰하는 경우에는 수취인은 동 서류를 매입한 외국환은행이 된다.

3 환어음의 기재사항

①어음번호는 특별한 의미는 없고 다만 후일 참조할 경우가 생길 때 편리하게 하기 위해서 기재한다.

②환어음의 효력은 행위지 법률에 의해 처리되므로 발행지를 꼭 표시하여야 한다. 발행지는 도시명까지만 표시해도 되므로, 예컨대 **Seoul, Korea**라고 기재하면 된다.

③환어음의 발행일은 외국환은행이 어음과 함께 제시된 선적서류를 매입한 날짜이며 이는 신용장 유효기일 이내여야 한다.

④환어음의 금액은 상업송장(商業送狀, commercial invoice) 금액과 일치해야 한다. 그러나 상업송장 금액의 100% 이하로 어음을 발행하도록 신용장에 요구하는 경우 그 조건을 충족시켜야 하며 이러한 경우의 신용장 문구는 **available by your draft at sight on us for ~% invoice value**에서, 이를테면 97% 등과 같이 발행할 수 있는 어음금액을 표시할 수 있다. 만약 송장금액 전액에 대해 어음을 발행할 경우에는 **100% of invoice value** 또는 **full invoice value** 등과 같이 나타낸다.

⑤어음상 문언 중 **at~ sight of**의 **at~**다음에 기재되는 것이 만기일(tenor)의 표시가 된다. 신용장의 조건에 따라 차이가 있지만 크게 일람출급과 기한부 2가지로 구분된다. 일람출급일 경우 **at 00 sight of**로 표시되며 기한부일 경우 **at 00 days after sight** 또는 **at 00 days after B/L date**의 형식으로 기재하면 된다. 또한 확정일 출급일 경우에는 동란에 지급일자를 기재하면 된다.

⑥수취인(payee)은 환어음의 지급을 받는 자로서 발행인이 될 수도 있고, 발행인이 지정하는 제3자가 될 수도 있다. 어음상의 문언중 **pay to~** 다음에 기재되는 것으로 통상 신용장 거래 시는 매입은행이 기재된다.

⑦문자금액은 어음금액을 아라비아 숫자가 아닌 문자로 표시하는 곳으로, 예컨대 미화 12,345.70불일 경우 **SAY US DOLLARS TWELVE THOUSAND THREE**

HUNDRED FORTY FIVE AND CENTS SEVENTY ONLY라고 기재한다. 이때 SAY는 생략할 수 있으나 ONLY는 생략할 수 없다. 문자로 표기된 금액과 숫자로 표시된 금액을 병기하게 되는데 이 경우 양자 간에 차이가 나면 문자가 우선한다. 또한 표시되는 통화의 종류는 완전하게 기재되어야 한다. 막연히 Dollars($)나 pound(£)로 표시되어서는 안 되며, 반드시 US Dollars(US$), Sterling Pound(Stg. £)로 표시되어야 한다.

⑧Charge the same to Account of는 은행이 수출대금 지급인에게 지시하는 내용으로서 당해 환어음이 수출대금 지급인에 의하여 결제될 때, 그 자금은 Account of~ 이하에 기재되는 자, 곧 매수인으로부터 회수하라는 의미이다. 따라서 Account of~ 이하는 신용장상의 Accountee가 기재된다. 이 문구는 법적인 필수 문구는 아니나 상관습상 통용되고 있다.

⑨Drawn Under~ 이하에는 환어음의 발행근거를 기재하게 되는데, 먼저 신용장 개설은행(issuing bank)을 기재하며 D/P, D/A 등 무신용장방식의 경우에는 공란 또는 계약서상 지정은행을 기재한다.

⑩신용장 번호를 기재하여야 하는데, D/P, D/A인 경우 계약서 번호를 기재한다. 2개의 신용장을 근거로 하나의 환어음을 발행해도 좋다는 문구, 예컨대 combined shipment with other credits are acceptable가 있을 경우 Drawn Under L/C No.~ for US$~ and Drawn Under L/C No.~ for US$~와 같이 기재한다.

⑪신용장 상의 발행일자를 기재한다.

⑫지급인과 지급지를 기재하여야 하는데, 지급지는 신용장에 별도 명시가 없는 한 도시명의 표시만으로도 충분하다. 만약 지급지 기재가 없으면 지급인의 표시지로 보충하여 어음 효력을 구제할 수가 있다. 지급인은 신용장의 개설은행이나 개설의뢰인, 즉 매수인이 될 수도 있고 또 다른 제3의 은행이 될 수도 있다. 통상적으로 신용장이 지급인을 지시하는 문구는 Documentary credit which is available by negotiation of your draft at sight drawn on~이며, 이 문구 중에서 drawn on~ 이하에 나타나는 것이 지급인이 된다. ~on us라고 되어 있으면 신용장 개설은행, on buyer 또는 ~on accountee인 경우에는 신용장 개설의뢰인이 지급인이 되며 on~ 이하가 개설은행이 아닌 다른 은행일 경우에는 그곳이 바로 지급은행이 된다.

⑬환어음을 발행하는 자는 신용장상의 수익자 또는 양도받은 경우에는 양수인이 되며 반드시 기명날인하여야 한다. 사용되는 발행인의 서명날인은 화환어음 약정

시 은행에 제출된 서명감과 일치하여야 한다.

⑭ ㉠유의사항으로 어음상 D/P, D/A 표시는 자체의 효력에는 하등의 영향이 없으나 이를 기재함으로써 부속화물의 인도조건이 달라지므로 거래당사자에게는 매우 중요한 사항이다. 만약 D/P, D/A가 구분되어 있지 않으면, D/P로 취급되며, D/A의 경우 기한부어음과 같이 어음상에 기재하면 되고, D/P인 경우 어음상에 D/P라는 문구를 기재하는데 통상 지급 만기일을 표시하는 란에 D/P라고 기재한다. ㉡어음상 일정한 이자문언을 표기하도록 요구되는 경우가 있다. 이 경우 요구된 문구 전부를 어음 표면상에 기재하여야 한다. 예컨대 **Payable at the Collection Bank's selling rate for sight draft on New York with interest at~ per annum from hereon to arrival of proceeds in New York**과 같다.

환어음의 예시

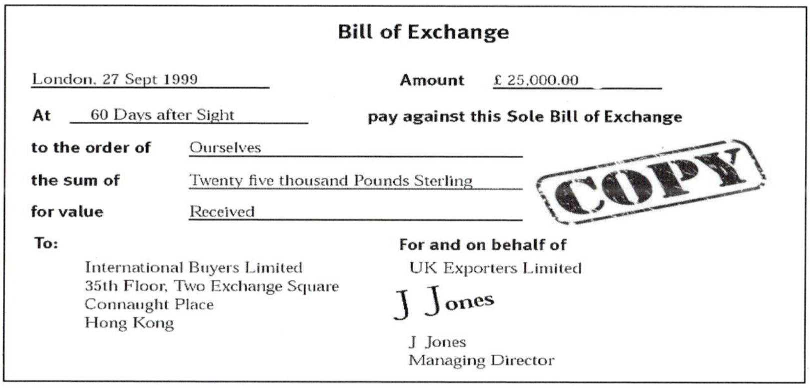

Bill of Exchange

London, 27 Sept 1999 — **Amount** £ 25,000.00

At 60 Days after Sight **pay against this Sole Bill of Exchange**

to the order of Ourselves

the sum of Twenty five thousand Pounds Sterling

for value Received

To:
International Buyers Limited
35th Floor, Two Exchange Square
Connaught Place
Hong Kong

For and on behalf of
UK Exporters Limited
J Jones
J Jones
Managing Director

COPY

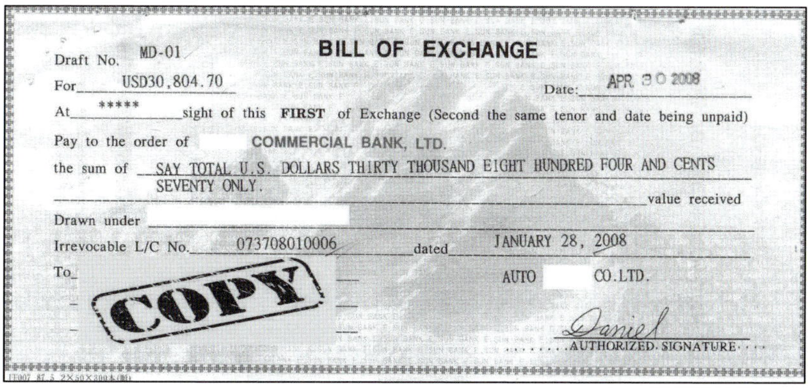

BILL OF EXCHANGE

Draft No. MD-01

For USD30,804.70 Date: APR 30 2008

At ***** sight of this **FIRST** of Exchange (Second the same tenor and date being unpaid)

Pay to the order of COMMERCIAL BANK, LTD.

the sum of SAY TOTAL U.S. DOLLARS THIRTY THOUSAND EIGHT HUNDRED FOUR AND CENTS SEVENTY ONLY. value received

Drawn under

Irrevocable L/C No. 073708010006 dated JANUARY 28, 2008

To

AUTO CO.LTD.

Daniel
AUTHORIZED SIGNATURE

COPY

7

무역분쟁해결

1 소송 외의 무역분쟁해결

1 무역분쟁의 내용과 예방

1) 무역분쟁의 내용

사법상 권리의무의 실현은 권리행사와 의무이행을 뜻한다. 이러한 권리의무의 실현이 제대로 되지 않으면 권리의무관계의 당사자 간에 법적 분쟁이 발생하게 될 것임은 자명하다. 법적 분쟁은 주로 권리의 실현이 제대로 기능하지 않아 발생하는데, 만약 분쟁이 발생하면 누구보다도 권리자는 답답한 상황에 처하게 된다. 왜냐하면 권리자의 입장에서 분쟁은 법이 보장하는 생활상의 이익을 본체로 하는 권리를 침해당한 것이 되기 때문이다.

다른 한편 채무불이행과 관련하여 채무자가 채무를 이행했음에도 불구하고 채권자지체(債權者遲滯, creditor's delay)가 행사된 경우 채무자를 보호하기 위한 법적 구제도 엄연히 존재하고 있지만, 그럼에도 불구하고 대부분의 분쟁은 권리자가 권리를 행사해도 이에 대한 실현이 제대로 되지 않거나, 권리의 침해로부터 불이익을 입게 된 것에 원인을 두고 있다고 할 때, 앞서 본 채권자의 입장은 충분히 이해할 수 있을 것으로 본다. 예컨대 채권의 경우 채권자의 권리침해에 관한 분쟁은 주로 채무자의 채무불이행으로 인하여 발생한다. 그 결과 채권의 발생원인인 계약의 무효·취소·해제 등도 다투어질 수 있다. 그리고 인격권·물권·지적재산권과 같은 지배권 내지 절대권의 경우에도 어느 누구에게나 침해당할 수 있고 또한 그 침해에 관한 불법행위의 성립유무와, 그로 인한 손해배상청구권의 실현을 둘러싸고 분쟁이 발생할 수도 있다. 또 물권을 침해당한 경우 그 반환 또는 방해의 배제나 예방과 관련된 분쟁도 그 처지는 마찬가지이다.

2) 무역분쟁의 사전적 예방

이러한 분쟁에 대한 대책으로는, ①사전적 예방조치와 ②사후적 해결방법으로 나누어 볼 수 있다. 분쟁이 발생하여 상대방과 다투게 되면 적잖은 시간과 비용 및 노력을 투입하여야 하고, 이로부터 정상적인 경제활동에 지장을 초래하게 된다. 따라서 법적 분쟁을 미연에 방지하기 위한 **사전적 예방조치**는 매우 중요하게 부각된다.

경제활동을 활발히 함으로써 분쟁에 휩싸일 가능성이 높은 기업은 분쟁을 방지하기 위해서 무엇보다도 법률관계를 명확히 하는데 최선의 노력을 기울여야 한다. 특히 계약체결 시, 상대방의 신용을 충분히 조사하고 계약의 내용을 신중히 검토하여 합의의 내용에 의문이 없도록 사전에 철저히 준비하여야 한다.

계약은 당사자의 단순한 합의만으로 성립하는 불요식의 법률행위이나, 후일의 다툼을 대비하여 증거로 활용하기 위해 문서, 곧 계약서를 작성하고 당사자 본인 또는 대리인이나 대표자의 서명 내지 기명날인을 구비하는 것이 필요하다. 이 경우 서명이나 기명날인에 관한 다툼이 없도록 그 진정성 여부를 확인하여야 할 것이다.

2 소송 외의 분쟁해결방법

1) 화해

분쟁이 발생한 경우 제3자가 개입하지 않고 당사자가 서로 양보하여 분쟁을 끝내기로 합의함으로써 해결할 수 있다. 이러한 분쟁해결방법을 화해(和解, reconciliation)라고 한다. 만약 화해에 의해 권리가 없다고 인정된 경우에는 추후에 권리가 있다는 확증이 있더라도 이전의 권리가 부활하는 것은 아니다. 다시 말하면, 이후에 화해로 결정된 것이 사실이 아니라는 증거가 있더라도 이미 화해로 결정된 것은 변경할 수 없다. 그리고 화해는 화해 당사자의 자격 또는 화해의 목적인 분쟁 이외의 사항에 관한 착오(錯誤, error)를 제외하고, 착오를 이유로 계약을 취소할 수 없다.

그러나 화해는 사적인 민법상 계약이기 때문에, 분쟁을 바로 종결시키는 효력은 없다. 만약 당사자 일방이 화해내용에 불만을 품고 소송을 제기한다면, 상대방은 다만 **화해계약서**(和解契約書, contract of reconciliation)를 증거로 제출할 수 있을 뿐이다.

2) 대안적 분쟁해결제도

당사자가 화해로 분쟁을 해결할 수 없는 경우 최종적으로는 재판에 의해 해결하게 된다. 그러나 제3자가 개입하여 분쟁을 해결하는 방법으로서 대안적 분쟁해결제도(代案的分爭解決制度, alternative dispute resolution, ADR)가 있다. ADR은 재판과 비교하여 저렴한 비용으로 단기간 분쟁을 해결할 수 있고, 또 형식적·논리적인 법규의 적용에 구애받지 않아도 된다는 등의 이점이 있다. 여기에는, ①재판상의 화해(reconciliation by courts), ②조정(調停, mediation), ③중재(仲裁, arbitration) 등이 있다.

(1) 재판상의 화해

재판상 화해는 법원이 개입하여 당사자가 서로 양보하도록 주선하고, 이에 합의함으로써 성립한다. **재판상 화해**에는, ①**소송상 화해**(訴訟上和解, reconciliation by litigation)와, ②**제소 전 화해**(提訴前和解, reconciliation prior to institution of suit)가 있는데, 보통은 ①의 경우가 많다.

①은 일단 소송의 진행 중에, 법원에서 분쟁해결에 임한 양당사자 주장을 서로가 일정부분 양보하도록 개입하여 분쟁을 해결하는 것이다. 이는 당사자의 자주적 해결이고, 법원으로서도 심판의 수고를 하지 않아도 된다는 이점이 있다. 따라서 법원은 소송이 어느 정도로 진행되고 있는가를 묻지 않고 화해를 권고할 수 있다.

②는 다툼에 관해 화해하고자 하는 당사자가 소를 제기하기 전에 계약당사자 일방이 청구의 취지 및 원인과 다투는 사정을 밝히고 화해를 신청함으로써 이루어진다. ②가 성립하지 않으면, ①의 경우 소송절차가 그대로 속행되며, ②의 경우에는 소송으로 옮겨질 수 있는데, 이 경우 제소는 화해를 신청한 때로 소급되는 효과가 있다. ②가 성립하면 화해내용을 기재한 **화해조서**(和解調書, reconciliation letter)가 작성되며, 이는 확정판결(確定判決, irrevocable or a final and conclusive judgment)과 동일한 효력을 보유한다. 따라서 재판외의 화해와는 달리, 이를 집행권원으로 하여 즉시 강제집행(强制執行, compulsory execution)을 할 수 있다.

(2) 조정

화해는 당사자 간 합의에 의한 분쟁해결방법이기 때문에, 합의에 이르지 못하면 분쟁을 해결할 수 없다. 이에 대해 **조정**은 제3자인 **조정위원회**(調停委員會, mediation committee)에서 알선·제시하는 **조정안**(調停案, mediation proposal)을 당사자가 서로 이해하고 이를 양보하여 수용함으로써 분쟁을 해결하는 것이다.

조정은 원칙적으로 당사자가 법원에 조정을 신청함으로써 개시하는 것이 원칙이지만, 일단 소송이 진행 중이더라도 법원이 조정에 붙이는 것이 합리적이라고 판단한 경우 **항소심**(抗訴審, appellate judgment) 선고 전까지 사건을 **직권에 의한 결정**(職權決定, authority decision)으로 조정절차를 취할 수 있다.

조정절차는 원칙적으로 당사자 본인이 직접 조정위원회에 출두하여 비공개의 간담형식으로 대화를 통해 진행한다. 이로써 조정위원은 당사자의 각기 주장에 기초하여 어떻게 분쟁사건을 해결할 것인가를 고려하여 양측의 타협점을 도출하게 된다. 만약 조정위원회가 제시한 조정안을 당사자가 수용하면, **조정조서**(調停調書, mediation protocol)에 기재되어 조정이 성립한다. 조정조서의 기재는 재판상 화해가 성립한 것과 동일한 효력이 있다. 그 결과 **기판력**(旣判力, effect of excluding further litigation)[1] 있는 확정판결과 동일한 집행권원으로 기능한다.

조정은 당사자의 합의가 강제되는 것은 아니기 때문에, 조정안을 당사자가 수용하지 않는 경우 성립되지 않는다. 만약 **조정**이 성립하지 않은 상황에서 신청인이 **조정**의 목적이 된 청구에 대해 소를 제기한 때는, 조정신청을 한 때로 소급하여 소가 제기된 것으로 본다. 그러나 **조정**은 당사자의 상호 이해와 양보에 기초하고 있어, 당사자가 자신의 주장을 굽히지 않으면, **조정**의 성립은 원천적으로 불가능하다.

(3) 중재

중재는 **중재법**(仲裁法, arbitration Act)에 의한 분쟁해결방법으로, 당사자가 제3자인 **중재인**(仲裁人, arbitrator)에게 분쟁해결을 의뢰하여 그 판단에 따라 분쟁을 해결하는 **대안적 분쟁해결**의 대표적 제도이다. **조정**은 법원이 개입하는 제도이지만, **중재**는 사인으로서 제3자가 **중재인**으로 개입한다는 차이점이 있다. 우리나라의 경우 상거래에 관한 분쟁을 **중재**로 해결하는데 기여하고 있는 민간기구로 **대한상사중재원**(大韓商事仲裁院, Korean Commercial Arbitration Board)이 있다.

중재는 당사자 간 분쟁해결을 **중재인**에게 일임하여 그 판단에 따르기로 하는 **중재계약**(仲裁契約, contract of arbitration) 또는 **중재합의**(仲裁合意, arbitration agreement)가 있어야 한다. 곧 **중재**는 이미 발생한 분쟁 또는 장래에 발생하는 일정한 법률관계에

1) 확정판결을 받은 사항은 후에 다시 제소되더라도 이전 재판내용과 모순되는 판단을 할 수 없도록 구속하는 효력을 말한다. 따라서 확정판결이 내려지면 동일사건에 대해서 다시 제소할 수 없게 한 것이다.

관한 분쟁의 전부 또는 일부의 해결을 1인 또는 복수 이상의 **중재인**에게 맡겨 **중재판단**(仲裁判斷, arbitral awards)에 따르기로 하는 합의를 요건에 두고 있다. 특히 국제상거래의 경우에는 계약서 또는 약관에 미리 **중재조항**(仲裁條項, arbitration clause)을 기재 또는 삽입해 두고 있는 경우가 통상이다.

중재합의가 이루어진 경우 그럼에도 불구하고 일련의 분쟁사실에 관하여 소가 제기 되더라도, 법원은 피고의 신청에 의해 소를 각하(却下, dismissal)하여야 한다. 다만 중재절차를 원활히 진행하고 또한 적법성을 확보하기 위한 취지에서, 만약 당사자가 **중재인**을 선임할 수 없는 경우 법원에 그 선임을 구하는 등 법원의 조력을 구할 수 있다. 또한 **중재인**이 **중재**의 결과로서 선언한 **중재판단**은 확정판결과 동일한 효력이 있다. 다만 **중재판단**에 기한 민사집행을 위해서는 법원의 **집행판결**(執行判決, judgment of execution)을 받아야 한다.

가. 국내중재절차

①계약내용에 분쟁을 중재에 의해 해결하기로 하는 중재합의가 있어야 중재신청이 가능하다. 이 경우 중재비용과 함께 신청서류, 곧 ㉠중재합의서, ㉡중재신청서, ㉢신청의 원인사실을 입증하는 서증, ㉣대리인 신청 시 위임장, ㉤법인 등기부등본 등이다. 여기서 일방 당사자가 분쟁의 최종해결을 위해 중재를 신청한 후 판정이 내려질 때까지 소요되는 비용을 중재비용이라 하며, 중재비용은 ㉠요금, ㉡경비, ㉢수당 등으로 구분되는데 중재신청서를 접수할 때, 신청인으로부터 미리 예납을 받으나, 그 부담비율은 중재판정부에 의하여 판정에서 정해진다.

②중재신청서가 제출되면, ㉠중재합의서, ㉡중재신청서, ㉢중재신청취지를 입증하는 서류의 유무, ㉣대리인이 선임된 경우 위임장 등 적합여부를 확인하고, 소정의 중재비용을 예치하여야 한다.

③피신청인은 신청인의 중재신청서를 검토한 후 중재신청 접수통지의 수령일로부터 30일 이내에 답변서를 제출하여 답변할 수 있다. 여기서 답변서 기재사항은, ㉠양당사자의 성명 및 주소, 곧 당사자가 법인인 경우에는 법인의 명칭 및 주소, 대표자의 성명 및 주소를 병기한다. ㉡대리인이 있는 경우에는 그 성명과 주소, ㉢답변의 취지와 이유 및 입증방법, ㉣대리인이 답변 시 그 위임장 등이다. 중재판정부는 답변서를 제출받음과 동시에 그 답변이 적합한 것인지의 여부를 확인하고 적합한 경우 이를 접수하고 양당사자에게 접수사실을 통지한다. 이 경우 신청인에게는 답변서 1부를 송부하고, 만일 피신청인이 위의 기간 내에 답변서를 제출하지 않는 경우 신청인이 주장하는 청구를 기각한다. 여기서 동일사안에 대해 피신청인이 중재신청

을 하는 것을 **반대신청**이라 하는데, ㉠피신청인이 스스로 판단하여 직접 하는 방법과, ㉡답변의 취지나 이유가 **반대신청**의 내용을 포함하고 있다고 판단할 경우 그 부분에 대하여 중재판정부의 요구에 의해 행하는 방법 등 2가지가 있다. 절차는 당초의 중재신청 절차와 동일하다.

④중재사건을 판정할 중재인은 분쟁당사자가 직접 선정하거나 중재원에서 추천한 중재인 후보 중에서 선임하게 된다. 중재인은 법조계·학계·업계 등 각계권위자로서 최소한 20년 이상 해당분야에 경험 있고 전문지식·신뢰성·성실성·신망·판단력 등을 갖춘 인사로 구성되어 있다.

④중재인의 선정은, ㉠당사자 간의 약정으로 중재인을 당사자가 직접 선정 또는 선정방법을 정하였을 경우 선정통지수령일로부터 15일 이내에 중재인 취임수락서를 중재인으로부터 받아 제출해야 한다. ㉡사무국에 의한 선정방법으로 중재인 명부 중에서 5인 또는 10인의 후보자를 선정 후 당사자에게 명단을 송부하게 되는데, 당사자는 동 명단에 자신이 희망하는 순위를 의장중재인과 그 밖의 중재인란에 번호를 기재하여 후보자 명단수령일로부터 10일 이내에 반송하여야 한다. 사무국은 양당사자의 순위를 집계한 후 희망순위가 가장 높은 1~3인으로부터 취임수락서를 받아 선정하게 되고 중재판정부가 구성되면 중재인과 양당사자에게 중재인 선정사실과 제1차 심리기일을 서면으로 통지한다.

⑤중재판정부는 심리의 일시·장소·방식 등을 결정하는데, 심리의 일시·장소가 결정되면 사무국은 지체 없이 당사자에게 통지한다. 중재판정부는 양당사자에게 심리를 시작하기 전에 주장, 증거방법, 상대방 주장에 대한 의견을 기재한 준비서면을 제출하게 할 수 있다.

⑥심리는 ㉠사건번호와 당사자의 호명으로 개시되며, ㉡비공개를 원칙으로, ㉢당사자의 일방이 증거물을 제출하는 경우 판정부는 이를 증거로 접수할 수 있다. ㉣판정부는 필요하다고 인정할 경우 절차를 변경할 수 있다. ㉤당사자는 사무국이나 판정부가 요구하는 서면·증거 그 밖의 문서의 번역문을 제출해야 한다. ㉥중재판정부는 당사자를 직접 심리한다. ㉦심리 시에 판정부에 제출치 못하고 심리당시 합의나 그 이후의 합의 및 판정부의 요구에 의해 제출하는 모든 서류는 사무국이 접수하여 판정부 및 타방당사자에게 송달하여야 한다. ㉧판정부가 판정에 필요하다고 인정하는 증거의 조사를 직접 할 수 없는 것은 직권 또는 당사자의 요구에 의해 관할법원에 이를 신청할 수 있다. ㉨당사자 일방이 정당하게 통지 또는 고지되었음에도 불구하고 출석치 아니하거나 출석하여도 심리에 응하지 아니하는 경우 중재는 그대로 진

행시킬 수 있다. ㊅중재판정부는 상당한 이유가 있으면 직권이나 당사자 요구에 의하여 심리를 연기하거나 속행할 수 있다.

⑦중재판정부는 양당사자에게 심리를 종결하기 전에 주장, 증거방법, 상대방 주장에 대한 의견을 기재한 준비서면을 제출하게 할 수 있다.

⑧ ㉠중재판정부는 중재계약의 범위 내에서 계약의 현실이행 뿐만 아니라 공정하고 정당한 배상이나 그 밖의 구제를 명할 수 있다. 따라서 중재계약의 범위를 벗어난 판정은 효력이 인정되지 아니하고 중재판정부는 책임 있는 당사자에게 중재비용의 부담비율을 명하여야 한다. ㉡중재판정부는 당사자 간 별도 약정이 없는 한 중재심리가 종결된 날로부터 30일 이내에 중재인 과반수 찬성으로 판정하고 당사자가 합의하면 판정이유의 기재를 생략할 수 있다.

⑨ ㉠중재판정은 서면에 의하고, ⓐ당사자 성명・명칭・주소, ⓑ대리인이 있는 경우 대리인의 성명・주소, ⓒ판정주문・판정이유, ⓓ판정문 작성일자 및 중재지 등을 기재하여 중재인이 서명하여야 한다. ㉡중재판정은 한국어로 작성하며, 다만 당사자의 요구가 있거나 중재인중에 외국의 국적을 가진 자가 있을 때는 한국어와 영어를 공용할 수 있고, 이 경우 국・영문으로 작성되는 판정문은 모두 이를 정본으로 합니다. 그러나 국・영문 간에 해석상의 차이가 있을 때는 한국어에 의하여 해석한다.

국내중재절차

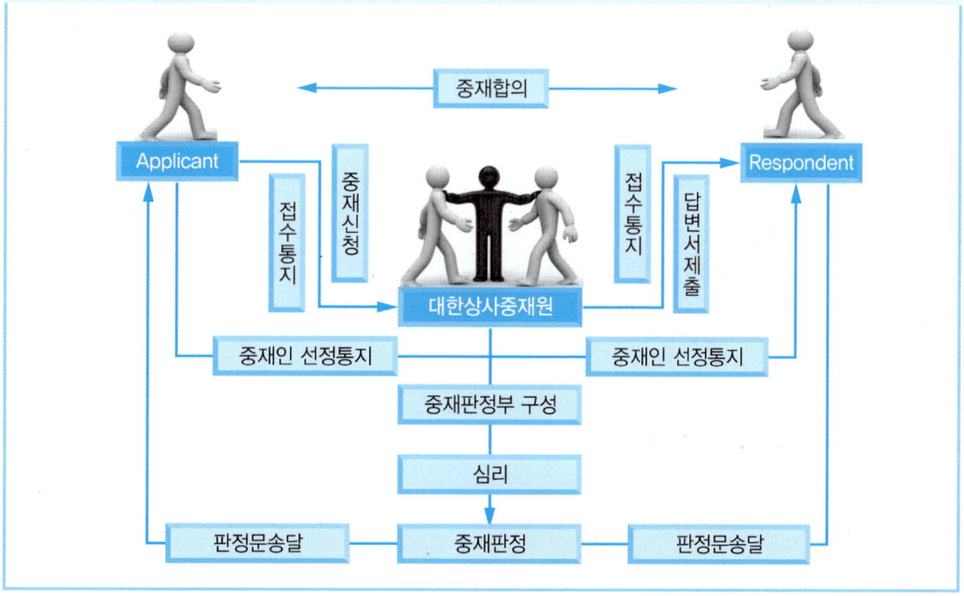

⑩사무국은 판정의 정본을 당사자 또는 대리인 주소에 발송하거나 직접 교부한다. 판정의 정본을 당사자에게 송달한 후 그 수령을 확인하는 우편물 배달증명서가 도착하면, 사무국은 판정문 원본과 송달증서를 첨부하여 보관하고, 당사자의 신청이 있는 경우 이를 관할법원에 이송 보관한다. 판정은 당사자 간에 있어서는 법원 확정판결과 동일한 효력이 있다. 또한 **외국중재판정의 승인 및 집행에 관한** UN **협약**(Convention on the Recognition and Enforcement of Foreign Arbitral Awards)에 따라 외국에서도 중재판정의 승인 및 집행이 보장된다.

나. 국제중재절차

①중재를 이용하기 위해서는 먼저 분쟁을 중재를 통하여 해결한다는 합의가 필요한 바, 당사자 간 계약에 중재를 통한 분쟁해결을 내용으로 하는 분쟁해결조항이 있거나, 당사자들이 이미 발생한 분쟁을 중재에 의해 해결하기로 서면 합의한 경우 당사자들은 중재를 신청할 수 있다. 특별히 중재합의가 이루어진 국제중재, 즉 일방 당사자가 대한민국 외의 곳에 영업소를 두고 있는 경우 또는 중재합의에서 정한 중재지가 대한민국 이외의 지역인 경우 당사자들이 달리 합의하지 않는 한 원칙적으로 국제중재규칙이 적용된다.

②중재신청인은 중재신청 시 신청요금을 납입하여야 한다. 중재신청이 접수되면, 사무국은 양당사자에게 정식으로 중재신청의 접수사실을 통지하고 동시에 피신청인에게는 30일 이내에 답변서를 제출하여야 함을 고지한다. 사무국은 또한 중재비용, 곧 관리요금, 중재인의 수당 등을 추산하여 양당사자에게 이를 균분하여 예납할 것을 요청하고 납입된 예납금은 절차종료 시 정산한다.

③제출답변서 제출 시 피신청인은 반대신청서를 함께 제출할 수 있으며, 반대신청은 본신청과 병합하여 진행하게 되는데 분쟁금액은 양 신청금액의 합계액이 된다. 이 경우 피신청인은 반대신청에 따른 별도의 신청요금을 납부하여야 하고 특별히 피신청인이 중재판정부의 관할에 대하여 다투거나 중재절차의 진행에 충분한 근거가 없다고 판단하는 경우 피신청인은 답변서에서 이러한 내용의 주장을 할 수 있다.

④국제중재규칙에 따를 경우 당사자가 달리 합의하지 않는 한, 원칙적으로 당사자들에 의해 선정된 단독중재인이 판정을 내리게 된다. 당사자들이 요청할 경우 사무국은 전문성과 공정성을 갖춘 중재인들의 명단을 제공할 수 있고, 만약 당사자들이 중재인을 선정할 수 없거나, 선정하지 않는 경우 사무국이 대신하여 선정한다. 이를 위하여 중재원은 중재인의 선정에 대하여 국제중재위원회의 자문을 받을 수 있다.

⑤중재판정부는 자신의 권한 하에 중재심리를 진행한다. 중재판정부가 달리 정하지 않는 한, 구두 또는 서면의 모든 교신은 당사자들 간에 또는 각 당사자와 중재판정부 간에 직접 이루어진다.

⑥중재심리가 종결되면 중재판정부는 판정을 내리게 된다. 미납된 중재비용이 없을 경우 사무국은 중재판정문을 당사자들에게 송달한다.

⑦중재판정부가 내린 중재판정은 당사자들에게 구속력을 갖는다. 사무국은 중재판정문 원본과 판정문 정본의 송달증명서를 관할법원에 송부한다. 당사자들은 중재판정문에 대하여 한국 또는 외국법원에서 집행판결을 받을 수 있다.

2 소송에 의한 무역분쟁해결

1 소송의 의의와 개념

이상의 방법으로도 분쟁이 해결되지 않는 경우 고려할 수 있는 방법은 권리자가 권리를 침해한 타방을 상대로 스스로 권리를 실현하는, 이른바 자력구제(自力救濟, self-help)가 있다. 그러나 **자력구제**를 인정하게 되면, 폭력이나 협박이 수반되어 평온한 질서를 해치고 그 결과 힘이 지배하는 사회가 되고 말 것이다. 따라서 아주 예외적인 경우를 제외하고 자력구제는 용인되지 않는다.

권리실현을 위한 구제조치는 공권력(公權力, governmental authority or power)의 행사를 통해 행해져야 한다. 나아가 공권력이 남용되어서도 안 되기 때문에, 이를 실행하기 전에는 신중한 심사와 심리가 필요하다. 이것이 법원을 통한 소송 내지 재판절차이다. 곧 소송은 법원에 의한 공적 판단이 분쟁의 당사자를 강제적으로 구속하고, 나아가 그 내용을 공권력에 의해 강제적으로 실현시킬 수 있도록 하는 것을 말한다. 이로써 최종적으로 분쟁을 해결할 수 있게 된다.

앞서 본 소송 외 분쟁해결방법은, 화해·조정의 경우 당사자 합의가 필요하고 또한 중재도 중재합의를 요건에 두고 있기 때문에, 상대방 의사에 반하여 분쟁을 해결할 수는 없다. 따라서 소송 외의 분쟁해결은 최종적인 해결방법이라고는 볼 수 없고, 이에 사인 간의 분쟁을 국가권력에 의해 최종적으로 해결하는 방법으로 민사소송제도(民事訴訟制度, civil litigation system)가 마련되어 있는 것이다.

소(訴)는 법원에 의해 분쟁해결을 구하는 것을 가리키고, **송**(訟)은 서로 따지고 말다툼을 하는 것이기 때문에, **소**와 **송**을 합한 **소송**(訴訟)은 본래 뜻 그대로 법원에 호소해서 논쟁을 하는 것을 의미한다. 따라서 법원에 판결을 구하는 것을 **소를 제기한다**고 하고, **소송을 제기한다**고는 말하지 않는다. 소송은 소를 제기하는 것과, 이후에 진행 되는 절차, 그리고 법원이 해결책으로 내놓는 판결까지를 합쳐서 일컫는 말임에 유의할 필요가 있다. 여기서 소송에서 소를 제기하는 자를 원고(原告, plaintiff), 그 상대방을 피고(被告, defendant)라고 한다.

원고 또는 피고가 될 수 있는 자격을 **당사자 능력**(當事者能力, admissibility to a party)이라고 하는데, 권리능력자로서 자연인과 법인은 모두 당사자 능력이 인정된다. 또 법인격이 없는 사단 또는 재단도 대표자 또는 관리인을 두고 있으면, 그 명의로 소를 제기할 수 있고 응할 수 있다. 한편 당사자 능력이 있더라도, 단독으로 **소장**(訴狀, petition)을 제출하고 법정에서 변론(辯論, pleading) 등의 **소송행위**(訴訟行爲, act of litigation)를 하기 위해서는 **소송능력**(訴訟能力)이 있어야 한다.

우리나라는 **변호사 강제주의**(辯護士强制主義, lawyer' compulsive doctrine)를 채용하지 않고, 이른바 **본인소송의 원칙**(本人訴訟原則, principle of principal litigation)을 취하고 있기 때문에, 소송당사자는 소송능력이 있으면, 어느 심급에서도 본인이 스스로 소송행위를 할 수 있다. 만약 타인에게 소송행위를 위임한 경우 변호사만이 소송대리인이 될 수 있다.

2 소송의 기초용어

소송에 의한 분쟁해결은 법원의 재판으로 이루어진다. 여기서 법원 내지 법관을 **재판기관**(裁判機關, trial organization)이라고 한다. 이하 재판과 관련해서 알아두어야 할 중요한 용어를 중심으로 간단히 언급하기로 한다.

재판기관이 행하는 판단행위나 의사표시를 널리 재판이라고 하며, 재판에는 ①판결(判決, judgment)・②결정(決定, decision)・③명령(命令, command) 등이 있다. 이는 재판의 대상・주체・심리방식・고지방법・불복신청방법 등에서 차이가 있다.

1) 판결

판결은 소송의 중요사항에 관한 재판인데, 여기에는 원고청구 자체를 판단하는 ① **본안판결**(本案判決, judgment on the merits)과, 소송요건의 흠결로 청구 자체는 심리하지 않고 소를 각하하는 ②소송판결(訴訟判決, litigation judgment)이 있다. **판결**은 원칙적으로 구두변론에 기초하여야 하며, **선고**(宣告, pronouncement) 또는 **언도**(言渡, sentence)에 의해 고지하고 법원의 직권으로 당사자에게 송달한다. 이에 대한 불복은 **상소**(上訴)로서, 곧 항소(抗訴)와 상소(上訴)가 있다.

본안판결은 원고의 청구를 인정하는 ①**청구인용판결**(請求認容判決, judgment of claim citation)과 그 청구를 부정하는 ②**청구기각판결**(請求棄却判決, judgment of claim dismissal)로 구분된다. ①에는 ㉠법률관계 내지 권리의무의 존부와 그 내용을 확인하는 **확인판결**(確認判決, declaratory judgment), ㉡급부청구권의 존재를 확인하고 그 급부의무의 이행을 명하는 **이행판결**(履行判決, judgments awards), ㉢법률관계의 변동을 선고하는 **형성판결**(形成判決, formation judgment) 등이 있다.

기각(棄却, dismissal)은 민사소송법상으로는 소 또는 상소에 대해 소송요건은 구비하였지만 본안의 청구에 대해 이유가 없다고 배척하는 본안판결, 곧 **청구기각판결**을 가리킨다. **기각**은 형사소송법상 각하와 엄격히 구별되지 않고, 어느 것이나 이유 없는 신청이나 절차적인 부적법한 소송행위의 배척을 일컫는다. 다만 공소기각(公訴棄却, dismissal of a prosecution)이나 정식재판청구의 **기각**은 절차의 무효 때문에 절차를 중지하는 형식재판의 일종으로 취급된다.

한편 **각하**는 넓은 의미로는 국가의 행정상·사법상의 신청을 배척하는 처분을 뜻하며, 좁은 의미로는 민사소송법상 소송요건이나 상소요건의 흠결 때문에 본안의 심리에 들어가지 않고 신청을 부적법하다고 배척하는 것을 뜻한다.

2) 결정

재판 중의 **결정**과 **명령**은 본안 또는 소송요건과 같은 중요한 사항에 관한 **판결**과 구별된다. 우선 **결정**은 소송지휘·소송절차에 부수하여 또는 그것에 파생하는 사항, 강제집행에 관한 사항 등의 판단에 관해 행하는 재판이다. **결정**은 법원이 행하지만, 구두변론을 거치지 않고, 고지도 합리적으로 인정되는 방법에 의한다. 결정에 대한 독립된 불복신청이 인정되는 경우 항고(抗告)라고 한다.

3) 명령

명령은 넓은 의미로는 국회 이외의 국가기관이 정립하는 법규범을 말하고, 좁은 의미로는 행정기관이 정립하는 법규를 가리킨다. 민사소송법에서는 재판의 일종으로 **재판장**(裁判長, presiding judge)·**수명법관**(受命法官, commissioned judge)·**수탁법관**(受託法官, entrusted judge) 등이 행하는 것을 말한다. 이는 구두변론을 거치지 않아도 되고, 고지도 합리적인 방법으로 행하면 된다. **명령**에 대해 특히 불복신청이 인정되는 경우에는 항고 또는 이의신청에 의한다.

3 소송절차

1) 소장의 제출과 송달

소송은 원고가 제1심 법원에 소장을 제출함으로써 개시한다. 소장에는 ①**원고**·②**피고**·③**법정대리인**·④**청구취지**(請求趣旨, relief sought in the demand)·⑤**청구원인**(請求原因, cause of demand)·⑥**요구내용**·⑦**근거** 등을 기재하여야 한다.

청구취지는 원고가 소에 의해 어떤 주문판결을 구하는가에 대한 결론을 간결하게 기재하는 것이다. 예컨대 **피고는 원고에게 금 1억 원을 지급하라**와 같이 기재한다. 청구원인은 청구취지와 소송상 청구내용이 되고 있는 소송물을 특정하기 위해 필요한 사실 내지 청구를 뒷받침하기 위해 주장하는 사실이다.

소장이 제출되면 법원은 일정한 목적으로 작성한 문서인 **정본**(正本, original)에 부속하는, 곧 본래의 목적 이외의 목적으로 사용하기 위해 별도로 작성한 동일한 내용의 문서로서 **부본**(副本, duplicate)을 피고에게 송달한다. 피고는 원고의 청구를 다투는 경우 소의 배척을 구하는 **반대신청**(反對申請, oppose application)이나, 그 이유를 기재한 답변서를 제출하여야 한다.

2) 변론과 증거조사

법원은 원고의 소장과 피고의 답변서를 통해 당사자 주장을 파악할 수 있다. 따라서 재판장은 쟁점정리와 증거조사 등의 준비, 이를테면 **변론준비절차**(辯論準備節次, preparatory proceedings for oral argument)를 취하고 이후에 **변론기일**(辯論期日, date for pleading)을 지정하여 당사자를 법원으로 호출하여야 한다.

소송의 당사자는 변론기일에 법원에서 변론(辯論, pleading), 곧 자신의 주장을 뒷받침하고 심리를 위한 자료를 제출해야 한다. 이 경우 변론은 서면으로 준비해야 한다. **변론준비서면**(辯論準備書面, prepared pleading paper)은 그것에 기재된 사항을 상대방이 인지하는데 필요한 시간을 두고 제출해야 하며, 법원은 상대방에게 그 부본을 송달하여야 한다. 변론은 당사자가 재판장의 면전에서 구술로써 공개적으로 행하는 것이 원칙적이지만, 실제로는 문서로 하는 것이 보통이다.

당사자는 자기의 청구 내지 주장을 뒷받침하기 위해 증거를 제출 또는 신청할 수 있다. 법원은 이러한 신청에 따른 **증거조사**(證據調査, examination of evidence) 또는 직권에 의한 증거조사를 명할 수 있다. 당사자 본인에 대한 **신문**(訊問, examination)은 물론, 증거조사도 변론기일에 행하는 것이 원칙이다.

증거조사방법은, ①증인을 통한 **증인신문**(證人訊問, examination of a witness), ②전문가인 감정인의 의견 및 진술청취, ③증거서류제출, ④재판장이 사건현장을 검토·조사하는 **검증**(檢證, evidence by inspection) 등이 있다. 이러한 증거조사가 끝나면, 어느 편이 옳은가를 결정하는 재판단계에 이르게 된다.

법관은 전체적인 변론취지와 증거조사의 결과를 참작하여 자유로운 심증으로 사회정의와 형평에 입각하여 논리와 경험에 따라 사실관계를 기초로 당사자의 주장이 진실인지 아닌지를 판단하게 된다. 여기서 법관의 사실인정을 전폭적으로 신뢰하고 그 자유롭고 양심적인 판단을 존중한다는 소송법상의 기본원칙을 자유심증주의(自由心證主義, principle of free evaluation of evidence)라고 한다.

3) 판결

법관은 **자유심증주의**에 입각하여 확정한 사실에 법을 적용하여 판결하게 되는데, 여기서 판결은 **판결문**(判決文, sentencing)으로 작성된다. 판결은 **선고기일**(宣告期日, date of a sentence)에 재판장이 **판결원본**(判決原本, original of judgment)에 따라 **주문**(主文, text of a judicial decision, formal adjudication)을 통해 선고하며, 이 선고에 의해 판결의 효력이 발생한다. 판결문은 선고 이후 **법원사무관**(法院事務官, court official) 등에게 교부하고, 이를 2주 이내 당사자에게 **정본**(正本, original)을 송달하여야 한다. 이 경우 법원의 판결은 소송에 관한 심리절차를 완료한 판결이라는 의미에서 **종국판결**(終局判決, final judgment)이라고 한다.

제1심 종국판결은, 원칙적으로 판결문 송달일로부터 2주 이내 제2심 법원에 항소할 수 있다. 만약 항소에 불복하는 경우 당사자는 판결문이 송달된 날로부터 2주 이내 제3심 법원에 상고할 수 있다. 다만 당사자는 제1심 종국판결에 즉시 상고할 수 있다. 제2심의 항소와 제3심의 상고를 합쳐 상소라고 한다.

법원은 판결은 최종적으로 대법원 판결로 확정되는 것이 원칙이지만, 제1심이나 제2심의 종국판결도 상소기간 내에 상소를 하지 않으면 원안대로 확정된다. 이를 **확정판결**이라 하며, **확정판결**은 기판력에 기하여 기본적인 집행권원이 된다. 여기서 기판력이란 **확정판결**은 당사자와 또한 법원을 구속하며, 그 결과 동일한 사항이 다시 소송으로 문제가 되더라도 그 판단과 모순되는 주장 또는 재판은 허용되지 않는다는, 곧 **확정판결**의 효력으로서의 의의를 지닌다.

3 무역분쟁사례※

1 무역계약

1) 계약체결의 방법

A와 B는 새로운 물품개발을 위해 합작투자를 목적으로 협상을 개시하였다. 공식적 청약이나 승낙 없이 장기간 협의하였으나, 사소한 사항은 합의하지 않았다. 그렇지만 계약당사자는 본건 계약의 이행에 착수하였다. 이후 사소한 사항에 관하여 계약당사자는 합의를 이루지 못하였으나, 법원은 그럼에도 불구하고 계약은 체결되었다고 판시하였다. 왜냐하면 계약당사자는 계약의 이행에 임하였고, 이에 의하여 자신들의 의도가 계약에 의하여 구속됨을 보여주었기 때문이다.

계약당사자는 단순한 합의 그 자체만으로도 계약을 체결하기에 충분하다. 다만 이 경우 전통적인 법률요건으로서 청약과 승낙은 계약의 성립을 위한 계약당사자 합의의 기초가 된다. 일반적으로 국제상사계약은 특히 복잡한 상거래의 경우 장기간에 걸친 협상을 거치게 되는데, 이 경우 계약체결을 위한 합의가 이루어졌는지 또는 그 시점이 언제인지 결정하기가 어려울 수 있다. 그러나 계약당사자의 행위가 합의를 나타내기에 충분한 경우 계약체결의 유효성이 인정된다.

2) 계약의 성립요건

(1) 청약의 정의

A는 컴퓨터 기술지원을 받기 위해 수년 간 B와 계약을 갱신해왔다. A는 동일한 컴퓨터를 2번째 사무실에 마련하고 B에게 신규 컴퓨터 지원을 요청하고, B는 승낙하였다. 이 경우 A의 청약이 모든 조건에 합의하고 있지 않지만 계약은 체결되었다. 왜냐하면 누락조건은

※ 이하 무역분쟁사례는 **국제상사계약에 관한 일반원칙**(PICC)의 법적 기준에 따라 해설한다.

종전 계약으로부터 당사자 간 확립된 관행으로 볼 수 있기 때문이다.

일방이 계약을 체결하기 위하여 청약을 하는 것인지, 달리 단순히 협상을 개시하는 것인지를 결정하기 위한 기준은 승낙의 경우 자신이 이에 구속되어질 의사 여부에 달려있다. 일반적으로 그 의사는 명확하게 표시되는 것이 드물기 때문에 이러한 문제는 개별사안의 성격에 따라 결정되어야 한다.

청약자가 의사표시를 하는 방법, 예컨대 의사표시를 명시적으로 **청약** 또는 단순한 **의향서**(proposal)로 취급하는 것은 경우에 따라 예외가 있을 수 있으나, 통상적으로 이는 청약의 의사표시로 취급된다. 이 경우 보다 중요한 사실은 당해 제의의 내용과 수신인이다. 통상 제의가 세부적이고 확정적일수록 그것은 청약으로 해석될 가능성이 클 것이다. 나아가 1인 이상의 특정인에 대한 제의는 다수에게 한 제의보다 청약으로서 취급될 가능성이 클 것이다.

한편 의향서에는 계약의 필수적인 내용을 모두 포함할 수 있으나, 만약 의향서에 아직 결정되지 않는 일부 사소한 사항이 있음에도 불구하고 계약당사자의 합의가 선결되어야 계약체결에 이를 수 있다는 추가조건을 포함하고 있는 경우 청약자가 이를 승낙하였다고 하더라도 이에 구속되지 않는다.

(2) 청약의 취소

골동품 취급자인 A가 B에게 10개의 그림을 복구하도록 요청하면서 이에 특별한 요구사항을 추가하였다. 그 내용은 특정한 금액한도를 넘지 않아야 하며, 작업은 3달 이내에 완료해야 한다는 것이었다. A는 B가 본 청약을 수락할지 여부를 결정하기 위하여 5일 이내에 확답할 것을 요구하였다. 이 경우 A는 5일 동안 청약을 취소할 수 없다.

A는 정해진 기간 내에 수행해야 할 특정 프로젝트에 대한 공동입찰을 목적으로 B로부터의 청약을 모색하였다. B는 입찰가격을 계산함에 있어 A에게 신뢰할 수 있는 청약을 하였다. 그러나 입찰일 만기 전에 A가 입찰을 하고 난 후, B는 A에게 자신은 더 이상 청약을 보증할 의사가 없음을 통지하였다. 이 경우 B의 청약은 지정된 날짜까지 취소불능이다. 왜냐하면 입찰을 함에 있어, A는 B의 청약을 신뢰하였기 때문이다.

청약이 취소가능한지 또는 취소불능인지의 문제는 계약의 성립에 관한 법적 관점에서 매우 중요한 사안으로 취급된다. 왜냐하면 법체계상 상이한 법리적 시각차에 따라, 예컨대 관습법은 청약이 취소가능한 것으로, 성문법체계를 보유한 대부분의 국가에서는 취소불능한 것으로 취급하고 있기 때문이다.

통상 계약이 체결될 때까지, 청약은 취소가능하다. 그러나 피청약자가 승낙의 의사표시를 발송하기 전에 취소의 의사표시가 피청약자에게 도달해야 한다. 따라서 피청약자가 구두로 청약을 승낙하는 경우 또는 청약자에게 별단의 통지 없이 행위로써 동의를 표시할 수 있을 때까지, 청약자의 청약취소권은 존속한다.

그러나 피청약자의 승낙이 서면에 의해 발송된 경우 청약의 취소는 불가능하다. 이 같은 접근방식은 그때까지 청약의 취소가능여부를 모르고 있는 청약자에게는 불편함을 야기할 수 있는 개연성이 있으나, 계약의 성립을 원하고 있는 피청약자의 정당한 이해를 담보하여야 하는 시각에서, 또한 신속·민활한 상거래를 견인할 수 있다고 하는 취지에서 그 이해를 구할 수 있다.

한편 ①청약이 취소불능이라고 표시된 경우, ②청약을 취소불능으로 취급할 수 있는 상당한 이유를 가지고 있는 피청약자가 그 청약을 신뢰하고 행위를 한 경우 청약은 취소할 수 없다. 우선 ①의 경우 청약이 취소불능이라고 표시할 수 있는 방법은 다양한데, 가장 직접적이고 명확한 것은 청약자가 그러한 취지를 명시적으로 표시하는 것이다. 예컨대 이것은 확정청약(firm offer)이다. 당사는 귀사의 답변을 받을 때까지 당사의 청약을 보증한다와 같은 경우이다.

취소불능의 의사는 청약자의 단순한 그 밖의 진술 또는 행위로부터 유추할 수도 있는데, 이를테면 승낙을 위한 지정기간을 표시하는 것은 그 자체로 묵시적인 취소불능청약이라고 취급할 수 있음이 통상이다. 일반적으로 청약자가 승낙기간을 정한 것이 취소불능으로 취급하고 있는 법체계를 보유한 국가에서, 만약 청약에 승낙기간을 정하여 발송하는 경우 이는 취소불능청약으로 취급된다.

다른 한편 ②의 경우로서, 피청약자의 합리적인 신뢰는 청약자의 행위에 의하여 또는 청약의 성격, 예컨대 승낙 시 피청약자의 시각에서 포괄적이거나 고비용의 확인을 요하는 청약이거나, 피청약자로 하여금 제3자와 청약을 하도록 허용할 목적의 청약에 의한 경우 등에 의하여 결정될 수 있다. 피청약자가 청약을 신뢰하여 이행할 수 있는 행위로는, 예컨대 물품생산을 위한 준비에 임하거나, 재료 또는 장비를 구입·임차하거나, 그 밖에 이에 상당한 경비를 부담하는 것 등을 예시할 수 있다. 다만 이러한 행위는 상거래계에 통상의 것으로 취급되고 있거나 또는 청약자에게 알려졌거나 또는 알고 있는 경우에 한 한다.

(3) 청약의 거절

A는 2주 동안 확정적이라고 표시된 청약을 B로부터 받았다. A는 즉시 B에게 일부 다른 조건을 등기우편으로 요구하였고 B는 이를 승낙하지 않았다. A는 2주의 기간이 아직 경과하지 않았다고 하더라도 원청약을 더 이상 승낙할 수 없다. 왜냐하면 반대청약을 함으로써 A는 묵시적으로 원청약을 거절하였기 때문이다.

청약은 명시적 또는 묵시적으로 거절될 수 있다. 진술 또는 행위에 의하여 명시적으로 청약을 거절하지 않는 경우 피청약자는 어떠한 경우에도 자신이 청약을 승낙할 의사가 없음을 청약자가 알 수 있도록 조치하여야 한다. 또한 피청약자에 의한 거절은 청약을 종료하는 요인이 된다.

(4) 승낙의 요건

A는 12월 31일에 만료되는 물품공급계약을 갱신하기 위한 조건을 정하도록 B에게 요청하였다. B는 자신의 청약에서, "귀사가 늦어도 11월 말까지 당사에게 통지하지 않는 경우 당사는 귀사가 상기에 정한 조건대로 계약을 갱신하는 것에 동의하는 것으로 본다"라는 조건을 포함하였다. A는 이와 같은 조건은 전적으로 수락될 수 없다고 보아 일체의 답변을 하지 않았다. 이 경우 종전 계약은 지정된 날짜에 만료되고 또한 당사자 간에 합의된 새로운 계약은 존재하지 않는 것으로 본다.

장기 물품공급계약에 의거, B는 정기적으로 A의 주문을 명시적인 승낙 없이 이행하였다. 11월 15일 A는 새해를 맞이하여 대량의 재고품을 주문하였고, B는 회신도 하지 않고 또한 요구된 시간에 인도도 하지 않았다. 이 경우 B는 계약을 위반한 것이다. 왜냐하면 계약당사자 간에 확립된 관행에 따라 A의 주문에 대하여 B의 침묵은 승낙에 해당되기 때문이다.

A는 데이터베이스를 구축하기 위한 특별프로그램을 B에게 요청하였다. B는 승낙의 통지를 보내지 않고 프로그램작업에 임하여 그것이 완성된 후 A의 청약에서 정한 조건에 따라 대금지급을 청구하였다. 이 경우 B는 대금지급의 의무가 없다. 왜냐하면 A의 청약에 대한 B의 의도된 승낙을 A에게 통지하지 않았기 때문이다.

승낙의 유효성을 담보하기 위해서는 피청약자는 어떠한 수단에 의해서든 동의의 의사표시를 전달해야 한다. 이 경우 청약을 수령하였다는 단순한 확인 또는 청약에 관심만으로는 충분하지 않고, 동의는 무조건적(unconditional)이어야 한다. 예컨대 당사의 승낙은 귀사의 최종승인을 조건으로 한다는 청약자의 조건이나, 당사는 귀사의 양해각서에 열거된 계약내용을 승낙하고 2주 내에 승인을 받기 위하여 이사회에 동 계약서를 제출하기로 한다라는 피청약자의 조건에는 의존할 수 없다. 따라서 승낙은 청약조건을 변경하지 않거나, 적어도 중요조건을 변경하지 않아야 한다. 청약에 특정한 형식에 따른 승낙을 요구하고 있지 않는 경우 동의의 의사표시는 명시적으로 이루어질 수 있거나, 또는 피청약자의 행위로부터 유추될 수 있다. 예컨대 물품대금의 선지급, 물품선적 또는 현장에서의 작업개시 등과 같은 행위는 통상 승낙으로 취급된다.

침묵 또는 부작위는 그 자체로는 승낙에 해당되지 않는다. 피청약자의 단순한 침묵 또는 부작위는 청약에 동의하는 것으로 해석할 수 없다. 만약 계약당사자가 침묵은 승낙에 해당된다고 합의하거나 또는 그러한 취지의 상관행 또는 관습이 있는 경우에는 예외로 취급된다. 그러나 청약자가 피청약자로부터 특단의 답변이 없는 경우 청약은 승낙된 것으로 취급한다는 사실을 일방적으로 기재하는 것만으로는 유효한 승낙을 기대할 수 없다. 왜냐하면 계약체결을 제안함으로써 당해 계약의 주도권을 가진 자는 청약자로 보아 피청약자는 다만 청약을 승낙하거나 또는 거절하거나 또는 청약을 단순히 무시할 자유가 있기 때문이다.

(5) 승낙의 기간

A는 청약을 승낙할 의사가 있는 경우 늦어도 금주 금요일까지 하여야 한다고 표시한 청약을 월요일 B에게 송부하였다. B의 승낙은 다음 주 월요일 A에게 도착하였다. 이 경우 A는 B의 승낙이 지연된 것으로 보아 이를 거절할 수 있다.

A는 전자우편으로 월요일 아침에 B에게 '가능한 한 빨리' 답변하도록 촉구하는 청약을 보냈다. 종전 A와 B는 전자우편으로 통신하였음에도 불구하고, B는 A의 청약을 서면으로 승낙하였는데, 이는 목요일 A에게 도달하였다. B의 승낙은 너무 늦게 이루어졌다. 왜냐하면 그 상황에서 서신에 의한 승낙은 전자우편으로 받은 날로부터 3일째 되는 날에 도착하였기 때문이다. 이는 '가능한 한 빨리'에 해당하지 않는다.

서면에 의한 청약의 경우 유효기간은 청약이 승낙을 위한 기간을 표시하고 있는지에 달려있다. 만약 기간을 표시하고 있는 경우 청약은 그 기간 내에 승낙이 이루어져야 한다. 그 밖의 경우에는 동의의 표시가 청약자가 사용하는 통신수단의 신속성을 포함하여 개별상황에 따라 상당한 기간 내에 청약자에게 도달하여야 한다.

구두청약의 경우 승낙은 즉시 이루어져야 한다. 여기서 구두청약은 ①피청약자와 대면을 통해 이루어지는 경우, ②피청약자가 즉시 답변하여야 하는 경우, ③청약이 전화로 또는 전자적 통신수단에 의해 실시간으로 이루어지는 것을 포함한다. 피청약자가 청약자에게 별단의 통지 없이 행동에 옮기는 경우 이는 승낙을 추인(追認, ratification)할 수 있는 작위로 취급된다.

(6) 연착된 승낙 및 전달 중의 지연

A는 3월 31일을 승낙기한으로 정하고 있다. B의 승낙은 A에게 4월 3일자에 도착하였다. 그럼에도 불구하고 A는 B의 연착된 승낙을 "수락한다"는 의향을 가지고 있고 이에 그 즉시 그러한 의사를 B에게 통지하였다. 이 경우 A의 통지가 B에게 4월 5일자에 도착하였다는 사실에도 불구하고, 계약은 4월 3일 체결된 것으로 취급된다.

내용은 위와 동일하다. 다만 차이점은 B가 우편으로 A에게 서신을 전달하는데 통상 3일이 소요된다는 사실을 알고서 승낙서한을 3월 25일자에 송부하였다는 것이다. 그런데 A국의 우체국이 파업을 일으키는 바람에 송부일자가 표시된 우편은 4월 3일에 도착하였다. 이 경우 B의 승낙은 그럼에도 불구하고 효력이 있다. 다만 A가 부당한 지체 없이 반대하지 않는 경우에 한 한다.

승낙이 유효하기 위해서는 의사표시가 정해진 기간 내에 청약자에게 도달하여야 한다. 만약 그러한 기간이 정하여 있지 아니한 경우에는 **상당한 기간**(reasonable time) 내에 도달하여야 한다. 통상 이 기간 이후에 청약자에게 도달하는 승낙은 그 효력을 상실한다.

청약자가 달리 표시한 경우를 제외하고, 청약자가 정한 기간 내에 피청약자가 승낙의 의사표시를 하지 않은 경우 승낙의 효력은 부인된다. 그러나 청약자가 정한 기간 내에 통지를 하였으나 전달과정에서 예기치 않은 장애로 승낙의 의사표시가 도달하지 않은 경우 청약자가 이를 기간 내에 도착한 것으로 취급하는 것은 신의칙 및 피청약자 보호차원에서 유효성이 보장된다. 다만 청약자가 부당한 지체 없이 이를 거절한 경우 예외로 취급된다. 이 경우 승낙의 유효성을 담보하기 위해서는 연착된 승낙에 따른 적정한 사유를 소명하는 것이며, 이는 정상적으로 전달되었다면, 정한 기간 내에 청약자에게 도달되었을 것이라는 사실을 그 핵심에 두어야 한다.

(7) 변경된 승낙

계약내용에는 A는 B로부터 기계를 주문하고 이를 자신의 장소에서 테스트하도록 되어 있었다. B는 청약의 내용을 승낙하였지만 기계를 테스트할 때 A가 참석할 것을 추가하였다. 이 경우 추가조건은 청약의 '중대한' 변경으로 볼 수 없고, 계약의 일부를 구성한다. 다만 A가 정당한 지체 없이 반대하는 경우에는 예외로 취급된다.

내용은 위와 동일하다. 다만 차이점은 주문을 승낙하면서, B는 중재조항을 추가하였다. 달리 표시한 경우를 제외하고 이러한 조항은 청약조건의 '중대한' 변경에 해당한다. 이 경우 B의 의사표시는 반대청약으로 취급된다.

계약내용에는 A는 B로부터 기계를 주문하고 이를 자신의 장소에서 테스트하도록 되어 있었다. B는 청약의 내용을 승낙하였지만 기계를 테스트할 때 A가 참석할 것을 추가하였다. 이 경우 추가조건은 청약의 '중대한' 변경으로 볼 수 없고, 계약의 일부를 구성한다. 다만 A가 정당한 지체 없이 반대하는 경우에는 예외로 취급된다.

변경이 있는 승낙은 통상 반대청약으로 취급된다. 피청약자는 상황에 따라 청약자에게 승낙의사를 표시하면서, 당초 청약내용에 관하여 추가 또는 특단의 제한을 부가하는 경우가 발생할 수 있다. 이러한 승낙은 일반적으로 청약의 거절로, 곧 **반대청약**(counter offer)으로 취급된다. 여기서 청약자는 명시적 또는 묵시적으로 또는 특단의 행위를 통하여 반대청약을 승낙하거나 거절할 수 있다.

무조건적·절대적(unconditional and absolutely)인 의사표시의 합치를 표창하고 있는, 이른바 **경상의 원칙**(mirror image rule, MIR)[3]은 청약과 승낙 간에 사소한 차이가 있다고 하더라도 계약을 좌절시킬 수 있다. 이 같은 불합리성을 극복 또는 회피하기 위하여, 승낙에 추가 또는 변경된 조건이 청약의 조건을 **중대하게**(materially) 변경하지 않는 경우 청약자가 부당한 지체 없이 반대의 의사표시를 통지한 경우를 제외하고 변경된 내용을 반영하여 체결된 것으로 본다. 여기서 **중대한 변경**에 해당할 수 있는 사실은 각각의 개별상황에 따라 달라질 수 있으나, 통상 ①대금 또는 대금 지급의 방법에 관한 추가 또는 변경, ②비금전적 의무의 이행에 대한 장소와 시간,

3) **경상의 원칙**은 보통법상 일반원칙으로, 상대방 승낙의 내용이 청약과 **조금이라도**(even in an immaterial way) 다른 경우 이는 상대방에 의한 **반대청약** 또는 **조건부 승낙**이 되고 유효한 승낙이 되는 것은 아니라는 원칙이다. 달리 **완전의 원칙** 혹은 **완전일치의 원칙**이라고도 한다.

③일방의 타방에 대한 책임범위, ④분쟁해결방법의 변경 등이 이에 해당된다.

3) 계약의 이행

(1) 이행기

A는 토지공사 시 난관에 봉착했고, 이에 C(특수장비)가 필요하였다. A는 전화로 즉시 B와 C의 임차를 합의했으나, 인도시점은 정하지 않았다. 여기서 이행은 본 상황에 상당한 기간 내에 행해져야 한다. 공사는 난관으로 일시 중단되었기에, A는 즉시 C가 필요했고 '상당한 기간 내'는 이행이 즉시 이루어져야 하는 것으로 볼 수 있다.

계약상 의무의 이행시기를 결정할 수 있는 기준은 다음과 같다. ①계약이 이행을 위한 정확한 시점을 규정하고 있거나 또는 그것을 결정할 수 있는 특단의 규정을 존치해 두고 있는 경우이다. ②계약이 정확한 시점을 규정하지 않고 이행을 위한 기간만을 규정하고 있는 경우이다. 이때는 이행자가 선택한 기간 동안의 특정시점에서 이행도 가능하다. 다만 상대방이 시기를 선택할 것임을 표시한 경우에는 예외로 취급된다. ③그 밖의 이행은 상당한 기간 내 이행해야 한다.

(2) 일시이행 또는 분할이행

A는 3월 B에게 석탄 100톤을 인도하기로 약속하였다. A가 100톤을 분할하여 인도하는 것이 실질적으로 가능하고 또한 자신에게 편리할 수 있다. 그러나 원칙적으로 본조에 따라, A는 일시에 100톤을 인도하여야 한다.

내용은 위와 동일하나, 차이점은 B는 자신의 작업속도에 맞추기 위하여 석탄의 분할인도를 필요로 하고 있다는 사실이다. B는 한정된 저장시설을 보유하고 있고, 일시에 100톤의 화물을 인수할 수는 없다. A는 B의 이러한 상황을 익히 잘 알고 있다. A가 분할인도 하여야 한다는 것은 이러한 상황이 뒷받침하고 있다.

일방의 이행은 ①단일 목적물의 인도에서와 같이 일시에 제공되거나, ②건설계약에서와 같이 일정한 기간 동안에 이루어질 수 있다. ③그 밖에 많은 수량의 물품인도에서와 같이 이행이 일시 또는 분할하여 이루어질 수도 있다.[4] 본조는 이행방법과 관련하여, 계약에 이를 정하고 있는 규정이 없거나 또는 계약으로부터 결정할 수 없는 경우 다른 사정이 없는 한, 이행은 일시에 이루어져야 한다고 명시하고 있다.

(3) 일부이행

A는 은행에 부채가 있고, 1월 1일부터 시작하여 매달 첫날에 특정금액의 분할상환을 합의하였다. 4월 1일 A는 약정한 매달 특정금액의 일부상환을 제안하고, 나머지 잔액은 2주 후에 지급하기로 제안하였다. 이 경우 은행은 A의 제안을 거절할 권한이 있다.

A는 X국에서 9월 1일 이사시기에 완공될 공사 중인 건물에 사무실을 임차하였다. 그 날짜에 임차하기로 한 10개 사무실 중 4개만이 이용가능하며, 나머지 6개는 1달 내 준비될 수 있었다. 원칙적으로 A는 4개 사무실에 이사하는 것을 거절할 수 있다.

일방의 이행이 일시 또는 분할하여 제공될 수 있고, 또한 계약내용에 비추어 당사자가 어떻게 이행을 할 것인지가 명확히 하지 않거나 결정할 수 없는 경우 그것은 원칙적으로 일시에 이행하여야 한다. 또한 이행이 만기 시 채권자는 그 밖의 일부이행을 거절할 수 있으며, 이것은 이행만기가 일시이행인지 또는 광범위한 의무의 분할인지의 여부와 무관하게 이행만기 시에 적용된다.

전부이행이나 분할이행에 관계없이 이행이 만기에 행해져야 하는 경우 이는 완전히 이행되어야 한다. 채권자는 그것이 이행의 잔여분에 관한 보장과 병행하는지의 여부에 관계없이 원칙적으로 일부이행의 요청을 거절할 수 있다. 왜냐하면 채권자는 계약내용에 따라 전부이행을 담보하고 있기 때문이다. 이 경우 일부이행은 통상 불이행에 해당된다. 곧 이행만기 시에 완전이행을 급부 받지 않는 일방[채권자]은 자신에게 부여된 구제수단을 행사할 수 있다.

통상 채권자는 계약상 담보된 완전이행을 타방에게 요구함에 있어 이행만기 시

4) **분할이행계약**은 일정기간 동안 수차례에 걸쳐 급부가 분할로 이행되는 특수형태의 계약이다. 분할이행되는 급부의 목적물은 특정물 또는 종류물일 수도 있다. 급부의 대상이 동일한 종류의 균일한 물건이 아니라 성질이나 성상을 달리하는 조립부품들이 분할부분으로 나뉘어 인도되는 경우에도 분할이행의 문제가 발생할 수 있다. 또한 물품의 제공이 급부의 통상적인 내용이 되겠지만, 노무가 분할로 제공되는 경우도 상정할 수 있을 것이다. 특히 무역거래에서 물품의 분할이행계약이 폭넓게 이용되는 이유는, 매도인의 시각에서 한꺼번에 많은 양의 물품을 제조·공급하는 것이 곤란하거나, 그에 많은 자금이 소요되거나 또는 물품선적 등에 차질이 발생하는 경우에 분할이행약정이 유익하다. 또한 매수인의 시각에서도 주문한 물품 전체에 대한 대금지급의 곤란성이나 물품의 보관·관리상의 어려움 등을 해소해 줄 수 있다는 이점이 있다.

적법한 이익을 보유한다. 여기서 채권자는 타방의 일부이행 제의를 거절하지 않는 대신에 불이행에 관한 자신의 권리를 보유하거나 또는 특단의 유보 없이 타방 제의를 수락할 수 있다. 이 경우 일부이행은 불이행으로 취급되지 않는다.

채권자가 완전이행을 수령함에 있어서 이익이 명백하지 않고 또한 일부이행의 일시적 승낙이 채권자에게 심각한 손해를 유발하지 않는 경우 만약 일부이행을 주장하는 타방이 이 경우에 해당된다는 사실을 입증한다면, 채권자는 일부이행을 거절할 수 없으며, 이 경우 타방의 불이행은 용인되지 않는다.

만약 일부이행이 승낙되는 경우 채권자에게 뜻밖의 추가경비가 발생할 수 있다. 이 경우 경비는 타방이 부담하여야 한다. 왜냐하면 추가경비는 일부이행에 기한 불이행에 해당되기 때문이다. 이러한 추가경비는 채권자가 이용 가능한 특단의 구제수단에 침해됨이 없는 채권자 손해의 일부가 될 것이다. 한편 이러한 일부이행이 불이행에 해당하지 않는다면, 곧 채권자가 타방의 일부이행 요청을 거절함에 있어 적법한 이익을 갖지 않고 있거나 또는 유보 없이 요청을 수락하는 경우 타방은 특단의 구제수단에 구애됨이 없이 추가비용의 책임만을 부담한다.

(4) 이행의 순서

A와 B는 특정수량의 면섬유와 특정수량의 오일을 교환하기로 합의하였다. 달리 합의한 바 없는 경우 물품은 동시에 교환되어야 한다.

A와 B는 특정수량의 면섬유와 특정수량의 오일을 교환하기로 합의하였다. 달리 합의한 바 없는 경우 물품은 동시에 교환되어야 한다.

복수의 계약에서 일방이 상대방에게 의무가 있는 경우 어느 쪽이 먼저 이행하여야 하는지에 관한 문제가 발생한다. 만약 계약당사자가 특정한 계약을 하지 않았다면, 실질적으로 상거래계의 관습이 적용된다. 이러한 문제해결의 기준은 각각의 계약당사자의 이행이 동시에 제공될 수 있는 경우와 오직 일방의 이행이 특정기간을 요하는 것인지에 관한 구별에 있다. 이 경우 통상 계약당사자가 동시에 이행해야 할 의무가 있다. 매도인은 물품대금을 수령할 자격이 있지만, 계약내용에 기하여 또는 일방이 타방의 특정이행 이후 그리고 특정기간에 이행을 하도록 허용하고 있는 상관습이 존재하고 있는 경우 상황이 달라질 수 있다.

(5) 조기이행

B는 5월 15일 A에게 물품인도를 약속하고 A는 6월 30일 대금지급을 약속하였다. B는 5월 10일 물품인도를 원하고 A는 그러한 조기이행을 거절함에 있어 적법한 이익이 없다. 이것은 인도일에 관계없이 합의한 대금지급일에 영향을 미치지 않는다.

B는 5월 15일 A에게 물품인도를 약속하고 인도 시에 대금을 A가 지급하기로 합의하였다. 만약 B가 5월 10일 물품을 인도하는 경우 A는 상황에 따라 그 날짜에 지급할 입장이 아님을 주장하면서 조기이행을 거절할 수 있거나, 동 대금의 지급을 위하여 당초 마감일을 준수하는 조건으로 물품을 인수하거나, 또는 물품을 인수하기로 결정하고 즉시 동 물품에 대하여 대금을 지급할 수 있다.

A는 5월 15일 대신에 5월 10일 물품인도를 거절함에 있어서 합리적인 이익을 보유하고 있지 않으나, 일부 보관수수료가 5일의 추가기간 동안에 발생하였다. 이 경우 추가비용은 불이행에 관한 손해배상에 관계없이 B가 부담하여야 한다.

이행이 특정시기에 만기가 되는 경우 이행은 그 시기에 이루어져야 하며, 이 경우 채권자는 원칙적으로 조기이행을 거절할 수 있다. 통상 이행을 위한 특정시기는 채권자의 이해를 반영하고 있다고 보아 조기이행은 이러한 채권자의 이해를 침해할 수 있다. 조기이행은 원칙적으로 계약의 불이행으로 취급되나, 채권자가 조기이행을 용인하거나, 조기이행에 따른 불이행으로부터 채권자가 자신의 권리를 유보하는 경우에 있어 조기이행은 불이행으로 취급되지 않는다.

이행기한 내 채권자의 합리적인 이익이 명백하지 않는 상황이거나, 조기이행으로부터 채권자에게 특단의 불이익이 발생하지 않는다는 사실을 조기이행을 제안한 타방이 입증하는 경우 일방[채권자]은 조기이행을 거절할 수 없다.

일방이 조기이행을 수락하는 경우 이것이 자신의 의무이행에 영향을 미칠 수 있는지의 여부가 문제시 될 수 있다. 일방의 의무가 타방의 의무이행과 연관됨이 없이 특정시기에 만기가 되는 경우 이행시기는 변함이 없다. 그러나 이행이 시간과 연관되어 있는 그 반대의 경우 조기이행을 거절함에 있어서 채권자의 적법한 이익을 확보할 수 있다. 따라서 만약 채권자가 조기이행을 거절한다고 하더라도, 이행시기에는 영향을 받지 않는다. 한편 조기이행이 불이행과 관련하여 유보와 함께 용인되는 경우 채권자는 이행시기에 관한 권리를 보유할 수 있다. 곧 조기이행을 일방

[채권자]이 수용하는 경우 자신의 의무에 관하여 타방이 결과를 수용할지의 여부는 그 수용사실과 함께 동시에 결정할 수 있다.

채권자 일방이 조기이행을 용인하는 경우 뜻밖의 추가경비가 발생할 수 있다. 이러한 추가경비는 타방에게 부담이 될 것이다. 만약 조기이행이 불이행에 해당하는 경우 추가경비는 채권자가 이용 가능한 구제조치에 침해 없이 손해배상의 일부가 될 것이다. 이와 달리 만약 조기이행이 불이행에 해당하지 않은 경우, 곧 채권자가 조기이행의 요청을 거절함에 있어 자신에게 여하한의 합리적인 이익이 없거나, 또는 조기이행의 요청을 유보 없이 용인한 경우 타방은 추가경비를 부담하여야 한다.

(6) 이행비용

A는 B의 감사를 수행하기 위해 전문가 5명을 파견하는데 합의하였다. 합의내용에는 이들 전문가 출장경비에 관한 언급이 없었다. A는 자신의 보수를 결정할 때 이러한 비용을 고려할 수 없다. 곧 A는 이러한 출장경비를 청구서에 추가할 수 없다.

채무이행에 있어 목적물의 대가[급부][5] 외에도 특단의 비용이 소요된다. 예컨대 물품인도를 위한 운송비용, 제반 은행수수료, 공적 인·허가 신청 시 수수료 등을 예로 들 수 있다. 통상 이러한 비용은 이행당사자가 부담하여야 한다. 이 경우 별도의 약정을 통해 이행당사자의 비용부담을 달리 확정할 수 있다.

---

5) 무역학의 시각에서 **대가**에 의제되는 **급부**는, 채권이 채권자가 채무자에 대하여 일정한 행위를 청구할 수 있는 권리라 할 때, 이 경우 채무자의 행위를 뜻한다. 곧 **급부**는 채권의 목적이라고 할 수 있다. 물권은 물권법정주의에 따라 그 종류와 내용이 제한되나 채권은 계약자유의 원칙에 따라 그 종류나 내용이 제한되지 않는다. 그러나 **급부**가 채권의 목적인 이상 법률행위의 목적에 관한 일반적 요건을 갖추어야 할 것이므로, 확정되고 가능하고 적법하며 사회적 타당성이 있어야 한다. **급부**는 채권이 성립할 당시에는 확정되지 않아도 이행기까지 확정할 수 있으면 된다. 이와 달리 **급부**의 가능여부는 채권의 성립시를 기준으로 판단한다. **급부**가 요건을 결한 경우 그 채권은 무효이다. **급부**가 반드시 금전으로 가액을 산정할 수 있어야 하는 것은 아니다. **급부**에 대한 대가를 **반대급부**라고 한다. **급부**의 종류를 구별하는 것은 채무이행의 장소, 채무불이행책임, 강제집행의 방법 등에서 중요한 의의를 가진다. **작위급부**는 일정한 행위를 하는 것이고, **부작위급부**는 일정한 행위를 하지 않는 것이다. **특정물급부**는 **급부**의 목적물이 특정된 것이고, **불특정물급부**는 **급부**의 목적물이 특정되지 않은 것이다. **가분급부**는 대금지급 등 **급부**가 분할적으로 실현될 수 있는 것, **불가분급부**는 **급부**가 분할로 실현될 수 없는 것이다. **일시적 급부**는 매매목적물의 인도 등 **급부**가 1회로 완결되는 것이고, **계속적 급부**는 **급부**가 계속적으로 행하여지는 것이며, **회귀적 급부**는 **급부**가 시간적 간격을 두고 반복되는 것이다.

4) 계약의 종료

(1) 계약해제

A(X국 소재 기업)는, B(Y국 소재 매도인)부터 와인을 구매하였다. 이후 X국 정부는 Y국으로부터 농산물 수입금지령을 공포하였다. 이러한 장애가 A의 귀책사유가 아니라고 하더라도 B는 본건 계약을 해제할 수 있다.

5월 1일 A는 5월 15일 전에 B에게 소프트웨어를 신속하게 인도하기로 계약하였다. A가 6월 15일에 인도하는 경우 B는 인수를 거절하고 계약을 해제할 수 있다. 다만 불이행당사자가 자신의 불이행이 일방에게 중대한 것이었음을 예견할 수 없었고, 또한 합리적으로 예견할 수 없었음을 입증하는 경우 A는 계약을 해제할 수 없다.

A는 B의 대리인으로서, 자신의 경비를 청구할 자격이 있다. 그는 B에게 허위 영수증을 제출하였다. 청구금액은 크지 않았지만, B는 이를 중대한 불이행으로 취급하고 대리점계약을 해제할 수 있다.

타방의 불이행이 행사된 경우 일방이 계약해제권을 보유하는지의 여부는 특단의 고려요소에 관한 평가결과에 달려있다. 예컨대 ①타방의 이행이 너무 지체되는 경우, ②계약의 목적물에 하자가 있는 경우, ③당초 의도된 목적으로 물품 또는 용역을 사용할 수 없는 경우, ④불이행당사자의 행위가 또 다른 측면에서 피해당사자로 하여금 계약을 해제하는 것이 합리적인 경우 등과 같이 다양하다.

계약해제는 그 결과로서 피해당사자가 이행을 준비하고 지출하는데 사용된 비용을 회복할 수 없을 정도에 이르게 할 만큼 심각한 피해를 초래할 수 있다. 이 경우 피해당사자가 타방의 불이행이 중대한 경우, 예컨대 상대적 중요성보다 실질적인 중요성에 해당되는 경우에 한하여 계약을 해제할 수 있다. 예컨대 물품매매계약에서 인도의 시기는 통상 필수적인 요건으로 취급되고 있으며, 신용장거래에 있어 제출서류는 신용장의 조건에 엄격히 일치하여야 한다는 것 등은 엄격한 계약의 이행에 필수적인 요건으로 취급된다.

한편 불이행이 일방에게 장래 이행을 신뢰할 수 없다고 믿을 만한 사유를 제공하는 경우, 곧 타방이 이행을 분할로 하는 경우에 종전 이행과정에서의 하자가 나머지 이행에서도 되풀이 될 것이라는 사실이 명백한 경우 일방은 계약을 해제할 수 있다. 불이행당사자의 불이행이 중대한 것으로 취급될 수 있는 경우 불이행당사자의 불균형적 손해를 고려하여야 한다.

불이행은 통상의 경우 이행을 준비하고 난 이후 발생하는 경우가 이행을 준비하기 전에 발생하는 것보다 덜 중대한 것으로 취급될 것이다. 준비되거나 또는 제공된 이행이 불이행당사자에게 어떠한 영향을 미칠 수 있는지의 여부는 이행이 거절되거나 또는 타방에게 반환되어져야 하는 경우와 밀접한 관련성이 있다. 불이행당사자가 이행지체에 임한 경우 피해당사자 일방이 허여한 추가기간이 경과하기 전에 이행을 하지 않는다면 일방은 계약을 해제할 수 있다.

(2) 일시이행의 계약에 관한 구상권

A는 유명화가의 그림을 B에게 60만불에 판매하기로 하였다. B는 대금을 20만 유로만 지급하였고, 이에 A는 계약을 해제하였다. 이후 그림은 유명화가의 그림이 아닌 모조품이라는 것이 판명되었다. 계약해제 시 B는 기 지급한 대금을 반환받을 수 있고, 대신에 그림을 A에게 반환하여야 한다.

A는 B에게 천정에 누수의 결함이 있는 차량을 판매하고 이를 인도하였다. 차량은 본래 목적에 비추어 사용하기에는 적합하기 않기 때문에 B는 계약을 해제할 수 있다. 그 결과 B는 기 지급한 대금의 반환을 청구할 수 있고, 동시에 차량을 반환하여야 한다. B가 차량을 반환하기 전에 차량이 홍수에 의해 전손되었다면, A는 손해배상을 청구할 수 없다. 왜냐하면 B는 불가항력(*force majeure*)에 따라, 의무가 면책되기 때문이다.

쌍무계약 하에서 타방은 일방으로부터 제공받은 이행에 대한 급부로서 통상 금전지급의무를 부담한다. 이 경우 금전지급의무의 분할도 가능하나, 이는 일방의 이행이 일시에 이행되어야 한다. 반환은 통상 현물로 반환되어야 한다. 그러나 현물로 반환이 불가능한 경우 금전으로 조정할 수도 있다. 이 경우 금전은 수령한 이행가치를 금액으로 환산한 것이다.

현물로 반환할 수 없는 경우 그 이행가치에 관하여 이행의 수령자에게 배상책임이 있다. 수령자가 수령물의 파손 또는 악화에 책임이 있는 경우 그러한 파손 또는 악화의 위험은 이행을 통제하는 당사자에게 있다. 반대로 악화 또는 파괴가 상대방의 잘못에 기인한 경우 그에 대한 가치를 배상할 책임이 없다. 왜냐하면 그것은 상대방의 잘못에 기인하고 있기 때문에 또는 그것이 이행에 내재된 하자로 인한 것이기 때문이다.

이행가치를 조정하기 위한 수령자의 의무는 목적물의 악화 또는 파손이 계약의 해제 이전에 발생한 경우에만 존속한다. 만약 이행한 것이 계약해제 이후에 악화되거나 파손된 경우에는 불이행에 대한 통상의 규칙이 적용된다. 왜냐하면 계약해제 이후 이행의 수령자가 본인이 수령한 것을 반환하여야 할 의무가 있기 때문이다. 다만 불이행이 불가항력(*force majeure*)에 의하여 면책되는 경우에는 예외로 취급된다. 이행수령인은 계약의 목적물의 보관 또는 유지에 따른 경비를 부담할 수 있다. 계약이 해제되는 경우 그리고 이에 따라서 양당사자가 수령한 것을 반환해야 하는 경우 그 비용에 관한 배상을 이행수령인이 청구하는 것은 합리적이라 볼 수 있다.

2 무역운송

1) 관습과 관행

A(터미널운영자)는 B(외국운송사)와 자신이 위치해 있는 항구의 특정한 관습을 적용하였다. B는 당해 항구가 외국인에 의하여 통상 사용되고 있고, 그러한 관습이 모든 고객에 대하여 그들의 영업소와 국적에 상관없이 규칙적으로 준수되고 있었다면, B는 이러한 관습에 구속된다.

계약당사자는 그들이 동의한 관습과 그들 간에 확립한 관행에 의하여 구속된다. 이러한 기본원칙은 그것이 개별사안에 적용될 수 있고, 그 밖에 명시적으로 규정하고 있는 관행과 관습에 의해 여하히 충족되어야 한다.

계약당사자는 그들 간에 확립한 관행에 자동적으로 구속된다. 다만 당사자가 관행의 적용을 명시적으로 배제한 경우에는 그 사유가 조각된다. 특정한 관행이 계약당사자 간에 확립된 것으로 취급될 수 있는지의 여부는 개별사안의 특정한 상황을 고려한 결과에 따라 결정된다.

계약당사자는 자신들의 계약내용을 일일이 협상할 수 있거나 또는 특정사안과 관련하여 관습 등 그 밖의 출처를 단순히 인용할 수도 있다. 나아가 이러한 사항의 어느 쪽에도 속하지 않은, 이를테면 상거래계에서 특화된 관습이나 그 밖의 다른 유형의 계약과 관련된 관습을 포함한 모든 관습의 적용을 합의할 수 있다. 심지어 계약당사자가 경우에 따라 잘못하여 관습이라고 칭하고 있는 행위규범 중에서 그것의 일부만을 반영하고 있는 경우에도 통상 그 효력이 용인된다.

관습이 관련 상거래계의 계약당사자에게 널리 알려져 있고 또한 규칙적으로 준수되고 있어야 한다는 사실은 그것이 국제적·국내적·지역적이든지 여부에 관계없이 모든 관습이 그 적용대상이 된다. 경우에 따라 지역적 또는 국가적 특정한 관습이 계약당사자의 의도와는 달리 순수하게 예외적으로 적용될 수 있다. 예컨대 특정물품거래소, 무역전시회, 항구의 관습 등이 상대방 국가의 상인에게도 준수되어야 하는 경우 이러한 지역에 통용되는 관습 또한 다름없이 적용된다. 그 밖의 실례로서 특정인이 동일한 국가에서 다수의 유사한 계약을 체결한 경우 당해 국가에 확립되어 있는 관습에 구속되는 경우를 예시할 수 있다.

특정한 관습으로 취급하려면, 그것이 동일한 부류의 상거래계에 속한 대부분의 상인에 의해 규칙적으로 준수되고 있어야 한다. 그러나 특정사안에 관한 관습의 적용은 경우에 따라 불합리할 수 있다. 예컨대 일방 또는 양당사자가 수용한 특정계약조건이나, 상거래의 예외적이고도 차별적 성격에서 찾아 볼 수 있다.

2) 대리권의 발생과 범위

B(화주)는 A(선장)에게 10일 내에 X국으로의 화물운송을 위탁하였다. 항해가 시작된 3일 후 선박이 손상을 입어 인근 항구로 수리를 위해 기항하였다. A는 화물을 하역한 후 그것을 재차 목적항으로 운송하기 위하여 또 다른 선박에 적재하기 위해 다른 선장에게 위임할 묵시적 권한을 보유하고 있다.[6)]

6) 본건은, 이른바 긴급피난(緊急避難, necessity)의 법리를 내재한다. **긴급피난은 급박한 위난을 피하기 위해 부득이 취한 행위**로, 곧 위난상태에 빠진 법익을 보호하기 위해, 다른 법익을 침해하지 않고는 달리 피할 방법이 없을 때, 인정되는 정당사유로 취급된다. 이처럼 위난에 처한 특정이익을 즉시 긴급조치를 통해 보호하지 않으면, 그 효과가 없을 경우가 있다. 이때 국가를 대신하여 법익침해를 야기한 긴급보호조치행위를 허용한다는 의미에서 **긴급피난**은 허용규범이다. 긴급상태에서 자신이나 타인의 법익을 보호하기 위한 긴급행위라는 점에서, 정당방위와 일치한다. 그러나 정당방위는 언제나 부당한 공격을 전제로 하고 있을 뿐만 아니라, 그 공격을 해온 자에 대해서는 방위행위가 가능하다. 하지만 부당한 침해에 대해서 뿐만 아니라 부당하지 않은 침해에 대해서도 가능하며, 위난을 야기한 자 이외의 자에 대해서도 피난행위가 가능하다는 점에서 정당방위와 차이가 있다. 피난행위는 현재의 위난을 피하기 위하여

본인이 대리인에게 권한을 부여하는 경우 특정한 형식요건에 구애됨이 없이 명시적 또는 묵시적으로 그 권한을 부여할 수 있다. 여기서 명시적 권한부여의 가장 흔한 경우는 위임권(委任權, power of attorney)이지만, 본인은 그 형식에 있어 구두 또는 서면으로 권한을 부여할 수 있다. 서면에 의한 명시적 권한부여는 본인·대리인 그리고 제3자를 포함한 모든 이해관계자에게 대리인 권한의 존재 및 그 정확한 범위를 명백히 제공할 수 있는 장점이 있다.

한편 묵시적 권한의 경우 권한의 부여시점은 ①본인의 행위, 예컨대 특정한 과업을 대리인에게 부여할 때, ②또는 명시적 권한부여의 조건을 명시한 때, ③당사자 간 특정한 상거래의 과정이나 일반적인 상관습 등이 존재하는 때로부터 확정할 수 있다. 대리인에게 허여된 위임의 범위가 광범위할수록, 그 권한의 범위 또한 넓다. 여기서 대리인의 권한은 명시적 조건에만 한정되지 않고 부여된 목적을 달성하기 위해 그 상황에 필요한 모든 행위에까지 확장된다.

3) 강행규정을 침해하는 계약

A(X국 수출자)는 B(Y국 선주)와 X국에서 Y국으로의 해상운송계약을 체결하였다. X국 법령에는 선박의 적재량을 제한하고 있었다. 계약내용에 이를 위반하는 경우 벌금규정은 있었지만 그 위반이 개별운송계약에 미치는 영향에 관해서는 규정하고 있지 않았다. B는 과적을 하였고 A는 물품이 안전하게 도착하였음에도 불구하고 계약의 무효를 주장하면서 운임지급을 거절하였다. 본 법령의 목적은 선박과 승무원의 안전을 위해 과적을 금하는 것이지 운송계약을 금하는 것은 아니다. 당해 목적은 B에게 벌금을 부과하여 달성할 수 있기 때문에, B는 본건 물품운송에 따른 운임청구권을 보유한다.

객관적으로 상당한 이유가 요구될 뿐만 아니라, 주관적으로도 구조의사가 요구된다. 따라서 피난행위는 객관적 피난행위와 주관적 피난의사로 성립된다. 객관적 피난행위란 피난주체가 우월적 법익보호를 위해 침해법익에 대하여, 부득이하게 침해하는 상당한 이유 있는 행위임을 말한다. 피난주체는 **긴급피난**의 의미와 효과를 이해할 수 있는 능력의 소유자라야 한다. 책임능력이 없으면 당연히 죄가 성립될 수 없으므로, 책임능력이 있는 자만이 **긴급피난**의 주체가 될 수 있는 것은 아니다. 책임능력이 없더라도 피난행위의 주체가 될 수 있으며, 그런 자가 **긴급피난**의 의미를 이해한다. **긴급피난**의 의사로 행위 할 경우에는 책임이 조각되는 것이 아니라, 위법성이 조각된다. 피난행위가 상당한 이유를 가지려면 그 행위가 보충성과 균형성, 그리고 피난수단의 적정성을 충족해야 한다. **긴급피난**에서 위난은 피난행위에 의한 어느 범죄의 구성요건 해당행위에 의하지 않고서는, 당해 법익을 보호할 수 없는 경우이어야 한다. 그러므로 보호할 가치가 없는 법익이나 보호할 가치가 있다 하더라도 달리 피할 수 있으면, **긴급피난**행위는 위법성이 조각되지 않는다.

A(X국 수출자)는 B(Y국 소재한 운송업자)와 X에서 Y국으로 위험물품에 대한 운송계약을 체결하였다. X국은 당해 물품은 특히 안전을 요구하는 차량으로 운송해야 한다는 법령을 보유하고 있었다. 본 규정에는 위반 시 형사처벌을 하도록 규정하고 있었으나, 그 위반이 개별운송계약에 미치는 효과에 관해서는 언급하고 있지 않았다. B는 상기 언급된 안전요건을 갖추지 않는 차량으로 물품을 운송하였다. A는 물품이 안전하게 도착하였다는 사실에도 불구하고 본 계약의 무효를 주장하면서, 운임지급을 거절하였다. 본 법령의 취지는 제3자에 대한 상해나 환경에 관한 손상을 방지하기 위한 것에 취지를 두고 있어, B는 형사상 처벌과는 무관하게 운임을 지급받을 권리를 상실한다.

거래사실은 위와 동일하나, 차이점은 물품이 목적지에 안전하게 도착한 상황에서 B는 용역의 대금상환을 요청했다는 점이다. 이 상황에서, 예컨대 위반의 심각성과 모든 수단을 강구하여 필수적 안전요건이 구비되지 않은 차량으로 위험한 물품운송을 방지할 필요성을 고려, B는 경우에 따라 용역대금을 회복할 권한을 부여받지 않을 수도 있다.

계약당사자는 자유롭게 계약을 체결할 수 있으나, 다만 국내·국제적 특단의 강행규정에 저촉됨이 없어야 한다. 여기에 적용될 수 있는 강행규칙은 그것이 국내·국제 또는 초국가적인 것인지에 관계없이 특단의 강행규칙에만 관련이 있다. 강행규칙이 특정한 경우 적용되는 것은 통상 분쟁이 국내법정 또는 중재판정부에서 다루어지는지의 여부에 달려 있다. 그런데 경우에 따라 강행규칙을 위반하였다고 하더라도 계약당사자에게 계약상 구제조치 또는 반환상의 구제조치가 허여될 수 있다. 다만 통상적으로 계약의 체결 또는 이행 시 강행법규의 위반사실을 알지 못하였거나 또는 합리적으로 알 수 없었던 경우에 한 한다.

만약 강행규칙이 계약내용에 기한 위반의 효과에 관하여 명시적으로 정하고 있지 않은 경우 제반 상황에 따라 계약상 합리적인 구제조치를 행사할 수 있다. 따라서 강행규칙 위반에도 불구하고 일방 또는 양당사자는 개별사안의 상황에 따라 이행청구권을 포함하여 통상의 구제조치 또는 계약을 무효로 취급할 수 있는 권리 그리고 계약내용의 변경 또는 해제 등과 같은 조치를 취할 수 있다.

계약내용의 개별사안에 있어 고려하여야 할 가장 중요한 요소는 강행규칙 위반의 목적이다. 요컨대 강행규칙의 목적을 달성함에 있어, 계약상 구제조치를 계약당사자 중 누구에게 허여하여야 그 목적을 이룰 수 있는지의 여부가 핵심요건으로 기능한다. 또 다른 고려요소는, 강행규칙 위반이 일반적으로 공공이익을 보호하기 위한 것인지, 특정한 범주에 해당하는 자의 이익을 위한 것인지의 여부이다. 여기서 특허요건은 통상 후자의 경우이다. 여기에 해당할 수 있는 예로는 자신의 고객이나 거래처를 보호하기 위하여 특정한 활동을 수행하는 자에 대하여 특별히 법이 규율하고 있는 경우이다. 이 경우 만약 특허를 받지 않은 자가 계약을 체결한 경우 계약으로부터 비롯될 수 있는 손해에 관한 특정한 구제조치는 마땅히 고객 또는 거래처가 될 것이다.

특정행위를 금하거나 또는 제한하는 법령은 통상 형사상·행정상 제재가 주류를 이루고 있다. 이러한 규정이 계약상의 권리 및 구제조치의 위반효과에 관하여 명시하고 있는 경우 그러한 내용은 다름없이 적용된다. 달리 당해 규정이 그러한 효과에 관하여 언급하고 있지 않은 경우 형사상·행정상 제재의 존재 및 성격은, ①위반된 내용의 목적, ①보호대상자의 범주, ③위반의 심각성 등이 중요하게 고려된다. 이는 이러한 제재의 존재 및 성격은 계약상 권리 및 구제조치에 관한 위반의 효과를 결정하는데 특단의 기준으로 고려될 수 있음을 시사한다.

또 다른 고려요소는 위반의 심각성이다. 곧 계약에 의한 구제조치는 강행규칙이 단순한 성격이고 그 침해가 상대방에게 영향을 미치지 아니한 경우에는 다름없이 인정될 수 있다. 여기서 계약에 의한 구제조치를 허용하는 것은 일방 또는 양당사자가 강행규칙의 위반을 알았거나 알고 있었는지의 여부에 달려있다.

계약내용에 강행규정의 위반내용을 명시적으로 또는 묵시적으로 포함하고 있는 경우 계약당사자는 본 계약에 의한 어떠한 구제조치도 행사할 수 없다. 만약 다른 법적 또는 문화적 차이로 인하여 일방이 위반사실을 합리적으로 알 수 없었거나 또는 계약내용 또는 그 일부의 이행에 관하여 합리적인 기대를 가지고 있다가 추후에 그러한 기대를 무효화하기 위하여 특단의 법령을 원용하는 경우 계약내용에 따라 행사 가능한 구제조치가 용인될 수 있다.

4) 계약내용의 해석

A(선주)는 목적항에 도착한 후 선박체류기간 개시일이 정박기준인지 여부를 표준약관에 포함하고 B와 용선계약을 체결하였다. 이후 양당사자는 본 약관에 관하여 상이한 해석을 하였다. 상반되는 특단의 의사표시가 없는 경우 운송사업에 있어서 약관은 전형적이기 때문에 운송사업에 있어서 통상적으로 부여하는 의미로 해석하여야 한다.

국제상거래에 임한 계약당사자는 계약서에 자신들이 합의한 내용을 구체화하기 위한 규정을 흔히 삽입하고 있다. 이와 같은 이른바 **혼합조항**(merger clause) 또는 **통합조항**(integration clause)의 취지상 계약해석의 목적을 위하여, 당해 조항이 계약당사자 간에 예비적 합의의 관련성을 배제하는지 또는 어느 정도 배제하고 있는지의 여부가 고려되어야 한다.

5) 수익자의 의무나 책임을 배제 또는 제한하는 계약조항

A(화주)는 X국에서 Y국으로 화물을 운송하기 위해 선박운송업자와 계약을 체결하였다. 이 경우 선하증권은 '헤이그-비스비 규칙'의 적용을 받으며, ①선장 · 승무원, ②화물의 적재 및 하역에 고용된 작업인부, ③물품이 환적(transshipment)[7]될 수 있는 선박의 소유주 책임을 면제하도록 되어 있다. 이러한 배제사항은 다름없이 효력을 발생한다.

계약당사자가 아닌 자의 의무를 제한하거나 배제하는 계약규정은 매우 흔하게 볼 수 있다. 아마도 가장 유명하고도 대표적인 사례가, 이른바 **히말라야 약관**(himalaya clause)[8]으로 볼 수 있는데, 이는 운송계약에 있어 일정한 형식에 기한 선하증권의

7) **환적**은 무역에서, 화물을 옮겨 적재하는 것을 말한다. 신용장에 규정된 선적지로부터 목적지까지 화물을 운송 중에 한 운송수단으로부터 다른 운송수단으로 양하 및 적재하는 것으로, 해상과 육상을 함께 이용하는 복합운송에서는 일반적이다. 그러나 화물이 손상을 입거나 도난당할 염려가 있으므로 대개의 매수인은 원하지 않는다. 이때는 신용장에 금지조항을 미리 약정해야 하며, 만약 금지조항이 없으면 가능한 것으로 취급된다.

8) ①**히말라야 약관**은 운송계약의 추정적 증거로서 선하증권에 명시된 면책약관을 운송인이 고용한 사용인 · 대리인 · 독립계약자 등에게 확대 · 적용가능하게 한 약관이다. 운송계약의 당사자는 화주와 운송인이다. 19세기 후반에 개발된 **계약당사자 자치의 원칙**(privity of contract doctrine)에 의해 오직 계약당사자만 상호 제소 또는 피소가 가능하다. 그런데 화주가 운송인을 제소하지 않고 이들 사용인 · 대리인 · 독립계약자를 직접 제소하면 문제가 발생한다. 왜냐하면 이들은 운송계약의 당사자가 아니기 때문이다. 따라서 이들은 계약소송이 아닌 불법행위로 피소될 수 있다. 여기서 이들이 면책약관을 원용할 수 있는지의 여부가 문제시 되는데, 계약당사자 자치의 원칙에 따라 계약의 당사자가 아닌 자는 계약에 의한 제소 · 피소가 불가능하다. 결국 이들은 운송인에게 허용된 선하증권상 면책약관을 직접 원용할 수 없게 된다. ②1932년 **과실상의 불법행위**(tort of negligence)의 법리가 형성되기 이전에는 사용인 · 대리인 · 독립계약자는 당사자 법리로 인해 화주로부터 피소되지 않았다. 그런데 Donoghue v. Stevenson 사건(1932)에서 영국의 대법원은 과실상의 **불법행위**에 관한 법리를 주창하였다. 본 사건 이후, 예컨대 하역업자의 과실로 화물이 손상되면, 화주는 하역업자를 제소함에 있어 계약관계를 입증할 필요 없이 **불법행위**로 직접 제소할 수 있었다. 그 결과 하역업자는 B/L의 면책약관을 원용할 수 없었고 더욱이 화주는 하역업자를 **불법행위**로 직접 제소하여, **헤이그-비스비 규칙**이 규정한 책임제한을 무력화시킬 수 있었다. **히말라야 약관**은 이러한 문제점을 해소하고 사용인 · 대리인 · 독립계약자가 선하증권의 면책이익을 주장할 수 있도록 하는 것에 그 취지를 두고 있다. ③**히말라야 약관**은 1932년 불법행위법리가 등장한 후 운송인의 사용인에게 제기된 최초의 불법행위소송으로 원고가 승소한 사건이라는 점에서 의의를 구할 수 있다. 환언하면 면책약관은 사용인, 곧 선장 · 갑판장 등을 보호하지 못했는데, 그 원인을 법원은 사용인이 계약당사자가 아니기 때문이라 판시하였고, 같은 맥락에서 약관에 사용인의 면책을 보호할 수

약관에서 자주 발견된다.

일반적으로 계약당사자 자치는 이러한 분야에서도 역시 존중되어야 한다. 또 다른 상황은 수익자가 행약자에게 급부하여야 할 채무로부터 면제되어야 한다고 양당사자가 합의한 경우에 발생한다.

6) 계약준수의 원칙

A(화물운송중개업자)는 B(운송업자)와 2년간 운송계약을 체결하였다. B는 2년간 월별 고정운임으로 X국에서 Y국으로 특정물품의 운송을 합의하였다. 2년 경과 후 그 지역은 정치적 분쟁에 휩싸여 물품가격이 급격히 인상되었음을 이유로 B는 당초 고정운임 대비 5% 인상을 요구하였다. 이 경우 B는 그러한 인상에 책임을 부담하여야 할 이유가 없다. 왜냐하면 B는 계약상 자신의 의무에 관한 위험을 부담하고 있기 때문이다.

일방이 자신의 기대이익에 반하는 중대한 손해를 입거나 또는 계약의 이행이 의미 없게 되었다고 하더라도, 그럼에도 계약의 내용과 조건은 존중되어야 한다. 한편 계약의 구속력 원칙은 절대적인 것이 아니다. 연속적 상황변화가 계약균형의 중대한 변경을 초래하는 경우 개별상황은 예컨대 **장애**(障碍, hardship)에 기한 계약의 좌절과 같은, 소위 **Frustration의 법리**(theory of frustration)[9]에 의하여 대부분의 법

있는 문언이 없었기 때문이라고 했다. ④사실관계로서 원고 **아들러 부인**(Mrs. Adler)은 P&O 여객선 히말라야호의 승객이었다. 기항지에서 상륙 중에 승강대의 고박이 풀려 부상을 입었다. 원고와 P&O 간의 운송계약의 증거로서 승선표에는 회사의 사용인이 업무 중에 그의 과실 또는 어떠한 원인으로부터 직·간접으로 승객 개인에게 가한 부상에 대해 회사는 일체 책임지지 않는다는 약관이 존재하였다. 이에 원고는 P&O를 제소하지 않고, 선장과 갑판장의 과실을 사유로 제소하였다. 그 결과 항소심은 전원일치로 피고들, 곧 선장 및 갑판장은 선사를 보호하기 위한 약관을 원용할 수 없다고 판시하였다. ⑤그러나 이후의 유사한 사건과 관련하여, 곧 **헤이그-비스비 규칙**에 규정된 책임제한을 회피하기 위한 목적으로 화주들은 운송인을 계약위반으로 제소하는 것보다는 사용인·대리인·독립계약자 등을 **불법행위**로 제소하였고, 이에 법원은 약관의 문언보다는 어떻게든 당사자법리 위주로 접근함으로써 약관의 효력이 순탄치 못했다. 이에 **히말라야 약관**의 보완을 위해 등장한 것이 소위 **순환보상약관**(circular indemnities clause)이다. 여기서 **순환보상약관**이란 화주가 운송인의 이행보조자를 상대로 화물손해배상청구를 하지 않겠다고 확약하고, 만약 이를 어기고 이행보조자에게 손해배상청구를 하는 때는, 그로 인하여 운송인이 입게 되는 손해를 운송인에게 보상하겠다는 내용의 약관을 말한다. 따라서 화물손해 발생 시, 화주가 **순환보상약관**을 위반하여 운송인의 이행보조자에게 손해배상을 청구하면 일단은 이행보조자로부터 배상을 받을 수 있다. 그리고 운송인은 이행보조자에게 그 배상액을 보상해 주고, 화주는 다시 운송인에게 **순환보상약관**에 의하여 그 배상액 상당의 손해를 보상하여 줄 의무를 부담하게 된다. 결국 **순환보상약관**에 의하여 화주는 이행보조자에 대하여 손해배상청구를 할 실익이 없게 된다.

9) Frustration이란 **계약목적의 달성불능, 계약의 좌절, 이행불능**이다. 예컨대 ①당사자 사망, ②목적물의

체계에서 인정되고 있다.

7) 완전배상

국립도서관은 운송인에게 전시용 고문서를 송부하였다. 고문서가 운송도중 회복할 수 없이 손상되었다. 그 손해액은 가치로 환산하면 10만유로이고, 당해 금원은 운송인이 지급하여야 할 총 금액이다.

손해를 구체화함에 있어 일방은 타방의 불이행의 결과로 고통 받은 손해뿐만 아니라 박탈된 여하의 이익에 대하여 손해배상을 청구할 권리를 보유한다. 여기서 고통 받은 손해의 개념은 광의로 해석된다. 예컨대 피해당사자로서 채권자가 채무자에게 대금을 받지 못한 결과 자신의 또 다른 약속을 이행하기 위해 금전을 차용하여야 할 때, 발생될 수 있는 채권자의 자산감소 또는 부채증가를 포함할 수 있다. 이윤의 손실 또는 경우에 따라 발생하는 결과적 손해는 계약이 적절히 이행되었다면 피해당사자에게 통상적으로 귀속되는 이익으로 본다. 피해당사자는 불이행의 결과로서 손해배상에 기하여 특단의 이익을 향유함이 없어야 한다. 이 경우 불이행으로부터 당사자가 기대할 수 있는 이익을 고려해야 한다.

완전배상의 원칙을 적용할 경우 금전으로 표시된 것을 포함하여 손해의 변동, 불이행 시점과 불이행 결정시점 사이에 발생할 수 있는 금전의 손해를 고려하여야 한다. 그러나 예컨대 피해당사자는 자신의 비용으로 손해를 경감한 경우 청구하여야 할 손해배상금액은 지급한 총액과 다름없이 일치하여야 한다.

비금전상의 손해배상에 관하여, 이는 일신상의 명예 또는 평판에 관한 침해결과로서 손해뿐만 아니라 정신적 고통, 삶에 대한 풍요로움의 상실, 심리적 편견 등이 될 수 있다. 비실질적인 손해에 관한 배상은 다양한 형태를 가지고 있는데, 곧 그

멸실, ③후발적 위험, ④사정의 본질적 변화 등을 예로 들 수 있다. Frustration에 의해 계약은 자동적으로 소멸된다. 적법하게 체결된 계약이 당사자의 고의·과실 없이 발생한 후발적 사정으로 인해 계약이 해제됨으로써 당사자가 추구했던 계약목적이 좌절되는 법리로 설명된다. 즉 계약체결 후 계약이행이 완료되기 전에 매매당사자의 귀책사유 없이 목적물에 관한 물리적 파괴 또는 불가항력적 사건발생에 의하여 계약목적달성이 불가능한 경우 계약이 자동적으로 소멸되고 당사자는 이행의무로부터 면책된다. 한편 불가항력은 계약이행이 불가능하다는 점에서 Frustration과 동일하지만, 불가항력은 계약불이행에 관한 면책이 인정될 뿐이고, Frustration은 이에 의해 계약이 자동으로 소멸된다는 점에서 차이가 있다. 그러나 ①이행불능을 자초하거나, ②계약내용에 명시규정이 있거나, ③예측된 시점, ④단기간의 이행불능, ⑤대안이 있는 경우 등에는 Frustration이 성립되지 아니한다.

자체 또는 특단의 것과 병합되든지 여부와 관계없이 법원은 충분한 배상을 명할 수 있다. 법원은 손해배상에 관한 판결뿐만 아니라 법원이 지정한 그 밖의 형태로서 손해의 적정성을 고려하여 명할 수 있다.

8) 예견가능한 손해

A(은행)는 통상적으로 수집한 동전을 포함한 돈 가방을 운송하기 위해 안전회사와 용역거래를 하고 있었다. 안전회사에 통보하지 않고, A는 종전 주화가치의 50배에 이르는 새로운 주화를 포함한 탁송화물을 보냈는데, 그 과정에서 탁송화물을 강탈당하였다. A는 통상화물가치에 상당하는 배상을 받을 수 있다. 왜냐하면 예견될 수 있는 손해의 종류만이 배상되고 분실된 것의 가치는 다른 종류의 손해로 변경되었기 때문이다. 이러한 원칙은 특히 운송분야에 있어 일부 국제협약과는 달리, 고의적 불이행의 경우, 즉 예견불가능 한 손해에 관한 완전배상을 규정하지 않고 있음은 유의하여야 한다.

손해를 예견 가능한 것으로 한정하고 있는 취지는 ①피해당사자의 모든 기대가 계약의 범위에만 있는 것은 아니라는 것과, ②이행을 하지 않는 당사자가 계약체결시점에서 결코 예견할 수 없었던 손해나 자신이 보험으로 감당할 수 없는 위험에 관한 손해배상책임을 적의 고려하여야 한다는 것에 두고 있다.

예견가능성의 개념은 명확하여야 한다. 이 경우 예견가능성은 손해의 특성 또는 유형과 관련되어 있으나, 그 정도와는 관련되어 있지 않다. 다만 그 정도가 손해를 그 밖의 다른 종류의 손해로 변경되는 경우에는 예외로 취급된다.

예견가능성의 대상은 계약체결시점, 대리인을 포함한 불이행당사자에 의해 결정되며, 이러한 대상은 동일한 부류의 합리적인 자가 동일한 상황에서 불이행의 결과와 특정한 계약의 상황, 예컨대 당사자가 제공하는 정보 또는 이전의 상거래 행위의 결과로서 예견할 수 있었는지의 여부에 따라 결정될 수 있다.

9) 상계의 효과

A(선주)는 X국에서 Y국으로 B의 물품을 운송하였다. A는 B에게 운임으로 10,000달러를 요구하였다. B는 이전에 운송한 물품의 손해배상금으로 10,000달러의 금액에 대한 A의 채권자이다. A가 지급할 10,000달러에 대하여 B는 지급하여야 할 10,000달러와 상계할 수 있다. 이 경우 A와 B의 각각의 채무는 면제된다.

A(오일생산자)는 X국에 있는 B에게 매달 송유관으로 오일 1,500톤을 인도하기로 계약하였다. 이에 B는 매주 오일을 육로로 1,000톤씩 이송하여야 한다. A가 생산한 오일과 B가 인도하는 오일은 원산지가 동일하지 않지만 그 사용은 유사하기 때문에 오일과 관련된 2가지 의무는 동종으로 취급할 수 있다고 보아, A와 B가 오일의 일정수량을 인도함에 있어 각각 채권자와 채무자의 지위를 보유하고 있는 경우 상계는 가능하다.

A(운송인)는 X에서 Y국으로 B(피아니스트)를 위해 피아노를 운송하기로 계약하였다. 계약내용에는 피아노가 연주일로부터 5일 전에 연주장소에 도착하지 않은 경우 이에 관한 지연금 조항이 있었다. 피아노가 연주 2일 전에 연주장소에 도착하였고, 이에 A는 운송비 지급을 요청하였다. B와 A가 본건 지연금에 관한 다툼이 있다고 하더라도 B는 A의 운송비에서 당초 합의된 지연금을 상계할 수 있다.

A는 B를 위하여 X에서 Y국으로 칠면조를 운송하였다. 운송비는 35,000불이었다. 운송기간동안 칠면조 100마리가 운송인의 잘못으로 폐사하게 되었으며, 운송인은 이를 인정하였다. A는 운송비를 B에게 요청하였다. B는 A의 의무에 관하여 칠면조의 폐사에 따른 손해배상금을 지급하여야 할 의무와 상계할 수 있다. 손해규모가 밝혀지지 않았다고 하더라도 2개의 의무가 동일한 계약에서 발생하였기 때문에, 이 경우 손해배상금을 산정하고 상계조건이 충족되었는지를 결정하는 것은 비교적 용이할 것이다.

계약당사자가 특단의 사유에 기한 조치로부터 발생한 의무를 상호 간에 부담하고 있는 경우 각 당사자는 상대방의 의무에 관하여 자신의 의무를 상호 공제하여 상계할 수 있다. 이러한 양당사자의 행위는 최소한의 의무에 상당하는 금액까지 해제된다. 상계의 효과로서 양당사자는 의무이행을 면하게 된다.

상계는 양당사자가 상대방의 채무자로서 또한 채권자로서의 지위를 겸하고 있어야 한다. 여기서 유의하여야 할 것은 양당사자는 동일한 능력에서 그렇게 되어야 한다는 것이다. 따라서 일방이 타방에게 의무를 부담하고 있지만, 예컨대 일방이 기업의 절대적 소유자로서, 곧 피신탁인으로서 그 밖의 능력으로 타방의 채권자로서 지위를 보유하고 있는 경우 상계는 불가능하다.

상계의 조건으로서 상호 간에 의무가 존재하고 있어야 한다는 조건에 비추어 일방이 타방이 이행하여야 할 의무를 제3자에게 부여한 경우 문제시 될 수 있다. 그럼에도 불구하고 타방은 자신의 의무를 일방의 의무와 상계할 수 있다. 다만 여기서 상계는 타방의 의무에 대항하여 존재한 경우에 한 한다.

양당사자의 의무는 동일한 종류이어야 한다. 이 경우 의무는 대체가능하여야 한다. 금전의무는 각각 상계될 수 있다. 예컨대 곡물의 인도는 동종의 곡물의 인도에 의하여서만 상계될 수 있다. **동종의 의무**(obligations of the same kind)라는 개념은 **대체가능의무**(fungible obligations)의 개념보다 광범위하다. 이를테면 비금전적 의무이행은 동종일 수 있지만, 반면에 대체가능하지 않을 수도 있다. 예컨대 동일한 포도농장에서 생산연도가 동일하지 않은 포도를 인도할 2가지 의무는 동종의 의무일 수 있지만, 대체가능하지는 않다. 요컨대 의무가 동종인지 여부는 상관행 또는 특별한 규칙에 달려있다.

한편 개인적인 의무는 또 다른 유형의 의무로서 동종일 수 없다. 따라서 의무 중의 어느 하나가 개인적인 성격인 경우 상계는 불가능하다. 일방은 자신의 의무를 이행할 권리를 보유하고 있어야 한다. 어느 쪽도 아직 밝혀지지 않거나 도래되지 않는 이행을 상대방에게 부과할 수 없다.

상계는 상대방 의무에 관한 존재 및 정도가 확인된 경우에만 행사할 수 있다. 이 경우 의무의 존재는 의무 그 자체에 다툼이 없는 경우에 한 한다. 예컨대 유효하고 이행된 계약, 최종 또는 재심대상이 되지 않는 중재판정에 기초하는 경우 등을 예시할 수 있다. 이와는 반대로 손해배상금을 지급하기 위한 의무는 그것이 상대방에 의하여 다툼이 되고 있는 경우에는 확정될 수 없다. 나아가 상대방 의무의 존재가 다툼이 되지 않는다고 하더라도 당해 의무에 관한 금액을 확정할 수 없다면 상계는 불가능하다. 곧 손해의 존재는 다툼이 되지 않지만, 배상금액이 확정되지 않은 것은 상계를 불가능하게 한다.

상계의 조건으로서 상대방 의무는 만기가 되어야 한다. 당해 의무는 채권자가 채무자에게 이행을 요청할 수 있는 권리를 보유하고 있을 때 발생하고, 채무자는 당해 요청에 대하여 항변할 수 없다. 예컨대 항변은 대금지급시기가 아직 도래하지 않은 경우 이용이 가능하다. 자연적·도덕적 의무는 집행할 수 없기 때문에, 일방은 타방이 부담하고 있는 의무와 자신의 의무를 상계할 수 없다. 한편 의무가 구속력을 지니고 있는지의 여부는 적용법에 달려 있을 수 있다. 환언하면 경우에 따라 상계권을 행사할 수 있는 가능성은 적용법에 따라 결정된다.

상계는 양당사자의 의무를 동시에 종료할 수 있는 편리한 방법이다. 만약 양당사자의 의무가 동일한 계약에서 발생한다면, 일방은 타방의 의무에 관한 존재 및 범위가 확정되지 않는 경우에도 타방의 의무에 대하여 자신의 의무를 상계할 수 있다. 예컨대 손해배상금을 지급하여야 할 의무는 그것의 존재를 밝히는 것이지 그 금액에 관한 것은 아니다. 따라서 최소한의 지급액이 다툼이 되지 않는다면, 일방은 타방 의무의 총 금액이 알려져 있지 않다고 하더라도 최소한의 금액한도까지 자신의 의무를 상계할 수 있다.

한편 의무 중의 하나가 다툼의 대상이 된다고 하더라도, 상계권은 행사할 수 있다. 왜냐하면 상계할 수 있는 모든 의무가 동일한 계약으로부터 발생하고 쉽게 확정할 수 있기 때문이다. 이것은 양당사자의 신속한 분쟁해결에 유용할 것이다. 경우에 따라 법원의 개입은 상계의 조건이 실제로 충족되는지를 결정하는데 필요할 수 있다. 통상 국제상거래에서 양당사자의 의무는 동일한 계약으로부터 발생되고 있음이 상례이다. 양당사자는 별단의 합의에 의해 상계에 임할 수 있다. 또한 상호 의무가 특정날짜에 또는 정기적 또는 자동적으로 상계될 수 있도록 합의할 수 있다.

3 무역보험

1) 표준약관에 의한 계약체결

A는 작업장에서 근로자 사고에 관한 위험을 담보하기 위하여 B와 보험계약을 체결하였다. 양당사자는 보험료와 최고보험가액에 관련된 사항만을 공란에 기재하고 B가 제시한 표준계약서에 서명하였다. 서명 이후 A는 B와 개별적으로 협상한 조건뿐만 아니라 서식에 인쇄된 별단의 보험협회에서 정한 일반약관에도 구속된다.

A(X국 소재 보험회사)는 B(Y국에서 설립된 기업)의 계열회사이다. A의 표준약관은 소문자로 약 50개 조항으로 구성되어 있다. 이 중 하나는 Y국 법을 적용법으로 정하고 있다. 본 조항이 고딕체 또는 이행의무자의 주의를 끌만한 방법으로 표시되지 않은 경우 유효하지 못하다. 왜냐하면 X국의 고객은 자국에서 영업하는 기업의 표준약관에서 외국법을 계약의 적용법으로 지정하는 것을 합리적으로 기대할 수 없기 때문이다.

표준약관(標準約款, standard terms)은 일반적이고 반복적인 사용을 목적으로 일방에 의해 미리 마련되고 또한 상대방과 협상됨이 없이 실제로 사용되는 계약조항을 총칭한다. 이 경우 표준약관은 형식적인 계약조항의 표시가 아니다. 환언하면 계약조항이 별도의 문서에 삽입되어 있는지, 계약서 그 자체에 포함되어 있는지, 계약조항이 사전에 인쇄형식으로 삽입되어 있는지, **전자문서**(electronic message)로 작성되어 있는지, 특정인이 계약조항을 작성하였는지 등의 계약조항의 폭과 범위에 따른 구분이 아니다. 그것은 계약조항이 일반적·반복적으로 계속해서 사용할 목적으로 사전에 작성되어 있고, 계약조항이 타방과의 합의 없이 일방에 의하여 실제로 사용되고 있다는 사실이다. 요컨대 표준약관은 타방이 다름없이 승낙하여야 하는 기능을 지니고 있다. 따라서 표준약관에 편입되어 있지 않은 그 밖의 계약내용은 계약당사자간 합의의 대상이 될 수 있다.

통상적으로 일방이 제안한 표준약관은 승낙을 조건으로 타방을 구속하며, 또한 양당사자가 표준약관을 명시적으로 언급하여야 하는지, 달리 그러한 표준약관의 통합이 묵시적인지는 개별사안의 사정에 달려있다. 계약서에 편입된 표준약관은 이면이 아닌 계약당사자가 서명하는 곳에 기재되어 있는 한, 통상 양당사자를 구속하게 된다. 반면에 별도의 문서 또는 전자문서에 포함된 표준약관은 그 약관을 제시하고 있는 당사자에 의해 명시적으로 언급되어 있어야 한다. 후자의 경우 **하이퍼링크**(hyperlink)나 **팝업**(pop-up) 등을 예시할 수 있다. 한편 표준약관의 묵시적인 통합은 그러한 취지의 관습 또는 상거래계에 확립된 관행이 있는 경우에 한하여 인정된다.

2) 제3자를 위한 계약

A는 자신의 종업원이 정기적으로 사용하고 있는 트럭에 대하여 보험에 가입하였다. 계약서에는 보험회사가 A의 동의로 트럭을 모는 모든 사람에게 적용한다고 규정하고 있었다. T라는 종업원이 트럭 운전도중 사고가 발생하였다. T는 사고에 관한 책임에 대하여 보험혜택을 받을 수 있다.

계약은 계약당사자 간의 의무와 권리를 확정하기 위하여 **계약의 자유**(freedom of contract)에 의거, 그들 자유의사에 따라 체결된다. 그 결과 **계약의 구속력**(binding character of contract)에 따라, 계약당사자는 계약으로부터 권리와 의무에 기한 이해를 담보할 수 있다.

제3자가 계약의 이행으로부터 특단의 이해 내지 혜택을 받을 것이라는 단순한 사실은 계약 그 자체로부터 이러한 특단의 권리가 부여되고 있음을 의미하는 것은 아니다. 그러나 제3자가 권리 없이 항상 방치되지는 않는다. 기본원칙은 계약당사자가 제3자에게 권리를 부여하고자 하는 경우 이것이 자신의 의사임을 명백히 표시할 수 있다. 한편 제3자에게 혜택을 부여하기 위한 의사는 때때로 묵시적일 수 있다.

이러한 묵시적 의도는 모든 계약내용 및 그 조건 그리고 개별적 상황에 따른 **사실의 문제**(the matter of facts)로 귀결된다.

3) 권리부여의 취소

> 건설계약상 주 건설업자가 공사에 관한 손해를 담보하기 위해 B(보험회사)와 보험계약을 체결하였다. 보험증권에는 건설계약과 관련한 하청업자 이익을 반영하고 있었고, 하청업자는 그 내용을 알고 있었다. C(하청업자)는 보험에 부보하지 않았으며, 이 사실을 A 또는 B에게 통지하지 않았다. 이와 반대되는 표현이 없는 경우 C의 신뢰는 A와 B 간의 계약을 취소불능하게 한다.

> 위 사례와 관련, C(하청업자)는 주 계약자에 의하여 부보한 피보험이익의 향유를 원하지 않을 수 있다. 왜냐하면 이미 기존의 관련 보험이 있을 수 있고, 그리고 동일한 위험을 부보할 2개의 보험이 있다면, 중복보험(double insurance)[10)]에 관한 특단의 애로사항을 알고 있었기 때문이다. 이 경우 C는 포기할 권리가 있다.

수약자와 행약자는 자유로이 제3자의 권리를 취소하거나 또는 계약체결 이후 제3자 권리는 변경할 수 없다고 합의할 수 있다. 예컨대 보험계약에서 통상 이러한 극단적인 입장을 취하고 있는 경우는 흔치는 않지만, 만약 발생한 경우 제3자가 자신이 권리를 수락하거나 또는 그 권리를 신뢰하여 합리적으로 행동한 경우 자신의 권

10) **중복보험**은 동일한 피보험이익과 동일한 사고 및 동일한 보험기간에 관하여 다수의 보험자와 각각 동시에 또는 순차로 보험계약을 체결한 경우 그 보험금액의 총액이 보험가액을 초과하는 경우를 말한다. 동일한 보험자와 이와 같은 보험계약을 여러 개 체결한 경우는 단순한 **초과보험**이고 **중복보험**이 아니다. 또 다수의 보험자와 각기 별도로 보험계약을 체결한 경우에도 위험 또는 보험기간이 다른 때에는 **중복보험**이 되지 않는다. **중복보험**은 고가물에 관한 보험, 그 밖에 특정인이 보험자와의 보험계약만으로는 보험자의 자력 등에 미루어 불안하다고 생각되는 경우 이루어짐이 통상이다. 이 경우 수개의 보험계약에 있어서의 보험금의 합이 보험가액을 초과하는 이상 그 초과부분에 대한 보상을 인정할 수 없는 것은 **초과보험**에 있어서와 같다. 그러나 동일한 목적과 동일한 사고에 관하여 수개의 보험계약이 동시에 또는 순차로 체결된 경우 그 보험금액의 총액이 보험가액을 초과한 경우 보험자는 각자의 보험금액의 한도에서 연대책임이 있다. 이 경우 각 보험자의 보상책임은 각자의 보험금액의 비율에 따른다. 이는 보험자중 특정인이 지급불능이 된 경우 그 분담액에 관해서는 보험의 목적을 달성할 수 없다는 불합리한 점을 고려하여 각 보험자의 연대책임을 인정하고 있는 것에 그 취지를 두고 있다. 다만 사기보험의 방지를 위하여 **중복보험**의 경우 보험계약자는 각 보험자에 대하여 개별 보험계약의 내용을 통지하여야 한다. 한편 **중복보험**의 경우 보험계약이 보험계약자의 사기(詐欺, fraud)로 인하여 체결된 때에는 그 계약은 무효로 취급된다.

리는 취소가 불가능하다. 물론 수익자의 권리를 취소불능으로 하거나 또는 그 수익자가 권리를 신뢰하여 행동한 이후에라도 취소권을 보유할 수 있도록 조치하는 것과 같이 이를 명확히 하는 것은 전적으로 계약당사자의 임의처분에 달려있다.

한편 취소권이 일방에게만 부여되는 경우도 있을 수 있는데, 예컨대 생명보험계약에서 피보험자가 수익자를 변경할 수 있도록 허용하는 규정이 그것이다. 다만 이는 관련된 상관습에 의해 제한이 가능하다.

4) 장애

A(적화보험을 취급하는 보험사)는 자신의 특정고객으로부터 추가보험료를 요구하였다. 왜냐하면 화주가 전쟁 및 시민소요가 예상되는 동일지역 내 3개 국가에 인접하여 전쟁위험과 시민소요의 위험을 동시에 포함하고 있었기 때문이다. 여기서 A는 계약을 조정할 권한이 없다. 왜냐하면 전쟁과 시민폭등 조항에 의하여 보험사는 3개국이 동시에 영향을 받을 것이라는 위험을 부담하고 있기 때문이다.

일반적으로 **장애**(障碍, hardship)는 특정사건의 발생이 계약의 형평을 **중대하게**(fundamentally) 변경시키는 경우로 정의된다. 특정사건에 의한 일련의 상황변동은 **계약준수의 원칙**(contract to be observed)에 기하여 계약당사자 상호 간의 이행의무에 영향을 미치지 않기 때문에, 이 경우 장애는 계약의 변경이 중대한 경우가 아닌 한, 원용할 수 없다. 특정한 경우에 변경이 중대한지의 여부는 개별상황에 달려있다.

계약의 균형이 와해될 수 있는 중대한 변경은 서로 다르나 연관성을 지닌 2가지 방식으로 명확히 특정할 수 있다. ①일방이 자신의 의무를 이행함에 있어 예상치 않았던 상당한 비용이 추가되는 것으로 특정할 수 있다. 이 경우 일방은 통상 비금전적인 의무를 부담하고 있는 당사자일 것이다. 예컨대 추가비용에 있어서 상당한 증가는 물품의 생산을 위하여 필요한 원자재의 가격, 용역의 제공가격, 보다 비싼 생산절차를 요구하는 새로운 안전규정의 도입 등으로 인하여 예상 밖의 가격이 증가하는 경우일 것이다.

②이행을 수령하는 일방에게 더 이상 가치가 없는 경우를 포함하여 이행가액이 상당히 감소하는 것으로 특정할 수 있다. 이 경우 이행은 금전적 또는 비금전적 의무와 관련될 수 있다. 예컨대 이행가치의 급락, 인플레이션의 급증, 이행목적의 좌절, 수출금지령 등을 예시할 수 있다. 여기서 자연적 이행가치의 하락은 객관적 측정이

가능해야 한다. 따라서 이행을 수령하는 일방이 이행가액에 관한 개인적 의견에 기한 변경은 관련이 없다. 이행목적의 좌절은 그러한 문제가 알려져 있거나 또는 적어도 알려졌음에 틀림이 없는 경우 고려될 수 있다.

장애를 유발한 사건은 계약의 체결 이후에 발생하거나 또는 피해당사자가 장애사유를 계약체결 후에 알게 되었어야 한다. 만약 그 당사자가 계약체결 시 그러한 사건을 알고 있었다면, 당시의 상황을 고려할 수 있었다고 보아 이 경우 그 당사자는 추후 장애를 원용할 수 없다. 특단의 장애가 계약체결 이후에 발생하였다고 하더라도, 계약체결 당시 불이익을 받은 당사자가 그러한 상황을 합리적으로 고려할 수 있었다면, 장애의 효과는 부인된다.

장애사유는 장애를 유발한 사건이 피해자의 통제범위를 벗어난 경우에만 인정된다. 피해당사자가 변동위험을 인수한 경우 장애로 취급되지 않는다. 이 경우 인수는 그 위험이 명시적으로 이전될 필요는 없지만, 계약의 성격상 부수되어질 수 있는 것으로 본다. 따라서 투기적인 상거래에 임한 일방은 계약체결 시점에서 그 위험을 충분히 알고 있지 못했다고 하더라도 어느 정도의 위험을 감수한 것으로 취급된다.

장애는 장래 제공하여야 할 이행과 관련이 있다. 즉 일방이 이미 이행을 한 경우 그는 자신의 이행가액이 상당히 증가하였거나 또는 감소하였다는 사실을 원용할 자격이 없다. 계약적 균형에 있어서 중대한 변경이 부분적으로만 이행되는 시기에 발생하는 경우 장애는 장래 제공받아야 할 이행의 일부에만 관련이 있을 수 있다.

5) 다수의 채무자

대규모 산업용 공장은 통상 화재와 그 밖의 위험에 대비하여 보험에 가입하고 있다. 이러한 위험은 경우에 따라 특정 보험회사에게는 그 부담이 너무 클 수 있기에 일반적으로 수 개의 보험회사가 이러한 위험을 공동으로 담보하고 있음이 상례라 할 수 있다. 이 경우 수 개의 보험회사는 그 위험을 부담하는 공동채무자의 지위에 있다.

내용은 위와 동일하나, 차이점은 보험회사 A, B, C가 연대하여 개별책임을 부담한다는 규정이 존재하지 않다는 것이다. 그러나 공동보험의 목적상 어떠한 보험회사도 자신의 한계를 초월하는 위험을 담보할 수는 없다. 따라서 이것은 A, B, C가 각각의 지분만큼만 부담한다는 의미로 취급할 수 있다.

보험회사 A, B, C는 위와 같이 산업용 공장에 대하여 공동으로 담보하기로 합의하였다. 이러한 합의는 각각의 보험회사가 당해 위험의 비율대로만 책임을 부담한다는 것을 의미한다.

8개의 보험회사가 화학그룹의 부채위험을 공동으로 담보하는 보험계약을 체결하였다. 공동보험계약에는 각각의 공동 보험업자가 피보험자와 분명한 계약관계를 가지고 있지만, 피보험자의 공동보험업자에 대한 의무는 동일하다. 즉 합의된 보험료의 납부, 요구되는 금지조치, 손실의 통보 등이 이에 해당한다. 이러한 공동보험회사들은 다수의 채권자가 된다.

각기 다른 채무자가 동일한 채무에 의하여 구속을 받을 경우 **다수의 채무자**(plurality of obligors)가 된다. **다수의 채무자**가 하나의 채권자에게 동일한 의무로 구속되어 있는 경우 실제 존재할 수 있는 유형을 구분하면 다음과 같다. ①각각의 채무자가 전체 의무에 책임을 부담하는 경우이다. 이는 채권자가 어느 누구라도 이행을 요청할 수 있음을 의미한다. 이 경우 추후 채무자 간에 기여한 정도의 비율에 따라 청구대상이 특정된다. ②각각의 채무자가 자신의 지분에 해당하는 부분에 한하여 책임지는 경우이다. 곧 채권자가 각각 채무자로부터 그에 해당하는 부분만큼 청구할 자격이 있다. ③그 밖의 경우는 **연대**(joint) 또는 **공동**(communal)에 의한 경우이다. 이 경우 채무자는 **연대** 또는 **공동**으로 이행을 제공하여야 할 의무가 있고, 채권자는 채무자 모두에게 이행을 청구할 수 있다.

4 무역결제

1) 이행보류

A는 B에게 곡물 1,000톤을 B에게 매도하기로 합의하였다. 대금은 X국 은행으로부터 개설된 신용장에 의하여 지급되어야 한다고 정하고 있었다. A는 B가 계약상의 의무와 일치하는 신용장을 개설할 때까지 물품을 선적할 의무가 없다. 본 예해는 일방이 일부이행을 하고 완전히 이행을 하지 않을 경우 발생하는 문제에 관하여 이를 명백하게 다루고 있지 않다. 이 경우 이행을 수령할 자격이 있는 당사자는 이행을 보류할 자격이 있을 수 있으나, 통상 이러한 이행보류는 '신의와 공정거래'(good faith and fair dealing)에 반하지 않아야 함을 요건에 두고 있다.

①양당사자가 동시에 이행하여야 하는 경우 각 당사자는 상대방이 이행제공을 할 때까지 자신의 이행을 보류할 수 있다. ②양당사자가 순차적으로 이행하여야 하는 경우 이후에 이행할 당사자는 먼저 이행하여야 하는 당사자가 이행할 때까지 자신의 이행을 보류할 수 있다.

2) 이행보류

동경에 있는 A(용선자)와 쿠웨이트에 있는 B(용선계약자)와 체결된 용선계약에서 스위스 취리히에 있는 A의 은행에 늦어도 오후 5시까지 특정한 날짜에 B가 운임대금을 지급하도록 규정하고 있었다. 이 경우 관련 시간대는 A도 B도 아닌 대금지급이 이루어지는 취리히의 시간대이다.

①이행을 위한 행위를 위해 당사자가 정한 기간 중에 공휴일 또는 비영업일은 기간을 계산하는데 산입된다. ②그러나 그러한 기간의 말일이 이행을 수행할 당사자의 영업소에서 공휴일 또는 비영업일에 해당하는 경우 다른 사정이 없는 한, 후속하는 최초의 영업일까지 그 기간은 연장된다. ③다른 사정이 없는 한, 시기의 기준이 되는 표준시는 그 시기를 정한 당사자의 영업소에서의 것을 기준으로 한다.

3) 지급수단

A(룩셈부르크 소재 수입자)는 B(중앙아메리카 소재 수출자)로부터 수입한 물품에 관한 증권을 수령하고, 지급방법으로 유로수표를 송부하였다. B는 자신이 소재한 장소에서의 은행이 유로수표를 취급하지 않는 경우 이러한 지급방법을 거절할 수 있다.

A(계약자)는 B(하청업자)에게 B가 완공한 작업에 관한 대금을 지급해야 한다. A는 자신의 고객인 C가 첫 번째 분할납부금 지급을 지연하여 현금 유동성 위기에 처하였다. 그러나 C는 부채에 상당하는 금액만큼의 약속어음을 A에게 발행하였다. A는 약속어음을 B에게 양도하여 대금지급에 갈음하고자 하였다. 만약 B가 이를 인수하는 경우 A의 대금지급은 B가 만기일에 C의 약속어음 인수를 조건으로 한다. 그러나 B는 이러한 대금지급이 통상적인 지급형태가 아니기 때문에 그렇게 하지 않을 것이다.

A는 자신의 은행인 C에게 로열티 5,000불을 B에게 지급할 것을 요청하였다. B는 은행 D에 계정을 보유하고 있다. C는 A의 계정 차변에 기재되었지만, D에게 자금을 송부하기 전에 파산하게 되었다. 이 경우 A는 B에게 대금을 지급하지 않은 것으로 취급된다.

①금전지급은 영업소 통상의 영업과정에서 사용되는 어떠한 방법으로도 할 수 있다. ②그러나 ①에 의하거나 또는 자의로 수표 그 밖의 지급지시 또는 지급약속을 수취하는 채권자는 그것이 결제되는 것을 조건으로 수취한 것으로 추정한다. ③채권자가 특정계좌를 지정하지 않은 한, 금전지급은 채권자에 의해 그가 계좌를 갖고 있는 것으로 알려진 금융기관 계좌에 이체할 수 있다. ④이체에 의한 지급의 경우 채무자의 채무는 채권자 금융기관에 이체가 그 효력을 발생한 때에 소멸한다.

일반적으로 금전적 의무는 흔히 수표 또는 이와 유사한 유가증권 또는 금융기관 간의 이체에 의해 이행할 수 있다. 그러나 이에 관한 특단의 문제들은 통상의 법체계에서 다루고 있지 않음에 따라, 이른바 **국제신용이체에 관한 UNCITRAL 모델법**(UNCITRAL Model Law on International Credit Transfers, 1992)을 참고할 수 있다.

지급은 지급지에서 통상의 형태로 할 수 있고, 채무자는 현금・수표・은행어음・환어음・신용장・전자지급 등과 같은 형태로 지급할 수 있다. 다만 지급지에서 통상적인 방법을 선택하는 경우, 예컨대 채권자의 영업소에서 지급이 이루어지는 경우 원칙적으로 채권자는 자신의 영업소에서 통상적인 형태로 대금을 수령할 수 있도록 채무자로부터 확약을 받아야 한다. 금전채무는 채권자 영업소에서 지급되어야 하지만, 채권자의 계정을 갖고 있는 것으로 알려진 금융기관에 이체할 수도 있다. 그러나 채권자가 특정한 계정을 언급하였다면, 지급은 당해 계정으로 하여야 한다.

자금이체에 의한 지급종료시점, 곧 채무자 이행이 종료되는 시점에 관한 해결방안은, 예컨대 ①양도자 계정의 차변에 기재하는 시기, ②양수은행 계정의 대변에 기재하는 시기, ③계정의 대변기재와 동시에 통지, ④양수은행이 대변이체를 수락하기로 결정하는 시기, ⑤양수인 계정의 대변에 기입하는 시기, ⑥양수인에게 채권통지 등이 있다. 이러한 불확실성은 자금이체에 의한 지급이 종료되는 시기에 관한 특단의 기준을 정하는 것이 매우 어렵다는 사실에 기초한다. 그럼에도 불구하고 지급은 채권자의 금융기관에 이체되는 것이 유효하게 되었을 때, 채무자는 자신의 대금지급의무를 종료하게 된다. 이는 금융기관이 채권자의 대리인으로서 행위하고 있다는 사실에 기초한 해결책으로 볼 수 있으나, 이것은 지급지시가 양도자의 금융기관에 통보되어 양도자의 계정 차변에 기재된 사실만으로는 그 유효성을 담보할 수 없다.

4) 지급통화

A는 B로부터 기계부품을 지속적으로 구입하고 있었다. B는 계약내용에 물품대금을 미국 달러로 지급하여야 한다고 명시하였다. 이 경우 물품대금은 미국 달러로만 지급하여야 한다.

A는 W국에 공장을 보유하고 있다. 계약서에서는 B가 W국에 소재하는 동 기업의 자회사에게 대금지급을 규정하고 있었다. W국 통화는 환산이 되지 않아, 이 경우 대금은 미국 달러로 지급할 수 있다

A(스위스 은행)는 제네바에서 상환되도록 B에게 특정금액을 대부해 주었다. 만기일에 B는 필요한 미국 달러를 입수하기가 여의치 않았다. B가 또 다른 지방은행에 스위스 프랑을 예탁한 것을 알고 있었던 A는 그럼에도 불구하고 본건 대출계약서에 미국 달러로만 상환하여야 한다는 계약내용을 포함하였다. 이 경우 설령 그렇다고 하더라도 스위스 프랑으로 지급을 요구할 수 있다.

내용은 위와 동일하다. A는 스위스 프랑으로 상환되도록 선택하고 4월 10일 만기가 되는 지급이 9월 15일에 이루어졌다. 4월 10일자 환율은 1달러 당 2스위스 프랑, 9월 15일 1달러 당 2.15스위스 프랑으로 환산되었다. 이 경우 A는 후자를 적용할 자격이 있다. 왜냐하면 만약 미국 달러가 가치 면에서 평가절하가 되었다면, A는 4월 10일 적용환율을 선택할 수 있었을 것이기 때문이다.

①금전채무가 지급지 통화가 아닌 통화로 표시된 때에도 채무자는 지급지의 통화로 지급할 수 있다. 그러나 ㉠통화가 자유로이 환금가능하지 않은 경우 또는 ㉡당사자가 오직 금전채무에 표시된 통화로만 지급할 것을 약정한 경우에는 그러하지 아니하다. ②채무자가 금전채무에 표시된 통화로 지급하는 것이 불가능한 때는, 채권자는 지급지의 통화로 지급할 것을 청구할 수 있으며, 이는 ㉡의 경우에도 마찬가지이다. ③지급지의 통화에 의한 지급은 채무의 이행기에 지급지에서 통용되는 환율에 따라 지급되어야 한다. ④그러나 이행기에 채무자가 지급하지 아니한 때는, 채권자는 이행기 또는 실제지급 시에 통용되는 환율에 따라 지급할 것을 청구할 수 있다.

8

전자무역

1 주요 국가의 전자무역

1 전자무역의 개념

전자무역(電子貿易, electronic trade)은 그 범위와 대상에 관하여 이국 간(異國間, inter-states), 상인 간(商人間, inter-merchants), 전자적(電子的, electronically)인 상거래의 총칭으로 설명할 수 있다. 이 경우 전자적이라고 함은 텍스트 · 소리 · 비디오 등을 포함, 이에 연관되어 있는 데이터의 연속처리 · 전송에 기초한 개념으로 특정된다. 특히 연속처리 및 전송에서 가용되는 전자적 의사표시(電子的意思表示, electronic communications)의 핵심적 매개(intermediary)를 통칭하여, 소위 전자문서(電子文書, electronic messages)라 칭한다. 여기서 연속처리 · 전송에 기초하고 있다는 의미는 전기적(electrical) · 디지털(digital) · 자기적(magnetic) · 무선(wireless) · 광학적(optical) · 전자기적(electromagnetic) 또는 이와 유사한 능력을 가지는 기술에 관련됨을 뜻한다.[1)]

전자무역의 핵심적 매개로서 전자문서는, 예컨대 ①물품과 용역의 전자적인 상거래, ②디지털 형태로 존재하는 목적물의 온라인 인도, ③전자적 방식에 의한 자금이체, ④전자공유거래, ⑤전자식 선하증권 및 그 유통에 따른 권리이전, ⑥상업적 경매, ⑦합작에 의한 디자인 및 엔지니어링, ⑧온라인 제공 등 다양한 기업활동에서 그 순기능적 역할을 감당하고 있다.[2)]

---

1) 이에 참조할 수 있는 법규범은 미국 통일전자거래법(Uniform Electronic Transactions Act, UETA), Sec., 2, (5)., 통일컴퓨터정보거래법(Uniform Computer Information Transactions Act, UCITA), Sec., 102, (26)., 국내 · 외 상거래에 있어 전자서명법(Electronic Signature in Global and National Commerce Act, E-Sign), Sec., 106, (2)., 우리나라 전자문서 및 전자거래기본법 제2조 등을 예시할 수 있다.

2) 전자문서의 법적 기반으로서 참조할 수 있는 주요 법규범은 우리나라 전자문서 및 전자거래기본법, 제2조, 전자서명법, 제2조 제1항., 국제무역법위원회(UNCITRAL)의 전자상거래모델법(UNCITRAL Model Law on Electronic Commerce), Art., 2. (a)., 전자서명모델법(UNCITRAL Model Law on Electronic Signature), Art., 2. (c)., OECD의 암호화정책 가이드라인(Guidelines for Cryptography Policy), Ch., Ⅲ., ICC의 전자적 제시를 위한 신용장통일규칙 보칙(Supplement to UCP 500 for electronic presentation, eUCP), Article e3., CMI의 전자식 선하증권에 관한 통일규칙(Rules for Electronic Bills of Lading), Art., 11., 미국 UETA, Sec., 2. (7)., UCITA, Sec., 102. (28)., E-Sign, Sec., 106. (4)., 일본의 電子署名級び認證

한편 국제상거래에 있어 전자문서를 기반으로 한 전자무역의 추이는 다기능 IT에 기반한 **정보처리시스템**(information processing system, IPS)이 웹기반 **통합시스템**(integrity systems)과 연계 또는 일체화 되면서 당해 서비스의 폭과 범위를 고도화하고 있는데, 그 실체적 플랫폼을 이른바 **싱글윈도우**(single window)라 일컫는다.

특히 **전자무역**에서 **싱글윈도우**는 외환·상역·운송·수출 및 수입통관·무역마케팅·해외시장조사 등 무역업무의 전반을 원스톱으로 처리할 수 있는 웹기반 서비스 제공을 그 순기능적 핵심으로 두고 있는데, 이로부터 필요외적 비용을 절감하고 신속·민활한 업무처리를 도모하고 있는 차제에 있다. 곧 주요 선진 무역입국들은 그간 **전통적 종이문서**(paper-based document)에 기초한 무역업무의 처리과정을 전자문서를 매개로 한 **싱글윈도우** 기반 **전자무역 플랫폼**에 연계하여 저비용·고효율의 경제적 실익제고에 심혈을 기울이고 있다.

2 주요 국가의 전자무역 현황

1) 미국

(1) ITDS (International Trade Date System)

미국은 2001년을 기점으로 전자무역 단일창구 개념인 **ITDS**[3])를 구축하여, 현재 당해 시스템을 전 방위적으로 사용하고 있다. 곧 미국 내 소재하는 수출·입 업체들은 **ITDS**를 이용해 수출·입에 요구되는 표준화된 전자문서를 중복·단절 없이 일괄적으로 처리하고 있을 뿐만 아니라, **관세청**(custom house), **상무부**(department of commerce), **통계청**(census bureau), **이민국**(citizenship and immigration service) 등에도 마찬가지로 **ITDS**를 기반으로 상호 필요한 자료를 공동으로 활용하여, 민·관 무역업무 과정과 절차상의 효율성을 도모하고 있다. 요컨대 **ITDS**의 목표는 표준화된 무역·물류 전자문서에 대한 공공·민간분야 전체의 요구사항을 충족시킬 수 있는 안전하고 통합된 시스템 구축 및 운영에 두고, 특히 **싱글윈도우**를 통한 대 관청업무

業務に關する法律, 제2조 제1항., 말레이시아의 **디지털서명법**(Digital Signature Bill), Art., 2. 등이다.

3) 상세는 「www.itds.gov」. 이하 웹사이트[URL]는 기술편의상 프로토콜(http://)명은 생략한다.

창구 단일화에 역점을 두고 있다.

ITDS 핵심지표는, ①무역에 대한 각 정부부처 및 이해관계자의 요구사항, 예컨대 보안·공중보건·안전·수출통제 등을 충족할 수 있는 통합된 범정부적 단일 싱글 윈도우의 추진, ②웹기반 범국가적 무역정보의 구축가능성을 제고하기 위하여 모든 연방정부 및 관련 정부기관들에게 보다 정확하고 완전한 정보의 적기 제공, ③무역과 관련된 상거래 정보를 국가적으로 통합된 D/B를 기반으로 상호연계 된 단일창구 제공, ④관련 부처 및 기관 상호 간 화물운송 및 이에 대한 위험관리의 원활한 조율기능 제공, ⑤무역 유관기관과 정부를 대상으로 한 무역거래수행 시의 비용과 부담의 경감 등에 주안점을 두고 있다.

(2) ACE (Automation Commercial Environment)

ACE[4]는 최초의 미국 세관 수출·입 프로세스 현대화 계획의 대단위사업으로서 종전까지의 **ACS**(automated commercial system)와 **AES**(automated export system)의 유연성을 제고하여, 이를 보다 효율적인 시스템으로 대체 개발하려는 취지에서 계획된 프로젝트이다. 주요 기능은 ①**포털기능의 제공**이다. 곧 ㉠모든 ACE 시스템 사용자 간 웹기반 **싱글윈도우** 관문으로서 기능제공, ㉡**단일인증시스템**(single sign on, SSO)[5]을 통한 시스템 접속으로 관련 업무의 단절 없는 연계시스템 제공, ㉢실시간 무역정보의 제공 등을 그 주된 기능으로 합체해 두고 있다.

②**계정관리시스템의 제공**이다. 주요 기능은 ㉠성실신고 검증업체를 중심으로 건별 심사 대신 일정기간을 단위로 한 업체별 심사대체기능, ㉡자발적 법규준수방식 제공, ㉢관리계정의 변동사항을 실시간으로 파악하여 물품변동내역과 위험도가 높은 물품에 대한 종합관리, ㉣수출·입건별 세금부과에서 기간별 세금부과, ㉤개별계정납입세금을 보조부원장에 기록하여 재무시스템의 효율성 제고, ㉥개별계정의 세입과 처리결과 및 이에 따른 문서관리지원 등이다.

③**수입프로세스에 대한 신속하고도 용이한 의사결정 지원시스템 제공**이다. ㉠개별운송수단 등에 표준화·자동화된 **적화목록**(cargo manifest)을 세관과 관련 정부기관이 분석 및 피드백이 가능한 플랫폼 지원, ㉡법규준수를 위한 선별강화 및 신속한 통관

4) 「www.worldtraderef.com」

5) **단일인증시스템**(SSO)이란 다수의 웹사이트에서 한 번의 로그인으로 여러 가지 다른 사이트들을 자동으로 접속하여 이용하는 방법을 말한다. 이 경우 일반적으로 서로 다른 시스템 및 웹사이트에서는 각각의 사용자 정보를 관리하게 된다.

지원, ㉢세관원들에게 통관결정을 위한 모든 관련자료 제공,[6] ㉣세관과 무역관련 업체에게 **공급망관리**(supply chain management, SCM)를 위한 시스템 기능으로 적화목록취합시스템 및 물품의 **화물추적관리기능**(end-to-end record)의 제공 등이다.

ACE는 기술적인 솔루션이 아닌, 미국 관세행정의 변화를 주도하고 있는 통합인프라로서 그 순기능적 역할을 감당하고 있는데, 그 핵심은 세관원들에게 새로운 기능과 그에 맞는 고도의 플랫폼 제공과 무역과 관련된 이해관계자들에게 능률적인 프로세스와 비용절감 효과를 제공하는 것에 두고 있다.

(3) 평가 및 시사점

미국은 표준화된 무역·물류정보를 공공 및 민간분야에 제공하기 위해 통합된 형태의 ACE 및 ITDS 시스템을 연계하여 **싱글윈도우** 기반 행정업무의 단일화를 지향하고 있음을 주시할 수 있다.

무엇보다도 당해 연계시스템의 주안점은 연방정부 및 관련 정부기관들에게 보다 정확하고 완전한 정보를 적시에 제공하고, 무역·물류에 관련된 상거래 정보를 국가차원의 단일창구로 제공하며, 관련 부처 내지 기관 상호 간 화물운송에 따른 위험관리에 대한 원활한 조율기능 제공 등으로 요약할 수 있다.

ITDS & ACE의 기본모형

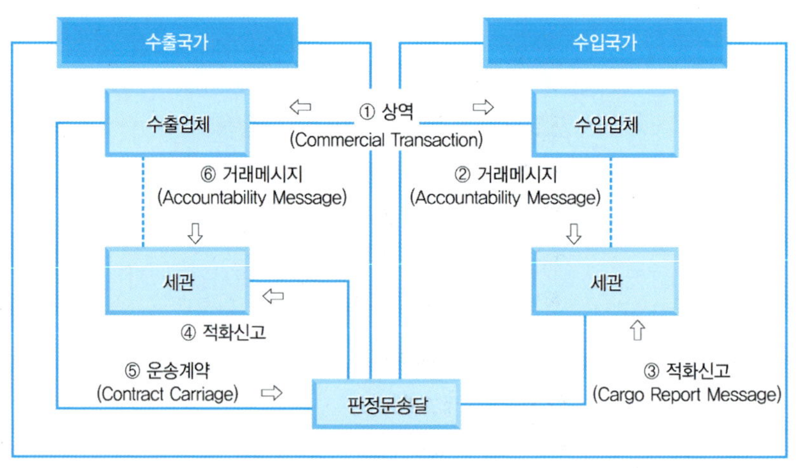

6) 예컨대 ①조사결과·②과거범칙사실·③수입할당량·④지적재산권 관련 자료 등의 제공

ITDS & ACE 연계시스템의 모형

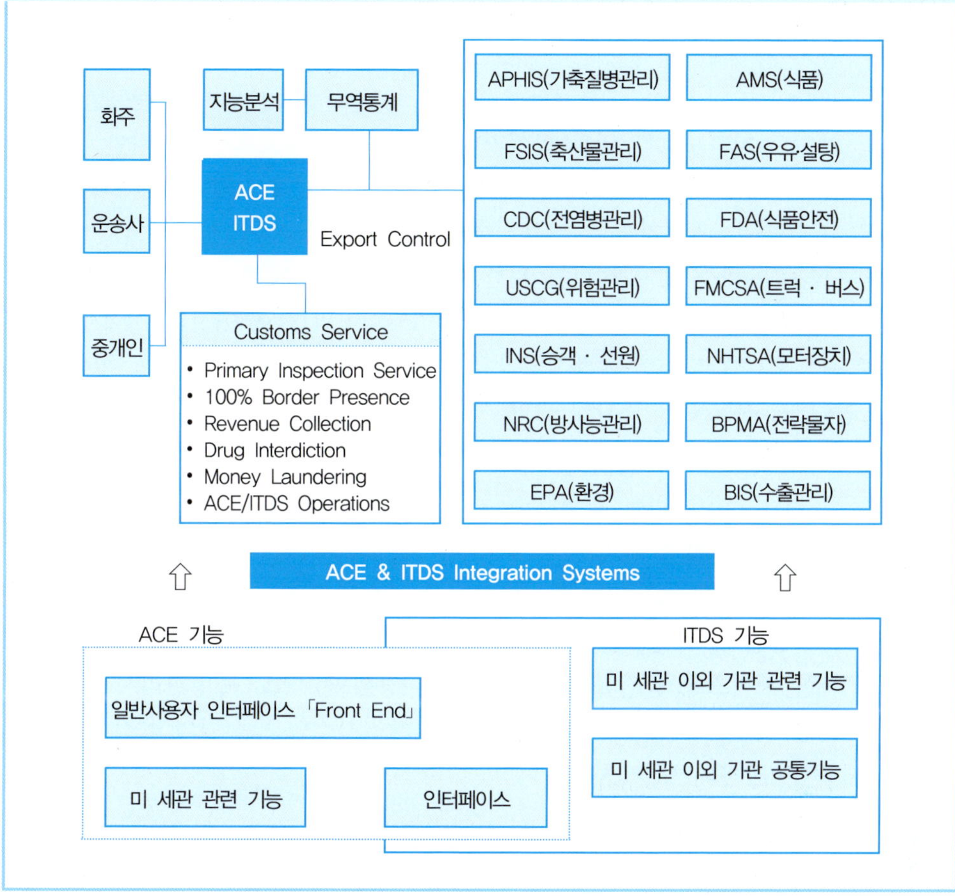

2) 일본

(1) NACCS (Nippon Automated Cargo Clearance System)

일본의 **NACCS**7)은 2001년 8월 재무성이 싱글윈도우 개념의 시스템을 제안한 후, 2002년 6월 전자정부를 위한 **e-Japan Program**으로 발표되어 이를 기반으로 2003년 이후 구축이 완료되어 현재에 이르고 있다.8)

7) 「www.naccs.jp」

8) 상세는 「www.kantei.go.jp/jp/it/network/dai5/5siryou2.html」를 참조.

NACCS의 분야별 시책 중 전자무역과 관련하여 주요 내용을 열거하면 다음과 같다. ①서류의 전자화에 따른 상법개정 및 전자상거래 등을 저해하는 법규에 대한 사안, ②지적재산권의 적절한 보호 및 이용을 촉진하기 위해 저작권·특허권 등 관련 제도의 정비 사안, ③무체물의 유통을 원활히 하기 위한 거래규범 및 환경정비 사안, ④소비자보호를 위한 환경정비와 개인정보 보호의 추진 사안, ⑤전자서명 및 인증제도의 국제적 상호 승인의 추진 및 정보보안을 위한 안정성과 신뢰성을 확보하고자 하는 관련기술의 조사·개발·보급 등의 지원 사안, ⑥대안적 분쟁해결제도(ADR)의 확충 및 활성화를 위한 ADR 기본법의 제정 사안, ⑦UNICITRAL을 비롯하여 WIPO·OECD·헤이그 국제사법위원회·WTO 등에서의 지적재산권 침해·소비자보호·정보보호·국제재판관할 및 준거법 등에 대한 논의에 적극적으로 참여하여 국제적 제도와의 조화에 관한 사안 등이다.

NACCS의 구축범위는 ①수출·입 신고업무와, ②항만업무로 대별할 수 있는데, ①은 수출·입 신고와 관련한 29종의 수출·입 요건확인 업무지원 및 당해 전체 업무 중에서 대부분을 차지하는 검역기관 시스템을 대상으로의 연계망 구축을 통한 서비스를 지원하고 있으며, ②는 항만시설 사용업무를 지원하기 위하여 항만청의 선박입·출항관리시스템, 출입국관리사무소의 승무원상륙허가지원시스템 등의 단위기능에 관한 서비스에 중점을 두고 있다. 이 경우 선박입·출항관리시스템은 선박의 입·출항 신고업무지원과, 승무원상륙허가지원시스템은 선원의 육상상륙을 허가하는 업무지원을 그 핵심기능으로 두고 있다.

NACCS 플랫폼의 구축내용은 일회입력으로 수출·입 업무, 검역과 입·출항신고, 항만업무처리 등을 연계하여 수행할 수 있고, 그 과정과 절차상 각 기관의 중복 입력되는 데이터를 NACCS를 기본으로 통일화하여 모델링하고 있다는 시각에서 그 순기능적 특징을 부각할 수 있다. 아울러 현재 NACCS은 싱글윈도우 기반 사용자 인터페이스를 위한 단일창구로써 유관기관 시스템과 연계되어 있어 그 파급효과를 배가하고 있다.

다른 한편 물류기능에 있어 NACCS는 Air-NACCS와 Sea-NACCS를 통합하여 필요외적 비용의 절감을 도모하고, 이에 사용자 및 유관기관과의 시스템을 연계하여, 그 실질적 **싱글윈도우**의 기능을 여실히 보증하고 있다.

●●● Air-NACCS와 Sea-NACCS 통합시스템

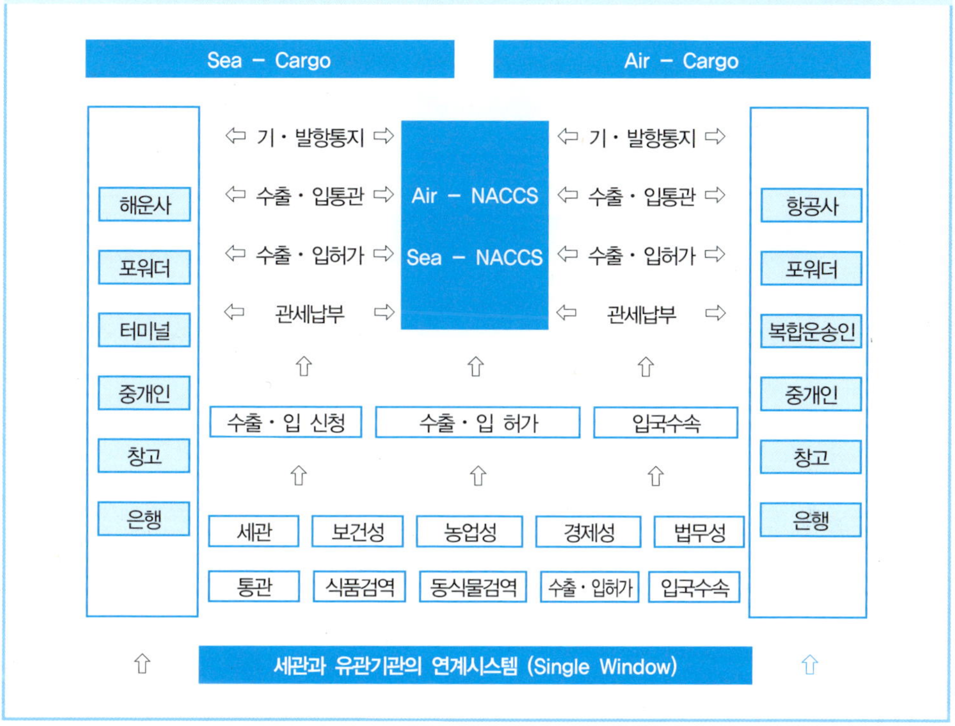

(2) TEDI (Trade Electronic Data Interchange)

TEDI[9] 프로젝트는 초창기 무역금융 EDI의 실용화를 위하여 기술적인 측면 및 법적 기반이나 운용을 포함한 지침을 정리하기 위한 프로젝트로 시행되었으나, 현재는 다만 추진조직만이 남아있는 실정이다. 그럼에도 불구하고 전자무역에 있어 **TEDI**로부터 도출할 수 있는 시사점은 도출하면 다음과 같다. 우선 **TEDI**의 기본당사자는 사용자 · **인증기관**(certificate authority, CA) · **리버베드 서비스 플랫폼**(riverbed services platform, RSP)이고, 인터넷상에서 당사자 간 규약에 따른 통신시스템이며, 이 경우 **RSP**는 **TEDI**의 프레임 워크의 핵심으로서 전자문서 전송 및 전자문서등록과 선적정보관리 기능을 수행하는 소위 등록서버로서 기능한다.

TEDI는 대체로 **전자식 선하증권**(electronic bill of lading)의 권리이전구조에 상용화 되었는데, 다만 **TEDI**는 계약 또는 계약상에서 전자식 선하증권이라는 개념을 사용

9) 「www.jipdec.or.jp」

하지 않고, 화물에 관한 권리이전을 지시에 의한 점유이전 또는 이와 유사한 법제의 제도를 이용하여 실현한 특징이 있다. 곧 TEDI는 운송계약상의 지위 이전을 채권양도 또는 이와 유사한 법제의 제도를 이용하여 실현하고 있다.

TEDI상 권리이전 구조와 기본 프레임

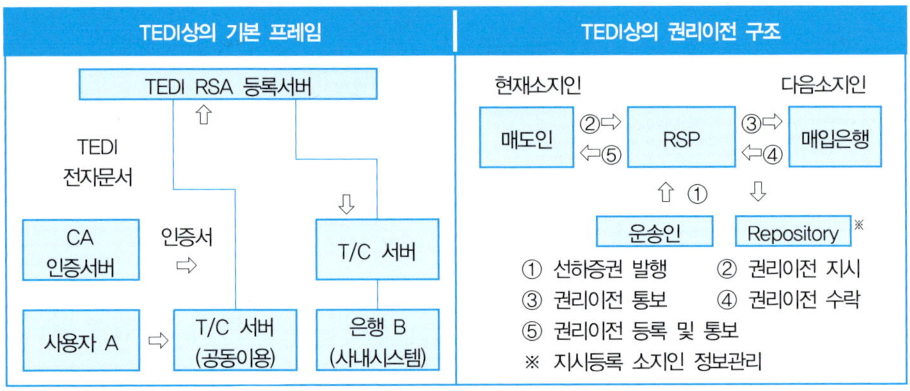

(3) 평가 및 시사점

일본 NACCS는 싱글윈도우의 인터페이스를 창구로 NACCS 시스템과 인트라넷으로 각 기관 간의 시스템을 상호 연계하여 수출·입과 관련된 항만의 민간부문 시스템, 곧 창고회사·운송회사 등에까지 세관업무에 연결·확대하여 무역업무 단일화 창구로서의 순기능적 역할을 감당하고 있다.

물류측면에서는 Air-NACCS와 Sea-NACCS를 동일한 플랫폼 환경하에서 운영될 수 있도록 설계하여, 이로부터 필요외적 비용을 절감할 수 있도록 배려하고 있을 뿐만 아니라, 당해 시스템의 안정성을 기반으로 관계당사자 간의 시스템 연계에 이르기까지 그 폭과 범위를 확장하고 있다.

한편 TEDI는 앞서 언급한 바와 같이 현재 조직만이 남겨져 있는 상태이나, 그 기본골격은 제반 무역기업의 SCM에 수용·응용되어 수출·입 업무 및 화환취결(negotiation) 시의 가장 중요한 부속서류로 그 기능을 감당하고 있는 전자식 선하증권의 권리이전 및 유통전전에 활용할 수 있는 기본골격 프레임을 제시하고 있다는 취지에서 그 순기능적 의의를 부각할 수 있다.

3) 홍콩

(1) TradeLink

TradeLink[10]는 홍콩의 전자무역서비스 활성화를 위해 무역·물류기업들의 생산성 향상 및 경쟁력 강화에 그 목적을 두고 설립된 기관 내지 서비스로서, 동 서비스를 통하여 홍콩은 국제운송 및 무역·물류중심지로서 재도약하기 위해 현재 당해 시스템 고도화에 전 방위적인 대응태세를 견지하고 있는 중에 있다.

TradeLink의 주요 서비스는, ①전자문서 전송의 신뢰성 보장, ②암호화 및 전자서명의 검증, ③전자문서의 재활용 서비스, ④중소 무역업체를 위한 **웹어플리케이션 서비스 제공자**(application service provider, ASP) 서비스, ⑤**ASP** 사업자·기업·물류정보 제공업체 등과의 직접 연계지원 서비스, ⑥통계 및 분석리포트 서비스, ⑦포털서비스 및 SSO 서비스 등이다.

특별히 주시할 사항으로서, **TradeLink**는 조직구성 측면에서 독립성을 보장하기 위하여 국영기관인 **HKSAR**[Hong Kong special administrative region(SAR) government]와 홍콩 내 민간 무역·물류업체가 각각 공동지분을 출자하고 있는데, 이에 경영 및 이사회 조직을 분리하여 중요한 결정사항을 주주 80% 승인을 요건으로 두고 있음과 동시에, 특히 현 주주들에게 주식양도 거부우선권을 부여하고 있다는 것이다.

(2) DTTN (Digital Trade & Transportation Network)

DTTN[11]은 웹기반의 전자무역 및 운송체계 구현 플랫폼으로서, 곧 홍콩·중국의 역내 및 글로벌 정보의 흐름과 서비스 통합을 활성화시키기 위한 중립성·안정성·신뢰성 있는 e-플랫폼으로 구현되고 있다. 아울러 동 플랫폼은 사용자 그룹을 무역업체·포워더·제3자 물류업체·은행 및 보험사 등과, 금융기관·선사·항공사·터미널·검사기관·정부기관·서비스 제공업체 등 무역·물류 관련 모든 업체들이 이용할 수 있도록 그 폭과 범위를 확장해 두고 있다.

기술적 관점에서 **DTTN**은 전자문서 메시징 허브로 일괄할 수 있는데, 예컨대 웹상에서 안전하고 신뢰성 있는 전자문서 송·수신을 위해 **ebXML**(e-business ex-

10) 「www.tradelink.com.hk」

11) 「www.hk-dttn.com/home/english/home.html」

tensible markup language)[12]을 적용하고 고비용의 폐쇄적인 VAN의 단점을 극복하기 위하여 당해 플랫폼을 공공 네트워크 인프라로 활용하고 있다. 상술하면, ①서로 다른 IT 환경을 지닌 사용자들을 **DTTN**과 연계할 수 있도록 **DTTN** 연계를 위한 쉽고도 개방적이며 융통성 있는 다양한 접속채널을 제공하고 있다는 점, ②전송된 전자문서는 수신자의 통신수단에 자동적으로 인식되어 중계된다는 점, ③사용자 환경에 상관없이 **DTTN**과 연계를 위한 최적의 접속방식을 모든 사용자가 자유롭게 선택할 수 있도록 하고 있다는 점, ④**DTTN**에 참여하고 있는 사용자 및 서비스제공자 상호 간 효율적인 교류를 위해 개방적이고 중립적인 플랫폼을 제공하고 있다는 점 등을 주요 특징으로 두고 있다. 요컨대 **DTTN**은 글로벌 정보의 유동성과 서비스 통합의 활성화를 위한 중립적 e-플랫폼 제공함으로써 혁신적인 부가가치 서비스를 적극적으로 제공하기 위한 안정적이고 신뢰성 있는 환경과 최신기술을 기반으로 홍콩의 대기업 및 중소기업의 전자무역의 채택과 활성화를 유도하고 있는 핵심 인프라로서 그 지위를 점하고 있다.

DTTN의 기본 프레임

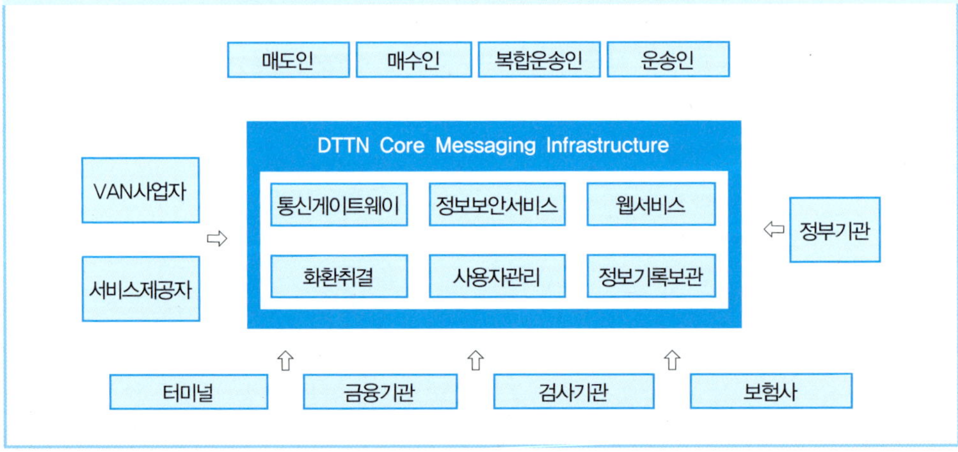

12) 전자상거래를 위해 UN 산하 UN/CEFACT의 주도하에 개발된 전자상거래 분야의 개방형 표준을 말한다. ebXML은 모든 상거래 당사자들이 상호 운용성과 일관성이 확보된 환경하에서 안전하게 전자상거래 정보를 전 세계적으로 사용할 수 있는 개방형 기반구조를 제공하는데 목표를 두고 있다. 2001년 확정되었다. 주요 특징은, ①단순한 비즈니스 문서 교환을 능가하는 비즈니스 프로세스 모델로서의 역할, ②개별 사업자 간에 동일한 의미로 자주 사용되는 요소들을 핵심 구성요소로 정의한 후 참여자 자신이 실제 필요한 부문에 독자적으로 구축할 수 있고, ③산업별 저장소뿐만 아니라 개별적인 저장소의 운영 등이다.

(3) 평가 및 시사점

DTTN은 중장기 계획으로 추진 중인 대규모 프로젝트로서 동북아 물류중심지로서 허브역할을 실현하려는 우리나라에 큰 경쟁위협이 되고 있다. DTTN의 시사점은, ①전자무역에 있어 무역·물류업무를 통합하여 하나의 프로젝트로 추진하고 있다는 점, ②인터넷 기반의 전자무역 및 운송체계로 홍콩·중국의 역내 및 글로벌 정보의 흐름과 서비스 통합을 활성화시키기 위해 중립성·안정성·신뢰성 있는 e-플랫폼으로 구현되고 있다는 점, ③정부와 무역·물류업체 등 유관업체들과의 공동작업을 통해 홍콩 국내뿐만 아니라 국제적으로도 적용할 수 있는 표준화된 플랫폼을 적용하고 있다는 점, ④혁신적인 가치와 부가서비스 창출, 중소기업의 전자무역 활성화를 위한 매개로서 기능하고 있다는 점, ⑤무역·물류 관련 모든 업체들이 이용할 수 있는 서비스를 상시 제공하고 있다는 점 등이다.

4) 싱가폴

(1) CrimsonLogic

CrimsonLogic[13]는 싱가폴 관세청 예하 **무역개발공사**(trade development board, TDB)의, **TradeNet 추진계획**에 따른 전담사업자로 지정되어, 전자무역에 관한 다양한 네트워크를 단일 웹으로 통합, 사용자 편리성 향상에 목적을 두고 전자무역서비스를 제공하고 있다. **CrimsonLogic** 운영상 특징은, ①**TradeNet** 무역개발공사와 관세청 수출·입 신고를 전자문서교환시스템으로 처리할 수 있다는 점, ②1번의 전자문서전송으로 **TDB** 및 관세청에 의해 신고처리를 완료하고, 검역·검사기관 등에 대한 신고도 동시에 처리할 수 있다는 점, ③전용선이 정부기관과 연결되어 있어 단절 없는 전자무역서비스를 제공하고 있다는 점 등이다.

(2) TradeXchange

2007년 구축된 **TradeXchange**[14]은 싱가폴의 무역·물류 관련 기관에게 제반 무역업무와 당해 처리절차를 위한 시스템 간의 업무처리를 동시적으로 연계함으로써 항만·공항·해운당국·세관 등의 관리기관에게 신고와 승인 등 통합업무 및 절차

13) 「www.crimsonLogic.com」

14) 「www.tradexchange.gov.sg」

에 대한 단일한 전자창구의 제공에 그 목적을 두고 있다.

TradeXchange 서비스의 주요 특징은, ①기존에는 사용자가 무역·물류 관련 개별시스템에 각각 접근해서 업무처리를 수행하였으나, 동 서비스의 도입으로 단일 사용자 인터페이스 환경에서 일괄처리가 가능하다는 점, ②무역·물류 커뮤니티를 위한 민간 기업의 정보처리시스템과 정부기관의 시스템 간의 유연한 상호 연결을 제공하고 있다는 점, ③항구·공항·해운당국·세관 및 관리기관들에 대한 통합된 작업흐름과 서류제출 및 조회를 가능하게 하는 웹기반 **싱글윈도우**를 제공하고 있다는 점, ④B2G, B2B 정보와 문서의 교환을 지원하는 중립적이고 안전한 무역·물류 통합정보 플랫폼을 제공하고 있다는 점 등이다.

TradeXchange의 기본 프레임

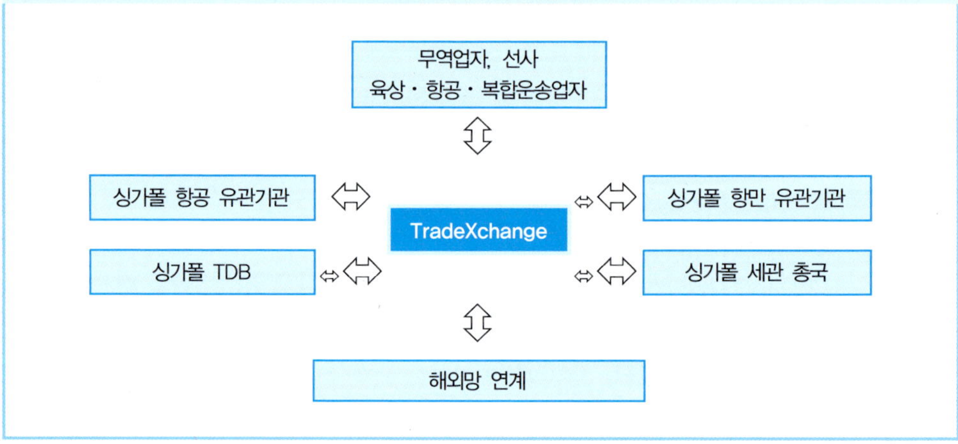

(3) 평가 및 시사점

싱글윈도우를 기반으로 한 이상의 싱가폴 플랫폼은 기관·기업·관계당사자들에게 필요한 정보교환을 단일한 사용자 인터페이스 환경하에서 단절 없이 지원하고 있다는 점에서 그 의의를 구할 수 있다.

당해 시각은 잘못된 정보전송에 따른 전자문서 송·수신 시의 오류감소로 전자문서 간의 불일치에 따른 문제해결과 전체적인 업무효율성 제고 및 필요외적 관리비용 감소를 통해 글로벌 경쟁력을 강화하고 있다는 사실에 기초한다.

5) 중국

(1) CIECC (China International Electronic Commerce Center)

CIECC[15]는 무역활성화를 위한 전자무역 통합지원을 목표로 설립되어 현재 중국 내 가장 큰 전자무역 네트워크로 지위를 점하고 있다. CIECC는 홍콩 TradeLink와 상호 연동이 가능하게 설계되어 있는데, 이를테면 중국기업은 TradeLink 서비스를 제한 없이 이용할 수 있고, 마찬가지로 싱가폴 또한 법률서비스 등 중국의 CIECC 서비스를 가감 없이 이용할 수 있는 특징이 있다.

CIECC 서비스의 특징은, ①무역업체에서 작성한 B2B 관련 선적서류 및 유관기관에서 발급받은 각종 화환취결 시 서류들을 종이문서 스캔을 통한 이미지 파일 등을 포함한 전자문서로 수용할 수 있는 채널구축 및 전자적 송·수신 처리를 위한 업무처리 인프라 및 통합 연계 인프라를 구축하여, EPS(e-presentation service) 서비스와 연계된 플랫폼을 제공하고 있다는 점, ②종이문서에 의한 업무처리를 배제하고 전자문서에 의한 전자적 형태의 업무처리만 허용하여 처리하는 EPS 인프라로 특정하고 있는 점, ③은행·기업·물류업체·보험사·정부기관들과 전자문서 중계시스템을 통한 연계서비스를 구축하고 통합 네트워크를 활용한 해외 금융시스템과 연계서비스를 제공하고 있다는 점 등이다.

(2) 평가 및 시사점

CIECC 서비스는 우리의 경쟁상대로 급부상하고 있는 홍콩의 TradeLink와 상호 연동되어 있다는 사실을 눈여겨 볼 수 있는데, 이로부터 중국 내수시장을 겨냥한 우리나라 무역업체들의 싱글윈도우 활용 시 큰 부담이 될 것으로 예상된다. 이에 현재 우리나라 국가기간망 전자무역 핵심인프라로서 uTradeHub의 개선·보완과제를 도출함에 있어 주도면밀한 전 방위적 대응태세가 요구된다.

6) 호주

(1) TradeGate

호주는 당초 전자문서교환를 기반으로 무역·물류업무를 수행하였으나, 현재 웹

15) 「en.ec.com.cn」

기반 환경에서 실질적인 전자무역서비스를 제공하고 있다. 이를 위한 **TradeGate**[16]는 최초의 것으로 이는 호주 관세청을 포함하여 무역업체 · 해운항만청 · 항만기관과 연결되어 종합물류시스템으로 EDI서비스를 제공하고 있다. 현재 **TradeGate**는 웹 기반 환경에 부합하게 수출 · 입업무 일체 및 지급과 결제 등에 관한 단절없는 서비스를 제공하고 있다. 호주는 세계 최초로 전자식 선하증권에 관한 법률체계를 마련하였는데, 대표적 운송법규인 **해상운송서류법**(Sea Carriage Document Act, 1996)과 **해상물품운송법**(Carriage of Goods by Sea Act, 1991)은 모두 전자식 선하증권의 사용을 법적으로 허용한 최초의 입법으로서 그 지위를 점하고 있다.

(2) ICS/CCF (Integrated Cargo System/Customs Connect Facility)

ICS[17]는 수출 · 입 통관시스템과 화물관리시스템을 통합한 시스템으로, 종전까지 분산처리 되었던 유관업무를 신속 · 민활하게 효율적으로 처리할 수 있는, **통합화물관리시스템**으로 특정된다.

CCF[18]는 **ICS**하에서 안정적이고 유연한 수출 · 입 관련 업무처리가 이루어질 수 있게 구축한 세관 상호 연동 서비스이다. **ICS** 서비스 주요 내용은, ①수출 · 입 신고관리 및 화물관리, ②기업과 화물에 대한 위험관리, ③모든 업무처리 절차에 대한 결과 및 정보제공으로 구분할 수 있다.

ICS & CCF 어플리케이션

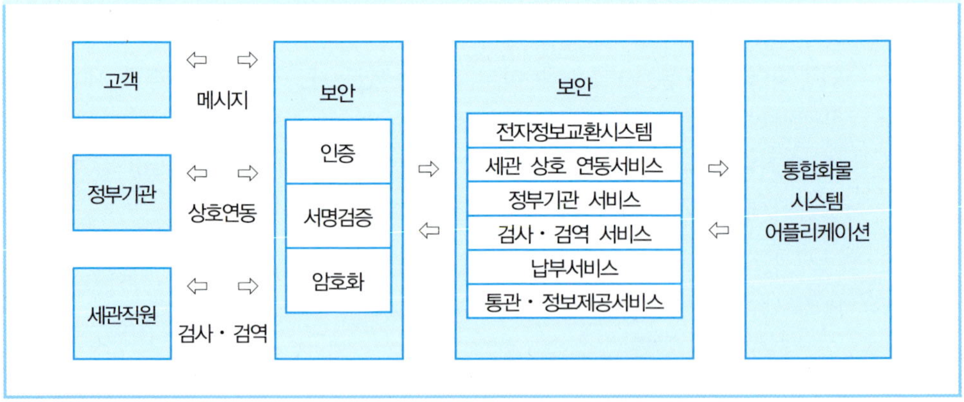

16) 「www.tradegate.com.au」

17) 「www.customs.gov.au」

18) 「www.cargosupport.gov.au」

(3) 평가 및 시사점

호주의 전자무역 서비스 플랫폼의 특징은, ①세관과의 상호 연동서비스를 기반으로 제반 서비스를 제공하고 있다는 점, ②고정 전용선을 통한 직접 단말접속이나, 특정 게이트웨이를 통한 업계의 사설 연결 등으로 제한된 통신 접속환경을 ISP와의 통신접속을 통해 웹기반 서비스 상시 이용이 가능할 수 있도록 개선하고 있다는 점, ③**ICS**와의 인터페이스 구현을 위한 웹접속으로부터 기업에 의해 선별된 서비스 제공업체를 이용하여 웹상에서 연결하고, 실시간 웹브라우저 접속을 통한 수출・입 신고서와 화물신고서의 수정・결제 및 그 상태의 조회가 가능하다는 점, ④**공개키 기반구조**(public key infrastructure, PKI)[19]의 전자서명을 통한 인터넷 접속 시 보안을 견고하게 구현하고 있다는 점 등이다.

7) 독일

(1) DAKOSY (Datenkomminikationssystem AG)

DAKOSY[20]는 함부르크 항만의 사용에 필요한 정보를 **전자문서교환**(EDI) 혹은 웹을 이용하여 화주・터미널 운영업체・선사・포워더・항만당국・세관 등 유관기관 및 기업들이 신속・정확하게 무역업무정보를 교환할 수 있는 서비스 체계를 구축하고 있다. **DAKOSY**의 특징은, ①항만 관련업체들은 모든 서비스를 전자문서교환 또는 인터넷을 이용하여 처리할 수 있고, ②북미・싱가폴・홍콩 등 해외 주요 항만 등과의 정보교환서비스를 제공하고 있으며, ③그 밖에 다양한 부가서비스 제공 등으로 항만관련 기관・기업 간의 원활한 정보교환서비스를 지원하고 있다는 것으로 요약할 수 있다.

DAKOSY 서비스의 주요 내용은, ①국제해상운송 관련 포워더용 상호 운용서비스, ②수출・입 서류 및 송장처리, ③검수회사의 서류업무처리, ④적화목록 및 항만운영서비스, ⑤정기선사대리점 대상 지원서비스, ⑥컨테이너의 관리와 배치 및 처리, ⑦선박 입출항 정보, ⑧위험물관리, ⑨세관시스템과의 연계를 통한 세관관련 서류처리,

19) PKI는 공개키 알고리즘을 통한 암호화 및 전자서명을 제공하는 복합적 보안시스템이다. 암호화와 복호화키로 구성된 공개키를 이용하여 송・수신 데이터를 암호화하고 디지털인증서를 통한 사용자 인증시스템이다. 전자거래나 정보유통의 안전성과 신뢰성을 확보하기 위한 시스템으로, 상대방의 신원을 확인하고 정보내용의 변경확인과 비밀유지기능을 갖는다.

20) 「www.dakosy.de」

⑩항만・철도 연계서비스 등이다.

DACOSY 서비스의 구성체계

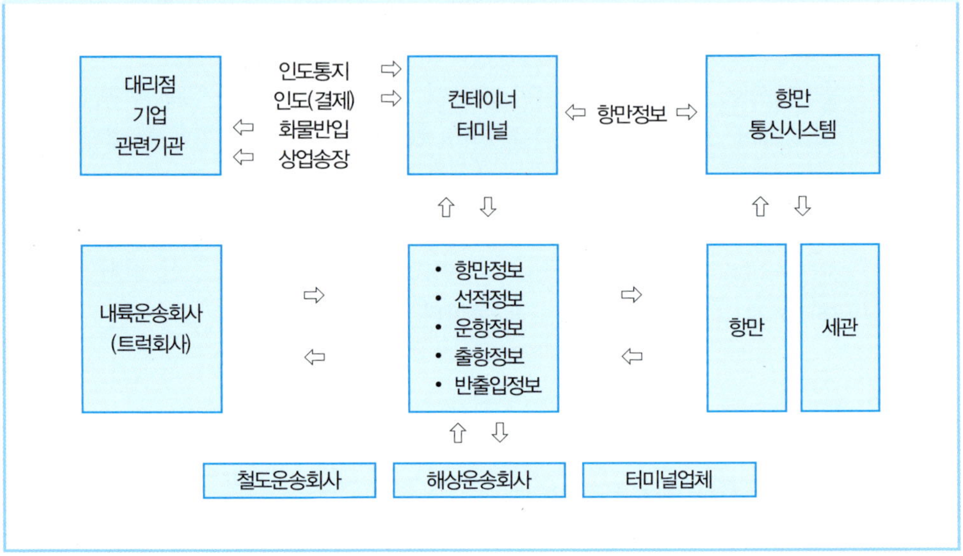

(2) 평가 및 시사점

EU의 전자무역 추진은 정부차원의 사업이 미흡하고, 운영체계가 회원국별로 분산되어 있는 특징이 있다. 그럼에도 독일・영국・프랑스 등은 물류・통관분야의 통합네트워크를 구축, 제한적인 서비스를 제공하고 있다. 다만 역내 국가주도형 **부가가치통신망**(value added network, VAN)이 부재한 상황에서 개별기업이나 산업중심으로 전자무역을 추진하고 있다.

현재 EU는 국가별 상이한 법제도의 통일된 법적 기반확보를 위해 개선방안을 마련하고 있다. 한편 **DAKOSY**의 경우에도 **싱글윈도우** 기반 통합 연계시스템이라고는 볼 수 없으며, 일부 통관・운송에 국한한 제한된 플랫폼으로서 그 기능을 수행하고 있다는 특징이 있다.

주요 국가별 전자무역 추진현황 종합

<table>
<tr><th colspan="2">국 가</th><th>업무범위</th><th>시사점</th></tr>
<tr><td rowspan="2">미국</td><td>ITDS /ACE</td><td>• 통관 · 요건확인 · 물류
• ITDS 단일창구로 ACE 통합</td><td>• 싱글윈도우 실현을 위한 검사 · 검역 · 요건확인 등 시스템 통합추진</td></tr>
<tr><td></td><td colspan="2">• 민간 주도 전자무역 활성화를 유도
• 전자무역 활성화를 위한 규제 최소화 및 자율성 고취를 위한 정책 추진
• ITDS 단일창구로 관세청 시스템과 통합, 유관기관 시스템 연계</td></tr>
<tr><td rowspan="3">일본</td><td>TEDI</td><td>• 전자적 화환취결</td><td rowspan="2">• NACCS 구축으로 단일창구를 통해 수출 · 입 민간부분 시스템과 세관시스템을 연결</td></tr>
<tr><td>NACCS</td><td>• 통관 · 요건확인 · 물류</td></tr>
<tr><td></td><td colspan="2">• 선하증권 권리이전방식(일본 종합무역상사를 중심으로 운용)
• 해상과 항공시스템을 싱글윈도우에 통합</td></tr>
<tr><td rowspan="2">홍콩</td><td>DTTN</td><td>• 무역업무 전반
• 전자적 화환취결</td><td>• 정부지원의 강력한 리더쉽 유지
• 전자무역 인프라와 서비스 분리
• 다양한 전자무역 표준을 수용</td></tr>
<tr><td></td><td colspan="2">• 다양한 접속채널을 제공(전자무역 및 물류 인프라의 통합구현)
• 계약 · 보험 · 신용장 · 운송 · 검사 · 검역 · 수출 및 수입승인 · 물류 · 결제
• 제반 수출 · 입 증명서, 부대비용결제 등을 지원</td></tr>
<tr><td rowspan="2">싱가폴</td><td>TradeXchange</td><td>• 통관 · 물류 · 전자화환취결
• 무역 · 물류시스템 통합구현</td><td>• 단일 인터페이스 환경구축
• 무역 · 물류 전자문서 교환 지원</td></tr>
<tr><td></td><td colspan="2">• 전자선하증권 송 · 수신을 일관시스템 환경에서 단절없이 제공
• 사용자 확산 및 글로벌 연계에 한계성을 내재하고 있음.</td></tr>
<tr><td rowspan="2">중국</td><td>CIECC</td><td>• 전자적 화환취결
• 무역유관기관 통합</td><td>• 은행과 기업 간 제한적인 범위의 전자적 화환취결 서비스를 제공</td></tr>
<tr><td></td><td colspan="2">• 홍콩의 DTTN과의 연계성을 확보</td></tr>
<tr><td rowspan="2">독일</td><td>DAKOSY</td><td>• 물류 · 통관 분야
• EU차원의 법제도 개선과제</td><td>• 국가별 상이한 법제도 유지
• EU 차원의 개선을 추진</td></tr>
<tr><td></td><td colspan="2">• 국가주도 VAN이 부재
• 개별기업, 산업중심으로 전자무역사업을 추진</td></tr>
</table>

2 우리나라 전자무역의 현황

1 uTradeHub 개요와 의의

현재 우리나라 전자무역 기본인프라로서 필적할 수 있는 것은 국가 전자무역기반 사업자로서 **한국무역정보통신**(korea trade network, KTNET)에 의한 **싱글윈도우** 기반 **uTradeHub**(ubiquitous trade hub)가 그 대표성을 체화하고 있다.

그 핵심은 시장조사 · 신용평가 · 시중은행 · 금융결제원 · 관세청 · 선사 및 항공사 등의 마케팅에서 결제에 이르는 일련의 무역절차별 연계에 두고 이를 기반으로 무역업무 전반을 단절 없이 처리할 수 있는 전자무역허브를 구현하고 있다. 이에 무역업체는 인터넷을 통해 마케팅 · 상역 · 외환 · 통관 · 물류 · 결제 등에 까지 모든 무역업무 프로세스를 신속하고 편리하게 원스톱으로 처리할 수 있는 환경을 구축하였다. 그 핵심적 매개로 기능하고 있는 것이, 이른바 **uTradeHub**이다.

uTradeHub의 특징을 요약하면 다음과 같다. ①무역업체를 위한 전자무역 단일창구를 구축으로 사용자의 업무처리절차를 간소화하고 무역업무의 효율성을 제고하여 무역활성화에 기여하고 있다.

②무역업무절차별 서비스를 구축하여 전자무역포탈에서 무역업무처리 흐름별로 업무를 일관성 있게 처리할 수 있도록 하여 무역업체 사용자에게 단일화 된 서비스를 제공하고 있다. 곧 **uTradeHub**를 통해 사용자 중심의 작업 공간 구현하고 있다.

③개별 수출 · 입의 업무진행상황 추적, 요청업무처리결과, 관련문서 등을 실시간으로 포탈의 사용자 업무 프로세스 상에서 확인이 가능하다.

④유관기관 간 연계된 무역서비스 제공을 통하여 당해 기관 간 협업 및 양질의 서비스를 무역업체에 제공하고 있다.

⑤**uTradeHub**를 통해 전자문서 중복제출방지 및 유통의 간소화로 인한 비용 및 인력을 절감효과를 제고하고 있다. 곧 전자문서 유통체계개선을 통한 전자무역 프로세스를 개선하여 전자문서의 진정성 및 제3자 유통성 확보를 통해 동일 문서 중

uTradeHub의 기본프레임

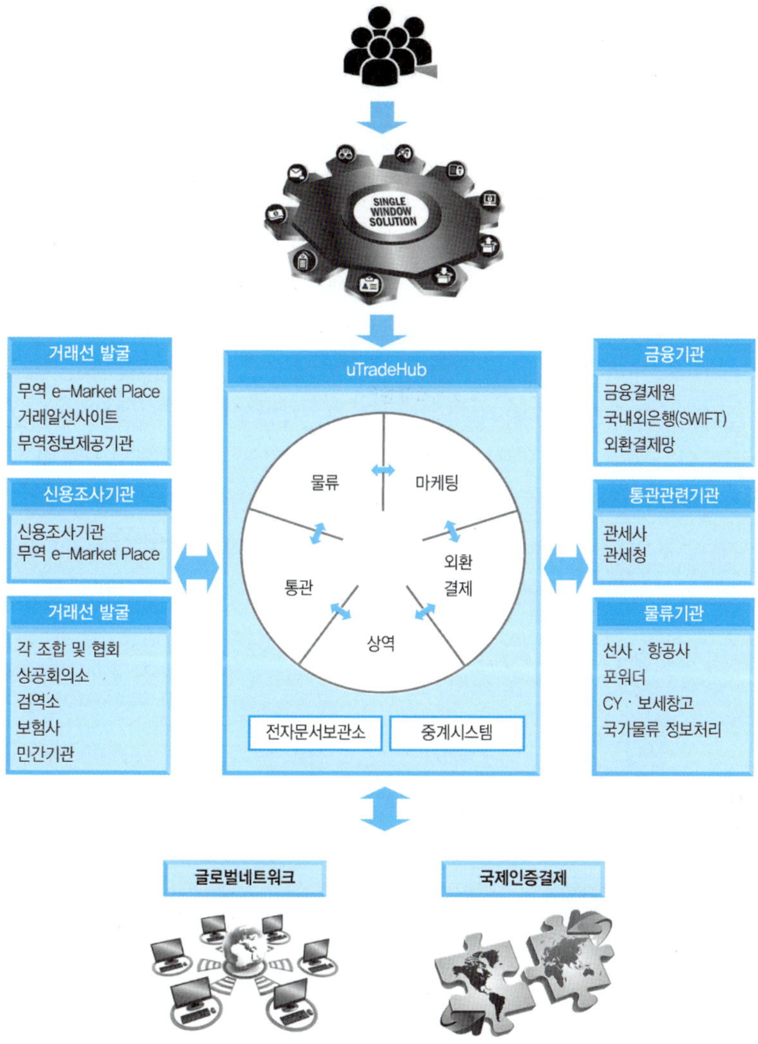

복제출 및 종이원본제출 방지하고 있다.

⑥국제 전자상거래 표준 기반의 개방성·상호 운영성을 확보하고 있다. 이를테면 XML(extensible markup language)을 표준화된 문서설계규칙에 따라 일관성 있게 개발·작성하여 전자문서의 상호 연동성을 제고하고 있다.

2 uTradeHub 서비스

1) 수출업무서비스

①수출문서작성 시 연관문서를 선택할 수 있도록 하여 동일항목의 중복입력 없이 신속한 업무처리가 가능하다. ②**상업송장**(I/V) 정보로 **포장명세서**(P/L)가 자동 생성되며, 선적서류 및 매입서류, 예컨대 원산지증명서·환어음·수익자증명서 등을 쉽게 작성할 수 있다. ③통관과 선적이 다른 경우 통관잔액 및 선적이력을 확인할 수 있다. ④선적요청서(S/R) 및 B/L 발급·수신이 가능하다. 다만 발급된 e-B/L은 e-Nego에만 활용될 수 있다. ⑤ ㉠자체작성한 문서 및 외부발급기관으로부터 발급받은 ㉡외부발급문서, 곧 매입서류를 매입신청서에 첨부하여 매입은행으로 송신할 수 있다. 여기서 ㉠에는 환어음·상업송장·포장명세서·수익자증명서·수출채권양도동의서, ㉡에는 e-B/L·보험증권·원산지증명서·수출신고필증 등이 해당한다. ⑥현재 업무의 진행상태와 각 단계별 잔액을 확인할 수 있다. ⑦내부승인문서와 승인자를 설정하여 온라인 승인절차가 가능하다.

수출업무서비스의 내용

수출계약	수출계약서	L/C 정보			
수출신용장	L/C 내도	L/C 확인	L/C 취소	L/C 양도	잔액조회
	이력조회	기일조회	수수료조회	수수료결제	
통관	상업송장	포장명세서	수출신고의뢰	수출신고필증	
선적	상업송장	포장명세서	선복예약	선적요청	B/L 조회
	e-B/L 요청	e-B/L 양도	e-B/L 양수	e-B/L 조회	선적조회
보험	적화보험청약	적화보험발급	적화보험배서	적화보험통지	
원산지증명	C/O 신청	C/O	I/V 발급신청	I/V 증명서	오류통보
	C/O 결제	I/V 견본			
매입서류	환어음	품질증명서	수량증명서	중량증명서	수익자증명서
e-Nego	환어음매입	매입결과	양도통지	양도동의	
사후관리	하자동의서	인수내역조회	부도내역조회	입금내역조회	

수출업무서비스의 사용설명

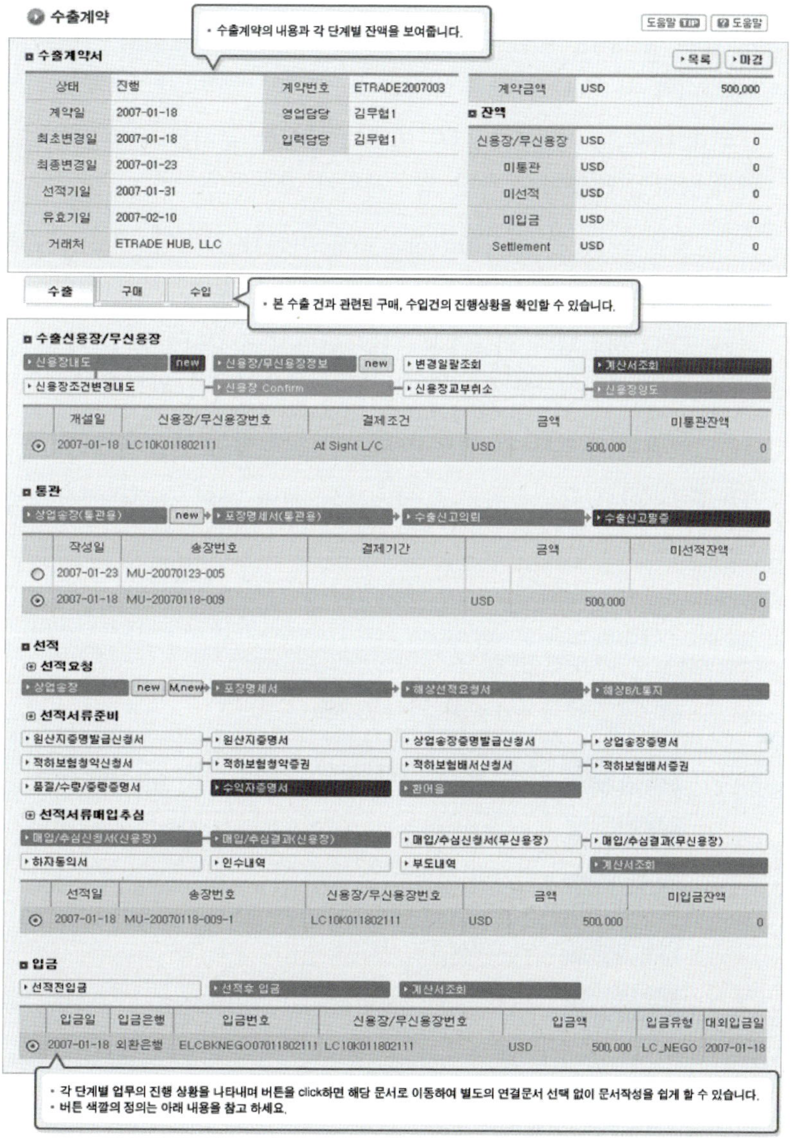

●●● 신호등 Notification

- Task명 : 처리 할 필요 없는 Task
- Task명 : 다음으로 처리 할 수 있는(User Optional) Task
- Task명 : 반드시 처리 해야 할 (or 수신문서인 경우 반드시 수신 받아야 할) Task
- Task명 : 이미 처리한 (or 이미 수신 받은 문서) Task

2) 수입업무서비스

uTradeHub 서비스에서 수입업무는 매매계약 체결 이후 수입신용장개설, 선적서류 입수 및 통관, 대금지급 등의 제반업무를 전자적으로 처리하고 체계적으로 관리하는 것에 그 핵심을 두고 있다.

주요 내용은, ①문서작성 시 연관되어 있는 문서를 선택할 수 있도록 하여 동일항목의 중복입력 없이 신속한 업무처리가 가능하다.

②수입유관기관은 전자민원시스템에 연결되어 있어 해당 유관기관에 전자민원을 손쉽게 신청할 수 있으며, 그 결과는 **uTradeHub**에서 확인할 수 있다.

③e-D/O 시스템의 화물정보검색화면에서 수입화물의 추적정보를 조회할 수 있으며, D/O 발급신청, 보세운송요청 등의 업무처리가 가능하다.

④단계별 현재 업무의 진행상태와 각 단계별 잔액을 확인할 수 있다.

⑤내부승인문서와 승인자를 설정하여 개별 단위 플랫폼에서 승인절차를 가능하게 하고 있다.

수입업무서비스의 내용

수입계약	수입계약서	L/C 정보			
보험	적화보험청약	보험증권발급	적화보험배서	적화보험통지	
수입신용장	L/C 개설신청	L/C 개설응답	L/C 조건변경	조건변경통지	
선적서류	B/L& AWB				
L/G 발급	수입어음내역	L/G 발급			
대금결제	수입어음통지	선적서류통지	지급확인신청	지급확인	지급지시신청
	출금통지	계산서			
통관	수입신고필증				
D/O 발급	화물정보검색				
기타	일반응답				

수입업무서비스의 사용설명

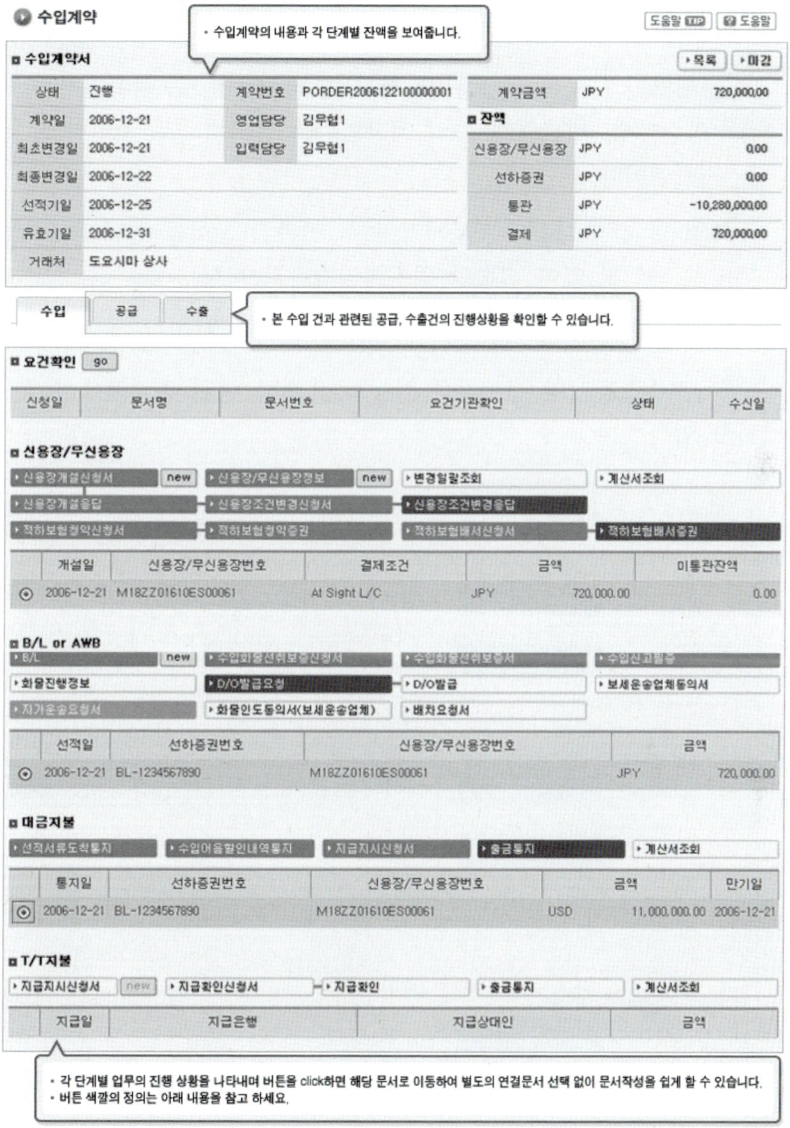

●●● 신호등 Notification

- Task명 : 처리 할 필요 없는 Task
- Task명 : 다음으로 처리 할 수 있는(User Optional) Task
- Task명 : 반드시 처리 해야 할 (or 수신문서인 경우 반드시 수신 받아야 할) Task
- Task명 : 이미 처리한 (or 이미 수신 받은 문서) Task

3) 국내구매서비스

uTradeHub 서비스에서 국내구매서비스는 매도인이 물품을 제조·가공하는데 소요되는 원자재 또는 완제품을 국내에서 원활하게 조달하기 위하여 내국신용장이나 구매확인과 관련된 물품매도확약, 내국신용장·구매확인서 발행, 세금계산서, 물품수령증발행, 대금결제 등의 제반업무를 전자적으로 처리하고, 체계적으로 관리하는 시스템이다.

특징 및 장점으로는, ①문서작성 시 연관된 문서를 선택할 수 있도록 하여 동일항목의 중복입력 없이 신속한 업무처리가 가능하다.

②현재 업무의 진행상태와 각 단계별 잔액을 확인할 수 있다.

③내부승인문서와 승인자를 설정하여 개별 단위 플랫폼에서 승인절차를 가능하게 하고 있다.

국내구매서비스의 내용

물품매도확약	물품매도제안	물품매도확인
내국신용장	내국신용장개설신청	내국신용장개설응답
	내국신용장조건변경신청	내국신용장조건변경응답
구매확인	외화획득용구매확인신청	외화획득용구매확인서
물품대금지급	물품수령증명서발행	세금계산서
	내국신용장어음도착통지	지급지시신청
	출금통지	계산서
기타	일반응답	

국내구매서비스의 사용설명

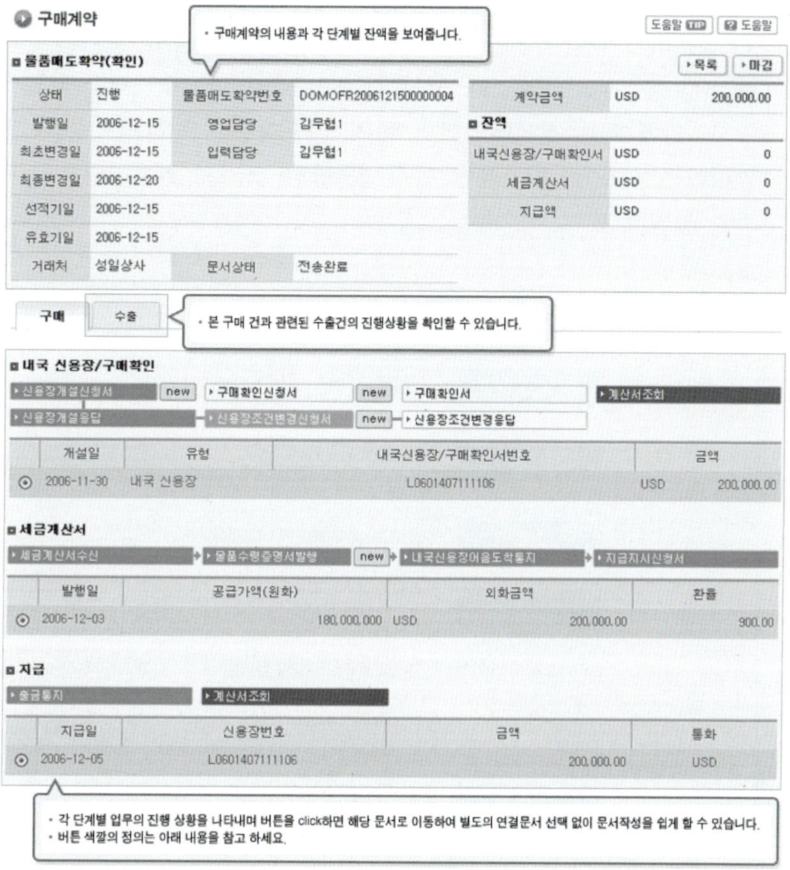

신호등 Notification

- Task명 : 처리 할 필요 없는 Task
- Task명 : 다음으로 처리 할 수 있는(User Optional) Task
- Task명 : 반드시 처리 해야 할 (or 수신문서인 경우 반드시 수신 받아야 할) Task
- Task명 : 이미 처리한 (or 이미 수신 받은 문서) Task

4) 국내공급서비스

uTradeHub 서비스에서 국내공급서비스는 공급업체가 수출용 물품을 수출업체에 납품하고 대금회수를 위하여 내국신용장(內國信用狀, local L/C)[21]이나 구매확인과 관련된 물품매도확약, 내국신용장·구매확인서통지, 세금계산서발행, 물품수령증 수신, 판매대금추심·매입의뢰 등의 제반업무를 전자적으로 처리하고, 체계적으로 관리하는 시스템이다. 제반 특징 및 장점 그리고 사용설명은 이상의 국내구매서비스와 동일하다.

국내공급서비스의 내용

구분	내용	
물품매도확약	물품매도제안	물품매도확인
내국신용장	내국신용장내도 통지	내국신용장조건변경통지
구매확인	외화획득용구매확인서내도통지	
물품대금회수	세금계산서	물품수령증명서내도통지
	판매대금추심(매입)의뢰	판매대금추심(매입)응답
	입금통지	계산서
기타	일반응답	

21) 신용장의 수익자인 매도인[수출업자]이 물품을 국내의 다른 제조업자 또는 물품공급업자로부터 매입하여 적출하게 되는 경우가 많다. 이때 국내의 제조업자 또는 물품공급자는 매도인의 신용이 충분하지 않으면 매도인에게 신용장이 도착되어 있더라도 대금의 선급을 요구하거나 은행의 지급보증 등을 요구하는 수가 있다. 이러한 경우 신용장의 수익자인 매도인은 물품의 매입을 용이하게 하기 위하여 외국환은행, 곧 **원신용장**(原信用狀, master L/C, original L/C)의 통지은행에 대하여 자기 앞으로 내도한 신용장을 견질로 하고, 자신을 매수인, 곧 내국신용장 발행의뢰인으로 하여, 제조업자나 공급업자를 수익자로 한 다른 하나의 신용장 발행을 의뢰하게 된다. 이와 같이 수출업자의 의뢰에 따라 외국환은행이 수출업자 앞으로 내도한 신용장을 견질로 하여 국내 제조업자 또는 공급업자 앞으로 발행하는 신용장을 **내국신용장**, 수출업자 앞으로 내도한 당초의 신용장을 **원신용장**이라고 한다.

5) 전자문서보관소

전자문서보관소는 무역업무를 처리하는 과정에서 발생되는 각종 전자문서를 안전하고 신뢰성 있게 보관하는 전자무역 기반시설로서, 저장된 문서는 **전자무역촉진에 관한 법률**에서 규정하고 있는 법적 효력을 가진다.[22)]

전자무역서비스를 통해 발급된 수출신용장·수출 및 수입신고필증 등의 전자무역문서는 자동으로 증명서와 함께 전자문서보관소에 저장되고, 기업의 무역담당자는 전자문서보관소를 통해 종이문서와 동일한 효력을 인정받은 전자무역문서를 제 3자인 유관기관에 전자적으로 유통할 수 있다. 유통되는 지정된 전자무역문서는 종이문서와 동일한 효력을 가지며, 종이문서를 제출해야 했던 업무의 비효율성을 제거하고 무역업무 전 프로세스에 대한 자동화의 기반을 제공하고 있다.

uTradeHub상 전자무역문서보관 서비스에 관한 주요 특징 및 기대효과는 다음과 같다. ①전자무역문서에 대한 체계적 보관·관리 및 증명서 발급을 통해 신뢰할 수 있는 전자무역문서의 유통을 지원하고 있다. 이에 기업들은 전자문서보관소를 통해 종이문서를 직접 제출하지 않고도 동일한 효과를 보장받을 수 있다. ②종이문서의 반복적인 제출을 생략할 수 있어 ㉠무역업무 간소화 및 프로세스 단절의 개선효과, ㉡전자무역문서 유통에 대한 법적 근거 부여로 무역업무의 e-비즈니스화, ㉢개별기업 단위의 종이 또는 전자무역문서의 보관에 따른 비용절감 및 이에 따른 신뢰 등을 확보할 수 있다. ③ ㉠전자무역문서의 등록·조회·출력·유통·폐기·삭제 등의

22) ①**전자무역 촉진에 관한 법률**, 제16조(전자무역기반사업자가 보관하는 전자무역문서의 효력) : ① 전자무역기반사업자가 전자무역문서를 보관하는 경우에는 **전자문서 및 전자거래 기본법** 제5조 제1항에 따른 전자문서의 보관이 행하여진 것으로 본다. ② 전자무역기반사업자는 전자무역문서의 보관을 위하여 전자서명을 사용하는 경우 **전자서명법** 제2조 제3호에 따른 공인전자서명을 이용하여야 한다. ②**전자문서 및 전자거래기본법**, 제5조(전자문서의 보관) : ① 전자문서가 다음의 요건을 모두 갖춘 경우에는 그 전자문서를 보관함으로써 관계 법령에서 정하는 문서의 보관을 갈음할 수 있다. 1. 전자문서의 내용을 열람할 수 있을 것, 2. 전자문서가 작성 및 송·수신된 때의 형태 또는 그와 같이 재현될 수 있는 형태로 보존되어 있을 것, 3. 전자문서의 작성자·수신자 및 송·수신 일시에 관한 사항이 포함되어 있는 경우 그 부분이 보존되어 있을 것 등이다. ③**전자서명법**, 제2조(정의) : 이 법에서 사용하는 용어의 정의는 다음과 같다. 1. **전자문서**라 함은 정보처리시스템에 의해 전자적 형태로 작성되어 송·수신되거나 저장된 정보를 말한다. 2. **전자서명**이라 함은 서명자를 확인하고 서명자가 당해 전자문서에 서명을 하였음을 나타내는데 이용하기 위해 전자문서에 첨부되거나 논리적으로 결합된 전자적 형태의 정보를 말한다. 3. **공인전자서명**이라 함은 다음 각목의 요건을 갖추고 공인인증서에 기초한 전자서명을 말한다. 가. 전자서명생성정보가 가입자에게 유일하게 속할 것, 나. 서명 당시 가입자가 전자서명생성정보를 지배·관리하고 있을 것, 다. 전자서명이 있은 후에 당해 전자서명에 대한 변경여부를 확인할 수 있을 것, 라. 전자서명이 있은 후에 당해 전자문서의 변경여부를 확인할 수 있을 것 등이다.

일원적 관리, ㉡저장문서에 대한 접근제어를 통해 문서보안기능 강화, ㉢등록문서에 대한 다양한 검색기능에 따른 효율성을 제고할 수 있다. ㉣등록문서의 원본성 증명을 위한 등록증명서 발급, ㉤출력 및 유통양식의 다양한 요구에 따라 변환된 문서에 대한 불변경증명서 발급, ㉥문서전송·문서폐기에 따른 처리증명서 발급, ㉦원본문서 및 처리에 대한 법적 근거 제시, ㉧문서보관소 저장문서의 제3자 전송처리, ㉨유관기관 지원을 위한 유통지원, ㉩문서에 대한 접근제어정책관리, ㉪PKI 기반의 암호화 및 본인인증 등의 기능으로 유통성 및 문서의 기밀성 보장, ㉫문서활용에 대한 이력 및 통계기능 및 제공문서의 이력조회, ㉬그 밖에 문서명·사용자·일자별 통계정보 조회 기능 등이다.

전자무역문서 보관서비스의 내용

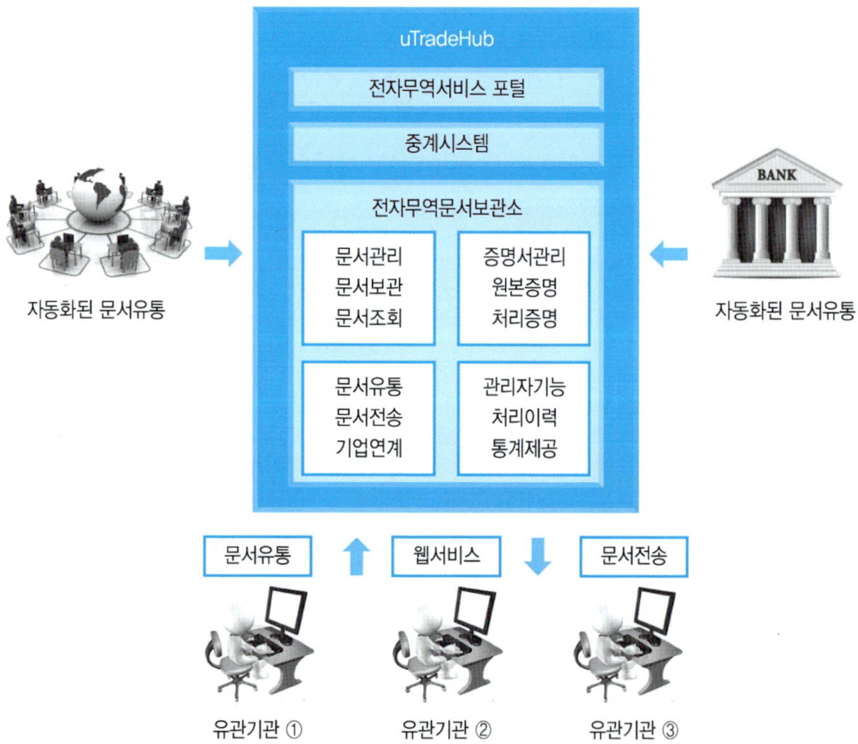

6) 전자신용장서비스

은행에서 신용장 개설·조건변경, 제반 수수료 등의 업무를 통지받을 수 있고, 매입·양도 등 신청업무를 온라인으로 처리할 수 있다. 여기서 신용장은 종이문서에 기반을 둔 전통적 신용장이 아닌, 전자적 방식에 의해 통지되는 **전자신용장**(電子信用狀, electronic L/C, e-L/C)을 말하며, 이는 통지에서 수출대금매입에 이르는 전 과정을 전자화하고 체계적으로 관리하는 시스템으로서 기능한다.

당해 서비스의 주요 내용은, ①무역업체에게 **e-L/C**를 통지하고, **e-L/C** 원본확인을 요청하는 매입은행 등 제3자에게 문서보관소에 저장된 **e-L/C**의 유통, ② **e-L/C** 내도통지관리, ③**e-L/C** 매입·양도신청관리, ④**e-L/C** 이력관리, ⑤사용자인 통지은행 및 매입은행을 위해 **e-L/C**의 한도·매입내역·통계 등을 관리기능, ⑥ **e-L/C** 통지·양도·매입·한도관리, ⑥**e-L/C** 통계관리 등의 기능이다.

e-L/C 서비스의 기대효과는, ①무역업체의 측면에서, ㉠종전 종이 신용장 불필요, ㉡신용장의 전자화로 관리비용절감, ㉢신용장 분실·훼손에 따른 위험방지, ㉣제3자에게 신용장의 전송, ㉤신용장 진행과정 실시간 확인, ㉥보안성 확보를 위한 인증서 사용 등이다. ②은행의 측면에서는, ㉠신용장 통지·매입업무의 용이, ㉡신용장 위·변조의 차단, ㉢매입요청 시 실시간 한도확인이 가능하다는 것 등이다.

전자신용장서비스

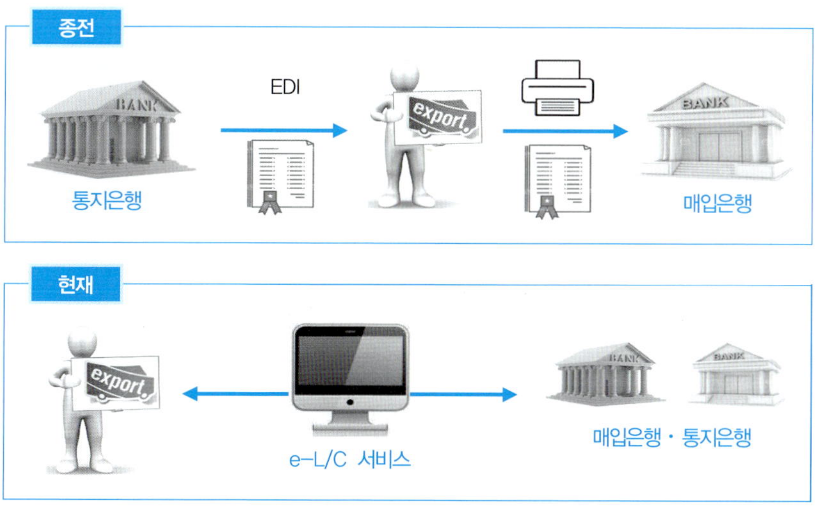

7) 전자적 화환취결서비스

전자적 화환취결서비스(electronic negotiation service, e-Nego)는 화환취결 관련 문서의 전자화 및 화혼취결서류 자동화를 통해 매도인이 관련기관 및 은행을 방문하지 않고 **uTradeHub**를 통해 당해 업무를 원스톱으로 처리할 수 있는 시스템이다.

서비스의 주요 기능은 ①상업송장(I/V), 포장명세서(P/L), 환어음, 수익자 증명서 등 수출계약 이후 수출업무에 필요한 무역서류의 자동화, ②외부기관 발급문서, 예컨대 B/L·보험증권·원산지증명서 등의 발급요청 및 발급내역 수신, ③무역서류별 출력기능, ④매입신청서 작성기능과 작성 및 발급받은 문서의 매입신청서에 첨부하여 매입신청서 및 매입서류를 매입은행으로 온라인 송부, ⑤매입신청 중 **e-B/L**의 양도처리불가, 매입실행 완료 후 **e-B/L** 사용제한 등 소유권 제한이 필요한 문서에 대한 소유권의 자동제어, ⑥매입신청에 대한 매입은행의 처리결과를 전자문서보관소에 보관처리 등이다.

기대효과로서 무역업체 측면에서는 ①선적서류의 수령 및 화환취결에 따른 시간 및 비용절감, ②화환취결불가 건수 감소, ③지연이자비용의 감소, ④B/L, I/P 등 중요서류의 분실위험 방지 등이다. 매입은행 측면에서는 ①본·지점 간 서류송부에 따른 시간과 비용절감, ②서류의 위·변조 방지, ②매입서류의 보관 및 검색이 용이하다는 점 등이다.

●●● 전자적 화환취결서비스의 내용

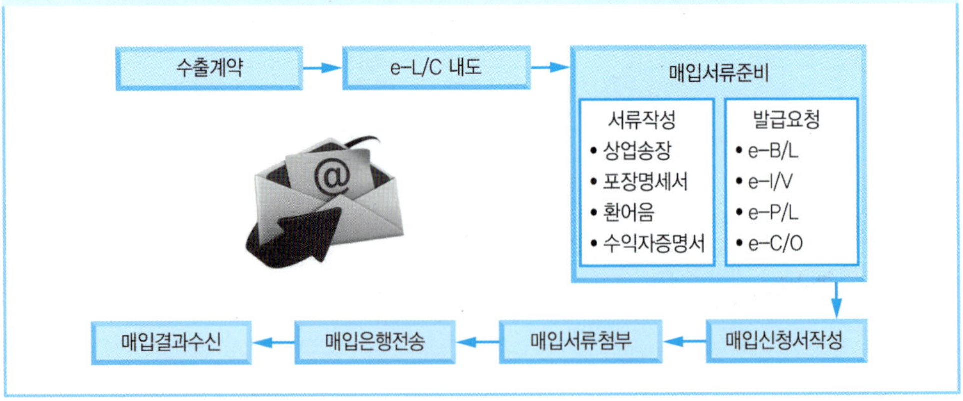

8) 전자선하증권 유통서비스

선적요청(shipping instruction)은 일부 전자적으로 이루어지고 있으나, 선하증권은 전자화 되지 못하고 있어, 전자무역이 활성화 되는데 걸림돌이 되어왔다. **e-B/L Service**는 운송사로부터 전자적으로 B/L을 수신하여, 소유권은 **Title Registry**에 등록하고, 원본은 **전자무역문서보관소**(uTrade document repository)에 보관한다. **e-B/L Service**는 B/L이 전자적으로 유통할 수 있는 기반인프라로서 기능한다.

주요 기능은, ①상업송장(I/V)은 선적서류의 기본문서로서, 상업송장을 작성하면 포장명세서(P/L)가 자동으로 작성된다. ②선적요청은 수출업체가 상업송장, 포장명세서, 수출신고필증정보, 컨테이너정보 등을 입력하여 운송사에게 선적을 요청하는 문서이다. ③**e-B/L** 조회와 **check B/L** 조회가 있으며, 여기서 **e-B/L**조회의 경우는 권리등록상세조회, 원본인쇄, 복사본인쇄 등의 기능을 제공한다. ④유가증권인 **e-B/L**을 무역업체가 자신이 소유한 B/L을 다른 무역업체에게 양도할 수 있는 기능을 제공한다. ⑤다른 무역업체에게 양도신청의뢰를 받고 해당 **e-B/L**을 양수동의나 거절할 수 있는 기능을 제공한다. ⑥**Title Registry**에 등록되어 있는 **e-B/L**의 소유권의 등록·이전 등의 변경사항을 조회할 수 있다.

전자선하증권 유통서비스의 내용

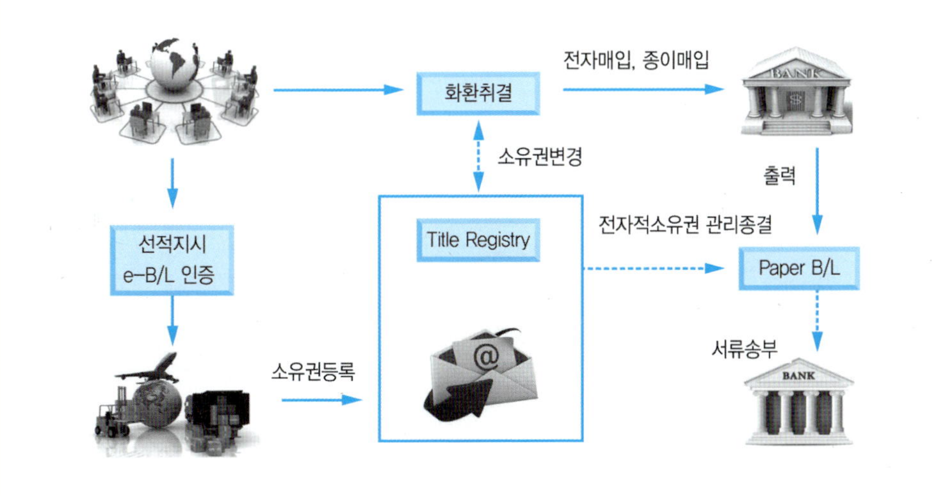

9) 수출·입 요건 확인서비스

수출·입 요건 확인이란, 세관장의 확인제도 하에서 확인기관이 무역업체의 요청에 따라 통관업무에 관한 허가·추천·신고·검사·검정·시험방법·형식승인 등의 절차를 말한다.

종전 이들 업무는 대부분 무역업체가 요건 확인기관을 일일이 방문하거나 팩스 등의 방법으로 처리하였으나, 이에 대하여 당해 서비스는 무역업체와 요건확인기관 간에 발생하는 승인·추천 등의 서류상의 업무를 인터넷을 통한 전자적인 방법으로 처리할 수 있도록 하고 있다.

수출·입 요건 확인서비스의 특징은, ①인터넷을 기반으로 손쉽게 요건 확인업무를 처리할 수 있다. ②공인인증기반이므로 사용자 확인·데이터전송 등을 안전하게 처리할 수 있다. ③확인기관을 방문하지 않고 즉시 승인 등의 업무를 처리할 수 있음으로 시간과 비용을 절감할 수 있다. ④세관전송내용·승인현황관리·배정잔량 등을 손쉽게 확인할 수 있다. ⑤무역업체가 관리하는 통계자료 등을 손쉽게 조회·출력할 수 있다. ⑥협회나 기관이 관리하는 각종 보고 및 통계자료 등을 손쉽게 검색·출력하여 활용할 수 있다. ⑦별도의 전산시스템을 구축하지 않고 기관 및 무역업체의 민원관련 전산업무를 처리할 수 있다. ⑧협회나 기관 및 무역업체의 업무프로세스가 개선되어 업무의 효율성을 증가시킬 수 있다는 것 등으로 요약할 수 있다.

수출·입 요건 확인서비스의 내용

수입승인업무	수입추천업무	세관EDI전송서비스	그 밖의 업무
수입승인신청서	양허관세추천서	수입통관결과조회	오류통보
수입승인변경승인서	양허관세추천신청서	수출승인통보서	거래선관리
시료수입신고서	양허추천연장신청서	수입승인통보서	접수통보
수입시료검정의뢰서	할당관세추천서	양허관세추천통보서	품목관리
수입승인변경신청서	할당관세추천신청서	할당관세추천통보서	기타코드관리
안전인증확인신청서	할당추천연장신청서	FTA관세추천통보서	각종통계현황
수입시료신고필증	FTA관세추천서	관세감면추천통보서	
수입시료결과통지서	FTA관세추천신청서		
수입승인서			
안전인증확인서			
부적합통보서			

10) 수출·입 부대비용 납입서비스

본 서비스는 수출·입 부대비용을 **uTradeHub**에서 결제가 가능하도록 구축하여, 관계당사자의 편의를 도모하고 있다. 수출·입 부대비용 결제시스템은 다양한 방법을 통하여 청구서 정보를 등록 및 요청할 수 있다.

주요 기능은, ①**uTradeHub**와의 연계를 통한 부대비용청구서 생성기능, ②청구업체와 전자문서를 통한 청구서 내역 및 정보의 송·수신 기능, ③청구업체 시스템에서 청구정보를 문서작성 프로그램으로 변환하여 저장한 파일을 업로드 할 수 있는 기능, ④청구업체 담당자가 직접 청구서 정보를 입력하여 청구할 수 있는 기능, ⑤부대비용 결제 후 선사·보험사 등이 발급한 문서를 조회·유통할 수 있는 기능, ⑥전자선하증권·전자보험증권·전자항공운송장 발행 시 운임료 선급의 경우 결제 후 관련문서를 조회·유통할 수 있는 기능, ⑦수출·입 부대비용을 외화로 결제할 수 있는 기능, ⑧외화이체신청서를 작성하여 은행으로 외화송금이체를 신청할 수 있는 기능, ⑨결제지연의 방지를 위한 모니터링 기능 등이다.

수출·입 부대비용 납입서비스의 내용

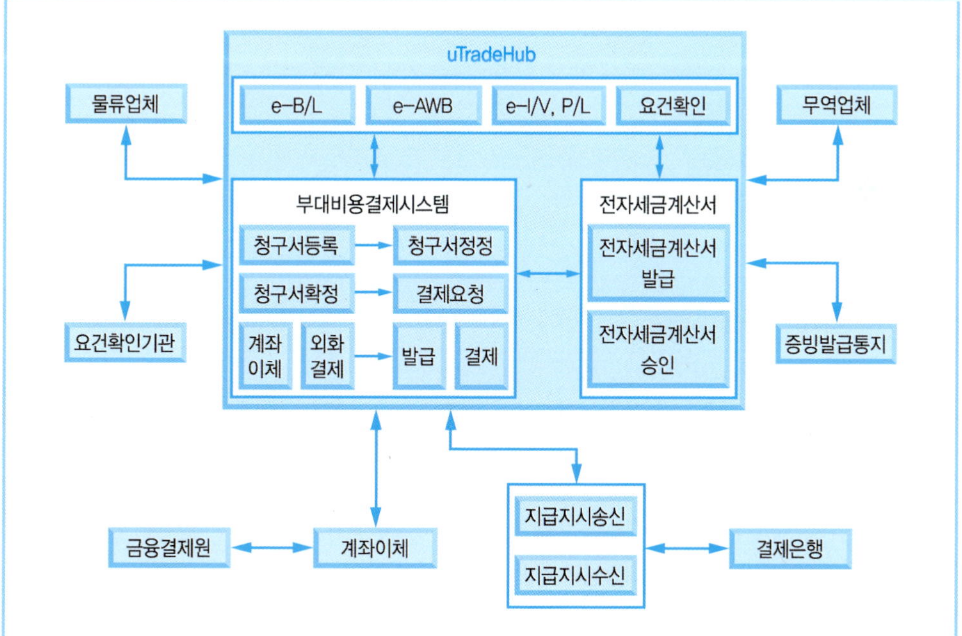

9

무역실무절차

1 수출승인과 통관

1 수출절차의 개요

수출절차는 거래선 발굴을 위한 **해외시장조사**(overseas market research)로부터 시작하여 수출계약의 체결과 이행, 곧 운송·보험·결제 등이 완료되어 수출거래가 종료되기까지의 일련의 절차를 의미한다. 수출절차는 일반적으로 수출계약체결·수출승인·수출물품제조·수출통관·선적·대금결제 등의 절차를 거치게 된다. 이러한 수출절차는 수출물품의 품목이나 상거래의 특성에 따라 여러 가지의 형태를 가질 수 있지만 그 절차는 대체로 비슷하다.

수출·입 절차는 관련법규에 따라 수행된다. 곧 수출절차를 규정한 법규는 물품의 수출·입에 관한 기본사항을 규정한 **대외무역법**을 중심으로, 통관절차는 **관세법** 그리고 대금결제는 **외국환관리법** 등이 적용법규범으로서 기능한다. 그 밖에도 수출에 따른 자금지원을 규정한 무역금융규정, 수출물품에 대한 품질기준을 정한 수출검사법 등 여러 무역관련 법규가 존재한다. 이들 무역법규들은 무역환경의 변화에 따라 수시로 개정되고 있으며, 상호 유기적으로 운용되고 있는 특성이 있다.

2 무역계약체결

무역계약은 일반적으로 청약의 의사표시와 승낙의 의사표시가 결합되어 하나의 매매계약으로 존재하게 된다. 그리고 무역계약은 어떤 특별한 형식에 의해 작성되는 것은 아니나, 수많은 거래가 존재하여 오면서 표준적인 상거래 조건과 형식이 자연발생적으로 성립하여 표준화되어 있다. 예컨대 **국제상업회의소**(ICC)의 표준화된 정형거래조건으로서 **Incoterms**를 예시할 수 있다.

물론 계약당사자가 반드시 **Incoterms**에 따라 계약서를 작성하여야 하는 것은 아니다. 그러나 **Incoterms**는 전 세계적으로 통일화된 무역조건이므로 통상이 경우 이에 따라 계약서를 작성하는 것이 대부분이다. 매매계약서의 기재내용은 거래상대방, 물품의 목적지, 물품내용 등에 따라 달라지지만, 무엇보다도 매매당사자 간에 합의된 사항을 빠짐없이 정확히 기재하여야 한다.

매매계약서에 기재될 사항은 일반적으로 상거래 시마다 결정해야 할 사항으로서, ①**물품**(product), ②**가격**(price), ③**품질**(quality), ④**수량**(quantity), ⑤**보험**(insurance), ⑥**선적**(shipment), ⑦**대금지급방법**(payment) 등에 관한 사항과, 그 밖에 **매매계약 당사자 간의 권리와 의무, 분쟁해결 등에 관한 사항**을 핵심으로 꼽을 수 있다.

3 신용장 내도

1) 신용장의 개념과 성질

신용장은 **수출자**[매도인]가 수출을 이행하면 **수입자**[매수인] 거래은행, 곧 신용장 개설은행이 대금결제를 보증하는 제도로서 수출자에게는 대금회수와 관련한 위험을 제거하고, 수입자에게는 화물인수에 따른 위험을 제거하는 제도로서 오늘날 무역거래의 대부분이 이 신용장을 활용한 거래방법으로 이루어지고 있다.

2) 신용장의 거래과정

①수입자와 수출자는 매매계약을 체결한다.

②수입자는 자신의 **거래은행**(opening bank)에 신용장(L/C) 개설을 의뢰한다.

③**L/C** 개설을 의뢰받은 은행은 **L/C**를 발행하여 수출자가 소재하고 있는 외국의 **통지은행**(advising bank)에 이를 송부한다.

④수출지의 통지은행은 수출자에게 **L/C** 도착을 통지한다.

⑤L/C를 받은 수출자는 물품을 선적한 후 선하증권(B/L)을 취득하고, 이에 보험증권(I/P)・상업송장(I/V) 등 필요한 서류를 구비하여 **매입은행**(negotiating bank)에 화

환어음매입을 의뢰한다.

⑥매입은행은 환어음 및 운송서류와 교환으로 수출자에게 어음대금을 지급한다.

⑦매입은행은 수출자에게 지급한 어음대금을 결제받기 위해 L/C 개설은행에 어음 및 운송서류를 송부한다.

⑧매입은행은 어음대금을 개설은행에 상환 청구한다.

⑨개설은행은 매입은행으로부터 운송서류가 도착하면 수입자에게 운송서류 도착을 통지한다.

⑩개설은행은 수입자로부터 수입대금을 받고 운송서류를 인도한다.

⑪선박회사는 화물이 도착하면 수입자 및 개설은행에게 통지한다.

⑫화물도착통지를 받은 수입상은 선박회사에 선하증권을 제시하고 화물을 인도받는다.

4 수출승인

1) 사전허가

신용장을 수령한 수출자는 수출승인을 받기 전에 수출품목이 수출 · 입공고 등에서의 수출제한승인 품목일 경우 동 품목을 관장하는 수출조합 등에서 수출승인을 받아야 하며, 또한 동 품목이 약사법, 식품위생법 등 특별법에서의 수출제한품목일 경우 동법에서 규정하는 바에 따라 사전수출허가 · 신고 또는 추천을 받아야 한다.

2) 수출승인

수출자는 개개의 수출건마다 반드시 수출승인을 받아야 하는데, 이는 적법한 수출이행과 이에 따른 대금회수를 관리하는 제도로서 그 승인권한은 대부분 외국환은행장에게 위임되어 있다.

수출승인(신청)서

수출승인(신청)서
Export License(Application)

처리기간 : 1일
Handling Time : 1Day

① 수출자 무역업고유번호 (Exporter) (Notification No.) 상호, 주소, 성명 (Name of firm, Address, Name of Representative) (서명 또는 인) (Signature)	④ 구매자 또는 계약당사자 (Buyer or Principal of Contract) ⑤ 신용장 또는 계약서 번호(L/C or Contract No.)
② 위탁자 사업자등록번호 (Requester) (Business No.) 상호, 주소, 성명 (Name of firm, Address, Name of Representative) (서명 또는 인) (Signature)	⑥ 금액(Total Amount) ⑦ 결제기간(Period of Payment) ⑧ 가격조건(Terms of Price)
③ 원산지(Origin)	⑨ 도착항(Port of Arrival)

⑩ HS부호 (HS Code)	⑪ 품명 및 규격 (Description/Size)	⑫ 단위 및 수량 (Unit/Quantity)	⑬ 단가 (Unit Price)	⑭ 금액 (Amount)
		SAMPLE		

⑮ 승인기관기재란(Remarks to be filled out by an Approval Agency)

⑯ 유효기간(Period of Approval)

⑰ 승인번호(Approval No.)

⑱ 승인기관 관리번호(No. of Approval Agency)

⑲ 위의 신청사항을 대외무역법 제14조제2항 및 동법 시행령 제26조제1항의 규정에 의하여 승인합니다.
(The undersigned hereby approves the above-mentioned goods in accordance with Article 14(2) of the Foreign Trade Act and Article 26(1) of the Enforcement Decree of the said Act.)

년 월 일

승인권자 (인)

※승인기관이 2이상인 경우 ⑯~⑲의 기재사항은 이면에 기재하도록 합니다.
※이 서식에 의한 승인과는 별도로 대금결제에 관한 사항에 대하여는 외국환거래법령이 정하는 바에 따라야 합니다.

수출승인신청은 무역업의 허가를 받은 자만이 가능하며 승인내용은 수출자・물품의 명세・선적항・대금결제방법・유효기간 등이다.

그러나 소액수출의 경우에는 무역업 허가 없이 수출승인을 신청할 수 있으며, 무상반출 등 수출승인 면제물품의 경우 수출승인도 받지 않고 간편하게 수출할 수 있다. 한편 수출승인을 받았더라도 수출대금의 결제방법이 외국환관리법에서 정한 기간을 초과하는 결제방법의 경우 별도의 허가를 받아야 한다.

5 수출통관과 선적

1) 수출통관의 개요

수출물품은 세관의 수출통관절차에 임해야 하며, 수출하고자 하는 물품을 수출자의 제조공장 또는 물품창고 등 세관검사를 받고자 하는 장소에 장치한 후, 세관에 수출신고하고, 이에 신고수리를 받아 물품을 운송수단에 선적하기까지의 일련의 절차를 수출통관이라고 한다. 현행 수출통관절차는 수출신고자가 서류 없이 **전자자료교환방식**(EDI)으로 신고내용을 세관에 전송하면 세관에서 신고화면을 확인하고 신고수리결과를 전자적으로 통보해주는 **EDI 수출통관제도**를 실시하고 있다.

2) 수출통관절차

(1) 물품의 장치

수출물품은 수출자의 제조공장 또는 물품창고 등 세관검사를 받고자 하는 장소에 장치하고 수출신고를 하여야 한다. 즉 수출물품이 제조된 장소에서 수출신고를 할 수 있다. 그러나 수출물품이 법률의 규정에 의해 특단의 제한을 받고 있는 물품은 당해 물품을 선적한 후 선상에서 수출신고를 할 수 있다. 즉 선적한 후 공인검정기관의 검정서에 의하여 수출물품의 수량을 확인하는 물품, 예컨대 농산물 및 광산물 등이 이에 해당한다. 또한 물품의 신선도 유지 등의 사유로 선상에서의 수출신고가 불가피하다고 인정되는 물품, 예컨대 내항선에 적재된 수산물을 다른 선박으로 이

적하지 아니한 상태로 외항선으로 전환하여 출항하고자 하는 경우 수출신고수리 전 물품의 수출신고자는 선적지 세관장에게 선적허가를 받아 선적할 수 있다.

(2) 수출신고

수출하고자 하는 자는 당해 물품을 선(기)적 하기 전까지 물품의 소재(예정)지 관할세관장에게 수출신고를 하고 수리를 받아야 한다. 수출신고는, ①**관세사**, ②**관세사법인**, ③**통관취급법인** 또는 ④**수출화주** 등의 명의로 하여야 한다.

수출신고는 당해 물품을 외국으로 반출하고자 하는 선박 또는 항공기의 적재단위별로 하여야 한다. 또한 원칙적으로 **포장명세서**(P/L)에 의한 신고가 원칙이며, 여기서 **P/L** 신고란 EDI에 의한 서류 없는 수출신고를 말하는 것으로 수출신고 당사자는 전자문서로 작성된 신고자료를 통관시스템에 전송하여야 한다. 다만 ①수출승인기관과 전산망이 연계된 물품을 제외하고 세관장 확인물품 및 확인방법지정고시 중 수출신고 수리 전에 구비요건의 증명이 필요한 물품, ②계약내용과 상이한 재수출물품 또는 재수출조건부로 수입통관 된 물품, ③수출자가 재수입 시 관세 등의 감면·환급 또는 사후관리 등을 위하여 서류제출로 신고하거나 세관검사를 요청하는 물품, ④수출통관시스템에서 서류제출대상으로 통보된 물품 등은 신고자료를 통관시스템에 전송한 후 수출신고서 및 해당 구비서류를 세관장에게 제출하여야 한다. 그리고 수출신고가 효력이 발생되는 시점은 관세청 통관시스템에서 신고번호가 부여된 시점으로 하고 있으며, 통관시스템에 기록된 내용과 신고서에 기록된 내용이 상이한 경우 통관시스템에 기록된 것을 기준으로 한다.

(3) 물품검사

수출물품에 대하여는 검사생략을 원칙으로 하고 있으나, 전산에 의한 발췌검사 또는 필요한 경우 예외적으로 검사를 실시하는 경우도 있다. 이때 ①부정한 수출, ②원산지 표시위반, ③지적재산권 위반 등이 적발되면 관세법 등 관계법규에 의거 처벌되므로 이러한 점에 유의하여야 한다.

(4) 신고수리 및 선적

수출신고가 수리된 물품은 수출신고수리일로부터 30일 이내 운송수단에 적재하여야 한다. 수출신고가 수리되었더라도 적재되지 않는 물품은 수출로 인정받을 수 없다. 관세청에서는 수출이 수리된 물품의 적재관리를 위하여 수출화물 EDI 시스템과 수출통관시스템을 연계하여 활용하고 있으므로 수출물품에 대한 관세환급도 수출물품의 적재사실을 확인한 후 가능하도록 하고 있다. 수출수리물품의 적재가 불가피하게 연장되어야 할 사유가 발생하는 경우 수출자는 적재기간 내에 세관장에게 적재기간연장승인 신청서를 제출하고, 이를 승인받아 적재기간을 연장할 수 있다.

수출수리 후 연장승인 없이 적재를 하지 않은 물품의 경우 해당세관장이 미적재에 의한 수출수리취소의 예정통보를 한 후, 그럼에도 14일 이내 미적재 원인규명이 없는 경우 세관장은 직권으로 수출신고의 수리를 취소할 수 있으며, 이 경우 관세환급도 불가능할 수 있으므로 기한내의 선적에 유의하여야 한다.

(5) 수출신고지원센터

관세청에서는 수출신고에 필요한 PC 등 전송설비를 갖추지 못하여 직접 수출신고를 할 수 없는 영세무역업체를 위하여 무역협회지부 및 지방상공회의소 등 전국 26개 장소에 전송설비를 갖추어 소규모업체가 저렴한 비용으로 직접 수출신고를 할 수 있도록 하고 있다.

6 운송과 보험

통관절차가 완료되면 무역운송에 임한다. 곧 매매계약조건에 따라 매수인 또는 매도인이 운송회사와 운송계약을 체결하고 운임을 지급하게 된다. 운송회사와 운송계약을 체결하는 당사자는 운송인의 선정과 운송방법과 운임 등의 내용을 매매계약 당사자 간의 계약내용에 따라 운송계약내용에 포함시켜야 한다.

무역운송은 특단의 위험이 수반되므로 무역보험에 해당 목적물을 부보해야 한다. 운송계약과 마찬가지로 매매계약조건에 따라 매도인 또는 매수인이 보험계약을 체결하여야 한다. 보험계약의 체결도 매매계약의 내용에 따라 그 범위가 결정된다. 화물보험의 부보조건은 **ICC (A), (B), (C)**의 **일반약관**과 전쟁약관, 동맹파업약관과 같은 **특별약관**으로 구성되어 있으며 이들 부보조건 가운데서 매매계약에 정해진 바에 따라 보험계약체결의 의무를 부담하는 당사자는 계약내용에 따라 부보하여야 한다.

7 수출대금의 회수

수출물품을 선적완료한 수출자는 신용장에서 요구하는 환어음과 운송서류, 곧 상업송장(I/V), 선하증권(B/L), 보험증권(I/P) 등의 서류와 그 밖에 매수인이 요청하는 부속서류, 예컨대 포장명세서(P/L), 원산지증명서(C/O) 등의 서류를 구비하여 자신의 거래은행에 환어음에 이를 첨부하여 매입을 의뢰하게 된다.

신용장으로 지정된 은행에 서류를 제시하고 환어음의 발행양식에 따라 일람불 지급 또는 기한부어음의 인수를 통한 대금지급을 받게 된다. 기한부어음의 경우 해당 은행이 인수한 환어음을 금융시장에서의 할인을 통해 물품대금을 회수 할 수 있다.

매입의뢰를 받은 수출자 거래은행은 선적서류가 신용장 조건에 일치하는지 여부를 검토하고, 수출이 신용장조건에 일치되게 이행되었는지를 확인하기 위하여 수출승인서를 요청한 후 환어음을 매입하는 형식으로 수출대금을 지급한다. 수출대금을 지급한 은행은 수입자 거래은행인 신용장 발행은행에 대해서 수출자로부터 매입한 환어음과 선적서류를 송부하고 지급한 수출대금을 추심하게 된다.

8 관세환급

1) 관세환급의 구분

관세환급(關稅還給, duty drawback)은 수출물품제조에 소요된 원재료의 수입 시에 납부한 관세 등을 수출 등에 충당한 때, 수출자에게 다시 반환해 주는 것을 의미하며, 현행법상 납세의무의 형평과 징수행정의 공정을 위한 관세법상의 환급은 ①과오납환급, ②위약물품환급, ③수출지원을 위한 환급특례법상의 환급으로 구분하고 있으며, 일반적으로 관세환급은 후자를 의미한다.

①은 납세의무의 형평과 징수행정의 공평을 기하기 위한 관세·가산금·체납처분 등의 과오납금을 납세의무자에게 환급하는 제도이다. ②는 위약물품을 재수출한 경우 수입 시 납부한 관세를 환급하는 제도이다. ③은 수출용원자재에 대한관세 등 환급

에 관한 **특례법**에 의거 원재료를 수입할 때, 일단 관세 등을 납부하였거나, 징수유예 받은 물품, 또는 이를 원료로 하여 제조·가공한 물품을 수출의 용도에 제공한 때, 이미 납부한 관세를 환급해 주는 제도이다. 이 경우 실무에서 일반적으로 관세환급이라 함은 환급특례법상의 환급을 의미한다.

2) 관세환급의 내용

(1) 관세환급의 대상

①환급대상제세로는, ㉠관세, ㉡특소세, ㉢주세, ㉣교육세, ㉤농특세, ㉥교통세 등이 있다. ② 환급대상의 요건으로는 관세법 상의 3가지의 요건이 있다. 곧 ㉠수출용 원재료인 경우, ㉡외국으로부터 수입 시에 관세 등을 납부한 물품, ㉢수입신고 수리일로부터 일정한 기간 내에 수출에 충당된 경우 등이다. ㉠수출용 원재료의 범위에 해당되는 것은, ⓐ원재료 자체가 수출물품 자체인 경우, ⓑ수출물품 제조에 사용된 원재료로서 수출물품을 형성하는 원재료, ⓒ수출물품을 물품화하는데 소요되는 포장재, ⓓ수출물품을 구성하지는 않지만 수출물품의 제조·가공에 직접적으로 사용되어 화학반응을 하는 물품, ⓔ수출물품의 제조·가공에 직접적으로 사용되는 원재료 등을 포함한다. ㉡의 경우 수입하는 때에 관세 등을 징수한 수입물품은 정상 수입물품과 무환 수입물품이 이러한 범주에 해당된다. 그리고 이러한 수입원자재가 대응수출 이행기간 내에 수출 등에 제공되어야 한다.

(2) 관세환급의 방법

관세환급제도는 수출용 원재료를 수입할 때, 납부한 관세 등을 원재료로 제조한 물품을 수출한 경우 다시 되돌려 받는 제도이므로, 환급금은 수출물품을 제조할 때 소요된 원재료의 수입 시 납부세액이 되는데, 이 경우 환급금을 결정하는 요소는, ①수출물품과 수출량, ②수출물품을 제조·가공하는데 사용된 원재료의 양, ③수출물품을 제조·가공하는데 사용된 원재료를 수입할 때, 납부한 관세 등의 세액 등이다.

한편 수출기업이 환급금을 계산하는데 비용이 많이 소요되므로 우리나라에서는 국가가 환급금을 계산하는 ①**정액환급**과 기업이 자사의 수출물품에 대하여 환급금을 계산하는 ②**개별환급**을 채택하고 있으며, ①에는 ㉠**간이정액환급**, ㉡**특수공정물품정액환급** 등의 2가지가 있다. ②는 기업이 환급금을 계산하는데 많은 인력과 비용이 소요되어 수출 후 환급 시 많은 시간이 소요되고 있어 ㉠**평균세액증명제도**, ㉡**소요량계산**

제도 등으로 **개별환급**의 문제점을 보완하고 있다.

가. 정액환급

정액환급이란 수출물품별로 환급하여야 할 금액을 사전에 정하여 **정액환급율표**에 기재하고 그러한 물품이 수출되었을 때, 수출신고필증만 제시 받아 소요원료, 재료별 납부세액 등을 일일이 계산하지 않고 **정액환급율표**에 기재된 환급금액을 그대로 환급해 주는 방법이다. 이는 다시 ㉠**간이정액환급**, ㉡**특수공정물품정액환급**으로 구분되는데, ㉠은 중소기업에 대한 관세환급절차를 간소화하기 위하여 수출신고수리 시 **간이정액환급율표**에 게시된 품목에 대해서는, 당해 수출물품 제조 시 소요되는 원재료의 납부세액을 정하여, 매 건별 관세 등의 납부액을 확인하지 않고 일정액을 환급하여 주는 제도이다. 개별 수출신고필증 등에 간이정액 적용대상과 비적용대상 물품이 동시에 기재되어 있는 경우 분할하여 환급 신청할 수 있다. 중소기업이 수출한 물품이 **간이정액환급율표**에 게시된 경우에는 우선적으로 적용한다.

㉡은 석유제품 등 단일원재료에서 여러 제품이 동시 생산되어 물품별로 환급산출이 곤란한 경우 관세청장이 **정액환급율표**를 고시하여 적용하는 제도이다.

나. 개별환급

개별환급이란 **정액환급율표**에 게기되어 있지 않은 수출물품 등에 제공한 물품을 제조·가공하는데 소요된 원재료를 수입하였을 때, 납부한 관세 등을 일일이 소요량증명서와 수입신고필증 등에 의하여 환급액을 계산하여 환급하는 방법을 말한다. 한편 **개별환급금지급제한제도**가 있는데, 이는 수출물품의 제조·가공 시 국내에서 생산되고 있는 원재료의 사용을 촉진하고 수출용 원재료의 수입을 억제함으로써 관세 등을 납부하고 수입하였다가 수출 등에 제공한 경우 관세 등의 일부 또는 전부를 환급해 주지 않는 것을 말한다. 다만 보세공장과 수출자유지역내의 입주 기업체에서 제조·가공하여 수입된 원재료는 제외한다.

개별환급은 ㉠**평균세액증명제도**, ㉡**소요량계산제도**로 구분된다. ㉠은 관세환급을 위하여 수출용 원재료 수입 시의 세액을 파악하여 확인하는 방법으로서, 곧 외국에서 수입하거나 국내에서 매입한 수출용 원재료를 규격을 확인하지 않고 **HS**(harmonized commodity description and coding system) 10단위 별로 통합한 뒤, 전체 물량단위당 평균세액을 산출하여 관세를 환급한다. 이는 환급대상이 될 수 있는 각각의 세액증명서류, 곧 수입신고필증·기초원재료납세증명서·수입면장분할증명서·기초원재료납세증명분할증명서 등을 HS 10단위별로 통합한 것이므로 통합 후에 환급이 가능해야 한다. 만약 통합되었을 때 과다 또는 과소 환급이 발생할 것으로 예상되는 경우는 제외된다. 또한 수출용 원재료로 수입하였더라도 ⓐ수입신고필증에 기재된 품명의 HS 10단위가 기타로 분류되는 물품, ⓑ소요량이 규격에 따라 상이한 물품, ⓒ HS 10단위로 평균세액을 산정하기 곤란한 물품 등은 적용대상에서 제외된다.

㉢은 수출물품을 생산하는데 사용된 원재료의 양(단위량)과 생산과정에서 발생하는 소모량을 합한 개념을 소요량이라고 하며, 관세환급을 신청할 경우 환급신청자가 수출물품 생산에 소요된 소요량을 자율적으로 산정하여 이를 환급액 산출에 사용하는 제도를 말한다.

9 수출대행

1) 수출대행의 정의

우리나라는 대외무역법상 무역업신고를 한 자만이 수출·입을 할 수 있도록 제한하고 있기 때문에 무역업신고를 하지 않는 단순 제조업체가 무역거래를 하고자 하는 경우 무역업신고를 한 제3자와 수출대행계약을 체결하여야 가능하다. 이때 신용장 방식을 통한 수출거래인 경우 일반적으로 수출대행을 의뢰한 원수출자가 수취한 신용장을 무역대행자에게 양도해 주어야 하기 때문에 **양도가능신용장**(讓渡可能信用狀, transferable L/C)어야 하며, 이 경우 수출대행 시 수출실적은 원수출자, 곧 수출대행의뢰자가 아닌 수출대행업체의 수출실적으로 인정된다. 다만 수출대행의뢰자인 원수출자는 내국신용장이나 구매승인서를 발급 받는 경우에 한하여 공급물품에 대한 수출실적을 인정받을 수 있게 된다.

2) 수출대행의 종류

(1) 단순수출대행

무역거래를 할 수 있는 능력은 있으나, 무역업신고를 하지 않은 경우 무역업신고를 한 제3자의 명의를 빌려 무역대행자로 선정하는 경우이다. 수출대행의뢰자는 개설은행에 의해 발행된 **양도가능신용장**을 수출대행자에게 양도하고 대행자로부터 서류상 수출자로 명의만 빌릴 뿐, 협상부터 계약에 이르는 모든 실제적인 수출행위는 원수출자가 행한다. 대신에 L/C를 양도받은 수출대행자는 L/C 조건에 따른 모든 책임을 부담하여야 한다.

(2) 금융지원방식의 수출대행

수출대행자가 서류상 명의만 빌려주는 단순수출대행 방식에서 그 범위를 넓힌 것으로, 대행자의 명의로 무역금융의 융자를 받아주는 등 수출지원 혜택을 받는 데에도 대행자의 명의를 빌려주며 나아가 선적절차도 이행하게 된다. 여기서 원수출자는 단지 수출물품만 제조·가공하여 공급하면 된다. 대행자는 대행범위가 넓고 위험부담이 크기 때문에 단순수출의 경우에 비하여 수수료가 비싸다.

(3) 신용장 직접수취방식 수출대행

대행의뢰자가 수출계약은 수입자와 자신의 명의로 체결하고, L/C는 수출대행자 앞으로 개설하게 하는 방식으로, 이 경우 L/C 양도절차를 생략할 수 있다. 대행의뢰자가 수출물품을 제조·가공하여 공급해야만 수출대행관계가 이루어지는 것으로, 만약 물품공급을 하지 않고 단순히 중개인(仲介人, intermediary) 역할만 하는 경우에는 수출대행이라고 보기 어렵다.

3) 수출대행 계약체결의 주요 내용

주요한 계약내용으로는, ①수출대행자와 수출대행의뢰자[원수출자]를 반드시 표기해야 한다. ②또한 수출절차를 어디까지 누가 이행할 것인지에 대한 대행의무를 반드시 표기해야 하며, ③아울러 수수료를 명시하여야 한다. ④무역클레임이 제기되었을 경우 배상책임의 귀속주체를 명확히 하여야 한다.

2 수입승인과 통관

1 무역계약체결

물품의 수입을 위하여 수출자와 사전의 협의를 진행한다. 그 내용은 무역계약의 7대 조건을 기본으로 한다. 신용장 조건의 경우 양당사자는 계약내용의 합의를 전제로 수입자는 자신의 거래은행, 곧 신용장 **개설은행**(opening bank)에서 수입금액에 해당되는 금액만큼 담보를 제공하고 신용장 개설을 의뢰한다.

상거래 조건에 따라 수입자는 자신이 적화보험에 부보해야 하는 경우 이를 이행하여야 한다. 한편 신용장 기재사항은 중요하기 때문에 세심한 주의를 가지고 신용장을 개설하여야 한다. 이후 개설된 신용장은 은행을 통해 수출자에게 전달된다.

2 수입통관

신용장 개설 후 화물이 도착하면 은행으로부터 화물도착이 통지된다. 즉 수출자가 신용장과 일치하게 선적하고 화환취결을 위한 서류를 구비하여 자신의 거래은행에 **매입**(negotiation)하면 수출자는 수출대금을 회수하고 자신의 거래은행에 서류를 인도하게 된다. 그리고 수출자가 제시한 서류는 은행을 통해 수입자의 거래은행으로 송부된다. 이에 따라 은행은 수입자에게 물품도착을 통보를 한다. 화물도착통지를 받은 수입자는 세관에 이를 신고를 해야 한다.

세관은 수입승인신청서의 내용과 물품의 일치여부를 확인하고 신고내용을 심사한 후 수입자에게 관세 납부고지서를 발급하고 수입면장을 교부한다. 이러한 일련의 절차를 수입통관절차로 본다.

3 수입통관절차

1) 수입신고의 시기 및 요건

수입신고는 물품이 도착되기 전 뿐만 아니라 선박 또는 항공기 가 도착한 후, 보세구역에 반입되기 전, 보세구역에 장치한 후 그 어떠한 시점에서도 신고가 가능하다. 여기서 물품을 어디에 두고 신고하느냐에 따라 세관에서는 편의상 ①출항 전 신고, ②입항 전 신고, ③보세구역 도착 전 신고, ④보세구역 장치 후 신고 등으로 구분하고 있으며, 이 경우 ①과, ②는 당해 물품을 적재한 선박 등이 입항하기 5일전부터 신고할 수 있다. 그러나 ① 또는 ②에 따라 신고하는 물품으로서, ①법령의 개정에 따라 새로운 수입요건의 구비가 요구되거나, 입법예고에 따라 당해 물품이 도착하는 날부터 높은 세율의 적용이 예상되는 물품, ②농·수·축산물 또는 그 가공품으로서 수입신고 하는 때와, 입항 당시의 물품의 관세율표 10단위가 변경되는 물품, ③농·수·축산물 또는 그 가공품으로서 수입신고 하는 때와, 입항 당시의 과세단위, 예컨대 수량·중량 등이 변경되는 물품 등은 당해 선박 또는 항공기가 도착된 이후에 신고하여야 한다.

①은 수입하고자 하는 물품을 적재한 선박 또는 항공기가 당해 물품을 적재한 항구 또는 공항을 출발하기 전에 수입신고를 하는 것을 말하는데, 여기서 일본·중국·대만·홍콩 등에서 선박으로 수입되는 물품과, 항공기로 수입되는 물품은 그 신고가 가능하며, 이후 수입자는 수입물품을 적재한 선박이 도착할 입항예정지 세관장에게 수입신고를 하여야 한다.

②는 수입하고자 하는 물품을 적재한 선박 또는 항공기가 선적지 항구 또는 공항에서 출항한 후 항구(공항)에 입항하기 전에 수입신고 하는 것을 말하는데, 이 경우 ①과 같이 수입물품을 적재한 선박(항공기)이 도착할 입항예정지 세관장에게 수입신고를 하여야 한다.

③은 수입하고자 하는 물품이 항구 또는 공항에 도착한 후 보세장치장에 입고하기 전에 수입신고 하는 것을 말하는데, 이 경우 장치장이란 보세장치장은 물론 부두밖 컨테이너 보세장치장 및 컨테이너 내륙통관기지, 선상도 포함된다.

④보세구역장치 후 신고는 수입하고자 하는 물품을 보세장치장에 입고한 후 수입신고 하는 것을 말한다.

2) 수입신고내용

수입신고는 ①**화주** · ②**관세사** · ③**관세사법인** · ④**통관취급법인** 등의 명의로 하여야 하며, 화주가 직접 신고하는 경우 수입신고사항을 세관에 전송하기 위한 전산설비 등을 갖춘 후 세관에서 ID를 부여받아 신고하는 방법과, 영세수출업체의 경우 무역협회 등에 설치된 공용단말기를 통해 신고하는 방법이 있다.

수입신고 시에는 신고자가 관세 등 세금의 부과기준이 되는 ①**과세가격**, ②**관세율 및 품목분류번호**, ③**과세환율** 등을 확인하여 신고하여야 하므로, 이러한 사항에 여의치 않을 경우 관세사에게 통관대행을 의뢰할 수 있다.

수입신고의 효력발생시점은 전송된 신고자료가 통관시스템에 접수된 시점으로 하며, 수입하고자 하는 물품을 지정장치장 또는 보세창고에 반입하거나, 보세구역이 아닌 장소에 장치할 경우 그 반입일 또는 장치일로 부터 30일 이내 수입신고를 하여야 한다. 만약 이를 이행하지 못할 경우에는 정해진 조건에 따라 가산세를 납부하여야 한다. 수입신고는 관세청에서 정한 수입신고서에 기재사항을 기재한 후 수입신고서에 선하증권 등 신고 시 제출서류를 첨부하여 세관에 제출하여야 한다.

3) 물품검사

수입신고서를 접수한 세관은 신고한 물품의 검사여부를 결정하게 되는데, 대부분의 물품은 검사 없이 신고내용의 형식적·법률적 요건만 심사하고 수리하지만, 검사대상으로 선정된 물품은 세관공무원이 수입물품에 대한 검사 및 심사를 통해 신고수리를 하고 있다.

4) 신고수리 및 반출

세관의 심사결과 수입신고가 법률의 규정에 따라 정당하게 이루어진 것으로 확인된 경우 당해 물품에 대한 관세 등을 납부하거나, 해당 세액에 상당하는 담보를 제공하여야 신고수리가 되어 물품을 반출할 수 있다. 담보를 제공한 경우에는 신고수리 후 15일 이내 관세를 납부하여야 한다.

통상 수입물품에 대해서는 정해진 관세와 내국세 등을 납부하여야 하지만, 일정한 경우에는 관세가 면제되거나 일부가 감면되는 경우가 있으며, 또한 관세를 납부하였다 하더라도 이를 원재료로 사용하여 수출한 경우 기 납부한 관세의 환급을 신청할 수 있다.

수입승인(신청)서

수입승인(신청)서

Import License(Application)

처리기간 : 1일
Handling Time : 1 Day

① 수입자 (Importer) 무역업고유번호 (Trade Business Code) 상호,주소,성명 (Name of Firm, Address, Name of Rep.) (서명 또는 인) (Signature)	⑤ 송하인(Consignor) 상호,주소,성명 (Name of Firm, Address, Name of Rep.)
② 위탁자 (Requester) 사업자등록번호 (Business No.) 상호,주소,성명 (Name of Firm, Address, Name of Rep.) (서명 또는 인) (Signature)	⑥ 금액(Total Amount) ⑦ 결제기간(Period of Payment) ⑧ 가격조건(Terms of Payment)
③ 원산지(Origin)	④ 선적항(Port of Loading)

⑨ HS부호 (HS Code)	⑩ 품명 및 규격 (Description/Size)	⑪ 단위 및 수량 (Unit/Quantity)	⑫ 단 가 (Unit Price)	⑬ 금 액 (Amount)

SAMPLE

⑭ 승인기관 기재란(Remarks to be filled out by an Approval Agency)

⑮ 유효기간(Period of Approval)

▯ 승인번호(Approval No.)

▯ 승인기관 관리번호(No. of an Approval Agency)

▯ 위의 신청사항을 「대외무역법」 제11조제2항 및 동법 시행령 제18조제1항에 따라 승인합니다.
(The undersigned hereby approves the above-mentioned goods in accordance with Article 11(2) of the Foreign Trade Act and Article 18(1) of the Enforcement Decree of the said Act.)

년 월 일

승인권자 (인)

※승인기관이 둘 이상인 경우 ▯ - ▯ 의 기재사항은 이면에 기재하도록 합니다.
※이 서식에 의한 승인과는 별도로 대금결제에 관한 사항에 대하여는 외국환거래법령이 정하는 바에 따라야 합니다.

3 원산지관리

1 원산지관리의 의의

다자간 무역연계체계 강화를 목적으로 출범한 **WTO**는 그 발족에 기하여, 당초 **지역주의**(地域主義, regionalism)[1]는 점진적으로 퇴보할 것이라는 기대와 전망을 표창하였으나, 오히려 이 같은 기대와 전망은 예상과는 달리 현재 전 세계적으로 **자유무역협정**(自由貿易協定, free trade agreement, FTA)의 급속한 확대·심화에 따라 점차 그 의미를 상실해 가고 있는 차제에 있다. **지역주의**의 기본형태로 **FTA**가 널리 확산되고 있는 이유는 **FTA**의 체결국이 동일한 대외관세정책을 취해야 하는 **관세동맹**(關稅同盟, customs union)에 비하여 개별국가의 독립성을 유지·보전할 수 있고 또한 신속한 협상이 가능하고, 필요한 경우 다양한 범위를 대상으로 할 수 있기 때문이다.

현재 체결되고 있는 대부분 **FTA**는 기존의 무역장벽을 철폐하는 것 이외에도 서비스와 투자는 물론 지적재산권·경쟁정책·정부조달 등 경제활동에 관한 다양한 무역규범분야를 포괄하여 체결되고 있을 뿐만 아니라 경우에 따라 전자상거래·노동기준·환경 등의 새로운 분야까지 그 범위를 확대하고 있다.

FTA 범위가 확대되고 있는 원인은 **다자주의**(多者主義, multilateralism)의 발전과 다자 간 무역협상으로 인해 관세수준이 낮아지면서 각국이 여타 분야에로 협력영역을 넓히고 있음에 있다. **FTA** 중심요소는 관세와 수량제한을 제거하고 서비스무역에 관한 **내국민대우**(national treatment)에 기조를 두고 있다. ①**원산지규정**(rules of origin), ②**긴급수입제한조치**(safeguards), ③**반덤핑조치**(measures against anti-dumping), ④**보조금·상계조치**(subsidies and countervailing), ⑤**예외·유보조항**(exception reservation), ⑥**분쟁해결**(dispute resolution) 등이 **FTA**의 주요 골자를 이룬다.

FTA 중심요소 중 **원산지규정**은 무역상 특정물품의 원산지국가를 결정하기 위한 각

1) 국가 간 지리적 인접성·공통된 역사·문화적 배경·경제적 연관성 등 공통된 이해관계가 있는 특정국가가 무역에 관한 자유주의 및 무차별주의 원칙을 적용하려는 동향으로 설명된다.

종 기준과 절차로 설명되는데, 곧 물품생산 및 제조국가로서 원산지를 판정하기 위하여 적용되는 법률·규정 및 관련 행정적 절차 등을 총칭한다. 최근 생산활동이 국가 간 비교우위를 바탕으로 다국 간에 진행되는 생산의 범세계화가 보편화됨에 따라 최종 물품은 물론 각종 부품에 대한 원산지 판정이 복잡해지고 있으며, 그 결과 원산지의 정확한 판정을 위한 규칙 내지 규범의 필요성이 증가하고 있는 추세에 있다. 이에 대부분의 국가에서는 원산지 확인을 위하여 각종 **원산지증명서**(原産地證明書, certificate of origin, C/O)의 제출을 의무화하거나 수출·입 통관 시 관련 서류에 대한 조회를 통해 원산지 확인을 받도록 함으로써 원산지 규정의 실효성 확보에 만전을 기하고 있다. 또한 원산지로 인정받기 위해서는 물품을 해당 국가로부터 수입국에 직접 운송하여야 한다는 원칙을 적용함으로써 제3국의 경유나 보세지역의 통관과정에서 가공공정을 거치는 것을 방지하고도 있다.

결국 그간 각국의 원산지규정은 상이하고 복잡·불명료하며 또한 차별적으로 적용되는 등 일련의 무역장벽으로 작용해 왔다. FTA도 예외는 아니어서 각국별 원산지 판정기준이 상이하고 그 내용 또한 복잡하여 때로는 당해 원산지규정으로 인해 FTA 수출기업이 그 활용을 포기하는 사례도 빈번히 발생하고 있는 차제에 있다.

원산지 판정체계

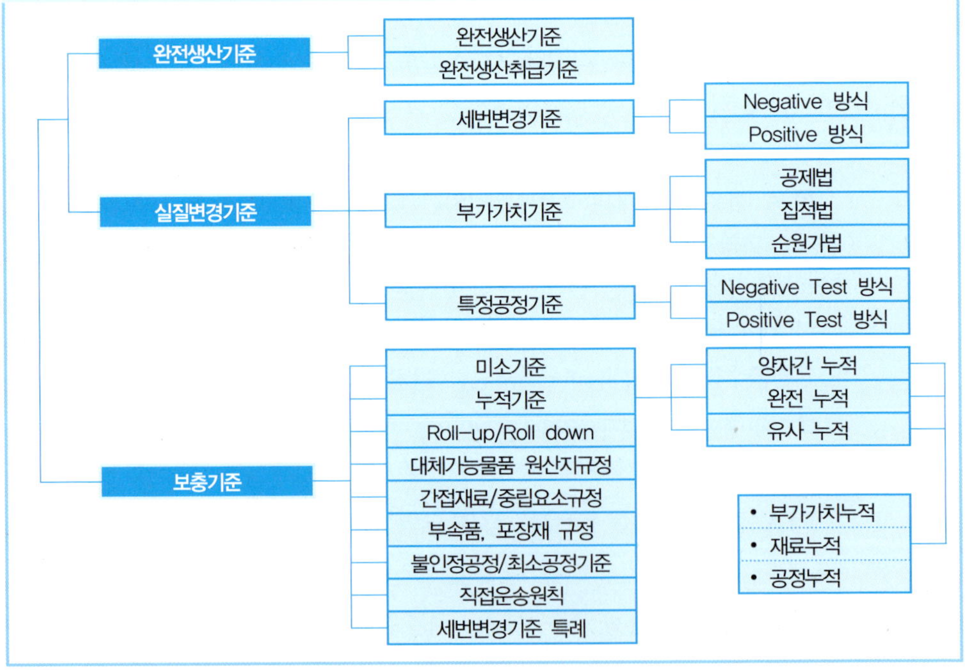

2 원산지 관리규정과 판정기준

1) 원산지 및 원산지규정의 주요 골자

원산지(原産地, origin)란 관세부과・징수・감면, 수출・입 물품의 통관 등에 **특혜무역협정**(preferential trade agreement) 등이 정하는 기준에 따라 물품의 생산・가공・제조 등이 이루어진 것으로 보는 국가연합이나 경제공동체 또는 독립된 관세영역을 포함한 국가를 의미한다. 원산지규정은 물품의 국적인 원산지를 결정하는 기준으로 법령・규칙 등을 말하며, 대다수 국가는 원산지를 판정・확인・표시하는 원산지규정을 운영하고 있음이 통례이다. 이는 적용목적에 따라 ①**특혜원산지규정**(preferential rules of origin)과, ②**비특혜원산지규정**(non-preferential rules of origin)으로 분류된다.

①은 **최혜국대우의 원칙**(most favored nation treatment, MFN)의 적용을 받지 않고 일방적・쌍방적으로 관세상 특혜를 부여하는데 적용되는 원산지 규정을 의미한다. 곧 특정국가 간에 관세상 특혜를 베푸는 자유무역지대 혹은 경제구역의 운영이나 **일반특혜관세제도**(generalized system of preferences, GSP) 등 특정국가군을 대상으로 관세특혜를 부여하는 경우에 적용한다.

②는 **특혜원산지규정** 이외의 것으로, 예컨대 **WTO 통일원산지규정**(harmonized rules of origin, HRO)이 이에 해당되며, 무역정책상 원산지를 일반적으로 식별할 필요가 있는 경우 사용된다. 곧 특정국가로부터 특정제품에 대한 수입제한을 실시할 경우 원산지 식별이 필요하므로 해당정책 운영상 원산지규정이 요구되는데, **반덤핑관세**(anti-dumping duties)・**상계관세**(countervailing duty)・**긴급수입제한조치**(safeguards) 등의 경우 원산지 식별은 물론 제소대상이 된 물품의 유사물품이나 국내산업 존재 여부를 판정하는 기준으로 적용된다. 또한 단순히 무역통계나 수입신고 작성을 위해 원산지규정의 적용을 요구하기도 한다.

2) 원산지 판정기준의 내용

전 세계적으로 각국 기업은 무역자유화 추세에 따라 특정물품을 생산하는데 필요한 원재료 내지 반제품을 여러 국가에서 조달하고 있을 뿐만 아니라 생산공정 역시 특정국에서 전부 수행하지 않고 일부공정을 인접국가 또는 원거리의 저임금 국가에서 수행하고 있는 경향도 증가하고 있다. 이러한 현상은 물품의 원산지를 결정하는데 있어 단일한 기준에 근거하는 것을 어렵게 하는 동인으로 기능한다. 원산지를 결정 시 사용되는 기술요건을 **원산지판정기준**(criteria of the determination of origin)이라 하는데, 일례로 **교토협약**(kyoto convention)과 **WTO 원산지규정에 관한 협정**(agreement on rules of origin)은 **원산지판정기준**으로서 **완전생산기준**과 **완전생산취급기준**을 포함한 **완전생산기준**(wholly produced criterion),[2] **세번변경기준**(negative · positive 방식), **부가가치기준**(value content, ①공제법, ②집적법, ③순원가법) · **특정공정기준**(specific process, negative · positive 방식) 등을 포함한 **실질적 변형기준**(substantial transformation)[3] 등을 제시하고 있다. **보충기준**[4]은 각 기준에 참조된다.

2) 어떤 물품의 생산 또는 가공공정 전부를 한 나라에서 수행되는 경우를 의미하며, 주로 농·수산물이나 광물 등의 1차 산품이 이에 해당된다. 이 경우 완전생산취급물품은 실질적으로는 완전생산이 아니나, 경제통합의 효과를 극대화하기 위하여 완전생산의 인정범위를 확대하여 인정하는 것으로, 예컨대 ①협정 당사국의 선박이 영역 밖의 바다에서 획득한 물품, ②또는 그 물품의 협정 당사국의 선박 내에서 가공하여 생산한 물품, ③협정 당사국의 영역 내에서 회수되고, 재활용 재료로만 사용할 수 있는 중고물품 등이 이에 해당한다.

3) **실질적 변형기준상** ①**세번변경기준**은 HS 코드를 이용하여 사용된 원재료와 상이한 세번의 물품이 생산된 경우 당해 국가를 원산지로 인정하는 기준이다. 이는 세번변경에 불구하고 물품변형을 인정하지 않는 ㉠negative list **방식**과 세번변경이 없음에도 물품변형을 인정하는 ㉡positive list **방식**이 있다. ②**부가가치기준**은 물품 생산과정에 일정수준 이상의 역내가치를 추가시킨 국가를 원산지로 인정하는 기준이다. 물품생산이 2개국 이상에서 생산된 경우 협정 당사국 영역 내에서 일정 수준의 부가가치가 발생하면 역내산으로 인정한다. 세번변경이 실질적 변형을 반영하지 못하거나 제조가공공정기준을 적용하기 어려운 경우에 사용한다. ③**특정공정기준**은 각 물품에 대해 주요한 제조가공공정을 제시하고 당해 공정이 수행된 국가를 원산지로 인정하는 방식을 말한다. **특정공정기준**은 대부분 FTA에서 이는 제한적으로 사용된다.

4) 대부분 **완전생산기준**과 **실질적 변형기준**에 의거하여 원산지를 판정하나, **실질적 변형기준**에서 언급하고 있는 **세번변경기준**, **부가가치기준** 등이 지니고 있는 한계 또는 모순을 보완하기 위해 대부분 FTA 원산지규정에서는 **미소기준**(tolerance rule) · **누적기준**(accumulation) · **흡수규정**(absorption or roll-up) · **대체가능물품 원산지**, **간접재료 원산지** 등 다양한 형태의 **보충적 원산지 기준**을 도입하고 있다. ①**미소기준**은 세번변경기준이 적용되는 물품의 원산지는 물품생산에 사용된 모든 비원산지 원재료 세번이 일정수준 이상 변경되어야 원산지가 인정된다. 그러나 경미한 금액 또는 수량의 비원산지 재료가 세번변경 요건을 충족하지 못하여 협정관세 혜택을 받지 못하는 것은 FTA 효과를 저해할 수 있는 바, 이를 방지하기 위해 경미한 금액 또는 비원산지 재료가 세번변경요건을 충족하지 못하였더라도 원산지기준을 충족한 것으로 취급하여 역내교역 촉진과 원산지규정의 적용 편의를 도모하기 위한 제도를 말한다. ②**누적기준**은 물품의 최종생산자가 자국산이 아닌 FTA 상대국 원재료를 사용하여 물품을 생산한 경우 그 원재료를 국산재료로 취급하여 협정관세혜택을 부여하는 제도이다. ③**흡수규정**은 중간재 원산지결정과 관련이 있는데, 비원산지 재료가 일정한 가공요건을 충족하여 원산지 지위를 획득하고 또 최종제품에 사용되면 해당 재료는 100% 역내산으로 취급하는 방식이다. ④**대체가능물품**이란 물품특성 · 기능 · 구조 등이 본질적으로 동일하여 상업적으로 대체사용이 가능한 물품 또는 재료를 말하는 것으로 범용성 부분품이 이에 해당한다. ⑤**간접재료** 또는 **중립요소**는 물품의 생산 · 시험 또는 검사과정에 사용되지만 당해 물품에 물리적으로 결합되지 않는 물품 또는 물품생산과 관련 건물유지나 설비작동에 사용되는 물품을

3 FTA별 원산지 판정기준의 내용

1) 완전생산기준

한·칠레 FTA와 **한·싱가폴** FTA에서는 순수 역내산 뿐만 아니라 실질적으로 완전 역내산은 아니지만 역내산 인정범위의 확대와 경제통합 효과의 극대화를 위해 완전 역내산으로 취급되는 물품도 예외로 인정하고 있다.[5)]

역내산 수산물의 경우 5개 FTA 모두가 영해 내에서 획득한 것에 대해 선박의 국적 여하를 막론하고 연안국을 원산지로 인정하고 있다. 공해상에서 획득한 수산물이나 선상가공품에 대해서도 자국산 선박이 획득하였다면 원산지를 인정한다. 다만 자국산 선박을 인정하는 기준은 **한·칠레**, **한·싱가폴**, **한·ASEAN**, **한·미** FTA에서는 **기국요건**(vessel flying the flag of a party)과, **등록요건**(vessel registered or re-corded with party)을 동시에 충족할 것을 규정하고 있는데, 달리 **한·EU** FTA에서는 기국요건만을 규정하고 있다.

배타적 경제수역(排他的經濟水域, exclusive economic zone, EEZ)[6)]에서 획득한 수산물의 원산지 판정과 관련해서는 **기국주의**와 **연안국주의**가 공히 적용되는데, 예컨대 **한·싱가포르**와 **한·EU** FTA에서는 **기국주의**를, **한·칠레** 와 **한·미** FTA에서는 **연안국주의**를 채택하고 있다.

말한다. **간접재료 원산지** 결정방법은 2가지로 대별되는데, 하나는 생산국에 관계없이 원산지 물품으로 취급하여 부가가치기준 품목의 경우 부가가치요건 충족을 용이하게 하고, 세번변경기준 품목의 경우 간접재료에 대한 세번변경 여부 확인절차를 생략할 수 있도록 하는 방법이다. 다른 하나는 중립요소의 의미와 같이 이들 간접재료 또는 중립요소의 가격은 물품의 원산지결정시 고려하지 않도록 하는 방법이다.

5) **한·칠레** FTA 완전 역내산 취급물품은, ①자국 선박이 역외의 바다에서 획득한 물품 또는 그 물품을 역내국 선박에서 가공·생산품, ②해저탐사권을 가진 자국인이 역외의 해저에서 채취한 물품, ③역내의 국가 또는 자국인이 우주에서 취득한 물품, ④역내 생산과정에서 발생한 폐기물과 부산물, ⑤역내에서 회수되고 재활용 재료로만 사용할 수 있는 중고물품, ⑥전적으로 상기 물품을 사용하여 역내에서 생산한 물품 등이다.

6) 자국 연안으로부터 200해리(≒370km)까지 수역에 대해 천연자원의 탐사·개발·보존, 해양환경보존과 과학적 조사활동 등 모든 주권적 권리를 인정하는 UN 해양법상 개념이다. 1994년 12월 발효된 UN 해양법협약은, ①어업자원 및 해저 광물자원, ②해수·풍수를 이용한 에너지 생산권, ③에너지 탐사권, ④해양과학조사 및 관할권, ⑤해양환경보호에 관한 관할권 등에 대해 연안국의 배타적 권리를 인정하고 있다. 타국 어선이 EEZ 안에서 조업을 하기 위해서는 연안국 허가를 받아야 하며, 이를 위반했을 때는 나포되어 처벌을 받는다.

FTA 원산지규정의 완전생산기준 비교

<table>
<tr><th>구 분</th><th>완전생산기준</th><th>자국선박요건</th><th>영해의 범위</th></tr>
<tr><td>한·칠레</td><td rowspan="2">완전생산기준
완전생산취급기준</td><td rowspan="2">기국요건
등록요건</td><td>칠레 EEZ포함(한국 불포함)</td></tr>
<tr><td>한·싱가폴</td><td rowspan="4">EEZ 불포함</td></tr>
<tr><td>한·EFTA</td><td rowspan="3">완전생산기준</td><td>기국요건</td></tr>
<tr><td>한·ASEAN</td><td rowspan="2">기국요건
등록요건</td></tr>
<tr><td>한·미</td></tr>
</table>

2) 실질변경기준

(1) 부가가치기준

한·칠레, **한·싱가폴**, **한·ASEAN**, **한·미** FTA는 **DC**[7]를 **부가가치기준**으로 사용하고 있으나, **한·EU** FTA에서는 **MC**[8]만을 인정하고 있다. 그러나 가치인정수준은 30%에서 60% 이상에 이르기까지 FTA별로 다양하다. 여기서 **한·싱가폴** FTA에서는 **공제법**만을 그 밖의 FTA에서는 **집적법**을 선택적으로 사용하고 있다. 부가가치의 일정비율도 계산법에 따라 기준가격이 달라지는데, 현재 비원산지 재료에 대해서 **한·칠레**, **한·싱가폴**, **한·미** FTA에서는 FOB로 산정하고 있고, **한·EU** FTA는 EXW를 채택하고 있다.

원재료를 수입하여 역내에서 추가가공을 거친 반제품을 사용하여 최종제품을 생산하는 경우로서 반제품의 가격을 역내산으로 인정받지 못할 경우 **한·칠레**, **한·싱가폴**, **한·ASEAN**, **한·미** FTA에서는 반제품 전체를 비원산지 재료가격에 포함시키도록 규정하고 있다. 이 경우 추가가공에 소요된 국내산 재료비는 공제할 수 있다. 반면에 **한·EU** FTA에서는 이와 관련한 명확한 규정이 없으나, 국산재료비 조차 공제할 수 없다고 보는 것이 일반적인 해석이다.

7) 원산지 결정에 요구되는 **국내부가가치**(domestic value-added) 또는 **누적기준**(cumulation)이 적용될 경우 **역내부가가치**(regional value-added)의 최소비율을 정하는 방식이다.

8) 물품이 원산지 지위를 부여받는데 허용되는 수입부품 및 재료의 금액이나 수량에 관한 상한을 부과하는 방식이다.

●●● FTA별 부가가치 기준의 차이점

구 분		한·칠레	한·싱가폴	한·EU	한·ASEAN	한·미
제품기준가격		FOB		EXW	FOB	
부가가치 산정공식		공제법 직접법선택	공제법	MC 방식	공제법 직접법 선택	
부가가치 비율	역외산가치	55, 70% 미만	–			
	역내산가치	45, 30% 이상	55%, 55% 이상	30 – 60%	40% 이상	35% 이상
역내추가 가공품	원산지인정	100% 인정				
	원산지불인정	국산재료비 공제				

(2) 특정공정기준

특정공정기준에는 일정한 제조나 공정이 있어야만 원산지를 부여받을 수 있는 **positive test** 방식과 일정한 제조나 공정에 대해서는 원산지를 부여하지 않는 **negative test** 방식이 있다. 한·칠레, 한·싱가폴 FTA는 **positive**와 **negative test** 방식 모두를, 한·**EU** FTA와 한–**ASEAN**은 **positive test** 방식만을 채택하고 있다.

우리나라가 체결한 FTA **특정공정기준** 적용물품은 **직물제품**(HS50~60류)에 한하여 한·**EU** FTA는 염색공정이나 날염공정을 거친 제품에 원산지를 인정하고 있다. 의류제품(HS61~62류)의 경우 **한·싱가폴**, 한·**EU** FTA는 재단과 봉제공정을 거친 물품에 대하여는 원단의 원산지와 관계없이 원산지로 인정하고 있는데 반하여, 한·**ASEAN**과 한·미 FTA는 일반적으로 규정하지 않고 **품목별 원산지규정**(product specific rule, PSR)에서 이를 개별적으로 규정하고 있다.

3) 원산지 보충규정

(1) 미소기준

미소기준은 세번변경기준 적용에 있어 최대비율을 산정하여 이를 초과하지 않는 범위 내에서 비원산지 재료를 허용하는 것을 의미한다. 따라서 원산지에 영향을 미치지 않고 사용되는, 즉 누적기준 혜택을 받지 못하는 나라에서 수입된 재료에 적용되는 기준이다. 일반품목의 경우 **한·칠레**는 FOB 기준 8% 미만을, 나머지 4개 FTA는 10% 미만을 채택하고 있다.

FTA별 최소허용기준

<table>
<tr><th colspan="2">구 분</th><th>한·칠레</th><th>한·싱가폴</th><th>한·EU</th><th>한·ASEAN</th><th>한·미</th></tr>
<tr><td colspan="2">일반물품(가격기준)</td><td>8% 미만
(FOB)</td><td>10% 미만
(FOB)</td><td>10% 미만
(EXW)</td><td>10% 미만
(FOB)</td><td>10% 미만
(조정가치)</td></tr>
<tr><td colspan="2">섬유제품(중량기준)
(제50류~제63류)</td><td>8% 미만</td><td>8% 미만</td><td colspan="2">10% 미만</td><td>7% 미만</td></tr>
<tr><td rowspan="2">농수산물</td><td>기초농산물
(제1류~제14류)</td><td rowspan="2">8%+CTSH</td><td>적용제외</td><td>10%+CTSH</td><td rowspan="2">10% 미만
(FOB)</td><td rowspan="2">일부 농산물
미소기준
적용제외
합의</td></tr>
<tr><td>가공농산물
(제15류~제24류)</td><td colspan="2">10%+CTSH</td></tr>
</table>

(2) 누적기준

현재 우리나라가 체결한 모든 FTA는 **누적기준** 중 **양자 간 누적**만을 적용하고 있는데, 다만 **한·EU** FTA는 4개국으로 구성된 EFTA 특성을 고려하여 역내국간 누적에 대한 특례를 수용하고 있다. 또한 우리나라가 체결한 모든 FTA에서는 **부가가치누적·재료누적·공정누적**이 모두 허용된다.

(3) Roll-up 원칙

우리나라가 체결한 모든 FTA는 **Roll-down** 원칙은 적용하지 않고 **Roll-up** 원칙만 적용하고 있다. 다만 **한·칠레**와 **한·싱가폴** 및 **한·ASEAN**에서는 중간재에, **한·미** FTA는 자가생산품에 대해 적용하고 있으며, **한·EU**에서는 명시적인 규정은 없으나 실질적으로는 **Roll-up** 원칙을 적용하는 것으로 이해되고 있음이 통례이다.

(4) 불인정공정기준

한·칠레, **한·싱가폴**, **한·EU**, **한·ASEAN**은 불인정공정기준을 적용하고 있으나, 불인정공정기준의 구체적 정도와 유형은 FTA별로 차이가 있다. 반면 **한·미**

FTA는 **불인정공정기준**에 대해 별도로 명시하지 않고 있다. 불인정공정기준은 한·ASEAN과 한·미 FTA에서는 **열거방식**(exhaustive list)으로, 한·싱가폴과 한·칠레 FTA는 **예시방식**(illustrative list)으로 규정하고 있는 실정이다.

(5) 부속품 · 예비부분품 · 공구 등과 포장재료의 원산지

우리나라가 체결한 주요 FTA에서는 부속품·예비부분품·공구 등은 본 제품과 같이 수입되어 판매되고 그 종류 및 수량으로 보아 통상적으로 인정받을 수 있으면 본 제품의 원산지 기준을 따르도록 규정하고 있다. 다만 부속품 등을 별도로 수입하거나 통상 인정되는 수량보다 많은 경우에는 적용되지 아니한다.

한·칠레, 한·싱가폴, 한·ASEAN, 한·미 FTA에서는 부속품 등의 원산지 기준과 관련하여 본 물품에 **세번변경기준**이 적용되면 본 물품의 원산지를 따르고, **부가가치기준**이 적용되면 부가가치율 계산에 포함하도록 규정하고 있다. 그러나 한·EU FTA는 전체적으로 본 물품의 원산지를 따른다고 규정한다.

운송용 포장재료나 포장류에 한·칠레, 한·싱가폴, 한·ASEAN, 한·미 FTA는 원산지기준을 고려하지 않는다고 규정하고 있으나, 한·EU는 명시규정은 없으나 운송용 포장재료나 포장류는 원산지기준 판정 시 고려하지 않고 있다.

소매용 포장재료나 포장류의 경우 한·칠레, 한·싱가폴, 한·ASEAN, 한·미 FTA는 본 물품이 **세번변경기준**을 준수할 경우 원산지 고려에서 제외하나, 본 물품이 **부가가치기준**을 따를 경우 부가가치율 계산에 포함하도록 하고 있다. 운송용 포장재료 경우처럼 한·EU FTA는 자체 규정을 두고 있지 않으나, 본 물품이 부가가치기준을 따를 경우 부가가치율 계산에 포함할 수 있다.

FTA별 부속품, 예비부분품, 공구 등의 원산지 기준 비교

구 분	한·칠레	한·싱가폴	한·EU	한·ASEAN	한·미
부속품 예비품·공구	제품의 원산지				세번변경기준 : 제품의 원산지 부가가치기준 : 원산지결정시
포장용품 포장용기	제품의 원산지		명시규정 없음	제품의 원산지	소매용포장재 • 세번변경기준 : 제품의 원산지 • 부가가치기준 : 원산지결정시 • 수송용포장재 : 제품의 원산지

(6) 대체가능물품

물품이 원산지 물품인지 결정하기 위하여 원산지가 다르더라도 물품의 본질적 특성·기능·구조 등이 동일하여 상업적으로 대체사용이 가능한 물품 또는 재료는 다른 원산지 기준에 불구하고 생산회사 **재고관리법**(inventory control)에 따라 원산지 결정이 가능하며 **한·칠레, 한·EU, 한·ASEAN**, 한·미 FTA는 **대체가능물품**과 재료에 대한 규정을 도입하고 있다.

(7) 간접재료 또는 중립요소

간접재료나 **중립요소** 원산지 결정방법으로, ①간접재료 생산지역에 관계없이 원산지 재료로 취급하는 방법과, ②**간접재료**와 **중립요소**를 원산지 결정시 고려하지 않는 2가지가 있다. ①은 **한·칠레** FTA에 적용되며, ②는 **한·싱가폴, 한·ASEAN, 한·EU**, 한·미 FTA에 적용된다.

4) 역외가공인정

역외가공인정에는 역외가공에 대한 품목제한 없이 모든 물품에 대해 인정하는 일

FTA별 역외가공인정 비교

<table>
<tr><th colspan="2">구 분</th><th>한·칠레</th><th>한·싱가폴</th><th>한·EFTA</th><th>한·ASEAN</th><th>한·미</th></tr>
<tr><td colspan="2">일반적 역외가공</td><td rowspan="6">없음</td><td>없음</td><td>역외가공비용 10% 이하</td><td>없음</td><td>없음</td></tr>
<tr><td rowspan="5">제한적 역외가공</td><td>물품요건</td><td>비원산지 40% 이하
원산지가격 45% 이상</td><td>비원산지 40% 이하
원산지가격 60%이상</td><td>역외 재료비율 40% 이하
역내 재료비율 60% 이상</td><td rowspan="5">OPZ 규정</td></tr>
<tr><td>대상품목</td><td>134개 품목
(HS 10단위 기준)</td><td>267개 품목
(HS 6단위 기준)</td><td>232개 품목
(HS 6단위 기준)
각 회원국별 100개</td></tr>
<tr><td>인적요건</td><td>원재료수출자, 역외 재수입자 동일</td><td colspan="2">없음</td></tr>
<tr><td>대상지역</td><td colspan="3">제한 없음</td></tr>
<tr><td>인정요건</td><td colspan="3">협정상 원산지 충족요건·직접운송</td></tr>
</table>

반적 역외가공기준과 HS 6단위 또는 10단위 기준으로 일부 품목에만 인정하는 제한적 역외가공기준으로 구분할 수 있는데, 한 · EU FTA는 양 기준을 모두 적용하고 있고, 한 · 싱가폴, 한 · ASEAN은 제한적 역외가공기준을 채택하고 있다.

한 · EU FTA가 규정하고 있는 일반적 역외가공기준은 역외가공비율이 10% 이하에 불과한 경우 인정되며, 한 · 싱가폴, 한 · EU, 한 · ASEAN FTA가 채택하고 있는 제한적 역외가공기준은 물품요건 · 대상품목 · 인적요건 · 대상지역 · 인정요건 등이 각각 상이하다. 반면 한 · 미 FTA는 역외가공지역(outward processing zone, OPZ)을 지정할 수 있는 근거를 협정문에 명시하고 있다.

4 FTA 원산지증명제도와 발급절차

1) 원산지증명제도

현행 자유무역협정의 이행을 위한 관세법의 특례에 관한 법률 제2조 제5호에서는 원산지증빙서류를 수출 · 입 물품의 원산지를 입증할 수 있는 것으로서 작성자 · 기재사항 · 유효기간 등 대통령령이 정하는 요건을 갖춘 서류로 규정하고 있는데, 이 경우 원산지증빙서류는 원산지증명서와 그 내용을 확인하기 위하여 필요한 서류인 원산지확인서류로 구분된다.

원산지증명의 발급방법은, ①원산지증명 기관발급과, ②수출자 자율발급으로 구분되

원산지증명제도의 장 · 단점 비교

구 분	원산지 자율증명제	원산지 기관증명제
장점	• 발급절차 신속 · 편리 및 발급비용 절감 • 통관절차 간소화 및 자율책임가능	• 공신력이 높음 • 우회수입 방지
단점	• 허위증명 가능성이 높음	• 수출신고와 증명서 발급절차 중복 • 절차복잡, 시간 및 비용 증가
사례	• 한 · 칠레, 한 · EU, 한 · 미	• 한 · 싱가폴, 한-ASEAN
외국사례	• NAFTA, 미 · 싱가폴, 미 · 호주, 캐나다 · 칠레	• ASEAN, 일본 · 멕시코, EU · 칠레

는데, ①은 협정이 정하는 방법과 절차에 따라 원산지국가의 세관 또는 상공회의소 등 발급권한이 있는 기관이 당해 물품에 대하여 원산지를 확인하여 원산지증명서를 발급하는 방법이다. ②는 협정이 정하는 방법과 절차에 따라 수출자가 자율적으로 당해 물품에 대하여 원산지를 확인하여 원산지증명서를 작성하고 서명하는 방법이다. 여기에는 **상업송장**(I/V)에 수출자가 원산지를 기재하는 방식을 포함한다.

한편 원산지증명서 유효요건은 각 협정에서 개별적으로 규정한 경우를 제외하고 원산지증명서의 기재사항·기재방법·유효기간 등을 주요 골자로 두고 있는데, 그 내용은 당해 물품의 수출자·품명·수량·원산지 등 기획재정부령이 정하는 사항이 기재되어 있어야 하며, 원산지증명서 작성대장을 비치 발급내역이 관리되고, 원산지증명서에 서명할 자가 지정되어 있으며, 그 서명할 자가 서명하여 발급해야 한다. 당해 증명서는 발급일로부터 1년이 경과하지 아니하여야 한다. 이 경우 원산지증명서 발급기관의 의무사항으로 증명서발급기관이 된 날로부터 10일 이내 ①증명서발급기관의 ㉠명칭·㉡주소·㉢전화번호·㉣모사전송번호, ②원산지증명서 발급을 담당하는 자의 ㉠소속·㉡직위·㉢성명·㉣서명견본, ③원산지증명서에 날인하는 증명서발급기관의 인장의 견본 등을 관세청장에게 통보하여야 하며, 통보한 내용이 변경된 때에도 이에 준한다.

또한 ④원산지증명발급기관은 원산지증명서 발급대장에 ㉠발급번호·㉡발급일자·㉢원산지증명서 발급신청자·㉣수출신고의 번호 및 수리일자·㉤품명·㉥품목번호(HS 6단위 품목번호)·㉦수량·㉧금액·㉨원산지·㉩수출자[생산자] 또는 공급자, ㉪수입자·㉫수입국명·㉬당해 물품에 적용된 협정의 명칭·㉭원산지결정기준 등 각 호의 사항을 기재·관리하여야 한다. 기재관리에 대한 보관의무는 5년이다.

FTA 협정별 원산지증명서 방식

구 분	증명방식	증명주체	증명방법	유효기간
한·칠레	자율증명	수출자	양국 간 통일증명방식	2년
한·싱가폴	기관증명	• 싱가폴 : 세관 • 한 국 : 세관, 상공회의소 등	양국 간 각자증명방식	1년
한·EFTA	자율증명	수출자	상업송장에 기재방식	1년
한·ASEAN	기관증명	• ASEAN : 각국 정부기관 • 한 국 : 세관, 상공회의소	협정규정양식	6월
한·미	자율증명	생산자·수출자·수입자	정형화된 양식 없음	4년

2) 원산지증명서 발급절차

원산지증명서 발급절차에 대한 주요 골자는 다음과 같다. ①원산지증명서 발급신청자의 경우 **한·싱가폴** FTA 협정은 원산지증명서를 발급을 신청할 수 있는 자는 수출자 및 수출자로부터 권한을 서면으로 위임받은 자가 된다. 기관발급 원산지증명서는 신청자의 신청이 있는 경우에 한하여 발급할 수 있다.

②원산지증명서 발급신청은 ㉠**사전발급신청**과, ㉡**사후발급신청**으로 구분되는데, ㉠은 원산지증명서 발급신청자는 수출품의 선적이 완료되기 전까지 관세청장이 정하는 원산지증명서 발급신청서에 법정 요구서류를 첨부하여 증명서 발급기관에 제출하여야 한다. 그러나 원산지인증 수출자의 경우 원산지증명서 발급신청서를 제외한 나머지 제출을 생략할 수 있다.[9)]

㉡은 수출자의 과실·착오(錯誤, error) 그 밖에 부득이한 사유로 수출품 선적완료 전까지 원산지증명서 발급을 신청하지 못한 경우 수출품 선적일로부터 1년 이내 원산지증명서 발급을 신청할 수 있다. 이 경우 신청자는 사전발급신청서류 이외에 수출품의 선적일로부터 30일 이내 신청하는 경우를 제외하고, 사유서, 선하증권사본 또는 수출품 선적사실을 입증할 수 있는 서류 등을 제출해야 한다.

③현지확인사항으로 증명서 발급기관은 ㉠국내 생산시설이 없는 자가 원산지증명서 발급을 최초로 신청한 경우, ㉡해당 물품을 직접 생산하지 아니하는 자가 원산지증명서 발급을 최초로 신청한 경우, ㉢원산지증명서 신청 오류빈도·협정 및 법령 등의 준수도, 생산공장의 유무, 제조공정 및 물품 생산특성 등을 고려하여 관세청장이 정한 현지확인기준에 해당하는 자가 신청하는 경우, ㉣부정한 방법으로 원산지증명서의 발급을 신청한 것으로 의심되는 경우, ㉤체약상대국의 관세당국으로부터 원산지 조사를 요청받은 수출자 또는 생산자가 신청한 경우, ㉥그 밖에 신청자가 제출한 서류만으로 원산지 확인이 곤란하다고 인정하는 경우 등의 어느 하나에 해당하는 경우 원산지증명서를 발급하기 위하여 관세청장이 정하는 바에 따라 신청인의 주소·상거소·공장 또는 영업소를 방문하여 원산지의 적정여부를 확인 할 수 있다.

④원산지발급 기간에 관하여 원산지증명서 발급기관은 원산지증명서 발급 신청을

9) 이 경우 제출서류는, ①수출신고필증사본 또는 이에 갈음하는 다음 서류로서 ㉠자유무역지역 물품의 경우 국외반출신고서 사본, ㉡우편물·탁송품 및 별송품의 경우 영수증 내지 선하증권 사본 또는 그 밖에 체약상대국으로 수출하였거나 수출할 것임을 나타내는 서류, ②상업송장 또는 계약서, ③생산자와 수출자가 다른 경우 생산자가 해당 물품의 원산지를 확인하여 작성한 후 수출자에게 제출한 원산지확인서, ④원산지소명서, ⑤원산지소명서에 기재된 내용을 입증할 수 있는 원산지확인서류 등이다.

받은 때는 현지확인이 필요한 경우 공휴일·토요일·근로자의 날을 제외하고 10일 이내, 그 밖의 경우 3일 이내에 원산지증명서를 발급하여야 한다.

⑤수출용 원재료 원산지 확인의 경우 수출품 생산에 사용되는 재료를 생산하거나 공급하는 생산자는 수출자 또는 생산자 요청이 있는 경우 수출용 원재료 원산지확인서를 작성하여 제공할 수 있고, 달리 수출품 생산에 사용되는 재료를 동일한 수출자 또는 생산자에게 장기간 계속·반복적으로 공급하는 경우 원재료원산지포괄확인서를 사용할 수 있다.

⑥원산지인증 수출자로 지정된 경우 원산지증명서 발급신청서를 제외한 그 밖의 서류의 제출과 원산지의 확인절차를 생략할 수 있는데, 원산지인증 수출자의 요건은 원산지결정기준을 충족하는 물품을 생산하거나 수출하여야 하며, 원산지증명서 작성대장을 비치하고 원산지관리 전담자를 지정하여야 하고, 최근 2년간 관세법령에 따른 처벌을 받거나 허위·부정한 방법으로 원산지증명서를 발급 받은 사실이 없어야 한다. 이 경우 지정절차는 세관장에게 ㉠원산지인증 수출자 인증(연장)신청서, ㉡원산지인증 신청품목별 원산지소명서, ㉢생산자와 수출자가 다른 경우 원산지확인서, ㉣원산지소명서에 기재된 내용을 입증할 수 있는 원산지확인서류 등을 제출하면, 세관장은 20일 이내 인증여부를 통보하여야 한다. 인증기간은 3년이며 추가 3년간 연장이 가능하다.

⑦수출품에 대한 원산지 자율증명 절차로써 수출자가 원산지증명서를 자율발급하는 경우 당해 물품 생산자가 따로 있는 경우 원산지확인서 또는 원산지소명서를 근거로 원산지증명서를 작성할 수 있다. 이 경우 수출자는 원산지증명서 작성대장에 작성번호·작성일자·수출신고의 번호 및 수리일자·품명·품목번호·수량·금액·원산지·생산자 또는 공급자·수입자·수입국명·당해 물품에 적용된 협정 명칭 및 원산지결정기준 등의 사항을 기재·관리해야 한다.

원재료 원산지확인서의 흐름

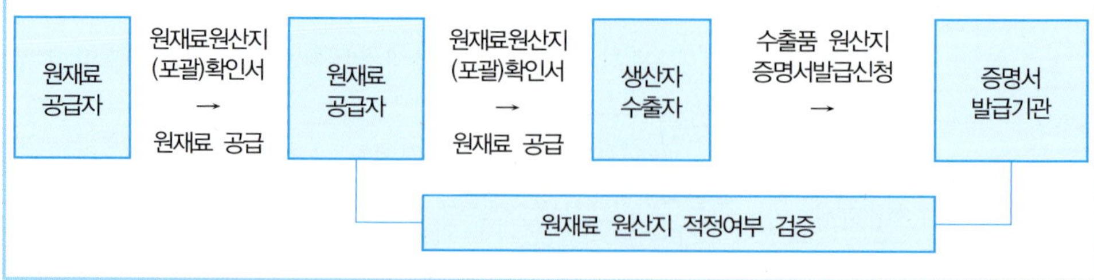

5 uTradeHub에서 FTA 원산지관리시스템

1) FTA 원산지관리시스템 개발요건

FTA 원산지 결정은 **완전생산기준**이 적용되는 1차 산품인 경우 원산지 판단이 용이하나, 제조업체에서 생산하는 물품인 경우 많은 예외사항과 보충기준이 적용되어야 하고, 품목별 적용규정에 따라 투입된 원재료의 원산지 결정뿐만 아니라 각 기업별로 채택하고 있는 회계기준상 제조원가 3요소와 제조간접비까지 포함하여 원산지를 판단하여야 한다.

이러한 상황에서 현재 각 FTA별로 원산지 판정기준이 상이하고 복잡하여 많은 기업들이 FTA 원산지규정을 제대로 이해하고 있지 못하거나 발급절차의 복잡으로 FTA를 활용하지 못하는 기업이 의외로 많은 상황이다. 이는 FTA 기업이 용이하게 사용가능한 원산지관리시스템을 **싱글윈도우**(single window) 기반 **uTradeHub**에 구축하는 것이 매우 시급하고도 긴요한 상황임을 함의한다.

2) FTA 원산지관리시스템 구축내용

FTA 원산지관리시스템은 **uTradeHub**상 FTA 포탈을 구축, 그 내부에 다음과 같

원산지관리 플랫폼과 솔루션의 연계

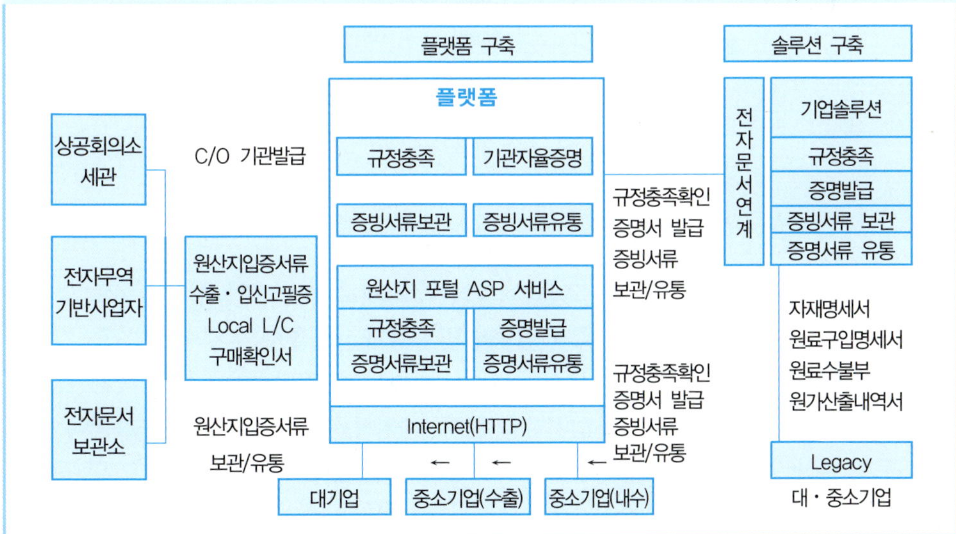

은 기반시스템이 마련되어 있으나, 현재 기업의 **전사적 자원관리**(enterprise resource planning, ERP) 및 **uTradeHub**와 연계가 가능한, 이를테면 **기업체 FTA 솔루션**을 개발하고 각 기업에 이를 보급하는 사업의 병행이 요구된다.

e-C/O 원산지관리 플랫폼 구축의 기본 골격은 크게 원산지 입증서류의 문서정의 및 표준화와 원산지 판정 프로세스 구현으로 대별할 수 있는데, 이는 FTA 원산지 판정 데이터베이스 및 자가판정관리, 입증서류의 중계, uTradeHub 및 전자무역보관소와의 연계, 외부기관 및 사용자 시스템 인터페이스 등의 기능을 수행할 수 있어야 한다. 곧 이러한 원산지관리 플랫폼은 **ERP**와 연계되어 회계정보 및 무역문서와 원산지관리 플랫폼의 D/B를 활용한 원산지충족정보 관리기능과 입증서류 관리・유통, 증명발급관리・보관 등 기능을 가진 원산지관리 솔루션이 연계되어야 한다.

FTA 원산지 판정을 위한 요소 구분

- 원재료의 원산지
- 생산공정

※ 원산지증명서 발급방식

발급주체	기관발급	자율발급
내용	상공회의소, 세관발급	수출자발급, 입증서류보관
FTA 체결국	싱가폴, ASEAN, 인도	칠레, 미국, EFTA, EU
발급비중	40%	60%

- 제조원가
  - 재료비: 주재료, 보조재료
  - 노무비: 급여(공장 사무원), 임금(작업자), 상여수당 등
  - 경비: 외주가공비, 전기료, 수도료, 통신비, 감가상각비 등
- 비제조원가
  - 판매비: 급여(영업직), 전기료, 통신비, 감가상각비, 광고료 등
  - 관리비: 급여(영업직), 전기료, 통신비, 감가상각비, 광고료 등

(1) FTA 이행 업무단계별 시스템화 전략

FTA 이행단계별 시스템화 전략은 4가지로 대별 가능한데, 주요 골자는 ①FTA 체결 대상국별・품목별 FTA 활용방법・절차・세율사후 검증방법 등 자가진단을 통한 원산지규정 충족 관리시스템 확립, ②원산지 증명발급・부속문서(원산지확인서・수출신고필증・상업송장・공정내역서・원재료내역서・부품구입증명서 등) 관리시스템 설계, ③원산지확인서 제출에 대한 각 협정별 검증절차, 증명서류 대응 및 각 원산지 기준, 예컨대 **부가가치기준**은 관세지식・원가회계・전자기술 등을 결합한 통합시스템 구

축, ④원산지증명 검증요구 시 당해 증명서와 부가서류 제출에 대한 시스템과 기업간 상거래 문서(수출용 원재료 원산지확인서 · 부품업체의 부품구입증명서 · 거래명세서 등)에 관한 유통시스템 구축 등이다. 아울러 기존 정보시스템 재활용 및 개발경험의 활용극대화 또한 요구되는데, 여기에는 **uTradeHub** 기반 인프라 활용을 고려할 수 있다. 이는 기존자원 및 인프라를 최대한 활용하되 시너지 효과창출을 위한 신규 구축시스템과의 유기적 기능을 담보해야 한다.

FTA 이행 업무단계별 시스템화 전략 요약

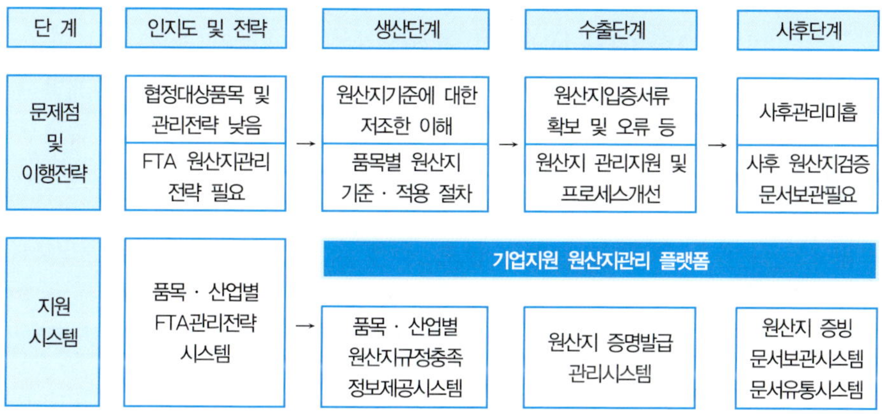

(2) 자가 판정시스템

수출업체가 각 판정기준에 따라 원재료 · 제조원가 · 제조공정 등의 데이터를 직접 입력하여 국내산으로 인정가능 여부를 시뮬레이션 할 수 있도록 하여야 하며, 특히 원재료 수입국가를 FTA 누적기준 적용지역으로 변경할 경우 현재 원산지 판정결과를 비교할 수 있도록 하여 별도의 FTA 컨설팅이 없이도 기업체가 원재료 수입지역의 변경 등을 결정할 수 있는 지원시스템을 구축하여야 한다.

(3) 원산지 자율발급관리 및 문서보관 기능

기업이 FTA 원산지증명서를 자율발급하는 한 · 칠레, 한 · EU, 한 · 미 FTA에 규정에 맞게 발급시스템과 발급내용 및 관련 서류를 전자무역문서보관소에 각 FTA 별로 정한 기간까지 보관할 수 있도록 하는 시스템 구축이 요구된다.

(4) FTA 원산지증명 관련 문서의 유통 및 유관기관 연계

원재료 공급업체가 수출자에게 제공하는 원재료원산지증명서를 전자적으로 전달하는 체계와 기업체가 FTA 원산지증명서의 발급요청을 uTradeHub를 통해 발급기관인 관세청·대한상공회의소 등에 전달하고 발급기관으로부터 FTA 원산지증명서를 **uTradeHub**를 통해 전자적으로 전달 받을 수 있는 시스템의 구축이 필요하다.

(5) 연계가 가능한 솔루션의 개발 및 보급

기업체의 회계시스템 및 수출·입 시스템과 연계하여 원산지를 판정 및 관리할 수 있고, 또한 **uTradeHub**와 연계를 통해 원재료원산지증명서 및 FTA 원산지증명서의 발급신청 및 발급결과를 수신할 수 있는 FTA 솔루션을 개발하고 이를 각 수출업체에게 공급하여 기업체가 FTA 제도를 적극 이용하여 수출을 증가시킬 수 있도록 하여야 한다.

Single Window 기반 uTradeHub 시스템 모델

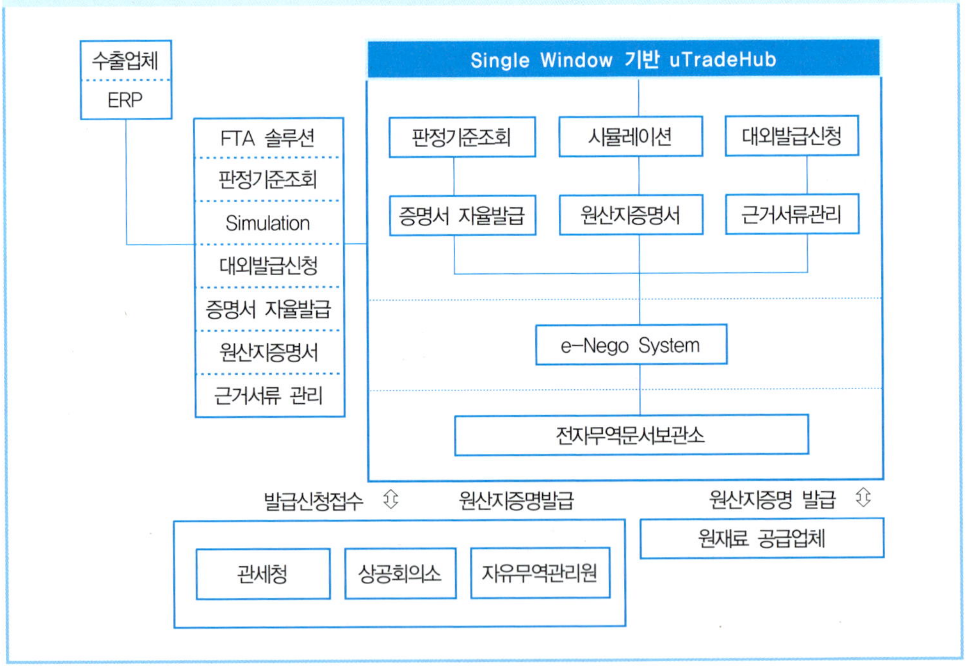

3) uTradeHub의 FTA 원산지관리 서비스

uTradeHub상 원산지관리 서비스는, ①업종이나 업체규모에 상관없이 범용적 이용이 가능하고, ②인터넷 기반 서비스로 별도 설치작업이 없을 뿐만 아니라 초기 구축비용 및 운영상의 유지보수비용을 절감할 수 있으며, ③기존 ERP 보유업체의 경우 기준정보 연계모듈을 지원하고 있다.

주요 서비스의 내용에는, ①원산지판정 관리서비스, ②원산지증명서 발급·유통·보관 서비스, ③사후검증 대비용 자료보관 서비스 등이며, **uTradeHub**상 원산지관리 서비스의 특징으로는, ①전자문서 유통방식으로 외부시스템과의 자료교환이 용이하고, ②여러 거래업체와의 편리한 원산지정보 수취관리가 가능하며, ③인터넷기반 시스템으로 구축비용과 운영 및 유지보수비 절감할 수 있을 뿐만 아니라 ④영업비밀 노출로부터의 안전 및 높은 수준의 시스템 안전성을 제공하고 있다는 점 등으로 요약할 수 있다.

원산지관리 서비스의 내용

FTA 정보조회 시뮬레이션	협정별·지역별 원산지 정보 조회
	FTA 규정관리·HS 조회
기준정보 관리	회사·사용자·권한관리
	품목관리·구매업체관리·판매업체관리·제조공정관리
판정관리	원재료수불부·제품수불부·제품별 원산지 판정대상
	제품별 원산지 판정·원산지소명서·제품원가소명내역서
전자문서 송·수신	증명서 출력·발급
	원산지확인서·원산지소명서·제품원가산출내역서
사후관리	서명권자대장·확인서 수취사항·발급문서별 이력관리 등

[부록]

무역상무의 이해와 활용을 위한 필수 법률용어

각하(却下, dismissal)

소송법상으로는 당사자의 소송 또는 소송절차상의 신청에 대하여 법원에서 부적법을 이유로 배척하는 재판을 가리킨다. 본안재판이 아닌 형식재판 또는 소송재판으로서, 소송요건의 흠결이나 부적법 등을 이유로 본안심리를 거절하는 재판이며, 본안심리 후 그 청구에 이유가 없다고 청구를 배척하는 기각과 구별된다. '각하'에 대하여는 부적법의 원인이 된 흠결을 보정하여 다시 신청할 수 있으나, '기각'에 대하여는 보정이 있을 수 없고 상소로써만 다툴 수 있다.

간이인도(簡易引渡, summary delivery)

'간이인도'는 목적물의 양수인 또는 대리인이 이미 현실적으로 물건을 소지·점유하고 있을 경우 별도의 인도절차가 필요 없으므로 당사자의 의사표시만으로써 인도의 효과를 생기게 하는 제도이다. 곧 양수인이 이미 물건을 점유하고 있는 경우 점유권을 이전하는 편법의 일종이다. 예컨대 A 자동차를 임대한 B가 A의 자동차를 매수하는 경우 일단 A에게 되돌려 주었다가 다시 A로부터 인도를 받는다는 것은 번잡한 수고만 더하기 때문에 실제로 물건이동을 하지 않고 A와 B의 합의만으로 인도를 끝내는 간편한 인도방법이다.

간접점유(間接占有, indirect possession)

예컨대 전세권·임대차·지상권·사용대차·질권등과 같이 일정한 법률관계가 있어 타인에게 물건의 점유만을 이전하였을 때 본래 점유권을 행사하던 자의 점유를 '간접점유'라 한다. 예컨대 상가를 임대차하였을 때, 상가건물의 소유주가 간접점유가 되고, 임차인은 '직접점유'가 된다. 간접점유자도 점유의 회수·점유의 보유·점유의 보전에 대한 청구권을 행사할 수 있다. 또한 원래의 점유자가 점유의 침탈을 당한 경우에 간접점유자는 그 물건을 점유자에게 반환할 것을 청구할 수 있다.

감항능력(堪航能力, seaworthiness)

해상운송을 위하여 해상운송인이 제공하는 선박은 안전하게 항해할 수 있는 능력이 있어야 하는데 이를 '감항능력'이라 하며, 그 감항능력에 대한 주의의무는 해상운송계약의 성질상 당연한 의무이다. 이 의무는 헤이그규칙에서 해상운송인의 기본적·대표적 의무로 규정되었다. 선박의 감항능력은 운송계약에서의 해상위험·항해의 성질·항해기간·항로·계절·선박의 종류 및 구조·운송품의 종류와 성질 등의 여러 가지 사실과 상황에 따라 결정된다. 이에 대한 주의의무는, ①선박이 안전하게 항해할 수 있게 하여야 하는 선박의 감항능력의 담보, ②필요한 선원의 승선 및 선박의 장과 필요품을 보급하여야 하는 운항능력의 담보, ③선창·냉장실·그 밖의 운송물을 적재할 선박의 부분을 그에 적합한 상태에 두어야 하는 적화능력의 담보에 있다. 그에 대하여 어느 정도의 주의의무를 요하는가에 대하여는 명문의 규정이 없으나, 헤이그규칙이나 영미법상의 상당한 주의를 요한다고 본다. 감항능력에 대한 주의의무의 시기는 '선하증권에 관한 통일조약'에 따라 발항 시로 한다. 여기서 발항 시는 최초 항구에서 운송물의 적재를 개시한 때로부터 선적항을 발항할 때까지를 말한다. 선박소유자를 비롯한 해상운송인은 자기 또는 선장 그 밖의 선박사용인이 발항 당시에 감항능력에 관한 주의를 다하였음을 증명하지 못하면 책임을 면하지 못한다. 선박소유자 등이 감항능력에 대한 주의의무를 해태한 때, 선박소유자는 용선자 또는 송화인에 대하여 운송물의 멸실·훼손 또는 지연으로 인한 손해를 배상할 책임이 있다. 감항능력주의의무의 위반으로 인한 책임을 경감 또는 면제하는 당사자 간의 특약은 무효로 취급된다. 그리고 해상보험자는 감항능력주의의무의 위반으로 인한 손해에 대하여는 보상책임을 지지 않는다.

강제이행(强制履行, compulsory performance)

채무자가 채무의 이행이 가능함에도 불구하고 자발적으로 이를 행하지 않을 때, 채권자가 법원에 의하여 강제적으로 급부를 실현하는 것을 말한다. 강제이행의 방법으로서는 ①직접강제·②대체집행·③간접강제 등이 있는데, 인격존중의 측면에서 사용의 순서는 ①, ②, ③으로 해석하고 있다. 강제이행을 실현하기 위해서는 우선 이행판결이나 그 밖의 집행권원(채무명의)을 얻고, 이를 근거로 민사소송법의 규정에 따라 강제집행을 신청한다. ①은, '주는 채무'에만 허용되며, 이때는 다른 강제방법이 허용되지 않는다. ②는, 채무자로부터 비용을 추심하여, 이 비용으로 채권자 또는 제3자로 하여금 채무자에 대하여 채권의 내용을 실현하게 하는 방법으로서 '하는 채무' 중 채무자의 일신에 전속하지 않는 대체적 작위채무에 한하여 허용된다. 그 절차와 방법은 민사집행법상의 규정에 따른다. ③은, 손해배상・벌금・구금 등의 수단으로써 채무자에게 심리적 압박을 가해 채권내용을 실현시키는 방법인데, '하는 채무' 중 대체집행이 허용되지 않는 부대체적 작위채무에 한하여 허용된다. 그러나 이 중에서도 제3자의 협력을 요해 채무자 본인의 의사만으로 실현될 수 없는 채무나, 예술가의 작품제작 채무와 같이 채무자의 의사에 반하여 강제된다면, 채무의 내용에 적합한 급부를 할 수 없는 경우 또는 부부 간의 동거의무와 같이 강제됨으로써 인격존중에 반하는 채무에서는 간접강제가 적용되지 않는다.

강제집행(强制執行, compulsory execution)

'강제집행'의 협의적 개념은 채권자의 신청에 의하여 채무명의에 표시된 사법상의 이행청구권을 국가권력에 의하여 강제적으로 실현하는 법적 절차를 말한다. 광의적 개념은 질권・저당권 등 약정 담보권의 실행까지 포함한다. 강제집행은 사법상의 청구권의 실현에 목적이 있다. 재산권으로서 사법상의 청구권에는 물권・채권・인격권・신분권 등이 있다. 이와 같은 사법상의 청구권의 실현을 목적으로 하는 점에서 행정상의 강제집행과 다르고, 채무명의를 요건으로 하는 점에서 담보권의 실행을 위한 경매와 구별된다. 다만 현행 민사소송법은 담보권의 실행을 위한 경매를 강제집행의 범주에 포함시키고 있다. 강제집행은 채권자의 신청이 있어야 한다. 이행청구권을 현실적으로 실시하는 강제집행권은 국가에게 있다. 그러나 채권자가 권리의 실현을 바라지 않는데도, 국가가 직권으로 채무자를 강제하여 그 의무를 이행하도록 할 수 없다. 즉 채권자의 신청에 의하여 국가가 정해진 법의 절차에 따라, 채권자를 대신하여 강제로 그 의무를 이행하는 것을 말한다. 국가의 강제력 없이 재판에 의하여 그 내용에 적합한 일정상태를 실현하는 경우도 있다. 특별한 법률의 규정에 의하여 당해 재판의 반사적 효력으로, 일정한 법적 상태를 발하는 경우가 있다. 이것은 국가의 강제력의 행사에 의한 이행청구권의 실현과는 관계가 없으므로, 강제집행에는 해당하지 아니한다. 다만 재판에 기한 국가의 행위라는 점에서 유사하기 때문에 '광의의 강제집행'이라고 한다.

강행규정
(强行規定, compulsory or mandatory provision)

당사자 의사에도 불구하고 강제로 적용되는 규정을 '강행규정' 또는 '강행법규'라 하고, 달리 당사자 의사에 의해 그 적용을 배제할 수 있는 규정을 '임의규정' 또는 '임의법규'라고 한다. '임의규정'과 '강행규정'과의 구별은 법문의 표현 및 그 밖의 법규가 함축하고 있는 가치 등을 고려하여 개별규정에 따라 판단할 수 밖에 없으나, 강행법규위반의 법률행위는 공공의 질서에 반하므로 무효이다. 임의법규는 대개 당사자의 의사표시가 없는 경우 또는 명확하지 않는 경우에 대비하여 그 공백부분을 메우거나 또는 명확하지 않는 부분을 분명하게 할 목적으로 만들어진 것이다. 특히 계약법의 대부분은 임의법규이다. '임의규정'은 그 작용으로부터 '보충규정'과 '해석규정'으로 나눌 수 있는데, 전자는 표시내용의 결함을 보충하는 기능을 하며, 후자는 표시내용의 불명료한 점을 일정한 의미로 해석하는 기능을 한다.

강행법(强行法規, mandatory rule or act)

당사자의 의사여부와 관계없이 강제적으로 적용되는 규정을 '강제규정' 또는 '강제법규'라고 한다. 일반적으로 공공질서에 관한 사항을 정한 법규이며 공법에 속하는 규정은 거의 강제법규이다. 그러나 공법이라 할지라도 민사소송법의 합의관할에 관한 규정(민사소송, 제29조 제1항)과 같은 것은 임의규정이다. 강행법규에 위반되는 법률행위는 공공의 질서에 반하므로 무효이다(민, 제103조, 제105조). 사유재산제의 가장 중요한 부분인 물권의 종류나 내용을 정하는 물권편과 경제적인 약자를 보호하기 위하여 자유경쟁의 조정을 도모하는 모든 법규의 대부분은 강행법규의 예이다. 강행법규정은 그 효력에 있어서 단속규정과 구별된다. 양자는 공히 일정한 행위를 금지하는 규정이지만, 단속규정은 그 위반 행위를 한 자에 대하여 제제를 가하여 금지하는데 그칠 뿐이고, 강제규정은 사법상의 효과를 부인한다는 차이가 있다. 즉 단속규정은 일정한 행위를 금지 혹은 제한하여 이에 위반하는 경우에 대비하여 벌칙을 설정하고 있기는 하지만, 위반행위의 효력에 대해서는 아무런 규정을 두지 않고 있다. 이러한 종류의, 이른바 단속규정이 사법상의 단속을 부정하는 취지인가에 대하여는 각각의 규정의 해석, 곧 무효로 취급함으로써 얻을 수 있는 이익과 손실의 비교 등을 통해서 정한다. 이러한 의미에서 강행규정을 단속규정에 대하여 '효력규정'이라고도 한다.

개품운송계약
(個品運送契約, affreightment in a general ship)

'개품운송계약'은 운송인이 불특정 다수의 화주로부터 소량 화물의 운송을 위탁받아 이들 화물을 혼재하여 운송하는 것으로 일반적으로 정기선의 화물운송에서 이용한다. 개품운송계약의 운송계약서는 따로 작성하는 것이 아닌, 선적 후 운송인이 발행하는 선하증권에 의하여 운송계약이 성립된다. 선하증권의 이면에는 각종 이면약관이 아주 작은 글씨체로 인쇄되어 있다. 이는 일반 화주들은 간과하기 쉬운 부분이다. 경우에 따라서 한 화주가 동종의 대량화물을 운송하고자 할 때에는 별도의 특별 운송계약서를 작성하여 이용하기도 한다.

결정(決定, determination)

'명령'은 민사소송법상은 판결의 형식을 취하지 않는 법원의 재판을 말하고, '결정'은 법원에 의하여 행하여지는 점에서 개별적 법관에 의하여 행하여지는 명령과 다르다. 결정은 주로 소송절차에 관한 재판이며, 구두변론에 의하지 않고 당사자・이해관계인・참고인 등의 심문에 의할 수 있다. 고지는 상당한 방법에 의하면 그 효력이 있다. 판결과는 달리 결정에 대한 불복은 항고에 의한다. 소송지휘에 관한 결정과 명령은 언제든지 취소할 수 있다. 판결에 관한 규정은 그 성질에 반하지 않는 한 결정에 준용된다. 지급명령・압류・가압류명령 등은 명령이라는 표현에도 불구하고 결정의 성질을 가진다. 형사소송법상은 대체로 민사소송법의 경우와 같다. 구두변론에 의하지 않을 수 있으며, 필요한 경우 사실을 조사할 수 있다. 고지는 재판문을 작성하지 않고 조서에만 기재하여 할 수 있다. 상소를 허용하지 않는 경우에는 이유를 명시하지 않아도 된다. 불복은 역시 항고에 의한다. 행정법상은 어떤 사실이나 법률관계에 대한 다툼이 있는 경우에 행정청이 유권적으로 판단하는 행위로서 이론상 준법률행위적 행정행위 중에서 확인행위에 해당된다.

경개(更改, novation)

'경개'란 우리 민법의 처지로서, 채무의 중요한 부분을 변경함으로써 신채무를 성립시킴과 동시에 구채무를 소멸시키는 계약이다. 경개의사에 의하여 구채무를 신채무로 변경시키는 점에서 '대물변제'와 비슷하지만, 대가를 현실로 주지 않는 점에서 다르다. 경개계약의 당사자는 경개의 종류에 따라 다르다. ①채무자 변경으로 인한 경개 : B가 A에 대한 채무를 소멸시키고 C의 A에 대한 채무를 성립시키는 경개는 A, B, C 3인의 계약으로 할 수 있음은 물론이지만, A와 C만의 계약으로 할 수 있다. 다만 B의 의사에 반하는 때는, 효력이 발생하지 않는다. ②채권자 변경으로 인한 경개 : A의 B에 대한 채권을 소멸시키고 C의 B에 대한 채권을 성립시키는 C의 B에 대한 채권을 성립시키는 경개는 A, B, C 3인의 계약에 의한다고 해석되고 있다. ③채무의 목적변경으로 인한 경개 : 동일 채권자・채무자 간의 계약이다. 경개계약에는 아무런 형식을 필요로 하지 않는다. 다만 채권자 변경으로 인한 경개는 확정일자 있는 증서로 하지 아니하면 이로써 제3자에게 대항하지 못한다. 경개의 효력으로서 구채무가 소멸되고 신채무가 성립하지만 신구 양채무는 동일성이 없으므로 구채무의 담보・보증・항변권 등은 원칙적으로 소멸한다. 다만 질권・저당권 등은 특히 이를 신채무에 옮길 수 있지만, 제3자가 제공한 담보는 그 승낙을 얻어야 한다. 그리고 경개는 유인계약이므로 구채무가 존재하지 않으면 신채무는 발생하지 않으며, 신채무가 생기지 아니하면 구채무가 소멸되지 않는 것이 원칙이다. 그러나 이에는 2가지 예외가 인정된다. ①A, B, C 3인의 계약으로 A와 B 간의 채권을 소멸시키고 C와 B 간의 채권을 성립시키는 경우 B가 이의를 제기하지 아니하고 이 계약을 한 때는, 비록 A와 B 간의 구채권이 존재하지 않는 경우에도 C와 B 간의 신채권은 성립한다. ②예컨대 10만원의 채무를 가축 1마리의 채무로 변경하는 경개에 있어서, 그 가축이 이미 죽었기 때문에 이것을 목적으로 하는 신채무가 성립되지 않는 경우 만약 당사자가 이를 알고 있었다면 신채무의 불성립에도 불구하고 구채무는 소멸된다.

경매(競賣, auction)

'경매'란 매도자가 여러 사람을 모아 구두로 매수신청을 하고 최고가액의 청약자에게 승낙을 함으로써 매매를 성립시키는 것을 말한다. 개별적 매매에 비하여 비교적 비싸게 또한 공평한 가액으로 현금화를 가능하게 하는 방법이다. 경매를 국가기관이 행하는 경우 '공적 경매' 또는 '공매'라고 하고, 금전채권에 관한 강제집행에 있어서 '부동산 경매'를, 특별히 '강제경매'라고 부른다.

계약(契約, contract)

'계약'이라 함은 서로 대립하는 2개 이상의 의사표시의 합치로 성립하는 법률행위로서 채권・채무관계의 발생을 목적으로 한다. 일반적으로 계약을 ①'넓은 의미의 계약'과, ②'좁은 의미의 계약'으로 나누고, ①은, 채권・채무의 발생을 목적으로 하지 않는 합의, 즉 '물권적 합의'(지상권설정계약이나 저당권설정계약) 또는 '가족법상의 계약'(혼인에 관한 합의)도 포함하는 반면, ②는, 채권・채무관계의 형성에 관한 '채권계약'

만을 말한다. 우리 민법 중의 채권편의 연구대상인 계약은 채권·채무의 발생을 목적으로 하는 '좁은 의미의 계약', 즉 '채권계약'에 한한다. 다만 채권계약에 관한 채권편의 규정은 그 성질이 허용하는 한 다른 계약에도 유추적용 된다. 의사표시가 합치하기 위해서는 의사표시의 내용적 일치와 의사표시의 상대방에 대한 일치가 있어야 한다. 즉 당사자 상호 간의 의사표시의 객관적 내용이 서로 합치(객관적 합치)하여야 하는 동시에, 상대방의 의사표시와 결합하여 계약을 성립시킨다고 하는 주관적 합치가 필요하다. 그러나 이러한 경우가 아니더라도 계약의 성립이 인정되는 경우가 있다. '의사실현'에 의한 계약의 성립이나, '교차청약'이 그것이다. 의사표시의 내용이 서로 불일치하면 원칙적으로 계약은 성립하지 않는다. 또한 2개의 의사표시가 일치하더라도 일방당사자의 의사표시가 착오에 의한 것인 때는, 그 계약은 일단 유효하게 성립하고 당사자는 언제든지 그 의사표시 내지 계약을 취소할 수 있다. 2개의 의사표시의 내용이 서로 다르거나 부분적으로만 일치하는 것을 불합의라고 하며, 이 경우 계약은 성립하지 않는다.

계약위반(契約違反, breach of contract)

좁은 의미로서 채무자가 채무의 내용에 따른 이행을 하지 않는, '채무불이행'에 의제된다. 채무자의 채무의 내용에 따른 이행인가 아닌가의 여부는, 당사자가 의도하는 목적 및 거래의 관습 그리고 '신의성실의 원칙' 등을 고려하여 판단한다. 채무불이행에는, ①'이행지체'·②'이행불능'·③'불완전이행'의 3가지 유형이 있다. ①은, 그 이행이 가능한데도 불구하고 채무자가 이행기까지 이행을 하지 않은 경우를 말한다. ②는, 예컨대 계약의 목적물이 소실한 경우와 같이 이행을 하고 싶어도 이행할 수 없는 경우를 말한다. ③은, 일단 이행은 했지만 그 이행이 불완전한 경우를 말한다. 채무자가 임의로 채무를 이행하지 않을 때는, 곧 이행불능이 아닐 경우 채권자는 그 강제이행을 법원에 청구할 수 있다. 또한 협의로 '채무불이행'이라고 할 때는, 채무내용에 좇은 이행을 하지 않은 상태가 존재하고 있을 뿐만 아니라, 그 상태가 채무자 고의 또는 과실에 기한, 채무자의 귀책사유가 존재하는 경우를 의미한다. 보통 '채무불이행'이라고 하면, 이 경우에 해당한다. 협의의 '채무불이행'이 성립하기 위해서는, ①채무의 내용에 좇은 이행이 없어야 하며, ②채무자에게 고의·과실의 귀책사유가 있어야 하고, ③그 '채무불이행'이 위법해야 하며, ④채무자에게 책임능력이 있어야 한다. 이러한 '채무불이행'이 성립한 경우 채권자는 채무자에게 불이행으로 인해 발생한 손해배상을 청구할 수 있다.

계약자유의 원칙
(契約自由原則, freedom of contract doctrine)

개인이 독립된 자율적 인격을 가진 권리주체로서 타인과 법적 생활을 영위함에 있어 법의 제한에 저촉되지 않는 한, 계약에 의한 법률관계의 형성은 각자의 자유에 맡겨지며, 국가와 법도 그러한 자유의 결과를 가급적 인정하여야 한다는 원칙을 말한다. 이는 사적자치 또는 개인의사 자치의 원칙의 전형적인 표현이다. ①'계약자유의 원칙'은 ②'소유권 절대의 원칙', ③'과실책임의 원칙'과 함께 근대 민법의 3대 원칙으로서의 지위를 점한다. ①은, 자본주의 경제의 근간이라 할 수 있는 자유경쟁, 근대 시민사회의 개인주의 및 자유주의를 기저에 두고 있다. ①의 내용으로는 ㉠'계약체결의 자유', ㉡'상대방 선택의 자유', ㉢'계약내용 결정의 자유', ㉣'계약체결 방식의 자유' 등을 포함한다.

계약해제(契約解除, termination of contract)

'계약해제'는 유효하게 성립된 계약을 당사자 일방의 의사표시에 의하여 계약을 처음부터 존재하지 않았던 것과 같은 효과를 생기게 하는 것을 말한다. 계약해제는 계약을 해제할 수 있는 권리를 갖는 자만이 할 수 있다. 해제권은 법이 정한 사유가 발생하거나 계약에서 정한 해제사유가 발생한 경우에 한하여 행사할 수 있다. 계약이 해제되면 이미 이행된 사항에 대하여 서로 원상으로 회복할 의무가 있다. 즉 물품의 인도를 받은 자는 이를 상대방에게 반환하고 대금을 받은 자는 그 대금을 상대방에게 반환하되 물품사용 시에는 그 사용이득을, 대금반환 시에는 그 법정이자를 함께 반환하여야 한다.

고용(雇傭, employment)

'고용'은 당사자 일방이 타방에 대하여 노무를 제공할 것을 약정하고, 타방이 이에 관하여 보수를 지급할 것을 약정함으로써 성립하는 계약을 말한다. 낙성·유상·쌍무계약이다. 노무공급계약의 일종이나, 사용자의 지휘에 따라서 노무자체의 공급을 목적으로 하는 점에서 도급 또는 위임과 구별된다.

고의(故意, intention)

자기의 행위가 불법구성요건을 실현함을 인식하고 인용하는 행위자의 정신적·심리적 태도를 말한다. 고의의 체계적 지위에 관하여, '인과적 행위론'에서는 '책임요소'로, '목적적 행위론'에서는 '구성요건요소'로 보지만, '사회적 행위론'에 의하면, 고의는 '주관적 구성요건요소'와, '책임조건'으로서의 이중의 기능을 갖게 된다. 즉 고의는 불법구성요건으로서는, 객관적 행위상황에 관한 지적·의지적 실현으로서의 구성요건적 고의가 되며, 책임조건으로서는, 고의에 의하여 법질서에 반하여 잘못 결정하였다는 이중의 의미를 가지는 것이다. 일시적으로 부주의한 과오에 의해 범죄의 결과를 야기하는 '과실'과 구별된다. 고의에 의한 행위가 과실에 의한 행위에 비하여 보다 책임비난이 크고, 그 죄벌도 중하다는 것은 당연하다. 그러므로 형법은 죄의 성립요소인 사실을 인식하지 못한 행위는 벌하지 아니 한다고 하여 '고의 없는 행위'는 처벌하지 않는다. 다만 법률에 특별한 규정이 있는 경우 예외적으로 과실범을 처벌하고 있다. 예컨대 "방화하겠다"는 의사로서 사람의 주거에 불을 놓은 경우에는 '고의범'으로서 방화죄에 해당하지만, 담배꽁초를 잘못 버려 화재가 발생한 때는, '과실범'으로서 실화죄에 해당한다. 보통 고의라고 하더라도 여기에는 여러 가지의 단계가 있다. 특정한 사람을 살해하려고 특정된 상대방을 향하여 살해의 의식을 갖는 것을 '확정적 고의'라 하고, 이에 반하여 결과가 발생하는 것은 확실하지만, 그 상대방이 불확정하여 누가 살해될 것인지 알 수 없는 경우, 예컨대 군집한 군중 중의 누군가를 살해할 의사로서, 군중을 향하여 폭탄을 던지는 경우의 고의를 '개괄적 고의'라 한다. 또 차내에 있는 A·B 두 사람 중에, 누구 한 사람을 살해할 의사로서 이를 향하여 발포하는 경우와 같이 결과의 발생은 확실하나 그 상대방이 둘 중 누구인지 불확정하여 택일적인 경우의 고의를 '택일적 고의'라 한다. 예컨대 옥상에서 돌을 던지면 통행인에 맞아 사람이 살해될지도 모른다고 인식하면서 돌을 던진 결과 사람이 살해된 경우와 같이, 결과가 발생될 것이라는 가능성은 인식하였으나 결과발생 그 자체가 불확정의 경우의 고의를 '미필적 고의'라 한다. 그리고 전술한 '개괄적 고의'·'택일적 고의'·'미필적 고의'를 '불확정적 고의'라 한다. 어느 경우도 '고의범'으로 처벌되는 것은 동일하다.

고지의무
(告知義務, duty of notification or disclosure)

보험계약의 체결에 있어서 보험계약자 또는 피보험자가 보험자에 대하여 중요한 사실을 고하지 않거나 중요한 사항에 대하여 부실한 고지를 하여서는 안 된다는 의무를 말한다. 이러한 의무는 권리에 대립하는 의무는 아니지만, 만약 위반하였을 때는, 보험자는 일정한 요건 하에서 보험계약을 해지할 수 있고, 그것에 따라서 보험금을 취득할 수 없는 불이익을 입게 된다. 보험계약자의 일반적인 의무, 즉 통지의무나 보험료지급의무 등이 계약체결로 인하여 발생한 의무인데 반하여, 고지의무는 계약의 성립을 전제로 한 요건에 불과하므로 순수한 의무가 아니고, 이른바 간접의무에 속하는 것으로서 보험자는 이를 강요할 수 없으며, 따라서 이를 위반하였다고 하더라도 손해배상을 청구하지 못한다. 또한 중요한 사항으로는 위험측정에 관하여 보험자가 사전에 이를 알았다면, 계약을 하지 아니하였거나 아니면 적어도 동일한 조건으로는 이를 체결하지 아니하였으리라고 객관적으로 생각되는 사정 등이 있다. 법률이 이 같은 독자의 고지의무를 두게 된 것은 보험제도의 특수한 기술적 구조에 근거하는 것이라고 말할 수 있다.

공권(公權, public right)

공법관계에서 인정되는 특별한 이익을 누릴 수 있는 법률상의 힘으로 설명된다. 공법상의 권리라는 점에서 사법상의 권리인 사권과 다르며, 소송을 통한 구제가 인정된다는 점에서 그러한 구제가 인정되지 않는 단순한 반사적 이익과 다르고, 권리라는 점에서 의무인 공의무와 대응한다.

공권력(公權力, public power)

국가나 공공단체가 국민에 대하여 우월한 의사주체로서 명령·강제하는 권력을 말하며, 그러한 권력을 행사하는 국가 그 자체를 의미하는 경우도 있다. 국민에 대하여 국가가 공권력을 행사하는 관계가 본래의 공법관계이며 사법의 지배를 받지 않고 공법의 규율을 받는다.

공동해손(共同海損, general average)

선박과 적화에 공동의 위험이 발생하였을 경우에 그러한 위험을 제거·경감시키기 위해 선체나 적화를 희생시키거나 필요한 경비를 지출하는 행위를 공동해손행위라고 하며, 그에 의한 손해와 경비를 공동해손이라고 한다(상, 제865조 내지 제867조). 이러한 공동해손을 분담하도록 하는 것은 공동의 안전을 위한 손해를 공동위험단체를 구성하는 모든 당사자들이 적정한 비율에 따라서 상호 분담하는 것이 합리적이라는 데에 그 근거가 있다. 공동해손에 관한 국제규칙으로는 '요크앤트워프규칙'이 있다. 그러나 이 규칙은 법규가 아니므로 계약서에 요크앤트워프규칙에 따른다는 내용이 삽입되어 있어야만 효력이 발생한다. 세계 각국의 해상보험증권과 선하증권에는 대부분 그 약관이 삽입되어 있다. 공동해손이 성립하려면 선박과 적화에 공통된 위험이 현실적·객관적으로 존재하고 그 위험을 면하기 위한 소극적인 목적이 있어야 한다. 선박 또는 적화에 대한 위험은 단독해손이 되며, 단지 비현실적·주관적 위험이나 공동이익을 도모하기 위한 적극적 목적은 인정되지 않는다. 선박 또는 적화에 대하여 선장의 정당한 고의적인 비상처분이 있어야 한다. 불가항력에 의한 손해나 선장 이외의 자에 의한 처분은 해당되지 않으며, 비상처분은 작위·부작위, 사실행위·법률행위를 불문하나 이해관계인의 이익에 가장 적합한 방법이어야 한다. 선장의 비상적 처분과 상당인과관계가 있는 선박 또는 적화에 발생한 일체의 손해나 비용을 포함한다(상, 제865조). 또한 처분이 주효하였는가의 여부는 불문하고 처분 후 선박이나 적화가 잔존하여야 한다(상, 제866조). 공동해손이 발생하게 되면 공동해손채무자들이 공동해손을 균등하게 분담하게 되는데 이러한 절차를 공동해손의 정산이라 한다. 공동해손의 정산은 공동해손채무액과 공동해손채권액의 비율인 공동해손분담률에 의한다(상, 제866조). 공동해손의 정산은 다른 특약 또는 관습이 없는 한 선장이 이를 담당하며 공동해손정산서에 의한다. 정산지는 특약이 없는 한 최후의 적화의 양륙항이다(상, 제867조, 제869조). 정산은 늦어도 양륙항에서 운송물을 수화인에게 인도할 때까지는 종료되어야 한다.

공법(公法, public law)

'사법'에 상대되는 개념이다. 헌법·형법·소송법·행정법·국제법 등은 공법, 민법·상법 등은 사법에 속한다. 그러나 공법과 사법의 구별에 대하여는 종래부터 견해의 대립이 계속되고 있다. 공법과 사법의 구별은 특히 행정법과의 관계에서 문제된다. 공법은 행정소송의 대상이 되고, 사법은 민사소송의 대상이 되는 차이가 있을 뿐만 아니라, 그 밖에 적용법규와 법원리가 다르다.

공소기각(公訴棄却, dismissal of a prosecution)

형사소송에 있어서 공소가 제기된 경우 형식적 소송조건의 흠결이 있을 때에 법원이 이를 이유로 하여 실체적 심리에 들어감이 없이 소송을 종결시키는 형식적 재판을 말한다.

과부족용인조건(過不足認容條件, more or less clause)

무역에서 물품의 성질상 계약수량을 정확히 인도하기 어려울 경우 약간의 과부족을 허용한다는 거래조건이다. 수량조건의 하나로 장기간에 걸쳐 운송되는 광석이나 곡물·원유 등의 물품에 적용한다. '신용장 통일규칙'의 과부족허용규정에 따라 ±5%를 허용한도로 하며, 만일 신용장 수량기재 항목 앞에 'about'·'circa'·'approximately' 등의 표현이 있을 경우에는 ±10%까지의 과부족이 허용된다. 과부족허용한도 내의 과부족에 대해서는 매수인은 클레임을 제기하지 않고 계약된 가격에 따라 정산한다.

과실(過失, fault or negligence)

행위자가 부주의로 인하여 범죄사실의 발생을 인식하지 못한 경우를 말한다. '고의'와 같이 책임조건의 하나이다. 결과발생에 대한 승인 없이 순간적인 실수로 화재를 일으킨 경우, 취침 중 잘못하여 영아를 압사시킨 경우 등이 과실에 해당한다. 과실은 사회생활상 요구되는 주의의무를 위반한 것이므로 중하게 처벌할 수 없으나, 주의하면 그러한 결과의 발생을 예견할 수 있는 것이라면, 사회생활을 영위하는 일반인으로서 상호간에 인명 및 공공의 안전에 관하여 과오 없이 주의하여야 할 의무가 있는 것이다. 이 주의의무에 위반하여 중대한 피해를 야기한 것에 관하여, '과실범'으로서의 형사책임을 부담한다. '주의의무위반'으로 '과실책임'이 발생하나, 형법은 '고의범'을 원칙적으로 처벌하고, '과실범'은 예외적으로 법률에 '과실범'을 처벌하는 명문규정이 있는 경우에 한하여 처벌하는 것이다.

과실책임의 원칙
(過失責任原則, principle of liability with fault)

'과실책임의 원칙'은 자기의 고의 또는 과실에 대해서만 책임을 진다는 의미에서 '자기책임의 원칙'이라고도 한다. 미성년자나 피용자의 행위로 발생한 손해에 대하여 감독의무자나 사용자가 책임을 지는 경우에도 이는 자신의 과실, 즉 감독의무 위반에 대한 자기책임으로 구성된다. 행위자에 대하여 인적 비난을 가하여 형벌을 과하는 형사법에서는 원칙적으로 고의의 행위만을 처벌하므로, 고의와 과실은 책임요건으로서 엄격히 구분된다. 그러나 민사법상의 손해배상책임에 있어서는 발생한 손해를 누구에게 어느 정도 부담시키느냐 하는 것이 중심과제이기 때문에 고의에 의한 가해와 과실에 의한 가해 사이에 차이를 인정하지 않고, 고의가 있으면 물론이고 적어도 가벼운 추상적 과실이 있으면 배상책임이 발생한다고 하는 의미로서 과실책임이라고 한다. 여기서 과실은 주의의무를 위반한 것을 말하며, 그 전제가 되는 주의의무의 정도에 따라 구체적 과실과 추상적 과실로 나누어진다. 구체적 과실이라는 것은 그 행위자가 자기의 주의능력으로 그 손해의 발생을 방지하여야 함에도 이를 해태한 경우에만 인정되는 과실이다. 그리고 추상적 과실이라는 것은 일반인으로서 주의를 행위자에게 요구하고 이를 위반한 경우 인정되는 과실이다. 추상적 과실은 구체적인 사람에 따른 주의능력의 차이를 인정하지 않으므로, 구체적 과실보다 엄격한 책임요건이다. '계약자유의 원칙'이 자유로운 거래활동을 적극적으로 보장하고 있는데 비하여, 이 원칙은 그것을 소극적으로 보장하고 있다.

관세(關稅, tariff)

'관세'는 국가가 조세법률주의의 원칙에 따라 법률에 의하여 국가재정의 수입, 국내산업의 보호 및 경제·정책적 고려에 따라 수입물품에 대하여 부과하는 조세이다. 관세의 전제가 되는 관세선은 관세에 관한 법률규제가 이루어지는 경계로서 정치적 경계인 국경선과 일치하는 것이 일반적이지만 반드시 일치하는 것은 아니다. 정치적으로는 자국의 영역이라도 관세제도상으로는 타국의 영역과 동일하게 다루어지는 자유무역지역, 그와 반대로 정치적으로는 타국의 영역일지라도 관세제도상으로는 자국의 영역과 다름없는 보세구역이나 관세동맹국 등이 있기 때문이다. 일반적으로 관세는 수출품에 대하여 부과하는 수출세, 수입품에 대하여 부과하는 수입세, 국경을 통과하는 물품에 대하여 부과하는 통과세로 구분된다. 그러나 오늘날 수출세나 통과세를 채택하고 있는 국가는 거의 없고 모든 나라가 수입세를 채택하고 있다. 따라서 관세는 '수입품에 대하여 부과되는 세금'이라고 말할 수 있다. 관세의 부과는 세입에 의하여 국가재정이 확충될 뿐만 아니라 수입이 억제됨에 따라 국내산업이 보호되는 효과가 있다. 관세부과는 외국과의 무역의 형태나 교역량에 영향을 미친다. 모든 물품에 일률적인 관세를 부과하는 것이 아니라 개개의 물품에 필요와 상황에 따라 각각 다른 세율의 관세를 부과함으로써 교역되는 물품의 가격과 수량에 상대적 변화를 줄 수 있다. 예컨대 관세율을 인상함으로써 교역량을 감소시킬 수 있으며, 관세율을 인하함으로써 교역량을 증가시킬 수 있고, 부의 관세를 부과하여 보조금을 지급함으로써 교역량을 크게 확대시킬 수도 있는 것이다. 이와 같이 관세는 중요한 기능을 발휘하고 있으므로 모든 나라가 관세제도를 대외통상정책에 있어 가장 중요한 수단으로 이용하고 있다.

관습(慣習, custom or usage)

'관습'은 일정한 분야 또는 장소에 관련된 거래당사자 간에 통상적으로 준수되는 거래행태로 설명되거나 인식되고 있음이 일반적이다. 이 경우 관습은 국제적 관습만이 아니라 국내적이거나 지역적 관습도 포함된다. 마찬가지로 '관행'은 일반적이 아니라 오로지 당사자 상호 간에 규칙적으로 준수되는 행태 또는 양식으로 설명된다. 결국 관습은 관행에 비하여 그 범위를 보다 넓은 시각에서 이해하여야 한다.

관습법(慣習法, customary law)

사회질서와 선량한 풍속에 반하지 않는 관습이 단순한 예외적·도덕적인 규범으로서 지켜질 뿐만 아니라 사회의 법적확신 내지 법적인식을 수반하여 법의 차원으로 굳어진 것을 말한다. 관습법의 성립조건은 ①관행이 존재하여야 하고, ②관행에 대한 일반의 법적확신이 있어야 하며, ③관행이 사회질서를 위반하지 않아야 한다. 관습법은 성문법에 대하여 원칙적으로 보충적 효력을 가지는데 불과하다.

관행(慣行, practice)

'관행'은 일정한 지역이나 집단에 있어서의 항시적인 생활과정 속에서, 일정한 생활목적을 위하여 특정한 기회에 행해지고 있는 것을 말한다. 즉 개인이나 가정에서의 성인관행·혼인관행·장례관행 등 사람의 통과의례에 속하는 것, 또는 설·추석·단오·동지의 관행 등 연중행사나 제례에 속하는 것과, 지역집단에서의 입회관행 등 생산활동의 중요한 기회에 행하는 작업과, 사회적 단체·조직 등에서의 거래관행·노사관행 등 그 조직의 존립에 특징적인 사업활동 등이 이에 포함된다.

교차청약(交叉請約, cross offer)

동일한 내용을 가진 청약이 당사자 양쪽으로부터 행하여지는 것이다. '교차청약'은 청약과 승낙에 의하지 않는 특수한 계약성립의 태양이다. 계약은 청약과 승낙이 합치됨으로써 성립한다. 그러나 서로 대향하는 의사표시가 동시에 이루어짐으로써 선후의 구별을 할 수 없는 경우가 있다. 그러나 이런 경우에도 서로 대향하고 있는 의사표시가 합치되고 있으므로 계약의 성립을 인정하여야한다. 계약의 성립시기는 최후의 청약이 도달한 때이다(민, 제111조, 제533조).

국내법(國內法, domestic or municipal law)

'국내법'은 국가의 법제정권에 의해 국내사항에 관하여 제정한 법을 말한다. '국제법'에 대응하는 말이다. 근대국가는 그 권위를 스스로 권력에 의하여 확립하고, 타국에 관하여 독립을 주장하며, 영역 내에서는 최고의 지배권을 가진다. 국내법은 내국민은 물론이고, 국내에 체류하는 외국인에 대해서도 그 지배권을 가진다. 통상적으로 국가의 공권력의 발동·태양·기관 등에 관하여 규정한 것을 '공법'이라 하고, 달리 국민 사이의 관계를 규율한 것을 '사법'이라 한다.

국제관습법
(國際慣習法, customary international law)

'국제관습법'은 법적 구속력이 있는 '국제관행'을 말한다. '조약'과 함께 '국제법'을 구성한다. 국제관행이 법적구속력을 가지는 시기는 여러 국가가 서로 장래에도 실행할 것을 묵시적으로 인정하여 합의가 성립된 때이다. 이 경우 국제관행은 일반적 국제관행과 법적 성격을 가지는 국제관습법이 된다. 종래 국제관습법이 국제법의 대부분을 형성하고 중요한 지위에 있었으나, 최근 조약이 그러한 지위에 서는 경향이 있다.

국제법(國際法, international law)
'국제법'은 국가 간 권리의무관계를 규율하는 법을 말한다. 국제법이라는 용어는 로마법의 '만민법'에서 유래한 것이다. 때로는 '국제공법'이라고도 부른다. 국제법은 원칙적으로는 국가와 국가 사이의 관계를 규율대상으로 하지만 국제지구 또는 조약상 권리와 의무가 부여된 경우에는 개인이나 개인의 단체도 직접적인 규율대상이 된다.

국제사법(國際私法, international private law)
'국제사법'은 섭외적 사법관계를 규율하기 위한 준거법을 지정하는 법규의 총체를 말한다. 곧 국가와 국가의 관계를 규율하는 '국제공법'과 달리, 국제사법은 국제적으로 성립된 법체계가 아니라, 이른바 각국의 국내법인 것이다. 우리 헌법은 "헌법에 의하여 체결·공포된 조약과, 일반적으로 승인된 국제법규는 국내법과 같은 효력을 가진다"(헌, 제6조, 제1항)라고 규정하고 있는데, 이것이 주요한 법원이 되고 있다.

권리(權利, right)
'권리'는 법에 의해서 개인 또는 단체에 허용된 일정한 이익을 향수하기 위한 활동범위 또는 힘으로 설명된다. 법은 정의의 실현과 함께 사회이익을 위해서도 일정한 작위·부작위를 명한다. 그것이 특정 개인에게 이익을 주더라도 사회이익에 반하지 않으면, 오히려 그 편이 사회의 이익을 증진시키는 것이 되는 경우도 있다.

권리남용(權利濫用, abuse of right)
'권리남용'은 외견상으로는 권리의 행사처럼 보이지만 실질적으로는 공공의 복지에 반하기 때문에 권리행사라고 할 수 없는 경우를 말한다. 즉 사회적으로 타당하다고 생각되는 범위를 넘어서 권리자가 오로지 개인적 이기적 입장에서 권리를 행사하는 것이다. 이러한 권리의 행사에 대하여는 이것을 인용할 필요가 없거나 불법행위로서 손해배상을 청구할 수 있다.

권리의 변동(權利變動, change of right)
권리의 발생·소멸을 총칭한다. 이것을 권리주체로부터 보면 권리의 취득·변경·상실 등이 된다. 권리의 변동은 여러 원인에 의하여 생기므로 개개의 권리의 변동을 발생케 하는 원인을 통일적으로 관념하여 법률요건이라고 한다.

권리증권(權利證券, document of title)
선하증권처럼 그 증권을 인도하는 것에 의해 증권에 기재되어 있는 화물에 대한 지배기능, 즉 권리가 이전되는 유가증권을 말한다.

권원(權原, source of right)
'권원'은 어떤 법률행위 또는 사실행위를 법률적으로 정당하게 하는 근거이다. 예컨대 타인의 토지에 건물을 부속시키는 권원은 지상권·임차권이다(민, 제256조). 그러나 점유에 관하여는 점유를 정당하게 하는가의 여부를 불문에 붙이고 점유하게 된 모든 원인을 포함한다.

권한(權限, authority or competence)
'권한'은 타인을 위해 그 자에 대하여 일정한 법률효과를 발생케 하는 행위를 할 수 있는 법률상 자격을 말한다. 예컨대 대리인의 대리권, 법인이사의 대표권, 사단법인 사원의 결의권, 선택채권의 선택권 등이다. 그러나 권리를 가지는 자가 타인을 위해 그러한 효과를 발생시키는데 있어 이익을 가지는 경우 권리라고 해도 상관없다.

귀책사유
(歸責事由, reasons attributable or imputable)
'귀책사유'는 일정한 결과를 발생케 한 것에 관하여 법률이 나무랄 수 있는 원인이 있는 행위를 말한다. 보통 고의·과실을 요하나, 자기의 지배하에 있는 자의 과실 및 신의칙상 이와 동일시할 수 있는 원인행위도 포함하는 경우가 있다. 귀책사유의 판단은 공평하고 적정한 책임의 분담을 실현하는데 의미가 있다.

규범(規範, norms)
인간이 사회생활을 하는데 있어, 구속되고 준거하도록 강요되는 일정한 행동양식을 통칭한다. 통상 '규범'은 '사회적 규범'으로서 존재하며, 강제의 강도에 따라 3가지 단계로 구분된다. ①관습 등에서와 같이, 그 때까지 사회생활의 관행에 입각해서 사람들의 생활·행동을 규제하는 것으로, 이를 위반한 경우에는 비웃음이나 따돌림 등의 제재를 받는다. ②도덕적 관습으로 이를 위배한 때는 공동절교 등 물리적 제재를 받는다. 사람들의 행동을 규제하는 것은 이 단계의 규범인데, 이것은 비록 성문화되어 있지 않지만, 일상적 행동에서 강력한 규제력을 가지고 있다. ③제재의 주체가 어떤 형태이든 공적인 성격을 띠어서 권력을 가지는 경우이다. 규범은 전형적으로는 법이라는 형식을 취하며, 재판 등을 통해 공적인 제재가 이루어진다. 이러한 강제력의 측면과는 다른 측면, 즉 규범의 형태로는 전통·도덕·제도 등이 있으며, 이들은 규범이 개개인의 내부에 내재화되어 가는 경우의 매개체이기도 하다. 규범이 일정한 구속력을 가지는 것이라고 자각하기보다는 이에 따름으로써 사회생활의 통로가 열리는 일정한 형식으로서 기능하게 된다. 이들 여러 가지 규범의 형태를 규정하는 것으로, 각 사회의 문화·종교·이념 등의 존재형태가 문제가 된다. 예컨대 유럽 사회에서는 그리스도교 교의에 입각한 가치의식이나 체계가 기본적으로 규범의 질을 규정하고 윤리·도덕의 근간을 이루고 있으며, 우리의 경우 유교에 입각한 가치체계가 사회구조상 특질과 결부되어 규범의 주축을 이루고 있다. 이러한 차이가 문화차이로 나타나서, 특정한 민족적 성격이나, 사회적 성격의 형성과 관련된다. 이 경우 계급사회에서는 권력에 의한 일정한 사상이나 가치관의 주입이 제도 또는 교육에 의해 이루어져 그 결과 일상적 규범의 내용을 구성하게 된다. 이로부터 규범의 사회 통제적 기능이 확대되어, 생활상의 욕구충족과 모순·대립을 보이게 된다. 그 모순을 해결하려는 노력이나, 새로운 이념, 가치의식의 도입과 그 성립에 따라 규범의 질적 내용이 변화하게 된다.

금반언의 원칙(禁反言原則, principle of estoppel)

자본주의 경제발전에 따라 거래안전의 요청에 따라 영미법에서 발전된 법리로서, 선행행위와 모순되는 행위의 효력을 부인하는 것을 말한다. 그리고 이것이 우리 법에서는 신의칙의 발현형태로 나타나고 있다. 곧 이미 표명한 자기 언동에 대해 이와 모순되는 행위를 할 수 없다는 것이다. 이는 독일법상 '권리외관주의' 내지 널리 '외관주의'의 일환으로, 사실에 반하는 외관을 제3자에게 표시한 자는 그 외관을 믿고 행위를 한 선의의 제3자에 관하여 외관이 사실에 반한다는 것을 주장할 수 없다고 하는 법리이며, 결국 그러한 외관을 표출한 자는 그에 대한 책임을 부담해야 한다는 의미이다.

금전배상(金錢賠償, compensation of money)

모든 손해를 금전으로 평가하여 그 금액을 납부함으로써 행하는 손해배상방법으로 원상회복방법에 대한 것이다. 우리 민법은 채무불이행이나 불법행위에 의한 손해는 당사자 간에 특별한 의사표시가 없으면 그 손해내용이 물질적·정신적이건 불문하고 금전배상해야 함을 규정하고 있다.

급부(給付, performance)

채권이 채권자가 채무자에 대하여 일정한 행위를 청구할 수 있는 권리라 할 때, 이 경우 채무자의 행위를 뜻한다. 곧 '급부'는 '채권의 목적'이라고 할 수 있다. '물권'은 '물권법정주의'에 따라 그 종류와 내용이 제한되나, '채권'은 '계약자유의 원칙'에 따라 종류나 내용이 제한되지 않는다. 그러나 급부가 채권의 목적인 이상 법률행위의 목적에 관한 일반적 요건을 갖추어야 할 것이므로, ①확정되고, ②가능하고, ③적법하며, ④사회적 타당성이 있어야 한다. 급부는 채권이 성립할 당시에는 확정되지 않아도 이행기까지 확정할 수 있으면 된다. 이와 달리 급부의 가능여부는 채권의 성립시를 기준으로 판단한다. 급부가 요건을 결한 경우에는 그 채권은 무효이다. 급부가 반드시 금전으로 가액을 산정할 수 있어야 하는 것은 아니다. 급부에 대한 대가를 '반대급부'라고 한다. 급부의 종류를 구별하는 것은 채무이행의 장소, 채무불이행책임, 강제집행의 방법 등에서 중요한 의의를 가진다. '작위급부'는 일정한 행위를 하는 것이고, '부작위급부' 일정한 행위를 하지 않는 것이다. '특정물급부'는 급부의 목적물이 특정된 것이고, '불특정물급부' 급부의 목적물이 특정되지 않은 것이다. '가분급부'는 대금지급 등 급부가 분할로 실현될 수 있는 것, '불가분급부'는 건물명도 등 급부가 분할로 실현될 수 없는 것이다. '일시적 급부'는 매매목적물의 인도 등 급부가 1회로 완결되는 것이고, '계속적 급부'는 피용자의 노무제공 등 급부가 계속적으로 행해지는 것이며, '회귀적 급부'는 급부가 시간적 간격을 두고 반복되는 것이다.

기각(棄却, dismissal)

민사소송법상 신청의 내용, 예컨대 원고의 소에 의한 청구, 상소인의 상소에 의한 불복신청 등을 종국재판에서 이유가 없다고 보아 배척하는 것을 말한다. 기각의 재판은 '본안판결'이며, 소송·형식재판인 '각하'와 구별된다. 예외적으로 각하로 보아야 할 경우가 법전에서 기각으로 쓰이는 경우가 있다(민사소송, 제429조).

기간(期間, period)

일정시점에서 다른 시점까지의 시간적 간격을 의미한다. 시간은 지금부터 1년·1주간·1시간과 같이 시간의 경과를 내용으로 하므로 일정시점을 나타내는 '기일'과는 다르다. 기간은 시효나 연령과 같이 법률상 여러 가지 효과가 주어지므로 민법에 일반적인 계산방법을 정하고 법령·재판상 처분 또는 법률행위에 특별규정이 없는 경우 이에 따르도록 하고 있다(민, 제155조).

기판력(旣判力, effect of excluding further litigation)

'기판력'은 확정판결을 받은 사항에 대해서는 후에 다른 법원에 다시 제소되더라도 이전 재판내용과 모순되는 판단을 할 수 없도록 구속하는 효력을 말한다. 이전 재판의 내용과 다른 판단을 하게 되면 재판의 모순을 가져와서 혼란이 발생하며, 법원 측에서도 불필요한 절차를 거듭하게 될 뿐 아니라 당사자 또한 분쟁을 해결하지 못하게 될 것이다. 따라서 확정판결이 내려지면 동일사건에 대해서 다시 제소할 수 없다.

기한(期限, limit time)

법률행위효력의 발생·소멸 또는 채무의 이행을 장래 발생할 것이 확실한 사실에 의존하게 하는 법률행위 부관의 일종이다(민, 제152조 내지 제154조). '조건'은 그 성취여부가 불확실한데 반하여, '기한'은 발생사실이 확실하다. 예컨대 '비가 오면'은 언젠가는 비가 올 것이므로 기한이지만, '10월 이내에 비가 오면'은 불확실하므로 조건이다. '기한'은 도래시기가 언제인지 확실한 '확정기한'과 언제 도래할지 확실하지 않은 '불확정기한'의 2가지가 있다. '내년 2월 1일'은 확정기한, '갑이 사망하는 날'은 불확정기한이 된다. 또한 법률행위의 효력발생 또는 채무의 이행에 관한 기한을 '시기'라 하고, 법률행위의 효력소멸에 관한 기한을 '종기'라 한다(민, 제152조). "내년 2월 1일부터 생활비를 지급하겠다"고 할 때는, 내년 2월 1일은 시기가 되지만, "A가 사망할 때까지 생활비를 지급하겠다"고 약속한 경우 A의 사망이라는 사실은 종기가 된다.

긴급피난(緊急避難, emergency evacuation)

급박한 위난을 피하기 위하여 부득이 타인에게 손해를 가하는 것이다. 형식적으로는 정당방위의 경우와 마찬가지로 불법행위이지만 실질적으로는 위법성이 없기 때문에 손해배상책임이 없다(민, 제761조 제2항). 예컨대 A가 기르고 있는 개(물건)가 B에게 덤벼들어 B가 그 개를 살해한 경우 B는 A에게 이에 대한 손해배상의 책임을 지지 않는다. 정당방위와의 차이는 정당방위가 사람의 행위에 의하여 위험이 발생한 경우인데 대하여, 긴급피난은 물건에 의해서 위험이 발생한 경우라는 것이다. 형법상에서도 긴급피난이 문제가 되지만 그 개념은 민법의 경우와는 차이가 있다.

낙성계약(諾成契約, consensual contract)

'낙성계약'은 당사자 사이의 의사표시가 합치하기만 하면, 계약이 성립하고, 그 밖에 다른 형식이나 절차를 필요로 하지 않는 계약을 말한다. '요물계약'에 대응하는 용어로, 이 경우 요물계약은 당사자의 합의 외에, 물건의 인도 그 밖의 급부를 하여야만 성립하는 계약을 말한다.

날인증서(捺印證書, deed)

영미법에서, 부동산의 양도나 임대차 따위의 법률 행위를 성립시키기 위하여 당사자가 서명하고 날인하여 상대편에게 인도하는 증서를 말한다.

내국신용장(內國信用狀, Local L/C)

신용장의 수익자인 수출업자가 수출상품을 국내의 다른 제조업자 또는 물품공급업자로부터 매입하여 적출하게 되는 경우가 많다. 이때 국내의 제조업자 또는 물품공급자는 수출업자의 신용이 충분하지 않으면 수출업자에게 신용장이 도착되어 있더라도 대금의 선불을 요구하거나 은행의 지급보증 등을 요구하는 수가 있다. 이러한 경우 신용장의 수익자인 수출업자는 물품의 매입을 용이하게 하기 위하여 외국환은행(원신용장의 통지은행)에 대하여 자기 앞으로 내도한 신용장을 견질로 하고, 자기를 매수인(내국신용장 발행의뢰인)으로 하여, 제조업자나 공급업자를 수익자로 한 다른 하나의 신용장 발행을 의뢰하게 된다. 이와 같이 수출업자의 의뢰에 따라 외국환은행이 수출업자 앞으로 내도한 신용장을 견질로 하여 국내 제조업자 또는 공급업자 앞으로 발행하는 신용장을 '내국신용장', 수출업자 앞으로 내도한 당초의 신용장을 '원신용장'이라고 한다.

단독행위(單獨行爲, individual or unilateral act)

취소의 원인이 있어 어떤 계약을 취소하는 것과 같이 일방적인 의사표시에 의하여 법률효과를 발생케 하는 법률행위이다. 따라서 서로 대립하는 2개 이상의 의사표시의 합치로 성립하는 계약과, 수인이 공동으로 동일목적을 향하여 행하는 의사표시의 결과에 의하여 성립하는 '합동행위'와 다르다. 취소·추인의 경우와 같이 일정한 상대방에 대해서 행하는 단독행위와 유언이나 기부행위와 같이 반드시 상대방을 필요로 하지 않는 것이 있다. 전자를 상대방 있는 단독행위라고 하고, 후자를 상대방 없는 단독행위라고 한다. 단독행위는 행위자의 의사만으로 효력이 생기고, 이 행위로 인하여 영향을 받는 자의 의사를 무시하는 것이므로 민법이 특히 인정하는 경우 이외에는 자유로이 할 수 없다.

담보(擔保, warranty, guarantee, sureties)

'담보'는 채무자의 채무불이행에 대비하여 채권자에게 채권의 확보를 위하여 제공되는 수단 또는 장차 타인이 입게 될 수 있는 불이익에 대한 보전을 말한다.

대가(對價, 代價, cost or price)

광의로는 자신의 재산·노력 등을 타인에게 주거나, 이용시키는 보수로서 받는 재산상 이익을 말한다. 물건의 매매, 가옥의 임대, 노무의 제공에 대한 매매대금·이자·차임·노임 등과 같은 것이다. 이러한 대가의 유무에 의해, 유상계약·무상계약·유상행위·무상행위로 구분한다. 협의로는, 넓은 뜻의 대가 중에서 그 제공의 의무가 법률적으로 서로 대응하는 관계에 있는 것이다. 예건대 이자부 소비대차에 있어서 차주의 이자의 지급의무에 대응하는 대주의 원본대여 의무는 광의의 대가관계가 있으므로 유상계약임에는 틀림없으나, 법률상 전자가 선이행 되어야 할 것을 전제하므로, 이자는 이런 뜻에서는 대가가 아니다. 쌍방의 채무가 대가관계에 있느냐의 여부에 의하여, 쌍무계약·편무계약으로 구분한다.

대금(代金, payment, price)

매매에 있어서 재산권 이전의 대가로서 매수인이 지급하는 금전을 '대금'이라고 한다. 지급의 시기와 장소는, 통상 특약에 의해 결정되지만, 특약이 없는 경우를 위하여, 우리 민법은 일정한 규정을 두고 있다. 즉 목적물을 인도할 시기만을 약속한 경우에는 대금의 지급도 그 시기에 할 것을 약속한 것으로 추정되고, 목적물의 인도와 동시에 대금을 지급하는 경우 대금은 목적물의 인도장소에서 지급해야 하며, 또한 대금을 지급하지 않고 있는 동안에 목적물의 인도를 받은 경우 원칙적으로 그 날부터 이자를 지급하여야 한다. 매매목적물의 권리를 주장하는 자에게 있어, 매수인이 매수한 권리의 전부나 일부를 잃게 될 염려가 있는 경우 매수인은 위험의 한도에서 대금의 전부나 일부의 지급을 거절할 수 있다. 그러나 매도인이 상당한 담보를 제공한다면, 매수인은 대금의 지급을 거절하지 못한다. 매수인에게 위와 같은 대금지급거절권이 있는 경우 매도인은 매수인에 대하여 대금의 공탁을 청구할 수 있다.

대륙법계(大陸法系, civil law system)

영미법과 대립하는 말로 독일과 프랑스를 중심으로 하는 유럽대륙의 법을 말한다. 유럽대륙의 법은 로마법과 게르만법의 영향을 많이 받고 있을 뿐만 아니라 영미법과는 달리 처음부터 추상적인 법을 만들어놓고, 이것을 구체적 사건에 적용하기 위하여 제정된 것이다. 오늘날의 대륙법은 영미법과 함께 양대 법계를 이루고 있으며 그중에는 독일법계, 프랑스법계 그리고 러시아법계가 포함되어 있다. 영미법은 영국 법률 및 그것을 계승한 미국 법률을 아울러 이르는 말로, 판례법과 관습법을 주로 하며 불문법이 중심이 된다.

대리권(代理權, agency authority)

'대리권'은 대리인이 가지는 대리행위를 할 수 있는 지위나 자격을 말한다. 대리는 대리인이 행한 행위의 효과가 직접 본인에게 귀속하는 제도이므로 대리인에게는 대리권이 필요하다. 대리권이 없는 대리행위를 '무권대리'라고 하며, 이는 원칙상 무효이나(민, 제130조), 본인이 추인을 하면 대리권이 추완되고 유효로 취급되게 된다. 또한 표면상 대리권이 있는 것처럼 보이는, 소위 '표현대리'는 '유권대리'와 같이 본인이 책임을 부담한다(민, 제125조, 제129조). 대리권의 발생은 법정대리의 경우 법률의 규정이나(민, 제911조), 법원의 선임(민, 제936조) 또는 특정인의 지정(민, 제931조)에 의하여 발생하며, '임의대리'의 경우 본인의사에 따른 수권행위 등에 따라 발생한다.

대안적 분쟁해결제도 (代案的紛爭解決制度, alternative dispute resolution)

법원의 소송에 의하지 않고 법원 외의 공정하고 중립적인 제3의 조정자로 하여금 분쟁을 해결하도록 하는 소송외적 분쟁해결제도이다. 이는 소송비용과 시간을 절약할 수 있기 때문에 분쟁 당사자에게 유익한 제도이다. 이 제도의 유형에는 크게 '조정'과 '중재'가 있다. 조정과 중재는 제3의 조정 또는 중재자의 합의 결정에 구속력이 존재하는지의 여부에 따라 구분된다. 최근에는 컴퓨터를 통해 입찰과 유사한 방식으로 주로 금전적 분쟁 당사자 간 자동합의가 이루어지는 새로운 방식이 등장하고도 있다.

도급계약(都給, subcontract)

'도급'이란 당사자 일방(수급인)이 특정한 일을 완성할 것을 약정하고, 타방(도급인)이 그 일의 결과에 보수를 지급할 것을 약정하는 것을 말한다. 토목이나 건축공사의 도급계약을 예로 들 수 있으며, 이것은 '노무'와 달리 일의 완성을 목적으로 하는 점에 특징이 있고, 1차 수급자인 원도급으로 일을 완성하거나, 2차 수급자인 하도급으로 일을 완성해도 좋으나, 보수는 후급이 원칙이고 일의 완성 전 손해는 수급인이 부담하게 된다. 여기서 '도급인'은 도급계약에서 일을 부탁하는 쪽의 당사자이다. 도급인은 수급인에 대하여 일의 완성을 청구할 수 있는 외에 일의 목적물에 하자가 있을 때는, 그 보수청구·손해배상청구·계약해제를 할 수가 있다. 도급인은 수급인의 일에 대하여 보수(도급대금)를 지급하여야 하는데, 그 시기는 특약이 있으면 그것에 따르고, 특약이 없는 경우는 일의 완성 후(목적물의 인도를 필요로 할 때는 인도와 동시), 즉 후급이다(민, 제664조 내지 제665조). 도급인은 수급인이 작업 중에 제3자에게 가한 손해에 관하여는 책임을 부담하지 않는 것이 원칙이지만, 도급 또는 지시에 관하여 도급인에게 과실이 있을 때는, 책임을 부담하게 된다(민, 제757조). 또한 도급인이 제공한 재료 또는 지시에 기인하여 일의 목적물에 하자가 생긴 경우에는 수급인의 담보책임은 발생하지 않는다(민, 제669조).

도달주의(到達主義, receipt rule)

우편으로 의사표시를 하는 경우에는 보통 서신을 써서 우체통에 넣어(발신), 상대방에게 배달되어(도달), 상대방이 읽게 되는(요지) 순서를 밟게 되는데, 우리 민법은 표의자와 상대방의 이해관계를 고려하여 격지자에 대한 의사표시는 원칙적으로 상대방에게 도달한 때에 효력이 발생한다고 정하고 있다. '도달주의'는 의사표시가 도달한 때, 즉 상대방의 지배권 내에 들어가 상대방이 의사표시의 내용을 확인할 수 있는 상태에 놓인 경우에 효력이 생긴다는 주의이며, '수신주의' 또는 '수령주의'라고도 한다. 예컨대 편지가 상대방에게 배달되어 가족이나 동거인이 수령하면 도달된 것으로 본다. 도달하게 되면 비록 발신 후에 표의자가 사망하거나 무능력자가 되어도 그 때문에 의사표시가 무효가 되지 아니한다. 이와 같은 '도달주의의 원칙'에 관해서는 다음과 같은 점을 유의할 필요가 있다. 물론 의사표시에 다른 무효원인이 있으면 도달해도 그 효력이 발생하지 않음은 물론이다. 또 의사표시의 효력발생시기에 관하여 특별한 규정이 있는 경우에는 그에 의한다. 주요 내용은 다음과 같다. ①상대방이 무능력자인 때는, 그 법정대리인이 도달한 것을 알지 못하는 한 의사표시의 효력이 발생한 것을 주장할 수 없다. ②격지자 간의 계약의 승낙에 관해서는 거래의 신속을 도모하기 위하여 발신주의를 취하고 있다. ③요식행위나 요물행위 등은 소정의 형식을 거치거나 급부를 하지 않으면 효력이 생기지 않는다. 그 밖에 이상의 것을 제외하고 ①'대화자 간의 의사표시'나, ②'상대방이 없는 의사표시'에 관해서는 특별한 규정이 없다. ①은, 표백·발신·도달·요지 사이에 시간적인 차가 없으며, ②는, 표백이 있었을 뿐이기 때문이다. 그런데 대화자 간의 의사표시에 관해서는 도달 후에 상대방이 요지하는 것을 결하는 경우가 없는 바는 아니다. 이와 같은 경우에도 상대방이 알 수 있는 상태에 있게 되면 효력이 생기는 것이라고 해석된다.

동산(動産, movables)

'부동산' 이외의 물건은 모두 '동산'이다(민, 제99조 제2항). 그러나 동산으로부터 부동산으로의 진행과정에 있는 건축 중의 건물이나, 그 반대과정에 있는 철거 중의 건물의 경우에는 그것이 동산인지 부동산인지를 식별하는 것이 곤란한 때가 있다. 따라서 추상적으로 말하면 건물의 용도에 따른 사용을 할 수 있는 상태에 있느냐가 구별의 표준이 될 것이다. 동산의 수효는 사회통념에 의한다. 곡식·된장·간장·술 등은 용기에 의하여 수효가 정해진다. 동산과 부동산은 여러 가지 점에서 법률상의 취급이 다르다.

동시이행의 항변권(同時履行抗辯權, right of defense for simultaneous performance)

"대금을 지급하면 물품을 인도한다"는 매매계약에서는 서로가 대가관계에 있는 채무를 부담하고 있다. 즉 매수인은 대금을 지급한다는 채무를 부담하고 매도인은 물품을 인도한다는 채무를 부담하는 것이다. 따라서 매도인의 입장에서 보면, 물품인도는 대금지급이 있을 때까지 거절할 수 있고, 매수인의 경우 대금의 지급은 물품의 인도가 있을 때까지 이를 거절할 수 있다. 이와 같이 거절할 수 있는 권리를 '동시이행의 항변권'이라고 한다. 동시이행의 항변권은 공평의 원칙에 기하여 인정되는 것이므로, 2개의 채무가 1개의 쌍무계약에 기한 것이 아니더라도, 1개의 법률요건에 기하여 발생한 것이고, 양자를 동시에 이행하게 하는 것이 공평한 경우 널리 인정되어야 한다. 일반적으로 동시이행의 항변권을 행사하려면, 다음의 요건이 요구된다. ①서로 대가적 의미를 가지는 채무가 존재하여야 한다. ②상대방의 채무가 이행기에 있어야 한다. 곧 먼저 이행할 의무가 있을 때는 항변권이 발생하지 않는다. ③상대방이 자기 채무의 이행이나 이행의 제공을 하지 않고 이행을 청구할 때이다. 한 번이라도 제공하면, 항변권이 영구히 소멸할 것인가의 여부는 의문이지만, 소멸하지 않는다는 것이 판례의 입장이다. 그 효력은, ①항변권이 있는 한, 채무의 이행을 거절할 수 있으며, 거절을 해도 채무불이행이 되지 않는다. ②소송에 임하게 되면, 상대방의 급부(대금지급)와 상환하여 급부하라는 제한승소판결을 받을 수 있다.

매도인(賣渡人, seller)

민법상 매매계약에 있어서 목적물을 파는 쪽 당사자를 '매도인'이라고 한다. 상대방(매수인)에 대하여 대금의 지급을 청구할 수 있으며 그 자신은 목적물의 재산권을 이전할 의무가 있다(민, 제563조). 사업상으로는 매매에 있어서 매수인이 목적물의 수령을 거부할 경우에 그 목적물을 공탁·경매할 수 있는 권리를 가지며 이 경우에는 매수인에 대하여 통지의무를 부담한다.

매매(賣買, sale)
당사자의 일방(매도인)이 어떤 재산권을 상대방에게 이전할 것을 약정하고 상대방(매수인)은 이에 대해여 대금지급을 약정함으로써 성립하는 낙성·쌍무·불요식의 유상계약이다(민, 제533조).

매매계약(賣買契約, contract of sale)
매도인이 매수인에게 대금지급을 반대급부로 하여 물품의 소유권을 이전하는 것을 약속한 계약을 말한다. 매도인의 청약에 대해 매수인이 승낙하면 계약은 성립된다. 이 계약의 성립에 의해 매도인은 물품인도의 의무를 부담하고 매수인은 대금지급의 의무를 부담한다.

매수인(買受人, buyer)
민법상 매매계약에 있어서 사는 쪽의 당사자를 말한다. 상대방인 매도인에 대하여 재산권이전청구권을 가지며 스스로는 대금지급의무를 부담한다(민, 제563조). 상법상 상인 간의 매매에 있어서는 매수인은 목적물을 수령할 때는, 하자나 수량의 부족을 검사하여 매도인에게 통지할 의무가 있으며, 만약 통지하지 아니한 경우에는 계약의 해제, 대금감액 또는 손해배상을 청구하지 못한다(상, 제69조). 이와 같은 경우에 매매계약을 매수인이 해제한 경우에는 매도인의 비용으로 매매의 목적물을 보관 또는 공탁하여야 한다.

면책약관(免責約款, exclusion clause)
선하증권, 해상보험증권 중에 선박회사, 보험회사의 면책, 곧 손해가 발생하여도 보상책임을 부담하지 않는 것을 기재한 약관을 말한다.

명령(命令, instruction, injunction, order)
법의 일부로서의 명령은 행정입법에 의한 명령을 말한다. 긴급명령·긴급재정·경제명령 등의 '법률대위명령'이 있으나, 일반적으로 '법률종속명령'을 말하며, 헌법과 법률의 하위법이 된다. 명령은 내용에 따라 '법규명령'과 '행정명령'으로 나누어진다. 법규명령은 일반 국민의 권리·의무에 관한 사항을 규율하고 국가와 국민 모두에게 구속력을 가지는 명령이다. 행정명령은 행정규칙이라고도 하며, 일반 국민의 권리·의무에 관한 사항을 규율하지 않고 행정조직 내부에서만 구속력을 가지는 명령이다. 명령은 근거에 따라 ①'위임명령'과, ②'집행명령'으로 나누어진다. ①은 상위법령의 위임에 따라 발동되는 명령이다. ②는 직권으로 필요한 사항을 집행하기 위하여 발동되는 명령이다. 또한 명령은 발령권자에 따라 '대통령령'·'총리령'·'부령' 등으로 나누어진다. 대통령령을 '시행령'이라고 하며, 총리령과 부령을 '시행규칙' 또는 '시행세칙'이라고 한다. 특별권력관계에서 명령권에 의한 명령은 ①'일반적·추상적인 행정명령'과, ②'개별적·구체적인 하명처분'이 있다. '훈령'은 ①의 예이며, ②는 후자의 예이다. 행정행위에 의한 명령은 일정한 의무를 부과하여 사실상 국민의 자유를 제한하는 처분이다. 사용금지명령·시설개선명령·폐기·수거명령 등이 그 예이다.

무과실(無過失, without fault)
'무과실'은 과실, 즉 주의의무위반이 없는 행위를 말한다. 일반적으로 민법상 선의와 함께 쓰이며, 선의인 것에 관해 과실이 없는 것을 가리킨다(민, 제245조 제2항, 제249조). 물건의 점유에 관하여 점유자의 선의는 추정된다(민, 제197조 제1항). 그러나 무과실은 추정되지 아니한다.

무상계약(無償契約, gratuitous contract)
'증여계약' 등과 같이 경제적인 출연은 한쪽 당사자만 하고, 상대방에서는 이에 대응하는 반대급부를 하지 않는 계약을 말한다. '편무계약'은 대부분이 '무상계약'이다. 그러나 이자 있는 소비임차는 이자라고 하는 경제적인 지급을 수반하지만, 임주와 차주의 채무는 서로 대등한 관계가 아니므로 편무계약이다. 민법의 전형계약 중에 증여·사용임차는 무상계약이다. 그리고 임치소비대차·위임·종신정기금은 당사자 의사에 따라 유상 또는 무상이 되므로 성질상 일정하지 않다.

무인계약(無因契約, abstract contract)
법률에 의해서 사실과 채무가 무관계로 되어 발생함으로써 원인인 사실이 없어도 채무만은 존립하는 계약이 무인계약이다. 민법의 전형계약은 전부 유인계약이다. 예컨대 매도인의 목적물 인도채무와 매수인의 대금지급 채무는 서로 원인관계에 있으며 매도인의 채무가 원시적 불능으로 무효가 되었을 때에는 매수인의 채무도 발생하지 않으며, 결국 매매계약 자체가 무효로 된다. 민법에는 규정이 없지만 계약자유의 원칙으로 보아서 당사자의 합의에 의한 무인계약은 유효하다고 인정된다.

무효(無效, invalidity)
'무효'는 법률행위가 성립한 때부터 그 효력이 발생하지 않는 것이 확정되어 있는 것을 말한다. 무효인 법률행위는 법률행위의 성립요건은 갖추었으나, 효력요건을 갖추지 못한 경우이므로 법률행위의 성립요건조차 갖추지 못한 '법률행위의 부존재'와 구별된다. 또한 법률행위 성립 당시에 효력을 가지나, 후에 소급하여 소멸케 하는 '취소할 수 있는 법률행위'와도 구별된다. 이 경우 '취소'는 원칙적으로 무능력 또는 의사표시가 사기·강박·착오로 행하여진 것을 이유로, 일단 유효하게 성립한 법률행위의 효력을 후에, 곧 행위 시에 소급하여 소멸케 하는 특정인(취소권자)의 의사표시'를 말한다. '취소할 수 있는 행위'는 '취소'가 있을 때까지는 모든 자가 그 행위의 효력이 있는 것으로 다루며, 취소권자가 취소권을 포기하거나 또는 취소권이 소멸하면, 그 행위는 효력을 잃지 않는 것으로 확정된다. 이는 '무효인 행위'와 구분된다.

물건(物件, goods)

우리 민법상 '물건'이란, "유체물 및 전기 그 밖의 관리할 수 있는 자연력을 말한다"라고 규정하고 있다. 따라서 민법상 물건이기 위해서는 유체물이나 관리가 능한 자연력이어야 하고, 사람이 그것을 관리할 수 있어야 하며, 외계의 일부로서 독립한 물건이어야 한다. 이 경우 사람의 오감에 의하여 지각할 수 있는 형태를 가지는 유체물과, 전기·열·광·음악·향기·에너지 등 관리 가능한 자연력도 물건이 될 수 있다. 그러나 아무리 유체물이라 하더라도 사람이 관리할 수 없는 것, 이를테면 일·월·성·공기 등은 법률상 물건의 개념에서 제외된다. 또한 민법은 인격절대주의를 취하고 있으므로, 신체 또는 신체의 일부는 법률상 물건이 아니다. 물권의 목적인 물건은, 배타적 지배가 가능한 독립한 물건이어야 한다. 그러므로 원칙상 물건의 일부, 그 구성부분 또는 여러 개의 물건의 집합은 물건이 아니다. 이 경우 물품은 상학적 용어로서 물건에 의제된다.

물권(物權, real right)

특정물건 또는 재산권을 직접적·배타적으로 지배하여 이익을 향수하는 것을 내용으로 하는 권리이다.

물권계약(物權契約, contract of real right)

'물권계약'은 직접 물권의 설정·이전·소멸을 목적으로 하는 계약으로, 달리 '물권적 합의'라고도 한다. 물권계약은 물권행위의 대부분을 차지한다. 계약이 아닌 물권행위는 유언 이외에 그 예가 극히 드물다.

민사소송제도(民事訴訟, civil litigation)

'민사소송'은 사인의 생활관계에서 일어나는 분쟁을 국가 재판권에 의해 법률적·강제적으로 해결하는 일련의 절차를 말한다. 사법은 사인 간의 모든 생활을 규율하는 준칙이 되는 한편, 여기에서 생기는 법적 지위나 권리를 국가권력에 의하여 보장·실현하는 역할을 한다. 그러므로 사회생활에서 일어나는 분쟁이 사법의 규율대상이 되는 사건에 속할 경우에 권리를 주장하는 자는 스스로 원고가 되어 법원에 소를 제기하여야 한다. 법원에 관하여 재판을 하려면, 자기가 주장하는 내용이 정당하다는 것을 입증할 만한 자료를 제출하여야 한다. 또한 상대방인 피고로서도 자기에게 유리한 공격과 방어를 함으로써 스스로의 지위를 지켜가게 된다. 이 같이 민사소송은 원고와 피고의 대립된 이해관계에서 투쟁에 의하여 진행된다. 소송의 결과 판결이 확정되면 집행력이 생기고, 국가의 공권력에 의하여 사권의 목적이 실현된다.

반대청약(反對請約, counter offer)

승낙자가 청약에 조건을 붙이고 특단의 변경을 가해서 승낙한 경우 우리 민법은 청약을 거절하고 새로운 승낙자가 청약한 것으로 취급한다. 보통법에서도 상대방의 승낙이 청약의 내용과 조금이라도 다를 경우 이는 상대방에 의한 '반대청약'(대응청약 또는 조건부 승낙)으로 보아 유효한 승낙으로 취급하지 않고 있다.

반증(反證, counterevidence)

상대방의 입증사실을 부정하기 위하여 그 반대당사자가 제출하는 증거를 총칭한다. '본증'이 목적을 달하기 위해서는, 요증사실에 관하여, 재판관에게 확신을 갖게 하지 않으면 안 되는데, '반증'은 본증에 의한 재판관의 심증형성을 방해하거나 또는 동요시킬 목적으로 제출하는 것이다. 이에 의하여 상대방의 본증에 의한 요증사실의 증명은 실패하게 되며, 입증책임의 원칙에 따라서 그 상대방이 불이익한 판단을 받는 결과가 된다. '본증'과 '반증'의 구별은, 그 제출자의 입증책임의 유무에 의한 것이며, 원고와 피고의 지위에 의하는 것은 아니다. 예컨대 항변을 제출한 피고는 그 항변사실에 관하여 입증책임을 지며, 그것을 증명하기 위해 피고가 제출하는 증거는 '본증'이며, 이 항변사실의 입증을 방해하기 위해 원고가 제출하는 반대사실의 증거는 '반증'이다. '반증'은 '본증'과 동시에 또는 사후에 제출할 수 있다.

반환청구권 (返還請求權, right of a claim for a return, right to request a return)

소유물 반환청구권과 동일한 말로, 곧 다른 사람이 자신의 물건을 점유함으로써 소유권을 침해당한 자가, 침해한 자에 대하여 그 물건의 반환을 청구하는 권리이다.

발신주의(發信主義, dispatch rule)

'발신주의'는 의사표시가 발신되었을 때, 예컨대 서신을 우체통에 넣은 때, 종이에 기록하여 전보국의 창구에 의뢰한 때, 효력을 인정하는 주의이다. 즉 의사표시가 표의자의 지배범위를 벗어나서 발신되면 효력을 발생한다. 민법은 도달주의를 원칙으로 하고 있지만(민, 제111조 제1항), 격지자에 대한 의사표시의 효력 발생시기에 관하여는 의사표시를 발신한 때에 의사표시의 효력이 발생하도록 하고 있다.

배상(賠償, compensation)

'배상'은 위법한 행위로 타인에게 손해를 입힌 사람이 그 피해를 회복시켜 주는 것을 말한다. 따라서 채무를 이행하지 않아서 다른 사람에게 피해를 주거나 혹은 불법행위로 손해를 입힌 경우 배상책임이 인정된다. 배상은 자신이 행위 한 것에 관하여 책임을 지는 것이기 때문에 고의 또는 과실에 기한 귀책사유가 존재하여야 한다. 교통사고나 폭행 또는 민사소송 등이 이 범주에 속하며, 예외적으로 대인배상보험이나 대물배상보험, 근로자재해배상책임보험 등은 제3자에게 피해를 입힌 손해를 전보하므로 '보상'의 성격을 지닌다.

배서(背書, endorsement)

어음의 수령인 및 그 후의 어음의 소지인이 일정사항을 증권배면에 기재하여 타인에게 교부하는 행위를 말한다. 어음유통을 위한 권리의 양도방법인 요식의 부속적 어음행위이다. 즉 '배서'는 유가증권에 특유한 간편한 양도방법이다.

배서금지(背書禁止, endorsement prohibition)

일반적으로 새로운 배서를 금한다는 취지를 기재한 배서를 말한다(어음, 제15조, 제77조; 수표, 제18조). 달리 '금전배서'라고도 한다. 발행인의 지시금지와는 달라서 어음·수표에서 배서성을 박탈하는 것이 아니고 여전히 어음은 배서에 의해 양도할 수 있다. 다만 배서금지의 기재가 있을 때는, 그 배서인은 직접의 피배서인에 대해서 담보책임을 부담하지만 피배서인이 다시 배서하더라도 이후의 피배서인에 대하여는 담보의 책임을 지지 않는데 불과하다(어음, 제15조, 제77조; 수표, 제18조).

배타적 경제수역
(排他的經濟水域, exclusive economic zone)

자국 연안으로부터 200해리까지의 모든 자원에 대해 독점적 권리를 행사할 수 있는 UN 국제해양법상의 수역을 말한다.

백지배서(白地背書, endorsement in blank)

피배서인을 기재하지 아니한 배서이다. '무기명식' 또는 '약식' 혹은 '불완전 배서'라고도 한다. '백지배서'에는 2가지 종류가 있다. ①배서문구의 기재만 있고 피배서인의 기재가 없는 경우로 외견상 배서임을 알 수 있으므로 증권의 이면·표면을 가리지 아니한다. ②피배서인의 기재나 배서문구의 기재가 다 없고 단순히 배서인의 기명날인만이 존재하는 경우로 증권의 이면 또는 보전 상에 존재하지 않으면 배서로의 효력이 없다(어음, 제13조, 제77조; 수표, 제16조).

법계(法系, legal system)

친족법과 같은 풍속적·윤리적인 법제를 제외한 기술적·이론적인 법제는 공통된 색채가 짙으므로, 어느 나라나 민족 안에서 발달된 법규범이 다른 나라나 민족에게 계수되기 쉽다. 이와 같이 A국의 법제도가 B국에 계수된 법을 계수법이라 하며, 이 경우 A국 모법국, B국을 자법국이라 한다. 그리고 을국법은 갑국법의 계통에 속하는 것으로 취급되기 때문에 법계가 생기는데, 법계는 입법과 법의 해석에 있어서 비교법적 고찰을 하는 데 중요하다. 법계 중 중요한 것은 대륙법계와 영미법계이며, 그 밖에 이슬람법계·중국법계 등도 있다. 대륙법계는 로마법을 계수한 유럽 대륙법의 계통이며, 개인주의나 성문법주의 등이 그 특색이다. 이 법계는 다시 프랑스법계·독일법계·사회주의법계 등으로 나누어진다. 영미법계는 영국법이 미국에 계수된 법계이며, 판례법주의를 취하는 것이 특색이다. 오스트레일리아·남아프리카공화국 등 영국의 식민지였던 나라들이 이 법계에 속한다.

법률관계
(法律關係, juridical relation or legal relation)

'법률관계'란 법에 의해 규율되는 생활관계를 말한다. 예컨대 A·B 간에 시계의 매매계약이 체결되면 매매인 A는 매수인 B에 대하여 대금지급을 청구할 권리를 취득하고, 매수인은 시계의 소유권을 취득한다고 하는 법적 관계가 생긴다. 이처럼 A·B 간의 관계가 법률관계이다. 법은 사람과 사람과의 관계를 권리와 의무의 관계로 규율하므로 법률관계는 권리의무의 관계이다. 이를테면 A가 B를 상해하면, B는 A에 대하여 손해의 배상을 청구할 권리를 취득하고, A는 배상지급의 의무를 부담하는 법률관계가 발생하게 된다.

법률요건(法律要件, juristic condition)

권리변동의 원인인 사실을 '법률요건'이라 하며, 법률요건의 요소인 사실을 '법률사실'이라고 한다. 예컨대 매매는 당사자의 일방이 재산권을 상대방에게 이전할 것을 약속하고, 상대방이 이에 대하여 대금을 지급할 것을 약속함으로써 성립하는 법률요건이며(민, 제563조), 또 불법행위는 고의 또는 과실로 인한 위법행위로 타인의 권리를 침해하여 손해를 입힘으로써 성립하는 법률요건이다(민, 제750조).

법률행위(法律行爲, legal act)

의사표시를 불가결의 요소로 하는 법률요건을 말한다. 곧 사람의 행위 중 일정한 법률효과를 의욕하고서 이루어지는 행위를 말한다. 그러므로 법률행위는 일정한 법률효과를 원하는 의사표시를 불가결의 요소로 한다. 법률행위에는 하나 이상의 의사표시가 반드시 포함되어 있으며, 따라서 의사표시의 결함은 그대로 법률행위에 영향을 미친다. 그러나 법률행위는 의사표시만으로 이루어지는 것은 아니며 의사표시 이외의 다른 법률사실을 요소로 하기도 한다. 물건의 인도, 증서의 작성 등이 그 예이다.

법률행위의 부관
(法律行爲附款, additional clauses of legal act)

'법률행위의 부관'이라 함은 법률행위의 효력의 발생·소멸을 장래의 일정한 사실의 성부에 의존하도록 제한하기 위해, 당해 법률행위의 내용으로서 부가되는 약관이다. '법률행위의 부관'으로 '조건'·'기한'·'부담' 등이 있다.

법률효과(法律效果, juristic effectiveness)

'법률효과'는 구체적 사실이 법률요건을 충족하는 것에 의해 발생하는 것으로, 법규범이 정한 법적 효과를 말한다. 법률관계의 내용이 구체적으로는 권리와 의무의 복합적 구성물이라는 데에 착안한 것이 '권리의 변동'이며, 이는 권리의 발생·변경·소멸이라는 일련의 과정을 내재한다. 법률효과를 발생하게 하는 원인을 '법률요건'이라 하며, '법률요건'은 '법률사실'로 이루어진다. '법률효과'는 주로 '법률행위' 또는 '법률의 규정'에 의한다.

법원(法源, legal source)

'법원'이란 법의 존재 형식을 말한다. 법이 어떤 형태로 존재하고, 또 어떻게 작용하는지를 말하는 것이 법원이다. 일반적으로 법원은 법을 적용하는 법관이 재판을 할 때 있어서 적용하여야 할 기준을 말한다. 따라서 일반국민에게 어떤 것을 법으로 인식해야 하고, 이에 따라 어떤 행위를 강제력 있는 법으로 다루어야 하는지를 선택할 수 있는 기준을 제시 한다. 또한 법원은 법관에게 있어서 재판의 기준으로 삼아야 하고, 법관에게 무엇이 법인지의 기준을 제시하기도 한다. 법은 크게 두 가지 기준으로 나눌 수 있다. 법전의 형태로 존재하는 성문법과 법전에 규정되지 않았지만 법으로써 인정되는 불문법으로 나누어진다.

법적 안정성(法的安定性, legal stability)

'법적 안정성'이라 함은 사회에서 행해지고 있는 법질서가 동요하지 않고, 어떤 행위가 정당하며, 어떤 권리가 보호되며, 어떤 책임이 어떻게 추궁되느냐가 일반적으로 분명히 제시되어 있어, 이로부터 사람들이 법의 권위를 믿고 마음 놓고 행동할 수 있는 상태를 말한다. 달리 '법적 확실성'이라고도 한다.

법정담보물권(法定擔保物權, mortgage bond)

'법정담보물권'은 특수한 채권에 대해 일정한 요건에 따라 법률상 당연히 발생하는 것으로 유치권·법정질권·법정저당권·우선특권 등이 이에 해당한다.

법정해제권(法定解除權, legal right of termination)

법률의 규정에 의하여 당연히 해제할 수 있는 권리가 발생하는 사유로서 기능한다. '약정해제권'과 대립하는 용어이다. 통상 이행지체 등 채무의 불이행에 의한 해제권이 이에 해당하는데, 매도인의 담보책임 등 특별한 규정(민, 제576조)에 의한 경우도 있고, '사정변경의 원칙'에 의한 해제권도 똑같이 취급되고 있다. 이행지체일 경우는 상당한 기간을 정하여 이를 최고하고 최고기간이 지나면 '법정해제권'을 행사할 수 있다(민, 제544조).

변론(辯論, pleading)

정해진 기일에 당사자 쌍방이 구술을 통하여 진술 또는 공격방어방법의 제출을 하는 것을 뜻하며, 달리 '구두변론'이라고도 한다.

변제(辨濟, repayment)

채무의 내용에 좇은 급부를 실현하는 것으로서 달리 '이행'이라고도 한다. '변제'는 급부행위(이행행위)를 통해 채권의 목적 달성이라는 점에 초점을 맞춘 것이다. 변제의 법적 성질에 관해서, 통설은 '준법률행위설'(사실행위설)을 취한다. 변제를 완료하기 위해서는 채무자와 채권자가 서로 협력을 필요로 하는 경우가 많다. 채무자가 자기의 채무에 관하여 스스로 할 수 있는 데까지 이행할 필요가 있다는 것은 물론이지만, 이에 따라 채권자도 협력해야 할 신의칙상의 의무가 있다. 이 채무자의 행위를 '변제의 제공'이라고 하고 채권자의 행위를 '변제의 수령'이라고 하는데, 모두가 신의칙이나 거래관습에 따라서, 그 내용이나 정도를 결정해야 한다. 변제는 채권의 내용이 되고 있는 본래의 급부대로 이행하는 것이 보통이지만, 채권자의 승낙이 있으면 다른 물건으로 변제할 수도 있다. 이것을 '대물변제'라고 한다. 변제는 채무자가 아닌 자도 할 수 있는데 이것을 '제3자의 변제'라고 한다. 제3자는 변제한 부분에 관하여 구상권을 행사할 수 있다. 이것을 '변제자의 대위' 또는 '대위변제'라고 한다. 또한 변제는 채권자만이 수령하는 것을 원칙으로 하고 있지만 예외적으로 채권이 압류된 경우와 같이 채권자에게 수령권한이 없는 때가 있고, 예금증서와 도장을 소지하고 있는 자나, 영수증서의 지참인이 진정한 수령권한이 있는 자가 아닌데도 그 자에게 변제한 경우와 같이 수령권한이 없는 자에 대한 변제가 유효인 경우도 있다.

보상책임(報償責任, responsibility to compensate)

'보상책임'은 무과실책임을 인정하는 근거로 사회생활에 있어 막대한 이익을 얻은 자는 그 수익활동에서 비롯되는 손해에 항상 책임을 져야 한다는 사고방식이다. 이익이 있는 곳에 손실을 돌려야 한다는 공평의 관념에 기초하는 것이다. 민법의 사용자 책임(민, 제756조)은 이러한 사고의 구현이며, 그것을 적당히 확장하여 큰 이익을 얻는 기업자에게는 그 책임도 넓게 인정해야 한다는 주장도 힘을 얻고 있다. '보상책임'은 '위험책임'과 '무과실책임이론'의 중추를 이루고 있다.

보세구역(保稅區域, bonded area)

외국물품과 일정한 내국물품이 크기가 지나치게 커서 보세구역에 장치하기 곤란한 때, 세관장의 허가를 받아 다른 곳에 장치하는 경우를 제외하고는 보세구역에 장치하여야 관세가 면제된다. 보세구역에서는 물품의 반출입・작업 등을 세관장이 통제한다. 보세구역은 지정보세구역과 특허보세구역으로 구분되는데 지정보세구역은 지정장치장・세관검사장으로, 특허보세구역은 보세장치장・보세창고・보세공장・보세전시장・보세건설장 및 보세판매장으로 세분되어 있다(관세, 제65조). 지정보세구역의 지정장치장은 통관하기 위한 물품을 일시 장치하기 위하여 세관장이 지정한 장소, 즉 통관역・통관비행장・통관우체국・통관장 및 세관구내 등이고, 세관검사장은 통관하기 위한 물품을 검사하기 위한 장소로서 세관장이 지정한다(관세, 제73조, 제77조의 2). 특허보세구역은 당해 보세구역을 설영하고자 하는 자가 특허를 얻어 설영한다. 미성년자・금치산자・한정치산자 등은 특허보세구역의 설영인이 될 수 없고 특허를 받은 자는 보세구역의 넓이에 따라 특허수수료를 납부하여야 한다(관세, 제78조 내지 제79조). 특허보세구역 중 보세장치장은 통관하기 위한 물품을 장치하기 위한 구역으로, 보세장치장 설영의 특허기간은 10년 내로 하되 변경할 수 있다(관세, 제88조 내지 제89조). 보세창고는 외국물품을 장치하기 위한 구역으로, 10년 이내의 기간을 정하여 특허하고(관세, 제93조 내지 제94조), 보세공장은 외국물품을 원료로 제조・가공 기타 유사한 작업을 하기 위한 구역으로서, 10년 이내의 기간을 정하여 특허한다(관세, 제98조・제104조). 보세전시장은 박람회・전람회・견본 시 등의 운영을 위하여 외국물품을 장치하는 구역으로, 특허기간은 세관장이 정하고(관세, 제105조 내지 제・106조), 보세건설장은 산업시설의 건설에 소요되는 외국물품을 장치・사용하여 당해 건설공사를 하기 위한 구역으로, 특허기간은 당해 건설공사의 기간을 고려하여 세관장이 정한다(관세, 제110조 내지 제111조). 또한 보세판매장은 외국물품을 외국으로 반출하거나 외국으로 출국하는 자 등에게 물품을 판매하는 구역으로, 10년 이내의 기간을 정하여 특허한다(관세, 제116조의 2).

보증채무(保證債務, guaranteed obligation)

주채무자가 그의 채무를 이행하지 않을 경우 그 이행의 책임을 지는 제3자의 채무를 말한다. 주채무와 동일한 내용을 지닌 종속된 채무로서 주채무를 담보하는 작용을 한다(민, 제428조 내지 제448조). 주채무가 없으면 보증채무는 성립할 수 없고, 주채무의 무효・취소는 보증채무의 무효・취소를 가져온다(부종성). 그러므로 주채무자가 무능력자이기 때문에 그의 법정대리인이 주채무를 취소한 경우에는 보증채무도 소멸한다.

부당이득(不當利得, unfair profits)

법률상의 원인 없이 타인의 재산 또는 노무로 인하여 이익을 얻고 이로 인하여 타인에게 손해를 가한 경우에 그 이익을 '부당이득'이라고 한다. 부당이득에 대한 선의의 수익자는 현존이익의 범위 내에서 그 타인에게 이익을 반환하여야 하며, 악의의 수익자는 그 받은 이익에 이자를 붙여 반환하고 손해가 있으면 이를 배상해야 한다. '부당이득'의 성립을 위해서는, ① '수익'(타인의 재산・노무에 의하여 이익을 얻는 것), ②'손해'(타인에게 손해를 준 것), ③'인과관계'(수익과 손해 사이에 인과관계가 있을 것), ④'법률상 원인의 부존재'(법률상 원인이 없는 경우) 등과 같은 4가지 요건이 필요하다. ①은 적극적 재산상의 증가뿐만 아니라 소극적으로 당연히 발생하였어야 할 재산의 감소를 면하는 것도 포함된다. 채권도 물권과 같이 재산의 하나이므로 그 취득도 당연히 수익이 된다. 또한 현재 취득한 이익뿐만 아니라 장래 취득할 이득도 미리 부당이득의 반환을 청구할 소의 이익이 있다면 소송상 청구할 수 있다. ②는 A로부터 B에게 재화가 이전된 경우에 만일 그 기초가 된 법률관계가 무효나 취소에 의하여 존재하지 않게 된 경우, 즉 급부수령자가 그 급부를 보유할 수 없게 된 경우에 급부자・급부수령자 각각의 처지로부터의 재화의 이전을 보면, 후자에게는 재화의 이전이 '수익'이 되고, 전자에게는 '손해'가 된다. 손해는 수익과 서로 표리의 관계에 있는 개념이고 대단히 넓은 의미를 지닌다. ③수익과 손해 사이의 인과관계는 반환청구권자의 손실의 발생과 동시에 수익자에게 이득을 발생시킨다는 의미의 직접적 인과관계일 필요는 없으며, 사회관념상 양자 사이의 관련성이 인정되는 것으로 충분하다. 그리하여 이득과 손실은 같은 것일 필요는 없으며 그 평가액이 같을 필요도 없다. ④에 관한 '법률상 원인 없이'의 의미에 관하여 학설의 대립이 있다. 통설은, 제3자에 대한 관계에서는 형식적·법률적으로 일응 수익자에게 귀속하는 이득·수익을 손실자에게도 그대로 보유하게 하는 것이 공평·정의에 이념에 반하는 경우를 의미한다고 할 수 있다.

부동산(不動産, immovables)
물건인 유체물 및 전기 그 밖의 관리할 수 있는 자연력(민, 제98조) 중에서 토지 및 그 정착물은 '부동산'이고, 부동산 이외의 물건은 '동산'이다(민, 제99조).

부작위(不作爲, omission)
마땅히 해야 할 것으로 기대되고 있는 행위임에도 불구하고 하지 않는 태도로서 작위와 상반되는 개념이다. 사람의 행위에는 "밥을 먹는다", "자동차를 운전한다" 따위와 같은 적극적 동작과, "아이에게 젖을 먹이지 아니 한다"처럼 소극적 태도가 있다. 앞의 것을 작위라고 하고 뒤의 태도를 부작위라 한다. 부작위란 아무것도 하지 아니하는 것을 의미하는 것이 아니라 규범적으로 기대된 일정한 행위를 하지 않는 것을 두고 말한다.

부지약관(不知約款, unknown clause)
컨테이너 해상운송에서, 선박회사는 내용물에 대해서는 책임이 없다는 약관이다. 선박회사에서 컨테이너에 적재된 화물의 내용물을 일일이 확인할 수가 없어 선적화물의 내용을 알지 못하므로 그에 대한 책임이 없음을 약정한 운송인 면책약관으로, 이런 약관이 있는 선하증권을 '부지약관선하증권'이라고 한다. 선하증권에 외관상 양호한 상태로 선적하고 이것과 유사하게 양호한 상태로 인도한다는 내용이 기재되어 있을 때 해당되는 것으로, 운송인은 화물내용이나 중량·용적은 물론 내용물의 수량·품질·종류·가격 등에 대하여는 책임을 지지 않는다. 이를 확실하게 하기 위하여 '송화인의 적재 및 검수' 또는 '본인적입'이라는 '부지문언'이 기재되는 경우도 있다.

부합계약(附合契約, adhesive contract)
계약당사자 일방이 결정한 것에 대해 타방은 사실상 그대로 따를 수밖에 없는 계약이다. 달리 '부종계약'이라고도 한다. 오늘날 일반인이 대기업과 체결하는 운송·보험·전기의 공급·고용 등의 계약과 같은 것이다.

불가항력(不可抗力, act of God, force majeure)
'불가항력'은 본래 로마법상 '레셉툼 책임', 즉 운송인이나 여관주인이 영업상 물품을 수령한 사실을 근거로 하여 그 멸실·훼손으로 인한 손해에 관하여 당연히 부담하게 되는 엄격한 결과책임의 면책원인으로서 논의되었다. 따라서 그 성질상 물리적 사실만을 따져서 엄밀하게 정립된 관념이 아니라 귀책여부를 따지기 위한 법률상의 관념이고, 오늘날에도 주로 민법이나 상법상의 책임 또는 채무, 그 밖의 불이익을 면하게 하거나 경감시키는 표준으로 사용된다(상, 제152조; 우편, 제39조). 불가항력은 일반적인 무과실보다 엄격한 관념이며, 예컨대 당사자의 부상·여행·기업시설의 불비 등은 비록 과실에 의거한 것이 아니더라도 불가항력에 해당하지 않는다. 불가항력을 책임의 경감 또는 면제의 원인으로 삼는 것은 근본적으로 당사자 일방이 부담하게 될 가혹한 책임을 덜어주자는 형평이념에서 비롯된 것이라고 할 수 있는데, 현행법은 이러한 이념을 더욱 넓게 보편화시켜 불가항력으로 빚어진 사실관계의 변화와 관련하여 권리 자체가 소멸하는 것으로 규정하기도 하고, 의무의 경감 또는 면제를 받을 수 있는 요건으로 하기도 하며(상, 제709조), 때로는 권리를 행사할 수 있는 조건으로 되어 있는 불변기간을 연장하는 요건으로 하기도 한다(어음, 제54조; 수표, 제47조). 한편 법률관계의 성질상 책임의 경감이나 면제를 고려하지 않아도 될 경우에는 불가항력으로도 책임을 면할 수 없는 것으로 하고 있다(민, 제308조, 제336조). '불가항력'의 내용으로서, 천재지변, 국가기관의 행위, 전쟁·폭동 등의 정치적 요인, 파업·운송사고 등의 경제·사회적 요인 등을 예시할 수 있다.

불법행위(不法行爲, illegal act, tort)
'불법행위'란 고의 또는 과실로 인한 위법한 행위로 타인에게 손해를 가하는 것을 말한다. 우리 민법은 일정한 요건 아래 불법행위를 한 행위자는 피해자에게 생긴 손해를 배상하여야 한다고 규정하고 있다. 불법행위의 일반조항으로서, 고의 또는 과실로 인한 위법한 행위로 타인에게 손해를 가한 자는, 그 손해를 배상할 책임이 있다. 불법행위책임의 요건에 관한 규정으로, 가해자에게 책임이 발생하기 위해서는 책임능력이 존재하여야 하고, 동시에 '위법성조각사유'가 존재하지 않아야 한다. 그러나 자본주의의 발달에 따라, 특히 기업활동과 관련하여 '과실책임주의'의 합리성이 문제된다. 즉 기업활동에서 기업 측의 과실

자체가 의문시되는 경우가 있을 뿐만 아니라 그 입증도 쉽지 않아 '과실책임주의' 아래에서 기업은 피해자의 희생으로 이익을 얻는다는 결과로 될 수 있다. 이러한 결과는 손해의 공평한 분담이라는 불법행위의 목적에 반하게 되므로, '과실책임주의'가 완화되기도 하고, 나아가 가해자에게 과실이 없더라도 그의 행위로 인하여 손해가 발생하였다는 관계가 있으면, 그것만으로 손해배상책임을 지우는 '무과실책임주의'가 대두하기에 이르렀다. '무과실책임'은 손해발생의 위험성이 높은 위험성을 지배하는 자는 그 위험요인으로부터 정형적으로 생긴 결과에 관하여 스스로 책임을 부담하여야 한다는 '위험책임'과, 이익을 얻은 자가 손실도 부담하여야 한다고 하는 '보상책임'을 귀책원리로 하고 있다. '불법행위제도'의 목적은 '손해의 공평한 분담'에 있다. 그러나 배상의무자에게 변제능력이 없다면, 비록 '무과실책임'에 의하여 피해자에게 손해배상청구권을 인정하더라도 위의 목적을 달성할 수 없게 될 수 있다. 또한 배상의무자에게 자력이 있더라도 일시에 많은 배상금을 지급하면, 기업활동에 영향을 초래할 수 있다. 따라서 피해자의 구제를 위하여 배상의무자의 배상능력의 강화방법을 모색하여야 하며, 이를 위한 수단으로 이용될 수 있는 것이 보험제도, 즉 '책임보험'이다. 이러한 '책임보험제도'로 '자동차손해배상책임보험', 근로자의 '재해보상보험' 및 '원자력손해배상보험' 등이 있다.

불요식계약(不要式契約, informal contract)

'불요식계약'이란 계약이 성립하기 위하여 당사자 간의 합의 이외에 일정한 방식을 요구하지 않는 계약을 말한다. 즉 '계약자유의 원칙'에 따라 아무런 형식을 요하지 않는 계약을 '불요식계약'이라고 한다.

사권(私權, private rights)

재산과 가족에 관한 법률관계, 즉 사법상 인정되는 권리로서 공권에 대치되는 권리이다. 법을 공법과 사법으로 나눌 수 있는 것과 마찬가지로 권리도 공권과 사권으로 나눌 수 있다. 민법상의 권리는 사권에 속한다. 사권 중에서 특히 재산권은 개인주의적 법률관계에 있어서는 신성불가침의 권리로 생각되었다. 그러나 오늘날 법률이 사권을 인정하는 이유는 사회의 발전을 위한 필요 때문이다. 따라서 사권의 내용과 행사는 공공복리에 의해 제한되고 이에 대한 위반은 권리남용으로 취급된다(민, 제3조). 권리란 일정한 이익을 향유하기 위해서 주어진 법률상의 힘이므로 사권은 사법적 생활이익의 보호 또는 향유를 위하여 법률상 인정된 것이다. 때문에 사람의 사회적 생활이익이 대단히 다양한데 따라 사권도 여러 가지 표준에 의해 분류될 수 있다. 즉 사권은 내용에 따라 인격권·재산권·가족권(신분권)·사원권, 작용에 따라 지배권·청구권·형성권·항변권, 효력범위에 따라 절대권·상대권, 이전성에 따라 일신전속권·비전속권·등으로 분류된다.

사기(詐欺, fraud)

'사기'는 일반적으로 사람을 기망하여 재물의 교부를 받거나 재산상의 이익을 취득하는 경우 및 제3자로 하여금 재물의 교부를 받게 하거나, 재산상의 이익을 취득하게 하는 행위 또는 죄를 말한다. '사기죄'는, 절도죄 및 강도죄와 같이, 재물죄, 특히 영득죄의 일종이지만, 후자가 상대방의 의사에 반하여 재물을 탈취하는 것과는 달리, 전자는 상대방의 기망에 의한 착오 있는 의사에 의해서 재물을 교부받거나, 재산상의 이익을 취득하는 것이다. 따라서 외관상으로는 피해자의 임의에 의한 교부가 있더라도, 그 교부행위가 착오에 의한 교부라는 점에 특색이 있다. 이를 '편취'라 한다. 그리고 교부는 자진해서 교부하는 것에 한하지 않고, 이에 준할 수 있는 것, 예컨대 법원 또는 집행관을 기망하여 공권력에 의하여 피해자로 하여금 재물을 교부하게 하는, 이른바 소송사기도 사기죄가 된다는 것이 통설이다. 여기서 '기망'은, 사람을 착오에 빠뜨리는 것이다. 착오가 어떠한 점에서 생겨났는가는 가리지 않는다. 반드시 법률행위의 중요한 요소에 관한 착오일 필요는 없고, 기망된 의사표시가 민법상 무효한 것이라도, 본죄의 성립에 영향을 미치지 않는다. 한편 기망의 수단과 방법은, 언어에 의하건, 무전취식과 같은 동작에 의하건, 또 상대방이 이미 착오에 빠져 있음을 알면서 고의로 진실을 고지하지 않는 부작위에 의하건, 이를 불문한다. 그러므로 판례는, 피보험자의 질병을 묵비하고 보험계약을 체결하는 경우, 저당권이 설정되어 있음을 감추고서 부동산을 보통가격으로 매각하는 경우 등에도 사기죄를 인정하고 있다. 사기죄는, 상대방의 교부행위, 즉 처분행위에 의하여 재물을 취득하는 것이 필요하다. 예컨대 자동판매기에 위조동전을 넣고 물건을 가져가는 경우는 처분행위가 없는 것이므로, 사기죄는 성립할 수 없고, 편의시설 부정이용죄가 성립한다. 사기죄가 성립함에는, 기망을 당하는 사람과 재산상 손해를 받는 사람이 동일할 필요가 없다. 따라서 처를 속여서 남편의 재물을 절취한 경우에도, 사기죄가 된다. 강도죄와 마찬가지로, 재산상의 이익도 사기죄의 객체로 된다. 즉 '착오'에 의한 상대방의 처분행위로 말미암아, 채무의 면제를 받거나, 무전계량기를 역회전시켜 요금지급을 면탈하는 것은 모두 사기죄로 취급된다. 사기죄가 기수로 되기 위해서는, 기망행위와 재물의 교부 또는 이익 공여와의 사이에 인과관계가 있어야 한다는 것이 통설이다.

사법(私法, private law)

'사법'이란 사인 상호 간의 일상생활관계를 규율하는 법이다. '공법'이 권력관계의 법, 공익에 관한 법, 국가에 관한 법인데 반하여, '사법'은 법과 대등한 관계의 법, 사익에 관한 법, 사인에 관한 법으로 볼 수 있다.

사용대차(使用貸借, loan of use)

'사용대차'란 당사자의 일방이 상대방에게 무상으로 사용·수익하게 하기 위하여 목적물을 인도할 것을 약속하고, 상대방은 이를 사용·수익한 후 그 물건을 반환할 것을 약정함으로써 성립하는 계약을 말한다. 차용물 그 자체를 반환하는 점에서 소비대차와 다르다. 차주, 곧 사용자·수익자는 계약 또는 목적물의 성질에 의해서 정한 용법에 따라 사용·수익하여야 하고 대주의 승낙을 얻지 않고 제3자에게 대용물을 사용·수익하게 할 수 없으며, 차주가 이에 위반된 행위를 한 때는, 대주는 즉시 계약을 해제할 수 있다. 목적물의 반환시기를 정한 경우에는 차주는 그 시기에 반환을 해야 하며 반환시기를 정하지 않은 경우에도 목적물의 성질에 의한 사용·수익이 완료되면 이를 반환하여야 한다.

사적자치의 원칙
(私的自治原則, principle of private autonomy)

'사적자치의 원칙'은 개인의사는 개인과 개인의 자유로운 의사의 합치인 계약에서 가장 많이 나타난다는 시각에서 '계약자유의 원칙'이라고도 하며, 또한 계약은 법률행위 가운데서도 가장 중요한 것이므로 '법률행위자유의 원칙'이라고도 한다. 사적자치의 원칙은 경제적으로는 자유경쟁주의 및 자유방임주의로서 나타난다. 즉 사람은 누구나 모두 합리적인 판단력을 가지고 있다는 것을 전제로 하고 있으며, 개인의 활동에 있어서 국가가 간섭하지 않고 각자의 자유에 맡겨 두면 사회는 조화 있게 된다는 생각이 그 바탕으로 되어 있다. 이러한 사적 자치의 원칙에 따라 개인의 의사활동의 자유는 보장되지만, 반면 자기의 고의·과실로 인한 행위에 대하여는 스스로 책임을 지지 않으면 안 된다고 하는 '자기책임의 원칙'이 따른다. 그러나 사법상 거래관계는 개인의 의사에 맡긴다 하더라도 그것은 무제한적인 것은 아니다. 공공의 질서와 선량한 풍속에 반하는 계약은 무효로 하지 않으면 안 되고, 또 다수의 거래를 신속히 처리하고자 할 때는, 미리 계약내용을 정해 두고 이와 다른 계약을 하지 않도록 할 필요가 있다(부합계약). 특히 불리한 계약을 본의 아니게 체결당하기 쉬운 토지·건물의 임차인, 금전의 차용인, 근로자 등은 특별히 보호할 필요가 있다. 사적 자치는 이러한 경우에 각각 그 제한을 받게 된다.

사행계약(射倖契約, speculative contract)

사행계약이란 경마·복권 등과 같이 요행을 노려서 우연한 이득을 얻으려는 계약을 말한다. 사행계약도 계약자유의 원칙 하에서 유효하나, 그 사행성이 지나쳐 공서양속에 반하게 되면, 통상의 경우 그 자체가 무효로 취급된다.

상계(相計, set-off)

채권자와 채무자가 서로 청구하고 이행하는 번거로움을 덜고, 어느 일방이 파산 등 자력이 악화된 경우에 다른 일방이 불이익을 입는 불공평한 결과를 방지하여 담보작용을 한다. 우리 법상 '상계'는 단독행위이며, 특수한 채권소멸원인이다. 채권자와 채무자는 상계계약을 할 수도 있다. 상계계약에 관해서는 상계의 요건이나 상계의 금지는 원칙적으로 적용되지 않는다. 상호계산은 상계계약의 대표적인 것으로 취급할 수 있다. 상계에 있어서 상계를 하는 자의 채권을 '자동채권' 또는 '능동채권', 상계를 당하는 자의 채권을 '수동채권'이라고 한다. 또한 소송물로 주장된 채권을 '소구채권', 상대방의 상계할 수 있는 채권을 '반대채권'이라고 한다. 상계가 유효하기 위해서는 채권·채무가 '상계적상'에 있어야 한다. 곧 자동채권과 수동채권은 상계자와 피상계자 사이의 채권이어야 하고, 상계되는 양채권은 동종의 목적을 가져야 하고, 자동채권은 반드시 변제기에 있어야 하고, 채권의 성질이 상계를 허용하는 것이어야 한다. 이러한 상계적상은 원칙적으로 상계의 의사표시가 행하여지는 때에 현존하여야 한다. 다만 소멸시효가 완성된 채권이 그 완성 전에 상계할 수 있었던 것이면 채권자는 상계할 수 있다. 당사자는 상계금지의 의사표시를 할 수 있으나 그 의사표시는 선의의 제3자에게 대항하지 못하고, 현실로 변제를 받아야 할 채권을 수동채권으로 하는 상계는 법률로써 제한된다. 고의의 불법행위로 인한 채권, 압류가 금지된 채권, 지급금지명령을 받은 채권은 상계가 제한된다. 명문의 규정은 없으나, 질권이 설정된 채권은 지급금지명령이 있는 경우와 마찬가지로 본다. 상계는 상대방에 대한 의사표시로 하되, 다만 이 경우 조건 또는 기한을 붙이지 못한다. 상계가 있으면 쌍방의 채무는 상계할 수 있는 때로 소급하여 대등액에 관하여 소멸한다. 이행지가 다른 채무를 상계하는 당사자는 상대방에게 손해를 배상하여야 한다.

상관습(商慣習, commercial customs)

'상사에 관한 사실상의 관행'을 '상관습'이라 하고, '관행의 형식으로 존재하는 상사에 관한 법규범'을 '상관습법'이라 한다. 이 경우 '상관습법'은 법규범으로서의 성질을 가지는데 반하여, '상관습'은 당사자의 의사표시의 해석을 위한 근거에 불과하다. 따라서 우리 실정법상 법적 효과로서 양자 간에는 다음과 같은 차이가 존재한다. ①민·상법의 강행법규에 위반하는 '상관습'은 구속력을 가지지 못하는데, '상관습법'은 그것이 선량한 풍속 그 밖의 사회질서에 위반하지 않는 한 성립이 가능하다. ②'상관습법' 위반의 판결에 관하여는 법률문제로서 상고할 수 있는데 반하여, 단순한 '상관습' 위반의 판결은 사실인정의 문제에 관한 것이므로 상고이유가 되지 않는다. 양자의 구별기준은 장기간에 걸쳐 관행이 된 사실인 '상관습'이 실정법에 상응하는 법적 확신을 얻을 때에 '상관습법'이 된다고 한다. 그러나 '사실인 상관습'도 사적 자치가 인정되는 범위 내에서는 임의법규에 우선한 해석기준이 되므로 실제로 양자의 구별에 따른 실익은 없다. 제정법은 그 규범의 수가 유한적이며, 또한 일정한 사실관계를 전제로 하므로, 규범의 정립이 고정적이고, 어느 정도 일정한 '이상'을 정립한 것으로서 시험적인데 비하여, '상관습법'은 자연적으로 발생한 것으로서 제정법의 결함을 극복하여 기업관계에 효과적으로 적응할 수 있는 장점이 있으며, 새로운 입법을 촉진하는 역할을 한다. '상관습법'으로 인정된 것 중에서 중요한 것은, '백지어음의 유효성' 등이 있으나 이미 성문화되었고, 현재로는 무역과 관련된 '상업신용장에 관한 관습', '해상화물운송에 있어 보증도 관습' 등이 있다. 종래 '상관습법'은 상법의 법원으로서 중요한 지위를 점하였으나, 점차 입법화되거나, 보통거래약관의 발달로 인하여 그 의미가 감퇴되고 있으며, 또한 새로운 '상관습법'의 성립으로 폐기되기도 한다.

상당인과관계설
(相當因果關係說, proximate causal relation)

'상당인과관계설'은 어떤 행위에서 그러한 결과가 생기는 것이 경험상 통상인 경우에는 인과관계가 있다는 설로 현재의 통설이며, 크게 다음의 3가지로 나누어진다. ①주관설 : 행위당시에 행위자가 인식하였거나 인식할 수 있었던 사정을 기초로 하여 상당인과관계를 고려해야 한다는 설이다. ②객관설 : 재판 시 재판관의 입장에서 행위당시에 존재한 모든 사정과 예견 가능한 사후의 사정을 기초로 하여 인과관계 여부를 판단하여야 하다는 설이다. ③절충설 : 행위당시 통상인이 알거나 예견할 수 있었을 것이라는 일반적 사정과 행위자가 현재 알고 있거나 또는 예견하고 있던 특별한 사정을 기초로 하여 판단해야 한다는 설이다. 주관설에 대하여는 행위자가 알지 못하였다는 사정을 모두 제외하는 점에서 너무 좁다는 비판이 있고, 객관설에 대하여는 행위 당시의 사정과 행위 후에 발생한 사정을 구별하는 것은 이론적 근거가 없다든지, 행위당시의 사정에 관한 한 일반인도 알 수 없고 행위자도 알 수 없었던 특수한 사정도 기초로 함은 경험상 통상이라는 상당인과관계설의 근본취지에 모순된다는 등의 비판이 있다. 이 경우 절충설이 현재 통설이다.

상소(上訴, appeal)

재판이 확정되기 전에 상급법원에 취소·변경을 구하는 불복신청을 뜻한다. 법관의 판단은 항상 정당하다고만 생각할 수 없으므로, 당사자에게 상급법원의 재판을 받을 기회를 준 것이다. 상소는 미확정의 재판에 대하여 하는 것이므로, 미확정재판에 대한 것이 아닌 재심의 소나 형사소송에서의 비상상고는 상소가 아니다. 또 상급법원에 대한 것이므로 같은 심급 내에서의 이의는 상소가 아니다. 상소는 재판의 확정을 방지하는 효력과 사건 자체가 상급법원으로 옮겨지는 이심의 효력을 지닌다. 현행법상 종국판결에 대한 상소로는 항소·상고가 있고, 판결 이외의 재판(결정 및 명령)에 대하여서는 항고·재항고·특별항고가 인정되고 있다.

상업과실
(商業過失, errors of cargo-handling and custody)

해상보험에서 운송인이 화물의 선적과 적부·운송·보관·양하 등을 잘못 행한 데에서 기인하여 발생한 과실을 말한다. 면책약관 중 일반면책 과실조항의 하나로 항해과실에 상대되는 개념이다. 항해과실은 선장이나 선원·도선사 또는 선박회사의 사용인에 의한 선박의 조종 등 일체의 기술상의 행위에 관한 과실을 말한다. '헤이그규칙'에 따라 운송인의 책임은 화물의 선적 시부터 양하 시까지 져야 하므로 면책약관이 있더라도 운송인의 책임에 해당되는 과실이다. 이를 '선사과실책임주의'라고 한다. 이에 비하여 '항해과실'은 면책약관에 의거하여 운송인의 책임이 면제된다. 우리 상법에서는 운송물에 관한 주의의무에서 운송인이 주의를 해태하지 않았음을 증명하면 운송물의 멸실이나 훼손 또는 연착으로 인한 손해에 대한 책임이 없다고 규정하고 있다(상, 제788조).

상업송장(商業送狀, commercial invoice)
무역에서 사용되는 '상업송장'은 매매 또는 위탁계약에 의한 물품인도장소가 격지 간에 행해지는 경우 그 물품의 송화인으로부터 그 수화인에게 송화의 특성·내용·계산관계를 상세하고 정확하게 통지하기 위하여 작성되는 상용문서이다.

상호계산(相互計算, current account)
상인 간 또는 상인과 비상인 간에 거래가 있는 경우 일정 기간의 거래로 인한 채권채무의 총액에서 상계하고 그 잔액을 지급할 것을 약정하는 계약을 말한다(상, 제72조). 이는 상인을 위한 제도이므로 반드시 어느 한쪽이 상인이어야 한다. 이 같은 방법으로 대차관계를 결제하는 것을 상법상 상호계산이라고 하는데, 일정한 상호계산 기간의 대차이기는 하지만, 특약이 없는 한 보통 생기는 금전채권의 결제를 원칙으로 하며, 상호계산 기간은 6개월이다(상, 제74조). 어음 또는 그 밖의 상업증권이 주어졌을 때는 유가증권의 성질상 그 증권에 기재된 대로 독립하여 채권의 행사 또는 채무이행을 해야 하지만 그 대가는 상호계산에 포함시킨다. 다만 그 증권의 채무자가 기간 내에 채무이행을 하지 않는 때 당사자는 그 항목을 상호계산에서 제거할 수 있다(상, 제73조).

상환청구권(償還請求權, right of recourse)
어음의 부도가 발생한 경우 어음의 소지인이 어음유통의 과정에서 자기 앞의 배서인, 발행인에 대하여 지급을 청구하는 권리를 말한다. 어음면에 'without recourse'(상환청구권 없이)를 기재되어 있는 경우에도 영미법에서는 유효하지만, 우리 어음법은 이것을 인정하고 있지 않으므로 어음발행인은 상환청구의 의무를 부담한다.

선물(先物, futures)
파생상품의 한 종류로 선매후물, 곧 선매매, 후물품 인수도의 거래방식을 말한다. 즉 물품이나 금융자산을 미리 결정된 가격으로 미래 일정 시점에 인도·인수할 것을 약속하는 거래를 뜻한다. 선물거래방식은 매매시점·대금결제·물품의 인수도 시점에 따라 다른 양식의 거래와 차이가 있다. 현물거래의 경우 매매·대금결제·물품 인수도가 동시에 이루어지고, 신용거래의 경우 매매·물품의 인수도는 동시에 이루어지지만 대금결제는 나중에 이루어진다. 반면 선급거래는 매매와 대금결제가 동시에 이루어지지만 물품의 인수도는 나중에 이루어진다. 선물거래의 경우 매매가 이루어진 후 일정 시점이 지나야 대금결제와 물건의 인수도가 동시에 이루어진다.

선박보험(船舶保險, hull insurance)
선박이 건조·항해·수리·정박 중에 입는 손해를 보상하는 보험을 총칭한다. 대표적 위험으로는 침몰·좌초·교사·화재·충돌·전쟁·파업 등이 있다. 손해의 형태로는 전손·분손·단독해손·공동해손 등이 있다. 보험조건으로는 ①전손담보, ②전손 및 구조비담보, ③전손·구조비·공동해손·충돌담보, ④일할초과 단독해손담보, ⑤전쟁 및 파업담보 등이 있다.

선의취득(善意取得, bona fide acquisition)
'선의취득'은 동산을 점유하고 있는 자를 권리자로 믿고서 평온·공연·선의·무과실로 거래한 자는 그 동산에 대한 권리를 무권리자로부터 원시 취득하는 제도이며, 달리 '즉시취득'이라고도 한다(민, 제249조).

선주(船主, shipowner)
선박의 법적인 소유자를 말한다. 스스로 운송인이 되어 소유한 선박을 운항하는 경우와 소유 선박을 운항의 위탁이나 임대차·용선을 해주는 경우의 2종류가 있다. 전자는 주로 선박이 정기항로를 운행하거나 항해용선계약에 해당되고, 후자는 기간용선계약에 해당되는 것으로 용선자가 운송인이 된다. 해상보험에서 자신이 소유한 선박과 운임·선박보험료·선비 등에 대해서 피보험이익을 가진다.

선하증권(船荷證券, bill of lading, B/L)
일정한 운송물의 선적 또는 수취를 인증하고, 또 지정항에 있어서 그 운송물을 증권의 정당한 소지인에게 인도할 것을 약정하는 유가증권으로, 육상운송의 경우에서 화물상환증에 해당된다. 운송물의 수령 후 선적 전에 발행하는 것을 수령선하증권, 선적 후에 발행하는 것을 선적선하증권이라고 하며, 상법은 '선하증권에 관한 통일조약'에 의하여 이 2가지를 인정하고 있다(상, 제852조). 선하증권은 해상운송인인 선박소유자 등이 발행하나, 선장 그 밖의 대리인으로 하여금 발행하게 할 수도 있다.

설권증권(設權證券, securities by title birth of drawing up certificate)
증권상 표창되는 권리의 발생에 증권의 작성 등 증권적 행위를 요하는 유가증권으로, 어음·수표와 같은 것이다. 어음행위가 이루어지는 근저에는 매매 등의 원인관계가 존재하는데, 어음상 표창되는 권리는 이와 같은 기존의 원인관계상의 권리가 아니라 어음행위 자체에 의하여 비로소 발생된 권리이다. 이에 반하여 화물상환증·선하증권·창고증권·주권 등은 증권발행 전에 이미 발생되고 있는 권리를 표창하는 것이므로 이는 설권증권이라고 할 수 없다.

소구(遡求, recourse)
어음(수표)금액의 지급이 없거나 현저하게 불확실하게 되었을 때, 그 소지인이 어음(수표)의 작성이나 유통에 관여한 자에 대하여 어음(수표)금액 기타 비용의 변상을 청구하는 것을 말한다.

소비대차(消費貸借, loans of consumption)
'소비대차'는 대주가 금전 등의 소유권을 차주에게 이전할 것을 약정하고 차주는 그것과 동질·동량·동종의 물건의 반환을 약정함으로써 성립하는 계약을 말한다. 소비대차는 목적물 그 자체를 반환하는 임대차와는 달리 차주가 목적물의 소유권을 취득하여 이를 소비한 후에 다른 물건을 반환하는데 그 특징이 있다. 편무·무상계약이 원칙이지만 실제로는 이자 있는 유상계약이 많다. 소비대차는 대기업의 자금조달로부터 생계부족을 보충하는 것까지 널리 쓰이는 제도이므로 국가는 그 합리적 운용을 위해 특히 대주의 폭리행위 예방을 위해 개입하고 있다. 즉 대물변제의 예약이 있는 경우 본래의 차용물에 갈음할 재산의 예약 당시 가액이 본래의 차용액 및 이자의 합산액을 넘지 못하도록 하고 있고, 이 경우 민법 외에 이자제한법, 농어촌고리채정리법 등의 특별법이 적용된다.

소송판결(訴訟判決, mandatory injunction)
법원은 소송요건을 조사하여 그것이 구비되었다고 인정하면 바로 본안판결에 임하게 되는데, 이 때 당사자 간에 다툼이 있을 때에는 중간판결 또는 본안판결의 이유 중에서 이를 판단할 것이고, 다만 구비되어 있지 않다고 인정될 때에 한해서 소송판결을 하게 된다. 따라서 본안판결은 소송요건이 구비되어 있을 때만 할 수 있기 때문에, 소송요건의 심리를 거치지 않고 본안판결에 들어갈 수는 없다. 소송판결은 확정적 재판이다. 그 기판력을 부인하는 견해가 있으나, 권리보호요건과 같은 실체적 소송요건을 부인한 소송판결은 명백히 기판력을 인정할 필요가 있다. 소송요건의 흠결이 있어도 보정할 수 있는 것이라면, 소를 각하시킬 것이 아니라 보정을 명하여야 한다.

소유권(所有權, ownership)
어떤 물건을 자기가 사용하는 것은 물론 그것을 타인에게 임대하든(수익), 매각하든 또는 파괴(처분)하든 간에, 전혀 자기의 자유의사대로 할 수 있는 것을 내용으로 하는 권리이며, 물권의 가장 기본적이고 대표적인 것이다. '소유권'은 재산권의 가장 기본적인 것이며, 자본주의 사회의 법은 이것을 기초로 하여 존립하고 있다고 해도 과언이 아니다. 그 때문에 헌법에서 이를 보장하고 있으며, 그 침해에 관하여는 민법상 및 형법상의 보호가 주어지고 있다. 이와 같은 소유권의 행사가 소유자의 자유의사에 맡겨져 있는 것을, '소유권 절대의 원칙'이라고 한다. 그러나 20세기에 들어서면서 소유권을 제한하게 되었고, 이것을 사회일반의 복지요구에 따르게 하려는 사상이 고조되어, 권리의 남용이나 공공의 복리에 의한 제한이라는 사고방식이 강조되었다. 그러나 소유권은 현재 사회를 전제로 하는 한, 소유권의 자유를 근본적으로 부정하는 것은 불가능한 것이다. 소유권과 구별되는 개념으로서 '점유권'은, '점유'라는 사실에 근거해서 점유자에게 인정한 일종의 권리이다. 여기에는 여러 가지 효력이 인정되어 있다. 예컨대 점유자가 점유물에 관하여 행사하는 권리는 적법하게 보유한 것으로 추정된다. 그러므로 시계를 도둑맞은 자가 그 시계를 점유하고 있는 도둑을 찾아서 그 반환을 요구하는 경우에도, 도둑은 점유하고 있다는 점에서 일단 정당한 점유로 추정할 수 있기 때문에, 도둑맞은 자는 자기가 소유자라는 이유로 도둑의 점유권을 침해할 수 없다. 점유자는 자기가 점유하고 있는 시계를 탈취당하거나, 자기 토지에 자동차를 진입케 하여 토지의 이용을 방해한다거나 또는 방해할 우려가 있는 자에 관하여 물건의 반환이나 방해의 제거 또는 방해의 예방을 청구할 수가 있다. 이것을 '점유보호청구권'이라 한다.

소유권 절대의 원칙
(所有權絶對原則, principle of absolute ownership)
근대적 소유권은 봉건적 구속이 타파되고 자유로운 소유권으로서 발달하여 신성불가침의 권리로서 헌법상·형법상 완전히 보호되었다. 이에 따라 소유권이 소유자의 자유의사에 맡겨지게 되는 것을 '소유권 절대의 원칙'이라고 한다. 그러나 20세기 이후 사회의 복지요구에 따르게 하려는 사상이 고조되어 권리남용이나 공공복지에 의한 제한이라는 사고방식이 강조되면서 소유권의 제한이 불가피하게 되었다. 그러나 소유권의 자유를 근본적으로 부정하는 것은 불가능한 것이다.

손해배상청구권(損害賠償請求權, claim for damages)
①채무불이행에 의한 경우 : 채무자가 정당한 사유가 없는데도 채무의 내용에 따른 급부를 하지 않는 경우를 말하며, 여기에는 '이행지체'·'이행불능'·'불완전이행'의 3가지가 있다. ㉠'이행지체'는, 이행이 가능함에도 불구하고 이행기간에 이행하지 않는 것, ㉡'이행불능'은, 채권이 성립한 후에 채무를 이행할 수 없게 된 경우(후발적 불능), ㉢'불완전이행'은, 채무의 이행으로서 어떤 급부를 하기는 하였으나, 그것이 채무의

내용에 합당한 것이라고 인정할 수 없는 경우 등으로 설명된다. 채무불이행에 의하여 손해배상청구권이 발생하기 위해서는 채무자에게 귀책사유, 즉 고의 또는 과실이 있어야 하고, 책임능력이 있어야 하며, 손해의 발생과 위법성이 있어야 한다'. 또 '손해의 발생은 채무불이행과 인과관계가 있어야 한다'. ②불법행위에 의한 경우 : 행위자의 고의 또는 과실로 인한 위법행위로 타인에게 손해를 가하는 행위를 불법행위라 한다. 이러한 불법행위에 의하여 손해배상청구권이 성립하기 위해서는, 행위자의 고의·과실, 행위자의 책임능력, 위법성, 손해의 발생이 있어야 하고, 이 손해의 발생은 가해행위와 인과관계가 있어야 한다.

손해보험(損害保險, non-life insurance)

보험자가 우연한 사고(보험사고)로 발생한 손해를 전보할 것을 약정하고 보험계약자가 이에 보험료를 지급할 것을 약정하는 보험이다(상, 제665조). 물건 그 밖의 재산적 이익에 대한 손실의 전보를 목적으로 하는 점에서 일정금액을 지급하는 정액보험인 '생명보험'과는 다르다.

승낙(承諾, acceptance)

어떤 가옥을 매도인이 "500만원에 매도하겠다"고 하고, 매수인이 역시 "500만원에 매수하겠다"고 하여 2인의 의사표시가 합치되면, 계약은 성립한다. 이 경우에 전자의 의사표시를 '청약'이라 하고, 후자의 의사표시를 '승낙'이라고 한다. 즉 승낙은, 청약의 상대방이 청약에 의하여 계약을 성립시킬 목적으로 청약자에 관하여 행하는 의사표시이다. 승낙은 특정한 청약에 관하여 계약을 성립시킬 의사를 가지고 청약수령자가 청약자에게 하여야 한다(주관적 합치). 청약에 조건을 붙이거나 '변경을 가한 승낙'은 청약을 거절하고 '새로운 청약'(반대청약)을 한 경우로 본다. 승낙은 청약의 존속기간 내에 하여야 한다. 청약의 존속기간은 승낙기간을 정한 경우와 정하지 않은 경우로 구분할 수 있고, '연착된 승낙'은 '새로운 청약'으로 보게 된다. 승낙의 방법은 원칙적으로 자유이며 제한이 없다. 또한 예컨대 청약을 받고 바로 이행행위를 하는 경우와 같이 묵시의 의사표시에 의한 승낙도 가능하다. 침묵은 특별한 사정이 없는 한 거절로 해석되는데, 주의할 것은 경우에 따라 상사계약에서 승낙으로 인정되는 경우가 있다. 청약자가 청약에 대해 대답을 하지 아니하면 승낙으로 본다고 하거나, 청약과 동시에 물품을 보내고 구입을 하지 아니하면 반송하라고 한 경우에도 그 법률상 효력은 인정되지 않는다. 의사표시 효력발생에 관하여 우리 민법은 '도달주의'를 원칙으로 하고 있다.

신의성실의 원칙
(信義誠實原則, principles of good faith)

권리행사와 의무이행은 신의에 좇아 성실히 하여야 한다는 원칙이다. 이는 상대방의 신뢰를 배반하지 않고, 성의를 가지고 행동하여야 한다는 원칙으로 축약하여 '신의칙'이라고도 한다. 신의칙의 파생원칙으로 통설은 '권리남용금지의 원칙', '사정변경의 원칙', '금반언의 원칙', '실효의 원칙' 등을 들고 있다. ①'권리남용금지의 원칙'은 외견상으로는 권리행사이나, 실질적으로는 권리의 공공성·사회성에 반하는 권리 본래의 사회적 목적을 벗어난 것이다. 이 경우 정당한 권리의 행사로 인정할 수 없는 행위를 '권리남용'이라고 한다. 권리남용이 되기 위해서는 객관적 요건으로 권리행사라고 볼 수 있는 행위가 있어야 하며, 그 권리행사가 사회적 목적에 반하는 행위이어야 한다. ②'사정변경의 원칙'은 법률행위 성립의 기초가 된 사정이 현저히 변경되어 법률행위의 효과를 그대로 강제하는 것이 당사자 일방에게 부당한 결과를 가져오는 경우 그 내용을 변경된 사정에 맞게 변경하거나, 계약을 해제 또는 해지할 수 있도록 하는 원칙이다. ③'금반언의 원칙'은 어떤 권리자의 권리행사가 선행하는 행위와 모순되는 것이어서 그 후행행위의 효력을 제한하는 원칙이다. ④'실효의 원칙'은 권리자가 장기간 권리를 행사하지 않아 의무자인 상대방이 더 이상 권리자가 권리를 행사하지 아니할 것으로 신뢰할 만한 정당한 기대를 가지는 경우 새삼스럽게 권리자가 그 권리를 행사하는 것은 신의칙에 위반되어 허용되지 않는다는 것을 뜻한다.

실정법(實定法, positive law)

국가에 의하여 제정된 법으로서, 과거 또는 현재에 시행된 법을 말한다. '자연법'과 대립하는 개념이다. 이 경우 '자연법'이란, 모든 시대와 장소를 초월하여 적용될 수 있는 영구불변의 법을 의미한다. '자연법'은 때로는 '실정법'을 보충하기도 하고, '실정법'의 지침이 되기도 한다.

쌍무계약(雙務契約, bilateral contract)

당사자 양쪽이 서로 대가적 의미를 가지는 채무를 부담하는 계약을 '쌍무계약'이라 한다. 민법상 14종의 전형계약 가운데 매매 이외에 임대차·교환·도급·조합·화해·고용 등은 쌍무계약이다.

악의(惡意, bad faith)

사회통념상 '선의'는 선량한 마음으로 타인을 생각하는 마음으로, '악의'는 타인에게 해를 가하려고 하는 마음에서 함부로 나쁘다고 하는 뜻으로 사용하고 있다. 그러나 법률상 '선의'는 '어떤 사실을 알고 있지 못하는 것', '악의'는 '어떤 사실을 알고 있었다는 것'을 뜻하며, 도덕적인 선악이라고 하는 요소를 전혀 포함하고 있지 아니하다. 따라서 선의인가 악의인가의 여부에 따라 법률효과가 다르게 된다. 예컨대 A가 재산을 감추기 위해서 B에게 토지를 가장매매하였다. 가장매매는 본래 무효이므로 A는 B에게 토지를 되돌려 달라고 말할 수 있다. 그러나 C가 가장매매임을 알지 못하고, 즉 선의로 B로부터 그 토지를 매입했다고 하면, 이 경우 A는 선의의 제3자인 C에 관하여 무효를 주장할 수 없다. 만일 C가 악의, 즉 가장매매임을 알고 B로부터 매입했다면, A는 무효를 주장하여 토지를 되돌려 받을 수 있다.

약관(約款, terms)

'약관'은 통상적으로 수많은 고객을 대상으로, 물품이나 용역을 제공하는 보험 · 은행 · 운송 · 통신 등의 사업자가, 대량거래의 수요에 대응하여, 동일한 계약을 반복하거나, 복잡한 계약절차 때문에 거래가 지연되는 것을 피하고자, 틀에 박힌 계약의 내용을 미리 정해 놓은 것을 말한다. 계약을 체결하고자 하는, 또 다른 당사자(고객)의 입장에서는, 개별적으로 교섭할 여지가 없이, 사업자가 미리 정하여 놓은 약관의 내용에 동의하거나 또는 동의하지 않는, 양자택일밖에 할 수가 없다. 이처럼 계약의 형식은 취하고 있지만, 당사자 일방이 그 내용을 결정하고, 상대방은 이에 따를 수밖에 없다는 점에서, '부합계약' 또는 '부종계약' 형태에 속한다.

약속어음(promissory note)

'약속어음'은 '발행인이 일정한 금액의 지급을 약속하는 형식의 어음'[지급약속증권]을 말한다. 예컨대 A와 B가 매매계약을 체결하고, A가 B에게 어음으로 대금지급을 하는 경우 또는 A가 B로부터 금전을 차용하고 차용증에 갈음하여 어음을 교부하는 경우 흔히 사용되는 것은 '약속어음'이다. A가 발행인으로서 약속어음에 기명날인 또는 서명을 하면, '환어음'의 인수인과 같이, 주채무자로서 만기에 어음지급의 의무를 진다. 그러므로 '약속어음'을 교부받은 B는 거절증서 작성기간의 경과 후에도 어음채권의 시효완성의 경우를 제외하고, A에게 어음금 및 만기 후의 이자를 청구할 수 있다. '약속어음'에 있어서는 처음부터 발행인이 주채무자이며 인수제도는 없다. 따라서 인수거절로 인한 만기 전의 소구제도는 없다. 발행인의 파산 그 밖의 무자력화만이 만기 전의 소구원인이 된다. '약속어음'의 요건은 '약속어음'이라는 것을 표시하는 문자 및 일정한 금액의 지급을 약속하는 문자의 기재를 요하고, 한편 지급인의 기재를 요하지 않는다는 것을 제외하고는 '환어음'과 같다. 다만 '일람후정기출급'의 경우에 인수제시가 없으므로 일람을 위한 제시의 제도를 두고 일람 후의 기간에 의하여 만기를 정한다.

약인(約因, consideration)

'약인'은 영미법에 특유한 계약의 성립요건으로서, 약속에 관하여 약속자(promisor)에게 발생하는 이익 또는 수약자(promisee)가 부담하는 손실(detriment)을 말한다. '약인'은 약속과 동등한 가치를 지닐 필요는 없다. 법률상으로 가치가 있는 것, 즉 실제적인 것이어야 하고, 계약성립 시를 기준으로 현재의 작위 또는 부작위든 장래의 작위 또는 부작위이든 관계없지만, 과거의 작위 · 부작위는 '약인'이 될 수 없다. 또한 '약인'은 적법하여야 한다. 따라서 불법적인 '약인'에 의해 이루어진 약속은 무효이다. 또한 '약인'은 수약자에 의해 제공되어야 한다는 요건을 갖추어야 한다. 현재는 통상 약속에 대한 '대가'에 의제된다.

약정해제권
(約定解除權, contractual right of termination)

당사자의 계약에 의하여 발생하는 해제권을 의미한다. 이를테면 해제와 환매 등을 예시할 수 있다. '약정해제'는 당사자의 일방을 위하여 또는 쌍방을 위하여 보류할 수 있는데, 반드시 당초의 계약에 의거하여 행사할 수 있는 것은 아니고 후일 별개의 계약으로써도 행사할 수 있다. 이에 반하여 '법정해제'는, 법률의 규정에 의해서 발생하는 권리로서 발생원인을 의무불이행에 두고 있으며, 그 내용은 이행지체 · 이행불능 · 수령선지체 등이다. 약정해제권은 당사자의 한쪽 또는 양쪽을 위하여 유보하는 수도 있으나 반드시 당초의 계약으로써만 할 수 있는 것은 아니고 후일 별개의 계약으로써도 할 수 있다. 민법은 이에 대하여 일반적인 규정은 두지 않았지만, 민법 제543조는 그것을 전제로 한 규정이며 매매계약에 있어서의 해약금의 교부(민, 제565조)와 환매의 특약(민, 제590조 내지 제595조) 등이 그 예이다.

어음(bill)

발행하는 사람이 일정한 금전의 지급을 약속하거나 또는 제3자에게 그 지급을 위탁하는 유가증권을 말한다. 지급을 약속하는 증권을 '약속어음'이라 하고, 제3자에게 지급을 위탁하는 증권을 '환어음'이라 한다. 수표는 법률상의 형식에 있어서는 환어음과 같은 지급위탁증권이나, 경제상의 기능에 있어서는 어음에서와 같은 신용작용을 하지 아니하고 지급작용만 하는 것이기 때문에, 어음법과 구별하여 수표법이라는 다른 법률을 규정하고 있다. 어음은 '유가증권'인데, 그 표창하는 권리와 증권과의 관계가 아주 밀접하여 권리의 발생·행사와 이전의 전부에 증권이 필요하므로, 완전한 유가증권이다. 어음이 표창하는 권리는 금전의 지급을 목적으로 하는 '금전채권'이며, 이 권리는 어음의 작성에 의하여 비로소 발생하는 것이므로 '설권증권'이라 한다. 또 어음은 유통을 편리하고 안전하게 하기 위하여, 그 원인에서 분리하여 권리의 행사에 원인의 입증을 요하지 않은 '무인증권'이며, 증권상 권리관계가 증권에 기재한 문구에 따라 정하여지는 '문언증권'이다. 어음의 유통에 있어서 거래의 안전을 꾀하기 위하여, 어음요건인 필요적 기재사항을 법으로 규정하여(어음, 제1조, 제75조) 그 하나라도 기재하지 아니하면 원칙으로 무효가 되는 엄격한 '요식증권'이다. 또 어음은 본래 지시식으로 발행할 수 있으나, 기명식으로 특히 지시문구를 기재하지 아니한 경우에도 법률상 당연한 '지시증권'으로서 배서에 의하여 양도할 수 있다. 어음에 의한 권리행사에는 어음증권의 제시를 요하는 '제시증권'이고, 어음채무자는 어음과 교환하지 아니하면 지급할 필요가 없는 '환수증권'이며, 증권상의 권리를 처분하는 데에는 반드시 증권으로 하여야 하는 '처분증권'이다.

연대보증(連帶保證, joint and several guaranty)

보증인이 주채무자와 연대하여 채무를 부담하는 보증채무로 설명된다. 우리 민법상 '연대보증'은 채권자의 권리를 강화하기 위하여 보증채무에서 보충성을 박탈한 것이지만 부종성은 그대로 인정된다. 따라서 주채무가 존재하지 않게 되면 연대보증채무도 존재하지 않게 되며, 연대보증채무의 범위·목적·형태 등은 주채무보다 무거울 수 없다. 그러나 연대보증인이 주채무자와 연대하여 채무를 부담하므로 연대보증인은 보증채무의 보충성에 기한 '최고의 항변권'과 '검색의 항변권'을 갖지 못한다. 연대보증은 수인의 보증채무자 사이에 연대의 특약이 있는 보증연대와 다르다. 연대보증채무는 보증인이 주채무자와 연대하여 보증할 것을 채권자와의 보증계약에서 약정함으로써 성립한다. 또한 주채무가 상행위로 인하여 발생하였거나 보증이 상행위인 때는, 주채무자와 보증인이 각각 별개의 행위로 채무를 부담하였더라도 그 보증채무는 언제나 연대보증이 된다. 채권자가 연대보증인에 대하여 가지는 권리는 연대채무자에 대한 것과 같다. 연대보증은 보증채무의 보충성은 없으나 부종성은 있으므로, 연대보증인은 채권자의 청구에 대하여 최고의 항변권과 검색의 항변권을 행사할 수는 없으나, 주채무자가 채권자에 대하여 가지는 항변을 주장할 수는 있으며, 주채무자의 항변의 포기는 연대보증인에게는 효력이 없다. 주채무자 또는 연대보증인에 관하여 생긴 사유의 효력은 일반 보증채무의 경우와 같다. 따라서 채권자와 주채무자 간에 주채무자에 관하여 발생한 사유는 언제나 연대보증인에 대하여도 그 효력이 발생하지만, 채권자와 연대보증인 사이에서 연대보증인에 관하여 발생한 변제·대물변제·공탁·상계 등과 같이 채권의 만족을 주는 사유 이외의 사유는 원칙적으로 주채무자에 대해서는 그 효력이 발생하지 않는다.

영미법계(英美法系, common law system)

'영미법'은 영국에서 발생해 영어를 쓰는 나라와 영국 식민지 국가로 퍼져 나간 법체계이다. '보통법' 혹은 '코먼로'라고도 한다. 판례가 구속력을 지니는 점에서 대륙법체계와 구별된다.

영업소(營業所, business place)

'영업소'란 '기업의 영업활동에서 중심이 되는 일정한 장소'를 말한다. '영업소'는 상호·상업장부와 더불어 모든 기업에 공통되는 물적 시설이다. 이러한 '영업소'는 ①기업활동에 관한 기본사항을 결정하고, ②경영활동에 관한 지휘명령을 하는 중심지이어야 하며, ③어느 정도 시간적으로 계속성을 가지는 장소이어야 하며, ④인적 조직과 물적 조직에 의한 하나의 단위로서, ⑤기업활동의 결과가 보고되고 통일되는 중심지이어야 한다. 이러한 '영업소'를 구분하는 기준은 객관적인 사실의 문제에 귀결된다. 상인이 수개의 영업을 경영하는 때에는 각 영업에 관하여 독립된 '영업소'를 갖게 되는데, 이 경우 '영업소' 상호 간에는 수직적인 주종관계가 생기지 않는다. 즉 각 '영업소'는 독립된 지위를 갖게 된다. 그러나 하나의 동일한 영업을 위하여 수개의 '영업소'를 둔 경우에는 전 영업을 통괄하는 '영업소'를 '본점'이라 하고, 여기에 종속되어 지휘·명령을 받는 '영업소'를 '지점'이라고 하는데, 이 양자 간에는 주종관계가 성립한다. 우리 상법에서 인정하는 '영업소'는 '영업소'로서의 실질을 갖춘 본점과 지점뿐이며, '영업소'의 업무를 부분적으로 분담하거나, '영업소'의 단순한 지원 장소에 불과한 출장소·분점·사업소·직매소 등은 '영업소'가 아니다. 그렇다고 '영업소'의 명칭을 '본점'과 '지점'만으로 한정하는 것은 아니다. '본점'과 '지점'은 동일한 상인에 속하며, 지점의 책임자는 독립된 상인이 아니다. '영업소'는 자연인에 있어 주소에 해당하는 법률상 효과를 지닌다.

예견가능성(豫見可能性, foreseeability)

'예견가능성'이란 '어떤 일을 하거나 또는 하지 않음으로 인해, 위기가 초래되리라는 것을 예견할 수 있는 능력 또는 가능성'을 말한다. 통상적으로 손해배상에 기하여, 불법행위 및 채무불이행의 법적 책임체계를 논할 때 거론된다. 이는 법적용상 법률문제로 귀결된다.

요물계약(要物契約, real contract)

당사자의 합의 외에 물건인도 그 밖의 급부의 완료가 있어야 성립할 수 있는 계약을 '요물계약'이라고 한다. 민법이 정하고 있는 14종의 전형계약 가운에 현상광고만이 요물계약이다. 주의할 것은 동산의 질권설정계약(민, 제330조)과 같이 계약법 이외의 규정에 의한 요물계약도 있다는 것이다.

요식계약(要式契約, formal contract)

'요식계약'이란 계약의 성립을 위해 당사자 간의 합의 이외에 일정한 방식을 요하는 계약을 말한다. 즉 어음행위와 같이 계약체결에 일정한 형식을 필요로 하는 계약을 요식계약이라 한다.

요인증권(要因證券, prerequisite security)

'요인증권'이라 함은 증권상 권리의 성립을 위해 요인관계를 필요로 하고 그것이 증권상에 기재되어 있는 증권을 뜻한다. '유인증권'이라고도 하며, '무인증권'에 대응한다. 어음 · 수표 이외의 거의 모든 유가증권이 이에 해당한다. 요인증권이 표시하는 권리는 원인관계의 실질적 존재여부에 따라 좌우되므로, 예컨대 운송물을 받지 않고 발행한 화물상환증 · 선하증권 등은 무효이며, 운송인은 공권에 기재된 물품의 반환채무를 부담하지 않으며 다만 불법행위에 의한 손해배상 책임을 지는데 그친다. 그러나 이 같은 통설에 의하면 운송인을 보호할 수는 있으나 증권의 유통을 심히 해치게 되므로 유력한 반대설이 대두되고 있다. 즉 요인증권은 증권에 기재함으로써 책임이 생기는 것이지, 그 원인관계에 따라서 책임이 발생하는 것이 아니며 증권발행자는 그 기재문언에 따라서 당연히 책임을 부담한다는 견해이다.

용선계약
(傭船契約, contract of affreightment by charter party)

'해상운송계약'이란 해상운송인이 송화인에 대하여 선박에 의한 물건 또는 여객의 해상운송을 인수하고 송화인 또는 용선자는 이에 대하여 대가를 지급할 것을 약정함으로써 성립하는 계약이다. 매도인은 해상물품 운송의 경우 송화인으로서 선사와 운송계약을 체결하게 되는데, 운송계약은 크게 '개품운송계약'과 '용선운송계약'으로 구분한다. ①'개품운송계약'은 운송회사가 다수의 매도인으로부터 물품을 인수하여 이를 목적항 및 물품의 특성에 따라 분류한 뒤 선박에 적재하여 운송하기로 하는 계약을 말한다. 통상 개품운송은 '정기선'을 이용한다. 개품운송의 경우 약정기일에 운송계약에 따라 매도인이 계약물품을 선박회사에 인도하면 선박회사나 운송주선인 또는 운송인의 대리인들은 선하증권에 서명하고, 이를 매도인에게 발행한다. 매도인이 선적을 목적으로 운송인에게 물품을 인도해 주었으나, 아직 선적되지 아니하였을 경우 '수취선하증권'이 발행되며, 물품이 실제로 선박에 적재되었을 경우에는 '선적선하증권'이 발행된다. ②'용선운송계약'은 선박 전체를 빌리는 '전부용선계약'과, 선박의 일부만을 빌리는 '일부용선계약'으로 구분되고, 여기서 '전부용선계약'은 '항해용선계약' · '기간용선계약' · '나용선계약' 등으로 구분된다. ⓐ'항해용선계약'은 어느 항구에서 어느 항구까지의 일항차 또는 수개항차에 걸쳐 용선자인 화주와 선박회사 사이에 체결되는 운송계약을 말한다. 용선자는 용선주에게 운임을 지급하고 용선주는 선박운항에 따른 비용을 부담한다. 용선자는 선복만을 이용하고, 일정한 항해를 기초로 용선료를 부담한다는 점에서 기간용선계약이나 나용선계약과 다르다. 화주가 용선주에게 지급하는 용선료는 항차단위로 화물운송량에 따라 톤당 금액을 기준한다. ⓑ'기간용선계약'은 일정 용선기간에 따라 용선자가 용선주에게 용선료를 용선개시 전에 미리 선지급하는 계약형태를 말한다. 즉 용선주는 선박과 그에 따른 설비 및 용구를 갖추고 선원을 승선시킨 상태에서 일정기간에 걸쳐 용선자에게 빌려주며, 계약기간 중 용선주는 선원비 및 보험료와 같은 통상적 선비를 부담하고 용선자는 연료비 · 항세 · 용선료를 부담한다. 용선주는 다른 화주로부터 받은 운임과 용선료 차액을 이윤으로 얻는다. ⓒ'나용선계약'은 용선자가 선박 이외 선장 · 선원 · 장비 · 소모품 등에 모든 책임을 진다.

운송계약(運送契約, contract of carriage)

당사자의 일방이 화물 또는 여객의 운송을 인수하고 상대방이 이에 대한 운임을 지급할 것을 약속하는 계약을 말한다. 우리 상법상 이를 체결하고 운송을 인수하는 행위는 기본적 상행위에 속한다. 운송의 목적물에 따라 '화물운송계약'과 '여객운송계약'으로 나누어지며, 또 그 운송수단에 따라 '육상운송계약'과 '해상운송계약'으로 나누어진다. 어느 것이나 목적지까지 운송한다는 일의 완성을 인수하는 것이므로 '도급계약'의 성질을 가지지만, 이에 관하여 우리 상법에 자세한 특별규정을 두고 있으므로 민법이 적용될 여지는 없다. 항상 운송증권의 작성을 수반한 요식계약인 것은 아니고, 낙성계약·유상계약·쌍무계약에 속한다. 오늘날 '운송계약'은 거의 '부합계약'인 것이 상례이다.

운송주선인
(運送周旋人, freight forwarder, forwarder)

'운송주선인'이란 우리 상법상 자기명의로 물품운송의 주선을 영업으로 하는 자를 말한다. 운송위탁자의 계산에서 자기명의로 운송인과 물품운송계약을 체결하는 것이므로 판매 또는 매수를 자기명의로 위탁자의 계산에서 주선하는 '위탁매매인'과 같으나, 주선행위의 내용이 물품운송인 점에서 다르다. 운송주선인은 물품운송만을 주선하고, 여객운송은 주선하지 않는다. 여객운송의 주선을 영업으로 하는 자는 운송주선인이 아니고 '준위탁매매인'에 속한다. 그러나 물품인 이상 육상운송이든 해상운송이든 또 공중운송이든지 상관없다. 운송주선계약은 위탁매매계약과 같이 주선계약의 일종인 까닭에, 민법상의 '위임계약'의 일종이다. 그러므로 운송주선인에 관하여는 다른 규정이 없는 한 '위탁매매인'에 관한 규정이 준용된다. 운송주선인은 위임사무를 처리할 때에 선량한 관리자의 주의로써 운송주선계약의 의무를 이행할 책임을 부담하는데, 이것에 위반한 때는, 채무불이행으로 인한 손해배상책임을 부담하는 것은 당연하지만 그 밖의 권리·의무에 관하여 우리 상법은 여러 가지 특칙을 두고 있다.

운임보험(運賃保險, freight insurance)

선주 또는 화주가 적화운임에 관하여 체결한다. 선주는 특정화물의 운임이 착지급인 경우 목적항에 도착하지 않은 부분의 화물에 대해서는 하주로부터 운임을 징수할 수 없다. 따라서 선주는 운임보험을 계약해야 하며, 이러한 종류의 보험이 일반적으로 운임보험의 대부분을 차지한다. 또한 선주는 현재의 항해에서 본선에 사고가 생긴 경우 항해운임을 못 받게 되는데, 이러한 희망 운임에 대한 보험도 있다. 또한 착지급 운임은 화물이 완전히 멸실한 전손의 경우에는 지급하지 않는 것이 원칙이지만, 분손인 경우, 즉 전손은 모면하였으나 심한 손상을 입고 목적항에 도착했을 때에는 화물의 가액 감소에도 불구하고 운임을 전액 지급해야 한다. 이때 화주는 실질적으로 여분의 운임을 지급하게 되는데, 이 분손만을 담보로 하는 보험도 운임보험이라고 한다.

원고(原告, plaintiff)

소송법상의 개념으로 주로 민사소송법에서 쓰인다. '원고'의 반대개념은 '피고'이다. 민사소송에서의 원고란 상대적인 개념으로, 반드시 권리를 가지고 있는 자를 의미하지 않는다. 즉 단순히 소송을 제기하는 자를 의미하기 때문에 급부소송에서의 원고란 상대방에게 급부를 요구할 수 있는 권리를 가지고 있다고 주장하는 자, 즉 채권자이지만, 반대로 채무부존재확인소송에서의 원고란 상대방에게 부여할 급부가 없음을 주장하는 자, 즉 채무자이다. 원고는 소송당사자가 되며, 자신이 직접 소송을 수행하거나 대리인, 예컨대 변호사 또는 법정대리인 등을 시켜 소송을 수행하게 할 수 있다. 형사소송법상 원고는 소추자의 지위에 있는 검사이고 그 상대방은 피고인이며, 행정소송법상으로는 행정청의 처분에 의하여 자신의 권리가 침해되었다고 주장하는 개인 또는 법인을 가리킨다.

원상회복(原狀回復, restitution)

'원상회복'은 계약해제의 효과로 계약이 이루어지지 않았던 이전의 상태로 복귀시키는 것을 말한다. 원상회복의무의 성질에 대해서는 부당이익반환청구인지 법률상 특별한 청구인지 대립한다. 계약해제의 경우 계약의 각 당사자가 상대방에 대하여 부담하게 되는 원상회복의무는 현존이익의 반환의무 뿐만 아니라 처음부터 급부를 받지 않았던 것과 마찬가지의 법률상 태로 되돌아가게 하는 채무이기 때문에 부당이익의 반환의무와는 그 내용을 달리한다(민, 제548조, 제741조). 손해배상의 경우도 원칙적으로는 손해발생 전의 상태로 환원시킬 의무가 발생하게 되는데, 우리 민법은 원칙적으로 원상회복의무를 인정하지 않고 '금전배상주의'에 의거(민, 제394조, 제763조)하고 있다. 그러나 예외적인 경우에 원상회복주의를 취한다.

원시적 불능(原始的不能, primary impossibility)

처음부터 이행이 불능한 것을 말한다. 예컨대 소실된 가옥의 매매계약의 경우이다. '이행불능'의 일종이다. 계약성립 후에 집이 소실한 경우와 같은 '후발적 불능'과는 달리, 계약은 당초부터 성립될 수 없고, 따라서 대금지급이나 채무불이행으로 인한 손해배상의 문제는 발생하지 않는다. 그러나 매도인이 이행불능을 알고 있었다거나 또는 과실로 모르고 있었던 경우 매수인이 계약의 효력이 있다고 생각하고, 이사를 할 준비를 하거나 다른 싼 집을 살 기회를 잃었다고 하는 손해를 매도인에게 배상시켜야 한다는 주장도 있다.

위법행위(違法行爲, illegal or unlawful act)

성문법규는 물론 관습법·판례법·조리법에 위반한 행위를 말한다. '위법행위'는, 그 진압 또는 결과 제거를 위해 무효·취소·행정소송제기·강제·처벌·손해배상 등의 공법적 효과를 발생하는 행위이다. 위법행위는 행정소송의 대상이 되지만, '부당행위'는 '소원'의 대상은 되나, 행정소송의 대상은 되지 않는다는 차이점이 있다.

위부(委付, abandonment)

해상보험의 피보험자가 보험목적물의 전손 여부가 분명하지 않은 경우 보험금 전액을 지급받기 위하여 그 목적물을 보험자에게 이전하는 일로서, 위부를 한 경우에는 위부권자의 일방적 의사표시에 의하여 일정한 권리이전이 생기고, 이에 따라 일정한 법적 효과가 발생하므로 그 법률상의 성질은 '형성권'이다.

위임(委任, entrust, delegation)

'위임'은 사법상 일방(위임인)이 타방(수임인)에 대하여 사무의 처리를 위탁하는 계약이다. 위임은 고용·도급과 같이 노무공급계약의 일종이다. 그러나 위임계약은 수임인의 인격이나 지식 또는 기량 등에 대한 신뢰를 바탕으로 하여 성립하고 수임인에게 다소나마 재량의 융통성이 인정되며, 사무의 처리라고 하는 통일적인 활동을 목적으로 하는 점에 특색이 있다. 위임사무는 물건의 매매나 사람의 고용과 같은 법률행위일 수도 있고, 재산의 관리, 등기의 신청과 같은 법률행위 이외의 것일 수도 있다. 위임은 민법상으로는 보수가 없는 무상·편무·낙성계약이다. 그러나 실제로는 보수지급의 특약이 있는 유상·쌍무계약이 많으며, 우리 상법에는 유상으로 하는 특칙이 있다(상, 제61조). 위임에는 대리권이 수반되는 경우가 많으나 위임과 대리는 별개의 개념이며, 실제로 대리권이 없는 경우도 있다. 타방은 위임의 본뜻에 따라 선량한 관리자로서의 주의를 기울여 위임사무를 처리하여야 하며, 일방의 청구가 있는 때는, 위임사무의 처리상황을 보고하여야 한다. 또한 타방은 일방의 승낙이나 부득이한 사유 없이는 제3자에게 위임사무를 처리시키지 못한다. 그 밖에 타방은 취득물의 인도의무와 취득한 권리의 이전의무를 지며, 일방을 위하여 사용할 금전을 자기를 위하여 사용한 경우 그에 대한 책임을 부담한다. 일방은 특약이 있는 경우 보수를 지급하여야 하며, 비용선급·필요비 상환· 채무변제 등과 같은 의무를 지고, 타방이 사무처리를 위해 과실 없이 받은 손해를 배상할 책임을 진다. 위임계약은 언제나 해지할 수 있으며, 당사자 일방의 사망 또는 파산으로 종료한다. 상행위의 위임에는 특칙이 있다(상, 제49조 내지 제50조).

위탁매매인(委託賣買人, consignor)

중개상인 또는 증권업자가 고객의 의뢰를 받고 상품 또는 증권을 매매하는 것으로, 따라서 위탁상은 생산자나 소매상으로부터 위탁을 받아 자신의 이름으로 이들 위탁자를 위해 상품의 매매를 하고 일정한 수수료를 받는 상인이다. 따라서 실제상의 매매는 자신의 이름으로 하므로 비록 거래상으로는 손익과 관계가 없다 하더라도 매매상대방에 대해 책임을 지지 않으면 안 된다.

유가증권(有價證券, negotiable securities)

①'유가증권'이란 일정한 금전이나 화물 등의 유가물에 대해 청구할 수 있는 권리가 표시된 증서, 즉 상법상의 재산권을 표시하는 증서를 말하는 것으로 단순히 '증권'이라고도 한다. 권리의 발생과 행사·이전은 증권에 의해 이루어진다. 유가증권은 '권리와 증권의 결합체'이며, 권리의 이전·원활하고 안전하게 하며 유통성을 높이기 위해 근대자본주의가 발달시킨 제도이다. 따라서 유통·이전을 목적으로 하지 않는 경우 입장권·승차권 등은 유가적인 것을 표시하고 있어도 그것을 유가증권이라고 하지 않는다. 차용증서·우표·수입인지·영수증·화폐 등도 유가증권에 포함되지 않는다. 유가증권은 경제적 성질에 따라 '물품증권' 혹은 '상품증권'(선하증권·물품교환권), '화폐증권'(어음·수표), '자본증권'(주식·채권) 등으로 구분된다. 일반적으로 '증권'은 자본증권만을 가리키며 증권시장에서 다루는 것도 이 자본증권으로, 상장되어 있는 주식 및 채권을 지칭하는 것이다. ②권리와 증권과를 결합하여 권리행사를 원활하게 하고, 또 그 유통을 도모하는 제도이며, 이 결합관계를 '증권에 화체된 권리'라고 한다. 권리는 재산적 가치를 가지는 것이면, 채권은 물론이고 물권이나 그 밖의 사원권도 무방하다. 은행권·지폐·수입인지·우표 등은 사법상의 권리를 표창하는 것이 아니므로 유가증권은 아니며, 또 단순한 증거증권, 예컨대 차용금증서나 수령증 등이나, 철도화물상환증 등과 같은 면책증권도 권리를 화체한 것이 아니므로 유가증권일 수 없다. 권리와 증권과 결합정도는 유가증권의 종류에 따라 동일하지 않으며, 권리의 발생·행사·양도의 모든 경우 증권을 필요로 하는 '완전유가증권'과 반드시 권리발생·행사에 증권을 필요로 하지 않는 '불완전유가증권'이 있다. 어음·수표·상품권 등은 전자, 주권·화물상환증 등은 후자의 예이다. 그리고 유가증권은 유통보호를 위하여 대부분이 면책증권·요식증권·제시증권·환수증권·문언증권적 특성을 가진다.

유상계약(有償契約, onerous contract)

'유상계약'이란 당사자가 대가로서의 의의를 가지는 경제적 출연을 하는 계약을 말한다. 예컨대 매매·교환・임대차・고용・도급・조합・화해・현상광고 등이 이에 해당한다. 유상계약에는 일방예약・해약금・비용부담・담보책임 등에 관한 규정들이 준용된다(민, 제567조). 유상계약의 채무불이행에 대해서는 추상적 경과실(민, 제374조)이 기준이 되지만, 무상계약에서는 구체적 경과실(민, 695조)이 기준이 된다고 해석된다.

유인계약(有因契約, incentive contract)

계약에 의해서 발생한 채무가 그것을 발생시킨 원인이 된 사실과 결부되어, 그 사실이 없으면 채무도 발생하지 않는다는 관계에 놓여 있는 계약이 '유인계약'이다. 한편 법률에 의해서 사실과 채무가 무관계로 되어 발생함으로써 원인인 사실이 없어도 채무만은 존립하는 계약이 '무인계약'이다. 민법의 전형계약은 전부 유인계약이다. 예컨대 매도인의 목적물 인도채무와 매수인의 대금지급 채무는 서로 원인관계에 있으며 매도인의 채무가 원시적 불능으로 무효가 되었을 때에는 매수인의 채무도 발생하지 않으며, 결국 매매계약 자체가 무효로 된다. 민법에는 규정이 없지만 계약자유의 원칙으로 보아서 당사자의 합의에 의한 무인계약은 유효하다고 인정된다.

유치권(留置權, lien)

'유치권'은 타인의 물건이나 유가증권을 점유하고 있는 자가 그 물건 또는 유가증권에 발생한 채권의 변제를 받을 때까지 그 물건 또는 유가증권을 유치하는 권리이다(민, 제320조 내지 제328조).

의무(義務, duty or obligation)

사회생활상 사회적 질서를 유지하고, 조정하기 위한 사회적・물리적・정신적인 강제 및 구속을 일컫는다. 법학에서 '의무'는 '권리'의 반대개념으로서, 법률상의 인격에 부과되는 구속이라고 본다. 여기서는 적극적으로 "무엇을 하지 않으면 안 된다"는 '작위의 의무'와 소극적으로 "무엇을 해서는 안 된다"는 '부작위의 의무'로 대별된다. 이를 '도덕상의 의무'와 구별하기 위하여 '법적 의무' 또는 '법률상의 의무'라고 한다.

의사표시(意思表示, declaration of will)

일정한 법률효과의 발생을 원하는 내심의 의사를 외부에 표시하는 것으로 법률행위 불가결의 요소이다. 당사자의 의사표시는 그 내용에 따라 일정한 법률효과를 발생시킨다. 예컨대 "취소한다", "판다", "산다"는 것은, 모두 일정한 법률효과의 발생을 목적으로 하는 의사표시이다. 의사표시를 단계적으로 분석하면, 먼저 표시자에게 '내심적 효과의사'(어떤 조건으로 매매한다는 의사)가 구성되고, 이후 '표시의사'(표시행위의사라고도 하며, 표시행위를 하려는 의사)를 가지고, '표시행위'(상대방에게 의사를 표명하는 행위)를 함으로써 성립한다. 이에 따라 객관적으로 판단된 '효과의사'('외부적 효과의사'・'표시상의 효과의사')가 상대방에게 전하여 지는 것이다. 의사표시는 이러한 과정을 거쳐 완결하는 것이나, 그 중의 어느 것이 의사표시의 요소인가가 문제가 된다. 여기서 '동기'와 '내심적 효과의사' 및 '표시의사'는 주관적인 것인데, 이것은 오직 표의자만이 알고 있으며, 상대방은 알 수 없는 것이다. '표시행위'와 '표시상의 효과의사'는 표리일체의 것으로서, 상대방이 객관적으로 인식하고, 파악할 수 있는 것이다. 그리고 의사표시는 상대방과 교섭하기 위한 수단이므로, 의사표시의 본질은 '표시행위'와 '표시상의 효과의사'에 중점을 두어야 한다. 따라서 '표시행위' 및 '표시상의 효과의사'가 인정되면, 의사표시는 성립하고, 비록 '내심적 효과의사'나 '표시의사'가 흠결되었다고 하더라도, 원칙상 의사표시는 효력이 있다. 그러나 '허위표시'의 경우 통상 의사표시로서 가치를 인정할 필요가 없으므로, 원칙상 무효로 한다. 다만 '신분상의 행위'는 예외적으로 본인의 '효과의사'를 특별히 존중하게 된다. 또한 '내심의 효과의사'와 '표시상의 효과의사'의 차이로 인하여, 특히 표의자의 책임을 부정할 경우에는 '착오'로써 취소할 수 있다. 의사표시는 '의사효력'을 전제로 하고 있으므로, 의사무능력자의 의사표시는 무효이다.

의제(擬制, legal fiction)

'의제'란 실체를 달리하는 것을 법률적으로 동일하게 취급하고 동일한 법률 효과를 부여하는 것을 일컫는다. 예컨대 사망이라는 실체가 없는데도 행방불명자는 실종선고를 함으로써 법률상 진정한 사망과 같이 취급된다. 의제는 보통 "…으로 본다"라는 조문의 규정형식을 취한다. 또한 사실이나 법률관계가 불분명한 경우에도 그것을 표준 상태의 사실 또는 법률관계로 보는 추정은 반대의 사실이 증명되면 법률 효과가 인정되지 않는 점에서 의제와 다르다. 또한 의제에는 실체의 공통성에 기하는 동일한 속성을 매개로 행해지는 유추와는 달리 실체의 공통성이 없다.

이로(離路, deviation)

선박이 정해진 항로에서 이탈하는 행위 또는 그 상태를 말한다. 해상보험에 있어서 해상에서의 인명・재산의 구조행위 등의 정당한 이유가 없이 이로상태에서 손해가 발생한 경우에는 보험자가 책임을 지지 않는 것이 특징이다.

이자(利子, interest)

법률용어로서 '이자'는 원본인 화폐의 대부로부터 발

생하는 수익으로서, 원본액과 사용기간에 비례하여 일정한 이율에 따라 지급되는 금전 및 그 밖의 대체물을 의미한다. 돈을 빌렸을 때 원금의 일정비율인 이자를 지급해야 하고, 원금과 이자를 합친 금액을 빌려준 사람에게 갚아야 한다. 특정기간동안 원금을 사용하는 대가로 지급해야 하는 원금의 비율을 '이자율'이라고 한다. 민사소송에서 이자계산은 ①소비대차는 대차일로부터, ②어음금은 만기일로부터, ③계약해제는 금전을 수령한 날로부터, ④불법행위는 불법행위시로부터, ⑤부당이득에 대한 지연이자는 청구일 다음날부터 계산된다.

이행보증(履行保證, performance bond)

계약상의 채무자가 약정대로 계약을 이행하는 것을 제3자가 보증하는 것을 말한다. 채무자가 계약을 불이행한 경우 보증을 한 자는 보상금을 지급하거나 채무자를 대신하여 계약을 이행하는 것을 확약하는 것을 말한다.

인도(引渡, delivery)

물건의 사실상 지배인 점유를 이전하는 것으로서, 동산물권변동의 효력발생요건이다. '인도'에는, '현실의 인도' 이외에 '간이인도', '점유개정' 그리고 '목적물반환청구권의 양도에 의한 인도' 등 간편한 인도방법이 있는데, 인도의 원칙적인 모습인 '현실의 인도'란, 사회관념상 물건이 동일성을 유지하면서, 양도인의 지배권으로부터 양수인의 지배권으로 이전되는 것을 말한다. 인도는 '등기'와는 달라서 일시적인 것이 되어, 일반인에게 공시의 역할이 미약하므로, 이와 같은 불완전한 공시의 결점을 보전할 필요가 있다. 그 제도가 '선의취득'에 의한 거래의 보호이다. 이 경우 '간이인도'란, 양수인이 이미 물건을 점유하고 있을 때는, 따로 인도라는 절차를 밟을 필요가 없으므로 당사자의 의사표시만으로써 인도가 끝난 것으로 하는 제도를 말한다. 예컨대 B가 A로부터 빌린 자전거를 A로부터 매수하였다고 할 경우에는 한번 A에게 되돌려주었다가, 다시 A로부터 인도를 받는다는 것은 헛된 수고만 더하기 때문에, 실제로 물건의 이동을 하지 않고서 A와 B의 합의만으로 인도를 끝내버리는 간편한 인도방법이다. '점유개정'은 동산물권을 양도하는 경우에 양도인과 양수인 사이에 점유매개관계를 설정하여 양수인은 간접점유자로 하고, 양도인은 직접점유자로서 그 동산의 점유를 계속하는 것을 말한다. 예컨대 A가 그의 소유물을 B에게 팔고, 계속 그 물건을 임차하는 때는, 양수인(B)에게 인도하였다가 다시 양도인(A)이 빌려오는 불필요한 절차를 생략한 편의적 방법이다. 점유개정은, 물건에 대한 사실적 지배가 이전됨이 없이 인도가 이루어진다는 점에서는 '간이인도'와 동일하나, 점유개정에 의하여 양도인(A)은 직접점유, 타주점유를 하게 되고, 양수인(B)은 간접점유, 자주점유를 하는 반면에, 간이인도에 의해서는 양수인이 직접점유·자주점유를 한다는 점에서 구별된다. 점유개정에 의하여 동산의 소유권이 이전되는 전형적인 경우가 동산의 '양도담보'이다. 이 경우 '양도담보'란, 채권담보의 목적으로 채권자에게 소유권 그 밖의 재산권을 이전하고, 채무자가 채무를 이행하지 않는 경우 채권자가 그 소유권을 확정적으로 취득하거나, 목적물로부터 우선변제를 받지만, 채무자가 채무를 이행하는 경우에는 이전받은 재산권을 원래의 재산권자에게 복귀시키는 방법에 의하는 것을 말한다.

임대차(賃貸借, lease)

'임대차'는 당사자 일방이 상대방에 대해 어떤 물건을 사용·수익하게 하기로 하고, 상대방이 이에 대해서 어떤 차임을 지급할 것을 약정하는 계약으로 유상·쌍무·낙성계약이다. 차용자가 물건 자체를 반환하지 않으면 안 된다는 점에서 소비대차와 다르고 차임을 지급하는 점에서 사용대차와 다르다.

임차권(賃借權, right of lease)

'임차권'이란 임차인이 임차목적물을 사용·수익할 수 있는 권리를 말한다(민, 제618조). 임대인의 임차물제공의무에 상응하는 임차인의 권리로서, 임차권은 원래 임대인에게만 청구할 수 있는 채권이나 주택임대차보호법 및 상가건물임대차보호법상의 대항요건을 갖춘 경우에는 임대인 이외의 제3자에 대하여도 임차권을 행사할 수 있다.

임치(任置, deposit)

'임치'는 당사자의 일방(임치인)이 상대방에 대하여 금전이나 유가증권 기타의 물건의 보관을 위탁하고, 상대방(수치인)이 이를 승낙함으로써 성립하는 계약(민, 제693조)이다. 역의 수하물의 일시보관, 호텔의 보관소, 창고업 등은 임치이며 은행의 예금도 '소비임치'라고 불리는 일종의 임치이다. 임치는 소비대차나 사용대차와 마찬가지로 낙성계약이다. 임치는 계속적 계약에 속하고, 일종의 노무공급계약이며 수치인의 노무는 임치물을 보관하는 것인데, 그것은 목적물의 원상을 그대로 유지한다는 목적의 달성에 필요한 노무에 한한다. 임치가 다른 노무공급 계약과 다른 점은 단순히 노무의 공급만을 내용으로 하는 것이 아니라 임치물의 반환 의무가 결합되어 있다는 데에 있다. 임치에는 보관료를 지급하는 경우(특약이 있는 때)와 지급하지 않는 경우가 있다. 전자는 유상·쌍무계약이며, 후자는 무상·편무계약이다. 그 어느 것이냐에 따라서 수치인의 보관 의무의 경중이 다르게 된다(민, 제695조). 전술한 바와 같이 물건의 보관이 임치 요소인데 보관이란 물건을 보존하여 파손되거나 분실되지 않도록 보전의 조치를 취하는 것으로서, 맡은 물건을 이용하거나 개량할 수는 없다. 반환할 때는, 원상 반환함이 원칙이나 맡은 물건은 써버리고 그 물건과 동종·동액의 물건을 반환하면 되는 특수한 임치도 있다(소비임치). 오늘날 자본주의경제하에서는 임치의 중요한 것은 대부분 상인 사이의, 특히 창고에 임치하는 형식으로 행하여지는 것이 많다. 그것들은 상법의 규정을 적용받으며(상, 제62조, 제693조), 예금(은행) 등 특수한 임치에 관하여도 은행법 등의 적용을 받는 것으로서, 민법상의 임치의 규정은 겨우 인간의 생활용품에 관한 것뿐으로 적용의 여지가 거의 없는 실정이다.

입증책임(立證責任, burden of proof)

소송상 권리 또는 법률관계의 존부를 판단함에 필요한 사실에 관하여, 소송에 나타난 일체의 증거자료에 의하여도, 법원이 그 존부 여하를 결정할 수 없는 경우 이를 어느 당사자에게 불리하게 판단하지 않는 한, 재판을 할 수 없게 된다. 그러므로 이와 같은 경우에 당사자의 일방이 입을 불이익을 '입증책임'이라 한다. 달리 '증명책임', '거증책임'이라고도 한다. 어느 당사자에게 불이익하게 그 사실의 존부를 인정할 것이냐의 결정을 '입증책임의 분배'라고 하고, 입증책임은 이와 같이 법원이 심리를 행한 후에 적용되는 문제로서, 당사자가 소송상 자기에게 유리한 사실에 관하여, 증거를 제출하는 사실상의 필요와는 직접 관계는 없고, 또한 추상적으로 법률효과에 따라 정해져 있는 것으로, 구체적인 소송상태에 의하여 전환하는 일은 없다. '입증책임의 분배'는 공평의 요구, 경험상의 개연성, 당해 권리의 실질적 목적 등 여러 가지 고려에서 정해져야 하는 것으로, 오히려 실체법에 있어서 연구될 문제이겠으나, 일반적으로는 권리관계의 발생·변경·소멸 등의 법률효과를 주장하는 자는 이를 직접 규정하는 법조의 요건사실의 입증책임을 진다. 또한 동일한 법조 중의 요건을 정하는 방법으로는 단서 또는 별항의 형식으로 정해지는 예외적 사실은 규정에 의한 효과를 다투는 자에게 입증책임이 있다. 사실의 추정에 관한 규정이 있는 경우 추정사실의 증명 대신에 증명이 쉬운 전제사실로써 갈음할 수 있음과 동시에, 상대방이 추정을 뒤집기 위해서는 추정과 반대의 사실에 관하여 입증책임을 지게 된다. 또한 '주장책임'과 '입증책임'은 서로 독립한 뜻을 가지고 있다.

입찰(入札, tender)

공사의 도급이나 물자의 매매계약 체결에 있어 다수의 신청희망자로부터 각자의 낙찰희망 예정가격을 기입한 신청서를 제출·입찰하게 하여 그 중에서 가장 유리한 내용, 즉 일반적으로 도급예정가액이나 판매가격이 최저가격인 것이나 또는 구매가격이 최고인 입찰자와 계약을 체결하는 방식이다. 반드시 문서에 의하여 의사표시를 하게 되어 있으므로 타인의 청약내용을 알 수 없어 비밀이 유지된다는 점이 일반 경매행위와 다르다. 입찰에 의한 계약체결은 매매행위나 도급계약에 있어 공정을 기한다는 취지에서 실시되는 것으로서, 정부기관·공공단체·일반대기업의 매매행위나 도급의 계약체결에서 실시되는 것이 상례로 되어 있다. 입찰에 있어 특정인만을 참여하게 하느냐 또는 공고에 의하여 많은 사람에게 자유로이 참여하게 하느냐에 따라 '지명경쟁입찰'·'일반경쟁입찰'이라고 한다.

자력구제(自力救濟, self-help)

통상 자기의 이익이나 권리를 방어·확보·회복하기 위하여 국가기관에 의하지 않고 스스로 사력을 행사하는 것을 말한다. 형법상으로는 '자력행위'라 하고 국제법에서는 '자조행위'라 한다. 오늘날 법치국가에 있어서는 자력구제란 원칙상 허용되지 않는다. 그러나 국가기관의 구제절차를 기다리다가는 도저히 회복할 수 없는 손해가 발생할 것이 명백·절박한 상황하에서, 자기의 생명·신체·명예·재산 등을 수호하기 위한 정당방위나 긴급피난은 예외적으로 허용되고 있다. 그러나 법률요건을 벗어나 자력구제는 위법성이 조각되지 않으며, 따라서 자력구제자체가 위법한 불법행위가 되어 손해배상의 책임을 져야 한다.

자연법(自然法, natural law)

인위적이 아닌 자연적 성질에 바탕을 둔 보편적·항구적 법률 및 규범으로서, 실정법에 대비되는 개념이다. '실정법'이 민족·사회에 따라 내용이 달라지는 것에 비해, '자연법'은 민족·사회·시대를 초월해 영구불변의 보편타당성을 지니는 것이 특징이다.

자유심증주의
(自由心證主義, principle of free evaluation of evidence)

'자유심증주의'란 증거에 의하여 사실을 인정함에 있어서 증거의 증명력을 법관의 자유로운 판단에 맡기는 주의를 말한다(형사소송, 제308조). 즉 어느 증거를 신뢰하고, 어느 증거를 신뢰할 수 없는 것으로 하며,

또 어떤 증거에 의하여 범죄사실을 인정할 것인가에 대한 판단을 모두 법관에게 일임하고 있는 주의이다. 이것은 일정한 증거가 없으면 어떠한 사실을 인정할 수 없다는 '법정증거주의'에 대응하는 개념이다.

작위(作爲, commission, feasance)

의식적인 의사에 의한 적극적 행위를 말한다. 법적 행위에는 '작위'와 '부작위'가 있다. '작위'란 일정한 적극적 행위로 나아가 법적 책임을 져야 하는 일정한 행위를 하는 경우이고, '부작위'란 일정한 작위 의무가 있는 자가 그 행위를 하지 않음으로써 일정한 행위를 한 것과 동일한 결과를 유발하는 경우이다. 예컨대 칼로 사람을 살해한 경우가 작위이고, 산모가 어린 아이에게 젖을 먹이지 않아 굶겨 죽이는 경우가 부작위이다.

재산권(財産權, property rights)

권리자의 인격이나 가족관계는 관계없이 금전가치를 목적으로 하고, 권리자체도 금전적 가치를 지니는 권리이다. 인격권·가족권·사원권 등의 비재산권에 대립된다. 그러나 채권은 금전으로 가격을 산정할 수 없는 것도 목적으로 할 수 있는데(민, 제373조), 이러한 채권도 재산권이라 할 수 있다(민, 제162조). 한편 상속권(민, 제1000조)·부양청구권(민, 제974조) 등은 재산적 가치를 내용으로 하고 있지만 인격이나 가족을 기초로 하는 권리이므로 재산권으로 취급하지 않는다. 재산권의 주요한 것은 물권·채권·무체재산권 등이다.

적화보험(積荷保險, insurance on goods)

선박으로 운송하는 화물이 운송 중에 일어나는 사고로 손해를 입었을 경우 보상하는 해상보험제도를 말한다. 다른 나라에 영업소를 보유한 무역업자에게 화물을 운반하기 위해 운송인과 운송계약을 맺고 화물이 매도인으로부터 매수인에게 인도될 때까지 운송 중에 발생할 수 있는 위험에 대비하여 가입한다. 손해가 생기면 보험을 인수한 보험회사가 그 손해를 미리 정해진 방법과 범위 안에서 보상한다. 보험계약을 명시한 보험증권은 선적서류·선하증권·상업송장 등과 함께 대금결재의 수단으로 쓴다. 담보되는 위험은 본선 또는 부속선의 침몰·좌초·화재·폭발로 인한 손해, 물 이외의 물체와의 충돌·접촉으로 인한 손해, 선적·하역·환적 중의 손해 등이다.

전형계약(典型契約, typical contract)

법률에 일반적으로 행하여지는 계약의 전형으로서 특히 규정을 둔 계약이다. '유명계약'이라고도 한다. 민법에서는 증여로부터 시작하여 매매·교환·소비대차·사용대차·임대차·고용·도급·현상광고·위임·임치·조합·종신정기금·화해·여행에 이르기까지의 전형계약을 규정하고 있다. 이밖에 상법에서도 창고계약·운송계약·보험계약 등을 볼 수 있다.

점유(占有, possession)

'점유'는 '사실상의 지배'를 말한다. 여기서 '사실상의 지배'란 사회관념상 물건이 어떤 사람의 지배 아래 있다고 인정되는 객관적 관계를 말한다. 점유자에게는 점유사실에 기하여, '점유권'이 부여되며, 법률상 여러 가지 효과가 인정된다. 여기서 점유권은 점유라는 사실을 법률요건으로 하여 점유자에게 인정되는 물권의 일종이다(민, 제192조 내지 제209조). 다른 물권과 같이 물건의 지배로부터 적극적으로 어떤 이익을 얻을 것을 내용으로 하는 것이 아니라, 물건에 대한 사실적인 지배 상태를 일단 권리로서 보호하여 사인에 의한 교란을 금함으로써 사회의 평화와 질서를 유지하려는 제도이다. 다른 물권과는 지배권이라는 공통성 이외에는 배타성이나, 우선적 효력이 없는 등 법률적 성질이나 사회적 작용에 있어서 현저한 차이가 있다.

점유개정(占有改定, agreement on possession)

양도인이 양수인의 점유매개자가 되어서 물건을 계속 소지하는 경우에 양도인이 앞으로는 양수인을 위하여 점유한다는 의사표시를 함으로써 인도의 효력이 생기게 하는 인도방법이다(민, 제189조, 제196조). 즉 양도인이 양수인에게 목적물을 양도하고서 다시 양수인에게 그 목적물을 임차하여 양도인이 물건을 계속 점유하는 경우이다.

제척기간(除斥期間, exclusion period)

'제척기간'은 어떤 권리에 대하여 법률이 예정하는 존속기간이다. 법정기간의 경과로써 당연히 권리의 소멸을 가져오는 것이다. 즉 권리의 존속기간인 제척기간이 만료하게 되면 그 권리는 당연히 소멸하는 것이 된다. 소멸시효와 비슷하지만 다음과 같은 차이점이 있다. ①제척기간은 시효와 같이 포기·중단·정지라는 문제가 없다. ②시효의 이익은 당사자가 원용함으로써 재판에서 고려되는 것이지만, 제척기간은 당연히 효력을 발생하기 때문에 법원은 이를 기초로 재판하지 않으면 안 된다. 그러나 어느 것이 제척기간에 해당하는가의 구별은 용이하지 않다. 우리 민법은 제척기간에 관하여 여러 곳에서 규정하고 있는데, 다만 이를 체계적으로 규정하고 있지는 않다. 일반적으로 법문에 '시효에 의하여'라고 규정된 것 이외에는 제척기간으로 해석되고 있다.

조건(條件, conditions)

'조건'은 시험에 합격하면 시계를 준다거나, 시험에

불합격하면 학비를 대주지 않는다고 하는 것처럼, 법률행위의 효력의 발생·소멸을 장래의 불확실한 사실의 성부에 의존케 하는 법률행위의 부관으로 설명된다. 이 경우 법률행위에 조건을 붙이는 것은 자유이나, 법률행위의 성질상 법률관계가 확정적이어야 하는 경우나, 조건을 붙이면 법률의 목적에 명백히 반하는, 이른바 조건과 연관되지 않는 법률행위에는 조건을 붙일 수 없다. 일례로 어음·수표행위와 혼인·이혼·입양·인지·상속의 승인 및 포기 등 신분법상의 행위는 그 효과가 확정적으로 발생할 것이 요구되므로 조건을 붙일 수 없다. 다만 유언은 조건을 붙여도 무방하다. 또한 상계·해제·해지·철회·취소 등 단독행위에 조건을 붙이면, 상대방의 지위를 현저하게 불리하게 하므로 여기에 조건을 붙일 수는 없다. 다만 상대방의 동의가 있거나 상대방에게 이익만을 주는 경우, 예컨대 채무면제·유증 등에는 단독행위라도 조건을 붙일 수 있다. '조건부 법률행위'의 효력이 발생하거나 소멸하는 것은 조건이 성취한 때부터이다. 이 경우 조건성취의 효과는 원칙적으로 소급하지 않는다. 다만 당사자가 조건성취의 효력을 그 성취 전에 소급할 의사를 표시한 경우는 그 의사에 의함이 원칙이다.

조세피난처(租稅避難處, tax haven)

법인의 실제 발생소득의 전부 또는 상당 부분에 대해 조세를 부과하지 않는 국가나 지역을 말한다. 법인의 실제 발생소득의 전부 또는 상당 부분에 대하여 조세를 부과하지 않거나, 그 법인의 부담세액이 실제 발생소득의 15/100 이하인 국가나 지역을 말한다. 즉 법인세·개인소득세에 대해 전혀 원천징수를 하지 않거나, 과세를 하더라도 아주 낮은 세금을 적용함으로써 세제상의 특혜를 부여하는 장소를 가리킨다. 조세피난처는 세제상의 우대뿐 아니라 외국환관리법·회사법 등의 규제가 적고, 기업 경영상의 장애요인이 거의 없음은 물론, 모든 금융거래의 익명성이 철저히 보장되기 때문에 탈세와 돈세탁용 자금거래의 온상이 되기도 한다. 대표적인 조세피난처는 바하마·버뮤다 제도 등 카리브해 연안과 중남미에 집중되어 있으며, 이곳에서는 법인세 등이 완전 면제된다. 조세피난처를 통해 국내에 들어오는 자금은 대개 3가지 유형으로 분류된다. ①조세피난처에 미리 예치해 놓았던 자금이 유입되는 경우, ②국내자금이 조세피난처를 우회하면서 외국인 자금으로 둔갑해 국내로 다시 유입되는 경우, ③조세피난처를 통해 돈세탁한 자금이 특정시기에 국내로 유입되는 경우 등이다. 이 조세피난처는 세계적으로도 많은 문제를 일으켜 2000년 이후 OECD를 중심으로 조세피난처에 대한 규제를 강화하려는 움직임을 보이고 있다.

조정(調停, mediation)

'조정'이란 분쟁 당사자 간에 제3자가 중개하여 화해에 이르도록 함으로써 분쟁의 해결을 도모하는 제도로 설명된다. '알선'·'중재'와 마찬가지로 재판에 의하지 않고 당사자 간의 분쟁해결을 도모하는 제도이다. 분쟁 당사자 사이에 제3자가 개입하여 화해를 이끌어낸다는 점에서 일상적인 의미로는 중재와 큰 차이가 없으나 법률적으로는 명확하게 구별된다. 즉 중재의 경우에는 제3자의 판단이 법적인 구속력을 가지며, 당사자는 이에 따라야 한다. 이에 비하여 조정의 경우에는 제3자의 조정안에 대하여 분쟁의 당사자가 승낙하면 화해가 이루어지지만, 그 조정안이 법적인 구속력은 없어 당사자가 이를 수용하지 않을 수도 있다. 조정에 붙일 것인지의 여부는 원칙적으로 당사자의 임의에 달려 있지만, 예외적으로 강제조정이 인정되기도 한다.

조출료(早出料, despatch money)

계약된 기간보다 선적이나 하역을 빨리 하였을 때 지급하는 금액을 말한다. 조기에 화물을 선적하거나 하역했을 때 지급하는 할인요금을 말한다. 정박기간 내에 선적 또는 하역을 하지 못하여 화주가 선박회사에 지급하는 '체선료'에 상대되는 개념이다. 절약한 기간에 대해서 선박회사가 화주에게 지급하는 환급금인데, 통상적으로 체선료의 절반이 지급된다. 체선료와 함께 무역에서 분쟁을 일으키는 경우가 많아 용선계약 시에 합의하여 요율을 명기하는 것이 보통이다.

조합(組合, cooperative)

'조합'은 복수 이상의 영업자가 상호 출자하여 공동사업을 경영할 것을 약정하는 계약이다. 여기서 출자는 종류·성질에 제한이 없고, 금전 그 밖의 재산·노무·신용 등 재산적 가치가 있는 것이면 된다. 사업은 영리를 목적으로 하지 않는 것이거나, 일시적인 것이어도 무관하다. 그러나 공동으로 경영하는 것이어야 하므로 이익은 전원이 받는 것이어야 한다. 따라서 한 사람만이 이익을 취하는, 예컨대 익명조합은 조합으로 취급되지 않는다. 조합계약은 낙성계약으로 각 조합원이 지는 출자의무는 대가관계에 있으므로 유상·쌍무계약이다. 다만 보통의 쌍무계약과는 달리, 각 조합원의 채무는 모두 공동목적을 위해 결합되어 있는 점에 특색이 있으며, 이로부터 쌍무계약에 관한 일반적 규정을 조합에 적용함에 있어서는 일정한 제한을 받는다.

종신정기금(終身定期金, life annuity)

'종신정기금'은, 일방(종신정기금채무자)이 특정인(본인, 타방 또는 제3자)의 종신까지 정기적으로 금전 그 밖의 물건을 상대방 또는 제3자에게 지급할 것을 약정함으로써 성립하는 계약이다. 이것은 특히 보험적 작용을 나타내는데, 실제로는 사인 간에는 잘 행해지지 않는 제도이다. 종신정기금 계약은 무상 또는 유상일 수도 있다. 처음부터 아무런 대가를 받음이 없이 정기금을 지급하는 때는, 정기급부를 목적으로 하는 증여의 일종으로 보아 증여의 규정이 적용된다. 한편 유상인 경우, 예컨대 매매대금이나 고용임금 등의 지급방법으로 계약을 체결한 경우 유상계약에 관한 규정이 적용된다. 정기금채무에 불이행이 있을 때는, 채무불이행의 일반원칙에 따라 손해배상청구권·계약해제권 등 일반적 효과가 발생하고, 채무자의 책임 있는 사유로 계약종료의 기준이 되는 특정인이 사망한 경우 법원의 선고에 의해 상당한 기간 존속하는 것으로 취급된다.

준거법(準據法, applicable law)

'준거법'이라 함은 국제사법에 의하여 어떤 법률 관계에 적용될 법률을 말한다. 예컨대 능력의 준거법은 당사자의 본국법, 채권양도의 제3자에 대한 효력의 준거법은 채무자의 주소지법에 의한다고 하는 경우와 같다. 이러한 각종의 법률관계의 준거법을 지정하는 법률이 곧 국제사법이다. 준거법은 개개의 실제적 문제에 대하여 법률효과의 존부를 판정하는 법률이기 때문에 이것을 '효과법'이라고 칭하기도 한다.

준물권행위(準物權行爲, quasi-real right act)

물건 이외에 권리의 변동을 직접 발생시키는 법률행위이다. 예컨대 채권양도·채권면제 등이다. 단순히 당사자 간에 권리 변동을 일으키는 채권·채무를 발생시키는 것이 아니라는 점에서 채권행위와는 다르며 물권의 설정·이전을 내용으로 하지 않는다는 점에서 '물권행위'와 다르지만, 채권변동의 직접적인 변동을 일으켜 원칙적으로 이행의 문제를 남기지 않는다는 점에서 물권행위에 가깝다. 따라서 '준물권행위'라고 부른다. 준물권행위에서도 물권행위와 같이 의사주의인가 형식주의인가 하는 준물권행위 자체로서의 성립요건 및 독자성·무인성 등의 원인인 채권행위와의 관계 등이 입법상·해석상 문제가 된다.

준용(準用, application mutatis mutandis)

'준용'은 어떤 사항에 관한 규정을 그와 유사하지만 본질이 다른 사항에 대하여 필요한 경우 조금의 수정을 가하여 적용시키는 것을 말한다. 예컨대 입법기술상 중복규정에 따른 번잡을 피하고 간결화를 기하기 위해 이용된다(민, 제210조, 제290조, 제302조). 그러나 법규의 검색을 곤란하게 하고 종종 수정의 여부에 있어서 의문을 제기하며 해석의 분규를 가져온다는 단점이 있다.

중개인(仲介人, intermediary)

타인 간의 상행위의 중개를 영업으로 하는 자를 말한다. 여기서 '중개'란 타인 간의 계약체결에 진력하는 사실행위를 말한다. '중개인'은, 타인 간의 상행위의 중개를 영업으로 한다. 널리 타인 간의 상행위의 중개를 하는 점에서, 일정한 상인을 위하여 계속적으로 상행위의 중개를 하는 '중개대리상'과 다르다. 이로 인하여 때로는 '중개인'을 '순간적 중개인'이라고도 한다. 중개는 상행위를 전제로 하고 있으므로, 적어도 타인 중 일방은 상인이어야 한다. 중개인은 중개라는 사실행위를 할 수 있을 뿐이며, 특약이나 상관습이 없는 한, 계약체결을 위한 대리권은 없다. 이 점에서 중개인은 자기명의로 법률행위를 하는 '위탁매매인'이나, '운송주선인'과 다르며, 일정한 상인의 대리인으로서 활동하는 '체약대리상'과도 다르다. 중개인은 중개의 인수를 영업으로 하는 독립된 상인이다. 이러한 '중개인'과 '대리상'을 비교하면, 양자는 타인을 위한 보조자이고, 독립된 상인이며, 상행위를 대상으로 한다는 점에서 같으나, 다음과 같은 차이가 있다. ①중개인은 사실행위인 중개행위를 하는 점에서 거래의 중개를 하는 '중개대리상'과 유사하나, 거래의 대리를 하는 '체약대리상'과는 다르다. ②중개인은 불특정 다수의 위탁자를 위하여 중개행위를 하지만, 대리상의 본인은 특정된다. ③중개인이 중개하는 상행위는 기본적 상행위인 경우 그 제한이 없으나, 대리상은 본인의 영업부류에 속하는 상행위를 대리 또는 중개한다.

중재(仲裁, arbitration)

당사자의 합의에 따라 분쟁에 관한 판단을 법원이 아닌 제3자, 곧 중재판정부에게 일임하여 그 판단에 구속되어 분쟁을 해결하는 방법을 말한다. '중재'는 '알선'·'조정'·'주선'·'중개'와 마찬가지로 재판에 의하지 않고 분쟁을 해결하는 제도이다. '중재'는 당사자 사이에 제3자가 개입하여 화해를 붙인다는 점에서 일상적으로는 '조정'과 큰 차이가 없으나 법률적으로는 명확히 구별된다. '조정'에서는 분쟁의 당사자가 제3자의 조정안을 승낙함으로써 당사자를 구속한다. 이에 관하여 '중재'에서는 제3자의 판단이 법적인 구속력을 가짐으로써 당사자는 이에 따라야 한다. 분쟁이 발생한 경우 이를 중재에 회부할 것인지의 여부는 당사자의 자유로운 의사에 달려 있지만 예외적으로 강제중재에 붙이는 경우도 있다. 중재의 종류는 ①'사법상의 중재', ②'노동쟁의 중재', ③'국제법상의 국제중재' 등으로 구분된다. 한편 '중재계약'은 분쟁당사자가 그 분쟁을 중재에 의하여 해결하기로 약정하는 계약을 말한다. ①사법상의 중재계약 : 중재합의는 독립된 합의 또는 계약중 중재조항의 형식으로 할 수 있다(중재, 제8조). 계약이 중재조항을 포함한 문서를 인용하고 있는 경우 중재합의가 있는 것으로 본다. 중재계약에 의하여 당사자는 중재판정에 복종할 의무를 지게 되며, 중재계약이 무효이거나 효력을 상실하였거나 이행이 불능일 때 이외에는 소를 제기할 수 없다(중재, 제35조 내지 제36조). 중재계약에서 당사자는 중재인의 선정방법과 그 수 및 중재절차 등에 관하여 약정할 수 있다(중재, 제11조, 제20조). ②노동법상의 중재계약 : 단체협약에 중재조항이 들어 있어 관계 당사자의 일방이 중재를 신청하는 경우와 분쟁발생 후 관계 당사자의 쌍방이 함께 중재를 신청하는 경우가 있다. ③국제법상의 중재계약 : 이미 발생한 국가 간 분쟁을 중재재판으로 해결할 것을 약정한 국가 간의 합의이다. 재판의무가 없는 경우에 필요한 것이나, 재판의무가 있는 경우에도 쟁점이나 분쟁사실을 명확히 하기 위하여 필요한 것이다. 일반적으로 분쟁의 목적, 재판관 선임의 방법, 기간, 재판지, 준비서면의 방식·순서·기간 등이 약정된다.

증여(贈與, donation)

'증여'는 당사자 일방이 재산을 무상으로 상대방, 예컨대 친족 또는 타인에게 수여하는 의사를 표시하고 상대방이 이를 승낙하여 성립하는 낙성·무상·편무계약을 말한다. 또한 타인으로부터 채무의 면제·인수 또는 제3자에 대한 변제를 받은 자는 그 면제·인수 또는 변제로 인한 이익에 해당하는 금액을 증여받은 것으로 취급하며, 현저히 저렴한 가액의 대가로 재산을 취득한 경우에도 시가와 대가와의 차액에 상당한 금액을 증여받은 것으로 본다. 이 경우 증여세 부과대상이 된다. 오늘날 자본주의 경제사회에서는 그 사회적·경제적 작용이 매우 적으며, 자선·종교·교육·문화 또는 학술 등의 특수한 목적을 위한 증여로서 기부만이 의의를 가진다. 증여에 관하여 외국입법례는 서면에 의하는 요식행위로 하는 경우가 많으나, 우리 민법은 특정방식을 요하지 않는 불요식행위로 취급하고 있으나, 서면에 의하지 아니한 증여는 이행이 있기 전에 각 당사자가 해제할 수 있게 하고 있다(민, 제555조). 증여의 효력은 증여자가 약속한 재산을 수증자에게 줄 채무를 부담하는 것이나, 증여자는 특약이 없는 한, 원칙적으로 담보책임을 부담하지 않는다.

지시채권

(指示債權, debt payable to order, designated bond)

특정인 또는 그가 지시한 자에게 변제하여야 하는 증권적 채권이다. 어음·수표·창고증권·화물상환증·선하증권·기명주식 등은 원칙적으로 '지시채권'이다. 법률의 규정에 의하여 당연히 지시채권이 되는 것도 있고, 그밖에 민법상 임의로 지시채권을 성립시킬 수 있지만, 실제상 그 예는 거의 없다. 민법은 어음법이나 수표법에서와 같이 증권의 배서교부를 채권양도의 성립조건으로 하고 있다.

지적재산권(知的財産權, intellectual property rights)

달리 '무체재산권'이라고도 하며, 인간의 사상으로부터 창출된 모든 권리, 즉 지적재산을 소유하는 권리를 말한다. 이는 법률에 의해 보호되는 정도의 차이는 있으나, 어떤 형태로든 보호가 되고 있는 지적재산의 총칭으로 정의할 수 있다. 지적재산권은 창작에 관한 '저작권'과, '특허권'·'실용신안권'·'의장권'·'상표권' 등을 포함하는 '산업재산권'으로 구분된다. 인간사상의 창작물로서 지적재산은 그것이 일단 권리화하여 지적재산권으로 되면, 그 밖의 권리, 예컨대 부동산·동산 등 소유권과 같은 권리를 갖는다. 따라서 부동산 소유자가 소유부동산을 타인에게 임차하고 임차료를 받을 수 있듯이, 지적재산권의 소유자도 자기가 갖고 있는 지적재산을 타인에게 사용하게 하고, 그 사용에 따른 대가를 요구할 수 있다. 그리고 부동산·동산·금융자산 등이 타인으로부터 침해를 받으면, 당연히 형사상의 고소를 한다든지, 민사상 손해배상청구를 하여, 자기의 피해를 배상받을 수 있듯이, 지적재산권자도 자기의 지적재산을 침해하는 타인의 행위를 중지시키거나, 침해로 인한 손해를 배상받을 수 있다. 환언하면, 어떤 토지의 소유권이 있을 때, 그 토지를 사용·수익·처분할 수 있는 권리를 갖는 것과 같이, 어떤 기술에 대한 특허권, 영화작품의 방영권 또는 어느 책의 저작권을 갖고 있으면, 이들 지적재산에 관한 권리도 자신의 권리를 토지소유권과 같이 재산권으로서 타인은 사용하지 못하게 하고 자기만이 이용하거나, 타인에게 임차 또는 양도하여 금전화 할 수 있다.

착오(錯誤, error, mistake)

'착오'는 표의자가 내심의 의사와 표시의 내용이 일치하지 않는 것을 알지 못하고 행한 의사표시로 설명된다. 달리 '착오에 의한 의사표시'라고 한다. 표의자가 의사와 표시의 불일치를 알지 못한다는 점에서 비진의 표시나 허위표시와 구별된다. 착오는 보통 다음과 같이 분류된다. ①'내용의 착오'로서, 표시행위 자체에는 착오가 없으나 표시행위의 의미를 오해하는 경우이다. 예컨대 보증채무와 연대채무를 같은 것이라고 오해하여 연대채무자가 될 것을 승낙하거나, 파운드와 달러가 같은 가치를 가지는 것이라고 믿고 100파운드로 살 것을 승낙한 경우이다. ②'표시상의 착오'로서, 표시행위 자체를 잘못하여 내심적 효과의사와 표시상의 의사에 불일치가 생기는 경우이다. 예컨대 10만원이라고 써야할 때에 잘못하여 100만원이라고 써 버린 경우처럼 오기 하거나 잘못 말한 따위와 같은 것이다. ③'동기의 착오'로서, 의사표시를 하게 된 동기에 착오가 있는 경우이다. 예컨대 가까운 곳에 철도가 가설되는 것이라고 오해하여 토지를 비싼 값으로 사들인 경우이다. ④'표시기관의 착오'로서, 예컨대 전보에 의한 의사표시를 할 때에 전신기사의 잘못으로 표의자가 말한 바와 다른 내용을 상대방에게 전한 것과 같은 경우이다. 이러한 경우에는 표시상의 착오와 마찬가지로 취급된다.

창고증권(倉庫證券, warehouse bond or receipt)
창고업자가 임치인의 청구에 의하여 임치물에 관하여 발행하는 유가증권을 말한다. 이 유가증권은 창고업자에 대한 '임치물반환청구권'을 표창한 것이다. 즉 창고업자에게 물품을 임치한 임치인은 창고업자에 임치물반환청구권을 가지고 있으나, 임치물이 창고에 보관되어 있는 동안에 이 반환청구권을 양도하든가 또는 임치물 위에 권리를 가지고 있는 사람이 이것을 양도·입질 등 물권적 처분을 하는 경우의 필요에 따르기 위하여, 창고증권을 작성시키고 이 증권의 점유이전에 법적 효력을 인정함으로써 임치물에 관한 거래를 간편·원활·확실하게 하는 기술적 제도이다. 창고증권에 관한 입법주의에는 '단권주의'·'복권주의'·'병용주의'의 3종류가 있다. '단권주의'는 1매의 창고증권에 의하여 소유권 이전 및 질권설정을 할 수 있다는 것이다. '복권주의'는 임치물에 관하여 '예치증권'과 '입질증권'의 2매를 1조로 발행시키되, 전자에 의하여 임치물의 반환청구 또는 소유권을 이전하고 후자에 의하여 질권설정 함으로써 먼저 금융편의를 보면서 유리한 매매를 기대할 수 있게 한다. '병용주의'는 단권·복권주의를 병용하여, 어느 것이든 선택시키는 것이다. 우리 상법은 '단권주의'를 채택하고 '창고증권' 하나만을 인정하고 있다. '창고증권'은 '화물상환증' 또는 '선하증권'과 같이 물품의 인도청구권을 표창하는 유가증권(채권적 효력)으로서, 그 성질이 '화물상환증'과 비슷하므로 '창고증권'에 관해서는 '화물상환증'에 관한 규정이 준용된다.

채권계약(債權契約, contract that generates a claim)
채권의 발생을 목적으로 복수 이상 당사자의 서로 대립하는 의사표시의 합치에 의해 성립하는 법률행위를 말한다. 일반적으로 계약은 당해 채권계약을 의미함이 통상이다. 따라서 채권계약은 계약의 중심을 이루고 있다고 보아 채권계약에 관한 규정은 그 성질이 허용하는 한도에서 그 밖의 다른 종류의 계약에도 유추적용 된다.

채권자지체(債權者遲滯, mora creditoris)
채무자가 채무의 내용에 좇은 이행의 제공이 있었음에도 불구하고, 채권자가 그 수령을 받을 수 없거나 수령을 거절하는 일을 말한다(민, 제400조). 달리 '수령지체'라고도 한다. 이행의 완료에 채권자의 협력을 필요로 하지 않는 경우, 예컨대 부작위채무나 의사표시를 목적으로 하는 채무에는 채권자지체의 문제가 생길 여지가 없으나, 많은 경우에 채권자의 수령행위를 필요로 한다. 이러한 경우에 채권자가 수령을 하지 않으면 채무자는 변제를 완료할 수 없게 되므로 민법은 공탁에 의하여 채무자가 단독으로 채무를 면할 수 있게 하였다. 그와 동시에 채권자지체의 제도를 두어 채무자의 책임경감 내지 채권자의 책임을 인정하였다(민, 제400조 내지 제403조). 채권자에게 수령의무가 있는가의 여부에 관하여 학설이 갈라져 있으며, 이에 따라 채권자지체의 성질과 효력을 다르게 이해한다. '법정책임설'은 채권의 권리성을 강조하여 특약·관습이 없는 한 채권자에게는 수령의무가 없고, 채권자지체의 본질은 이행지연으로부터 생기는 불이익을 채권자에게 부담시키는 것을 공평의 관념에서 신의성실의 원칙상 법이 특히 정한 법정책임이라 한다. 이에 대하여 '채무불이행설'은 채권자지체를 채권자의 채무불이행이라고 보는 것이며 이 설이 다수설이자 판례이다. 이에 따르면 채권은 권리로서 채권관계로부터 고립하는 것이 아니라는 채권관계협동체이론이 채용되어 신의성실의 원칙을 더욱 강조하여 채권자도 급부의 실현에 협력하여야 할 의무, 즉 수령하여야 할 법률상의 의무를 부담한다고 한다. 그리고 이 수령의무의 위반을 채권자로서의 채무불이행으로 보아 이러한 채무불이행이 수령의무의 본질이라 한다. 채권자지체의 효과는 이행의 제공이 있은 때부터 지체의 책임을 지는 것이다(민, 제400조). 지체의 책임으로서 민법이 규정한 것은 다음과 같다. ①손해배상청구권의 발생 : 통설은 채권자지체를 일종의 채권불이행으로 파악하므로 채무자에게 채권자지체로 생긴 손해배상청구권을 인정한다(민, 제390조, 제393조). 그러나 채권자지체를 신의성실의 원칙에 기인한 법정책임이라고 보는 소수설은 이러한 손해배상청구권을 인정하지 않는다.

②계약해제권의 발생 : 통설의 입장에서는 채무자는 수령이 가능한 경우 상당한 기간을 정하여 수령을 최고한 다음에, 또 정기행위의 경우와 수령이 불가능한 경우에는 최고 없이 계약을 해제할 수 있다(민, 제544조, 제546조). 소수설의 입장에서는 이 계약해제권은 인정하지 않는다. ③주의의무의 경감 : 채무자는 채권자지체 중에는 주의의무가 경감되며, 고의 또는 중대한 과실에 대하여서만 책임을 진다(민, 제401조). ④이자의 정지 : 채무자는 채권자지체 중에는 이자 있는 채권이라도 이자를 지급할 의무가 없다(민, 402조). ⑤채권자의 책임 가중 : 채권자지체로 인하여 채권의 목적물의 보관 또는 변제비용이 증가된 때는, 그 증가액은 채권자의 부담으로 한다(민, 403조). ⑥쌍무계약에 있어서의 위험이전 : 채권자의 수령지체 중 당사자 쌍방의 책임 없는 사유, 즉 불가항력으로 인하여 이행불능으로 된 때에 그 위험은 채권자가 부담하고 채무자는 상대방의 이행을 청구할 수 있다(민, 제538조 제1항). 이는 민법의 채무자위험부담주의(민, 제537조)의 예외이다.

채무불이행(債務不履行, default of an obligation)

채무자가 채무의 내용에 따른 이행을 하지 않는 것을 말한다. 채무의 내용에 따른 이행인지의 여부는 법률규정·계약취지·거래관행·신의칙 등을 고려하여 판단한다. '채무불이행'에는 '이행지체'·'이행불능'·'불완전이행' 등 3가지 유형이 있다(민, 제390조). 부작위채무에 있어서는 채무자가 금지되어 있는 행위를 하였을 때 채무이행이 된다. 채무불이행 시 채무 본래 이행이 가능하면, 강제이행을 할 수 있다(민, 제389조). 또한 담보권실행과 계약해제(민, 제544조, 제546조) 및 손해배상청구가 가능하다(민, 제390조, 제392조 내지 제397조). 그러나 이러한 채무자의 책임이 발생하기 위해서는 채무자의 귀책사유가 있어야 하며, 학설과 판례는 거증책임이 채무자에게 있다고 한다.

철회(撤回, withdrawal)

'철회'는 아직 효과가 발생하지 않은 의사표시에 관하여 그 효과 발생의 가능성을 박탈하는 것을 말한다. '철회'를 '취소'라고 부르는 경우가 있는데, 본래 '취소'라고 하면, 일단 효과가 발생한 다음에 그 효과를 소급하여 소멸시키는 행위이므로 '철회'와 '취소'는 구별하여야 한다.

청구권(請求權, right of a claim)

'청구권'은 어떤 행위를 요청하는 것을 내용으로 하는 사권이다. 청구권은 권리자의 일방적인 의사표시만으로 법률관계의 변동이 발생하는 '형성권'과 구분된다. 조문에서는 청구권이라고 규정되어 있지만, 임차인의 매수청구권과 같이 실질적인 효과는 형성권으로 이해되는 권리들이 있으므로 주의하여야 한다. 청구권은 주로 채권에서 파생되지만 물권, 친족관계 등에서도 파생되기도 한다. 물권이 어떤 방해를 받고 있을 때, 물권자에게 침해자에 대한 청구권이 발생하는데, 이를 '물권적 청구권'라고 하며, '물권적 청구권'에는 '방해배제청구권', '목적물반환청구권', '방해예방청구권' 등이 있다.

청약(請約, offer)

토지를 매도인이 "100만원에 매도하겠다"고 또한 이에 대해 매수인이 "100만원에 매수하겠다"고 하여 2인의 의사표시가 합치하면 매매계약은 성립한다. 이 경우 전자(매도인)의 의사표시를 '청약'이라 하고 후자(매수인)의 의사표시를 '승낙'이라고 한다. 일반적으로 계약체결에서는 의사표시가 단계적으로 이루어지는 것이 보통인데, 당사자 간에 합치하는 의사표시 중에 먼저 행하여진 의사표시가 '청약'이고, 그 청약에 대응하여 나중에 행하여진 의사표시가 '승낙'이다. 청약만으로는 법률요건인 법률행위로서의 계약이 될 수 없고 법률행위라는 법률요건을 구성하는 하나의 법률사실에 지나지 않는다. 청약의 의사표시는 묵시적으로 행해질 수도 있다. 청약에는 계약내용을 결성할 수 있는 주요사항이 포함되면 충분하다. 다만 계약내용을 결정할 주요사항이 반드시 청약에 명시되어야 할 필요는 없고 종래의 거래관계나 그 밖의 사정에 의하여 분명하면 된다.

청약의 유인(請約誘引, invitation to make offer)

계약의 체결을 수용할 의사가 있음을 표시하여, 타인으로 하여금 청약을 해 올 것을 촉구하는 행위이다. 표의자의 승낙이 있으면, 계약을 체결하겠다는 확정적 구속의사가 있는지의 여부에 따라, '청약'이냐, '청약의 유인'이냐가 구별된다. 결국 '청약'과의 구별은, 의사표시 해석의 문제이기 때문에, 청약의 내용이 지향하는 목적 및 관습 등에 의하여, 구체적으로 판단하여야 한다. 구인광고, 주책의 임대광고, 물품판매광고, 상품목록의 배부, 기차·기선 등의 시간표의 게시와 같은 것을, '청약의 유인'으로 보는 것이 일반적이다. 그런데 정찰부 상품의 진열에 관하여 다툼이 있고, 학설은 대체로 이를 '청약'으로 새기고 있다. '청약의 유인'에 관해서는, 상대방의 청약에 대응하여, 다시 승낙하여야 계약이 성립한다.

체선료(滯船料, demurrage)

선박에서 화물 양륙이 늦어져 발생하는 비용과 손실

에 대한 요금이다. 계약된 기간 내에 화물을 선적하거나 하역하지 못하여 발생하는 비용이다. 계약된 기간보다 빠르게 선적하거나 하역하였을 때 선박회사가 하주에게 지급하는 '조출료'에 상대되는 개념이다. 항구의 하역능력에 문제가 있거나 항만 노동조합의 동맹파업 등으로 인해 양륙이 어려울 때 선박회사가 손실을 막기 위해 하주 또는 화물 인수자에게 징수하는 할증료이다. 무역에서 빈번하게 발행하는 것으로 분쟁을 방지하기 위하여 용선계약을 체결할 때 합의하여 요율을 명기하는 것이 보통이다. 선박경비와 항비, 그 밖의 경비증액 또는 다음 항해의 차질에서 발생하는 손실의 보상 등을 요율에 산정한다. 통상적으로 하루에 얼마, 혹은 중량톤수 1톤당 얼마로 금액을 산정한다.

최고(催告, notice of demand)

'최고'는 타방에게 일정한 행위를 요구하는 통지로서 상대방 있는 일방적 의사표시이다. 최고를 규정하고 있는 경우 일정한 효과가 부여된다. 최고는 2가지로 구분된다. ①의무자에 대하여 의무이행을 최고하는 경우이다. 채권자의 이행청구가 그 예인데, 만약 채무자가 최고에 응하지 않는 경우 이행지체·시효중단·계약해제권의 발생 등의 효과가 생긴다. 즉 기한이 정해져 있지 아니한 채무는 최고한 때가 기한이 되며, 상대방은 이행지체가 된다. 그런데 금전채무의 경우 최고만으로는 유효하지 않고 상당한 유예기간을 두고 반환하라는 내용의 최고가 있어야 한다. 이행지체를 이유로 계약을 해제할 때에도 상당한 기간을 정하여 최고하여야 한다. ②권리자에 대하여 권리의 행사 또는 신고를 최고하는 경우이다. 만일 권리자가 최고에 응하지 않는 경우 그 효과로서 권리행사의 제한을 받는다.

추심(推尋, reimbursement, collection)

어음이나 수표를 가진 사람이 거래은행에 어음과 수표의 대금회수를 위임하고, 위임을 받은 거래은행은 어음과 수표의 발행점포 앞으로 대금지급을 요청하는 일련의 절차를 말한다. '추심'이란 "챙겨서 찾아 가지거나 받아 낸다"는 뜻으로, 채무의 변제장소에 관한 용어이다. 수표발행인 계좌에서 돈을 인출해 수표를 제시한 사람에게 지급해야 하는 은행을 '추심은행'이라고 한다.

추인(追認, ratification)

불완전한 법률행위를 사후에 이르러 보충하여 완전하게 하는 일방적인 의사표시를 말한다. '추인'에는, ① '취소할 수 있는 행위의 추인'으로서, 곧 취소할 수 있는 행위에 의하여 발생한 불확정한 효력을 취소할 수 없는 것으로 확정하는 단독행위이다. 법리상으로는 취소권의 포기에 의제된다. 따라서 취소할 수 있는 불안정한 상태의 행위는 이후에 취소할 수 없게 되고 법률관계는 유효한 것으로 확정된다. 추인을 할 수 있는 자는 취소권자이고 추인의 방법은 취소와 같다. 취소할 수 있는 행위에 대해 일정한 사유가 발생한 때는, 추인한 것으로 보며 소급효가 있다. ②'무권대리행위의 추인'으로서, 곧 무권대리행위가 대리권 있는 행위와 같은 효력을 발생시키도록 하는 단독행위이다. 즉 무권대리 행위는 본인이 추인함으로써 처음부터 유권대리였던 것과 마찬가지의 법률효과가 발생한다. 무권대리 행위의 추인은 무효인 행위를 유효로 하는 성질을 가진다는 점에서 취소할 수 있는 행위의 추인과 다르다. 마찬가지로 소급효가 인정된다. ③'무효행위의 추인'으로서, 무효인 행위는 추인하여도 유효하게 되지 않는다. 그러나 무효원인이 없어진 후에 당사자가 그 법률행위가 무효인 것을 알고 이를 추인한 경우 우리 민법은 당사자 의사를 추측하여 비소급적 추인을 인정하고 있다. 이는 편의상 새로운 행위를 한 것으로 본다. 따라서 새로운 행위를 하는 경우와 동일한 요건을 갖추어야 하며, 요식행위는 새로운 형식을 갖추어야 한다.

추정전손(推定全損, constructive total loss)

'추정전손'은 보험목적물이 현실적으로 전멸되지 않더라도 그 손해 정도가 본래의 효용을 상실하거나, 또는 구조되어도 그 비용이 구조 후의 시장가격을 초과함으로써 전손에 준한 것으로 추정되었을 경우 이것을 '추정전손'이라 한다.

출연(出捐, contribution)

어떤 사람이나 단체가 자기의 의사에 따라 돈을 내거나 의무를 부담함으로써 재산상의 손실을 입고 남의 재산을 증가시키는 일을 말한다. 일반적으로 기부행위를 일컫는 말로 사용되나, 법률적으로는 비영리 재단법인에 재산을 무상으로 내는 행위를 뜻한다. 세법상 '출연'이란 '기부'와 '증여'를 포함하는 것으로 규정한다. 상속재산이나 증여재산을 공익법인에 출연하는 경우 그 재산가액을 과세가액에 산입하지 않는 규정을 두고 있다.

취소(取消, revocation)

원칙적으로 무능력자(미성년자·한정치산자·금치산자)의 의사표시 또는 사기·강박·착오로 행하여진 의사표시 또는 법률행위의 경우 일단 유효하게 성립한 그 의사표시 또는 법률행위의 효력을 후에 행위시에 소급하여 소멸하게 하는 특정인(취소권자)의 의사표시를 말한다. '취소'할 수 있는 행위는 취소가 있을 때까지는 모든 자가 그 행위의 효력이 있는 것으로 보며, 취소권자가 취소권을 포기하거나 또는 취소권이 소멸하면 그 행위는 효력을 잃지 않고 유효한 것으로서 확정된다. 이 점은 당초부터 아무런 효과도 발생하지 않는 '무효'인 행위와 구분된다. '취소의 방법'은 그 법률행위를 취소한다는 의사를 표시하면 되며, 이에 아무런 형식도 필요로 하지 않는다. '취소의 효과'는 그 행위가 최초부터 '무효'였던 것으로 취급되는 것이다. 따라서 법률행위에 의해 급부가 이미 행하여진 경우에는 그 급부를 받은 자는 수익자로서 '부당이득의 법리'에 의해 그 급부를 반환하여야 한다. 선의의 수익자는 받은 이익이 현존하는 한도 내에서 반환의무를 부담하는 반면에, 악의의 수익자는 그 받은 이익에 이자를 붙여 반환하고 손해가 있으면 배상해야 한다.

특별법(特別法, special law)

법의 효력은 지역・사람・사항에 관한 것으로, 이에 통상 적용되는 법이 '일반법'(보통법)이며, 일반법보다 좁은 범위에 적용되는 법이 '특별법'이다. 지역・사람에 주안점을 둔 경우 민법과 형법 등은 영토 내의 전 지역 및 모든 사람에게 적용되는 일반법, 조례는 공공단체의 지역에서만 적용되는 특별법, 소년법은 특정한 연령의 사람에 대해서만 적용되는 특별법이다. 사항에 주안점을 둔 경우 호적법은 민법, 상거래 가운데 특수한 사항에 관한 은행법・보험법 등은 상법, 또한 기업에 관한 법으로서의 상법은 민법의 특별법이다. 양자의 구별은 상대적이나, 특별법은 항상 일반법에 우선하여 적용된다는 점에서 양자 구별의 의의가 있다.

판결(判決, judgment)

법원이 구두변론을 기초로 일정한 방식에 따라 판결원본을 작성하고 선고라는 엄정한 방법으로 당사자에게 고지하는 재판을 뜻한다. '판결'은 원칙적으로 구두변론에 의해야 하므로 판결을 하는 법원은 구두변론에 관여한 법관에 의해 구성되어야 하지만, 구두변론을 거치지 않고 판결을 하는 예외적인 경우에는 이 원칙이 적용되지 않는다.

판례법(判例法, case law, judge made law)

판례를 법원으로 인정하는 경우 판례형식으로 존재하는 법을 말한다. 영미법계에서는 '판례'가 가장 중요한 '법원'이며, 따라서 판례법의 국가라고 불리고 있지만, '성문법'을 중심으로 하는 우리나라는 판례를 법원으로 인정할 것인지 여부에 관하여 다툼이 있다. 우리 상급심 판단은, 그 사건에 관해서만 하급심을 기속함에 그치므로, 판례의 구속력은 제도적으로는 보장되어 있지 않다. 한편 일반인도 패소하지 않기 위해서는, 판례에 따라 행동하지 않으면 안 된다. 따라서 판례의 구속력은 사실상 매우 강하다. 따라서 이것을 중시하는 자는 판례를 법원으로 보고 있으며, 이것을 부정하는 자도 판례가 반복됨으로써, '관습법'으로서 법원의 지위를 차지하게 됨을 인정한다.

편무계약(片務契約, unilateral contract)

'편무계약'이라 함은 증여의 경우와 같이 당사자 일방만이 급부를 하고, 상대방은 이에 대응하는 반대급부를 하지 않는 계약을 말한다. 이것은 쌍무계약과는 달리 '동시이행의 항변권'이나 '위험부담' 등의 문제가 발생하지 않는다. 민법에서 정하고 있는 전형계약 가운데 증여 이외에 소비대차・무상의 위임・무상의 임치・사용대차가 편무계약에 속한다.

피고(被告, defendant)

소송사건에서 원고의 상대방으로서 재판권의 행사를 요구받는 사람을 발한다. 민사소송 등에서 원고의 상대방으로서 원고가 낸 소를 받는 당사자가 '피고'이다. '피고'란 상대적인 개념으로 반드시 원고의 권리를 침해한 자를 의미하지 않는다. 즉 단순히 소송을 제기당한 자를 의미하기 때문에 급부소송에서의 피고란 채무불이행 등의 이유로 급부를 제공할 의무가 있음을 주장당한 자, 즉 채무자이지만, 반대로 채무부존재확인소송에서는 원고에 대한 채권자의 입장에 서 있는 자일 수 있다. 피고는 소송당사자가 되며, 자신이 직접 소송을 수행하거나 대리인을 시켜 소송을 수행하게 할 수 있다.

피보험이익(被保險利益, insurable interest)

보험사고의 발생에 의하여 손해를 입을 우려가 있는 이익을 말한다. '보험계약의 목적'이라고도 한다. 손해보험계약은 손해의 전보를 목적으로 하기 때문에 그 전체로서 피보험이익의 존재가 당연히 필요하며, 피보험이익이 없으면 손해보험이 있을 수 없다. 다만 금전으로 환가할 수 없는 정신적인 손해 등은 피보험이익에 해당되지 않으며, '피보험이익'을 금전으로 평가한 가액을 '보험가액'이라고 한다. 피보험이익의 본질에 대하여는, ①보험의 목적에 생기는 사고에 의하여 피보험자가 손해를 입는다고 하는 사람과 물건과의 관계라고 하는 관계설, ②사고의 발생에 의하여 피보험자가 잃는 재산재라고 하는 재산재설, ③재산재 그 자체가 아니고 그 가치라고 하는 가치설 등이 있다. 생명보험은 사람의 생사에 의한 보험이므로 그것에 의한 손해의 유무는 문제가 되지 않는다. 따라서 생명보험에는 피보험이익의 관념은 없다.

하자(瑕疵, defect or fault)

물품에 '하자'가 있는 경우 책임을 '하자담보책임'이라 한다. '하자'란 매매목적물에 존재하는 물질적 결함을 말하는데, 결함으로 인정할 것인지 여부는 거래관념에 비추어 통상 그 종류의 물건으로서 품질·성능 등의 결여 여부를 표준으로 판단한다(다수설). 목적물에 법률적 장애가 있는 경우 '권리의 하자'라 하고(다수설), 학설과 판례는 '물건의 하자'라 한다. 선의·무과실의 매수인만이 매도인에게 '물건의 하자'에 대한 하자담보책임을 물을 수 있다. 하자로 인해 매매의 목적을 달성할 수 없는 경우 매수인은 계약해제권과 손해배상청구권을 행사할 수 있고, 만약 하자가 계약의 목적을 달성할 수 없는 정도로 중대한 것이 아니면, 계약을 해제할 수 없고 손해배상만을 청구할 수 있다. 불특정물매매에서 특정이 있기 전에는 매도인이 하자 없는 물건을 인도할 의무를 부담하므로, 이 단계에서 담보책임이 문제될 여지는 없다. 따라서 특정된 후, 그 물건에 하자가 있는 경우에 담보책임이 문제된다. 선의·무과실의 매수인은 특정물매매에서와 같이 계약해제나 손해배상을 청구할 수 있음은 물론이다.

하자담보책임
(瑕疵擔保責任, guarantee against defect responsibility)

'하자담보책임'이란 매매 그 밖의 '유상계약'에 있어 목적물에 하자가 있을 때 일정한 요건 하에 매도인 등 인도자가 부담하는 담보책임을 말한다. 우리 민법상 하자로 인하여 매수인이 계약의 목적을 달성할 수 없는 경우 매수인이 계약을 해제하고 손해배상을 청구할 수 있고, 그렇지 않은 경우 '완전물급부'와 '대금감액' 및 '손해배상청구'를 할 수 있다. 하자담보책임의 근거(성질)에 관하여는 '묵시적 담보계약설', '완전물급부채무불이행설', '하자고지의무불이행설', 매수인의 기대보호를 위한 '특별책임설' 등 학설상 논쟁이 있으나, 현재 다수설은 유상계약에 있어 일반거래의 동적 안전을 보장하려는 뜻에서 인정되는 '특별한 법정책임'이라 한다. 당해 책임요건으로는 매매의 목적물에 물질적 하자가 있고, 매수인이 그 하자를 알지 못했음에 관하여 선의·무과실임을 요한다. 매수인의 악의는 매도인이 이를 입증하여야 한다. 매도인의 담보책임은 고의·과실 등의 귀책사유를 그 요건으로 하고 있지 않으므로, 일종의 '무과실책임'이다. 상인 간의 매매에 관하여는 우리 상법상 특칙이 있다.

합의(合意, agreement)

우리 민법상 2개 이상의 의사표시가 합치하는 것을 '합의'라고 한다. 이것은 계약의 성립요건이다. 표시상의 효과의사가 내용에 있어서 객관적으로 일치하고, 또한 그 일치하는 바에 따라, 그것에 대응한 법률효과의 발생이 의욕되고 있다고 볼 수 있는 경우에 합의가 있다고 본다. 계약은 당사자 간 합의를 기초로 하는 것이지만, 일정한 경우 당사자 간의 합의와 관계없이 법에 의해 계약과 유사한 법률관계가 성립하기도 한다. 이를 총칭하여 '준계약' 또는 '법에 의하여 묵시 또는 의제된 계약'이라고 한다. 이는 대체적으로 우리나라 민법상의 '부당이득'에 해당되는 것이라고 할 수 있지만, 미국에서는 '준계약'을 부당이득의 '원상회복'이라고 보고 '준계약' 이외에 '원상회복'을 실현하기 위한 많은 법칙을 집약하는 법제도로서 '원상회복'에 관한 법리를 확립하고 있다.

항고(抗告, appeal)

①민사소송법상 : 종국판결 이전의 모든 재판을 반드시 종국적 재판과 함께 상소법원의 판단을 받게 하면, 절차가 복잡하게 되거나 상급심에서 종국판결이 취소될 가능성이 많아진다. 그러므로 사건의 실체와 관계가 적고 그것과 분리시켜도 해결될 수 있는 사항으로서, 신속히 확정할 필요가 있는 것에는 독립된 상소를 인정한다. 그러나 불복신청이 금지된 재판, 항고 이외의 불복수단이 인정되는 재판, 대법원의 재판에 대하여는 항고할 수 없다. 항고는 그 성질에 따라 보통항고·즉시항고·재심항고·특별항고로, 심급에 따라 최초항고·재항고로 구별할 수 있다. 항고는 원심법원에 항고장을 제출함으로써 한다. 항고법원은 보통 심급제도와 같다. 항고는 항소·상고와는 달리 원심법원의 재판경정이 인정된다. 항고법원의 소송절차에는 일반적으로 항소절차에 관한 규정이, 재항고와 이에 관한 소송절차에는 상고절차에 관한 규정이 준용된다. ②형사소송법상 : 결정·명령 등에 대한 상소·항고는 성질에 따라 보통항고·즉시항고로, 심급에 따라 최초항고·재항고로 나눌 수 있다. 즉시항고는 명문의 규정이 있을 때만 제기할 수 있고 3일의 제기기간 제한이 있으며, 항고제기로 재판집행이 정지되는 효력이 있다. 항고는 특히 필요하다고 인정되는 경우에만 허용되며, 그 절차도 간소하고, 원심법원 또는 법관 스스로 원결정을 경정할 수 있게 하였다. '준항고'는 법원의 결정에 대한 상소인 항고의 개념 중에 포함되지 아니한다. 그러나 실질적인 항고에 상당하는 것이므로 형사소송법은 이를 항고의 장에 규정하고, 그 절차도 항고에 관한 규정을 많이 준용하고 있다.

항소(抗訴, appeal)

①민사소송법상 : 항소의 대상이 되는 것은 지방법원 단독판사 또는 지방법원 합의부가 제1심으로서 한 종국판결이다. 고등법원이 제1심으로서 한 종국판결에 대하여는 항소하지 못한다. 중간판결이나 결정·명령에 대하여서는 독립하여 항소할 수 없으나, 종국판결과 함께 항소하면 항소심의 심판대상이 될 수 있다. 항소가 제기되면 항소법원은 불복신청의 한도 안에서 새로운 변론에 의하여, 제1심의 속심으로서 제1심판결의 당부를 심사한다. 그러므로 항소법원에 소송이 옮겨지고, 제1심판결의 확정이 차단된다(정지의 효력). ②가사소송법상 : 가정법원의 판결에 대해 불복이 있으면 항소할 수 있다. 항소법원의 소송절차는 제1심의 소송절차에 관한 규정을 준용한다. 항소법원은 항소가 이유 있는 때에도 사회정의와 형평의 이념에 배치되거나, 가정평화와 미풍양속의 유지에 적합하지 아니하다고 인정할 때는, 항소를 기각할 수 있다. 이는 가정법원의 심판을 되도록 존중하기 위해서이다. ③형사소송법상 : 지방법원 단독판사가 선고한 제 1심판결에 불복이 있으면 지방법원 합의부에, 지방법원 합의부가 선고한 제1심 판결에 불복이 있으면 고등법원에 항소할 수 있다. 항소심은 사실과 법률의 점에 관하여 심판하지만, 구법에서와 같이 복심으로서 사건의 심리를 다시 하는 것이 아니라, 사후심으로서 제1심판결의 당부를 심사한다. 그러므로 항소를 제기할 때는, 항소장 외에 항소이유서를 항소법원에 제출하여, 원판결의 오류를 지적하여야 한다.

항해과실
(航海過失, errors of navigation and management of ship)

항해 또는 선박 자체의 취급에 대하여 선장이나 선원의 과실을 말한다. 선장이나 선원이 항해 또는 선박의 관리에서 일으킨 과실을 말한다. '상업과실'에 상대되는 개념으로, 해상보험에서 운송인의 면책사항이다. 이는 해상위험의 특수성에 비추어 운송인의 부담을 과중하지 않게 하기 위한 것으로, 운송인은 이 과실과 손해 사이에 인과관계가 있음을 입증해야 한다. 1924년 '헤이그규칙'에서는 이 과실에 의한 충돌·좌초·기관의 취급 등은 운송인의 면책약관으로 규정하였다. 1978년 '함부르크규칙'에서는 화재면책과 함께 폐지된 바 있으나 국제적으로 널리 통용되며, 우리의 경우 의해 운송인이 주의를 해태하지 않았다는 것을 증명하면, 운송물의 멸실이나 훼손 또는 연착으로 인한 손해에 대한 책임이 없다(상, 제788조). 따라서 이로 인한 손해를 보상받으려면 특별약관으로 부보해야 한다.

해상보험(海上保險, marine insurance)

항해에 따르는 사고로 인하여 생긴 손해를 전보하는 손해보험제도를 말한다. '해상보험'은 많은 종류의 위험을 종합적으로 담보하고, 보험가액은 미리 보험자(보험회사)와 보험계약자 사이에 보험증권에 의하여 협정된다. 이 점에서 단일위험만이 담보되며, 보험가액은 손해발생시의 시가에 의하여 산출되는 화재보험과 다르다. 해상보험의 주된 수요자는 해운업자·무역업자이며, 그 공급자의 대부분이 주식회사이기 때문에 양자 사이에 체결되는 해상보험 거래는 생명보험이나 화재보험 등에 비해 상거래적 성격이 매우 강하다. 또 해상보험거래는 그 주요한 배경이 무역이나 국제간의 해운이라는 것과 해상보험 사고발생의 범위가 세계 전역에 미치고 있다는 점에서 국제적 성격이 강하다. '해상보험'은 항해하는 선박에 적용되는 '선박보험'과 선박의 적화에 적용되는 '적화보험'으로 나누어진다. 선박과 관련되는 것에는 선박 외에 선박의 속구, 건조 중인 선박, 선비·용선료·운임 등을 대상으로 하는 것이 있다. 적화에 관련되는 것에는 적화 외에 적화가 무사히 목적지에 도착한 경우에 확실하게 얻어진다고 볼 수 있는 이익으로서 희망이익, 각종 비용·운임 등을 대상으로 하는 것이 있다.

해상손해(海上損害, maritime damage)

해상위험에 의하여 발생한 손해를 말한다. '해상손해'는 ①'전손'과, ②'분손'으로 나누어진다. ①은 '현실전손'과 '추정전손'으로 나누어진다. ②는 '공동해손' 및 '단독해손'으로 나누어진다.

해상운송계약
(海上運送契約, contract of carriage of goods by sea)

해상운송인이 송화인에 대하여 선박에 의한 물건 또는 여객의 해상운송을 인수하고 송화인 또는 용선자는 이에 대하여 대가를 지급할 것을 약정함으로써 성립하는 계약이다. 매도인은 화물을 해상운송 하는 경우 송화인으로서 선사와 운송계약을 체결하게 되는데, 운송계약은 크게 '개품운송계약'과 '용선운송계약'으로 구분한다. ①'개품운송계약'은 운송회사가 다수의 매도인으로부터 물품을 인수하여 이를 목적항 및 물품의 특성에 따라 분류한 뒤 선박에 적재하여 운송하기로 하는 계약을 말한다. 통상 개품운송은 '정기선'을 이용한다. 개품운송의 경우 약정기일에 운송계약에 따라 매도인이 계약물품을 선박회사에 인도하면 선박회사나 운송주선인 또는 운송인의 대리인들은 선하증권에 서명하고, 이를 매도인에게 발행한다. 매도인이 선적을 목적으로 운송인에게 물품을 인도해 주었으나, 아직 선적되지 아니하였을 경우 '수취식 선하증권'이 발행되며, 물품이 실제로 선박에 적재되었을 경우에는 '선적식 선하증권'이 발행된다. ②'용선운송계약'은 선박 전체를 빌리는 ㉠'전부용선계약'과, 선박의 일부만을 빌리는 ㉡'일부용선계약'으로 구분되고, 여기서 ㉠은, ⓐ'항해용선계약', ⓑ'기간용선계약', ⓒ'나용선계약' 등으로 구분된다. ⓐ는, 어느 항구에서 어느 항구까지의 일항차 또는 수개항차에 걸쳐 용선자인 화주와 선박회사 사이에 체결되는 운송계약을 말한다. 용선자는 용선주에게 운임을 지급하고 용선주는 선박운항에 따른 비용을 부담한다. 용선자는 선복만을 이용하고, 일정한 항해를 기초로 용선료를 부담한다는 점에서 기간용선계약이나 나용선계약과 다르다. 화주가 용선주에게 지급하는 용선료는 항차단위로 화물운송량에 따라 톤당 금액을 기준으로한다. ⓑ는, 일정한 용선기간에 따라 용선자가 용선주에게 용선료를 용선개시 전에 미리 선지급하는 계약형태를 말한다. 즉 용선주는 선박과 그에 따른 설비 및 용구를 갖추고 선원을 승선시킨 상태에서 일정기간에 걸쳐 용선자에게 빌려주며, 계약기간 중 용선주는 선원비 및 보험료와 같은 통상적 선비를 부담하고 용선자는 연료비, 항세 및 용선료를 부담한다. 용선주는 다른 화주로부터 받은 운임과 용선료의 차액을 이윤으로 얻는다. ⓒ는, 용선자가 선박 이외의 선장·선원·장비·소모품 등에 대하여 모든 책임을 진다.

해운동맹(海運同盟, shipping conference)

정기선 해운에 있어서는 각 선사 간에 집화경쟁이 치열하게 되고 일단 특정항로가 선복과잉에 직면하게 되면 그 항로에 참가한 모든 선사의 존립을 위태롭게 할 수 있는 파멸적인 운임전쟁으로 치닫게 된다. 이러한 파멸적인 경쟁에 이르기 전에 선주 상호 간에 협조체제를 확립하여 경쟁을 배제하고자 생겨난 것이 바로 '해운동맹'이다. '해운동맹'은 '운임동맹', '해운연합' 또는 '정기선동맹'이라고도 불린다. '해운동맹'은 동일항로에 배선하고 있는 둘 이상의 정기선 선주가 경쟁을 피하고 상호 이익을 증진하기 위하여 해상화물의 운임, 그 밖의 운송조건에 대하여 협정 또는 계약을 체결하는 일종의 국제 카르텔이다.

해제(解除, termination)

일단 유효하게 성립한 계약을 소급적으로 소멸시키는 일방적인 의사표시이다. 그리고 이러한 일방적 의사표시에 의하여 계약을 '해제'시키는 권리를 '해제권'이라 한다. 채무자가 채무를 이행하지 않았을 때와, 그 밖의 특별한 경우, 예컨대 법정해제권, 약정해제권 등에 계약을 해제할 수 있다. 계속적 채권관계의 효력을 장래에 관하여 소멸시키는 '해지', 일정한 사실의 발생에 의하여 계약이 당연히 소멸한다고 하는 '실권약관', 당사자의 합의에 의하여 계약의 효력을 소멸시키는 '합의해제', '취소' 등과는 엄격히 구별된다. 특히 '해제'는 계약에 특유한 제도인데 비해, '취소'는 모든 법률행위에 인정된다.

해제권(解除權, right of termination)

유효하게 성립한 계약을 일방적 의사표시에 의해 소급적으로 해소시키는 권리를 '해제권'이라 한다. 일종의 형성권이다. 해제는 이러한 해제권에 의한 것이므로 '합의해제'와는 다르다. 해제권은 당사자의 유보계약과 같은 계약에 의해 생기는 경우도 있으나(약정해제권), 법률의 규정에 의해 생기는 경우가 많다(법정해제권). 해제는 상대방에 대하여 일방적 의사표시로써 행한다. 일단 해제의 의사표시를 하였을 때는, 후에 철회하는 것은 허용되지 않는다(민, 제543조). 또 계약당사자의 한쪽 또는 양쪽이 수인인 경우 어느 편에서 해제를 하든지 당사자 전원으로부터 또는 그 전원에 대하여 행하여지지 않으면 안 된다. 이것을 '해제권 불가분의 원칙'이라고 한다(민, 제547조).

해지권(解止權, right of cancellation)

'해지권'은 장래에 대한 채권관계의 소멸이므로 원상회복의 의무는 발생시키지 않지만 손해배상청구에 영향을 미치지 않는다(민, 제551조). 당사자의 일방 또는 양쪽이 수인인 경우 해지의 의사표시는 그 전원으로부터 또는 전원에 대하여 할 수 있음은 해제와 동일하다(민, 제547조). 혼인이나 입양 등 신분상 계약관계를 장래에 향하여 무효로 하는 이혼이나 파양, 곧 양친자관계성립 후에 발생한 특단의 사유로 양친자관계를 해소하는 것도 그 성질은 해지와 같다.

허위표시
(虛僞表示, false expression or declaration of will)

①우리 민법상 '허위표시'란 표의자가 상대방과 통정하여 행하는 '진의 아닌 의사표시'를 말한다. 상대방과 통정한 허위의 의사표시는 선의의 제3자가 그 유효성을 주장할 수 있더라도 허위표시 당사자 간에는 언제나 무효로 취급된다. 선의의 제3자가 보호받는 경우 당사자뿐만 아니라 그 누구도 허위표시의 무효를 주장할 수 없지만, 선의의 제3자는 스스로 허위표시의 무효를 주장할 수 있다. ②허위표시가 성립하려면 의사표시가 있어야 하며, 의사와 표시가 일치하지 않아야 한다. 또한 표의자 스스로가 그 불일치를 알고 있어야 할 뿐만 아니라 그 의사표시를 하는데 상대방과 서로 통정을 해야 하며, 이때 허위표시의 이유나 동기는 불문한다. ③허위표시를 한 당사자 간에는 언제

나 무효이나 선의의 제3자에게는 대항하지 못한다. 선의의 제3자로부터 다시 전득한 자에 대해서는 그가 전득 시에 악의가 있더라도 허위표시의 무효를 가지고 대항하지 못한다. 허위표시는 당사자 간에 이를 철회할 수 있지만 이것 또한 선의의 제3자에게는 대항하지 못한다.

현상광고계약(懸賞廣告契約, contract of prize ad)

'현상광고계약'은 광고자가 어느 행위를 한 자에게 일정한 보수를 지급할 의사를 표시하고, 응모자가 그 광고에 정한 행위를 완료함으로써 성립한다. 예컨대 가출인의 수색, 유실물의 수색, 학술적 발명 등에 널리 쓰이는 방법이다. 우리 민법상 전형계약의 일종으로 취급된다. 현상광고는 일종의 요건계약임과 동시에 유상・편무계약이다. 광고자는 광고에 정한 행위 완료자에 대하여 소정의 보수를 지급할 의무를 부담한다. 이 경우 광고에 정한 행위를 한 자가 다수인 경우 먼저 그 행위를 완료한 자가 보수를 받을 권리를 보유한다. 즉 최초로 지정행위를 완료한 자에 대해서만 계약이 성립한다. 수인이 동시에 지정행위를 완료한 때는, 각각 균등한 비율로 보수를 받을 권리를 취득하는 것이 원칙이지만, 만약 보수가 그 성질상 분할할 수 없거나, 광고에 1인만이 보수를 받을 것으로 정한 때는, 추첨에 의한다. 특히 문제되는 것은 광고가 있음을 알지 못하고 광고에 지정한 행위를 완료한 경우인데, 이 경우 청약에 관하여 승낙을 한 것은 아니므로 계약은 성립되었다고 볼 수 없다. 그러나 우리 민법은 이 경우에도 계약의 성립을 인정하여 보수청구권을 갖는다는 특별규정을 두고 있다(민, 제677조). 민법은 현상광고의 철회에 관하여 특수한 규정을 두고 있다. 광고자가 광고에 지정행위의 완료기간을 정한 때는, 그 기간만료 전에는 철회하지 못한다. 광고행위의 완료기간을 정하지 아니한 때는, 지정행위의 완료 전에 자유롭게 철회할 수 있으나, 방법은 전의 광고와 동일한 방법에 의함을 요한다. 동일한 방법으로 철회할 수 없을 때는, 유사한 방법으로 철회할 수 있으나 이 철회는 철회한 것을 알지 못한 제3자에 대해서는 철회로서의 효력이 발생하지 않는다(민, 제679조).

현실전손(現實全損, actual total loss)

피보험 목적물이 완전 멸실되거나, 당해 목적물이 부보 당시의 성질을 그대로 갖지 못할 정도로 심하게 훼손을 입거나, 피보험자가 회복할 수 없도록 피보험 목적물을 박탈당했을 때를 의미하며, 위험에 처한 선박이 행방불명되어 상당기간 찾을 수 없을 때를 '현실전손'으로 본다. 피보험목적물의 ①실질적인 멸실, ②성질의 상실, ③회복의 전망이 없는 박탈을 말한다.

협약(協約, convention)

'협약'은 당사자의 일방 또는 쌍방이 단체(사적 단체・공공단체・국가 등)인 경우의 계약에 관하여 사용된다. 또한 협약은 국제법상 조약의 한 명칭으로 사용되는 점에서 '협정'과 동의어이다. 광의의 조약에는, 협약・규약・헌장・규정・협정 등이 있다. 이 경우 '협정'은, 주로 정부가 행정권에 속하는 사항에 관하여 단독으로, 즉 입법부의 동의 없이 외국정부와 체결하는 '협정'에 사용된다. 이를테면, '한・미 행정협정', '한・일 협정' 등이 그 예이다.

형성권(形成權, formative right)

'형성권'은 권리자의 일방적 의사표시에 의해 법률관계의 발생・변경・소멸을 가져오는 권리이다. 권리자가 일방적으로 법률관계를 변동시킬 가능성이 있다는 의미에서 달리 '가능권'이라고도 한다. 형성권은 권리자의 일방적인 의사표시만으로 법률관계의 변동의 효과가 나타나는 것과, 법원의 판결에 의하여 법률관계의 변동이 일어나는 2종류가 있다. 전자의 예로는 법률행위의 동의권, 취소권, 추인권, 계약의 해제・해지권, 상계권, 매매의 일방예약완결권 등이 있다. 후자의 예로는 채권자취소권, 친생부인권, 재판상이혼권, 입양취소권 등이 있다.

화물상환증
(貨物相換證, bill of consignment, consignment sheet)

운송인이 증권기재의 운송물을 수령하였다는 것을 확인하고 목적지에서 이것을 증권소지인에게 인도할 의무를 부담하는 유가증권을 말한다. 송화인의 청구가 있는 때는, 운송인은 '화물상환증'을 작성・교부하여야 한다. 다만 그 작성・교부가 계약의 성립요건은 아니다. 송화인은 운송물을 운송인에게 인도한 다음에 화물상환증의 교부를 청구할 수 있다. 해상운송에 있어서의 선하증권을 육상운송에 응용한 것으로서, 송화인은 화물상환증에 의하여 운송중의 화물을 양도 또는 입질을 하여 금융을 얻을 수 있고, 또 수화인도 이 화물상환증을 제3자에게 양도하면, 화물도착 전에 화물을 전매하는 것과 동일한 효과를 얻을 수 있다. 화물상환증은 '요식증권'이지만, 어음과 같이 엄격한 요식증권은 아니고, '법정기재사항' 중의 하나를 결하여도 운송물의 동일성이 인정되고, 운송인에 의한 수령과 목적지에 있어서의 인도의무를 인정할 수 있는 것이라면, 증권은 유효하다. 반대로 법정기재사항 이외의 사항도 화물상환증의 본질에 반하지 않는 한, 이것을 기재할 수 있고, 이것을 기재했을 때는, 그 사항은 유효하다고 해석하여야 한다. 화물상환증을 '지시식'으로 발행한 경우는 물론이고, 단순히 '기명식'으로 발행한 때도 '배서'에 의하여 양도할 수 있다.

화해(和解, reconciliation)

분쟁의 당사자가 서로 양보하여 당사자 사이의 분쟁을 종지할 것을 약정함으로써 성립하는 계약(민, 제731조)이다. 재판상의 화해(소송상의 화해 및 제소전의 화해)에 대하여 재판외의 화해라고도 한다. 양쪽 당사자가 주장을 포기·변경하여 양보할 채무를 진다는 점에서 쌍무계약이며, 양쪽 모두 양보로써 제공을 받는 점에서 유상계약이다. 법률관계는 화해의 결과에 따라 정하여지며(민, 제732조), 후에 화해의 내용에 반하는 확증이 나타나더라도 화해의 결과는 상실되지 아니한다. 그러나 친족관계의 분쟁과 같이 당사자가 임의로 처분할 수 없는 분쟁에 대하여서는 화해할 수 없다(민, 제846조). 그리고 화해계약의 의사표시에 착오가 있어서도 화해계약을 취소하지 못한다. 그것은 화해로 인하여 법률관계가 창설적 효력을 가지기 때문이다. 그러나 화해당사자의 자격 또는 화해의 목적인 분쟁 이외의 사항에 착오가 있는 때는, 예외로 한다(민, 제733조).

확정판결(確定判決, final judgement)

판결이 내려도 그 판결에 불복신청(상소)이 가능한 사람이 상급법원에 재심사를 청구하면(항소·상고), 그 판결에 잘못이 있는 경우에는 상급법원은 그 판결을 취소·변경하지 않으면 안 된다. 이와 같이 판결의 취소·변경은 그 소송절차에서 당사자가 상급법원에 불복을 신청한 경우에 이루어지므로 당사자에게 그 불복신청이 허용되지 않았을 경우에는 이미 그 판결은 보통의 상소에 의하여는 취소·변경할 수 없게 되는 셈이다. 이처럼 취소할 수 없는 상태를 판결이 확정되었다 하며, 그와 같은 판결을 '확정판결'이라 한다. 이 확정판결의 취소불가능성을 형식적 확정력이라 하며, 이 형식적 확정력에 의하여 판결의 내용이 고정되고 다른 법원도 이와 모순되는 판단을 하지 못하는 효력이 생기는데, 이것을 실체적 확정력이라 한다. 판결이 확정되는 시기는 보통의 상소가 허용되지 않는 경우이므로, 처음부터 상소할 수 없는 판결인 때는, 곧 상고심판결이나 불항소 합의가 있는 경우 선고와 동시에 확정되며, 정해진 상소기간 내 상소하지 않으면 그 기간이 만료되는 때에 확정된다. 또 상소기간이 경과하기 전에 불복을 신청할 수 있는 사람이 상소하지 않을 뜻을 밝히면 그것으로써 판결은 확정된다.

환어음(bill of exchange)

'발행인이 기명날인 또는 서명을 하고, 지급인에 관하여 일정한 금액을 수취인에게 지급할 것을 의뢰하는 형식의 어음'이다. 예컨대 A가 B에게 어음으로 매매대금을 지급하는 경우 A가 어음을 담보로 하여 B로부터 금전을 차용하는 경우 보통 이용되는 것은 '약속어음'이지만, 지급인 C의 신용을 이용하려고 하는 경우 '환어음'을 사용한다. 최근 인지세의 부담을 발행인에게 전가하기 위하여 백지인수로 '환어음'을 발행하는 경향이 많아졌고 또한 '환어음'의 이용도도 높아지고 있다. 여기서 C가 인수를 하면, C는 주된 채무자로서 지급의무를 부담하게 되고, A는 C가 인수나 지급을 거절한 경우에 한하여, 어음금을 상환하여야 할 담보책임을 부담하게 된다. 지급인 C는 원래 A에 관하여, 무엇인가 지급채무가 있어서 A를 대신하여 인수하는 경우도 있고, A가 자금을 제공하고 C에게 지급을 위탁하는 경우도 있다. 그러나 '환어음'의 이용에 있어 가장 중요한 것은, 국제적 송금거래이며, 특히 '화환거래'이다. 예컨대 런던의 A가 서울의 B에게 무역상의 대금 등을 송금하려면, 런던의 C은행에 현금을 납입하고, C은행 서울지점 또는 거래은행 D를 지급인으로 하는 '환어음'을 발행받아, 이것을 B에게 보내는 방법으로 이용되고 있다. 이는 무역에서의 결제방법으로서 매우 중요하다.

후발적 불능

(後發的不能, supervening impossibility of performance)

계약이 성립한 때는 이행이 가능했지만, 후에 이행이 불가능하게 된 경우를 말한다. 예컨대 매매계약 당시에는 존재하고 있었던 가옥이 계약체결 후 이를 인도하기 전에 소실한 경우이다. 원시적 불능과는 달리 일단 효력이 있는 계약이 성립되었기 때문에 계약을 한 그 후의 효과가 문제가 된다. 불능이 채무자의 책임 있는 사유에 의하여 발생하였을 때에는 채무불이행으로서 채권자는 손해배상을 청구할 수 있다. 이에 대하여 채무자의 귀책사유가 없을 때, 예컨대 천재지변이나 대화재로 인하여 연소하였을 때는 채무는 소멸하지만 채무가 쌍무계약에서 발생한 경우에는 위험부담의 문제가 생긴다.

한글색인

ㄱ

ㅁ

ㅂ

ㅋ

ㅌ

영문색인

A

B

D

E

H

I

J

N

O

P

Q

R

T

U

V

W

X

Y

■ 심 종 석 (cyrus@daegu.ac.kr / 경영학박사 · 법학박사)

[학력]

- 경희대학교 공과대학 기계공학과 졸업(공학사)
- 경희대학교 국제법무대학원 국제법무학과 수료
- 성균관대학교 무역대학원 무역학과 졸업(무역학 · 경영학석사)
- 성균관대학교 대학원 경영학과 졸업(무역상무 · 경영학박사)
- 한국외국어대학교 대학원 법학과 졸업(국제거래법 · 법학박사)
  현) 대구대학교 경상대학 무역학과 교수

[상훈]

- 2010년 무역의 날 대통령 표창 수상

[저서]

- 『국제상거래에 있어 계약당사자의 책임체계에 관한 법적 기준』, 삼영사, (근간).
  – 2017년 정부(교육과학기술부)의 재원에 의한 한국연구재단 저술출판지원도서
- 『국제상사계약에 관한 일반원칙(PICC)의 해석과 적용』, 삼영사, 2016.
  – 2014년 정부(교육과학기술부)의 재원에 의한 한국연구재단 저술출판지원도서
- 『국제물품매매계약에 관한 UN 협약(CISG)의 해석과 적용』, 삼영사, 2014.
  – 2011년 정부(교육과학기술부)의 재원에 의한 한국연구재단 저술출판지원도서
- 『무역과 전쟁, 그 공존의 역사』, 삼영사, 2013.
  – 2014년 정부(문화체육관광부) 선정 인문 · 사회분야 우수도서(세종문화학술도서)
- 『신세계 무역운송론』(공저), 두남출판, 2013.
- 『新體系 貿易商務論』(中文版), 宇鏞出版, 2010.
- 『신체계 무역상무론』, 우용출판, 2009.
- 『신체계 무역분쟁사례론』(공저), 한올출판, 2009.
- 『신체계 국제운송론』(공저), 두남출판, 2009.
- 『국제상사계약의 이론과 실제』, 열린길, 2008.
- 『무역과 법률』(공저), 인텔출판, 2003.
- 『국제결제론』(공저), 인텔출판, 2003.
- 『전자상거래 법률과 제도』(공저), 청림출판, 2001.
- 『전자상거래 전략기획론』(공저), 형설출판, 2001.
- 『전자상거래와 e-비즈니스』(공저), 청림출판, 2000.

[논문]

- 한국연구재단 등재학술지 및 scopus 포함 약 80여 편
  (H.P. : cyrus45.wix.com/daesang)

저자와의
협의하에
인지생략

무역상무론 [제2판]

2017년 8월 16일 1판 1쇄 발행
2020년 2월 1일 2판 1쇄 인쇄
2020년 2월 5일 2판 1쇄 발행
2024년 2월 22일 2판 2쇄 발행

저 자 심 종 석
발행인 고 성 익

05027
발행처 서울특별시 광진구 아차산로 335 삼영빌딩
도서출판 三 英 社
등 록 1972년 4월 27일 제2013-21호
전 화 737-1052 · 734-8979 FAX 739-2386

정가 37,000원

ISBN 978-89-445-0492-1-93320